ADNOTATIONES IN IUS CANONICUM

Hrsg. von Elmar Güthoff und Karl-Heinz Selge

Band 17

PETER LANG
Frankfurt am Main · Berlin · Bern · Bruxelles · New York · Oxford · Wien

Das Selbstbestimmungsrecht
der römisch-katholischen Kirche

Paul Weibel

DAS SELBSTBESTIMMUNGSRECHT DER RÖMISCH-KATHOLISCHEN KIRCHE

Eine staatskirchenrechtliche Studie am Beispiel des Kantons Schwyz

PETER LANG
Europäischer Verlag der Wissenschaften

Die Deutsche Bibliothek - CIP-Einheitsaufnahme

Weibel, Paul:

Das Selbstbestimmungsrecht der Römisch-Katholischen Kirche : eine staatskirchenrechtliche Studie am Beispiel des Kantons Schwyz / Paul Weibel. - Frankfurt am Main ; Berlin ; Bern ; Bruxelles ; New York ; Oxford ; Wien : Lang, 2003
(Adnotationes in ius canonicum ; Bd. 17)
Zugl.: Fribourg, Univ., Diss., 2000
ISBN 3-631-36563-2

Bei dieser Ausgabe handelt es sich um eine überarbeitete Version der Dissertation aus dem Jahr 2000.

ISSN 0946-9176
ISBN 3-631-36563-2

U+I+O+G+D

Meinen Grosseltern und meinem Vater zum Andenken,
meiner Mutter in Dankbarkeit

Vorwort

Das Werden dieser Arbeit fiel in eine Zeit des staatskirchenrechtlichen Umbruchs. Der Kanton Schwyz unterzog im Jahre 1992 seine Kantonsverfassung einer Partialrevision, um das Verhältnis des Staates zur evangelisch-reformierten bzw. römisch-katholischen Kirche zu 'entflechten'. Dieser äussere Anlass bot die Gelegenheit, das Staatskirchenrecht des Kantons Schwyz wissenschaftlich zu durchleuchten und mithin entsprechend aufzuarbeiten.

Die föderalistische Staatsordnung der schweizerischen Eidgenossenschaft weist die Kompetenz zur religions- bzw. staatskirchenrechtlichen Verhältnisgestaltung seit alters dem gliedstaatlichen Gemeinwesen zu, was Gegenstand der Ausführungen im 1. Kapitel dieser Arbeit ist. Hernach befasst sich das 2. Kapitel mit den freiheitsrechtlichen Vorgaben des übergeordneten Völker- und Bundesrechts. Dieses erfuhr 1999 mit der Totalrevision der Bundesverfassung eine kodifikationsrechtliche Zäsur. Um die materielle Kontinuität der damit verbundenen Änderungen zur Darstellung zu bringen, werden vorliegend die Normen der ausser Kraft stehenden Bundesverfassung mit denjenigen der geltenden Kodifikation aufgeführt[1].

Die Verfassungsänderung des der römisch-katholischen Kirche und ihren rechtspersönlichen Ausprägungen verpflichteten Kantons Schwyz entfernt die römisch-katholische Kirche aus dem öffentlichrechtlichen Rechtsbereich, indem der Kanton Schwyz in ein näheres Verhältnis zu seinen staatskirchenrechtlichen Körperschaften tritt. Gleichzeitig vermag aber die formalparitätisch motivierte Positionsänderung des kantonalen Staatskirchenrechts die rechtspersönliche Existenz und den materiellen Inhalt der entsprechenden kirchlichen Rechtsträger nicht zu abolieren. Basierend auf dem integral zu entwerfenden Grundrecht der Religionsfreiheit wird die Verhältnisfunktion des im Kanton Schwyz prinzipiell nach wie vor mit eigener Rechtspersönlichkeit versehenen Kirchenamtes ins Licht gehoben und in der Folge schliesslich der Grundsatz des freiheitsverpflichteten Staatskirchenrechts gewonnen. Dieser ist in einem ersten Schritt im 3. Kapitel anhand der entsprechenden Verfassungsartikel des Jahres 1898 zu refe-

---

1 Diese Arbeit entstand unter dem vorrevidierten Regime der BV und lag in dieser Form der rechtswissenschaftlichen Fakultät der Universität Freiburg i.Ue. als Dissertation vor. Die Verweisungen auf die nachgeführten Verfassungsartikel wurden nach der Annahme der am 18. April 1999 vom Souverän gutgeheissenen Totalrevision der BV eingefügt.

rieren, um hernach im 4. Kapitel die staatskirchenrechtlichen Konsequenzen aus der Verfassungsänderung des Jahres 1992 an den vorgängig aus dem freiheitsrechtlichen Diskurs des 1. Teils dieser Arbeit diagonstizierten Bedingungen zu messen. Dabei sind ebenfalls die auf der Ebene des Völkerrechts vertraglich mit dem Bischof von Chur vereinbarten Pflichten zur Darstellung zu bringen, worauf sich gleichzeitig die konstitutionelle Rechtstreue des Kantons Schwyz analysieren lässt.

Es obliegt mir die noble Pflicht des Dankes. Zu grossem Dank bin ich in erster Linie meinem verehrten Doktorvater Prof. Dr. iur. utr. Louis Carlen verpflichtet. Er hat das Entstehen dieser Arbeit nach Kräften und mit grosser Geduld gefördert. Gleichzeitig danke ich dem 2. Referenten Prof. Dr. iur. utr. Yves Le Roy für sein wohlwollendes Interesse. Dank schulde ich sodann RA Dr. iur. utr. Franz Xaver v. Weber und RA lic. iur. Thomas Fritsche. Meine beiden Mitstreiter für ein gutes Verhältnis von Kirche und Staat im Kanton Schwyz liessen mir manch wertvollen Ratschlag zukommen und leisteten mir grossartige Hilfestellung bei der Schlussredaktion. Dankbar bin ich auch Nadia Bodenmüller für die Unterstützung und das Verständnis während der Publikationsvorbereitung. Danken möchte ich ebenfalls RA Dr. iur. Josef Fuchs und RA Dr. iur. Edwin Simon, deren iuristische Weisheit mir aufmunterndes Vorbild war. Freundschaftlich verbunden bleibe ich mit HH Dr. iur. can. Martin Grichting, RA lic. iur. utr. et cand. theol. Joseph Janser, lic. phil. Kaspar Michel, RA Dr. iur. utr. Martin Michel sowie meinen Freunden aus der AKV Neu-Romania, die mir in vielerlei Hinsicht ihre Wertschätzung bekundeten. Dank gebührt des weiteren Me lic. iur. utr. Daniel Schneuwly, dem Advokaturbüro Schwander, Ziegler, Züger und Michel sowie dem Rechtsdienst der SWX Swiss Exchange unter RA lic. iur. Petra Bysäth, welche mir arbeitsvertragliches Obdach gewährten. Aufrichtig zu danken habe ich schliesslich meinen Eltern und Grosseltern, die mir Studium und Promotion ermöglichten. Ihnen sei diese Arbeit gewidmet.

Lachen am See an Ostern des Jubeljahres 2000

Paul Weibel

Rechtsprechung und Lehre sind bis zum 31. August 1999 berücksichtigt.

Inhaltsübersicht

Inhaltsverzeichnis

Literaturverzeichnis

Die aufgeführte Literatur wird mit dem Namen des Verfassers und der Seitenzahl und/oder Randziffer bzw. Nummer, Paragraph oder Spalte der Fundstelle zitiert. Bei Kommentarwerken ist ebenfalls der kommentierte Rechtssatz aufgeführt. Dort, wo ein Autor mehrere Werke verfasst hat, bzw. es zwecks eindeutiger Lokalisation gegeben ist, wird ausserdem der Titel (z.T. in exzerpierter Form) der Veröffentlichung oder des Ortes ihrer Publikation beigefügt. Jene Autoren, welche den gleichen Geschlechtsnamen führen, sind zusätzlich mit dem Vornamen angegeben.

Im Literaturverzeichnis sind i.d.R. nur mehrfach zitierte Werke enthalten. In den Fussnoten befinden sich weitere Literaturangaben.

ab-Yberg, Alois, An die Gemeindebehörden von Schübelbach, Wangen, Tuggen, Reichenburg, Galgenen, Lachen und Innerthal. Rechtsgutachten, Schwyz 1914 (Manuskript).

Achermann, Alberto/Caroni, Martina/Kälin, Walter, Die Bedeutung des UNO-Paktes über bürgerliche und politische Rechte für die Schweiz, in: Walter Kälin/Giorgio Malinverni/Manfred Nowak, Die Schweiz und die UNO-Menschenrechtspakte. La Suisse et les Pactes des Nations Unies relatifs aux droits de l'homme, 2. Auflage, Basel/Frankfurt am Main/Brüssel 1998, S. 155 ff. [Achermann/Caroni/Kälin, Bedeutung]

Aimone, Pier Virginio, Rechtsgeschichtliche und rechtskanonische Bemerkungen und Überlegungen zur Pfarrei, in: Pfarrei und Postmoderne? Gemeindebildung in nachchristlicher Zeit. Für Leo Karrer, hrsg. von Alois Schifferle, Freiburg i.Br./Basel/Wien, 1997, S. 143 ff.

Albrecht, Alfred, Patronatswesen, in: HdbStKirchR II, S. 47 ff.

Althaus, Rüdiger, C. 1272 CIC 1983, in: Münsterischer Kommentar zum Codex iuris canonici. [Althaus, Kom. c. 1272 CIC 1983]

Althaus, Rüdiger, C. 1290 CIC 1983, in: Münsterischer Kommentar zum Codex iuris canonici. [Althaus, Kom. c. 1290 CIC 1983]

Althaus, Rüdiger, Einführung vor c. 1273 CIC 1983, in: Münsterischer Kommentar zum Codex iuris canonici. [Althaus, Kom. Einführung vor c. 1273 CIC 1983]

Althaus, Rüdiger, Einführung vor c. 1290 CIC 1983, in: Münsterischer Kommentar zum Codex iuris canonici. [Althaus, Kom. Einführung vor c. 1290 CIC 1983]

Althaus, Rüdiger, Einleitung vor c. 1254 CIC 1983, in: Münsterischer Kommentar zum Codex iuris canonici. [Althaus, Kom. Einleitung vor c. 1254 CIC 1983]

Ambühl, Hans, Gliedschaft in der Kirche-Mitgliedschaft in der Kirchgemeinde. Ein kontroverser Dualismus, in: Civitas 33 und 34 (Separatdruck) Nr. 12 (77/78), Nr. 1, 2, 3 (78/79), S. 69 ff.

Appert, Karl, Die Volksbeschlüsse in den Gemeinden des Kantons Schwyz. Gesammelte Praxis der Gemeindeversammlung bei offener und geheimer Abstimmung, Diss. Freiburg 1965, Schwyz 1965.

Aubert, Jean-François, Bundesstaatsrecht der Schweiz, Fassung von 1967 und neubearbeiteter Nachtrag, Bd. I mit Nachtrag bis 1990, Bd. II mit Nachtrag bis 1994, Basel/Frankfurt am Main 1991 und 1995. [Aubert, Bundesstaatsrecht]

Aubert, Jean-François, La garantie constitutionnelle des droits fondamentaux et le législateur, in: FS Kurt Eichenberger, S. 161 ff. [Aubert, Droits fondamentaux]

Aubert, Jean-François, Traité de droit constitutionnel suisse, 2 Bde., Neuchâtel 1967. [Aubert, Traité]

Aymans, Winfried, Das Projekt einer Lex Ecclesiae Fundamentalis, in: HdbKathKR, S. 65 ff. [Aymans, Projekt]

Aymans, Winfried, Gliederungs- und Organisationsprinzipien, in: HdbKathKR, S. 239 ff. [Aymans, Gliederungs- und Organisationsprinzipien]

Aymans, Winfried, 'Munus' und 'Sacra Potestas', in: Actes du IVe Congrès International de Droit Canonique, S. 185 ff. [Aymans, 'Munus' und 'Sacra Potestas']

Baggi, Jean-Pierre, La struttura giuridica dell'Imposta Ecclesiastica. Studio elaborato con particolare riguardo al Cantone Ticino, Diss. Freiburg 1971 (=FV 14).

Biaggini, Giovanni, Das Verhältnis der Schweiz zur internationalen Gemeinschaft. Neuerungen im Rahmen der Verfassungsreform, in: AJP 8 (1999), S. 722 ff.

Bleckmann, Albert, Von der individuellen Religionsfreiheit des Art. 9 EMRK zum Selbstbestimmungsrecht der Kirchen. Ansätze zu einem 'Europäischen Staatskirchenrecht', Köln/Berlin/Bonn/München 1995.

Blum, Nikolaus, Die Gedanken-, Gewissens- und Religionsfreiheit nach Art. 9 der Europäischen Menschenrechtskonvention, Berlin 1990 (=Staatskirchenrechtliche Abhandlungen 19).

Bolliger, Thomas, Minderheiten und evangelisch-reformierte Landeskirchen (am Beispiel der evangelisch reformierten Landeskirche des Kantons Zürich), in: ZBl 95 (1994), S. 410 ff.

Bolz, Marcel, Das Verhältnis von Schutzobjekt und Schranken der Grundrechte, Diss. Zürich 1991 (=ZStöR 103).

Bonnemain, Joseph, Die Schweizer Kantonalkirchen und die Mitverantwortung der Gläubigen bei der Verwaltung des kirchlichen Vermögens, in: Pontificium Consilium de legum textibus interpretandis (Hrsg.), Ius in vita et in missione ecclesiae. Acta Symposii Internationalis Iuris Canonici occurrente X Anniversario promulgationis Codicis Iuris Canonici diebus 19-24 aprilis 1993 in Civitate Vaticana celebrati, Città del Vaticano 1994, S. 527 ff. [Bonnemain, Schweizer Kantonalkirchen]

Bonnemain, Joseph, Verfassung der römisch-kahtolischen Kantonalkirche Schwyz. Neuaufleben des Staatskirchentums am Ende des 20. Jahrhunderts?, in: FG Ernst Rössler, S. 693 ff. [Bonnemain, Kantonalkirche]

Borghi, Marco, Art. 27, in: Kommentar BV. [Borghi, BV-Kom.]

Bruhin, Josef, Der Denar oder theologische Leitlinien zum Verhältnis von Kirche und Staat, in: Civitas 33 und 34 (Separatdruck) Nr. 12 (1977/78), Nr. 1, 2, 3 (1977/78), S. 15 ff. [Bruhin, Denar]

Bruhin, Josef, Die beiden Vatikanischen Konzile und das Staatskirchenrecht der Schweizerischen Bundesverfassung. Theologische Überlegungen zum Verhältnis Kirche-Staat, Diss. Freiburg 1975 (=FV 17). [Bruhin, Konzile]

Bruhin, Josef, Ist das Verhältnis von Kirche und Staat in der Schweiz adäquat geregelt?, in: Kirche-Staat im Umbruch, S. 177 ff. [Bruhin, Verhältnis]

Brühwiler, Hans, Die Freiheitsrechte der Kantonsverfassungen in ihrem Verhältnis zur Bundesverfassung, Diss. Bern, Affoltern am Albis 1948.

Carlen, Louis, Das Verhältnis von Kirche und Staat in der Schweiz, in: HdbKathKR, S. 1097 ff. [Carlen, Kirche und Staat]

Carlen, Louis, Kirche und Staat in der Schweiz, in: ÖAKR 41 (1992), S. 334 ff. [Carlen, Kirche und Staat in der Schweiz]

Carlen, Louis, Kirche und Staat in der Schweiz nach dem neuen Codex Iuris Canonici, in: FS Hugo Schwendenwein, S. 585 ff. [Carlen, Kirche und Staat in der Schweiz nach dem neuen Codex Iuris Canonici]

Carlen, Louis, La jurisprudence récente du Tribunal fédéral concernant les rapports Eglise-Etat, in: Rapports Eglise-Etat en Mutation, S. 107 ff. [Carlen, Jurisprudence]

Carlen, Louis, Neuere staatskirchenrechtliche Rechtsprechung des schweizerischen Bundesgerichts, in: Kirche-Staat im Umbruch, S. 188 ff. [Carlen, Rechtsprechung]

Carlen, Louis, Probleme des Staatskirchenrechts in der Schweiz, in: ÖAKR 29 (1978), S. 26 ff. [Carlen, Probleme]

Carlen, Louis, Recht zwischen Humor und Spott, Berlin 1993 (=Schriftenreihe der Juristischen Gesellschaft zu Berlin 131). [Carlen, Recht zwischen Humor und Spott]

Carlen, Louis, Religiöse Grundrechte in der Schweiz, in: Actes du IVe Congrès International de Droit Canonique, S. 995 ff. [Carlen, Grundrechte]

Cavelti, Ulrich A., Einflüsse der Aufklärung auf die Grundlagen des schweizerischen Staatskirchenrechts. Mit besonderer Berücksichtigung des Schrifttums Emer de Vattels und Josef Anton Felix Balthasars, Diss. Freiburg 1976 (=FV 19). [Ulrich A. Cavelti, Aufklärung]

Cavelti, Urs Josef, Das schweizerische Staatskirchenrecht und das neue kirchliche Vermögensrecht, in: Das neue Kirchenrecht. Seine Einführung in der Schweiz, hrsg. von Louis Carlen und Moritz Amherd, Zürich 1984, S. 129 ff. [Urs Josef Cavelti, Vermögensrecht]

Cavelti, Urs Josef, Der Kirchenaustritt nach staatlichem Recht, in: Austritt aus der Kirche, S. 69 ff. [Urs Josef Cavelti, Austritt]

Cavelti, Urs Josef, Die Eigentümer der Römisch-Katholischen Kirchen und Pfrundgebäude im Kanton Nidwalden, Gossau 1988 (Manuskript). [Urs Josef Cavelti, Gutachten]

Cavelti, Urs Josef, Die öffentlich-rechtlichen Religionsgemeinschaften im schweizerschen Staatskirchenrecht, Diss. Freiburg 1954 (=FV 8). [Urs Josef Cavelti, Religionsgemeinschaften]

Cavelti, Urs Josef, Die Praxis zum Bistumsartikel der Bundesverfassung, in: ZBl 81 (1980), S. 57 ff. [Urs Josef Cavelti, Bistumsartikel]

Cavelti, Urs Josef, Diskussionsbeitrag, in: Actes du IVe Congrès International de Droit Canonique, S. 1011 ff. [Urs Josef Cavelti, Diskussionsbeitrag]

Cavelti, Urs Josef, Entwicklungstendenzen im Schweizerischen Staatskirchenrecht, in: SKZ Nr. 9 (1994), S. 129 ff. [Urs Josef Cavelti, Entwicklungstendenzen]

Cavelti, Urs Josef, Mitgliedschaft in Kirchgemeinde und Kirche, in: SKZ Nr. 49 (1997), S. 731 ff. [Urs Josef Cavelti, Mitgliedschaft]

Cavelti, Urs Josef, Neue Unvereinbarkeiten für evangelische Pfarrer? Bemerkungen zu BGE 120 Ia 194 ff., in: ZBl 96 (1995), S. 65 ff. [Urs Josef Cavelti, Unvereinbarkeiten]

Cavelti, Urs Josef, System und Funktion der staatskirchenrechtlichen Organe in der Schweiz, in: Räte in der Kirche zwischen Recht und Alltag. Vorträge an einer Tagung an der Universität Freiburg (Schweiz), hrsg. von Louis Carlen, Freiburg 1987 (=FV 24), S. 31 ff. [Urs Josef Cavelti, Funktion]

Cavelty, Luregn Mathias, Die Stellung der Geistlichen im schweizerischen öffentlichen Recht, Diss. Freiburg 1963.

Conring, Hans-Tjabert, Korporative Religionsfreiheit in Europa. Eine rechtsvergleichende Betrachtung. Zugleich ein Beitrag zu Art. 9 EMRK, Diss. Marburg, Frankfurt am Main/Berlin/Bern/New York/Paris/Wien 1998 (=Schriften zum internationalen und öffentlichen Recht 22).

Conzemius, Victor, Katholische Kirche und Demokratie, in: Schweizer Monatshefte 71 (1991), S. 301 ff.

Corecco, Eugenio, Der Katalog der Pflichten und Rechte des Gläubigen im CIC, in: Ordinatio Fidei. Schriften zum kanonischen Recht, S. 190 ff. [Corecco, Katalog der Pflichten und Rechte des Gläubigen]

Corecco, Eugenio, Erwägungen zum Problem der Grundrechte des Christen in Kirche und Gesellschaft, in: AfkKR 150 (1981), S. 421 ff. [Corecco, Erwägungen]

Corecco, Eugenio, Katholische 'Landeskirche' im Kanton Luzern. Das Problem der Autonomie und der synodalen Struktur der Kirche, in: AfkKR 139 (1970), S. 3 ff. [Corecco, Landeskirche]

Corecco, Eugenio, La sortie de l'Eglise pour raison fiscale. Le problème canonique, in: Austritt aus der Kirche, S. 11 ff. [Corecco, La sortie de l'Eglise]

Corecco, Eugenio, Theologie des Kirchenrechts, in: HdkathKR, S. 12 ff. [Corecco, Theologie]

Dicke, Detlev Christian, Art. 53, in: Kommentar BV. [Dicke, BV-Kom.]

Dülp, Heinrich, Die Voraussetzungen unter denen sich juristische Personen des öffentlichen Rechts auf Grundrechte berufen können. Eine Studie zum deutschen und schweizerischen Recht, in: ZBl 65 (1964), S. 481 ff., 513 ff.

Egger, August, Art. 87, in: Zürcher Kommentar zum Schweizerischen Zivilgesetzbuch, Bd. I, Einleitung Art. 1-10, Personenrecht Art. 11-89, 2. Auflage, Zürich 1930. [Egger, ZK]

Ehrenzeller, Bernhard, Die Diözesankonferenz des Bistums Basel, Diss. Basel, Freiburg 1984 (=FV 22).

Feigenwinter, Beat, Die römisch-katholischen Kirchgemeinden und Landeskirchen und ihr Verhältnis zur kirchlichen Ordnung unter besonderer Berücksichtigung des partikularrechtlichen und des staatskirchlichen Rechts in der Diözese Basel, Diss. Basel 1973 (Manuskript).

Fleiner, Fritz, Die Entwicklung der Parität in der Schweiz, in: Ausgewählte Schriften und Reden, S. 81 ff. [Fritz Fleiner, Parität]

Fleiner, Fritz, Geistliches Weltrecht und weltliches Staatsrecht. Festrede gehalten an der 99. Stiftungsfeier der Universität Zürich am 29. April 1932, in: Ausgewählte Schriften und Reden, S. 262 ff. [Fritz Fleiner, Geistliches Weltrecht und weltliches Staatsrecht]

Fleiner, Fritz, Schweizerisches Bundesstaatsrecht, Tübingen 1923. [Fritz Fleiner, Bundesstaatsrecht]

Fleiner-Gerster, Thomas, Allgemeine Staatslehre, Berlin/Heidelberg/New York 1980. [Thomas Fleiner-Gerster, Allgemeine Staatslehre]

Fleiner-Gerster, Thomas, Glaubens- und Gewissensfreiheit und gesetzliche Mitgliedschaft in den Kirchen, in: Austritt aus der Kirche, S. 107 ff. [Thomas Fleiner-Gerster, Glaubens- und Gewissensfreiheit]

Fleiner-Gerster, Thomas, Grundzüge des allgemeinen und schweizerischen Verwaltungsrechts, 2. Auflage, Zürich 1980. [Thomas Fleiner-Gerster, Verwaltungsrecht]

Forstmoser Peter/Meier-Hayoz, Arthur, Grundriss des schweizerischen Gesellschaftsrechts, 8. Auflage, Bern 1998.

Forstmoser, Peter/Ogorek, Regina, Juristisches Arbeiten. Eine Anleitung für Studierende, Zürich 1994.

Freuler, Franz, Die Kultusfreiheit und die Kultuspolizei im Bunde und in den Kantonen, Diss. Freiburg, Stans 1908.

Friederich, Ueli, Einführung in das schweizerische Staatskirchenrecht, in: Kirche-Staat im Umbruch, S. 19 ff. [Friederich, Staatskirchenrecht]

Friederich, Ueli, Kirchen und Glaubensgemeinschaften im pluralistischen Staat. Zur Bedeutung der Religionsfreiheit im schweizerischen Staatskirchenrecht, Diss. Bern 1993 (=ASR 546). [Friederich, Kirchen- und Glaubensgemeinschaften]

Friederich, Ueli, Kirchengut und staatliche Pfarrbesoldungen. Gutachten zu historischen Rechtstiteln der evangelisch-reformierten Landeskirche des Kantons Bern, Bern 1994. [Friederich, Kirchengut]

Friederich, Ueli, Zur pragmatischen Ausgestaltung des schweizerischen Staatskirchenrechts, in: ZevKR 39 (1994), S. 61 ff. [Friederich, pragmatische Ausgestaltung]

Friesenhahn, Ernst, Kirchen als Körperschaften des öffentlichen Rechts? Die Rechtslage der Bundesrepublik Deutschland mit vergleichenden Ausblicken auf die Schweiz, in: ZSR NF 94 (1975) I, S. 1 ff.

Frowein, Jochen Abr., Die Bedeutung des die Gedanken-, Gewissens- und Religionsfreiheit garantierenden Artikels 9 der Europäischen Menschenrechtskonvention, in: Die Einigung Europas und die Staat-Kirche-Ordnung. Essener Gespräche zum Thema Staat und Kirche 27 (1993), S. 46 ff. [Frowein, Art. 9 EMRK]

Frowein, Jochen Abr./Peukert, Wolfgang, Europäische MenschenRechtsKonvention. EMRK-Kommentar, 2. Auflage, Kehl/Strassburg/Arlington 1996. [Frowein/Peukert, EMRK-Kom.]

Fuchs, Johannes Georg, Aus der Praxis eines Kirchenjuristen in der Zeit ökumenischer Bewegung, Basel 1979. [Fuchs, Praxis]

Fuchs, Johannes Georg, Das schweizerische Staatskirchenrecht des 19. Jahrhunderts als Folge zwinglianischen Staatsdenkens und als typische Schöpfung des Liberalismus, in ZRG KA 70 (1984), S. 271 ff. [Fuchs, Staatskirchenrecht]

Fuchs, Johannes Georg, Die öffentlich-rechtliche Anerkennung von Kirchen und Religionsgemeinschaften nach dem neueren schweizerischen Staatskirchenrecht, in: FG zum schweizerischen Juristentag 1985, S. 93 ff. [Fuchs, öffentlich-rechtliche Anerkennung]

Fuchs, Johannes Georg, Kirche und Staat in der Schweiz, in: FS Louis Carlen, S. 271 ff. [Fuchs, Kirche]

Fuchs, Johannes Georg, 'Unfehlbarkeit' des Staatsrechts?, in: FG Bundesgericht, S. 117 ff. [Fuchs, Unfehlbarkeit]

Fuchs, Johannes Georg, Zugehörigkeit zu den Schweizer evangelisch-reformierten Volkskirchen, in: Austritt aus der Kirche, S. 173 ff. [Fuchs, Zugehörigkeit]

Fuchs, Johannes Georg, Zum Verhältnis von Kirche und Staat in der Schweiz, in: Essener Gespräche zum Thema Staat und Kirche 5 (1971), S. 125 ff. [Fuchs, Verhältnis]

Fuchs, Johannes Georg, Zur Kirchenfreiheit, in: Actes du IVe Congrès International de Droit Canonique, S. 951 ff. [Fuchs, Kirchenfreiheit]

Gardaz, Philippe, Organisation ecclésiastique cantonale et droit fédéral, Diss. Lausanne 1973.

Gerosa, Libero, Das Recht der Kirche, Paderborn 1995 (=AMATECA 12). [Gerosa, Recht]

Gerosa, Libero, Die staatskirchenrechtliche Vielfalt in der Schweiz, in: AfkKR 156 (1987), S. 34 ff. [Gerosa, Vielfalt]

Giacometti, Zaccaria, Das Staatsrecht der schweizerischen Kantone, Zürich 1941. [Giacometti, Staatsrecht]

Giacometti, Zaccaria, Einleitung zu den Quellen zur Geschichte der Trennung von Staat und Kirche, in: Zaccaria Giacometti (1893-1970), Ausgewählte Schriften, hrsg. von Alfred Kölz, Zürich 1994, S. 253 ff. [Giacometti, Quellen]

Giacometti, Zaccaria, Schweizerisches Bundesstaatsrecht, Neubearbeitung der ersten Hälfte des gleichnamigen Werkes von Dr. F. Fleiner, Zürich 1949. [Fleiner/Giacometti, Bundesstaatsrecht]

Gnägi, Albert, Katholische Kirche und Demokratie. Ein dogmengeschichtlicher Überblick über das grundsätzliche Verhältnis der katholischen Kirche zur demokratischen Staatsform, Zürich/Einsiedeln/Köln 1970.

Göbel, Gerald, Das Verhältnis von Kirche und Staat nach dem Codex Iuris Canonici des Jahres 1983, Diss. Freiburg i. Br., Berlin 1993 (=Staatskirchenrechtliche Abhandlungen 21).

Grichting, Martin, Das Recht von Kirche und Staat in der Schweiz. Staatlich verordnete Demokratie in der Kirche und die Folgen, in: Franz Breid (Hrsg.), Kirche und Recht, Steyr 1998, S. 182 ff. [Grichting, Recht]

Grichting, Martin, Kirche oder Kirchenwesen. Zur Problematik des Verhältnisses von Kirche und Staat in der Schweiz, dargestellt am Beispiel des Kantons Zürich, Diss. Rom, Freiburg 1997 (=FV 47). [Grichting, Kirche oder Kirchenwesen]

Grüninger, Harold, Art. 87, in: Kommentar zum Schweizerischen Privatrecht, Schweizerisches Zivilgesetzbuch, Bd. I, hrsg. von Heinrich Honsell, Nedim Peter Vogt, Thomas Geiser, Basel/Frankfurt am Main 1996. [Grüninger, Kom. ZGB]

Gut, Walter, Besprechung von Kraus, Dieter, Schweizerisches Staatskirchenrecht, in: ZSR NF 114 (1995) I, S. 293 ff. [Gut, Besprechung]

Gut, Walter, Der Staat und die Errichtung von Bistümern, Freiburg 1997 (=FV 52). [Gut, Errichtung]

Gut, Walter, Kreuz und Kruzifix in öffentlichen Räumen im säkularen Staat, in: SKZ Nr. 17 (1997), S. 266 ff. [Gut, Kreuz]

Gut, Walter, 'Landeskirchen' und 'Kantonalkirchen' im Lichte des Zweiten Vatikanischen Konzils, in: FS Peter Henrici, S. 533 ff. [Gut, Landeskirchen und Kantonalkirchen]

Gutzwiller, Max, Das Recht der Verbandspersonen, Grundsätzliches, in: Schweizerisches Privatrecht, hrsg. von Max Gutzwiller, Bd. II, Basel/Stuttgart 1967, S. 425 ff. [Gutzwiller, SPR]

Gutzwiller, Max, 'Religiöse' Vereine und Genossenschaften, in: FS Eugen Isele, S. 131 ff. [Gutzwiller, Religiöse Vereine und Genossenschaften]

Gyr, Hans, Die Pfarreiteilung nach kirchlichem und staatlichem Rechte, Einsiedeln/Waldshut/Köln a. Rh./Strassburg i. E. 1916.

Häfelin, Ulrich, Art. 49, in: Kommentar BV. [Häfelin, BV-Kom.]

Häfelin, Ulrich, Art. 50, in: Kommentar BV. [Häfelin, BV-Kom.]

Häfelin, Ulrich/Haller, Walter, Schweizerisches Bundesstaatsrecht. Ein Grundriss, 4. Auflage 1998.

Häfelin, Ulrich/Müller, Georg, Grundriss des Allgemeinen Verwaltungsrechts, 3. Auflage, Zürich 1998. [Häfelin/Müller, Grundriss]

Häfliger, Arthur, Alle Schweizer sind vor dem Gesetze gleich. Zur Tragweite des Artikels 4 der Bundesverfassung, Bern 1985. [Häfliger, Alle Schweizer]

Häfliger, Arthur, Die Europäische Menschenrechtskonvention und die Schweiz. Die Bedeutung der Konvention für die schweizerische Rechtspraxis, Bern 1993. [Häfliger, Menschenrechtskonvention]

Hafner, Felix, Die Beteiligung der Kirchen an der politischen Gestaltung des Gemeinwesens, Diss. Basel, Basel/Frankfurt am Main 1985 (=BStR, Reihe B, 13). [Felix Hafner, Beteiligung]

Hafner, Felix, Grund- und Menschenrechte in der Kirche, in: AJP 4 (1995), S. 703 ff. [Felix Hafner, Grund- und Menschenrechte]

Hafner, Felix, Kirchen im Kontext der Grund- und Menschenrechte, Freiburg 1992 (=FV 36). [Felix Hafner, Kirchen]

Hafner, Felix, Staatskirchenrecht im Spannungsfeld von Kirche und Politik, in: Kirche-Staat im Umbruch, S. 33 ff. [Felix Hafner, Spannungsfeld]

Hafner, Felix, Trennung von Kirche und Staat: Anspruch und Wirklichkeit, in: BJM 1996, S. 225 ff. [Felix Hafner, Trennung]

Hafner, Felix/Buser, Denise, Frauenordination via Gleichstellungsgesetz? Die Anwendbarkeit des Gleichstellungsgesetzes auf die Dienstverhältnisse in der römisch-katholischen Kirche, in: AJP 5 (1996), S. 1207 ff.

Hafner, Pius, Im Dienst am gleichen Menschen. Gedanken zum Verhältnis von Kirche und Staat in der Schweiz, in: Joachim Müller (Hrsg.), Katholische Kirche heute, Freiburg 1981, S. 69 ff. [Pius Hafner, Dienst]

Hafner, Pius, Kirche und Staat in 26 Rechtsordnungen, in: Civitas 33 und 34 (Separatdruck) Nr. 12 (1977/78), Nr. 1, 2, 3 (1977/78), S. 5 ff. [Pius Hafner, Kirche und Staat in 26 Rechtsordnungen]

Hafner, Pius, Staat und Kirche im Kanton Luzern. Historische und rechtliche Grundlagen, Diss. Freiburg, 1991(=FV 33). [Pius Hafner, Staat und Kirche]

Haller, Walter/Kölz, Alfred, Allgemeines Staatsrecht. Ein Grundriss, Basel/Frankfurt am Main 1996.

Hangartner, Yvo, Das Verhältnis von Völkerrecht und Landesrecht. Auslegeordnung eines Kernproblems von Verfassungspraxis und Verfassungsreform, in: SJZ 94 (1998), S. 201 ff. [Hangartner, Verhältnis]

Hangartner, Yvo, Die Universitätshexe. Minderheiten und Mehrheiten im Spannungsfeld der Grundrechte, in: ZSR NF 116 (1997) I, S. 105 ff. [Hangartner, Universitätshexe]

Hangartner, Yvo, Ende oder Weiterführung der Schubert-Praxis?, in: AJP 6 (1997), S. 634 f. [Hangartner, Ende oder Weiterführung der Schubert-Praxis?]

Hangartner, Yvo, Entscheidungen. Bemerkungen zu BGE 123 I 296 ff. ('Kopftuchfall'), in: AJP 7 (1998), S. 599 ff. [Hangartner, Bemerkungen 'Kopftuchfall']

Hangartner, Yvo, Grundrechtliche Fragen der Zwangsmitgliedschaft in öffentlich-rechtlichen Personalkörperschaften, in: FS Hans Giger, S. 231 ff. [Hangartner, Zwangsmitgliedschaft]

Hangartner, Yvo, Grundzüge des schweizerischen Staatsrechts, 2 Bde., Zürich 1980, 1982. [Hangartner, Grundzüge]

Hangartner, Yvo, Verfassungsmässige Rechte juristischer Personen des öffentlichen Rechts, in: FS Ulrich Häfelin, S. 111 ff. [Hangartner, Rechte]

Hangartner, Yvo, Völkerrecht und schweizerisches Landesrecht, in: FS Arnold Koller, S. 651 ff. [Hangartner, Völkerrecht und schweizerisches Landesrecht]

Heckel, Martin, Die religionsrechtliche Parität, in: Gesammelte Schriften. Staat Kirche Recht Geschichte, hrsg. von Klaus Schlaich, Bd. I, Tübingen 1989 (=Jus Ecclesiasticum 38), S. 227 ff.

Heimerl, Hans/Pree, Helmut, Handbuch des Vermögensrechts der katholischen Kirche unter besonderer Berücksichtigung der Rechtsverhältnisse in Bayern und Österreich, Regensburg 1993.

Hensler, Josef, Die Verwaltungsgerichtsbeschwerde im Kanton Schwyz, Diss. Zürich 1980 (=ZStV 47).

Hesse, Konrad, Das Selbstbestimmungsrecht der Kirchen und Religionsgemeinschaften, in: HdbStKirchR I, S. 521 ff.

Heusel, Wolfgang, 'Weiches' Völkerrecht. Eine vergleichende Untersuchung typischer Erscheinungsformen, Diss. Mainz 1990, Baden-Baden 1991 (=Völkerrecht und Aussenpolitik 44).

Hinder, Paul, Grundrechte in der Kirche. Eine Untersuchung zur Begründung der Grundrechte in der Kirche, Diss. Freiburg 1977 (=Studia Friburgensia NF 54).

Hochstrasser, Walter, Das Kollaturrecht und seine staatskirchliche Normierung im Kanton Luzern, Diss. Freiburg, Sursee 1950.

Höfling, Wolfram, Zusammenfassung der Diskussion, in Staat und Kirche, S. 378 f.

Hollerbach, Alexander, Europa und das Staatskirchenrecht, in: ZevKR 35 (1990), S. 250 ff. [Hollerbach, Europa und das Staatskirchenrecht]

Hollerbach, Alexander, Kirchensteuer und Kirchenbeitrag, in: HdbKathKR, S. 889 ff. [Hollerbach, Kirchensteuer]

Hollerbach, Alexander, Staatskirchenrecht oder Religionsrecht? Begriffs- und problemgeschichtliche Notizen, in: FS Heribert Schmitz, S. 869 ff. [Hollerbach, Staatskirchenrecht oder Religionsrecht]

Hollerbach, Alexander, Trennung Staat und Kirche: Internationale Aspekte und deutsche Erfahrungen, in: Trennung von Kirche und Staat, hrsg. von Louis Carlen, Freiburg 1994 (=FV 41), S. 21 ff. [Hollerbach, Trennung]

Huber, Hans, Probleme des ungeschriebenen Verfassungsrechts, in: FG für den schweizerischen Juristenverein 1955, S. 95 ff. [Huber, Probleme]

Huber, Hans, Über die Konkretisierung der Grundrechte, in: GS Max Imboden, S. 191 ff. [Huber, Konkretisierung]

Huguenin Jacobs, Claire, Art. 52, in: Kommentar zum Schweizerischen Privatrecht, Schweizerisches Zivilgesetzbuch, Bd. I, hrsg. von Heinrich Honsell, Nedim Peter Vogt, Thomas Geiser, Basel/Frankfurt am Main 1996. [Huguenin Jacobs, Kom. ZGB]

Huguenin Jacobs, Claire, Art. 59, in: Kommentar zum Schweizerischen Privatrecht, Schweizerisches Zivilgesetzbuch, Bd. I, hrsg. von Heinrich Honsell, Nedim Peter Vogt, Thomas Geiser, Basel/Frankfurt am Main 1996. [Huguenin Jacobs, Kom. ZGB]

Huguenin Jacobs, Claire, Art. 7 SchlT, in: Kommentar zum Schweizerischen Privatrecht, Schweizerisches Zivilgesetzbuch, Bd. II, hrsg. von Heinrich Honsell, Nedim Peter Vogt, Thomas Geiser, Basel/Frankfurt am Main 1998. [Huguenin Jacobs, Kom. ZGB]

Huwyler, Friedrich, Die Gesetzesbegriffe im schwyzerischen Recht, in: La loi en droit public cantonal. Das Gesetz im Staatsrecht der Kantone, hrsg. von Andreas Auer und Walter Kälin, Chur/Zürich 1991 (=Reihe Staatsrecht 12), S. 231 ff. [Huwyler, Gesetzesbegriffe]

Huwyler, Friedrich, Gesetz und Verordnung im Kanton Schwyz, Diss. Zürich, Aarau 1970. [Huwyler, Gesetz und Verordnung]

Imboden, Max, Bundesrecht bricht kantonales Recht, Diss. Zürich 1940. [Imboden, Bundesrecht]

Imboden, Max, Politische Systeme. Staatsformen, 2. Auflage, Basel/Stuttgart 1974. [Politische Systeme]

Ipsen, Knut, Völkerrecht, 3. Auflage, München 1990.

Isele, Eugen, Das schweizerische Staatskirchenrecht und der Entwurf zu einem neuen Codex Iuris Canonici. Exposé, Freiburg 1981 (Manuskript). [Isele, Exposé]

Isele, Eugen, Das schweizerische Staatskirchenrecht und die öffentlich-rechtliche Stellung des Geistlichen, in: Anima 15 (1960), S. 274 ff. [Isele, öffentlich-rechtliche Stellung des Geistlichen]

Isele, Eugen, Die Gliedschaft in der Kirche und die Mitgliedschaft in der Kirchgemeinde. Rechtsgutachten, Freiburg 1971 (Manuskript). [Isele, Gliedschaft]

Isele, Eugen, Die neuere Entwicklung und der gegenwärtige Stand der Kirchengesetzgebung in der Schweiz, in: SJZ 58 (1962), S. 177 ff., 193 ff. [Isele, Entwicklung]

Isele, Eugen, Kloster und Pfarrei Einsiedeln. Rechtsgutachten, Freiburg 1970 (Manuskript). [Isele, Gutachten Einsiedeln]

Isele, Eugen, Probleme des kirchlichen Vermögensrechts. Laiengedanken zur Reform des kirchlichen Gesetzbuches, in: FG Wilhelm Schönenberger, S. 41 ff. [Probleme des kirchlichen Vermögensrechts]

Isele, Eugen, Stiftung, in: LThK, 2. Auflage, Bd. IX, Sp. 1077 f. [Isele, Stiftung]

Isele, Eugen, Zur Revision des Kantonalen Staatskirchenrechts, in: FG Max Gutzwiller, S. 563 ff. [Isele, Revision]

Isensee, Josef/Rüfner, Wolfgang, Zu Wirkung und wissenschaftlichem Profil von Joseph Listl, in: Joseph Listl, Kirche im freiheitlichen Staat, S. XXVII-XXXVI.

Jagmetti, Marco, Vorbehaltenes kantonales Privatrecht, in: Schweizerisches Privatrecht, hrsg. von Max Gutzwiller, Bd. I, Basel/Stuttgart 1969, S. 239 ff. [Jagmetti, SPR I]

Jone Heribert, Gesetzbuch des kanonischen Rechts. Erklärung der Kanones, Bd. II, Sachenrecht (Kan. 726 – Kan. 1551), Paderborn 1940. [Jone, Gesetzbuch]

Kälin, Walter, Das Verfahren der staatsrechtlichen Beschwerde, 2. Auflage, Bern 1994. [Kälin, Staatsrechtliche Beschwerde]

Kälin, Walter/Müller, Jörg Paul/Saladin, Peter/Zimmerli, Ulrich, Gutachten zur Frage kantonaler Verfassungsfreiräume, Bern 1989 (Manuskript).

Karlen, Peter, Das Grundrecht der Religionsfreiheit in der Schweiz, Diss. Zürich 1988 (=ZStöR 73). [Karlen, Religionsfreiheit]

Karlen, Peter, Religiöse Symbole in öffentlichen Räumen. Zum Kruzifix-Entscheid des Bundesrates vom 29. Juni 1988, in: ZBl 90 (1989), S. 12 ff. [Karlen, Religiöse Symbole]

Karlen, Peter, Umstrittene Religionsfreiheit. Zu aktuellen Streitfällen und den Richtpunkten ihrer Beurteilung, in: ZSR NF 116 (1997) I, S. 193 ff. [Karlen, umstrittene Religionsfreiheit]

Kaufmann, Beat, Das Problem der Glaubens- und Überzeugungsfreiheit im Völkerrecht, Diss. Zürich 1989 (=SStIR 62).

Kellerhals, Adolf Christoph, Die öffentlich-rechtliche Anerkennung von Kirchen und Religionsgemeinschaften im Kanton Solothurn, Diss. Bern, Freiburg 1991 (=FV 32).

Kennel, Adrian, Die Autonomie der Bezirke und Gemeinden im Kanton Schwyz, Diss. Freiburg, Zürich 1989.

Kimminich, Otto, Einführung in das Völkerrecht, 6. Auflage, Basel/Tübingen 1998. [Kimminich, Völkerrecht]

Kimminich, Otto, Religionsfreiheit als Menschenrecht. Untersuchung zum gegenwärtigen Stand des Völkerrechts, Mainz/München 1990 (=Entwicklung und Frieden. Wissenschaftliche Reihe 52). [Kimminich, Religionsfreiheit]

Koch, Kurt, Das Verhältnis von Staat und Kirche im Entwurf der neuen Bundesverfassung, in: SKZ Nr. 167 (1999), S. 174 ff., 180 ff. [Koch, Verhältnis]

Koch, Kurt, Kirche und Staat in kritisch loyaler Partnerschaft, in: Kirche-Staat im Umbruch, S. 108 ff. [Koch, Kirche und Staat]

Köck, Heribert Franz, Die völkerrechtliche Stellung des Heiligen Stuhls, Berlin 1975. [Köck, völkerrechtliche Stellung]

Köck, Heribert Franz, Rechtliche und politische Aspekte von Konkordaten, Berlin 1983 (=Schriften zum Öffentlichen Recht 444). [Köck, rechtliche und politische Aspekte von Konkordaten]

Kothing, Martin, Die Bisthumsverhandlungen der schweizerisch-konstanzischen Dözesanstände von 1803-1862 mit vorzüglicher Berücksichtigung der Urkantone, Schwyz 1863.

Krämer, Peter, Kirchenrecht I. Wort-Sakrament-Charisma, Stuttgart/Berlin/Köln 1992 (=Kohlhammer Studienbücher Theologie 24).

Kraus, Dieter, Die Kirchgemeinde in der Rechtsprechung des schweizerischen Bundesgerichts, in: FS Peter Henrici, S. 569 ff. [Kraus, Kirchgemeinde]

Kraus, Dieter, Kirche und Demokratie im schweizerischen Staatskirchenrecht. Zum Verhältnis kanonischer und kantonaler Prinzipien in der römisch-katholischen Kirchenorganisation der Schweiz, in: Internationale Katholische Zeitschrift 'Communio' 25 (1996), S. 169 ff. [Kraus, Kirche und Demokratie]

Kraus, Dieter/Pahud de Mortanges, René, Bibliographie des schweizerischen Staatskirchenrechts, Freiburg 1990 (=FV 31). [Kraus/Pahud de Mortanges, Bibliographie]

Kundert, Werner, Die Koadjutoren der Bischöfe von Chur. Eine historische und juristische Studie zum Bischofswahlrecht im 'letzten Reichsbistum', in: ZSR Beiheft 13 (1991).

Kurer, Martin, Die kantonalen Grundrechtsgarantien und ihr Verhältnis zum Bundesrecht, Diss. Zürich 1987 (=ZStöR 68).

Lampert, Ulrich, Die kirchlichen Stiftungen, Anstalten und Körperschaften nach schweizerischem Recht, Zürich 1912. [Lampert, Stiftungen]

Lampert, Ulrich, Die rechtliche Stellung der Landeskirchen in den schweizerischen Kantonen. Rektoratsrede Freiburg 1907, Freiburg 1908. [Lampert, Rektoratsrede]

Lampert, Ulrich, Rechtsgutachten betreffend die Eintragung der Kirchengüter in die Grundbücher der schwyzerischen Gemeinden, in: Folia officiosa Dioecesis Curiensis 19 (1913), S.75 ff. [Lampert, Gutachten]

Lampert, Ulrich, Zur rechtlichen Behandlung des kirchlichen Eigentums in der Schweiz, Freiburg 1904. [Lampert, Eigentum]

Landau, Peter, Beneficium, in: TRE V, S. 577 ff.

Lenz, Paul, Die diözesan- und ortskirchlichen juristischen Personen des kanonischen Rechts im privaten und öffentlichen Recht der Schweiz, Diss. Freiburg, Wil 1949.

Listl, Joseph, Aufgabe und Bedeutung der kanonistischen Teildisziplin des Ius Publicum Ecclesiasticum. Die Lehre der katholischen Kirche zum Verhältnis von Kirche und Staat seit dem Zweiten Vatikanischen Konzil, in: FS Georg May, S. 455 ff. [Listl, Aufgabe]

Listl, Joseph, Das Amt in der Kirche, in: Kirche im freiheitlichen Staat, S. 593 ff. [Listl, Amt]

Listl, Joseph, Das Grundrecht der Religionsfreiheit in der Rechtsprechung der Gerichte der Bundesrepublik Deutschland, Berlin 1971 (=Staatskirchenrechtliche Abhandlungen 1). [Listl, Religionsfreiheit]

Listl, Joseph, Die Aussagen des Codex Iuris Canonici vom 25. Januar 1983 zum Verhältnis von Kirche und Staat, in: Kirche im freiheitlichen Staat, S. 1032 ff. [Listl, Aussagen]

Listl, Joseph, Die Lehre der Kirche über das Verhältnis von Kirche und Staat, in: HdbKathKR, S. 1021 ff. [Listl, Lehre]

Listl, Joseph, Die Rechtsfolgen des Kirchenaustritts in der staatlichen und kirchlichen Rechtsordnung, in: Kirche im freiheitlichen Staat, S. 648 ff. [Listl, Kirchenaustritt]

Listl, Joseph, Die Rechtsnormen, in: HdbKathKR, S. 83 ff. [Listl, Rechtsnormen]

Listl, Joseph, Glaubens,- Bekenntnis- und Kirchenfreiheit, in HdbStKirchR I, S. 439 ff. [Listl, Glaubens-, Bekenntnis- und Kirchenfreiheit]

Listl, Joseph, Grundmodelle einer möglichen Zuordnung von Kirche und Staat, in: HdbKathKR, S. 1037 ff. [Listl, Grundmodelle]

Listl, Joseph, Keine Gewährleistung der Kirchenfreiheit nach der Schweizerischen Bundesverfassung. Das Verhältnis von Kirche und Staat im Kanton Luzern, in: AfkKR 160 (1991), S. 89 ff. [Listl, Gewährleistung]

Listl, Joseph, Kirche und Staat in der neueren katholischen Kirchenrechtswissenschaft, Berlin 1978 (=Staatskirchenrechtliche Abhandlungen 7). [Listl, Kirche und Staat]

Loretan, Adrian, Das Verhältnis der Kirchen zu den Grund- und Menschenrechten, in: Kirche-Staat im Umbruch, S. 262 ff. [Loretan, Verhältnis]

Loretan, Adrian, Das Verhältnis der römisch-katholischen Kirche zum Staat im Kontext der Grund- und Menschenrechte, in: Kirche-Staat im Umbruch, S. 100 ff. [Loretan, Kontext]

Loretan, Adrian, Kirchenmitgliedschaft und Kirchenaustritt, in: Jenseits der Kirchen, S. 113 ff. [Loretan, Kirchenaustritt]

Luze, Charles-Henri de, L'organisation ecclésiastique dans les cantons suisses, Diss. Lausanne, Tolchenaz 1988.

Maier, Hans, Kirche und Menschenrechte, in: Religions- und Glaubensfreiheit als Menschenrechte, Schriftenreihe der Ackermann-Gemeinde 30 (1980), S. 15 ff.

Malacrida, Ralph, Der Grundrechtsverzicht, Diss. Zürich 1992 (=ZStöR 105).

Malinverni, Giorgio, Die Europäische Menschenrechtskonvention. Die Glaubens- Gewissens- und Religionsfreiheit, in: Schweizerische Juristische Kartothek Nr. 1379, Genf 1984. [Malinverni, SJK]

Malinverni, Giorgio, Les Pactes dans l'ordre juridique interne, in: Walter Kälin/Giorgio Malinverni/Manfred Nowak, Die Schweiz und die UNO-Menschenrechtspakte. La Suisse et les Pactes des Nations Unies relatifs aux droits de l'homme, 2. Auflage, Basel/Frankfurt am Main/Brüssel 1998, S. 71 ff. [Malinverni, Pactes]

Marmy, Emil, Mensch und Gemeinschaft in christlicher Schau. Dokumente, Freiburg 1945.

Marti, Arnold, Art. 6, in: Zürcher Kommentar zum Schweizerischen Zivilgesetzbuch, Bd. I, Einleitung, 1. Teilbd., Art. 1-7 ZGB, 3. Auflage, Zürich 1998. [Arnold Marti, ZK I/1]

Marti, Hans, Glaubens- und Kultusfreiheit, in: Schweizerische Juristische Kartothek, Genf 1950, Nr. 1070-1076. [Hans Marti, SJK]

Mascello, Bruno, Elternrecht und Privatschulfreiheit. Dargestellt an der Volksschule in der Schweiz und in Deutschland, Diss. St. Gallen 1995.

May, Georg, Benefizium, in: LThK, 3. Auflage, Bd. II, Sp. 225 f. [May, Benefizium]

May, Georg, Das Kirchenamt, in: HdbKathKR, S. 141 ff. [May, Kirchenamt]

Michel, Nicolas, La Constitution fédérale et les évêchés: une discrimination contraire à la liberté religieuse, in: Rapports Eglise-Etat en Mutation, S. 25 ff.

Mikat, Paul, Das Verhältnis von Kirche und Staat nach der Lehre der katholischen Kirche, in: HdbStKirchR I, S. 111 ff. [Mikat, Verhältnis von Kirche und Staat]

Mikat, Paul, Kirche und Staat. I. Einleitung, in: StL, Bd. III, Sp. 468 ff. [Mikat, StL]

Mikat, Paul, Kirche und Staat. II. Kirche und Staat im Neuen Testament, in: StL, Bd. III, Sp. 470 ff. [Mikat, StL]

Mikat, Paul, Kirche und Staat. III. Das Verhältnis von Kirche und Staat aus katholischer Sicht, in: StL, Bd. III, Sp. 474 ff. [Mikat, StL]

Mikat, Paul, Kirche und Staat. V. Die allgemeine Ordnungsproblematik des Verhältnisses von Kirche und Staat aus staatlicher Sicht, in: StL, Bd. III, Sp. 487 ff. [Mikat, StL]

Moser, Cyprian, Die kirchenrechtliche Stellung der Pfarrei Einsiedeln, in: Wissenschaftliche Beilage zum Jahresbericht der Stiftsschule Einsiedeln 1936/37, Einsiedeln 1937.

Müller, Georg, Art. 22ter, in: Kommentar BV. [Georg Müller, BV-Kom.]

Müller, Jörg Paul, Einleitung zu den Grundrechten, in: Kommentar BV. [Jörg Paul Müller, BV-Kom. Einleitung zu den Grundrechten]

Müller, Jörg Paul, Funktion der Garantie eines Kerngehalts der Grundrechte in der Verfassung, in: recht – Zeitschrift für juristische Ausbildung und Praxis 11 (1993), S. 33 ff. [Jörg Paul Müller, Kerngehalt]

Müller, Jörg Paul, Grundrechte in der Schweiz. Im Rahmen der Bundesverfassung von 1999, der UNO-Pakte und der EMRK, Bern 1999. [Jörg Paul Müller, Grundrechte]

Müller, Jörg Paul, Religionsfreiheit – ihre Bedeutung, ihre innere und äussere Gefährdung, in: Jahrbuch des öffentlichen Rechts der Gegenwart NF 45 (1997), S. 1 ff. [Jörg Paul Müller, Religionsfreiheit]

Müller, Jörg Paul, Zur sogenannten subjektiv-und objektivrechtlichen Bedeutung der Grundrechte. Rechtsvergleichende Bemerkungen aus Schweizer Sicht, in: Der Staat 29 (1990), S. 33 ff. [Jörg Paul Müller, Bedeutung der Grundrechte]

Nay Giusep, Die Stellung der Katholischen Landeskirche Graubünden im Verhältnis zwischen Kirche und Staat, insbesondere ihr fehlendes Aufsichtsrecht über kirchliche Stiftungen des Bistums Chur, in: ZGRG 8 (1989), S. 52 ff. [Nay, Aufsichtsrecht]

Nay, Giusep, Freie Kirche im freien Staat, in: FS Peter Henrici, S. 475 ff. [Nay, Freie Kirche im freien Staat]

Nell-Breuning, Oswald von, Soziale Frage und Kirche, in: Herders Theologisches Taschenlexikon, hrsg. von Karl Rahner, Bd. VII, Freiburg i. Br./Basel/Wien 1973, S. 85 ff.

Neuhaus, Paul, Der neue Codex Iuris Canonici in privatrechtlicher Sicht, in: RabelsZ 47 (1983), S. 502 ff.

Noser, Hans Beat, Pfarrei und Kirchgemeinde, Diss. Freiburg 1957 (=FV 13).

Nowak, Manfred, Inhalt, Bedeutung und Durchsetzungsmechanismen der beiden UNO-Menschenrechtspakte, in: Walter Kälin/Giorgio Malinverni/Manfred Nowak, Die Schweiz und die UNO-Menschenrechtspakte. La Suisse et les Pactes des Nations Unies relatifs aux droits de l'homme, 2. Auflage, Basel/Frankfurt am Main/Brüssel 1998, S. 3 ff. [Nowak, UNO-Menschenrechtspakte]

Nowak, Manfred, UNO-Pakt über bürgerliche und politische Rechte und Fakultativprotokoll. CCPR-Kommentar, Kehl am Rhein/Strassburg/Arlington 1989. [Nowak, UNO-Pakt über bürgerliche und politische Rechte]

Oberholzer, Paul, Die Rechtsverhältnisse an den katholischen Kultusgebäuden mit besonderer Rücksicht auf die Schweiz, Diss. Freiburg 1927.

Odermatt, Alois, Selbstausschluss aus der Körperschaft der Getauften? Eine Blütenlese aus dem aktuellen Gespräch über 'Kirchenaustritte', in: Jenseits der Kirchen, S. 147 ff.

Oechslin, Heinrich, Die Völkerrechtsubjektivität des Apostolischen Stuhls und der Katholischen Kirche, Diss. Freiburg 1974 (=FV 16).

Ostertag, Fritz, Art. 944, in: Berner Kommentar zum Schweizerischen Privatrecht, Bd. IV, Das Sachenrecht, 3. Abteilung, Besitz und Grundbuch Art. 919-977 ZGB, Bern 1912. [Ostertag, BK]

Paarhammer, Hans, C. 515 CIC 1983 in: Münsterischer Kommentar zum Codex iuris canonici. [Paarhammer, Kom. c. 515 CIC 1983]

Pavan, Pietro, Erklärung über die Religionsfreiheit, Einleitung und Kommentar, in: LThK, Ergänzungsbände zum Zweiten Vatikanischen Konzil, Teil II, S. 704 ff.

Plattner, Peter, Die staatspolitische Bedeutung der staatskirchenrechtlichen Körperschaften in der Schweiz, in: SKZ Nr. 26 (1998), S. 413 f.

Plöchl, Wilibald, Benefizium, in: LThK, 2. Auflage, Bd. II, Sp. 196 ff. [Plöchl, Benefizium]

Plotke, Herbert, Schweizerisches Schulrecht, Bern und Stuttgart 1979.

Potz, Richard, Der Erwerb von Kirchenvermögen, in: HdbKathKR, S. 881 ff.

Primetshofer, Bruno, Kirchliche Verbandsformen im staatlichen Recht des deutschsprachigen Raumes, in: Das konsoziative Element in der Kirche. Akten des VI. Internationalen Kongresses für Kanonisches Recht, hrsg. von Winfried Aymans, Karl Theodor Geringer, Heribert Schmitz, St. Ottilien 1989, S. 847 ff.

Puza, Richard, Die Verwaltung des Kirchenvermögens, in: HdbKathKR, S. 900 ff. [Puza, Verwaltung]

Puza, Richard, Die Weltkirche und die Staaten, in: FS Hugo Schwendenwein, S. 651 ff. [Puza, Weltkirche]

Rahner, Karl/Vorgrimmler, Herbert, Kleines Konzilskompendium. Sämtliche Texte des Zweiten Vatikanums, 12. Auflage, Freiburg i. Br./Basel/Wien 1978.

Raselli, Niccolò, Schickliche Beerdigung für Andersgläubige, in: AJP 5 (1996), S. 1103 ff.

Ratzinger, Joseph, Freiheit und Bindung in der Kirche, in: Actes du IVe Congrès International de Droit Canonique, S. 37 ff.

Rauber, Karl-Josef, Das Verhältnis von Kirche und Staat in der Schweiz, in: Kirche-Staat im Umbruch, S. 170 ff.

Reichlin, Kurt, Kirche und Staat im Kanton Schwyz, Diss. Freiburg, Chur 1958.

Rey, Alois, Schwyzer kirchenpolitische Probleme im Laufe des 17. Jahrhunderts, in: Zeitschrift für Schweizerische Geschichte 29 (1949), S. 549 ff.

Rey, Heinz, Die Grundlagen des Sachenrechts und das Eigentum. Grundriss des schweizerischen Sachenrechts, Bd. I, Bern 1991.

Riemer, Hans Michael, Berner Kommentar zum schweizerischen Privatrecht, Bd. I, Das Personenrecht, 3. Abteilung, Die juristischen Personen, 1. Teilbd., Allgemeine Bestimmungen, Systematischer Teil und Kommentar zu Art. 52-59 ZGB, Bern 1993. [Riemer, BK I/1]

Riemer, Hans Michael, Berner Kommentar zum schweizerischen Privatrecht, Bd. I, Das Personenrecht, 3. Abteilung, Die juristischen Personen, 3. Teilbd., Die Stiftungen, Systematischer Teil und Kommentar zu Art. 80-89bis ZGB, Bern 1975. [Riemer, BK I/3]

Römisch-Katholische Zentralkonferenz (Hrsg.), Bischofswahlen in der Schweiz. Expertenbericht im Auftrag der Römisch-Katholischen Zentralkonferenz, Zürich 1992. [RKZ, Bischofswahlen]

Saladin, Peter, Art. 3, in: Kommentar BV. [Saladin, BV-Kom.]

Saladin, Peter, Die Beteiligung der Kirchen an politischen Entscheidungsprozessen, in: FS Kurt Eichenberger, S. 461 ff. [Saladin, Beteiligung]

Saladin, Peter, Grundrechte im Wandel. Die Rechtsprechung des Schweizerischen Bundesgerichts zu den Grundrechten in einer sich ändernden Umwelt, 3. Auflage, Bern 1982. [Saladin, Grundrechte]

Schindler, Dietrich, Art. 9, in: Kommentar BV. [Schindler, BV-Kom.]

Schindler, Dietrich, Die Schweiz und das Völkerrecht, in: Neues Handbuch der schweizerischen Aussenpolitik, S. 99 ff. [Schindler, Völkerrecht]

Schlaich, Klaus, Neutralität als verfassungsrechtliches Prinzip, vornehmlich im Kulturverfassungs- und Staatskirchenrecht, Tübingen 1972.

Schmid, Hans, Die rechtliche Stellung der römisch-katholischen Kirche im Kanton Zürich, Diss. Zürich 1973 (=ZBR 436).

Schmitz, Heribert, Die Bestimmungen des c. 1272 CIC zum Benefizialrecht, in: AfkKR 155 (1986), S. 443 ff. [Schmitz, Benefizialrecht]

Schmitz, Heribert/Kalde, Franz, Partikularnormen der deutschsprachigen Bischofskonferenzen, Metten 1990.

Schnatz, Helmut, Päpstliche Verlautbarungen zu Staat und Gesellschaft. Originaldokumente mit Deutscher Übersetzung, Darmstadt 1973.

Schulz, Winfried, C. 1269 CIC 1983, in: Münsterischer Kommentar zum Codex iuris canonici. [Schulz, Kom. c. 1269 CIC 1983]

Schulz, Winfried, Grundfragen des kirchlichen Vermögensrechts, in: HdbKathKR, S. 859 ff. [Schulz, Grundfragen]

Schütz, Dieter, Res sacrae, in: HdbStKirchR II, S. 3 ff.

Schwander, Paul, Die Rechtssetzung durch die Gemeinden im Kanton Schwyz, Diss. Freiburg 1947.

Schweizer, Eduard, Das Gemeindepatronatsrecht in den Urkantonen: in ZSR NF 24 (1905), S. 1 ff.

Schwendenwein, Hugo, Die korporative Religionsfreiheit in Österreich. Die Grundrechtsgarantie der gesetzlich anerkannten Religionsgemeinschaften, in: Jus et Justitia. Kirchenrechtliche und staatskirchenrechtliche Aufsätze, S. 779 ff. [Schwendenwein, korporative Religionsfreiheit]

Schwendenwein, Hugo, Durchführung des neuen CIC durch die Österrreichische Bischofskonferenz, in: Jus et Justitia. Kirchenrechtliche und staatskirchenrechtliche Aufsätze, S. 492 ff. [Schwendenwein, Durchführung des neuen CIC]

Simon, Edwin, Die Bezirke und Gemeinden als Selbstverwaltungskörper des Kantons Schwyz, Diss. Bern 1941.

Socha, Hubert, C. 22 CIC 1983, in: Münsterischer Kommentar zum Codex iuris canonici. [Socha, Kom. c. 22 CIC 1983]

Socha, Hubert, C. 129 CIC 1983, in: Münsterischer Kommentar zum Codex iuris canonici. [Socha, Kom. c. 129 CIC 1983]

Socha, Hubert, C. 145 CIC 1983, in: Münsterischer Kommentar zum Codex iuris canonici. [Socha, Kom. c. 145 CIC 1983]

Socha, Hubert, Einleitung vor c. 129 CIC 1983, in: Münsterischer Kommentar zum Codex iuris canonici. [Socha, Kom. Einleitung vor c. 129 CIC 1983]

Steiner, Hans, Rechtsgutachten über die Errichtung evangelisch-reformierter Kirchgemeinden als öffentlich-rechtliche Körperschaften, Schwyz 1955 (Manuskript).

Stillhart, Alkuin, Die Rechtspersönlichkeit der klösterlichen Verbandsformen nach kanonischem und schweizerischem Recht, Diss. Freiburg 1953 (=FV 6).

Strasser, Wolfgang, Religionsfreiheit und Völkerrecht, insbesondere Artikel 9 der Europäischen Menschenrechtskonvention, in: Staat und Kirche, S. 13 ff.

Theler, Johannes, Zum Verhältnis von Kirchen und Staat im Kanton Wallis: eine besondere Art der Kirchenfinanzierung, in: Kirche-Staat im Umbruch, S. 228 ff.

Thürer, Daniel, Bundesverfassung und Völkerrecht, in: Kommentar BV. [Thürer, BV-Kom.]

Thürer, Daniel, 'Soft Law'-eine neue Form von Völkerrecht?, in: ZSR NF 104 (1985) I, S. 429 ff. [Thürer, 'Sof Law']

Thürer, Daniel, Staatsverständnis und Kirchenverständnis aus staatsrechtlicher Sicht, in: Schweizer Monatshefte 71 (1991), S. 290 ff. [Thürer, Staatsverständnis und Kirchenverständnis]

Tuor, Peter/Schnyder, Bernhard/Schmid Jörg, Das Schweizerische Zivilgesetzbuch, 11. Auflage, Zürich 1995.

Vasella, Hans, Die Grundbucheintragung der kirchlichen Güter, Diss. Freiburg 1938 (=FV 4).

Verdross, Alfred/ Simma, Bruno, Universelles Völkerrecht. Theorie und Praxis, 3. Auflage, Berlin 1984.

Villiger, Mark E., Die Schweiz und die Europäische Menschenrechtskonvention, in: Civitas Nr. 10/11 (1997), S. 239 ff. [Villiger, Europäische Menschenrechtskonvention]

Villiger, Mark E., Handbuch der Europäischen Menschenrechtskonvention (EMRK) unter besonderer Berücksichtigung der schweizerischen Rechtslage, 2. Auflage, Zürich 1999. [Villiger, EMRK-Handbuch]

Waldkirch, Eduard von, Innerkirchliches und staatliches Kirchenrecht. Ursprung und quellenmässige Beziehungen, in: FG für den schweizerischen Juristenverein 1955, S. 150 ff.

Walser, Markus, Pfarrei, Kirchgemeinde und Landeskirche in der Diözese Chur, in: AfkKR 163 (1994), S. 423 ff. [Walser, Pfarrei, Kirchgemeinde und Landeskirche]

Walser, Markus, Vom Bistumsvertrag (1824) zur Kantonalkirche Schwyz (1997). Anmerkungen zum Verfassungsantrag vom 6. November 1996 für die römisch-katholische Kantonalkirche Schwyz, in: GS Winfried Schulz, S. 761 ff. [Walser, Bistumsvertrag]

Weber, Franz Xaver von, Der Rechtsanwalt im Katholischen Kirchenrecht. Ausgewählte Fragen zum Anwaltsrecht nach dem Codex Iuris Canonici 1983, Diss. Freiburg 1990 (=FV 29). [Franz Xaver v. Weber, Rechtsanwalt]

Weber, Franz Xaver von, Rechtliche Erwägungen zur päpstlichen Koadjutorernennung im Bistum Chur. Wurde die Rechtsstellung des Domkapitels und von Kantonen, insbesondere des Kantons Schwyz, verletzt und umgangen?, in: ZGRG 7 (1988), S. 48 ff. [Franz Xaver v. Weber, Koadjutorernennung]

Weber, Rolf H., Juristische Personen, in: Schweizerisches Privatrecht, hrsg. von Pierre Tercier, Bd. II, 4. Teilbd., Basel/Genf/München 1998. [Weber, SPR II]

Weber, Werner Alois von, Franz Xaver von Weber (1766-1843). Ein Schwyzer Staatsmann in bewegter Zeit, Schwyz 1998.

Weder, Ulrich, Die innenpolitische Neutralität des Staates. Ihre Bedeutung in der Schweiz, Diss. Zürich 1981.

Wildhaber, Luzius, Aussenpolitische Kompetenzordnung im schweizerischen Bundesstaat, in: Neues Handbuch der schweizerischen Aussenpolitik, S. 121 ff. [Wildhaber, Kompetenzordnung]

Wildhaber, Luzius, Entstehung und Aktualität der Souveränität, in: FS Kurt Eichenberger, S. 131 ff. [Wildhaber, Souveränität]

Winzeler, Christoph, Entscheidungen. Zum Selbstbestimmungsrecht der Kirchen, in: AJP 4 (1995), S. 94 ff. [Winzeler, Selbstbestimmungsrecht]

Winzeler, Christoph, Fremde Religionen in der Schweiz unter Gesichtspunkten der Religionsfreiheit und des Religionsverfassungsrechts, in: ZSR NF 117 (1998) I, S. 237 ff. [Winzeler, Fremde Religionen]
Winzeler, Christoph, Zur Interpretation und Konkretiesierung des 'Bistumsartikels' (Art. 50 Abs. 4 BV), in: AJP 4 (1995), S. 1455 ff. [Winzeler, Bistumsartikel]
Wyss, Martin Philipp, Glaubens- und Religionsfreiheit zwischen Integration und Isolation. Aktuelle Probleme aus der höchstrichterlichen und internationalen Praxis, in: ZBl 95 (1994), S. 385 ff. [Wyss, Glaubens- und Religionsfreiheit]
Wyss, Martin Philipp, Vom Umgang mit dem Transzendenten. Überlegungen und Anmerkungen zur Religionsfreiheit im Spiegel der neueren bundesgerichtlichen Judikatur, in: recht – Zeitschrift für juristische Ausbildung und Praxis 16 (1998), S. 173 ff. [Wyss, Umgang]
Zweifel, Paul, Religiöse Symbole und Kleidervorschriften im Zwielicht: zu BGE 116 Ia 252 und 119 Ia 178, in: ZBJV 131 (1995), S. 591 ff.

Fest- bzw. Gedenkschriften und Festgaben

FS Louis Carlen: Festschrift für *Louis Carlen* zum 60. Geburtstag, hrsg. von Louis C. Morsak und Markus Escher, Zürich 1989.
FS Kurt Eichenberger: Staatsorganisation und Staatsfunktion im Wandel. Festschrift für *Kurt Eichenberger* zum 60. Geburtstag, hrsg. von Georg Müller, René A. Rhinow, Gerhard Schmid und Luzius Wildhaber, Basel/Frankfurt am Main 1982.
FS Hans Giger: Freiheit und Zwang. Rechtliche, wirtschaftliche und gesellschaftliche Aspekte, Festschrift zum 60. Geburtstag von Professor Dr.iur. Dr.phil. *Hans Giger*, hrsg. von Walter J. Habscheid, Hans-Joachim Hoffmann-Nowotny, Willy Linder, Arthur Meier-Hayoz, Bern 1989.
FG Max Gutzwiller: Ius et Lex. Festgabe zum 70. Geburtstag von *Max Gutzwiller*, hrsg. von der Juristischen Fakultät der Universität Freiburg i.Ue., Basel 1959.
FS Ulrich Häfelin: Festschrift für *Ulrich Häfelin* zum 65. Geburtstag, hrsg. von Walter Haller, Alfred Kölz, Georg Müller und Daniel Thürer, Zürich 1989.
FS Peter Henrici: Kirche Kommunikation Kultur, *Peter Henrici* zum 70. Geburtstag, hrsg. von Urban Fink und René Zihlmann, Zürich 1998.
GS Max Imboden: Der Staat als Aufgabe. Gedenkschrift für *Max Imboden*, hrsg. von Peter Saladin und Luzius Wildhaber, Basel/Stuttgart 1972.
FS Eugen Isele: Festschrift für *Eugen Isele*, hrsg. von Louis Carlen, Freiburg 1973.

FS Arnold Koller: Recht, Staat und Politik am Ende des zweiten Jahrtausends, Festschrift zum 60. Geburtstag von Bundesrat *Arnold Koller*, hrsg. von Walter R. Schluep, Bern/Stuttgart/Wien 1993.

FS Georg May: Fides et Ius. Festschrift für *Georg May* zum 65. Geburtstag, hrsg. von Winfried Aymans, Anna Egler und Joseph Listl, Regensburg 1991.

FG Ernst Rössler: Iustitia in Caritate. Festgabe für *Ernst Rössler* zum 25jährigen Dienstjubiläum als Offizial der Diözese Rottenburg-Stuttgart, hrsg. von Richard Puza und Andreas Weiss, Frankfurt am Main 1997.

FS Heribert Schmitz: Iuri Canonico Promovendo. Festschrift für *Heribert Schmitz* zum 65. Geburtstag, hrsg. von Winfried Aymans und Karl-Theodor Geringer, Regensburg 1994.

FG Wilhelm Schönenberger: Festgabe für *Wilhelm Schönenberger*, Freiburg 1968.

GS Winfried Schulz: *Winfried Schulz* in Memoriam. Schriften aus Kanonistik und Staatskirchenrecht, hrsg. von Cesare Mirabelli, Giorgio Felciani, Carl Gerold Fürst und Helmut Pree, Frankfurt am Main/Berlin/Bern/New York/Paris/Wien 1999 (=AIC 8).

FS Hugo Schwendenwein: Recht im Dienste des Menschen. Festgabe zum 60. Geburtstag von *Hugo Schwendenwein*, hrsg. von Klaus Lüdicke, Hans Paarhammer, Dieter A. Binder, Graz 1986.

FG Bundesgericht: Erhaltung und Entfaltung des Rechts in der Rechtsprechung des Schweizerischen Bundesgerichts. Festgabe der schweizerischen Rechtsfakultäten zur Hundertjahrfeier des Bundesgerichts, Basel 1975.

FG Schweizerischer Juristentag 1985: Grenzen und Grenzüberschreitungen. Basler Festgabe zum schweizerischen Juristentag 1985, Basel/Frankfurt am Main 1985.

FG Schweizerischer Juristenverein 1955: Rechtsquellenprobleme im schweizerischen Recht. Berner Festgabe für den schweizerischen Juristenverein, in: ZBJV 91bis (1955).

Gesamtdarstellungen, Kommentare und Sammelpublikationen

Actes du IVe Congrès International de Droit Canonique: Les Droits Fondamentaux du Chrétien dans l'Eglise et dans la Société, publié par Eugenio Correco, Niklaus Herzog, Angelo Scola, Fribourg Suisse/Freiburg i. Br./Milano 1981.

Austritt aus der Kirche. Sortir de l'Eglise, hrsg. von Louis Carlen, Freiburg 1982.

Aymans, Winfried/Mörsdorf, Klaus, Kanonisches Recht. Lehrbuch aufgrund des Codex Iuris Canonici. Begründet von Eduard Eichmann, fortgeführt von

Klaus Mörsdorf, neu bearbeitet von Winfried Aymans, 2 Bde., Paderborn/München/Wien/Zürich 1991, 1997. [Aymans, Kanonisches Recht]

Corecco, Eugenio, Ordinatio Fidei. Schriften zum kanonischen Recht, hrsg, von Libero Gerosa und Ludger Müller, Paderborn/München/Wien/Zürich 1994.

Fleiner, Fritz, Ausgewählte Schriften und Reden, Zürich 1941.

Gareis, Carl/Zorn, Philipp, Staat und Kirche in der Schweiz. Eine Darstellung des eidgenössischen und kantonalen Kirchenstaatsrechtes mit besonderer Rücksicht auf die neuere Rechtsentwickelung und die heutigen Conflicte zwischen Staat und Kirche, 2 Bde., Zürich 1877/78.

Jenseits der Kirchen. Analyse und Auseinandersetzung mit einem neuen Phänomen in unserer Gesellschaft, hrsg. vom Schweizerischen Pastoralsoziologischen Institut, Zürich 1998 (=SPI-Publikationsreihe 5).

HdbKathKR: Handbuch des katholischen Kirchenrechts, hrsg. von Joseph Listl, Hubert Müller und Heribert Schmitz, Regensburg 1983.

HdbStKirchR: Handbuch des Staatskirchenrechts der Bundesrepublik Deutschland, hrsg. von Joseph Listl und Dietrich Pirson, 2 Bde., 2. Auflage, Berlin 1994.

Kirche-Staat im Umbruch. Neuere Entwicklungen im Verhältnis von Kirchen und anderen Religionsgemeinschaften zum Staat, hrsg. von Adrian Loretan, Zürich 1995.

Kommentar BV: Kommentar zur Bundesverfassung der Schweizerischen Eidgenossenschaft vom 29. Mai 1874, hrsg. von Jean-François Aubert, Kurt Eichenberger, Jörg Paul Müller, René A. Rhinow und Dietrich Schindler, Basel/Zürich/Bern ab 1987 (Loseblatt-Form).

Kraus, Dieter, Schweizerisches Staatskirchenrecht. Hauptlinien des Verhältnisses von Staat und Kirche auf eidgenössischer und kantonaler Ebene, Diss. Tübingen 1993 (=Jus Ecclesiasticum 45) [Kraus, Staatskirchenrecht].

Lampert, Ulrich, Kirche und Staat in der Schweiz, 3 Bde., Freiburg/Basel/Leipzig 1929, 1938, 1939. [Lampert, Kirche und Staat]

Listl, Joseph, Kirche im freiheitlichen Staat. Schriften zum Staatskirchenrecht und Kirchenrecht, 2 Halbbde., hrsg. von Josef Isensee und Wolfgang Rüfner, Berlin 1996 (=Staatskirchenrechtliche Abhandlungen 25).

LThK: Lexikon für Theologie und Kirche, hrsg. von Josef Höfer und Karl Rahner, 2. Auflage, Freiburg i. Br. 1957-1967; Ergänzungsbände zum Zweiten Vatikanischen Konzil, Freiburg i. Br./Basel/Wien 1967-1968.

LThK: Lexikon für Theologie und Kirche, hrsg. von Walter Kasper et alii, 3. Auflage, Freiburg i.Br/Basel/Rom/Wien ab 1993.

Mörsdorf, Klaus, Lehrbuch des Kirchenrechts auf Grund des Codex Iuris Canonici. Begründet von Eduard Eichmann, fortgeführt von Klaus Mörsdorf, Bd. I,

11. Auflage 1963; Bd. II, 12. Auflage 1967; Bd. III, 11. Auflage 1979, jeweils Paderborn/München/Wien.

Münsterischer Kommentar zum Codex iuris canonici unter besonderer Berücksichtigung der Rechtslage in Deutschland, Österreich und der Schweiz, hrsg. von Klaus Lüdicke, 4 Bde., Essen ab 1985 (Loseblattform).

Neues Handbuch der schweizerischen Aussenpolitik, hrsg. von Alois Riklin, Hans Haug, Raymond Probst, Bern/Stuttgart/Wien 1992 (=Schriftenreihe der Schweizerischen Gesellschaft für Aussenpolitik 11).

Rapports Eglise-Etat en Mutation. La situation en Suisse romande et au Tessin, publié sous la direction de Adrian Loretan, Freiburg 1997 (=FV 49).

Schwendenwein, Hugo, Jus et Justitia. Kirchenrechtliche und staatskirchenrechtliche Aufsätze, Freiburg 1996 (=FV 45).

Staat und Kirche. Grundsätzliche und aktuelle Probleme, hrsg. von Herbert Wille und Georges Baur, Vaduz 1999 (=LPS 26).

StL: Staatslexikon. Recht, Wirtschaft, Gesellschaft in 5 Bänden, hrsg. von der Görres-Gesellschaft, 7. Auflage, Freiburg/Basel/Wien 1985-1989.

TRE: Theologische Realenzyklopädie, hrsg. von Gerhard Krause, Gerhard Müller et alii, Berlin/New York ab 1977.

Materialien und Quellen

Staatliche Materialien und Quellen

Bezüglich der in Rechtskraft stehenden staatlichen Erlasse wird auf die eidgenössische und die kantonale Gesetzessammlung (SR resp. nGS SZ) verwiesen. Entscheidungen von Behörden mit judikativer Funktion sind, wo nichts anderes angegeben wird, den amtlichen Sammlungen (BGE bzw. VPB, sowie EGV-SZ) entnommen.

A. Bund

Reform der Bundesverfassung, Erläuterungen zum Verfassungsentwurf, Bern 1995. [Erläuterungen zum Verfassungsentwurf VE 95]

Reform der Bundesverfassung, Verfassungsentwurf, Bern 1995. [VE 95]

Botschaft des Bundesrates über die Nachführung der Bundesverfassung vom 20. November 1996, BBl 1997 I 1-587. [Botschaft BV]

Bundesbeschluss über eine nachgeführte Bundesverfassung, BBl 1997 I 589-634. [VE 96]

Bundesbeschluss über die Reform der Volksrechte, BBl 1997 I 635-642.

Botschaft des Bundesrates über die Volksinitiative betreffend die vollständige Trennung von Staat und Kirche vom 6. September 1978, BBl 1978 II 665-697.

Botschaft des Bundesrates betreffend den Beitritt der Schweiz zu den beiden internationalen Menschenrechtspakten von 1966 und zu einer Änderung des Bundesrechtspflegegesetzes vom 30. Januar 1991, BBl 1991 I 1189-1211.

Botschaft des Bundesrates über den Beitritt der Schweiz zum Internationalen Übereinkommen von 1965 zur Beseitigung jeder Form von Rassendiskriminierung und über die entsprechende Strafrechtsrevision vom 2. März 1992, BBl 1992 III 269-331.

Abschliessendes Dokument des KSZE-Folgetreffens von Wien, BBl 1989 II 421-453.

'Erklärung der Uno-Generalversammlung über die Beseitigung aller Formen von Intoleranz und Diskriminierung aufgrund der Religion oder der Überzeugung', BBl 1988 III 1408-1411.

Botschaft des Bundesrates an die Bundesversammlung, betreffend die eidgenössische Gewährleistung der Partialrevision der Verfassung des eidgenössischen Standes Schwyz vom 23. Oktober 1898 (vom 22. August 1899), BBl 1899 IV 483-523.
Botschaft des Bundesrates an die Bundesversammlung über die Gewährleistung der geänderten Verfassung des Kantons Schwyz (vom 28. Oktober 1970), BBl 1970 II 1358-1365.
Botschaft des Bundesrates über die Gewährleistung der geänderten Verfassung des Kantons Schwyz (vom 7. April 1993), BBl 1993 II 185-190.

B. Kanton Schwyz

Botschaft des Regierungsrates zum Gesetz über die Organisation der Gemeinden und Bezirke, ABl 1970 344-366.
RRB 1991/840: Neuordnung des Verhältnisses von Kirche und Staat im Kanton Schwyz; Partialrevison der Kantonsverfassung; Bericht und Vorlage an den Kantonsrat.
Abstimmungsvorlagen und Erläuterungen des Regierungsrates zur kantonalen Volksabstimmung vom 27. September 1992.
RRB 1997/1867: Neuordnung des Verhältnisses von Kirchen und Staat: Erlass eines Organisationsstatuts für die Römisch-katholische Kantonalkirche; Bericht und Vorlage an den Regierungsrat.
RRB 1998/377: Erlass eines Organisationsstatus für die Römisch-katholische Kantonalkirche Schwyz mit Beilage.
KRB über den Erlass des Organisationsstatus der Römisch-katholischen Kantonalkirche Schwyz, ABl 1998 508.

Staatskirchenvertragsrechtliche Quellen

'Übereinkunft betreffend die Vereinigung des Kantons Schwyz mit dem Bistum Chur und die Verwaltung des Diözesanfonds', in: nGS SZ I-80. [Bistumsvertrag]

Kirchliche Materialien und Quellen

A. Kirchliche Gesetzesbücher und -texte

Codex Iuris Canonici Pii X Pontificis Maximi iussu digestus Benedicti Papae XV auctoritate promulgatus, Roma 1917. [CIC 1917]

Codex Iuris Canonici. Auctoritate Ioannis Pauli PP. II promulgatus, AAS 75 (1983), pars II; dt., Codex Iuris Canonici. Codex des kanonischen Rechts, Lateinisch-deutsche Ausgabe, 3. Aufl., Kevelaer 1989. [CIC 1983]

Johannes Paul II. Apostolische Konstitution 'Pastor Bonus', in: AAS 80 (1988), S. 841-934.

B. Texte und Akten des Zweiten Vatikanischen Konzils

Dogmatische Konstitution 'Lumen Gentium' (21. November 1964), in: AAS 57 (1965), S. 5-75. [LG]

Dekret 'Christus Dominus' (28. Oktober 1965), in: AAS 58 (1966), S. 673-696. [CD]

Erklärung 'Dignitatis Humanae' (7. Dezemeber 1965), in: AAS 58 (1965), S. 929-941. [DH]

Pastoralkonstitution 'Gaudium et Spes' (7. Dezember 1965), in: AAS 58 (1966), S. 1025-1115. [GS]

Dekret 'Presbyterorum Ordinis' (7. Dezember 1965), in: AAS 58 (1966), S. 991-1024. [PO]

Die dt. Übersetzung der Konzilstexte wurde Rahner/Vorgrimmler entnommen.

C. Päpstliche Lehr- und Rundschreiben

Leo XIII. Enzyklika 'Graves de communi', in: ASS 33 (1900-1901), S. 385-396; dt., Schnatz, S. 391-399.

Leo XIII. Enzyklika 'Immortale Dei', in: ASS 18 (1885-1886), S. 161-180; dt., Schnatz, S. 97-139; Marmy, S. 571-602.

Leo XIII. Enzyklika 'Sapentiae christianae', in: ASS 22 (1889-1890), S. 385-404; dt., Schnatz, S. 189-231; Marmy, S. 603-631.

Paul VI. Motu proprio 'Sollicitudo omnium Ecclesiarum', in: AAS 61 (1969), S. 473-484.

Paul VI. Motu proprio 'Ecclesiae Sanctae', in: AAS 58 (1966), S. 757-787.

Johannes Paul II. Apostolisches Schreiben 'Tertio millenio adveniente', in: AAS 87 (1995), S. 5-41.

D. Päpstliche Verfügungen

Leo XII. Päpstliche Bulle 'Imposita humilitati' betreffend die Vereinigung des Kantons Schwyz mit dem Bistum Chur, in: nGS SZ I-81. [Vereinigungsbulle 'Imposita humilitati']

E. Partikualrrecht

Partikularnormen der Schweizer Bischofskonferenz, abgedruckt in: Schmitz/ Kalde, S. 8 ff.

F. Bischöfliche Stellungnahmen

Vernehmlassung des bischöflichen Ordinariates Chur betreffend die Neuordnung des Verhältnisses von Kirche und Staat im Kanton Schwyz vom 23. Februar 1993.

Weitere Hinweise auf verwendete Materialien und Quellen befinden sich in den Fussnoten.

Abkürzungsverzeichnis

Die in den einzelnen Zitationen durch die jeweiligen Autoren verwendeten Abkürzungen werden in diesem Verzeichnis nicht aufgeführt.

a	alt, alte
a.M.	anderer Meinung
AAS	Acta Apostolicae Sedis
ABl	Amtsblatt des Kantons Schwyz
Abs.	Absatz
AfkKR	Archiv für katholisches Kirchenrecht
AIC	Adnotationes in ius canonicum
AJP	Aktuelle Juristische Praxis
Anm.	Anmerkung
Art.	Artikel
AS	Amtliche Sammlung des Bundesrechts
ASR	Abhandlungen zum schweizerischen Recht
ASS	Acta Sanctae Sedis
Aufl.	Auflage
BB	Bundesbeschluss
BBl	Bundesblatt
Bd./Bde.	Band/Bände
BGE	Entscheidungen des Schweizerischen Bundesgerichts
BGer.	Bundesgericht
BJM	Basler Juristische Mitteilungen
BK	Berner Kommentar
BStR	Basler Studien zur Rechtswissenschaft
BV	Bundesverfassung der Schweizersichen Eidgenossenschaft vom 18. April 1999 (SR 101)
BVerfGE	Entscheidungssammlung des deutschen Bundesverfassungsgerichts
bzw.	beziehungsweise
c.	canon
cc.	canones
CCEO	Codex Canonum Ecclesiarum Orientalium
CD	Christus Dominus (Vat. II)

cf.	confer
CIC	Codex Iuris Canonici
d.h.	das heisst
Ders.	Derselbe
DH	Dignitatis Humanae (Vat. II)
Dies.	Dieselben
Diss.	Dissertation
DR	Decisions and Reports. Sammlung der Entscheidungen und Berichte der Europäischen Kommission für Menschenrechte
dt.	deutsch
E.	Erwägung
Eccl Sanct	Motuproprio 'Ecclesiae Sanctae'
EG ZGB	Einführungsgesetz zum ZGB (nGS SZ II-175)
EGV-SZ	Entscheidungen der Gerichts- und Verwaltungsbehörden des Kantons Schwyz
EMRK	Konvention zum Schutze der Menschenrechte und der Grundfreiheiten vom 4. November 1950 (SR 0.101)
etc.	et cetera
ev.-ref.	evangelisch-reformiert
evt.	eventuell
f./ff.	folgende Seite(n)/Artikel
FHG	Gesetz über den Finanzhaushalt der Bezirke und Gemeinden vom 27. Januar 1994 (nGS SZ I-70)
FN	Fussnote
FS/FG	Festschrift/Festgabe
FV	Freiburger Veröffentlichungen aus dem Gebiete von Kirche und Staat
gl.M.	gleicher Meinung
GOG	Gesetz über die Organisation der Bezirke und Gemeinden vom 29. Oktober 1969 (nGS SZ I-65)
GS	Gaudium et Spes (Vat. II)
GVKS	Gesetz über das Verhältnis zwischen Kirchen und Staat im Kanton Wallis
HdbKathKR	Handbuch des katholischen Kirchenrechts
HdbStKirchR	Handbuch des Staatskirchenrechts der Bundesrepublik Deutschland
Hl./hl.	Heilig
Hrsg./hrsg.	Herausgeber/herausgegeben
i.d.R.	in der Regel
i.e.	id est

i.e.S.	im engeren Sinne
i.w.S.	im weiteren Sinne
IGH	Internationaler Gerichtshof
IPE	Ius Publicum Ecclesiasticum
IPRG	Bundesgesetz über das Internationale Privatrecht vom 18. Dezember 1987 (SR 291)
Kom.	Kommentar
KRB	Kantonsratsbeschluss
KSG	Gesetz über die Beziehungen zwischen den Kirchen und dem Staat im Kanton Freiburg
KSZE	Konferenz über Sicherheit und Zusammenarbeit in Europa, vgl. auch OSZE
Kt.	Kanton
KV SZ	Verfassung des eidgenössischen Standes Schwyz vom 23. Oktober 1898 (SR 131.215)
LEF	Lex Ecclesiae Fundamentalis
LG	Lumen Gentium (Vat. II)
Lit.	Literatur
lit.	litera/literae
loc.cit.	loco citato
LPS	Liechtenstein Politische Schriften
LThk	Lexikon für Theologie und Kirche
Mk	Markus-Evangelium
NF	neue Folge
nGS-SZ	Schwyzer Gesetzessammlung (Bd. I-VII)
Nr./N°/n.	Nummer
NZZ	Neue Zürcher Zeitung
ÖAKR	Österreichisches Archiv für Kirchenrecht
OG	Bundesgesetz über die Organisation der Bundesrechtspflege vom 16. Dezember 1942 (SR 173.110)
op.cit.	opus citatum
OR	Bundesgesetz betreffend die Ergänzung des Schweizerischen Zivilgesetzbuches (Fünfter Teil: Obligationenrecht) vom 30. März 1911 (SR 220)
OSZE	Organisation für Sicherheit und Zusammenarbeit in Europa
PO	Presbyterorum ordinis (Vat. II)
RabelsZ	Rabels Zeitschrift für ausländisches und internationales Privatrecht
RBKG	Rechenschaftsbericht des Kantonsgerichts des Kantons Schwyz

RBR	Rechenschaftsbericht des Regierungsrates des Kantons Schwyz
RDAF	Revue de droit administratif et de droit fiscal
resp.	respektive
rev.	revidiert, revidierte
RKZ	Römisch-katholische Zentralkonferenz
RRB	Regierungsratsbeschluss des Kantons Schwyz
Rz.	Randziffer
S.	Seite(n)
sc.	sicilicet
SchlT	Schlusstitel
SJK	Schweizerische Juristische Kartothek
SJZ	Schweizerische Juristenzeitung
SKZ	Schweizerische Kirchenzeitung
Sp.	Spalte(n)
SPR	Schweizerisches Privatrecht
SR	Systematische Sammlung des Bundesrechts
SStIR	Schweizer Studien zum Internationalen Recht
ST	systematischer Teil
StG	Steuergesetz vom 28. Oktober 1958 (nGS SZ I-105)
StGB	Schweizerisches Strafgesetzbuch vom 21. Dezember 1937 (SR 311.0)
StL	Staatslexikon
SZ	Schwyz
TE	Textus Emendatus
TschG	Bundesgesetz über den Tierschutz vom 9. März 1978 (SR 455)
u.a.	und andere(s)/unter anderem(n)
ÜbBest.	Übergangsbestimmung(en)
UNO	United Nations Organisation/Organisation der Vereinten Nationen
UNO-Pakt II	Internationaler Pakt über bürgerliche und politische Rechte vom 16. Dezember 1966 (SR 0.103.2)
usw.	und so weiter
v.	versus
Vat. II	Zweites Vatikanisches Konzil
VE 95	Verfassungsentwurf des Bundesrates vom 26. Juni 1995 (Vernehmlassungsvorlage)
VE 96	Verfassungsentwurf des Bundesrates vom 20. November 1996 (BBl 1997 I 1 ff.)

VPB	Verwaltungspraxis der Bundesbehörden
VRK	Wiener Übereinkommen über das Recht der Verträge vom 23. Mai 1969 (SR 0.111)
VRP	Verordnung über die Verwaltungsrechtspflege vom 6. Juni 1974 (nGS SZ II-225)
VwVG	Bundesgesetz über das Verwaltungsverfahren vom 20. Dezember 1968 (SR 172.021)
z.B.	zum Beispiel
z.T.	zum Teil
ZBJV	Zeitschrift des Bernischen Juristenvereins
ZBl	Schweizerisches Zentralblatt für Staats- und Verwaltungsrecht (bis 1988: Schweizerisches Zentralblatt für Staats- und Gemeindeverwaltung)
ZBR	Zürcher Beiträge zur Rechtswissenschaft
ZevKR	Zeitschrift für evanglisches Kirchenrecht
ZGB	Schweizerisches Zivilgesetzbuch vom 10. Dezember 1907 (SR 210)
ZGRG	Zeitschrift für Gesetzgebung und Rechtsprechung in Graubünden
Ziff.	Ziffer, Ziffern
zit.	zitiert, zitierte, zitierten
ZK	Zürcher Kommentar
ZRG KA	Zeitschrift der Savigny-Stiftung für Rechtsgeschichte, Kanonistische Abteilung
ZSGV	Schweizerisches Zentralblatt für Staats- und Gemeindeverwaltung (bis 1988)
ZSR	Zeitschrift für Schweizerisches Recht
ZStöR	Zürcher Studien zum öffentlichen Recht
ZStV	Zürcher Studien zum Verfahrensrecht

Teil 1 Religionsverfassungsrechtliche Vorgaben des Bundes

Der 1. Teil dieser Arbeit vermittelt ein Bild der religionsverfassungsrechtlichen Vorgaben des Bundes an das kantonale Recht. Diese Skizze erfasst das Wesen des kirchlichen Selbstbestimmungsrechts hinsichtlich seiner saekularen Freiräume und Determinationen auf das Ziel hin, die Analyse der staatskirchenrechtlichen Begegnungsplätze zwischen Gliedstaat und konfessionellem Verband[1] auf der kantonalschwyzerischen Ebene u.a. mit den religionsrechtlichen Voraussetzungen[2] bundesstaatlich zwingender Observanz zu instrumentieren. Dabei ist zu

---

1 Diese Terminologie wird vorliegend synonym für die eigenrechtsmächtig hierarchisch verfasste röm.-kath. Kirche verwendet.

2 Der Komplex des Religionsrechts wird definitorisch als Summe von Rechtsnormen, die sich auf religiöse Sachverhalte beziehen, verstanden. Dieser beinhaltet u. a. das Staatskirchenrecht, welches das Verhältnis des Staates zur Religion und den Religionsgemeinschaften regelt. „Mit diesem Begriff wird vor allem zum Ausdruck gebracht, dass es sich bei den fraglichen Bestimmungen um *staatliche* Normen handelt, die die Kirche betreffen.“ (Karlen, Religionsfreiheit, S. 63). Das Kirchenrecht als normative Ordnung der souveränen röm.-kath. Kirche umfasst er logischerweise nicht. Unter begriffs- und problemgeschichtlichen Gesichtspunkten skizziert Hollerbach, Staatskirchenrecht oder Religionsrecht, S. 870 ff., Adäquanz und Profil der beiden Termini ‘Staatskirchenrecht’ und ‘Religionsrecht’. Hierbei ist anzumerken, dass gerade für das gliedstaatliche System der Dualität von Kirche und Staat eine begrifflich differenzierende Verwendung von Staatskirchenrecht und Religionsrecht i.e.S. notwendig ist, da vom staatsrechtlichen Blickwinkel aus betrachtet auch in terminologischer Hinsicht der spezifische Regelungsort des Verhältnisses Kirche-Staat in seiner einseitig angemassten Ausprägung denunziert und fassbar gemacht werden soll. Das Gemeinwesen stellt nämlich i.d.R. insofern eine publizistische Beziehung zu einzelnen konfessionellen Gemeinschaften her, als es auf kommunaler bzw. kantonaler Stufe autonome und seinem Wesen nachgeahmte Körperschaften des öffentlichen Rechts generiert, welche der Gliedstaat korrekterweise anhand ihres kirchlich definierten Zwecks dem konfessionellen Verband hinordnet. Rechtsbegrifflich wird die Summe der bezüglichen Normen und Ansprüche vom Terminus ‘Staatskirchenrecht’ – trotz kirchenpolitischen Beigeschmacks – anschaulich und eingängig klassifiziert. – Die religionsfreiheitlichen Garantien beherrschen die Gesamtheit der religionsrechtlichen Regelungen. Freiheit und staatsmächtige Regel sind normative Verhältniskonstituanten. Als grundlegende Fundamentalnorm stellt die Religionsfreiheit gewisse Anforderungen an die religionsrechtliche Ordnung, welche ihrerseits durch Ausgestaltung, Einschränkung und Sicherung dem freiheitsrechtlichen Fundus nachordnenderweise sein „charakteristisches Gepräge“ gibt. Vgl. Karlen, Religionsfreiheit, S. 61 ff.; sowie Winzeler, Fremde Religionen, S. 243.

betonen, dass die demokratisch-rechtsstaatlich ausgeprägte Staatsgewalt nicht als Schranke der Grundrechte funktioniert, sondern die Grundrechte Schranken der Staatsgewalt darstellen[3]. Das rechtsmachtmässige Gefälle zwischen Staat und Kirche lässt es methodologisch opportun erscheinen, das Gefüge der Beziehungen in erster Linie aus der Sicht des weltlichen Rechtskreises zu beleuchten, um hernach im 2. Teil in concreto die eruierten Freiräume mit der staatsrechtlichen Wirksamkeit des eigenrechtsmächtigen römisch-katholischen Arrangements auszufüllen. Als Traktanden werden die formale Stellung der römisch-katholischen Kirche bzw. der entsprechenden staatskirchenrechtlichen Gefässe im bundesstaatlich-föderalen Normengefüge in bezug auf Lokalisation und Qualität erarbeitet, die grundfreiheitliche Legitimationsbasis der staatskirchenrechtlichen Ordnungen untersucht sowie die Frage nach der freiheitsrechtlichen Regularität saekular verordneter Rechtsingerenzen mitsamt der Legitimität fremddeterminierter materieller Obliegenheiten zulasten des konfessionellen Verbandes geprüft. Die koexistentiale Wirklichkeit von Kirche und Staat verlangt aber auch den Einbezug der ekklesialen Position. „Hier ist der Standort der säkulare Staat, der sich auf diesseitige Aufgaben zurückzieht und die Frage religiöser Wahrheit den Individuen überantwortet, dort die Kirche, die sich als Mittlerin transzendenten Heils versteht, die sich aus religiöser Wahrheit legitimiert und die Pflicht zur Wahrheit einfordert“[4]. Folglich ist in foro civile dort auf die kirchliche Rechtsordnung zu verweisen, wo das Verhältnissystem es sachlich indiziert oder zur Aufrechterhaltung seiner Stringenz zulassen muss.

Die Vernunft steht dem Juristen als Erkenntnisquelle zur Verfügung, während der Theologe im Glauben das letztgültige Kriterium seines Erkennens erfasst.

– Die Orientierung an der objektivrechtlichen Grundrechtsseite lässt die gegenseitig bezugnehmenden Konturen des formalen Unterscheidungsschemas in Religionsfreiheit und Staatskirchenrecht zufolge des konstitutiv-institutionellen Gehalts der Fundamentalnorm materialiter ineinander aufgehen. Insofern macht die wechselseitige Bedingtheit von Grundrecht und Verhältnisordnung eine Separation nur aber immerhin rechtsklassifikatorisch wesentlich. In der Konsequenz erheischt ein integrales Grundrechtsverständnis, welches das Verhältnis Kirche-Staat im Bereich des Staatskirchenrechts freiheitsrechtlich prägend determiniert, „eine prinzipielle Scheidung von Kirche und Staat, jedoch nicht die Errichtung eines eigentlichen Trennungssystems“ (Karlen, Religionsfreiheit, S. 59). – Zur terminologischen Missverständlichkeit des Begriffs 'Staatskirchenrecht' siehe Karlen, Religionsfreiheit, S. 63; Kraus, Staatskirchenrecht, S. 64 f. Winzeler, Fremde Religionen, S. 243, bevorzugt anstelle des Begriffs 'Staatskirchenrecht' denjenigen des 'Religionsverfassungsrechts'. Dieser eignet sich aber primär als lozierender Oberbegriff für die (bundes)verfassungsrechtlichen Normen mit religions-(bzw. freiheits-)rechtlichem Inhalt i.w.S. In diesem Sinne findet er vorliegend Verwendung.

3 Bolz, S. 160.

4 Isensee/Rüfner, S. XXXIII.

Das folgerichtig schlussfolgernde Denken der Logik taugt beiden zur Erkenntnismethode[5]. Die Schwierigkeit der rechtlichen Ausformung einer für Kirche und Staat akzeptablen Form der Koexistenz liegt in der Verschiedenheit der Objekte von Theologie und Jurisprudenz begründet[6]. Das Gemeinwesen hat sich hierbei der ontologischen „Einheit von göttlichem und menschlichem Recht"[7] bewusst zu werden und deren natürliche Prädisposition bei der Wahl der Organisationsform des menschlichen Zusammenlebens einfliessen zu lassen. Dies betrifft im beson-

---

5 „Definitionsgemäss bedient sich der Jurist – Vertreter einer nichttheologischen Humanwissenschaft – der Vernunft als einziger Erkenntnisquelle und beschäftigt sich mit einem Gegenstand menschlichen Ursprungs und menschlicher Natur, mit dem weltlichen Recht im allgemeinen [...] Definitionsgemäss bedient sich der Theologe des Glaubens als letztgültigem Erkenntniskriterium und beschäftigt sich mit einem nicht natürlichen, sondern geoffenbarten Gegenstand." (Corecco, Erwägungen, S. 430 f.). – Hinsichtlich der kirchenrechtlichen Disziplin des 'Ius Publicum Ecclesiasticum' wies Kardinal Ottaviani darauf hin, dass für diese kanonistische Sparte andere theologische Teilwissenschaften vorausgesetzt sind. Siehe Listl, Lehre, S. 1023 f. – Ebenso gilt dies für die Beschäftigung mit dem saekularen Staatskirchenrecht, welches über das materiell vermöge des formellen Vorbehalts bzw. durch die staatsrechtliche Anerkennung kodikarischer Rechtspersonen rezipierte kanonische Recht auch theologische Ergebnisse miteinbezieht. Von der kirchlichen Seite her betrachtet eignet die iuristische Methode der Kanonistik ebenso wie der saekularen Rechtswissenschaft. Hierzu Mörsdorf, Kirchenrecht I, S. 36: „Die Kanonistik ist ... Rechtswissenschaft und begegnet in formaler Hinsicht ihrer weltlichen Schwester, sie hat bei ihr die Formen des juristischen Denkens gesucht und im kirchlichen Bereich zur fruchtbaren Entfaltung gebracht. Man darf kurz sagen: *Die Kanonistik ist eine theologische Disziplin mit juristischer Methode*." Vgl. auch Listl, Aufgabe, S. 490; Krämer, S. 20 f. Dabei folgt jedoch das Kirchenrecht „nicht aus der 'ratio'; es folgt vielmehr wie die Kirche selbst aus dem Glauben, der eine rechtliche Rationalität in sich schliesst. Das Erkenntnisprinzip der Kanonistik ist deshalb 'der rechtlich spezifizierte Glaube der Kirche'" (Aymans, Kanonisches Recht I, S. 71).

6 Nachdem die Diskussion um legitime Herrschaftsformen mit der vorherrschend gewordenen Demokratie des 20. Jahrhunderts abnahm, versuchte die röm.-kath. Kirche zu ihr ein „wesensgemässes ... das heißt ein theologisches Verhältnis zu entwickeln. Denn in einer gesellschaftlichen Situation, in der ohne demokratische Herrschaftsform Freiheit, Recht und Würde des Menschen auf keinen Fall mehr gewährleistet werden kann, ... muss der Gedanke *wie* die Demokratie beschaffen sein muss, damit sie die Güter Freiheit und Menschenwürde wirksam sichert und nicht in ein Gegenteil verfälscht, alle Aufmerksamkeit der Christen beanspruchen." (Maier, S. 24). Dies veranlasste das Zweite Vatikanische Konzil, die Prinzipien des freiheitlichen und gewaltenteiligen Staates zu unterstreichen und mithin die Anerkennung der modernen Demokratie zum Ausdruck zu bringen. Vgl. Listl, Kirche und Staat, S. 232 ff.; Mikat, Verhältnis von Kirche und Staat, S. 137.

7 Corecco, Erwägungen, S. 431, welcher diesen fundamentalen Grundsatz der röm.-kath. Theologie von Augustinus bezieht.

deren seine Haltung gegenüber der Kirche als einer Iure divino verfassten Anstalt[8].

Das Recht, womit der Staat seine Beziehungen zur Kirche ordnet, weist fundamentale Eigenarten auf, „wie sie sonstigen Rechtsdisziplinen (vielleicht abgesehen vom Völkerrecht) durchwegs fremd sind. Das Staatskirchenrecht ist Staatsrecht par exellence. Es ist Bestandteil der rechtlichen Grundordnung des Gemeinwesens."[9]. Die normative Konstituierung der staatlichen Organisation und die Garantie der grundsätzlichen, menschenrechtlich determinierten Rechtsstellung des Individuums[10] gehören zu den rechtsstaatlich-demokratischen Grundfunktionen der Verfassung im materiellen Sinn[11]. Diese beiden Elemente objektiver Ordnung erhellen auch das Verhältnisdispositiv des Staates zur Kirche. Die organisatorische Verortung der Religionsgemeinschaften im staatlichen Normengefüge sowie die Gewährleistung eines geschützten Freiraumes bei der Glaubensverwirklichung bezeichnen die Hauptakzente des bundesrechtlichen Bezuges zu den verschiedenen Konfessionen. Damit weitet sich das duale Konzept des Verhältnisses Kirche-Staat zum „Beziehungsdreieck über das Grundrecht der

---

8 Das Recht der Kirche aus ihrem Gesellschaftscharakter – ex post angereichert durch theologische Komponenten – soziologisch abzuleiten, und dann nach den Prinzipien des öffentlichen Rechts vorzugehen, wäre verfehlt. Das Prinzip 'ubi societas ibi et ius' kann auf das kirchliche Recht zwecks einer Parallelisierung mit der rechtsstaatlichen Struktur des Gemeinwesens nicht analog übertragen werden. „Demgegenüber ist festzuhalten, dass das Recht der Kirche theologisch begründet ist in der Realität des Christusereignisses selbst, von welchem die kirchliche Gemeinschaft theologisch ausgeht und in dem sie auch bleibend verwurzelt ist. Diese Tatsache gibt dem kanonischen Rechtsbegriff seine Eigenart, die man nicht ausser Acht lassen darf, selbst wenn sich dadurch die Verhältnisbestimmung zum weltlichen Recht schwieriger gestaltet." (Hinder, S. 65). Vgl. auch Göbel, S. 113 ff.; Listl, Aufgabe, S. 479 ff.

9 Isensee/Rüfner, S. XXVII f. „Was der Staat ist, entscheidet sich wesentlich darin, wie er sein Verhältnis zu Kirche bestimmt. Gleich, ob er Distanz oder Nähe sucht, ob er sich ihr öffnet oder sie ausgrenzt, ob er Über-, Unter- oder Gleichordnung beansprucht, ob er ihr als Freund, Feind oder als Neutraler begegnet, stets definiert er damit sein eigenes Wesen, rührt er an den Legitimationsgrund seines Seins und Tuns, gibt er Rechenschaft über seine Ziele und Mittel, über Reichweite und Grenzen seiner Wirksamkeit. Er deckt seine Fundamente auf." (Dies., S. XXVII).

10 Diese ist mutatis mutandis auch auf die iuristischen Personen zu beziehen.

11 Häfelin/Haller, Rz. 19. Vgl. auch Botschaft BV, BBl 1997 I 12 ff., 191 ff. – Der Normenkomplex, welcher die Organisation der staatlichen Herrschaft und damit in der Folge die Staatsform selber bestimmt, sowie „die Verhältnisordnung zwischen Staat und Individuum im Sinne der Freiheitsrechte" als „ideelle und funktionale Grundlage der demokratischen Staatsform" generieren nach Fleiner/Giacometti, Bundesstaatsrecht, S. 21 f., „die Verfassung im absolut materiellen Sinne". Vgl. Giacometti, Staatsrecht, S. 16 ff.

Religionsfreiheit“[12]. Das Einteilungsschema des 1. Teils folgt diesbezüglich dem materiellen Plan unserer rechtlichen Grundordnung.

12 Isensee/Rüfner, S. XXVIII.

1. Kapitel Die staatsorganisatorische Position der Kirchen innerhalb der Struktur des Gemeinwesens.

Zwecks Erarbeitung staatskirchenrechtlicher Organisationsprinzipien befasst sich dieses gleichzeitig auf den entsprechenden kirchlichen Reflex[1] Bezug nehmende Kapitel einleitend mit der historischen Prägung und der derzeit verfassungswirklichen Gestalt des bundesrechtlichen Regelungstypus, um hernach die rechtswesentlich religiös-weltanschaulich neutral angelegte Position des Gemeinwesens auf ihre Verträglichkeit mit einem bundesrechtlich gewandeten Normierungsschwerpunkt für die Disziplin des schweizerischen Staatskirchenrechts abzuklären. Anschliessend folgt eine Darstellung der religionsrechtlichen Kompetenzverteilung einschliesslich des für das Verhältnis Kirche-Staat gliedstaatlich relevanten Kataloges bundesrechtlicher Einschränkungen und Vorbehalte.

§ 1 Die eidgenössische Lösung der Verhältnisfrage

I. Überblick der Verhältnisentwicklung aus der Sicht der Kirche und des Staates

Die Nichtidentität von Kirche und Staat schöpft ihre normkräftige Bestätigung aus der Perikope vom Zinsgroschen: „Gebt dem Kaiser, was des Kaisers ist, und Gott, was Gottes ist.“[2]. In der Folge kann der Unabhängigkeitswille kirchlicher Existenz nicht nur als theologisch[3] entworfen sondern auch als historisch[4] belegt

---

1 Der CIC 1983 ist grundsätzlich eine innerkirchliche Ordnung. Eine systematische Verortung des Rechtsverhältnisses der Kirche zum Staat findet sich im Kodex nicht. „Dieser Umstand bedeutet für eine Untersuchung der Terminologie zum einen eine Erschwerung, da die Aufmerksamkeit des Gesetzgebers jeweils auf andere Themenbereiche konzentriert war und das Verhältnis zur Staatenwelt allenfalls 'mitbewusst' war. Zum anderen verspricht sie jedoch mehr Aufschluss, weil zu vermuten steht, dass in der Wortwahl unbefangener agiert wurde." (Göbel, S. 99). Vgl. auch Listl, Kirche und Staat, S. 229.

2 Mk 12, 17 und Parallelstellen.

3 Vgl. Mikat, Verhältnis von Kirche und Staat, S. 111 ff. Zur theologischen Fundamentierung dieses Anspruchs im Rahmen seiner exponierten Stellung innerhalb der historisch bewegten Dualität von politischer und religiöser Ordnung siehe den Überblick bei Ders., StL, Sp. 468 ff. – „Im Gegensatz zu allen ... Interpretationen, die den Spruch im Sinne einer Trennung von geistlichem und weltlichem Bereich

gelten[5]. Der mittelalterliche Ständestaat verteilte die Herrschaftsgewalt auf verschiedene Träger. Unter anderen hatte der Klerus an der Rechtssetzung Anteil.

---

deuten, ist, um einem falschen Parallelismus zu wehren, darauf zu achten, dass der Hauptakzent auf dem zweiten Teil des Satzes liegt, also auf 'und Gott was Gottes ist'. Gottes Anspruch aber richtet sich auf die Ganzheit des Menschen, steht nicht neben dem Anspruch des Kaisers, sondern umgreift diesen; es sollte nicht übersehen werden, dass im engeren Kontext der Perikope vom Zinsgroschen die Perikope vom Hauptgebot (Mk 12,28-34) folgt, in der es heisst: 'Du sollst den Herren deinen Gott lieben aus deinem ganzen Herzen und aus deiner ganzen Seele und aus deinem ganzen Denken und aus deiner ganzen Kraft' (Mk 12,30). Auch hier ist der politische Bezug offenkundig: zwar schuldet der Mensch dem Kaiser Gehorsam, aber der Kaiser ist nicht Gott, ihm darf nicht gegeben werden, was Gottes ist; erhebt er Anspruch auf die Ganzheit des Menschen, so verliert sein Anspruch die Berechtigung; implizit besagt das Wort bei Mk 12,17 also auch dies: 'Gebt dem Kaiser nicht *mehr*, als was ihm gebührt! Gebt ihm nicht, was Gottes ist'." (Ders., Verhältnis von Kirche und Staat, S. 124). Siehe auch Ders., StL, Sp. 471.

4 „Im 4. Jahrhundert ist der christliche Glaube im Römerreich zur Anerkennung gekommen: 311 billigt ihm Galerius in Todesnöten Duldung zu; 313 gewährleistet Konstantin im Mailänderedikt die Bekenntnisfreiheit und setzt damit die Kirche in Parität zum Heidentum; 380 wird das christliche Bekenntnis durch Theodosius zum Glaubenskanon und die Kirche zur allein berechtigten Staatsreligion erklärt. Damit war für fünfzehn Jahrhunderte die Einheit von Kirche und Staat hergestellt." (Isele, Revision, S. 569). In Überwindung des imperialen konstantinischen Staatskirchentums formulierte Papst Gelasius I. (492-496) auf der Grundlage der vom Hl. Augustinus vorgezeichneten Entmythologisierung des Staates in einem Brief an Kaiser Anastasius im Jahre 494 die 'Zwei-Gewalten-Lehre'. Daran knüpfte die These eines monistischen 'Corpus Christianum' mit den Elementen Kirche und Staat an. Die mittelalterlichen Theorien zum Verhältnis Kirche-Staat entwickelten die gelasianische 'Zwei-Gewalten-Lehre' fort. Insbesondere die 'Zwei-Schwerter-Theorie' mit den Elementen 'Gladius spiritualis' und 'Gladius materialis' vermittelte eine Lösung für dieses dialektische Spannungsverhältnis. Ihre Ambivalenz musste dem von Papst Bonifaz VIII. in der Bulle 'Unam sanctam' (1302) vertretenen Primatsanspruch weichen, welcher u.a. im Begehren auf die Kompetenzkompetenz zur Verteilung der Schwerter Ausdruck fand. Die langwierigen Auseinandersetzungen zwischen Kaiser und Papst, 'Regnum' und 'Sacerdotium' erreichten ihren Höhepunkt mit dem Investiturstreit 1075. Siehe Listl, Grundmodelle, S. 1038 f.; sowie ausführlich Mikat, Verhältnis von Kirche und Staat, S. 127 ff. Vgl. Ders., StL, Sp. 476 f. – Seit jeher waren die Funktionen von Kirche und Staat „zumindest ihrer Wurzel nach" separiert. Hierzu Fuchs, Kirchenfreiheit, S. 953.

5 Vgl. die Botschaft Nr. 156 des Staatsrates des Kantons Freiburg an den Grossen Rat zum Gesetzesentwurf über die Beziehungen zwischen den Kirchen und dem Staat vom 4. Juli 1989, S. 9 f., als exemplikatives pars pro toto für die Anerkennung des kirchlichen Strebens nach Independenz: „Die katholische und die reformierte Kirche sind als Institutionen älter als der Staat und existieren unabhängig von ihm. Sie bilden besondere, von Gott geschaffene Gemeinschaften; es ist nicht Sache des Staates, sie zu konstituieren oder zu organisieren. Deshalb anerkennt der Entwurf in erster

Mit den konfessionellen Auseinandersetzungen des 16. Jahrhunderts verloren die geschiedenen Kirchen ihre reichstragende Qualität. Die rechtlich gesicherte Einheit von Glaube und Kirche im Hl. Römischen Reich Deutscher Nation zerbrach mit dem Augsburger Religionsfrieden 1555[6]. Die Landesherren setzten den Grundsatz „cuius est regio illius est de religione dispositio"[7] in die Tat um, der Gesamtstaat neutralisierte[8] sich hinsichtlich des Bekenntniszwangs über seine Gliedstaaten[9], nicht ohne als religionsrechtliche Fiktion des 'Corpus Christianum' in der Gestalt eines formal einheitlichen Hl. Römischen Reiches Deutscher Nation selber von dieser konfessionsbezogenen Wahlkompetenz Gebrauch zu

---

Linie schlicht und einfach die Existenz der beiden Kirchen sowie deren eigene Organisationsform ..." – Gl.M. Friederich, Kirchen und Glaubensgemeinschaften, S. 188: „Kirchliche Gemeinschaften und ihre eigenen Ordnungen sind nicht Schöpfungen des Staates, sondern *Teil vorgefundener (Verfassungs-)Wirklichkeit.*" „Staat und Kirche sind also zwei verschiedene Lebenskreise, verschieden nach Ursprung, Zweck, Mitteln, Wirksamkeit, Organisation, Mitgliedschaft, Gebundenheit an territoriale und zeitliche Bedingungen. Geistliche und weltliche Angelegenheiten sind daher trotz Berührung von Staat und Kirche auseinanderzuhalten. Verfehlt ist mithin jedes System, welches diese beiden Sphären zu verwischen strebt." (Lampert, Kirche und Staat I, S. 25).

6 Endgültig wurde die Bekenntniseinheit mit dem Westfälischen Frieden 1648 liquidiert, welcher für das Hl. Römische Reich Deutscher Nation die Parität der Bekenntnisse etablierte. Vgl. Karlen, Religionsfreiheit, S. 82.

7 Zit. in: Lampert, Rektoratsrede, S. 5. – Damit nahm das Reich den Bestand der drei Bekenntnisse bzw. Religionsparteien, nämlich der römisch-katholischen, der evangelisch-lutherischen und der reformierten zur Kenntnis. Als materiellrechtlicher Reflex wurde mithin die korporative Religionsfreiheit anerkannt. Siehe Listl, Grundmodelle, S. 1040 f. – Das Adjektiv 'korporativ' findet vorliegend in grundrechtlicher Hinsicht sowohl für anstaltliche als auch für körperschaftliche iuristische Personen Verwendung.

8 Friederich, Staatskirchenrecht, S. 20.

9 Nach den Konfessionskriegen erklärte sich der Staat gegenüber der religiösen Wahrheit als neutral. In konfessionell gemischten Territorien wie der Schweiz stand das Postulat nach friedlicher Koezistenz im Vordergrund. „Es kam zur grundlegenden Unterscheidung zwischen der moralisch-theologischen Ordnung (Wahrheitsordnung) und der juridisch-politischen Ordnung (Friedensordnung)." (Loretan, Kontext, S. 101). Vgl. auch Ulrich A. Cavelti, Aufklärung, S. 16 ff.; Göbel, S. 25. – In der Eidgenossenschaft begann sich allmählich eine tolerante Haltung in den von den reformierten und katholischen Orten verwalteten, konfessionell gemischten gemeinen Herrschaften auszubilden. Dort wurde eine vollständig paritätische Ordnung zwischen den Glaubensparteien erst nach dem Zweiten Villmergerkireg im 4. Landfrieden von 1712 vereinbart, ansonsten entfaltete die Parität nur im „Verhältnis der Orte untereinander" und nicht als „innerstaatliches Prinzip der einzelnen Stände" Wirkung (Friederich, Kirchen und Glaubensgemeinschaften, S. 344). Vgl. Carlen, Grundrechte, S. 998; Fritz Fleiner, Parität, S. 85 f.; Isele, Revision, S. 574; Karlen, Religionsfreiheit, S. 83.

machen[10]. In Frankreich formulierte Jean Bodin in seinen 1576 erschienen 'Six livres de la République' die Souveränitätslehre[11] im Sinne „staatlicher *Unabhängigkeit gegen aussen* und prinzipiell umfassender *Allgewalt gegen innen*"[12]. Damit lieferte er dem französischen König die staatstheoretische Legitimation[13], um sich gegenüber den Religionsparteien zu behaupten[14]. Der Souverän Bodins ist intern nicht an das positive, wohl aber extern an das göttliche bzw. Naturrecht sowie an die allgemeinen Rechtsgrundsätze gebunden, wobei die Schranken des Rechts ethisch zwar vorgehen, die Macht aber aus Gründen der Staatsraison voranstehen kann[15]. „In dem Mass, in dem die um die Souveränität ringenden Ge-

---

10 Direkten religionsrechtlichen Einfluss übten die habsburgischen Kaiser nur als Regenten ihrer Erblande und der reichsunmittelbaren Gebiete aus. – „Die Idee der Einheit, die im unerschütterlichen Glauben an den einen und wahrhaften Gott und die eine Kirche wurzelte, wurde auch durch die Reformation nicht überwunden. Nach der Maxime *Ubi unus Dominus, ibi una sit religio* wurden die Territorien nun geschlossene Konfessionsstaaten, und nach dem Grundsatz *Cuius est regio, illius est de religione dispositio* bestimmte der Landesherr das im Staate zugelassene Bekenntnis und die Einrichtung des Kirchenwesens (Staatskirchentum)." (Isele, Revision, S. 569).

11 Deren Prinzip definiert Bodin folgendermassen: „Maiestas est summa in cives ac subditos legibusque soluta potestas" (zit. in: Wildhaber, Souveränität, S. 137). – Zum Katalog der einzelnen Souveränitätsbegriffe siehe Thomas Fleiner-Gerster, Allgemeine Staatslehre, S. 158 f.; Oechslin, S. 52 ff.

12 Friederich, Kirchen und Glaubensgemeinschaften, S. 192. Vgl. Haller/Kölz, S. 9 f. – „Nach der Souveränitätsidee im Sinne der Formulierung des Bodinus ... soll der Staat gegenüber den Untertanen unbeschränkt, ohne Bindung an Verfassung und Gesetz sein, sodass alle anderen öffentlichen Gewalten, die im mittelalterlichen Staat ihre selbständige Existenz besassen, durch diesen Absolutismus absorbiert wurden." (Isele, Revision, S. 569). Davon war auch die röm.-kath. Kirche massgeblich betroffen. – Relativierend in bezug auf Bodins Befürwortung der 'Staatsomnipotenz' Bruhin, Konzile, S. 364, FN 2.

13 „Bodin setzte erstmals 'Gemeinwesen und Herrschaftsausübung' gleich, wandte sich gegen die übergreifenden Imperiums-Ansprüche von Reich und Papst wie auch gegen die Selbständigkeits-Ansprüche intermediärer Gewalten (der Herzöge, Kirchenfürsten und Städte) und gelangte so dazu, dem werdenden Nationalstaat und seiner Herrschergewalt mit Hilfe des politisch zentralen Souveränitätsbegriffs Gestalt und Stütze zu geben." (Wildhaber, Souveränität, S. 137).

14 Thomas Fleiner-Gerster, Allgemeine Staatslehre, S. 152: „Der Grundstein für die positivistischen Rechts- und Staatstheorien ist damit gelegt, obwohl Bodin noch als Vertreter der traditionellen Naturrechtslehre gelten muss, da er den ... für die vollständige Verweltlichung der Staatsgewalt notwendigen Schritt, nämlich die Rechtfertigung der Herrschaft aus dem Volk und nicht mehr aus Gott, nicht getan hat."

15 Auf kirchenpolitischem Gebiet verschaffte diese absolutistische Souveränitätsidee mittels der 'iura majestatica in sacra' einem territorialistischen Staatskirchentum Zugang, dessen historische Realitäten in den katholischen Gebieten neben dem Gallikanismus und dem Febronianismus im Josephinismus mit seiner naturrechtlich be-

walten der Kirche, des Reichs und der Lehensträger abgelöst wurden durch Religionsfreiheit, Preisgabe transzendenter Bindungen, Rechtspositivismus und Volkssouveränität, fielen Bodins Schranken der Souveränität sukzessive dahin."[16]. Mithin haftet ad intra dem Souveränitätsbegriff als Anspruch äusserer Höchstmächtigkeit der Grundsatz staatlicher Allzuständigkeit[17], um den Herrschaftswillen rechtlich allseitig zur Entfaltung zu bringen[18]. Insofern wird das Recht saekularisiert.

Ihre Eigenständigkeit betonte die römisch-katholische Kirche[19], indem sie auf die zweckbedingte Wesensverschiedenheit vom verweltlichten Staat notwendigerweise hinwies[20]. Die von der Französischen Revolution geprägte ideenge-

---

gründeten Rechtssuprematie am schärfsten ausgebildet zutage traten. Siehe Lampert, Rektoratsrede, S. 10 ff.; sowie ausführlich Listl, Kirche und Staat, S. 58 ff. Vgl. Isele, Revision, S. 569; Mikat, Verhältnis von Kirche und Staat, S. 126.

16 Wildhaber, Souveränität, S. 138.

17 Feigenwinter, S. 29 ff.; Fleiner/Giacometti, Bundesstaatsrecht, S. 36 f. ; Wildhaber, Souveränität, S. 132.

18 Hangartner, Grundzüge I, S. 51.

19 Zufolge Fehlens eines obersten Lehramtes und aufgrund der Bekenntnisvielfalt weist die ev.-ref. Kirche keine einheitliche Tradition bezüglich ihres Staatsverständnisses auf. Die Haltung zum Gemeinwesen und die Position im Staat lassen sich nicht in eine uniforme Skizze fassen. Zu den wesentlichen Strömungen evangelischer Staats- und Gesellschaftslehre siehe Friederich, Kirchen und Glaubensgemeinschaften, S. 65 ff.; Hafner, Beteiligung, S. 13 ff.

20 Als Antithese der Kirche auf den mittels aufgeklärter Staatsrechtstheorie formulierten landesherrlichen Souveränitätsanspruch und zur Legitimation ihrer angeborenen Eigenständigkeit entwickelte die kanonistische Rechtswissenschaft das 'Ius publicum ecclesiasticum', welches in der 'Societas perfecta' Formel seine Kernthese erblickt. Zur Entwicklungsgeschichte dieser kirchenrechtlichen Teildisziplin siehe Listl, Kirche und Staat, S. 4 ff. Vgl. auch Corecco, Theologie, S. 20; Göbel, S. 20 ff.; Listl, Aufgabe, S. 464; Ders., Lehre, S. 1023 f.; Mikat, Verhältnis von Kirche und Staat, S. 131 f. „Gerade angesichts der zahlreichen Formen der Unterdrückung und Verfolgung und im Hinblick auf die schwerwiegenden Eingriffe, die die Kirche in ihrer langen Vergangenheit und auch noch in der Gegenwart in vielen Teilen der Welt durch die Staaten erfahren hat und erfährt, erweist sich die richtig verstandene 'Societas perfecta'-Lehre nicht nur als eine historische, sondern auch als eine durchaus moderne Doktrin, die ein zeitloses und unverzichtbares Anliegen der Kirche für ihr Wirken in dieser Welt auszudrücken und theologisch wie kirchenrechtlich zu begründen vermag." (Rauber, S. 171). – Die Missverständnisse im Hinblick auf die IPE-Doktrin von der röm.-kath. Kirche als einer 'Societas perfecta' referiert Listl, Aufgabe, S. 476 ff., welcher daran anschliessend (S. 486 ff.) auf die unverminderte Aktualität des IPE hinweist und insbesondere auch darlegt, dass das hohe Ansehen des IPE seine Erklärung in der praktischen Bedeutung findet, „die dieser Teildisziplin des kanonischen Rechts stets für die theoretische Bewältigung der Fragestellungen zukam, die sich auf dem weiten Gebiet der Beziehungen zwischen der katholischen Kirche und den Staaten in der Ära des Liberalismus und später in den Ausein-

schichtliche Entwicklung des 19. Jahrhunderts[21], welche die konzeptionelle Vorstellung eines laizistischen, sich aus dem Volkswillen legitimierenden und als Quelle allen Rechts gebärdenden Staates hervorbrachte[22], beeinflusste das staatskirchliche Bezugsgeflecht dadurch nachhaltig, dass die Kirche zufolge des revolutionär-radikalen und kirchenfeindlichen Saekularisierungs- und Etatisierungspostulats genötigt wurde, sich im weltlichen Staat neu zu orientieren. In der Folge trat sie dem Gemeinwesen „teils als rivalisierende, teils als paktierende“[23] Institution entgegen[24].

---

andersetzungen der Kirche mit dem totalitären Staat in seinen verschiedenen Ausprägungen ergaben und mit denen sich die Kirche auch in der Gegenwart konfrontiert sieht. Es waren zwingende praktische Notwendigkeiten, die für die methodische Entwicklung und die Entfaltung dieser neuen Disziplin der Kirchenrechtswissenschaft bestimmend waren." (Ders., op.cit., S. 486). Aufgabe des IPE bleibt es demnach, eine gemeinsame Bezugsebene der kirchlichen und staatlichen Rechtsordnung zu schaffen, wo sich Kirche und Staat notwendigerweise begegnen. Vgl. auch Ders., Lehre, S. 1023 ff. – Zur Kritik an der kanonistischen Teildisziplin des IPE siehe Eugenio Corecco, Theologie des Kirchenrechts. Methodologische Ansätze, Trier 1980 (=Canonista. Beiträge zum Kirchenrecht 4), S. 85 ff. Vgl. auch Ders., Theologie, S. 20; sowie Gerosa, Recht, S. 92 ff.

21 Als Stichwörter seien ein hypertropher Nationalismus, zunehmender Antagonismus unter den Nationalstaaten nach aussen und unduldsamer Liberalismus nach innen, Saekularisierung und das Staatskirchentum erwähnt. Zur zeitgeschichtlichen Ausgangslage vgl. Göbel, S. 41. – Die Entwicklung des römischen Katholizismus in der Schweiz des 19. Jahrhunderts vertieft Bruhin, Konzile, S. 41 ff. Hierzu auch Urs Altermatt, Der Weg der Schweizer Katholiken ins Ghetto, Freiburg 1991, S. 35 ff. Den Einfluss der Aufklärungsideen, welche der Toleranz und der Religionsfreiheit den Weg ebneten, nachdem die Religionskriege „die Idee des absoluten Konfessionsstaates kompromittiert" hatten (Isele, Revision, S. 570), referiert Ulrich A. Cavelti, Aufklärung, S. 158 ff., in Praxis und Doktrin zum schweizerischen Staatskirchenrecht.

22 Vgl. Grichting, Kirche oder Kirchenwesen, S. 132.

23 Felix Hafner, Beteiligung, S. 6.

24 Zu den nebeinander existierenden und mitunter auch rivalisierenden Institutionen Kirche und Staat als „Daseinsmächte" (Friesenhahn, S. 3) in einem vorwiegend institutionell geprägten Beziehungssystem führt Bruhin, Konzile, S. 325, aus: „So standen sich im 19. Jahrhundert zwei Rechtskreise und Rechtsanschauungen unverbunden und unversöhnlich gegenüber. Beide Seiten, vor allem aber der liberalradikale Staat, sahen keine Lösung dieser Antinomie. Beiden war die wahre Sicht auf den andern verstellt, vor allem, weil sie nur die rechtliche Ebene, die 'Institution' im Auge hatten, wo es sich nur noch um Gleichheit oder Unterordnung und Überordnung handeln konnte. 'Da die Gleichheit nicht in Betracht kam – denn es kann hier nur ein caput geben, und die Seele ist über dem Leib-, blieb nur noch die Unterordnung übrig, deren Behauptung jedoch häufig zur Rivalität führen musste'. Das Denken in Institutionen führte zur Institutionen-Rivalität." Vgl. auch Friederich, Kirchen und Glaubensgemeinschaften, S. 216. Diese äusserte sich gegenüber

„Entsprechend seinem natürlichen Ziel, das irdische Wohlergehen der Menschen zu fördern, besitzt der Staat im irdisch-politischen Bereich Selbständigkeit, die Kirchen hingegen sind selbständig bei der Wahrung ihrer Heilsaufgaben. Dieser Grundsatz ist von der katholischen Kirche stets als Rechtsgrundsatz verstanden worden, da sie beide, Kirche und Staat, als rechtlich verfasste Einheiten ansieht."[25]. Papst Leo XIII. führte diesbezüglich in der Enzyklika 'Immortale Dei' aus: „So hat also Gott die Sorge für das Menschengeschlecht zwei Gewalten zugeteilt, der kirchlichen und der staatlichen. Der einen obliegt die Sorge für die göttlichen Belange, der anderen für die menschlichen. Jede ist in ihrer Art die höchste: jede hat bestimmte Grenzen, innerhalb derer sie sich bewegt, Grenzen, die sich aus dem Wesen und dem nächsten Zweck jeder der beiden Gewalten ergeben."[26]. Der 'Societas perfecta'-Terminus[27] dieser Enzyklika ist ein Rechtsbegriff[28],[29], welcher die suprapositive Autonomie zur ekklesiologischen Definition

---

der meistens in der Defensivposition sich befindenden röm.-kath. Kirche durch den „Einsatz staatlich-hoheitlicher Exekutivmittel, die im wesentlichen seit den 16. Jahrhundert vom Staat zur Beherrschung der Kirche ausgebildet worden waren" (Mikat, Verhältnis von Kirche und Staat, S. 131). Solche Instrumente staaskirchlicher Bevormundung waren u.a. das 'Ius advocatiae', das 'Ius cavendi', das 'Ius inspiciendi', der 'Recursus ab abusu', das landesherrliche Placet, die Exklusive bei Papst- und Bischofswahlen sowie die staatliche Amortisationsgesetzgebung. Hierzu Ders., op.cit., S. 131. Vgl. auch Göbel, S. 26. Die in starren Fronten verharrende institutionell-gegensätzliche Konkurrenz, welche aber auch die mittelalterliche, beide Gewalten vereinende Idee des 'Corpus Christianum' überwindet (vgl. Grichting, Kirche oder Kirchenwesen, S. 136), wurde seitens der röm.-kath. Kirche im Zweiten Vatikanischen Konzil aufgebrochen. Vgl. Bruhin, Denar, S. 16. Sie lässt sich endgültig nur anhand der religionsfreiheitlichen Gewährleistung des kirchlichen Selbstbestimmungsrechts durch das Gemeinwesen lösen. – Die liberalistischen und sozialistischen Forderungen des 19. Jahrhunderts zielten auf eine Vernichtung der Kirche ab. Vgl. Listl, Kirche und Staat, S. 218. Bestenfalls konnte die röm.-kath. Kirche dem Zwang absoluten Beharrens auf staatliche Souveränität im Staatskirchentum des 19. Jahrhunderts durch vertragliche Einigung begegnen. Hierzu Mikat, Verhältnis von Kirche und Staat, S. 133; Ders., StL, Sp. 475.

25 Mikat, Verhältnis von Kirche und Staat, S. 126.

26 Dt. in: Marmy, S. 582. Vgl. Grichting, Kirche oder Kirchenwesen, S. 136; Listl, Lehre, S. 1025.

27 Dieser kommt kodikarisch in c. 113 § 1 CIC 1983 anhand der „Deklarierung der Kirche als 'persona moralis'" zum Ausdruck, welche „die Kirche analog der Staatstheorie der beginnenden Neuzeit als eine in ihren Hoheitsfunktionen nicht ergänzungsbedürftige überindividuelle Institution" vorstellt, „der die zur Verwirklichung ihres spezifischen Zweckes als notwendig erachteten Handlungsmöglichkeiten höchstkompetentiell eigen sind" (Göbel, S. 112). Vgl. auch Listl, Aufgabe, S. 468 f.

28 Die klassische Definition der 'Societas perfecta' lautet: „Societas iuridice perfecta ea est quae bonum in suo ordine completum tamquam finem habens, ac media omnia ad illud consequendum iure possidens, est in suo ordine sibi sufficiens et in-

des kirchlichen Zwecks mitsamt der subordinationsinkompetenten Eigenrechtsmacht der römisch-katholischen Kirche bezüglich Selbstbestimmung und Unabhängigkeit von der Staatspotenz umfasst[30]. Auf ihr Verhältnis zum Staat bezogen

---

dependens, id est plene autonoma." (Alfredo Ottaviani, Compendium Iuris Publici Ecclesiastici, Editio altera, Roma 1948, Art. 10, N° 10, S. 23).

29 Im Rechtssinne beinhaltet die auf nativer Kompetenz zur Zweckdefinition beruhende 'Societas perfecta' sämtliche Elemente, „die zum Wesen und zu den Rechten einer gesetzmässigen, souveränen und allseitig vollkommenen Gesellschaft gehören". Nicht in der „Zuerkennung einer wirtschaftlichen oder kulturellen Autarkie oder einer umfassenden seinsmässigen Vollkommenheit" (Listl, Lehre, S. 1027), sondern in „Eigenrechtsmacht bzw. Souveränität, aufgrund deren sie (sc. die röm.-kath. Kirche) alle Rechte und Gewalten besitzt", welche von der Kirche „zur Erreichung ihres spezifischen Zweckes", nämlich die „Verwirklichung ihrer göttlichen Sendung und ihres Heilsauftrages", benötigt werden, liegt die Qualität einer 'Societas perfecta'. Siehe Ders., Aufgabe, S. 465. Vgl. Grichting, Kirche oder Kirchenwesen, S. 134. Die 'Societas perfecta'-Doktrin „zielt weder auf eine parallele Zuordnung der Kirche zum Staat noch auf eine Überordnung der Kirche über den Staat. Diese Lehre lehnt aber ebenso mit Entschiedenheit eine Gleichschaltung der Kirche mit dem Staat und eine im Laufe der Geschichte von den Staaten immer wieder beanspruchte Überordnung des Staates über die Kirche ab [...] Die richtig verstandene Lehre von der Kirche als einer societas iuridice perfecta ist die prägnante theologische und zugleich kirchenrechtliche Kurzformel für den Anspruch der Kirche auf Freiheit gegenüber allen unrechtmässigen Eingriffen und Beschränkungen gesellschaftlicher und staatlicher Gewalt, insbesondere gegenüber denjenigen Staaten, die sich gegenüber der Kirche als alleinige Quelle allen Rechts betrachten und damit ein staatsunabhängiges Recht der Kirche nicht anerkennen." (Listl, Aufgabe, S. 478). Vgl. Puza, Weltkirche, S. 652. Die Aktualität der in dieser Aussage dargelegten Gefährdungslage beweist die am 8. Juni 1997 vom Schwyzer Stimmvolk abgelehnte 'Verfassung der römisch-katholischen Kantonalkirche Schwyz', publiziert in: ABl SZ 1997 523 ff.

30 Die röm.-kath. Kirche hielt auch nach dem Zweiten Vatikanum an diesem, auf der Grundlage aristotelisch-thomistischer Sozialphilosophie entfalteten Topos fest. Siehe Listl, Aufgabe, S. 463 ff.; Ders., Lehre, S. 1026 ff.; Rauber, S. 171. Vgl. auch Maier, S. 23; Puza, Weltkirche, S. 652 ff. Das 'Societas perfecta'-Prinzip wird seither jedoch nicht mehr einseitig von der Polarität Kirche-Staat durchdrungen. Hierzu Mikat, Verhältnis von Kirche und Staat, S. 132. – Der auf dem Zweiten Vatikanischen Konzil lehramtlich initiierte Entwicklungsprozess bricht nicht mit der traditionellen Lehre über das Verhältnis Kirche-Staat. Diese wird im CIC 1983 weitergeführt. „Gemessen an den biblischen und ekklesiologischen Akzentuierungen der Konzilsaussagen, müssen die Codexbestimmungen, in denen die institutionellen Züge wieder stärker begegnen, rückwärtsgerichet erscheinen [...] Mag auch die Bezeichung der K. als einer 'Societas perfecta' auf dem Konzil zugunsten theologisch-spiritueller Aussagen in den Hintergrund getreten sein; der Sache nach begegnet die mit dem Begriff verbundene Konzeption im CIC/1983 letztlich doch ungebrochen wieder ... " (Mikat, StL, Sp. 482). Vgl. auch Listl, Kirche und Staat, S. 222, 224; sowie Ders., Aufgabe, S. 483 ff.; Grichting, Kirche oder Kirchenwesen, S. 151 f. –

verlangt die Kirche vom Gemeinwesen, dass der Staat sie als das „anerkennt, was sie von ihrem Wesen her ist, nämlich nicht freier Zusammenschluss von Individuen, sondern eine allen Individuen vorausliegende Setzung Gottes, eine souveräne Macht eigenen Rechts"[31]. Daraus wird der im Christentum angelegte Dualismus zwischen Kirche und Staat entworfen[32]. Leo XIII. vergleicht insofern die aus faktischer Koexistenz notwendige Zuordnung, 'ordinata colligatio', beider Grössen[33] mit dem Verhältnis von Seele und Körper im Menschen[34]. „Darum

---

Der Kodex bemüht sich in c. 204 CIC 1983, „dem Eröffnungskanon des kirchlichen Verfassungsrechts, eine heilsgeschichtliche Umschreibung der Kirche und ihrer Sendung zu geben" (Göbel, S. 113). Letztere wird von den Kirchengliedern beseelt, welche der institutionellen Form die personale Substanz hinzufügen. Trotzdem bleibt der anstaltliche Charakter der Kirche in seiner Strukturrelevanz gewahrt. C. 6 § 2 CIC 1983 legt fest, dass altes Recht repetierende Canones unter Berücksichtigung ihrer kanonischen Tradition zu würdigen sind. In casu betrifft dies c. 113 § 1 CIC 1983, welcher in c. 100 §1 CIC 1917 einen historischen Präzedent besitzt. Dadurch wird „die Doktrin des IPE und des 'societas perfecta'-Modells" als „Ausfluss und Ausdruck" des ersten Teils der erwähnten Norm für den Kodex perpetuiert und steht diesem weiterhin zur Disposition. Ausführlich hierzu Göbel, S. 104 ff. Vgl. auch Listl, Aufgabe, S. 468 f. – Kritisch Bruhin, Konzile, S. 337 ff.; Oechslin, S. 23 ff.; Schmid, S. 22 ff.

31 Grichting, Kirche oder Kirchenwesen, S. 137.

32 Die Ambivalenz des Verhältnisses der Kirche zum Staat prägte sich im Verlaufe der Geschichte in mannigfacher Art und Weise aus. Hierbei lässt sich generell festhalten, dass die Kirche die Institution 'Staat' in ihrer Ordnungsfunktion nicht ablehnte, einer sakralen Vereinnahmung seitens des Gemeinwesens aber die Stirn bot. „Der Ort dieses 'Ja und Neins' des Christentums ist von Anfang an die Kirche gewesen: Sie hat sich schon dem römischen Imperium als von Gott gestiftete und ausgestaltete Institution entgegengestellt. Wie die Geschichte zeigt, sollte die Verteidigung des christlichen Dualismus' fortan gleichbedeutend sein mit der Verteidigung der Eigenrechtsmacht und dem Selbstbestimmungsrecht der Kirche, sei es in der Verfolgung, sei es in der privilegierenden Umgarnung durch den Staat." (Grichting, Kirche oder Kirchenwesen, S. 130).

33 Die Modifizierung der auf Bonifaz VIII. zurückgehenden 'Potestas directa in temporalibus'-Theorie ermöglichte der Kirche als 'Societas perfecta' den Bezug einer neutralen Haltung gegenüber der Formwahl saekularer Staatsgebilde, was wiederum Leo XIII. in die Lage versetzen sollte, die Demokratie als verfassungsgestaltendes Staatselement nicht mehr ablehnen zu müssen. Siehe Hafner, Beteiligung, S. 6 f., 146 f. Vgl. auch Göbel, S. 45 f.; Listl, Kirche und Staat, S. 234. Gleichzeitig vermied es das leoninische Pontifikat, für die Demokratie Stellung zu beziehen, um keinen Konflikt mit den mehrheitlich monarchisch strukturierten europäischen Staaten zu provozieren. Hierzu Maier, S. 23. – Zur von Leo XIII. betonten Differenz zwischen Demokratie, welche nichts anderes bedeutet, „als eben die mildtätige christliche Bewegung für die Volkswohlfahrt" (Enzyklika 'Graves de Communi', dt. in: Schnatz, S. 395), und der Volkssouveränität siehe Gnägi, S. 157 ff.

kann niemand, ohne den Glauben zu verletzen, die Wahrheit in Zweifel ziehen, dass diese Leitung der Seelen der Kirche allein übertragen sei und die politische Gewalt dazu keinerlei Befugnis habe, denn nicht dem Kaiser, sondern dem Apostel Petrus hat Jesus Christus die Schlüssel des Himmelreiches anvertraut."[35].

Die Sorge um das Wohl ihrer Glieder, welche als Staatsbürger zugleich einem etatistischen Gefüge[36] angehören, erlaubt der kirchlichen Hierarchie ihre Bereit-

---

34 Felix Hafner, Beteiligung, S. 6 f. – „Im Interesse eines harmonischen Zusammenwirkens zum Wohl derselben Schutzbefohlenen, der 'ordinata colligatio', erhebt Leo die grundsätzliche Forderung einer friedlichen und freundschaftlichen Verständigung zwischen Kirche und Staat mit dem Ideal des konfessionellen Staates und der rechtlichen Verständigung durch Konkordate." (Göbel, S. 46 f.). Vgl. auch Listl, Kirche und Staat, S. 187. Dabei nimmt Papst Leo XIII. durch die 'Potestas directiva' vermöge des sittlichen Wächteramtes der Kirche, 'Potestas spiritualis directa', in Anspruch, im saekularen Bereich Einfluss zu nehmen, „wenn (nisi in casu, accidentaliter) das geistliche Wohl der Gesellschaft und des Staates auf dem Spiel stehen" (Bruhin, Konzile, S. 259). „Aus dem sittlichen Wächteramt der Kirche auch über den Bereich der natürlichen Sittlichkeit folgt eine mittelbare Gewalt der Kirche gegenüber dem Staat im Sinne einer negativen Abhängigkeit, die lediglich untersagen will, dass der Staat Gesetze erlässt, die dem aller Willkür entzogenen positiven und natürlichen göttlichen Gesetz widersprechen. Zu beachten bleibt hierbei: wenn die Kirche auch ein solch negatives Urteil fällt, betätigt sie nicht irgendwelche Jurisdiktionsgewalt über den Staat, sondern macht Gebrauch von ihrer Lehrgewalt." (Göbel, S. 47). Als dass die Kirche gegebenenfalls 'Ratione peccati' korrigierend und lenkend in die Geschicke der Institution Staat eingreifen muss, soll vielmehr das durch christgläubige Bürger gelenkte Gemeinwesen bezogen auf die Beförderung des menschlichen Seelenheils im Sinn und Geist der Kirche handeln. Vgl. Göbel, S. 45, 47; Mikat, StL, Sp. 476 f.; sowie Grichting, Kirche oder Kirchenwesen, S. 139 f. Auf dem Zweiten Vatikanischen Konzil erfuhr die traditionelle Lehre, wiewohl nicht ausdrücklich preisgegeben, u.a. mit der kirchlichen Hinwendung zum Prinzip der Religionsfreiheit eine gravierende Korrektur. Mikat, StL, Sp. 477; Ders., Verhältnis von Kirche und Staat, S. 130, weist in casu auf die Schwächen der tradierten 'Potestas'-Lehren hin und macht auf die postkonziliziare Inadäquanz einer einseitigen rechtlichen Sicht und Anwendung des 'Potestas'-Begriffs aufmerksam.

35 Enzyklika 'Sapientiae christianae', dt. in: Schnatz, S. 213; sowie Marmy, S. 620. Die Kirche betont, dass die gemeinwohlorientierte Sorge des Staates nicht total und umfassend sondern naturgemäss auf das irdische Wohl reduziert ist. „Zum Himmel soll uns darum die Kirche führen, nicht der Staat; ihrer Hut und Sorge ist alles das anvertraut, was sich auf die Religion bezieht, dass sie lehre alle Völker, dass sie nach Kraft und Vermögen immer weiter ausbreite das Reich Christi, mit einem Wort: dass sie frei und ungehindert nach ihrem Ermessen Pflegerin sei und Schafferin im Reiche Christi." (Enzyklika 'Immortale Dei', dt. in: Schnatz, S. 109; sowie Marmy, S. 581). Vgl. Grichting, Kirche oder Kirchenwesen, S. 138; Listl, Lehre, S. 1025.

36 Die Kirche begreift den Staat als „natürliche und vollkommene Gemeinschaft" und „organische Gliedgemeinschaft". In der Funktion einer übergreifenden „Ordnungs-

schaft zur Kooperation mit dem Gemeinwesen zu unterstreichen[37]. Gleichzeitig drückt der Codex Iuris Canonici 1983 entschieden die Eigenständigkeit der Kirche und ihrer Rechtsordnung gegenüber dem Staat aus[38], ohne in der eigenen rechtlichen Verfasstheit[39] hinsichtlich des Fragenkreises 'in politicis' einen zu-

---

grösse ist er damit die Vollendung anderer natürlicher Gemeinschaften wie Familie und Kommune. Seine Souveränität wird akzeptiert, nicht aber im Sinne einer Verabsolutierung sondern nur gebunden an den Staatszweck" (Göbel, S. 44), der kausal seine schöpferische Ursache und final das Richtung gebende Ziel in der Verwirklichung des zeitlichen Gemeinwohls erfährt. Hierzu GS Art. 74 Abs. 1. Vgl. auch Maier, S. 23 f. Der Staat, der „nicht die Summe, der in ihm vereinigten Menschen, sondern ein ganzheitliches Wesen, welches der Idee nach vor und über dem einzelnen steht und eine der Willkür der einzelnen unabhängige Wesensordnung vom natürlichen Recht her als gegeben vorfindet" (Aymans, Kanonisches Recht I, S. 83), darstellt, verfolgt seinen allgemeingültig-unabhängigen Zweck durch die Sicherung des inneren und äusseren Friedens. Dazu besitzt er die Staatsgewalt. Diese „ist die dem Staat als vollkommener Gesellschaft eignende hoheitliche Macht in der Leitung der staatlichen Gemeinschaft; sie wird tätig in den Funktionen der Gesetzgebung, Rechtsprechung und Verwaltung (Vollziehung) ... Wie der Staat als Naturschöpfung auf der göttlichen Schöpfungsordnung beruht, so liegt auch der tiefste *Ursprung der Staatsgewalt in Gott*. Alle Staatsgewalt ist von Gottes Gnaden. Darin liegt ihre *Würde* und zugleich ihre *Bindung*. Als Dienerin Gottes muss sie nach Gottes Willen ihres Dienstes walten, nicht nach Laune und Willkür. Die irdischen Gewalthaber sind ihrem höchsten Herrn für ein gerechtes Regiment verantwortlich; darin liegt der stärkste Schutz für die Untergebenen vor missbräuchlicher Übung der Gewalt. Nur auf diesem Hintergrund kann die Lehre von der *Volkssouveränität*, die den vereinigten Willen der in einem Staat zusammengeschlossenen Personen als die Quelle der Staatsgewalt ansieht, richtig verstanden werden." (Aymans, Kanonisches Recht I, S. 85).

37 Listl, Lehre, S. 1034 f. Vgl. Mikat, Verhältnis von Kirche und Staat, S. 140. – „Mit grosser Achtung blickt das Konzil auf alles Wahre, Gute und Gerechte, das sich die Menschheit in den verschiedenen Institutionen geschaffen hat und immer neu schafft. Es erklärt auch, dass die Kirche alle diese Einrichtungen unterstützen und fördern will, soweit es von ihr abhängt und sich mit ihrer Sendung vereinbaren lässt. Sie selbst hat keinen dringlicheren Wunsch, als sich selbst im Dienst des Wohles aller frei entfalten zu können unter jeglicher Regierungsform, die die Grundrechte der Person und der Familie und die Erfordernisse des Gemeinwohls anerkennt." (GS Art. 42 Abs. 5). – Felix Hafner, Beteiligung, S. 8; Schmid, S. 43 f.

38 Beispielsweise cc. 113 § 1; 129 § 1; 135 § 1 etc. CIC 1983. Einlässlich hierzu Göbel, S. 181 ff.; Listl, Aufgabe, S. 468 ff.; Ders., Lehre, S. 1029 ff.

39 Die röm.-kath. Kirche verzichtet auf eine Verfassung im formellen Sinn. Ihr materielles Verfassungsrecht findet sich in den lehramtlichen Aussagen im CIC 1983 bzw. CCEO 1990 und im Konkordatsrecht. Im Anschluss an die von Papst Pius XII verfasste Enzyklika 'Mystici Corporis Christi' (AAS 35 [1943], S. 193 ff.), dem ersten lehramtlichen Dokument, welches das ekklesiologische Selbstverständnis der Kirche in umfassender Weise thematisierte, und inspiriert durch die ekklesiologischen Impulse des Zweiten Vatikanums wurde ein Entwurf zu einer 'Lex Ecclesiae Funda-

sammenhängenden systematischen Ort für das „Verhältnis von katholischer Kirche und staatlicher Gewalt" vorzusehen[40]. Wie in der kirchenrechtlichen Vorgängerkodifikation findet sich im CIC 1983 der auf göttliche Anordnung zurückführbare Strukturplan der römisch-katholischen Kirche[41]. Mithin enthält der Kodex 1983 auch das in der konziliaren Erklärung über die Religionsfreiheit durch die Kirche im Sinne der 'Libertas ecclesiae' erhobene normative Postulat nach ursprünglicher Eigenrechtsmacht und unabhängiger Leitungsgewalt[42]. Das Zweite Vatikanum[43] verwirft den konfessionellen Staat als Desiderat[44], welches

---

mentalis' (LEF) erarbeitet, den der Hl. Stuhl in der bereinigten Form als 'Textus Emendatus' (TE) allen Bischöfen und Ordensobern zur Stellungnahme übersandte. Aus nicht verlautbarten Gründen ist jedoch das Schema LEF nicht promulgiert worden. Vielmehr sind in der Endphase der Reform des Codex Iuris Canonici Teile des letzten LEF Entwurfs in den neuen CIC eingearbeitet worden. Es wurden 31 Canones vollständig und 13 teilweise bzw. sinngemäss inkorporiert. Hierzu Aymans, Projekt, S. 65 ff.; Göbel 78 ff.

40 Listl, Aufgabe, S. 466 f. „Jedoch enthält jedes der sieben Bücher dieses Gesetzbuches im jeweiligen Kontext und an zentralen Stellen bedeutsame Aussagen über die von staatlicher und gesellschaftlicher Einflussnahme und Beschränkung unabhängige Freiheit des kirchlichen Wirkens und damit indirekt zum Verhältnis von Kirche und Staat. Dadurch, dass der Kodex die Aussagen über das Verhältnis von Kirche und Staat nicht in einem systematischen Abschnitt trifft, sondern im jeweiligen sachlichen Kontext, bringt er deren Bedeutung für das Wirken der Kirche noch nachhaltiger zum Ausdruck als dies in einem abstrakt-systematischen Normengefüge möglich gewesen wäre." (Ders., op.cit., S. 466). Vgl. Mikat, StL, Sp. 480; Ders., Verhältnis von Kirche und Staat, S. 143; sowie Grichting, Kirche oder Kirchenwesen, S. 157. – Zur Terminologie 'in politicis' siehe Göbel, S. 99 ff.

41 Hierzu Grichting, Kirche oder Kirchenwesen, S. 157; Mikat, Verhältnis von Kirche und Staat, S. 157.

42 Cf. cc. 113 § 1; 129; 135 CIC 1983; sowie DH Art. 13. „K.nbegriff und K.nverständnis des CIC/1983 bedingen das kath. Verständnis vom Verhältnis von K. und St., und in diesem Sinne trifft H. Barions Feststellung, der CIC sei die Zusammenfassung aller grundsätzlichen kanonischen Normen zum Verhältnis von K. und St., auch auf den CIC/1983 zu, selbst wenn die Interpretation der mehr implizit als explizit enthaltenen Aussagen jetzt im Lichte der entspr. Dokumente des 2. Vatikanums zu erfolgen hat ... " (Mikat, StL., Sp. 480).

43 Dieses bedient sich bei der Darstellung der Beziehungen zwischen Kirche und Staat „überwiegend einer theologischen und pastoralen, weniger aber einer juristischen Sprechweise" (Rauber, S. 171).

44 Das grundlegende Prinzip der 'Libertas ecclesiae' unterbindet in GS Art. 76 Abs. 2 eine Verwechslung staatlicher und kirchlicher Aufgaben bzw. Zuständigkeiten, wodurch die frühere Gleichsetzung oder Vermischung von kirchlichen und staatlichen Aufgaben definitiv ausgeschlossen wird. In Auftrag und Zielsetzung unterscheidet sich der konfessionelle Verband grundsätzlich vom Staat. Die Kirche versteht die Funktion ihrer Souveränität nicht mehr als Mittel zum Zweck eines historischen Herrschaftsanspruchs auf Suprematie, sondern sie benötigt die Unabhängigkeit für

auf der Vorstellung beruhte, dass im Bereich von Staat und Gesellschaft lediglich die Wahrheit „ein Recht auf Existenz und Öffentlichkeit" habe[45]. Es setzt den der unantastbaren Würde des Menschen verpflichteten, grundrechtsgebundenen Rechtsstaat voraus, der sich zur Beförderung des Gemeinwohls um Frieden und Gerechtigkeit unter seinen Bürgern bemüht[46]. Hierbei bildet das Grundrecht der

---

ein glaubhaftes Zeugnis ihres Dienstcharakters. Siehe Mikat, StL, Sp. 479 f.; sowie Ders., Verhältnis von Kirche und Staat, S. 137 ff. Vgl. auch Listl, Kirche und Staat, S. 221; Rauber, S. 171 f. – Ausdruck dessen ist die Rücknahme ihrer Ambitionen auf kirchliche Sonderrechte gegenüber staatlicher Gewalt. Der Kodex 1983 entsagt in rechtlicher Regression vor der Folie des CIC 1917 betrachtet sowohl dem 'Privilegium fori' als auch dem 'Ius asyli' und deponiert den Anspruch auf das 'Bracchium saeculare' im Katalog kodikarischer Rechtsaltertümer. Siehe Göbel, S. 119 ff. Vgl. Mikat, StL, Sp. 480; Ders., Verhältnis von Kirche und Staat, S. 144. Trotzdem bleibt der Zuständigkeitsanspruch auf dem Gebiet der Rechtsprechung nach wie vor umfassend. „Er erstreckt sich auf die kirchliche Ehegerichtsbarkeit, Verwaltungsgerichtsbarkeit, Straf- und Disziplinargerichtsbarkeit." (Mikat, Verhältnis von Kirche und Staat, S. 154). – A fortiori ist es der Kirche verwehrt, der Welt gleichförmig bzw. „selbst zum Staat zu werden und ihre Position des Gegenübers zum Staat preiszugeben" (Ders., op.cit., S. 112).

45 Grichting, Kirche oder Kirchenwesen, S. 143. Vgl. Bruhin, Konzile, S. 210; Listl, Kirche und Staat, S. 220 f. Erwähnenswert in diesem Zusammenhang ist auch das Apostolische Schreiben 'Tertio millenio adveniente' (Nr. 35), in: AAS 87 (1995), S. 27, worin Papst Johannes-Paul II. sein Bedauern über alle „im Dienst an der Wahrheit" angewandten Methoden der Intoleranz zum Ausdruck bringt.

46 Vgl. DH Art. 6; Grichting, Kirche oder Kirchenwesen, S. 144 f. – Nachdem die 'Societas perfecta'-Doktrin notwendigerweise die Wesensverschiedenheit der Institutionen Kirche und Staat akzentuierte, hebt das Zweite Vatikanum den funktionalen Gehalt der Beziehung beider 'Societates perfectae' hervor, indem es den Aspekt der 'sana cooperatio' in den Vordergrund stellt (GS Art. 76), was staatskirchenrechtlich bezogen die Notwendigkeit publizistischer Positionierung der Kirche relativiert, ohne einer radikalen Trennung von Kirche und Staat und damit einem Abgleiten ins Private das Wort zu reden. Im Abschnitt über die politische Gemeinschaft und die Kirche hält der Konzilstext 'Gaudium et Spes' fest: „Das Irdische und das, was am konkreten Menschen diese Welt übersteigt, sind miteinander eng verbunden, und die Kirche selbst bedient sich des Zeitlichen, soweit es ihre eigene Sendung erfordert. Doch setzt sie ihre Hoffnung nicht auf Privilegien, die ihr von staatlicher Autorität angeboten werden. Sie wird sogar auf die Ausübung von legitim erworbenen Rechten verzichten, wenn feststeht, dass durch deren Inanspruchnahme die Lauterkeit ihres Zeugnisses in Frage gestellt ist, oder wenn veränderte Lebensverhältnisse eine andere Regelung erfordern. Immer und überall nimmt sie aber das Recht in Anspruch, in wahrer Freiheit den Glauben zu verkünden, ihre Soziallehre kundzumachen, ihren Auftrag unter den Menschen unbehindert zu erfüllen und auch politische Angelegenheiten einer sittlichen Beurteilung zu unterstellen, wenn die Grundrechte der menschlichen Person oder das Heil der Seelen es verlangen." (GS Art. 76 Abs. 5). Hierzu vgl. Gnägi, S. 60 f. – In Anknüpfung an das Zweite Vatikanische Konzil relativiert Bruhin, Konzile, S. 381, die Notwendigkeit einer Rechtsrelation zwischen

Religionsfreiheit „den gemeinsamen Rechtsboden, auf dem sich Rechtsstaat und Kirche begegnen können"[47]. Darauf lässt sich eine differenzierende Konsolidierung der Positionen kirchlicher Wahrheit und saekularer Freiheit vornehmen, indem „dem staatlichen Bereich die negative Freiheit von der Religion, dem kirchlichen aber die positive Ausübung dieser Freiheit, die Verwirklichung der Religion" zuerkannt wird, um „gegenseitige Achtung vor der Eigengesetzlichkeit beider Seiten" zu ermöglichen und den Weg „zum sachgerechten Ausgleich kollidierender Belange" zu öffnen[48]. Zu diesem Behufe verlangt das Konzil in der Erklärung über die Religionsfreiheit 'Dignitatis humanae'[49],[50] vom Gemeinwesen, sich

---

Kirche und Staat: „Es geht nicht mehr um die Aufteilung von Herrschaftsbereichen, sondern um den gemeinsamen Dienst an Menschen und Gesellschaft, der auf die verschiedenste Art und Weise geleistet werden kann und nicht an die Notwendigkeit iuristischer Beziehungen zwischen Staat und Kirche gebunden ist." In diese Richtung weisend präzisiert Mikat, StL, Sp. 480; Ders., Verhältnis von Kirche und Staat, S. 139 f.: „Die Frage nach der Koordination von Staat und Kirche stellt sich ... in neuer Sicht und erhält eine neue Akzentuierung, die nicht so sehr von Problemen einer institutionellen Abgrenzung bestimmt ist, sondern von der Frage nach der funktionellen Zuordnung in der gemeinsamen Verantwortung für den Menschen." Beide Aussagen stellen mithin bezogen auf die staatskirchenrechtlichen Verhältnisse im Kanton Schwyz implizit die glaubhafte Wünschbarkeit der öffentlichrechtlichen Verbeiständung der röm.-kath. Kirche durch das Gemeinwesen in Frage.

47 Grichting, Kirche oder Kirchenwesen, S. 145.

48 Isensee/Rüfner, S. XXXIII.

49 In Konkretisierung des aufschlussreichen Untertitels dieser Konstitution: „Das Recht der Person und der Gemeinschaften auf gesellschaftliche und bürgerliche Freiheit in religiösen Dingen", findet sich die konziliare Legaldefinition des Begriffs der Religionsfreiheit in Art. 2 Abs. 1 DH: „Das Vatikanische Konzil erklärt, dass die menschliche Person das Recht auf religiöse Freiheit hat. Diese Freiheit besteht darin, dass alle Menschen frei sein müssen von jedem Zwang sowohl von seiten Einzelner wie gesellschaftlicher Gruppen, wie jeglicher menschlichen Gewalt, so dass in religiösen Dingen niemand gezwungen wird, gegen sein Gewissen zu handeln, noch daran gehindert wird, privat und öffentlich, als einzelner oder in Verbindung mit anderen – innerhalb der gebührenden Grenzen – nach seinem Gewissen zu handeln. Ferner erklärt das Konzil, das Recht auf religiöse Freiheit sei in Wahrheit auf die Würde der menschlichen Person selbst gegründet, so wie sie durch das geoffenbarte Wort Gottes durch die Vernunft selbst erkannt wird. Diese Recht der menschlichen Person auf religiöse Freiheit muss in der rechtlichen Ordnung der Gesellschaft so anerkannt werden, dass es zum bürgerlichen Recht wird." Diese Legaldefinition komplettierend enthält die Erklärung über die Religionsfreiheit unter Art. 4 DH eine inhaltliche Präzisierung ihrer korporativen Substanz.

50 Illustrativ ist in diesem Zusammenhang die Anerkennung der historischen Bedeutung von 'Dignitatis humanae' durch Jörg Paul Müller, Religionsfreiheit, S. 8: „Das klare Bekenntnis des II. Varikanums zur Religionsfreiheit hat der Kirche auch erlaubt, auf internationaler Ebene das Prinzip zu verteidigen, so auch bei der Formulierung der KSZE-Schlussakte von Helsinki im Jahre 1975. Damit hat die katholi-

aufgrund des wesenhaft stets gemeinschaftsbezogenen Charakters kirchlichen Lebens seinem subjektivrechtlichen Schutz mit der Gewährleistung korporativ-religiöser Freiheit[51] und damit in objektivrechtlicher Hinsicht der religiös-weltanschaulichen Neutralität zu verpflichten[52].

Das schweizerische Staatsrecht[53] hat seinen Anspruch, das Verhältnis zu allen gesellschaftlichen Kräften uneingeschränkt selber zu bestimmen[54], immer auf-

---

sche Kirche – ich bekenne es als Nicht-Katholik – eine substantiellen Beitrag zur Achtung des Menschen und zur Friedenssicherung geleistet."

51 Die Substanz der korporativen Religionsfreiheit legt Art. 4 DH frei. Die röm.-kath. Kirche formuliert diesen grundfreiheitlichen Anspruch vor dem praepositiven Hintergrund, welcher die Religionsfreiheit als ein originäres, nicht vom Staat ursprünglich garantiertes, sondern lediglich gewährleistetes und proklamiertes Grundrecht darstellt. Da der Staat mithin nicht alleinige Quelle allen Rechts sein kann, darf er auch nicht ordnend in jene Domänen eingreifen, die ihm vorgegeben und folglich seiner Disposition in den Schranken der öffentlichen Ordnung entzogen sind. Hierzu zählen die in Art. 4 DH exemplikativ enumerierten Rechtsgüter und Ingerenzverbote der korporativen Religionsfreiheit. Dadurch weist die Kirche dem Gemeinwesen den Weg der Kooperation. „Indem Religionsgemeinschaften bestehen oder entstehen, die für ihre innere Ordnung und den ihnen eigenen Tätigkeitsbereich originäres, nicht vom Staat abgeleitetes Recht entwickeln, ergibt sich die Möglichkeit und Notwendigkeit, eine für beide Seiten vorteilhafte Verständigung zu erreichen." (Grichting, Kirche oder Kirchenwesen, S. 148). Zur Religionsfreiheit als vorstaatliches und überpositives bzw. als ursprüngliches, unveräusserliches und unentziehbares Menschenrecht vgl. Bruhin, Konzile, S. 209.

52 Listl, Lehre, S. 1032; Ders., Kirche und Staat, S. 209, 221. Vgl. DH Art. 4, 6. – „Man wird die konziliaren Aussagen zum Problem der Religionsfreiheit als im Schnittpunkt zwischen weltlichem und kirchlichem Freiheitsverständnis stehend ansehen dürfen; K. der Verkündigung und saekularer St. der Neuzeit sind hier mit den Kategorien ihres Selbstverständnisses angesprochen, sie begegnen sich an jenem Punkt, an dem sich in der Geschichte ihres Verhältnisses nicht nur die Geister getrennt, sondern diese nicht selten auch mit Waffen gegeneinander gestanden haben." (Mikat, StL, Sp. 478). Die Erklärung über die Religionsfreiheit, 'Dignitatis humanae', unterlässt es dabei nicht, „auch für die Religionsgemeinschaften (und nicht nur für die Individuen) Religionsfreiheit zu verlangen". Siehe Ders., Verhältnis von Kirche und Staat, S. 135 f. Vgl. Bruhin, Konzile, S. 215 ff. – Der Codex Iuris Canonici 1983, welcher u.a. im Lichte der Dokumente des Zweiten Vatikanums zu interpretieren ist, formuliert im Sinne eines „unverzichtbaren Minimalbestandes" zu Handen des Gemeinwesens neben der Forderung nach Religionsfreiheit der Christgläubigen ebenfalls das Postulat der Religionsfreiheit für den konfessionellen Verband als rechtlich verfasster Institution. Hierzu Mikat, Verhältnis von Kirche und Staat, S. 143.

53 „Der Umfang und Inhalt der Staatshoheitsrechte wird einzig durch das Staatsrecht bestimmt, durch den Begriff und die Aufgabe des Staates materiell, durch die Staatsverfassung formell: der Staat ist berechtigt und verpflichtet, den Religionsgesellschaften gegenüber seine Justiz-, Polizei- und Finanzhoheit in derselben Weise,

rechterhalten[55]. Nach dem Zweiten Weltkrieg postulierte die deutsche Staatskirchenrechtslehre eine etatistisch-adaptive Rezeption des kirchenrechtlichen 'So-

---

also präventiv und repressiv, geltend zu machen, wie gegenüber andern Vereinen, Corporationen und Privaten. Es ist dies so durchaus selbstverständlich, dass es in einer vertragsmässigen Feststellung ebensowenig bedarf, als es eine Aufhebung oder Einschränkung ohne Aufgeben der Souveränität geben könnte." (Gareis/Zorn, S. 16). Diese ganz mit einem kulturkämpferischen Argumentationsarmentarium bewehrte Aussage versteht Souveränität als formalen Ausdruck der staatlichen Rangsuperiorität und nimmt dieses eigenschaftliche Begriffsverständnis zum Anlass, ein vertragsrechtliches Fundament für das Verhältnis Kirche-Staat in Gänze zu verwerfen. Zu den diesbezüglichen ideengeschichtlichen Voraussetzungen vgl. Ulrich A. Cavelti, Aufklärung, S. 15 ff., 175f.; Oechslin, S. 54 ff.

54 „Die potentielle Allzuständigkeit kann polare Gegensätzlichkeiten in sich bergen: Sie kann eine blosse latente Bereitschaftsstellung sein, im Rahmen des Subsidiaritätsprinzips und vielschichtiger, rechtlicher und gesellschaftlicher Schranken und Hemmnisse notfalls regulierend einzugreifen. Insofern kann sie Ausdruck einer rechtlich gezügelten, 'verfassten', in sich ruhenden und ausbalancierten Ordnung sein. Die Formel kann aber auch die tiefe Gefahr des Umschlagens in eine tyrannische, totalitäre Souveränitäts-Konzeption signalisieren. Dann kann sie ungebremstes staatliches Zuhöchstsein in allen Belangen und damit den ruchlosen Vorrang korrumpierter Macht andeuten. Man kann das Machtphänomen nicht nach Morgenstern'scher Manier so entdämonisieren, dass nicht sein kann, was nicht sein darf – es existiert dennoch. Der souveräne Staat ist Bedroher und Hüter von Recht und Freiheit, und wer Recht und Freiheit 'hier und jetzt will, muss mit der Polarität leben', muss sie in einem 'Staat des Masses' zu lösen und zu harmonisieren suchen." (Wildhaber, Souveränität, S. 139). – Vehement verwahrt sich Lampert, Kirche und Staat II, S. 170 f., gegen den staatlichen Anspruch, die 'kirchlichen' Themen und Wirkungskreise zu definieren: „Es ist lediglich ein *Machtspruch* christentumsfeindlicher Tendenz, wenn als Axiom direkt oder indirekt verkündet wird: Es gibt nur *eine* Souveränität mit absolutem Selbstbestimmungsrecht, und diese Macht ist der Staat; weder ausser dem Staat noch über ihm gibt es eine andere höhere oder höchste Macht und daher auch 'kein Gebiet des menschlichen Daseins, wo der Staat nicht zur Leitung berufen wäre' [...] Allein wer die Lebensgesetze des Staates tiefer betrachtet, setzt die Machtgedanken mit seiner *Wertanarchie* den Gedanken des *Rechtsstaates* im materiellen Sinn des Wortes entgegen." A.M. Gareis/Zorn, S. 8 ff.

55 Die kulturkämpferische Staatskirchenlehre des 19. Jahrhunderts reagierte harsch auf den aus der 'Societas perfecta'-Lehre fliessenden Anspruch des konfessionellen Verbandes zur Eigenbereichscheidung. Folglich lehnte diese eine koordinative Abgrenzung bilateraler Verbindlichkeiten energisch ab. Gareis/Zorn, S. 6: „Mit unverkennbarer Notwendigkeit folgt hieraus, dass eine 'Trennung von Kirche und Staat' in *dem* Sinne, dass beide Gewalten – jede auf 'ihrem' Gebiete, sagt man – vollkommen frei, gleichberechtigt, souverän einander ausschliessend wirken sollen, *unvereinbar* ist mit dem Begriffe des modernen Rechtsstaates, unvereinbar mit unseren Begriffen von civilisirt geordneten Verhältnissen."

cietas perfecta'-Prinzips[56] in das weltliche Rechtsgefüge in dem Sinne, als Kirche und Staat eigenständige und gleichwertige Gewalten darstellen und mithin ihre Rangadäquanz eine normativ wirksame Koordination bedingt. Damit mutierte das Vertragskirchenrecht[57] zum ausschliesslichen Regelungsort für jene Angelegen-

---

56 Demzufolge sind „Staat und Kirche zwei auf ihrem jeweiligen Gebiet souveräne und gleichberechtigte und von einem höheren gesellschaftlichen Verband rechtlich unabhängige und deshalb *rechtlich* 'vollkommene' Gesellschaften bzw. Gemeinschaften ('societates perfectae')" (Listl, Lehre, S. 1027). – Vgl. GS Art. 76 Abs. 3. Dort werden die politische Gemeinschaft und die Kirche in ihren autonomen Sphären voneinander unabhängig in Beziehung gesetzt. Hierzu auch Listl, Aufgabe, S. 462; Ders., Kirche und Staat, S. 222. – Als polemisch angehaucht ist heute die in einigen Fällen im Bereich der Theologie und des kanonischen Rechts behauptete Zuerkennung einer umfassenden seinsmässigen Vollkommenheit der 'Societas perfecta' in bezug auf ihren wirklichen Begriffsgehalt zu taxieren. „Es ist eine Tatsache, dass in den Auseinandersetzungen zwischen Kirche und Staat im 19. Jahrhundert und in der Ekklesiologie der vorkonziliaren Zeit infolge eines exzessiven Gebrauchs des societas-perfecta-Begriffs in der Kirche die Gefahr, dass dadurch Kirche und Staat zu sehr als ‚vergleichbare Grössen' gewertet werden können, nicht überall mit hinreichender Klarheit gesehen wurde. Dies rechtfertigt es jedoch nicht, den für die Freiheit des Wirkens der Kirche in der Welt und die Möglichkeit der Existenz 'einer freien Kirche im freien Staat' unverändert gültigen und unverzichtbaren Gehalt der societas-perfecta-Lehre als für die Gegenwart überholt zu ignorieren oder abzulehnen. Es bleibt daher festzustellen, dass die Kirche, ebenso wie sie 'Populus Dei' und 'Corpus Christi Mysticum' ist, als rechtlich verfasste Institution und im Gegenüber zu der rechtlich verfassten Institution des Staates nach der Lehre des Zweiten Vatikanischen Konzils immer auch zugleich 'societas perfecta' ist." (Listl, Kirche und Staat, S. 225). Vgl. auch Ders., Aufgabe, S. 464 ff.; Ders., Lehre, S. 1027. A.M. Corecco, Theologie, S. 20; Gerosa, Recht, S. 92 ff., welche den Begriff der 'Societas perfecta' ablehnen.

57 Seit dem Beitritt der neuen Bundesländer zur Bundesrepublik Deutschland 1990 erlebt das Vertragskirchenrecht in der ehemaligen DDR, wo erheblicher Regelungsbedarf besteht, eine Renaissance. Eine Liste neuerer Verträge zwischen dem Hl. Stuhl und verschiedenen Ländern der Bundesrepublik Deutschland bietet Aymans, Kanonisches Recht II, S. 318, FN 10 ff. Vgl. Gut, Errichtung, S. 18; Hollerbach, Trennung, S. 25 f. – Allerdings ist zu beachten, dass die vertragliche Regelung öffentlichrechtlicher Beziehungen und Positionen zwischen dem konfessionellen Verband und dem Gemeinwesen in einem grundsätzlichen Spannungsverhältnis zum staatlichen Legalitätsprinzip steht. Nichtsdestotrotz stellt der Weg konkordatären Übereinkommens als genuines rechtliches Verständigungsmittel im wortwörtlichen Sinne ein vorzügliches Mittel dar, um von der Meinung Abschied zu nehmen, „Kirche sei sozusagen ein Bestandteil oder ein Teilorgan des Staates (des Bundes oder des Kantons), und der Staat müsse eine – über die blosse generelle Rechtsaufsicht hinausgehende – strikte materielle Aufsicht über die Kirche ausüben und dürfe in Organisation und Leitung eingreifen" (Gut, Errichtung, S. 18 f.). Es ist an der Zeit, dass das materielle Staatskirchenrecht der Kantone die Motivation aufgibt, unilateral und in kirchenhoheitlicher Manier dem Anachronismus obsoleten und widerrechtli-

heiten, welche zufolge staatlichen Verzichts auf einschlägige Akte kompetenzrechtlich einseitig ausgerichteter Souveränität von der koordinationsrechtlichen Ordnung erfasst werden[58]. Das eidgenössische Herrschaftsverständnis hat solch kühne Entwürfe vermieden[59] und hält an der grundrechtsgebundenen Verfassungswirklichkeit als ursprünglichem Ort religionsrechtlicher Normierung fest[60]. Ein Paradigmawechsel vom hoheitlich-saekularen Regelungstypus zur bilateralen Vertragsklausel steht momentan nicht zur Diskussion[61]. Infolgedessen sieht auch

---

chen Staatskirchentums anzuhängen. „Dies wird in unseren Tagen, da Idee und Realität der Menschenrechte überall, in Rechtspflege und Praxis, Wurzel geschlagen und eine Bewusstseinsänderung herbeigeführt haben, weit stärker empfunden als in frühern Jahrzehnten" (Ders., op.cit., S. 13).

58 Dadurch käme die ethische Gleichstellung von Kirche und Gemeinwesen staatlicherseits rechtsformal zum Ausdruck. Vgl. Urs Josef Cavelti, Religionsgemeinschaften, S. 11; Friederich, Kirchen- und Glaubensgemeinschaften, S. 203; Friesenhahn, S. 16 f.; Isele, Revision, S. 599. – Sowohl die bundesdeutsche Staatskirchenrechtsliteratur als auch die höchstrichterliche Rechtsprechung hat die Koordinationslehre bis in die sechziger Jahre unseres Säkulums rezipiert. Hierzu ausführlich Friederich, Kirchen und Glaubensgemeinschaften, S. 194 ff. Bruhin, Konzile, S. 363 f., nimmt gegen die Koordinationslehre Stellung. – Die integrale Koordinationsidee wurde inzwischen vom Prinzip etatistischer Souveränität zurückgedrängt. Vgl. Kraus, Staatskirchenrecht, S. 64.

59 Isele, Entwicklung, S. 182: „Vieles hat sich um uns gewandelt, wir sind stehengeblieben."

60 Karlen, Religionsfreiheit, S. 59, lehnt explizit eine Preisgabe der kirchlichen Subordination zugunsten eines koordinativen Verhältnisses Kirche-Staat ab. – Felix Hafner, Kirchen, S. 296, anerkennt, dass sich bei einer transnationalen Religionsgemeinschaft wie der röm.-kath. Kirche eine „Regelung der Beziehungen mittels zweiseitiger völkerrechtlicher bzw. 'quasivölkerrechtlicher' Konkordate aufdrängt".

61 Die systematische Sammlung des Bundesrechts beherbergt keine völkerrechtliche Konvention zwischen dem Hl. Stuhl und der Schweizerischen Eidgenossenschaft, wo der Bund als originäre Vertragspartei auftritt und die Übereinkunft rechtssetzend unmittelbar anwendbare Normen enthält, welchen formell wenigstens der Rang eines Bundesgesetzes zukommt, bzw. aus Bestimmungen besteht, die eine Verpflichtung zur Umsetzung in generell-abstrakte innerstaatliche Regeln statuieren. Dem rechtsgeschäftlichen Typus des auf die kantonale Ebene bezogenen Staat-Kirche-Vertrages entspricht das vermöge Art. 50 Abs. 4 aBV erzwungene 'Abkommen zwischen dem Schweizerischen Bundesrat und dem Heiligen Stuhl über die Abtrennung der Apostolischen Administration des Tessins vom Bistum Basel und ihre Umwandlung in ein Bistum' (vgl. auch die nicht in die SR aufgenommene 'Zusatzvereinbarung zwischen dem schweizerischen Bundesrat und dem Heiligen Stuhl über die Organisation des Bistums Basel' vom 2. Mai 1978, abgedruckt in: AfkKR 147 [1978], S. 214 ff.; sowie den gegenseitigen Notenaustausch zwischen dem Hl. Stuhl und dem Bundesrat vom 13. Mai 1981, worin der Bundesrat in seinem eigenen Namen und in demjenigen der Basler Diözesanstände eine Übereinkunft betreffend der Aufnahme des Kantons Jura in die Diözese Basel schloss, hierzu Ehrenzeller, S. 82),

publiziert in: SR 0.181.2 (die SR enthält ferner die 'Übereinkunft zwischen dem Schweizerischen Bundesrate und dem Heiligen Stuhle betreffend die Einverleibung der bündnerischen Gemeinden Poschiavo und Brusio in das Bistum Chur' [SR 0.181.1]; sowie die durch die Vermittlung des Bundesrates zustande gekommene 'Übereinkunft betreffend die Einverleibung des alten Kantonsteiles Bern in das Bistum Basel' [SR 0.183]), welches die territoriale Zuordnung der schweizerischen Bistumslandschaft (geographisch) partiell festlegt. Laut Lehre und Rechtsprechung soll Art. 50 Abs. 4 aBV bzw. Art. 72 Abs. 3 rev. BV in casu als staatsrechtlich einschlägige Kompetenznorm zufolge extensiver Interpretation, welche aber vom Verfassungswortlaut nicht gedeckt wird, sowohl für die eigentliche Errichtung neuer Bistümer auf dem Gebiet der Eidgenossenschaft als auch bezüglich territorialer Veränderungen der Diözesanzirkumskription anwendbar sein. Vgl. BGE 73 I 107; sowie Botschaft BV, BBl 1997 I 288. In Missachtung des hinsichtlich eines rechtsgeschäftlichen Synallagmas charakteristischen 'Do ut des' bzw. 'Facio ut facias' – Prinzips und in materieller Nachachtung der überwundenen konkordatsrechtlichen Legaltheorie praktiziert der Bund diese Einmischung in die Organisation der röm.-kath. Kirche, indem er grundsätzlich die völkerrechtliche Konventionsform als formellen Regelungsort zur materiellen Durchsetzung des Genehmigungsvorbehaltes gegenüber dem Hl. Stuhl wählt. „Der Bistumsartikel richtet sich in erster Linie an den Apostolischen Stuhl. Es wird ihm untersagt, selbständig und ohne Mitwirkung der Bundesbehörden die teilkirchliche Organisation festzulegen." (Urs Josef Cavelti, Bistumsartikel, S. 61). Bei der kodikarisch rechtsgültigen Errichtung und Zirkumskription einer Partikularkirche seitens des Hl. Stuhles gemäss cc. 372, 373 CIC 1983 könnte die Bundesgenehmigung in einem unilateralen bundesrätlichen Verwaltungsakt kompetenzkonform erteilt werden. Mithin zwingt aber Art. 50 Abs. 4 aBV bzw. Art. 72 Abs. 3 rev. BV die eigentlich alleinzuständige kirchliche Behörde – mindestens dort, wo bereits eine entsprechende Übereinkunft besteht – indirekt und entgegen dem Wortsinne auf den (staatsrechtlich festgelegten und begriffstechnisch inadäquaten) Konkordatsweg. Die Eidgenossenschaft fungiert folglich dann als Genehmigungsinstanz im Kleide der Vertragspartei. Vgl. Michel, S. 26 f.; sowie Botschaft BV, BBl 1997 I 288. Neben den für die Zustimmung erforderlichen bundesrätlichen Verwaltungsakt tritt aufgrund der völkerrechtlichen Qualtität einer entsprechenden Vereinbarung – falls diese dem Bund wesentlich neue Verpflichtungen auferlegte oder Rechte entzöge – die Sanktionierungspflicht durch die Bundesversammlung als weiteres staatliches Billigungserfordernis. Des weiteren kann in casu das Referendum gemäss Art. 89 aBV bzw. Art. 141 rev. BV ergriffen werden. – Der Bund übt neben der angemassten Zuständigkeit in (staatsvertrags- bzw. konkordatsrechtlichen) Fragen (Art. 8 aBV bzw. Art. 54 rev. BV) der gebietsmässigen Organisation einer Diözese die Funktion eines Mandatars der primär betroffenen aber beschränkt völkerrechtsfähigen Kantone aus (Art. 9 f. aBV bzw. Art. 56 rev. BV). Der Bundesrat ist für die Verhandlungsführung zuständig. Er kann kantonale Vertreter beiziehen oder die Gespräche ganz an die kantonalen Instanzen delegieren. Die via Bund ausgehandelten und genehmigten Verträge entfalten als kantonale Rechtsquelle Wirkung. Hierzu Urs Josef Cavelti, Bistumsartikel, S. 63 f.; Häfelin/Haller, Rz. 324 ff.; sowie Schindler, BV-Kom. Art. 9, Rz. 7. Gut, Errichtung, S. 16 f., gibt eine exemplikative Auflistung jener Fälle, in denen mittels bilateraler Übereinkunft Änderungen der Bistumsgrenzen vorgenommen wurden. Zum ideen- und rechtsgedie nachgeführte Bundesverfassung keine Änderung des angestammten Normierungsprimates vor[62].

II. Religiös-weltanschauliche Neutralität als Grenze der staatlichen Souveränität

Der ausschliesslich auf irdische Ziele ausgerichtete Staat[63] kreiert nicht die Kirche, er findet sie auf seinem Territorium vor[64]. Das Gemeinwesen ordnet mit

---

schichtlichen Hintergrund von Art. 50 Abs. 4 aBV vgl. Ulrich A. Cavelti, Aufklärung, S. 185 ff.; Gut, Errichtung, S. 5 ff. – Diejenigen Konkordate, welche ebenfalls diözesanorganisatorische Regelungen beinhalten, entfalten im staatskirchenvertragsrechtlichen Sinne normative Kraft gegenüber der den konfessionellen Verband betreffenden Rechtsebene des paktierenden Gliedstaates. Zu den einzelnen Bistumskonkordaten siehe Kraus, Staatskirchenrecht, S. 315 ff. Vgl. auch Lampert, Kirche und Staat I, S. 74 ff. Die bundesrechtliche Wirkung der vermöge Art. 50 Abs. 4 aBV bzw. Art. 72 Abs. 3 rev. BV publizistisch zu sanktionierenden Zugehörigkeit eines kantonalen Gemeinwesens zum territorialen Bestand einer Diözese präjudiziert jedoch die gliedstaatliche Kompetenz zur öffentlichrechtlichen Positionierung des konfessionellen Verbandes bzw. zu seiner staatskirchenrechtlichen Verbeiständung nicht. Hierzu Urs Josef Cavelti, Bistumsartikel, S. 61; Lampert, Kirche und Staat II, S. 286. Da als kantonale Rechtsquelle vorbestehend sowie fortgeltend (BGE 104 III 69 f. E. 3; 109 III 85 E. 2; Schindler, BV-Kom. Art. 9, Rz. 7, vgl. e contrario Art. 2 ÜbBest. aBV) und deshalb keiner nachträglichen Genehmigung bedürfend, wird die gemäss 'Übereinkunft zwischen Seiner Gnaden dem Fürstbischof von Chur und der Regierung des Kantons Schwyz betreffend die Vereinigung dieses Kantons mit dem Bistum Chur und die Verwaltung des Diözesanfonds' (nGS SZ I-80) vereinbarte und vom Heiligen Stuhl in der Bulle 'Imposita humilitati (nGS SZ I-81) kirchenrechtlich verbindlich sanktionierte Zugehörigkeit des Kantons Schwyz zur Diözese Chur von Art. 50 Abs. 4 aBV bzw. Art. 72 Abs. 3 rev. BV nicht erfasst. Vgl. Gut, Errichtung, S. 11; Winzeler, Bistumsartikel, S. 1463. – Auf der ev.-ref. Seite findet man Kirchenverträge als Regelungsorte sowohl bei der Gestaltung kantonsübergreifender kantonalkirchlicher Angelegenheiten in der Form bundesrechtlicher Konkordate (z.B. SR 182; 182.1), als auch zwischen dem Kanton einerseits und der christlichen Denomination anderseits (z.B. die Kirchenverträge des Kantons Neuenburg). Hierzu siehe Kraus, Staatskirchenrecht, S. 416 f.

62 Vgl. Botschaft BV, BBl 1997 I 1 ff.

63 „Entsprechend der vorherrschenden Definition kann der Staat umschrieben werden als der *mit höchster Herrschaft ausgestattete Verband eines Volks auf einem bestimmten Gebiet.*" (Häfelin/Haller, Rz. 155). Folglich setzt sich der schweizerische Staatsbegriff aus den Elementen: Staatsvolk; Staatsgebiet; Staatsgewalt zusammen. Zur rechtlichen Natur von Bund und Kantonen siehe Fleiner/Giacometti, Bundesstaatsrecht, S. 36 ff.

64 Lampert, Rektoratsrede, S. 18; Schwendenwein, korporative Religionsfreiheit, S. 785. „Nach kirchlicher Sicht hat Jesus Christus seine Kirche in diese Welt und in

saekularer Hand das rechtliche Verhältnis[65] der beiden grossen „Daseinsmächte"[66] – trotz eines freiwillig bindenden Rückgriffs auf die metajuristische Wertetradition durch unsere Bundesverfassungspräambel[67] – kraft seiner herrschaftsrechtlich motivierten Souveränität[68], welche in dreifacher Hinsicht ihre Tragweite

---

dieser Welt erbaut, weshalb sie keiner staatlichen Anerkennung bedarf." (Fuchs, öffentlich-rechtliche Anerkennung, S. 95).

65 Bruhin, Konzile, S. 364 f, befürwortet im Sinne einer 'ultima ratio' die einseitig-rücksichtslose Verhältnisgestaltung Staat-Kirche mittels saekularer Gesetzgebung: „Der pluralistische Staat, der seine Ordnungs- und Integrationsfunktion der Gesellschaft gegenüber wahrnimmt, kann nicht in allem und jedem auf das Selbstverständnis der sich mehr oder weniger stark voneinander unterscheidenden Religionsverbände eintreten. Er muss unter Umständen die Möglichkeit besitzen, das letzte Wort zu sprechen." Voraussetzung der unilateralen Regelungskompetenz des Staates ist jedoch erstens, dass er „eine möglichst freiheitliche Gestaltung seines Verhältnisses zur Kirche intendiert", und zweitens, dass das Gemeinwesen „sich so weit wie möglich um Anerkennung und einverständliche Billigung der Betroffenen bemüht. Denn gerade der saekulare Staat ist stets der Gefahr ausgesetzt, sich unsachgemäss in einen Bereich einzumischen, der ihm wesensgemäss verschlossen ist." In der Konsequenz erkennt Ders., op.cit., S. 365, neben dem vertraglichen Synallagma die Möglichkeit, ein adäquates Verhältnis Kirche-Staat durch ein paktiertes Gesetz zu begründen.

66 Friesenhahn, S. 4 f.

67 Mikat, Verhältnis von Kirche und Staat, S. 113, legt dar, dass der Staat vom Gedanken der allumfassenden Königsherrschaft Christi her automatisch eine christozentrische Legitimation erfährt, die sowohl unabhängig von der Kirche, als auch independent von der konkreten, geschichtlich gewachsenen Form des Staates gegeben ist.

68 Die röm.-kath. Kirche als 'Societas perfecta' tritt dem saekularen Gemeinwesen in der Form einer souveränen Grösse gegenüber. Der Primat des Papstes, die 'Suprema potestas' umfasst inhaltlich sämtliche dem Souveränitätsterminus eignenden Elemente (cf. c. 331 CIC 1983; bzw. vgl. Imboden, Politische Systeme, S. 18 f.). Der konfessionelle Verband nimmt für sich in Anspruch, selbst verbindlich festzustellen, „welche Rechte Christus der K. im einzelnen zur Aufgabenerfüllung verliehen hat" (Mikat, StL, Sp. 481). Hierzu auch, Ders., Verhältnis von Kirche und Staat, S. 145. – Die positive Beantwortung der Frage, ob das Völkerrecht die Souveränität der röm.-kath. Kirche als vor-völkerrechtlichen Tatbestand rezipiert und daran die Rechtsfolge der völkerrechtlichen Subjektivität knüpft, entscheidet eine diesbezügliche Normadressatur der röm.-kath. Kirche. Es herrscht Einigkeit darüber, dass dem Heiligen Stuhl und dem Staat der Vatikanstadt Völkerrechtssubjektivität eignet. Beider Qualität ist aber insoweit singulär, als dem Hl. Stuhl keine territoriale Grundlage anhaftet und der Vatikanstadt nicht „die einem Staat üblicherweise eigene Befriedungs- und Ordnungsfunktion zukommt". Letzterer dient der territorialen Absicherung des ersteren. Vgl. Göbel, S. 141 f. Eindeutigerweise tritt die Souveränität im institutionalisierten Primat des Hl. Stuhls zutage, dessen Organ der Inhaber des Primatialamtes, der Papst, ist. Oechslin, S. 121, geht mit überzeugenden Argumenten von einer Rechtsvermutung zugunsten der Völkerrechtssubjektivität der röm.-kath. Kirche aus. „Eigentliche Trägerin der spirituellen Souveränität und Basis

für die schweizerische Staatsgewalt akzentuiert[69]: Der Staat hat das Machtmonopol[70]; ist Träger allen Rechts[71]; und agiert in der Rechtschöpfung frei[72]. Die eid-

---

aller kirchenrechtlichen Institutionen ist aber die Kirche. Der Apostolische Stuhl findet seinen Zweck nur in der Kirche, genauerhin in deren Leitung. Dazu bedient er sich auch völkerrechtlicher Mittel wie des ius legationis und des ius contractus. Diese Rechte eignen der Kirche; der Apostolische Stuhl übt sie als ihr Zentralorgan aus, weil die Kirche sie nicht anders ausüben kann. Zu diesem Resultat muss auch die Theorie von der 'societas perfecta' führen, denn sie kennzeichnet die Kirche als souveräne Rechtsgemeinschaft." (Ders., S. 121).

69 Fleiner/Giacometti, Bundesstaatsrecht, S. 36, bezeichnen die Souveränität als wesentliches Merkmal der Staatsgewalt. Inwieweit letztere eine Einbusse in bezug auf Rechtsschöpfung und -trägerschaft erleidet, hängt einerseits vom staatlichen Willen, sich gegenüber und mit anderen Gemeinwesen zu binden, ab, und ist anderseits eine Frage der innerstaatlichen Wirkkraft von völkerrechtlichem Ius cogens. Die Relativierbarkeit der Souveränität verhindert eine absolutistische Ausprägung der Staatsgewalt. Sie „ist das Recht der Selbstbestimmung im Rahmen des Rechtlichen" (Oechslin, S. 57).

70 Demzufolge kann es im souveränen Gemeinwesen gemäss Imboden, Politische Systeme, S. 18 f., keine sozialen Gruppen geben, welche „Träger selbständiger und ursprünglicher Machtbefugnisse sind". Trotzdem ist zu betonen, dass das staatliche Machtmonopol letztlich von Gott herrührt. Darin liegt seine suprapositive Würde und zugleich seine naturrechtliche Bindung für den irdischen Gewaltinhaber begründet. Hierzu Aymans, Kanonisches Recht I, S. 85. – Aus der kirchlichen Warte ist zu präzisieren, dass sich räumlicher und persönlicher Geltungsbereich in der Frage kirchlicher Souveränitätsträgerschaft überschneiden können. „Der im Verhältnis von Staat und Kirche wichtigste Unterschied ist sachlicher Natur: beide beanspruchen Souveränität über dieselben Personen auf einem Territorium, nämlich dem staatlichen. Die doppelten Souveränitäten gründen auf einem freien kirchlichen Raum. Der sachliche Geltungsbereich des Staates ist temporeller, derjenige der Kirche spiritueller Natur." (Oechslin, S. 59). In Anerkennung der kirchlichen Sonderung zwischen Spiritualien und Temporalien darf das Machtmonopl den Staat nicht befähigen, die Souveränität der röm.-kath. Kirche zu verhindern.

71 Die rücksichtslos-unilaterale Negation der nativen Autonomie der röm.-kath. Kirche, ihre Organisation und Struktur innerhalb des Gemeinwesens eigenmächtig normativ zu definieren, fusst auf der Hegel'schen Sicht des Staates als Quelle allen Rechts, welche in extremis die kirchliche Rechtsordnung als saekular-derivatives Normprodukt mit exklusivem Vertretungsanspruch des Gemeinwesens zu qualifizieren trachtet und in der Folge zur entsprechenden Eingliederung derselben im staatlichen Normengefüge führt. Vgl. Isele, Entwicklung, S. 179, 195 f.; Felix Hafner, Kirchen, S. 51 ff.; Hinder, S. 53 f. „Alles von nicht-staatlichen Einheiten geschaffene Recht leitet sich letztlich aus dem staatlichen Recht ab. Es ist delegiertes Recht." (Imboden, Politische Systeme, S. 19). Diese rechtspositivistische These saekular-absolutistischer Observanz ist geeignet, die grundrechtliche Bindung des Gemeinwesens zu kontestieren. Sie tritt in Kontradiktion zur konstitutiv-institutionellen Neutralitätspflicht des Staates einerseits und dem religionsfreiheitlich geschützten kirchlichen Selbstbestimmungsrecht anderseits.

genössische Rechtsordnung folgt in der Verankerung verweltlichten Rechts einem einseitig[73]-saekularistischen Souveränitätsverständnis[74]. Zugleich besitzt die

---

72 Die Freiheit, den Inhalt der Rechtsordnung unabhängig und uneingeschränkt zu bestimmen, ruft der Gefahr des plebiszitären Missverständnisses. Der Staat sichert sich mit der freien Rechtsschöpfung auch die Kompetenz, die Voraussetzungen hinsichtlich der Anwendung äusserer Gewalt zu bestimmen und darüber in casu zu verfügen. Das Gemeinwesen verwaltet damit „Recht und Unrecht", „Zwang und Freiheit". Mithin birgt zu Demokratismus pervertierte 'Selbstzweckdemokratie' ihrer zweckabstinenten Ungebundenheit zufolge ein totalitäres Potential. „Der Gefahr in ihr Gegenteil umzuschlagen vermag die Volksherrschaft nur zu entgehen, wenn sie den Gedanken der Ordnung stärkt und ihn zur wegleitenden Verpflichtung macht [...] Ordnung ist wesentlich Ausgleich, ist Herstellung eines tragfähigen Einvernehmens zwischen polaren Kräften und einander entgegenwirkenden sozialen Prinzipien. Der Demos, der die Grundrechte der Person missachtet oder der bereit ist, die Gemeinschaft der Gefahr der inneren Auflösung auszusetzen, zerstört das verpflichtende Prinzip der Ordnung." (Imboden, Politische Systeme, S. 129). Dies gilt a fortiori im besonders sensiblen Bereich der Glaubensentfaltung. Siehe Ders., op.cit., S. 19. – Die Orientierung am Transzendenten führt den Christen zur Gewissheit, dass der Applaus der Mehrheit nicht die letzte Instanz ist.

73 Ulrich A. Cavelti, Aufklärung, S. 173 ff. „Die staatliche Souveränität zeigte sich auch in der Schweiz zu oft als summa legibusque soluta potestas." (Ders., op.cit., S. 193). Vgl. auch Feigenwinter, S. 40 f.

74 Dieses versucht sich aus der Definition der Souveränität als höchste, von keiner anderen Herrschermacht abhängigen, nach aussen wie im Innern selbständigen „Eigenschaft des Staates" zu rechtfertigen. Formell bezeichnet Souveränität in der Form einer Eigenschaft den Ranganspruch gegenüber anderen Sozialeinheiten. Materiell kann Souveränität jedoch als oberste Kompetenz und somit „ausschliessliche Befugnis bezogen auf einen bestimmten Bereich" begriffen werden. Die Entscheidung der Frage, ob Souveränität eine Eigenschaft oder eine Kompetenz sei, entzieht sich alternativer Beantwortung. „Die Eigenschaft ergibt sich aus der Kompetenz, denn diese qualifiziert die Sozial-Einheit als souverän. Die formelle Souveränität (im Sinne einer Eigenschaft) bestimmt sich nach Massgabe der materiellen Souveränität (im Sinne einer Kompetenz)." Als konsekutives Begriffselement vermag das formelleigenschaftliche Souveränitätsverständnis den Anspruch kirchlicher Souveränität nicht zu entscheiden, denn eine Eigenschaft entzieht sich per definitionem einer separativen Unterscheidung, sie ist „Bewertungsergebnis für ein geprüftes Objekt". Hingegen erlaubt der materielle Souveränitätsbegriff in der Form einer Befugnis zu Regierung und Rechtssetzung die Teilbarkeit des bezüglichen Komplexes. Die Zweckbestimmung des jeweiligen Kompetenzansprechers generiert das Kriterium der Zuständigkeitsdifferenzierung. Innerhalb eines Zuständigkeitsgebietes besteht lediglich eine Souveränitätskompetenz, um zu verhindern, dass der Souveränitätsterminus durch Bereichsaufsplitterung ausgehöhlt wird. Mit dem Aufweis der Dependenz des formellen Souveränitätsverständnisses wird die Suprematie des materiellen Begriffs der Souveränität eigentlich verbindlich. Im Hinblick auf die spirituelle Natur ihrer Funktion steht somit der Souveränität der röm.-kath. Kirche im religi-

römisch-katholische Kirche als solche auch ohne unmittelbar eigene territoriale Herrschaft[75] ein souveränes Wesen[76]. Dieses ignorierend duldet die verfasste

---

onsfreiheitlichen Rahmen des saekularen Gemeinwesens rechtsdogmatisch nichts entgegen. Zum Ganzen siehe Oechslin, S. 54 ff.

75 Die territoriale Herrschaft der röm.-kath. Kirche ist mittelbar über den souveränen Staat der Vatikanstadt zu konstruieren. Inhaber der Staatsgewalt ist dort der Apostolische Stuhl, welcher seinem Wesen nach primatiales Amt, seiner Funktion nach Organ und seiner Rechtsnatur nach Rechtsperson der röm.-kath. Kirche ist. Als mit Territorialhoheit ausgestattetes Subjekt des Völkerrechts garantiert der Vatikanstaat dem Apostolischen Stuhl Unabhängigkeit. „Im völkerrechtlichen Verkehr wird nicht immer unterschieden zwischen der Stellung des Apostolischen Stuhls als Inhaber der Staatsgewalt über die Vatikanstadt und seiner Stellung als Zentralorgan der Kirche. So vertreten die Nuntien – primär Hilfsorgane der kirchlichen Oberleitung – in der Regel die Interessen der katholischen Kirche und der Vatikanstadt, und der Apostolische Stuhl schliesst völkerrechtliche Verträge für die Kirche und den Vatikanstaat." (Oechslin, S. 121).

76 Mikat, Verhältnis von Kirche und Staat, S. 126; Oechslin, S. 58 ff.; sowie Köck, rechtliche und politische Aspekte von Konkordaten, S. 26 f. Hierzu hält postkonziliar Papst Paul VI. im Motu proprio 'Sollicitudo omnium Ecclesiarum', abgedruckt in: AfkKR 138 (1969), S. 154, fest: „Neque est infitiandum finem Ecclesiae et Rebus Publicis propositum diversi esse ordinis, atque Ecclesiam et Civitatem, in suo cuiusque ordine, esse societates perfectas, ac propriis inde pollere iuribus et mediis, suisque uti legibus, quacumque uniuscuiusque patet provincia. At verum est etiam utramque ad communis subiecti utilitatem agere, sicilicet hominis, a Deo vocati ad salutem adipiscendam aeternam, et in terra collocati ut illam, divina adiutus gratia, sibi comparet opere suo, quo etiam suae suorumque similium prosperitati consulat, in pacifico omnium convictu." – Im institutionellen Sinne sind Kirche und Staat aus naturrechtlicher Sicht zwei aufgrund göttlicher Anordnung 'perfekte' Einrichtungen, „die verschiedenen Zwecken folgend und ausgerüstet mit je eigener Machtvollkommenheit den Menschen zu dienen haben: der Staat als höchste Einrichtung um des natürlichen Wohles der Menschen willen, die Kirche als höchste Einrichtung für das übernatürliche Wohl der Menschen. Da sie auf dieselben Menschen ausgerichtet sind, können sie nicht voneinander getrennt werden. Gleichwohl ist es notwendig, zwischen kirchlichem und staatlichem Bereich zu unterscheiden." (Aymans, Kanonisches Recht I, S. 91). Bei einer Kollision im Bereich suprapositiver Pflichten ist der Kirche kraft ihrer Verkündigungspflicht ein übernatürliches Interesse am Vorrang der Konfliktlösung gemäss dem natürlichen Sittengesetz und dem geoffenbarten göttlichen Recht im Verhältnis zur staatlichen Wahrung des diesseitigen Wertes gegeben. Cf. c. 747 CIC 1983. Ansonsten reklamiert die röm.-kath. Kirche weder in den Dokumenten des Zweiten Vatikanums noch in den Bestimmungen des CIC 1983 im Hinblick auf Differenzen mit dem Staat angesichts unklarer Zuständigkeitsgrenzen absolut den Anspruch, dass „wegen eines postulierten Vorranges der spirituellen vor den temporellen Zwecken die Letztentscheidung ('Kompetenzkompetenz') bei der Kirche liegen müsse" (Listl, Kirche und Staat, S. 223 f.). Siehe Mikat, StL, Sp. 475. Dieser Position kommt im Lichte der religionsfreiheitlichen Gewährleistung des kirchlichen Selbstbestimmungrechts auf den saekularen Rechtskreis be-

Souveränität[77] unseres Rechtsstaates keine rechtsmächtige Konkurrenz des Kirchenrechts[78], obwohl die „Unversehrtheit des kirchlichen Bereichs"[79] mit dem Bestandesumfang des staatlichen Kompetenzenkataloges vereinbar ist[80]. Gerade

---

zogen kompetenzabgrenzende und mithin das grundfreiheitliche Schutzobjekt materialisierende Relevanz zu. Unablässig beansprucht die Kirche die religionsfreiheitliche Protektion ihres nativen Rechtes insofern, als es ihr zukommt, immer und überall die sittlichen Grundsätze über die soziale Ordnung zu verkündigen wie auch über menschliche Dinge jedweder Art zu urteilen, soweit die Grundrechte der menschlichen Person oder das Heil der Seelen dies erfordern (c. 747 § 2 CIC 1983). „In Anbetracht der Grenzen, die hier dem kirchlichen Öffentlichkeitsauftrag gezogen werden, dürfte dem Codex Iuris Canonici eine Legitimation der Kirche zu einem Engagement z.B. für oder gegen den Ausbau der Startbahn West des Flughafens in Frankfurt am Main mit Sicherheit nicht zu entnehmen sein." (Listl, Aussagen, S. 1047 f.). Vgl. Göbel, S. 136.

77 „Recht und Macht bedürfen der Vereinigung in einer 'verfassten' Ordnung, und Souveränität kann nur der Herrschaft zukommen, die dauernd auf Frieden, Ordnung und Gerechtigkeit angelegt und verfasst ist [...] Wie bei jedem politischen Zentralbegriff sind die Schranken der Souveränität immanent und unentbehrlich. Souveränität bedeutet also potentielle Allzuständigkeit des Staates im Rahmen einer verfassten und gerechtigkeitsorientierten Ordnung." (Wildhaber, Souveränität, S. 139). Begrifflich differenzierter Oechslin, S. 60, welcher die souveräne Allzuständigkeit des Staates verwirft, indem er von einer „umfassenden Zuständigkeit in einem festgelegten Bereich" spricht.

78 „Er (sc. der Staat) ist ein souveräner Herrschaftsverband, d.h. seine Herrschaft ist auf dem betreffenden Gebiete nach innen und aussen eine höchste, keiner anderen Gewalt unterworfene." (Fleiner/Giacometti, Bundesstaatsrecht, S. 37) Vgl. Imboden, Bundesrecht, S. 5. – Souveränität wird hier im eigenschaftlichen Sinne formell begriffen, um mithin die staatliche Unabhängigkeit zu legitimieren. Als bereichsbezogen teilbare materielle Kompetenz zur Selbstregierung verstanden, wäre die Auffassung von Fleiner/Giacometti in bezug auf die völkerrechtliche Eingliederung des Staates und hinsichtlich der kirchlichen Souveränität im Bereich der Spiritualien zu relativieren.

79 Lampert, Kirche und Staat II, S. 190. „*Nicht durch Verkürzung des Staates kommt die Kirche zu ihrem Rechte.*" (Ders., op.cit., S. 190).

80 Hier „zeigt der Umstand, dass die Kirche einen vom Staat verschiedenen Zweck hat und alle Mittel besitzt, diesen Zweck auch zu erreichen, des Staates also hierfür nicht bedarf, dass die Kirche tatsächlich eine Gemeinschaft ist, die als solche ausschliesslich in dem vom Staat zu gewährenden Freiraum siedelt und daher aus diesem Grunde von ihm respektiert werden muss [...] Immerhin mag man gelten lassen, dass – bloss innerstaatlich betrachtet – die Anerkennung der Kirche und ihrer Freiheit von unserem Ansatz her (also systemimmanent) keine unmittelbare, sondern bloss eine mittelbare ist, die sich als Ausfluss der Religionsfreiheit des einzelnen dartut. Nur weil das Individuum das Recht hat, seine Religion auch in Gemeinschaft mit anderen auszuüben, hat der Staat auch die Religionsgemeinschaften als solche zu respektieren, weil sie der Ort dieser kollektiven Religionsausübung sind. Eine solche Betrachtungsweise übersieht jedoch, dass man das Problem nicht isoliert, nur

die inhaltliche Ausformung und die Interpretation von Rechtsbegriffen bereitet aufgrund ihrer unterschiedlichen Bezüge im dualistischen Verhältnis Kirche-Staat erhebliche Schwierigkeiten. Entsprechende Rechtssätze sind nicht undifferenziert übertragbar. Kann vom hierin inkompetenten Staat beispielsweise der Inhalt der Religionsfreiheit autonom definiert werden? Ohne diesbezügliche Rücksichtnahme auf das Selbstverständnis der Religionsgemeinschaften verginge er sich am „Prinzip der Religionsfreiheit"[81]. Gleichwohl verzichtet momentan das Bundesrecht auf eine religionsfreiheitlich expressis verbis der betreffenden Religionsgemeinschaft gewährleistete Protektion[82] ihrer originären Konfessionsstruktur[83]. Das Gemeinwesen lässt die kirchliche Rechtsordnung nicht in den eidgenössischen Rechtskreis strahlen[84]. Sie entfaltet mittels der von ihr auf das Individuum gerichteten Leuchtkraft durch das äussere Subjektverhalten Schattenwirkung, denn Kirche und Staat treffen sich in ihren Gliedern, 'idem christianus et cives'[85].

---

unter dem Aspekt 'Staat-Individuum' betrachten darf." (Köck, rechtliche und politische Aspekte von Konkordaten, S. 44 f.).

81 Hinder, S. 53 f.

82 Das Bundesrecht enthält sich zur Zeit noch der offiziellen Aufnahme der korporativen Religionsfreiheit in den geschriebenen Grundrechtskatalog der BV. Auf jeden Fall gibt auch alleine die materielle Anerkennung der Religionsfreiheit korporativer Observanz dem Gemeinwesen die Möglichkeit, den aus dem Grundrechtsvollzug folgenden Vorbehalt kirchenrechtlicher Normen – z.B. anhand mittelbarer bzw. expliziter Rezeption kirchlicher Rechtsinstitute – innerhalb eines von der staatlichen Ordnung ausgesparten und durch den konfessionellen Verband dimensionierten Freiraumes zu realisieren.

83 Vgl. auch die saekularisierende Wirkung des kirchenpolitisch motivierten Art. 49 Abs. 4 aBV, welchen die totalrevidierte BV nicht mehr erwähnt. Hierzu führt Karlen, Religionsfreiheit, S. 189 ff., exemplikativ einige punktuelle, die öffentliche Ordnung nicht gefährdende Unzukömmlichkeiten des staatlichen Rechts mit religiösen Vorschriften (z.B. Armutsgelübde, Zölibat) an. Beachte auch Ulrich A. Cavelti, Aufklärung, S. 193.

84 Gemäss Häfelin, BV-Kom. Art. 49, Rz. 69, dürfen religiöse Gründe das Gemeinwesen nicht veranlassen, kirchliche Vorschriften ins staatliche Recht aufzunehmen. Hingegen ist es zulässig, dass unsere Rechtsordnung an das Vorhandensein kirchenrechtlicher Qualifikationsmerkmale profanrechtliche Konsequenzen, soweit diese vor dem Rechtsgleichheitsgebot Bestand haben und sachlich gerechtfertigt sind, verbindlich knüpft. Vgl. die Subsumptionsessentialia hinsichtlich der Zuordnung von zivilrechtlichen Rechtswohltaten für eine kirchliche Stiftung in den Art. 52 Abs. 2 und 87 Abs. 1 ZGB.

85 „Beide (sc. politische Gemeinschaft und Kirche) aber dienen, wenn auch in verschiedener Begründung, der persönlichen und gesellschaftlichen Berufung der gleichen Menschen." (GS Art. 76 Abs. 3). – Dem kirchlichen Bild des Menschen als 'Imago Dei' entspricht auf der staatlichen Ebene der für den Grund- und Menschenrechtsschutz zentrale Begriff der Menschenwürde. Siehe Felix Hafner, Spannungsfeld, S. 34 f.

Beide rufen den Einzelnen zur Verantwortung. In Nachachtung des Demokratieprinzips[86] wird der Souverän, dessen transzendierter Wille als 'Volonté générale'[87] anhand des plebiszitären Mehrheitsinstrumentes legitimierend wirkt[88], in diesem Zusammenhang durch das Staatsvolk[89] personifiziert[90].

---

86 Begreift man den Staat als institutionalisierten Volkswillen, kommt die Motivation des Individuums, welche religiös-konfessionelle Impulse und Obliegenheiten berücksichtigen kann, in der pflichtgemässen Partizipation am demokratischen Entscheidungsprozess indirekt und gefiltert vom individualistischen Moment zum Ausdruck. – Felix Hafner, Spannungsfeld, S. 39, objektiviert den Volkswillen, indem er das subjektive Motivationselement im Ergebnis kassiert. „Im demokratischen Rechtsstaat beruht das positiv gesetzte Recht auf einem konsensualen Geltungsgrund, der religiöse oder philosophische Rechtsbegründungen letztlich verdrängt oder überlagert." (Ders., op.cit., S. 39).

87 Diese wird von der Lehre des 'pouvoir constituant' mit der Gewaltenteilungsdoktrin versöhnt.

88 Nach Felix Hafner, Spannungsfeld, S. 39, führt das Mehrheitsprinzip zu einer unumstösslichen Vermutung zugunsten des sachlich Richtigen und der politischen Wahrheit. Dieser gehorcht in der Konsequenz der materielle Vorrang des demokratischen im Verhältnis zum rechtsstaatlichen Bundeselement, welcher darin zum Ausdruck kommt, dass die grundrechtliche Freiheitsordnung durch den Verfassungsgeber ohne gerichtliche Kontrolle eingeschränkt werden kann. Hier steigert sich das Demokratieprinzip trotz Art. 5 Abs. 4 rev. BV zum Axiom, was konfliktiv-rechtsbrüchliche Auswirkungen auf die Frage des Geltungsranges von völkerrechtlichem Ius cogens – beispielsweise hinsichtlich der Universalität menschenrechtlicher Grundsätze – gegenüber innerstaatlichem Recht zeitigen kann. Vgl. Ders., Kirchen, S. 52. – Ratzinger, S. 40 f., kritisiert eine Verabsolutierung des Mehrheitswillens: „Im letzten kann das demokratische System nur funktionieren, wenn bestimmte Grundwerte ... von allen als gültig anerkannt werden und dem Zugriff der Mehrheit entzogen bleiben. Anders gesagt: Das bloss formale demokratische System der Machtbegrenzung und Machtverteilung funktioniert aus sich allein nicht. Es kann nicht völlig wertfrei angewandt werden, sondern setzt ein inhaltliches Ethos voraus, das gemeinsam angenommen ist und gemeinsam festgehalten wird, obwohl es nicht absolut zwingend begründet werden kann." – Zum Anwendungsgebot von Art. 113 Abs. 3 aBV bzw. 190 rev. BV als Einschränkung des Rechtsstaatsprinzips siehe Häfelin/ Haller, Rz. 1808. Vgl. auch die Reformvorschläge zur bundes(verfassungs)-gerichtlichen Normenkontrolle gemäss Art. 168 Reformvorschläge Justiz VE 95, S. 59, bzw. Erläuterungen zum Verfassungsentwurf VE 95, S. 273 ff.; Botschaft BV, BBl 1997 I 428 f., 505 ff. und 532 ff.

89 Der Einzelne bildet einen Bestandteil der Gemeinschaft, welche im Kollektiv reale Potenz ist und sichtbar handelt. Der Begriff des Volkes kann hier nicht als blosse Idee abstrakt idealisiert verstanden werden. In casu übt das Volk die Herrschaft aus und ist gleichzeitig ihr Gegenstand. Vgl. Imboden, Politische Systeme, S. 23. Das demokratische Prinzip der Souveränität des Volkes, welches „den vereinigten Willen der in einem Staat zusammengeschlossenen Personen als die Quelle der Staatsgewalt ansieht", hat seinen tiefsten Ursprung im Ius Divinum, denn „alle Staatsgewalt ist von Gottes Gnaden". „Nach der naturrechtlichen Auffassung ist also das im

Die Bindung an das weltliche Gemeinwohl veranlasst den eine „Heimstatt aller Bürger“[91] darstellenden Staat im Rahmen der von ihm beanspruchten Höchstmächtigkeit, konsequenterweise eine neutrale Haltung[92] gegenüber den verschiedenen Bekenntnissen einzunehmen[93]. Die grundrechtsverpflichtete Herrschaftsmacht des Gemeinwesens verbietet die Parteinahme[94] zugunsten einer bestimmten Religion, Weltanschauung oder Ideologie, ihr ist gleichzeitig die Identifikation mit Bekenntnisinhalten jedweder Art verwehrt[95]. Aber der pluralistische Staat ist puncto Urheberschaft seiner Legitimationsgrundlagen schlecht positioniert, „weil er von legitimierenden gesellschaftlichen Kräften leben muss, die er aufgrund seines weitgehend wertabstinenten Selbstverständnisses selber nicht hervorbringen kann“[96]. Deshalb liegt es im ureigensten Interesse des religiös emanzipierten, freiheitlich-demokratischen Staates, die institutionelle Existenz der Kirchen nicht zu gefährden[97].

Staat geeinte Volk nur der erste Träger der Staatsgewalt." Hierzu Aymans, Kanonisches Recht I, S. 85.

90 Das Volk muss Subjekt einer 'gemeinwohlorientierten', dem Recht und nicht der Willkür verpflichteten Souveränität sein. Siehe Wildhaber, Souveränität, S. 141. Vgl. auch Imboden, Politische Systeme, S. 19, 128 ff.

91 Schlaich, S. 170. Erst die Anerkennung der religiösen Neutralität des Gemeinwesens durch die röm.-kath. Kirche perfektioniert diese Aussage für die Bürger röm.-kath. Konfession vollends. Hierzu Listl, Kirche und Staat, S. 221.

92 Eine gemeinsame Wurzel von 'Neutralität' und 'Souveränität' liegt in der verfassungsrechtlichen Bewältigung der Glaubensspaltung. Siehe Friederich, Kirchen und Glaubensgemeinschaften, S. 192, FN 38, S. 317. – Schlaich, S. 27, referiert die Abhängigkeit der Neutralität von der Souveränität insofern, als erstere Stärke voraussetzt, welche letztere gewährleistet.

93 Felix Hafner, Beteiligung, S. 151 f.; Ders., Spannungsfeld, S. 38. Vgl. auch Karlen, Religionsfreiheit, S. 127 f.

94 Fuchs, Praxis, S. 331: „Materiell bedeutet dies nicht Gleichheit im Sinne von Gleichmacherei, sondern Behandlung im Sinne des 'suum cuique', d.h. der jeweiligen Bedeutung eines Organismus entsprechend.“

95 Felix Hafner, Beteiligung S. 153; Pius Hafner, Staat und Kirche, S. 195; Karlen, Religionsfreiheit, S. 188; Ders., umstrittene Religionsfreiheit, S. 199.

96 Felix Hafner, Spannungsfeld, S. 38; Hangartner, Universitätshexe, S. 113, welcher sich analog zu Hafner auf Ernst-Wolfgang Böckenförde, Die Entstehung des Staates als Vorgang der Säkularisation, in: Böckenförde, Recht, Staat, Freiheit. Studien zur Rechtsphilosophie, Staatstheorie und Verfassungsgeschichte, Frankfurt am Main 1991, S. 111 f., stützt. Vgl. Mikat, StL, Sp. 480; Ders., Verhältnis von Kirche und Staat, S. 139; Ratzinger, S. 41. – „Kraft ihrer Sendung ist die Kirche Hüterin der sittlichen Ordnung, die sie sowohl den befehlenden wie den gehorchenden Menschen vor Augen zu stellen hat." (Mikat, Verhältnis von Kirche und Staat, S. 137).

97 Dass der Kirche eine Garantenstellung als Hort der Freiheit eigen sein kann, beweist ihre Führungsrolle beim Niedergang des kommunistischen Totalitarismus in Osteuropa aufs Eindrücklichste.

Der Schutz kirchlicher Gemeinschaften ist eine fundamentale Bedingung ihrer saekularrechtlich zu gewährleistenden Freiheit. Ohne Protektion würde der Zweck religiös-weltanschaulicher Neutralität insofern pervertiert, als der in Gleichgültigkeit verharrende Staat sich zumindest passiv religionsfeindlich gebärdete. A fortiori beinhaltet das Neutralitätsgebot nicht die staatliche Inanspruchnahme einer laizistisch verbrämten Bewertung religiöser bzw. weltanschaulicher Überzeugungen[98]. Dies käme der Hinwendung zu einem Indifferentismus areligiöser, antitranszendentaler Art gleich[99],[100], welcher es eher vorzieht, „Ungläubige gegen den Druck konventioneller Religiosität zu sichern, als Be-

98 Kraus, Staatskirchenrecht, S. 129: „Dieses säkulare Selbstverständnis der Bundesverfassung bedingt freilich keine feindliche Haltung, die alles Religiöse möglichst aus dem eidgenössischen Gesichtskreis verdrängen möchte. Die auf Bundesebene verwirklichte 'Trennung' sollte in erster Linie als ein organisatorisches Prinzip verstanden werden, das allen Beteiligten Eigenständigkeit bietet und das offen ist für Formen der Kooperation und der gegenseitigen Bezugnahme wie aber auch für solche der Abwehr und der Entfremdung." Vgl. Saladin, Grundrechte, S. 18; Weder, S. 112 f.

99 „In diesem Sinne sind die zahlreichen Kundgebungen der Päpste des 19. und 20. Jahrhunderts gegen die Trennung von Kirche und Staat zu verstehen. Wenn die Forderung der Trennung von Kirche und Staat bedeutet, dass die Kirche im öffentlichen Leben so behandelt werden soll, als ob sie gar nicht existiere oder als ob sie lediglich eine private Angelegenheit der einzelnen Staatsbürger sei, denen das Recht zum organisierten Zusammenschluss als religiöse Gemeinschaft überdies noch verweigert wird, dann handelt es sich hierbei nicht mehr um den Ausdruck der konfessionellen Neutralität des modernen Staates, sondern um eine Massnahme, die unmittelbar gegen die Religion gerichtet ist." (Mikat, Verhältnis von Kirche und Staat, S. 134). Hiervon unterscheidet sich inhaltlich die bevormundungsfreie Entflechtung im Sinne einer Trennung der beiden Gewalten. Das grundrechtlich verpflichtete kantonale Verfassungsrecht hat dafür die Voraussetzungen zu schaffen, um den Institutionen Kirche und Staat den Weg für eine freiheitliche Kooperation zu ebnen. Die „'optimale' Form der Zuordnung" des anstaltlich verfassten konfessionellen Verbandes und des körperschaftlich organisierten Staates kann indes freilich nur in Annäherungswerten erreicht werden. Hierzu Mikat, Verhältnis von Kirche und Staat, S. 140. Vgl. Listl, Lehre, S. 1034 f. Das zweite Vatikanum prägt in GS Art. 76 Abs. 3 den Begriff der 'sana cooperatio'. Auf dem Rechtsboden der Religionsfreiheit will die Kirche zum Wohl ihrer Glieder und zur Festigung des Gemeinwohls das 'rechte Zusammenwirken' mit der politischen Gemeinschaft etablieren. Das 'Societas perfecta'-Prinzip prononciert zu diesem Behufe die Notwendigkeit einer klaren Separation der beiden institutionellen Grössen im Sinne einer auf der kirchlichen Eigenrechtsmacht basierenden Kompetenzausscheidung.

100 Vgl. Botschaft zur Trennung von Staat und Kirche, BBl 1978 II 683. – Begrifflich unscharf argumentiert Fritz Fleiner, Geistliches Weltrecht und weltliches Staatsrecht, S. 277, welcher den konfessionslosen mit dem konfessionsneutralen Staat verwechselt.

kenntnis- und Religionsfreiheit zu schützen"[101]. Der religionsfreiheitlich observanten Staatstätigkeit obliegt vielmehr die unvoreingenommene und unparteiische Berücksichtigung aller für sie relevanten religiösen bzw. weltanschaulichen Kräfte und Überzeugungen[102]. Die religiös-weltanschauliche Neutralität lässt schliesslich nicht zu, dass in das Gebiet des Religions- bzw. Staatskirchenrechts bundesrechtliche Vorstellungen eines laizistischen Trennungsmodells hineingetragen werden[103], welche letztendlich ein grundrechtswidriges Abgleiten des Neutralitätsprinzips in eine staatliche Identifikation mit einem irreligiösen Nihilismus zur Folge hätten.

Ausfluss der Neutralitätspflicht ist das Prinzip der Nichteinmischung[104]. E contrario resultiert aus dem staatlichen Souveränitätsanspruch[105], dass das Gemeinwesen sein Verhältnis auf der Grundlage religiös-weltanschaulicher Neutralität zu den verschiedenen Konfessionen unilateral bestimmt[106]. Die formale Einflussnahme auf die diesbezügliche staatliche Position in der Form eines Rechtsanspruchs steht den einzelnen Denominationen nicht zu Gebot[107].

---

101 Maier, S. 28. – „So sehr die negative Religionsfreiheit heute die Saekularisierung des öffentlichen Lebens bedingt, so sehr verlangt die positive Religionsfreiheit, dass die Religion im öffentlichen Leben nicht unterdrückt wird. Es darf deshalb niemand mehr zur Teilnahme an einem Feldgottesdienst, am Religionsunterricht oder zur Vornahme eines religiös gefärbten Eides verpflichtet werden; hingegen stehen der Feldgottesdienst, der Religionsunterricht und der religiös gefärbte Eid immer noch demjenigen zur Verfügung, der von ihnen Gebrauch machen will." (Karlen, Religionsfreiheit, S. 223).

102 BGE 118 Ia 58 E. 4e/aa; 123 I 307 E. 4a/bb; Pius Hafner, Staat und Kirche, S. 195 f.; Karlen, Religionsfreiheit, S. 188; Ders., umstrittene Religionsfreiheit, S. 199. Vgl. auch Hans Marti, SJK Nr. 1070, S. 2.

103 Hierzu Listl, Glaubens-, Bekenntnis- und Kirchenfreiheit, S. 441 f. Vgl. auch Karlen, umstrittene Religionsfreiheit, S. 199. In diesem Lichte erscheint die im Kruzifix-Entscheid des BGer. (BGE 116 Ia 252 ff.) angewandte Prävalenz der negativen Religionsfreiheit vor dem überwiegenden Interesse am Schutz der positiven Grundrechtssubstanz als Ausdruck eines grundrechtswidrigen Symbollaizismus. Vgl. Carlen, Jurisprudence, S. 120.

104 Wyss, Glaubens- und Religionsfreiheit, S. 396 f.

105 Hier im Sinne der inhaltlich freien Wahrnehmung des staatlichen Rechtsschöpfungsmonopols, welches auf einem eigenschaftlichen Souveränitätsverständnis fusst.

106 Das Gemeinwesen kann vorteilhafterweise selbstverständlich auch den vertraglichen Ausgleich suchen, wie es z.B. der Kanton Schwyz mit dem Bistumsvertrag (nGS SZ I-80) im Jahre 1824 tat.

107 Vgl. Carlen, Kirche und Staat in der Schweiz, S. 345. Was den Einfluss auf die Gesetzgebung betrifft, nehmen die staatlichen Behörden bei Vorlagen, welche die Kirchen direkt berühren oder sonstwie erheblichen sozialethischen oder sozialpolitischen Gehalt aufweisen, die Meinungen der verschiedenen Landeskirchen bzw. Religionsgemeinschaften zur Kenntnis, ohne dass eine Garantie für eine Anhörung bestünde. Siehe auch Kraus, Staatskirchenrecht, S. 148 f.; Felix Hafner, Beteiligung,

Im Hinblick auf die historisch gewachsene Konfessionslandschaft und in Nachachtung des föderalen Prinzips ist in der schweizerischen Rechtswirklichkeit die Kompetenz zur staatskirchenrechtlichen Regulation vornehmlich den einzelnen Kantonen zugewiesen[108]. Aus der Summe von 26 religionsverfassungsrechtlichen Variationen lässt sich mithin kein einheitlicher Typus[109] destillieren, ohne den delegierten Normierungsschwerpunkt von den Kantonen zum Bund zurückzuverschieben, und damit ein abstrakt-doktrinäres Bundesstaatskirchentum zu etablieren. Die Konstruktion eines religionsrechtlich gewandeten Staatsmusters in der Rechtssphäre des Bundes[110] ist nicht mit der Neutralitätspflicht kompatibel und birgt folglich auch als Ausdruck strikten Beharrens auf gesamtstaatlicher Souveränität zuungunsten des föderalen Organisationsprinzips dem schweizerischen Staatskirchenrecht keinen gewinnbringenden bzw. widerspruchslosen Nutzen[111].

Dem Neutralitätsgebot eignet in casu nicht nur die Funktion eines Nichteinmischungsgrundsatzes in kirchliche Interna, sondern es führt auch die föderalisti-

---

S. 175 f.; Saladin, Beteiligung, S.462 f. – Zur Partizipation der Kirchen an der Willensbildung des Parlamentes, der Parteien und Fraktionen siehe Felix Hafner, Beteiligung, S. 177 ff.

108 Fuchs, Kirche, S. 272. – Das Verhältnis Kirche-Staat bildet, was die kantonale Gestaltungskompetenz betrifft, eine Ausnahme der Regel, „dass die heutige Bestandesaufnahme (sc. der Diskussion um Staatlichkeit und Souveränität) ein hochkompliziertes, 'verzahntes Beziehungssystem' mit Zügen zum unitarischen Bundesstaat im Kompetenzbereich, zum Vollzugsföderalismus in der Rechtsdurchsetzung und zum übergreifenden Durcheinander bei der Finanzierung aufweist. Gerade in der Schweiz steht das Gegenwartsbild des Föderalismus im Zeichen der Verflechtung und der Zusammenarbeit, des Kompromisses und des Ausgleichs." (Wildhaber, Souveränität, S. 142).

109 Zu den verschiedenen Typen religionsrechtlicher Ordnung siehe Karlen, Religionsfreiheit, S. 61 ff. – Der CIC 1983 differenziert nicht nach verschiedenen Staatsformen oder -typen. Der Staat bildet im Kodex eine einheitliche Kategorie, ohne dass diese begrifflich zum Ausdruck käme. Es erscheinen diesbezüglich im Kodex eine Reihe synonym verwendeter Ausdrücke, wie z.B. bevorzugt 'Civitas' (einzeln oder in Wortverbindungen), so dann 'Auctoritas civilis', 'Natio', 'Res publica', 'Potestas civilis' und 'Societas civilis'. Dazu ausführlich Göbel, S. 100 f.

110 Vgl. Ehrenzeller, S. 203.

111 Vgl. Kraus, Staatskirchenrecht, S. 421. – In der Konsequenz daraus verbleibt somit festzuhalten, dass der Souveränitätsgedanke die religionsverfassungsrechtlichen Kompetenzsphären von Bund und Kantonen insofern alternativ, als die Kompetenzen sich nicht überschneiden und gleichzeitig komplementär, als diese sich sinnvoll ergänzen sollten, zu harmonisieren hat. Dazu Wildhaber, Souveränität, S. 142. – Dieser Konklusion gehorcht die Zweiteilung in einen religions(freiheits)rechtlichen Normenkatalog des Bundes und in die staatskirchenrechtliche Gestaltungsfreiheit der Gliedstaaten.

sche Methode der bundesstaatlichen Kompetenzverteilung auf einer ausschliesslich staatsrechtlichen Bahn. Diese weist das Gemeinwesen an, bei der Bewertung eines Sachverhaltes mit staatskirchenrechtlichem Bezug „saekulare Kriterien als Massstab für das rechtlich Zulässige"[112] anzuwenden[113]. Indes verpflichtet das Prinzip der Kompetenzkompetenz im Rahmen der rechtsstaatlichen Ordnung „als 'verfasste' Staatlichkeit"[114] den Gliedstaat, seine staatskirchenrechtliche Disziplin am Katalog der Grundfreiheiten des eidgenössischen Verfassungsrechts auszurichten. Aufgrund ihrer religionsrechtlichen Einschlägigkeit avanciert dabei die Religionsfreiheit zur Grundsatznorm des kantonalen Staatskirchenrechts[115].

§ 2 Die bundesstaatliche Kompetenzkompetenz

I. Methode

1. Sedes materiae

Der organisatorische Grundgedanke und die iuristische Bestandesgewährleistung[116] des Bundesstaates tritt in der Separation seiner sachlichen Rechtssetzungsbereiche, deren soziales Substrat Normierungsgegenstand des zentral- bzw.

---

112 Friederich, pragmatische Ausgestaltung, S. 80.

113 „Staatskirchenrecht ist Staatsrecht. Das Kirchenrecht hat staatsrechtliche (staatskirchenrechtliche) Relevanz soweit und nur soweit, als das staatliche Recht dies verfügt." (Schlaich, S. 188). Diese Feststellung gilt für den kanonischen Rechtsbereich analog. Cf. c. 22 CIC 1983. Bezogen auf die souveräne Eigenrechtsmacht der röm.-kath. Kirche lässt sich der Mangel an staatskirchenrechtlichem Respekt vor der innerkirchlichen Rechtsordnung in den Schranken unserer rechtsstaatlichen Verfasstheit nicht mit gliedstaatlichem Pragmatismus rechtfertigen. Die aus kirchenpolitischem Wunschendenken, welches oftmals durch den Genuss demokratistischer Legitimation einer Selbsttäuschung obliegt, heraus vollzogene parthenogenetische Metamorphose einer staatskirchenrechtlichen Regel zur innerkirchlichen Rechtsquelle scheitert hier somit an der systembedingten Indisponibilität des saekularen Staates.

114 Friederich, Kirchen und Glaubensgemeinschaften, S. 204.

115 „Das Grundrecht der Religionsfreiheit verlangt als 'staatskirchenrechtliche Grundsatznorm' vom Staat ... namentlich *Neutralität* in Glaubensfragen. Damit ist dem Staat *Achtung vor dem Selbstverständnis kirchlicher Gemeinschaften* geboten, nicht (primär) durch kirchenrechtliche Vorschrift, sondern durch eine Norm des *säkularen* Rechts." (Friederich, pragmatische Ausgestaltung, S. 80).

116 „Bund und Kantone können sich auf diese Bestimmungen berufen und sie verteidigen." (Hangartner, Rechte, S. 115).

gliedstaatlichen Gesetzgebers ist, signifikant zutage[117]. Die rechtstechnische Aufteilung der Kompetenzen erfolgt, dem Postulat der Widerspruchslosigkeit[118] gehorchend, zwischen Zentral- und Gliedstaaten koordiniert[119], indem nur dem Bund die Verteilung der Zuständigkeiten, die Kompetenzkompetenz, obliegt. Die Bundesverfassung scheidet in Art. 3 aBV bzw. Art. 3 rev. BV die Kompetenzen zwischen Bundesstaat und Kantonen[120]. Die Sphärentrennung wird mittels einer subsidiären Generalklausel zugunsten der kantonalen Zuständigkeit vorgenommen[121]. Dieses System erheischt eine Enumeration der Bundeskompetenzen, welche ausschliesslich aufgrund von in der Bundesverfassung selber niedergelegten Einzelermächtigungen[122] eine Bundeszuständigkeit[123] zu begründen vermögen[124].

117 Imboden, Bundesrecht, S. 91.

118 „Im Widerspruch kommt das Recht zur Negation seiner selbst." (Imboden, Bundesrecht, S. 13).

119 Dadurch, dass die Kompetenzen alternativ dem Zentral- oder Gliedstaat zustehen, müssen sie sich zwecks Wahrung der Rechtseinheit auch komplementär entsprechen. Hierin ereignet sich die Koordination. Vgl. Imboden, Bundesrecht, S. 33 f.

120 Der Staat als Träger allen Rechts, der innerhalb des gleichen Territoriums verschiedene Rechtsebenen kennt, muss für eine einheitliche Verwirklichung der Rechtsidee besorgt sein. Dem föderalen Charakter des bundesstaatlichen Gemeinwesens entsprechend sind die Zuständigkeiten vertikal gestuft. Um Konkurrenzen und Widersprüche zu vermeiden, erfordert der Bergriff des Rechts als Antwort auf die legislatorische Machtverteilungsfrage innerhalb des staatlichen Organismus die Höchstmächtigkeit des Bundes bei der Ausübung oder Delegation der Rechtssetzungsgewalt. Seine supremate Zuständigkeit dient der Rechtseinheit und ist ein Teilaspekt seines Souveränitätsverständnisses. In diesem Punkt nimmt der Bundesstaat die Form eines dezentralisierten Einheitsstaates an. Vgl. Brühwiler, S. 40 f.

121 Daraus folgt eine lückenlose Kompetenzausscheidung. Vgl. Art. 113 Abs. 1 Ziff. 1 aBV bzw. Art. 189 Abs. 2 rev. BV, welcher bei Kompetenzkonflikten zwischen Bundesbehörden und Kantonalbehörden die Zuständigkeit des BGer. anordnet.

122 Bezüglich staatskirchenrechtlicher Angelegenheiten behielt sich der Bund Kompetenzen in Art. 50 Abs. 3 und 4 aBV sowie subsidiär in Art. 50 Abs. 2 aBV vor. Die totalrevidierte BV enthält in Art. 72 Abs. 3 rev. BV nach wie vor eine alleinige und in Art. 72 Abs. 2 rev. BV eine subsidiäre Bundeskompetenz. – „Die Zuständigkeiten des Bundes sind in der BV im Prinzip abschliessend und ausdrücklich genannt. Neben diesen ausdrücklichen Kompetenzen gibt es anerkanntermassen auch eine Anzahl ungeschriebener Kompetenzen kraft föderativen Staatsaufbaus (inhärente Zuständigkeiten) und vereinzelte implizite Zuständigkeiten." (Botschaft BV, BBl 1997 I 131). Hierzu Saladin, BV-Kom. Art. 3, Rz. 125 ff. Diese spielen für das eidgenössische Staatskirchenrecht keine Rolle. Vgl. Friederich, Kirchen und Glaubensgemeinschaften, S. 235; Häfelin/Haller, Rz. 279.

123 Fleiner/Giacometti, Bundesstaatsrecht, S. 75, lehnen die Auslegungsmethode des Analogieschlusses, welche in casu der Lückenergänzung des lückenlosen Kompetenzverteilungskataloges dienen würde, bei der Interpretation der Kompetenzvorschriften ab. – Häfelin/Haller, Rz. 285 f., sprechen sich gegen eine restriktive Ausle-

Die nachgeführte Bundesverfassung übernimmt in Art. 3 rev. BV im Sinne des Traditionsanschlusses praktisch wortwörtlich den Art. 3 aBV[125], während überdies Art. 72 Abs. 1 rev. BV neuerdings ausdrücklich die Zuständigkeit 'für die Regelung des Verhältnisses von Kirche und Staat' den Kantonen zuweist[126].

2. *Anwendungsprinzipien des staatskirchenrechtlichen Föderalismus*

Das föderalistische Prinzip des schweizerischen Bundesstaates widerspiegelt die Geschichtsmächtigkeit unserer Staatsgenese[127]. Die reformationskausale Aufsplitterung in verschiedene Bekenntnisse zwang den mit selbständig höchster Staatsgewalt ausgestatteten Bundesstaat[128], einer föderalistisch-pragmatischen Regelung[129] Raum zu geben[130]. Der Verfassungsgeber verzichtete zuungunsten

---

gung der Bundeskompetenznormen aus und befürworten die Anwendung der allgemeinen Interpretationsregeln.

124 Häfelin/Haller, Rz. 262 ff.

125 Es ändert sich in der rev. BV folglich nichts an der bisherigen Methode zur Regelung der Kompetenzausscheidung. Vgl. Botschaft BV, BBl 1997 I 129 ff. Neu wird in Art. 44-49 rev. BV versucht, Stellung, Rolle und Aufgaben der Kantone allgemein zu umschreiben. Dies geschieht durch einen Abschnitt über die Aufgaben von Bund und Kantonen (Art. 42 f. rev. BV) wie auch mittels eines Abschnitts über das Zusammenwirken von Bund und Kantonen (Art. 43-49 rev. BV). Angefügt wird ein dritter Abschnitt mit Art. 50 rev. BV über die Stellung der Gemeinden nach Kantons- und Bundesverfassungsrecht. Hierzu Rainer J. Schweizer, Die revidierte Bundesstaatsverfassung, in: AJP 6/99, S. 669.

126 Inwieweit der unter dem Titel 'Kirche und Staat' in der nachgeführten BV eingereihte Art. 72 rev. BV, welcher in Abs. 1 die überlieferte staatskirchenrechtliche Kompetenz der Kantone wiederholt, lediglich als formales Gefäss für die in Art. 72 Abs. 3 rev. BV vindizierte konfessionelle Ausnahmebestimmung dient, und worin der systematische Nutzen dieser zusätzlichen Delegationsnorm besteht, kann hier offenbleiben.

127 Vgl. Saladin, BV-Kom. Art. 3, Rz. 43.

128 Zur Frage der alleinigen Bundessouveränität, bzw. einer möglichen Doppelsouveränität von Bund und Kantonen siehe Fleiner/Giacometti, Bundesstaatsrecht, S. 37 ff.; Wildhaber, Souveränität, S. 141 f. Der Begriff der Souveränität erfährt in casu „durch die völkerrechtliche Einbindung der Nationalstaaten eine zunehmende Sinnentleerung“ (Häfelin/Haller, Rz. 169).

129 Urs Josef Cavelti, Religionsgemeinschaften, S. 28; Fuchs, Praxis, S. 167 und 308. – „Mit der Glaubensspaltung begann die Religion, die vorher die abendländische Einheit zu verwirklichen half, auf einmal scharfe Grenzen zu ziehen. [...] Es erstaunt deshalb nicht, dass die *Religion* rasch zu einem prägenden Element im Leben der einzelnen Orte, zu einem *Kernstück des Föderalismus* wurde." (Karlen, Religionsfreiheit, S. 135).

einer bundesrechtlichen Gesamtheit von Normen und Prinzipien auf ein systematisches Staatskirchenrecht[131] und postierte die Beziehungsgestaltung zu den verschiedenen konfessionellen Denominationen grösstenteils[132] auf der kantonalen Ebene[133]. Der Bund traf aus staatspolitischer Klugheit eine systemneutrale Lö-

---

130 Fuchs, Praxis, S. 292: „Wer ... das notwendige historische Einfühlungsvermögen besitzt, weiss, dass bei den damaligen konfessionellen Verhältnissen nur dank der kantonalen Kirchenhoheit der religiöse Frieden erhalten bleiben konnte. In der Tat hat die Geschichte dem Bundesgesetzgeber recht gegeben.“ Vgl. auch Jörg Paul Müller, Religionsfreiheit, S. 6. – Die Trennung von Kirche und Staat auf Bundesebene verursachte einen Einschnitt in den föderalistischen Staatsaufbau. Neben einer religionsrechtlichen Zentralisation provozierte die bundesrechtliche Zwangseinweisung ins Privatrecht für die Religionsgemeinschaften und das Gemeinwesen einen markanten Bruch mit geschichtlich Gewachsenem. Siehe Botschaft zur Trennung von Staat und Kirche, BBl 1978 II 692 ff.

131 Die bundestaatliche Erhaltung der Unversehrtheit der staatskirchenrechtlichen Kompetenzen der Kantone ist eine historische Folge des Kulturkampfes im vorigen Jahrhundert. Hierzu Fleiner/Giacometti, Bundesstaatsrecht, S. 310 ff.

132 Ausdrücklich in der Verfassung dem Bund vorbehaltene staatskirchliche Kompetenzen sind resp. waren beispielsweise: – der Genehmigungsvorbehalt bei der Errichtung von Bistümern (Art. 50 Abs. 4 aBV bzw. Art. 72 Abs. 3 rev. BV); – die Entscheidung über Streitigkeiten bei Bildung oder Trennung von Religionsgemeinschaften (Art. 50 Abs. 3 aBV); – sowie an subsidiärer Stelle die Ergreifung geeigneter Massnahmen zur Wahrung des öffentlichen Friedens zwischen den Angehörigen der verschiedenen Religionsgemeinschaften (Art. 50 Abs. 2 aBV 1. Lemma bzw. 72 Abs. 2 rev. BV) und gegen Eingriffe kirchlicher Behörden in die Rechte der Bürger und des Staates (Art. 50 Abs. 2 2. Lemma aBV).

133 Begreift man hier eine Facette des Souveränitätsbegriffs als Zuständigkeit zur Verhältnisgestaltung, können die Kantone in diesem Zusammenhang durchaus als souverän gelten. Dazu Saladin, BV-Kom. Art. 3, Rz. 47. Zur bundesrechtlichen Begrenzung der kantonalen Souveränität siehe Friederich, Kirchen und Glaubensgemeinschaften, S. 210 f. – „Diese Regelungen (sc. Art. 3 aBV bzw. Art. 3 rev. BV) sind nicht bloss verpflichtende Organisationsvorschriften. Sie sind gleichzeitig die juristische Gewährleistung des Bestandes und des Wirkungsbereiches von Bund und Kantonen. Bund und Kantone können sich auf diese Bestimmungen berufen und sie verteidigen. Diese Regelungen sind somit ihrer Funktion nach auch verfassungsmässige Rechte von Bund und Kantonen.“ (Hangartner, Rechte, S. 115). – Häfelin/Haller, Rz. 168 ff., messen dem Souveränitätstopos in bezug auf die Staatlichkeit der Kantone keine grosse Bedeutung mehr bei. Deren staatliche Kompetenzen beschränke die BV auf den von ihr zugestandenen Rahmen. In diesem Sinne komme der Realität wohl die Feststellung am nächsten, „dass die Kantone *eine beschränkte Staatsqualität* aufweisen" (Dies., Rz. 170). Die Entscheidungsbefugnis der Bundesglieder sei deshalb als Autonomie zu qualifizieren. Hier ist anzumerken, dass auch die souveräne Staatsgewalt des Bundes von aussen völkerrechtlich begrenzt wird. Dabei kann Reichlin, S. 83, beigepflichtet werden, dass die Kantone mit „der Übertragung aller äusseren Angelegenheiten an den Bund" jedenfalls ihre „völkerrechtliche Souveränität" verloren haben. Vgl. auch Hangartner, Grundzüge I, S. 51. – Im-

sung[134]. Dem Subsidiaritätsprinzip als allgemeines Zuständigkeitsprinzip eines Sozialgebildes, welches mit dem strukturwirksamen Solidaritätsprinzip aus dem Begriff des 'Bonum commune' abgeleitet wird[135], verschafft die Ordnungszuständigkeit der Kantone vermöge des föderalistischen Bundeselementes staatsrechtliche Relevanz[136]. Die staatskirchenrechtliche Kompetenzverteilung als

---

boden, Bundesrecht, S. 27 ff., erachtet die gliedstaatliche Souveränität im politischen Wollen existent, welches auf „den Zusammenschluss selbstherrlicher Verbände unter Wahrung ihrer Eigenständigkeit zu einer rechtlich organisierten Gemeinschaft" abzielt. „Dieser politische Leitgedanke schafft sich Ausdruck im bundesstaatlichen Staatszeremoniell; in ihren Verkehrsformen verhalten sich Zentralstaat und Gliedstaat wie souveräne Gebietskörperschaften." (Ders., op.cit., S. 27). Der rechtliche Bundesstaatsbegriff lässt indes ausschliesslich den Zentralstaat souverän erscheinen. – Endlich entscheidet sich die ganze Diskussion an der Frage, ob Souveränität formell als Eigenschaft oder in der Form einer auf einen Zuständigkeitsbereich bezogenen materiellen Befugnis verstanden wird. Letztere ist insofern der Teilbarkeit zugänglich. Vgl. Oechslin, S. 54 ff. – Eine materielle Synthese des Gesagten formuliert die Botschaft BV, BBl 1997 I 130: „Die Bezeichnung der Kantone als 'souveräne' Staaten entspricht im wesentlichen ... nicht mehr der heutigen Verfassungsrechtslehre. Als souveräne Staaten im völkerrechtlichen Sinn hätten sie ein Sezessionsrecht, das ihnen nach schweizerischem Recht nicht zusteht. Die Bezeichnung als Gliedstaaten im Bundesstaat, wie sie der heutigen Rechtssprache entspricht, scheint jedoch für die Nachführung des geltenden Verfassungsrechts zu schwach. Denn die Kantone sind Staaten in dem Sinn, dass sie alle nicht dem Bund zugewiesenen Kompetenzen haben, dass sie eine Gebietshoheit ausüben und eine sehr weitgehende Organisationsautonomie wahrnehmen ... Souverän sind die Kantone insoweit, als sie eigenständige Hoheitsgewalt haben. Diese Benennung darf jedoch nicht darüber hinwegtäuschen, dass die konkreten Fragen des Zusammenspiels zweier Rechtsordnungen – derjenigen des Bundes und derjenigen der Kantone – auf ein und demselben Gebiet erst auf der Ebene der Rechtsanwendung durch ein differenziert zu handhabendes System von Vorrangregeln entschieden werden."

134 Vgl. bundesrätliche Botschaft zum Verfassungsentwurf vom 4. Juli 1873, BBl 1873 II 965: „Der Bund stellt sich *über* die religiösen Gemeinschaften und ihre Benennungen. Er *anerkennt* keine derselben. Er *kennt* dieselben nur, um ihre Freiheit zu schützen." – Vgl. Fuchs, Kirche, S. 272 f.

135 v. Nell-Breuning, S. 163 ff.

136 Corecco, Erwägungen, S. 437, fügt hinzu, dass die den „Grundrechten innewohnende Potenzialität, welche stets über die individuellen Grenzen hinausging, schliesslich die ganze verfassungsrechtliche Struktur des Staates" prägte. „Das demokratische Prinzip, die Gewaltentrennung, die Grundsätze der Verfassungsmässigkeit, der Gesetzmässigkeit und des Sozialprinzips sowie der Föderalismus bilden mehr oder weniger lineare Ableitungen der Grundrechte, die den Übergang vom absolutistischen zum demokratischen Staat bestimmt haben."

Säule des schweizerischen Föderalismus[137], welcher auf der gliedstaatlichen Ebene die Funktion der pragmatischen Entlaizisierung des Gemeinwesens in Gestalt eines paritätisch bedingten Stellungsbezuges gegenüber den Religionsgemeinschaften einnimmt, stabilisiert die Statik der Hinordnung des Staates auf das Wohl seiner Glieder[138].

In der Wahrnehmung der staatskirchenrechtlichen Kompetenz, welche für den gliedstaatlichen Gesetzgeber eine Rechtserzeugungsbedingung darstellt, sind die Stände frei. Die Bestimmung der Rechtsform steht im Ermessen der Kantone, ihre inhaltliche Ausformung unterliegt keinem Zwang[139]. Das Unterschreiten von bundesrechtlichen Normgehalten ist den Gliedstaaten jedoch verwehrt. Bezüglich der materiellen Übereinstimmung von eidgenössischem Recht mit durch den Bund gewährleisteten kantonalen Verfassungsgarantien hat sich das Bundesgericht darauf beschränkt festzustellen, dass den gliedstaatlichen Freiheitsrechten „keine selbständige Bedeutung zukomme“[140]. Die Gültigkeitspotenz der, wie das Bundesgericht annimmt[141], latent rechtskräftigen kantonalen Normen würde dann beachtlich[142], wenn der Souverän die Bundesverfassung einer entsprechenden Revision unterzöge und infolgedessen keine Schranken mehr die selbständige Bedeutung der mit dem Bundesrecht inhaltlich übereinstimmenden Bestimmungen vereiteln[143].

137 Die föderalistische Struktur wirkt sich in gesamtschweizerischer Hinsicht auch auf die Organisation der röm.-kath. Kirche aus, bilden doch die hiesigen Bistümer keine eigene Kirchenprovinz. Vgl. Pius Hafner, Dienst, S. 78.

138 Bruhin, Konzile, S. 242; Friederich, Kirchen und Glaubensgemeinschaften, S. 234; Fuchs, Praxis, S. 308; Karlen, Religionsfreiheit, S. 136.

139 Urs Josef Cavelti, Religionsgemeinschaften, S. 29 f. Vgl. Botschaft zur Trennung von Staat und Kirche, BBl 1978 II 690.

140 BGE 97 I 49. Einer kantonalen Grundrechtsgewährleistung „kommt nur dann eine eigene Tragweite zu, wenn sie einen ausgedehnteren Schutzbereich aufweist als die entsprechende Norm in der Bundesverfassung” (BGE 119 Ia 55 E. 2).

141 Häfelin/Haller, Rz. 382; Kurer, S. 143 f.

142 Die latente Gültigkeit einer kantonalen Grundrechtsgewährleistung kann über deren objektivrechtlichen Gehalt möglicherweise Einfluss entfalten. Dabei „wird das Problem der Kompetenzausscheidung im Grundrechtsbereich durchaus aktuell. Denn indem die Grundrechtsnormen je nach Gesetzeslage und Auslegung nicht mehr nur den Sinn haben, dem Staat eine bestimmte Tätigkeit zu verbieten, sondern dem Staat geradezu eine bestimmte Tätigkeit aufgeben ..., ist die Möglichkeit des Konfliktes von Bundes- und Kantonsgewalt eine ganz andere.” (Kurer, S. 125). Siehe auch Ders., S. 143 f. – Prophylaktisch ist darauf hinzuweisen, dass die unselbständige Bedeutung gleichlautender kantonaler Grundrechtsgarantien die entsprechenden konstitutiv-institutionellen Teilgehalte des Bundesrechts in ihrer Wirkkraft auf der kantonalen Ebene nicht reduzieren darf.

143 Zu den verschiedenen Kollisionsarten siehe Häfelin/Haller, Rz. 374 ff.; Imboden, Bundesrecht, S. 91 ff.; Kurer, S. 37 ff.

Die bundesstaatliche Konzeptionsidee erheischt die Widerspruchslosigkeit des Normensystems als im Wesen des Rechts selber begründete Forderung und mithin „praktisches Gebot der Rechtssicherheit"[144],[145]. Existenz und Wirksamkeit der rechtlichen Ordnungsmomente sind im Idealfall zwischen Zentral- und Gliedstaat harmonisiert. Da sich in einem bundesstaatlichen Gemeinwesen das Prinzip der Koordination der Rechtssphären nicht friktionslos realisieren lässt, wird die glied- der gesamtstaatlichen Rechtsordnung zwecks Aufrechterhaltung der Einheit subordiniert[146]. Deren inhaltlicher Plan fasst die den Kantonen originär zugewiesene staatskirchenrechtliche Kompetenz zugunsten eines geordneten Wechselspiels zwischen Bund und Kantonen in Schranken[147]. Diese Einbindung der Kompetenzkompetenz facettiert wiederum die staatliche Souveränität und relativiert die Höchstmächtigkeit des Gemeinwesens[148].

II. Schranken und Vorbehalte

„Der Bundesstaat als erhöht unvollkommene Rechtsordnung"[149] weist in der Parallelität der Rechtssetzungsorgane eine organisatorische Besonderheit auf. Die normative Gleichwertigkeit der Rechtssätze wird aufgrund des begrifflichen Vorgehens von Bundesverfassungsrecht gegenüber partikularem Recht in eine Subordination des gliedstaatlichen Rechts gewandelt[150]. Dabei kann auch im staats-

---

144 Imboden, Bundesrecht, S. 13.

145 Der gewaltenteilige Rechtsstaat geht zu diesem Behufe bezüglich der glied- bzw. bundesstaatlichen Stufe von der prinzipiellen Gleichwertigkeit seiner obersten Staatsorgane im Hinblick auf ihre jeweilige Funktion aus. Diese stehen untereinander kompetenzgemäss in einem Verhältnis gegenseitiger Kooperation. Vgl. Jörg Paul Müller, Bedeutung der Grundrechte, S. 45.

146 Vgl. Imboden, Bundesrecht, S. 37 f.

147 Die tragenden Grundwerte der Bundesverfassung, welche sich aus den rechtsstaatlichen, demokratischen, föderalen und sozialstaatlichen Elementen rekrutieren, vermitteln als verfassungsgestaltende Leitprinzipien auf die Ausformung der staatlichen Ordnung in der Verfassung zwar keinen formalrechtlich justiziablen Anspruch, sie beeinflussen aber die einzelnen konkreten Verfassungsbestimmungen und sind in diesem Sinne normativ. Siehe Häfelin/Haller, Rz. 140.

148 Die souveränitätsbegriffliche Erfassung der staatsrechtlichen Ordnung wird einerseits extern von höherpositioniertem Recht (Völkerrecht) limitiert und anderseits im Innenbereich durch das rechtsstaatliche Bundeselement in bezug auf die föderale Teilhabe der Gliedstaaten kontrolliert. Siehe Feigenwinter, S. 30 f.; Friederich, Kirchen und Glaubensgemeinschaften, S. 204.

149 Imboden, Bundesrecht, S. 30.

150 Die höherstufige Regel steht diesbezüglich im Verhältnis einer „Rechtserzeugungsbedingung zum erzeugten Normprodukt", deswegen ist das Bundesverfassungsrecht

kirchenrechtlichen Komplex kantonales Recht, dessen Legiferierungsbereich ebenfalls in der Gesetzgebungsbefugnis des Bundes stünde[151], vorbehalten, bundesrechtlich erlassen und dadurch der inferioren Normstufe des gliedstaatlichen Rechts entzogen werden. „*Innerhalb* der verfassungsmässigen Bundeskompetenz steht das gemeine Recht zum partikulären Recht im Verhältnis des stufenmässig qualifizierteren Rechts."[152]. Im Sinne des Vorranges der Bundeskompetenzen ist das gliedstaatliche Partikular[153] – vom gesamtstaatlichen Bundesrecht dependent. Daraus folgt der Anspruch auf unbedingte[154], nicht eingeschränkte Verbindlichkeit des kompetenzgemässen Bundesrechts. Demzufolge wird das kantonale Staatskirchenrecht von folgenden Geltungs- bzw. Regulationsgrenzen beherrscht:

1. Axiomatische Limitation

Die dem Bund zugeordnete souveräne Höchstmächtigkeit lässt den Kompetenzenfluss zwischen Gesamt- und Gliedstaat zufolge des bundesstaatlichen Charakters der Schweiz in vertikalen Bahnen fliessen. Ergeben sich trotz der Übereinstimmungspflicht gemäss Art. 6 Abs. 2 lit. a aBV bzw. Art. 51 Abs. 2 rev. BV Kompetenz- bzw. Normkonkurrenzen, tritt das Axiom 'Bundesrecht bricht kantonales Recht'(Art. 49 Abs. 1 rev. BV)[155] als Regulativ auf den iuristischen

---

notwendigerweise Gültigkeitsvoraussetzung gegenüber dem kantonalen Recht. Siehe Imboden, Bundesrecht, S. 38 und 69.

151 Vgl. Art. 64 Abs. 2 aBV bzw. Art. 122 Abs. 1 rev. BV resp. Art. 59 Abs. 1 ZGB.

152 Zum Ganzen siehe Imboden, Bundesrecht, S. 39.

153 Die Satzungen innerkantonaler Selbstverwaltungskörper – in casu diejenigen der staatskirchenrechtlichen Körperschaften auf kantonaler und kommunaler Ebene – erscheinen gegenüber dem Bundesrecht als kantonales Recht. Siehe Imboden, Bundesrecht, S. 75.

154 Die unbedingte Geltung des Bundesrechts erfordert, dass seine Vollziehbarkeit weder suspensiv durch einen „'Umschaltungsakt' des gliedstaatlichen Gesetzgebers" noch resolutiv vermöge der Zuweisung subsidiärer Wirkung bedingt wird. Siehe Imboden, Bundesrecht, S. 46 f.

155 Dieses Axiom als Anwendungsfall der allgemeinen Kollisionsregel 'Lex superior derogat legi inferiori' spricht im Verhältnis zum kantonalen Verfassungsrecht allen Bundesrechtsstufen, i.e. Verfassung, Gesetz und Verordnung eine superiore Position zu. Vgl. Häfelin/Haller, Rz. 241. – Der Grundsatz wird neuerdings in der nachgeführten BV, Art. 49 Abs. 1 rev. BV, expressis verbis erwähnt. Die Praxis erachtete ihn ehemals in Art. 2 ÜbBest. aBV als „*objektive Verfassungsnorm rechtsstaatlicher und föderalistischer Natur*" (Häfelin/Haller, Rz. 1701) rechtsgrundgelegt. Vgl. Häfelin/Haller, Rz. 372; Imboden, Bundesrecht, S. 70 ff.; sowie Botschaft BV, BBl 1997 I 215 f. – Als Rechtsprinzip wird der derogatorischen Kraft des Bundesrechts „gleichzeitig der Charakter eines (sc. verfassungsmässigen) Individualrechts beigelegt" (Huber, Probleme, S. 110), dessen Verletzung das betroffene Rechtssubjekt

Plan[156]. Die Anwendung dieser lösungs- und sanktionsimmanenten objektiven „Norm des bundesstaatlichen Kollisionsrechts"[157], welche nur zwischen Rechts-

---

mit der staatsrechtlichen Beschwerde rügen kann. Vgl. BGE 107 Ia 288; 122 I 20 ff. E. 2b/aa; Botschaft BV, BBl 1997 I 216. Siehe Häfelin/Haller, Rz. 373, 1701. – Neben den materiellen Garantien der EMRK und den religionsverfassungsrechtlichen Normen des Bundes stellen die staatskirchenrechtlich relevanten Bestimmungen des ZGB über die iuristischen Personen im allgemeinen und die Vereine und Stiftungen im besonderen (Art. 52-89 ZGB) sowie das Eherecht (Art. 90-177 ZGB) Beispiele bundesrechtlicher Bindung gliedstaatlichen Rechts dar. Vgl. Carlen, Kirche und Staat in der Schweiz, S. 340.

156 Bundesrecht widersprechendes kantonales Recht entbehrt jedweden Anspruch auf Gültigkeit. Folglich ist das gliedstaatliche Partikularrecht zu kassieren. Es fällt als nullum ius, ohne dass eine Anfechtung notwendig wäre, der Nichtexistenz anheim. Vgl. Häfelin/Haller, Rz. 386. Sein unmöglicher Vollzug ist derweil gehemmt, der rechtsanwendenden Behörde verbleibt nur noch die Unverbindlichkeit festzustellen. – Das BGer. überprüft kantonale Rechtssetzungsakte – bundesparlamentarisch gewährleistete Verfassungsbestimmungen ausgenommen (vgl. Art. 85 Abs. 1 Ziff. 7 aBV bzw. Art. 172 Abs. 2 rev. BV) – auf ihre bundesrechtliche Konformität mittels gegebener abstrakter Normenkontrolle bei einer Verletzung des Axioms als verfassungsmässiges Recht bzw. ex officio anlässlich der prozessualen Rüge (z.B. durch ein ordentliches Rechtsmittel zur Durchsetzung von Anfechtungsakten; staatsrechtlicher Beschwerde; staatsrechtlicher Klage von Bund und Kantonen, vgl. Häfelin/Haller, Rz. 394 ff.) eines konkreten Anwendungsaktes (neuerdings beschränkt sich jedoch das BGer. diesbezüglich gemäss Häfelin/Haller, Rz. 391, 1741a, 1804, bei der staatsrechtlichen Beschwerde streng auf das Rügenprinzip) vermöge des akzessorischen Prüfungsrechts. Im nämlichen Verfahren kann stets auch die Violation materieller Grundfreiheiten aus dem Katalog der EMRK gerügt werden. Hierzu Villiger, EMRK-Handbuch, Rz. 66. Zur inzidenten Kontrolle der Übereinstimmung einer vorgängig bundesrechtlich gewährleisteten Kantonsverfassungsnorm mit einer nachträglich geänderten Regel höheren Ranges siehe BGE 111 Ia 241 f. E. 3, welcher eine Überprüfung der Kantonsverfassung ausnahmsweise dann zulässt, „wenn das übergeordnete Recht im Zeitpunkt der Gewährleistung durch die Bundesversammlung noch nicht in Kraft getreten und deshalb bei der vorgängigen Überprüfung nicht zu berücksichtigen war". Diese Grundsätze gelten für das gesamte Recht und somit auch für ungeschriebene, sich weiter entwickelnde übergeordnete Verfassungsprinzipien (BGE 116 Ia 366 f. E. 4b; 121 I 147 E. 5b/aa). Hierzu Häfelin/Haller, Rz. 261a ff. Ansonsten bleibt i.d.R. eine gewährleistete kantonale Verfassungsnorm sowohl abstrakt wie inzident durch das BGer. unüberprüft. Die Kritik der Lehre an dieser Praxis listen Dies., op.cit., Rz. 261, auf. – Grundsätzlich kommt die konkrete Normenkontrolle hinsichtlich der bundesrechtlichen Konformität von kantonalen Rechtsregeln (vor allem kantonale Gesetze und Verordnungen sowie kommunales Recht) allen Gerichten des Bundes und des betroffenen Gliedstaates sowie auch den eidgenössischen und kantonalen Verwaltungsbehörden zu. Siehe Fleiner/Giacometti, Bundesstaatsrecht, S. 97; Häfelin/Haller, Rz. 390 ff., 1804 f. Restriktiver Imboden, Bundesrecht, S. 141 ff. Offengelassen in BGE 104 Ia 82 f. E. 2a bei der Frage der Kontrollpflicht einer kantonalen Vorinstanz bezüglich der

sätzen zum Zug kommt[158], soll nicht wesensfremde Rechtsordnungen gegeneinander abgrenzen, sondern dem Zweck dienen, Antinomien zwischen Zentral- und Gliedstaat aufzulösen bzw. zu verhindern. Grundintention des Bundesstaates ist die reibungslose Verwirklichung der gemeinsamen Bundesziele. Dazu bedarf es der Homogenität in bezug auf das Verhältnis zwischen gesamt- und gliedstaatlicher Rechtsordnung[159].

Grundrechtskonformität eines Formerfordernisses beim Austritt aus der staatskirchenrechtlichen Körperschaft. – Verweigert die Bundesversammlung die deklaratorisch wirkende Gewährleistung einer bundesrechtswidrigen kantonalen Verfassungsnorm, stellt die Bundesversammlung gleichzeitig autoritativ fest, dass der in Frage stehende Erlass ex tunc ungültig ist. „Die rechtsanwendenden Behörden sind an den Beschluss der Bundesversammlung über die Bundesrechtswidrigkeit gebunden (BGE 89 I 389, 394 f., Nelz). Weder die Kantone noch die Bürger haben eine Möglichkeit, den Entscheid vor einem Gericht anzufechten." (Häfelin/Haller, Rz. 255). – Bei Bundeskompetenzen mit nachträglich derogatorischer Kraft (Regelfall) wird das kantonale Recht mit Inkraftsetzung des kompetenzgemässen Erlasses im entsprechenden Umfang hinfällig, bei Bundeskompetenzen mit ursprünglich derogatorischer Wirkung (Ausnahme) bereits durch die Begründung der Bundeskompetenz. Vgl. Häfelin/Haller, Rz. 295 ff., 386. Zum Spezialfall der parallelen Kompetenz siehe Häfelin/Haller, Rz. 303 f. – Im Kanton Schwyz überprüft das Verwaltungsgericht (zurückhaltend in EGV-SZ 1994 Nr. 15, S. 58) vorinstanzlich auch von der Bundesversammlung bereits gewährleistete Verfassungsbestimmungen mit konkreter Normenkontrolle auf ihre Bundesverfassungswidrigkeit. Siehe § 26 Abs. 2 VRP (nGS SZ II-225). Vgl. auch Hensler, S. 124. – Die Nichtigkeitsfolge käme bei Einführung einer uneingeschränkten Verfassungsgerichtsbarkeit wohl zugunsten der Anfechtbarkeit nicht mehr ipso iure zum Tragen. Der fragliche Erlass wäre erst post iudicium ungültig und zwischenzeitlich mit einem temporären Fehlerkalkül behaftet. Siehe Imboden, Bundesrecht, S. 103 ff. Art. 49 Abs. 1 rev. BV hält an der „sofortigen und unmittelbaren Ungültigkeit" (Erläuterungen zum Verfassungsentwurf VE 95, S. 71) als Derogationswirkung fest. „Rechtsfolge ist grundsätzlich die Ungültigkeit des kantonalen Aktes, nicht bloss die Suspension." (Botschaft BV, BBl 1997 I 215 FN 46).

157 Häfelin/Haller, Rz. 373.

158 Verwaltungsakte und Gerichtsurteile werden von diesem Axiom nicht erfasst.

159 Wenn hinter einer Normkollision eine Kompetenzkollision zu Tage tritt, leidet die begriffliche Schärfe in erheblichem Masse an der gegenseitigen Bedingtheit beider Kollisionsarten. – Brühwiler, S. 49 ff., weist darauf hin, dass dem Axiom nicht die Bedeutung einer Auflösungsformel für Kompetenzkonflikte schlechthin zukommt, sondern dieses sich auf die Lösung einer inhaltlichen Normkonkurrenz zwischen Bundesrecht und kantonalem Recht beschränkt. Damit wird im Falle inhaltlich nicht differenter Bestimmungen eidgenössischen und kantonalen Rechts für die gliedstaatlichen Normen keine Nichtigkeit ex tunc sondern Suspension und latente Gültigkeit angenommen, so dass kantonales Recht eo ipso wieder in Kraft tritt, wenn die stufenmässig höhere Norm gegenstandslos wird. – A.M. Häfelin/Haller, Rz. 381; Imboden, Bundesrecht, S. 97 ff. und 115 ff. – Fleiner/Giacometti, Bundesstaats-

Mit Art. 49 Abs. 1 rev. BV wird dieses Axiom als geschriebene Kollisionsnorm in der nachgeführten Bundesverfassung kodifiziert[160].

2. Grundrechtliche Limitation

In Konkretisierung der axiomatischen Kollisionsnorm limitieren die Grundrechtsgarantien[161] als objektive Kompetenznormen die Legislation der Glied-

---

recht, S. 95 f., vertreten die Ansicht, der Grundsatz „Bundesrecht bricht kantonales Recht" stelle einen Satz der Kompetenzkonkurrenz dar, so dass inhaltliche Normparallelitäten auf der gliedstaatlichen Stufe hinfällig würden und sich erübrigten. „Durch den Grundsatz 'Bundesrecht bricht kantonales Recht' kommt primär keine Normkonkurrenz, sondern eine Kompetenzkonkurrenz zur Auflösung. Die einfache Kompetenzwidrigkeit ist gleich wie die Normkonkurrenz ein besonderer Fall der Kompetenzkonkurrenz; sie kann daher rechtlich nicht anders behandelt werden als der Fall der Normkonkurrenz." (Imboden, Bundesrecht, S. 60). – Ein Normkonflikt liegt beispielsweise dann neben einer Kompetenzkonkurrenz vor, wenn ein Freiheitsrecht in der gliedstaatlichen Verfassung inhaltlich oder personell weniger umfassend als in der BV garantiert wird. Vgl. Kurer, S. 145.

160 Die derogatorische Wirkung des Bundesrechts müssen sämtliche Behörden ex officio durchsetzen. Die Verletzung dieses verfassungsmässigen Rechts kann in allen Verfahren – auch subsidär mit staatsrechtlicher Beschwerde beim BGer. – gerügt werden. Da die Derogation sofortige Nichtigkeit des betreffenden Aktes bewirkt und eine blosse Suspension verneint wird, sind als geeignete Massnahmen zur Durchsetzung des Bundesrechts im Sinne von Art. 49 Abs. 2 rev. BV der Erlass von Weisungen, die Einforderung einer Berichterstattung, die Statuierung der Genehmigungspflicht, die Klage beim BGer., die Anordnung einer Ersatzvornahme, die Entsendung von Kommissaren und schliesslich als ultima ratio das militärische Eingreifen des Bundes zu erachten. Vgl. Botschaft BV, BBl 1997 I 216 bzw. Erläuterungen zum Verfassungsentwurf VE 95, S. 71.

161 In ihrem Abwehrdispositiv begrenzen die Grundrechte im Verhältnis zu ihren Trägern „die staatliche Zuständigkeit um der Verwirklichung individueller Freiheit willen. Das Grundrecht setzt 'objektives Recht im Sinne von Verhaltensrecht für die Staatsgewalt', dessen Verletzung nicht nur einen Eingriff in ein subjektives öffentliches Recht, sondern einen *Verstoss gegen objektives Recht* darstellt." (Friederich, Kirchen und Glaubensgemeinschaften, S. 304). Die Religionsfreiheit steht in der Form einer negativen Kompetenznorm des Staates spiegelbildlich ihrer individualrechtlichen Ausprägung gegenüber. Siehe Karlen, Religionsfreiheit, S. 183. Vgl. auch Fleiner/Giacometti, Bundesstaatsrecht, S. 242 f. – Kraus, Staatskirchenrecht, S. 7, FN 20, unterstellt der Religionsfreiheit als negativer Kompetenznorm, dass sie im Schilde führe, „staatsrechtliche Formen der Kirchenorganisation" zu verbieten. Gegen die Legitimität dieses Ansinnens führt er die Existenz von Art. 59 Abs. 1 ZGB ins Treffen. Diese Auffassung rührt aus einer bezugslosen Separation von religionsfreiheitlichen Garantien und kantonalem Staatskirchenrecht her, wozu im Hinblick auf unsere föderal austarierte Freiheitsordnung kein Anlass besteht.

staaten sowohl anhand ihrer sachlichen Unzuständigkeit wie auch durch ihre Pflicht zur inhaltlichen Entsprechung mit dem materiellen Bundesverfassungsrecht[162]. Die Gewährleistung der Religionsfreiheit als organisatorische Verfassungsnorm und materielle Verhaltensnorm[163] grenzt die hauptsächlich den Kantonen zustehende Religionshoheit ein[164], indem die Gliedstaaten der sachlichen Legiferierungszuständigkeit im Umfang der grundrechtlichen Garantien entpflichtet werden[165]. Ihrer Gestaltungsautonomie auf der staatskirchenrechtlichen Ebene werden grundrechtliche Schranken gesetzt[166]. Diese Negativkompetenz[167] führt auf der Basis der Religionsfreiheit zu einer programmatischen Bestimmung

---

162 „Diese Gleichsetzung ist deshalb geboten, weil, solange man eine Norm nur als Rechtserzeugungsbedingung bewertet, d.h. solange man nur ihre Wirkung gegenüber anderen rechtssetzenden Organen, nicht aber gegenüber den einzelnen Rechtsgenossen in Betracht zieht, überhaupt kein Unterschied besteht zwischen einer Vorschrift, die nach allgemeiner Auffassung lediglich einen bestimmten Inhalt des gesetzgeberischen Produktes ausschliesst und zwischen einer 'reinen Kompetenzvorschrift', d.h. einer Bestimmung die (wie z.B. die bundesstaatlichen Kompetenznormen) den Gesetzgebungsbereich sachlich begrenzt. Auch die 'inhaltsbeschränkende Vorschrift' hat die Bedeutung, dass dem durch die Inhaltsbeschränkung gebundenen Organ innerhalb des von der inhaltsbeschränkenden Norm geregelten Tatsachenbereiches keine Rechtssetzungskompetenz zusteht [...] 'Inhaltsbeschränkende Vorschriften' sind materiell normae agendi. Formell haben sie jedoch zugleich die Funktion von normae constituendi; sie kommen gegenüber dem subordinierten (sc. gliedstaatlichen) Gesetzgeber einer sachlichen Kompetenzabgrenzung gleich." (Imboden, Bundesrecht, S. 9 ff.).

163 Brühwiler, S. 46 f., verneint, dass es sich bei den Freiheitsrechten um eigentliche Kompetenznormen handelt. Der Gesetzgebung wird lediglich organisatorisch eine Grenze gezogen. Insofern beinhalten sie auch Zuständigkeitsnormen. Diese weisen jedoch positiv keine Kompetenzen zu. Daraus folgt, dass formell eine Doppelkompetenz von Bund und Kantonen im Grundrechtsbereich nicht unmöglich ist. Eine Verletzung derselben kann nur bei der Rechtsanwendung offenkundig eskalieren. – Kurer, S. 141 f., erachtet im Rahmen des defensiv-negatorischen Grundrechtsverständnisses diese Argumentation als „nicht schädlich". – Begreift man hingegen die Freiheitsrechte und Grundrechtsgarantien auch als konstitutiv-institutionelle, objektivrechtlich disponierte Verhaltensnormen des Gemeinwesens, ergibt sich daraus unter Umständen ein Kompetenzkonfliktpotential, welches bei einem rein subjektivnegatorischen Verständnis nicht zum Tragen kommt. Die Kompetenz- wie schon die Normkollision ist somit im Interesse der Systemstringenz anhand der in der axiomatischen Schranke enthaltenen Rechtsfolge zu lösen.

164 Pius Hafner, Staat und Kirche, S. 184; Karlen, Religionsfreiheit, S. 183.

165 Brühwiler, S. 45: „Dadurch werden die Garantien der Bundesverfassung zu Verboten, obwohl ihre Fassung die von Geboten ist."

166 Friederich, Kirchen und Glaubensgemeinschaften, S. 304 f.

167 Durch diese wird klar, dass, sollte ein Kanton die Religionsfreiheit verletzen, „regelmässig neben der Grundrechtsverletzung auch ein Kompetenzkonflikt zwischen dem Bund und den Kantonen" vorliegt. Siehe Karlen, Religionsfreiheit, S. 183.

des Verhältnisses von Kirche und Staat in der Schweiz[168]. Die rechtsstaatliche Ordnung erscheint somit „*selbst* als 'verfasste', grundrechtsgebundene Staatlichkeit"[169].

3. Völkerrechtliche Limitation[170]

Das Völkerrecht definiert seine Subjekte sowie deren Rechte und Pflichten, es hat seine eigenen Rechtserzeugungsmethoden und Streitschlichtungsmechanismen. Die stetig wachsende internationale Verflechtung führt zu einer Ausdehnung der völkerrechtlichen Normierungsdichte und lässt diese weiter heranreifen. Die Definition der Stellung des Völkerrechts im innerstaatlichen Normengefüge ist Sache des betreffenden Landes und rührt schliesslich vom staatlichen Souveränitätsverständnis[171] her. Das Völkerrecht selber enthält keine Normen hinsichtlich seines Verhältnisses zum innerstaatlichen Recht, es normiert namentlich die Umsetzung völkerrechtlicher Regeln im staatlichen Rechtsgefüge nicht[172]. Nur

---

168 Isele, Revision, S. 563.

169 Friederich, Staatskirchenrecht, S. 23.

170 „Unbestritten ist ..., dass völkerrechtliche Verträge kantonalem Recht, darunter auch Kantonsverfassungen ... vorgehen" (Villiger, EMRK-Handbuch, Rz. 58). Ebenfalls gelten „das Völkergewohnheitsrecht und die Rechtsgrundsätze des Völkerrechts" als vorrangiges Bundesrecht. Siehe Hangartner, Verhältnis, S. 204. Auf der kantonal-schwyzerischen Ebene ist diesbezüglich der Bistumsvertrag (nGS SZ I-80) mitsamt der diesen vollziehenden Vereinigungsbulle 'Imposita humilitati' (nGS SZ I-81) in Betracht zu ziehen. Siehe hinten, S. 455 ff.

171 Dieses kann objektiv nicht in absoluter Weise als innere und äussere, keiner anderen Gewalt unterworfene Herrschaftsmacht begriffen werden. Denn aus der so verstandenen Höchstmächtigkeit folgte, dass für die Staatsgewalt innerhalb ihres eigenen Territoriums nur diejenigen Schranken gelten, welche sie sich selber setzt. Nach dieser rechtspositivistischen Auffassung wäre der Staat virtuell totalitär. Die in der Rechtsidee wurzelnden Überlegungen, welche den unbedingten Vorrang des menschenrechtlichen Ius cogens rechtfertigen, lassen jedenfalls nicht zu, dass zwingendes Völkerrecht hinter den Topos der staatlichen Souveränität zurücktreten muss. Hierzu Feigenwinter, S. 29 ff.; Hangartner, Verhältnis, S. 202 ff. – Die Völkerrechtslehre spricht deshalb von „relativer Souveränität" und „Völkerrechtsunmittelbarkeit". Siehe Friederich, S. 205 und dort zit. Lit.

172 Die Nichtigkeit einer dem Völkerrecht widersprechenden innerstaatlichen Norm ist nicht analog der Derogation kantonalen Rechts durch Bundesrecht begründbar, da dem Völkerrecht ein diesbezüglicher Grundsatz nicht staatsverpflichtend geläufig ist. Vgl. Schindler, Völkerrecht, S. 113. – Die EMRK beispielsweise vermeidet eine Kollision mit verfassungsmässigen Rechten der Bundesverfassung, indem sie in Art. 53 EMRK eine restriktive Auslegung bzw. qualitative Minderung der innerstaatlich verankerten Menschenrechte und Grundfreiheiten verbietet. Auf der anderen Seite

das diesbezügliche Essential, dass sich kein Staat der Erfüllung völkerrechtlicher Pflichten durch den Hinweis auf sein innerstaatliches Recht entziehen darf[173], entfaltet für die einzelnen Staatswesen völkerrechtliche Bindungswirkung[174]. Das Placet zum Grundsatz 'Völkerrecht bricht Landesrecht' wird von nationaler Seite auf der Grundlage des unbedingten Vorrangs von zwingenden Normen des allgemeinen Völkerrechts[175] ausgesprochen[176]. Die hiesige innerstaatliche Realisie-

---

harmonisiert das BGer. die Inhalte von EMRK und Bundesverfassung dadurch, dass das BGer. Grundrechtspositionen, welche in den schweizerischen Fundamentalnormen nur implizit zum Ausdruck kommen, konventionskonform interpretiert. Mithin wird der Vorrang des Völkerrechts respektiert. Siehe Kälin, Staatsrechtliche Beschwerde, S. 49 f.

173 Neuestens hierzu BGE 122 II 239 E. 4 e. Vgl. Art. 27 der 'Wiener Konvention über das Recht der Verträge' (SR 0.111).

174 Vgl. Thürer, BV-Kom. Bundesverfassung und Völkerrecht, Rz. 13.

175 Art. 53 des 'Wiener Übereinkomens über das Recht der Verträge' (SR O.111) gibt eine Definition des völkerrechtlichen 'Ius cogens'-Begriffs: „Im Sinne dieses Übereinkommens ist eine zwingende Norm des allgemeinen Völkerrechts eine Norm, die von der internationalen Staatengemeinschaft in ihrer Gesamtheit angenommen und anerkannt wird als eine Norm, von der nicht abgewichen werden darf und die nur durch eine spätere Norm des allgemeinen Völkerrechts derselben Rechtsnatur geändert werden kann." Im Lichte von Art. 139 Abs. 3 rev. BV präzisiert und ergänzt Biaggini, S. 728: „Was genau zu diesen 'zwingenden Bestimmungen des Völkerrechts' zu zählen ist, wird mit Sicherheit noch Gegenstand intensiver Erörterungen sein. In der Botschaft des Bundesrates (sc. Botschaft BV, BBl 1997 I 362) werden im Sinn von Beispielen angeführt: der Kern des humanitären Völkerrechts, das Gewaltverbot, das Aggressionverbot, das Genozid- und das Folterverbot. Bei der künftigen Handhabung von Art. 139 rev. BV wird die Frage zu klären sein, ob die Vefassung hier *tale quale* auf die Figur des völkerrechtlichen *ius cogens* verweist, wie es in der (heute allerdings noch kaum konsolidierten) Praxis der Völkerrechtsgemeinschaft verstanden wird, oder ob die Verfassung mit dem Begriff „zwingende Bestimmungen" hier einen autonomen, d.h. schweizerisch geprägten Rechtsbegriff normiert, den primär die schweizerischen Rechtsanwendungsorgane zu konkretisieren haben werden (dies natürlich mit Blick auf den Stand der Völkerrechtsentwicklung)." Dieser Ansatz eröffnete die Möglichkeit, über die von Art. 53 des 'Wiener Übereinkomens über das Recht der Verträge' im Rahmen des völkerrechtlichen Vertrages erfassten und geschützten Ius cogens-Prinzipien hinaus weitere elementare Kerngrundsätze des Völkerrechts dem Axiom zwingenden Völkerrechts zuzuordnen. Für Thürer, BV-Kom. Bundesverfassung und Völkerrecht, Rz. 16, geht es dabei eher „um denjenigen 'verfassungsrechtlichen' Kern des internationalen Systems, der dessen Identität bildet, dem Rechtsgedanken der internationalen Gemeinschaft als solchem immanent ist, gegenüber allen Völkerrechtssubjekten wirksam ist und sowohl die internationale wie die staatlichen Rechtsordnungen zusammenhält". Vgl. Hangartner, Verhältnis, S. 207 f.

176 Grundsätzlich positiv zum Prinzip des Vorrangs von Völkerrecht gegenüber Landesrecht äussern sich das eidgenössische Justizdepartement und die Direktion für Völ-

rung völkerrechtlicher Rechte und Pflichten geschieht nicht mittels Transformation von völkerrechtlichen Normen durch staatliche Gesetzesakte[177]. Die Schweiz inkorporiert gemäss monistischer Doktrin[178] völkerrechtliche Normen[179] vom

---

kerrecht. Hierzu Gutachten, VPB 53 (1989) Nr. 54, S. 435 f. Siehe auch Hangartner, Völkerrecht und schweizerisches Landesrecht, S. 661 ff.; sowie Ders., Verhältnis, S. 204. Vgl. Thürer, BV-Kom. Bundesverfassung und Völkerrecht, Rz. 13. Von diesem Prinzip ist auch die nachgeführte BV durchdrungen, ohne dass sich dort diesbezüglich eine allgemeine Kollisionsnorm finden liesse. Während Art. 5 Abs. 4 rev. BV als Grundsatz staatlichen Handelns keine eigentliche Kollisionsnorm darstellt, äussert sich Art. 190 rev. BV, der die Bundesgesetze und das Völkerrecht für das BGer. und die anderen rechtsanwendenden Behörden als massgebend bezeichnet, nicht zu dieser Frage. Es bedarf also weiterhin „des Rückgriffs auf die von Lehre und Praxis anerkannten Regeln" (Botschaft BV, BBl 1997 I 134). Siehe Biaggini, S. 727 ff.; Hangartner, Verhältnis, S. 207 f.; Villiger, EMRK-Handbuch, Rz. 59. – Die Bundesversammlung beachtete 1995 erstmals bei der Ungültigkeitserklärung der eidgenössischen Volksinitiative „Für eine vernünftige Asylpolitik" (abgedruckt in: BBl 1994 III 1489) völker(gewohnheits)rechtliches Ius cogens als materielle, dem Landesrecht nicht zur Disposition stehende Schranke der Bundesverfassungsrevision. „Die Ungültigerklärung der eidgenössischen Volksinitiative 'für eine vernünftige Asylpolitik' durch die Bundesversammlung wegen Verstosses gegen Ius cogens im Jahre 1996 war daher nur ein Formalakt, nämlich die Feststellung einer bereits bestehenden, völkerrechtlich begründeten Ungültigkeit." (Hangartner, Ende oder Weiterführung, S. 635, FN 17). Vgl. Thürer, BV-Kom. Bundesverfassung und Völkerrecht, Rz. 16. Diese Praxis wird durch die nachgeführte BV in Art. 139 Abs. 3 rev. BV kodifiziert. Siehe Hangartner, Verhältnis, S. 202, 207. – Das BGer. bestätigt in seiner Rechtsprechung den Primat des Völkervertragsrechts über das Landesrecht. Vgl. BGE 106 Ib 402; 109 Ib 173; 122 II 239.

177 Zur Theorie des Dualismus siehe Hangartner, Verhältnis, S. 203, 206; Kimminich, Völkerrecht, S. 239 ff.; Schindler, Völkerrecht, S. 110 f.; Thürer, BV-Kom. Bundesverfassung und Völkerrecht, Rz. 8. – Soweit völkerrechtliche „Verträge nicht direkt anwendungsfähig sind ('non-self-executing'), bedürfen sie der innerstaatlichen Durchführungsgesetzgebung" (Wildhaber, Kompetenzordnung, S. 139). Zur Zuständigkeit des Bundes bzw. der Kantone hinsichtlich der Durchführung nicht direkt anwendbarer völkerrechtlicher Verträge siehe Ders., op.cit., S. 126 f. – Es sei hier nebenbei angemerkt, dass es auch auf seiten der röm.-kath. Kirche keiner speziellen gesetzlichen Transformation bedarf, um den entsprechenden Inhalt eines völkerrechtlichen Vertrages als partikulares Kirchenrecht in Geltung zu setzen. „Dies findet seinen Grund in der Einheit der Leitungsgewalt, die in ihren drei Ausprägungen (vgl. c. 135 CIC/1983) in ihrem jeweiligen Träger und damit in der kirchlichen Vertragspartei verwirklicht ist." (Göbel, S. 152).

178 Gemäss Thürer, BV-Kom. Bundesverfassung und Völkerrecht, Rz. 9; Villiger, EMRK-Handbuch, Rz. 56, ist das dem monistischen Modell folgende Adaptionsprinzip im ungeschriebenen Verfassungsrecht verankert. Daran ändert die nachgeführte BV prinzipiell nichts. Siehe Biaggini, S. 726 f. Diese erwähnt die Beachtung des Völkerrechts in Art. 5 Abs. 4 rev. BV als Grundsatz staatlichen Handelns. Hierzu Botschaft BV, BBl 1997 I 134 f.

Zeitpunkt ihrer Verbindlichkeit an[180]. Daraus erhellt, dass Völkerrecht und Landesrecht einer einheitlichen Rechtsordnung angehören[181]. Diese folgt angesichts der dem demokratischen Prinzip verpflichteten Rechtstradition, welche in den Schranken des völkerrechtlichen Ius cogens auf das eidgenössische Souveränitätsverständnis ausstrahlt, dem System des gemässigten Monismus[182].

Das Verhältnis völkerrechtlicher Bestimmungen zu eidgenössischem Verfassungs- und Gesetzesrecht entbehrt eindeutiger Festlegung seitens des Verfassungsgebers[183],[184]. Im Hinblick auf ihre staatskirchenrechtliche Tragweite ver-

---

179 „Innerstaatliche Geltung kommt dem gesamten Völkerrecht zu, d.h. allen von der Schweiz angenommenen Verträgen, auch solchen, die nicht von der Bundesversammlung genehmigt wurden, sowie dem Völkergewohnheitsrecht, den allgemeinen Rechtsgrundsätzen und den Beschlüssen internationaler Organisationen, die für die Schweiz verbindlich sind." (Schindler, Völkerrecht, S. 111). Siehe auch Thürer, BV-Kom. Bundesverfassung und Völkerrecht, Rz. 9.

180 So das eidgenössische Justizdepartement und die Direktion für Völkerrecht in Gutachten, VPB 53 (1989) Nr. 54, S. 403: „Die schweizerische Rechtsordnung – sie umfasst die Gesamtheit der kantonalen, interkantonalen, eidgenössischen und völkerrechtlichen Normen, die auf die Rechtssubjekte dieser Ordnung (Organe des Staates und Einzelne) anwendbar sind – ist monistisch. In der Tat sind, wie dies das Bundesgericht und der Bundesrat oft in Übereinstimmung mit der Lehre erwähnt haben, die Normen des Völkerrechts (vertragliche, gewohnheitsrechtliche oder einseitige) von dem Zeitpunkt an, in dem sie für unser Land rechtskräftig werden, ein fester Bestandteil der schweizerischen Rechtsordnung. Von diesem Moment an und solange, wie sie für die Schweiz in Kraft sind, müssen alle Staatsorgane (politische, administrative und richterliche Instanzen) sie einhalten und anwenden." Vgl. BGE 94 I 672; 96 I 747; 98 Ib 387; sowie Thürer, BV-Kom. Bundesverfassung und Völkerrecht, Rz. 9.

181 Auslegung und Anwendung völkerrechtlicher Vertragsnormen erfolgt nach den Grundsätzen des Völkerrechts, denn die völkerrechtliche Vertragsqualität bezüglicher Rechtsquellen wird durch den Monismus nicht kassiert. Hierzu Villiger, EMRK-Handbuch, Rz. 56, 162. Vgl. Hangartner, Völkerrecht und schweizerisches Landesrecht, S. 678 f.; Malinverni, Pactes, S. 82. Vielmehr ist zu berücksichtigen, dass das Landesrecht in die internationale Ordnung eingebettet ist. Siehe Hangartner, Verhältnis, S. 202. Interpretation und Anwendung völkerrechtlicher Konventionsnormen verdeutlicht Villiger, op.cit., Rz. 162, am Beispiel der EMRK: „Die EMRK wird in der Schweiz angewendet, *als ob*, sie schweizerisches Recht darstellte (und nicht *wie* schweizerisches Recht). Ihre Bestimmungen sind in der Schweiz nach völkerrechtlichen Grundsätzen auszulegen ..."

182 Hierzu Hangartner, Verhältnis, S. 204 ff.

183 Die Anwendbarkeitsfrage von allfällig verfassungswidrigen Staatsverträgen, wird aufgrund des diesbezüglichen Gebots in Art. 113 Abs. 3 aBV bzw. Art. 190 rev. BV zugunsten der Vertragswerke beantwortet. Vgl. Häfelin/Haller, Rz. 1806. – Rein formal gehören Staatsverträge der gleichen Rechtssetzungsstufe an wie bundesrechtliche Erlasse auf Gesetzesebene. Umstritten war immer das materielle Verhältnis zwischen völkerrechtlichen Verträgen und Bundesgesetzen. Sowohl der Grund-

satz völkerrechtskonformer Interpretation als auch die Präposition von völkerrechtlich verbindlichen Normen gegenüber – zudem widersprechendem – Landesrecht sind heute i.d.R. gängig. Vgl. Hangartner, Völkerrecht und schweizerisches Landesrecht, S. 670. Letzteres wird von Thürer, BV-Kom. Bundesverfassung und Völkerrecht, Rz. 14, ohne sich nur auf die völkerrechtlichen Verträge zu konzentrieren, nach zwei Richtungen differenziert: „Unbestritten ist in der schweizerischen Lehre und Rechtsprechung, dass das Völkerrecht sämtlichem kantonalen Recht und – mit Ausnahme von durch die Kantone abgeschlossenen völkerrechtlichen Verträgen – dem Verordnungsrecht des Bundes sowie früheren Bundesgesetzen und allgemeinverbindlichen Bundesbeschlüssen vorgeht [...] Umstritten aber ist, ob und unter welchen Voraussetzungen Völkerrecht auch durch spätere Bundesgesetze bzw. allgemeinverbindliche Bundesbeschlüsse derogiert werden kann.“ Nach Villiger, EMRK-Handbuch, Rz. 58, stützt sich die Rangfrage weniger auf Art. 113 Abs. 3 aBV bzw. Art. 190 rev. BV als auf ungeschriebenes Verfassungsrecht. „Gemäss dem Grundsatz *lex posterior derogat legi priori* dürfte ... der Vorrang völkerrechtlicher Verträge vor *früheren* Bundesgesetzen gesichert sein. Derselbe Grundsatz bereitet aber Schwierigkeiten gegenüber *späteren* Bundesgesetzen. Etwaige Konflikte mit dem früheren völkerrechtlichen Vertrag versucht das *Bundesgericht* durch eine harmonisierende, völkerrechtskonforme Auslegung zu umgehen; späteres Bundesrecht geht allerdings dann dem widersprechenden früheren völkerrechtlichen Vertrag vor, wenn der Bundesgesetzgeber eindeutig den Willen hatte, völkerrechtswidriges Landesrecht zu schaffen." Zur Praxis des BGer. und den entsprechenden Ausnahmen vgl. Friederich, Kirchen und Glaubensgemeinschaften, S. 206 ff.; Schindler, Völkerrecht, S. 114 f.; Thürer, BV-Kom. Bundesverfassung und Völkerrecht, Rz. 14 f.; Villiger, EMRK-Handbuch, Rz. 57 ff.; Wildhaber, Kompetenzordnung, S. 141 f. Neuestens hierzu mit Bezug auf die 'Schubert-Paxis' (BGE 99 Ib 43 ff.) Hangartner, Ende oder Weiterführung, S. 634 f.; sowie Ders., Verhältnis, S. 204 ff. Vgl. auch Benedikt Hoffmann, Neuere Entwicklungen im Verhältnis von Völker- und Landesrecht, in SJZ 94 (1998), S. 459 ff. Mit Recht hält Villiger, EMRK-Handbuch, Rz. 59, in diesem Zusammenhang fest, dass es fraglich ist, „ob die *totalrevidierte Bundesverfassung* eine Klärung bringen wird. Zwar bestimmt Art. 5 Abs. 4: 'Bund und Kantone beachten das Völkerrecht'. Darin könnte ein allgemeiner Vorrang des Völkerrechts gesehen werden. Doch soll diese Bestimmung gemäss der bundesrätlichen Botschaft '(keine) eigentliche Kollsionsnorm' aufstellen, so dass die gegenwärtige Praxis zu Konflikten zwischen Bundesrecht und Völkerrecht weiterhin massgeblich bleibt."

184 „In der Literatur wird als materielle Schranke der Verfassungsrevision das völkerrechtliche ius cogens genannt. Es verkörpert als Ausdruck des ordre public der internationalen Gemeinschaft die moralischen Minimalgehalte des Völkerrechts, vor allem den Kerngehalt der Menschenrechte. Der Verfassungsgeber ist ... an diese absolut zwingenden Vorschriften des allgemeinen Völkerrechts gebunden [...] Das heisst also, dass der Staat in diesem Bereich nicht nur nicht völkerrechtswidrig handeln darf, sondern auch rechtlich daran gehindert ist, völkerrechtswidriges Landesrecht durchzusetzen. In diesem Bereich ist somit der radikale Monismus – 'Völkerrecht bricht Landesrecht' – verwirklicht." (Hangartner, Völkerrecht und schweizerisches Landesrecht, S. 675). Die kontroverse Problematik, ob völkerrechtliches Ius cogens bei einer widersprechenden innerstaatlichen Norm dieselbe nichtig werden

dient die Europäische Menschenrechtskonvention[185] Beachtung[186]. Die Normen der EMRK sind materiell den Verfassungsrechten gleichzustellen[187], da die Kon-

---

lässt, wird unter dem Regime der nachgeführten BV dahingehend modifiziert, als erstens in Art. 5 Abs. 4 rev. BV der im Rechtsstaatsprinzip wurzelnde Grundsatz genannt wird, dass Bund und Kantone das Völkerrecht zu beachten haben, zweitens für den Problemfall einer zwingende Bestimmungen des Völkerrechts verletzenden Volksinitiative Art. 139 Abs. 3 rev. BV die Rechtsfolge der Ungütligkeit vorschreibt und drittens Art. 190 rev. BV das BGer. und die rechtsanwendenden Behörden an das Völkerrecht bindet. Vgl. Biaggini, S. 727 ff. Das eidgenössische Justizdepartement und die Direktion für Völkerrecht nehmen die Nichtigkeit der betroffenen Landesregel an. Ansonsten führt ein Konflikt zwischen Landesrecht und Völkerrecht – soweit kein Ius cogens betroffen ist – lediglich zur Nichtanwendung des gegensätzlichen innerstaatlichen Rechts. Siehe Gutachten, VPB 53 (1989) Nr. 54, S. 435. Vgl. Thürer, BV-Kom. Bundesverfassung und Völkerrecht, Rz. 15. Pointierter in bezug auf das innerstaatliche Schicksal völkerrechtswidriger Normen des Landesrechts Hangartner, Völkerrecht und schweizerisches Landesrecht, S. 680: „Völkerrechtlich geht das Völkerrecht dem Landesrecht vor. Völkerrechtswidriges Landesrecht ist jedoch nicht nichtig (gemässigter Monismus). Nur das völkerrechtliche ius cogens bricht entgegenstehendes Landesrecht ... Das Völkerrecht geht auch nach schweizerischem Staatsrecht dem Landesrecht grundsätzlich vor und vernichtet es." Konsens herrscht mithin hinsichtlich der derogatorischen Kraft von völkerrechtlichem Ius cogens. Hierzu Ders., Ende oder Weiterführung, S. 635: „Selbstverständlich ist ..., dass zwingendes Völkerrecht, das namentlich den Kern der Menschenrechte schützt, immer Vorrang hat; hier gilt kraft Völkerrechts radikaler Monismus, und entgegenstehendes Landesrecht ist zum vornherein ungültig." Siehe auch Ders., Verhältnis, S. 202 ff.

185 'Konvention zum Schutze der Menschenrechte und Grundfreiheiten vom 4. November 1950' (SR 0.101). – „Die Schweiz trat ihr (sc. der EMRK) 1974, verhältnismässig spät, bei, nachdem das Frauenstimmrecht eingeführt und die konfessionellen Ausnahmeartikel der Verfassung aufgehoben worden waren." (Arthur Häfliger, Die Schweiz und die Europäische Menschenrechtskonvention, in: ZSR NF 104 (1985) I, S. 455). Vgl. Villiger, EMRK-Handbuch, Rz. 27 f., 84; Ders., Europäische Menschenrechtskonvention, S. 239.

186 Neben der EMRK finden mit Bedacht auf ihre religionsfreiheitliche Relevanz auch der 'Internationale Pakt über bürgerliche und politische Rechte' (SR 0.103.2) sowie das 'Internationale Übereinkommen zur Beseitigung jeder Form von Rassendiskriminierung' (SR 0.104), welche beide von der Schweiz ratifiziert wurden, rechtsverbindliche Anerkennung.

187 Friederich, Kirchen- und Glaubensgemeinschaften, S. 209; Kälin, Staatsrechtliche Beschwerde, S. 48 f. Ein Teil der Lehre, so u.a. Saladin, Grundrechte, S. XII, nimmt einen 'Überverfassungsrang' der EMRK und damit eine Bindung des Verfassungsgebers an die Konvention an. Die Rechtsprechung des Bundesgerichts ist in casu, „zurückhaltend ausgedrückt, bekanntlich nicht klar. Es wechseln, auch in neuerer Zeit, Bekenntnisse zum Vorrang des Völkerrechts und Vorbehalte zugunsten des Bundesgesetzes- und Bundesverfassungsrechts" (Hangartner, Ende oder Weiterführung der Schubert-Praxis?, S. 634). – Zur Diskussion um den Rang der EMRK in

ventionsgarantien ihrer Natur nach verfassungsmässigen Inhalt haben[188],[189]. Der zur subjektivrechtlichen Durchsetzung der Konventionsgarantien vorgesehene

---

der schweizerischen Rechtsordnung siehe auch Hangartner, Völkerrecht und schweizerisches Landesrecht, S. 677 f.; Villiger, EMRK-Handbuch, Rz. 59. „Dieser dogmatischen Diskussion kommt wenig praktische Bedeutung zu, da die EMRK entgegengesetztem Gesetzesrecht grundsätzlich vorgeht" (Kälin, Staatsrechtliche Beschwerde, S. 48, FN 67).

188 „Kollisionen zwischen EMRK und verfassungsmässigen Rechten der Bundesverfassung sind nicht möglich: Einerseits bestimmt Art. 60 (sc. Art. 53) EMRK, dass keine Garantie der Konvention als Beschränkung oder Minderung der im innerstaatlichen Recht der Vertragsstaaten verankerten Grundfreiheiten ausgelegt werden darf (sog. 'Günstigkeitsprinzip'), verbietet also die Beschneidung des innerstaatlichen Grundrechtsschutzes mit dem Hinweis auf die Konvention. Umgekehrt garantiert der Vorrang des Völkerrechts gegenüber dem Verfassungsrecht, dass jene Garantien der EMRK ohne weiteres zur Anwendung kommen können, welche weiteren Schutz als die Bundesverfassung gewährleisten." (Kälin, Staatsrechtliche Beschwerde, S. 49).

189 Nachdem die EMRK-Bestimmungen in der Schweiz wie schweizerisches Recht applikabel sind, müssen die Behörden aller Gewalten und sämtlicher Stufen die materiellen EMRK-Garantien ex officio unmittelbar anwenden. Hierzu Villiger, EMRK-Handbuch, Rz. 64. – Als Sachurteilsvoraussetzung bei einer staatsrechtlichen Beschwerde wegen Missachtung einer EMRK-Norm ist in verfahrensrechtlicher Hinsicht gemäss dem Prinzip der relativen Subsidiarität die Ausschöpfung des kantonalen Instanzenzuges, welche das BGer. frei und von Amtes wegen prüft, obligatorisch. Obschon die Garantien der EMRK bundesverfassungsmässigen Inhalt in sich tragen, hängt die Justiziabilität der Rüge einer Normverletzung vom self-executing Charakter der völkerrechtlichen Regel ab. „Dies ist dann der Fall, wenn die Bestimmung inhaltlich hinreichend bestimmt und klar ist, um im Einzelfall Grundlage eines Entscheides zu bilden ... Die Norm muss mithin justiziabel sein, die Rechte und Pflichten des Einzelnen zum Inhalt haben, und Adressat der Norm müssen die rechtsanwendenden Behörden sein" (BGE 118 Ia 117), was auf die materiellen Bestimmungen der EMRK zutrifft und u.a. auch bezüglich des ‚Internationalen Paktes über die bürgerlichen und politischen Rechte' gilt. Siehe Kälin, Staatsrechtliche Beschwerde, S. 49, 51, 90 f.; Villiger, EMRK-Handbuch, Rz. 60 ff.; sowie Malinverni, Pactes, S. 71 ff. Vgl. auch Botschaft Menschenrechtspakte, BBl 1991 I 1203. Festzuhalten bleibt indes, dass die rechtssetzende Wirkung richterlicher Konstatierung der 'self-executing'-Qualität einer völkerrechtlichen Norm ein demokratiepolitisches Defizit sichtbar macht. – Trotz der Nichtüberprüfung von Bundesgesetzen auf ihre Verfassungskonformität gemäss Art. 113 Abs. 3 aBV bzw. Art. 190 rev. BV soll das BGer. Bundesgesetze auf ihre Übereinstimmung mit der EMRK (abgelehnt in BGE 120 II 387 E. 5a) untersuchen können. „Die neuere Lehre sieht in Art. 113 Abs. 3 BV (neu Art. 191 BV [sc. Art 190 rev. BV]) freilich nicht ein Überprüfungsverbot, nur ein *Anwendungsgebot*, das das Bundesgericht anhält, die betreffende Norm anzuwenden, ihm aber im übrigen freilässt, sich (ohne weitere Wirkung) über deren Verfassungsmässigkeit auszusprechen." (Villiger, EMRK-Handbuch, Rz. 78). Siehe Friederich, Kirchen und Glaubensgemeinschaften, S. 209; Häfelin/Haller, Rz. 1807a; Villiger, EMRK-Handbuch, Rz. 78 ff. und dort zit. Lit. Vgl. auch Bolz, S.

Rechtsweg[190] endet auf der seitens der EMRK verbindlich statuierten Verfahrensebene[191]. In Fine kann der zuständige Gerichtshof weder innerstaatliche Hoheitsakte aufheben noch Gestaltungsurteile fällen. Er trifft lediglich Feststellungsentscheide[192],[193]. Nur aber immerhin sind Urteile des Gerichtshofs gemäss

---

211 f. Karlen, Religionsfreiheit, S. 163, geht davon aus, dass bei einem Widerspruch zwischen formell gleichstufigen Erlassen das BGer ohne Verletzung von Art. 113 Abs. 3 aBV bzw. 190 rev. BV befugt ist, den entsprechenden Vorrang festzustellen.

190 In verfahrensrechtlicher Beziehung tritt hier der subsidiäre Charakter der EMRK dadurch zutage, dass Art. 35 EMRK als Beschwerdevoraussetzung verlangt, den landesrechtlichen Rechtsweg zu erschöpfen. Der menschenrechtliche Schutz wird in casu primär den innerstaatlichen Behörden anvertraut.

191 Siehe Art. 19 ff. EMRK. – Die verfahrensmässige Gleichstellung von Bundesgesetzen und EMRK wird innerstaatlich durch Art. 113 Abs. 3 aBV bzw. Art. 190 rev. BV garantiert. Die daraus für das Strassburger Verfahren resultierenden Konsequenzen bezeichnet Villiger, EMRK-Handbuch, Rz. 80, als „evident", denn „soweit ein kantonales Gerichtsurteil sich in EMRK-widriger Weise auf ein Bundesgesetz, z.B. das ZGB oder des StGB, stützt, kann das Bundesgericht dessen Geltung nicht verhindern. Der Strassburger Gerichtshof ist hingegen nicht an Art. 113 Abs. 3 BV bzw. Art. 191 BV (sc. Art. 190 rev. BV) gebunden und kann alle staatlichen Hoheitsakte frei überprüfen. Der EMRK kommt damit nicht mehr ein Mindest- sondern der *Hauptstandard* zu." Vgl. Ders., Europäische Menschenrechtskonvention, S. 239 f.

192 Prinzipiell haben diese aber auch auf der innerstaatlichen Rechtsebene Konsequenzen zu zeitigen: „Die EMRK ist ein völkerrechtlicher Vertrag. Als solcher hat sie grundsätzlich Vorrang vor dem nationalen Recht. Im Hinblick auf Art. 113 Abs. 3 und 114bis Abs. 3 BV (sc. Art. 190 rev. BV) müssen indessen die gleichen Regeln gelten wie allgemein im Verhältnis von Bundesgesetzen zu völkerrechtlichen Verträgen. Die EMRK geht daher älteren Bundesgesetzen vor. Neuere Bundesgesetze sind wie auch ältere EMRK-konform zu handhaben. Dies wird durch den 1991 eingefügten Art. 139a OG unterstrichen, wonach ein positiver Strassburger Entscheid in der Regel ein Revisionsgrund darstellt [...] Der in Art. 139a OG indirekt ausgesprochene bundesgesetzliche Vorbehalt zugunsten der EMRK macht die EMRK zur lex specialis gegenüber älteren und neueren Bundesgesetzen [...] In der Handhabung der Bundesgesetze können ohne weiteres Praxisverschärfungen der Strassburger Organe berücksichtigt werden. Angesichts des indirekt ausgesprochenen allgemeinen Vorbehalts zugunsten der EMRK in Art. 139a OG darf nämlich einer bundesgesetzlichen Regelung, die bei Erlass EMRK-konform war, jedoch wegen der Praxisverschärfung nachträglich EMRK-widrig wird, nicht der Sinn unterstellt werden, sie müsse trotz dieser neuen Rechtslage der EMRK vorgezogen werden. Die bundesgesetzlichen Regelungen behalten die Rechtsfortbildung der EMRK stillschweigend vor. Vorrang haben deshalb nicht nur die formellen Revisionen der EMRK, sondern auch die Rechtsfortbildung durch ... den Europäischen Gerichtshof für Menschenrechte", dem „die Konkretisierung der EMRK anvertraut ist" (Hangartner, Völkerrecht und schweizerisches Landesrecht, S. 678 f.).

193 „Seit dem Inkrafttreten des 11. Zusatzprotokolls zur Europäischen Konvention am 1. November 1998 besteht ein neues Beschwerdesystem, in dem alle Beschwerden

Art. 46 EMRK für die Signatarstaaten in allen Fällen, an denen sie Partei sind, bindend. Die Befugnis zur staatskirchenrechtlichen Regulation im Rahmen ihrer Zuständigkeit weist die Kantone auch in bezug auf die Beachtung völkerrechtlicher Verpflichtungen in die Schranken der bundesrechtlichen Kompetenzordnung.

4. Vorbehalt des öffentlichen Rechts

Dem Bund steht gemäss Art. 64 Abs. 1 und 2 aBV bzw. Art. 121 Abs. 1 rev. BV die Gesetzgebung über das gesamte Zivilrecht zu. Diese Kompetenzausscheidung wiederholt Art. 6 Abs. 1 ZGB[194], welchem Doktrin und Praxis über die Qualifikation als unechten Vorbehalt hinaus zugunsten des kantonalen öffentlichen Rechts[195] expansive Kraft gegenüber dem Bundeszivilrecht zusprechen[196]. Die publizistische[197] Potenz des kantonalen Rechts hindert die Einschlägigkeit des

unmittelbar beim Gerichtshof einzubringen sind, welcher die Funktionen der Kommission bzgl. Zulässigkeitsprüfung und gütlicher Regelung nach im wesentlichen unveränderten Grundsätzen in sein eigenes Verfahren inkorporiert hat [...] Die Sachentscheidung ist wie bisher bloss feststellender Natur ... Trotz der Änderung des Verfahrens sind der Katalog von Konventionsrechten und die Zulässigkeitsvoraussetzungen unverändert geblieben, so dass die bisherige Rechtsprechung der Kommission und des Gerichtshofs weiterhin ihre Geltung behalten.“ (Strasser, S. 17).

194 „Gemäss Art. 6 ZGB werden die öffentlichrechtlichen Befugnisse der Kantone durch das Bundeszivilrecht ... nicht beschränkt. Die Kantone können im öffentlichen Recht Vorschriften aufstellen, welche die zivilrechtliche Ordnung ergänzen und die Vertragsfreiheit unter Umständen einschränken. Das bedeutet nicht, dass den Kantonen durch Art. 6 Abs. 1 ZGB eine Einwirkungsmöglichkeit auf das Bundeszivilrecht zugestanden wird. Vielmehr bezweckt diese Bestimmung die Harmonisierung der je kompetenzgemäss erlassenen Rechtsordnungen des Bundeszivilrechts und des kantonalen öffentlichen Rechts ... " (Häfelin/Haller, Rz. 385b).

195 Öffentliches Recht kann auch in zivilrechtlichen Erlassen enthalten sein, z.B. Abstandsvorschriften im Baurecht, Rechtsnormen über Immissionsschutz (Art. 684 ZGB), Vorschrift des freien Zugangs zu Wald und Weide etc. Zur Abgrenzung von öffentlichem Recht und Zivilrecht siehe Thomas Fleiner-Gerster, Verwaltungsrecht, S. 37 ff.; Häfelin/Müller, Grundriss, Rz. 202 ff.; Kurer, S. 133 ff. und dort zit. Lit. Vgl. Huguenin Jacobs, Kom. ZGB, Art. 59, Rz. 8 f.; Weber, SPR II, S. 226 f.

196 Arnold Marti, ZK I/1, Art. 6, Rz. 45 ff.; Tuor/Schnyder/Schmid, S. 26. Die Meinungen über die dogmatische Qualifikation des Vorbehaltes in Art. 6 Abs. 1 ZGB sind kontrovers.

197 Im folgenden wird der Terminus ‘publizistisch’ als Synonym für ‘staatsrechtlich-öffentlichrechtlich’ verwendet.

Bundeszivilrechts nur[198], wenn der Bundesgesetzgeber keine abschliessende Ordnung schuf, die kantonalen Bestimmungen einem schutzwürdigen öffentlichen Interesse[199] genügen und keine Vereitelung bzw. kein Verstoss gegen Sinn und Zweck des Bundeszivilrechts stattfindet[200].

Im speziellen erlangt auf der staatskirchenrechtlichen Ebene der unechte Vorbehalt[201] in Art. 59 Abs. 1 ZGB[202] bezüglich öffentlichrechtlicher[203] und[204]

---

198 Im Verhältnis von Bundeszivilrecht und kantonalem öffentlichen Recht würde die Privatautonomie „illusorisch, wenn die Gesamtheit der möglichen Rechtsbeziehungen vom öffentlichen Recht zwingend geordnet" wäre. Siehe Imboden, Bundesrecht, S. 93.

199 Namentlich rechtfertigen sich öffentlichrechtliche Restriktionen gegenüber kirchlichen Rechtspersonen des Privatrechts nur, wenn die Gefährdung des konfessionellen Friedens kultuspolizeiliche Massnahmen erfordert (Art. 72 Abs. 1 rev. BV). Vgl. Schmid, S. 83.

200 So u.a. BGE 91 I 197; 98 Ia 495; 104 Ia 105 E. 4a; 110 Ia 113 E. 3b; 113 Ia 311 f. E. 3b; 120 Ia 90 f. E. 2b; 122 I 20 f. E. 2b/aa (mit Hinweisen).

201 Hierzu BGE 48 II 418, wonach Art. 59 ZGB eine Wiederholung von Art. 6 ZGB ist. Vgl. Huguenin Jacobs, Kom. ZGB, Art. 59, Rz. 2. Diese Terminologie ist insofern unpräzis, als sich in casu Art. 59 Abs. 1 ZGB nur auf kirchlich bezogene Anstalten und Körperschaften des öffentlichen Rechts bezieht, hingegen Art. 6 Abs. 1 ZGB auch privatrechtliche Rechtsinstitute beschlägt. Siehe Riemer, BK I/3, ST, Rz. 252.

202 Dort wird das öffentliche Recht des Bundes und der Kantone allgemein den öffentlichrechtlichen Körperschaften und Anstalten vorbehalten. Hierzu BGE 117 Ia 112 f. Darunter zählen u.a. neben den politischen Gemeinden und den Bürgergemeinden auch die Kirchgemeinden sowie weitere Körperschaften des Staatskirchenrechts. Diese fallen nicht unter den Begriff der öffentlichrechtlichen 'kirchlichen Körperschaft' gemäss Art. 59 Abs. 1 ZGB, denn die bundesprivatrechtliche Verknüpfung von eigenschaftlicher Kirchlichkeit und eigentlicher Temporalienfunktion führte den Existenzzweck der staatskirchenrechtlichen Körperschaften unter der Verletzungsgefahr des religionsfreiheitlichen Schutzobjekts auf staatskirchlichen Integrationskurs mit dem bezogenen konfessionellen Verband. Dies ist bundesverfassungsrechtlich nicht zulässig. „Die Kirchgemeinden – mindestens die katholischen – sind weder Religionsgemeinschaften, da sie ihre Angehörigen nicht zu 'religiöser Übung', sondern nur zur Bezahlung der Kirchensteuer ... und allenfalls zur Ausübung eines Präsentationsrechts vereinigen, noch sind sie der katholischen Kirche organisatorisch eingegliedert [...] Wir sprechen die in den genannten Äusserungen gemeinte Erkenntnis nur deutlicher aus, wenn wir sagen: Die staatskirchenrechtlichen Organisationsformen (Landeskirche, Kirchgemeinde) sind im Sinne von ZGB 59 I nicht unbedingt *kirchliche*, wohl aber in jedem Fall *öffentlichrechtliche* Körperschaften oder Anstalten." (Noser, S. 107 f.). Vgl. Lampert, Eigentum, S. 6 ff.

203 Öffentlichrechtliche Körperschaften und Anstalten sind mit eigener Rechtspersönlichkeit ausgestattete Personenvielheiten oder Einrichtungen bzw. Zweckvermögen, welche an der staatlichen Hoheitssphäre teilhaben, indem sie eine öffentliche Aufgabe erfüllen bzw. hoheitliche Gewalt ausüben und infolgedessen vom öffentlichen Recht erfasst werden. Siehe Gutzwiller, SPR II, S. 451; Meier-Hayoz/Forstmoser,

§ 1, Rz. 21. Vgl. Huguenin Jacobs, Kom. ZGB, Art. 59, Rz. 7; Jagmetti, SPR I, S. 260; Weber, SPR II, S. 226.

204 Es stellt sich hier die Frage, ob die Konjunktion 'und' im Hinblick auf ihren exklusiv als kirchlich attribuierbaren Bezug zu den von Art. 59 Abs. 1 ZGB gleichzeitig selbständig erfassten öffentlichrechtlichen Körperschaften und Anstalten nebenordnend oder als blosse Aneinanderreihung zu verstehen ist. Riemer, BK I/3, ST, Rz. 249 ff., begreift in überzeugender Manier die Verknüpfung nebenordnend und lässt den Vorbehalt nur für kirchlich ausgerichtete iuristische Personen gelten, welche gleichzeitig einen öffentlichrechtlichen Status haben, um hernach seine Meinung zu präzisieren, indem er auf die geringe materielle Bedeutung dieser Erkenntnis hinweist. Begründet ist diese Ansicht aus dem Blickwinkel des Bundesprivatrechts insofern, als die expansive Kraft des Art. 6 Abs. 1 ZGB allgemein eine publizistische Öffnung im Bundesprivatrecht bewirkt. Art. 59 Abs. 1 ZGB erwähnt lediglich hievon einen besonderen Anwendungsfall in bezug auf kirchliche iuristische Personen des kantonalen öffentlichen Rechts, während Art. 6 Abs. 1 ZGB auch die publizistische Behandlung zivilistischer Rechtsinstitute mitumfasst. Mit dem alleinigen Zweck aufsichtsrechtlicher Massgabe wird der dort formulierte Vorbehalt durch Art. 87 Abs. 1 ZGB anhand der fakultativen Reservation des öffentlichen Rechts sekundiert. „Immerhin ergibt sich aus dem Gesagten dass Art. 59 Abs. 1 nicht etwa (zusätzlich zu Art. 87 Abs. 1) einen weiteren besonderen Vorbehalt betr. privatrechtliche kirchliche Stiftungen i. S. v. Art. 52 Abs. 2/87 bzw. 80 ff. ZGB enthält, und es sollte daher vermieden werden, im Zusammenhang mit diesen auch Art. 59 Abs. 1 ZGB zu erwähnen" (Riemer, BK I/3, ST, Rz. 252). Vom Standpunkt der kantonalrechtlichen Bezugnahme auf die jeweilige Kompetenznorm aus betrachtet ist die rechtsklassifikatorisch exakte Unterscheidung zwischen Art. 59 Abs. 1 und Art. 87 Abs. 1 ZGB durchaus von Nutzen. Vgl. Urs Josef Cavelti, Religionsgemeinschaften, S. 42, 60; Lampert, Kirche und Staat II, S. 76 f.; Ders., Stiftungen, S. 68. – In diese Richtung geht auch Noser, S. 107, der den staatskirchenrechtlichen Körperschaften das Attribut 'kirchlich' abspricht, da die Frage der Eingliederung in die Kirchenorganisation nach der eigenrechtlichen Ordnung der betreffenden Religionsgemeinschaft beurteilt werden muss. „Für die katholische Kirche kann darauf abgestellt werden, ob einem bestimmten Gebilde nach dem kirchlichen Recht von Gesetzes wegen (ex ipso iuris praescriptio) Rechtspersönlichkeit zukommt oder nicht; wenn ja, so ist das ein sicheres Zeichen für die Eingliederung in die Kirchenorganisation." Cf. cc. 114, 116 CIC 1983. Richtigerweise folgert Ders., S. 107, FN 12, dass „höchst wahrscheinlich ... überhaupt keine nur privatrechtlich organisierte kirchliche Gemeinschaft von ZGB 59 I erfasst" wird. Diesen Ansatz führt Oechslin, S. 26, welcher für das ekklesiale Bezugsschema die begriffliche Anwendung von Erkenntnissen der allgemeinen Rechtslehre auf die kirchliche Rechtsstruktur befürwortet, auf der theoretischen Ebene indirekt fort: „Die Begriffe der allgemeinen Rechtslehre sollten auch auf die Gesamtkirche in ihrem rechtlichen Aspekt anwendbar sein und nicht nur auf die von ihr umfassten und von ihrer Rechtsordnung geschaffenen juristischen Personen, die mit ihr organisch verbunden sind und in diesem Sinne das Adjektiv 'kirchlich' tragen." Die Fähigkeit zur Transzendenz saekularrechtlicher Begriffe stösst indes beispielsweise bei der Verneinung einer für die kirchliche und die weltliche Rechtsordnung gültigen Analogie der grundrechtlichen Fundamentalitätstermini an ihre Grenzen. Siehe hinten, S. 267 ff. Vgl. auch Noser, S. 117. – Für

kirchlicher Körperschaften und Anstalten[205] Bedeutung. Dort widerfährt dem senkrecht ausgeloteten Zuständigkeitsprinzip des Bundesstaates eine Richtungsänderung, da der Bundesgesetzgeber den Befugnisstrom zur Rechtssetzung vom Bundesprivatrecht zum öffentlichen Recht des Bundes aus der Sicht der Gliedstaaten in die Horizontale überführt, um denselben hernach im publizistischen Bereich wieder vertikal kompetenzweisend fliessen zu lassen.

Auf der Bundesrechtsebene bleibt einer religiösen Gemeinschaft die öffentlichrechtliche Anerkennung versagt. Somit ist es Sache der Kantone, die öffentlichrechtliche Zugehörigkeit[206] von iuristischen Personen konfessioneller Observanz, welchen mithin ein publizistisch anerkannter Status gewährt werden soll, auszugestalten[207],[208]. In der Folge müssen die Gliedstaaten auch über den damit

---

eine aneinanderreihende Funktion der Konjunktion 'und' spricht sich Pius Hafner, Staat und Kirche, S. 186 f., mit begriffsvermengenden Argumenten aus. Mithin gelte der öffentlichrechtliche Vorbehalt ebenfalls für 'kirchliche' Anstalten und Körperschaften ohne publizistischen Status, was zur Folge habe, dass sich Art. 59 Abs. 1 ZGB auch auf kirchliche iuristische Personen des Privatrechts beziehen könnte. Schmid, S. 79, wendet sogar den Vorbehalt nur auf privatrechtliche Körperschaften und Anstalten an, „sind doch alle öffentlichrechtlichen Religionsgenossenschaften bereits ausschliesslich dem öffentlichen Rechte unterstellt". A.M. Kraus, Staatskirchenrecht, S. 7, FN 20; Meier-Hayoz/Forstmoser, § 21, Rz. 5; Weber, SPR II, S. 74, 232, welche mit deutlichen Argumenten dafür halten, dass sich Art 59 Abs 1 ZGB als Vorbehaltsnorm, die „nach allgemeinen Grundsätzen ... eng auszulegen ist" (Weber, SPR II, S. 232), vorliegend nicht auf die privatrechtlichen sondern nur auf die öffentlichrechtlichen kirchlichen Anstalten und Körperschaften bezieht. Zurückhaltender Tuor/Schnyder/Schmid, S. 120 f. Vgl. auch Arnold Marti, ZK I/1, Art. 6, Rz. 146.

205 Riemer, BK I/1, ST, Rz. 67: „*'Anstalten'* sind im Privatrecht immer, im öffentlichen Recht in bestimmten Fällen mit *'Stiftungen'* gleichzusetzen, während die anderen öffentlichrechtlichen Stiftungen eine *besondere* (Unter-)Kategorie juristischer Personen anstaltlicher Natur i. S. v. Art. 59 Abs. 1 ZGB bilden ..." Vgl. Weber, SPR II, S. 59.

206 Vgl. BGE 117 Ia 112 f.; sowie Huguenin Jacobs, Kom. ZGB, Art. 59, Rz. 8.

207 In casu gilt es eine Präzisierung bezüglich der kirchlichen Stiftungen anzubringen. Indem ein Gliedstaat von der in Art. 59 Abs. 1 ZGB statuierten Kompetenz keinen Gebrauch macht, belässt er die kirchlichen Anstalten im Bundesprivatrecht. Vgl. Jagmetti, SPR I, S. 262. Dort verdienen aus zivilrechtlicher Sicht Stiftungen nur dann das Prädikat 'kirchlich', wenn sie eine organische Verbindung zu einer Religionsgemeinschaft aufweisen und infolgedessen mit einer kirchlichen Zweckausrichtung versehen sind. Die organisatorische Eingliederung in den kirchlichen Ordnungsplan ist mithin als entscheidendes Unterscheidungskriterium zu betrachten. Hierzu Grüninger, Kom. ZGB, Art. 87, Rz. 4 ff. Riemer, BK I/3, ST, Rz. 199 ff., gewichtet diesbezüglich den Zweck nicht vornehmlich in Abhängigkeit des Bezuges zu einem konfessionellen Verband. Folglich legt er beispielsweise an das Prädikat 'kirchlich' einer auf konfessioneller Grundlage geführten karitativen Einrichtung ei-

nen (allzu) strengen Massstab. Vgl. Tuor/Schnyder/Schmid, S. 143, FN 2. Vgl. auch die 'riemerfreundliche' Rechtsprechung in BGE 106 II 112 f.; 106 II 115 f.; sowie Weber, SPR II, S. 68. Neben der in Art. 52 Abs. 2 ZGB gewährten Rechtswohltat der Nichteintragung kirchlicher Stiftungen ins Handelsregister befreit Art. 87 Abs. 1 ZGB die kirchlichen Stiftungen von staatlicher Aufsicht. Ratio legis dieser Bestimmung ist es, den internen Kontrollorganen der betreffenden Religionsgemeinschaft mit dem Ziel staatlicher Entlastung für den saekularen Rechtskreis aufsichtsrechtliche Verantwortung zu übertragen. Da die staatliche Aufsicht in casu auch nicht kraft freiwilliger Unterstellung mandatiert werden kann, ist die diesbezügliche Befreiung in diesem Sinne zwingender Natur. Vgl. Grüninger, Kom. ZGB, Art. 87, Rz. 4 ff. Die röm.-kath. Kirche verfügt zu diesem Behufe über entsprechende kirchenrechtliche Vorschriften, deren kanonische Einschlägigkeit einen Rückschluss auf das profanrechtliche Vorliegen einer kirchlichen Stiftung ermöglicht. Cf. cc. 1254 ff. CIC 1983. – Die Frage, ob bei der Befreiung der kirchlichen Stiftungen von staatlicher Aufsicht generell auch die Anwendbarkeit der stiftungsrechtlichen Gesetzesbestimmungen in materieller Hinsicht ausgeschlossen werden sollte, wird durch die Lehre kontrovers beantwortet. Vgl. hierzu die Auflistung bei Riemer, op.cit., Rz. 224. Auf jeden Fall reguliert das bezüglich der kirchlichen Stiftungen röm.-kath. Observanz einschlägige kanonische Recht in systematisch abschliessender Weise die stiftungsrechtliche Ordnung, indem es in gewissen Bereichen des kirchlichen Vermögensrechts nötigenfalls staatliches Recht rezipiert. Insofern kommt das schweizerische Privatrecht wieder ins Spiel. Als Rechtsfigur hat Art. 87 Abs. 1 ZGB in diesem Zusammenhang die Funktion einer Rezeptionsnorm, deren rezipierter Normenkatalog seinerseits staatliches Recht rezipiert und mithin kausal für die kirchliche Erhebung weltlichen Rechts ist. In concreto legt das kanonische Stiftungsrecht gemäss c. 1310 CIC 1983 fest, dass die Herabsetzung, Ermässigung und Umwandlung von Willensverfügungen zu frommen Zwecken nur aus gerechtem Grund und im Rahmen der von cc. 114 § 2 bzw. 1254 § 2 CIC 1983 (vgl. Schulz, Grundfragen, S. 867, FN 40) enumerierten Zielvorgaben ausschliesslich bei ausdrücklich vom Stifter dem Ordinarius erteilter Vollmacht vorgenommen werden darf. Über ein ausserordentliches Mittel verfügt der Ordinarius bezüglich der Umwandlung einer kirchlichen Stiftung indessen nicht. Hingegen kann er nach Anhörung der Beteiligten und der statutarischen Vermögensverwaltung die Verpflichtungen unter bestmöglicher Wahrung des Stifterwillens in billiger Weise vermindern, wenn die Erfüllung derselben wegen verminderter Einkünfte oder aus einem anderen unverschuldet eingetretenen Grund unmöglich geworden ist. Ausgenommen hiervon wird die in c. 1308 CIC 1983 geregelte Herabsetzung von Messverpflichtungen. In den übrigen Fällen legt c. 1310 § 3 CIC 1983 generalklauselartig fest, dass der apostolische Stuhl anzugehen ist. Zu den vermögensrechtlichen Bestimmungen des CIC 1917 vgl. in casu Schmid, S. 132 f.

208 Hinzuweisen ist in diesem Zusammenhang auch auf den fakultativen 'Vorbehalt des öffentlichen Rechts' gemäss Art. 87 Abs. 1 ZGB, dessen Geltungsbereich sich auf alle selbständigen privatrechtlichen kirchlichen Stiftungen erstreckt. Es bleibt in casu ohne Bedeutung, ob diese einem öffentlich- oder privatrechtlich positionierten Konfessionsverband zugehörig sind. In den Kompetenzbereich der Kantone fällt der Entscheid, inwiefern ein Gliedstaat von diesem aufsichtsrechtlichen Vorbehalt, z.B. lediglich für kirchliche Stiftungen öffentlichrechtlich situierter bzw. verbeiständeter Konfessionen, Gebrauch machen will. „Bezüglich der *Kompetenzen* ist zu beachten,

verbundenen Modus profaner Rechtseffekte[209] insbesondere hinsichtlich Entstehung bzw. Errichtungsanerkennung[210], Änderung und evt. Untergang befin-

dass es stets nur um eine Kompetenzverschiebung in *formeller* Hinsicht, d.h. um eine Verschiebung bzw. Begründung blosser *Zuständigkeiten*, geht denn *materiell* ist sowohl auf die unter kircheninterner als auch auf die unter staatlicher (weltlicher) oder staatskirchlicher Aufsicht stehenden privatrechtlichen kirchlichen Stiftungen ausschliesslich und unmittelbar das *Stiftungsrecht des Bundes*, das durch Art. 87 nicht aufgehoben wird, anwendbar" (Riemer, BK I/3, ST, Rz. 231), wobei formaliuristisch an die Stelle der bundesrechtlichen Aufsichtsregel eine weiterhin dem publizistischen Rechtskreis inkorporierte Norm des kantonalen öffentlichen Rechts tritt. Der Umfang einer solcherart begründeten Kompetenz bestimmt sich nach dem Kriterium der publizistischen Geeignetheit entsprechender aufsichtsrechtlicher Regeln, deren Inhalt vom Verbot der Vereitelung bundeszivilrechtlicher Normen in Schranken gefasst wird. Hierzu Arnold Marti, ZK I/1, Rz. 50 f., 230 ff. Egger, ZK I, Art. 87, S. 488, Rz. 6, betont, dass eine „Aufsicht (sc. gemäss Art. 87 Abs. 1 ZGB) ... eine weitere Regelung nur unter *öffentlichrechtlichen* Gesichtspunkten erfahren" darf. Es kann „nicht einfach die *stiftungsrechtliche* Aufsicht des ZGB, die der Art. 87 gerade ausschaltet, unter der Flagge des ZGB wieder eingeführt werden". Im Unterschied zu Riemer, op.cit., Rz. 232, welcher den aufsichtsrechtlichen Vorbehaltsumfang mit den Aufsichtskompetenzen über 'gewöhnliche' Stiftungen des Privatrechts bemessungsmäsig gleichsetzt, unterstreicht aber Egger, op.cit., S. 488, Rz. 6, dass sich „eine besondere öffentlichrechtliche Kontrolle ... über private ... kirchliche Stiftungen wohl überhaupt nicht rechtfertigen" lasse. Damit wird im Bundesprivatrecht einer gliedstaatlichen Statuierung entsprechender Aufsichtsnormen gemäss Art. 87 Abs. 1 ZGB gegenüber kirchlichen Stiftungen die sachliche Kompetenzgrundlage entzogen. – Im Rahmen seiner Rechtsordnung kann der Gliedstaat die von Art. 87 Abs. 1 ZGB gewährte sachliche Zuständigkeit an geistliche, weltliche oder staatskirchenrechtliche Behörden mittels einer expliziten und klar umgrenzten Kompetenzzuweisung delegieren, indes bei Fehlen einer solchen die einseitige Berufung auf religionsverfassungsrechtliche Gestaltungskompetenzen durch diesbezüglich nicht ermächtigte Organe der staatskirchenrechtlichen Körperschaften als rechtsungenüglich zu erachten ist und somit weder deren Zuständigkeit zu begründen vermag noch eine dahingehende Rechtsvermutung zu ihren Gunsten statuiert. Vgl. Riemer, op.cit., Rz. 230. § 22 EG ZGB SZ (nGS SZ II-175) lässt den Regierungsrat des Kantons Schwyz die Aufsicht privatrechtlicher Stiftungen ordnen. Dieser hat gemäss § 1 Abs. 2 in der 'Verordnung betreffend die Aufsicht über die Stiftungen und über die Personalvorsorgeeinrichtungen' (nGS SZ II-182) die kirchlichen Stiftungen von der Anwendbarkeit des bezüglichen Erlasses explizit ausgenommen. Der Kanton Schwyz verortet in § 22 EG ZGB die sachliche Zuständigkeit, welche hinsichtlich des in Art. 87 Abs. 1 ZGB gewährten öffentlichrechtlichen Vorbehalts als Voraussetzung dient, um diesen kompetenzgemäss wahrnehmen zu können. Mithin darf eine entsprechende Delegation der aufsichtsrechtlichen Zuständigkeit formell nur über eine Änderung des EG ZGB SZ erfolgen.

209 Für ihre zivilistischen Rechtsbeziehungen und -verhältnisse (z.B. im Haftpflichtrecht etc.) sind diese iuristischen Personen, wenn sie nicht als Hoheitsträger auftreten, dem Zivilrecht unterstellt, was ihre privatrechtliche Rechtspersönlichkeit vor-

den[211,212]. Die Vorbehalte des öffentlichen Rechts der Kantone „beziehen sich auf jene Rechtsverhältnisse der kirchlichen Körperschaften und Anstalten, die

---

aussetzt. Siehe Riemer, BK I/1, ST, Rz. 123; Ders., BK I/3, ST, Rz. 494; Tuor/Schnyder/Schmid S. 120. Vgl. auch Lampert, Stiftungen, S. 61, 67 f.; Weber, SPR II, S. 228. Mithin können sich die entsprechenden iuristischen Personen auch auf verfassungsmässige Rechte (soweit nicht höchstpersönliche Rechte in Frage stehen) berufen. Vgl. Hangartner, Rechte, S. 112; Huguenin Jacobs, Kom. ZGB, Art. 59, Rz. 10 ff.; Weber, SPR II, S. 229 f. – Der Grundsatz öffentlichrechtlicher Beherrschung einer daselbst anerkannten Anstalt oder Körperschaft bleibt bei partieller Nichtlegiferierung seitens des kantonalen Gesetzgebers zivilrechtlich unangetastet. Das Bundesprivatrecht kann nur qua öffentliches Recht mittels generell-abstrakten oder individuellen Verweisungen auf stiftungsrechtliche Normen im Rahmen der expansiven Kraft des kantonalen öffentlichen Rechts publizistische Rechtsgeltung erlangen. Eine Übernahme per analogiam anlässlich der Rechtsanwendung, beispielsweise im Bereich der stiftungsrechtlichen Kontrolle, wenn der Kanton in seinem publizistischen Kompetenzbereich diesbezüglich nicht legiferiert und subsidiär dadurch die Rechtswohltat der Nichtaufsicht (Art. 87 Abs. 1 ZGB) einschlägig wird, ist im Einzelfall denkbar. Siehe Riemer, BK I/3, ST, Rz. 494 ff.

210 Das Art. 52 Abs. 2 ZGB zugrundegelegte System der freien Errichtung sieht hinsichtlich iuristischer Personen des öffentlichen Rechts vor, dass diese ihre Rechtsfähigkeit unabhängig eines Eintrags ins Handelsregister erwerben. Siehe Riemer, BK I/1, Art. 52, Rz. 6; Weber, SPR II, S. 90 f., 94 f. Das öffentliche Recht der Kantone, welches von Art. 59 Abs. 1 ZGB vorbehalten wird, ordnet gleichzeitig die Voraussetzungen zur Erlangung der Rechtspersönlichkeit von dort angesiedelten Körperschaften und Anstalten. Vgl. Huguenin Jacobs, Kom. ZGB, Art. 52, Rz. 9; Riemer, BK I/1, Art. 52, Rz. 9. Nachdem mit 'Körperschaften und Anstalten' sämtliche iuristische Personen des öffentlichen Rechts gemeint sind (Körperschaften sowie Anstalten und Stiftungen, hierzu Gutzwiller, SPR II, S. 610; Riemer, BK I/1, Art. 52, Rz. 13; Weber SPR II, S. 60), stellt sich die Frage, ob die Kantone in ihrem publizistischen Normengefüge einen Handelsregistereintrag für die kirchlichen Rechtspersonen vorsehen können. Dies wird insofern bejaht, als der Grundsatz gilt, „dass die Kantone nur auf Gebieten öffentlichrechtliche Normen erlassen könne[n], die überhaupt fähig sind, Inhalt solcher Normen zu werden. Es sei unbestritten, dass ein Kanton tatsächlich eine Eintragung vorsehen kann, doch darf er dieser keine konstitutive Wirkung beimessen. Eine Eintragung mit deklaratorischer Wirkung dagegen darf nur verlangt werden, wenn das öffentliche Interesse eine Publizität der kirchlichen Verhältnisse ernstlich verlangt." (Schmid, S. 84).

211 Vgl. Huguenin Jacobs, Kom. ZGB, Art. 59, Rz. 11; wo u.a. auf Riemer, BK I/3, ST, Rz. 117 ff.; sowie Tuor/Schnyder/Schmid, S. 119, verwiesen wird.

212 Mit Lampert, Stiftungen, S. 23, 134, ist zu betonen, dass im staatlichen Rechtssinne die normative Gestalt der röm.-kath. Kirche nicht in Abhängigkeit zur öffentlichrechtlichen Anerkennung steht, demgemäss 'kirchlich' keinesfalls als Anwendungsfall von 'öffentlichrechtlich' definierbar wird und infolgedessen kirchliche Stiftungen auch mit einer im Privatrecht situierten Religionsgemeinschaft verbunden sein können. Vgl. Fritz Fleiner, Bundesstaatsrecht, S. 359, FN 30; Gutzwiller, SPR II, S. 460 f.; Lenz, S. 31 f.

überhaupt ihrer Natur nach *geeignet* sind, Inhalt öffentlichrechtlicher Normen der Kantone zu sein; andernfalls könnte ein Kanton unter dem Vorwand öffentlichrechtlicher Normierung in unberechtigter Weise das vom Bundeszivilrecht beherrschte Gebiet wieder einschränken."[213],[214]. Das profanrechtlich wirksame

---

213 Lampert, Stiftungen, S. 61; Ders. Kirche und Staat II, S. 76. – Den Gliedstaaten ist es verwehrt, über den besonderen kontrollrechtlichen Vorbehalt in Art. 87 Abs. 1 ZGB via publizistische Hintertüre die allgemeinen privatrechtlichen Aufsichtsbestimmungen für kirchliche Stiftungen im öffentlichrechtlichen Bereich der Kantone zu etablieren. Hierzu Egger, ZK I, Art. 87, S. 488, Rz. 6. „Es kann nicht in den Kantonen öffentliches Recht sein, was im Bunde Privatrecht ist. Zum öffentlichen Recht der Kantone gehören begriffsnotwendig Gesichtspunkte, die der objektiven Qualität der betreffenden Verhältnisse entnommen sind, indem diese ihrer Natur nach eine besondere Beziehung zum Staate als Träger öffentlicher Aufgaben aufweisen. Ist eine solche Beziehung bei den kirchlichen Stiftungen dem Staate gegenüber gegeben? Bei dem mit der Kirche verbundenen Staate könnte sie gefunden werden in der staatlichen Schirmaufgabe (jus advocatiae) zu Gunsten der kirchlichen Institutionen. Allein diese Schirmpflicht bedingt nicht Aufsicht, sondern Beistand." (Lampert, Stiftungen, S. 154 f.) Vgl. Riemer, BK I/3, ST, Rz. 228. Die inhaltliche Dimension geeigneter aufsichtsrechtlicher Bestimmungen des kantonalen öffentlichen Rechts erschliesst sich aus dem bundesverfassungsrechtlich schrankenförmig gesicherten Interesse an einem kultuspolizeilichen Veto, um eine die Grenze des staatsrechtlich Möglichen bzw. Zulässigen überschreitende Umsetzung und Verfolgung des kirchlichen Stiftungszwecks im saekularen Rechtsgefüge zu verhindern. So ebenfalls Schmid, S. 84 ff. Vgl. auch Lampert, Stiftungen, S. 160 f. Die vereinsrechtlich parallelen Vorbehaltslimitationen erwähnt Karlen, Religionsfreiheit, S. 446. – Zu den Schranken der Religionsfreiheit siehe hinten, S. 190 ff.

214 Bestimmungen, welche die vom Privatrecht abschliessend normierte Erlangung des Rechts der Persönlichkeit zum Gegenstand haben, sind der anderweitigen Legiferierung unter dem kantonalen Titel des öffentlichen Rechts unzugänglich. Kantonale Formvorschriften dürfen in diesem Zusammenhang bei gegebenem öffentlichen Interesse (z.B. im Bereich der Kultuspolizei) lediglich deklaratorisch funktionieren und sind nicht konstitutiv. Siehe Schmid, S. 84. Vgl. auch Riemer, BK I/3, ST, Rz. 248. – Das BGer. verweigert bis dato bei vom eidgenössischen Parlament gewährleisteten gliedstaatlichen Verfassungsbestimmungen (vgl. Art. 85 Abs. 7 aBV bzw. Art. 172 Abs. 2 rev. BV) eine abstrakte Normenkontrolle zwecks Prüfung bzw. anschliessender Feststellung ihrer kompetenzwidrigen Substanz und mithin ihrer entsprechend fehlenden Eignung, den Geltungsbereich des Bundesprivatrechts zu reduzieren. Vgl. Häfelin/Haller, Rz. 261c. – Zu den Vorgaben an die Durchführung der akzessorischen Normenkontrolle einer gewährleisteten kantonalen Verfassungsregel äussert sich BGE 111 Ia 241 f. E. 3. Das BGer. bestätigte in BGE 116 Ia 366 f. E. 4b seine neuere Rechtsprechung und dehnte sie auf das „gesamte übergeordnete spätere Recht" (loc.cit., S. 367) aus, um schliesslich gemäss BGE 121 I 147 E. 5c/bb „die gleichen Grundsätze auch in bezug auf ungeschriebene, sich weiter entwickelnde übergeordnete Verfassungsprinzipien anzuwenden". Hierzu Häfelin/Haller, Rz. 261 ff. Vgl. Villiger, EMRK-Handbuch, Rz. 82 f. „Somit kann *in konkreten Anwendungsfällen* mit staatsrechtlicher Beschwerde gerügt werden, eine Bestimmung der

Prädikat 'kirchlich'[215] kann im öffentlichen Recht an unterschiedlich festgelegte aber wesenhaft konfessionsbezogen zu gewichtende Vorgaben[216] gebunden sein

---

Kantonsverfassung verstosse gegen geschriebenes oder ungeschriebenes Verfassungsrecht des Bundes, einschliesslich sich weiter entwickelnder übergeordneter Verfassungsprinzipien, oder gegen eine Norm des übrigen Bundesrechts oder eines Staatsvertrages, falls diese erst *nach* der Gewährleistung der kantonalen Verfassung durch die Bundesversammlung in Kraft getreten ist." (Häfelin/Haller, Rz. 261c).

215 Aus der Sicht des weltlichen Rechts lässt sich eine kirchliche iuristische Person aufgrund ihrer Eingliederung in den Organismus einer Glaubensgemeinschaft als solche erkennen. Diese geschieht bei der kanonisch verfassten röm.-kath. Kirche vermöge der 'Erectio canonica' (c. 114 § 1 CIC 1983). Siehe Lampert, Stiftungen, S. 28 f. Öffentliche oder private iuristische Personen des Kirchenrechts erhalten ihre Rechtspersönlichkeit ipso iure oder aufgrund einer besonderen Verleihung 'per decretum' (c. 116 CIC 1983). Hierzu Aymans, Kanonisches Recht I, S. 316 ff. – Ein anderer Qualifikationszugang führt über das Begriffselement des religiösen bzw. kirchlichen (zur Differenzierung von 'religiös' und 'kirchlich' siehe Gutzwiller, 'Religiöse' Vereine und Genossenschaften, S. 132 ff.) Zwecks oder der Zweckverwirklichung zugunsten einer Religionsgemeinschaft. Dies bedingt aber katholischerseits die Hinordnung auf ein Ziel, welches mit der Sendung der Kirche übereinstimmt und die Zielsetzung Einzelner übersteigt (c. 114 § 1 CIC 1983). In bezug auf die röm.-kath. Kirche gilt der Zweck somit dann als kirchlich, wenn er aus der organischen Verbindung mit dem hierarchisch verfassten Verband heraus entsteht. Vgl. Grüninger, Kom. ZGB, Art. 87, Rz. 5. – Nach Pius Hafner, Staat und Kirche, S. 187 f., kann die ausschliessliche Anknüpfung am kirchlichen Selbstverständnis zu einem stossenden Ergebnis führen, wenn der Staat aufgrund verschiedenartiger Ausformungen des Kirchenorganismus zu ungleicher Behandlung gezwungen wäre.

216 Augenfällige Beispiele hierfür sind die kirchlichen Stiftungen und die staatskirchenrechtlichen Körperschaften. Letztere gelten im Rahmen des kantonalen Staatsrechts als staatlich attribuierte Sonderzweckverbände mit kirchlichen Bedürfnissen entsprechender Funktion. Kirchenrechtlich bewertet kann hingegen den staatskirchenrechtlichen Verbeiständungsinstrumenten trotz ihres Bezuges zum konfessionellen Verband aufgrund der (auch religionsfreiheitlich bedingten) Zweckverschiedenheit, welche eine Eingliederung in die Kirchenorganisation verbietet, das Prädikat 'kirchlich' im Sinne der eigenrechtsmächtig verfassten röm.-kath. Kirche nicht eignen. Siehe Noser, S. 107 f. Da das kantonale Recht in der staatskirchenrechtlichen Begriffsbildung nicht an das Bundeszivilrecht gebunden ist (vgl. Riemer, BK I/1, ST, Rz. 87; sowie Jagmetti, SPR I, S. 262), muss infolgedessen das in Art. 59 Abs. 1 ZGB verwendete Attribut 'kirchlich' konform mit dem konfessionellen Verweisungsbegriff der staatsrechtlichen Ordnung des betreffenden Kantons interpretiert werden. Dementsprechend kann sich das gliedstaatliche Staatskirchenrecht kompetenzgemäss der Methode der Rezeption kirchenrechtlicher Normen und Institute bedienen. Vgl. § 2 Abs. 1 aKV SZ. Indem jedoch das kantonale Recht die in Art. 59 Abs. 1 ZGB statuierte Anerkennungskompetenz lediglich mit staatskirchenrechtlichen Verbeiständungsinstrumenten wahrnimmt, so dass mithin die rechtspersönlichen Ausprägungen des konfessionellen Verbandes im entsprechenden Staatskirchenrecht anerkennungstechnisch unberücksichtigt bleiben, lässt sich dort kein der-

wie der vom Bundesprivatrecht definierte Begriff. Insofern besteht bei der Qualifikation des Anerkennungssubjekts kein Zwang zur begrifflichen Übereinstimmung mit dem zivilistischen Topos[217],[218]. Die Transferierung ins öffentliche Recht der Kantone unterwirft indes die betroffenen Rechtsinstitute der axiomatischen, grundrechtlichen und völkerrechtlichen Geltungs- bzw. Regulationslimitation[219]. Die Tragweite[220] des in Art. 59 Abs. 1 ZGB vorbehaltenen kantonalen öf-

---

gestaltiger Terminus mehr finden, welcher den delegierten Gestaltungsrahmen begrifflich ausfüllte.

217 Zur zivilistischen Qualifikation einer privatrechtlichen Stiftung als 'kirchlich' gehört das von aussen (Jagmetti, SPR I, S. 262, spricht in casu von einem vorgegebenen, primär ausserrechtlichen Begriff) als wesensgemäss verstandene Attribut der organischen Verbindung mit einer Religionsgemeinschaft. Hierzu Lampert, Stiftungen, S. 28. Dazu muss sich kumulativ im Bereich des kirchlichen Willensgebietes der eine Zweck der Kirche gesellen. Siehe Riemer, BK I/3, ST, Rz. 196 ff.; sowie Grüninger, Kom. ZGB, Art. 87, Rz. 4 ff. Die Qualifikationsvoraussetzungen für die parallelen Arten entsprechender Stiftungen des kantonalen öffentlichen Rechts, welche vornehmlich auf die kirchliche Verbindung abstellen, können bezüglich der kumulativen Begriffserfordernisse weniger streng ausgelegt sein. Dafür fungiert der Grad der öffentlichen Bedeutung analog zum kirchlichen Zweck als begriffliches Korrektiv dieser Stiftungen. Vgl. Riemer, BK I/3, ST, Rz. 247; Weber, SPR II, S. 68 f. – A.M. Pius Hafner, Staat und Kirche, S. 187 f., welcher die unterschiedliche Definition der 'Kirchlichkeit' iuristischer Personen aufgrund ihrer publizistischen bzw. zivilistischen Lokalisation für verfehlt hält.

218 Zu den Fallgruppen kirchlicher Stiftungen (Art. 52 Abs. 2, 87 ZGB) siehe Riemer, BK I/3, ST, Rz. 206 ff.; sowie Grüninger, Kom. ZGB, Art. 87, Rz. 6, welche die kirchlichen Stiftungen in solche mit dem Zweck des Unterhaltes von Inhabern kirchlicher Ämter und Funktionen; zur Förderung des Glaubens mittels Ausbildung und Forschung sowie Bewahrung und Verbreitung des konfessionellen Dogmas durch Kult und Religionsunterricht etc.; wie auch zwecks Erhaltung konfessioneller Einrichtungen anhand der Alimentierung kirchlicher Stiftungen als Träger von Kirchen, Pfarrhäusern, Kultgegenständen etc. einteilen. Oftmals treten diese Klassifikationskriterien in einer einzigen kirchlichen Stiftung wie beispielsweise der Benefizialstiftung, welche mit dem Unterhalt des kirchlichen Amtes gleichzeitig den Träger, die Bereitstellung entsprechender Räumlichkeiten sowie die Verbreitung des Glaubens sicherstellt, kumulativ auf.

219 Allgemein kommt das öffentliche Recht des Bundes den durch das kantonale Staatsrecht kreierten Instrumenten staatskirchenrechtlicher Verbeiständung vor allem in den religions(freiheits)rechtlichen Verfassungsbestimmungen (Art. 49 und 50 aBV bzw. Art. 15 rev. BV) zum Ausdruck. Mutatis mutandis gilt dies auch für die kirchlich qualifizierten, publizistisch anerkannten und situierten Ausprägungen des konfessionellen Verbandes. Vgl. Lampert, Kirche und Staat II, S. 76.

220 Über das Ziel hinaus schiesst Gardaz, S. 59 ff., wenn er behauptet, der Vorbehalt des Art. 59 Abs. 1 ZGB wäre weiter zu fassen als derjenige des Art. 6 Abs. 1 ZGB und folglich könnten staatliche Erwerbsbeschränkungen, welche die Handlungsfähigkeit der kirchlich ausgerichteten iuristischen Personen des Bundeszivilrechts

fentlichen Rechts für iuristische Personen mit kirchlichem Bezug findet schliesslich ihre Grenze am selben Ort, wo auch die expansive Kraft des öffentlichen Rechts gegenüber dem Bundeszivilrecht seine Wirkung verliert. Diese Schranken betreffen insbesondere auch das Erfordernis der Geeignetheit kantonaler öffentlichrechtlicher Normen.

5. *Weitergehende kantonale Grundrechtsgarantien*

Einer kantonalen Fundamentalnorm kommt selbständige Bedeutung zu, wenn sie dem Bürger weitergehenden Schutz vor staatlichem Zugriff gewährt als die diesbezüglichen Grundrechte des Bundes oder der EMRK[221],[222]. Das Bundesgericht[223] wendet solche das Bundesverfassungsrecht überragende Garantien konkurrierend an[224].

(nota bene sei hier angemerkt, dass Art. 59 Abs. 1 ZGB diese nicht beschlägt) beeinträchtigen, in sogenannten Amortisationsgesetzen kompetenzgemäss erlassen werden. Die aus subjektiv-entstehungszeitlicher Interpretation falsch formulierte Prämisse wird von den Schranken der expansiven Kraft des kantonalen öffentlichen Rechts pariert. Gardaz' Folgerung stösst ins Leere, ohne dass bei einer gleichzeitigen Eigentumsbeschränkung auf das gliedstaatliche Fehlerkalkül zufolge der Verletzung grundrechtlicher Garantien (Art. 22ter aBV bzw. Art. 26 rev. BV) hingewiesen werden müsste. Vgl. Pius Hafner, Staat und Kirche, S. 190 f. – In c. 1259 CIC 1983 wendet sich der Kodex gegen jegliche Form der Diskriminierung kirchlicher Institutionen auf dem Gebiete des Kirchenvermögens. Hierzu Listl, Aufgaben, S. 474; Mikat, Verhältnis von Kirche und Staat, S. 151. Zur Geschichte der Manusmortuagesetzgebung siehe Isele, Probleme des kirchlichen Vermögensrechts, S. 49 ff.

221 BGE 121 I 200 E. 2d. Beispielsweise nimmt § 2 Abs. 1 rev. KV SZ über das pragmatisch geprägte bundesverfassungsrechtliche Grundrechtsverständnis hinausgehend expressis verbis die Unverletzlichkeit der garantierten Glaubens- und Gewissensfreiheit an. Damit anerkennt § 2 Abs. 1 rev. KV SZ implizit die naturrechtliche Prädisposition dieses inhaltlichen Bestandteils der integralen Religionsfreiheit.

222 Art. 53 EMRK verbietet seinerseits, dass die Konventionsgarantien dazu benützt werden, „etwaige dem Bürger innerstaatlich zustehenden Rechte zu *beschränken* oder zu *mindern*. Diese Situation ist so zu verstehen, dass eine Behörde durch Anwendung bzw. Vorschiebung einer EMRK-Garantie verhindern will, dass ein weiterreichendes *innerstaatliches Grundrecht* nicht angewendet wird. Umgekehrt ist eine allenfalls weiterreichende EMRK-Garantie von Amtes wegen anzuwenden ... Dieses dem föderalistischen Grundrechtsschutz entnommene sog. *Günstigkeitsprinzip* bedeutet in unserem Zusammenhang, dass stets die günstigere, d.h. *weiterreichende Garantie* – der EMRK, der BV oder einer KV – *dem Bürger zugute kommen muss*." (Villiger, EMRK-Handbuch, Rz. 67).

223 Vgl. BGE 98 Ia 100; 104 Ia 300.

224 Zur Möglichkeit von Norm- und Kompetenzkonkurrenzen im Rahmen erweiterter kantonaler Freiheitsrechte siehe Kurer, S. 147 f.

2. Kapitel Der bundesrechtliche Katalog religions- und religionsfreiheitsrechtlicher Normen

Derweil sich das eidgenössische Staatskirchenrecht der Aufnahme eines gestaltungsrechtlichen Gesamtkomplexes eigenständiger Normen und Prinzipien entzieht, kann eine darauf bezügliche Verhältnisbestimmung Kirche-Staat in keiner Weise gelingen. Nachdem das bundesstaatliche Gemeinwesen die Kirchen mithin nicht mit publizistischen Organisationsformen des Staatskirchenrechts verbeiständet, richtet sich der Fokus im Gebiet des Bundesrechts hauptsächlich auf die Gewährleistung der Religionsfreiheit[1] mitsamt ihren religionsverfassungsrechtlichen Bedingungen, Konsequenzen und Schranken. In einer bundesstaatlichen Demokratie repräsentieren die Grundrechte als Elemente einer objektiven Kategorie den Inbegriff staatsrechtlicher Essentialien[2]. Deshalb muss eine Darstellung der Beziehung von Kirche und religiös-weltanschaulich neutralem Gemeinwesen im Rahmen der staatlichen Rechts- und Verfassungsordnung ihren „Ausgangspunkt von dem von der Kirche und vom Staate gleichermassen anerkannten staatsbürgerlichen Grundrecht der *Religionsfreiheit* nehmen“[3]. Die fundamentale

---

1 Der Begriff der Religionsfreiheit enthält in seiner integralen Vollgestalt die inhaltlich dual ausgeprägte Glaubens- und Gewissens- sowie die Kultusfreiheit als individualrechtlichen Teilgehalt wie auch auf der konstitutiv-institutionellen Ebene die objektivrechtlichen Elemente religiös-weltanschauliche Neutralität, Parität und Toleranz. Vgl. Karlen, Religionsfreiheit, S. 38 ff., welcher die begrifflichen Facetten der Religionsfreiheit in genereller Weise und ohne explizit schweizerischen Bezug referiert.

2 Gemäss Giacometti, Staatsrecht, S. 18, stellen die Freiheitsrechte die „sogenannte Idealverfassung“ dar. Nebst der Gewaltentrennung sind die Grundfreiheiten als Grundprinzipien der Verhältnisordnung zwischen Individuum und Gemeinwesen „politische Essentialia der liberalen Verfassung“. Ferner bilden die Freiheitsrechte für den demokratischen Staat eine „ideelle und funktionelle Notwendigkeit“. – Vgl. auch Jörg Paul Müller, Bedeutung der Grundrechte, S. 44 ff.

3 Listl, Kirche und Staat, S. 209. Zwecks Verwirklichung seiner Gemeinwohlaufgabe ergibt sich für den Staat nach Auffassung des Zweiten Vatikanischen Konzils aus dem praepositiven Grundrecht der Religionsfreiheit „die Pflicht zur Achtung der kirchlichen Eigenständigkeit“. Hierzu Ders., Kirche und Staat, S. 223. Siehe auch Ders., op.cit., S. 227; DH Art. 6 Abs. 1; sowie Rauber, S. 170 ff. Die ‘Libertas ecclesiae’ wird um der Freiheit der Christgläubigen willen zum zentralen Kriterium, inwiefern und inwieweit die Kirche mit dem Staat kooperieren darf. „Da die Kirchenfreiheit Grundprinzip der Verhältnisbestimmung zwischen Kirche und Staat ist, muss im Zweifelsfall zu ihren Gunsten entschieden werden, auch wenn das den Verzicht auf materielle Vorteile oder Einfluss bedeuten sollte.“ (Grichting, Kirche oder

Menschenrechtsordnung entzieht im demokratisch inkulturierten Gemeinwesen materialiter das grundrechtliche Basiselement zur Verhältnisbestimmung der beliebigen Gestaltung seitens des Souveräns. Auf dieser Verbindungslinie lässt sich ein Ansatz für den Versuch eines Ausgleichs des Demokratieprinzips mit dem Hierarchieaxiom der 'ex ipsa ordinatione divina' anstaltlich verfassten römisch-katholischen Kirche verorten[4].

In Anbetracht des Themas dieser Arbeit gibt die konfessionstechnische Prägung des Kantons Schwyz durch die ursprüngliche Dominanz der römisch-katholischen Kirche die exklusive Konzentration auf diese Konfession bei der Erörterung der religionsfreiheitlichen Grundideen vor. Die Untersuchungsmethode nimmt Bezug auf die Struktur der römisch-katholischen Kirche und reflektiert entsprechend den kodikarischen Standpunkt. Sie berücksichtigt insbesondere die aus der Optik des konfessionellen Verbandes für die Herleitung des kirchlichen Selbstbestimmungsrechts relevante Verknüpfung von Religions- und Staatsrecht[5].

Kirchenwesen, S. 150 f.). – Das Erfordernis der staatlichen Gewährleistung der Religionsfreiheit konkludierend hält das Konzil in DH Art. 13 Abs. 3 pragmatisch fest: „Wenn der Grundsatz der Religionsfreiheit nicht nur mit Worten proklamiert oder durch Gesetze festgelegt, sondern auch ernstlich in die Praxis übergeführt ist und in Geltung steht, dann erst erhält die Kirche rechtlich und tatsächlich die gefestigte Stellung, welche die Bedingung zu jener Unabhängigkeit darstellt, die für ihre göttliche Sendung nötig ist und wie sie die kirchlichen Autoritäten in der Gesellschaft mit immer grösserem Nachdruck gefordert haben. Zugleich haben die Christen wie die übrigen Menschen das bürgerliche Recht, dass sie nach ihrem Gewissen leben dürfen und darin nicht gehindert werden. So steht also die Freiheit der Kirche im Einklang mit jener religiösen Freiheit, die für alle Menschen und Gemeinschaften als ein Recht anzuerkennen und in der juristischen Ordnung zu verankern ist." Diese lehramtliche Vision inspirierte die Ausführungen zur Religionsfreiheit in den abschliessenden Dokumenten der Wiener KSZE-Folgekonferenz aus dem Jahre 1989 (abgedruckt in: BBl 1989 II 421 ff.). Der Codex Iuris Canonici 1983, welcher in seinen Aussagen zum Verhältnis Kirche-Staat ein Gemeinwesen voraussetzt, das „seinen Bürgern die in der Allgemeinen Erklärung der Menschenrechte der vereinten Nationen vom 10. Dezember 1948 enthaltenen Grund- und Freiheitsrechte nicht nur nach dem Buchstaben der Verfassung, sondern auch in der Staats- und Verwaltungspraxis effektiv gewährt" (Mikat, Verhältnis von Kirche und Staat, S. 155) nimmt die konziliare Forderung auf. Mithin rechtfertigt sich die gewählte Disposition auch aus konziliarer und kodikarischer Sicht.

4 Hierzu Kraus, Kirche und Demokratie, S. 170.

5 „Aus der Optik des *Staatsrechts* wird meistens vor allem der individualrechtliche Gehalt der Religionsfreiheit betont, während aus derjenigen des *Religionsrechts* mehr Gewicht auf die institutionelle Einbindung der Religionsfreiheit in das System des Staatskirchenrechts gelegt wird." (Karlen, Religionsfreiheit, S. 55). Ohne die religionsrechtliche Implikation der einem korrekten und rechtsgenüglichen Verhältnis Kirche-Staat unabdingbar erforderlichen Freiheit des konfessionellen Verbandes wird der Verständnishorizont für die staatsrechtliche Notwendigkeit des kirchlichen

Nähere Befassung erfahren nach einleitenden Gedanken und einer schematischen Übersicht der religionsverfassungsrechtlichen Quellen die objektivrechtlichen Teilgehalte in ihren Komplementärfacetten, der Schutzbereich und dessen Einschränkungen sowie die Träger der Religionsfreiheit und die religionsrechtlichen Destinatare. Schliesslich werden in einem konkludierenden Befund die aus dem Gesagten destillierten Essentialien für das bundesrechtliche Verhältnis römisch-katholische Kirche-Staat formuliert. Das Kapitel schliesst mit einen kurzen Ein- bzw. Ausblick 'de constitutione lata et ferenda'.

§ 1 Prolegomena

Ein wesentliches Strukturmerkmal des Gehalts des schweizerischen Religionsverfassungsrechts ist seine Uneinheitlichkeit[6]. Daran vermag auch die systematische Verortung der religionsfreiheitlichen Garantien in den Art. 49 und 50 aBV bzw. Art. 15 rev. BV wenig zu ändern. Der Verfassungsgeber, dessen Grundrechtsverständnis bisweilen nicht expressis verbis auf einer transzendent-suprapositiven

---

Selbstbestimmungsrechts nicht grundrechtsadäquat loziert, um final die institutionelle Eigenständigkeit der röm.-kath. Kirche im Rahmen eines freiheitsverpflichteten Staatskirchenrechts zu gewährleisten. In casu sind insofern Religions- und Staatsrecht dispositorisch ineinander verflochten. Zum Staatskirchenrecht als Teilbereich der 'religionsrechtlichen Ordnungsproblematik' vgl. Hollerbach, Staatskirchenrecht oder Religionsrecht, S. 882 ff.

6 Dies gilt mutatis mutandis auch für die bundesgerichtliche Judikatur, welche zwar die verschiedenen Gehalte der Religionsfreiheit herausarbeitet, sie aber trotz Präjudizientreue uneinheitlich gewichtet. Ein „mehr oder weniger explizit formuliertes Grundrechtsverständnis" fehlt. Siehe Karlen, Religionsfreiheit, S. 170 f. Vgl. neuerdings Ders., umstrittene Religionsfreiheit, S. 193 ff., der die bundesgerichtliche Kasuistik anhand eines festen Bestandes von 'Richtpunkten', welche die Religionsfreiheit konkretisieren, dingfest macht, um mit diesen im Einzelfall die Tragweite der Religionsfreiheit zu ermitteln. Die Rechtsprechung des BGer. (z.B. BGE 116 Ia 252 ff.; 119 Ia 178 ff.; sowie BGE 123 I 299 ff.) verrät dabei teilweise „nicht so sehr die ihr oft unterstellte laizistische Tendenz, sondern viel eher einen problematischen Hang zur Abstrahierung von den Gegebenheiten des Einzelfalls und – damit verbunden – oft zur Überbordung der Individualinteressen über die Gemeinschaftsbezüge ..." (Ders., op.cit., S. 211). Vgl. auch Friederich, Kirchen und Glaubensgemeinschaften, S. 301. In BGE 125 I 300 ff. verleiht das BGer. den öffentlichen Interessen gegenüber der positiven Funktion der Religionsfreiheit stärkeres Gewicht, obwohl in casu eine dem Einzelfall gerecht werdende Lösung unter gewissen Kautelen durchaus vertretbar gewesen wäre. Vgl. auch Winzeler, Fremde Religionen, S. 253.

Herleitung beruht[7], hat sich einer durchgeformten, kohärenten Religionsverfassung[8] bis dato[9] verweigert[10]. Die religions(freiheits)rechtlichen Anordnungen

---

7 Die Präambel unserer Bundesverfassung 'Im Namen Gottes' fungiert hier als Ausnahme von der Regel. – Das pragmatisch geprägte schweizerische Grundrechtsverständnis basiert auf einer „funktional-demokratischen Grundrechtssicht", der in rechtsschöpfend-positivistischer Hinsicht implizit die naturrechtliche Unantastbarkeit zugunsten eines rechtspolitischen Vorrangs des Demokratieprinzips (vgl. Art. 113 Abs. 3 aBV, der von Art. 190 rev. BV abgelöst wird, welcher die rechtsanwendenden Behörden ausdrücklich auf das Völkerrecht verpflichtet) abgeht. Siehe Felix Hafner, Kirchen, S. 51 ff. Im Unterschied zur Bundesrepublik Deutschland löst die Schweiz (vgl. hingegen § 2 Abs. 1 rev. KV SZ) diesbezüglich die „rechtsphilosophische Option" durch die Anerkennung der naturrechtlichen Prädisposition ihrer verfassungsmässig garantierten Grundrechte expressis verbis nicht ein. Vgl. Hinder, S. 54. Trotzdem ist eine positivrechtlich vielleicht statthafte 'Capitis diminuitio' der naturrechtlichen Fundamentalnormen abzulehnen, denn „die Gewährleistung der Freiheitsrechte gehört ... zum unveräusserlichen Teil unserer Grundordnung; sie stellt eine absolute rechtliche Schranke für unsere Staatsgewalt dar." (Feigenwinter, S. 33). Hierzu auch Fleiner/Giacometti, Bundesstaatsrecht, S. 705 f.; Friederich, Kirchen und Glaubensgemeinschaften, S. 218 f. Gemäss Hangartner, Grundzüge I, S. 33 ff., ist der Verfassungsgeber bei der Ausgestaltung der Rechtsordnung „*im Bereich des sogenannten ethischen Minimums*" gebunden, worunter u.a. die Achtung der Menschenwürde zu subsumieren ist. – In der 1999 totalrevidierten BV trägt Art. 7 rev. BV dem Schutz der menschlichen Würde und dem Grundsatz ihrer Unantastbarkeit Rechnung. Diese Bestimmung ist insofern fundamental, als sie den Gehalt anderer Grundrechte mitbestimmt und eine Richtschnur für die Interpretation darstellt. Mit der Beachtungspflicht von zwingendem Völkerrecht als materieller Schranke des Inhaltes einer formulierten Volksinitiative auf Teilrevision gemäss Art. 139 Abs. 3 rev. BV resp. Art. 129 Abs. 2 BB über die Reform der Volksrechte (BBl 1997 I 636) bzw. einer allgemeinen Volksinitiative gemäss Art. 129a Abs. 2 BB über die Reform der Volksrechte (BBl 1997 I 636) wird Art. 7 rev. BV volksrechtlich sekundiert. Die diesbezügliche Kontrollfunktion der Bundesversammlung erheischt – auch anlässlich nicht volksrechtlich initiierter Revisionen der BV – ebenfalls den unabdingbaren Respekt des parlamentarischen Gesetzgebers vor zwingendem Völkerrecht. Über das völkerrechtliche Ius cogens kommt hierbei die vorstaatliche Qualität der Religionsfreiheit schrankenförmig zum Tragen. Im Verfassungsrecht schimmert ebenfalls ein suprapositives Grundrechtsverständnis bei der Unantastbarkeit des Kerngehaltes der Grundrechte durch. Hierzu BGE 101 Ia 397 E. 3b. Vgl. Art. 36 Abs. 4 rev. BV. Leider entspricht in diesem Zusammenhang der Wortlaut von Art. 5 Abs. 4 rev. BV, welcher das Völkerrecht zum Grundsatz rechtsstaatlichen Handelns erklärt, nicht der begrifflichen Intensität von Art. 190 rev. BV, worin die rechtsanwendenden Behörden an das Völkerrecht gebunden werden. Zum überstaatlichen und vorrechtlichen Charakter der Grundrechte als Konstituanten von menschenrechtlichen Kernzonen, wo dem Staat der Zugriff verwehrt ist, vgl. Friederich, Kirchen und Glaubensgemeinschaften, S. 211 ff.; Jörg Paul Müller, Kerngehalt, S. 33 ff. – Die naturrechtliche Begründung einer Grundnorm weist in der Praxis ein nicht unerhebliches Gewicht auf. „Die naturrechtlichen Vorstellungen über die

tragen „als Spiegel der konkreten historischen Situation um 1874"[11], deren religionspolitisch motiviertem Reflex sich die nachgeführte Bundesverfassung weiterhin zu Unrecht nicht gänzlich verschliesst[12], teilweise immer noch „die Spuren einer überholten Zeit"[13]. Auf der anderen Seite geniessen die entsprechenden verfassungsrechtlichen Institutionen zufolge ihrer Rechtsgeltung auf der obersten Normstufe *„hohe demokratische Legitimität"*[14]. Die Geschichtsmächtigkeit unserer staatskirchenrechtlichen Entwicklung durchdringt die pragmatisch-föderale Ausgestaltung des Verhältnisses Kirche-Staat, welches mit der Aufnahme individualrechtlicher Garantien religiöser Freiheit in die Bundesverfassung 1874 eine

---

Menschenrechte und die grundlegenden Bürgerrechte *prägen das Vorverständnis* der Grundrechtsverbürgungen in Verfassungen und internationalen Menschenrechtskonventionen und beeinflussen auf diese Weise die Positivierung und die Handhabung der Grundrechte ..." Siehe Hangartner, Grundzüge II, S. 12 f., der diese Aussage mit Exempeln aus der Rechtspraxis belegt. Kritisch hinsichtlich der schweizerischen Verfassungswirklichkeit Felix Hafner, Kirchen, S. 52 f, welcher dementsprechend der „Grundrechtskonzeption des Bundesgerichts" anlastet, dass ihr weitgehend „rechtsphilosophische oder naturrechtliche Erwägungen ... fehlen, zumal sich das Bundesgericht vornehmlich als 'demokratische Justiz', weniger aber als dritte Gewalt im Staat versteht". – Die Bundesversammlung hat 1995 bei der Ungültigkeitserklärung der eidgenössischen Volksinitiative 'Für eine vernünftige Asylpolitik' (abgedruckt in: BBl 1994 III 1489) materielle Schranken der Verfassungsrevidierbarkeit fokussiert auf Völker(gewohnheits)recht als verpflichtendem 'Ius cogens' angenommen. – Das von religiösen Grundlagen emanzipierte weltliche Recht nähert sich vermöge der Akzeptanz suprapositiver Fundamentalnormen, welche der Staat nicht in rechtspositivistischer Selbstherrlichkeit verleihen kann, der Eigenart des Codex Iuris Canonici in der Form einer Kodifikation des 'Ius divinum'. Hierzu Neuhaus, S. 505. Bezüglich eines Ausscheidens der naturrechtlichen Ableitung des kirchlichen Grundrechtsbegriffs siehe Hinder, S. 68 ff.

8 „Im Sinne einer geschlossenen Gesamtheit von Normen und Prinzipien zur Regelung der Religion auf Verfassungsstufe" (Karlen, Religionsfreiheit, S. 125 f.).

9 Diese Verweigerung wird in Art. 72 rev. BV, welcher ohne verfassungssystematische Notwendigkeit innerhalb des 3. Absschnitts über die Themenbereiche 'Bildung, Forschung und Kultur' eine überflüssige Kompetenz- (Abs. 1 und 2) und freiheitsrechtlich fragwürdige Schrankennorm (Abs. 3) enthält, neuerdings explizit greifbar.

10 Bruhin, Konzile, S. 56.

11 Friederich, Kirchen und Glaubensgemeinschaften, S. 269.

12 Als diesbezüglich die im Jahre 1999 totalrevidierte BV überschattendes pars pro totum sei hier Art. 72 Abs. 3 rev. BV genannt. Siehe hinten, S. 286 ff.

13 Bruhin, Konzile, S. 25. – Trotzdem konnte gerade die grundfreiheitliche Garantie der freien Vornahme von Kultushandlungen die Vitalität ihres prägnanten Normgehalts als geschichtlich tradierter und erhärteter Grundwert der Religionsfreiheit bewahren. Vgl. Jörg Paul Müller, Bedeutung der Grundrechte, S. 47.

14 Friederich, Kirchen und Glaubensgemeinschaften, S. 242.

Zäsur[15] erfuhr[16]. Dort wurde der Akzent auf die Sicherung der negativen Religionsfreiheit gesetzt, während Art. 9 EMRK auf die positive Seite dieses Grundrechts Bezug nimmt, woran sich Art. 15 rev. BV partiell anschliesst[17]. Der Katalog religionsfreiheitlicher Ansprüche und Bindungen diente fortan als Prämisse für die gliedstaatlichen Ordnungen[18]. Somit lässt sich ein staatskirchenrechtliches System auf kantonaler Ebene nur über die Massnahme am Grundrecht[19] vollständig erfassen[20]. Die Beleuchtung der institutionellen Einbindung der Religionsfreiheit ins Staatskirchenrecht rückt die Optik des Verhältnisses Kirche-Staat ins rechte Licht[21]. Der Gefahr antinomischer Verhältnisse zwischen gesamtstaatli-

---

15 „Die Idee der individuellen Freiheit hat die Macht des Staates über das Gewissen der Bürger gebrochen.“ (Isele, Revision, S. 570).

16 Dem Gliedstaat blieb es fortan verwehrt, anhand der publizistischen Anerkennung eine Staatskirche zu kreieren. Er kann nur mit dem Einverständnis der betreffenden Religionsgemeinschaften dieser den öffentlichrechtlichen Status verleihen. Vgl. Kellerhals, S. 31. – Das religionsfreiheitliche Verbot der Etablierung einer Staatskirche wird staatsrechtlich im Ansatz dadurch umgangen, dass der Gliedstaat eine eigene Kantonalkirche mit lediglich konfessioneller Titulatur kreiert, ohne dabei aber anerkennungsweise den rechtspersönlichen Ausprägungen des konfessionellen Verbandes eine entsprechende Stellung im kantonalen öffentlichen Recht einzuräumen. Siehe §§ 91 ff. rev. KV SZ.

17 Siehe Art. 15 Abs. 2 und 3 rev. BV.

18 Isele, Entwicklung, S. 177.

19 Die Grundrechte umfassen neben dem Gebot der Rechtsgleichheit und den sozialen Fundamentalnormen hauptsächlich den Katalog der freiheitsrechtlichen Garantien, welche das Rechtssubjekt in seiner Freiheitssphäre vor staatlichen Eingriffen schützen sollen. Siehe Häfelin/Haller, Rz. 1057 f. – „In der verfassungsrechtlichen Ordnung des modernen Staates bedeutet der Begriff des Grundrechts eigentlich zwei Dinge: die Vorgegebenheit der Person als eines Rechtssubjektes gegenüber dem Staat und als deren Folge die Garantie eines Raumes der Autonomie für das Individuum.“ (Corecco, Erwägungen, S. 436).

20 Die Gewährleistung der Religionsfreiheit und die staatskirchenrechtliche Kompetenzzuweisung entspringen der gleichen Normstufe, weshalb die materielle Adaption des gliedstaatlichen Gestaltungsrahmens an die grundrechtliche Ordnung integral realisiert werden soll, ansonsten der formell-rechtsmachtmässige Vorrang von Bundesrecht innerhalb des gliedstaatlichen Kompetenzbereichs inhaltliche Klarheit zu schaffen hat. Nicht das Regel-Ausnahmeprinzip sondern der direkte Bezug bürgt für ein stimmiges und konfliktfreies Verhältnis von Religionsfreiheit und Staatskirchenrecht. Siehe Friederich, Kirchen und Glaubensgemeinschaften, S. 307; Karlen, Religionsfreiheit, S. 160.

21 „Das Grundrecht der Religionsfreiheit ist, für sich allein genommen, ambivalent zum Aufbau sehr verschieden gearteter staatskirchenrechtlicher Systeme und bildet ohne komplementäre verfassungsrechtliche Organisationsprinzipien keine zureichende Gestaltungsgrundlage für ein konkretes Staat-Kirche Verhältnis“ (Listl, Religionsfreiheit, S. 7). E contrario ist aber auch klar, dass das kirchliche Selbstbestimmungsrecht, dessen Gehalt sich, wie hinten, S. 179 ff., zu zeigen sein wird, al-

chem Grundrechtsprinzipat und gliedstaatlichem Pragmatismus ist in casu prophylaktisch zu wehren[22].

Terminologisch spricht die Bundesverfassung 1874 bei den bezüglichen Grundrechtsgewährleistungen von 'Glaubens- und Gewissensfreiheit' (Art. 49 Abs. 1 aBV) und von der 'freien Ausübung gottesdienstlicher Handlungen' (Art. 50 Abs. 1 aBV). In den weiteren Absätzen finden sich die Adjektive 'religiös' oder 'kirchlich'. Die 1999 totalrevidierte Bundesverfassung übernimmt in Art. 15 rev. BV den Terminus der 'Glaubens- und Gewissensfreiheit' (Abs. 1). Sie gewährleistet die Kultusfreiheit indem sie das Recht jeder Person schützt, „ihre Religion und ihre weltanschauliche Überzeugung frei zu wählen und allein oder in Gemeinschaft mit anderen zu bekennen" (Abs. 2). Das Adjektiv 'kirchlich' findet sich in Art. 15 rev. BV nicht mehr. Die Doktrin fasst die verschiedenen Bezeichnungen unter dem Begriff 'Religionsfreiheit' zusammen[23]. Der Bund unterschei-

---

lein aus dem Grundrecht der Religionsfreiheit ergibt, keinen besonderen Typus einer staatskirchenrechtlichen Ordnung impliziert. Siehe Hollerbach, Europa und das Staatskirchenrecht, S. 258.

22 Mit Recht weist Friederich, Kirchen und Glaubensgemeinschaften, S. 246, darauf hin, dass die Pflege der Partnerschaftlichkeit zwischen Kirche und Staat durch den Pragmatismus gefördert wird, aber künftige Konflikte trotzdem nicht auszuschliessen sind. Siehe auch Karlen, Religionsfreiheit, S. 132.

23 Kraus, Staatskirchenrecht, S. 85, 425 f., tritt dafür ein, den Aspekt der Gewissensfreiheit – soweit er nicht religiös bzw. weltanschaulich determiniert ist (vgl. den in Art. 9 EMRK verankerten Begriff der 'Gedankenfreiheit', welchen Frowein, Art. 9 EMRK, S. 49, in Relation zur 'Gewissensfreiheit' setzt: „Neben der Religionsfreiheit schützt Art. 9 Abs. 1 die Gedanken- und Gewissensfreiheit. Der zweite Satz macht klar, dass darin der Schutz jeder Weltanschauung liegt.") – aus der Religionsfreiheit herauszufiltern und den profanen Teilgehalt unter das Grundrecht der persönlichen Freiheit (neuerdings kodifiziert in Art. 10 rev. BV) zu subsumieren. Gl.M. Häfelin, BV-Kom. Art. 49, Rz. 46; Karlen, Religionsfreiheit, S. 208 ff. Conring, S. 358, hält terminologisch bei Art. 9 Abs. 1 EMRK in diesem Sinne ebenfalls die Begriffe der Gedanken- und Gewissensfreiheit und der Religionsfreiheit auseinander. Vgl. auch Gardaz, S. 42. – Das BGer. geht in BGE 114 Ia 132 davon aus, dass die Bundesverfassung (Art. 49 aBV) und Art. 9 EMRK „die gleichen Garantien" enthalten. Der Entscheid integriert vom Wortlaut her sowohl die Glaubens-, Gewissens- und Kultusfreiheit als auch die saekulare Gedankenfreiheit umfassend ins schweizerische Rechtsgefüge. „Die Gedankenfreiheit ist ... sozusagen ein Gegenstück zur Religionsfreiheit. Es kann jemand Freidenker oder Atheist sein, der Staat darf nicht versuchen, ihn zu einer Religion zu bekehren." (Häfliger, Menschenrechtskonvention, S. 222). Um den Schutzbereich der Religionsfreiheit nicht ins Uferlose abgleiten zu lassen, bzw. den Anschein zu erwecken, es existierten zwischen der Gedanken- Glaubens- und Gewissensfreiheit separierte Schutzbereiche, ist eine begriffliche Abgrenzung von bloss politischen Ideologien zwecks Wahrung der Protektionswirkung wohl unerläßlich. – Aus Praktikabilitätsgründen spricht sich

det begrifflich nicht zwischen Religionsgemeinschaften des öffentlichen bzw. privaten Rechts. Die bundesverfassungskonforme und kompetenzgemässe Positionierung einer Konfession in der publizistischen Sphäre eines Gliedstaates bleibt für den Bundesstaat bezogen auf die konkrete normwirksame Ausstattung religionsrechtlich in diesem Sinne unbeachtlich, was u.a. in den Art. 49 und 50 aBV durch die form- und konfessionsneutrale Verwendung des Terminus 'Religionsgenossenschaften'[24] indiziert wurde[25], während Art. 15 rev. BV ebenfalls keinen konfessionellen Bezug nimmt, indem dort von 'Religionsgemeinschaften' gesprochen wird. Dieser Begriff ist für alle Bekenntnisse[26] und Weltanschauungen[27] im Sinne des Grundsatzes einheitlicher Auslegung der Verfassung gleich zu

---

Felix Hafner, Kirchen, S. 76, FN 128, gegen eine Aufspaltung des Gewissensbegriffs aus.

24 „Unsere Bundesverfassung ... spricht von 'Religionsgenossenschaften' (Art. 49 Abs. 1 und 6; Art. 50 Abs. 3 und 3). Ein Ausdruck, der sich mit den in Art. 52 und 59 ZGB ('öffentlichrechtliche Körperschaften und Anstalten' bzw. 'öffentlichrechtliche und kirchliche Körperschaften und Anstalten') sowie in Art. 829 OR ('Genossenschaften des öffentlichen Rechts') gewählten Begriffen nicht deckt." (Gutzwiller, Religiöse Vereine und Genossenschaften, S. 140). – Zum Ursprung dieses Terminus als kollegialistische Vorstellung eines besonderen Verbandes des rationalen Naturrechts siehe Karlen, Religionsfreiheit, S. 12.

25 Felix Hafner, Kirchen, S. 297; Lampert, Stiftungen, S. 25. – Die BV 1874 hat den Terminus 'Kirche' nicht expressis verbis sondern „lediglich in adjektivistischer Form" verwendet. Vgl. Felix Hafner, op.cit., S. 318. „Die BV 1874 ... spricht in Artt. 49&50 BV durchgängig nur noch von Religionsgenossenschaften. Unter diesem Begriff sind daher heute alle Kirchen, Religionsgemeinschaften und anderen religiösen Gruppen zu subsumieren. Damit hat sich im Bundesverfassungsrecht auch für die beiden grossen christlichen Kirchen (die traditionellen 'Konfessionen') die korporative bzw. weltlich-religions*gesellschaftliche* Sichtweise gegenüber dem älteren ständisch-religions*parteilichen* Verständnis durchgesetzt." (Kraus, Staatskirchenrecht, S. 37 f.).

26 Die Freiheit des Bekenntnisses steht dem betreffenden Grundrechtsträger im individuellen bzw. korporativen Modus zur Sicherungsdisposition. Subjektivrechtlich schützt sie extern die auf das 'Forum internum' beschränkte Glaubens- und Gewissensfreiheit, indem „die Äusserung der Überzeugung, die Verkündigung, der Kultus und andere erfasst, ... überhaupt alles vom Glauben oder von der Weltanschauung erfüllte Handeln" (Karlen, Religionsfreiheit, S. 45) protektioniert werden. Vgl. auch Fleiner/Giacometti, Bundesstaatsrecht, S. 316; Lampert, Kirche und Staat I, S. 167 f.; Hans Marti, SJK Nr. 1071, S. 1.; Jörg Paul Müller, Grundrechte, S. 86 f. – Für die vorliegende Arbeit ist vor allem der korporative Aspekt der Bekenntnisfreiheit relevant, deren Schutzobjekt durch den Begriff des Bekenntnisses im objektivierten Sinne des konfessionellen Dogmas substantiiert wird.

27 Der Begriff der Weltanschauung lehnt sich an den Religionsbegriff an. Das Zurücktreten des Bezuges zum Transzendenten lässt seine Gesamtkonzeption religionsähnlich erscheinen. „Die Weltanschauungsfreiheit schützt ... nicht jede irgendwie weltanschauliche Handlung, sondern nur den erkennbaren Ausdruck eines deutlich auf

interpretieren[28], ohne dass der Gebrauch einer uniformen Bezeichnung bundesrechtlich verpflichtend wäre. Vorliegend ergibt sich die Definition entsprechen-

---

kohärente Sicht grundlegender Probleme bezogenen Handelns." (Karlen, Religionsfreiheit, S. 206). Der negative Aspekt des Schutzobjekts der Religionsfreiheit, nämlich die Freiheit von einem religiösen Bekenntnis, erscheint auf der positiven Seite als Freiheit zur Weltanschauung irreligiöser Art. Damit wird auch dem Ungläubigen der Schutz der Religionsfreiheit zuteil. In bezug auf die grundrechtliche Protektion verschmelzen die Konturen des Weltanschauungs- und Religionsbegriffs. Das BGer. spricht in BGE 118 Ia 53 von „konfessioneller und religiöser Neutralität", wodurch letzteres der beiden Attribute in Abgrenzung zum eindeutigen Transzendenzbezug des ersteren das Moment der Weltanschauung mitumfassen kann. Trotzdem bleibt die Beantwortung der „Frage, ob und wie weit die Religionslosen die Religionsfreiheit anrufen können, ... schwierig. Eine völlige Substituierung der 'Weltanschauung' für 'Glauben' und 'Gottesdienst' würde jedenfalls einer Verfassung widersprechen, die eine Glaubens- und Gewissensfreiheit ausdrücklich gewährleistet." (Saladin, Grundrechte, S. 20). Die grundrechtliche Subsumption ist besonders in Abgrenzung zur Meinungsfreiheit diffizil und erfasst politisch-ideologische Ansichten i. d. R. nicht. Vgl. auch Jörg Paul Müller, Grundrechte, S. 83 f. – Der Terminus der Weltanschauung beinhaltet eine ethisch-moralische Begriffskomponente. Insofern kann diese auf der subjektiven Ebene vom Gewissen erfasst werden. Gemäss der Konzilserklärung zur Religionsfreiheit, 'Dignitatis humanae', beinhaltet der Begriff 'Gewissen' das Element der Verantwortlichkeit in bezug auf das moralisch Richtige. „Im religiösen Bereich darf niemand gezwungen werden, in einer Weise zu handeln, die von derjenigen verschieden ist, nach der er sich *verpflichtet* weiss zu handeln; und er darf nicht gehindert werden, entsprechend dieser Weise zu handeln." (Pavan, S. 716). – Während Art. 15 Abs. 2 rev. BV die 'weltanschauliche Überzeugung' – „sofern sie eine gewisse grundsätzliche und philosophische Bedeutung" hat und „eine alles umfassende Weltanschauung" vertritt (Botschaft BV, BBl 1997 I 156) – schützt, ermangelte es der aBV 1874 im Gegensatz zu Art. 9 Abs. 1 EMRK an Explizität hinsichtlich des Schutzes der Weltanschauung. Näheres bei Karlen, Religionsfreiheit, S. 44, 106, 206 ff.; Jörg Paul Müller, Grundrechte, S. 83 f. Vgl. auch Conring, S. 178; Kraus, Staatskirchenrecht, S. 6, 425 f.

28 Friederich, Kirchen und Glaubensgemeinschaften, S. 295. Vgl. auch Urs Josef Cavelti, Religionsgemeinschaften, S. 16. – Die interpretatorische 'Gleichheit' ist hier im Sinne der nicht Bevorzugung einer bestimmten Denomination zu verstehen. Sie entbindet die gerichtlichen Instanzen nicht, aufgrund der jeweiligen Eigenart des Verhältnisses eines konfessionellen Verbandes zum Staat bzw. seinen staatskirchenrechtlichen Körperschaften differenzierende Lösungen in Erwägung zu ziehen. Das BGer. missachtet in seinem Entscheid vom 18. März 1983, in: ZBl 85 (1984), S. 131-134, den staatskirchenrechtlichen Dualismus von röm.-kath. Pfarrei und Kirchgemeinde, wenn es festhält, dass der „Ausdruck 'Religionsgenossenschaft' nicht eine bestimmte kirchliche *Korporation*, sondern die Glaubens- und Konfessions*gemeinschaft*, als deren Ausdruck und Glied der besteuernde Verband erscheint", meint. Das BGer. übernahm diese Formulierung aus BGE 98 Ia 407 E. 2 (bestätigt in BGE 107 Ia 128 E. 1a), wo die Kirchensteuerpflicht gegenüber einer Kirchgemeinde ev.-ref. Observanz in Frage stand. Den staatskirchenrechtlichen Körper-

der Benennungen aus dem Kontext. Deren Verwendung geschieht sinnentsprechend mutatis mutandis.

§ 2 Übersicht der religionsrechtlichen Bestimmungen in der schweizerischen Bundesverfassung

Die religionsrechtlichen Bestimmungen der schweizerischen Bundesverfassung bzw. deren Teilgehalte lassen sich in fünf[29] Hauptkategorien einordnen[30]. Diese werden nachfolgend anhand der Bundesverfassung 1874 behandelt, um dabei gleichzeitig die religionsrechtlichen Bestimmungen der 1999 totalrevidierten Bundesverfassung entsprechend zuzuordnen.

I. Glaubens-, Gewissens- und Kultusfreiheit

Wie für den gesamten religionsrechtlichen Katalog der Bundesverfassung 1874 galt für die Glaubens- und Gewissensfreiheit (Art. 49 Abs. 1. aBV) und die Kultusfreiheit (Art. 50 Abs. 1 aBV), dass sie mitsamt der Ergänzung durch die Negativkonkretisierungen in Art. 49 Abs. 2 aBV[31] mit Blick auf ihre religionsfreiheitliche Integration „etwas unvermittelt"[32] nebeneinander standen. Nachdem das höchste schweizerische Gericht den Weg zur Anerkennung eines Gesamtgrund-

---

schaften der ev.-ref. Kirchen kommt als Element ihrer Kirchenverfassung im Gegensatz zu den Kirchgemeinden röm.-kath. Hinordnung kirchenrechtliche Qualität zu. Diese Unterscheidung trifft das BGer. in casu unzulässigerweise nicht. Ebenfalls differenziert neuerdings BGE 124 I 254 E. 7b diesbezüglich nicht.

29 Carlen, Kirche und Staat, S. 1098; Pius Hafner, Staat und Kirche, S. 192. Mit abweichender Zuteilung der religionsrechtlichen Verfassungselemente Bruhin, Konzile, S. 58 ff. – Ohne die konfessionellen Ausnahmebestimmungen und die kirchenpolitischen Artikel als selbständige Einteilungsgefässe zu beachten, führen Friederich, Kirchen und Glaubensgemeinschaften, S. 270; Häfelin/Haller, Rz. 1196 ff.; 1222 ff.; 1231 ff.; 1245 ff.; Karlen, Religionsfreiheit, S. 126, nur vier Kategorien auf, nämlich: Glaubens- und Gewissensfreiheit; Kultusfreiheit; Saekularisierungsbestimmungen und Vorschriften zur Sicherung des Religionsfriedens.

30 Die Darstellung der fünf Kategorien erfolgt ohne weiterreichende Vertiefungen als schematische Übersicht. – Zur Schrankenfunktion der nachfolgend skizzierten Bestimmungen siehe hinten, S. 196 ff.

31 Art. 49 Abs. 2 aBV verbietet: – sämtliche Formen der Zwangsmitgliedschaft (1. Lemma); – religiöse Indoktrination (2. Lemma); – Zwang zur Vornahme religiöser Handlungen (3. Lemma); – Bestrafung wegen Glaubensansichten (4. Lemma). Vgl. Kraus, Staatskirchenrecht, S. 88 f.

32 Karlen, Religionsfreiheit, S. 126.

rechts 'Religionsfreiheit' einschlug[33] und so der formalen Vereinheitlichung des Religionsverfassungsrechts das Tor öffnete, hielt es sich namentlich in bezug auf die Beurteilung der Trägerschaft während mehrerer Jahre an die von der Bundesverfassung in Art. 49 und 50 aBV verwendete Terminologie, um schliesslich auch formell die begriffliche Vereinigung zu vollziehen[34]. Die beiden Grundrechte, welche vom Bundesgericht zu den unverzichtbaren und unverjährbaren, dem Einzelnen um seiner Persönlichkeit willen zustehenden fundamentalen Rechte gezählt werden[35], sind zum „Regelungsort einer umfassenden Religionsausübungsfreiheit verschmolzen"[36]. Diese wird von der revidierten Bundesverfassung in Art. 15 rev. BV zusammengefasst, ohne begrifflich der Entwicklung der bundesgerichtlichen Rechtsprechung zu folgen. In die Kategorie der religionsrechtlichen Grundfreiheiten gehört auch der materiell den Verfassungsrechten gleichgestellte[37] Art. 9 EMRK. Dort wird an erster Stelle der Schutz der Gedanken-, Gewissens- und Religionsfreiheit erwähnt, um anschliessend die verschiedenen Ausprägungen derselben zu benennen[38]. Dadurch wirkt die Vorschrift im Verhältnis zu Art. 49 Abs. 1, 2 und 50 Abs. 1 aBV einheitlicher und plastischer[39]. Die Europäische Menschenrechtskonvention hat den Charakter einer staatlichen wie zwischenstaatlichen Freiheitsgewährleistung[40]. Sie verpflichtet die Schweiz auf einen menschenrechtlichen Minimalstandard[41].

---

33 Vgl. BGE 113 Ia 305 E. 2.

34 In BGE 118 Ia 56 E. 4c verwendet das BGer. explizit den Terminus 'Religionsfreiheit', indem es einer privatrechtlich verfassten Religionsgemeinschaft ihren korporativen Schutz zugesteht.

35 Staatliche Anordnungen sind bei Verletzung eines unverjährbaren und unverzichtbaren Grundrechts in jeder Phase, vom Erlass der generell-abstrakten Norm bis zum Vollzug eines konkreten Entscheides, anfechtbar. Hierzu BGE 104 Ia 176, wonach ein Beschwerdeführer sich auch noch im Anschluss an jede Vollzugs- oder Bestätigungsverfügung auf die Religionsfreiheit berufen kann. Ebenfalls können Nichteintretensentscheide auf Wiedererwägungsgesuche gerügt werden, des weiteren ist im Beschwerdeverfahren auch das Vorbringen neuer Tatsachen zulässig. Vgl. BGE 93 I 351 f.; 105 Ia 20 bzw. 71 I 148. Siehe Karlen, Religionsfreiheit, S. 456 ff.

36 Kraus, Staatskirchenrecht, S. 87.

37 Die Verletzung der EMRK-Garantien setzte das BGer. bis dato verfahrensmässig der Violation von verfassungsmässigen Rechten im Sinne von Art. 113 Abs. 1 Ziff. 3 aBV (Art. 189 Abs. 1 lit. a rev. BV) gleich. Vgl. Häfelin, BV-Kom. Art. 49, Rz. 15; sowie Conring, S. 313 f.

38 Diesem formellen Muster folgt auch Art. 15 rev. BV.

39 Vgl. Frowein, Art. 9 EMRK, S. 48.

40 Durch die Ratifizierung der EMRK wurde in concreto die Schweiz verpflichtet, die korporative Rechtsträgerschaft der Religionsgemeinschaften bezüglich der in Art. 9 EMRK verbrieften Garantien anzuerkennen. Siehe Kimminich, Religionsfreiheit, S. 149 f. Vgl. Conring, S. 310 ff., 334 ff.

41 BGE 117 Ib 371 E. 2c.Vgl. Conring, S. 314. – „Die Konventionsgarantien weisen

II. Interkonfessionelle Bestimmungen

Diese Artikel dienten dem Schutz des religiösen Friedens in den Gebieten Eherecht (Art. 54 Abs. 2 und 3 aBV), religiöse Kindererziehung (Art. 49 Abs. 3 aBV), Schulwesen (Art. 27 Abs. 2 und 3 aBV)[42] und 'Kirchensteuern' (Art. 49 Abs. 6 aBV)[43]. Die Bundesverfassung regulierte hier jene Bereiche, welche interkonfessionelle Berührungspunkte aufweisen, um eine gewisse Distanz zwischen Kirche und Staat herzustellen. Zweck dieser Bestimmungen war die Sicherung des Rechtsfriedens im Gemeinwesen und der wechselseitigen Unabhängigkeit der Konfessionen untereinander[44]. Die Totalrevision des Jahres 1999 hält in dieser Kategorie explizit an keiner Bestimmung fest[45].

III. Saekularisationsbestimmungen

Die ursprünglich im staatskirchlichen Gemeinwesen mit dessen Auftrag von der kirchlichen Gewalt wahrgenommenen Aufgaben entzieht der Staat der Kirche, um sich in jenen Bereiche kompetent zu machen, welche das Gemeinwesen zur Organisation einer eigenständigen Rechtsgemeinschaft für notwendig erachtet. „Der staatliche Rechtskreis verselbständigt sich so vom kirchlichen Rechtskreis, der Staat löst sich von der Kirche“[46]. Mit dem Ziel der Entflechtung schaffen die Saekularisationsbestimmungen eindeutige staatliche Zuständigkeiten, welche dem in Art. 49 Abs. 4 aBV niedergelegten Postulat der Unabhängigkeit in der Ausübung bürgerlicher oder politischer Rechte von kirchlichen bzw. religiösen

---

überdies noch stärker als die nationalen Grundrechtsgarantien einen *punktuellen Charakter* oder – mit den Worten des Europäischen Gerichtshofs – einen *Auswahlcharakter* auf.“ (Karlen, Religionsfreiheit, S. 162). Hierzu auch Friederich, Kirchen und Glaubensgemeinschaften, S. 260.

42 Freiheitsrechtliche Motivation der konfessionellen Neutralität des Unterrichts ist der äussere Schutz des individuellen 'Forum internum'. Vgl. Frowein, Art. 9 EMRK, S. 49; Häfliger, Menschenrechtskonvention, S. 222.

43 Die Einordnung in diese Kategorie lässt die objektivrechtliche Substanz dieser Norm gegenüber dem subjektiven Abwehrgehalt in den Vordergrund treten. Vgl. Karlen, Religionsfreiheit, S. 242.

44 Nach Isele, Revision, S. 574 f., stützt sich der objektivrechtliche Gehalt dieser Kategorie auf die kirchenrechtliche Parität ab.

45 Zum Schicksal der in der totalrevidierten BV nicht mehr enthaltenen Bestimmungen dieser Kategorie vgl. Botschaft BV, BBl 1997 I 155 ff. Vgl. auch hinten, S. 286 f.

46 Kraus, Staatskirchenrecht, S. 138. Vgl. auch Dicke, BV-Kom. Art. 53, Rz. 1, 6; Felix Hafner, Trennung, S. 241.

Vorschriften oder Bedingungen entsprechen[47]. Dieses ergibt sich nun implizit aus Art. 15 Abs. 1 rev. BV. Der Verfassungsgeber hat seinerzeit in Art. 53 Abs. 1 aBV[48] die kirchlichen Amtsträger sämtlicher zivilstandesamtlicher Funktionen ausdrücklich entledigt, während heutzutage die Saekularisation des Zivilstandswesen aus der in Art. 122 rev. BV festgelegten Bundeskompetenz folgt. In Verbindung mit Art. 54 Abs. 1 und 2 aBV setzte das saekulare Gemeinwesen die Verweltlichung des Eherechtes durch, indem die obligatorische Zivilehe[49] eingeführt und die Ehescheidung zugelassen wurde[50]. Daran ändert Art. 14 rev. BV nichts. Die Aufsicht über das Begräbniswesen sprach Art. 53 Abs. 2 aBV den staatlichen Behörden zu. Einerseits betraf diese Vorschrift die Verfügung über die Begräbnisplätze auf öffentlichen Friedhöfen[51], wo das Gemeinwesen – wie auch bei privat-konfessionellen Bestattungsorten[52] – friedhofspolizeiliche Aufgaben ausübt[53]. Anderseits garantierte der Staat subsidiär zum kirchlichen Dienst

47 Vgl. Botschaft zur Trennung von Staat und Kirche, BBl 1978 II 671; Hans Marti, SJK Nr. 1071, S. 4.

48 Hierzu Dicke, BV-Kom. Art. 53, Rz. 2 ff.

49 Das weltliche Recht kooperiert nur negativ mit dem kirchenrechtlichen Institut der Ehe, indem es ein Voraustrauungsverbot (Art. 118 Abs. 2 ZGB) ausspricht.

50 Vgl. Häfelin /Haller, Rz.1232 f.

51 Dieses Lemma wird in der nachgeführten BV nicht mehr erwähnt.

52 „Die durch Art. 53 Abs. 2 BV den Zivilbehörden auferlegte Sorge, 'dass jeder Verstorbene schicklich beerdigt werden kann', bedeutet nach einhelliger Auffassung der einschlägigen Lehrmeinungen nicht, dass die BV die politischen Gemeinden nötigt, selbst den Friedhof- und Beerdigungsbetrieb völlig in die Hand zu nehmen, sondern es genügt, wenn die bürgerlichen Behörden darüber wachen, dass im Begräbniswesen – wer immer es verwaltet – das bundesrechtliche Ziel, d.h. eine schickliche Beerdigung erreicht und eventuelle Hindernisse in dieser Beziehung beseitigt werden [...] Wenn der Kanton der bürgerlichen Behörde gegenüber dem Eigentümer das Recht wahrt, das zu einer schicklichen Bestattung Erforderliche anzuordnen, so hat er alles getan, was die BV verlangt. Müsste den bürgerlichen Behörden das ausschliessliche Verfügungsrecht über die Begräbnisplätze und mithin das Begräbniswesen als Ganzes zustehen, so wäre es mit der BV nicht vereinbar, dass einer Religionsgenossenschaft ihr besonderer Friedhof gelassen wird, was die Praxis indessen zulässt.“ (EGV-SZ 1980, S. 34 f.). Siehe Dicke, BV-Kom. Art. 53, Rz. 7 f.

53 Der kirchenrechtliche Reflex auf diesen staatlichen Verwaltungsanspruch verlangt ad extra, dass die röm.-kath. Kirche in foro civile primär über eigene Friedhöfe verfügen kann (c. 1240 §1 1. Lemma CIC 1983), sekundär, dass der Staat den röm.-kath. Gläubigen einen eigenen Bestattungsbereich bereitstellt (c. 1240 §1 2. Lemma CIC 1983), und schliesslich, dass zwingend die Einsegnung jedes einzelnen Grabes zuzulassen sei, falls die erwähnten beiden kirchlichen Ansprüche staatlicherseits nicht erfüllt würden (c. 1240 § 2 CIC 1983). Dieser Kanon, welcher aufgrund des in c. 747 CIC 1983 erteilten umfassenden Verkündigungsauftrags konkret in Funktion tritt, ist eine kodikarische Kollisionsnorm, die in der Form einer einseitigen, selbständigen und offenen Verweisungsregel durch Ius cogens als lois d'application

jedem Verstorbenen das Recht auf eine schickliche[54] Beerdigung[55], welches in der nachgeführten Bundesverfassung von Art. 7 rev. BV geschützt wird. Schliesslich gehört zu dieser Kategorie die Abschaffung der geistlichen Gerichtsbarkeit in Art. 58 Abs. 2 aBV, welche auch in Art. 30 rev. BV nicht aufgehoben wird. Urteilsfindungen geistlicher Gerichte[56] und die Vollstreckung derselben unter Zuhilfenahme des 'Bracchium saeculare' werden im schweizerischen Rechtsstaat ohne einen saekularrechtlich anerkannten Rezeptionstitel nicht geduldet. Ebenso ist die Mitwirkung geistlicher Behörden bei der Vollstreckung eines weltlichen Urteils nicht erlaubt[57]. Indes darf eine kanonische Instanz auf der

---

immédiate einen diesbezüglichen Res mixta-Sachverhalt der Ordnung des Codex Iuris Canonici zuführt, indem die kirchliche Norm Anwendung findet. Vgl. Göbel, S. 133.

54 Die in Art. 53 Abs. 2 aBV statuierte Schicklichkeitsgarantie enthält erstens das Gebot der Achtung der Menschenwürde, indem jede konfessionell motivierte Zurücksetzung vermieden werden soll; zweitens das Gebot der Gleichheit im Sinne von Nichtdiskriminierung; drittens die Freiheit des Kultus im Rahmen der integralen (vgl. BGE 97 I 231, wonach „die Artikel der Bundesverfassung, welche sich auf die Religionsfreiheit beziehen, vor allem die Art. 49-54, ein in sich geschlossenes Ganzes bilden") Religionsfreiheit, aus deren positiver Funktion sich eine staatliche Verpflichtung zur Einrichtung öffentlicher Friedhöfe, welche nach Konfessionen resp. Religionen aufgeteilt sind, bzw. zur Konzessionierung von Sonderfriedhöfen verfassungskonform deduzieren lässt. Hierzu Raselli, S. 1105 ff. Siehe Winzeler, Fremde Religionen, S. 260 f. Vgl. auch § 2 Abs. 3 der kantonalschwyzerischen 'Verordnung über das Bestattungs- und Friedhofswesen' (nGS SZ V-608), welcher vorsieht, dass die politischen Gemeinden sich vertraglich das Bestattungsrecht an einem konfessionellen oder privaten Friedhof sichern können. Das BGer. verneint derzeit in BGE 125 I 300 ff. ein staatliche Pflicht, „dafür zu sorgen, dass für Angehörige einer religiösen Minderheit, die über keine eigenen Sonderfriedhöfe verfügt, die Bestattung auf öffentlichen Friedhöfen nach den betreffenden speziellen religiösen Vorschriften erfolgen kann" (loc.cit., S. 305 f. E. 2a). „Damit ist nicht gesagt, dass es einer Gemeinde verwehrt wäre, in öffentlichen Friedhöfen solchen Anliegen in Einzelfällen freiwillig zu entsprechen, soweit das Gebot der Gleichbehandlung der Religionen dafür Raum lässt" (loc.cit., S. 310, E. 3 b/bb). Siehe auch Dicke, BV-Kom. Art. 53, Rz. 8.

55 Hierzu Carlen, Rechtsprechung, S. 196 f.; Dicke, BV-Kom. Art. 53, Rz. 9 ff.; Häfelin/Haller, Rz. 1234 ff.; Karlen, Religionsfreiheit, S. 384 f.; Kraus, Staatskirchenrecht, S. 138. Vgl. auch Hans Marti, SJK Nr. 1074, S. 2. Aus der Judikatur siehe zur Gestaltung des Grabmals BGE 96 I 104 ff.; sowie 101 Ia 392 ff., zur Durchführung einer bestimmten Bestattungsfeier BGE 97 I 221 ff. – Eine verfahrensrechtliche Spezialität dieser Bestimmung stellte ihre Weiterziehbarkeit an den Bundesrat gemäss Art. 73 Abs. 1 lit. a aVwVG dar.

56 Damit ist nicht die kanonische Jurisdiktion gemeint. Dieser Begriff beinhaltet die gesamte kirchliche Leitungs- und Regierungsgewalt, also Exekutive, Judikative, und Legislative, welche auf höchster Ebene im Papstamt kulminiert.

57 BGE 30 I 292 f. Vgl. Hans Marti, SJK Nr. 1074, S. 1.

Grundlage des religionsfreiheitlich gewährleisteten Selbstbestimmungsrechts des konfessionellen Verbandes über dem kirchlichen Rechtskreis unterstellte Kirchenglieder in Anwendung kodikarischen Rechts judizieren. Generell werden jedoch die Urteile geistlicher Richter nicht in den weltlichen Rechtskreis rezipiert[58].

Die römisch-katholische Kirche reagiert auf die staatlichen Saekularisationsbestrebungen, indem sie sich einer Bereichsentflechtung unter der Prämisse der religiös-weltanschaulichen Neutralität des Gemeinwesens nicht widersetzt[59]. Sie richtet sich mit ihrer Freiheitsforderung allerdings gegen eine Monopolisierung der staatlichen Gestaltungsansprüche[60]. Das Fundament jeglicher Beziehung des Staates zur römisch-katholischen Kirche basiert auf der integralen Religionsfreiheit. Dieser Ansatz für die Konkretisierung des Verhältnisses von Kirche und Staat „zielt auf eine *freie Gesellschaft* und eine entsprechende staatliche Ordnung, in der die religiösen Kräfte und also auch die Kirche sich entfalten können"[61].

IV. Konfessionelle Ausnahmebestimmungen

In entstehungszeitlicher Hinsicht kennzeichnen sich diese Relikte aus der Kulturkampfzeit vor allem durch eine antikatholische Grundintention[62].

Art. 49 Abs. 6 aBV[63],[64], dessen Gehalt sich aus Art. 15 Abs. 1 rev. BV ableiten lässt, verbietet die Steuererhebung[65] zum Zweck der 'speziellen' Finan-

---

58 Fleiner/Giacometti, Bundesstaatsrecht, S. 866; Häfelin/Haller, Rz. 1243 f.

59 Beispielsweise verzichtet die röm.-kath. Kirche auf den Ingerenzanspruch, dem säkularen Recht einen kirchlichen Vollstreckungstitel direkt generieren zu wollen.

60 Cf. c. 1059 CIC 1983.

61 Aymans, Kanonisches Recht I, S. 94.

62 Die 1973 erfolgte Streichung von Art. 51 und 52 aBV (Jesuiten- und Klosterartikel) aus dem Normenkatalog der Bundesverfassung beraubte die Ausnahmeartikel ihrer prominentesten Exponenten. Der Begriff 'Ausnahmeartikel' ist – trotz der Pflicht rechtsstaatlichen Genügens der Elemente dieser konfessionsregulativen Kategorie – nicht nur im Sinne des Regel-Ausnahmeprinzips wertneutral zu verstehen. Er weist bei Offenlegung der entstehungszeitlichen Sicht aufgrund der Materialien durchaus auch eine die Religionsfreiheit der Katholiken beschneidende Intention auf.

63 Diese Vorschrift gilt im Unterschied zur Glaubens- und Gewissensfreiheit nicht als unverjährbares und unverzichtbares Grundrecht. Vgl. BGE 93 I 351 f. Relativierend Felix Hafner, Spannungsfeld, S. 46, Anm. 49; Ders., Trennung, S. 237, FN 57.

64 Art. 49 Abs. 6 aBV stellt eine logische Konsequenz der negativen Religionsfreiheit dar. Vgl. BGE 107 Ia 129 f. E. 2a sowie Friederich, Kirchen und Glaubensgemeinschaften, S. 273, FN 175; Frowein, Art. 9 EMRK, S. 47; Häfelin, BV-Kom. Art. 49, Rz. 70; Häfliger, Menschenrechtskonvention, S. 223. Differenzierend Karlen, Reli-

zierung des Kultusaufwandes[66] bei konfessionsexternen Dritten[67]. Per argumentum e contrario hindert diese Norm das kantonale Gemeinwesen nicht, aus all-

---

gionsfreiheit, S. 242 f., 350 ff., der Art. 49 Abs. 6. aBV als Art. 49 Abs. 1 aBV vorgehende lex specialis qualifiziert, welche direkt objektive Rechtssätze aufstellt, im Gegensatz zum allgemeinen Schutzbereich der Religionsfreiheit keinen Einschränkungsmöglichkeiten unterliegt und abwehrrechtlich vom Schutzobjekt der Religionsfreiheit independent ist. Gleichzeitig reduziert jedoch die Beschränkung auf spezielle Kultussteuern bzw. auf Steuern für eigentliche Kultuszwecke die „aus dem Grundrecht der Religionsfreiheit zu ziehenden Konsequenzen" (Ders., op.cit., S. 350). – Zu den aus Art. 49 Abs. 6 aBV resultierenden Grundrechtsbindungen siehe Felix Hafner, Kirchen, S. 324 ff. – Der Bund hat von seiner Kompetenz, Art. 49 Abs. 6 aBV in einem generell-abstrakten Erlass näher auszuführen, keinen Gebrauch gemacht. Das BGer. wandte somit diese Verfassungsverbürgung unmittelbar an. Vgl. Häfelin, BV-Kom. Art. 49, Rz. 72; Huber, Probleme, S. 110; Karlen, Religionsfreiheit, S. 243 und 348 ff. – Die Norm kam im Interesse der ev.-ref. Landeskirchen zustande. Vgl. Bruhin, Konzile, S. 82. – Zur ganzen Problematik siehe Baggi, S. 27 ff., 75 ff. Zur Lit. zum schweizerischen Kirchensteuerrecht beachte die bei Karlen, Religionsfreiheit, S. 347, FN 103, bzw. S. 361, FN 165; Kraus, Staatskirchenrecht, S. 113, FN 176; sowie Kraus/Pahud de Mortanges, Bibliographie, Nr. 41-47, aufgeführten Werke. Vgl. auch Botschaft zur Trennung von Staat und Kirche, BBl 1978 II 690 ff.

65 Kultussteuern sind gewöhnlich öffentliche Abgaben, welche der Deckung des Finanzbedarfs der staatskirchenrechtlichen Körperschaften dienen. Vgl. Fleiner/Giacometti, Bundesstaatsrecht, S. 319. Diese werden i. d. R. von den staatskirchenrechtlichen Körperschaften erhoben und vom Staat bei den dazu verpflichteten Subjekten eingezogen.

66 Art. 49 Abs. 6 aBV entfaltet seine Schutzwirkung lediglich in bezug auf die Befreiung von 'speziellen' Kultussteuern, welche für 'eigentliche' Kultuszwecke Verwendung finden. Entscheidend ist nicht die Art der Erhebung sondern die Verwendung der Erträgnisse. Häufig befriedigt eine Ausgabe aus Kultussteuermitteln auch saekulare Bedürfnisse. Bei einer gemischten Zwecksetzung ist eine verhältnismässige Kostenausscheidung ein möglicher Lösungsansatz. Vgl. Lampert, Kirche und Staat II, S. 515 f. Zur Kasuistik des 'eigentlichen Kultuszwecks' siehe Häfelin, BV-Kom. Art. 49, Rz. 79 ff.; Kraus, Staatskirchenrecht, S. 121 f., FN 201. Beachte BGE 107 Ia 130 f. E. 3b; wie auch loc.cit., S. 131 E. 3c, wo das BGer. eine kasuistische Zusammenfassung zum Begriff der 'eigentlichen Kultuszwecke' gibt. Die rechtshistorische Motivation referiert diesbezüglich Karlen, Religionsfreiheit, S. 350 ff. – Kraus, Staatskirchenrecht, S. 122, kritisiert die historische Argumentation des BGer. insofern, als diese „angesichts der inzwischen erfolgten Entflechtungsmassnahmen im Verhältnis von Kanton und Kirchen, angesichts des gesellschaftlichen Wandels ... sowie angesichts der Fortentwicklung des staatlichen Religionsrechts im Sinne von Parität und Neutralität ... mittlerweile sogar ganz in sich zusammengefallen" sein dürfte. „Im übrigen erscheint nach modernen staatsrechtlichen Prinzipien der steuerrechtliche Ansatz über Art. 49 VI BV verfehlt; statt einer individualistischen Betrachtungs- und Berechnungsweise, wie sie das Bundesgericht vornimmt, sollte besser auf den objektiv-rechtlichen Gehalt der Artt. 49&50 BV abgestellt werden. Da-

gemeinen Mitteln eine oder mehrere Denominationen zu unterstützen[68], zumal sich Art. 49 Abs. 6 aBV speziell nur auf Kultussteuern bezieht[69]. Art. 50 Abs. 3

---

her lautet die richtige Fragestellung, ob das sog. Kultusbudget einer haushalts- und religionsrechtlichen Prüfung standhält – nicht aber, ob der Einzelne Abzüge von seiner Steuerschuld verlangen kann."

67 Das BGer. hat es bis dato abgelehnt, iuristische Personen mit nicht kirchlichem Zweck von der gliedstaatlich definierten und staatskirchenrechtlich motivierten Kirchensteuerpflicht zu befreien. Ausdrücklich und in grundsätzlicher Art und Weise begründet das BGer. in BGE 102 Ia 468 ff. seine Haltung (bestätigt in BGE 107 Ia 128 E. 1a). Das höchste schweizerische Gericht vermochte im erwähnten Entscheid (loc.cit., S. 481) auch aus Art. 9 EMRK keine Argumente für eine Befreiung iuristischer Personen von der staatskirchenrechtlichen Kirchensteuerpflicht zu entnehmen. Die Europäische Menschenrechtskommission erklärte im Entscheid vom 27. Februar 1979 über die Beschwerde Nr. 7865/77 (X. v. Schweiz), DR 16, 85 f., zusammengefasst in: VPB 47 (1983) Nr. 190, S. 579 f., Erwerbsgesellschaften seien nicht Träger der in Art. 9 EMRK garantierten Grundfreiheiten. Hierzu Conring, S. 208 ff.; Karlen, Religionsfreiheit, S. 361 ff.; Kraus, Staatskirchenrecht, S. 117 ff.; Häfliger, Menschenrechtskonvention, S. 223. Neuerdings bestätigte das Verwaltungsgericht des Kantons Zürich mit Entscheid vom 22. Dezember 1993 (SR 93/0060) abgedruckt in: Zürcher Steuerpraxis 3 (1994), S. 62 f., die staatskirchenrechtliche Kirchensteuerpflicht iuristischer Personen ohne kirchlichen Zweck. Mit der Begründung, in einer so bedeutungsvollen Angelegenheit, dem Gesetzgeber nicht vorgreifen zu wollen, hat es sich auch im Hinblick auf die finanziellen Auswirkungen einer umfassenden Prüfung der bisherigen Praxis verweigert. „A ce propos, il y a lieu de rappeler que le juge constitutionnel a pour mission première de contrôler la question de la constitutionnalité d'une décision et non pas ses incidences finacières, même si les recettes provenat des impôts ecclésiastiques acquittés par les personnes morales se montent, dans le canton de Zurich, à une somme oscillant entre 30 et 40 millions de francs et, pour l'ensemble de la Suisse, à près de 150 millions de francs." (Carlen, Jurisprudence, S. 124).

68 Bruhin, Konzile, S. 82, sieht in dieser Privilegierung den Einklang mit der Religionsfreiheit gefährdet. Das BGer. hat die Möglichkeit der Bevorzugung aus Steuermitteln nur auf Kantons- nicht aber auf Gemeindeebene toleriert. Siehe u.a. BGE 107 Ia 130 E. 3b. Vgl. auch Urs Josef Cavelti, Religionsgemeinschaften, S. 126 f.; Fleiner/Giacometti, Bundesstaatsrecht, S. 319 f. Häfelin, BV-Kom. Art. 49, Rz. 77, stimmt in der Sache zu, erkennt aber für eine enggeführte Auslegung keine Grundlage im Verfassungswortlaut. Gl.M. Kraus, Staatskirchenrecht, S. 121. Eine kritische Position gegenüber der restriktiven Haltung des BGer. nimmt Karlen, Religionsfreiheit, S. 372 f., ein. Dieser befürwortet eine Lösung, welche den Sachverhalt der finanziellen Unterstützung von Religionsgemeinschaften durch das Gemeinwesen nicht mehr unter Art. 49 Abs. 6 aBV subsumiert, sondern über den Grundsatz der religionsrechtlichen Parität verwirklicht. „Mit anderen Worten: Kirchensteuern sind offen als solche zu erheben und nicht in verdeckter Form über die allgemeinen Gemeindesteuern. Für eine Anwendung von Art. 49 Abs. 6 BV auf allgemeine Zuwendungen der Gemeinden an die Religionsgemeinschaften besteht dann kein Anlass mehr." (Ders., op.cit., S. 373). Vgl. auch Kraus, Staatskirchenrecht, S. 122. – Au-

aBV erteilte dem Bund[70] die Kompetenz[71], über „Anstände aus dem öffentlichen oder Privatrechte" zu entscheiden. „Als 'privatrechtliche Anstände' gelten Streitigkeiten um Eigentum und Benutzung von Kirchengut, als 'öffentlich-rechtliche Anstände' hingegen Fragen der Rechtsstellung der neuen Religionsgemeinschaft zum Kanton sowie das Verhältnis ihrer Mitglieder zur bislang nur vorhandenen

---

bert. Traité II, S. 717, Rz. 2029, spricht sich gegen jede Privilegierung staatskirchenrechtlicher Körperschaften aus. – Vgl. EGV-SZ 1994 Nr.15, S. 57 ff.

69 Art. 49 Abs. 6 aBV gewährt dem Individuum keinen Anspruch auf Einräumung eines Stimmrechts in Angelegenheiten einer Konfession, der er nicht angehört, welcher aber das Gemeinwesen allgemein finanzielle Hilfe gewährt. Der Staat kann Aufgaben unterstützen, „über deren Wahrnehmung der Stimmbürger nicht befinden kann, weil sie nicht vom Staat selber, sondern von besonderen öffentlich-rechtlichen Körperschaften, privaten Organisationen oder Privatpersonen wahrgenommen werden. Die demokratische Mitwirkung beschränkt sich in solchen Fällen auf die Frage, ob und in welchem Umfang eine Unterstützung ausgerichtet werden soll, nicht aber auf die Aktivitäten der unterstützten Organisation oder Einzelperson selber." (EGV-SZ 1994 Nr. 15, S. 61).

70 Zuständig war seit 1893 das BGer. Vgl. Fleiner/Giacometti, Bundesstaatsrecht, S. 344, FN 20. – Da der Interpretationsrahmen von Art. 50 Abs. 3 aBV eine eigentliche 'Neubildung' nicht erfasst hat (siehe BGE 61 I 27 ff.), musste der Richter unter Umständen bei der davon abzugrenzenden Qualifikation des Trennungs- bzw. Spaltungsbegriffs auf „dogmatische Fragen und konfessionelle Unterscheidungen eintreten", was einer Beurteilung von Spiritualien durch weltliche Instanzen entspricht und diesfalls das BGer. seinen Kognitionsbereich übertreten liess. Hierzu Fuchs, Unfehlbarkeit, S. 117. Vgl. auch Karlen, Religionsfreiheit, S. 461; Lampert, Kirche und Staat I, S. 361 ff.; Schmid, S. 73 ff. – Allgemein zur bundesgerichtlichen Kognition kirchlicher Glaubensinhalte siehe BGE 119 Ia 183 E. 4a, 185 E. 4c: „Allerdings hat sich das Bundesgericht insofern grosse Zurückhaltung aufzuerlegen, als der Inhalt der Glaubenslehre in Frage steht. Eine Bewertung der Glaubenshaltung und -regeln oder gar eine Überprüfung ihrer theologischen Richtigkeit, insbesondere eine Interpretation der einschlägigen Stellen heiliger Schriften, bleibt dem Bundesgericht jedenfalls solange verwehrt, als nicht die Grenzen der Willkür überschritten sind."

71 Kontrovers in Doktrin und Praxis war die Frage, ob diese Verfassungsbestimmung blossen Kompetenzzuweisungsinhalt aufwies oder auch eine materielle Norm darstellte. Im zweiten Fall durfte das BGer. vom kantonalen Recht abweichen. Das BGer. hat u.a. in BGE 55 I 427; 61 I 19 erklärt, Art. 50 Abs. 3 aBV enthalte auch materielles Recht. Vgl. auch Fleiner/Giacometti, Bundesstaatsrecht, S. 344 f.; Huber, Probleme, S. 109 f.; Hans Marti, SJK Nr. 1075, S. 4.; Schmid, S. 75 f. – A.M. Gardaz, S. 84 ff.: Isele, Gliedschaft, S. 46 f.; Lampert, Kirche und Staat I, S. 349 ff. – Nach Bruhin, Konzile, S. 74, bleibt der alleinige Bezug auf öffentlichrechtlich anerkannte Religionsgemeinschaften ebenfalls strittig. – Zu den verschiedenen Elementen der „bundesgerichtlichen Billigkeitsrechtsprechung" (Friederich, Kirchen und Glaubensgemeinschaften, S. 283) siehe Häfelin, BV-Kom. Art. 50, Rz. 44; sowie Kraus, Staatskirchenrecht, S. 136 f., FN 253 ff. – Den ideengeschichtlichen Hintergrund legt Ulrich A. Cavelti, Aufklärung, S. 188 ff., dar.

Kirche."[72]. „Unter dem Deckmantel der Erhaltung des konfessionellen Friedens diente dieser Artikel dem Zweck, die Abspaltung der Altkatholiken zu begünstigen."[73],[74]. Art. 50 Abs. 3 aBV wurde von der Totalrevision 1999 aus der Bundesverfassung entfernt[75]. Art. 50 Abs. 4 aBV bzw. Art. 72 Abs. 3 rev. BV unterwirft Errichtung und Gebietsänderungen von Bistümern[76] einem bundesrechtli-

---

72 Kraus, Staatskirchenrecht, S. 135 f. Vgl. auch Fuchs, Praxis, S. 162 f.; Schmid, S. 74 f.

73 Bruhin, Konzile, S. 74. „Die Verfassung hat vor allem den Fall im Auge, wo eine katholische Kirchgemeinde sich in einen römisch-katholischen und einen altkatholischen Teil spaltet." (BGE 61 I 28). Hierauf dupliziert Isele, Gliedschaft, S. 46: „Die Bundesbehörden haben solche Teilungsbeschlüsse für möglich gehalten und daraus Folgerungen gezogen. Sie haben den Dissentierenden im bisherigen Kirchverband das Stimmrecht zuerkannt und nach vollzogener Teilung eine vermögensrechtliche Sukzession vollzogen. Eine solche Amöbenteilung ist rechtlich nicht zu konstruieren und auch in BV Art. 50 III nicht begründet, wenn dem Wortlaut der Bestimmung nicht Gewalt angetan wird." – Es ist Kraus, Staatskirchenrecht, S. 137, – sollte Art. 50 Abs. 3 aBV unnötigerweise auf Gesetzesstufe weitergeführt werden (vgl. Botschaft BV, BBl 1997 I 157) – zuzustimmen, wenn er warnt, „dass die Thematik jederzeit wieder aktuell werden kann". Vorboten dazu sind ungerechtfertigte eigentums- und verwaltungsrechtliche Begehrlichkeiten von staatskirchenrechtlichen Körperschaften gegenüber kirchlichen Stiftungen, deren saekularrechtliche Existenz dadurch auf dem Spiel steht, was schliesslich über die patronatische Funktion der Kirchgemeinden auch Konsequenzen für die Daseinsberechtigung der staatskirchenrechtlichen Körperschaften hat. Hierzu siehe hinten, S. 387 ff.

74 Der Befund der Begünstigung trifft a fortiori zu, wenn es sich nicht um eine eigentliche Teilung bzw. Abspaltung einer Kirchgemeinde sondern „um den nahezu vollständigen Übergang einer katholischen Kirchgemeinde zum christkatholischen Bekenntnis handelte, ohne dass die verbliebenen, [sich] zur römisch-katholischen Konfession haltenden Gemeindeglieder in der Lage gewesen wären, sich als selbständige Gemeinde zu konstituieren, dann konnten diese keine vermögensrechtlichen Ansprüche auf der Grundlage von Art. 50 Abs. 3 der Bundesverfassung machen. Hierbei verblieb es auch, wenn im Laufe der Zeit und infolge Zuzugs von auswärts die ursprünglich stark minoritären römisch-katholischen Konfessionsangehörigen an Zahl erheblich zugenommen hatten, ihre Organisation als Kirchgemeinde staatlich anerkannt worden war und sie nunmehr vermögensrechtliche Ansprüche stellten (sc. vgl. BGE 61 I 29 ff.). Daran zeigt sich, dass Art. 50 Abs. 3 der Bundesverfassung nicht dazu taugt, im nachhinein Parität, d.h. Gleichberechtigung, im Verhältnis zu den einzelnen anerkannten Konfessionen herzustellen." (Kraus, Kirchgemeinde, S. 572).

75 Vgl. Botschaft BV, BBl 1997 I 157. – Konsequenterweise findet diese Norm in der BV 1999 als staatskirchliches Relikt keine Nachführung, denn man hat „zur Kenntnis nehmen müssen, dass durch eine Dissidenz ein Religionsverband bedroht ist, zum mindesten solange BV Art. 50 III in Geltung steht" (Isele, Gliedschaft, S. 47).

76 Vgl. Fleiner/Giacometti, Bundesstaatsrecht, S. 354; Friederich, Kirchen und Glaubensgemeinschaften, S. 282; Ders., Staatskirchenrecht, S. 28; Gardaz, S. 89; Gut, Errichtung, S. 6 ff., 10 f.; Häfelin, BV-Kom. Art. 50, Rz. 46 f.; Karlen, Religions-

chen Genehmigungsvorbehalt. Der Bund schränkt damit die kantonale Kirchenhoheit ein und nimmt Einfluss auf die binnenkirchliche Organisation[77]. Diese Bestimmungen verletzen eklatant die religiös-weltanschauliche Neutralität des Staates. Die Benachteiligung der römisch-katholischen Kirche in Verfassung oder Gesetz hat die Eidgenossenschaft vor ihrer eigenen Rechtsstaatlichkeit zu verantworten[78]. In casu ist eine 'Deregulierung' im Verhältnis des Bundesstaates

---

freiheit, S. 155 f.; Kraus, Staatskirchenrecht, S. 105 f., 432; Lampert, Kirche und Staat II, S. 285 ff. – Winzeler, Bistumsartikel, S. 1455 ff., entfaltet die Schau eines staatsrechtlichen Bistumsbegriffs, dessen Essentialien die Teilkirchlichkeit mit abgeleiteter Rechtspersönlichkeit (c. 369 CIC 1983), die gebietsmässige Umschreibung und die Entfaltung auswärtiger Kirchengewalt sui iuris sind. Der letzte Punkt spitzt in der Tat die dargelegte Bistumsdefinition 'anachronistisch' zu. Der Ansatz bei der ausländischen Kirchengewalt und die daraus konstruierte Vernetzung mit der 'fremdbestimmten' Organisation schweizerischer Bistümer geht fehl, da sich die Eingebundenheit einer Teilkirche mit der röm.-kath. Universalkirche über das Bischofsamt ergibt (c. 381 CIC 1983). Die Generierung eines staatsrechtlichen Diözesanterminus, welche die konstitutive Konzeption des Bischofsamtes ignoriert, billigt mittels Verdrängung der einschlägigen kanonischen Normen dem staatlichen Recht die Benennung der entsprechenden Definitionselemente zu. Damit bemächtigt sich das Gemeinwesen im Identifikationsmodus der teilkirchlichen Organisation und kreiert zwangsläufig in letzter Konsequenz eine Staatskirche. Im saekularen Rechtsbereich kann eine Diözese lediglich insofern erfasst werden, als sie „rechtspersönlich im bischöflichen Amt in Erscheinung tritt" (Isele, Revision, S. 579). In dieser Eigenschaft ist der diözesane Oberhirte bei der Ausübung seines Hirtenamtes den bezüglichen Normen des kanonischen Rechts verpflichtet. Daraus erhellt, dass die Kirche als universale 'Communio' weder an ein bestimmtes Volk, noch an ein bestimmtes Gebiet gebunden ist. Usurpiert aber das saekulare Gemeinwesen die kirchliche Zirkumskriptionskompetenz, scheitert die Kreation einer Teilkirche zwangsläufig am rechtsdogmatischen Ungenügen des Territorialprinzips zur hauptsächlichen Wesensbestimmung einer Diözese. Die gebietsmässige Gliederung strukturiert die Kirche territorial, vermag aber die primatiale Organisationsgewalt hinsichtlich der Errichtung von Partikularkirchen (c. 373 CIC 1983) in keiner Weise einzuschränken. Hierzu Göbel, S. 155 ff. – Lehnt man die Qualifikation dieser Bestimmung als Ausnahmenorm zum Nachteil der röm.-kath. Kirche ab, ist das Begriffselement der Verquickung mit ausländischer Kirchenmacht wesensnotwendig, um der Gefahr zu entgehen, dass die Anwendung von Art. 50 Abs. 4 aBV bzw. Art. 72 Abs. 3 rev. BV auf synodal geleitete Teilkirchen nicht röm.-kath. Observanz gewärtigt werden muss. Diesbezüglich ist Winzeler, Bistumsartikel, S. 1457, zuzustimmen. – Zur Praxis des Bistumsartikels siehe Urs Josef Cavelti, Bistumsartikel, S. 57 ff.

77 Winzeler, Bistumsartikel, S. 1460 ff., welcher nicht die Ausnahmebestimmung als solche, sondern lediglich ihr de facto einseitiger Bezug auf die römisch-katholische Kirche für problematisch erachtet, sieht in der Genehmigung eine Polizeierlaubnis, deren geschütztes Rechtsgut der religiöse Friede darstellt.

78 Bruhin, Konzile, S. 61.

zur römisch-katholischen Kirche dringend angezeigt[79]. In diese Richtung geht die ersatzlose Streichung von Art. 75 aBV, welcher die Wahl von Bürgern geistlichen Standes[80] in den Nationalrat[81] verboten hat.

V. Kirchenpolitische Bestimmungen

Kirchenpolitisch motiviert sind jene religionsrechtlichen Bestimmungen, welche wie die Gewährleistung der integralen Religionsfreiheit[82] das Verhältnis des Staates zu den Religionsgemeinschaften beschlagen, während gleichzeitig die Kompetenz hierzu grundsätzlich eine gliedstaatliche Inanspruchnahme erfährt. Damit reduziert das Gemeinwesen in dieser Hinsicht vermöge seines gegenüber den Religionsgemeinschaften kundgegebenen Anspruchs auf Suprematie den pragmatisch-föderalen Gehalt des schweizerischen Staatskirchenrechts. Unter diese zentralstaatliche Kompetenzattraktion fielen das Verbot der Strafverhän-

79 „Ein Regelungsbedarf besteht hier schon längst nicht mehr – wenn er überhaupt je gegeben war." (Gut, Errichtung, S. 34).

80 Für die katholischen Kleriker kam diese Unvereinbarkeitsbestimmung (dazu Häfelin/Haller, Rz. 659; Karlen, Religionsfreiheit, S. 157) einer Nichtwählbarkeitsregel gleich, da sie den mit ihrem Amt verbundenen Stand nicht niederzulegen vermögen, es sei denn, der Staat anerkenne ihre profanrechtliche Weltlichkeit. Die reformierte Ordination lässt zufolge ihres nichtsakramentalen Charakters einen vollständigen Amtsrücktritt zu, welcher den Betroffenen dem Zugriff der Unvereinbarkeitsregel entzieht. Siehe Bruhin, Konzile, S. 72. – Kraus, Staatskirchenrecht, S. 141, FN 277: „Aufschlussreich ist die staatskirchenrechtliche Regelungstechnik, die zeigt, wie formalparitätische Normen zu materiell imparitätischen Ergebnissen führen können." Dem ist nichts hinzuzufügen. Das BGer. äussert sich in BGE 114 Ia 412 f. kritisch zu Art. 75 aBV und erklärte eine ähnliche Bestimmung des Tessiner Rechts diesbezüglich als bundesverfassungswidrig. Vgl. Aubert, Bundesstaatsrecht, S. 1010, Rz. 1265; Carlen, Rechtsprechung, S. 201 f. – Die röm.-kath. Kirche kommt in c. 285 §3 CIC 1983 der materiellen Ungleichbehandlung durch Art. 75 aBV zuvor, indem sie ihren Klerikern die Annahme eines öffentlichen Amtes verbietet. Zum Klerikerbegriff siehe cc. 265 ff. CIC 1983. – Einen umfassenden und prägnanten Überblick über Geschichte, Rechtsquellen und Problematik der Bekleidung weltlicher Ämter durch Personen geistlichen Standes gibt Louis Carlen, Geistliche in weltlichen Ämtern, in: FS Peter Henrici, S. 509 ff.

81 Die von Art. 75 aBV in bezug auf die Wählbarkeit abhängigen Art. 96 und 108 aBV liessen eine Wahl von Bürgern geistlichen Standes in den Bundesrat und das Bundesgericht ebenfalls nicht zu. Hingegen war die Einsitznahme von Klerikern in den Ständerat möglich, sofern auf kantonaler Stufe nicht dieselben Unvereinbarkeiten wie auf Bundesebene galten.

82 Pius Hafner, Staat und Kirche, S. 194, lässt die kirchenpolitische Motivation der Art. 49 Abs. 2 und 4 aBV hinter die Konkretisierung der Idee und der Schranken der Religionsfreiheit zurücktreten.

gung wegen Glaubensansichten in Art. 49 Abs. 2 4. Lemma aBV[83] sowie gemäss Art 49 Abs. 4 aBV die Untersagung der Einschränkung bürgerlicher oder politischer Rechte durch Vorschriften bzw. Bedingungen kirchlicher und religiöser Natur[84]. Art. 49 Abs. 5 aBV verlagerte das in Art. 49 Abs. 4 aBV präzedierende Verbot auf die subjektive Ebene, indem es der Kirche untersagte, sich mittels des Individuums dem Staat entgegenzustellen. Mithin wollte dieser seine Omnipotenz gegenüber kirchlichen Kräften manifestieren[85]. Diese Bestimmungen werden in

---

83 Soweit dieses Interdikt staatlich verhängte Strafen wegen Glaubensansichten beschlägt, gilt es als „selbstverständliche Folgerung aus der negativen Religionsfreiheit" (Karlen, Religionsfreiheit, S. 219). Vgl. Friederich, Kirchen und Glaubensgemeinschaften, S. 275. – Bruhin, Konzile, S. 83, bemerkt, dass ursprünglich der röm.-kath. Kirche auch das innerkirchliche Disziplinarrecht entzogen werden sollte. Gemäss Reichlin, S. 50, intendierte der historische Verfassungsgeber ein Verbot kanonischer Strafen, welche „die politische und bürgerliche Rechtsstellung eines Menschen beeinträchtigen". Die Rechtsprechung (implizit BGE 27 I 331 ff.) gestattete aber in der Folge das Verhängen rein geistlicher Strafen. „Die unbesehene Anwendung des Art. 49 Abs. 2 BV auf alle kirchlichen Strafen geht nach überwiegender Lehrmeinung entschieden zu weit und steht im Widerspruch zur Grundidee der Religionsfreiheit. Die Praxis hat die Bestimmung restriktiv ausgelegt und klargestellt, dass jedenfalls nicht jede kirchlich begründete Sanktion als 'Strafe' im Sinne des Art. 49 Abs. 2 BV anzusehen ist. Ein kirchliches *Disziplinarrecht* muss ... möglich bleiben, nur kann dafür der staatliche Vollstreckungsapparat nicht in Anspuch genommen werden." (Friederich, Kirchen und Glaubensgemeinschaften, S. 275 f.). Namentlich stellte der kirchenrechtliche Ausschluss aus der 'Communio ecclesiae' keinen von Art. 49 Abs. 2 4. Lemma aBV erfassbaren, religionsfreiheitlich unzulässigen Akt dar. Hierzu Urs Josef Cavelti, Religionsgemeinschaften, S. 83 ff.; Isele, Revision, S. 572; sowie Lampert, Kirche und Staat II, S. 235 ff. Vgl. auch Fuchs, Praxis, S. 151 f.; Häfelin, BV-Kom. Art. 49, Rz. 65 f.; Karlen, Religionsfreiheit, S. 151, 273 f.; Schmid, S. 57 f. – Fleiner/Giacometti, Bundesstaatsrecht, S. 322, lehnen die Anwendung innerkirchlicher Disziplinargewalt bei einer Kollision mit geistlichen „Amtspflichten", deren Definition sich logischerweise als staatskirchliche Materie entlarven muss, ab.

84 Ursprünglich hatte der Verfassungsgeber die Untastbarkeit der Ehefreiheit im Visier. Bedeutung erlangte diese Bestimmung aber auch im Bereich der staatlichen Sonn- und Feiertagsordnung. Des weiteren verbietet diese Verfassungsnorm dem kantonalen Gesetzgeber eine konfessionell gebundene Legislation und in letzter Konsequenz die Kreation eines konfessionellen Staatsdogmas bzw. Staatskultus. – Beispielsweise untersagte das BGer. in BGE 50 I 168 ff. im Schwyzer Kinematographenfall eine generelles Verbot von Filmvorführungen während der Advents- und Fastenzeit. Vgl. Friederich, Kirchen und Glaubensgemeinschaften, S. 278; Häfelin, BV-Kom. Art. 49, Rz. 67; Karlen, Religionsfreiheit, S. 342 ff. – Implizit fungiert Art. 49 Abs. 4 aBV als drittwirksame Redundanz zur religiös-weltanschaulichen Neutralität des Gemeinwesens.

85 Vgl. Bruhin, Konzile, S. 83; Friederich, Kirchen und Glaubensgemeinschaften, S. 279 f. – Die in Art. 9 EMRK gewährleistete 'Glaubens-, Bekenntnis- und Gedan-

der 1999 totalrevidierten Bundesverfassung nicht mehr erwähnt. Nach Art. 50 Abs. 2 aBV trifft die weltliche Obrigkeit[86] die geeigneten Massnahmen[87] zur Verhinderung kirchlicher Eingriffe in die Rechte der Bürger und des Staates. Der aus dem Staatskirchentum[88] übernommene 'Recursus ab abusu' beinhaltete ursprünglich das Recht, gegen den Missbrauch der Kirchengewalt die Machtmittel des Staates anzurufen. Implicite enthielt dieser Artikel eine Kompetenzkompetenz staatskirchlicher Prägung, als sich der Bund mit einer nominal weit gefassten polizeilichen Generalklausel[89] ermächtigte, die Grenzlinie zwischen innerkirchlichen und staatlichen Angelegenheiten selber zu ziehen[90]. Explizit hingegen kannte das Verfassungsrecht keine reziproken Garantien gegen Übergriffe des Staates in die Rechte der Kirche. Konsequenterweise musste der in Art. 50 Abs. 2 aBV enthaltene 'Recursus ab abusu' von der Totalrevision des Jahres 1999 aus der Bundesverfassung entfernt werden.

---

kenfreiheit' entbindet nicht generell von der Erfüllung bürgerlicher Pflichten. Siehe BGE 119 Ia 182 E. 3, 190 E. 7. Die einzelfallgerechte Beschränkung der Religionsfreiheit aufgrund einer Kollision mit positivierten Bürgerpflichten muss anhand einer integrierenden Interpretation der in Art. 9 Abs. 2 EMRK festgelegten Schranken geschehen, um in casu den grösstmöglichen Freiheitsraum zu ermitteln. Dabei ist die von der Strassburger Rechtsprechung entwickelte Praxis zur Formel der 'notwendigen Massnahme' zu berücksichtigen, welche dann als notwendig gilt, „wenn sie auf ein *dringendes gesellschaftliches Regelungsbedürfnis ('pressing social need')*" (Wyss, Glaubens- und Religionsfreiheit, S. 403 f.) reagiert und verhältnismässig erscheint. Siehe Conring, S. 372; Villiger, EMRK-Handbuch, Rz. 551 f. Vgl. auch Häfliger, Menschenrechtskonvention, S. 225.

86 Ausser bei interkantonalen oder internationalen Konflikten greift die Bundeskompetenz (vgl. Art. 72 Abs. 2 rev. BV) nur susbsidiär. Primär wirkt sie bei offensichtlich ungenügenden kantonalen Massnahmen. Siehe Häfelin, BV-Kom. Art. 50, Rz. 34 und dort zit. Lit.

87 Art. 50 Abs. 2 aBV legitimierte kein Ausnahme- oder Notrecht. Siehe Bruhin, Konzile, S. 84; Urs Josef Cavelti, Religionsgemeinschaften, S. 145; Freuler, S. 52 ff.; Lampert, Kirche und Staat I, S. 224 ff. – Während der Legitimationsumfang von Art. 50 Abs. 2 aBV strittig war (vgl. Häfelin, BV-Kom. Art. 50, Rz. 35), beschränkt sich Art. 72 Abs. 2 rev. BV auf die spezfizierte Wiederholung der Schutzpflicht des öffentlichen Friedens zwischen den Angehörigen der verschiedenen Religionsgemeinschaften.

88 Trotz des Verbots der Existenz von Staatskirchen fand diese Bestimmung Eingang in das schweizerische Verfassungsrecht. Vgl. Ulrich A. Cavelti, Aufklärung, S. 177 ff.

89 Friederich, Kirchen und Glaubensgemeinschaften, S. 283 f.

90 Damit sind in bezug auf die röm.-kath. Kirche staatliche Übergriffe in den Bereich der 'Sacra interna' rechtstechnisch nicht ausgeschlossen. Siehe Isele, Revision, S. 584 ff.

VI. *Exkurs: Religionsfreiheit in den Dokumenten der Konferenz für Sicherheit und Zusammenarbeit in Europa und den globalen bzw. regionalen Instrumenten des Menschenrechtsschutzes*

Die Bestimmungen über Kirchen- und Religionsfreiheit in den Dokumenten der Konferenz über Sicherheit und Zusammenarbeit in Europa[91] geniessen nicht den Rang einer formellen Völkerrechtsquelle[92]. Ihre anhand politischer Willenserklärungen geprägte Rechtsnatur entspricht einer völkerrechtlichen Übereinkunft von hohem Rang, welche sensu stricto keinen eigentlich völkervertragsrechtlich bindenden Charakter aufweist[93]. Die Lehre[94] verwendet dafür den Begriff 'soft law'[95],[96]. „Tatsache ist, dass der Begriff des soft law nicht die Unterscheidung

---

91 Am 1. August 1975 unterzeichneten die damaligen 32 europäischen Staaten mit Ausnahme Albaniens, der Heilige Stuhl, sowie die USA und Kanada die Schlussakte der Konferenz für Sicherheit und Zusammenarbeit in Europa, KSZE. Die Institutionalisierung der Konferenz führte auch zu einer Namensänderung in 'Organisation für Sicherheit und Zusammenarbeit in Europa', OSZE.

92 In Anlehnung an die in Art. 38 Abs. 1 IGH-Statut aufgeführten Rechtsquellen: – völkerrechtliche Verträge; – Völkergewohnheitsrecht; – allgemeine Rechtsgrundsätze, werden zwischenstaatliche Vereinbarungen ohne Sanktionsinstrumentarien nicht unter die formellen Rechtsquellen des Völkerrechts subsumiert. Vgl. zu den Völkerrechtsquellen Kimminich, Völkerrecht, S. 205 ff. – Die neuere Lehre stellt sich die Frage, ob der Katalog der formellen Quellen des Völkerrechts, mit den KSZE-Dokumenten zu komplettieren wäre. Siehe Friederich, Kirchen und Glaubensgemeinschaften, S. 264. – Auf der nationalen Ebene fand die KSZE-Schlussakte keinen Eingang in die Systematische Sammlung des Bundesrechts.

93 Vgl. auch Kaufmann, S. 268.

94 Einen „Überblick über wichtige literarische Äusserungen im Dunstkreis des Begriffs vom 'weichen Völkerrecht'" gibt Heusel, S. 25 ff.

95 Weitere Benennungen finden sich bei Heusel, S. 23 f., der S. 42 unter den Begriff 'soft law' „alle normativen Phänomene zwischen Völkerrechtssubjekten" begreift, „welche rechtlich nicht verbindlich sind oder deren rechtliche Verbindlichkeit zumindest zweifelhaft ist".

96 „Dieser Terminus ist unglücklich, weil er den Eindruck erweckt, als ob Völlkerrechtsnormen unterschiedliche Grade von Rechtsverbindlichkeit aufweisen könnten." (Verdross/Simma, S. 420, §654). Ebenfalls kritisiert Thürer, 'Soft Law', S. 441, den Begriff des 'soft law': „Zunächst scheint es – entgegen der in der Formel 'soft law' verkörperten Doktrin – *juristisch undenkbar, den Begriff der rechtlichen Geltung zu graduieren, zu quantifizieren.* Eine Norm gilt, logisch gesehen, oder sie gilt nicht. Sie kann nicht leicht oder stark, mehr oder weniger gelten. Die Formulierung 'soft law' ist, wenn die rechtliche Geltung angesprochen wird, ein Unding, denn soweit sie von ihrem Inhalt und Umfang her gesehen überhaupt Geltung beansprucht, kann sie nur hartes Recht oder eben ein Rechtspostulat sein. Es gibt also dogmatisch gesehen nur 'hard law' oder 'no law'." (Thürer, 'Soft Law', S. 441 f.) Vgl. Friederich, Kirchen und Glaubensgemeinschaften, S. 264.

zwischen Recht und Nichtrecht verwischen soll und darf. Was nur zur Schaffung moralischer Pflichten oder gar nur zu Propagandazwecken verkündet worden ist, kann nicht die Qualität einer Rechtsnorm haben. Soweit es bereits geltendem Recht entspricht, stärkt es bestehende Rechtsnormen, soweit es im Entstehen begriffene Rechtsnormen (d.h. solche in statu nascendi) betrifft, fördert es die Bildung entsprechenden Gewohnheitsrechts und mag dessen Kodifizierung vorbereiten. Auch als Indiz für eine beabsichtigte künftige gewohnheitsbildende Staatenpraxis mögen derartige Akte von Bedeutung sein. Dagegen gehört soft law bereits der Sphäre des geltenden Rechts an, ist aber nur mit geringerer Durchsetzungskraft versehen."[97]. In concreto bedienten sich die Vertragsparteien des völkerrechtlichen Rechtserzeugungsaktes, um „trotz unbehebbarer Uneinigkeit"[98] in menschen- und grundrechtlichen Fragen, zu einem Konsens über „neue Entwicklungslinien, völkerrechtspolitische Leitvorstellungen, Standards und Programme"[99] zu gelangen. Als durch normgeprägtes Verhalten zu kennzeichnende Vorphase bezüglich der Entstehung einer Völkerrechtsquelle im herkömmlichen Sinne[100] kommt dem 'soft law' in der Praxis durchaus Autorität[101] zu[102]. Auch auf das innerstaatliche Recht kann es einwirken. Insbesondere in der Funktion einer Auslegungshilfe für die Grundrechtskonkretisierung erlangt das 'soft law' binnenstaatliche Bedeutung[103]. Der Beizug von KSZE-Klauseln gewinnt in die-

97 Kimminich, Völkerrecht, S. 235.

98 Verdross/Simma, S. 481, §756.

99 Verdross/Simma, S. 420, §655. – Das den Menschenrechten zugrundeliegende Freiheitsverständnis ist „durchaus kontrovers". Die Gewichtungsfrage der konstitutiv-institutionellen Grundrechtsseite gegenüber dem individualrechtlichen Freiheitsanspruch mag dies verdeutlichen. Vgl. Maier, S. 26 f.

100 Siehe Art. 38 Abs. 1 IGH-Statut; sowie Kimminich, Völkerrecht, S. 205 ff. Vgl. Heusel, S. 21; Verdross/Simma, S. 420 §654.

101 Beispielsweise kann es kraft des Vertrauensprinzips Rechtswirkungen entfalten, als *„Orientierungshilfe bei der Auslegung und Konkretisierung völkerrechtlicher Verträge oder Prinzipien des Völkergewohnheitsrechts wirken"* und *„ein Element im Prozess der Völkerrechtsentstehung"* darstellen. Hierzu Thürer, 'Soft Law', S. 445 ff. Vgl. Verdross/Simma, S. 420 f., §§655 f. Vgl. auch Kimminich, Völkerrecht, S. 236.

102 Bedenken wegen einer „Aufweichung der anerkannten Rechtsquellen des Völkerrechts" durch eine Graduierung derselben äussert Ipsen, S. 221.

103 Ein Katalog von Spartenbeispielen findet sich bei Thürer, 'Soft Law', S. 447 f. „Das Bundesgericht hat zur Konkretisierung verfassungsmässiger Rechte der Bundesverfassung nicht nur an sich geltendes, aber für die Schweiz mangels Ratifikation nicht rechtlich verbindliches Völkerrecht, sondern auch rechtlich nicht verbindliche *Resolutionen* und *Empfehlungen internationaler* Organisationen etwa des Europarates herangezogen. Das Gericht begründete diese Praxis mit dem an sich überzeugenden Argument, dass Äusserungen in den erwähnten Dokumenten 'ihre Grundlage in der gemeinsamen Rechtsüberzeugung der Mitgliedstaaten des Europarates finden' (sc.

sem Sinne im allgemeinen für die systemnotwendige Vervollständigung der grundrechtsorientierten Verfassungsgesetzgebung und im speziellen für die Komplettierung der bundesrechtlichen Religionsfreiheit Relevanz[104]. Erweitert wird dieser rechtsdogmatische Befund durch die transdisziplinäre Qualität der Menschenrechte, deren ethische Komponente sich nicht allein mit iuristischen Kategorien fassen lässt.

Die Religionsfreiheit ist das einzige Menschenrecht, welches in der KSZE-Schlussakte von Helsinki[105] ausdrücklich genannt wird. Sie steht an prominenter Stelle unter der „Erklärung über die Prinzipien, die die Beziehungen der Teilnehmerstaaten leiten". Dort lautet Prinzip VII des 3. Korbes: „Die Teilnehmerstaaten werden die Menschenrechte und Grundfreiheiten, einschliesslich der Gedanken-, Gewissens-, Religions- oder Überzeugungsfreiheit für alle ohne Unterschied der Rasse, des Geschlechts, der Sprache oder der Religion achten (Abs.1) [...] In diesem Rahmen werden die Teilnehmerstaaten die Freiheit des Individuums anerkennen und achten, sich allein oder in Gemeinschaft mit anderen zu einer Religion oder einer Überzeugung in Übereinstimmung mit dem, was sein Gewissen ihm gebietet, zu bekennen und sie auszuüben."[106]. In Fortentwicklung der Prinzipien von Helsinki an den verschiedenen Folgetreffen in Belgrad und Madrid zeugt das abschliessende Dokument der Wiener Konferenz[107] von einem positiven Verständnis der Religionsfreiheit. Die Prinzipien 16 und 17 enthalten u. a. das Recht religiöser Gemeinschaften, frei zugängliche Andachts- und Versammlungsräume einzurichten und zu erhalten; sich nach ihrer eigenen hierarchischen und institutionellen Struktur zu organisieren[108]; ihr Personal in Überein-

---

BGE 102 Ia 284 E. 2c). Eine gemeinsame Rechtsüberzeugung muss heute – trotz aller bisherigen 'Verwertung' von Menschenrechten – wohl auch im Kreis der KSZE-Signatarstaaten zugestanden werden ..." (Friederich, Kirchen und Glaubensgemeinschaften, S. 265 f., welcher loc.cit., FN 121 ff., eine diesbezügliche Auflistung bundesgerichtlicher Exempel bietet).

104 Vgl. Gut, Errichtung, S. 39.

105 Abgedruckt in: BBl 1975 II 924 ff.

106 Zit. in: Kimminich, Religionsfreiheit, S. 161, 208.

107 Abgedruckt in: BBl 1989 II 421 ff. – Der Hl. Stuhl wirkte am Wiener Folgetreffen an massgeblicher Stelle mit. Er brachte einen Zehnpunktekatalog zur Verwirklichung der Religionsfreiheit ein, welcher mit dem anschliessenden Dokument über die Religionsfreiheit materiell weitgehend deckungsgleich ist. Vgl. Grichting, Kirche oder Kirchenwesen, S. 165.

108 Diesbezüglich ist in der Schweiz das Selbstbestimmungsrecht der Kirchen formell rechtsquellenmässig noch nicht gesichert. Zur korporativen Religionsfreiheit siehe hinten, S. 150 ff. – Dieser unüberhör – und sehbaren Garantie des Wiener KSZE-Folgetreffens widerspricht Art. 50 Abs. 4 aBV bzw. Art. 72 Abs. 3 rev. BV in eklatanter Weise, was Gut, Errichtung, S. 39, in Anspielung auf die völkerrechtsverletzende Wirkung des Bistumsartikels zur Prognose veranlasst: „Die Schweizerische

stimmung mit ihren jeweiligen Erfordernissen und Normen sowie mit etwaigen zwischen ihnen und ihrem Staat freiwillig vereinbarten Regelungen auszuwählen; freiwillige Beiträge in finanzieller oder anderer Form zu erbitten und entgegenzunehmen(16.4); Konsultationen mit Vertretern religiöser Bekenntnisse, Institutionen und Organisationen aufzunehmen, um ein besseres Verständnis für die Erfordernisse der Religionsfreiheit zu erreichen(16.5)[109]; die Ausbildung von Personal religiöser Gemeinschaften in geeigneten Institutionen zu gestatten(16.8); das Recht von einzelnen Gläubigen und Glaubensgemeinschaften zu achten, religiöse Bücher und Veröffentlichungen in der Sprache ihrer Wahl sowie andere, der Ausübung einer Religion oder Überzeugung dienende Gegenstände und Materialien zu erwerben, zu besitzen und zu verwenden (16.9). Die Teilnehmerstaaten erkennen an, dass die Ausübung der oben erwähnten Rechte hinsichtlich der Religions- und Glaubensfreiheit nur solchen Einschränkungen unterliegen darf, die im Gesetz verankert sind und mit ihren völkerrechtlichen und anderen internationalen Verpflichtungen im Einklang stehen. Sie werden in ihren Gesetzen und Verordnungen und bei deren Anwendungen die vollständige und tatsächliche Verwirklichung der Gedanken-, Gewissens-, Religions- und Glaubensfreiheit gewährleisten (17)[110]. Die Aussagen der Wiener Konferenz fussen auf der Erkenntnis, dass die Gewährleistung der korporativen Rechte eine Bedingung der subjektivrechtlichen Religionsfreiheit ist. „Dies deshalb, weil gemeinschaftliches Glauben und Leben aus dem Glauben mitkonstitutiv für das Glauben überhaupt ist. Glaubensgemeinschaften sind nicht einfach Zusammenschlüsse von Monaden, sondern besitzen einen unverzichtbaren theologischen Eigenwert, sie sind Teil des gesamten Glaubensgutes, über dessen Umfang nicht der Staat zu bestimmen hat.“[111].

Bedeutend für die Gesamtentwicklung der Menschenrechtsidee ist die ‘Allgemeine Erklärung der Menschenrechte vom 10. Dezember 1948’[112] durch die Generalversammlung der Vereinten Nationen[113]. Diese schützt gemäss Art. 18 die Religionsfreiheit mit der Unterscheidung von vier Manifestationen des Glaubensbekenntnisses (Lehre, Ausübung, Gottesdienst und Vollziehung der Riten) in

---

Eidgenossenschaft wird sich dieser breiten – von christlichem und humanistischem Gedankengut getragenen – verfassungsrechtlichen Grundströmung nicht entziehen können, wenn sie die eigenen völkerrechtlichen Zusagen einhalten will.“

109 Hier wird dem Instrument vertraglicher Vereinbarung zur Verhältnisregelung Kirche-Staat eine befürwortende internationale Basis bereitet.

110 BBl 1989 II 427 f.; Kimminich, Religionsfreiheit, S. 180 f.

111 Grichting, Kirche oder Kirchenwesen, S. 165.

112 Der Text der Erklärung ist wiedergegeben in: BBl 1982 II 791 ff. Die Menschenrechtserklärung der Vereinten Nationen wurde von der Schweiz nicht in die Systematische Sammlung des Bundesrechts aufgenommen.

113 Hierzu Kimminich, Völkerrecht, S. 339 ff.

ihrem individuellen wie kollektiven Aspekt[114]. Als Resolution der UN-Generalversammlung hat die Menschenrechtserklärung nur empfehlenden Charakter und erzeugt keine Rechtsbindung, doch ist sie ein Indiz für die universelle Rechtsüberzeugung und gilt in diesem Sinne als „Basisdokument"[115]. Sie stellt ein von den Völkern anzustrebendes Ideal dar[116]. In der Folge griffen mehrere Menschenrechtskonventionen auf globaler[117] und regionaler Ebene den von der Allgemeinen Erklärung grundgelegten Standard auf und ergänzten ihn mit Bindungswirkung. Damit tritt die Frage, ob aus der Erklärung Völkergewohnheitsrecht fliesst, in den Hintergrund[118].

Der 'Internationale Pakt über bürgerliche und politische Rechte vom 19. Dezember 1969'[119],[120] kodifiziert auf völkerrechtlicher Ebene erstmals einen ver-

---

114 Siehe Kimminich, Religionsfreiheit, S. 93, 99. Vgl. auch Kaufmann, S. 134 ff.

115 Kimminich, Religionsfreiheit, S. 92. Vgl. auch Verdross/Simma, S. 822, §1234.

116 Thürer, 'Soft Law', S. 434 f., spricht ihr die völkerrechtliche Wirkung als 'soft law' in der Form einer Richtschnur für den Abschluss späterer Verträge zu. Gl.M. Friederich, Kirchen und Glaubensgemeinschaften, S. 251.

117 Auf der globalen Ebene bilden die 'Allgemeine Erklärung der Menschenrechte' von 1948 und der 'Internationale Pakt über wirtschaftliche, soziale und kulturelle Rechte' sowie der 'Internationale Pakt über bürgerliche und politische Rechte' von 1966 ungeachtet ihres formal unterschiedlichen Verbindlichkeitsgrades als 'Internationale Charta der Menschenrechte' gewissermassen eine Einheit. Siehe Botschaft Menschenrechtspakte, BBl 1991 I 1192; Friederich, Kirchen und Glaubensgemeinschaften, S. 250. Ebenfalls ist in diesem Zusammenhang die 'Erklärung der UNO-Generalversammlung über die Beseitigung aller Formen von Intoleranz und Diskriminierung aufgrund der Religion oder der Überzeugung' (abgedruckt in: BBl 1988 III 1408 ff.) aufzuführen.

118 Nach Verdross/Simma, S. 822 f., §1234, haben sich die in der Deklaration formulierten elementaren Menschenrechte durch bezugnehmende staatliche Akte und regionale Konventionen zu völkerrechtlich verbindlichem Gewohnheitsrecht verdichtet. Vgl. Friederich, Kirchen und Glaubensgemeinschaften, S. 225.

119 Für die Schweiz trat der 'Internationale Pakt über bürgerliche und politische Rechte' (SR 0.103.2), zit. UNO-Pakt II, am 18. September 1992 in Kraft. – Im Unterschied zur EMRK (Art. 58) ist der UNO-Pakt II unkündbar. Dieser enthält lediglich Bestimmungen über allfällige Änderungen des Paktes (Art. 51). Vgl. auch BBl 1991 I 1208.

120 „Gemäss Art. 2 des *politischen Paktes* verpflichten sich die Vertragsstaaten, die bürgerlichen und politischen Rechte zu achten, allen Rechtsunterworfenen ohne Diskriminierung zu gewährleisten und dafür Sorge zu tragen, dass die Rechtsunterworfenen gegen jede Verletzung dieser Rechte eine wirksame Beschwerde an ein staatliches, wenn möglich gerichtliches Organ einlegen können, dessen stattgegebener Entscheidung unmittelbare Geltung verschafft werden muss." (Nowak, UNO-Menschenrechtspakte, S. 9). Dieser Verpflichtung kommt die Schweiz nach. „L'art. 2 par. 3 Pacte II oblige les Etats parties à prévoir une procédure de recours effective, grâce à laquelle les violations des droits et libertés garantis par ce pacte peuvent être

bindlichen Katalog von Menschenrechten[121], deren Kontrolle auf der internationalen Plattform[122] ein von den Vereinten Nationen unabhängiger Menschenrechtsausschuss wahrnimmt[123]. Art. 18 UNO-Pakt II schützt die Gedanken-, Gewissens-, Religions- und Weltanschauungsfreiheit[124], welche die Ausübung dies-

---

constatées. La loi fédérale d'organisation judiciaire et la loi fédérale sur la procédure administrative répondent à cette exigence.“ (Malinverni, Pactes, S. 80). – Zum 'self-executing' Charakter der einzelnen Bestimmungen des UNO-Paktes II siehe Ders., op.cit., S. 71 ff. und dort zit. Judikatur; sowie Kälin, Staatsrechtliche Beschwerde, S. 51 f. Vgl. auch Nowak, UNO-Menschenrechtspakte, S. 10 f.

121 Gemäss Kälin, Staatsrechtliche Beschwerde, S. 51 f., sollte bei den Bestimmungen des UNO-Paktes II, welche self-executing Charakter haben, „wie bei der EMRK vorgegangen werden; d.h. sie sind analog zu den Garantien der EMRK wie verfassungsmässige Rechte zu behandeln“. – Zum Entstehen und des UNO-Paktes II und seiner Bedeutung siehe Kimminich, Völkerrecht, S. 341 ff.

122 „Da die konkrete Durchsetzung der in den Pakten garantierten Rechte primär eine innerstaatliche Verpflichtung der Vertragsstaaten darstellt, kommt den internationalen Kontrollorganen lediglich eine überwachende Funktion zu. Der *politische Pakt* hat mit dieser Aufgabe ein aus 18 Mitgliedern bestehendes und von den Vertragsstaaten gewähltes unabhängiges Expertenorgan, den *Menschenrechtsausschuss*, betraut. In den 20 Jahren seiner bisherigen Tätigkeit hat sich dieser Ausschuss zum bei weitem wichtigsten menschenrechtlichen Vertragsorgan im Rahmen der Vereinten Nationen entwickelt. Er hält jährlich drei Tagungen zu je drei Wochen in Genf oder New York ab und legt der Generalversammlung jeden Herbst einen ausführlichen Jahresbericht über seine Tätigkeit vor.“ (Nowak, UNO-Menschenrechtspakte, S. 20). „Seit die Arbeit des Ausschusses nicht mehr durch Konflikte erschwert wird, welche während vielen Jahren die Spannungen des Ost-West-Konflikts reflektierten, hat sich die Tendenz verstärkt, Pakt II als lebendiges Instrument zu verstehen, dessen Inhalt kreativ zu konkretisieren ist. Wiederholt hat der Ausschuss in diesem Sinn Paktgarantien, deren Formulierung mit jener einer analogen EMRK-Bestimmung übereinstimmt, weiter ausgelegt als die Strassburger Organe und ihnen Gehalte entnommen, die auf europäischer Ebene nicht anerkannt sind.“ (Achermann/Caroni/Kälin, Bedeutung, S. 156). In bezug auf Art. 18 UNO-Pakt II zeichnet sich jedoch die Judikatur des Ausschusses nicht durch grossen Fallreichtum aus.

123 Vgl. Nowak, UNO-Pakt über bürgerliche und politische Rechte, S. 540 ff. – „Die Schweiz erklärt aufgrund des Artikels 41, dass sie für einen Zeitraum von fünf Jahren (ab dem 18. Juni 1992) die Zuständigkeit des Ausschusses für Menschenrechte zur Entgegennahme und Prüfung von Mitteilungen anerkennt, in denen ein Vertragsstaat geltend macht, ein anderer Vertragsstaat komme seinen Verpflichtungen aus dem Pakt nicht nach.“ (Wortlaut des Vorbehaltes der Schweiz gegenüber dem Internationalen Pakt über bürgerliche und politische Rechte). Der Vorbehalt kann vom Bundesrat verlängert werden. Vgl. Botschaft Menschenrechtspakte, BBl 1991 I 1207. Hingegen hat sich die Schweiz nicht dem vom UNO-Pakt II ebenfalls vorgesehenen Individualbeschwerdeverfahren unterworfen. Siehe BGE 120 Ia 12 E. 5c. Vgl. BBl 1991 I 1207.

124 Dem innersten Kern dieser einen Angelpunkt des Paktes bildenden Trias kommt als elementarer Bestandteil des Menschenrechtskataloges und mithin Ausdruck eines

bezüglichen Zwanges verbietet und positiv die passive Annahme oder Innehabung sowie die aktive Bekundung[125] einer Religion oder Weltanschauung erlaubt[126]. Dieses Freiheitsrecht kann grundsätzlich lediglich im Rahmen des in Art. 18 Abs. 3 vorgesehenen Gesetzesvorbehalts materiell eingeschränkt werden[127]. Zusätzlich protektioniert Art. 27 u. a. die religiösen Minderheiten[128]. „Mit den beiden Bestimmungen[129] gibt die Europäische Menschenrechtskonvention den Inhalt des Art. 18 des Internationalen Paktes über bürgerliche und politische Rechte fast wörtlich wieder. Diese Formulierung ist in der Reihenfolge des Absteigens von der globalen auf die regionale Ebene gerechtfertigt.“[130],[131]. Dort

---

universellen ordre public die Qualität von völkerrechtlichem 'Ius cogens' zu. „Gerade die Religionsfreiheit ... zeichnet sich wie das Recht auf Leben und oder das Verbot der Folter und der Sklaverei durch besondere 'Persönlichkeitsnähe' aus und darf deshalb ganz grundsätzlich nur mit äusserster Zurückhaltung eingeschränkt werden. Mit guten Gründen lässt sich demnach die Ansicht vertreten, dass die Religionsfreiheit, namentlich als Freiheit zur Äusserung von Glaubensauffassungen, zwar prinzipiell einschränkbar, aber zumindest in einem 'innersten Kern' (etwa als Verbot des Zwangs zu einer Handlung, die Ausdruck eines bestimmten Glaubens ist) durch ius cogens geschützt ist.“ (Friederich, Kirchen und Glaubensgemeinschaften, S. 257 f.).

125 „Der Pakt gewährleistet (wie auch die Menschenrechtserklärung von 1948) ausdrücklich die Freiheit, 'in Gemeinschaft mit anderen' einen Glauben 'zu bekunden' und legt damit eine Auslegung nahe, wonach auch Kirchen und Glaubensgemeinschaften als Träger der Religionsfreiheit in Betracht kommen.“ (Friederich, Kirchen und Glaubensgemeinschaften, S. 258). Siehe Nowak, UNO-Menschenrechtspakte, S. 16.

126 Nowak, UNO-Pakt über bürgerliche und politische Rechte, S. 332 ff., welcher, op.cit., S. 330 f., das Gemeinschaftsbedürfnis des Individuums mit Gleichgesinnten zwecks effektiver Ausübung seiner Rechte im religiösen Bereich betont: „Daraus folgt m.E., dass auch den Religionsgemeinschaften als juristischen Personen ein subjektives Recht auf Ausübung ihres Glaubens zusteht, gegen dessen Verletzung sie eine Individualbeschwerde einbringen können.“

127 Diese entsprechen materialiter im wesentlichen den nach innerstaatlichem Recht grundsätzlich geforderten Voraussetzungen zur Einschränkung der Religionsfreiheit. Siehe Friederich, Kirchen und Glaubensgemeinschaften, S. 253. Vgl. Nowak, UNO-Menschenrechtspakte, S. 14. Limitiert wird Art. 18 Abs. 3 UNO-Pakt II durch Art. 4 Abs. 2 UNO-Pakt II, welcher „im Falle eines öffentlichen Notstandes, der das Leben der Nation bedroht und der amtlich verkündet ist“, absolut verbietet, Art. 18 UNO-Pakt II ausser Kraft zu setzen. Hierzu Strasser, S. 15.

128 Hierzu Kimminich, Religionsfreiheit, S. 113 ff., welcher ausdrücklich festhält, dass Art. 27 im Verhältnis zu Art. 18 als zusätzliche Garantie für minderheitliche Religionsgemeinschaften von Belang ist und einen wichtigen Beitrag zum Schutz des Menschenrechts der Religionsfreiheit leistet. Das kollektive Element dieser Bestimmung erwähnt auch Hangartner, Universitätshexe, S. 115 f.

129 Sc. Art. 9 Abs. 1 und 2 EMRK.

130 Kimminich, Religionsfreiheit, S. 146. Vgl. BGE 123 I 301 E. 2b/aa, welcher die inhaltliche Tragweite von Art. 49 aBV, Art. 9 EMRK und Art. 18 UNO-Pakt II im

vermag die Europäische Menschenrechtskonvention durch die Wirksamkeit ihrer verfahrensrechtlichen Schutzmechanismen mit den materiellrechtlichen Verbürgungen des Paktes eindrucksvoll Schritt zu halten[132]. Mit der Ratifikation der EMRK[133] „erfuhr der Grundrechtsgedanke in der Schweiz sowohl in materieller als auch in prozessualer Hinsicht eine bedeutende Aufwertung"[134]. Sie stellt eine Art 'ordre public européen'[135] dar[136], deren Schutz sowohl dem Individuum als

---

Kontext der innerstaatlich verbindlichen Gewährleistungen des Grundrechts der Religionsfreiheit als „praktisch identisch" qualifiziert. Vgl. auch Achermann/Caroni/Kälin, Bedeutung, S. 206 f. – Interessant ist, dass die historische Realität diese Reihenfolge in chronologischer Hinsicht umkehrt. Die EMRK datiert vom 4. November 1950, der Internationale Menschenrechtspakt vom 19. Dezember 1966.

131 Zum Verhältnis der religionsfreiheitlichen Bestimmungen des UN-Paktes II und der EMRK vgl. Achermann/Caroni/Kälin, Bedeutung, S. 206 f.; sowie in verfahrensrechtlicher Hinsicht Strasser, S. 16 f.

132 „So bleibt der Menschenrechtsschutz durch die auf Universalität angelegten Abkommen und Prozeduren auf Ergänzung in zweierlei Richtung angewiesen. Einmal darauf, dass die freiheitlich-demokratischen Rechtsstaaten ihr Interesse an der Respektierung der Menschenrechte überall in der Welt glaubhaft machen und notfalls durch zweckdienliche diplomatische und juristische Schritte verfechten. Zum anderen bedarf der internationale Schutz der Menschenrechte der Verstärkung auf *regionaler* Ebene." (Verdross/Simma, S. 836, §1251).

133 Zur Entstehung der Konvention siehe Blum, S. 17 ff.; Conring, S. 298 ff.; Villiger, EMRK-Handbuch, Rz. 12 ff.

134 Friederich, Kirchen und Glaubensgemeinschaften, S. 259 f. Siehe Jörg Paul Müller, BV-Kom. Einleitung zu den Grundrechten, Rz. 9.

135 VPB 47 (1983) Nr. 57, S. 363. – Die EMRK statuiert „die *Gewährleistung eines Minimalstandards individualrechtlicher Freiheiten*" (Karlen, Religionsfreiheit, S. 162). Siehe BGE 117 Ib 371 E. 2c. Hierzu auch Friederich, Kirchen und Glaubensgemeinschaften, S. 260; Hangartner, Grundzüge II, S. 15. Dadurch bleibt dem innerstaatlichen Verfassungsgeber die Freiheit, „über die EMRK hinausgehende Grundrechtsansprüche zu gewähren; sie schliesst aber nicht aus, dass in Einzelfällen der völkerrechtlich geforderte Rechtsschutz auf einem höheren Niveau liegt, als die entsprechende landesrechtliche Garantie". Die Strassburger Organe konkretisieren die Gewährleistungen der EMRK „ständig weiter; diese Praxis vermag auch in jenen Bereichen der schweizerischen Verfassungsrechtsprechung dauernd neue Impulse zu geben, in welchen die Konventionsgarantien hinter den Grundrechtsverbürgungen der BV zurückbleiben. Methodisch richtig und den Intentionen sowohl des schweizerischen als auch des europäischen Menschenrechts- bzw. Grundrechtsschutzes einzig gerecht wird ein Vorgehen, das die Vereinbarkeit des gerügten Eingriffs mit den beiden Rechtsquellen prüft und dann jener Norm den Vorrang gibt, welche den Beschwerdeführer in grösserem Ausmass schützt." (Kälin, Staatsrechtliche Beschwerde, S. 50 f.). Gl.M. Malinverni, Pactes, S. 81 f.

136 Damit ist die EMRK gemäss BGE 103 Ia 205 „zur Bestimmung des schweizerischen ordre public beizuziehen".

auch dem konfessionellen Verband[137] zusteht[138].

Ein rechtsdogmatisches Erschwernis bildet die Abgrenzung der völkerrechtlichen Religionsfreiheit gegenüber dem Rassendiskriminierungsverbot. Zwar gehört zum Menschenrecht auf Religionsfreiheit sowohl die rechtliche Gleichstellung der Religionen als auch die aus der Gleichheit aller Menschen negativ deduzierte Diskriminierungsprohibition vermöge religiöser Gründe. Doch erschöpft sich die Protektion der Religionsfreiheit nicht in letzterer[139]. Umgekehrt stellt die Privilegierung einzelner Religionsgemeinschaften a priori noch keine diskriminierende Handlung zulasten der Religionsfreiheit von religiösen Minderheitsgruppen dar. Der Bundesrat hat anlässlich der Botschaft über den Beitritt der Schweiz zum 'Internationalen Übereinkommen vom 7. März 1966 zur Beseitigung jeder Form von Rassendiskriminierung'[140] festgestellt, dass hierzulande in den bundesverfassungsrechtlich zulässigen Einschränkungen der Religionsfreiheit keine rassendiskriminierenden Elemente enthalten sind[141], was den Blick auf die Zulässigkeit der öffentlichrechtlichen Anerkennung von Religionsgemeinschaften im positiv determinierten Schutzbereich freigibt. Das „Gleichgewicht zwischen der Achtung der kulturellen Eigenart der verschiedenen (sc. religiösen) Gruppen und dem Anliegen einer minimalen schweizerischen Gemeinsamkeit und Homogenität"[142] stellt auf nationaler Ebene das Pendant zum entsprechenden rechtstheoretischen Problem der völkerrechtlichen Unterscheidung zwischen Religionsfreiheit und Rassendiskriminierungsverbot dar.

---

137 „Eine Kirche oder Religionsgemeinschaft kann sich selbst auf das Recht der Religionsfreiheit berufen." (Frowein/Peukert, EMRK-Kom. Art. 9, Rz. 9). Siehe den Entscheid der Europäischen Menschenrechtskommission vom 5. Mai 1979 über die Beschwerde Nr. 7805/77 (Church of Scientology v. Schweden), DR 16, 70, mit welchem die judizielle Entwicklung der konventionsrechtlichen Grundrechtsträgerschaft konfessioneller Verbände gemäss Conring, S. 352 ff., ihren „Kulminationspunkt" erreicht hat. „Seit dieser Entscheidung hat die Kommission die Beschwerdelegitimation von Kirchen und Religionsgemeinschaften, die Verletzungen des Artikels 9 EMRK geltend machten, in ständiger Rechtsprechung anerkannt." (Strasser, S. 19).

138 Es „steht fest, dass Art. 9 EMRK neben individueller religiöser Freiheit *nicht nur den Zusammenschluss Gläubiger zu einer Kirche oder Glaubensgemeinschaft, sondern auch die Existenz und Betätigung dieser kirchlichen Gemeinschaft schützt*" (Friederich, Kirchen und Glaubensgemeinschaften, S. 261). Siehe Blum, S. 170; Conring, S. 333 ff.; Frowein/Peukert, EMRK-Kom. Art. 9, Rz. 9.; Michel, S. 44 ff.; Strasser, S. 18 ff.

139 Kaufmann, S. 103 ff.; Kimminich, Religionsfreiheit, S. 82.

140 Für die Schweiz trat das Übereinkommen (SR 0.104) am 29. Dezember 1994 in Kraft.

141 Botschaft Rassendiskriminierungsübereinkommen, BBl 1992 III 293.

142 Botschaft Rassendiskriminierungsübereinkommen, BBl 1992 III 273.

§ 3 Die Relevanz der bundesrechtlichen Erklärung der Religionsfreiheit für das kantonale Staatskirchenrecht

I. Einleitung

Das Konglomerat von religionsfreiheitlichen Verfassungsgarantien wird von zwei Hauptideen[143] durchzogen, welche dem schweizerischen Grundrechtsverständnis zugrunde liegen: Die der staatsphilosophischen Entwicklung[144] verhaftete historische Abfolge der Aufnahme religiöser Grundrechte in die Bundesverfassung gewährte zuerst 1848 der pragmatisch-institutionellen Ausrichtung Raum[145]. Anschliessend verhalf die BV-Totalrevision 1874 dem Individualschutz[146] zum Durchbruch[147], welcher in der Nachführung des Jahres 1999 dadurch akzentuiert wird, dass Art. 15 rev. BV überwiegend dem positiven Gehalt der Religionsfreiheit Ausdruck gibt[148]. Beide Grundrechtsfacetten widerspiegeln letztendlich verschiedene Auffassungen über Staat und Recht[149]. In erster Linie fokussiert vorliegend die Frage der Bedeutung des Grundrechts für das Verhältnis Kirche-Staat

143 Saladin, Grundrechte im Wandel, S. 10.

144 Hierzu Ulrich A. Cavelti, Aufklärung, S. 157 ff.

145 Die Garantie der Religionsfreiheit aus rein staatlichem Interesse erhielt vornehmlich zur Sicherung des konfessionellen Friedens, welcher in den historischen Landfrieden staatenbundliche Tradition aufweist, Rechtsgeltung. Siehe Carlen, Grundrechte, S. 966 ff. Vgl. auch Ulrich A. Cavelti, Aufklärung, S. 160 ff.

146 Damit konnte der Verfassungsgeber die Religion von der konfessionellen Denomination separieren, was ihm die Verhüllung der Kirchenfeindlichkeit bei der Einfügung religionsrechtlicher Ausnahmebestimmungen in den Verfassungskatalog erleichterte. Vgl. Bruhin, Konzile, S. 188. – „Auch in den parlamentarischen Debatten kam der Eindruck auf, die wirksame Gewährleistung der individuellen Glaubens- und Gewissensfreiheit setze eine entschiedene Zurückdämmung kirchlicher Macht voraus.“ (Friederich, Kirchen und Glaubensgemeinschaften, S. 222).

147 Dieser kulminierte mit der Anerkennung eines absolut geschützten Wesenskerns der Religionsfreiheit in BGE 101 Ia 397 E. 3b.

148 Art. 15 rev. BV „legt das Schwergewicht auf die individualrechtlichen Aspekte (sc. individueller bzw. korporativer Träger) der Religionsfreiheit, auf Kosten der Garantien des religiösen Friedens, die heute nicht mehr im gleichen Mass gefährdet erscheint wie in der Vergangenheit“ (Botschaft BV, BBl 1997 I 155).

149 Carlen, Grundrechte, S. 1001, erwähnt, dass das BGer. in BGE 93 I 351 versuchte, beide Haltungen zu verbinden. – Zur diesbezüglichen staatsphilosophischen Ideengeschichte siehe Bruhin, Konzile, S. 26 ff.; Ulrich A. Cavelti, Aufklärung, S. 158 ff.; Friederich, Kirchen und Glaubensgemeinschaften, S. 215 ff.; Isele, Entwicklung, S. 177 ff.

die Beleuchtung der Religionsfreiheit und lässt Vertiefungen bezüglich ihrer Bewandtnis als Freiheitsrecht des Individuums in den Hintergrund treten[150].

II. Religionsfreiheit als objektive Norm des Staatskirchenrechts

Die Religionsfreiheit setzt der Gestalt des kantonalen Staatskirchenrechts den Rahmen und definiert mithin dessen Schranken. Sie bindet die gliedstaatliche Rechtstätigkeit mit verpflichtender Kompetenz an den grundrechtlichen Gehalt[151]. Als den subjektiven[152] Freiheitsanspruch reflektierendes Korrelat haftet den Grundrechtsgarantien auf die institutionelle Ebene bezogen eine objektivrechtliche Ausrichtung an[153]. Allgemein lässt sich diesbezüglich der Modus

---

150 Die Religionsfreiheit erfüllt aus der Optik des Staatsrechts die Funktion eines individualrechtlichen Grund- und Menschenrechts, während die religionsrechtliche Sichtweise den Blick auf die „institutionelle Einbindung der Religionsfreiheit in das System des Staatskirchenrechts" freigibt. Vgl. Karlen, Religionsfreiheit, S. 55. In casu ist ihre Tragfähigkeit und -weite bezüglich des kirchlichen Selbstbestimmungsrechts und hinsichtlich der Eigenständigkeit religiösen Wirkens zu beleuchten.

151 Vgl. Erläuterungen zum Verfassungsentwurf VE 95, S. 64: „Ihre Funktion ist eine defensive, d.h. dass sie dazu dienen, den Zugriff des Staates auf die Einzelnen zu beschränken, und zugleich eine positive, d.h. dass sie den Staat zum Handeln veranlassen oder ihm gar eine Pflicht auferlegen. In beiden Fällen ist das verfolgte Ziel dasselbe: die wirksame Realisierung der Grundrechte und Grundfreiheiten." Hierzu auch Botschaft BV, BBl 1997 I 191 f.

152 Die Typisierung von Grundrechten als subjektive Rechte lässt bezogen auf die schweizerische Rechtslage keinen vom Individuum durchsetzbaren Anspruch gegenüber dem Bundesgesetzgeber und dessen Anordnungen auf Respektierung seiner Grundrechte zu. „Und dennoch ist nach einhelliger Rechtsauffassung auch der Bundesgesetzgeber an die Achtung der Grundrechte als subjektive Rechte gebunden. Sie 'gelten' also doch, und vor allem auch im traditionellen Sinn des individuellen Abwehrrechts. Der Bundesgesetzgeber muss sie respektieren." (Jörg Paul Müller, Bedeutung der Grundrechte, S. 37).

153 „Damit wird der Tatsache Rechnung getragen, dass in der modernen Gesellschaft die Ermöglichung realer Religionsfreiheit stets auch institutioneller Vorkehren bedarf." (Karlen, Religionsfreiheit, S. 116). – Als überwiegend ausschliessliche Kompetenznorm fassen Fleiner/Giacometti, Bundesstaatsrecht, S. 242 f., die objektivrechtliche Seite der Freiheitsgarantien auf. Danach bestimmt nicht die Verbindlichkeit des religionsfreiheitlichen Einflusses auf den kreativen Rechtsschöpfungsprozess den objektivrechtlichen Gehalt der Grundrechtsgarantien, „denn eine vom Gesetzgeber inhaltlich präzisierte Freiheit wäre begrenzt und daher keine individuelle Freiheit im Sinne der Freiheitsrechte (sc. als subjektive öffentliche Rechte)" (Dies., op.cit., S. 243). „Die Freiheitsrechte bilden vielmehr objektives Recht im Sinne von Verhaltensrecht für die Staatsgewalt, das vorab im Interesse des Einzelnen steht, also einen

objektivrechtlicher Wirkung von Grundrechten durch generalisierende Aussagen kaum erfassen[154]. Dieser ist anhand des der konkreten Grundrechtsgewährleistung innewohnenden Prinzipienelementes als freiheitsrechtlicher Idee für die Rechtswirklichkeit zu ermitteln[155].

Die religionsrechtlichen Fundamentalbestimmungen[156] qualifiziert aus der Optik des Individuums in negativer[157] und positiver[158] Hinsicht nicht nur ihre

---

hohen Grad von Individualisierung erfahren hat." (Dies., op.cit., S. 242). Es ist Friederich, Kirchen und Glaubensgemeinschaften, S. 304, FN 57, in diesem Zusammenhang zuzustimmen, dass die Argumentation von Fleiner/Giacometti, op.cit., S. 242, die Freiheitsrechte könnten „kaum subjektive Rechte sein, da ihr Träger, das Individuum, nicht die Verfügung darüber besitzt, also keine Möglichkeit hat, darauf zu verzichten", nicht die Rügefreiheit des Grundrechtsträgers zu entkräften vermag.

154 „Die entscheidende Frage, wie weit die rechtliche und faktische Realisierung von Grundrechten nicht nur ihre Respektierung durch alle Personen und Organe des öffentlichen und privaten Rechts erfordere, sondern etwa auch positive Schutzpflichten des Staates begründe, ist nicht allgemein, sondern nur für einzelne Rechte und typische oder konkrete Lebenssachverhalte zu beantworten ..." (Jörg Paul Müller, Bedeutung der Grundrechte, S. 39).

155 Obwohl vom normlogischen Standpunkt aus der subjektiven Grundrechtsregel ebenfalls ein Prinzipienelement innewohnt, welches der Staatstätigkeit ein „Optimierungsgebot" mitgibt, dient der objektivrechtliche Gehalt weder in restringierender noch konkurrenzierender Art und Weise der Ergänzung und Verstärkung des subjektiven Grundrechtsbestandteils. Siehe Bolz, S. 11 f. Hierbei kann mit zunehmendem Grad der Realisierung religionsfreiheitlicher Postulate im objektiven Recht deren individuelle Bedeutung in den Hintergrund treten, um die integrale Funktion der Religionsfreiheit als Element objektiver Ordnung zu perfektionieren. Vgl. auch Karlen, Religionsfreiheit, S. 183 f.

156 Karlen, Religionsfreiheit, S. 117 ff., erläutert den Doppelcharakter der Religionsfreiheit anhand der Kriterien ihrer Offenheit und Bestimmtheit. Daraus nährt sich die Erkenntnis, dass neben der notwendigen Offenheit einer religionsrechtlichen Ordnung im religiös-weltanschaulich neutralen Gemeinwesen auch die judiziell erkennbare Bestimmtheit der grundfreiheitlichen Gewährleistungen zur Sicherung des individuellen wie korporativen Grundrechtsschutzes unabdingbare Voraussetzungen für ein adäquates, auch in programmatisch-objektivrechtlicher Hinsicht der Religionsfreiheit verpflichtetes Verhältnis Kirche-Staat darstellen. – Ders., op.cit., S. 184, weist darauf hin, dass zufolge des sozialen Wandels die Voraussetzungen für eine optimale Grundrechtsverwirklichung ständiger Veränderung unterworfen sind. Er erkennt deshalb dem konstitutiv-institutionellen Grundrechtsgehalt „geringe normative Bestimmtheit" zu. „Die Religionsfreiheit stellt insoweit lediglich eine *Grundsatznorm, ein Ordnungsprinzip, eine Richtlinie der Staatstätigkeit* dar." Katholischerseits vermag das Kontinuum der rechtlich verfassten kirchlichen Tradition die Kausalität dieser Aussage nicht zu stützen.

157 Negativ wehrt die Religionsfreiheit religiösen Zwang durch Rechtsgebote und -verbote staatlicher oder konfessioneller Provenienz mittels Freiheit von und zur Religion ab (Art. 49 Abs. 1 und 2 aBV bzw. Art. 15 rev. BV), indem konkret u.a.

schrankenattraktive und verfahrensrechtlich durchsetzbare Abwehrfunktion[159] gegenüber der auf Dulden und Unterlassen verpflichteten Staatsgewalt[160],[161], sie

---

niemand zur Teilnahme am Religionsunterricht angehalten, zur Äusserung seiner religiösen Überzeugung verpflichtet, weder die Vornahme einer religiösen Handlung verfügt noch die Zugehörigkeit zu einer Religionsgemeinschaft verordnet und keine Bestrafung wegen Glaubensansichten ausgefällt werden darf. Hierzu Karlen, Religionsfreiheit, S. 216 ff.; Ders., umstrittene Religionsfreiheit, S. 197. Eigentlich sollte die negative Religionsfreiheit allseitig auch vor unzulässigem religiösen Zwang bei der Finanzierung des Kultus bewahren. Den iuristischen Personen wurde jedoch die Berufung auf Art. 49 Abs. 6 aBV durch das BGer. bis dato versagt. Vgl. BGE 102 Ia 468 ff. Mit der Begründung, iuristische Personen besässen keine religiöse Überzeugung, stellt das BGer. „ein zusätzliches Erfordernis auf zur Anrufung der negativen Religionsfreiheit, auf das bei den natürlichen Personen ... gerade verzichtet wird: nämlich die Notwendigkeit des Vorliegens eines Widerspruchs zur individuellen Glaubensüberzeugung" (Ders., Religionsfreiheit, S. 221 f.). Hierzu ergänzt Conring, S. 209 f., dass die negative Religionsfreiheit, welche gerade keine aktive Glaubensbetätigung voraussetzt, jedem Rechtssubjekt zukommen muss, denn die negative Religionsfreiheit „will lediglich den Anschein einer religiösen Handlung abwehren. Ein solcher Anschein wird auch durch das Finanzieren eines Kultus erzeugt."

158 Die positive Seite der grundrechtlich geschützten Religionsfreiheit beinhaltet gemäss Art. 49 Abs. 1 und 50 Abs. 1 aBV bzw. Art. 15 Abs. 1 und 2 rev. BV das aktive Individualrecht, einzeln oder im und für das Kollektiv einen bestimmten Glauben zu haben und zu bilden, den religiösen Überzeugungen Ausdruck zu geben, die Freiheit nach den religiösen Überzeugungen zu handeln und zu leben etc. Diese positiven Grundrechtsgehalte werden durch die Kultusfreiheit, die Freiheit der religiösen Erziehung und des religiösen Unterrichts, die Freiheit der karitativen Tätigkeit und den Schutz weiterer religiöser Ausdrucksformen wie: Tragen religiöser Kleidung; Einhaltung der Feiertage; Beachtung von Speisevorschriften; Bau von Kirchen; Aufstellen von Wegkreuzen; Wallfahrten etc. realisiert. Siehe Karlen, Religionsfreiheit, S. 213 ff. – Die Formulierung von Art. 9 EMRK setzt den Akzent im Unterschied zu den entsprechenden Gewährleistungen der aBV auf den positiven Substanzgehalt der Religionsfreiheit. Vgl. Frowein, Art. 9 EMRK, S. 48. Darin folgt Art. 15 rev. BV Art. 9 EMRK.

159 Die Religionsfreiheit als direkt-anspruchsbegründendes Individualrecht weist ebenfalls eine leistungsrechtliche Komponente auf. Aus ihr statuieren Lehre und Praxis „in bestimmten Fällen auch einen *Anspruch auf eine staatliche Leistung*" (Häfelin, BV-Kom. Art. 49, Rz. 6), wie z.B. bei der Benützung öffentlichen Grundes (BGE 108 Ia 47), bei Personen in Sonderstatusverhältnissen (BGE 113 Ia 307 f.) und beim polizeilichen Schutz der Religionsausübung gegen Störungen (BGE 97 I 230). Siehe BGE 125 I 306 f. E. 3a; Wyss, Umgang, S. 178 f. Vgl. auch Karlen, umstrittene Religionsfreiheit, S. 197; Jörg Paul Müller, Grundrechte, S. 93 f.; Villiger, EMRK-Handbuch, Rz. 170; sowie hinsichtlich der Bewilligung und Errichtung von Sonderfriedhöfen BGE 125 I 304 ff. E. 2, 3; Dicke, BV-Kom. Art. 53, Rz. 7 f.; Raselli, S. 1108 f. Zur Praxis der Strassburger Organe siehe Frowein/Peukert, EMRK-Kom., Art. 9, Rz. 22. – Karlen, Religionsfreiheit, S. 174 ff., unterscheidet zwischen originären Teilhaberechten (Art. 27 Abs. 2 [Art. 62 Abs. 2 rev. BV] und 3 aBV sowie

bilden auch konstitutive Elemente[162] objektiven Ranges, welche als 'wertentscheidende Grundsatznormen' und 'Ordnungsprinzipien' zur freiheitlichen Ausgestaltung sämtlicher Ebenen der staatskirchenrechtlichen Verhältnisordnung anleiten[163] und in der Folge die gesamte Staatstätigkeit[164] beeinflussen[165]. Sie

---

Art. 53 Abs. 2 aBV) und derivativen Teilhaberechten (Leistungsansprüchen im Zusammenhang mit gleichzeitigen Eingriffen in die Religionsfreiheit bzw. solchen aus dem Gleichbehandlungsgebot von Art. 4 aBV [Art. 8 rev. BV]). Als Beispiel für letztere nennt Felix Hafner, Kirchen, S. 78, die Steuerhoheit in der Form einer Akzidentalie der öffentlichrechtlichen Anerkennung.

160 Vgl. BGE 118 Ia 52 E. 3b; 123 I 300 E. 2b/aa.

161 Damit sind einerseits die gewaltengetrennten Staatsfunktionen (Legislative, Exekutive, Judikative) und anderseits sämtliche Ebenen der föderal austarierten Organisation des Bundesstaates (Bund, Kantone, Bezirke und Gemeinden) gemeint.

162 Jörg Paul Müller, BV-Kom. Einleitung zu den Grundrechten, Rz. 25, kritisiert den Terminus 'institutionelles Grundrechtsverständnis' zufolge der Möglichkeit schwergewichtig analytischer Deutung, welche den dynamischen Aspekt in den Hintergrund drängt und den konservativen Begriffscharakter (Orientierung an der „Faktizität geschichtlicher Institutionen") in den Vordergrund stellt. Es ist hier Friederich, Kirchen und Glaubensgemeinschaften, S. 306, zuzustimmen, wenn er für das Staatskirchenrecht die institutionelle Ausrichtung in der grundrechtlichen Prägung von Normkomplexen erfasst, um „die ihnen innewohnenden ... Ideen in die Rechtswirklichkeit umzusetzen" (Saladin, Grundrechte, S. LVI), denn in casu ist die Religionsfreiheit *„auf Verwirklichung durch kirchliche 'Institutionen' angewiesen"*. Die diesbezügliche Begriffsverwendung geht mitunter von einer synonymen Bedeutung der Prädikate 'institutionell' und 'konstitutiv' aus. – Gestützt auf ein „konstitutiv-institutionelles Grundrechtsverständnis" lassen sich vor allem bezüglich des Inhalts der Freiheitsrechte (der Staat wird zu einem positiven Tun verpflichtet) und des Adressatenkreises (Ableitung einer direkten oder indirekten Drittwirkung) Konsequenzen ziehen. Siehe Häfelin/Haller, Rz. 1095.

163 „Der Charakter der Fundamentalität, den die Menschenrechte im staatlichen Verfassungssystem angenommen haben, bestimmt zutiefst die Struktur der Verfassung selbst, deren *telos* es ist, die Verwirklichung gerade dieser Rechte zu gewährleisten, und zwar nicht nur in ihrem formalen, sondern auch in ihrem materialen Aspekt." (Corecco, Erwägungen, S. 437). Daraus bezieht der objektivrechtliche Grundrechtsgehalt seine notwendige Existenzberechtigung, welche wechselwirksam die integrale Bedeutung des religionsfreiheitlichen Individualschutzes reflektiert.

164 Der Staat wird in concreto „zu einem *positiven Tun* verpflichtet, nicht nur zu einem Dulden oder Unterlassen. Er muss Massnahmen treffen, damit die durch die Freiheitsrechte geschützte Wertordnung voll realisiert wird ..." (Haller/Kölz, S. 231).

165 Hangartner, Grundzüge II, S. 27 f.: „Die Grundrechte selbst geben bindende Richtlinien über ihre Konkretisierung und sind daher bereits aufgrund dieses Gedankenganges als *Bestandteil des objektiven Rechts* anerkannt. Aber auch wenn es nicht unmittelbar um die Konkretisierung subjektiver Grundrechtsansprüche geht, müssen die Grundrechtsgewährleistungen als *wertentscheidende Grundsatznormen* gesehen werden. Die Rechtsordnung bildet ein Ganzes, und im Verfassungsstaat ist die gesamte Staatstätigkeit dem Verfassungsrecht untergeordnet. Gesetzgeber, Verwaltung

nötigen das Gemeinwesen zu einem ihrem Inhalt adäquaten respektive widerspruchsfreien rechtsanwendenden, rechtsetzenden und somit Recht konkretisierenden[166],[167] Tun[168]. Zufolge ihrer differenzierten Normativität weist die Religi-

---

und Justiz müssen daher immer, wenn ihnen Gestaltungs- und Beurteilungsspielräume offenstehen, auch die Anliegen der Grundrechte berücksichtigen. Andernfalls würden sie einen Teil des Verfassungsrechts negieren." Dem trägt die nachgeführte BV in Art. 35 Abs. 1, 2 rev. BV Rechnung. – Hierzu auch Fleiner/Giacometti, Bundesstaatsrecht, S. 244; Huber, Probleme, S. 104 ff.

166 „Konkretisierung bezeichnet: Verfassungsentfaltung, Ausschöpfung und Anreicherung, Rechtsfortbildung durch Erfüllung ganzer Normprogramme, im Laufe der Zeit und im Wandel der Gesellschaft." (Huber, Konkretisierung, S. 192). Sie zeichnet sich dabei durch die Eigenart der Aufgabe aus. In Anbetracht des Reichtums der Verfassung an Formen und Strukturen ist die gewohnte iuristische Interpretation zufolge der gattungsmässigen Verschiedenheit der Verfassungsnormen in casu fehl am Platz und ohne rechten Nutzen. „Sie vermag das eigentliche Grundrechtsverständnis höchstens ein wenig vorzubereiten." „Scheiden wir aus dem Wortlaut der Freiheitsrechte die wiederkehrenden Wendungen '... ist gewährleistet', '... ist unverletzlich', '... haben das Recht ...' und weitere Nuancen aus, weil sie zur Bezeichnung als Grundrecht nichts hinzufügen, und achten wir auch nicht auf den Träger des Grundrechts, wenn einer genannt ist ('Alle Menschen ...', 'Jedermann ...', 'Alle Schweizer ...' usw.), so bleibt als Text in der Regel nur ein Stichwort, um den Normbereich zu streifen, anzudeuten, mit einem Namen zu versehen: 'Religion', 'Glaube', 'Bekenntnis', 'Gewissen', 'Person' ('persönliche Freiheit'), 'Meinung', 'Presse', 'Verein', 'Versammlung', 'Eigentum', 'Gewerbe' usw." Siehe Ders., op.cit., S. 195. Mithin wohnt dem stichwortartig designierten Schutzbereich ein grosses Mass an Unbestimmtheit inne. Deshalb muss die mehrdeutig-klassifikatorische Funktion des isolierten Ausdrucks einer Grundrechtsnorm übersprungen werden, um endlich „das noch in der Art eines blossen Programms formulierte Grundrecht in einen anwendbaren Rechtssatz" (Karlen, Religionsfreiheit, S. 168) umzugiessen. Zum Ganzen siehe Huber, Konkretisierung, S. 191 ff. Vgl. auch Bolz, S. 11 f., 327; Friederich, Kirchen und Glaubensgemeinschaften, S. 299 f.; Huber, Probleme, S. 109 f.

167 Dabei darf die Grundrechtsrealisierung nicht bei den oft „zeitbedingten Formulierungen und dogmatischen Festlegungen" Halt machen, sondern muss den hinter dem semantischen Gehalt einer Ausdrucksweise liegenden normativen Grundgedanken immer wieder herauskristallisieren und mit den „je spezifischen Herausforderungen der Gegenwart" konfrontieren. Hierzu Jörg Paul Müller, Bedeutung der Grundrechte, S. 46 ff. Schliesslich erheischt die Aufgabe der Grundrechtsverwirklichung, „die in ihnen geronnene geschichtliche Erfahrung immer wieder fruchtbar zu machen für die Aktualisierung notwendiger Bedingungen einer menschlichen Gesellschaft der Gegenwart" (Ders., op.cit., S. 48).

168 Die objektivrechtliche Wirkung einer Grundrechtsgewährleistung erfordert für ihre Verwirklichung Vorkehrungen, welche sich nicht in „Berechtigungen des einzelnen" erschöpfen. Siehe Jörg Paul Müller, Bedeutung der Grundrechte, S. 38. Hierbei müssen im Rahmen der Ausgestaltung und Konkretisierung des Schutzobjekts notwendige und adäquate Regelungen in die Rechtsordnung Eingang finden, deren konkrete Bedeutung von der Rechtsfortbildung freigelegt werden kann und soll.

onsfreiheit mithin programmatischen[169],[170] und flankierenden Charakter auf[171]. Dem Ziel[172], die positiv veranlagte „*Glaubensfreiheit*“[173] institutionell auf der

---

Vgl. Bolz, S. 327. Demnach erscheinen Grundrechte auch als fundamentale Gestaltungsprinzipien für die gesamte Staatstätigkeit. In diesem Bedeutungszusammenhang ist primär der Gesetzgeber angesprochen, um „Verfahren und Institutionen zu schaffen, die in bestimmten Lebens- und Sachbereichen ... Voraussetzung umfassender Grundrechtsverwirklichung sind. In dieser Funktion sind Grundrechte Zielnormen“ (Jörg Paul Müller, Bedeutung der Grundrechte, S. 38). – Auch die EMRK-Garantien üben eine „*steuernde* Funktion fundamentaler Grundrechtsprinzipien“ aus. Der schweizerische „Gesetzgeber hat die gesamte staatliche Rechtsordnung nach der EMRK aus- bzw. einzurichten“. Mithin beinhaltet auch die EMRK einen konstitutiv-institutionellen Auftrag an das Gemeinwesen. Hierzu Villiger, EMRK-Handbuch, Rz. 174 f., 602.

169 „Um den normativen Gehalt der Grundrechte nicht mit der Unmöglichkeit, verfahrensrechtlich gesicherte Rechtsansprüche zu formulieren, enden zu lassen, habe ich vorgeschlagen, eine programmatische, vor allem an den Gesetzgeber gerichtete Bedeutungs- oder Normschicht der Grundrechte von der justitiablen zu unterscheiden, die sich eben in durchsetzbare Individualrechte umsetzen lässt.“ (Jörg Paul Müller, Bedeutung der Grundrechte, S. 42). Vgl. auch Bolz, S. 195 ff.

170 Aubert, Droits fondamentaux, S. 164, grenzt die programmatische Grundrechtsschicht vom direkt-anspruchsbegründenden Teilgehalt anhand der Gegenüberstellung von Individuum und Kollektiv ab: „C'est donc en d'autres termes qu'il faut exprimer ce qui distingue le droit qui peut etre invoqué en justice de la maxime qui ne peut pas l'etre. Le critère nous semble résider plutot dans l'opposition entre l'*individuel* et le *collecif.*“ Diese Unterscheidung kommt auch über den konstitutiv-institutionellen Grundrechtsgehalt beim Verhältnis Individuum resp. Kirche-Staat zum Tragen.

171 Programmatisch als Gesetzgebungsauftrag, welcher in der Form einer Direktive für jegliches staatliches Handeln auf die Verwirklichung der vermöge den gewährleisteten Grundrechtsgarantien verpflichtend zu realisierenden Fundamentalwerte abzielt, flankierend in der Rechtsanwendung bezüglich der Auslegung unbestimmter Rechtsbegriffe, welche die der Religionsfreiheit inhärenten Wertentscheidungen ans Licht der Rechtswirklichkeit holt und dort dienstbar macht, wo Gesetzeslücken und wertausfüllungsfähige bzw. wertunbemittelte Normen des Rechtsinhalts bedürfen. Aufgrund des Anwendungsgebots gemäss Art. 113 Abs. 3 aBV bzw. Art. 190 rev. BV kommt u.a. für Bundesgesetze bei der bezüglichen Rechtsprechung die flankierend funktionierende Religionsfreiheit zum Tragen. In dieser Hinsicht entfaltet die verfassungskonforme Auslegung indirekte Drittwirkung. Hierzu Bolz, S. 203 ff.; Karlen, Religionsfreiheit, S. 184 ff.; Häfelin/Haller, Rz. 1095 ff., 1103, 1115 f.; Jörg Paul Müller, BV-Kom. Einleitung zu den Grundrechten, Rz. 41 ff. Art. 35 rev. BV bringt die integrale Verwirklichungspflicht der Grundrechte neuerdings explizit zum Ausdruck. Vgl. auch Botschaft BV, BBl 1997 I 192 f. – Zur Bedeutung der Religionsfreiheit im Rahmen verfassungskonformer Auslegung des Staatskirchenrechts siehe Friederich, Kirchen und Glaubensgemeinschaften, S. 309 ff., welcher zu Recht moniert, dass in der Praxis „allzu unbesehen 'staatliche' Vorstellungen gelegentlich in den kirchlichen Raum hineingetragen“ werden. Er fordert deshalb vehement „*eine*

gliedstaatlichen Stufe optimal zu verwirklichen, bereitet die konstitutiv wirksame Religionsfreiheit durch ihren objektivrechtlichen Teilgehalt das Fundament und weist die Richtung[174], indem sie in concreto die Gewährleistung des kirchlichen Selbstbestimmungsrechts implizit anordnet[175].

Auslegung von Vorschriften des kantonalen Staatskirchenrechts ..., welche sich entschieden am Grundrecht der Religionsfreiheit orientiert". Vgl. auch Jörg Paul Müller, BV-Kom. Einleitung zu den Grundrechten, Rz. 46 ff.

172 Der Konkretisierungsmodus ist Gegenstand gesetzgeberischer Gestaltungsfreiheit des durch den geschichtlichen Kontext verpflichteten Gliedstaates. Vgl. Fuchs, öffentlich-rechtliche Anerkennung, S. 94 f. – „Die Kantone haben eine Ordnung zu schaffen, die die Religionsfreiheit (Glaubensfreiheit (Art. 49 BV) und Kultusfreiheit (Art. 50 BV) und damit den Grundsatz konfessioneller Neutralität aller Gemeinwesen achtet und die andererseits den Religionen nicht feindlich begegnet." (Kälin/Müller/Saladin/Zimmerli, S. 61). Der objektivrechtliche Teilgehalt der Grundrechte gewährt hierbei dem Gesetzgeber je nach „normativer Aussagekraft" der bezüglichen Verfassungsnorm unterschiedliche Freiräume. Siehe Jörg Paul Müller, BV-Kom. Einleitung zu den Grundrechten, Rz. 41.

173 Friederich, Kirchen und Glaubensgemeinschaften, S. 309. – „Je besser der Religionsfreiheit bereits im objektiven Recht Rechnung getragen wird, desto stärker kann auch ihre individualrechtliche Bedeutung zurücktreten." (Karlen, Religionsfreiheit, S. 184). Dies darf jedoch nicht zu einer Verdrängung des subjektivrechtlichen Anspruchs führen. Der objektivrechtliche Sinn einer Grundrechtsgewährleistung steht unter dem Vorbehalt der individualrechtlichen Garantie. Hierzu Hangartner, Grundzüge II, S. 32 f.

174 Kraus, Staatskirchenrecht, S. 107 f., referiert die bezüglichen Postulate inhaltlicher Ausformung: „Dieser objektiv-rechtliche Gehalt der Religionsfreiheit trägt dem Staat auf, die Grundrechtsverwirklichung zu fördern, den Kirchen und Religionsgemeinschaften ihrem Selbstverständnis gerecht werdende Rechtsformen zur Verfügung zu stellen, die Religionsausübung auch in den staatlichen Unterrichts-, Fürsorge- und Zwangsanstalten zu ermöglichen, bei der Wahrnehmung sozial- und kulturstaatlicher Kompetenzen die religiösen Bedürfnisse der Bürger einzubeziehen ... Damit wird erreicht, dass der hohe Rang der Religionsfreiheit in den vielen Begegnungsplätzen des Verhältnisses von Staat und Kirche angemessen zum Ausdruck kommen kann." – Die programmatische Funktion der Grundrechte weist keine geringere Verbindlichkeit auf, als der direkt-anspruchsbegründende Gehalt. Siehe Jörg Paul Müller, BV-Kom. Einleitung zu den Grundrechten, Rz. 41.

175 Die Ableitung des kirchlichen Selbstbestimmungsrechts aus der subjektivrechtlichen Religionsfreiheit „beruht offensichtlich auf der Erkenntnis, dass die Verfassungen Normen zur Regelung des Verhältnisses zwischen Staat und Kirche bereitstellen müssen, weil sonst die Religionsfreiheit auch der Individuen gefährdet ist" (Bleckmann, S. 40). Hierbei weist das Zweite Vatikanum in seiner Erklärung über die Religionsfreiheit, 'Dignitatis humanae', zu Recht darauf hin, dass die Religionsfreiheit aufgrund dessen, dass die Religion wesenhaft stets Gemeinschaftscharakter hat und als auschliesslich individuelles Geschehen undenkbar ist (DH Art. 4 Abs. 1), sich in der 'Communio ecclesiastica' verwirklicht und deshalb das Selbstbestimmungsrecht der röm.-kath. Kirche eine Bedingung der individualrechtlichen Religionsfreiheit

Die objektivrechtlichen Grundsätze geniessen in der Bundesverfassung im Gegensatz zu den individualrechtlichen Garantien[176] keine Erwähnung expressis

darstellt. In der Schweiz scheint die eigentliche Problematik des staatlichen Verhältnisses zum konfessionellen Verband darin zu liegen, dass der Staat bislang das Phänomen des Religiösen in seinem dynamischen Eigenwert nicht adäquat berücksichtigte. „Sobald es das Niveau des Individuums übersteigt, wird es nicht mehr in ausreichendem Masse als etwas Originäres verstanden, das der Staat nicht hervorgebracht hat und das er deshalb nicht einfach mehr oder weniger freiheitlich in sein Wohlfahrtssystem einordnen oder gar für seine Zwecke verwenden darf. Staatliche Kirchenpolitik wird immer noch von einem unausgesprochenen Monismus geprägt, der das 'Kirchenwesen' als eine Unterabteilung der Sozialpolitik versteht und der einer rechten Koordination im Wege steht." (Grichting, Kirche oder Kirchenwesen, S. 169).

176 Das BGer. präzisiert in BGE 118 Ia 53, 58 (bestätigt in BGE 123 I 308) mit einem obiter dictum die staatliche Neutralitätspflicht im Sachverhaltszusammenhang als individualrechtlichen Anspruch, ohne dabei die Existenz der Religionsfreiheit in ihrer objektivrechtlich ausgeprägten Teilgehaltsseite auszuschliessen. Der Entscheid verweist S. 59 u.a. auf Karlen, Religionsfreiheit, S. 192, welcher insofern eine Verknüpfung der grundfreiheitlichen Ideen herstellt, als „der Grundsatz der religiösen und weltanschaulichen Neutralität ... gleichzeitig den objektivrechtlichen Kern der Religionsfreiheit" enthält. Im Zuge dessen armentiert das BGer. implizit den konstitutiv-institutionellen Teilgehalt mit einem individualrechtlichen Anspruch auf positiv-staatliches Verhalten. Damit konstituiert sich das subjektive Abwehrrecht materiell über die Reflexion des Gehaltes der objektivrechtlichen Grundrechtsseite. Dies führt zu einer Verbindung der programmatischen Grundrechtslage mit dem justitiablen Teilgehalt zwecks Verdichtung ihrer normativen Bestimmtheit, ohne dass beide Schichten ineinander aufgingen und die typologische Unterscheidung aufgehoben würde. Vgl. Bolz, S. 209 f. – Die Verknüpfung mit dem subjektiven Grundrechtsanspruch konsolidiert die Eignung des objektivrechtlichen Teilgehaltes zur prozessualen Durchsetzung mittels der staatsrechtlichen Beschwerde, was aber eine Darstellung seiner vollen Tragweite umständlich macht. Vgl. Hangartner, Grundzüge II, S. 30. Die Form der individualrechtlichen Verfasstheit eines konfessionellen Verbandes tritt saekularrechtlich dabei in den Hintergrund, denn „ausschlaggebend für die Beurteilung der Grundrechtsträgerschaft ist nicht die Art der Rechtsform (Verein, einfache Gesellschaft, etc.), sondern die religiöse *Zwecksetzung* der Personenvereinigung. Daher können sich auf die Religionsfreiheit nicht nur privatrechtlich verfasste Kirchen und Religionsgemeinschaften berufen, sondern auch andere, rechtsfähige oder nicht rechtsfähige Vereinigungen, sofern sie religiöse Zwecke verfolgen." (Kraus, Staatskirchenrecht, S. 78). Vgl. auch Conring, S. 200; Kälin, Staatsrechtliche Beschwerde, S. 210. In casu hat das BGer. der Bedeutung der religiösweltanschaulichen Neutralität entsprechend ihre Justitiabilität gewährleistet. „Diese Neutralitätspflicht, die es dem Staat verbietet, Verbundenheit mit einem bestimmten Bekenntnis deutlich zu zeigen, ist mehr als eine allgemeinabstrakte Anweisung an behördliches und gesetzgeberisches Handeln, sondern sie räumt dem Einzelnen (sc. bzw. der betroffenen, eigenrechtlich verfassten Verbandsperson) einen *individuellen und gerichtlich durchsetzbaren Rechtsanspruch* gegen Verstösse ein." (Wyss, Glau-

verbis[177], doch wohnen sie als unausgesprochene Teilgehalte[178] zahlreichen Verfassungsbestimmungen inne[179]. Zufolge ihrer grundrechtlichen Inhärenz begehren die objektivrechtlichen Komplementärprinzipien Neutralität[180], Parität und Toleranz als eigenschaftliche Bestandteile der Religionsfreiheit nähere Befassung[181].

---

bens- und Religionsfreiheit, S. 396). – Bolz, S. 210 ff., erschliesst die justitiable Schicht der Grundrechte aus dem direkt-anspruchbegründenden Teilgehalt. Diesem erkennt er aber eine subjektiv- und eine objektivrechtliche Komponente zu. Letztere bindet den Gesetzgeber (Bundesgesetze, allgemein verbindliche Bundesbeschlüsse und Staatsverträge unterliegen aber nicht direkt der verfassungsrichterlichen Kontrolle. Hier trägt der zuständige Gesetzgeber bei einer allfälligen Verletzung der Grundrechte durch nicht konforme Erlasse die Verantwortung). Den programmatischen Grundrechtsteilgehalt erachtet er als nicht justitiabel, da dieser sich ausschliesslich an den Gesetzgeber richte. Vgl. auch Häfelin/Haller, Rz. 1066, 1068. – Zum richterrechtlichen Quellenstatus eines 'obiter dictum' siehe Thomas Probst, Die Änderung der Rechtsprechung. Eine rechtsvergleichende, methodologische Untersuchung zum Phänomen der höchstrichterlichen Rechtsprechung in der Schweiz (civil law) und den Vereinigten Staaten (common law), Diss. Basel 1993, S. 269 f.

177 Neuerdings findet allgemein die objektivrechtliche Ausrichtung der Grundrechte als Pflicht zu ihrer tatsächlichen Verwirklichung in Art. 35 rev. BV impliziten Ausdruck.

178 Friederich, Kirchen und Glaubensgemeinschaften, S. 298; Pius Hafner, Staat und Kirche, S. 195; Karlen, Religionsfreiheit, S. 187. – Hangartner, Grundzüge II, S. 29, warnt in diesem Zusammenhang vor einer objektivrechtlich motivierten Desintegration der subjektiven Grundrechtsverbürgungen: „Zur Bestimmung der objektiven Grundrechtsordnung ist daher primär *von den einzelnen Grundrechten und Grundrechtsgruppen auszugehen*. Sonst bleiben die Aussagen im Allgemeinen stecken und werden mysteriös, oder sie werden in das Prokrustesbett einer einseitigen Theorie gezwängt." Die Erörterung der religionsfreiheitlichen Facettentrias Neutralität-Parität-Toleranz soll einer Amputation grundrechtlicher Glieder wehren! Die Bedeutung der objektivrechtlichen Prinzipien betont das BGer., indem es in BGE 118 Ia 53, 58 die religiös-weltanschauliche Neutralität als von der Religionsfreiheit dependentes verfassungsmässiges Recht anerkennt. Vgl. Aubert, Bundesstaatsrecht, S. 1169, Rz. 2025-2026.

179 Karlen, Religionsfreiheit, S. 170, charakterisiert die diesbezügliche Rechtsprechung des BGer. folgendermassen: „Das Bundesgericht lässt sich von einer weitgehend pragmatischen, ja bisweilen gar positivistischen Grundrechtskonzeption leiten, wobei ihm freilich ein 'Instinkt für das praktisch Sinnvolle, für das politisch oder wirtschaftlich Angemessene' attestiert wird [...] Das Bundesgericht hat zwar durchaus die verschiedenen Gehalte der Religionsfreiheit erkannt, gewichtet sie jedoch nach dem zu beurteilenden Fall unterschiedlich." Für den speziellen Bereich der Religionsfreiheit vermag die Betonung der subjektivrechtlichen Seite in der neueren Rechtsprechung (z.B. BGE 116 Ia 252 ff. und BGE 119 Ia 178 ff.; sowie BGE 123 I 299 ff.) diese Aussage nicht zu relativieren.

180 Fleiner/Giacometti, Bundesstaatsrecht, S. 345; Pius Hafner, Dienst, S. 73; Kellerhals, S. 28, FN 165. – Zur Entwicklung der religionsrechtlichen Neutralität aus To-

1. Religiös-weltanschauliche Neutralität des Staates

Die Reduktion der religionsfreiheitlichen Rechte auf die Abwehr staatlichen Zwangs lässt die Haltung des Gemeinwesens hinsichtlich der Akzeptanz religiöser Denominationen nicht dingfest machen[182]. In der Tat erlaubt die Interpretation der subjektiv-negatorischen Garantien sowohl eine religionsfeindliche als auch eine religionsfreundliche Deutung. Den Schluss diesbezüglicher Indifferenz des Gemeinwesens im Sinne laizistischer Nichtbeachtung verhindert die institutionell-objektivrechtliche Anreicherung der Grundrechtsgewährleistungen. Die Religionsfreiheit determiniert trotz unterschiedlicher normativer Dichte ihrer Teilgehalte[183] mindestens einen grundrechtlichen Minimalstandard, welcher dem Gemeinwesen religionsfeindliches Gebaren untersagt[184]. E contrario folgt aus diesem Verbot die Ableitung eines Existenzrechtes der Religionsgemeinschaften[185]. Der Negation staatlicher Religionsfeindlichkeit kommt die Funktion einer Prämisse des Neutralitätsgebotes zu, denn die positiv *„gleiche Behandlung gleicher Sachverhalte 'aufgrund formaler Kriterien'"*[186] setzt die Existenz der

---

leranz und Parität siehe Karlen, Religionsfreiheit, S. 79 ff.

181 Friederich, Kirchen und Glaubensgemeinschaften, S. 297 f.; Pius Hafner, Staat und Kirche, S. 195; Karlen, Religionsfreiheit, S. 50.

182 *„Das Grundrecht der Religionsfreiheit darf daher nicht nur in seiner negativen Funktion*, nämlich als Abwehrrecht gegen staatliche Eingriffe oder kirchliche Übergriffe, *verstanden* werden; *es wird vielmehr zugleich um seiner Aktualität willen gewährleistet und zur Ermöglichung jener pluralen und freien politischen und geistigen Auseinandersetzung, die die Verfassung durch die Garantie der Grund- und Menschenrechte gerade sichern will.*" (Listl, Religionsfreiheit, S. 15 f.).

183 Bolz, S. 196. Vgl. auch Karlen, Religionsfreiheit, S. 118 f.

184 Vgl. Friederich, Kirchen und Glaubensgemeinschaften, S. 312 f.; Kälin/Müller/Saladin/Zimmerli, S. 61.

185 Friederich, Kirchen und Glaubensgemeinschaften, S. 312: „Damit ist dem Staat prinzipielle Religionsfeindlichkeit etwa in der Form der Verfolgung, der systematischen Diskriminierung gegenüber anderen Organisationen oder gar der eigentlichen Zerstörung einer Glaubensgemeinschaft verwehrt." Vgl. auch Ulrich A. Cavelti, Aufklärung, S. 194.

186 Friederich, Kirchen und Glaubensgemeinschaften, S. 318. „Ein derartiges staatliches Verhalten setzt grundsätzlich voraus, dass der Staat die Bürger und ihre Verbände im Bereich der politischen und weltanschaulichen Ansichten und Aktivitäten nicht aufgrund inhaltlich-politischer, sondern lediglich aufgrund formaler Kriterien berücksichtigt bzw. fördert." (Weder, S. 23). Die positive Neutralitätsfacette erheischt mithin vom Gemeinwesen „eine Wertung, Stellungnahme oder Entscheidung", was sich „im Sinne der staatlichen Überparteilichkeit und Objektivität" staatskirchenrechtlich in paritätischer Behandlung der konfessionellen Verbände äussert und religionsfreiheitlich das kirchliche Selbstbestimmungsrecht zur Anerkennung bringt. Vgl. Ders. S. 23 f. – Die Ambivalenz der Neutralität spannt den Bogen ihres negati-

neutral zu bewertenden 'Objekte' voraus. Das Bemühen des Staates um den Grundsatz religiös-weltanschaulicher Neutralität erheischt als Verwirklichungskongruenz zur individuellen Religionsfreiheit eine grundrechtsverpflichtete Orientierung der gesamten Tätigkeit des Gemeinwesens[187] an den entsprechenden Prinzipienelementen[188].

---

ven Begriffsgehalts von Indifferenz und Gleichgültigkeit über untätigen Relativismus und Agnostizismus bis hin zu ausgrenzender Ablehnung positiver Neutralität. Das in einen kirchenpolitischen Kampfbegriff ausufernde Crescendo der negativen Neutralitätsseite darf bezogen auf die religionsverfassungsrechtlichen Verhältnisse der Schweiz keinem rechtspolitischen Postulat entsprechen. Sie soll vielmehr alleiniger Ausdruck der staatlichen Nichteinmischung und der Entpolitisierung staatsfremder Materien sein.

187 Mikat, StL, Sp. 488, nimmt die religiösen Interessen zum Ausgangspunkt bezüglicher staatlicher Ordnungsaufgaben: „In dem Masse, in dem der Staat im Zuge gesellschaftlicher Entwicklungen gestaltende Funktionen in auch religionsrelevanten Lebensbereichen übernehmen muss (z.B. Eherecht, Erziehungswesen), wird der freiheitlich-demokratische Staat zunehmend vor die Aufgabe gestellt, um der Freiheit seiner Bürger willen hier die religiösen Interessen im Sinne einer positiven Aufgabenkonzeption zu berücksichtigen. Damit setzt sich der Staat keineswegs in Widerspruch zum verfassungsrechtlichen Gebot religiös-weltanschaulicher Neutralität [...] Unabhängig von allen theologischen oder weltanschaulichen Erwägungen und ohne Einbeziehung der 'Wahrheitsfrage', die zu stellen dem Staat moderner Prägung gerade um seiner Neutralität willen verwehrt ist, kann der Staat nicht daran vorbeigehen, dass religiöse Interessen im Prozess der Selbstentfaltung der Bürger eine ausserordentlich gewichtige Rolle spielen." Vom Staat wird daher verlangt, „durch positives Tun für die Realisierung persönlicher und korporativer Interessen zu sorgen". – Das Gemeinwesen hat sich dabei an der Gesamtheit der religions(freiheits)rechtlichen Elemente der BV und des Völkerrechts auszurichten. Vgl. Friederich, Kirchen und Glaubensgemeinschaften, S. 321; Karlen, Religionsfreiheit, S. 188. – Die Wahrnehmung ihres umfassenden Auftrages lässt es für die in eine zunehmend komplexere Welt hineingestellte röm.-kath. Kirche diffizil erscheinen, nicht „nur politisch und soziologisch sondern vornehmlich auch theologisch ..., die Stellung der Kirche in der säkularisierten Welt mit überkommenen Rechtsfiguren hinlänglich zu legitimieren. Auch die katholische Lehre ... muss künftig stärker 'sozialimmanente' Begründungen als wichtige Faktoren für eine tragfähige rechtspolitische Gestaltung des Verhältnisses von Kirche und Staat berücksichtigen." (Mikat, Verhältnis von Kirche und Staat, S. 116 f.).

188 Zum Begriff des Prinzipienelementes, welches als Optimierungsgebot den Grundrechten innewohnt, siehe Bolz, S. 11 f.: „Wegen diesem Prinzipienelement können die Grundrechte 'nicht auf dem Weg der Subsumption angewendet werden', was sie von 'eigentlichen Rechtsätzen' unterscheidet. Die Grundrechte bedürfen der vorherigen Konkretisierung in anwendbare Regeln."

A) Materielle Bedeutungsgehalte[189]

Strukturanalog zum unantastbaren Wesenskern der subjektivrechtlichen Religionsfreiheit[190] bildet die Prohibition der Parteinahme des Gemeinwesens zugunsten einer bestimmten Religion oder Weltanschauung[191] den objektivrechtlichen Kern[192] der religiös-weltanschaulichen Neutralität. Potenzierend folgt daraus das Interdikt staatlicher Identifikation der Kirche[193], welches *„konstitutiv für den modernen Staat“*[194] ist. Indem das Gemeinwesen eine Staatskirche kreierte, führte der Staat im Ergebnis eine totalitäre und freiheitsfeindliche Verschmelzung von Einzel- und Gesamtinteresse herbei[195]. Die unantastbare Würde der menschlichen Person verpflichtet indes die politische Gemeinschaft auf der Grundlage der Glaubens-, Gewissens- und Kultusfreiheit in ihrer religionsrechtlichen Beziehung zum Individuum. Das bezüglich der religiösen Wahrheitsfrage inkompetente Gemeinwesen darf gleichzeitig nicht eine bestimmte konfessionelle

---

189 Die Darstellung der Bedeutungsgehalte folgt dem von Schlaich, S. 24, schematisierten Verständnis der „unpolemischen staatskirchenrechtlichen Neutralität“, wobei über das Paritätsprinzip aufgrund seiner besonderen Bedeutung im gliedstaatlichen Komplex der publizistischen Positionierung staatskirchenrechtlicher Institute und der öffentlichrechtlichen Situierung bzw. Verbeiständung konfessioneller Verbände systematisch gesondert disponiert wird.

190 Vgl. hinten, S. 147 ff.

191 „Staatsakte, welche auf der Parteinahme zugunsten der Wahrheit einer bestimmten Religion beruhen, sind mit der Religionsfreiheit niemals zu vereinbaren.“ (Karlen, Religionsfreiheit, S. 192). Vgl. Schwendenwein, korporative Religionsfreiheit, S. 782 f.

192 Friederich, Kirchen und Glaubensgemeinschaften, S. 329 ff.; Schlaich, S. 170 f. – Gemäss Friederich, Kirchen und Glaubensgemeinschaften, S. 329 f., bezeichnet die Nichtidentifikation des Staates mit einem bestimmten Bekenntnis „den innersten Gehalt weltanschaulich-religiöser Neutralität und damit den absolut geschützten *objektivrechtlichen Kern* der Religionsfreiheit“.

193 Pius Hafner, Staat und Kirche, S. 195; Karlen, Religionsfreiheit, S. 113 ff. „Der Gehalt von Art. 49 Abs. 4 BV deckt sich ... mit dem *Prinzip der Nichtidentifikation.* Seine besondere Bedeutung liegt jedoch darin, dass er dem Einzelnen auch ein verfassungsmässiges Recht einräumt, mit dem er Verletzungen dieses Grundsatzes rügen kann.“ (Ders., op.cit., S. 191). Das BGer. weitete in BGE 118 Ia 53 das Prinzip auf den Begriff der „konfessionellen und religiösen Neutralität“ aus. – Das Identifikationsverbot gilt auch für den umgekehrten Fall, wo die Religion „als konstituierender Teil der Staatlichkeit angesehen wird“ (Ders., op.cit., S. 76). Vgl. Friederich, Kirchen und Glaubensgemeinschaften, S. 322, FN 181. Die röm.-kath. Kirche lehnt diesbezüglich im Kontext der Konzilsdokumente das Staatskirchentum in seinen totalitaristischen Ausprägungen religionsfreiheitsfeindlicher Art ab. Vgl. Listl, Kirche und Staat, S. 214.

194 Friederich, Kirchen und Glaubensgemeinschaften, S. 330.

195 Friederich, Kirchen und Glaubensgemeinschaften, S. 214.

Denomination für sich vereinnahmen. Dem Staat eröffnet sich hingegen auf der Ebene eines integralen Verständnisses der Religionsfreiheit die Möglichkeit, mit den Religionsgemeinschaften zu kommunizieren[196]. Folglich muss dem grundfreiheitlich programmatisch festgelegten Gemeinwesen die institutionalisierte Einheit von Kirche und Staat in der Form einer staatseigenen Kirche[197],[198] verwehrt sein[199]. Umfasst wird der objektivrechtliche Nukleus vom Verbot des staatlichen Eingriffs[200] in kirchliche Angelegenheiten[201],[202], welches mit dem

---

196 Grichting, Kirche oder Kirchenwesen, S. 145.

197 Das Neue Testament, welches das saekualare Gemeinwesen als vorläufige Grösse betrachtet, verwirft den Staatskult. Hierzu Mikat, Verhältnis von Kirche und Staat, S. 124 f.

198 Pius Hafner, Kirche und Staat in 26 Rechtsordnungen, S. 7; Isele, Revision, S. 572; Kälin/Müller/Saladin/Zimmerli, S. 61; de Luze, S. 32; Reichlin, S. 83. A.M. Schmid, S. 66. – Die grundrechtskonforme Grenze des staatskirchenrechtlich institutionalisierten Junktims von konfessionellem Dogma und staatlicher Werteposition im Sinne eines religiös motivierten Verhaltens zu Identität von Staat und Kirche, welcher die Qualität einer Staatsanstalt eignet, ist dort anzusetzen, wo Andersgläubige potentiellem Glaubenszwang ausgesetzt werden. Vgl. Friederich, Kirchen und Glaubensgemeinschaften, S. 330 f.; Strasser, S. 23 f. Das Gemeinwesen „darf niemals die Ausübung religiöser Bräuche erzwingen" (Frowein, Art. 9 EMRK, S. 52). – Der saekulare Vollzug des negatorischen Individualgehalts von Art. 49 Abs. 2 aBV bzw. Art. 15 Abs. 4 rev. BV, welcher die staatlich verordnete Religionszugehörigkeit verbietet, evoziert in objektivrechtlicher Hinsicht das Verbot einer Identifikation der Kirche durch den Staat, was sich zugunsten der korporativen Religionsfreiheit auch auf den Gehalt von Art. 49 Abs. 4 aBV auswirken musste. Lehre und BGer. zählen die dahingehende Freiheit vor staatlicher Disposition zum absolut geschützten Wesenskern der subjektivrechtlichen Religionsfreiheit. Vgl. BGE 101 Ia 397 E. 3b. Hierzu Häfelin, BV-Kom. Art. 49, Rz. 52.

199 Auch eine enge Verbindung von Staat und Kirche als reduzierte Form der staatskirchlichen Einheit vermag die Verletzung des Neutralitätsprinzips zu provozieren. „Deshalb kann nicht jedem System, das nicht gerade als staatskirchlich bezeichnet werden muss, von vornherein und generell verfassungsrechtliche 'Unbedenklichkeit' attestiert werden." (Friederich, Kirchen und Glaubensgemeinschaften, S. 332 f.). – Karlen, Religionsfreiheit, S. 73, erachtet bei gelockertem individuellen Glaubenszwang den „Bestand einer Staatsreligion im weiteren Sinne" trotz völligem Verlust des kirchlichen Selbstbestimmungsrechts „nicht in einem ausschliesslichem Widerspruch zur Religionsfreiheit" stehend. Da sich das Selbstverständnis der röm.-kath. Kirche keineswegs über die Summe der individuellen Glaubenspositionen erschliesst, mutet diese Ansicht beschönigend an.

200 Art. 50 Abs. 4 aBV bzw. 72 Abs. 3 rev. BV übergeht inkonsequenterweise den Grundsatz des Nichteingriffs, indem er die Errichtung von Bistümern der Bundesgenehmigung unterwirft. Die Praxis macht sich in casu mittels einer extensiven Interpretation in Richtung Anwendung von Art. 50 Abs. 4 aBV bei jedweder Veränderung der Bistumsgrenzen zum Komplizen dieses Rechtsbruches. Hierzu Gut, Errichtung, S. 10 f., 13 ff. Carlen, Kirche und Staat in der Schweiz nach dem neuen

subjektiven Anspruch des einzelnen auf freie Gestaltung des Glaubenslebens korreliert. Dessen institutionelle Sicherung zugunsten des konfessionellen Verbandes

---

Codex Iuris Canonici, S. 587, moniert zu Recht den Widerspruch von Art. 50 Abs. 4 aBV mit c. 373 CIC 1983. Vgl. Bruhin, Konzile, S. 74 ff.; Pius Hafner, Staat und Kirche, S. 193 f.

201 „Als Nichteinmischungsprinzip fordert die verfassungsrechtliche Neutralitätspflicht vom Staat, den Glaubensgemeinschaften einen Freiraum zur ungestörten Entfaltung zu gewähren und sich einer Intervention in innerkonfessionelle Belange zu enthalten. Glaubensgemeinschaften geniessen in ihrem *Innenverhältnis*, das heisst bei der Regelung der Beziehungen unter ihren Anhängern, bei der hierarchischen Gliederung und der disziplinarischen Durchsetzung ihrer Normen *weitreichende Handlungs- und Ordnungsfreiheiten.*" (Wyss, Glaubens- und Religionsfreiheit, S. 396 f.).

202 Thomas Fleiner-Gerster, Glaubens- und Gewissensfreiheit, S. 118; Isele, Revision, S. 571 f.; Karlen, Religionsfreiheit, S. 50; Schlaich, S. 131 ff. – Erwähnenswert wäre in diesem Zusammenhang etwa die Frage der Bewertung religiöser Grundlegung öffentlicher Schulen als durch das Neutralitätsgebot untersagte Parteinahme. Karlen, Religionsfreiheit, S. 387, erachtet ein konfessionelles Fundament, welches der Hinführung zu religiösen Verhaltensweisen dient, verfassungsrechtlich (Art. 27 Abs. 3 aBV) für unzulässig. Zulässig sind hingegen offen formulierte Schulgesetze, die in Nachachtung der Bundesverfassungspräambel auf das christlich-humanistische Erbe unserer Gesellschaft hinweisen. Bezüglich des Kantons Schwyz siehe § 1 Abs. 1 'Verordnung über die Volksschulen' (nGS SZ VI-615): „Die Volksschulen erstreben in Zusammenarbeit mit den Eltern und Kirchen, gestützt auf christliche, humanistische und soziale Grundsätze, die Erziehung und Bildung der Jugend" sowie § 13 'Weisungen über die Rechte und Pflichten der Lehrer und Schüler an der Volksschule' (nGS SZ VI-618): „Der Lehrer hat seine persönliche Haltung sowie seine Erziehungs- und Bildungstätigkeit nach dem christlichen Weltbild und der freiheitlich-demokratischen Staatsordnung unseres Landes auszurichten ...", was wohl im Gegensatz zu BGE 116 Ia 252 ff. eine Legitimation des Lehrers zur Berufung auf die religiös-weltanschauliche Neutralität im Rahmen des Schulunterrichts nicht zulässt. Hierzu Borghi, BV-Kom. Art. 27, Rz. 66. Zur christlichen Grundlegung öffentlicher Schulen siehe Friederich, Kirchen und Glaubensgemeinschaften, S. 323 f.; Fleiner/Giacometti, Bundesstaatsrecht, S. 328 ff, welche einen positivistischen Standpunkt vertreten; Häfelin, BV-Kom. Art. 49, Rz. 56; Kraus, Staatskirchenrecht, S. 348 f. mit Hinweis auf den Kanton Obwalden; Hangartner, Universitätshexe, S. 118 mit Hinweis auf den Kanton St. Gallen. – Siehe auch Borghi, BV-Kom. Art. 27, Rz. 73; Mascello, S. 76: „Es ist zulässig, die öffentliche Schule auf eine *christliche Grundlage* zu stellen, soweit damit auf die sittlichen Normen verwiesen sein soll, die sich aus der abendländischen christlichen Tradition ergeben und als Grundlage der Gemeinschaft allgemein anerkannt werden." Hierzu ebenfalls Gut, Kreuz, S. 266; Kruzifix-Entscheid des Bundesrates vom 29. Juni 1988, abgedruckt in: Karlen, Religiöse Symbole, S. 22 ff.; Hans Marti, SJK Nr. 1074, S. 2. Vgl. auch § 1 Abs. 2 'Verordnung über die Volksschulen' (nGS SZ VI-615), worin die Chancengleichheit im Bildungswesen stipuliert wird: „Allen Jugendlichen sind ohne Rücksicht auf das Geschlecht, die Konfession, die soziale und regionale Herkunft die gleichen Bildungschancen zu gewährleisten."

erfordert die Protektion des kirchlichen Mandats zur Separation des ekklesialen Wirkungskreises von staatskirchlichen Dispositionsbegehrlichkeiten[203]. Ebenfalls setzt in der Folge die religiös-weltanschauliche Neutralität den staatskirchenrechtlich der römisch-katholischen Kirche hingeordneten Instituten publizistischer Verbeiständung eine Grenze in Richtung etatistischer Ingerenz[204]. Die Staatsgewalt hat ausserhalb der Kirche zu stehen[205]. Die Bewertung[206] eines theologischen Sachverhaltes[207] durch den Staat geschähe insbesondere mittels Erhebung der eigenen Verfasstheit zum Massstab. Staat und Kirche unterscheiden sich aber nach Ursprung, Mittel und Zweck[208]. Der Vergleich von Ungleichem läge auf der Hand, Einmischung und Parteinahme wären die Folgen, eine Verletzung der religiös-weltanschaulichen Neutralität seitens des Gemeinwe-

---

203 „Im System des Staatskirchentums beanspruchte der Staat eine Kirchenhoheit, die sich gegenüber der katholischen Kirche als Kompetenzkompetenz hinsichtlich der Scheidung der staatlichen und kirchlichen Belange darstellte [...] Die staatliche Kirchenhoheit dagegen vollzieht eine grundsätzliche Scheidung von staatlichem und kirchlichem Wirkungskreis, von Staatsmacht und Kirchenfreiheit. Die geschiedenen Kompetenzbereiche sind für dieses System eine notwendige Folge sowohl der Religionsfreiheit als auch der Eigenständigkeit der Kirche.“ (Isele, Revision, S. 584).

204 Das Postulat der 'Trennung' findet nicht nur als staatstypische Abgrenzung im organisationsrechtlichen Sinne Verwendung, es hat auch für die Zuständigkeitsdifferenzierung aufgrund der genuinen Wesensverschiedenheit von Kirche und Staat innerhalb der publizistischen Hoheitssphäre des Gemeinwesens seine Berechtigung, was dort notwendigerweise „einen Raum kirchlicher *Selbstbestimmung*“ bedingt. Vgl. Friederich, Kirchen und Glaubensgemeinschaften, S. 327 f.

205 Die Anerkennung einer staatsfreien kirchlichen Sphäre hat zur Folge, dass die Kirche ihre eigendefinierten Aufgaben mithin wahrnehmen kann, „weil eine Korporation keine Rechte des Staates usurpiert, wenn sie sich in ihrem Innern möglichst vollständig organisiert“, was wiederum für die Methode der Bereichscheidung relevant ist. Siehe Lampert, Rektoratsrede, S. 16. Zum gleichen Ergebnis kommt Ders., Stiftungen, S. 17, indem er argumentiert, dass die Kirche keine Aufgaben erfüllen darf, „die prinzipiell der Herrschaftssphäre des Staates angehören, denn in diesem Falle könnte auf die Kirche das viel missbrauchte Wort vom 'Staat im Staate' mit Recht angewendet werden, während ihr Lebenskreis ein vom staatlichen Zweckgebiet völlig geschiedener und verschiedener ist, derart dass die kirchlichen Aufgaben nur auf eine staatsfreie Sphäre sich erstrecken, trotz der vielen Berührungspunkte von Staat und Kirche“.

206 Reine Kenntnisnahme verbunden mit der Möglichkeit der Adaption des eigenen Rechtsbereichs (z. B. durch Rezeption) sind dem Gemeinwesen nicht verwehrt. Vgl. Friederich, Kirchen und Glaubensgemeinschaften, S. 324.

207 „Dem Staatsrecht ist nach seinem säkularen, 'vernünftigen' Massstab, dem es sich methodisch (nach der Aufklärung) und sachlich (nach der Scheidung von Kirche und Staat) verschrieben hat, die theologische Beweisführung unzugänglich, denkunmöglich, systemwidrig.“ (Schlaich, S. 137).

208 Isele, Entwicklung, S. 181. Vgl. auch Listl, Aufgabe, S.460 f.

sens bildete die Konsequenz[209]. Im vermeintlichen Schutzbedürfnis des Gemeinwesens und seinen staatskirchenrechtlichen Körperschaften vor der eigenrechtlichen Organisations-, Rechtssetzungs- und Verwaltungskompetenz des konfessionellen Verbandes besitzt die Neutralität auch einen *„etatistischen Affekt“*[210], welcher die Begrenzung des kirchlichen Einflusses auf den konstitutionellen Staat postuliert[211]. Absurder Ausdruck dessen ist die Tendenz zur Entkonfessionalisierung des staatskirchenrechtlichen Institutionenkonstrukts[212].

---

209 Aus reformatorischer Sicht illustrativ für den Kasus dogmatischer Beurteilung durch den Staat ist der Fall Rittmeyer (unveröffentlichtes Urteil des BGer. in Sachen Charles Rittmeyer gegen Conseil d'Etat du canton de Vaud vom 25. Februar 1959), welchen Fuchs, Unfehlbarkeit, S. 117 ff., referiert. Das BGer. wies Rittmeyers Beschwerde, der sich vornehmlich auf Art. 4 aBV anstatt auf Art. 49 aBV stützte, ab, da seine Thesen im Widerspruch zur 'Foi commune de l'Eglise' standen. – Die Trennung von Spiritualien und Temporalien schafft bei der röm.-kath. Kirche eine andere Ausgangslage. Die saekularistische Überprüfung der 'Missio canonica' als Voraussetzung für eine kirchliche Lehr- und Wirkungserlaubnis auf deren theologische Motivation hin käme einem staatlichen Oktroi gleich. Hierzu Ders., op.cit., S. 126 ff.

210 Schlaich, S. 134, kritisiert: „Massstab dieser Neutralität des Staates ist nicht die Kirche (ihr Bekenntnis, ihre Normen, ihre Freiheit), sondern die *Verfassung* und der *Staat* [...] Um des konfessionellen Friedens willen müsse der Staat als neutrale Instanz die letzte Entscheidungsbefugnis gegenüber den widerstreitenden Ansprüchen der Kirchen behalten. Neutralität wird dann schliesslich zur Trennung, Nichtidentifikation, Indifferenz gesteigert.“ Dieser staatliche Abwehrreflex motiviert das Gemeinwesen, die Sphärenscheidung der Kompetenzbereiche von Kirche und Staat nach nicht konsensfähigen, monopolistisch definierten und schliesslich grundrechtsverletzenden Kriterien vorzunehmen. Solch ein Vorgehen steht begriffswidrigerweise gerade in Kontestation zur religiös-weltanschaulichen Neutralitätspflicht des Gemeinwesens und mithin zur Gewährleistung der Religionsfreiheit insgesamt. Vgl. Hesse, S. 538 ff.

211 Expressis verbis Art. 49 Abs. 4 aBV. Dieser wird in der rev. BV nicht mehr explizit weitergeführt. Vgl. BGE 116 Ia 259 f. E. 5e. – Schlaich, S. 135, identifiziert in casu die so verstandene Neutralität als staatliche Defensivreaktion gegenüber einer befürchteten Desintegration der Kirchen und ihres Wirkens im Gemeinwesen: „Die Etikettierung dieser Ansicht mit dem Wort und der Sache 'Neutralität' bestätigt in deutlicher Weise unsere These, der polemische Ruf nach Neutralität tauche gerade in verfassungskritischen Zuständen auf und Neutralität habe darin die Funktion, die staatliche Einheit und Souveränität gegen desintegrierende Kräfte zur Geltung zu bringen.“ Historisch belegt Friederich, Kirchen und Glaubensgemeinschaften, S. 326 f., die Validität von Schlaichs These für die eidgenössische Genese des religions(freiheits)rechtlichen Katalogs in der Bundesverfassung.

212 Vgl. die am 8. Juni 1997 vom Schwyzer Stimmvolk abgelehnte 'Verfassung der römisch-katholischen Kantonalkirche Schwyz', publiziert in: ABl SZ 1997 523 ff.

Die Wertebedürftigkeit des Gemeinwesens[213] verwehrt eine Abstraktion des Neutralitätsbegriffs in Richtung Indifferenz[214]. Ein wertfreie staatliche Gemeinschaft wäre buchstäblich wertlos[215]. Der pluralistische Staat soll „Akzente set-

---

213 Friederich, Kirchen und Glaubensgemeinschaften, S. 336 f.: „Ein staatlich okroyiertes System von Werten ist totalitär." – Der freiheitliche Staat enteignete sich seiner religiös-weltanschaulich neutralen Haltung, schüffe er sua sponte jene inhaltlich-normativen Grundbedingungen, womit er seine eigene, ihn selbst fördernde und erhaltende Werteordnung fundamentieren müsste. Siehe Felix Hafner, Beteiligung, S. 153 f. Vgl. auch Bruhin, Denar, S. 20, welcher davon ausgeht, „dass ein demokratisches Gemeinwesen bei Regierenden und Regierten ein nicht zu unterschreitendes Mass von sittlichem Wert- und Verantwortungsbewusstsein voraussetzt ... Gerade wenn er (sc. der Staat) als moralische Anstalt abgebaut wird, setzt er die Intaktheit anderer Sozialsysteme in ihrer moralischen Funktion voraus".

214 Die vollständige Indifferenz in religiösen Angelegenheiten setzt logischerweise einen „religionslosen Staatstypus" voraus, welcher keine institutionellen Berührungspunkte zwischen Staat und Kirche mehr kennt. Dieses System beruht auf dem Prinzip der Trennung. Dazu Karlen, Religionsfreiheit, S. 91 ff. – Giacometti, Quellen, S. 257 ff., legt vier grosse Zweckideen, welche sich zum Teil entgegenstehen, der Trennung von Staat und Kirche zugrunde, nämlich: – die Befreiung der Kirche vom Staate (religiöser Liberalismus); – die Befreiung des Staates und des Individuums vom Drucke der Kirche (politischer Liberalismus); – die Gleichstellung aller Kulte im Staate; – sowie die Bekämpfung von Kirche und Religion (Antiklerikalismus). Der gemeinsame Gedanke dieser geistigen Strömungen basiert auf der Idee, die den Kirchen eigentümlichen Bereiche von den staatlichen Aufgaben zu trennen, was zur Aussiedelung der publizistisch anerkannten Kirchen vom öffentlichen ins private Recht führt. Dabei begreift Giacometti das Postulat einer durchgreifenden Verweltlichung des Staates als Akzidentalie des Trennungsbegriffs. – In casu lässt sich aber die Feststellung nicht vermeiden, dass auch die Hinwendung zu einer laizistischen Ideologie eine dem Kern der religiös-weltanschaulichen Neutralität entgegenstehende Identifikation bezweckt. Giacomettis Akzidentalie des Trennungsbegriffs gerät somit hierzulande ins Wanken.

215 „Die von den Kirchen aus dem Geist der Heiligen Schrift vertretenen Grundwerte sind für den Staat unentbehrlich. Es sind dies vor allem die Achtung vor der Freiheit und Würde der menschlichen Person, seine Liebe, Wahrheit, Friede, Gerechtigkeit und Solidarität. Durch Erhaltung und Vermittlung solcher Grundwerte tragen die Kirchen eine hohe Verantwortung für Staat und Gesellschaft. Diese Grundwerte stehen nicht zur freien Disposition. Sie sind Ausdruck einer humanen Lebensordnung und tragen wesentlich dazu bei, dass Recht und individuelle Ethik in Übereinstimmung gebracht werden und dass der Bürger das Recht nicht nur befolgt, sondern innerlich auch bejahen kann." (Botschaft zur Trennung von Staat und Kirche, BBl 1978 II 693). Listl, Kirche und Staat, S. 231, dupliziert für die röm.-kath. Kirche: „Das Konzil rechnet ... in der 'Erklärung über die Religionsfreiheit' zu den Bestandteilen der religiösen Freiheit auch die Befugnis der Religionsgemeinschaften, nicht daran gehindert zu werden, die besondere Fähigkeit ihrer Lehre zur Ordnung der Gesellschaft und zur Beseelung des ganzen menschlichen Tuns zu zeigen." – Vgl. Gerosa, Vielfalt, S. 40; Felix Hafner, Beteiligung, S. 154; Ratzinger, S. 41.

zen"[216], seine Aktivitäten können unter der Voraussetzung der Vermeidung unzlässiger Pressionen die tragenden Organismen der Gesellschaft nach deren „Bedeutung für das Gesamtwohl unterstützen"[217]. Die hohe sittliche Wertigkeit der Konfessionen urgiert den Staat zur Beachtung ihrer theologischen Qualitäten[218] und bewirkt dort ethische Impetus[219], wo der Staat durch den transzendierten Willen seiner gesellschaftlichen Glieder konstitutiv hervorgebracht und institutionell gestaltet wird[220]. Die Kirchen wollen das Wertefundament des Gemeinwe-

---

216 „Der Staat fördert die Entfaltungsmöglichkeit seiner Bürger und besitzt seine Kulturverfassung mit Kulturpolitik. Er kooperiert mit den Trägern von Wohlfahrt und Kultur und ist zur Offenheit verpflichtet. Er darf sich seinem Wesen nach nicht abkapseln und isolieren. Andererseits kann er, auch wenn er sich pluralistisch versteht, Akzente setzen. Wenn er nun, ohne seine Entscheidungsfreiheit aufzugeben, Organismen unterstützt, die Aufgaben erfüllen, die sonst kaum jemand in dieser Art erfüllen kann, so soll ihm das nicht verwehrt werden. Deshalb darf er die Kirchen, die eine wesentliche Bedeutung für den inneren Zusammenhalt unseres Volkes besitzen und eine wertvolle Arbeit für die Allgemeinheit leisten, die sich um die Verankerung des Ethisch-Sittlichen bemühen, fördern." (Fuchs, Praxis, S. 313). Vgl. Ders., op.cit., S. 330 f. Vgl. auch Lampert, Stiftungen, S. 19 f.

217 Fuchs, Praxis, S. 331, welcher in diesem Zusammenhang betont, dass Neutralität nicht im Sinne von 'Nichtstun' aufgefasst werden soll. – Die Neutralität als Gebot gleichmässiger Berücksichtigung verwehrt die Ansicht, in jeder nicht ausschliesslich saekular motivierten Betätigung eine Identifikation des Staates mit konfessionellen Positionen zu sehen. Hierzu Schlaich, S. 242. Vgl. auch Karlen, umstrittene Religionsfreiheit, S. 199.

218 „Empfinden Sie es bitte nicht als überheblich, wenn ich als Bischof zunächst und vor allem davon rede, dass der Staat um seiner selbst willen auf die Kirchen angewiesen ist. Dies versteht sich heute nämlich keineswegs mehr von selbst. Doch gerade der moderne weltanschaulich neutrale, säkulare und pluralistische Staat vermag den Bestand von Werten und Werthaltungen, die ihm zwar vorgegeben sind und von denen er leben können muss, selbst nicht mehr zu garantieren. Deshalb ist der Staat um seiner eigenen Existenz willen auf die gesellschaftlichen Gruppierungen wie die Kirchen angewiesen, die die fundamentalen Werte, Normen und Rechte, die sich in der gesellschaftlichen Öffentlichkeit in einem verhängnisvollen Prozess der Erosion befinden, [zu] verkünden und [zu] schützen und die das religiöse und kulturelle Erbe wachhalten, aus dem auch der Staat lebt." Ansprache von Kurt Koch, Bischof von Basel, anlässlich der Loyalitätserklärungen zwischen der Diözesankonferenz und dem neuen Diözesanbischof, abgedruckt in: 'Willisauer Bote', Nr. 31, 24. Februar 1996, S. 2.

219 Urs Josef Cavelti, Religionsgemeinschaften, S. 26.; Fuchs, Praxis, S. 313; Lampert, Rektoratsrede, S. 21; Mikat, StL, Sp. 480.

220 'Idem Cives et Christianus'. „Die von ihrem christlichen Gewissen geleiteten Bürger sind es, die in staatsbürgerlich freier Entscheidung als persönliche Tugend christliche Werte im St. vertreten und die Präsenz der K. Christi im säkularen St. gewährleisten." (Mikat, StL, Sp. 480). Siehe auch Ders., Verhältnis von Kirche und Staat, S. 139 f.

sens untermauern[221], sie sekundieren seine Gemeinwohlaufgabe[222]. Nicht selten stellen die einzelnen Elemente der pluralen Ordnung ihre Interessen über diejenigen der Gemeinschaft. Dadurch wird dem Staat die Wahrung des 'Bonum commune' erschwert. „Hier ist die Kirche gleichsam das öffentliche Gewissen; ihre Aufgabe ist es, die Verpflichtung des Staates und der Gesellschaft für das Gemeinwohl zu wecken, zu formen, zu akzentuieren."[223]. Ihr Wesen lässt die Religionsgemeinschaften vermöge der mannigfachen Leistungen für Staat und Gesellschaft zu einem Integrationsfaktor werden[224]. „Es liegt daher im eminenten Interesse des Staates selbst, die Befriedigung der religiösen Bedürfnisse, wenn auch

---

221 Fuchs, Praxis, S. 330. – Die röm.-kath. Kirche versteht den Öffentlichkeitsauftrag als Teil ihres Verkündigungsauftrags. Siehe Pius Hafner, Dienst, S. 83. Vgl. auch cc. 747, 761 CIC 1983.

222 Der kirchliche Gemeinwohlbegriff beschlägt die „Definition und Interpretation von Glaubenswahrheiten, auf deren Bewahrung und auf die Einheit im Glauben", während das weltliche Gemeinwohl eine „dynamisch anzustrebende Grösse darstellt" und in erster Linie auf die Garantie der Freiheits-, Partizipations- und Sozialrechte ausgerichtet ist. Siehe Felix Hafner, Spannungsfeld, S. 34 f.; Ders., Kirchen, S. 306 f. Die röm.-kath. Kirche erachtet das vom Staate zu gewährleistende kirchliche Selbstbestimmungsrecht und die Anerkennung ihrer Eigenständigkeit „als Befugnisse, die sich aus der voll aktualisierten Religionsfreiheit ergeben. Sie sind damit auch wesentliche Bestandteile der Gemeinwohlverwirklichung des Staates." (Listl, Aufgabe, S. 463). Hierzu DH Art. 7 Abs. 2. – Vgl. Gnägi, S. 56 ff., 63 ff. Der Staat strebt die Erfüllung der 'Felicitas externa' für seine Bürger an, derweil der röm.-kath. Kirche die Sorge um die seelisch-geistige Vervollkommnung, 'Felicitas interna', des Menschen obliegt. Der konfessionelle Verband indiziert die Geeignetheit einer Staatsform anhand ihres Grades der Gemeinwohloptimierung. „Mit anderen Worten ersetzt sich die Frage nach der besten Staatsform durch die Frage nach der besten Möglichkeit das Gemeinwohl zu verwirklichen." (Ders., S. 63). „Die politische Gemeinschaft besteht also um dieses Gemeinwohls willen; in ihm hat sie ihre letztgültige Rechtfertigung und ihren Sinn, aus ihm leitet sie ihr ursprüngliches Eigenrecht ab. Das Gemeinwohl aber begreift in sich die Summe aller jener Bedingungen gesellschaftlichen Lebens, die den Einzelnen, den Familien und gesellschaftlichen Gruppen ihre eigene Vervollkommnung voller und ungehinderter zu erreichen gestatten." (GS Art. 74 Abs. 1).

223 Mikat, StL, Sp. 479; sowie Ders., Verhältnis von Kirche und Staat, S. 137. Vgl. Bruhin, Denar, S. 20.

224 Friederich, Kirchen und Glaubensgemeinschaften, S. 337 f.; Lampert, Kirche und Staat I, S. 41: „Ein irgendwie staatlich organisiertes Volk kann seine soziale Rechtsordnung nicht aufrichten, ohne die Religion mit ihren gemeinschaftsverbürgenden idealen Gütern und mit ihren die Gesellschaft zusammenhaltenden Kräften. Denn ohne die Religion ist eine moralische Verbindlichkeit und sittliche Verantwortlichkeit für den Menschen in irgendwelchem Lebenskreise nicht nachzuweisen."

nicht aller, so doch möglichst vieler seiner Angehörigen zu fördern“[225],[226], spielen nämlich religiöse Neigungen[227] im „Prozess der Selbstentfaltung und Selbstbestimmung der Bürger eine aussordentlich gewichtige Rolle“[228]. Dabei stehen die Kirchen als institutionelle Garanten des religiös-kulturellen Patrimoniums im Dienst positiver Religionsfreiheit[229].

Weder der indifferente, vielfach laizistisch geprägte religionslose Staat[230], noch die in ein staatskirchliches Zwangskonstrukt[231] hineinmündende Identifika-

---

225 Urs Josef Cavelti, Religionsgemeinschaften, S. 26. Der Staat darf hierbei die ‘Wahrheitsfrage’, welche eo ipso dem religiös-weltanschaulich neutralen Gemeinwesen verwehrt ist, nicht stellen.

226 Ohne einen diesbezüglichen Status ausschliesslich von der historisch bedingten Konfessionsattraktion eines Gliedstaates herzuleiten, drückt sich auf der kantonalen Ebene die öffentlichrechtliche Anerkennung in der Wertschätzung zugunsten eines konfessionellen Verbandes aus, deren Kriterium nicht nur ein personal-quantitativer Massstab sein darf, sondern auch die geschichtliche und soziokulturelle Dimension der betreffenden Denomination mitzuberücksichtigen hat. Vgl. Winzeler, Fremde Religionen, S. 247, 257. – A.M. Felix Hafner, Beteiligung, S. 152 f., welcher Verständnis für eine staatliche Bewertung der Kirchen unter dem soziologischen Aspekt der stark volatilen Mitgliederanzahl aufzubringen scheint. Vgl. Fuchs, Praxis, S. 312 f., 332. Hingegen erblickt Hangartner, Universitätshexe, S. 113 f., in der Abgrenzung des Kreises der öffentlichrechtlich positionierten Kirchen eine Frage der Minderheitenproblematik. Letztlich wäre diese nur über eine vollständige Trennung von Kirche und Staat zu lösen.

227 Diese sind für den Staat durchaus ambivalenter Natur, denn individuelle Präferenzen können einerseits im Konfliktfall zu Störfaktoren werden (vor allem im Kollektiv) und anderseits bei der Bewältigung gesamtgesellschaftlicher Aufgaben positiv in Erscheinung treten. Siehe Mikat, StL, Sp. 489.

228 Mikat, StL, Sp. 488.

229 Vgl. Rauber, S. 172.

230 Zum religionslosen Staatstypus mit der Trennung von Staat und Kirche im allgemeinen und mit dessen religionsfeindlicher Variante (Laïcisme in Frankreich) bzw. religionsfreundlicher Ausgestaltung (Co-operative Separatism in den USA) im speziellen siehe Karlen, Religionsfreiheit, S. 99 ff.

231 „ ... die Erfahrung des modernen Totalstaates hat die Katholiken darüber belehrt, dass ihnen von einem säkularisierten politischen Monotheismus schlimmere Gefahren drohen können, als von einem Gemeinwesen, das sich die Erkenntnis über Glaubens- und [Ge]Wissensfragen kraft Einsicht in die eigene Inkompetenz versagt. Es bleibt jedoch die Schwierigkeit, dass die demokratische Gesellschaft über die reine Freigabe und die mit ihr verbundene Schutzfunktion hinaus zu dem von ihr freigegebenen Glaubens- und Gewissensbereich keine näher bestimmbare positive Beziehung hat, wodurch einerseits das Freigegebene in Gefahr kommt, zu verfallen und bedeutungslos zu werden, andererseits die Gesellschaft selbst in ein pragmatisches Zweckdenken geraten kann, das dann gerade in der Desillusionierung für säkularisierte Heilslehren anfällig wird. Das Ergebnis ist dann oft jene rein negative Religionsfreiheit, die, indem sie den Inhalt nur aus der Abwehr gegenüber dem Anspruch

tion mit einer bestimmten konfessionellen Denomination kann der Gegenwart entsprechen[232]. Vielmehr soll das schweizerische Verständnis religiös-weltanschaulicher Neutralität hin zu einer durch differenzierende Offenheit indizierten „Hereinnahme“[233] der Konfessionen in das pluralistische Staatsgefüge führen[234]. Dieser in der Pflicht korporativer Religionsfreiheit stehende funktionale Auftrag der religiös-weltanschaulichen Neutralität gestattet nicht, „dass sie der richterliche oder politische 'Anwender' als schneidendes Schwert benützt ... und dass eine bedeutsame Leitidee zu einem verfassungsnormähnlichen rigiden Dogma gerinnt“[235].

Der bundesrechtlichen Praxis[236] lässt sich bis dato keine gesamtheitlich-stringente Doktrin in bezug auf inhaltliche Gestalt und bindende Kraft religiös-

---

etablierter Bekenntnisse gewinnt, notwendig das Recht selbst entwerten und ihm seinen Sinn entziehen muss.“ (Maier, S. 29 f.).

232 „So scheint – will man es auf den einfachsten Nenner bringen – das Entweder-Oder, die Behauptung einer *Alternative zwischen Identifikation und Nichtidentifikation schief* bzw. verengend. Mit dieser Alternative verbaut man sich den Zugang zu einem freieren, offenen, neutralen Umgang des Staates mit gesellschaftlichen Dingen (Förderung zwischen Identifikation und Indifferenz).“ (Schlaich, S. 242).

233 Friederich, Kirchen und Glaubensgemeinschaften, S. 337 ff. – „Der Staat darf nie so eng mit einer Kirche kooperieren, dass Rechte Dritter verletzt werden oder dass durch rechtliche, wirtschaftliche oder soziale Pressionen so etwas wie ein 'Zwang zum Guten' entsteht ... Die Kirche ihrerseits darf sich durch Zusammenarbeit mit dem Staat keine goldenen Fesseln anlegen.“ (Bruhin, Denar, S. 21). Vgl. auch Pius Hafner, Dienst, S. 73.

234 „Insofern ist seine Neutralität zugleich auch eine 'offene', nämlich hingewendet zur Vielfalt gesellschaftlich relevanter Kräfte, und die Religionsfreiheit, eine 'positive', indem sie gegebenenfalls staatliche Leistungen an Glaubensgemeinschaften erforderlich macht.“ (Felix Hafner, Beteiligung, S. 152). – Friederich, Kirchen und Glaubensgemeinschaften, S. 340: „Im weltanschaulich-religiös neutralen Staat stehen *Religion und Glaubensfragen zur Disposition der Gläubigen (und der Nicht-Gläubigen)*.“ Bezieht sich Friederichs Auffassung nicht ausschliesslich auf die Bei- und Austrittsfreiheit muss sie mindestens katholischerseits relativiert werden. Positiv protektioniert das Gemeinwesen Religionsgemeinschaften im staatlichen Interesse primär um der religionsfreiheitlichen Verwirklichung seiner Bürger willen. Diese disponieren in der röm.-kath. Kirche nicht über das konfessionelle Dogma. Aufgrund des kirchlichen Selbstverständnisses beraubten sich die Kirchenglieder mit der Anrufung des Staates zur Durchsetzung entsprechender Ansprüche selber des institutionellen Hortes ihrer religiösen Identität, was nicht der Intention eines religiös-weltanschaulich neutralen Gemeinwesens im hier verstandenen Sinne entsprechen kann.

235 Gut, Kreuz, S. 270.

236 Hier fällt vor allem der Bezug der religiös-weltanschaulichen Neutralität zum kirchlichen Selbstbestimmungsrecht als funktionale Bedingung und objektivrechtliche Prämisse der korporativen Religionsfreiheit in Betracht.

weltanschaulicher Neutralität entnehmen[237]. Als gesicherte Projektion auf die kantonale Ebene erscheint die aus der Summe von gegeneinander bezogener

---

237 Die aus der religiös-weltanschaulichen Neutralität fliessende Notwendigkeit zur Differenzierung des staatlichen Standpunktes in Fragen seines saekularen Verhältnisses zu Religion und Weltanschauung erheischt eine subtile und einzelfallgerechte Vorgehensweise, welche einer schematischen, generell-definitiven Festlegung der Position des Gemeinwesens wehrt. Vgl. Karlen, Religiöse Symbole, S. 12; Ders., umstrittene Religionsfreiheit, S. 195 ff. – Das BGer. liebäugelt im berühmt gewordenen Kruzifixentscheid (BGE 116 Ia 252 ff.) mit einer indifferenten Auffassung innerstaatlicher Neutralität. Unter Anrufung der Verfassungspräambeln und mittels Hinweis auf die feierlichen Akte im schweizerischen Rechtsleben, welche im erwähnten Entscheid sogleich wieder dem Blickwinkel von Art. 49 aBV entzogen werden, kommt das höchste Gericht zwischenzeitlich zum Schluss, die Glaubens- und Gewissensfreiheit fordere vom Staat kein absolut neutrales Verhalten. „In definitiva la laicità dello Stato si riassume in un obbligo di neutralità che gli impone di astenersi negli atti pubblici da qualsiasi considerazione confessionale suscettibile di compromettere la libertà dei cittadini in una società pluralista ..." (loc.cit., S. 260). Damit bewegt sich das Gericht im Abwehrdispositiv individueller Grundrechtsansprüche, ohne das objektivrechtlich grundrechtsinhärente Wesen der religiös-weltanschaulichen Neutralität anhand des konstitutiv-institutionellen Teilgehalts der Fundamentalnorm gebührend zu beleuchten, die unterschiedlichen Schichten der Problemlage in ihren subjektiv- und objektivrechtlichen Bezügen klar herauszuarbeiten und das Ergebnis gegen die subjektiven Freiheitsgarantien zugunsten eines integralen Verständnisses der Religionsfreiheit abzuwägen. (Karlen, umstrittene Religionsfreiheit, S. 205, räumt diesbezüglich schliesslich ein, dass aus der objektivrechtlichen Sicht des Neutralitätsgrundsatzes im staatlichen Wirkungskreis dem Kreuz als Kultursymbol Unbedenklichkeit zu attestieren sei). Folglich zieht das BGer. im Resultat die negative der positiven Religionsfreiheit ungerechtfertigterweise vor. (Vgl. Carlen, Jurisprudence, S. 120; sowie auch Listl, Glaubens- Bekenntnis- und Kirchenfreiheit, S. 441 f.). Die Subsumption des Anbringens eines Kruzifixes in einem Schulzimmer unter den Begriff 'konfessionelle Handlung' überdehnt im Ergebnis den sachverhaltsadäquaten Interpretationsrahmen. Das Neutralitätsgebot erhält dadurch eine überwiegend laizistische Färbung. Die bundesgerichtliche Begründungsserpentine ist unter Zuhilfenahme der aufgelisteten Präzedenzien nicht zu kaschieren, geschweige denn zu begradigen. Allein der Argumentationsgang vermag schon Unbehagen zu wecken. Vgl. Karlen, umstrittene Religionsfreiheit, S. 195, FN 8, welcher unter dem „handwerklichen Gesichtspunkt" von Transparenz und Kohärenz der Argumentation Kritik am Kruzifix-Entscheid für zulässig hält. – In einem in VPB 51 (1987) Nr. 7, S. 48 ff., publizierten Entscheid wiesen Bundesrat und Parlament eine gegen Art. 3 Abs. 1 des Volksschulgesetzes des Kantons St. Gallen eingereichte Beschwerde ab, welche u. a. die Führung der öffentlichen Volksschulen nach 'christlichen Grundsätzen' rügte. In der Ablehnungsbegründung führte der Bundesrat ins Treffen, dass eine Erziehung zu lebensbejahenden, tüchtigen und gemeinschaftsfähigen Menschen nach ethischen Prinzipien erfolgen soll. Diese fliessen zu einem grossen Teil aus dem christlichen Gedankengut und prägen die abendländische Kultur in hohem Masse. Deshalb rechtfertigt sich die Fundamentierung der

Volksschule auf 'christlichen Grundsätzen'. Vgl. Borghi, BV-Kom. Art. 27, Rz. 73. Mithin kann darin keine Beeinträchtigung der in Art. 27 Abs. 3 aBV garantierten Glaubens- und Gewissensfreiheit im Volksschulunterricht erblickt werden, denn die gerügten 'christlichen Grundsätze' weisen nur mehr den Charakter entkonfessionalisierter Destillate ethischen Inhalts auf. Auch das Lob des Herkommens in der Betitelung ist nicht in der Lage, den innersten Bereich geistiger Freiheit, die religiöse Überzeugung, zu verletzen. Vgl. Kruzifix-Entscheid des Bundesrates vom 29. Juni 1988, abgedruckt in: Karlen, Religiöse Symbole, S. 22 ff.; Hangartner, Universitätshexe, S. 118. – Der auf der Relation ihrer Rügeobjekte basierende Vergleich beider erwähnten Entscheide macht bezüglich der judiziellen Inhaltsformung der religiös-weltanschaulichen Neutralität deutlich, dass ein Zeichen, welches unser christlich-humanistisches Erbe versinnbildlicht, gar nicht von der durch den Lehrer zu vermittelnden Geisteshaltung separierbar ist. Wöge man zur Bestimmung des Einflusses auf die Primarschüler – trotz christlicher Bedingtheit des Kruzifixes – Symbol und ethisches Fundament ab, neigte sich die Waagschale in Richtung erlaubter! christlicher Prägung. Hierzu Carlen, Rechtsprechung, S. 194 ff.; Gut, Kreuz, S. 266 ff.; Kruzifix-Entscheid des Bundesrates vom 29. Juni 1988, loc.cit., S. 23. Die verfahrensrechtliche Gleichbehandlung aller ehemals auf Art. 27 Abs. 3 aBV schwerpunktmässig fokussierbaren Fälle bleibt in casu als Desiderat bestehen. Der Gesetzgeber möge entsprechend handeln. Siehe Art. 189 Abs. 3 rev. BV. Vgl. auch Carlen, Rechtsprechung, S. 194 f. – A.M. Häfelin, BV-Kom. Art. 49, Rz. 57; Kraus, Staatskirchenrecht, S. 351 f. Karlen, Religiöse Symbole, S. 14 ff., erkennt im Kruzifix ein röm.-kath. Symbol, welches ihm folglich geeignet erscheint, individuelle Überzeugungen religiöser bzw. nichtreligiöser Art zu verletzen. Dieser Ansicht ist entgegenzuhalten, dass sich das Kreuz einerseits konfessionell-zeichenhaft anderseits als ein kulturgeschichtliches Sinnbild der abendländischen Wertetradition und gleichsam figürliche Präzisierung unseres kulturellen Patrimoniums deuten lässt. Auch bei weiter Umschreibung des Schutzbereichs der negativen Religionsfreiheit ist mithin allgemein dem Kreuzsymbol in der Schulstube weder ein Zwang zu einem ungewollten Bekenntnisakt noch eine religiöse Indoktrination, welche die Annahme einer Grundrechtsverletzung rechtfertigten, verfassungskonform beizumessen. Vgl. in diesem Zusammenhang Winzeler, Fremde Religionen, S. 260, der erwähnt, es gäbe „keinen Anspruch, von der unerwünschten Begegnung mit der Religiosität anderer verschont zu bleiben". Vgl. auch Gut, Kreuz, S. 268 f.; Karlen, Religionsfreiheit, S. 396 f.; Kruzifix-Entscheid des Bundesrates vom 29. Juni 1988, loc.cit., S. 23. Karlen, umstrittene Religionsfreiheit, S. 202 ff., plädiert für eine differenzierende Betrachtungsweise, welche im Rahmen der Abwägung von öffentlichem Interesse und Schwere des Grundrechtseingriffs einer unterschiedlichen Gewichtung der Symbolik nach den Kriterien der Sinnvarianz und der Wirkungsorientierung Rechnung trägt. Eine generelle „Pflicht zu einer 'kreuzfreien' Schule" erkennt demzufolge Ders., op.cit., S. 206, nicht mehr. – Die laizistische Betrachtungsweise des BGer. im Kruzifixentscheid kontrastiert zum Wohlwollen, welchem das höchste schweizerische Gericht in BGE 119 Ia 178 ff. Ausdruck verleiht, indem es sich sehr zurückhaltend und gegenüber dem dogmatischen Stellenwert der islamischen Kleiderordnung durchaus nicht indifferent verhält. Eigentlich „darf vom Bundesgericht erwartet werden, dass sich seine bezügliche Praxis auf einem ausgewogeneren Mittelweg einpendeln wird, der dem geltenden Verfassungsrecht umfassender Rechnung trägt"

kirchlicher Freiheit und staatlicher Unabhängigkeit destillierte Quintessenz des Gebotes zur religiös-weltanschaulichen Neutralität in der Form eines stillschweigenden, für den betroffenen Gliedstaat unverbindlichen Placets des Bundesstaates für die publizistische Positionierung[238] gewisser Religionsgemeinschaften[239].

(Zweifel, S. 597). Kritisch auch Häfelin/Haller, Rz. 1221. Neuerdings verweigert BGE 123 I 296 ff. einer Lehrerin, welche während des Unterrichts als Ausdruck ihrer Konfessionszugehörigkeit ein Kopftuch trug, in casu die Schutzwirkung der Religionsfreiheit, da die Pflicht einer öffentlichen Schule zur konfessionellen Neutralität (vgl. Art. 27 Abs. 3 aBV) eine solche Beschränkung der individuellen Religionsfreiheit einer in einem Sonderstatusverhältnis sich befindlichen Person zulasse. Hierzu siehe die Urteilskritik von Hangartner, Bemerkungen 'Kopftuchfall', S. 599 ff.; sowie Jörg Paul Müller, Grundrechte, S. 88, 91. – Allgemein Mascello, S. 76: „Der *Staat* hat sein Unterrichts- und Erziehungswesen möglichst sachlich und objektiv, von religiösen, sittlichen und weltanschaulichen Gesichtspunkten wertungsfrei zu gestalten. Weil dies aus faktischen Gründen aber kaum immer möglich sein wird, kann dem Elternhaus ein Mindestmass an *Toleranz* gegenüber der Schule durchaus zugemutet werden." Vgl. Karlen, Religionsfreiheit, S. 386; Wyss, Glaubens- und Religionsfreiheit, S. 405 f. Vgl. auch BGE 118 Ia 58 f. E. 4e/aa.

238 Häfelin BV-Kom. Art. 49, Rz. 38 ff. Fuchs, Praxis, S. 313, qualifiziert eine Abolition der öffentlichrechtlichen Anerkennung, wie sie im Trennungspostulat zum Ausdruck kommt, als rechtsungleichen Akt. „Ja, es müsste geradezu als Anachronismus erscheinen, wenn in einem Sozialstaat, der die Grundrechtsausübung fast durchwegs zu fördern sucht ... diese Förderung ausgerechnet in jenem Bereich abgebaut werden sollte, in dem sie bereits eine lange und gut funktionierende Tradition hat." (Karlen, Religionsfreiheit, S. 329). Vgl. auch Friederich, Kirchen und Glaubensgemeinschaften, S. 340. Die bundesrechtliche Zulässigkeit des Systems der öffentlichrechtlichen Anerkennung stand bis dato ausser Frage, so dass diesbezüglich dem Bund keine akonfessionelle Haltung vorgeworfen werden kann. A.M. Schmid, S. 53; Reichlin, S. 45. Verklausulierte Indizien für eine Zustimmung des Bundes hinsichtlich der kantonalen Berechtigung zur Verleihung des öffentlichrechtlichen Status waren bundesverfassungsrechtlich in Art. 49 Abs. 6 aBV (Kultussteuerbeschränkung, welche voraussetzt, dass der Staat einzelne Religionsgemeinschaften bzw. staatskirchenrechtliche Körperschaften mit Steuerhoheit ausstattet) und Art. 50 Abs. 3 aBV (Zuständigkeitsregelung bei Anständen aus dem öffentlichen oder Privatrecht bei Bildung bzw. Trennung von Religionsgemeinschaften) enthalten. Die totalrevidierte Bundesverfassung führt keine derartigen Bestimmungen mehr.

239 Selbstverständlich nur unter dem Vorzeichen der Achtung grundsätzlicher Wesensverschiedenheit von Kirche und Staat, was wiederum einen Raum kirchlicher Selbstbestimmung im allgemeinen und organisatorische Freiheit im besonderen für den konfessionellen Verband bedingt, denn die erhöhte Ingerenzanfälligkeit zufolge der staatshoheitlichen Legitimation publizistischer Rechtsmacht erheischt vom Gemeinwesen, den Kirchen zum Schutz vor staatlichen Übergriffen ein mit entsprechenden Kautelen immunisiertes Umfeld zur Verfügung zu stellen.

Eine explizite Gewährleistung religiös-weltanschaulicher Neutralität des Staates entbehrt das schweizerische Verfassungsrecht[240]. Diese geniesst vermöge des objektivrechtlichen Teilgehalts der Religionsfreiheit den Rang eines Rechtsbegriffs, vermag aber nicht als „rechtssatzförmiges Prinzip"[241] selbständig normative Wirkkraft zu entfalten[242]. Dass die religiös-weltanschauliche Neutralität in der Form einer objektivrechtlichen Facette der Religionsfreiheit eine Essentialstellung im Verhältnis Kirche-Staat einnimmt, hat mittlerweile auch das Bundesgericht anerkannt[243]. Ein anderer Weg der Formalpositionierung des Neutralitätsgebotes[244] führt über das wegweisende föderalistische Bundeselement anhand der

---

240 Mit einem allgmeinen Gebot innerstaatlicher Neutralität ohne materielle Spezifikationen wäre nicht viel gewonnen. Die Vieldeutigkeit des Begriffs erheischt eine starke Inanspruchnahme der rechtswissenschaftlichen Hermeneutik. Für inhaltliche Begriffsverästelungen in einer generell-abstrakten Norm ist auf der höchsten Normstufe kein Platz. Vgl. Friederich, Kirchen und Glaubensgemeinschaften, S. 319; Schlaich, S. 11 f.; Weder, S. 43. – Zur deutschen Kontroverse um den rechtsbegrifflichen Rang der religiös-weltanschaulichen Neutralität siehe Schlaich, S. 12 ff.

241 Schlaich, S. 138. – Die Vernachlässigung des konkreten grundrechtlichen Bezugs entliesse den Neutralitätsbegriff in das weite Feld möglicher Bedeutungszumessungen. Gerade die mannigfachen Schattierungen des Verhältnisses Kirche-Staat machen ein leerformelhaftes Neutralitätsgefäss für polemische Inhaltsdefinitionen zugänglich, was einem Missbrauch dieses Terminus als kirchenpolitischen Kampfbegriff Tür und Tor öffnete. Vgl. Schlaich, S. 131 ff. „Die Forderung nach Neutralität in religiösen Belangen hat – trotz geltend gemachtem juristischen Anspruch – oft eher kirchenpolitische als rechtliche Argumente geliefert und dabei geradezu gegensätzlichen Positionen gedient. Neutralität kann sowohl auf *Verfassung, Souveränität und Staatlichkeit* als auch auf *Enthaltsamkeit des Staats* und *Freiheit der Kirchen* verweisen." (Friederich, Kirchen und Glaubensgemeinschaften, S. 318 f.).

242 Pius Hafner, Dienst, S. 82; Ders., Staat und Kirche, S. 195 f.; Weder, S. 45, 49. Vgl. auch Gut, Kreuz, S. 270. – Pius Hafner, Kirche und Staat in 26 Rechtsordnungen, S. 7, leitet die Verpflichtung des Gemeinwesens zur Neutralität in religiösen Angelegenheiten auch aus der Idee des demokratischen Staates als 'Heimstatt aller Bürger' ab.

243 BGE 118 Ia 53 E. 3b: „Die Glaubens- und Gewissensfreiheit schützt indessen nicht nur vor solchen unmittelbaren rechtlichen Beschränkungen, sondern sie verpflichtet den Staat ... auch zur konfessionellen und religiösen Neutralität." Vgl. auch loc.cit., S. 58 E. 4e/aa; sowie BGE 123 I 308 E. 4 b/bb.

244 Kraus, Staatskirchenrecht, S. 108, warnt vor einer Überinterpretation der Religionsfreiheit: „Aus ihrem objektiv-rechtlichen Gehalt folgt für sich allein genommen noch nicht ohne weiteres die religiöse Neutralität des Staates ...". Diese Ansicht wird in BGE 118 Ia 53 ff. relativiert. Kraus ist jedoch insofern zuzustimmen, als die Religionsfreiheit nicht den einzigen bundesrechtlichen Herleitungsort darstellt, sondern

bundesstaatlichen Kompetenzkompetenz zur staatskirchenrechtlichen Gestaltungsfreiheit der Kantone[245]. Die öffentlichrechtliche Anerkennung[246] konfessioneller Verbände auf der gliedstaatlichen Ebene bedingt eine religiös-weltanschaulich neutrale Haltung des Gemeinwesens[247], welche zwecks Vermeidung von Widersprüchen bzw. zur Aufrechterhaltung der vertikalen Stringenz des staatskirchenrechtlichen Kompetenzsystems undispensierbar ist und sich im kantonalen Bereich hauptsächlich durch den Grundsatz paritätischer Behandlung äussert[248]. Dort schliesst sich der Bogen zur Verpflichtung des Staates auf die konstitutiv-institutionelle Idee der Religionsfreiheit wieder.

---

die religiös-weltanschauliche Neutralität ebenfalls aus der Kompetenzverteilung im staatskirchenrechtlichen Bereich deduzierbar ist. Ihre formelle Durchsetzbarkeit lässt sich aber eindeutigerweise über die Religionsfreiheit bewerkstelligen.

245 „Wenn auch der kantonalen Gestaltungsfreiheit von der Bundesverfassung gewisse Grenzen gesetzt wurden, so ermöglicht doch der gewährte Raum den Aufbau eines eigenen und selbständigen staatskirchenrechtlichen Systems, das der Besonderheit jedes Kantons Rechnung tragen konnte.“ (Fuchs, Praxis, S. 202). In diesem Sinne bedingt die aus der integralen Religionsfreiheit fliessende Grundrechtssubstanz als Kompetenzausnahme schrankenförmig die Regel gliedstaatlicher Ordnungszuständigkeit. Umgekehrt hat sich letztere grundsätzlich und überhaupt am konstitutiv-institutionellen Gehalt der objektivrechtlichen Seite des Freiheitsrechts zwecks positiver „Berücksichtigung religiöser Interessen bei der Wahrnehmung staatlicher Ordnungsaufgaben“ (Mikat, StL, Sp. 489) zu orientieren, so dass Regel und Ausnahme zur gegenseitigen Bezogenheit auf dem Boden des wechselwirksamen Föderalismus konsolidiert werden. Vgl. Karlen, Religionsfreiheit, S. 160 f.; Friederich, Kirchen und Glaubensgemeinschaften, S. 307.

246 Der Begriff ‘Anerkennung’ lässt sich hierbei im Sinne einer Mindestkompetenz verwenden, welche innerhalb der grundrechtlichen Schranken anhand der publizistischen Positionierung des konfessionellen Verbandes und zusätzlicherweise durch die staatskirchenrechtliche Verbeiständung der entsprechenden Konfession seitens des betreffenden Kantons einseitig ausgebaut wird.

247 Vgl. BGE 116 Ia 252 ff., welcher in einem obiter dictum, S. 258 E. 5d, von der öffentlichrechtlichen Anerkennung einzelner Religionsgemeinschaften in den Kantonsverfassungen ausgehend das Neutralitätserfordernis des Staates als Ausfluss der Glaubens- und Gewissensfreiheit relativiert und mithin indirekt den Zugang zum Neutralitätsgebot über die staatskirchenrechtliche Kompetenzkompetenz öffnet. Damit hat es zwar aus der gliedstaatlichen Sicht auf die föderale Kompetenzverteilung seine Richtigkeit. Obschon die Anwendung der Religionsfreiheit in casu dementsprechend in den Hintergrund tritt, wird ihr objektivrechtlicher Gehalt aber dadurch keinesfalls kassiert, so dass der Bundesstaat nach wie vor zur religiös-weltanschaulichen Neutralität verpflichtet ist. In dieser Hinsicht wendet das zit. Urteil das integrale Grundrecht der Religionsfreiheit nicht konsequent an.

248 „Indem aber die Kompetenz, das Verhältnis von Staat und Kirche näher zu ordnen, den Kantonen überlassen blieb, musste ihnen die Frage der kirchenpolitischen Parität überlassen werden. Sie haben sie in verschiedener Weise und in unterschiedlichem Masse gelöst“ (Isele, Revision, S. 575).

2. *Parität*

Der Paritätstopos[249] designiert die zweite objektivrechtliche Gehaltsidee[250] der Religionsfreiheit. Dieser weist eine gleichermassen unselbständige Rechtssatzgestalt auf wie sein religiös-weltanschaulich neutraler Präzedent. Von der Bundesrechtsbühne, wo der Gleichheitsgrundsatz allgemein in Art. 4 aBV bzw. Art. 8 rev. BV verortet ist und sich der Bundesgesetzgeber bezüglich der Konstruktion eines staatskirchenrechtlichen Systems eigenständiger Normen und Prinzipien abstinent verhält, ausgehend beleuchtet das religions(freiheits)rechtliche Paritätsprinzip mit einer gewissen Eintrübung aus dem Fundus konfessioneller Ausnahmeartikel[251] versehen primär die Ebenen der verschiedenen gliedstaatlichen Rechtsordnungen.

A) Kirchenpolitische Parität[252]

Die kirchenpolitische[253] Parität, welche sich innerhalb der gliedstaatlichen Rechtssphäre ereignet, besagt „Gleichberechtigung verschiedener Bekenntnisse und Bekenntnisgemeinschaften (bzw. auch Weltanschauungen und Weltanschauungsgemeinschaften) in einer politischen Verfassungsordnung auf der Grundlage ihrer Gleichwertigkeit und ihres Gleichranges“[254]. Eine der formellen Paritätsseite verpflichtete Methode nivellierender Gleichschaltung ginge an dieser Ausrichtung des Paritätsbegriffes vorbei, denn in der Konsequenz missachtete die undifferenzierende Rigorosität von ausschliesslichen Formalpositionen die „tat-

249 Zur Geschichte der Parität vgl. die Ausführungen bei Carlen, Grundrechte, S. 996 ff.; Fritz Fleiner, Parität, S. 81 ff.; Karlen, Religionsfreiheit, S. 84 ff.

250 Vgl. BGE 118 Ia 58.

251 Vgl. vorne, S. 83 ff.

252 Die Systematisierung des Paritätsbegriffs folgt der von Isele, Revision, S. 574 ff., verwendeten Einteilungstrias.

253 Isele, Revision, S. 575, setzt die formelle Parität im kirchenpolitischen Bereich mit dem offiziellen Status der öffentlichrechtlich anerkannten Konfession in den Kantonen gleich. Die geschichtliche Genese der 'historisch-paritätischen' Kantone leitet ihn dazu an. Der hier kritisierte formelle Paritätsbegriff streicht als Kontrast zur materiellen Parität die schematisierende und undifferenzierende Striktheit in der Gleichbehandlung hervor. Der begriffliche Einklang innerhalb der formellen Seite des Terminus lässt sich dadurch bewirken, dass die öffentlichrechtliche Anerkennung einer Konfession anhand von Kriterien geschieht, welche die materielle Parität bereitstellt. – Allein die sichtverkürzende Qualifikationsstrenge formeller Parität machen sich die Vertreter einer grundsätzlichen Trennung von Kirche und Staat zur Begründung ihres Postulats schadlos zu eigen. Vgl. Friederich, Kirchen und Glaubensgemeinschaften, S. 345.

254 Heckel, S. 227.

sächliche Mannigfaltigkeit der Kirchen"[255]. Ein solcher Schematismus ignoriert das Art. 4 aBV bzw. Art. 8 rev. BV immanente Gleichbehandlungsgebot, wonach Gleiches nach Massgabe seiner Gleichheit gleich, Ungleiches nach Massgabe seiner Ungleichheit ungleich zu behandeln ist[256]. Die Gefahr der Metamorphose von Formalparität zu „Scheinparität und Imparität" droht hier latent[257]. Nicht die formelle 'Gleichmacherei' ist geeignet, den konfessionellen Verbandsbeständen der Kantone gerecht zu werden, sondern eine differenzierende Sicht auf die dogmatische Grundlage, die historische Stellung, die öffentliche Bedeutung und das Selbstverständnis[258] der Konfessionen[259]. Diese Konstituanten der materiellen Parität, welche im Sinne des 'suum cuique'[260] jeglicher formellen Verkürzung

---

255 Kraus, Staatskirchenrecht, S. 127. – Gerade die in den ursprünglich katholischen Kantonen überhandnehmende Gründungstendenz von röm.-kath. 'Kantonalkirchen' stillt trotz grundsätzlicher Wesenverschiedenheit der Organisationsprämissen mit denjenigen von ev.-ref. Parallelkonstrukten den erhebliche Schwierigkeiten evozierenden Drang nach formalparitätischen Strukturen.

256 BGE 121 I 104 E. 4a. Vgl. BGE 123 II 11 E. 3a; Häfelin/Müller, Grundriss, Rz. 401.

257 Kraus, Staatskirchenrecht, S. 127.

258 Das Verhältnis zu den öffentlichrechtlich anerkannten Religionsgemeinschaften ist vielfach vom Kirchenbegriff der ursprünglichen Hauptkonfession geprägt. Beim Rechtssetzungsprozess hat aber der Kanton auch auf das Selbstverständnis und die Eigenart anderer Religionsgemeinschaften Rücksicht zu nehmen. „Konkret heisst dies etwa, dass ein primär katholischer Kanton den Angehörigen der ev.-ref. Kirche, die er öffentlichrechtlich anerkannt hat, auch die Bildung einer Kantonalkirche gestattet. Umgekehrt darf ein primär ev.-ref. Kanton gemäss der materiellen Paritätsforderung die öffentlichrechtliche Anerkennung der römisch-katholischen Konfession nicht an Bedingungen knüpfen, die dem Selbstverständnis der römisch-katholischen Kirche widersprechen." (Pius Hafner, Staat und Kirche, S. 199). Vgl. Winzeler, Fremde Religionen, S. 257. – Der Berücksichtigung des religionsgemeinschaftlichen Selbstverständnisses muss staatlicherseits bei einer Verletzung des saekularen 'Ordre public' Einhalt geboten werden. Zu den Rechtsproblemen im Zusammenhang mit 'neuer Religiosität' und Sondergruppen siehe Kraus, Staatskirchenrecht, S. 426 ff. Vgl. Winzeler, Fremde Religionen, S. 253 ff.; Wyss, Umgang, S. 180 f.

259 Isele, Revision, S. 576.

260 „Allerdings wird es nicht immer leicht sein, festzustellen, ob eine Anknüpfung im staatlichen Recht anhand oder aufgrund, d.h. zulässiger- oder unzulässigerweise, stattfindet: Suum cuique, jedem das Seine und jeder Kirche das Ihre, bringt notwendigerweise Wertungsfragen in die Beurteilung hinein, um die sich der in Werten unsicher gewordene Staat gerne vorbeischlängelt – gerade wenn es um Religion geht." (Kraus, Staatskirchenrecht, S. 127). Vgl. Pius Hafner, Dienst, S. 89; Isele, Revision, S. 196.

abhold ist, generieren die paritätsrechtlichen Regelungskriterien[261], um in der Konsequenz Parität als „Gleichheit der rechtlichen Bedingungen zur Entfaltung der religiösen Wirksamkeit“ definieren zu können[262]. Zum Behufe der normativen Festlegung des Verhältnisses Kirche-Staat verwirklicht der zweiseitige Vertrag als „das genuine rechtliche Verständigungsmittel zwischen Freien und Gleichen“[263] in vorzüglicher Weise den Paritätsgrundsatz[264].

Das Prinzip der Parität verweigert sich einer konfessionell bzw. theologisch motivierten Diskriminierung[265], hingegen lässt es die rechtssituative Spezialisie-

---

261 Karlen, Religionsfreiheit, S. 197, konkretisiert den religionsrechtlichen Gleichbehandlungsmassstab mit Grösse, Organisationsstruktur, Verbreitungsdichte und sozialer Betätigung. In der Tat gehen diese Elemente von einer saekularistisch-geltungszeitlichen Anknüpfungsidee aus, welche die Betrachtungsbrennweite einengt. Parität verlangt aber umfassende Kenntnis des Wesens und der Eigenart des Gleichzubehandelnden, damit die Einsicht bezüglich der Inadäquanz schematisierender Strukturadaptionen bei der Bereitstellung staatskirchlicher Rechtsgefässe – beispielsweise hinsichtlich öffentlichrechtlicher Organisationsformen, welche die eigenrechtliche Verfasstheit einer Religionsgemeinschaft unberücksichtigt ignorieren – dem Gemeinwesen Gewahr werden kann. Insofern bedingt Parität „im Grunde ökumenisches Denken, das dem Selbstverständnis jeder Konfession gerecht wird. Es sollen die Konfessionen nicht ein und demselben Recht unterstellt werden. Trägt der Staat dem Selbstverständnis einer Konfession Rechnung, so ist erfüllt, was diese von ihm erwarten kann. Diese Ordnung auf eine andere Konfession zu übertragen in Belangen, in denen die schriftgemässe Weisung anders ausgelegt wird, widerspräche dem Grundsatz der Parität.“ (Isele, Revision, S. 196). Vgl. auch Ulrich A. Cavelti, Aufklärung, S. 201.

262 Lampert, Kirche und Staat I, S. 367, führt in concreto diesbezüglich die gleichen Rechte der Religionsausübung, die gleiche Anerkennung der Rechtsfähigkeit und den gleichen Schutz der von einer Konfession erworbenen Rechte an.

263 Göbel, S. 146. Der Grundsatz der vertragsrechtlichen Parität erhält insofern besonderes Gewicht, als die röm.-kath. Kirche als solche gemäss Köck, völkerrechtliche Stellung, S. 16 ff., 773 ff.; Oechslin, S. 51 ff., den Status eines Völkerrechtssubjekts besitzt.

264 Die beiderseitig paktierte Methodenwahl bedingt notwendigerweise Konstanz in der bilateralen Verhältnisgestaltung. Im Lichte der Existenz einer vertraglichen Basis zwischen der Diözese Chur und dem Kanton Schwyz verpflichtet das objektivrechtliche Paritätsprinzip den Gliedstaat, sich um eine in kirchen- wie staatskirchenrechtlicher Hinsicht realitätsbezogene Fortentwicklung des kontrahierten Verhältnisdispositivs zu bemühen. Vgl. Richard Puza, Kirche und Staat. Vertragliche Partnerschaft mit Zukunft, in: AfkKR 163 (1994), S. 606-609.

265 „Der Staat darf niemanden aufgrund seiner Konfession oder sonst wie aus religiösen Motiven bevorzugen bzw. benachteiligen oder die Ausübung bürgerlicher und politischer Rechte von einer Konfessionszugehörigkeit abhängig machen.“ (BGE 125 I 354 f. E. 3a). Siehe BGE 123 I 308 E. 4 b/bb; 125 I 372 E. 1b; Felix Hafner, Trennung, S. 239; Karlen, umstrittene Religionsfreiheit, S. 199 f.; Wyss, Umgang, S. 181.

rung[266] einzelner Religionsgemeinschaften nach formal-sachlichen und willkürfreien Gesichtspunkten zu[267]. Mithin stellt die Verleihung des öffentlichrechtlichen Status[268] an eine Religionsgemeinschaft keine Verletzung des Paritätsgrundsatzes[269] dar[270],[271]. Das Gemeinwesen muss jedoch die Natur seiner öffent-

---

266 Dabei müssen jedoch die objektivrechtlichen Prinzipien der Religionsfreiheit integral gewahrt bleiben. „Das schliesst allerdings nicht aus, dass sie (sc. die Kantone) einzelne Religionsgemeinschaften privilegieren, wie dies der Kanton Schwyz bei der römisch-katholischen und evangelischen Kirche festlegt, indem diese als öffentlichrechtliche Körperschaften anerkannt werden“ (Gewährleistungsbotschaft rev. KV SZ, BBl 1993 II 190).

267 Eine Unterscheidung nach konfessionellen Aspekten ist unter einem sachgerechten Blickwinkel zulässig. Vgl. Heckel, S. 293 ff., 312. – „Unterschiedliche Rechtspositionen aufgrund unterschiedlicher Tatbestandserfüllung der verfassungsmässigen Gesetze sind ... niemals ein Verstoss gegen den Gleichheitsgrundsatz.“ (Kimminich, Religionsfreiheit, S. 151).

268 BGE 21 I 676 hält fest, „dass die Kantone befugt sind, Landeskirchen zu errichten, d.h. eine oder mehrere religiöse Denominationen zu Anstalten ihres öffentlichen Rechts zu erheben und als solche mit besonderen Rechten und Pflichten auszustatten ...“ Diese Ansicht, welche von der Begrifflichkeit her das ev.-ref. Modell im Auge hat, wird von der Literatur geteilt. Vgl. die Nachweise bei Friederich, Kirchen und Glaubensgemeinschaften, S. 349, FN 364, und Saladin, Grundrechte im Wandel, S. 13, FN 43. – Zur Vereinbarkeit mit dem Gleichheitsprinzip von Art. 4 aBV siehe Fuchs, Praxis, S. 331 f.; Häfelin, BV-Kom. Art. 49, Rz. 38 ff.; Häfliger, Alle Schweizer, S. 62 f.; Weder, S. 114 f. Vgl. auch Botschaft zur Trennung von Kirche und Staat, BBl 1978 II 690 f. – Einer staatsrechtlichen Einteilung der Religionsgemeinschaften in den öffentlichen bzw. privaten Rechtskreis stehen auch die Garantien der EMRK nicht entgegen. Diese verlangen nur die Gleichheit vor und nicht die Gleichstellung im Recht. Die publizistische Positionierung von Religionsgemeinschaften verstösst somit nicht gegen Art. 9 bzw. 14 EMRK. Hierzu Kimminich, Religionsfreiheit, S. 151. Siehe zur Verträglichkeit des öffentlichrechtlichen Status mit Art. 9 EMRK Frowein, Art. 9 EMRK, S. 49; Häfliger, Menschenrechtskonvention, S. 223; Strasser, S. 24 ff.

269 Urs Josef Cavelti, Entwicklungstendenzen, S. 130, stellt zwischen dem Prinzip der Parität und der öffentlichrechtlichen Anerkennung einer Religionsgemeinschaft zutreffenderweise einen pragmatischen Bezug her: „Die Gleichstellung als Forderung aus der Rechtsgleichheit herleiten zu wollen, hält schwer. Gleichbehandlung ist erfordert, wenn auch gleiche tatsächliche Voraussetzungen im Sachverhalt vorliegen. Zudem handelt es sich bei der öffentlich-rechtlichen Anerkennung um einen politischen, nicht um einen rechtlichen Entscheid. Gleichstellung weiterer Gemeinschaften ist wohl um so eher erwartbar, je umfassender die staatlichen Leistungen an die anerkannten Konfessionen tatsächlich sind.“ Diese bewegen sich fürderhin im Kanton Schwyz gegen null. Vgl. RRB SZ 1998/377, S. 4.

270 „Anders als nach deutschem Recht hat keine Religionsgemeinschaft einen gerichtlich durchsetzbaren Anspruch auf die öffentlichrechtliche Anerkennung“ (Winzeler, Fremde Religionen, S. 247). Siehe Ders., op.cit., S. 258 f. Vgl. Strasser, S. 22 ff.

lichrechtlichen Anerkennung auf das eigenrechtsmächtig verfasste Wesen des im öffentlichen Recht zu situierenden konfessionellen Verbandes ausrichten, um nicht einem formalparitätischen Strukturanalogismus, welcher letztendlich diskirminierende Folgen hat, zu verfallen[272]. Das saekular gemessene Ausmass kirchlicher Dienste in Staat und Gesellschaft bildet den Parameter für den Grad kantonaler Förderung von Religionsgemeinschaften[273]. Die vermeintliche Evi-

---

271 Dem aus der Parität abgeleiteten Postulat, de constitutione ferenda die Kantonsverfassungen mit einem saekularen Kriterienkatalog bezüglich der Bedingungen öffentlichrechtlicher Anerkennung zu versehen bzw. in denselben die Möglichkeit der Erweiterung des Kataloges publizistischer Anerkennung explizit vorzumerken (vgl. Fuchs, Praxis, S. 312 f., 332), kann nicht beigepflichtet werden. In Anbracht der in den einzelnen Kantonen überwiegend verwirklichten Gleichstellung der jeweiligen Hauptdenominationen führte konstitutionelle Flexibilität in casu zu einer Vorzugsbewertung quantitativ-organisatorischer Strukturelemente versus soziokultureller Geschichtsmächtigkeit der bundes- bzw. gliedstaatlichen Genese, deren Berücksichtigung keine Verletzung der materiellen Parität zu provozieren vermag. A.M. Pius Hafner, Staat und Kirche, S. 197 f. Vgl. Karlen, Religionsfreiheit, S. 197. Differenzierend Kraus, Staatskirchenrecht, S. 414 ff.; Winzeler, Fremde Religionen, S. 257 ff. – Bei der Schaffung eines Anforderungsprofils zwecks Verleihung des öffentlichrechtlichen Status an eine nicht anerkannte Religionsgemeinschaft verbindet sich die Gewährung eines eventuellen Rechtsanspruchs auf Öffentlichrechtlichkeit mit der Frage, ob ebenfalls eine periodische Überprüfung bereits publizistisch placierter Konfessionen hinsichtlich ihrer Erfüllung der Anerkennungskriterien vorzunehmen wäre. In letzter Konsequenz könnte dann eine Denomination bei Nichterfüllung im Extremfall ihres publizistischen Status verlustig gehen.

272 Die im kantonalschwyzerischen Staatskirchenrecht durch §§ 91-96 rev. KV SZ befohlene Organisationsform verpflichtet die ev.-ref. und die röm.-kath. Christen zu formalparitätischen Strukturen, welche auf die unterschiedlichen Organisationsbedürfnisse der beiden Konfessionen keine Rücksicht nehmen. Hierzu Corecco, Landeskirche, S. 15 ff. „In diesem Zusammenhang wäre auch zu überlegen, inwieweit die Doppelung röm.-kath. Kirchenorganisation in (kanonische) Pfarrei und (kantonale) Kirchgemeinde bei dem heutigen, durch Freiheitlichkeit geprägten religionsrechtlichen Grundverhältnis in der Schweiz noch sinnvoll bzw. notwendig ist, d.h. ob sich die röm.-kath. Kirche nicht als solche in die kantonalkirchliche Rechtsform begeben kann.“ (Kraus, Staatskirchenrecht, S. 184, mit Hinweis auf die Kantone Freiburg und Wallis).

273 „Er (sc. der Staat) geht von der prinzipiellen Gleichberechtigung aller Gruppen aus und variiert deshalb seine Leistungen ausschliesslich entsprechend den Dienstleistungen und der damit zusammenhängenden Bedeutung der einzelnen Gruppen für das gesellschaftliche Ganze. M.a.W. er verhält sich nach dem Prinzip von Leistung und Gegenleistung. Er kann den Kirchen nur jenes Mass an Vorteilen und Unterstützung gewähren, das diese zu honorieren imstande sind.“ (Bruhin, Konzile, S. 410). Vgl. Fuchs, Praxis, S. 312 ff., 330 f. – Unterschiedliche staatliche Leistungen sind zwar zulässig, bedürfen aber des konkreten Nachweises. Dazu Pius Hafner, Staat und Kirche, S. 198. Gl.M. Karlen, Religionsfreiheit, S. 197. – Tendenziell ge-

denz einer mutmasslichen Begünstigung wird folglich mittels des von der materiellen Parität zur Verfügung gestellten Instrumentariums neutralisiert.

B) Kirchenrechtliche Parität

Die kirchenrechtliche[274] Parität dient dem Rechtsfrieden[275] unter den Konfessionen und ihrer wechselseitigen Unabhängigkeit. Diesem Zweck waren die objektivrechtlichen Teilgehalte der Bestimmungen über die religiöse Kindererziehung (Art. 49 Abs. 3 aBV)[276], die konfessionelle Neutralität öffentlicher Schulen (Art. 27 Abs. 3 aBV)[277], die Negation der Bezahlungspflicht für Kultussteuern zula-

---

gen jede Unterstützung der staatskirchenrechtlichen Körperschaften bei der nachgewiesenen Erfüllung öffentlicher Funktionen spricht sich Aubert, Traité II, S. 717, Rz. 2029, aus.

274 Der Begriff 'kirchenrechtlich', welcher der von Isele, Revision, S. 574 f., verwendeten Terminologie folgt, ist nicht als Summe kircheninterner Rechtsregeln zu verstehen. Er reguliert adressatbezogen die wechselseitigen Beziehungen der Kirchen im Staat.

275 Diesem hat sich auch das Konzilserklärung über die Religionsfreiheit verschrieben: „Wenn in Anbetracht besonderer Umstände in einem Volk einer einzigen religiösen Gemeinschaft in der Rechtsordnung des Staates eine spezielle bürgerliche Anerkennung gezollt wird, so ist es notwendig, dass zugleich das Recht auf Freiheit in religiösen Dingen für alle Bürger und religiösen Gemeinschaften anerkannt und gewahrt wird." (DH Art. 6 Abs. 3).

276 Vgl. Art. 303 ZGB.

277 Schulen aller Stufen, welche von einem öffentlichen Gemeinwesen (Bund, Kanton, Bezirk, Gemeinde oder Gemeindeverband) getragen werden, gelten als öffentlich. Siehe BGE 125 I 355 E. 3b; Borghi, BV-Kom. Art. 27, Rz. 65; Plotke, S. 155. Dem Lehrkörper können geistliche Personen und Ordensleute angehören. „La neutralità confessionale della scuola pubblica non vieta nemmeno l'insegnamento facoltativo della religione impartito da ecclesiastici o laici o l'insegnamento ordinario di membri di una congregazione religiosa ..." (BGE 116 Ia E. 6b 261). Hierzu Borghi, BV-Kom. Art. 27, Rz. 76 f. Die privaten Schulen wurden von Art. 27 Abs. 3 aBV nicht auf das Gebot konfessioneller Neutralität verpflichtet. Siehe Borghi, BV-Kom. Art. 27, Rz. 67; Häfelin, BV-Kom. Art. 49, Rz. 55; Wyss, Umgang, S. 182 f. Vgl. auch Kruzifix-Entscheid des Bundesrates vom 29. Juni 1988, abgedruckt in: Karlen, Religiöse Symbole, S. 23; Hans Marti, SJK Nr. 1074, S. 1. Kritisch gegenüber der Erteilung des Primarschulunterrichts durch Lehrschwestern äussert sich Karlen, Religionsfreiheit, S. 390. Ders., umstrittene Religionsfreiheit, S. 210, FN 77, hält heutzutage von Ordensleuten erteilten Primarschulunterricht für unproblematisch. Vgl. Plotke, S. 160 f. Zum Verbot des Tragens eines Kopftuches durch eine Lehrerin als äusseres Zeichen ihrer Konfessionszugehörigkeit während des Schulunterrichts siehe BGE 123 I 299 ff.; kritisch hierzu Hangartner, Bemerkungen 'Kopftuchfall', S. 599 ff., welcher zu Recht in casu moniert, „dass nicht zwischen religiösen Symbolen einerseits und profanen Verhaltensweisen in Erfüllung einer religiösen Pflicht anderseits unterschieden wird; dass das Genfer Gebot der Laizität der öffentlichen

sten konfessionsfremder Dritter (Art. 49 Abs. 6 aBV) sowie die Saekularisation des Eherechts (Art. 54 Abs. 2 aBV) verschrieben[278].

C) Staatsrechtliche Parität

Die staatsrechtliche Parität folgt zum einen explizit aus dem von Art. 15 Abs. 1 rev. BV abgeleiteten Verbot der Bevorzugung bzw. Benachteiligung zufolge religiöser Gründe (Art. 49 Abs. 4 aBV)[279]. Dieses religionsfreiheitliche Prinzip tritt als lex specialis vor die Bedeutung des allgemeinen Gleichheitsgrundsatzes, dessen Schutzbereich ausnahmsweise[280] von der Spezialnorm überlagert wird[281].

Schule praktisch gleichgesetzt wird mit dem weniger weitgehenden, sich bereits aus der Glaubens- und Gewissensfreiheit ergebenden Gebot, dass jedermann eine öffentliche Schule ohne Beeinträchtigung seiner Glaubens- und Gewissensfreiheit besuchen kann; und dass die Praxis der für diese Frage primär zuständigen politischen Bundesbehörden, wonach von Lehrkräften getragene Kleidungsstücke, die auf eine Religionszugehörigkeit hinweisen, die Glaubens- und Gewissensfreiheit der Schüler nicht verletzt, nicht gewürdigt wird“ (Ders., op.cit., S. 604). Vgl. Jörg Paul Müller, Grundrechte, S. 91. – Die röm.-kath. Kirche lehnt ein staatliches Schulmonopol ab und nimmt für sich in Anspruch, Schulen jedweder Art, jedweder Stufe und jedweden Wissenszweiges zu gründen und zu leiten (cf. c. 800 CIC 1983). Gleichzeitig statuiert c. 793 § 1 CIC 1983 die Freiheit der Eltern zur Auswahl der Schule. Da die röm.-kath. Kirche den Religionsunterricht als eine Form der Verkündigung der Lehre Christi betrachtet (c. 761 CIC 1983), fordert der konfessionelle Verband gemäss c. 804 § 1 CIC 1983 die umfassende Zuständigkeit in materialer und personaler (cc. 804 § 2; 805; 810; 812 CIC 1983) Hinsicht für die „institutio et educatio religiosa catholica“. Diese wird bei Schulen in katholischer Verantwortung als Originärkompetenz, bei solchen ohne konfessionelle Trägerschaft als Mandatskompetenz, welche sich aus der Pflicht und dem Recht der Eltern auf die Erziehung ihrer Kinder (cc. 226 § 2; 793 § 1; 1136 CIC 1983) ergibt, angesehen. Hierzu Göbel, S. 172 ff.; Listl, Aufgabe, S. 472 f. Vgl. auch Bruhin, Konzile, S. 432 ff.; Carlen, Kirche und Staat in der Schweiz nach dem neuen Codex Iuris Canonici, S. 589; Mikat, Verhältnis von Kirche und Staat, S. 148 f.; Ders., StL, Sp. 481 f.

278 Isele, Revision, S. 574 f.

279 Hierzu Botschaft BV, BBl 1997 I 157.

280 I. d. R. reicht Art. 4 Abs. 1 aBV bzw. Art. 8 Abs. 1 und 2 rev. BV weiter als der religionsrechtliche Paritätsgrundsatz. In bezug auf das aus Art. 49 Abs. 4 aBV bzw. Art. 15 Abs. 1 rev. BV folgende „Verbot der Bevorzugung bzw. Benachteiligung aus religiösen Gründen“ wird Art. 4 Abs. 1 aBV bzw. Art. 8 Abs. 1 und 2 rev. BV von der Spezialnorm pariert. Siehe Häfelin, BV-Kom. Art. 49, Rz. 114. Hierzu auch Friederich, Kirchen und Glaubensgemeinschaften, S. 346.

281 Friederich, Kirchen und Glaubensgemeinschaften, S. 346. Hierzu auch Karlen, Religionsfreiheit, S. 198 und dort zit. Judikatur. Dieser nimmt an, dass der religionsfreiheitsrechtliche Paritätsgrundsatz einen weiterreichenden Schutz gewähre als das in Art. 4 aBV bzw. Art. 8 rev. BV verortete Prinzip.

Zum anderen ist die Gleichheit der staatsbürgerlichen Rechte implicite in Art. 4 aBV bzw. Art. 8 rev. BV garantiert[282].

Die Festlegung des allgemeinen Gleichheitsgrundsatzes in Art. 4 aBV bzw. Art. 8 rev. BV bewirkt eine gewisse Redundanz[283] zu den in der Religionsfreiheit placierten objektivrechtlichen Teilgehalten[284]. Zusätzlich begründet die enge Verknüpfung der Parität mit der religiös-weltanschaulichen Neutralität eine Dependenz des religionsverfassungsrechtlichen Gleichheitsprinzips im Kleide einer Rechtsfolge hinsichtlich der staatlichen Verhaltenspflicht. Somit subsumiert das Bundesgericht entsprechende Sachverhalte unter das Gebot religiös-weltanschaulicher Neutralität und äussert sich nicht ausdrücklich zur Parität[285].

3. Toleranz[286]

Schliesslich komplettiert die bundesverfassungsseitig ebenfalls unerwähnte[287] Toleranz[288] die objektivrechtliche Grundsatztrias der Religionsfreiheit. Mit Be-

---

282 Isele, Revision, S. 574. -Neben ihrer Eigenschaft als objektivrechtlicher Teilgehalt der Religionsfreiheit gewährt die Parität auch ein Individualrecht, welches sowohl seitens der Religionsgemeinschaften als auch durch den einzelnen angerufen werden kann. Siehe Karlen, Religionsfreiheit, S. 198. Dieses nährt sich ausschliesslich aus dem staatsrechtlichen Paritätselement. -Kraus, Staatskirchenrecht, S. 415 bewertet eine Ungleichbehandlung von Religionsgemeinschaften eher „als eine Frage der Legitimität kantonalen Handels (bzw. Unterlassens) denn als eine einklagbare Rechtspflicht". Vgl. Conring, S. 194.

283 Wenn der Beschwerdeführer gleichzeitig neben weiteren Grundrechten die Missachtung des allgemeinen Gleichheitsgrundsatzes rügte, prüfte das BGer. bis dato regelmässig zuerst eine Verletzung von Art. 4 Abs. 1 aBV. Dazu mit Hinweis auf die entsprechende Judikatur Friederich, Kirchen und Glaubensgemeinschaften, S. 346.

284 Bei der Verwirklichung materieller Parität alimentiert der allgemeine Gleichheitsgrundsatz von Art . 4 Abs. 1 aBV bzw. Art. 8 Abs. 1 rev. BV den objektivrechtlichen Teilgehalt. Hierzu Häfelin, BV-Kom. Art. 49, Rz. 114; Karlen, Religionsfreiheit, S. 198 f.

285 Vgl. BGE 118 Ia 58. -Schlaich, S. 24, versteht Parität als Begriffselement der Neutralität.

286 Die Toleranz des Staates musste historisch betrachtet in schweren Kämpfen errungen werden. So veranlasste der Widerruf des Nanter Edikts aus dem Jahre 1598 den französischen Staatsphilosophen Jean Bodin, eine Souveränitätslehre zu entwickeln. Vgl. vorne, S. 7 ff. „Es sollte ein starker Staat geschaffen werden, dessen Organe als *'pouvoirs neutres'* den Willen und die politische Macht besitzen, den inneren Frieden und die religiöse Toleranz sicherzustellen." Der britische Staatsphilosoph Thomas Hobbes forderte im Anschluss an die Lehre Bodins unter dem Eindruck des politisch-konfessionellen Bürgerkriegs in England den Leviathan, den starken Staat, welcher allein in der Lage sei, die Rechte der Bürger wirklich zu schützen. „Und aus

dacht auf ein entspanntes Verhältnis zu den Konfessionen enthält die Bundesverfassung – teilweise um den Preis der Benachteiligung der römisch-katholischen Kirche – zur staatsrechtlichen Herstellung des Religionsfriedens institutionelle Sicherungsmassnahmen[289], welchen das Gebot zur Toleranz zweckbestimmend sein sollte. Der religiös-weltanschaulich neutrale Staat weist indes kein auf die Religionsgemeinschaften gerichtetes Befriedungsbedürfnis mehr auf[290].

Die soziale Potenz nichtstaatlicher gesellschaftlicher Kräfte vermag die Grundrechtsstellung einzelner Personen und Verbände in erheblichem Masse zu

---

der Philosophie der Aufklärung heraus sind dann auf der Grundlage der französischen Menschenrechtserklärung von 1789 die individualrechtlichen Garantien zum Schutze der Religionsfreiheit des einzelnen entstanden, wie sie nunmehr Gemeingut des liberalen Verfassungsstaats geworden sind." Siehe Thürer, Staatsverständnis und Kirchenverständnis, S. 292.

287 Weder, S. 30 ff. – „Toleranz wird von unseren Grundrechten geradezu vorausgesetzt. Sie ist insbesondere ein unseren beiden religiösen Freiheitsrechten (BV Art. 49/50) zugrundeliegendes Prinzip ... Dieser Rechtsgrundsatz verpflichtet unseren freiheitlichen Staat sich ... in Fragen der religiösen Bekenntnisse zurückzuhalten, ... sich also – mit anderen Worten " – gegenüber den gesellschaftlichen Interessengruppen und Menschen neutral zu verhalten." (Ders., S. 32).

288 „Toleranz oder das liebend-leidende Ertragen von Überzeugungen anderer Menschen hat bei der Genese der religiösen Freiheitsrechte eine herausragende Rolle gespielt. Toleranz im religiösen Bereich steht für konfessionelle Koexistenz, das Aushalten von Interessenkonflikten mit dem Ziel der Sicherstellung des friedfertigen Zusammenlebens. Religiöse Toleranz erscheint ideengeschichtlich und sachlogisch als eine Vorstufe zur religiösen Neutralität" (Kraus, Staatskirchenrecht, S. 112, FN 173). – Zum religionsrechtlichen Toleranzprinzip siehe auch Karlen, Religionsfreiheit, S. 51 f., 193 ff.; Ders., umstrittene Religionsfreiheit, S. 200; Schlaich, S. 254 f. Die Anfänge der religiösen Toleranz referiert Karlen, Religionsfreiheit, S. 79 ff.

289 Beispielsweise ehemals Art. 50 Abs. 2, 3, 4; 75; 91; 108 aBV bzw. neuerdings Art. 72 Abs. 2, 3 rev. BV.

290 Im Dienst an der via Parität bereits bezweckten Aussöhnung zwischen Staat und Religionsgemeinschaften nimmt das Toleranzgebot keine hauptsächliche Funktion mehr ein. In systemlogischer Hinsicht ermangelt diesem das rechtsdogmatische Staatskirchentum als Beziehungsprämisse des Gemeinwesens zur Kirche, denn staatliche Toleranz „setzt den eigenen Standpunkt, ursprünglich also die Staatsreligion voraus und verschafft dem abweichenden Standpunkt eine staatlicherseits zugemessene und dadurch begrenzte Duldung, nicht aber Gleichwertigkeit und innere Legitimation ... *Der moderne Staat aber ist in Weltanschauungsfragen darin modern, dass er nicht mehr selbst Partei ist* ... Der Staat gewährt nicht eigentlich mehr Toleranz; er ist zum Hüter der Toleranz geworden" (Schlaich, S. 254). Hierzu auch Listl, Religionsfreiheit, S. 10 f. und dort aufgeführte Lit. – Zum Bedeutungswandel des Toleranzgrundsatzes siehe Friederich, Kirchen und Glaubensgemeinschaften, S. 351.

tangieren[291]. Deshalb ist das Gemeinwesen angewiesen[292], die Voraussetzungen „für die *friedliche Koexistenz verschiedener Religions- und Weltanschauungsgemeinschaften und religiösen Gruppen im Rahmen derselben staatlichen und gesellschaftlichen Institutionen*" zu schaffen[293]. Die Toleranz des Staates[294] wird

---

291 Saladin, Grundrechte, S. 28, beurteilt bei der Analyse der bezüglichen Rechtsprechung den Stellenwert des Toleranzgebotes folgendermassen: „Die in diesen Fällen angefochtenen staatlichen Verfügungen und Rechtssätze waren 'Vermittlungsakte'. Sie dienten als formelle Anknüpfungspunkte für ein verfassungsrechtlich begründetes Begehren an den Staat, er möchte davon absehen, die Unduldsamkeit einer oppositionellen religiösen Mehrheit gegenüber bestimmten Glaubenshandlungen zu sanktionieren; mittelbar war das Begehren also auf *Schutz vor solcher Unduldsamkeit* gerichtet. Dies ist eine typische 'Drittwirkungs'-Situation; denn das verfassungsrechtliche Problem der Horizontalwirkung wird hauptsächlich dann aktuell, wenn der Staat aufgerufen wird, Verstösse Privater gegen den in einem Freiheitsrecht ausgedrückten Leitgrundsatz zu verhindern oder zu ahnden ..."

292 Denn sowohl demokratische Verfassungen wie auch internationale Konventionen leben in der sozialen Wirklichkeit von Prämissen, die sie nicht selber sicherstellen können. „Die Geltung von Grundrechten kann letztlich nicht durch normative Texte gesichert werden, sondern nur durch eine Grundüberzeugung der angesprochenen Menschen, dass die Achtung dieser Rechte in der Tat unerlässliche Bedingung gewaltfreien, friedlichen Zusammenlebens ist." (Jörg Paul Müller, Religionsfreiheit, S. 6).

293 Listl, Religionsfreiheit, S. 11. Vgl. Friederich, Kirchen und Glaubensgemeinschaften, S. 355. – „Die von der Bundesverfassung garantierte Religionsfreiheit ... ist sowohl ein subjektives Individualrecht gegenüber dem Staat ... als auch eine institutionelle Garantie gegenüber dem Bürger auf Schutz des religiösen Friedens im Gemeinwesen." (Kellerhals, S. 28).

294 In concreto ist das Gemeinwesen im Bereich der öffentlichen Schule unmittelbar vom Toleranzgebot angesprochen. Ein rechtlicher Ausgleich zwischen divergierenden Wertvorstellungen und Ansprüchen verschiedener religiöser Gruppen im Rahmen einer staatlichen Institution kann nicht durch „Ignorierung aller Form von Glauben, praktisch mit dem irreligiösen Teil der Elternschaft zu identifizieren, und dies als reine Neutralität zu qualifizieren", sondern vermöge geübter Toleranz, deren Prüfstein die Akzeptanz der Unvermeidlichkeit sachgerechter und verhältnismässiger Rechtseinschränkungen darstellt, bewerkstelligt werden. Hierzu Listl, Religionsfreiheit, S. 13 f. Vgl. auch BGE 114 Ia 134 E. 3a und 116 Ia 261 E. 6a. – Ebenfalls ergibt sich beim verfassungsmässigen Anspruch auf schickliche Bestattung eine staatliche Verpflichtung zu tolerantem Handeln hinsichtlich der kultusfreiheitlich rechtsgenüglichen Ausstattung entsprechender Ordnungen, indem beispielsweise das Gemeinwesen nach Religionen und/oder Konfessionen aufgeteilte öffentliche Friedhöfe einrichtet bzw. Sonderfriedhöfe konzessioniert resp. sich ein vertraglich vereinbartes Bestattungsrecht auf konfessionellen oder privaten Friedhöfen sichert und entsprechend ausgestaltet. Siehe Raselli, S. 1105 ff.; Winzeler, Fremde Religionen, S. 260 f.; sowie §§ 2 Abs. 3, 5 Abs. 1 und 4 der kantonalschwyzerischen 'Verordnung über das Bestattungs- und Friedhofswesen' (nGS SZ V-608). Vgl. auch EGV-SZ 1980, S. 34 f. Das BGer. hat in BGE 125 I 300 ff. eine aus der Religionsfreiheit

primär nicht mehr nur bezüglich ihrer pflichtgemässen Einhaltung[295] gegenüber den Religionsgemeinschaften gefordert sondern auch bei der Verwirklichung dieses Grundsatzes im intersubjektiven[296] und -konfessionellen[297] Bereich[298] geru-

---

fliessende Rechtspflicht des Staates verneint, „dafür zu sorgen, dass für Angehörige einer religiösen Minderheit, die über keine eigenen Sonderfriedhöfe verfügt, die Bestattung auf öffentlichen Friedhöfen nach den betreffenden speziellen religiösen Vorschriften erfolgen kann“ (loc.cit., S. 305 f. E. 2a). „Damit ist nicht gesagt, dass es einer Gemeinde verwehrt wäre, in öffentlichen Friedhöfen solchen Anliegen in Einzelfällen freiwillig zu entsprechen, soweit das Gebot der Gleichbehandlung der Religionen dafür Raum lässt“ (loc.cit., S. 310, E. 3 b/bb). Siehe auch Dicke, BV-Kom. Art. 53, Rz. 8.

295 Prüfstein dessen ist die Bereitschaft des Gemeinwesens, bei ausgewiesener Notwendigkeit die positive Funktion der Religionsfreiheit zu realisieren.

296 „Die Forderung nach Koexistenz der vielen Glaubensüberzeugungen in einer Welt, wo Gewalt infolge der modernen Kriegstechnologien unwiderruflich zu einer existentiellen globalen Bedrohung der Menschheit geworden ist, erscheint als unbedingt, wenn das Leben und menschliches Dasein überhaupt als sinnhaft bejaht werden [...] Wir brauchen die andern, damit wir in unseren Überzeugungen nicht unmenschlich, nicht totalitär, nicht fundamentalistisch werden.“ (Jörg Paul Müller, Religionsfreiheit, S. 5 f.).

297 Der Staat darf die Religionsgemeinschaften im Bereich ihres eigenrechtlich definierten Kompetenzenkataloges keineswegs auf das Toleranzgebot verpflichten. Verhielte er sich dergestalt intolerant, führte dies in der Konsequenz auf der nationalen Ebene zu einer erzwungenen Auflösung des röm.-kath. Kirchenbegriffs, dessen Lehramt dogmatische Toleranz per definitionem nicht zulassen kann. „Ecclesiae, cui Christus Dominus fidei depositum concredidit ut ipsa, Spiritu Sancto assistente, veritatem revelatam sancte custodiret, initmus persecrutaretur, fideliter annuntiaret atque exponeret, officium est et ius nativum, etiam mediis communicationis socialis sibi propriis adhibitis, a qualibet humana potestate independens, omnibus gentibus Evangelium praedicandi“ (c. 747 §1 CIC 1983). Das vom konfessionellen Verband zu beachtende Toleranzgebot muss sich in foro civile auf das äussere Subjektverhalten gegenüber anderen Religionsgemeinschaften beziehen. Die freiheitsrechtliche Gewährleistung des ekklesialen Dogmas darf es aus staatlicher Sicht nicht tangieren. Ansonsten müsste das Toleranzverständnis eines Gemeinwesens, welches diesbezüglich die korporative Grundrechtsfacette negiert, als präpotente Indifferenzierung in der Form intoleranter Gleichmacherei qualifiziert werden. – Freuler, S. 36 f., FN 1, unterscheidet „bürgerliche, politische Toleranz“ von nicht zulässiger „dogmatischer Toleranz“. Energisch widerspricht auch Lampert, Kirche und Staat I, S. 195, einem liberalistischen Kirchenverständnis, wonach im Namen der Toleranz die Glaubensdogmatik doktrinärem Bekenntnispluralismus zu weichen hat: „Das gemeinsame Bekenntnis ist das Erkennungszeichen der Anhänger einer *Glaubens-Gemeinschaft*; sie scharen sich um dieses Symbol wie die Truppen um ihre Fahne. 'Die Kirche ist keine Gemeinschaft von Disputierenden und Exegeten und Kritikern und bloss Suchenden, sondern von Gläubigen.' Die Religionsgesellschaft muss in Glaubenssachen einen festen, reinen Boden unter den Füssen haben. Eine Anstalt, 'in der jeder jedes behaupten und jeder jedes bestreiten kann', ist keine Kirche mehr.

fen[299]. Dort verpflichtet die Horizontalwirkung des objektivrechtlichen Grundrechtsgehalts die betroffenen Subjekte zu synallagmatischem Entgegenkommen, während das Gemeinwesen vermöge indirekter Drittwirkung mittelbar als Grundrechtsgarant im Spiel bleibt[300]. Der Schlüssel zum Ausgleich zwischen den be-

---

Glaubensgenossenschaft ohne Gemeinsamkeit im Glauben ist ein Unding." – Gl.M. Bolliger, S. 415 f.; Friederich, Kirchen und Glaubensgemeinschaften, S. 358.

298 Mit Bezug auf die Kultusfreiheit führte das BGer. beim Genfer Prozessionsfall in BGE 108 Ia 43 E. 2a aus: „... que dans les pays ou la liberté de culte est garantie, on doit pouvoir exiger de toutes les communautés religieuses et des leurs adhérents un certain degré de tolérance réciproque à l'égard des manifestations de culte extérieurs". Damit betonte das BGer. in concreto den Grundsatz, „wonach jede Inanspruchnahme von Grundrechten ihre Schranke in der Achtung der Rechtsausübung anderer Grundrechtsträger findet" (Friederich, Kirchen und Glaubensgemeinschaften, S. 353). – Sowohl die öffentliche Kultusausübung, als auch die Äusserung religiöser Ansichten, welche oftmals gleichzeitig andere Glaubenshaltungen in Frage stellt und die eigene Glaubensthese verteidigt bzw. die entgegengesetzte angreift, trifft die Beteiligten an einer sensiblen Stelle. Duldsamkeit und Rücksichtnahme kennzeichnen die um des konfessionellen Friedens willen notwendigen Eigenschaften drittwirksamer Toleranz. Vgl. Karlen, Religionsfreiheit, S. 193 ff.; Kraus, Staatskirchenrecht, S. 112.

299 Die religiöse Befriedungspflicht ergibt sich für das Gemeinwesen auch aus Art. 9 EMRK. Vgl. Villiger, EMRK-Handbuch, Rz. 602. Ebenfalls unterstreichen die Prinzipien 16.1 und 16.2 im abschliessenden Dokument des Wiener Folgetreffens der KSZE (publiziert in: BBl 1989 II 424 ff.) die Verpflichtung des Gemeinwesens, für eine „Atmosphäre gegenseitiger Toleranz und Achtung" besorgt zu sein. Vgl. auch Art. 4 der 'Erklärung der UNO-Generalversammlung über die Beseitigung aller Formen von Intoleranz und Diskriminierung aufgrund der Religion oder der Überzeugung' (abgedruckt in: BBl 1988 III 1408 ff.) sowie Art. 7 des 'Internationalen Übereinkommens zur Beseitigung jeder Form von Rassendiskiriminierung' (SR 0.104).

300 Das Toleranzgebot dient in rechtsformaler Hinsicht als materielle *„grundrechtliche 'Kollisionsnorm'"* bei der Inanspruchnahme der Religionsfreiheit durch verschiedene Träger. Siehe Friederich, Kirchen und Glaubensgemeinschaften, S. 353. Vgl. auch Fuchs, Kirchenfreiheit, S. 957 f.; Karlen, Religionsfreiheit, S. 52. – Einen „klassischen Fall" toleranzrelevanter indirekter Drittwirkung erblickt Jörg Paul Müller, Grundrechte, S. 94, in dem durch den Gesetzgeber mittels Art. 261 StGB, welcher seit 1995 von Art. 261bis StGB sekundiert wird, pönalisierten Tatbestand der 'Störung der Glaubens- und Kultusfreiheit'. Dieser soll jedoch die religiöse Auseinandersetzung nicht weitergehend einschränken, „als dies im Interesse des Gemeinschaftslebens erforderlich ist" (BGE 120 Ia 225). Hierzu Karlen, Religionsfreiheit, S. 415 ff. Vgl. auch Friederich, Kirchen und Glaubensgemeinschaften, S. 355. Bezüglich Art. 261 StGB siehe Vital Schwander, Von den Religionsdelikten. Begriff, System, Rechtsgüter, Glaubensdelikte, Freiburg 1955 (=FV 12), S. 102 ff. Zur Drittwirkung der religionsverfassungsrechtlichen Garantien beachte hinten, S. 247 ff.; Felix Hafner, Kirchen, S. 63 ff. und 311 ff.; Karlen, Religionsfreiheit, S. 270 ff.; Saladin, Grundrechte, S. 27 ff.

anspruchten Freiheitsräumen der verschiedenen Religions- und Weltanschauungsgemeinschaften liegt – im Rahmen des praktisch Möglichen – in der Konkretisierung der Toleranz, nämlich „durch ein sachbezogenes und verantwortungsbewusstes Zusammenwirken und ein Verhalten gegenüber den Mitbürgern, das diese trotz ihrer unterschiedlichen religiösen und weltanschaulichen Überzeugungen in ihrer personalen Würde anerkennt“[301], ein Klima wechselseitiger Achtung bei der Rechtsausübung anderer Grundrechtsträger zu gewährleisten[302].

Das Prinzip der Toleranz impliziert als notwendige und damit verbindliche Bedingung für das Funktionieren einer föderalen Staatsform ebenfalls ein dynamisches Element. Die religiös-konfessionelle Vielfalt unseres gemeinschaftlich pluralistischen und gesellschaftlich kontrastreichen Gemeinwesens verlangt nach einer Ordnung, welche im Rahmen des wechselseitigen Respekts nicht primär den 'Status quo' der Koexistenz perpetuiert, sondern vor allem ein grundfreiheitlich motiviertes Mit- und Zueinander ermöglicht[303].

---

301 Listl, Religionsfreiheit, S. 14.

302 Falsch verstandene Toleranz darf den Staat nicht hindern, interne Verhaltensvorschriften (z.B. aggressive Missionierung und Abwerbung) von Religionsgemeinschaften, welche die Freiheiten gemeinschaftsexterner Dritter bedrohen und sich ein offener Widerspruch zur fundamentalen Werteordnung des Gemeinwesens abzeichnet, durch eine Intervention in die vermeintlich von der Glaubens- und Gewissensfreiheit geschützte individuelle Position auf der Grundlage der rechtsstaatlichen Eingriffsordnung differenzierend zu entkräften. Allerdings sind solche Massnahmen nur dann zu erwägen, wenn das in Frage stehende religiöse Verhalten gesamtgesellschaftliche Auswirkungen erkennbar zeitigt. Diesbezüglich wirkt die in BGE 119 Ia 178 ff. einseitig den staatlichen Institutionen auferlegte Verpflichtung zu multikultureller Toleranz verfänglich und vermag dementprechende Zweifel an dieser Sentenz keineswegs – auch nicht im Hinblick auf Art. 2 Abs. 2 des 'Internationalen Übereinkommens zur Beseitigung jeder Form von Rassendiskriminierung' (SR 0.104) – zu kaschieren. Siehe Wyss, Glaubens- und Religionsfreiheit, S. 408 f., welcher nötigenfalls in Art. 17 EMRK oder Art. 56 aBV als einem speziellen Anwendungsfall der polizieilichen Gerneralklausel (vgl. 36 Abs. 1 3. Lemma rev. BV) eine Rechtshandhabe zur Bekämpfung des Missbrauchs der Religionsfreiheit seitens fundamentalistischer Glaubensgruppen erblickt. Vgl. auch die Urteilsanmerkung von Hans Peter Moser, in: ZBl 95 (1994), S. 38 f. Neuerdings zur Frage des religionsfreiheitlichen Schutzes von Sekten René Pahud de Mortanges, Destruktive Sekten und Missbrauch der Religionsfreiheit. Eine Problemanzeige, in: AJP 6/97, S. 766 ff. – Generell ist der Staat aufgefordert, offensichtlicher Unduldsamkeit einer Religionsgmeinschaft gegenüber anderen Religionen mit der nötigen Bestimmtheit entgegenzutreten. „Ausgesprochener Intoleranz muss der Staat letztlich ebenfalls mit Intoleranz begegnen, da sonst ein gemeinschaftliches Zusammenleben nicht möglich ist.“ (Karlen, umstrittene Religionsfreiheit, S. 211, FN 80).

303 Vgl. auch Jörg Paul Müller, Religionsfreiheit, S. 8 f.

4. Komplementarität der Teilgehalte

Die ineinander verschliffene objektivrechtliche Prinzipientrias der Religionsfreiheit macht in komplementärer Totalität ihren rechtlichen Gehalt zugunsten kirchlicher Freiheit, welche mit der diesbezüglichen Zurückhaltung des Gemeinwesens korrespondiert, deutlich[304]. Strukturell ausgefaltet werden ihre entsprechenden Elemente im Dienst des Neutralitätstopos wirksam. Die religiös-weltanschauliche Neutralität umfasst als herausragender Inbegriff die aus der Religionsfreiheit fliessenden konstitutiv-institutionellen Facetten, welche die staatliche Rechtsordnung zwecks integraler Grundrechtsgeltung durchdringen. Sie ordnet materiell das religionsverfassungsrechtliche Institutionensystem ein, dessen formelle Placierung anhand der bundesrechtlichen Kompetenzverteilung in der gliedstaatlichen Hoheitssphäre erfolgt, wo die religiös-weltanschauliche Neutralität den Habitus des Gemeinwesens und seinen Mitteln staatskirchenrechtlicher Verbeiständung gegenüber den konfessionellen Verbänden definiert[305]. Die spezifizierten Gestaltungsprinzipien komplementieren das Neutralitätsgebot, welches im gesellschaftlichen Gefüge von der Toleranz pazifizierend instrumentalisiert, im religionsrechtlichen Beziehungskonstrukt durch die Parität aus deren kirchenpolitischer, -rechtlicher und staatsrechtlicher Perspektive[306] staatskirchenrechtlich institutionell realisiert wird[307].

304 „Sie (sc. Neutralität) zwingt den Staat zur Enthaltsamkeit und zur (teilweisen) Trennung von den Konfessionen – ohne dass der Staat selbst in seinen eigenen Grundlagen religionslos geworden wäre. Neutralität meint hier auch Toleranz, die allerdings schon unter dem Liberalismus auch agnostisch und inhaltslos werden kann. Bei den verbliebenen vielfältigen Beziehungen zwischen Staat und Kirche, die den Staat zum Handeln und Entscheiden zwingen, muss das 'ne uter' aber doch auch begleitet sein von dem positiven 'par', der Gleichbehandlung und Parität." (Schlaich, S. 132).

305 Vgl. das bekannte Diktum von Hans Barion, Ordnung und Ortung, in: FS für Carl Schmitt, Berlin 1959, S. 30, wonach das weltliche Recht „ekklesiologisch notwendig farbenblind" ist.

306 Zu dieser Trias vgl. Isele, Revision, S. 574 ff.

307 Kritik an der konsequenten Umsetzung materiell verstandener Parität im Staatskirchenrecht der Kantone äussern Friederich, Kirchen und Glaubensgemeinschaften, S. 349 f.; Pius Hafner, Staat und Kirche, S. 197 f. „In den meisten Schweizer Kantonen ist die Verwirklichung der materiellen Parität mit besonderen Schwierigkeiten verbunden, zwischen den hergebrachten Vorrechten der Landeskirchen und der ihnen aufgrund ihrer besonderen Funktion tatsächlich zustehenden Sonderbehandlung zu unterscheiden, eine Anforderung, der die schweizerische Kirchengesetzgebung und auch die Rechtslehre bisher nur in ungenügendem Masse nachgekommen ist!" (Karlen, Religionsfreiheit, S. 197).

III. Schutzbereich und Einschränkungen des Gesamtgrundrechts

1. Gesamtgrundrecht

Der religionsfreiheitliche Konnex der Glaubens- und Gewissensfreiheit mit der Kultusfreiheit veranlasste das Bundesgericht, die enge gegenseitige Bezogenheit aufgrund des integralen Schutzobjekts[308] höchstrichterlich zu sanktionieren[309]. Damit kommt in der judiziellen Anwendung der von Art. 9 EMRK und Art. 18 des 'Internationalen Paktes über bürgerliche und politische Rechte' „lückenlos gehaltenen Verbürgungen religiöser Freiheit"[310] integrierend zum Ausdruck, dass die Religionsfreiheit nicht nur in den explizit genannten Teilaspekten sondern auch als Gesamtgrundrecht gewährleistet wird, welches das gesamte religiöse Leben schützt[311]. Um die Protektionsentfaltung der Religionsfreiheit in Anbe-

308 Häfelin, BV-Kom. Art. 49, Rz. 48. – „Die moderne, ganzheitliche Sicht der Religionsfreiheit führt zu einem gegenüber den Vorstellungen der Verfassungsgeber von 1874 gewandelten Grundrechtsverständnis. Während die Glaubens- und Gewissensfreiheit 'im engeren Sinn' früher auf den Innenbereich beschränkt sein sollte, es schon eines gewissen Argumentationsaufwandes bedurfte, um zusätzlich wenigstens das Recht zur Äusserung religiöser Überzeugungen in Art. 49 I BV zu finden, und über die Kultusfreiheit des Art. 50 I BV hinaus der Schutz religiöser Betätigung allenfalls punktuell anerkannt wurde, hat sich mittlerweile zu Recht eine *weite Auslegung* durchgesetzt, die den terminologisch veralteten Wortlaut überwindet und *Denken, Reden und Handeln gemäss der Religion* in den Schutzbereich einbezieht." (Kraus, Staatskirchenrecht, S. 86 f.). Vgl. Fleiner/Giacometti, Bundesstaatsrecht, S. 334 ff.; Karlen, Religionsfreiheit, S. 242.

309 BGE 113 Ia 305: „Die Glaubens- und Gewissensfreiheit schliesst das Recht ein, den Glauben zu betätigen. Die Kultusfreiheit hat gottesdienstliche Handlungen, also eine besondere Form der Betätigung des Glaubens zum Gegenstand. Die freie Ausübung des Kultus erscheint so ... als Bestandteil und als Ausfluss der Glaubens- und Gewissensfreiheit." Das BGer. bestätigt seine ganzheitliche Sichtweise der Religionsfreiheit auch bezüglich ihrer Interpretation. „Zu beachten ist ..., dass die Artikel der Bundesverfassung, welche sich auf die Religionsfreiheit beziehen, vor allem die Art. 49-54, ein in sich geschlossenes Ganzes bilden, weshalb bei der Auslegung der einzelnen Norm die übrigen Verfassungsartikel mitzuberücksichtigen sind." (BGE 97 I 231).

310 Karlen, umstrittene Religionsfreiheit, S. 196.

311 „Bei einem solchen Verständnis kann freilich die *Religionsfreiheit* nicht länger als blosse Zusammenfassung der in Art. 49 und 50 BV enthaltenen Glaubens- und Gewissensfreiheit und Kultusfreiheit erscheinen, sondern sie bildet dann stärker als bisher ein *einheitliches und eigenständiges Grundrecht*, von dem die letzteren Freiheiten nur besondere Ausprägungen darstellen." (Karlen, Religionsfreiheit, S. 165). Vgl. Ders., umstrittene Religionsfreiheit, S. 195 f. Diesem Umstand trägt die Terminologie von Art. 15 rev. BV leider nicht genügend Rechnung. Unscharf Jörg Paul Müller, Grundrechte, S. 85, FN 27.

tracht ihres integralen Schutzobjekts zugunsten des entsprechenden Rechtsträgers eindeutig zu lokalisieren, soll das Subsumptionsverständnis dahingehend befördert werden, als der korporative und der individuelle[312] Schutzbereich begrifflich auseinanderzuhalten sind[313],[314]. Bei den Sachverhaltskriterien, welche eine Zuordnung unter den Schirm der Religionsfreiheit zulassen, kommt es auf das religiöse Motiv einerseits und dessen Zusammenhang mit der konkreten Handlung anderseits an. Die spezielle Einschlägigkeit von Art. 49 Abs. 1 und 2 aBV oder Art. 50 Abs. 1 aBV bzw. der einzelnen Absätze von Art. 15 rev. BV hinsichtlich des jeweilis schutzbedürftigenen Aktes tritt in den Hintergrund[315].

2. *Schutzbereich*

Die vom Telos der Fundamentalnorm zu definierende inhaltliche Qualität eines Grundrechts bestimmt proportional die Dimension des Schutzrahmens, welcher seinerseits als Summe der vom Schutzobjekt erfassten Rechtspositionen[316] den

---

312 Die Fokussierung auf das selbstbestimmungsrechtliche Verhältnis des konfessionellen Verbandes zum Staat lässt vorliegend Vertiefungen der Religionsfreiheit bezüglich ihrer Bewandtnis für den Schutz des Individuums in den Hintergrund treten.

313 Dem BGer. war lange Zeit diese Einteilung nicht geläufig. Deswegen unterschied es in casu zwischen Art. 49 und 50 aBV. Siehe Friederich, Kirchen und Glaubensgemeinschaften, S. 271 f. In BGE 118 Ia 56 E. 4c fand das BGer. mit der korporativen Gewährleistung des religionsfreiheitlichen Schutzes zu einer einheitlichen Terminologie: „Die Glaubens-, Gewissens- und Kultusfreiheit nach Art. 49 und 50 BV, nachfolgend auch kurz als Religionsfreiheit bezeichnet, gewährleistet das Recht, eine religiöse oder weltanschauliche Überzeugung zu haben, sowie diese, innerhalb gewisser Schranken, zu äussern, zu verbreiten und zu praktizieren. Sie schützt den Einzelnen und die Religionsgemeinschaften vorab vor unerlaubtem Zwang durch den Staat."

314 Diesem Konzept folgt auch Art. 9 EMRK, dessen Titel neben den individuell zugeschnittenen Garantien der Gedanken- und Gewissensfreiheit auch das korporativ geprägte Grundrecht der Religionsfreiheit umfasst. Vgl. Conring, S. 358.

315 Dabei ist dem Selbstverständnis des jeweiligen Grundrechtsträgers Rechnung zu Tragen. Zum Ganzen siehe Kraus, Staatskirchenrecht, S. 87 f. – Karlen, Religionsfreiheit, S. 40 f., weist den Teilgrundrechten der Religionsfreiheit heuristischen Wert zu, „weil sie die in geschichtlicher Erfahrung herauskristallisierten neuralgischen Bereiche von Verletzungen der Religionsfreiheit besonders bezeichnen".

316 „Das Schutzobjekt umfasst alle Rechtspositionen, Tätigkeiten, Befugnisse und Interessen des Bürgers (sc. des jeweiligen Rechtsträgers!), bei denen sich der teleologisch verstandene direkt-anwendbare Gehalt der Grundrechte als thematisch einschlägig erweist." (Bolz, S. 326). Zum Behufe der Eingliederung eines protektionswürdigen Rechtsgutes in ein grundfreiheitliches Schutzobjekt bedarf es der Konkretisierung. Hierbei sind einerseits die Rechtssetzungsorgane „mit der Aufgabe betraut, bei ihrer

sachlichen Geltungsbereich umfängt. In concreto ist die Erörterung der Beschaffenheit des Rechtsgüterschutzes durch die Religionsfreiheit korporativer Observanz schwergewichtig im Kontext ihres konstitutiv-institutionellen Gehalts zu situieren. Die Konzentration auf das Verhältnis Kirche-Staat lässt es methodologisch zweckdienlich erscheinen, dispositorisch die Darstellung des Schutzbereichs in Substanz der Protektionsobjekte, Natur der Konsequenzen aus dem objektivrechtlichen Bezug sowie Ausdehnung des Schutzes zu entfalten.

A) Substanz der Protektionsobjekte

Das Menschenrecht[317] der Religionsfreiheit[318],[319] schirmt Religion in all ihren Erscheinungsformen[320],[321]. „Jede Überzeugung, die sich auf das Verhältnis des

---

Tätigkeit, das Schutzobjekt auszugestalten und zu konkretisieren“, um „die gerade im Hinblick auf die grundrechtliche Anknüpfung jeweils notwendige und adäquate rechtliche Regelung in die Rechtsordnung aufzunehmen“. Anderseits sollen die verfassungsrichterlichen Organe im Rahmen ihrer funktionellen Zuständigkeit „durch selbständige rechtschöpferische Tätigkeit mit höchster Autorität (immer wieder) Sinn und Bedeutung der grundrechtlichen Gewährleistung“ frei- und festlegen. Siehe Ders., S. 327.

317 Jörg Paul Müller, Grundrechte, S. 87.

318 Die Schutzobjekte der Religionsfreiheit charakterisieren sich in zwei Richtungen: Positiv als Individualrecht zur und für die Religion (Art. 49 Abs. 1 und 50 Abs. 1 aBV bzw. Art. 15 Abs. 1 und 2 rev. BV, Art. 9 EMRK), negativ zwecks Freiheit von staatlichem und religiösem Zwang (Art. 49 Abs. 1 und 2 aBV bzw. Art. 15 Abs. 4 rev. BV sowie Art. 15 Abs. 3 rev. BV, dessen positive Formulierung im Hinblick auf den korporativen Schutzbereich in erster Linie einer abwehrrechtlichen Konzeption folgt). Siehe Frowein, Art. 9 EMRK, S. 48 ff.; Karlen, Religionsfreiheit, S. 213 ff.; Ders., umstrittene Religionsfreiheit, S. 197; sowie vorne, S. 103 ff. Vgl. BGE 118 Ia 52 E. 3b, 56 E. 4c; 119 Ia 184 E. 4c; 123 I 300 E. 2b/aa; 125 I 354 E. 3a. Vgl. auch Isele, Entwicklung, S. 195; Hans Marti, SJK Nr. 1070, S. 3; Jörg Paul Müller, Grundrechte, S. 62 ff. Aubert, Bundesstaatsrecht, S. 1167 f., Rz. 2014, spricht von einem affirmativen und negativen Aspekt: „Ich habe das Recht nicht zu glauben. Ich habe aber auch das Recht zu glauben, was zu erwähnen der vom Ultramontanismus besessene Verfassungsgeber 1874 nicht für nötig hielt.“ – Pavan, S. 715, bezeichnet den Gegenstand des religionsfreiheitlichen Rechts, die Freiheit von Zwang, als „wesenhaft negativ“. Vgl. auch Göbel, S. 130.

319 Die religiös-weltanschauliche Neutralität verpflichtet das Gemeinwesen, den Ausgleich zwischen positiver und negativer Religionsfreiheit zu fördern, indem das Schutzobjekt nicht einseitig durch den Staat auf die negative Freiheitsseite hin disponiert wird, sondern die beiden Teilgehalte der grundrechtlichen Substanz gleichwertig behandelt werden. Die Parität als objektivrechtliche Determinante lässt das Wertigkeitsverhältnis zwischen positiver und negativer Religionsfreiheit auf keine Gehaltsseite hin prävalieren. „Der erforderliche Ausgleich zwischen kollidierenden Erscheinungsformen und Ansprüchen der positiven und negativen Religionsfreiheit

Menschen zum Göttlichen, zum Transzendenten bezieht und weltanschauliche Dimensionen hat, ist geschützt, jedes Bekenntnis unabhängig von seinem Inhalt, auch der Atheismus."[322],[323]. Zweifellos entspricht die römisch-katholische Kirche

---

kann ... nur unter Beachtung des grundrechtlichen Toleranzgebotes gefunden werden. Der hierbei notwendigerweise zu erzielende Kompromiss darf sich jedoch nicht am niedrigsten gemeinsamen Nenner orientieren, sondern muss, da die Grundrechte um ihrer Ausübung willen gewährleistet sind, ein Optimum an positiver Freiheit ermöglichen." (Listl, Glaubens-, Bekenntnis- und Kirchenfreiheit, S. 442). Vgl. Carlen, Jurisprudence, S. 120. – Karlen, Religionsfreiheit, S. 223, schlägt vor, eine Lösung allfälliger Anspruchsdivergenzen auf dem Wege der Suspension, die es dem Individuum ermöglicht zu entscheiden, ob er von seinen religiösen oder irreligiösen Rechten Gebrauch machen will, herbeizuführen. „Es darf heute niemand mehr zur Teilnahme an einem Feldgottesdienst, am Religionsunterricht oder zur Vornahme eines religiös gefärbten Eides verpflichtet werden; hingegen stehen der Feldgottesdienst, der Religionsunterricht und der religiös gefärbte Eid immer noch demjenigen zur Verfügung, der von ihnen Gebrauch machen will." (Ders., op.cit., S. 223).

320 Kraus, Staatskirchenrecht, S. 85. – Um eine hierarchische oder qualitative Abqualifikation von Glaubenspositionen zu vermeiden, werden die „fundamentalen Lebens – und Weltsichten", welche rational mitteilbar sein müssen, normativ gleichgeschaltet. „Als Religion wird jede 'mit der Person des Menschen verbundene *Gewissheit über bestimmte Aussagen zum Weltganzen* sowie zur Herkunft und Ziel des menschlichen Lebens' bezeichnet. Diese Gewissheit muss zurückzuführen sein auf die 'Vorstellungen über die Beziehung des Menschen zum Göttlichen beziehungsweise zum Transzendenten'. Diese Vorstellungen wiederum müssen von einer bestimmten Grundsätzlichkeit sein, müssen eine fundierte und zusammenhängende, grundlegende Fragen des menschlichen Lebens umgreifende Sicht wiedergeben und dürfen sich nicht in fragmentarischen Splitteransichten erschöpfen. In den Genuss des grundrechtlichen Schutzes kommt aber auch die Entscheidung, keinen Glauben zu haben oder annehmen zu wollen." (Wyss, Glaubens- und Religionsfreiheit, S. 391 f.). Vgl. BGE 119 Ia 183 f. E. 4b; sowie 123 I 300 f. E. 2b/aa. – BGE 119 Ia 186 spricht in quantitativer Hinsicht von einer „weiten Umschreibung des verfassungsrechtlichen Religionsbegriffs". Zu seinem qualitativen Umfang siehe Karlen, Religionsfreiheit, S. 200 ff. – Gegen eine Überdehnung dieses Terminus in Richtung 'Zivilreligion' wehrt sich Felix Hafner, Kirchen, S. 76 f. Ebenfalls in dieser Richtung BGE 119 Ia 183 E. 4b. Vgl. auch Winzeler, Fremde Religionen, S. 256.

321 Jörg Paul Müller, Grundrechte, S. 82, FN 12, kritisiert in diesem Zusammenhang René Pahud de Mortanges, Destruktive Sekten und Missbrauch der Religionsfreiheit. Eine Problemanzeige, in: AJP 6/97, S. 766 ff. „Die Fragestellung von Pahud de Mortanges, ob sich 'Sekten' überhaupt auf die Religionsfreiheit berufen können (S. 767), ist m.E. unhaltbar, ebenso die Feststellung, eine Bewegung, die nur 'Anleitung zur Veränderung des individuellen Bewusstseins' (S. 768) biete, falle aus dem Schutzbereich von Art. 49 heraus; es geht bei den hier angesprochenen Gemeinschaften allenfalls um Fragen der *Schranken* der Religionsfreiheit, nicht um die Umschreibung des Schutzbereichs." Siehe Winzeler, Fremde Religionen, S. 253 ff.

322 Häfelin, BV-Kom. Art. 49, Rz. 5. Hierzu BGE 119 Ia 183 f. E. 4b; sowie Jörg Paul Müller, Grundrechte, S. 82. Nicht geschützt sind jedoch religiöse Gefühle im allge-

den Kriterien dieser materiell ohne organisationrechtliche Bezüge und Vertiefungen entworfenen Idee[324] eines schutzwürdigen Religionsbegriffs[325], um Gegenstand der religionsfreiheitlichen Protektion des Gemeinwesens zu sein.

---

meinen. Vgl. BGE 116 Ia 319 E. 1c. – Gemäss Karlen, Religionsfreiheit, S. 217; Ders., umstrittene Religionsfreiheit, S. 197, schützt die negative Religionsfreiheit das Individuum ebenfalls vor dem Anschein, eine bestimmte religiöse Auffassung zu teilen, auch wenn diese für den Betroffenen keinen Konflikt mit seinen eigenen Glaubensüberzeugungen verursacht. Vorliegend gilt es aber dabei zu präzisieren, dass die derart in Anspruch genommene Schutzfacette nicht gegen den vom Einzelnen freiwillig akzeptierten Glaubensgehorsam zulasten einer Religionsgemeinschaft ausgespielt werden darf. Die Gliedschaft in einem konfessionellen Verband verwirkt das diesbezügliche Entgegenhalten der negativen Religionsfreiheit. Mithin kann sich beispielsweise ein Katholik nicht mit dem Argument, er wolle nicht mit der Glaubensüberzeugung der röm.-kath. Kirche konfrontiert werden, gegen ein Kruzifix in einem öffentlichen Raum wehren, indem er auf die negative Religionsfreiheit pocht. Ansonsten steht dem Betroffenen im religionsverfassungsrechtlichen Bereich Art. 49 Abs. 2 aBV bzw. Art. 15 Abs. 4 rev. BV zur Disposition. – Hinsichtlich der Anerkennung des religionsfreiheitlichen Schutzobjekts korporativer Observanz siehe BGE 118 Ia 56 E. 4c.

323 Explizit erwähnt neuerdings Art. 15 Abs. 2 rev. BV in diesem Zusammenhang sowohl die Freiheit der Religion als auch der weltanschaulichen Überzeugung. „Die Religion ist hier in einem sehr weiten Sinn zu verstehen, der jegliche Beziehung des Menschen zum Göttlichen oder Transzendenten umfasst. Es sind daher sämtliche Religionen und Sekten geschützt, ungeachtet ihrer zahlenmässigen Bedeutung in der Schweiz, sofern sie eine gewisse grundsätzliche und philosophische Bedeutung haben und sofern sie eine alles umfassende Weltanschauung vertreten.“ (Botschaft BV, BBl 1997 I 155 f.).

324 Die religionsbegriffliche Idee des Gemeinwesens bedingt, dass der zur religiös-weltanschaulichen Neutralität verpflichtetete Staat nach seinen Kriterien keinen eigenen Religionsbegriff selber kreieren kann. Auf der judiziellen Ebene stellt das BGer. diesbezüglich klar, dass „sich die Wahrheit von transzendenten Aussagen definitionsgemäss einer Überprüfung druch staatliche Gerichte entzieht“ (BGE 125 I 384 E. 7a). Vgl. in rechtsformaler Hinsicht Urs Josef Cavelti, Religionsgemeinschaften, S. 38, welcher die verschiedenen Lehrmeinungen erörternd darauf hiweist, dass mit den Requisiten des staatlichen Rechts schwerlich ein Terminus konstruiert werden kann, „der so weit und zugleich so eng und bestimmt wäre, dass sich ihm die Kirchen neben allen weltlichen Verbänden unterordnen liessen“. Winzeler, Fremde Religionen, S. 255, ist deshalb zuzustimmen, wenn er anführt, „dass für den Religionsbegriff und den Schutzbereich der Religionsfreiheit um eine grosszügige Lesart nicht umhin zu kommen“ ist. Schwierigkeiten bereite jedoch „eigentliche Missbräuche aus dem Schutzbereich der Religionsfreiheit auszugrenzen, was fallweise denkbar ist, aber kaum durch einen allgemeinen Grundsatz gewährleistet werden kann [...] Man könnte dieses Problem wohl nur wie den Gordischen Knoten lösen, indem sich die Rechtsprechung jeder inhaltlichen Umschreibung von Religion enthielte und die Religionsfreiheit, wie Martin Heckel, als schlichten Rahmen verstände: Wer dann in diesem Rahmen Aktivitäten entwickeln und diese als Religionsausübung be-

Lehre und Rechtsprechung[326] gehen von einem unantastbaren Wesenskern der Religionsfreiheit aus. „Die Art. 49 Abs. 1 und 2 BV entziehen einen innersten Bereich geistiger Freiheit jeder staatlichen Disposition. Der in diesem Bereich gewährleistete Schutz gilt absolut und schliesst die Verpflichtung zu einem Verhalten, das Ausdruck einer religiösen Überzeugung ist, selbst dann aus, wenn durch eine Ausnahmebewilligung von dieser Verpflichtung entbunden werden kann“[327],[328]. Eindeutig[329] zum individualrechtlichen Kernbereich gehören die

---

zeichnen wollte, stände unter dem Schutz der Religionsfreiheit, bis ihm entweder ein Missbrauch nachgewiesen würde oder er den Rahmen bzw. eine Schranke überschritte“. Ders., op.cit., S. 256, macht in diesem Zusammenhang jedoch gleichzeitig geltend, dass man „bei Fragen eines positiven Kerngehalts, der den Schranken der Religionsfreiheit widerstände...auf die Problematik des Religionsbegriffs zurückgeworfen“ wäre. Allein, hier gilt es das Verhältnis von negativer und positiver Religionsfreiheit zu präzisieren, indem mit dem negativen Grundrechtsbestandteil auf dem Fundament der objektivrechtlichen Neutralitätspflicht die Voraussetzung geschaffen wird, dass sich die Religionsfreiheit durch den Grundrechtsträger positiv entfalten lässt. Wenn nun Winzeler im Ansatz versucht, anhand der Unterscheidung eines negativen und positiven Kernbereichs der Religionsfreiheit Argumente für die Notwendigkeit eines nach staatlich-saekularen Kriterien festzulegenden Religionsbegriffs zu finden, bewegt er sich insofern bereits ausserhalb der religionsfreiheitlichen Grundrechtsebene, als er dadurch die einem solcherart definierten Religionsbegriff entgegenstehende religiös-weltanschauliche Neutralitätspflicht des Gemeinwesens unberücksichtigt lässt.

325 Hierzu Karlen, Religionsfreiheit, S. 200 ff.

326 Vgl. Häfelin, BV-Kom. Art. 49, Rz. 124 f.; Wyss, Glaubens- und Religionsfreiheit, S. 394 und dort zit. Judikatur.

327 BGE 101 Ia 397 E. 3b. Parallel zur verfassungsgeschichtlichen Entwicklung schlägt damit das BGer. den Weg von einem 'funktionalen', den Religionsfrieden sichernden Verständnis der Religionsfreiheit, hin zu einer 'personalen' Grundrechtssicht ein. Siehe Saladin, Grundrechte, S. XVIII. – Die Funktion der Garantie eines Kerngehalts der Grundrechte in der Verfassung erläutert Jörg Paul Müller, Kerngehalt, S. 33 ff.

328 Von einem unantastbaren Bereich der Religionsfreiheit geht offensichtlich auch Art. 9 EMRK aus, wenn dieser lediglich Einschränkungen des Rechts der Ausübung der Religion oder Weltanschauung nicht aber des Rechts, eine religiöse Überzeugung zu haben, zu bilden und zu wechseln, für zulässig erklärt. Siehe BGE 123 I 302 E. 2b/cc; Frowein/Peukert, EMRK-Kom. Art. 9, Rz. 1. Vgl. Friederich, Kirchen und Glaubensgemeinschaften, S. 260; Häfelin, BV-Kom. Art. 49, Rz. 130; Karlen, Religionsfreiheit, S. 244. In der deutschen Übersetzung, welche unverbindlich ist, kommt nicht adäquat zum Ausdruck, dass nur die Freiheit der Ausübung ('freedom to manifest', 'liberté de manifester') eingeschränkt werden darf. Hierzu Frowein, Art. 9 EMRK, S. 55. Siehe auch Conring, S. 182; Frowein/Peukert, EMRK-Kom. Art. 9, Rz. 23; Häfliger Menschenrechtskonvention, S. 225 f. Vgl. Malinverni, SJK Nr. 1379, S. 3 f.

freie Wählbarkeit der religiösen Überzeugung mit dem entsprechenden subjektiv-internen Bekenntnisstatus sowie das Verbot des staatlichen Zwangs in Glaubensfragen[330]. Ansonsten ist eine exakte Kernbestimmung des subjektiven Grund-

---

329 Nicht absolut geschützt ist hingegen „le droit d'exprimer ses convictions religieuses, de les professer ou de les mettre en pratique dans des actes cultuels" (BGE 123 I 302 E. 2b/cc). Siehe Häfelin, BV-Kom. Art. 49, Rz. 125.

330 Siehe Art. 15 Abs. 1, 2 und 4 rev. BV. Diese beiden Kerngehaltselemente geben das grundrechtliche Einteilungsschema wieder, welches zwischen einer positiven und einer negativen Seite der Religionsfreiheit unterscheidet. – Ebenfalls wird bei der Beschreibung des Schutzbereiches der Religionsfreiheit das 'Forum internum' vom 'Forum externum' individualrechtlich separiert. „Das von Art. 49 Abs. 2 BV ausgesprochene Verbot, jemanden zur Vornahme religiöser Handlungen zu zwingen, ist wohl dahingehend zu relativieren, dass alle nach aussen gerichteten auf Glauben und Überzeugung basierenden Verhalten grundsätzlich einschränkbar und daher nicht dem Kernbereich zuzurechnen sind." (Wyss, Glaubens- und Religionsfreiheit, S. 396). Vgl. Isele, Revision, S. 571. Wenn sich das äussere Glaubensmanifest als absolut untrennbar, beispielsweise bezüglich bestimmter Bekleidungsregeln oder des Ablegens eines religiösen Eides, mit dem inneren Glaubensbekenntnis verbunden erweist, verhilft der absolute Kernschutz Art. 49 Abs. 2 aBV bzw. Art. 15 Abs. 4 rev. BV zur wirklichen Unantastbarkeit. Vgl. BGE 119 Ia 184 f. E. 4c. Vgl. auch Karlen, umstrittene Religionsfreiheit, S. 197. Auf die diesbezügliche Unschärfe von BGE 123 I 302 E. 2 b/cc („ ... s'il ne représente pas seulement l'expression d'une conviction religieuse mais obéit à une exigence impérative de celle-ci, le port du foulard et de vêtements amples reste une manifestation extérieure qui, à ce titre, n'appartient pas au noyau intangible de la liberté de religion") weist Hangartner, Bemerkungen 'Kopftuchfall', S. 601, hin, welcher von Jörg Paul Müller, Grundrechte, S. 88, sekundiert wird: „Unhaltbar erscheint die generelle Feststellung des Bundesgerichts, dass eine äussere Manifestation eines Glaubens auch dann nicht den Schutz des Kerngehalts geniesst, wenn sie der Einzelne als einen von Innen gebotenen Ausdruck seines Glaubens erlebt." – Die Verknüpfung beider Segregationsschemata referiert BGE 123 I 300 E. 2 b/aa: „Elle (sc. die Religionsfreiheit) comporte la liberté intérieure de croire, de ne pas croire et de modifier en tout temps et de manière quelconque ses propres convictions religieuses, ainsi que la liberté extérieure d'exprimer, de pratiquer et de communiquer ses convictions religieuses ou sa vision du monde, dans certains limites." Hierzu auch BGE 119 Ia 184 E. 4c. Die Protektionsbedürftigkeit des 'Forum internum' und seinen unerlässlichen Schutz durch das religiös-weltanschauliche Indoktrinationsverbot betonen Frowein, Art. 9 EMRK, S. 59; Häfliger, Menschenrechtskonvention, S. 222; Karlen, Religionsfreiheit, S. 225 f. – Zur Vollstreckung einer Dispensation vom religiösen Unterricht, worunter auch dessen interkonfessionelle oder konfessionsfreie Gestaltung in der Form Biblischer Geschichte zu subsumieren ist, siehe das unveröffentlichte Urteil des BGer. vom 19. Januar 1993; 2P.307/1991, abgedruckt in: ZBl 94 (1993), S. 219 ff. (Übersetzung aus dem Französischen). Allerdings werden die Kantone grundfreiheitlich von Art. 49 Abs. 2 aBV bzw. Art. 15 Abs. 4 rev. BV nicht daran gehindert, religiösen Unterricht in den Lehrplänen vorzusehen und durch eigene Lehrer oder beigezogene geistliche Personen erteilen zu lassen. Indes muss eine Möglichkeit zur

rechts diffizil[331], zumal sich aus Judikatur und Literatur keine allgemein anerkannten Kriterien[332] entnehmen lassen[333],[334].

Abmeldung bestehen bzw. das Fach seitens der Schule fakultativ angeboten werden. Hierzu Borghi, BV-Kom. Art. 27, Rz. 74 f.; Häfelin, BV-Kom. Art. 49, Rz. 60 ff.; Karlen, Religionsfreiheit, S. 220 f.; Kraus, Staatskirchenrecht, S. 89, FN 74, S. 347, 349.

331 Generell darf niemand positivrechtlich verpflichtet werden, eine bestimmte vom Kernschutz erfasste religiöse oder weltanschauliche Gesinnung entgegen der persönlichen Überzeugung in foro interno mit seinem äusseren Verhalten kundzutun. Jedes Eindringen in den inneren Bereich religiöser Überzeugungen, beispielsweise mittels Medikamenten, Drogen oder Hypnose, untersagt die Unantastbarkeit des Kernbereichs vorbehaltlos. Hingegen „klar nicht dem Kernbereich zugehörig und deshalb durch den Staat grundsätzlich beschränkbar sind Äusserung und Verbreitung von religiösen Auffassungen durch Wort und Schrift, die an Dritte gerichtet und diese in Glaubensfragen zu beeinflussen geeignet sind, sowie die Betätigung religiöser Überzeugungen im gesellschaftlichen Verkehr.“ (Häfelin, BV-Kom. Art. 49, Rz. 129). Vgl. auch Hans Marti, SJK Nr. 1071, S. 1. – Gemäss Jörg Paul Müller, Grundrechte, S. 87 f., gilt das Verbot, jemanden zur Vornahme einer Kultushandlung zu zwingen, absolut und stellt deshalb einen Kerngehalt dar. Diese These relativiert Karlen, Religionsfreiheit, S. 244 f., damit, dass vielen ehemals rein religiösen Handlungen heutzutage auch ein saekularer Sinn beigelegt werden kann, wie z.B. der Sonntagsruhe.

332 Das BGer. hat sich in BGE 123 I 301 f. E. 2 b/cc und im unveröffentlichtem Urteil vom 2. September 1997; 2P.388/1996, abgedruckt in: RDAF 54 (1998), S. 162 ff., mit der Frage auseinandergesetzt, ob auch indirekte Zwangsmassnahmen als Kerngehaltseingriffe zu qualifizieren sind. „Ein solcher indirekter Eingriff liegt dann vor, wenn jemand zwar nicht gezwungen wird, einen bestimmten Glauben anzunehmen oder einem Bekenntnis abzuschwören, sondern wenn eine bestimmte Glaubenszugehörigkeit mit empfindlichen Nachteilen – für die wirtschaftliche Existenz oder für das Privatleben – sankioniert wird.“ (Wyss, Umgang, S. 175). Es ist Jörg Paul Müller, Grundrechte, S. 88, FN 34, beizupflichten, dass sich die Frage einer Verletzung des Kerngehalts nicht danach entscheidet, „ob ein direkter oder indirekter Zwang vorliegt, sondern wie *intensiv* der Eingriff die Betroffenen konkret beeinträchtigt“.

333 Häfelin, BV-Kom. Art. 49, Rz. 126 ff. – Karlen, Religionsfreiheit, S. 244 f., umgeht das Problem der definitorischen Zirkumskription des Kernbereichs („Es ist kaum möglich, einen Bezirk der positiven und negativen Religionsfreiheit abschliessend als uneinschränkbar zu bezeichnen.“[Ders., op.cit., S. 244]) dadurch, dass er es vorzieht, den innersten Komplex der Religionsfreiheit dem objektivrechtlichen Teilgehalt zu entnehmen und diesen nicht als Teil des Schutzbereichs zu umschreiben. Damit stellt er den Kerngehalt in Kongruenz zur religiös-weltanschaulichen Neutralität. Indem diese eine bestimmte staatliche Verhaltensweise statuiert, wird die individualrechtliche Verräumlichung des Kernbereichs überwunden.

334 Das BGer. stellt mit Verweis auf die kontroversielle Lit. in casu fest: „La jurisprudance et la doctrine ne sont pas unanimes à propos du noyau intangible de la liberté religieuse“ (BGE 123 I 302 E. 2b/cc). „Es wäre höchst erwünscht, wenn das Bun-

B) *Natur der Konsequenzen aus dem Bezug zum objektivrechtlichen Teilgehalt der Religionsfreiheit*[335]

Die Grundidee der Religionsfreiheit verlangt vom Gesetzgeber[336] und den rechtsanwendenden Behörden, für eine integrale Entfaltung der Fundamentalrechte besorgt zu sein. Die Ausrichtung am Grundrechtstelos nimmt den Staat sowohl bei den individualrechtlichen Garantien[337] wie auch bezüglich der objektivrechtlichen Teilgehalte in die Pflicht[338]. Der kohärenzstiftende starke soziale Bezug ei-

---

desgericht, wenn ein Fall dies einmal erfordert, die Problematik der Kerngehaltsgarantie klären würde. Das heutige, lediglich mit Beispielen arbeitende Vorgehen ist unbefriedigend." (Hangartner, Bemerkungen 'Kopftuchfall', S. 601). – In der 1999 totalrevidierten BV wurde bewusst auf eine allgemeine Definition des Begriffs des Kerngehalts von Grundrechten verzichtet. Ebenso enthielt sich der Verfassungsgeber einer differenzierten Angabe des Kerngehalts bei jedem einzelnen Grundrecht (analog der bernischen KV), um nicht „die Rechtsprechung allzu sehr zu fixieren"(Botschaft BV, BBl 1997 I 197).

335 Das BGer. ordnet in BGE 118 Ia 53, 58 der Verpflichtung des Staates „zur konfessionellen und religiösen Neutralität" einen individualrechtlichen Anspruch zu (bestätigt in BGE 123 I 308). Als Inbegriff aller komplementären Teilgehalte der Religionsfreiheit misst das BGer. der staatlichen Neutralitätspflicht auf der konstitutiv-institutionellen Ebene implizit objektivrechtliche Bedeutung bei, so dass sich die Ausfaltung dieser Gehaltsseite im Hinblick auf Mass und Qualität des religionsfreiheitlichen Schutzes dispositorisch aufdrängt.

336 Dem Staat obliegt nicht, eine eigene Religionskonzeption zu entwickeln. Die saekulare Rechtsordnung macht sich lediglich eine Vorstellung über den Gegenstand der Religionsfreiheit, „denn eine rechtliche Gewährleistung, deren Bestimmbarkeit geleugnet wird, bleibt unbestimmt, erfasst alles und zugleich nichts und läuft damit leer" (Kraus, Staatskirchenrecht, S. 3). Es ist dem Gemeinwesen hierbei keinesfalls gegeben, profanrechtlich 'Religion' theologisch zu definieren bzw. die inhaltliche Form oder die organisatorische Gestalt eines konfessionellen Verbandes zu bewerten. Der Staat verschafft sich nur eine Idee des fremdbestimmten Religionsbegriffs. Dabei muss er auf das Selbstverständnis der Konfessionen Rücksicht nehmen.

337 „Die Möglichkeit, sich unter Berufung auf die Gewissensfreiheit gegen staatliche, in jeder Hinsicht ordnungsgemäss zustande gekommene Verhaltensanforderungen zu wehren, macht denn die ungeheure Kraft dieses Grundrechts aus." (Kraus, Staatskirchenrecht, S. 110, FN 166).

338 „Angesprochen ist in diesem Bedeutungszusammenhang (sc. programmatische Grundrechtsschicht) primär der *Gesetzgeber*, dem in der Regel zuallererst obliegt, die Verfahren und Institutionen zu schaffen, die in bestimmten Lebens- und Sachbereichen ... Voraussetzung umfassender Grundrechtsverwirklichung sind." (Jörg Paul Müller, BV-Kom. Einleitung zu den Grundrechten, Rz. 41). – Friederich, Kirchen und Glaubensgemeinschaften, S. 367 ff., stellt in Anlehnung an BGE 100 Ia 400 E. 4c (vgl. auch BGE 121 I 370 E. 2a) analog zum Telos der anerkannten aber nicht ausdrücklich genannten verfassungsmässigen Rechte eine Zweckrelation mit der objektiv-institutionellen Grundrechtsseite der Religionsfreiheit als ungeschriebenem

nes Glaubenden an die Religion bindet die persönliche Glaubensentfaltung in der Regel an eine konfessionelle Gemeinschaft[339]. Als solche agiert die römisch-katholische Kirche dogmatisch verpflichtet grundfreiheitlich prinzipiell ipso iure[340], zumal die profanrechtliche Bündelung der Individualfreiheiten ihrer Glieder in der Summe keinen neuen Grundrechtsträger zu generieren vermag[341].

Verfassungsrecht her, indem er über ihre funktionale Notwendigkeit zur Ausübung geschriebener Freiheitsrechte auf beider Zielrichtung hinweist. Zur Anerkennung ungeschriebener Freiheitsrechte vgl. Häfelin/Haller, Rz. 1074.

339 Das konfessionelle Bekenntnis weist wesenhaft Gemeinschaftscharakter auf. Folglich erscheint es als ausschliesslich individuelles Geschehen undenkbar. „Die korporative Religionsfreiheit ist demnach aufgrund der menschlichen Natur und dem Wesen des religiösen Phänomens nicht etwas bloss Kontingentes, sondern wesentlicher und notwendiger Teil der individuellen Religionsfreiheit. Diese Fakten hat der Staat zur Kenntnis zu nehmen und in der Gewährleistung der Religionsfreiheit zu berücksichtigen.“ (Grichting, Kirche oder Kirchenwesen, S. 147). Insbesondere muss dabei das Gemeinwesen dem Umstand Rechnung tragen, dass sich der korporative und der individuelle Schutzbereich nicht vollständig kongruent dimensionieren lassen sondern teilweise unterschiedlichen Parametern folgen. Es „leuchtet unmittelbar ein, dass ein organisatorisches Selbstbestimmungsrecht für eine Vereinigung unerlässlich ist, einer natürlichen Person jedoch nicht zusteht“ (Conring, S. 361).

340 Aus DH Art. 4 geht klar hervor, dass der röm.-kath. Kirche als göttlicher Stiftung in der Form einer ‘Persona moralis ex ipsa ordinatione divina’ (c. 113 § 1 CIC 1983), welche ihre Rechte „nicht nur wie andere religiöse Gemeinschaften auf die Sozialnatur des Menschen“ zurückführt, die Religionsfreiheit eigenberechtigt zukommt. Hierzu Bruhin, Konzile, S. 216. „Die Kirche betrachtet sich ... unabhängig vom menschenrechtlichen Diskurs von ihrem Stifter mit einer Freiheit beschenkt, die ihr wesenhaft zugehört und die unverlierbar ist.“ (Grichting, Kirche oder Kirchenwesen, S. 150).

341 Die Berufung iuristischer Personen des Privatrechts mit kirchlichem Zweck auf die Religionsfreiheit – soweit dies von ihrem Wesen her möglich ist – lässt sich individualrechtlich begründen. Vgl. BGE 97 I 120 E. 3a. Demgegenüber kommen gemäss Hangartner, Rechte, S. 114, die verfassungsmässigen Rechte iuristischer Personen des öffentlichen Rechts „als Rechte von Kollektiven [...] diesen Gebilden unmittelbar, ohne individualrechtliche oder gar menschenrechtliche Begründung zu“. Diese Aussage ist bei staatskirchenrechtlichen Verbandspersonen röm.-kath. Observanz ad extra auf ihr autonomisches Verhältnis zum Gemeinwesen zu reduzieren. Ad intra bewirkt ihre zweckbedingte Hinordnung auf die röm.-kath. Kirche eine unumkehrbare Transition der individualrechtlich begründeten Kompetenz bezüglich der Inanspruchnahme korporativ-religionsfreiheitlicher Funktionen durch die kirchenrechtlich definierten Rechtsträger. – Die rechtsdogmatische Relevanz des Begriffes der kollektiven Religionsfreiheit ist mithin gering. Die begriffliche Separation von Kraus, Staatskirchenrecht, S. 95, in ‘kollektive’ und ‘korporative’ Religionsfreiheit wird deshalb hier übernommen, da „nach kirchlichem (sc. röm.-kath.) Selbstverständnis ... die Kirche selbst Trägerin der Religionsfreiheit und nur gewissermassen die Vertreterin der in ihr verbundenen Gläubigen“ (Fuchs, Kirchenfreiheit, S. 965) ist. Hierzu Göbel, S. 118. Vgl. auch Conring, S. 176 f., 355 f., welcher S. 185 f. zu

Vielmehr ruft die Konzeption der Religionsfreiheit nach dem Einbezug der ex ipsa ordinatione divina eigenständigen kirchlichen Anstalt unter die Protektion ihrer Grundrechtlichkeit[342].

Derweil untersagt der Grundsatz religiös-weltanschaulicher Neutralität dem Staat sich in kirchliche Angelegenheiten[343] einzumischen[344] und gewährt in der

---

Recht darauf hinweist, dass bislang diesbezüglich „die Erkenntnis der Notwendigkeit einer stringenten Begrifflichkeit" fehlte; sowie Hangartner, Universitätshexe, S. 113. – Der Einzelne bedarf bei der Suche nach der religiösen Wahrheit der Unterstützung und der Verbundenheit Dritter. Dieses Streben erfüllt sich nicht alleine kollektivistisch durch sondern korporativ in der Gemeinschaft. Von der theologischen Anthropologie her betrachtet, bedarf deshalb die individuelle positive Religionsfreiheit der *„institutionellen Verstärkung"*. Siehe Karlen, Religionsfreiheit, S. 57. Anlässlich der Übertragung der ekklesiologischen Formel 'in quibus et ex quibus' (LG Art. 23 Abs. 1) auf die theologische Anthropologie wird deutlich, dass der demokratische Rechtsstaat das Element ex quibus mit der Gewährung eines freiheitsrechtlichen Raumes für das Individuum aufgrund seines Andersseins gegenüber dem Gemeinwesen zwar realisiert, der Faktor in quibus aber – im Gegensatz zum sozialistischen Staat, wo sich die Situation genau umgekehrt darstellte – scheitert, da der Einzelne das ganze Gemeinwesen in sich selber nicht verwirklichen kann. Dies geschieht nur über die „strukturelle Dynamik" der 'Communio', deren Entfaltung das Gemeinwesen mittels korporativer Religionsfreiheit in der Form kirchlicher Selbstbestimmung nicht verhindern darf und als „Voraussetzung ... der individuellen Religionsfreiheit" (Bleckmann, S. 40) anerkennen soll. Zum 'Communio'-Begriff vgl. Corecco, Erwägungen, S. 441 ff.

342 Die ausschliesslich negativ ausgerichtete Religionsfreiheit ist dem Individuum insofern unbehelflich, als der Einzelne, welcher autonom sein Freiheitsrecht ausübt, sich in religiösen Belangen eben naturgemäss nicht isoliert sondern vermöge der 'Communio fidelium' im konfessionellen Verband seiner Religiosität nachlebt. Daher hat ein „positives Grundrechtsverständnis" der gemeinschaftsbezogenen Glaubensbetätigung Rechnung zu tragen. Hierzu Friederich, Kirchen und Glaubensgemeinschaften, S. 224. Die Gemeinschaft der Christgläubigen verbindet sich in casu untrennbar mit der 'Communio hierarchica' und der 'Communio ecclesiarum' zur 'Communio plena' als Prinzip der kirchlichen Verfassungsstruktur, welche aufgrund göttlicher Anordnung nur in ihrer Gänze vom saekularrechtlich garantierten Schutzobjekt der Religionsfreiheit erfasst werden kann. Vgl. Aymans, Kanonisches Recht II, S. 9 ff.; Lenz, S. 34.

343 Das profan-formale Kernproblem liegt dabei in der Definition des Tatbestandes der kirchlichen Angelegenheiten. Abgrenzungsschwierigkeiten ereignen sich zufolge der staatskirchenrechtlichen Kompetenzverteilung primär auf der kantonalen Ebene, wo sich systembedingterweise im gliedstaatlichen Vergleich kein einheitliches Bild bietet, welches gültige Rückschlüsse für den bundesrechtlichen Bereich zuliesse. Ohne die kantonalschwyzerische Gestaltungsautonomie zu präjudizieren, ist hier der von Lampert, Kirche und Staat II, S. 181, aufgestellte „materielle Begriff der innerkirchlichen Angelegenheiten", welcher in den saekularen Rechtskreis das wesentliche Separationskriterium projiziert, zutreffend illustrativ: „Eine grundsätzliche Scheidung staatlicher und kirchlicher Angelegenheiten ist ein juristisches Erforder-

Folge einen „*Raum 'autonomer' Entscheidung*“[345]. „Staatskirchenrechtlich verschafft Neutralität in diesem Sinne den Kirchen die Freiheit, nach dem eigenen Massstab zu leben und zu wirken und gebietet dem Staat, sich des Eingriffs und der Parteinahme zu enthalten.“[346]. Unter konsequenter Berücksichtigung der institutionellen Komponente zeitigt derzeit die Gewährleistung der Religionsfreiheit[347] im idealen Ergebnisfall[348] für die Religionsgemeinschaften ein unge-

---

nis, nachdem man Staat und Kirche als verschiedene Lebenskreise erkannt hat. So gelangen wir zu einem *materiellen* Begriff der kirchlichen Angelegenheiten: Wenn es nämlich zum Wesen und zur Aufgabe der Religionsgesellschaft gehört, die Religion ... zu pflegen, d.h. die Beziehungen ihrer Mitglieder zu Gott herzustellen und in Gemeinschaft zu unterhalten und zu fördern, so ist '*eigene*', '*kirchliche*' Angelegenheit der Religionsverbände *alles, was kraft der Religionsfreiheit nach Art und Umfang der bezüglichen Religionsauffassung seinem Wesen nach in diesen Bereich gehört und diesem Zwecke dient.*“

344 „Damit sind *kirchliche Angelegenheiten prinzipiell staatlicher Normierung und Wertung entzogen* und *der Disposition der Kirche unterstellt.*“ (Friederich, Kirchen und Glaubensgemeinschaften, S. 368).

345 Friederich, Kirchen und Glaubensgemeinschaften, S. 368 f. „Aus der Anerkennung des eigenen Lebenskreises der Kirchen ergibt sich ... als Merkmal der Kirchenhoheit die *Ausscheidung der kirchlichen und staatlichen Kompetenzen* oder die Gewährung einer autonomen Rechtssphäre an die Kirchen. Der Staat erklärt damit seine Unzuständigkeit zu Eingriffen in den innerkirchlichen Bereich und überlässt den einzelnen Religionsgesellschaften dessen selbständige Regelung.“ (Urs Josef Cavelti, Religionsgemeinschaften, S. 11 f.).

346 Schlaich, S. 134. Vgl. Wyss, Glaubens- und Religionsfreiheit, S. 396 f.

347 Eine entstehungszeitliche Interpretation der religionsfreiheitlichen Garantien mit ausschliesslicher Sicht auf die Materialien bliebe im diskriminatorischen Argumentations- und Entscheidungsklima der siebziger Jahre des 19. Jahrhunderts verhaftet. „Heute (sc. 1975) hat die Glaubens- und Gewissensfreiheit trotz gleichgebliebenem Verfassungstext ihre antikonfessionelle und a-religiöse Spitze verloren. Die Interventionsmöglichkeiten, die sich die liberal-radikale Mehrheit durch etatistische Normen und durch subtile Formulierungen offenhielt, sind schon bald nach dem Kulturkampf blosse Möglichkeiten geblieben. Diese Normen werden gegenwärtig allgemein dem Prinzip der Glaubens- und Gewissensfreiheit untergeordnet und in seinem Sinn ausgelegt.“ (Bruhin, Konzile, S. 173 f.).

348 Die in BGE 118 Ia 53, 58 von der programmatischen Grundrechtssubstanz veranlasste Deklaration der religiös-weltanschaulichen Neutralität, welche als „unverzichtbare Voraussetzung für die Gewährleistung der korporativen Religionsfreiheit“ (Listl, Gewährleistung, S. 95) gilt, bildet eine systemkausale und mithin folgerichtige Vorstufe bei der Erhebung des kirchlichen Selbstbestimmungsrechts in den Stand einer ungeschriebenen Verfassungsnorm. Sie wirkt in diesem Sinne konstitutiv. Dabei promoviert die Judikatur, welcher im Bereich der Rechtsentwicklung naturgemäss eine führende Rolle zukommt, das kirchliche Selbstbestimmungsrecht in den formellen Status eines materiellen Verfassungsrechts. Dieses wird auf seine Rechtswirkung bezogen in der Schweiz den expressis verbis gewährleisteten Grundrechten

schriebenes[349],[350] Individualrecht[351] auf integrale Selbstbestimmung[352] qua constitutione[353]. Diesem eignet über die kausale Verknüpfung mit dem religiös-

---

gleichgestellt. – Materiell erfüllt das kirchliche Selbstbestimmungsrecht die Voraussetzungen, um als „Konstitutionsprinzip der Schweizer Staatsordnung" (Saladin, Grundrechte, S. 287, vgl. auch Felix Hafner, Kirchen, S. 53) durch bundesgerichtliche Zuerkennung des Prädikats eines ungeschriebenen Freiheitsrechts im Rahmen der Religionsfreiheit formell in den Rechtsquellenstatus erhoben zu werden. – Zur ganzen Problematik der ungeschriebenen Verfassungsrechte siehe Huber, Probleme, S. 103 ff. Vgl. auch Botschaft BV, BBl 1997 I 18 f.

349 Die schrittweise Anerkennung der Kirchen als Subjekte der Religionsfreiheit kulminiert zur Zeit in BGE 120 Ia 56 E. 4c: „Sie (sc. die Glaubens- Gewissens- und Kultusfreiheit) schützt den Einzelnen und die Religionsgemeinschaften vorab vor unerlaubtem Zwang durch den Staat." – „Es wird letztlich wohl eine Frage der Zeit sein, wann das kirchliche Selbstbestimmungsrecht als Konkretisierung des korporativen Aspekts der Religionsfreiheit durch die Rechtsprechung des Bundesgerichts seine Bestätigung findet ..." (Winzeler, Selbstbestimmungsrecht, S. 95).

350 Daran wurde mit Art. 15 rev. BV (noch) nichts geändert. Auf der für die innerstaatsliche Rechtsordnung verbindlichen Ebene der Europäischen Menschenrechtskonvention ist die Rechtslage insofern klar, als die „korporative Dimension des Art. 9 EMRK" (Conring, S. 362) konventionsrechtlich anerkannt ist, indem gleichzeitig die verfahrensrechtliche Durchsetzbarkeit der korporativen Religionsfreiheit seitens des konfessionellen Verbandes als entsprechendem Rechtsträger mittlerweile unbestrittenermassen garantiert wird. Hierzu Ders., S. 334 ff.; Strasser, S. 18 ff.

351 Die korporative Grundrechtsposition verdichtet die objektivrechtliche Substanz der Religionsfreiheit dergestalt, dass ihre normative Bestimmtheit im subjektiven Anspruch auf kirchliche Selbstbestimmung in justitiabler Form normativ zutage treten kann und mithin durchsetzbar wird. – Hierzu auch Thomas Fleiner-Gerster, Glaubens- und Gewissensfreiheit, S. 118, welcher den Autonomieterminus im Sinne eines Rechts auf kirchliche Selbstbestimmung verwendet: „Da die Kirchen ihre Selbständigkeit und Autonomie aus sich selber ableiten, kann ihnen der Staat diese Autonomie nicht ... verleihen. Dieses Recht kommt den Kirchen auf Grund der Glaubens- und Gewissensfreiheit zu."

352 Das Recht auf Selbstbestimmung enthält „die *Befugnis von Kirchen und Glaubensgemeinschaften, ihre eigenen Angelegenheiten frei von staatlicher Einwirkung zu ordnen und zu verwalten* und zu diesem Zweck *eigene kirchenrechtliche Normen zu erlassen und zu vollziehen.*" (Friederich, Kirchen und Glaubensgemeinschaften, S. 364). In der röm.-kath. Kirche sind Bekenntnis und Organisation Iure divino untrennbare Elemente ihres Selbstverständnisses. Eine Separation beider Definitionselemente hinsichtlich der Abklärung zulässiger Intensität eines vermeintlich rechtmässigen staatlichen Eingriffs in das kirchliche Selbstbestimmungsrecht vermag dessen terminologische Einheit zu kassieren. Eine diesbezügliche Aufspaltung ist deswegen katholischerseits nicht zuletzt unter dem begrifflichen Aspekt inakzeptabel. Das Selbstbestimmungsrecht liefe bei kirchlicher Inanspruchnahme auf eine Leerformel hinaus. „Organisation geht im Unterschied zur Mechanisierung auf innige geistige Verbindung des Einzelnen. Eine Religionsgesellschaft ist organisiert, wenn sie ihr religiöses Bekenntnis bestimmt, die Bedingungen der Zugehörigkeit ih-

weltanschaulich neutralen Teilgehalt des Grundrechts für die gesamte Rechtsordnung[354] objektivrechtliche Qualität[355]. Die daraus resultierende Zuständigkeit der Religionsgemeinschaften „im Sinn einer *staatskirchenrechtlichen Kompetenznorm*“[356] „vollzieht eine grundsätzliche Scheidung von staatlichem und kirchlichem Wirkungskreis, von Staatsmacht und Kirchenfreiheit“[357]. Somit generiert

---

rer Glieder festgelegt, ihre wesentlichen Organe zur Repräsentation der religiösen Einheit aufgestellt und deren örtliche und sachliche Zuständigkeit in ihrem Amtskreise umgrenzt und so die Entfaltung ihrer Wirksamkeit getroffen hat.“ (Lampert, Kirche und Staat I, S. 295). A.M. Friederich, Kirchen und Glaubensgemeinschaften, S. 363. – Hierzu ebenfalls Isele, Revision, S. 587: „Die Glaubensfreiheit hat nicht nur die Bedeutung eines individuellen Freiheitsrechtes, sie führt folgerichtig auch zur Bekenntnisfreiheit des Religionsverbandes [...] Die Kultusfreiheit schliesst nicht nur den Anspruch auf freie gesellschaftliche Gottesverehrung, sondern auch das Recht auf Schaffung von Kultusverbänden in sich. Hier also ergibt sich der Anspruch auf Freiheit des Kirchenregimentes.“ Vgl. auch Schmid, S. 65.

353 Thomas Fleiner-Gerster, Glaubens- und Gewissensfreiheit, S. 119; Friederich, Kirchen und Glaubensgemeinschaften, S. 369. – Die Systematik des Normenbaus unserer Rechtsordnung wird u.a. vom Regel-Ausnahmeprinzip durchdrungen. Dem rechtslogischen Verständnis des Verfassungswerkes ist es daher dienlich, den in der Bundesverfassung gegenüber den Religionsgemeinschaften ausgesprochenen religionsrechtlichen Restriktionen das Selbstbestimmungsrecht konfessioneller Verbände als Standardvoraussetzung gegenüberzustellen. Mithin ist die kirchliche Freiheit in den betreffenden Vorschriften der Bundesverfassung implizit bekräftigt.

354 „Die Freiheitsrechte haben ... eine positive Funktion. Sie legen die staatliche Grundordnung auf die Freiheit fest. Gesetzgebung, Rechtspraxis und staatliche Organisation haben Ordnungen der Freiheit zu schaffen.“ (Bruhin, Konzile, S. 59).

355 „Kein begriffliches Merkmal des Rechts auf Selbstbestimmung, wie es hier verstanden wird, ist seine verfahrensrechtliche Durchsetzbarkeit als subjektives ‘verfassungsmässiges Recht’.“ (Friederich, Kirchen und Glaubensgemeinschaften, S. 364). Vgl. auch Bolz, S. 76 f. , welcher darlegt, „dass die Bestimmung des ‘persönlichen Geltungsbereichs’ der Grundrechte nicht definitorisch erfolgen könne, sondern sich an der Zielrichtung der jeweils betroffenen Grundrechtsposition zu orientieren habe. Besonders deutlich zeigt sich diese Notwendigkeit bei der Grundrechtsträgerschaft juristischer Personen“. – Dies lässt vorliegend eine isolierte und in dispositorischer Hinsicht nachgeordnete Betrachtung der verfahrensrechtlichen Geltendmachung des Selbstbestimmungsrechts mitsamt einer individualrechtlichen Katalogisierung der Rechtsträger korporativer Religionsfreiheit zu. Siehe hinten, S. 221 ff.

356 Friederich, Kirchen und Glaubensgemeinschaften, S. 371.

357 Isele, Revision, S. 584. „Die geschiedenen Kompetenzbereiche sind für dieses System (sc. staatliche Kirchenhoheit) eine notwendige Folge sowohl der Religionsfreiheit als auch der Eigenständigkeit der Kirche.“ (Ders., op.cit., S. 584). – Karlen, Religionsfreiheit, S. 240, betont in bezug auf die Freiheit publizistisch positionierter Kirchen bzw. deren Verhältnis zu den körperschaftlichen Instrumenten des Staatskirchenrechts, dass eine staatliche Allzuständigkeit im religiösen Bereich, von „staatskirchlichen Vorstellungen“ ausgeht und dem „Grundsatz der religiösen Neu-

die korporative Religionsfreiheit den methodologischen Schlüssel in bezug auf die Bereichscheidung[358] und urgiert dem Staat die verbindliche Beachtung der kirchlichen Ordnung[359]. Das Bundesverfassungsrecht nimmt im Rahmen der religiös-weltanschaulichen Neutralität eine prinzipielle Separation der kirchlichen von der staatlichen Sphäre vor. Welche Aufgaben in concreto dem kirchlich beanspruchten Kreis der eigenen Angelegenheiten zuzurechnen sind, bestimmt das schweizerische Recht in Konformität zu den grundfreiheitlichen Garantien nicht[360]. Massgebend für die Designation der 'Sacra interna' muss aus weltlicher

---

tralität des Staates" widerspricht. Dies betrifft implizit auch die Frage der Kompetenz zur Bereichscheidung.

358 In foro civile folgt daraus für die röm.-kath. Kirche die selbständige Ordnung der inneren Angelegenheiten. Ihre Ausgrenzung aus dem Blickfeld der staatlichen Sphäre hat zur Folge, dass sie alleine dem originären Bereich der Kirche zugehörig sind. Dies bedeutet: – Die inneren Angelegenheiten sind vom staatlichen Imperium ausgenommen und gelten als nicht staatlich; – Die inneren Angelegenheiten entspringen keiner staatlichen Hoheitsgewalt sondern resultieren aus der originären Autorität der Kirche; – Die Kirche ist bei der Gestaltung ihrer internen Rechtsordnung nicht an die schweizerische Rechtsordnung gebunden; – Das von der Kirche in ihrem Innenbereich geschaffene Recht ist nicht staatliches Recht und unterliegt nicht der Kontrolle durch schweizerische Rechtsorgane. Das Ausgeführte hindert freilich das Gemeinwesen nicht, dort, wo sich auch aus dem durch die Bereichscheidungskompetenz festgelegten Blickwinkel seiner verpflichtenden Ordnung zwangsläufig Berührungspunkte zwischen kirchlichem und staatlichem Rechtsbereich ergeben (Res mixtae), diese einer eigenen, grundrechtskonformen Rechtslösung zuführen. Dabei kann der Staat die kirchliche Regelung in die staatliche Rechtsordnung explizit oder implizit rezipieren. Vgl. Schwendenwein, korporative Religionsfreiheit, S. 788 f.

359 Friederich, Kirchen und Glaubensgemeinschaften, S. 371 f. – Der Staat entpflichtet sich zufolge seiner grundfreiheitlichen Bindung der exklusiven Kompetenz, unilateral Radius und Umfang seines Zuständigkeitsbereichs im Verhältnis zur römisch-katholischen Kirche verbindlich festzulegen und dadurch die Schnittflächen (Res mixtae) mit dem konfessionellen Verband zu dekretieren.

360 Infolgedessen kann methodologisch die inhaltliche Bestimmung des Begriffs der 'eigenen Angelegenheiten' zufolge Fehlens einer entsprechenden Definitionsnorm auch nicht durch Interpretation gelingen, da das staatliche Recht nicht entscheiden kann, welches die Aufgaben der Kirche sind. „Würde es dies tun, so würde es sich mit sich selbst in Widerspruch setzen; denn indem es über Aufgaben der Kirche und Religionsgemeinschaften befände, würde es deren Eigenständigkeit negieren und damit die Aufgabe der Gewährleistung kirchlicher und religionsgesellschaftlicher Freiheit schon im Ansatz verfehlen. Was nicht geregelt ist, kann auch nicht durch Auslegung ermittelt werden." (Hesse, S. 541). – Eine prinzipielle Scheidung von kirchlichem und staatlichen Wirken aufgrund einer materiell-objektiven, den staatlichen und kirchlichen Bereich transzendierenden Rechtslage kann es nur dort geben, wo ein Konsens (eventuell auf vertraglicher bzw. konkordatärer Basis) über den Katalog der 'eigenen Angelegenheiten' besteht. Die Parömie 'volenti non fit iniuria'

Sicht der Auftrag und das Selbstverständnis der römisch-katholischen Kirche sein[361]. Damit gehört die Kompetenz zur Bereichscheidung notwendigerweise dem Schutzobjekt der Religionsfreiheit an. „Der weltanschaulich neutrale Staat darf den Inhalt dieser Freiheit nicht näher bestimmen, weil es ihm verwehrt ist, den Glauben oder Unglauben seiner Bürger zu bewerten."[362].

Religionsverfassungsrechtlich anerkennt das bundesstaatliche Gemeinwesen keine konfessionelle Denomination publizistisch[363], es bekennt sich hingegen zur

---

müsste in casu versagen, wenn das grundrechtlich gewährleistete kirchliche Selbstbestimmungsrecht nicht zur Disposition des konfessionellen Verbandes stünde. Nur so kann die Kirche über ihre Vertragsfreiheit auch zugunsten des Staates verfügen. Danach muss sich ebenfalls eine Methode richten, welche aus der 'Natur der Sache' oder von einer staatlichen Bewertung der kirchlichen Zweckbestimmung ihre Argumente bezieht. Ansonsten wird dieser Weg im Streitfall versagen. „Dort, wo über die 'eigenen' Angelegenheiten der Kirchen und Religionsgemeinschaften ein traditioneller oder vertraglicher Konsens besteht, führt die Verpflichtung der staatlichen Organe, die Auffassung der Kirchen und Religionsgemeinschaften darüber zu respektieren, was sie als 'ihre' Angelegenheiten verstehen, zu keinem anderen Ergebnis als die überkommenen Lehren. Insoweit ist die Bestimmung der gegenständlichen Reichweite des Selbstbestimmungsrechts unproblematisch, und dies gilt für die überaus überwiegende Zahl der Aufgaben. Wo ein solcher Konsens nicht besteht, müssen die staatlichen Organe die Auffassung der Kirchen und Religionsgemeinschaften als massgeblich ansehen." (Ders., S. 543).

361 Die Orientierung des Staates an diesen Bereichskriterien bedingt konsequenterweise das Recht des konfessionellen Verbandes, alle eigenen Angelegenheiten gemäss den spezifischen kirchlichen Ordnungsgesichtspunkten rechtlich gestalten zu können. „Welche kirchlichen Grundverpflichtungen hierfür bestimmend sind, richtet sich nach den von der verfassten Kirche anerkannten Massstäben; dagegen kommt es weder auf die Auffassung der einzelnen betroffenen kirchlichen Einrichtungen noch auf diejenige breiter Kreise unter den Kirchengliedern oder gar einzelner Mitarbeiter an." (Hesse, S. 539 f.).

362 Hesse, S. 542.

363 „Es ist in der Lehre unbestritten, dass der Bund nach der geltenden Kompetenzaufteilung der Bundesverfassung keine Kirchenhoheit besitzt ..." (Gewährleistungsbotschaft rev. KV SZ, BBl 1993 II 190). Vgl. auch Friederich, Kirchen und Glaubensgemeinschaften, S. 295; Felix Hafner, Kirchen, S. 297; Lampert, Rektoratsrede, S. 26. – Das BGer. hat in BGE 24 I 651 Art. 50 Abs. 3 aBV überdehnend die Berechtigung einer dissidenten Religionsgemeinschaft zur öffentlichrechtlichen Anerkennung zwecks Wahrung gewisser Rechtsansprüche gutgeheissen: „Um solche Ansprüche geltend machen zu können, muss der Genossenschaft diejenige formale Rechtsstellung zukommen, ohne welche sie einen Rechtsanspruch überhaupt nicht erheben, ihre wirklichen oder vermeintlichen materiellen Rechte nicht einklagen kann". Dieses judizielle Abgehen von der Regel staatskirchenrechtlicher Kompetenz der Gliedstaaten blieb singulär und wird neuerdings durch Art. 72 Abs. 1 rev. BV unterbunden. Vgl. auch Friederich, Kirchen und Glaubensgemeinschaften, S. 389, FN 189.

Religionsfreiheit. In diesem Zusammenhang stellt sich die Frage, wie das durch den grundsätzlich vom Staat independenten konfessionellen Verband eigenrechtsmächtig gesetzte kirchliche Recht unter dem Blickwinkel der staatlichen Rechtsordnung zu qualifizieren sei. Wenn das Bundesrecht das föderalistisch strukturierte Gemeinwesen im vorliegenden Bezug als religiös-weltanschaulich neutralen Staat disponiert, für den an sich Bekenntnis, Glaube und kirchliche Institution jenseits seiner Aufgaben liegen, so kann das Recht der römisch-katholischen Kirche nur als Ordnung eigener Art und extrastaatlichen Ursprungs verstanden werden, welche sich ohne entsprechende Konzessionen des Staatsrechts nicht in das normative Schema saekularer Regulation einordnen lässt[364]. Nichtsdestotrotz zwingt seine Glaubwürdigkeit den religiös-weltanschaulich neutral konzipierten Staat die grundfreiheitliche Protektion des konfessionellen Verbandes gerade auch dann zu gewährleisten, wenn auf der Ebene des weltlichen Rechts der Kirche keine adäquate Rechtsform bereitgestellt wird[365],[366].

---

364 Hesse, S. 536.

365 Die EMRK-Rechtsprechung zur Beschwerdebefugnis von Religionsgemeinschaften anerkennt, „dass die Kirche eigene Rechte aus Art. 9 I EMRK hat“ (Conring, S. 355). Diese müssen verfahrensrechtlich auch auf der innerstaatlichen Ebene durchsetzbar sein. Art. 35 Abs. 1 EMRK legt fest, dass der Gerichtshof erst „nach Erschöpfung aller innerstaatlichen Rechtsbehelfe“ angerufen werden kann. Somit muss auf sämtlichen schweizerischen Rechtsebenen garantiert sein, dass die röm.-kath. Kirche auch dann, wenn sie keiner Rechtsform aus dem Numerus clausus des saekularen Rechts entspricht, sich auf die völkerrechtlich gewährleistete Religionsfreiheit berufen kann, ansonsten die Europäische Menschenrechtskonvention rechtswidriger und konventionsverletzender Weise ihrer Schutzwirkung entledigt würde. Siehe Strasser, S. 25 ff.

366 Beispielsweise kennt der Katalog des schweizerischen Rechts – ohne einer allfälligen Rezeption im Rahmen der kantonalen Kompetenzen vorzugreifen – die Figur der 'Universitas personarum non collegialis' c. 115 § 2 CIC 1983, welcher den Teilkirchen und den Pfarreien den Typus ihrer Rechtspersönlichkeit kodifiziert, bis dato noch nicht. – Geführt von einem absoluten Verständnis etatistischer Souveränität gewichtet Urs Josef Cavelti, Religionsgemeinschaften, S. 11, die praepositive Protektionspflicht staatlich gewährleisteter Religionsfreiheit zugunsten der integralen Existenz der röm.-kath. Kirche zu leicht, indem er den freiheitsrechtlichen Schutz des konfessionellen Verbandes als Grundrechtsträger von der Wahl eines Rechtsgefässes aus dem Katalog staatlicher Organisationsformen abhängig macht. A.M. Kraus, Staatskirchenrecht, S. 78, welcher betont, dass „nicht die Art der Rechtsform (...), sondern die religiöse *Zwecksetzung*“ ausschlaggebend für die Grundrechtsträgerschaft ist. Hierzu Conring, S. 200. Vgl. auch in bezug auf die legitimationsrechtliche Komponente Kälin, Staatsrechtliche Beschwerde, S. 210: „Der Begriff der Korporation gemäss 88 OG ist nach dem Willen des Gesetzgebers und gemäss der Praxis des Bundesgerichts weit. Er umfasst nicht nur die juristischen Personen des Privatrechts, sondern auch verschiedene privatrechtliche Zusammenschlüsse ohne eigene Rechtspersönlichkeit.“

Mithin gilt der objektivrechtliche Grundsatz kirchlicher Selbstbestimmung konstitutiv-institutionell a fortiori sowohl für kirchliche Gemeinschaften im Privatrecht als auch gegenüber Konfessionen, welche im öffentlichen Recht des Gliedstaates angesiedelt bzw. kantonalrechtlich mit profanen Rechtsgefässen verbeiständet sind[367]. Letztere werden im Zuge ihrer publizistischen Positionierung mittels Aufsichts-, Einspruchs- und Mitwirkungsrechten gliedstaatlicher Ingerenz ausgesetzt, welche unbeschadet der *„staatskirchenrechtlichen Kompetenznorm“*[368] als objektiver Zuständigkeitsregel, die in der religiös-weltanschaulichen Neutralitätspflicht zugunsten des konfessionellen Verbandes grundgelegt ist, systemwidrigerweise das kirchliche Selbstbestimmungsrecht tangiert[369]. Die unabhängige Selbständigkeit[370] der von autonomischen Instrumenten staatskirchenrechtlicher Verbeiständung erfassten Religionsgemeinschaft wird bezüglich der Freiheit ihrer konfessionellen Organisation[371] vor allem in den Bereichen

---

367 In Art. 49 und 50 aBV bzw. Art. 15 rev. BV separiert die Verfassung begrifflich nicht zwischen privat- und öffentlichrechtlich positionierten Religionsgemeinschaften, sondern gebraucht terminologisch einheitlich lediglich das Substantiv 'Religionsgenossenschaften' bzw. 'Religionsgemeinschaften'. Das Bundesverfassungsrecht (Art. 49 Abs. 6 aBV präjudizierte zwar diesbezüglich, traf aber keine religionsfreiheitliche Schutzunterscheidung) kennt keine explizite und direkt wirksame Differenzierung von religionsverfassungsrechtlichen Organisationsformen. Vgl. Urs Josef Cavelti, Religionsgemeinschaften, S. 16; Friederich, Kirchen und Glaubensgemeinschaften, S. 373.

368 Friederich, Kirchen und Glaubensgemeinschaften, S. 371.

369 Häfelin, BV-Kom. Art. 50, Rz. 15. – Ingeriert das saekulare Gemeinwesen trotz grundrechtlicher Limite mittels 'leges imperfectae' gegenüber der kirchlichen Hoheitssphäre, nimmt der Gliedstaat bewusst ein partikularrechtliches Fehlerkalkül zulasten gesamtstaatlicher Freiheitsgarantien in Kauf. Dabei missachten und übergehen – selbständig bei der Berücksichtigung bzw. Kreation einer a priori bundesrechtswidrigen Bestimmung, unselbständig puncto Beimessung einer bundesrechtswidrigen Normbedeutung in der Rechtsanwendung – der kantonale Gesetzgeber und dessen Rechtsorgane chronisch die derogative Kraft des Bundesrechts. Vgl. Imboden, Bundesrecht, S. 65 ff.

370 „Soweit eine den Kirchen durch das kantonale Recht eingeräumte Autonomie nicht weiter reicht als deren Selbstbestimmungsrecht ... kommt ihr lediglich deklaratorische Bedeutung zu.“ (Friederich, Kirchen und Glaubensgemeinschaften, S. 373).

371 Die Problematik ereignet sich katholischerseits vor allem darin, dass das Gemeinwesen mit Wegblick auf den kirchlichen Charakter einer gestifteten 'Persona moralis ex ipsa ordinatione divina' (c. 113 § 1 CIC 1983) der Kirche eine dem Wesen des Staates entsprechende Ordnung aufdrängt. Hierzu Lampert, Kirche und Staat I, S. 294 f.: „Was für eine Kirche in objektiv gültiger Weise Daseinsform, Festigkeitsgrund und Wirkungsweise ihrer Gemeinschaft bildet, gehört zu ihrer Ordnung und ist Voraussetzung ihres Lebens. In einem Lande, das die Religionsfreiheit anerkennt, kann es nicht Sache der Staatsgewalt sein, einer Konfession ein bestimmtes Verfassungsschema aufzudrängen, am allerwenigsten dann, wenn das staatlich aufoktroy-

Rechtssetzung, Administration und Streitschlichtung sowie Ämterwesen, Mitgliedschaftsrecht, territoriale Gliederung, Vermögensrecht, Aufrechterhaltung der kirchlichen Ordnung etc. saekularer Einschränkung unterworfen[372],[373]. Trotzdem steht der Schutz des Selbstbestimmungsrechts den Kirchen rechtmässig[374] lediglich dann nicht zur Verfügung[375], wenn sie im Rahmen ihrer publizistischen Position hoheitliche[376] Funktionen[377] wahrnehmen sollten[378]. Die mit den Mitteln

---

ierte Organisationsstatut mit den konstitutiven Elementen ihres äusseren und inneren Lebens nicht vereinbar ist oder ihnen Gewalt antut und so desorganisierend wirken muss." Vgl. hinten, S. 473 ff. – Dort, wo evangelischerseits zwischen Rechts- und saekularer Disposition entzogener Glaubenskirche unterschieden wird, vermag die staatlich normierte kirchliche Verfassungsgestalt keinen theologischen Widerspruch zu provozieren. Vgl. Corecco, Landeskirche, S. 3 ff.; Friederich, Kirchen und Glaubensgemeinschaften, S. 377.

372 Isele, Revision, S. 587; Kraus, Staatskirchenrecht, S. 97 f. Vgl. BGE 21 I 341 f. Danach befinden sich die inneren Angelegenheiten nicht in der gliedstatlichen Disposition. Zustimmend Häfelin BV-Kom. Art. 50, Rz. 15. Schwendenwein, korporative Religionsfreiheit, S. 793, gibt eine konfessionell nicht spezifizierte Typologie der inneren Angelegenheiten.

373 Friederich, Kirchen und Glaubensgemeinschaften, S. 373, misst trotz freiheitsrechtlicher Prämissen des Bundes in bezug auf die „*Einschränkbarkeit*" des kirchlichen Selbstbestimmungsrechts der staatskirchlichen Ingerenz auf gliedstaatlicher Stufe „massgebliche Bedeutung" zu.

374 Keinen Ansatz zur Bestimmung der 'Rechtmässigkeit' einer zuungunsten des konfessionellen Verbandes eingeschränkten Disposition über das kirchliche Selbstbestimmungsrecht liefert die Auffassung, dass „staatlich verordnete Organisationsprinzipien ... gleichsam als Preis für die öffentlichrechtliche Anerkennung" (Friederich, Kirchen und Glaubensgemeinschaften, S. 414) gelten. Diese der Ideologie des Staatskirchentums verhaftete These ist antiquiert und nur für die in der heutigen Zeit zu überwindenden staatskirchlichen Restanzen, wie sie u. a. Gareis/Zorn, Staat und Kirche I, S. 21 ff., betreffend der kirchlichen Organisation rechtsaltertümlich propagieren, unnötigerweise zutreffend. Vgl. Urs Josef Cavelti, Religionsgemeinschaften, S. 47; Kraus, Staatskirchenrecht, S. 384, FN 79; Winzeler, Selbstbestimmungsrecht, S. 95.

375 „Daher ist *jede Beschränkung kirchlicher Freiheit durch staatliches Recht nur zulässig, soweit es die öffentliche Ordnung oder der religiöse Friede erfordert* ... Darüber hinaus und ohne zwingenden Grund Errungenschaften des staatlichen Verfassungsrechts den Kirchen einseitig aufzuerlegen, erscheint jedoch mit deren Selbstbestimmungsrecht bzw. dem fiduziarischen Charakter der staatlichen Kirchenhoheit je länger desto unvereinbarer." (Winzeler, Selbstbestimmungsrecht, S. 95).

376 „Eine Körperschaft handelt hoheitlich, wenn sie mit ihrem Akt in irgendeiner Weise die Rechtsstellung des einzelnen Bürgers berührt, indem sie ihn verbindlich und erzwingbar zu einem Tun, Unterlassen oder Dulden verpflichtet oder sonstwie seine Rechtsbeziehung zum Staat autoritativ festlegt ..." (BGE 117 Ia 113). Die delegierte Kompetenz des hoheitlich agierenden und keinen staatlichen Zweck verfolgenden Rechtsträgers muss diesem aufgrund einer gesetzlichen Grundlage, die min-

destens in einem formellen Rechtssatz zu bestehen hat, durch den übergeordneten Verfassungs- bzw. Gesetzgeber zugewiesen werden. Hierzu BGE 104 Ia 444 ff. E. 4; Huguenin Jacobs, Kom. ZGB, Art. 59, Rz. 7. In casu trifft diese Definition der Hoheitlichkeit des Handelns einer iuristischen Person des öffentlichen Rechts hauptsächlich auf die staatskirchenrechtlichen Körperschaften, deren Zweck vom konfessionellen Verband generiert wird, zu. Der möglicherweise ebenfalls publizistisch situierte konfessionelle Verband vermag i. d. R. höchstens mittelbar, beispielsweise über die staatskirchenrechtlich rezipierten Gliedschaftsvoraussetzungen, hoheitliche Bedeutung zu entfalten, ohne dass dieses staatlich veranlasste Junktim für ihn kirchenrechtlich verpflichtend wäre.

377 Die Einstufung kirchlichen Handelns in die Kategorie der Hoheitlichkeit fragt nach der religionsfreiheitlichen Trägerschaft des konfessionellen Verbandes und beschlägt in der Folge ihre verfahrensrechtliche Durchsetzbarkeit als subjektives verfassungsmässiges Recht im Sinne von Art. 113 Abs. 1 Ziff. 3 aBV bzw. Art. 189 Abs. 1 lit. a rev. BV. In steuerrechtlichen Belangen müssen beispielsweise die öffentlichrechtlich positionierten Kirchen bzw. konfessionell ausgerichteten Körperschaften rechtsstaatlichen Verfahrensprinzipien Nachachtung schenken, während ihr religionsfreiheitlicher Schutz sistiert ist. Mit dem 'Privilegium favorabile' ist wohl auch das 'Privilegium odiosa' in Kauf zu nehmen.

378 'Hoheitlich' agieren öffentlichrechtlich situierte Religionsgemeinschaften i. d. R. indirekt über die ihnen hingeordneten Instrumente staatskirchenrechtlicher Verbeiständung. In dieser Funktion sind die betreffenden Körperschaften an die nämlichen Verpflichtungen gebunden, wie sämtliche Träger staatlicher Hoheitsgewalt. Im Gegensatz zur röm.-kath. Kirche erlangt für die ev.-ref. Kirche in casu die Unterscheidung zwischen Verbeiständungsinstrument und publizistisch positioniertem Konfessionsverband keine praktische Relevanz. „Die evangelische Kirche wird Rechtskirche im staatlichen Recht, und sie ist als solche begrenzt vom staatlichen Recht, sie bildet hier ein Ganzes, sie war Staatskirche, sie ist heute Landeskirche. Die katholische Kirche tritt dem Staat mit ihrer eigenen Kirchenorganisation, die in Bistümer und Pfarreien gegliedert ist, gegenüber. Ihre Organisation ist vorgegeben, sie stützt sich nicht auf das staatliche Recht ab, sie ist Teil der katholischen Gesamtkirche." (Isele, Entwicklung, S. 194.) Vgl. Felix Hafner, Kirchen, S. 297. Der 'Status publicus' öffentlichrechtlich erfasster Kirchen stellt die ihnen zudienenden Körperschaften des Staatskirchenrechts in den Bereich des „Nicht-Staatlich-Öffentlichen". Hingegen ist ein vom Gemeinwesen den staatlich kreierten Verbeiständungsinstrumenten applizierter Normenmantel imstande, dann eine vollumfänglich vereinnahmende Einordnung in den publizistischen Rechtskreis des betreffenden Gemeinwesens zu bewirken, wenn die betroffene staatskirchenrechtliche Körperschaft öffentliche und zugleich staatliche Aufgaben erfüllt. Funktionen, denen das Attribut der Staatlichkeit mangelt, ordnen nur rechtsklassifikatorisch die öffentlichrechtlichen Gefässe des Staatskirchenrechts dem staatlichen Gefüge zu, während ihre hingeordnete Stellung die Zweckdependenz vom konfessionell-hierarchischen Verband verdeutlicht. Vgl. Friesenhahn, S. 14 ff. Das Prädikat der 'Hoheitlichkeit des Handelns' vermag somit die Berufung auf die zudienende Konzeption staatskirchenrechtlicher Gefässe zu sistieren. Die dadurch intendierte Vermeidung grundrechtlicher Bindung verfällt der Irrelevanz. – Vgl. BGE 112 Ia 363 f.; 120 Ia 96 f. E. 1a; ZBl 98 (1997), S. 416 E. 1e (je mit Hinweisen). Hierzu auch Hangartner, Rechte, S. 121 f., welcher

des kantonalen öffentlichen Rechts in der Form der Anerkennung vollzogene Aufnahme eines konfessionellen Verbandes in den publizistischen Rechtsbereich vermag deshalb die Existenz des kirchlichen Selbstbestimmungsrechts nicht zu kassieren. Das gliedstaatliche Gemeinwesen hat vielmehr seine staatskirchenrechtliche Gestaltungskompetenz konsequent an der grundrechtlichen Vorgabe korporativer Religionsfreiheit auszurichten[379].

C) Ausdehnung

Die korporative Religionsfreiheit konstitutionell expliziter Provenienz zentriert im uneinschränkbaren Recht auf Ausübung des Kultus[380]. Dessen nicht expressis verbis garantierter Kernbereich[381] wurzelt untrennbar in der staatsrechtlich inge-

---

BGE 112 Ia 363 f. dahingehend präzisiert, als eine iuristische Person des öffentlichen Rechts aufgrund ihrer Bindung an das öffentliche Interesse nicht zum Privaten wird, auch wenn sie wie irgendein Privater handelt. Vgl. auch Dülp, S. 516.

379 Hollerbach, Europa und das Staatskirchenrecht, S. 258, schliesst von der religionsfreiheitlichen Prämisse, dass aus der „Geltung der Religionsfreiheit für Kirchen und Religionsgemeinschaften ... die Anerkennung eines kirchlichen Selbstbestimmungsrechts“ folgt, „dessen Gehalt sich freilich allein aus dem Grundrecht ergibt und keine staatskirchenrechtliche Ordnung impliziert“. Das für das Verhältnis des Gliedstaates zur röm.-kath. Kirche zu konkretisierende Organisationsprinzip bewegt sich mithin in den Schranken des durch die korporative Religionsfreiheit geschützten Selbstbestimmungsrechts des konfessionellen Verbandes.

380 Mit kämpferischer Emphase Freuler, S. 26: „Es ist unzweifelhaft feststehendes Schweizerrecht: Wenn dem Kanton in seiner Aufgabe als Organisator der Religionsgenossenschaften alles zugedacht werden könnte, Eines hat ihm der Bund definitiv entzogen, Eines darf – polizeiliche Verfügungen innerhalb der Schranken der B.V. ausgenommen – nicht Gegenstand kantonaler Legislation und Organisation sein, Eines hegt und bewacht der Bund als unantastbares, geheiligtes Depositum, als kostbarsten Edelstein: *Die Freiheit des Kultus.*“ – Die Einschränkbarkeit der Kultusfreiheit aus gesundheitspolizeilichen Gründen (vgl. BGE 49 I 356 ff.) erscheint zulässig, denn im Gegensatz zur individuellen Glaubens- und Gewissensfreiheit relativiert das kollektive Moment diesbezüglich den Absolutheitsgrad des Grundrechtsschutzes. Ansonsten bezeichnet die Freiheit des Kultus und des Bekenntnisses einen „*absolut geschützten Bereich kirchlicher Selbstbestimmung*“. Siehe Friederich, Kirchen und Glaubensgemeinschaften, S. 412. Hingegen ist die kultische Praxis, sofern sie öffentlich wirksam wird, Einschränkungen unterworfen. Zu den betreffenden Schranken siehe hinten, S. 196 ff.

381 Strasser, S. 27, führt aus, dass Art. 9 EMRK das Gemeinwesen u.a. anhält, „einen Kernbereich der Regelungskompetenz der Religionsgemeinschaften in Glaubensfragen, einschliesslich gewisser organisatorischer Massnahmen, die für die Ausübung des Glaubens wesentlich sind, wie z.B. Gestaltung der religiösen Riten, Widmung des für Kultzwecke bestimmten Vermögens, Bestellung der Amtsträger usw. unberührt“ zu lassen. Vgl. Conring, S. 362.

renzfrei durch den konfessionellen Verband nach seinen dogmatischen Prämissen eigenrechtsmächtig zu konstituierenden Gestalt des Bekenntnisses[382]. Zum völkerrechtlich gesicherten Bestand der Europäischen Menschenrechtskonvention[383],[384] gehört mittlerweile auch das Recht der Kirchen, sich zwecks Protektion

---

382 Urs Josef Cavelti, Religionsgemeinschaften, S. 15 ff.; Friederich, Kirchen und Glaubensgemeinschaften, S. 384 ff.; Fuchs, Unfehlbarkeit, S. 118; Häfelin, BV-Kom. Art. 50, Rz. 15; Hangartner, Grundzüge II, S. 100 f.; Isele, Revision, S. 587; Karlen, Religionsfreiheit, S. 330 f.; Kraus, Staatskirchenrecht, S. 95 ff.; Lampert, Kirche und Staat I, S. 294 ff.; Saladin, Grundrechte, S. 19. A.M. bezüglich öffentlichrechtlich verfasster staatskirchenrechtlicher Körperschaften Schmid, S. 66 f.

383 Wegweisend für die Anerkennung der Beschwerdebefugnis der Religionsgemeinschaften und damit für die verfahrensrechtliche Bestätigung ihrer korporativen Grundrechtsträgerschaft auf Stufe EMRK war der Entscheid der Europäischen Menschenrechtskommission vom 5. Mai 1979 über die Beschwerde Nr. 7805/77 (Church of Scientology v. Schweden), DR 16, 68 ff. „Seit dieser Entscheidung hat die Kommission die Beschwerdelegitimation von Kirchen und Religionsgemeinschaften, die Verletzungen des Artikels 9 EMRK geltend machten, in ständiger Rechtsprechung anerkannt.“ (Strasser, S. 19). Die Entwicklung der diesbezüglichen Konventionsjudikatur referiert Conring, S. 339 ff.

384 Art. 9 EMRK schützt neben der religiösen Freiheit natürlicher Personen in der Form des Bekenntnisses zu einer Religion und ihrer Ausübung auch die privatrechtlichen iuristischen Personen und die öffentlichrechtlichen Institutionen mit religiöser Zwecksetzung, sofern diese allgemein keine Staatsorganisation verkörpern oder nicht konkret hoheitlich auftreten. Siehe Conring, S. 338, 341 f., 350; Strasser, S. 22 ff. Die Konventionsnorm schützt sowohl das konfessionelle Existenz-, Definitions- und Organisationsrecht als auch die freie kirchliche Entscheidung hinsichtlich des gemeinschaftlichen Betätigungs- und das innerkirchlichen Durchsetzungssrechts. „Art. 9 Abs. 1 gewährleistet im zweiten Teil des zweiten Satzes ein Recht zur Ausübung der Religion oder Weltanschauung in verschiedener Weise [...] Welche Ausübungsform gewählt wird, unterliegt der freien Entscheidung des einzelnen. Weiterhin ist die Art der Ausübung durch vier Begriffe eingegrenzt. Unproblematisch ist der des Gottesdienstes oder besser Kultus (worship, culte). Dabei wird die typische Form religiöser Anbetung und Verkündigung geschützt. Ebenso unproblematisch ist die Unterrichtung oder Lehre in den religiösen Überlieferungen, aber auch die damit geschützte Lehre der Prinzipien von Weltanschauungen. Relativ eindeutig bestimmt ist auch die Gewährleistung der Beachtung religiöser Gebräuche oder Riten. Dazu gehören Prozessionen, aber auch das Tragen religiöser Kleidung ...“ (Frowein, Art. 9 EMRK, S. 51). Siehe Blum, S. 170 ff., 175; Conring, S. 361 ff.; Friederich, Kirchen und Glaubensgemeinschaften, S. 261, 384 f., 454 f.; Frowein, Art. 9 EMRK, S. 55; Frowein/Peukert, EMRK-Kom. Art. 9, Rz. 9; Häfliger, Menschenrechtskonvention, S. 223 f.; Kaufmann, S. 239 ff.; Kimminich, Religionsfreiheit, S. 152 f. Vgl. auch Strasser, S. 27 f.; Villiger, EMRK-Handbuch, Rz. 600 ff. – Kritisch Hafner/Buser, S. 1209. Beachte aber den Entscheid der Europäischen Menschenrechtskommission vom 5. Mai 1979 über die Beschwerde Nr. 7805/77 (Church of Scientology v. Schweden), DR 16, 70. Vgl. Frowein, Art. 9 EMRK, S. 49. – Das BGer. thematisierte zwar in BGE 117 Ia 314 (bestätigt in BGE 119 Ia 183) – nachdem es

ihrer integralen Seinsstruktur ipso iure auf Art. 9 EMRK zu berufen[385], sowie der Gläubigen, sich der kirchlichen Dogmen- und Normenordnung[386] gemäss zu ver-

---

in BGE 114 Ia 132 feststellte, dass die BV und die EMRK im Bereich der religiösen Freiheitsrechte gleiche Garantien enthalten – die Frage nach dem weitergehenden Schutz durch Art. 9 EMRK im Verhältnis zu den religionsrechtlichen Bestimmungen der BV, bezog aber diesbezüglich keine eindeutige Position und hielt fest, dass die Verfassungsnorm im Lichte der Konvention ausgelegt werden könne und mithin die Schutzbereiche der EMRK und der BV nicht voneinander abzugrenzen seien. Zufolge der „rechtstechnischen und sprachlichen Unterschiede in der Gewährleistung der Religionsfreiheit in der Bundesverfassung und der EMRK drängt sich eine *integrierende Interpretation* beider Rechtsquellen auf". Hierzu Karlen, Religionsfreiheit, S. 164.

385 Pius Hafner, Staat und Kirche, S. 202, zweifelt aufgrund des Staatskirchentums in Griechenland, Grossbritannien und in den skandinavischen Staaten ein auf EMRK-Basis garantiertes kirchliches Selbstbestimmungsrecht an. – Diese Ansicht ist überholt und mit einem heuristischen Prinzip dahingehend zu präzisieren, als keine Unvereinbarkeit von Art. 9 Abs. 1 EMRK mit der Existenz von staatskirchenartigen Konfessionsgemeinschaften festgestellt werden kann, sofern „die Staatskirche ... mit keinerlei Zwang zur Zugehörigkeit oder Ausübung verbunden" wird (Frowein, Art. 9 EMRK, S. 49). Hierzu auch Strasser, S. 15 f. Zwar ist diesbezüglich ein gewisses Spannungsverhältnis nicht von der Hand zu weisen. Die scheinbare Widersprüchlichkeit von ausländischem Staatskirchentum und kirchlichem Selbstbestimmungsrecht wird jedoch interpretatorisch behoben, indem beispielsweise zur Kenntnis genommen werden darf, dass erstens in Grossbritannien und insbesondere in Dänemark bei kirchenrechtlichen Massnahmen die Staatsorgane gemäss der lutherischen Zwei-Reiche Lehre, welche von einer strikten Trennung des staatlichen und kirchlichen Bereichs ausgeht, als Organe der Kirche handeln und speziell in Grossbritannien die Eingriffsrechte der Staatsorgane in den Raum der Staatskirche nicht auf staatlichem Souveränitätsrecht beruhen können. Wäre dies trotzdem der Fall, müsste das der Rechtsgleichheit verpflichtete britische Gemeinwesen die Verhältnisse aller Kirchen einheitlich regeln; zweitens die britischen Staatsorgane i.d.R. an die Vorschläge der Kirchenorgane i.e.S. gebunden sind, was bei einem präjudiziellen Rechtssystem den normativ verpflichtenden Charakter der kirchlichen Intentionen organbindend manifestiert; und drittens die neue griechische Verfassung die orthodoxe Kirche nicht mehr als Staatskirche anerkennt. Das griechische Gemeinwesen wird nurmehr im Rahmen der Staatsaufsicht zur Schrankenlegung in Übereinstimmung mit Art. 9 Abs. 2 EMRK berechtigt. Auch gilt es festzustellen, dass die Mitgliedstaaten der EU und des Europarats durchwegs den Kirchen in ihren Verfassungen eine sehr weitgehende Autonomie einräumen, was sowohl für die religiösweltanschaulich neutral ausgerichteten Gemeinwesen gilt als auch bei den Ländern mit einem staatlich etablierten Konfessionsverband zutrifft. Somit stellt die Existenz staatskirchlich verschiedenartig geprägter Religionsgemeinschaften in den pars pro toto erwähnten Ländern kein hinreichendes Motiv dar, um die Völkerrechtsqualität des Rechts auf kirchliche Selbstbestimmung zu beeinträchtigen. Nachdem Art. 9 EMRK weder explizit eine 'Staatskirche' verbietet, noch ein Prinzip der Trennung von Kirche und Staat beinhaltet, steht einer völkerrechtlichen Postierung des kirch-

halten[387]. Die Festlegung der Glaubenslehre durch den Staat[388] ist weder bei privatrechtlich organisierten Konfessionen noch bei öffentlichrechtlich erfassten Kirchen indiziert, gar keines Falls notwendig und erst recht nicht zulässig[389],[390],

---

lichen Selbstbestimmungsrechts auf dem Fundament der EMRK nichts entgegen. Vgl. Frowein, Art. 9 EMRK, S. 49; Strasser, S. 27. Schliesslich ist in diesem Zusammenhang zu erwähnen, dass dem Heiligen Stuhl in seiner Eigenschaft als Leitungsorgan der supranational verbreiteten und hierarchisch verfassten röm.-kath. Kirche kraft seiner Völkerrechtssubjektivität (hierzu Köck, völkerrechtliche Stellung, S. 16 ff., 773 ff.; Oechslin, S. 51 ff.) ein jede Einmischung in binnenkirchliche Angelegenheiten verbietendes „Interventionsverbot" zukommt. Unabhängig der konkreten staatskirchenrechtlichen Situtation erwächst daraus der in den EMRK-Mitgliedstaaten verankerten röm.-kath. Kirche bezüglich ihres Glaubensdogmas bzw. ihrer Organisationsfreiheit ein Recht auf Selbstbestimmung. Zum Ganzen siehe Bleckmann, S. 42 ff. – Vgl. Kaufmann, S. 249 f.; Kimminich, Religionsfreiheit, S. 150; S. 49; Frowein/Peukert, EMRK-Kom. Art. 9, Rz. 9. Hierzu auch Frowein, Art. 9 EMRK, S. 49; Kraus, Staatskirchenrecht, S. 84 f., welcher wie Conring, S. 338, 352 ff.; und Strasser, S. 18 ff., die Legitimation von nicht hoheitlich handelnden öffentlichrechtlichen und staatsorganisationsfremden Religionsgemeinschaften zur Berufung auf Art. 9 EMRK – und zwar unabhängig ihrer Mitgliedervertretungsfunktion – qua eigenen Rechts bejaht. Mit der Regelung der Rechtsträgerschaft einher geht gemäss Art. 34 EMRK die formelle Frage nach der Parteifähigkeit öffentlichrechtlicher Organisationen. Vgl. Blum, S. 172; Friederich, Kirchen und Glaubensgemeinschaften, S. 261.

386 Die Rechtssetzung der röm.-kath. Kirche erfolgt mit dem Ziel, „die Wahrheit der Lehre institutionell festzuhalten, damit eine unbedingte Übereinstimmung zwischen Dogma und Recht besteht". Das Kirchenrecht wird insofern „als mittragendes Element der kirchlichen heilsbringenden Wahrheit betrachtet". Siehe Corecco, Theologie, S. 15.

387 Bleckmann, S. 41.

388 Isele, Revision, S. 572: „Jeder menschliche Verband hat seine spezielle Zwecksetzung, eine Konfession notwendig ihr Bekenntnis. Sie kann nicht entkonfessionalisiert werden wie der Staat, denn das Bekenntnis ist ihr wesentlicher Inhalt."

389 Die saekularistische Einflussnahme des Staates auf das konfessionelle Dogma führt im Ergebnis zur staatsrechtlichen Designation der Identität einer Religionsgemeinschaft, kreiert doch die Bekenntnisfestlegung in religionsbegründendem Modus das Fundament des kirchlichen Selbstverständnisses. „Es ist eine ganz unmögliche Konstruktion, dass der Staat entscheiden könne über den Inhalt der religiösen Bekenntnisse. Er hat diese anzuerkennen, wie sie von den kirchlichen Behörden festgesetzt und umschrieben werden. Darin eingeschlossen sind notwendigerweise auch die organisatorischen Normen, sofern solche zum wesentlichen Bestandteil (sc. was aus röm.-kath. Optik zu bejahen ist) einer Konfession gehören ..." (Urs Josef Cavelti, Religionsgemeinschaften, S. 16 f.). Gl. M. Isele, Revision, S. 587. – A.M. Felix Hafner, Beteiligung, S. 164, welcher das Szenario eines staatsdogmatisch beherrschten Kirchenverständnisses zeichnet und dementsprechend aus dem geltenden religionsverfassungsrechtlichen Katalog keinen formellen Titel zugunsten der korporativen Religionsfreiheit abzuleiten vermag, diese aber trotzdem als Desiderat po-

denn Gestalt und Umfang des kirchlichen Selbstbestimmungsrechts als positiv[391]-materielles Element der korporativen Religionsfreiheit[392] müssen konfessionsseitig[393] in der theologischen Identität der einzelnen Religionsgemeinschaften ihren Ursprung nehmen[394].

---

stuliert: „Sichtlich legt das kirchenpolitische System der Schweiz zu viel Gewicht auf die individualrechtliche Seite der Religionsfreiheit und übergeht damit die Tatsache, dass die Bekenntnisfreiheit der Glaubensgemeinschaften gleichermassen bedeutsam erscheint wie die Glaubens- und Gewissensfreiheit des einzelnen. Nur die Gewährleistung kollektiver Religionsfreiheit für die kirchlichen Körperschaften des öffentlichen Rechts auf Bundesverfassungsebene könnte hierbei einen Ausgleich schaffen, selbst wenn damit zugleich eine gewisse Einschränkung kantonaler Kirchenhoheit in Kauf zu nehmen wäre.“ Vgl. auch Schmid, S. 66 f.

390 Der innerstaatlich verbindliche Art. 9 EMRK verbietet auf der völkerrechtlichen Ebene, dass das Gemeinwesen die Legitimität einer Glaubensrichtung in Frage stellt. Der Europäische Gerichtshof für Menschenrechte führte gemäss Strasser, S. 23 f., mit Bezug auf das Urteil Manoussakis vom 26. September 1996 (Recueil des Arrêts et Décisions 1996-IV, S. 1346), „insbesondere aus, dass die Religionsfreiheit gemäss Artikel 9 dem Staat kein Urteil darüber erlaubt, ob ein religiöser Glaube und die zu seiner Ausübung verwendeten Mittel legitim sind“.

391 In negativer Hinsicht wehrt das kirchliche Selbstbestimmungsrecht religionsfreiheitliche Ansprüche eines staatskirchenrechtlichen Verbeiständungsinstrumentes, welches diese zuungunsten der hierarchisch verfassten röm.-kath. Kirche erhebt, ab.

392 Vgl. Hollerbach, Europa und das Staatskirchenrecht, S. 258.

393 Der kirchliche Selbstbestimmungsanspruch tritt kirchenrechtlich durch das Formalprinzip ekklesialer Existenz gemäss c. 113 § 1 CIC 1983 in der Rechtsform einer 'Persona moralis ex ipsa ordinatione divina' zutage, welche sich materiell einerseits ad intra auf das hierarchische Prinzip „als inhaltliche Charakterisierung der Binnenstruktur der Kirche“ bezieht (c. 129 §1 CIC 1983, 'Potestas regiminis') und anderseits ad extra den Verkündigungsauftrag (c. 747 § 1 CIC 1983, 'Munus docendi') beinhaltet. Hierzu Göbel, S. 111 ff., 132. Vgl. Mikat, Verhältnis von Kirche und Staat, S. 145 f., 148 f.; Ders., StL, Sp. 481. Das „Recht der freien Selbstbestimmung in ihren eigenen Angelegenheiten ist nach den religionsrechtlichen Grundvorstellungen des Konzils unmittelbarer und konstitutiver Inhalt des Grundrechts der Religionsfreiheit“ (Listl, Kirche und Staat, S. 214). Vgl. Ders., Aufgabe, S. 462 f., 468 ff.

394 Friederich, Kirchen und Glaubensgemeinschaften, S. 378 f. – „Die Religionsfreiheit der Individuen richtet sich nicht auf irgendeinen beliebigen, sondern auf einen ganz bestimmten Glauben. Die Gläubigen verlangen eine Garantie, dass sie durch die Befolgung der Glaubensgrundsätze das Seelenheil erreichen. Das ist aber nur möglich, wenn und soweit die Mittel zur Erreichung dieses Ziels durch die Kirche verwaltet werden.“ (Bleckmann, S. 42). Demzufolge entfaltet die korporative Religionsfreiheit ihren Schutzmantel nur zugunsten des konfessionellen Verbandes und nicht im Verhältnis zu einzelnen Subjekten, welche aus der von der kollektiven Religionsfreiheit erfassten Summe individueller Abwehrrechte dogmatische Ansprüche herleiten. Beispielsweise kennt das geltende Recht kein 'kirchliches Widerstandsrecht'. (Die röm.-kath. Kirche hat das in c. 1179 CIC 1917 verankerte 'Ius asyli' nicht mehr in den Kodex 1983 aufgenommen. Das Recht der Lokalimmunität ge-

Unter den Schirm gegen saekulare Einmischung fällt das öffentlichkeitswirksame wie private Recht zur Gottesverehrung – einzeln oder im Kollektiv mit Gleichgesinnten – in der Vornahme gottesdienstlicher Handlungen wie Messfeier, Predigt, Erteilung und Empfang von Sakramenten etc.[395]. Ebenfalls sind Prozessionen, Läuten der Kirchenglocken, Schächten[396], Geistheilen sowie kirchliche Meinungsäusserungen[397],[398], Caritas und Diakonie unter Art. 50 Abs. 1 aBV

---

weihter Stätten besteht in c. 1213 CIC 1983 fort. Siehe Göbel, S. 123 ff.).

395 „Gewöhnlich versteht man unter Kultusfreiheit das Recht der Religionsgesellschaften zur gemeinsamen öffentlichen Gottesverehrung nach den von ihnen selbst aufgestellten Formen, ohne einer staatsbehördlichen Ermächtigung zu bedürfen." (Lampert, Kirche und Staat I, S. 209). Vgl. auch Carlen, Grundrechte, S. 1004; Karlen, Religionsfreiheit, S. 230 f. Gemäss bundesgerichtlicher Rechtsprechung umfasst der Begriff gottesdienstlicher Handlung „nicht nur Akte der eigentlichen Gottesverehrung im engern Sinn, sondern auch alle Handlungen, die überhaupt Bestandteile des Ritus und damit des Kultus im weiteren Sinn einer Religionsgemeinschaft sind" (BGE 33 I 331).

396 Das Schächtverbot folgt nicht konfessionspolitischen Gründen sondern einem veränderten Tierschutzverständnis. Die Schlachtvorschriften des Tierschutzgesetzes, Art. 20 f. TschG (SR 455), verlangen gestützt auf Art. 25bis Abs. 2 aBV bzw. Art. 80 Abs. 2 rev. BV vor dem Blutentzug die Betäubung der Säugetiere.

397 Friederich, Kirchen und Glaubensgemeinschaften, S. 384, mit Hinweis auf BGE 97 I 120 f. Vgl. auch Fleiner/Giacometti, Bundesstaatsrecht, S. 316; Lampert, Kirche und Staat I, S. 167. – Beispielsweise umfasst das Recht auf kirchliche Meinungsäusserungsfreiheit lehramtliche Stellungnahmen und kirchliche Presse. Die Auffassung, dass die Kirchen sich prinzipiell jeglicher Kritik gegenüber dem Gemeinwesen enthalten sollten, entspringt einer mentalen Behaftung im Staatskirchentum. Zum kirchlichen Öffentlichkeitsauftrag siehe Felix Hafner, Beteiligung, S. 29 ff.

398 Das Recht, Glaubensansichten und theologische Lehren zu äussern und zu verbreiten, stellt eine lex specialis zur Meinungsäusserungs- und Pressefreiheit dar. Vgl. Carlen, Grundrechte, S. 1001 f.; Häfelin, BV-Kom. Art. 49, Rz. 110. „Als geschützte Glaubensbetätigung gilt ... die *Verbreitung* der eigenen Glaubensansichten, die Werbung neuer Anhänger und die Kritik an anderen Glaubensauffassungen." (Jörg Paul Müller, Grundrechte, S. 86). Gleichzeitig erkannte diesbezüglich das BGer. in BGE 125 I 378 f. E. 5b: „Das Bundesgericht hat schon früh das Recht, für Glaubensansichten zu werben, um neue Anhänger zu gewinnen, als Aspekt der Glaubens- und Gewissensfreiheit angesehen (BGE 57 I 112 E. 2 S. 116; 118 Ia 46 E. 4c S. 56 f. mit Hinweisen; ebenso in Bezug auf Art. 9 EMRK der Europäische Gerichtshof für Menschenrechte (EGMR) im Urteil i. S. Kokkinakis c. Griechenland vom 25. Mai 1993, Serie A, Band 260, Ziff. 31, bestätigt im Urteil i. S. Larissis c. Griechenland vom 24. Februar 1998, Receuil des arrêts et décisions 1998-I S. 362, Ziff. 38, S. 378). Die Religionsfreiheit schützt jedoch nicht das Anwerben unter religiösem Deckmantel, das in Wirklichkeit materielle oder soziale Ziele verfolgt (vgl. Urteil des EGMR i. S. Larissis, a.a.O., Ziff. 45). Die angefochtene Bestimmung schützt andererseits auch die Religionsfreiheit des Publikums, nämlich dessen negative Religionsfreiheit, oder Freiheit, keiner Religion anzugehören." Siehe auch

bzw. Art. 15 Abs. 2 rev. BV zu subsumieren[399]. Dem Selbstbestimmungsrecht der römisch-katholischen Kirche unterliegen wesensnotwendig die personellen und materiellen Voraussetzungen zur Praktizierung kultischer Funktionen. Namentlich die freie Amtsübertragung und -ausübung, die Weitergabe und die Unterrichtung religiöser Überlieferungen[400] sowie die Ausbildung von dem konfessionellen Dogma verpflichteten Geistlichen[401] wie auch Erwerb, Verfügung und Verwaltung ekklesialer Güter[402] sind für das kirchliche Wirken notwendige Essentialien. Geschützt wird ebenfalls die Verweigerung einer Kultushandlung durch die Kirche[403].

---

loc.cit., S. 387 E. 7 b/cc. Vgl. Wyss, Umgang, S. 175 f. – Zum innerkirchlichen Schwellenwert öffentlichkeitswirksamer Äusserungen der Institution Kirche in c. 747 § 2 CIC 1983 siehe Göbel, S. 135 f.

399 Zum Katalog gottesdienstlicher Handlungen siehe Botschaft BV, BBl 1997 I 156; Friederich, Kirchen und Glaubensgemeinschaften, S. 394 f.; Karlen, Religionsfreiheit, S. 226 ff.; Kraus, Staatskirchenrecht, S. 95 f.; und vor allem Häfelin, BV-Kom. Art. 50, Rz. 10 ff. und dort zit. Judikatur. Vgl. auch Häfliger, Menschenrechtskonvention, S. 224; sowie Schwendenwein, korporative Religionsfreiheit, S. 787.

400 Frowein, Art. 9 EMRK, S. 51. Cf. cc. 747, 761, 804 CIC 1983. Vgl. Mikat, Verhältnis von Kirche und Staat, S. 148 f.; sowie Göbel, S. 172 ff.

401 BGE 97 I 121 E. 3b unter Hinweis auf die privatrechtlich organisierten Glaubensgemeinschaften. Konsequenterweise müssen auch die öffentlichrechtlich positionierten Konfessionsverbände in den Genuss diesbezüglicher Freiheit kommen. Vgl. Friederich, Kirchen und Glaubensgemeinschaften, S. 396, 424 f.; sowie die Ziff. 16.4 und 16.8 der Prinzipien des abschliessenden Dokuments der KSZE-Folgekonferenz von Wien. – Die uneingeschränkte Ämterhoheit fliesst unmittelbar aus der kirchlichen Leitungsgewalt, 'Potestas regiminis' (c. 129 CIC 1983). Hierzu Listl, Aufgabe, S. 469 f. Vgl. Socha, Kom. c. 129 CIC 1983, Rz. 4; bzw. Ders., Kom. c. 145 CIC 1983, Rz. 2 ff. – Die röm.-kath. Kirche hat gemäss c. 232 CIC 1983 das ausschliessliche Recht und die Pflicht, ihre Anwärter für die geistlichen Ämter auszubilden.

402 Die röm.-kath. Kirche besitzt das native Recht 'independenter a civili potestate' zur Verwirklichung ihrer eigenen Zwecke Vermögen zu erwerben, zu besitzen, zu verwalten und zu veräussern (c. 1254 CIC 1983). Dieses kommt ihr kraft ihrer Gründung und Einrichtung durch Christus zu. Siehe Göbel, S. 111 f. Potentielle Träger dieses Rechts, welches in erster Linie der geordneten Durchführung der sakramentalen Funktionen, des angemessenen Unterhalts des Klerus sowie der Ausübung von Werken des Apostolats und der Caritas dient (c. 1254 § 2 CIC 1983), können gemäss c. 1255 CIC 1983 die Gesamtkirche, der Apostolische Stuhl, die Teilkirchen und jedwede andere öffentliche oder private iuristische Person sein. Hierzu Listl, Aufgabe, S. 474. Vgl. Mikat, Verhältnis von Kirche und Staat, S. 151 f.; sowie Strasser, S. 26. – In der Sache wohl zustimmend, aber nicht zwischen staatskirchenrechtlicher Körperschaft und konfessionellem Verband differenzierend Urs Josef Cavelti, Religionsgemeinschaften, S. 86 ff. – Explizit gewährleistet in § 13 KV SZ.

403 Beispielsweise missbilligt die Kirche ein religiös-sittliches Fehlverhalten, welches im staatlichen Recht zu keiner Beanstandung Anlass gibt, mittels einer kodikari-

Aus der Kultusfreiheit ist das Recht auf freie Bildung von Religionsverbänden ableitbar[404]. Ein grundlegender Teilgehalt des kirchlichen Selbstbestimmungsrechts bildet die Herrschaft über die institutionelle Organisation und die rechtliche Form[405] der eigenen Gestalt[406], denn die theologische Identität der

---

schen Sanktion. Vgl. BGE 27 I 331 ff.

404 Die Kultusfreiheit erscheint in casu als lex specialis zur Vereinsfreiheit, welche in Art. 56 aBV bzw. als Vereinigungsfreiheit in Art. 23 rev. BV garantiert ist. Siehe Carlen, Grundrechte, S. 1005. Vgl. Conring, S. 179; Karlen, Religionsfreiheit, S. 236; Kraus, Staatskirchenrecht, S. 76; Lenz, S. 34 f. – Dabei steht der organisationsrechtliche Numerus clausus der zivilistischen Rechtsgefässe unserer Rechtsordnung den privatrechtlichen Religionsgemeinschaften zur Verfügung. Die Übernahme einer entsprechenden Rechtsform des Privatrechts seitens der Religionsgemeinschaften (Isele, Staat und Kirche, S.15, kritisiert diesbezüglich: „Bei der zwingenden demokratischen Vereinsstruktur lässt sich etwa der anstaltliche Charakter der katholischen Kirchenorganisation nicht verwirklichen." Dadurch trage „das schweizerische Zivilrecht der Eigenart der Kirchen wenig Rechnung".) stellt staatlicherseits eine Voraussetzung für die Teilnahme des konfessionellen Verbandes am zivilen Rechtsverkehr dar, worin gleichzeitig die saekularistisch verstandene Suprematie der staatlichen Souveränität zum Ausdruck kommt. Vgl. Urs Josef Cavelti, Religionsgemeinschaften, S. 11. Historisch präzediert diese Behaftung auf zivilistische Organisationsformen im staatskirchlichen 'Ius advocatiae'. – Ob sich eine kirchliche Gemeinschaft schlussendlich körperschaftlich bzw. zufolge göttlicher Stiftung als Anstalt verfasst sehen will, hängt von ihrem Selbstverständnis ab.

405 Der Schutz des konfesionellen Verbandes durch das Grundrecht der korporativen Religionsfreiheit darf nicht insofern vereitelt werden, als das Gemeinwesen den Rechtsträger in verfahrensrechtlicher Hinsicht verpflichtet, seine rechtliche Gestalt aus dem Numerus clausus saekularer Rechtsformen zu beziehen. Vgl. hierzu den Entscheid der Europäischen Menschenrechtskommission vom 3. Juli 1997 über die Beschwerde Nr. 28626/9595 (bulgarische Zeugen Jehovas), DR 90, 77; sowie Strasser, S. 25 f. Siehe Conring, S. 338, 359 f. Vielmehr ist in diesem Zusammenhang die Frage zu stellen, ob a foritiori dem Gemeinwesen aus dem objektivrechtlichen Grundrechtsgehalt nicht sogar die Pflicht erwächst, die rechtspersönlichen Ausprägungen der röm.-kath. Kirche, denen das staatliche Recht keine adäquate Rechtsform bereit hält, mindestens auf der Ebene des Bundesprivatrechts am bürgerlichen Rechtsverkehr teilhaben zu lassen. Höfling, S. 378 f., welcher diesbezüglich als Präjudiz den bei Conring, S. 249, FN 192 zit. BVerfGE 83, S. 341 (Bahai), anführt, „wonach die religiöse Vereinigungsfreiheit als solche nicht den Anspruch auf eine bestimmte Rechtsform meint, wohl 'aber die Möglichkeit einer irgendwie gearteten rechtlichen Existenz einschliesslich der Teilnahme am allgemeinen Rechtsverkehr'" (Conring, loc.cit.), bejaht diese Frage, „denn für die korporative Religionsfreiheit sei es existentiell, dass eine Kirche sich nach ihrem eigenen Selbstverständnis ... so organisieren könne, dass sie am Rechtsverkehr teilnehmen könne" (Höfling, S. 379).

406 „Soll das Recht zur Bildung von Religionsgesellschaften wirksam werden, so muss darin auch das Recht eingeschlossen sein, dass die religiöse Gemeinschaft frei sich selber organisiert. Die geformte Gemeinschaft ist ein Verband, der mit eigenem Or-

Kirchen kommt auch in der Wahl ihrer normativen Physiognomie zum Ausdruck[407],[408]. Ohne staatliche Einflussnahme können sich Religionsgemeinschaften im Bereich des Privatrechts konstituieren, organisieren und auflösen[409]. Pro-

---

gansystem verfasst ist. Deshalb verbietet es die Religionsfreiheit, dass der Staat einer Konfession ein Verfassungsschema aufdrängt oder ein Organisationsstatut gegen deren Zustimmung aufoktroyiert." (Plattner, S. 413). Vgl. aber §§ 91-96 rev. KV SZ. – Michel, S. 46, zählt die Organisationsfreiheit der röm.-kath. Kirche zum strikt zu schützenden 'Forum internum' des konfessionellen Verbandes.

407 „Die Kirche ist Heils- und Rechtsgemeinschaft in untrennbarer Einheit." (Listl, Rechtsnormen, S. 83). Das sichtbare Gefüge der Kirche wird durch ihre normative Ordnung im Dienste und als „mittragendes Element" der „Wahrheit der Lehre" institutionell verfasst, um „eine unbedingte Übereinstimmung zwischen Dogma und Recht" zu gewährleisten. Hierzu Corecco, Theologie, S. 15. Vgl. LG Art. 8. „Von daher versteht sich die Tatsache, dass die katholische Kirche niemals, auch nicht in der Zeit des Staatsabsolutismus, das Wissen um eine eigene, vom Staat völlig unabhängige, im göttlichen und positiven Kirchenrecht grundgelegte Verfassung verloren hat." (Corecco, Theologie, S. 19). Allgemein zum Wesen der kirchlichen Rechtsnormen siehe Listl, Rechtsnormen, S. 83 ff. Vgl. auch Aymans, Kanonisches Recht I, S. 128 ff.

408 Zwecks Partizipation am saekularen Rechtsverkehr sollten sich die kirchlichen Rechtspersonen zur Sicherstellung der Effektivität ihrer eigenen Ordnung bei allfälligen Inkommensurabilitäten, soweit möglich, aus dem Fundus normativer Organisationshüllen des weltlichen Rechts bedienen. Cf. c. 1274 § 5 CIC 1983. Vgl. Aymans, Kanonisches Recht I, S. 326 ff.; Listl, Rechtsnormen, S. 96. Die summa divisio des profanen Normengefüges veranlasst dabei eine unterschiedliche Art und Weise des Vorgehens. „Die Frage stellt sich zunächst im öffentlichen Recht. Hier wird die Anerkennung regelmässig im Konzessionssystem erfolgen. Die kirchlichen iuristischen Personen – alle oder bestimmte – werden durch einen Konzessionsakt anerkannt und zwar regelmässig in den Zusammenhängen der Ordnung des Verhältnisses des Staates zur Kirche. Und sodann ist es möglich, dass die Kirche ihre iuristischen Personen auf privatrechtlicher Basis im System der freien Körperschaftsbildung oder im Normativsystem zur Anerkennung bringen kann." (Isele, Probleme des kirchlichen Vermögensrechts, S. 60 f.). – Innerhalb der auf den grundfreiheitlichen Boden des weltlichen Rechts transponierten institutionellen Form des konfessionellen Verbandes ereignet sich der ekklesiale „Anspruch auf Freiheit des Kirchenregimentes. Die spezifischen Funktionen des Kirchenregimentes sind mannigfaltig: Gesetzgebung, Organisation, Rechtssprechung, Ordnung des Ämterwesens, Regelung der Mitgliedschaft, Vermögensverwaltung, Aufrechterhaltung der Kirchenordnung, um die wesentlichsten zu nennen." (Ders., Revision, S. 587). Gemäss Gut, Errichtung, S. 14, zählen auf der teilkirchlichen Ebene zweifelsfrei die Errichtung von Bistümern und deren Gebietsveränderungen, die Bischofswahlen, die Ausgestaltung der Diözesanverwaltung, die Ämtervergabe etc. zur grundfreiheitlich geschützten Organisation der röm.-kath. Kirche.

409 Häfelin, BV-Kom. Art. 50, Rz. 14. – Privatrechtlich organisierte Religionsgemeinschaften dürfen nicht entgegen ihrem Willen mit dem öffentlichrechtlichen Status versehen oder verbeiständet bzw. in eine Kantonalkirche umgewandelt werden. Sie

blematischer ist die Lage der öffentlichrechtlich anerkannten bzw. staatskirchenrechtlich verbeiständeten Religionsgemeinschaften[410]. Zwar steht ihnen „die freie Entscheidung über die rechtliche Existenz" zu und „der *Grundsatz* der Organisationsfreiheit gilt ... auch für die *öffentlichrechtlich* verfassten Kirchen"[411]. Trotz-

---

geniessen hinsichtlich ihrer zivilistischen Position eine privatrechtliche Bestandesgarantie. Vgl. BGE 55 I 130 sowie Conring, S. 189; Friederich, Kirchen und Glaubensgemeinschaften, S. 389; Fuchs, Praxis, S. 312, 332; Isele, Revision, S. 583; Karlen, Religionsfreiheit, S. 329, FN 11; Kellerhals, S. 31; Kraus, Staatskirchenrecht, S. 97; Lampert, Kirche und Staat II, S. 12; Schmid, S. 65. – Die Bewerbung um die öffentlichrechtliche Anerkennung steht einer im Privatrecht angesiedelten Konfession frei, sie kann aber keinen bundesrechtlichen Anspruch auf eine positive kantonale Entscheidung geltend machen. „Der Staat hat ja keinerlei Rechtspflicht, Bekenntnisse im öffentlichen Recht anzuerkennen." (Urs Josef Cavelti, Austritt, S. 80, FN 12). Vgl. Friederich, Kirchen und Glaubensgemeinschaften, S. 389; Isele, Revision, S. 583. – Hierzu auch Ziff. 16.3 der Prinzipien des Abschlussdokumentes der KSZE-Folgekonferenz von Wien, abgedruckt in: BBl 1989 II 424 ff., worin die Teilnehmerstaaten einer Religionsgemeinschaft „auf Antrag hin die Anerkennung jenes Status einräumen, der in ihrem jeweiligen Land für sie vorgesehen ist". Zur innerstaatlichen Verbindlichkeit der KSZE-Dokumente als 'soft-law' siehe vorne, S. 92 ff.

410 „Für den Schutzbereich der Glaubens-und Gewissensfreiheit spielt dies (sc. Zuerkennung der Religionsfreiheit an staatskirchenrechtliche Körperschaften) praktisch kaum je eine Rolle" (Häfelin, BV-Kom. Art. 49, Rz. 119). Solch generalisierende Befunde der Einschlägigkeit des bezüglichen Grundrechts vermögen einem sachgerechten Verständnis integraler Religionsfreiheit keinen Profit zu erwirken. In casu ist hingegen von Bedeutung, dass der kultusfreiheitliche Gehalt das Gesamtgrundrechts gegenseitige Spezifikationen zwischen Kirchenlehre und -regiment notwendig macht. Vgl. Isele, Revision, S. 587, welcher aus der Kultusfreiheit einen saekularen Anspruch des konfessionellen Verbandes mit publizistischer Position auf eigenrechtliche Verfasstheit und Organisation folgert und diese in Zusammenhang mit dem glaubensfreiheitlich geschützten kirchlichen Bekenntnis als unabdingbare Grundlage für die ekklesiale Struktur setzt.

411 Friederich, Kirchen und Glaubensgemeinschaften, S. 393 resp. S. 388. Vgl. Karlen, Religionsfreiheit, S. 240 f.; Winzeler, Selbstbestimmungsrecht, S. 95. – A.M. de Luze, S. 40 f., 76 f., welcher bei nicht qualifiziertem Schweigen des öffentlichrechtlichen Gesetzgebers das Vereinsrecht in organisationsrechtlichen Fragen als subsidiäre Rechtsquelle beiziehen will, da privatrechtlicher Verein und staatskirchenrechtliche Körperschaft „de nombreux points communs, tels leur but idéal et leur organisation démocratique" hätten. Trotz saekularem ordre public übernimmt die demokratische Organisation der staatskirchenrechtlichen Körperschaften röm.-kath. Observanz keine kausale Funktion ihres idealen Zwecks, welcher institutionell durch die hierarchische, nicht gewaltenteilige und vom Vereinsrecht abweichende anstaltliche Verfasstheit des konfessionellen Verbandes geprägt wird. Vgl. Friederich, Kirchen und Glaubensgemeinschaften, S. 380, FN 125. Des weiteren kommt eine unmittelbare Anwendung des Bundesprivatrechts auf öffentlichrechtliche iuristische Personen bei einer Verweisung durch das betreffende öffentliche Recht in

dem drängt[412] der Kanton Schwyz[413] in concreto der römisch-katholischen Kirche mittels dezentraler Positionierung publizistischer Rechtsbehältnisse[414] sua sponte ein Verfassungsschema auf, welches den konfessionellen Verband aufgrund formalparitätischer[415] Motivation[416] einer nach staatlichem Muster ge-

---

Frage. Die entsprechenden privatrechtlichen Bestimmungen werden so per analogiam übernommen und gelten als öffentlichrechtliche Normen. Damit „les règles du droit des associations qui s'appliquent à titre de droit public supplétif" (de Luze, S. 41) als solche tatsächlich verwendet würden, bedürfte es der Rezeption mittels einer Erklärung ihrer öffentlichrechtlichen Anwendbarkeit in einem entsprechenden Gesetzeserlass. Siehe Riemer, BK I/3, ST, Rz. 495. Zwecks Lückenfüllung, an welche de Luze wohl denkt, obgleich er von „silence du droit cantonal" (S. 41 bzw. 76) spricht, ist erst sekundär auf ähnliche Regelungen im Privatrecht zurückzugreifen, wenn sich das öffentliche Recht nicht als Rechtsquelle von analog anwendbaren Bestimmungen zeigt. Hierzu Häfelin/Müller, Grundriss, Rz. 245. Dem Vorschlag von de Luze kann somit nicht gefolgt werden.

412 Kraus, Staatskirchenrecht, S. 411 f., geht leider bezüglich des Standes Schwyz in der Annahme fehl, dass die Gründung kantonalkirchlicher Körperschaften in Kantonen, welche traditionell nicht solche Strukturen besitzen, tendenziell dispositiver Natur sei. Der 1992 geänderte § 91 rev. KV SZ anerkennt nur die röm.-kath. Kantonalkirche öffentlichrechtlich. Implizit ordnet diese Norm die Schaffung einer kantonalkirchlichen Organisation an.

413 Der Gründungszwang in § 92 rev. KV SZ gehorcht einer durch die Kreation staatskirchenrechtlicher Kantonalkörperschaften manifestierten Konvergenztendenz in Gliedstaaten mit historisch röm.-kath. Dominanz im Verhältnis zu Kantonen traditionell protestantischer Observanz. Dazu besteht bundesrechtlich überhaupt keine Veranlassung!

414 Die Autonomie staatskirchenrechtlicher Körperschaften hingegen ist „keine Folge der Dezentralisierung staatlicher Gewalt ..., denn der Staat kann nicht dezentralisieren, was nicht in seinem Zweckbereich liegt". Siehe Schmid, S. 202. Vgl. auch Lampert, Kirche und Staat II, S. 176 f.; Noser, S. 115 ff. Deshalb muss das Gemeinwesen die Beurteilung der Sinnhaftigkeit saekular generierter Körperschaften des Staatskirchenrechts dem konfessionellen Verband überlassen und mithin die funktionale Ausstattung zweckgehorchend den Bedürfnissen der Kirche sachgerecht anpassen. Die Autonomie staatskirchenrechtlicher Verbandspersonen darf „nur in Ausrichtung auf den Zweck, dem sie dienen soll, gebraucht werden" (Hangartner, Grundzüge II, S. 101). Infolgedessen verliert sie ihre Berechtigung, wenn sie sich gegen das von der Kirche definierte Telos richtet.

415 Carlen, Kirche und Staat, S. 1102. Vgl. Häfelin, BV-Kom. Art. 49, Rz. 25; Kraus, Staatskirchenrecht, S. 436 ff. – Heckel, S. 296, konstatiert zu Recht, dass die Parität den Staat nicht zu „ekklesiologischer Farbenblindheit" verpflichten darf: „Wird die religiös begründete Bevorzugung bzw. Benachteiligung vermieden, dann darf der Staat die Unterschiede der Religionsgemeinschaften zur Kenntnis nehmen, ja er muss dies sogar, damit er sie sachgerecht berücksichtigen und gleichmässig und gleichwertig verschieden behandeln kann, wo ihm Differenzierungen geboten erscheinen. Das gilt nicht nur für die *säkularen, soziologischen Unterschiede* der äusseren Quantitäten, der Grösse, Zahl, gebietsmässigen Verbreitung usw., sondern

schneiderten öffentlichrechtlichen Körperschaft 'Kantonalkirche' einseitig zuordnet[417] und damit „ein Potential *etatistischer oder anderskonfessioneller Fremdbestimmung*"[418] entfaltet[419]. Dieser in anachronistischen Vorstellungen des

---

auch für die inneren, qualitativen Verschiedenheiten *spezifisch religiösen* Charakters in Bekenntnis, Liturgie, Geistigkeit, religiös bedingter Organisation, Mitgliedschaftsregelung, diakonischem Engagement u.a.m."

416 Bonnemain, Schweizer Kantonalkirchen, S. 532, ortet eine kausale Auffälligkeit zwischen der im Anschluss an das Zweite Vatikanum erfolgten Interpretation des Konzils durch weltliche Instanzen und der Errichtung staatskirchenrechtlicher Körperschaften auf gesamtkantonaler Ebene. „Diese zeitliche Übereinstimmung mit dem Konzil ist auffällig; das Ganze deutet auf ein prinzipiell falsches Verständnis der Grundanliegen des Zweiten Vatikanums hin, besonders was die aktive Beteiligung der Laien am Leben der Kirche und die Beziehungen von Kirche und Staat betrifft."

417 BGE 55 I 129 f. hält in einem obiter dictum zur Kultusfreiheit fest, dass es den Kantonen unbenommen ist, „für die Befriedigung religiöser Bedürfnisse auf ihrem Gebiete landeskirchliche, staatliche Einrichtungen zu schaffen und gleich deren äusserer Organisation auch die Zugehörigkeit zu denselben von Gesetzes wegen zu bestimmen". Zu präzisieren ist erstens, dass sich aus dem Kontext der Begriff nur auf Landeskirchen ev.-ref. Prägung bezieht und zweitens eine katholische 'Synodalorganisation' im betroffenen Kanton Solothurn erst 1950 in Erscheinung tritt. Demzufolge kann die Aussage im erwähnten BGE nicht auf die röm.-kath. Kirche tale quale ausgedehnt werden. Schliesslich ist darauf hinzuweisen, dass sich die Regelung der Mitgliedschaft in Übereinstimmung mit den entsprechenden Normen der Kirche befinden muss. Wird diesbezüglich auf den konfessionellen Verband keine Rücksicht genommen, kreiert das Gemeinwesen einen rein staatskirchlichen Mitgliedschaftsbegriff, welcher die religiös-weltanschauliche Neutralitätspflicht des Gliedstaates verletzt. Insofern widerspricht der zit. Entscheid der geltenden Rechtslage. Zu den 'Synodalorganisationen' im Kanton Solothurn siehe Kellerhals, S. 94 ff. – Im Resultat gleicher Ansicht Karlen, Religionsfreiheit, S. 239 ff.; Häfelin, BV-Kom. Art. 50, Rz. 15. – A.M. Pius Hafner, Staat und Kirche, S. 203.

418 Kraus, Staatskirchenrecht, S. 392. – „Der Staat ist Repräsentant der sozialen Macht, nicht der Wahrheitserkenntnis. Eine Dienstbarkeit der ewigen Güter im Reiche des Wissens, Erziehung und Religion unter dem Absolutismus politischer Machthaber widerspricht dem ganzen Geist des Christentums. Wer den Staat vergöttert als den absoluten, in allen Dingen das geistige Richtmass gebenden Träger aller Kulturaufgaben, der mutet der Staatsgewalt eine Rolle zu, für welche ihre Autorität und Leistungsfähigkeit ganz unzulänglich wäre – eine Rolle, welche zur grössten Tyrannei führen müsste." (Lampert, Kirche und Staat II, S. 176 f.).

419 „Obwohl der landeskirchliche Verband in katholischer Optik nur die Bedeutung einer staatskirchlichen Hilfskonstruktion mit zudienender Funktion hat, ist sein Einfluss auf das kirchliche Leben unter Umständen beträchtlich. Auch wenn das staatliche Recht die kanonische Organisation der Kirche als solche nicht antastet, verletzt eine umfassende staatliche Regelung der landeskirchlichen Organisation deshalb unter Umständen die Kirchenfreiheit. Sie widerspricht jedenfalls den Bestimmungen des *Abschliessenden Dokuments des KSZE-Folgetreffens von Wien*, wonach das Recht kirchlicher Gemeinschaften zu achten ist, 'sich nach ihrer eigenen hierarchi-

Staatskirchentums verhaftete und vom historischen Wohltatenzwang des 'Ius advocatiae'[420] rezipierte Oktroi läuft diametral dem römisch-katholischen Selbstverständnis entgegen[421]. Er erlässt dem im Ius divinum[422] gezeichneten Kirchenbild[423] einer von Christus gestifteten geistgewirkten Glaubens-, Heils- und

---

schen und institutionellen Struktur zu organisieren'." (Friederich, Kirchen und Glaubensgemeinschaften, S. 416). Vgl. auch Karlen, Religionsfreiheit, S. 139.

420 Dieses gehört mit dem 'Ius cavendi' und dem 'Ius reformandi' zu den staatskirchlichen Majestätsrechten circa sacra. Siehe Lampert, Kirche und Staat II, S. 138 f.; Ders., Rektoratsrede, S. 11 f. Die 'Iura circa sacra' beinhalteten bei staatlicher Kompetenzkompetenz „ein stattliches Arsenal von Aufsichts- und Eingriffsrechten des Staates gegenüber den Kirchen, aus dem vor allem die Papstwahlexklusive, das Placetum Regium (Exequatur) und der Recursus ab abusu hervorstachen" (Göbel, S. 26). Vgl. Mikat, Verhältnis von Kirche und Staat, S. 131.

421 „Nach katholischer Lehre ist die Kirchenverfassung *Iure divino* gegeben, also auf unveränderliche Grundlage gestellt. Die Verfassungsstruktur stellt sich dar als ein anstaltlicher Ämterorganismus, der wesentlich auf den Ämtern des Papstes und der Bischöfe, und *Iure humano* auf dem Amt des Pfarrers beruht. Es wäre eine Ingerenz in die inneren Belange, wenn dieser Kirche die Folie einer demokratischen Gemeindekirche (sc. und Kantonalkirche) vorgeschrieben würde." (Isele, Revision, S. 588). Vehement spricht sich Gerosa, Vielfalt, S. 46 f., gegen die Adaption eines der röm.-kath. Kirche wesensfremden „staatskirchenrechtlichen Systems" aus. Gl.M. Walser, Pfarrei, Kirchgemeinde und Landeskirche, S. 433. Vgl. auch Friederich, Kirchen und Glaubensgemeinschaften, S. 416; Lampert, Rektoratsrede, S. 58 ff. Nicht fundamentalkritisch und dadurch 'angepasster' Urs Josef Cavelti, Religionsgemeinschaften, S. 44 ff.; Karlen, Religionsfreiheit, S. 139.

422 „Es (sc. Ius divinum) ist der Kirche vorgegeben, darf nicht abgeändert werden und ist ebenso der Auslegung durch das Lehramt entzogen. Weil etwa die Stiftung der Kirche durch Christus deren grundlegende Strukturen wie die Weihehierarchie, die Scheidung von Klerus und Laien und der päpstliche Primat, die Rechts- und Vermögensfähigkeit der Kirche und die Sakramente durch göttliches Recht bestimmt sind, stehen diese Grundsätze ebensowenig zur Disposition der Kirche wie die Botschaft der Heiligen Schrift." (Friederich, Kirchen und Glaubensgemeinschaften, S. 26). Hierbei ist zu unterscheiden „zwischen dem jeweiligen dogmatischen Aussagegehalt eines Glaubenssatzes, insoweit er Bestandteil der göttlichen Offenbarung ist, d.h. dem Offenbarungsrecht als der göttlichen Grundverfügung, die der kirchlichen Rechtssetzung vorgegeben ist, und der konkreten geschichtlich bedingten rechtssatzmässigen Ausformung durch den kirchlichen Gesetzgeber. Dies bedeutet, dass Rechtssätze göttlichen Rechts nicht mit dem göttlichen Recht *an sich* identisch sind, sondern immer zugleich göttlich-menschliches Recht, d.h. Versuche darstellen, das geoffenbarte ius divinum in einer konkreten kirchengeschichtlichen Epoche in Rechtsnormen zu kleiden [...] Unbeschadet dieser zeitbedingten Einkleidung ist der Rechtssatz aber seinem Wesensgehalt nach ius divinum und insoweit der Verfügbarkeit des kirchlichen Gesetzgebers entzogen." Zum Ganzen siehe Listl, Aufgabe, S. 467.

423 „Die Kirche erscheint als die schriftgemäss von Christus für alle Völker und Zeiten gestiftete Heilsanstalt, verfasst als sichtbarer Organismus mit dem vom göttlichen

Rechtsinstitution mit hierarchischem Verfassungsbau[424] als 'Persona moralis ex ipsa ordinatione divina' (c. 113 § 1 CIC 1983)[425] ein saekularistisches Erscheinungsbild mitsamt seinen Strukturprinzipien und Entscheidungsmechanismen, obwohl das staatliche Recht in foro civile zur binnenkirchlichen Legiferierung

---

Stifter aufgestellten und durch Ordination stetsfort übertragenen geistlichen Amt des *Episkopates* der Apostel und ihrer rechtmässigen Nachfolger, der Bischöfe, in Unterordnung unter dem *Primat* des hl. Petrus und seiner Nachfolger auf dem Stuhle Petri zu Rom, als sichtbarer Stellvertreter Christi auf Erden – zur Leitung der in diesem Organismus geeinigten Gemeinschaft der Gläubigen, welche durch das Bekenntnis des *einen* christlichen Glaubens und durch die Teilnahme an den von Christus eingesetzten und durch die Kirche gespendeten Sakramenten mit Christus verbunden sind, um das ewige Leben zu gewinnen." (Lampert, Kirche und Staat I, S. 18 f.). Vgl. Mikat, StL, Sp. 480 f., welcher im Rechtsgrundsatz, dass die röm.-kath. Kirche und der Apostolische Stuhl „auf Grund göttlicher Anordnung den Charakter einer moralischen Person haben (c. 113 § 1)", das Zentrum des Kodexprogramms erachtet. Die röm.-kath. Kirche präsentiert sich in der Form einer 'Persona moralis', der „formaliter alle wesentlichen Einzelfreiheitsrechte gegenüber dem Staat zukommen, die schon der alte CIC aufgelistet hat. Nach innen erscheinen diese Freiheitsrechte nach wie vor als Hoheitsrechte. Die Kirche präsentiert sich also kirchenrechtlich weiterhin als eine eigenberechtigte Institution hierarchischer Natur." (Göbel, S. 193).

424 Hans Barion, Rudolph Sohm und die Grundlegung des Kirchenrechts, Tübingen 1931, S. 26: „Der Glaube bestimmt den Kirchenbegriff, der Kirchenbegriff bestimmt das Kirchenrecht." Vgl. Gerosa, Recht, S. 30; Krämer, S. 18 f.; Listl, Aufgabe, S. 458 ff.; Ratzinger, S. 44. „Die Kirche in ihrem vollen Verständnis ist, wie das Zweite Vatikanische Konzil mit Nachdruck erklärt, nicht nur Glaubens- und Heils-, sondern auch Rechtsgemeinschaft, und zwar all dies in untrennbarer Einheit. Das Verhältnis zwischen diesen Wesenseigenschaften der Kirche ist das der *Identität*." (Listl, Aufgabe, S. 458). Dabei wird der Geheimnischarakter der Kirche als mystischer Leib Christi nicht aufgehoben. Hierzu Ders., op.cit., S. 490. In diesem Sinne stehen die Aussagen des CIC 1983 zum Verhältnis Kirche-Staat in der vollen Kontinuität des Kodex 1917, welcher „den festgefügten, in sich geschlossenen, auf göttliche Anordnung zurückgehenden Strukturplan der Kirche" enthält. „Kirchenbegriff und Kirchenverständnis des CIC bedingen das katholische Verständnis vom Verhältnis von Kirche und Staat." (Mikat, Verhältnis von Kirche und Staat, S. 144). Hierzu auch Ders., StL, Sp. 480.

425 Die röm.-kath. Kirche und der Apostolische Stuhl haben kraft göttlicher Weisung den Charakter einer iuristischen Person („moralis personae habent rationem ex ipsa ordinatione divina" [c. 113 § 1 CIC 1983]). Dieser von der üblichen Terminologie abweichende Sprachgebrauch des Kodex 1983, weist auf den formalen Unterschied hin, welcher darin besteht, dass weder die Kirche noch der Apostolische Stuhl durch menschliche Autorität gestiftet bzw. errichtet wurden. Da sich sowohl die röm.-kath. Kirche als auch der Hl. Stuhl der Weisung Gottes verdanken, „lässt sich auf sie die künstliche Rechtsfigur nur in einem übertragenen Sinne, wenn auch mit den üblichen Rechtsfolgen der Rechtssubjektivität, anwenden" (Aymans, Kanonisches Recht I, S. 313).

nicht kompetent sein kann[426]. Die Tatsache, dass die römisch-katholische Kirche selbst Rechtskirche[427] ist, wird missachtet. Der Staat macht sich ungerechtfertigterweise zum Modell für die Kirche[428]. Er belegt die kirchlichen Spiritualien mit einem profan-etatistischen Korsett und versetzt die vermöge ihrer zudienenden Funktion daseinsberechtigten Körperschaften des Staatskirchenrechts in den Zustand institutionalisierter Zweckentfremdung, indem sich das Gemeinwesen gleichzeitig durch die patronatische Temporalienpflicht seiner staatskirchenrechtlichen Verbeiständungsinstrumente abusiv rechtfertigt. Die korporative Religionsfreiheit tritt in Konkurrenz zum gliedstaatlichen Anspruch, die Autonomie

426 Hinder . S. 61 f. – In der Konzilserklärung 'Dignitatis humanae' bekennt sich die röm.-kath. Kirche zum Fundamentalrecht umfassender, staatlich gewährleisteter Religionsfreiheit individueller und korporativer Natur. „Die Freiheit als Freisein vom Zwang in religiösen Dingen, die den Einzelnen zukommt, muss ihnen auch zuerkannt werden, wenn sie in Gemeinschaft handeln. Denn die Sozialnatur des Menschen wie auch der Religion selbst verlangt religiöse Gemeinschaften." (DH Art. 4 Abs. 1). Der Konzilstext führt als Elemente der korporativen Religionsfreiheit ins Treffen: – Organisationsfreiheit; – Kultusfreiheit; – freier Religionsunterricht; – Bestellung und Einsetzung der Amtsträger; – Erwerb und Besitz von Gütern; – Missionsfreiheit, – Verbreiten der Soziallehre etc. Diese durchdringen „alle Bezüge des gesellschaftlichen Lebens". Hierzu Listl, Lehre, S. 1033 f. Vgl. auch Pavan, S. 722 f. Ratzinger, S. 51 f., verbindet damit „das klassische Thema der *libertas ecclesiae*, das Recht der Kirche zu sein und auf die ihr eigene Weise zu leben. Das Recht zu glauben, ist der eigentliche Kern menschlicher Freiheit; wo dieses Recht verfällt, folgt der Verfall aller weiteren Freiheitsrechte mit innerer Logik nach. Dieses Recht ist zugleich die eigentliche Freiheitsgabe, die der christliche Glaube in die Welt getragen hat. Erst er hat die Identifikation von Staat und Kirche zerschnitten, dem Staat damit die Totalität genommen und mit der Differenz des Glaubens gegenüber dem staatlichen Bereich dem Menschen die Vorbehaltenheit seines eigenen Seins mit Gott und vor Gott gegeben, in der Gott ihn mit eigenem Namen ruft, den niemand sonst kennt (Apok. 2,17)."

427 Sie ist zur kirchlichen Rechtssetzung eigenbefähigt und nicht kraft staatlicher Verleihung legiferierungskompetent. Siehe Lampert, Rektoratsrede, S. 42.

428 Corecco, Landeskirche, S. 11: „Deswegen kann Staatskirchenrecht nie Kirchenrecht werden, es (sc. das Staatskirchenrecht) kann auch nie rezipiert werden, weil das staatliche Recht über die Kirche nur aus einem Missverständnis des Staates über die Natur der Kirche entstehen kann." Dem weltlichen Staatsrecht eröffnet sich u.a. eine verzerrte Sicht auf die Struktur des konfessionellen Verbandes „durch die Schablone des säkularen Korporationsrechts" (Schlaich, S. 136), welche das staatliche Verständnis der hierarchisch verfassten Kirche als 'Persona moralis ex ipsa ordinatione divina' (c. 113 § 1 CIC 1983) filtert und somit materiell limitiert. Mit dieser Verständnisverengung glaubt sich der Staat in Unkenntnis der zudienenden Funktion der staatskirchenrechtlichen Körperschaften setzen und ihren Zweck entkonfessionalisieren zu können. Der Dualismus Kirche-Staat liefert hier den Schlüssel zur Pervertierung des geschichtlich gewachsenen staatskirchenrechtlichen Verhältnisses in ein laizisiertes Staatskirchentum.

der Körperschaftsgefässe für den öffentlichrechtlich verbeiständeten Religionsverband qualitativ ohne Rücksicht auf den genuin konfessionell-katholisch definierten Zweck zu dimensionieren. Unzweifelhaft verletzt der gliedstaatliche Gesetzgeber das kirchliche Selbstbestimmungsrecht[429] dort, wo er selber ekklesiale Kompetenzen an sich zieht oder via Kompetenzkompetenz[430] die staatskirchenrechtliche Kantonalkörperschaft für Bereiche zuständig erklärt[431], welche das kanonische Recht gemein- oder partikularrechtlich abschliessend ordnet und reguliert[432]. Die saekulare Grundrechtsrelevanz des Selbstverständnisses der römisch-katholischen Kirche umfasst neben dem Schutz der theologischen Identität auch ihre auf eigenrechtlicher Verfasstheit beruhende Organisation in „Normsetzung, Streitschlichtung und Administration“[433]. Der Imperativ ihrer erforderlichen Kir-

429 Nach Kraus, Staatskirchenrecht, S. 97, verbietet die korporative Religionsfreiheit, Kirchen oder Religionsgemeinschaften zwangsweise zu einem kantonalen oder gesamtschweizerischen konfessionellen bzw. überkonfessionellen Dachverband zusammenzuschliessen. – Logischerweise sollten auch staatskirchenrechtliche Konstrukte religionsfreiheitlich interdiziert werden, wenn sie organisationsrechtlich in innerkirchliche Felder, welche katholischerseits der CIC 1983 absteckt, regulierend eingreifen.

430 de Luze, S. 25, plädiert – mit Ausnahme völkerrechtlicher Bindungen – für eine absolute und uneingeschränkte Wahrnehmung der Kompetenzkompetenz in religionsrechtlichen Angelegenheiten. „Toutes les nations, parce qu'elles sont souveraines, sont libres de réglementer comme elles l'entendent leurs relations avec les communautés ecclésiastiques dont leurs habitants, ou certains d'entre eux, sont des adeptes. L'exercice des religions peut ainsi etre interdit, toléré, favorisé ou rendi obligatoire. Certes il peut paraitre souhaitable que l'Etat ne dicte pas aux Eglises les dogmes qu'elles doivent respecter ... Cependant rien ne l'empeche d'agir de la sorte.“ (Ders., S. 25). Dieser auf das Verhältnis Kirche-Staat bezogenen unbedingten Sichtweise staatlicher Souveränität kann nicht beigepflichtet werden.

431 Beispielsweise hinsichtlich Aufgaben, Dogma, Eigentumsträgerschaft, Mitgliedschaft, Pfarrwahl, Vermögensverwaltung etc.

432 Mikat, StL, Sp 481. – Konsequenterweise verzichtet die röm.-kath. Kirche auf eine publizistische Position bzw. die Verbeiständung durch öffentlichrechtliche Körperschaften, „wenn feststeht, dass durch deren (sc. legitim erworbene Rechte) Inanspruchnahme die Lauterkeit ihres Zeugnisses in Frage gestellt ist, oder wenn veränderte Lebensumstände eine andere Regelung erfordern“ (LG Art. 76 Abs. 5). Der kirchlichen Haltung muss auch staatlicherseits bei einem entsprechenden Begehren des konfessionellen Verbandes Rechnung getragen werden, indem das Gemeinwesen die röm.-kath. Kirche aus der publizistischen Stellung entlässt. „Es liegt in der Religionsfreiheit begründet, dass die Religionsgemeinschaften die öffentlichrechtliche Anerkennung ablehnen können, wenn diese ihnen zuwenig Vergünstigungen oder zuviel staatliche Einmischung beschert.“ (Noser, S. 100). Vgl. Friederich, Kirchen und Glaubensgemeinschaften, S. 388 f.

433 Kraus, Staatskirchenrecht, S. 97. Ausführlicher in der katalogisierenden Benennung der durch die korporative Religionsfreiheit zu schützenden inneren Angelegenheiten

chenfreiheit[434] beschlägt folglich die ganze Bandbreite möglicher korporativ-religionsfreiheitlicher Garantien[435], denn „der Raum der Religionsfreiheit ist der Wirkungsbereich der Kirche“[436]. Das Mass dieser Freiheit schützt „alles das, was notwendig ist, um gemäss der eigenen Überzeugung leben zu können“[437]. Da der Staat keine Befugnis hat, gegenüber einer Religionsgemeinschaft die Wahrheitsfrage zu stellen, verfügt er auch nicht über die Kompetenz, in der Folge den staatskirchenrechtlichen Hort des Schutzobjektes der 'Libertas ecclesiae' zu dimensionieren. Die sachliche Ausdehnung des Protektionsrahmens der Religionsfreiheit wird mithin vom praepositiven Recht auf kirchliche Selbstbestimmung diktiert. Der Staat disponiert darüber nur im Sinne einer anerkennenden Kenntnisnahme, welche er durch seine Gewährleistung zur korporativen Religionsfreiheit proklamiert[438].

Isele, Revision, S. 587, welcher eine typologische Aufzählung der 'Sacra interna' gibt: „Gesetzgebung, Organisation, Rechtsprechung, Ordnung des Ämterwesens, Regelung der Mitgliedschaft, Vermögensverwaltung, Aufrechterhaltung der Kirchenordnung, um die wesentlichsten zu nennen.“ Vgl. Schwendenwein, korporative Religionsfreiheit, S. 793.

434 Zum Begriff der Kirchenfreiheit siehe auch Karlen, Religionsfreiheit, S. 48 f.

435 „Die Kirche weiss sich in eindeutiger Weise von einem eigenen Lebensprinzip und Wesensbild geformt. Und wie die Staaten die Kirche nicht gegründet, sondern geschichtlich vorgefunden haben, so haben sie auch nicht die aus dem vom göttlichen Stifter gesetzten Daseinszweck der Kirche sich ergebende Sphäre abzugrenzen und ihr das Mass der Betätigung zu bestimmen, wie der pater familias das peculium profecticium dem Haussohne zumisst. Wohl aber ist der Staat berechtigt, für die Unversehrtheit *seines* weltlichen Rechtsbereiches einzustehen [...] So gelangen wir zu einem *materiellen* Begriff der kirchlichen Angelegenheiten: Wenn es nämlich zum Wesen und zur Aufgabe der Religionsgemeinschaft gehört, die Religion ... zu pflegen, d.h. die Beziehungen ihrer Mitglieder zu Gott herzustellen und in Gemeinschaft zu unterhalten und zu fördern, so ist *'eigene'*, *'kirchliche'* Angelegenheit der Religionsverbände *alles, was kraft der Religionsfreiheit nach Art und Umfang der bezüglichen Religionsauffassung seinem Wesen nach in diesen Bereich gehört und diesem Zwecke dient* [...] Unter dem materiellen Begriff der Kirchenangelegenheiten muss man also alles zusammenfassen, was direkt oder indirekt der religiösen Betätigung dient, weil darin das Spezifische des kirchlichen Zweckes gelegen ist.“ (Lampert, Kirche und Staat II, S. 181 f.). Vgl. auch Gut, Errichtung, S. 34 f.

436 Isele, Entwicklung, S. 198.

437 Grichting, Kirche oder Kirchenwesen, S. 153.

438 Das Gemeinwesen stellt mit der Gewährleistung der korporativen Religionsfreiheit den Religionsgemeinschaften einen Freiheitsraum zur Verfügung, den die konfessionellen Denominationen aufgrund ihrer Lehre ausfüllen und gestalten können. Inwieweit sie diesen ausnützen wollen, liegt in der Freiheit des jeweiligen Bekenntnisses und betrifft den Staat nur insofern, als ein Rechtsvakuum das Gemeinwesen zur Hilfeleistung veranlasst. – Hier stellt sich schliesslich die Frage, in welchem Verhältnis sich das Selbstbestimmungsrecht der röm.-kath. Kirche und die sämtlichen

3. *Autonomie*[439]

A) Prolog

Schliesslich wenden wir fragend den Blick auf die Adäquanz einer Substituierung des religionsfreiheitlichen Schutzes kirchlicher Selbstbestimmung[440] durch gliedstaatlich[441] eingeräumte Autonomie[442] der öffentlichrechtlich positionierten

---

Religionsgemeinschaften zustehende korporative Religionsfreiheit befindet: „Das Konzil selbst sagt dazu in *DH* 13,3, dass – im Idealfall, wird man sagen müssen – diese beiden Freiheiten miteinander im Einklang (*concordia*) stehen. Dies ist so zu verstehen, dass man nicht von einer Einheit sprechen kann aufgrund der Verschiedenheit der Erkenntnisquellen, dass aber materiell, hinsichtlich des Umfangs, Dekkungsgleichheit besteht, bzw. bestehen sollte. Das Konzil fordert also nicht auf der Basis dem Staat inkommensurabler theologischer Erkenntnisse weitergehende Rechte, als sie nach *DH* 4,1 allen Religionsgemeinschaften zukommen.“ (Grichting, Kirche oder Kirchenwesen, S. 152). Vgl. DH Art. 13; sowie Bruhin, Konzile, S. 217.

439 Der Begriff der 'Autonomie' erschliesst sich in casu mit der beigelegten Qualität eines verfassungsmässigen Rechts, welches im rechtstechnischen Sinne einer Vorschrift Stellung, Organisation und Befugnisse von iuristischen Personen des kantonalen öffentlichen Rechts gewährleistet. Vgl. Hangartner, Rechte, S. 117.

440 Häufig wird der Terminus 'Autonomie' im Sinne kirchlicher Selbstbestimmung verwendet, z.B. bei Thomas Fleiner-Gerster, Glaubens- und Gewissensfreiheit, S. 118. Diese begriffstechnische Variante avanciert vorliegend nicht zum Untersuchungsgegenstand.

441 Friederich, Kirchen und Glaubensgemeinschaften, S. 470 ff., sieht keine Veranlassung, den Schutz des kirchlichen Selbstbestimmungsrechts anstelle der Berufung auf die korporative Religionsfreiheit durch bundesrechtlich! gewährleistete Autonomie als verfassungsmässiges Recht zu substituieren.

442 Imboden, Politische Systeme, S. 105 f., bezeichnet die Autonomie als „Herrschaftsprinzip in der Demokratie der kleinen Gruppen“, während Saladin, BV-Kom. Art. 3, Rz. 253, der Gemeindeautonomie den Rang eines „Verfassungsgrundsatzes“ (vgl. Art. 50 Abs. 1 rev. BV) beimisst, da sie „ein kapitales Strukturprinzip der schweizerischen Staatsordnung ist, ein Konstitutivum schweizerischer Demokratie, ein in der Geschichte ebenso verankerter, wie heute noch lebendiger Leitgrundsatz“, was Schmid, S. 203, bezogen auf die staatskirchenrechtlichen Selbstverwaltungskörper präzisiert: „Die landeskirchliche Autonomie entspricht ... nicht jenem verfassungsmässigen Leitgrundsatz, der die kantonale Verwaltung in allen Teilen mitzuprägen hat, sondern sie verkörpert vielmehr eine künstlich geschaffene staatsfreie Sphäre.“ – An ihre begrifflichen Grenzen stösst hier die Autonomie bereits bei der Frage, ob sie auch die freiheitsrechtliche Unabhängigkeit privatrechtlicher Religionsgemeinschaften erfassen kann. Im allgemeinen Sprachgebrauch von Lehre und Praxis wird denn der Begriff praktisch ausschliesslich für publizistisch positionierte Kirchen bzw. staatskirchenrechtliche Körperschaften verwendet. Vgl. Friederich, Kirchen und Glaubensgemeinschaften, S. 361 f.; Hangartner, Grundzüge II, S. 100 f., 173 ff.; de Luze, S. 29 f.; sowie BGE 120 Ia 201.

staatskirchenrechtlichen Körperschaften römisch-katholischer Observanz. Als heuristisches Prinzip ist vorab die Unbehelflichkeit des Autonomiebegriffs zur korporativ-freiheitsrechtlichen Verwendung[443] festzuhalten[444]. In casu weist Autonomie inhaltlich die Befugnis zur Setzung derivativen Rechts auf[445]. Sie verschafft Gestaltungsfreiheit[446] innerhalb des Systems der rechtlichen Schranken

---

443 Indessen sich die Autonomie materiell am gewährten Freiraum zugunsten des öffentlichen Interesses orientieren muss, bestimmt das Telos des zwanglos wahrnehmbaren Freiheitsrechts den bezüglichen Schutzbereich. Primär definiert somit bei ersterer der delegierte autonome Rahmen bei letzterem jedoch der Zweckprimat die inhaltliche Gestalt. Im Ergebnis zeitigt der Vergleich eine teleologische Ungleichheit beider Termini. Die rechtsbegriffliche Inhaltsverschmelzung von Autonomie und Freiheit gelingt mithin weder in semantischer Hinsicht noch vermöge des Versuches einer teleologischen Gleichschaltung. Sie scheitert auch aufgrund der öffentlich- bzw. privatrechtlichen Kategorisierung. – Materiell von der Begriffsparallelität ausgehend, im Befund aber trotzdem zutreffend Isele, Revision, S. 586: „Hier ist sie (sc. Autonomie der Kirche im Staat) wirkliche Selbstherrlichkeit im Bezirke der Glaubensfreiheit, der nicht staatliches Gebiet ist, in dem also jedes Imperium oder Koimperium des Staates ausgeschlossen ist."

444 Diese Arbeitshypothese lehnt Pius Hafner, Staat und Kirche, S. 227, welcher den Methodenansatz zur Statuierung des kirchlichen Selbstbestimmungsrechts definitiv aus der gliedstaatlichen Automoniegewährleistung zugunsten staatskirchenrechtlicher Körperschaften gewinnen will, ab.

445 Nach Massgabe des übergeordneten Rechts umfasst der Autonomiebegriff die regulative Konzeption der Setzung generell-abstrakter bzw. individuell-konkreter Normen, welche sich in der Fähigkeit zur Selbstgesetzgebung und – verwaltung ausprägt. Dazu kann das Gebiet der Selbstrechtsprechung des autonomen Verwaltungskörpers hinzukommen. Hierzu Schmid, S. 193 f. Vgl. auch Pius Hafner, Staat und Kirche, S. 219; Isele, Revision, S. 586.

446 Das Gemeinwesen soll seinen Autonomierahmen nicht in Widerspruch zum Existenzzweck der staatskirchenrechtlichen Körperschaften mit dem Oktroi eines unstimmigen Kirchenbildes, welches insbesondere den Kirchengliedern ein 'kirchliches Recht' auf demokratische Mitbestimmung insinuiert, in demokratistischer Manier ausreizen. Beispielsweise provozieren die repräsentative Organisation der auf die Kirche hingeordneten Temporalienbeschaffung oder das Diktat der periodischen Pfarrwahl im Vergleich mit der hierarchisch verfassten Struktur der röm.-kath. Kirche ausgesprochene Spannungsfelder. Vgl. Carlen, Kirche und Staat in der Schweiz nach dem neuen Codex Iuris Canonici, S. 588 f.; Friederich, Kirchen und Glaubensgemeinschaften, S. 420 f.; Fuchs, Verhältnis, S. 126 f., 159 f.; Karlen, Religionsfreiheit, S. 136 f.; Listl, Gewährleistung, S. 97. Saladin, Beteiligung, S. 475 f., führt diesbezüglich aus: „Grundfragen der Repräsentation sind hier angesprochen ... Festzuhalten ist ..., dass es jedenfalls nicht angeht, im kirchlichen Bereich Repräsentationsvorstellungen unreflektiert weiter tragen zu wollen, welche im politischen Bereich diskutiert werden. Dies um so weniger, als sich auf dem kirchlichen Feld das Problem der Repräsentanz spezifisch zuspitzt: die volkskirchen-demokratische Legitimierung der kirchlichen Organisation und Tätigkeit ist heute, de facto wenn auch nicht de iure, weithin fragwürdig geworden."

eines höher situierten wie auch durch ein vertikal strukturiertes Verfassungsgefüge integrativen Verbandes[447] und gewährleistet formell kein originäres Recht auf Selbstbestimmung. Der Terminus sendet freiheitsuggerierende[448] Signale von der superioren an die subalterne Normstufe aus, während sich die 'bundesverfassungsmächtige' Religionsfreiheit der subordinierenden Disposition gliedstaatlicher Rechtskreise entzieht[449]. Die Autonomie staatskirchenrechtlicher Institute macht die „problematisch gewordene Auffassung virtuell allumfassender staatlicher Souveränität in religionsrechtlichen Angelegenheiten", deren Freiheitsdelegation „nach Belieben des staatlichen Rechts beschränkt" werden kann[450] und mithin bezüglich Schutzumfang und -konstanz über keine stabile Graduierung verfügt[451], gegenüber der konfessionellen Beständigkeit des Anspruchs kirchlicher Selbstbestimmung deutlich.

---

447 „Die Kirche ist ihrer Natur nach nicht ein dem Staate *unter*geordneter Verband, sondern in ihrem wesentlichen, dem inneren Bereich frei, in äussern Dingen dem Staate einigermassen *ein*geordnet. Sie ist in allen innern Kirchenangelegenheiten selbständig ... Der Begriff der 'Autonomie' ist demnach ... gar nicht verwendbar. Aber der wahre Grund, weshalb jener Begriff versagt, liegt tiefer. Die von ihm vorausgesetzte und geforderte 'Einheit der Rechtsordnung' besteht im Kirchenwesen nicht. Dies gilt für das System der Kirchenhoheit überhaupt ... So sind zwei Rechtskreise nebeneinander vorhanden, und jedem von ihnen sind besondere Rechtsquellen eigen. Sie stehen indessen miteinander in Verbindung, vor allem sachlich, in einigen Beziehungen auch formell." (v.Waldkirch, S. 172).

448 „Autonomie bedeutet einerseits Selbständigkeit in einem zugewiesenen Bereich und andererseits Unterordnung unter das höhere Gemeinwesen. Daher kann im Rahmen der Religionsfreiheit die die innerkirchlichen Angelegenheiten betreffende Eigenständigkeit der Kirchen, die nicht vom Staat zugewiesen, sondern durch die Gesetzgebung bloss respektiert werden kann, nicht als Autonomie im technischen Sinne bezeichnet werden." (Feigenwinter, S. 59, FN 40).

449 Inhalt und Umfang der Autonomie wird durch den kantonalen Gesetzgeber festgelegt, während die grundrechtlichen Schutzobjekte bundesrechtlich gewährleistet sind und in ihrem Kernbereich menschenrechtliche Unantastbarkeit aufweisen. Derweil nun der kantonale Gesetzgeber die Autonomie beliebig einengen kann, bleibt das betreffende Freiheitsrecht nach wie vor Garant des bezüglichen Schutzobjekts.

450 Friederich, Kirchen und Glaubensgemeinschaften, S. 362. – Zusätzlich stellt sich bei der kantonalen Autonomiegewährleistung an staatskirchenrechtliche Institute im Hinblick auf die Festlegung von Umfang und Schranken des zu gewährenden bzw. notwendigen gesetzlichen Freiraumes die Frage der Sachkompetenz konfessionell heterogen zusammengesetzter Organe eines Gliedstaates. In casu wurde dieses Problem für den Kanton Schwyz insbesondere beim Erlass des Organisationsstatuts der 'röm.-kath. Kantonalkirche' durch den Kantonsrat gemäss Abs. 2 der Übergangsbestimmung rev. KV SZ akut. Vgl. Kraus, Staatskirchenrecht, S. 398 f.

451 Dagegen erbringen die Grundfreiheiten den Aufweis der Rechtsstabilität. Ihre Existenz und ihre Wirkung sind a priori der demokratischen Begehrlichkeit des Grundrechtsgaranten zu entziehen, denn Kraft und Tragweite des Freiheitsschutzes können

In gefestigter Rechtsprechung gewährt das Bundesgericht den Gemeinden Autonomie[452] als besonderes verfassungsmässiges Recht im Sinne von Art. 113 Abs. 1 Ziff. 3 aBV bzw. 189 Abs. 1 lit. e rev. BV [453], wenn das kantonale Recht einen

---

sich nur bei konstanter Rechtsgeltung berechenbar und vollständig entfalten. In diesem Sinne sind Grundrechte per definitionem undemokratische Elemente einer demokratischen Freiheitsordnung.

452 Die Autonomie des Gemeinwesens bedeutet im Gegensatz zur Grundrechtsgewährleistung nicht Freiheit zu privatautonomer Willkür. Sie ist vielmehr „an das öffentliche Interesse gebundene Freiheit". „Freiheit des Privaten ist Freiheit in *ethischer* Verantwortung innerhalb rechtlicher Schranken ... Autonomie von Gemeinwesen ist Freiheit in *rechtlicher* Verantwortung innerhalb rechtlicher Schranken." (Hangartner, Grundzüge II, S. 174). Vgl. Ders., Rechte, S. 123.

453 Nach Kennel, S. 23, ist die Gemeindeautonomie ein Institut des kantonalen Rechts, welches durch die Kantone gewährleistet und geschützt wird. Zudem tritt das Bundesgericht als Hüterin dieser Selbstverwaltungskompetenz auf, was aber der Gemeindeautonomie nicht den Rang eines ungeschriebenen Bundesverfassungsrechts gibt. A.M. Saladin, BV-Kom. Art. 3, Rz. 253. Die totalrevidierte BV schafft diesbezüglich insofern Klarheit, als Art. 50 Abs. 1 rev. BV festlegt, dass „die Gemeindeautonomie nach Massgabe des kantonalen Rechts gewährleistet" ist. Vgl. auch Botschaft BV, BBl 1997 I 217 f. – Als kantonales verfassungsmässiges Recht kann sie mit staatsrechtlicher Beschwerde vor BGer. geltend gemacht werden. Das BGer. zählt in einer sehr weit zurückreichenden Praxis, welche neuerdings in Art. 189 Abs. 1 lit. e rev. BV kodifiziert wird (vgl. Botschaft BV, BBl 1997 I 425), die Grarantie der Gemeindeautonomie zu den von Art. 113 Abs. 1 Ziff. 3 aBV bzw. 84 Abs. 1 lit. a OG erfassten und mithin verfassungsmässigen Rechten, welche nach Ausschöpfung des kantonalen Instanzenzugs (Art. 86 Abs. 1 OG) Rügeobjekt einer staatsrechtlichen Beschwerde sein können. Hierzu Häfelin/Haller, Rz. 201b f., 1702 ff., 1724d, 1736d f.; Hangartner, Rechte, S. 115 f. Der autonomierechtliche Instanzenzug lässt sich von den öffentlichrechtlichen Körperschaften nicht aufgrund eines im positiven Recht des Kantons Schwyz ausdrücklich zuerkannten Beschwerderechts beschreiten. Das schwyzerische Verwaltungsgericht lässt jedoch gestützt auf § 37 lit. a VRP (nGS SZ II-225) die öffentlichrechtlichen Körperschaften zu den in § 35 VRP genannten Rechtsmitteln zu, „wenn die Anforderungen dieses Artikels (sc. § 37 lit. a VRP) erfüllt sind, d.h. wenn diese Körperschaften an der Aufhebung oder Änderung einer Verfügung oder eines Entscheides ein eigenes, unmittelbares und schützenswertes Interesse dartun (VGE 62/75 vom 2.4.1975; 'leading case' VGE 333/75 vom 6.5.1976 E. 3b = EGV-SZ 1976 S. 3 ff.; VGE 523/524/76 vom 3.9./30.12.1976)" (EGV-SZ 1983 Nr. 1, S. 4). Der geforderte Interessennachweis wird als erfüllt angesehen, wenn eine Autonomieverletzung geltend gemacht wird. Siehe Kennel, S. 347 f. „Vernünftigerweise wird das Verwaltungsgericht mindestens immer dann auf eine Beschwerde eintreten müssen, wenn die geltend gemachte Autonomieverletzung 'vom Bundesgericht als staatsrechtliche Beschwerde materiell doch behandelt würde'." (Hensler, S. 53). Vgl. ZBl 95 (1994), S. 278 f., wonach die Kantone bundesrechtlich nicht verpflichtet sind, eine kantonale Autonomiebe-

Sachbereich nicht abschliessend ordnet, ihn ganz oder partiell den Gemeinden überlässt und diesen eine relativ erhebliche Entscheidungsfreiheit einräumt[454]. Ihr Umfang[455], welcher sich im einzelnen rein[456] aus dem für den entsprechenden Bereich anwendbaren kantonalen Verfassungs- und Gesetzesrecht[457] ergibt[458],

---

schwerde der Gemeinde explizit vorzusehen. „Aus diesem Grund sind die Kantone auch befugt, die Beschwerdelegitimation der Gemeinde restriktiver zu handhaben, als dies das Bundesgericht im Rahmen einer Autonomiebeschwerde nach Art. 84 lit. a OG tut“ (Häfelin/Haller, Rz. 201d). Hierzu ZBl 98 (1997), S. 264 f.

454 Statt vieler BGE 122 I 290 E. 8b, c.; sowie ZBl 98 (1997), S. 419 E. 3a. In der Folge kann sich der geschützte Autonomiebereich „auf die Befugnis zum Erlass oder Vollzug eigener kommunaler Vorschriften beziehen oder einen entsprechenden Spielraum bei der Anwendung des kantonalen oder eidgenössischen Rechts betreffen“ (loc.cit., S. 290 E. 8b bzw. S. 419 E. 3a.). Vgl. Häfelin/Haller, Rz. 1702 ff.; Kennel, S. 44 ff.

455 Zu den Theorien, welche den Autonomieumfang zu erfassen suchen, vgl. Schmid, S. 195 ff.

456 EGV-SZ 1983 Nr. 1, S. 8. Vgl. Häfelin/Haller, Rz. 201a f., 1702 f.; Hangartner, Grundzüge I, S. 153.

457 Die Autonomie der staatskirchenrechtlichen Körperschaften gliedert sich gemäss ihrem sachlichen Gegenstand in korporative Organisations- und Verwaltungsaufgaben im engeren Sinne. Unter erstere fällt das Recht und die Pflicht, sich eine Verfassung zu geben (Verfassungsautonomie), die eigenen Organe zu bestellen (Organautonomie), sowie Steuern zu erheben und evt. eigenes Vermögen zu administrieren (Finanzautonomie). Siehe Schmid, S. 204 f. Vgl. Paul Schwander, S. 25 f. „Neben den korporativen Aufgaben erfüllt der Selbstverwaltungskörper *Verwaltungsaufgaben im engeren Sinne*. Er befriedigt damit die Bedürfnisse seiner Mitglieder, teils aufgrund staatlicher Verpflichtung, teils aus eigenem Antrieb. Um dieser Aufgaben willen wird der Selbstverwaltungskörper geschaffen und ihnen gegenüber erscheinen die korporativen Aufgaben nur als Mittel zum Zweck. In diesem Bereich spricht man von *materieller* Autonomie.“ (Schmid, op.cit., S. 205). Zu den Sachgebieten der Gemeindeautonomie vgl. auch Kennel, S. 29 ff.; Simon, S. 68 ff. – Aufgrund § 91 Abs. 4 (Fassung 1898) aKV SZ (bzw. § 64 aGOG SZ) kategorisiert Ders., S. 103, das Präsentationsrecht und die Verwaltung des Kirchenguts als derivativ-autonome Aufgabe der (Einheits-)Gemeinden. Während die geschichtliche Entwicklung für diese Auffassung ein Indiz zu geben vermag, fällt auf, dass der Staat seine diesbezügliche Tätigkeit „immer mehr beschränkt und den Kirchgemeinden überlassen hat. Hinter diesem Vorgang steht ein Wandel: die Überwindung des Staatskirchentums.“ (Noser, S. 116). – Eine Stellung ‘sui generis’ innerhalb der Gemeindeautonomie des Staatskirchenrechts nimmt die staatsrechtliche ‘Wahl’ (als in casu jeweils einmalige Folge des kanonischen Präsentationsprivilegs) eines röm.-kath. Pfarrers ein. Sie ist keine eigentliche korporative Aufgabe, da der Pfarrer nicht Beamter der Kirchgemeinde sein kann und von dieser auch nicht anzustellen ist. „Zu den kirchlichen Interna gehört sodann das kirchliche Ämterwesen ... Der Inhaber des Kirchenamtes ist also der Beauftragte der Kirchenbehörde, nicht der Angestellte des Kirchenvolkes.“ (Isele, Revision, S. 589). Die ‘Wahl’ lässt sich als eine ihrer Natur

entzieht sich einer abstrakten Bemessung, da er nur mit Bezug auf ein konkretes Problemfeld bestimmt werden kann[459]. Autonomie kommt sowohl den politischen als auch den Sonderzweckgemeinden[460] zu und steht in einem Konnex mit der hoheitlichen Qualität[461] des Autonomieträgers[462].

---

nach eher korporative Funktion aber auch nicht unter die Verwaltungstätigkeiten subsumieren. Hierzu Noser, S. 116 f.

458 BGE 122 I 290 E. 6b. Vgl. Saladin, BV-Kom. Art. 3, Rz. 254.

459 Friederich, Kirchen und Glaubensgemeinschaften, S. 468. – Die Verknüpfung der Autonomie mit der als „nichtreligiöse Angelegenheit" titulierten kirchlichen Vermögensverwaltung im Gutachten des Bundesamtes für Justiz vom 4. November 1985 ist zu pauschal und kann nur für die explizit von der röm.-kath. Kirche den staatskirchenrechtlichen Körperschaften zugeordneten 'Res temporalia' gelten. Siehe VPB 50 (1986) Nr. 5, S. 50.

460 BGE 108 I a 84 f. E. 1, 268 E. 3b. – Ein Gliedstaat kann seinen staatskirchenrechtlichen Institutionen die Kompetenz zu ein- bzw. zweistufiger autonomer Selbstverwaltung übertragen. Er bestimmt dabei anhand ihres nichtstaatlichen kirchlichen Zwecks Qualität und Umfang der Zuständigkeitsdelegation und nimmt die staatskirchenrechtlichen Rechtssetzungsprodukte in die Hierarchie der Rechtsquellen auf. Wenn die gliedstaatliche Gesetzgebung dem superioren staatskirchenrechtlichen Verband auf gesamtkantonaler Ebene Autonomie gewährleistet, „um die betreffende Körperschaft oder Anstalt einer Gemeinde gleichzustellen", ist der bezüglichen iuristischen Person die verfahrensrechtliche Legitimation zur Berufung auf ihre Autonomie gegeben. Siehe BGE 108 Ia 84 ff. Vgl. auch BGE 108 Ia 268 E. 3b, welcher die Autonomie der Kirchgemeinde im Verhältnis zu ihrer kantonalen Oberbehörde (Kantonal- bzw. Landeskirche) bejaht. – Für den Kanton Schwyz beachte diesbezüglich § 92 Abs. 1 rev. KV.

461 Vgl. EGV-SZ 1983 Nr. 1, S. 6 f.; ZBl 98 [1997], S. 261 E. 1d; sowie Häfelin/Haller, Rz. 1702c. – Als „Folge der Dezentralisierung staatlicher Gewalt" disqualifiziert Schmid, S. 202, das Programm der Autonomie staatskirchenrechtlicher Körperschaften und entzieht es vorgängig einleuchtenderweise der Kausalität des staatlichen Zweckbereichs. Vgl. auch Noser, S. 115 ff.

462 „Ist der Hoheitsakt der kantonalen kirchlichen Behörde grundsätzlich mit staatsrechtlicher Beschwerde anfechtbar und wird die Kirchgemeinde dadurch in ihrer Eigenschaft als Trägerin öffentlicher Gewalt berührt, so muss die Legitimation zur Autonomiebeschwerde bejaht werden, da die Kirche sonst schutzlos dem Übergriff einer kirchlichen (sc. in casu staatskirchenrechtlichen!) Oberbehörde ausgeliefert wäre." (BGE 108 Ia 268 E. 3b). Die Auswirkungen des Konnexes von hoheitlicher Qualität und Autonomie gilt es katholischerseits insofern zu verdeutlichen, als dort, wo die publizistische Position des konfessionellen Verbandes öffentlichrechtlich anerkannt ist, die hierarchisch verfasste Kirche nicht gleichzeitig eo ipso eine hoheitliche, von staatlicher Autonomiegewährleistung protektionierte Stellung erfährt. Diese müsste mindestens in einem formellen Gesetz staatsrechtlich als solche bestimmt und per Rechtssatz übertragen sein. Hierzu BGE 104 Ia 446 f. E. 4c. – Die Freiheit zur Ausübung protektionsrechtlich relevanter Funktionen einer publizistisch positionierten Religionsgemeinschaft ist somit dem Schutzobjekt des Fundamentalrechts zu entnehmen. Ihr Rekurs auf die bundesrechtlich gesicherte Religionsfreiheit macht

C) Selbstbestimmungsrechtliche Konkordanzaporie[463]

Die Protektion des Selbstbestimmungsrechts der römisch-katholischen Kirche durch Zuhilfenahme des autonomen Status der staatskirchenrechtlichen Körperschaften ist inadäquat[464], denn weder der religiös-weltanschaulich neutrale Staat

---

im formell bedingten materiellen Vergleich die Labilität der Grenze möglicher Protektion des kirchlichen Selbstbestimmungsrechts durch die Autonomiegewährleistung deutlich. Eine diesbezügliche Erweiterung des Autonomiebegriffs ist weder rechtsquellenmässig noch systemlogisch gedeckt. A.M. Hafner/Buser, S. 1209, welche gestützt auf BGE 120 Ia 194 ff. eine Überordnung der kantonalen Kirchenhoheit gegenüber dem kirchlichen Selbstbestimmungsrecht annehmen. Vgl. auch Felix Hafner, Kirchen, S. 71 f. Aus den nach protestantischer Tradition geschiedenen Bereichen lässt sich indes für das dualistische System röm.-kath. Observanz kein verallgemeinerungsfähiges Indiz eines Primates der kantonalen Kirchenhoheit im Verhältnis zur korporativen Religionsfreiheit gewinnen. Dies umso weniger, als der erwähnte Entscheid den Autonomiebegriff real im Sinne des kirchlichen Selbstbestimmungsrechts gebraucht und die staatskirchenrechtliche Körperschaft in kirchlichen Angelegenheiten, welche vom Schutz der korporativen Religionsfreiheit erfasst werden, mit der unkonzessionierten Absicht, die rechtlich geschützten Interessen des konfessionellen Verbandes zu vertreten, freiheitsrechtlich nicht handlungsbevollmächtigt agieren darf. Eine lediglich behauptete und kompetenzwidrige Präzedenz der kantonalen Kirchenhoheit vermag in casu eine solche Konditionierung der Bereichscheidungsmethode in keiner Art und Weise zu rechtfertigen. Gl.M. Winzeler, Selbstbestimmungsrecht, S. 95 ff. Vgl. auch Karlen, Religionsfreiheit, S. 330 f. Zur Kritik an BGE 120 Ia 194 ff. siehe Urs Josef Cavelti, Unvereinbarkeiten, S. 65 ff.; Kraus, Kirchgemeinde, S. 575 ff.; sowie Nay, Freie Kirche im freien Staat, S. 481. – Den Schritt in Richtung institutioneller Instrumentierung des kirchlichen Selbstbestimmungsrechts mittels der korporativen Religionsfreiheit nicht vollziehend, betont Schmid, S. 201 ff., die dogmatische „Eigenart der landeskirchlichen Autonomie“ durch die Zuweisung eines staatsfreien Raumes, ohne sich zur Protektionsfunktion desselben zu äussern.

463 In Differenz zu dem von Hafner/Buser, S. 1209, zwecks Verwirklichung kollidierender Grundrechtsprinzipien postulierten „Weg praktischer Konkordanz“ verweigert die spezifische Dualität zwischen der eigenrechtsmächtigen röm.-kath. Kirche und dem grundrechtsverpflichteten Staat in casu einem analogen Harmonisierungsversuch die staatsrechtliche Voraussetzung, um den religionsfreiheitlichen Schutz des vom konfessionellen Verband dimensionierten kirchlichen Selbstbestimmungsrechts und die staatliche Autonomiegewährleistung auf derselben saekularrechtlichen Grundlage in einen zielgerichteten Einklang zu bringen. Vgl. auch Bolz, S. 179.

464 Kraus, Staatskirchenrecht, S. 79 ff., schliesst aus der spärlichen Befassung des BGer. mit der Frage korporativer Religionsfreiheit (z.B. BGE 36 I 377 E. 2; dort begründete freilich das BGer. „in der Sache nur die Grundrechtsträgerschaft von Korporationen, ohne darauf einzugehen, wieso dies für privatrechtliche ebenso wie für öffentlich-rechtliche Kirchen und Religionsgemeinschaften gelten solle“ [Ders., Staatskirchenrecht, S. 80, FN 35]) und aufgrund der judiziellen Prägnanz der bun-

an sich noch seine Institutionen des Staatskirchenrechts nehmen eigenverbindlicherweise die integrale Struktur der hierarchisch verfassten Kirche in den publizistischen Rechtskreis auf bzw. bestätigen ihre originäre Rechtsgewalt[465]. Das Gemeinwesen kann freilich mit der öffentlichrechtlichen Anerkennung institutionelle Rechtsgefässe für die konstitutive Verwirklichung des im ekklesialen Dogmenkanon generierten, staatsfremden Zwecks bereitstellen[466]. Diese dienen in den Schranken ihrer Befähigung allgemein vermöge eines autonomischen Vorbehalts oder speziell durch rezipierende Inkorporation einzelner kanonischer Rechts-

---

desgerichtlichen Rechtsprechung (beispielsweise BGE 55 I 120 ff.; 108 Ia 85 E. 1b; 108 Ia 266 f. E. 1, alle bundesgerichtlichen Beispiele zit. nach: Ders., Staatskirchenrecht, S. 80, FN 35, 37) bezüglich der staatsrechtlichen Natur von Kirchgemeinden und Kantonal- bzw. Landeskirchen auf eine weitgehende Substituierung der korporativen Religionsfreiheit durch die Gemeinde- und Körperschaftsautonomie, welcher er insofern den Vorzug gibt, als die Eigentümlichkeit unserer staatskirchenrechtlichen Ordnung auf dem Gemeindeprinzip fusse. Demzufolge soll in erster Linie die Gemeinde- und Körperschaftsautonomie zur Sicherung des kirchlichen Selbstbestimmungsrechts herangezogen werden und die Religionsfreiheit – unter Ausschluss einer Teilanwendung – dort greifen, wo Schutzlücken vorhanden sind. – Diese Auffassung wird katholischerseits dem dualistischen Verständnis des Verhältnisses Kirche-Staat, welches sich aus der Sicht des konfessionellen Verbandes a priori einem mit der Monopolisierung der Autonomie zuungunsten der praepositiven Religionsfreiheit sich abzeichnenden Integralismus staatskirchenrechtlicher Ausprägung verweigern muss, nicht gerecht und verführt das Gemeinwesen zur Hybris gegenüber der originären Kirchenstruktur röm.-kath. Observanz. – „Wenn eine bundesrechtlich gewährleistete 'Autonomie' kirchlicher Gemeinschaften in letzter Konsequenz nicht anders als mit dem Grundrecht der Religionsfreiheit begründet werden kann, ist nicht einzusehen, warum der Umweg über einen erweiterten Autonomiebegriff (welcher wesentlich über den Stand der heutigen Rechtsprechung hinaus ginge) genommen werden soll." (Friederich, Kirchen und Glaubensgemeinschaften, S. 472).

465 Folglich spricht das Gemeinwesen dem konfessionellen Verband i.d.R. keine hoheitliche Qualität zu. – Anders stellt sich der Sachverhalt in Deutschland dar: „Indem der Staat den Kirchen einen öffentlich-rechtlichen Sonderstatus gewährt, anerkennt er, dass die Kirchen in einem begrenzten Bereich eine nicht von ihm delegierte Hoheitsgewalt im Ordnungsgefüge des Volksganzen ausüben. Das Bundesverfassungsgericht spricht von der dem Eigenständigkeitsbewusstsein der grossen Kirchen entsprechenden 'Anerkennung ihrer originären Rechtsgewalt durch den Staat'; es qualifiziert die kirchliche Gewalt als 'zwar öffentliche aber nicht staatliche Gewalt'." (Friesenhahn, S. 21). A.M. Felix Hafner, Kirchen, S. 331.

466 „Die Wirkungen der Anerkennung sind jene, die ihr vom Staate beigelegt werden. Die Stellung einer öffentlich-rechtlich anerkannten Religionsgemeinschaft kann daher verschieden ausgestaltet sein, sie entspricht nicht einem ein für allemal bestimmten rechtlichen Status." (Noser, S. 99). Vgl. Friederich, Kirchen und Glaubensgemeinschaften, S. 461.

institute[467] prima vista der Protektion kirchlicher Selbstbestimmung. Indes schliesst die Dualität des Verhältnisses Kirche-Staat in casu die isolierte Sichtung der staatskirchenrechtlichen Materie aus. Vielmehr soll das Bemühen des Gemeinwesens um geeignete Protektion in foro civile auch der kirchlichen Ordnung gelten, ohne deren Integrität als 'Societas perfecta' anzutasten. Per definitionem endet aber die Schutzpotenz der staatskirchenrechtlichen Selbstrechtssetzungs- und Selbstverwaltungskompetenz an der institutionellen Membran positivrechtlicher Autonomie, welche somit über keine transitive Wirkung disponiert[468]. „Im Staatswesen bedeutet Autonomie in ihrem umfassenden Sinn die vom Staat selber abgeleitete Fähigkeit eines dem Staat eingegliederten, von ihm aber organisatorisch und nach den Prinzipien des Föderalismus, der Dezentralisation oder der Subsidiarität abgehobenen Verbandes zur Regelung von dessen Angelegenheiten, sei es Sätze des objektiven Rechts zu schaffen, sei es für dessen eigene Verwaltung zu sorgen [...] In diesem Sinne kann man, absolut gesprochen, mit dem Begriff Autonomie die Beziehung zwischen Staat und Kirche nicht adäquat erfassen. Die Autonomie der Kirche gegenüber dem Staat ist eine ursprüngliche Selbständigkeit, welche, wenn man sich schon staatsrechtlicher Begriffe bedienen will, genauer mit Souveränität ausgedrückt werden kann. Sie fusst auf der Glaubensfreiheit des Individuums, die seiner staatlichen Bestimmung unterliegt, und schliesst daher jedes 'Imperium' des Staates aus."[469].

Zwecks Qualitätsbeurteilung der autonomen Freiräume staatskirchenrechtlicher Körperschaften könnte man die Religionsfreiheit als Massstab[470] und In-

---

467 Vgl. beispielsweise den Kt. Wallis, wo staatskirchenrechtliche Körperschaft und kanonische Pfarrei im kantonalen öffentlichen Recht eine monistische Gestalt aufweisen. Der für die Schweiz typische 'Dualismus' von röm.-kath. Kirche und Staat wird jedoch nicht kassiert, da das Gemeinwesen mit der Rezeption der Pfarrei im Kt. Wallis keine 'Staatskirche' im eigentlichen Sinn kreiert, sondern es „'übernimmt' die kanonischen Einrichtungen 'direkt' ins öffentliche Recht" (Kraus, Staatskirchenrecht, S. 294). Hierzu siehe auch Theler, S. 228 ff.

468 Dies führt bei einem Auseinanderdrifften der publizistischen Qualität staatskirchenrechtlicher Körperschaften von der nicht öffentlichrechtlich positionierten röm.-kath. Kirche in extremis zu einem religionsverfassungsrechtlich untragbaren Schutzdefizit des konfessionellen Verbandes hinsichtlich der potentiellen Gefahr staatskirchlicher Vereinnahmung.

469 Corecco, Landeskirche, S. 3 f. – Die kirchenrechtliche Umsetzung des ekklesialen Anspruchs institutioneller Unabhängigkeit setzt ad intra nicht bei der Summe der Individualfreiheiten kirchlicher Glieder an, sondern basiert auf dem durch c. 113 § 1 CIC 1983 festgelegten „institutionentheoretischen Grundansatz" in der Form einer 'Societas perfecta', welchem kirchenextern durch die „jura nativa" eine „defensiv-vindikatorische Funktion" (Göbel, S. 112) zukommt. Zum Ganzen siehe Ders., S. 103 ff.

470 Nämlich in bezug auf die Legitimität kantonalen Handelns bei der Graduierung der

haltssubstrat[471] für die Körperschaftsautonomie eventuell in Betracht ziehen[472]. Hiermit wird jedoch der nicht auszuschliessenden Gefahr gerufen, dass sich die Autonomie der Verbeiständungskörperschaften des kirchlichen Selbstbestimmungsrechts behändigt und in Konkurrenz zur Bekenntnis- und Organisationsfreiheit der Kirche tritt. A fortiori mutiert innerhalb des Religionsverfassungsrechts die Autonomiegewährleistung zu einem staatskirchlichen Damoklesschwert, wenn die verfasste Ordnung staatskirchenrechtlicher Verbeiständungsinstrumente weder die kirchliche Glaubenslehre schützt noch das kanonische Recht[473] vorbehält.

D) Conclusio

Die grundrechtliche Schranke des Bundesrechts lässt bei einer Rechtskollision die an Protektionswirkung schwächere Autonomiegewährleistung des Gliedstaates der korporativen Religionsfreiheit weichen[474]. In summa potenziert sich mit-

---

Freiheitlichkeit des öffentlichrechtlichen Körperschaftsstatus. Siehe Kraus, Staatskirchenrecht, S. 81 f.

471 Der Schutzbereich der Autonomie räumt den Religionsgemeinschaften Gestaltungsspielraum innerhalb eines gesetzlichen Rahmens ein. Er ergibt sich nicht direkt aus einer grundrechtlichen Freiheitsgewährleistung. Vgl. Friederich, Kirchen und Glaubensgemeinschaften, S. 469; Hangartner, Grundzüge II, S. 173 f.; Karlen, Religionsfreiheit, S. 48. Selbständige Entscheidungsbefugnis besitzen die staatskirchenrechtlichen Körperschaften vor allem mit dem „Recht zum Erlass eigener Rechtsnormen und zur Selbstverwaltung" (Häfelin/Haller, Rz. 201b), wozu die Religionsfreiheit gemäss Kraus, Staatskirchenrecht, S. 399, der Autonomie ihr inhaltliches Programm generieren soll.

472 Kraus, Staatskirchenrecht, S. 399.

473 Fuchs, Kirche, S. 278. Ders., öffentlich-rechtliche Anerkennung, S. 100, weist darauf hin, dass in den kantonalkirchlichen Körperschaftsordnungen der Vorrang von „Lehre und Rechtsordnung der römisch-katholischen Kirche" normativ fixiert sein muss.

474 A.M. Kraus, Staatskirchenrecht, S. 82, 399, welcher beim Schutz der Selbstbestimmung des konfessionellen Verbandes, ohne in casu zwischen diesem und den staatskirchenrechtlichen Körperschaften zu differenzieren, die Gemeinde- bzw. Körperschaftsautonomie der Religionsfreiheit rangmässig bezüglich ihrer Anwendung vorzieht, um sich letzterer lediglich bei Schutzlücken im autonomen Instrumentarium staatskirchenrechtlicher Verbeiständung zu bedienen. – Richtigerweise mit umgekehrten Prioritäten tritt nach Karlen, Religionsfreiheit, S. 264 f., die Autonomie – falls der Rahmen gliedstaatlicher Gewährleistung entsprechend weit gefasst ist – dann auf den iuristischen Plan, wenn ein Sachverhalt nicht mehr unter ein Schutzobjekt der Religionsfreiheit subsumiert werden kann. – Vgl. Friederich, Kirchen und Glaubensgemeinschaften, S. 373; Hangartner, Grundzüge II, S. 100; VPB 50 (1986) Nr. 5, S. 50.

hin die Bestätigung des eingangs formulierten heuristischen Prinzips zur religionsrechtlichen Untauglichkeit[475] einer entsprechenden Verwendung des Autonomiebegriffs[476]. Folglich lässt sich die korporative Religionsfreiheit der römisch-katholischen Kirche nicht durch die Verbeiständung mit staatskirchenrechtlichen Körperschaften als entsprechende Autonomieträger verwirklichen[477]. Dass trotzdem beim Zusammentreffen von kirchlichem Selbstbestimmungsrecht und staatskirchenrechtlicher Körperschaftsautonomie der jeweilige Handlungszweck ein beiderseitig kongruentes Ziel aufweist, bleibt für die Funktionsstüchtigkeit des Verhältnissystems Kirche-Staat ein unerlässliches Erfordernis[478]. Der Parömie „Civitas non est dux ad coelestia“[479] ist in praxi Nachachtung zu verschaffen.

---

475 Diese wird durch das verfahrensrechtliche Argument verstärkt, da die röm.-kath. Kirche in Ermangelung eines ihr vom kantonalen Gemeinwesen explizit konzedierten Bereichs staatskirchenrechtlicher Autonomie zur Beschreitung des Rechtswegs mit der Autonomiebeschwerde als autonomierechtlich adäquatem Rechtsbehelf nicht direkt und selbständig legitimiert ist. Hierin wird der konfessionelle Verband dem Wohlwollen der entsprechenden staatskirchenrechtlichen Körperschaft ausgeliefert. Vgl. Häfelin/Haller, Rz. 1736d f.

476 A.M. Felix Hafner, Kirchen, S. 71; Hafner/Buser, S. 1208, welche das kirchliche Selbstbestimmungsrecht aus der gliedstaatlichen Autonomiegewährleistung herleiten. – Damit die vermeintlich zur Konkurrenz taugliche Autonomiegewährleistung nicht die religionsfreiheitliche Schutzdynamik behindert, ist auf der gliedstaatlichen Ebene de constitutione ferenda das kirchliche Selbstbestimmungsrecht mittels expliziter Aufnahme der korporativen Religionsfreiheit in den Verfassungskatalog zu protektionieren.

477 Infolgedessen ist hier Winzeler, Fremde Religionen, S. 246, zu präzsisieren, wenn er annimmt, dass das „Religionsverfassungsrecht“, welches von ihm als „Recht des Staates über seine Beziehungen zu den Religionen und ihren Gemeinschaften“ (Ders., op.cit., S. 243) verstanden wird, „ein geeignetes Instrumentarium“ sein müsse, „mit dem Kirchenglieder und Kirchen ihre Freiheit leben“. Diese Freiheit lässt sich schlussendlich nur aus dem Grundrecht der Religionsfreiheit gewinnen und kann nicht aus der staatskirchenrechtlich konkretisierten Kompetenz zur Verhältnisgestaltung hergeleitet werden. Dies umso weniger als der Staat grundfreiheitlich kein direkt-anspruchsbegründendes Teilhaberecht auf irgendeine From der öffentlichrechtlichen Anerkennung bzw. Verbeiständung garantiert. „Anders als nach deutschem Recht hat keine Religionsgemeinschaft einen gerichtlich durchsetzbaren Anspruch auf die öffentlichrechtliche Anerkennung“ (Ders., op.cit., S. 247). Siehe Ders., op.cit., S. 258 f. Vgl. Strasser, S. 22 ff. Hollerbach, Europa und das Staatskirchenrecht, S. 258, betont in diesem Zusammenhang, dass der Gehalt des „kirchlichen Selbstordnungs- und Selbstverwaltungsrechts ... sich freilich allein aus dem Grundrecht (sc. der Religionsfreiheit) ergibt und keine konkrete staatskirchenrechtliche Ordnung impliziert“.

478 Nur im Lichte dieses pragmatischen Ansatzes muss Kraus, Kirchgemeinde, S. 579, nicht widersprochen werden, wenn er dafür hält, bei der Zuordnung der Kirche zum Staat handle es sich „um ein eigenständiges staatskirchenrechtliches System, das eine spezifisch schweizerische 'Inkulturation' religionsrechtlicher Modelle geleistet

4. Einschränkungen[480]

Die Konstituanten der Darstellung möglicher Einschränkungen der korporativen Religionsfreiheit beziehen ihre Limitationsberechtigung aus den einschlägigen Fundorten in Verfassung und Rechtsprechung[481]. Sie legen einerseits die grundsätzlichen Einschränkungsvoraussetzungen fest, beschäftigen sich anderseits aber auch mit religionsrechtlichen Einzelaspekten. Einleitend ist die terminologische Ueinheitlichkeit festzustellen, die sich in den Begriffen Beschränkungen, Beeinträchtigungen, Schranken, Grenzen, Eingriffen, Bindungen, Vorbehalten etc. manifestiert[482].

---

hat, das den Erfahrungen und Bedürfnissen des Landes gerecht wird". Die zit. Inkulturationsthese berücksichtigt jedoch leider die Möglichkeit der staatsrechtlichen Rezeption kanonischer Rechtsinstitute (vgl. Art. 2 KV VS [SR 131.232] bzw. Art. 4 GVKS) im Rahmen des schweizerischen 'Ordre public' als möglichen und im Hinblick auf die eigenrechtsmächtige Verfasstheit der röm.-kath. Kirche durchaus adäquaten Modellfall nicht.

479 Zit. nach: Maier, S. 23. Vgl. Enzyklika 'Immortale Dei' dt. in: Schnatz, S. 109; sowie Marmy, S. 581.

480 Bevor das BGer. das Vorhandensein der Voraussetzungen zur Einschränkung eines Grundrechts überprüft, wird es untersuchen, ob der in Frage stehende Rechtserlass im Sinne der systematischen Auslegungsmethode bundesverfassungskonform interpretierbar ist. Hierzu stellt es mittels abstrakter Normenkontrolle fest, inwiefern beispielsweise die kantonale Rechtsgrundlage mit der Intention des angerufenen Rechtssatzes auf bundesrechtlicher Ebene in Einklang gebracht werden kann. „Bei der Prüfung der Verfassungsmässigkeit eines Erlasses im Rahmen der abstrakten Normenkontrolle ist massgebend, ob der betreffenden Norm nach anerkannten Auslegungsregeln ein Sinn zugemessen werden kann, der sie mit den angerufenen Verfassungsgarantien vereinbar erscheinen lässt. Gleich verhält es sich, wenn mit der Beschwerde Garantien der Europäischen Menschenrechtskonvention angerufen werden. Das Bundesgericht hebt grundsätzlich die angefochtene kantonale Vorschrift nur auf, wenn sie sich jeder verfassungskonformen Auslegung entzieht, nicht jedoch, wenn sie einer solchen in vertretbarer Weise zugänglich ist. (BGE 119 Ia 321 E. 4; 118 Ia 64 E. 2c, je mit Hinweisen). Ob ein kantonaler Erlass mit Verfassung und Konvention vereinbar ist, prüft das Bundesgericht frei (BGE 119 Ia 321 E. 4)." (BGE 122 I 20 E. 3a). Wortlaut und Sinn der auszulegenden Gesetzesnorm, das Gewaltenteilungsprinzip und die Rechtssicherheit sowie das Anwendungsgebot von Art. 113 Abs. 3 aBV bzw. Art. 190 rev. BV bilden die Grenzen der verfassungskonformen Auslegung. Vgl. Häfelin/Haller, Rz. 134 ff.; sowie Kälin, Staatsrechtliche Beschwerde, S. 15 ff.; Jörg Paul Müller, Bedeutung der Grundrechte, S. 45.

481 Auch die röm.-kath. Kirche anerkennt, dass sich die Ausübung der Religionsfreiheit in den Rahmen der öffentlichen Ordnung des freiheitlichen Staates einfügen muss. Eine diesbezügliche Schranke soll jedoch nach willkürfreien und rechtsstaatlichen Gesichtspunkten konstituiert sein, i.e. sie hat objektiven und sachbezogen Kriterien zu gehorchen. Siehe Listl, Kirche und Staat, S. 223.

482 Der Überbegriff 'Einschränkungen' ist Häfelin/Haller, Rz. 1127 ff., entnommen.

Mit Ausnahme ihres Kerngehalts gelten die Grundrechte nicht absolut und umfassend, sie können Einschränkungen unterliegen[483]. Dabei begrenzen die Schranken den Wirkungsbereich des Schutzobjekts einer Grundrechtsnorm zwecks Sicherstellung ihrer Eingliederungsfähigkeit in die Systematik des bundesverfassungsrechtlichen Normenkataloges[484] und determinieren mithin im Einzelfall die Hülle des normativen Gefässes, welches dem darin eingegossenen Prinzipienelement ad extra die konkrete Gestalt formiert[485]. Daraus wird der grundrechtliche Umfang einer entsprechenden Gewährleistung bezogen auf den spezifischen Sachverhalt letztendlich erkennbar[486]. Eine konsequente Ausrichtung am religionsfreiheitlichen Grundrechtstelos, welches in casu auf das kirchliche Selbstbestimmungsrecht rekurriert, geht von der Präexistenz des Schutzobjekts der individualrechtlichen Fundamentalnorm aus und vermeidet eine gleichzeitige Begrenzung der Protektionsreichweite[487]. Es ist deshalb angebracht, „den

---

Vgl. auch Karlen, Religionsfreiheit, S. 287, FN 1. – Ein nennenswerter inhaltlicher Unterschied zwischen den aufgeführten Termini lässt sich nicht feststellen. Hierzu Bolz, S. 78.

483 Vgl. Art. 36 rev. BV; sowie Botschaft BV, BBl 1997 I 194 ff.

484 Unter den einzelnen Verfassungsbestimmungen soll namentlich zum einen zwischen den Grundrechten untereinander wie auch zwischen diesen und den Aufgaben einer gewaltengeteilten Staatsorganisation zum anderen 'praktische Konkordanz' in optimaler Weise erzielt werden. Siehe Karlen, Religionsfreiheit, S. 287. Vgl. auch Bolz, S. 327.

485 Leider wird die vornehmliche Schrankenfunktion in casu durch religionspolitische Diskriminationen (z. B. Art. 50 Abs. 4 aBV bzw. Art. 72 Abs. 3 rev. BV) entartet.

486 Karlen, umstrittene Religionsfreiheit, S. 195, stellt die Frage, ob die höchstrichterliche Erkenntnis über religionsfreiheitliche Schutzinteressen nicht eher als Einzelfall- denn Grundsatzjudikatur zu qualifizieren ist. Diese These lässt sich dann bestätigen, wenn der Grundsatz ein derart gefasstes Schutzobjekt annimmt, dass der Einzelfall in der Bemessung prinzipiell keinen Einfluss nehmen kann. Letztere wird demnach im Einzelfall begrifflich nur auf die Adäquanz der entsprechenden Schrankensetzung bezogen. Insofern bildet die differenzierende Konkretisierung der Religionsfreiheit durch die höchstrichterliche Rechtsprechung „weniger eine Prinzipienfrage als eine Frage des Masses“ (Ders., op.cit., S. 211).

487 Dadurch wird dem Anliegen modernen Grundrechtsdenkens, welches die Freiheit in den Vordergrund stellt, Rechnung getragen. Vgl. Ulrich A. Cavelti, Aufklärung, S. 170. – Der Apriorismus einer generellen Scheidung des Schutzbereichs provoziert, wie beispielsweise durch einen apodiktischen Protektionsentscheid aufgrund der Qualifikation in innere und äussere kirchliche Angelegenheiten, eine allzu rigide Zuteilung grundrechtlichen Schutzes und führt möglicherweise zu einer Grundrechtsverkürzung. Hierzu Kraus, Staatskirchenrecht, S. 96. – Widersprüchlich Pius Hafner, Staat und Kirche, S. 202 f., welcher die 'kollektive Religionsfreiheit' nicht als gewährleistet erachtet, dieser aber indirekt über das Individualrecht zur freien

Schutzbereich im Zweifel weit auszulegen und dann im Rahmen der Schrankenlegung mittels Abwägung der beteiligten Interessen nach einem angemessenen, der Eigenart der jeweiligen Situation gerecht werdenden Ergebnis zu suchen."[488].

B) Grundsätzliche Einschränkungsvoraussetzungen

Drei kumulativ erforderliche Voraussetzungen müssen gegeben sein, damit ein Freiheitsrecht eingeschränkt werden darf, nämlich formell die gesetzliche Grundlage[489]; materiell das öffentliche[490] Interesse[491],[492] und die Wahrung des

---

Bildung von Religionsgemeinschaften Schrankenfunktion zugunsten der Rechte der Religionsgemeinschaften beimisst.

488 Kraus, Staatskirchenrecht, S. 96 f. Gl. M. Friederich, Kirchen und Glaubensgemeinschaften, S. 374, 380; Karlen, Religionsfreiheit, S. 288; Winzeler, Fremde Religionen, S. 252 ff. Vgl. Conring, S. 181, 368; Wyss, Umgang, S. 178. A.M. Bolz, S. 232 f. Dieser befürwortet eine Methode, welche von der Schrankenbegrifflichkeit Abstand nimmt und zuerst nach der Grundrechtsrelevanz einer beanstandeten staatlichen Anordnung fragt, um anschliessend ihre Vereinbarkeit mit dem Grundrecht abzuklären.

489 Die Einschränkung eines Grundrechts muss gemäss Art. 36 Abs. 1 rev. BV in einem generell-abstrakten Rechtssatz (zu den Voraussetzungen, denen die generelle und abstrakte Norm genügen muss, vgl. Botschaft BV, BBl 1997 I 131 ff., sowie 195), welcher inhaltlich ausreichend bestimmt ist, vorgesehen sein. Schwere Eingriffe erfordern zusätzlich die normative Grundlegung in einem Gesetz im formellen Sinn, während für minder erhebliche Einschränkungen auch eine kompetenzgemäss erlassene Verordnung genügt (vorbehalten bleibt die Anwendung der polizeilichen Generalklausel). Hierzu Botschaft BV, BBl 1997 I 195. Vgl. BGE 123 I 303 E. 3. Der Grad des Eingriffs soll in einem proportionalen Verhältnis zu seiner demokratischen Fundierung stehen. Vgl. Bolz, S. 122 ff.; Häfelin, BV-Kom. Art. 49, Rz. 132; Häfelin/Haller, Rz. 1132; Haller/Kölz, S. 234; Hangartner, Grundzüge II, S. 78 ff.; Karlen, Religionsfreiheit, S. 292 ff.; sowie Villiger, EMRK-Handbuch, Rz. 545 ff. In bezug auf die Normstufe der gesetzlichen Grundlage gilt es für den gliedstaatlichen Kompetenzbereich in Anbetracht neuerer kantonaler Verfassungen (z.B. Kt. AG) ebenfalls anzumerken, „dass sich alle Schranken, – wie auch immer sie qualifiziert werden – auf die Verfassungsstufe zurückführen lassen müssen" (Bolz, S. 144). – Saladin, Grundrechte, S. 27, monierte zu Recht, dass das Legalitätsprinzip als formelle Voraussetzung für staatliche Eingriffe besonders in der Praxis zur Religionsfreiheit eine „Randexistenz" gefristet habe: „So bereitwillig das Bundesgericht die 'öffentliche Ordnung' mit der allgemeinen Rechtsordnung gleichgesetzt hat, so wenig erscheint in seiner Rechtsprechung das Erfordernis einer gesetzlichen Grundlage als Voraussetzung für Eingriffe in die Religionsfreiheit." Dieses Phänomen ist definitiv zu überwinden. Dem üblichen Standard bei den Voraussetzungen zur Grundrechtseinschränkung wurde betreffend der Religionsfreiheit erst mit BGE 117 Ia 314 f. E. 2 zum Durchbruch verholfen. Siehe Karlen, umstrittene Religionsfreiheit, S. 199. – Zur Unterscheidung zwischen leichten und schweren Eingriffen in die Religionsfreiheit hinsichtlich des Umfangs der Kognition bei der Überprüfung der ge-

setzlichen Grundlage siehe BGE 119 Ia 183 E. 4a, sowie 187 f. E. 6a; 123 I 303 E. 3; Karlen, Religionsfreiheit, S. 294 f., 461.

490 Bolz, S. 164 ff., kritisiert den Begriff des 'öffentlichen Interesses', da grundsätzlich nur solche Interessen, die der gleichen Normstufe entspringen oder sich auf diese zurückführen lassen, mit den auf Verfassungsstufe statuierten Grundrechten konkurrieren und sich als Grundrechtsschranken rechtfertigen könnten. „Es wäre ... deshalb angebracht, in Zusammenhang mit den Grundrechtsschranken von 'verfassungsmässigen Interessen' zu sprechen. Ob ein solches Interesse im konkreten Fall eine grundrechtsrelevante staatliche Massnahme zu begründen vermag, muss im Hinblick auf ein bestimmtes Grundrecht geprüft werden. Dabei sind die grundrechtlichen und die eine solche Massnahme tragenden 'verfassungsmässigen Interessen' gegenüber zu stellen. Zwischen diesen ist durch wertende Abwägung ein Ausgleich zu finden. Die hier vorgeschlagene Terminologie weist auch darauf hin, dass es nicht im Belieben der Rechtssetzungsorgane liegt, durch blosse Normierung ein Interesse als 'öffentlich' und damit als zulässige Motivation von Grundrechtsschranken zu erklären. Das Erfordernis des öffentlichen Interesses soll ja gerade den Gesetzgeber bei der 'Schrankensetzung' binden." (Ders., S. 172 f.). Vgl. auch Georg Müller, BV-Kom. Art. 22ter, Rz. 35 ff. Hinsichtlich der kantonalen Rechtsordnung ist insofern zu differenzieren, dass in Kantonen mit obligatorischem Gesetzesreferendum die formellen Gesetze der Verfassung zustehende Funktionen übernehmen, welche im Rahmen der verfassungskonformen Kompetenzverteilung die Interessen angeben, „die zu sog. zulässigen Grundrechtsschranken führen" (Bolz, S. 173). Eine derartige Preisgabe der Rückführbarkeit der Grundrechtsschranken auf die Verfassungsstufe wird dadurch gerechtfertigt, dass sich Verfassungs- und Gesetzgeber bezüglich ihrer direkt-demokratisch fundierten Legitimation nicht in relevanter Weise unterscheiden. Der Kanton Schwyz beispielsweise kennt das obligatorische Gesetzesreferendum (§ 30 KV SZ).

491 Das Interesse, welches eine Grundrechtseinschränkung rechtfertigen soll, muss für jede Fundamentalnorm gesondert ermittelt werden. Hierzu Karlen, Religionsfreiheit, S. 300. Hierzu auch Bolz, S. 84, sowie ausführlich S. 155 ff.; Häfelin/Haller, Rz. 1139; Hangartner, Grundzüge II, S. 80 f. Es beinhaltet „all das, was der (sc. grundrechtsverpflichtete!) Staat vorkehren muss, um eine ihm obliegende Aufgabe zu erfüllen" (Häfelin/Haller, Rz. 1137). „Der Begriff des öffentlichen Interesses ist örtlich und zeitlich variabel und umfasst eine Reihe von sogenannten Polizeigütern (Ordnung, Sicherheit, Gesundheit, Moral, öffentliche Ruhe usw.) oder auch soziale, kulturelle, geschichtliche und wissenschaftliche Werte ... Grundrechtseingriffe können auch mit dem Schutz entgegenstehender Grundrechte Dritter begründet werden. Dies ist Ausdruck des klassischen Gedankens, wonach die eigene Freiheit ihre Schranke in der Freiheit des anderen findet." (Erläuterungen zum Verfassungsentwurf VE 95, S. 65). Vgl. auch Botschaft BV, BBl 1997 I 195. – Art. 49 und 50 aBV enthielten im Gegensatz zu Art. 15 rev. BV einige beispielhafte, punktuell öffentliche Interessen hervorhebende Einschränkungen. Vgl. Karlen, Religionsfreiheit, S. 292; Kraus, Staatskirchenrecht, S. 102. Mithin fungierten diese als Quelle von Grundrechtsschranken. Vgl. Bolz, S. 165. Im Zusammenhang mit der Religionsfreiheit führt die totalrevidierte BV in Art. 72 Abs. 2 rev. BV nur noch die 'Wahrung des öffentlichen Friedens zwischen den Angehörigen der verschiedenen Religionsgemeinschaften' als Kriterium des öffentlichen Interesses explizit auf.

Grundsatzes der Verhältnismässigkeit[493]. Der Kerngehalt eines Grundrechts entzieht sich per definitionem potentiellen Einschränkungsbegehrlichkeiten[494]. Dieses Programm[495], welches die 1999 totalrevidierte Bundesverfassung in Art. 36 rev. BV als allgemeine Verfassungsregel[496] über die Zulässigkeit von Grundrechtslimitationen kodifiziert[497], wird von den in der Bundesverfassung im Rah-

---

492 Um das religionsfreiheitlich geschützte Selbstbestimmungsrecht der röm.-kath. Kirche einzuschränken, muss die Qualifizierung des öffentlichen Interesses einer Güterabwägung folgen, welche feststellt, inwiefern eine Limitation der korporativen Religionsfreiheit das dogmatische Bekenntniszentrum des konfessionellen Verbandes zu tangieren vermag. Mit der Nähe zum Kern des kirchlichen Selbstverständnisses wachsen dabei die Anforderungen an die Gewichtung der Bedeutsamkeit und die Beurteilung der Folgenschwere des öffentlichen Interesses. Vgl. Schwendenwein, korporative Religionsfreiheit, S. 791 ff.

493 Die Verhältnismässigkeit einer grundrechtseinschränkenden Massnahme äussert sich in ihrer Eignung, den im öffentlichen Interesse liegenden Zweck herbeizuführen (Geeignetheit), in ihrer Erforderlichkeit hinsichtlich der Erreichung dieses Zwecks (geringstmöglicher Eingriff) und endlich in ihrer Angemessenheit (Proportionalität von Eingriffszweck und Eingriffswirkung). Vgl. Bolz, S. 175 ff.; Häfelin/Haller, Rz. 1141 ff.; Haller/Kölz, S. 234; Hangartner, Grundzüge II, S. 85 ff.; Karlen, Religionsfreiheit, S. 311 ff.

494 BGE 101 Ia 397 E. 3b. Vgl. auch Jörg Paul Müller, Kerngehalt, S. 33 ff.

495 Zu den formellen und materiellen Voraussetzungen für die Freiheitsbeschränkung von Personen in einem Sonderstatusverhältnis siehe BGE 113 Ia 304 ff. (Kultusfreiheit der Strafgefangenen); BGE 114 Ia 129 ff.; BGE 116 Ia 252 ff. (Kruzifix im Schulzimmer); BGE 117 Ia 311 ff.; 119 Ia 178 ff. (Dispens vom Schulunterricht); BGE 123 I 296 ff. (Kopftuch einer Lehrerin); sowie Bolz, S. 148 ff.; Häfelin/Haller, Rz. 1146 ff.; Hangartner, Grundzüge II, S. 88 f.; Karlen, Religionsfreiheit, S. 299, 319 ff.; Kraus, Staatskirchenrecht, S. 75, 366.

496 Da eine Einschränkung der von der BV gewährleisteten Grundrechte dieselben nicht ihres Gehalts entleeren darf, „müssen die Voraussetzungen, unter denen eine Einschränkung von Grundrechten zulässig ist, ihrerseits verfassungsrechtlich festgelegt werden" (Botschaft BV, BBl 1997 I 194).

497 Im Unterschied zur BV enthält Art. 9 Abs. 2 EMRK bezüglich der 'Religions- und Bekenntnisfreiheit' eine systematisch lozierte, abschliessend gefasste und ausschliesslich auf dieses Grundrecht anwendbare Schrankenregel. Vgl. Häfelin, BV-Kom. Art. 49, Rz. 123; Villiger, EMRK-Handbuch, Rz. 541 ff., 593, 599. Diese schliesst den Standard der grundsätzlichen Einschränkungsvoraussetzungen des Bundesrechts in sich, äussert sich aber „insbesondere deutlicher zu den Voraussetzungen – namentlich zum Erfordernis überwiegender Interessen beziehungsweise der Wahrung des Verhältnismässigkeitsprinzips – bei staatlichen Eingriffen in die religiösen Freiheitsrechte" (BGE 117 Ia 314 E. 1b). Art. 9 Abs. 2 EMRK erscheint zwar als abgeschlossene Einheit, sein allgemein gefasster Wortlaut macht ihn indes trotzdem – und zwar völkerrechtskonform – auslegungsbedürftig. „Die zulässigen Einschränkungen nach Abs. 2 beziehen sich allein auf das Recht der *Ausübung* einer Religion oder Weltanschauung; d[a]s Recht auf Religionsfreiheit *als solches* und das Recht zum *Wechsel* einer Glaubensauffassung dürfen dagegen – in Analogie zur

men[498] der jeweiligen Grundrechtsverortung[499] explizit vorgesehenen Einschränkungsmöglichkeiten konkretisierend modelliert[500].

Das Bundesgericht ging erst in seiner jüngeren Rechtsprechung[501] dazu über, die Religionsfreiheit im Lichte des bei Grundrechten üblichen Standards zu erfassen und insofern Einschränkungen konsequent vom Vorhandensein der grundsätzlichen Voraussetzungen abhängig zu machen. Gleichzeitig führte es auf diese Weise die notwendige Harmonisierung mit den in Art. 9 Abs. 2 EMRK[502] bzw. Art. 18 Abs. 3 des 'Internationalen Paktes über die bürgerlichen und politischen Rechte' allgemein und offen formulierten Einschränkungsvoraussetzungen herbei[503].

'Notstandsfestigkeit' der Religionsfreiheit nach Art. 4 Abs. 2 des Pakts über bürgerliche und politische Rechte – nicht beschränkt werden." (Friederich, Kirchen und Glaubensgemeinschaften, S. 260). Gl.M. Frowein, Art. 9 EMRK, S. 55, der auf die unklare und verfehlte deutsche Übersetzung hinweist, welche jedoch im Gegensatz zum englischen und französischen Konventionstext nicht verbindlich ist. Eine Synopsis der deutschen, englischen und französischen Schrankentexte (Art. 8-11 EMRK) bietet Conring, S. 364 ff. Siehe auch Frowein/Peukert, EMRK-Kom. Art. 9, Rz. 23; Häfliger, Menschenrechtskonvention, S. 225 f. Vgl. Häfelin, BV-Kom. Art. 49, Rz. 130; Malinverni, SJK Nr. 1379, S. 3 f. – Art. 18 Abs. 3 UNO-Pakt II statuiert materiell im wesentlichen die auch nach innerstaatlichem Recht grundsätzlich einzuhaltenden Voraussetzungen zur Einschränkung der Religionsfreiheit. Nowak, UNO-Menschenrechtspakte, S. 14, nennt in diesem Zusammenhang „die Technik des *materiell determinierten Gesetzesvorbehalts*. Die Ausübung ... der Religions- und Weltanschauungsfreiheit ... darf dann beschränkt werden, wenn solche Eingriffe gesetzlich vorgesehen sind, einem der taxativ aufgezählten Eingriffszwecke dienen (z.B. nationale Sicherheit, ordre public, Volksgesundheit, Rechte und Freiheiten anderer) und zur Erreichung dieses Zweck notwendig, d.h. verhältnismässig sind ..." Vgl. Friederich, Kirchen und Glaubensgemeinschaften, S. 253.

498 Die Kodifikationssystematik der totalrevidierten BV weitet diesen insofern aus, als die in Art. 72 Abs. 1 und 2 rev. BV vorgesehenen Limitationen der Religionsfreiheit im Gegensatz zu Art. 49 und 50 aBV unverdächtigerweise nicht mehr in der eigentlichen Grundrechtsverortung enthalten sind sondern neuerdings innerhalb des Abschnitts über 'Bildung, Forschung und Kultur' fungieren.

499 Vgl. auch z.B. Art. 26 Abs. 2, 28 Abs. 4 rev. BV sowie Art. 17 Abs. 1 in Verbindung mit Art. 93 Abs. 2 rev. BV.

500 Vgl. Karlen, Religionsfreiheit, S. 289. – Zur Konkretisierungsbedürftigkeit der Grundrechtsschranken siehe Huber, Konkretisierung, S. 208 f.

501 Beginnend mit BGE 117 Ia 314 f. E. 2 nachdem sich in der höchstrichterlichen Rechtsprechung gemäss Karlen, umstrittene Religionsfreiheit, S. 199, FN 28, in BGE 113 Ia 304 ff.; 114 Ia 132 f., 136 f., Vorboten einer diesbezüglichen Praxisänderung ankündigten.

502 Vgl. Conring, S. 367 ff.

503 Hierzu Karlen, umstrittene Religionsfreiheit, S. 198 f.

C) In den Art. 49 und 50 aBV bzw. Art. 15 und 72 rev. BV enthaltene institutionelle Einschränkungsregelungen[504]

Im Einklang mit der bundesgerichtlichen Annahme eines Gesamtgrundrechts bestand für Art. 49 und 50 aBV keine Schrankendivergenz[505]. Die Bundesverfassung 1874 enthielt lediglich den einzelnen Gewährleistungen mitgegebene, partiell wirksame Vorbehalte[506] und Restriktionen[507]. Die Totalrevision des Jahres 1999 führt explizit allein in Art. 72 rev. BV, welcher die bundesrechtliche Kompetenzordnung betreffend der Gestaltung des staatlichen Verhältnisses zum konfessionellen Verband wiederholt, das Grundrecht der Religionsfreiheit limitierende Einschränkungen fort.

---

504 Die Auflistungsreihenfolge gehorcht der historischen Präzedenz der kultusfreiheitlichen Schranken. Vgl. Kraus, Staatskirchenrecht, S. 99.

505 BGE 108 Ia 44. Vgl. Fleiner/Giacometti, Bundesstaatsrecht, S. 337; Häfelin, BV-Kom. Art. 49, Rz. 107, 122; Ders. BV-Kom. Art. 50, Rz. 13; Karlen, Religionsfreiheit, S. 290 f.; Kraus, Staatskirchenrecht, S. 102; Hans Marti, SJK Nr. 1075, S. 1; Saladin, Grundrechte, S. 20 f.; Schmid, S. 60. – „Es ist ... auch in bezug auf die Einschränkungsregelung gerechtfertigt, von einem einheitlichen, die Glaubens- und Gewissensfreiheit und die Kultusfreiheit umfassenden Grundrecht der Religionsfreiheit auszugehen. Den in der Bundesverfassung ausdrücklich erwähnten Einschränkungen kommt nunmehr lediglich eine exemplifizierende Bedeutung zu." (Karlen, Religionsfreiheit, S. 292). Vgl. Conring, S. 181 f.; Kraus, Staatskirchenrecht, S. 100.

506 'Vorbehalte' deuten auf eine objektivrechtliche Denkweise. Vgl. Karlen, Religionsfreiheit, S. 287, FN 1.

507 Gemäss Karlen, Religionsfreiheit, S. 290; Saladin, Grundrechte, S. 20, haftet den Grundrechtseinschränkungen der BV 1874 etwas Zufälliges an. Häfelin, BV-Kom. Art. 49, Rz. 122, spricht lediglich von einem „beispielhaften, 'punktuellen' Charakter" der Schrankenbestimmungen im Bereich der Religionsfreiheit, denen „eine umfassende und systematische Formulierung der Beschränkungsvoraussetzungen fehlt". Vgl. auch Karlen, umstrittene Religionsfreiheit, S. 198 f. – Differenzierter Kraus, Staatskirchenrecht, S. 99 f., der von einem ursprünglich in sich geschlossenen Schrankensystem ausgeht, welches der Innen- und Aussenwirksamkeit der religionsfreiheitlichen Fundamentalrechte entsprach. Erst die „'Entdeckung' positiver und korporativer Elemente in Art. 49 BV bewirkte eine Schutzbereichserweiterung", welche das BGer. zur Adaption der Schranken von Art. 50 Abs. 1 aBV auf Art. 49 aBV veranlasste. Dadurch wurde die Schrankensystematik aufgebrochen. Vgl. Conring, S. 181 f.

a) Öffentliche Ordnung und Sittlichkeit[508]

Die Elemente des Katalogs polizeirechtlicher Güter[509], welcher dem Schutz der öffentlichen Ordnung[510] als Inbegriff jener Rechtsnormen dient, „die im vitalen Interesse der staatlichen Gemeinschaft eingehalten werden müssen“[511], sind in der Lage, die nach aussen öffentlichkeitsrelevant[512] in Erscheinung tretende kirchliche Wirksamkeit einzuschränken[513]. Beispielsweise können aus verkehrs-

---

508 Diese Einschränkung der Kultusfreiheit war explizit in Art. 50 Abs. 1 aBV aufgeführt, während sie sich neuerdings generell aus Art. 36 Abs. 2 rev. BV ableiten lässt. Siehe Botschaft BV, BBl 1997 I 195.

509 Häfelin/Haller, Rz. 1229; Kraus, Staatskirchenrecht, S. 103. – Polizeirechtliche Schutzgüter sind: öffentliche Ordnung i.e.S. (Abwesenheit von Unordnung und Unruhe), Sicherheit, Ruhe, Gesundheit, Sittlichkeit sowie Treu und Glauben im Geschäftsverkehr. Vgl. Häfelin, BV-Kom. Art. 50, Rz. 24; sowie Botschaft BV, BBl 1997 I 195.

510 Der Begriff der öffentlichen Ordnung ist bundesrechtlich determiniert. Ansonsten könnten die Gliedstaaten ohne inhaltlich-terminologische Bindung die Kultusfreiheit nach eigenem Gutdünken einschränken. Hingegen liegt es primär an den Kantonen zu entscheiden, was den bundesrechtlichen Schrankentermini widerspricht. Siehe Friederich, Kirchen und Glaubensgemeinschaften, S. 278.

511 Bruhin, Konzile, S. 67.

512 Fleiner/Giacometti, Bundesstaatsrecht, S. 337; Hans Marti, SJK Nr. 1075, S. 2. Eine gottesdienstliche Handlung nach Art. 50 Abs. 1 aBV ist gemäss BGE 36 I 377 f. der öffentlichen Ordnung „naturgemäss dann unterworfen, wenn sie aus dem Gebiet der kirchlichen Räumlichkeiten *hinaustritt*. Das Gleiche muss aber auch gelten, wenn in den Räumlichkeiten, über welche eine kirchliche Gemeinschaft zu disponieren befugt ist, solche Kultushandlungen vorgenommen werden, welche auf einem weiteren Gebiete, also auch ausserhalb der kirchlichen Räume, Störungen hervorzurufen geeignet sind ...“ Logischerweise kann die Verweigerung einer sakramentalen Handlung – wenn überhaupt – mindestens begrifflich kein Verstoss gegen die öffentliche Ordnung sein. „Der ganze Vorgang (sc. Verweigerung der Sterbesakramente durch einen röm.-kath. Geistlichen an einen geschiedenen und wiederverheirateten Mann) spielte sich im Krankenzimmer ..., also gänzlich im privaten Kreise, ab, und es ist schon aus diesem Grunde nicht verständlich, wieso hier überhaupt ein ‘Vergehen gegen die öffentliche Ordnung’ sollte vorliegen können.“ (BGE 27 I 341). Vgl. Friederich, Kirchen und Glaubensgemeinschaften, S. 399 f.

513 Die den Schutz der polizeirechtlichen Güter gewährleistenden „Vorschriften dürfen nicht vom Grundsatz der Religionsfreiheit abweichen [...] Bei einer Störung des religiösen Friedens muss sich die Polizei an die Störer halten; ein Gottesdienst darf nicht verboten werden, weil er von dritter Seite gestört werden könnte ... ; hier ist es vielmehr Pflicht der Polizei, die Störer a[n] ihrem Werke zu hindern. Für das gesamte Polizeirecht gilt der Grundsatz der Rechtsgleichheit: es darf einer Glaubensgemeinschaft nicht verboten [sein], was einer andern erlaubt ist.“ (Hans Marti, SJK Nr. 1075, S. 2).

polizeilichen[514], gesundheitspolizeilichen[515], sammlungspolizeilichen[516] Gründen etc.[517] Restriktionen der Kultusfreiheit verhängt werden[518]. Im Kriterium der öffentlichen Ordnung ist der Sittlichkeitstopos enthalten[519]. Diese ordre-public-Klausel entspricht dem wertanfüllungsbedürftigen „ethischen Minimum"[520] sozialen Verhaltens, welches der Staat mit seinen Strafnormen erzwingt[521]. Der Terminus der Sittlichkeit[522] sekundiert inhaltlich die Schranke der öffentlichen Ordnung.

---

514 BGE 108 Ia 47 E. 3a.

515 BGE 49 I 366 E. 4.

516 BGE 56 I 439 E. 2.

517 „Die Gewichte liegen aber bei der Freiheit, nicht beim polizeilichen *Ius cavendi*." (Isele, Revision, S. 572). Vgl. auch Hans Marti, SJK Nr. 1075, S. 2. – Zur Kasuistik siehe Häfelin, BV-Kom. Art. 49, Rz. 140 ff.; Ders., BV-Kom. Art. 50, Rz. 24 ff.; Karlen, Religionsfreiheit, S. 302 ff.; Kraus, Staatskirchenrecht, S. 101 ff.

518 Zur kulturell, sozialpolitisch und ökologisch motivierten Einschränkung der Religionsfreiheit, welche über die Gefahrenabwehr der klassischen Polizeirechtsdogmatik hinausgeht, siehe Karlen, Religionsfreiheit, S. 301; Kraus, Staatskirchenrecht, S. 100. – Interessanterweise bezeichnet Häfelin, BV-Kom. Art. 50, Rz. 24, den Persönlichkeitsschutz Andersgläubiger auch als polizeirechtliches Protektionsgut. Dessen Schutzwirkung dürfte im Vergleich zur prozessrechtlichen Geltendmachung einer Grundrechtskonkurrenz mit der polizeirechtlichen Eingriffsordnung effizienter zu handhaben sein.

519 Häfelin, BV-Kom. Art. 49, Rz. 135. Siehe auch DH Art. 7 Abs. 2: „Da die bürgerliche Gesellschaft ausserdem das Recht hat, sich gegen Missbräuche zu schützen, die unter dem Vorwand der Religionsfreiheit vorkommen können, so steht es besonders der Staatsgewalt zu, diesen Schutz zu gewähren; dies darf indessen nicht auf willkürliche Weise oder durch unbillige Begünstigung einer Partei geschehen, sondern nur nach rechtlichen Normen, die der objektiven sittlichen Ordnung entsprechen und wie sie für den wirksamen Rechtsschutz im Interesse aller Bürger und ihrer friedvollen Eintracht erforderlich sind, auch für die hinreichende Sorge um jenen ehrenhaften öffentlichen Frieden, der in einem geordneten Zusammenleben in wahrer Gerechtigkeit besteht, und schliesslich für die pflichtgemässe Wahrung der öffentlichen Sittlichkeit. Dies alles gehört zum grundlegenden Wesensbestand des Gemeinwohls und fällt unter den Begriff der öffentlichen Ordnung." Hierzu Mikat, Verhältnis von Kirche und Staat, S. 136 f. Vgl. auch Winzeler, Fremde Religionen, S. 253 f.; Wyss, Umgang, S. 184.

520 Vgl. Neuhaus, S. 503. Im Unterschied zum weltlichen Recht lässt die Eigenart des kanonischen Rechts die Maximierung seines Gehaltes auf ein 'ethisches Minimum' nicht zu. Vielmehr verlangt die „pastorale ... Tendenz des Kirchenrechts" die betreffenden Rechtssubjekte „möglichst zum Besseren anzuhalten".

521 Urs Josef Cavelti, Religionsgemeinschaften, S. 16; Lampert, Kirche und Staat I, S. 220.

522 Zu den veränderten Anforderungen im Bereich des polizeirechtlichen Begriffs der öffentlichen Sittlichkeit siehe Andreas Jost, Die neueste Entwicklung des Polizeibegriffs im schweizerischen Recht, Diss. Bern 1975, S. 33 ff.

Das Bundesgericht identifizierte in seiner älteren Rechtsprechung[523] den Begriff der öffentlichen Ordnung in extensiver Auslegung mit der allgemeinen Rechtsordnung[524]. Diese mit dem Mangel notwendiger Differenzierung behaftete formalistische Haltung des höchsten schweizerischen Gerichts erregte zu Recht die Kritik der Lehre. „Es wurde insbesondere geltend gemacht, durch den Vorbehalt der allgemeinen Rechtsordnung werde die Feststellung der Schranken der Glaubens- und Gewissensfreiheit vorbehaltlos dem Gesetzgeber überlassen und die Religionsfreiheit zu einem reinen Willkürverbot abgeschwächt.“[525]. Damit wäre das Gemeinwesen von der Rücksichtnahme auf das kirchliche Selbstverständnis weitgehend entbunden und könnte bei der Prüfung der Verhältnismässigkeit eines Eingriffs in die Religionsfreiheit ohne Not das Vorhandensein des öffentlichen Interesses mit der Begründung des Vorbehalts der allgemeinen Rechtsordnung manipulieren[526].

b) Wahrung des konfessionellen Friedens[527]

Der Anspruch einer Religionsgemeinschaft auf missionarische Aufoktroierung der eigenen Identität anderen Denominationen gegenüber scheitert am objektivrechtlichen Toleranzgebot[528]. Das Schutzobjekt der korporativen Religionsfreiheit deckt eine extensive Geltendmachung des kirchlichen Selbstverständnisses nicht. Somit fungiert die in Art. 50 Abs. 2 aBV bzw. Art. 72 Abs. 2 rev. BV

---

523 Nun rekurriert das BGer. (BGE 113 Ia 305, präzisiert in: BGE 117 Ia 315) in casu auf die grundsätzlichen Einschränkungsvoraussetzungen, nämlich gesetzliche Grundlage, öffentliches Interesse und Verhältnismässigkeit, wodurch eine potentielle Grundrechtseinschränkung wieder an strengere Vorgaben geknüpft wird. Vgl. Häfelin, BV-Kom. Art. 50, Rz. 24.

524 Vgl. BGE 38 I 491 f.; 49 I 368; 50 I 375 f.; 51 I 500; 54 I 102; 88 IV 122.

525 Häfelin, BV-Kom. Art. 49, Rz. 136. – Ebenfalls nehmen Carlen, Grundrechte, S. 1001; Friederich, Kirchen und Glaubensgemeinschaften, S. 280, 400 f.; Saladin, Grundrechte, S. 17, 22, eine ablehnende Haltung gegenüber dieser Ordnungsextension saekularistischer Interessen ein. Vgl. auch VPB 50 (1986) Nr. 5, S. 49 f.

526 Zu Recht nimmt Art. 15 rev. BV diese Schranke, deren extensive Interpretation über das gemäss der allgemeinen Eingriffsordnung Zulässige hinausgeht, nicht mehr in den Regelungskontext der Religionsfreiheit auf.

527 Art. 50 Abs. 2 aBV statuierte ein Abwehrrecht gegen 'Eingriffe kirchlicher Behörden in die Rechte der Bürger und des Staates'. Das 2. Lemma von Art. 50 Abs. 2 aBV war insofern entbehrlich, als diese religionsfreiheitliche Schranke bereits durch Art. 49 Abs. 4 aBV aufgestellt wurde. Art. 72 Abs. 2 rev. BV führt in diesem Zusammenhang lediglich die Wahrung des konfessionellen Friedens zwischen den Angehörigen der verschiedenen Religionsgemeinschaften als explizit die Religionsfreiheit limitierende Grundrechtsschranke weiter. Vgl. Botschaft BV, BBl 1997 I 287 f.

528 Siehe vorne, S.135 ff.

statuierte Schranke der Wahrung des konfessionellen Friedens als terminologische Redundanz zum entsprechenden Inhalt des Schutzobjekts.

Mit dem generalklauselartigen Art. 50 Abs. 2 aBV behielt sich der Bund[529] vor, zur Handhabung der Ordnung[530], welche die Totalrevision des Jahres 1999 nicht mehr im Kontext der Religionsfreiheit weiterführt sondern generell durch Art. 36 Abs. 2 rev. BV gewährleistet, und zur von Art. 72 Abs. 2 rev. BV weiterhin erwähnten „Wahrung des öffentlichen Friedens zwischen den Angehörigen der verschiedenen Religionsgemeinschaften" die geeigneten Massnahmen zu treffen. Angesichts der weitgehenden konfessionellen Befriedung erfordert der Verhältnismässigkeitsgrundsatz[531] eine restriktive Interpretation des kirchenexternen Ordnungsbegriffs[532]. Die Anwendung der Norm ist auf eigentliche Notsituationen

---

529 Primär erteilt Art. 50 Abs. 2 aBV bzw. Art. 72 Abs. 2 rev. BV den Kantonen die Kompetenz, Massnahmen zur Sicherung des religiösen Friedens anzuordnen. Ausser bei interkantonalen oder internationalen Konflikten spielt der Bund eine subsidäre Rolle. Er greift nur dann ein, wenn sich die kantonalen Vorkehren als ungenügend erweisen. Siehe Häfelin, BV-Kom. Art. 50, Rz. 34. – Art. 50 Abs. 2 aBV bzw. Art. 72 Abs. 2 rev. BV enthält keine individualrechtliche Komponente.

530 Der von Art. 50 Abs. 2 aBV verwendete Ausdruck 'Ordnung' war in casu enger zu fassen als der Begriff der 'öffentlichen Ordnung' in Art. 50 Abs. 1 aBV und auf den konfessionsexternen Bereich zu reduzieren. Hier bedeutete er die Abwesenheit von tatsächlicher Unordnung oder von Unruhen. Vgl. Häfelin, BV-Kom. Art. 50, Rz. 35. Gl.M. Friederich, Kirchen und Glaubensgemeinschaften, S. 403; Kraus, Staatskirchenrecht, S. 105, FN 140. Zwecks innerkirchlicher Wahrung des konfessionellen Friedens ermangelt dem saekularen Ordnungsbegriff die Einschlägigkeit.

531 Zur notwendigen Anwendung des Verhältnismässigkeitsgrundsatzes siehe Karlen, Religionsfreiheit, S. 307, welcher in casu die von Freuler, S. 52 ff., geäusserten Bedenken entkräftet, da mithin durch die in Art. 50 Abs. 2 aBV vorbehaltenen Massnahmen die Religionsfreiheit nicht gänzlich ausser Kraft gesetzt werden konnte. Vgl. Häfelin, BV-Kom. Art. 50, Rz. 35.

532 Friederich, Kirchen und Glaubensgemeinschaften, S. 404. „Im Vordergrund der bundesgerichtlichen Rechtsprechung stand stets das Interesse zur Aufrechterhaltung des *konfessionellen Friedens.*" (Ders., op.cit., S. 403). Namentlich hat das BGer. in BGE 49 I 154 ff. bei der Zulässigkeitsfrage von Prozessionen auf öffentlichem Grund ausführlich und in grundlegender Art die potentielle Gefährdung des konfessionellen Friedens erörtert. In einem späteren Entscheid (BGE 108 Ia 48) erkannte es richtigerweise, dass eine Prozession in der heutigen konfessionell entspannten Lage nicht mehr geeignet ist, den religiösen Frieden und die öffentliche Ordnung zu gefährden. Das BGer. hat somit davon Abstand genommen, Beschränkungen der Glaubensausübung, die vielleicht zu Zeiten ernsthafter Störung des konfessionellen Friedens zulässig waren, fernerhin zu tolerieren. Hierzu Jörg Paul Müller, Grundrechte, S. 81. – Zur weiteren Kasuistik siehe Häfelin, BV-Kom. Art. 50, Rz. 37 ff.

zu beschränken. In diesem Sinne handelt es sich um eine Notstandsbestimmung[533],[534].

Das begriffliche Ermessen bei der Interpretation des Tatbestandes der 'Gefährdung des religiösen Friedens' muss sich im Rahmen dessen bewegen, was das Bundesgericht anhand seiner durch die religiös-weltanschauliche Neutralitätspflicht limitierten Kognition zu beurteilen in der Lage ist. Mit innerkirchlichen Rechtsfragen verknüpfte kirchenpolitische Erwägungen stehen mithin nicht zur staatlichen Disposition[535].

c) Bistumserrichtung[536]

Die Errichtung[537] von Bistümern in der Schweiz wird von dieser konfessionellen Ausnahmebestimmung in kultusfreiheitlicher Regression[538] dem Genehmigungs-

---

533 Ein Teil der Lehre ging davon aus, dass zur Befriedung religiöser Konflikte auf Art. 50 Abs. 2 aBV abgestützte staatliche Vorkehren zulässig sind, welche über den üblichen Rahmen des Polizeigüterschutzes hinausgehen. Hierzu Fleiner/Giacometti, Bundesstaatsrecht, S. 339; Friederich, Kirchen und Glaubensgemeinschaften, S. 403; Häfelin, BV-Kom. Art. 50, Rz. 35; Karlen, Religionsfreiheit, S. 298 f., 306 f.; Kraus, Staatskirchenrecht, S. 104 f.; Hangartner, Grundzüge II, S. 98. Bruhin, Konzile, S. 84; Urs Josef Cavelti, Religionsgemeinschaften, S. 145; Freuler, S. 52 ff.; Lampert, Kirche und Staat I, S. 224 ff., lehnen eine auf Art. 50 Abs. 2 aBV gestützte Legitimation von Ausnahme- oder Notrecht strikte ab. Nachdem der im Zusammenhang mit der Religionsfreiheit verwendete Ordnungsbegriff in der BV-Totalrevision des Jahres 1999 aufgegeben wurde, beschränkt sich Art. 72 Abs. 2 rev. BV auf die spezifizierte Wiederholung der Schutzpflicht des öffentlichen Friedens zwischen den Angehörigen der verschiedenen Religionsgemeinschaften. Damit ist vorliegend die Frage der Legitimation von Massnahmen, welche über den Rahmen der polizeilichen Generalklausel hinausgehen, vom Tisch. Siehe Botschaft BV, BBl 1997 I 288. – Auf jeden Fall müssen die übrigen Voraussetzungen gemäss Art. 36 rev. BV für einen Grundrechtseingriff erfüllt sein. Vgl. Botschaft BV, BBl 1997 I 196, 287 f.

534 Als solche darf sie jedoch gemäss Art. 4 Abs. 2 UNO-Pakt II die in Art. 18 UNO-Pakt II (SR 0.103.2) gewährleistete Gedanken-, Gewissens- und Religionsfreiheit auch im Fall eines öffentlichen Notstandes nicht ausser Kraft setzen. Damit ist die Religionsfreiheit 'Notstandsfest'. Hierzu Achermann/Caroni/Kälin, Bedeutung des UNO-Paktes, S. 207; Nowak, UNO-Menschenrechtspakte, S. 12. Vgl. Friederich, Kirchen und Glaubensgemeinschaften, S. 260.

535 Hierzu BGE 119 Ia 185 E. 4c; sowie Karlen, Religionsfreiheit, S. 461. Vgl. auch Fuchs, Unfehlbarkeit, S. 117 ff.; Michel, S. 41.

536 Art. 50 Abs. 4 aBV bzw. Art. 72 Abs. 3 rev. BV.

537 „Nach Art. 50 Abs. 4 BV unterliegt nur die *Errichtung* von Bistümern der Bundesgenehmigung. Da diese Genehmigungsverpflichtung ... eine Ausnahmenorm darstellt, läge es nahe, sich bei der *Auslegung dieser Bestimmung* strikt an dessen Verfassungswortlaut zu halten. Die Rechtsliteratur, die diese Bestimmung kommentiert, hat indessen auch *jede Veränderung von Bistumsgrenzen* ... als genehmigungs-

vorbehalt des Bundes unterworfen[539]. Trotz ihres mit Verfassungsrang ausgestatteten generell-abstrakten Gewandes richtet sich diese Norm unzweifelhaft gegen die römisch-katholische Kirche[540]. Der staatskirchliche Placetzwang greift, auch wenn er für eine Veränderung der Bistumseinteilung innerhalb des schweizerischen Staatsgebiets keine expliziten Schranken aufstellt[541], erheblich in die

---

pflichtig bezeichnet, auch wenn ein neues Bistum nicht entsteht ... Obschon nicht zu verkennen ist, dass die ... Auslegung des Art. 50 Abs. 4 BV nicht nur bloss als 'extensiv' bezeichnet werden kann, sondern über den Wortlaut hinaus faktisch weitere genehmigungspflichtige Tatbestände schafft, so ist doch diese Interpretationsmodalität zwar nicht gutzuheissen, aber doch unter dem Gesichtspunkt der damals so verstandenen 'ratio legis' einfühlbar. Ein betretenes Erstaunen aber darf man heute immerhin darüber bekunden, mit welcher Unbekümmertheit ein Teil der Kommentatoren die rechtsstaatlich leicht erkennbare Hürde übersprang." (Gut, Errichtung, S. 10 f.). – Ob auch der 'Austritt' eines Kantons aus dem Bistumsverband der Genehmigung des Bundes bedarf, liess das BGer. in BGE 73 I 107 ungeklärt. Vgl. Urs Josef Cavelti, Bistumsartikel, S. 61; Friederich, Kirchen und Glaubensgemeinschaften, S. 282, FN 243.

538 Gut, Errichtung, S. 13, stellt fest, dass Art. 50 Abs. 4 aBV als Ausnahme von der in Art. 50 Abs.1 aBV den Religionsgemeinschaften gewährleisteten Kultusfreiheit konzipiert wurde. Vgl. auch Häfelin, BV-Kom. Art. 50, Rz. 46. Dieser Befund wird in der totalrevidierten BV nicht entkräftet. Siehe Art. 15 Abs. 2 und 72 Abs. 3 rev. BV.

539 „Normadressat des Bistumsartikels sind ... die Kantone. Ihre verfassungsmässig gewährleistete Kirchenhoheit wird eingeschränkt, indem sie kein Bistum anerkennen dürfen, das nicht bundesrechtlich genehmigt ist." (Urs Josef Cavelti, Bistumsartikel, S. 61).

540 Bruhin, Konzile, S. 74 ff.; Carlen, Probleme, S. 43; Gut, Errichtung, S. 6 ff., 34; Kraus, Staatskirchenrecht, S. 105, 432; Lampert, Kirche und Staat II, S. 278 ff.; Michel, S. 31; Reichlin, S. 48. „Der Bistumsartikel richtet sich in erster Linie an den Apostolischen Stuhl. Es wird ihm untersagt, selbständig und ohne Mitwirkung der Bundesbehörden die teilkirchliche Organisation festzulegen." (Urs Josef Cavelti, Bistumsartikel, S. 61).

541 Vgl. Urs Josef Cavelti, Bistumsartikel, S. 60. Das Verbot, Teile des schweizerischen Staatsgebietes der Jurisdiktion eines im Ausland residierenden Bischofs zu unterstellen, ist immer noch geltendes Recht ('Bundesbeschluss vom 22. Juli 1859 betreffend die Lostrennung schweizerischer Landesteile von auswärtigen Bistumsverbänden', SR 181). Einschränkend wirkt dieser Beschluss einerseits für den Hl. Stuhl, indem dieser das Territorium der Schweiz nur Diözesen mit inländischem Amtssitz unterstellen darf, anderseits werden die Kantone verpflichtet, sich einer Regelung zu versagen, welche das entsprechende Kantonsgebiet oder Teile davon einem im Ausland residierenden Ordinarius unterstellt. Umgekehrt stiess sich die Schweiz nicht an der nun aufgehobenen Jurisdiktionsgewalt des Bischofs von Chur im Fürstentum Liechtenstein.

vom kirchlichen Selbstbestimmungsrecht geschützte Organisationsstruktur ein[542]. Die Existenz von Art. 50 Abs. 4 aBV bzw. Art. 72 Abs. 3 rev. BV liesse sich „nur dann rechtfertigen, wenn eine Errichtung und Veränderung von Bistümern wenigstens potentiell friedensgefährdende Massnahmen" darstellten[543],[544]. Aber

---

542 Gut, Errichtung, S. 15 f., bringt die subjektiven Folgen der systemwidrigen Existenz von Art. 50 Abs. 4 aBV bzw. Art. 72 Abs. 3 rev. BV im grundfreiheitlich beherrschten Prinzip des bundesrechtlichen Religionsverfassungsrechts auf den Punkt: „Die Achtung der (organisatorischen) Kirchenfreiheit besagt ..., dass der Bund, wenn er die Genehmigung der von der Kirche vorgenommenen Errichtung eines Bistums oder einer Veränderung der Bistumsgrenzen verweigert, *mit der grundrechtlich gewährleisteten Religionsfreiheit kollidiert*, was den Rechtsweg ... zum Europäischen Gerichtshof öffnen würde. Das bedeutet aber auch, dass nur schon der verpflichtende Gang zur Genehmigungsbehörde eine unnötige *grundrechtswidrige Beschwer* für die betroffene Kirche darstellt."

543 Kraus, Staatskirchenrecht, S. 105. „Ansonsten handelt es sich bei dem Genehmigungserfordernis um einen erheblichen Eingriff in die Selbstbestimmung der Kirchen hinsichtlich ihrer Organstruktur, der religionsfreiheitlich und rechtsstaatlich überaus zweifelhaft ist." (Ders., op.cit., S. 105 f.) – Das eine Kollision mit der kanonischen Ordnung provozierende religionspolizeiliche Auftreten des Bundes ist lediglich dann zu begrüssen, wenn anderweitig eine Beeinträchtigung des religiösen Friedens nicht abgewendet werden kann. Den zuständigen Bundesbehörden stünde bei der vermeintlich denkbaren Anwendung dieser dann zur polizeirechtlichen Norm degenerierten Bestimmung kein erweiterter Ermessensspielraum hinsichtlich der Kognition kirchenpolitischer Erwägungen zur Verfügung. Auf keinen Fall darf sie zum Vorwand für eine 'Bundeskirchenpolitik' ausarten. Art. 50 Abs. 4 aBV bzw. Art. 72 Abs. 3 rev. BV gehört de constitutione ferenda endlich in den Katalog eidgenössischer Rechtsaltertümer, zumal die Zustimmung des Bundes in der Form einer Polizeierlaubnis für den kanonischen Bestand einer Diözese ohnehin nicht konstitutiv wirkt. Einer heute eher unwahrscheinlichen, mit grosser Spekulationsphantasie herbeigezogenen ernsthaften Beeinträchtigung des konfessionellen Friedens unter den Konfessionen durch territorial strukturierende Gestaltungshandlungen der röm.-kath. Kirche auf schweizerischem Territorium wäre auch im Falle eines tatsächlichen Ereignisses angemessenerweise vielmehr mit Notrecht vermöge eines dringlichen Bundesbeschlusses zu begegnen. Die Herabminderung von Art. 50 Abs. 4 aBV bzw. Art. 72 Abs. 3 rev. BV zur reinen religionspolizeilichen Klausel lässt diese Bestimmung immerhin ihres materiellen Verfassungsranges verlustig gehen, da Art. 50 Abs. 2 aBV bzw. Art. 72 Abs. 2 rev. BV die Wahrung des konfessionellen Friedens bereits garantiert. – Winzeler, Bistumsartikel, S. 1460, postuliert mittels Annahme eines Anspruchs der Kirche auf verwaltungsrechtliche Erteilung der Polizeierlaubnis, welche der betroffenen Konfession verfassungsrechtlich zufolge ihrer religionsrechtlichen Grundfreiheit zustehe, im Rahmen einer anhand der polizeirechtlichen Gewährleistung des religiösen Friedens engzuführenden Kognition eine grosszügige Interpretation des Bistumsartikels. Trotzdem bliebe die staatliche Ingerenz in das kirchliche Selbstbestimmungsrecht bestehen. – Ders., Aufhebung des 'Bistumsartikels'?, NZZ Nr. 193, 22. August 1995, S. 13, macht zu Recht darauf aufmerksam, dass bei einer Streichung von Art. 50 Abs. 4 aBV bzw. Art. 72 Abs. 3 rev. BV die

auch für diesen aufgrund der paritätsrechtlichen Durchdringung des kantonalen Staatskirchenrechts spekulativen und eher unwahrscheinlichen Fall bedürfte es eigentlich in der Bundesverfassung keiner dem kulturkämpferischen Armentarium entsprungenen Ausnahmenorm konfessionell diskriminatorischer Wirkung. Unverständlicherweise hat sich die Totalrevision des Jahres 1999 diesen Argumenten verschlossen und damit eine zutiefst ungerechte Ungleichbehandlung der römisch-katholischen Kirche verfassungsmässig fortgeschrieben.

d) Vorbehalt bürgerlicher Pflichten[545]

Diese objektivrechtliche[546] Bestimmung, welche in der 1999 totalrevidierten Bundesverfassung nicht mehr erwähnt wird, verpflichtete das Individuum bei einer Kollision zwischen dem autonom definierten konfessionellen Dogma und

---

darin enthaltene Bundeskompetenz an die Kantone gehen könnte. „Inwieweit das zutrifft, wird – erst recht nach einer Aufhebung des 'Bistumsartikels' – strittig und möglicherweise nur durch einen Prozess zu klären sein". Entschieden gegen eine diesbezügliche Erweiterung der staatskirchenrechtlichen Kompetenz der Kantone stellt sich Gut, Errichtung, S. 19 f.: „Denn wie der Bund, so sind auch die Kantone an das Grundrecht der korporativen Religionsfreiheit gebunden. Dieses Grundrecht erlaubt aber keinen hoheitlichen (unilateralen) Eingriff in die Organisationsfreiheit einer Kirche, die – im Unterschied zu den kantonalkirchlichen Organisationen, die staatliche Gebilde sind – eine freie, staatsunabhängige, der 'staatsfreien Gesellschaft' zugehörige Religionsgemeinschaft mit einer eigenen Gemeinschaftsordnung bildet. Würde ein Kanton statt des Bundes eine ähnliche Genehmigungspflicht in Gesetzesform statuieren, so wäre der Weg frei zur Anfechtung bei Bundesgericht, und wenn dies erfolglos sein sollte, bei den Instanzen, die über die Einhaltung der EMRK wachen. Zudem wären die Komplikationen beträchtlich, die ein 'kirchenhoheitsbeflissener' Kanton mit einer kantonalen Genehmigungsvorschrift – im Hinblick auf die mit den Bistumsgrenzen gegebene interkantonale Verflechtung – ins Werk setzen würde. Der Abschied von einer überzogenen kantonalen 'Kirchenhoheit' ist schon heute angezeigt." Vgl. Michel, S. 49. – Dannzumal wird die Rechtsprechung wohl nicht umhin können, zur Qualität der religionsfreiheitlichen Rechtsträgerschaft der öffentlichrechtlich positionierten bzw. staatskirchenrechtlich verbeiständeten röm.-kath. Kirche Stellung zu nehmen. – Übersichtsmässig skizziert Gut, Errichtung, S. 8 ff., die parlamentarischen Vorstösse bezüglich der Abschaffung des Bistumsartikels. Zur Praxis zum Bistumsartikel siehe Urs Josef Cavelti, Bistumsartikel, S. 57 ff.

544 Im übrigen ist Gut, Errichtung, S. 28, zuzustimmen, wenn er feststellt, dass „der Zwang zur Durchführung eines staatlichen Genehmigungsverfahrens ... mit dem Grundrecht der Religionsfreiheit, der Kirchenfreiheit, aber auch der Rechtsgleichheit" nicht vereinbart werden kann. „Art. 50 Abs. 4 BV erscheint unter diesem Aspekt rechtlich unhaltbar."

545 Art. 49 Abs. 5 aBV.

546 Vgl. Jörg Paul Müller, Grundrechte, S. 95.

dem mit Pflichten gegenüber dem Gemeinwesen behafteten Subjekt auf die Position des Staates. Um eine Aushöhlung intra legem der Abs. 1 und 2 von Art. 49 aBV zu vermeiden[547], war der Begriff der 'bürgerlichen Pflichten' nicht vermöge eines Vorbehalts der allgemeinen Rechtsordnung mit beliebig konstruierbaren Bürgerpflichten gleichzusetzen[548]. Die Verfassungsinterpretation dieses vermeintlich absoluten Vorrangs musste dessen materielle Tragweite zwecks Aufrechterhaltung des individualrechtlichen Gehalts der Religionsfreiheit insoweit relativieren[549], als der Terminus auf die 'Beachtung der öffentlichen Ordnung und Sittlichkeit' das Art. 50 Abs. 1 BV reduziert wurde[550]. Damit blieben die rechtsanwendenden Behörden in praxi an die Prüfung des Verhältnismässigkeitsgebots[551] gebunden[552]. Diese grundsätzliche Einschränkungsvoraussetzung findet

---

547 Das BGer. nahm in BGE 119 Ia 190 E. 7a aus normhierarchischen Gründen keinen absoluten Vorrang von Art. 49 Abs. 5 aBV (Erfüllung bürgerlicher Pflichten) im Verhältnis zu Art. 49 Abs. 1 aBV (Glaubens- und Gewissensfreiheit) an, sondern stellte auf die Prüfung des Einzelfalls anhand der Prinzipien der Verhältnismässigkeit und des öffentlichen Interesses ab. Vgl. Wyss, Glaubens- und Religionsfreiheit, S. 386. – Für eine Anpassung der in Art. 49 Abs. 5 aBV vorbehaltenen 'bürgerlichen Pflichten' an das im ersten Absatz dieses Artikels garantierte Grundrecht votierte Aubert, Bundesstaatsrecht, S. 1171, Rz. 2033.

548 Karlen, Religionsfreiheit, S. 302. Vgl. auch VPB 50 (1986) Nr. 5, S. 49 f., wo in diesem Zusammenhang auf die Relation zur allgemeinen Rechtsbefolgungspflicht hingewiesen wird. – In BGE 119 Ia 183 E. 3b hielt das BGer. fest, „dass der Kanton die religiösen Freiheiten durch die Festlegung von Bürgerpflichten ... nicht weiter einschränken dürfe, als dies auch im öffentlichen Interesse geboten und verhältnismässig sei beziehungsweise eine notwendige Massnahme im Sinne von Art. 9 Ziff. 2 EMRK darstelle". Art. 49 Abs. 5 aBV stünde fürderhin keine „*selbständige Bedeutung*" mehr zu. Massgebend ist deshalb u.a. die von der Strassburger Rechtsprechung entwickelte Praxis zur Formel der 'notwendigen Massnahme' in einer demokratischen Ordnung. „Eine Massnahme sei demnach dann notwendig, wenn sie auf ein *dringendes gesellschaftliches Regelungsbedürfnis ('pressing social need')* reagiere." (Wyss, Glaubens- und Religionsfreiheit, S. 403 f.). – Hierzu Villiger, EMRK-Handbuch, Rz. 551 f. Die totalrevidierte BV erwähnt im Zusammenhang mit der Religionsfreiheit die in Art. 49 Abs. 5 aBV aufgestellte Schranke nicht mehr.

549 „Die blosse Berufung auf den Vorrang der bürgerlichen Pflichten gemäss Art. 49 Abs. 5 BV vermag heute eine Einschränkung der Religionsfreiheit nicht mehr ohne weiteres zu rechtfertigen." (Karlen, umstrittene Religionsfreiheit, S. 199).

550 Kraus, Staatskirchenrecht, S. 106. – Als 'bürgerliche Rechtspflichten' gelten beispielsweise die Wehrpflicht, die Schulpflicht, Amtspflichten und gerichtliche Mitwirkungspflichten etc. Hierzu ausführlich Häfelin, BV-Kom. Art. 49, Rz. 148 ff. Vgl. Carlen, Grundrechte, S. 1002; Friederich, Kirchen und Glaubensgemeinschaften, S. 280; Hangartner, Grundzüge II, S. 98.

551 „Im Sinne einer Präzisierung der Rechtsprechung ist daher festzuhalten, dass der Kanton die religiösen Freiheiten durch die Festlegung von Bürgerpflichten ... nicht weiter einschränken darf, als dies auch vom öffentlichen Interesse geboten und ver-

im Rahmen der in Art. 36 rev. BV kodifizierten Eingriffsregelung bei jeder schrankenmässigen Limitation der Religionsfreiheit zwingend Anwendung.

D) Eingriff individueller Rechtspositionen

Das Selbstverständnis der römisch-katholischen Kirche als 'Societas perfecta' ringt im profanen Rechtskomplex um eine adäquate Berücksichtigung des Schutzbedürfnisses ihrer korporativen Freiheitspositionen im Verhältnis zum Gemeinwesen bzw. gegenüber einer vornehmlich individuellen Grundrechtsoptik[553]. Die Implementierung des kirchlichen Selbstbestimmungsrechts in die öffentliche Ordnung ist ein zentrales Anliegen zuhanden des Staatskirchenrechts. Sie macht zum wechselseitigen Vorteil eines angemessenen Ausgleichs zwischen den religionsfreiheitlichen Grundrechtsansprüchen das Wissen um die betreffenden Limitationen und Pflichten im Bereich der Religionsfreiheit notwendig[554],[555]. Die Frage der grundfreiheitlichen Rechtsbindung eines konfessionellen Verbandes setzt die Kenntnis des Umfangs seiner korporativen Religionsfreiheit voraus, denn es ergeben sich lediglich dahingehend Bindungsimplikationen, als eine Berufung auf das Grundrecht dieselben nicht neutralisieren kann. In schrankenmethodischer Hinsicht bedarf deshalb die Qualität des religionsfreiheitlichen Schutz-

---

hältnismässig ist ... beziehungsweise eine notwendige Massnahme im Sinne von Art. 9 Ziff. 2 EMRK darstellt. Dies ist desto weniger der Fall, je weniger den religiösen Freiheitsrechten bei der rechtlichen Erfassung der Bürgerpflichten Rechnung getragen wird." (BGE 117 Ia 315 E. 2b).

552 Häfelin, BV-Kom. Art. 49, Rz. 147; Karlen, Religionsfreiheit, S. 315; Kraus, Staatskirchenrecht, S. 106. Vgl. auch BGE 119 Ia 190 E. 7a. Mithin verdient Isele, Revision, S. 572, in casu auch bezüglich des von Art. 49 Abs. 5 aBV geforderten Vorrangs der 'bürgerlichen Pflichten' Beachtung: „Ein polizeiliches Interesse vermag die Religionsfreiheit erst dann einzuschränken, wenn es so gewichtig erscheint, dass es den Vorrang vor dem verfassungsmässigen Recht verdient." (Isele, Revision, S. 572). Zu diesem Behufe muss sich das Interesse selber als 'verfassungsmässig' erweisen, indem es auf Verfassungsstufe verankert ist oder darauf zurückgeführt werden kann. Hierzu Bolz, S. 164 ff.

553 Vgl. Friederich, Kirchen und Glaubensgemeinschaften, S. 404 f.; Karlen, Religionsfreiheit, S. 138.

554 Gerade weil „die Religionsfreiheit *in* der Kirche nur auf Kosten der Religionsfreiheit *der* Kirche" (Karlen, Religionsfreiheit, S. 285) geht, können ohne Rücksicht auf den ekklesialen Zweck und die Konzeption des kirchlichen Selbstverständnisses im Bereich der Religionsfreiheit konstruierte Schrankenapriorismen die eigentliche Grundrechtsfunktion verkürzen. Dem ist konkret zu wehren.

555 Bei Inanspruchnahme der Fundamentalnorm durch unterschiedliche Trägertypen des nämlichen Freiheitsrechts soll die gegenseitige Abgrenzung von Recht und Pflicht nach dem Motto: 'Die Schranke des Schutzobjekts ist des protektionsunqualifizierten Trägers Bindung' geregelt werden.

objekts korporativer Observanz innerhalb der subjektivrechtlichen Berechtigung zur Religionsfreiheit der Klärung. Dies macht einen disopsitorischen Vorgriff auf die trägerschaftliche Eignung[556] publizistisch kreierter Institute des Staatskirchenrechts sowie der öffentlichrechtlich bezogenen Rechtspersonen des Kirchenrechts notwendig.

Die Ausübung staatlicher Hoheitsgewalt typisiert sich freiheitsrechtlich in ihrer Grundrechtsbindung. Im Zuge dessen bekommen die öffentlichrechtlich kreierten Institute des Staatskirchenrechts die publizistische Potenz gemäss der römischen Rechtsweisheit 'nemo plus iuris ad alium transferre potest quam ipse haberet'[557] grundrechtsbehaftet weitervermittelt[558],[559]. Die vom kantonalen öffentlichen Recht erfassten Religionsgemeinschaften dienen aufgrund ihrer Zweckbestimmung der kollektiven Grundrechtsverwirklichung Privater „unmittelbar und spezifisch" zu[560]. Deshalb erschiene es systemfremd[561], dort individualrechtliche Ambitionen und Kontradiktionen zuzulassen[562], wo die Kirchen

---

556 Siehe hinten, S. 227 ff.

557 Zit. nach: Felix Hafner, Kirchen, S. 332.

558 Dies trifft mutatis mutandis auch auf allfällig mit publizistischer Hoheitsgewalt explizit ausgestattete rechtspersönliche Ausprägungen des konfessionellen Verbandes zu.

559 Vgl. Hangartner, Grundzüge II, S. 44 f. – Die publizistisch situierten Rechtspersonen des konfessionellen Verbandes wie auch die staatskirchenrechtlich kreierten Institute 'sui generis' können sich auf die Grundrechte berufen und diese mit staatsrechtlicher Beschwerde durchsetzen, „wenn sie nicht hoheitlich handeln, sondern sich auf dem Boden des Privatrechts bewegen oder sonstwie als dem Bürger gleichgeordnete Rechtssubjekte auftreten und ... wie eine Privatperson betroffen werden" (BGE 120 Ia 97 E. 1a; ZBl 98 [1997], S. 416 E. 1e). Mithin hat diesen der Staat nicht generellerweise den identischen Status seiner hoheitlichen Grundrechtsadressatenstellung zu übertragen. Folglich darf eine iuristische Person des Staatskirchenrechts bei zulässiger Betroffenheit „wie ein Privater" (BGE 112 Ia 364) diesfalls ohne transferierte Grundrechtsbindung agieren bzw. lediglich in privatrechtlichen Schranken verpflichtet werden.

560 Hangartner, Rechte, S. 122.

561 „Um Freiheit auf kollektiver Ebene real zu verankern, muss man auf der individuellen Stufe einerseits gewisse 'Abgrenzungen' treffen und andererseits auf den Freiheitsträger Einfluss zugunsten der Ausübung der Freiheit ausüben; um Freiheit vor ihrer eigenen Aufhebung zu schützen, sind freiheitsvernichtende Tätigkeiten aus der Handlungsfähigkeit der Individuen auszugliedern." (Bolz, S. 217).

562 Einerseits bewirkt die Zugehörigkeit zu einer Religionsgemeinschaft mindestens die Vermutung der freiwilligen Subordination unter die Ordnung des konfessionellen Verbandes, anderseits widerspräche es dem staatlich erkannten Existenzzweck der Religionsgemeinschaften als konstitutiver Hort gleichgerichteter Glaubenspositionen, welchem saekularrechtlich gemäss Art. 49 Abs. 2 aBV bzw. Art. 15 Abs. 4 rev. BV mit dem profanen Separationsrecht des Individuums eine Kautele gegen subjek-

mit der autonomen und exklusiven[563] Realisierung der ihnen zustehenden Grundrechte das Feld kirchlicher Selbstbestimmung beschreiten[564]. Hingegen werden die Institutionen 'sui generis' des kantonalen Staatskirchenrechts dann in die grundrechtsgebundene Pflicht genommen, wenn die mit publizistischer Potenz ausgestatteten Rechtspersonen des konfessionellen Verbandes bzw. die ihnen zudienenden staatskirchenrechtlichen Institute in hoheitlichem Modus[565] staatlich

---

tiv motivierte Bekenntnisdisharmonien und kollektive Religionszwänge angeordnet wird. Vgl. Friederich, Kirchen und Glaubensgemeinschaften, S. 409.

563 Mit dem religionsfreiheitlichen Grundsatz der selbstbestimmungsrechtlichen Exklusivität wird zum Ausdruck gebracht, dass jeder in den geschützten Rechtsbestand eines anderen Bekenntnisses hinübergreifende Anspruch schrankenwirksam pariert werden muss. Inhaltlich gewährleistet das Ausschliesslichkeitsprinzip insbesondere das Seelsorgemonopl für die Glieder der eigenen Konfession und das Recht auf Unterscheidung von anderen Gemeinschaften (Name, Dogma, Kultus, Verfassung, etc.). Vgl. Schwendenwein, korporative Religionsfreiheit, S. 785 f. Der Bund durchbrach in Art. 50 Abs. 3 aBV systemwidrigerweise diesen Grundsatz, indem er sich die Kompetenz zuspricht, 'über Anstände aus dem öffentlichen oder Privatrechte' zu befinden, welche sich aus der (Ab-)Spaltung bzw. Neubildung einer Religionsgemeinschaft ergeben. Diese gegen die röm.-kath. Kirche gerichtete Ausnahmebestimmung tritt in Kontestation zur staatskirchenrechtlich verpflichtenden Konzeption eines grundfreiheitlich orientierten Verhältnisses Kirche-Staat. Die nachgeführte BV enthält Art. 50 Abs. 3 aBV korrekterweise nicht mehr. Zu Art. 50 Abs. 3 aBV siehe vorne, S. 85 ff.

564 Felix Hafner, Kirchen, S. 332 f.: „Wo die öffentlichrechtlich anerkannten Kirchen von Verfassungs wegen Freiheit gegenüber dem Staat beanspruchen, können Private nicht den Staat bemühen, um die kirchliche Freiheit zugunsten ihrer individuellen Glaubensfreiheit einzuschränken.“ Gl.M. Karlen, Religionsfreiheit, S. 280 ff.; Kraus, Staatskirchenrecht, S. 110 ff. A.M. Malacrida, S. 110. – Hinsichtlich einer eher pragmatischen Problemlösung ist zu betonen, dass weder unechte Grundrechtskonkurrenzen noch Widersprüche innerhalb der gleichen Gewährleistungskategorie der Schutzdurchsetzung im praktischen Bereich förderlich sind. Soll die korporative Religionsfreiheit nicht toter Buchstaben werden, muss sich die individuelle Rechtsposition in dem Masse einschränken lassen, als das Selbstbestimmungsrecht der Kirchen es erfordert. Denn individuelle Freiheit kann als Teil des vom Gemeinwesen zu gewährleistenden Grundrechtskatalogs nur dann Freiheit sein, „wenn sie eine Bindung akzeptiert“ (Corecco, Erwägungen, S. 437). – Art. 9 EMRK kann in casu nicht gegen die Kirchen aufgeboten werden. Hierzu Friederich, S. 410, FN 332, mit Hinweis auf den Entscheid der Europäischen Menschenrechtskommission vom 8. März 1976 über die Beschwerde Nr. 7374/76 (X. v. Dänemark), DR 5, 158. Siehe Frowein, Art. 9 EMRK, S. 57; Kimminich, Religionsfreiheit, S. 151 f. Vgl. auch Häfliger, Menschenrechtskonvention, S. 224; Kraus, Staatskirchenrecht, S. 84 f.

565 Felix Hafner, Trennung, S. 239, welchem Wyss, Umgang, S. 181, folgt, nimmt dort eine Grundrechtsbindung an, wo die publizistisch verorteten Rechtsträger „das grundrechtsgebundene öffentliche Recht anwenden“. Dieser Schematismus bringt im Bereich des Staatskirchenrechts unzureichend zum Ausdruck, dass sich die

verliehene Rechte geltend machen[566],[567] oder den absolut geschützten Wesenskern individualrechtlicher Garantien derogieren[568].

Funktion von öffentlichrechtlich situierten Verbandspersonen grösstenteils nicht darin ereignet, dass diese ein staats- bzw. verwaltungsrechtliches Subordinationsverhältnis gegenüber dem individuellen Grundrechtsträger begründen. Vielmehr ist vorliegend dahingehend zu differenzieren, als eine Bindewirkung dann anzunehmen ist, wenn die betreffende Rechtsperson tatsächlich das Kriterium des hoheitlichen Handelns erfüllt. Vgl. auch Conring, S. 338.

566 Eine exakte Kategorisierung in „glaubensbezogenes" und „hoheitliches" Handeln ist gemäss Friederich, Kirchen und Glaubensgemeinschaften, S. 409, diffizil. – Das BGer. qualifizierte „in etwas formaljuristischer Weise" in BGE 108 Ia 266 E. 1 die Verweigerung einer (ev.-ref.) Pfarrwahl durch den Kirchenrat einer Landeskirche als Hoheitsakt. Siehe Karlen, Religionsfreiheit, S. 459. Felix Hafner, Kirchen, S. 336 f., erblickt im Umfang des staatlichen Rechtsschutzes gegen Formalakte staatskirchenrechtlicher Körperschaften ein Indiz für ihr hoheitliches Auftreten. Die Vermutung der kirchlichen Grundrechtsbindung aufgrund der Zulässigkeit des verfahrensrechtlichen Rekurses ebnet jedoch einer rein formaliuristischen Beurteilung des glaubensbezogenen Handelns den Weg, da das BGer. bei der Überprüfung der innerkirchlichen Rechtslage einer beschränkten Kognitionsfähigkeit unterliegt. Diese von der richterlichen Standhaftigkeit im Rahmen judiziellen Ermessens abhängige Qualifikationsmethode der staatskirchenrechtlichen Hoheitlichkeit ist der Rechtskonstanz nicht zweckdienlich und vermag Rechtsunsicherheit zu provozieren, welche sich u.a. durch ihre Nähe zum 'Ius advocatiae' des Staatskirchentums äussert. Beachte Lampert, Rektoratsrede, S. 12. Ein adäquater Ansatz zur Herauskristallisierung der Hoheitlichkeit des staatskirchenrechtlichen Handelns liegt in der Bereichscheidung, deren Methode die religiös-weltanschauliche Neutralitätspflicht konsequent berücksichtigt und so die Bandbreite des kirchlichen Selbstbestimmungsrechts vom staatlich-hoheitlichen Komplex kompetenzgemäss trennt. – Einen restriktiveren Zugang zur Qualifikation hoheitlichen Handelns scheint das BGer. neuerdings in BGE 125 II 181 E. 3c zu wählen, wenn es bemerkt, dass die Kirchgemeinden „– ausser im Bereich der Kirchensteuern – grundsätzlich ... nicht über Hoheitsgewalt oder Gebietshoheit" verfügen.

567 Vgl. Art. 35 Abs. 2 rev. BV.

568 Das kirchliche Selbstbestimmungsrecht wird hier insofern limitiert, als gemäss Art. 49 Abs. 2 aBV bzw. Art. 15 Abs. 4 rev. BV keine schikanösen Vorschriften oder unnötige Verzögerungen – evt. mit Hilfe des staatlichen Zwangsapparates bei öffentlichrechtlich anerkannten Kirchen – austrittswillige Mitglieder einer staatskirchenrechtlichen Körperschaft behindern dürfen. Hierzu BGE vom 18. März 1983, wiedergegeben in: ZBl 85 (1984), S. 131 ff.; bestätigt durch Entscheid der Europäischen Menschenrechtskommission vom 4. Dezember 1984 über die Beschwerde Nr. 10616/83 (J. und B. Gottesmann v. Schweiz), DR 40, 284 ff., zusammengefasst in: VPB 49 (1985) Nr. 79, S. 460 f.; sowie BGE 104 Ia 84 f. E. 3a. Vgl. Thomas Fleiner-Gerster, Glaubens- und Gewissensfreiheit, S. 121; Friederich, Kirchen und Glaubensgemeinschaften, S. 407; Häfliger, Meschenrechtskonvention, S. 223 f.; Kraus, Staatskirchenrecht, S. 94 f. – Die Religionsgemeinschaften können zwar Zugehörigkeitsvoraussetzungen festlegen, ohne dass der Staat das religionsfreiheitlich

Die objektivrechtliche Toleranzfacette der Religionsfreiheit vermag bei subjektiver Beanspruchung den Kirchen in foro civile nicht den Status von grundrechtsverpflichteten Destinataren aufzunötigen[569]. Religionsrechtlich kann höchstens die direkte Horizontalwirkung unter Privaten eine schrankenwirksame Grundrechtsadressatur mittels individueller Rechtspositionen gegenüber dem Träger des nämlichen Freiheitsrechts korporativer Observanz auslösen[570]. Das

---

protektionierte kirchliche Selbstkonstituierungsrecht entkräften darf, gleichzeitig verbietet aber die individuelle Religionsfreiheit negativ die mitgliedschaftliche Zwangsbehaftung des Einzelnen in den konfessionellen Reihen. Insbesondere das Gliedsschaftsverständnis der röm.-kath. Kirche gerät hier zufolge des 'Character indelebilis' der Taufe (cf. cc. 96; 845 § 1; 849 CIC 1983) in Konflikt zum saekularen Recht, da der Kodex logischerweise keine Form eines rechtswirksamen Kirchenaustritts direkt vorsieht. Das Mitgliedschaftsrecht bei der Kirchgemeinde und das Gliedschaftsrecht in der röm.-kath. Kirche lassen sich in der Frage des Austritts derzeit nicht harmonisieren. „Es fehlt der Begründung und der Beendigung der Mitgliedschaften die Kongruenz. Die kirchliche Gliedschaft ist eine freiwillige, ist sie aber einmal begründet, so ist sie unverlierbar. Die Mitgliedschaft bei der Kirchgemeinde ist eine gesetzliche, aber man kann sich jederzeit von ihr lossagen." (Isele, Gliedschaft, S. 43). Vgl. Thomas Fleiner-Gerster, Glaubens- und Gewissensfreiheit, S. 116 f., 124. Dies verursacht in casu eine Aporie zwischen dem Recht der Kirche und des Staates. – Hinsichtlich eines Ausschlusses vom sakramentalen Leben der Kirche (Exkommunikation) sollte de lege ferenda das saekulare Recht eine allfällig damit zu verknüpfende Rechtsfolge im Sinne einer Entlassung aus den betreffenden Instituten des Staatskirchenrechts durch einen entsprechenden Vorbehalt des kanonischen Rechts vorsehen, um ein Verletzung der unilateralen Dependenz der staatlichen Mitgliedschafts- von der kirchlichen Gliedschaftsordnung zu vermeiden. Vgl. zum isoliert saekularistisch-staatsrechtlichen Standpunkt Karlen, Religionsfreiheit, S. 333, unter Hinweis auf BGE 55 I 113 ff. Zur Kritik an diesem Entscheid, dessen Fragwürdigkeit „primär in der Begründung eines absolut subjektiven Rechts auf Zugehörigkeit liegt" (Urs Josef Cavelti, Austritt, S. 98, FN 40), siehe Ders., op.cit., S. 95 ff.; Friederich, Kirchen und Glaubensgemeinschaften, S. 391 f., FN 207; Fuchs, Praxis, S. 152; Felix Hafner, Kirchen, S. 338 f.; Isele, Revision, S. 572; Kraus, Staatskirchenrecht, S. 69 f., 379, FN 60; Lampert, Kirche und Staat I, S. 341 f. – Die Wurzel aus dem Gesagten zieht Isele, Entwicklung, S. 199: „Kann der Eintritt in einen Religionsverband nicht erzwungen werden und steht der Austritt jedermann frei, so muss der Kirche wenigstens über jene, die ihr angehören wollen, die Verbandsgewalt zuerkannt werden, weil ohne solche keine Gesellschaft bestehen kann."

569 Zufolge der Falsifikation einer schrankenwirksamen Pflicht zur innerkirchlichen Toleranz kann in casu die Frage der individualrechtlichen Justitiabilität dieser objektivrechtlichen Grundrechtsfacette in verfahrensrechtlicher Hinsicht offenbleiben.

570 Hierzu BGE 118 Ia 56 E. 4c. Vgl. Felix Hafner, Kirchen, S. 314. – Religionsrechtlich erweisen sich – wenn überhaupt – Art. 49 Abs. 2 und 3 aBV bzw. Art. 15 Abs. 4 rev. BV als direkt drittwirkungsfähig. Dazu siehe hinten, S. 252 ff. Hinsichtlich der kollisionsrechtlichen Methode zur Begründung einer kirchlichen Grundrechts-

kirchliche Selbstbestimmungsrecht darf in theologisch resp. organisationsrechtlich motivierten Fragen des Glaubens bzw. der eigenrechtsmächtig hierarchisch verfassten Ordnung durch subjektive Freiheitsansprüche freilich nicht tangiert werden. Namentlich ist die Kirchendisziplin zur Anwendung und Durchsetzung des glaubensdogmatisch fundierten Selbstverständnisses im kirchlichen Raum geschützt[571]. „*Staatliche Vorschriften über individuelle Religionsfreiheit innerhalb der Kirche ... sind aus Grundrechtssicht nicht zu rechtfertigen.*"[572]. Diese höben in letzter Konsequenz den „Begriff der Kirche" auf[573] und machten die

---

adressatur, welche sich auf den Codex Iuris Canonici 1983 abstützt, siehe hinten, S. 263 ff.

571 „Mitglieder, Priester oder andere Inhaber von glaubensgemeinschaftlichen Ämtern können sich dann nicht auf die Religionsfreiheit berufen und staatlichen Schutz beanspruchen, wenn sie wegen ungenügender Befolgung der Glaubensvorschriften, separationistischer Teilbekenntnisse oder kritischer Auseinandersetzung mit ihrer Glaubensgemeinschaft von dieser disziplinarisch zur Verantwortung gezogen werden, sofern ihnen die Möglichkeit des Austritts aus der Gemeinschaft oder ein Rücktritt von ihren (staats)kirchlichen Ämtern offensteht." (Wyss, Glaubens- und Religionsfreiheit, S. 397). Art. 49 Abs. 2 4. Lemma aBV wurde hier nicht einschlägig. Dieser war für Sanktionen reserviert, welche – falls das 'Bracchium saeculare' nicht grundrechtskonformerweise zur Verfügung stand – in ihrer Art faktisch einer vom Staat verhängten Strafe gleichkamen. Vgl. Felix Hafner, Kirchen, S. 321 f. – Hierzu passt die Bemerkung von Carlen, Recht zwischen Humor und Spott, S. 21 f.: „Martin Luther hat zu Wittenberg das Corpus Iuris Canonici öffentlich verbrannt. Das war eine Demonstration gegen die römische Kirche, aber auch eine Kundgebung gegen das Kirchenrecht, ähnlich wie heute gewisse Theologen glauben, sie könnten mit dem Evangelienbuch das Recht erschlagen." – Vgl. Hans Marti, SJK Nr. 1070, S. 2 f.

572 Friederich, Kirchen und Glaubensgemeinschaften, S. 410. – Eine zulässige Geltendmachung individueller Freiheitspositionen zulasten des geschützten kirchlichen Selbstbestimmungsrechts führte im Wissen um das in Fragen der röm.-kath. Glaubenslehre innerhalb der hierarchisch verfassten röm.-kath. Kirche alleine kompetente Lehramt in seiner primatialen resp. auf einem ökumenischen Konzil sich ereignenden Ausprägung (c. 749 CIC 1983) die Religionsfreiheit ad absurdum. Der Staat kann somit die röm.-kath. Kirche nicht zur Religionsfreiheit in foro externo verpflichten. Allda fällt ein subjektiv absolutiertes und mithin auch profaniertes Verständnis letzterer logischerweise der saekularen Inexistenz anheim. Deswegen erübrigt sich die Erörterung religionsfreiheitlicher Bindung der röm.-kath. Kirche aufgrund eines individuellen Grundrechtsanspruchs ex tunc.

573 Rudolf Smend, Glaubensfreiheit als innerkirchliches Grundrecht?, in: ZevKR 3 (1953/54), S. 118. Vgl. Friederich, Kirchen und Glaubensgemeinschaften, S. 410; Kraus, Staatskirchenrecht, S. 110. – Mutatis mutandis gilt das Gesagte – mit Ausnahme der spezifisch auf die öffentlichrechtlich positionierten Kirchen zu beziehenden Ausführungen – auch für die privatrechtlich verfassten Religionsgemeinschaften.

Identität des konfessionellen Dogmas zunichte[574]. „Das spezifische Bekenntnis ist das Spezifizierende und daher der sakrosankte Grundsatz einer Religionsgemeinschaft."[575].

E) Grundrechtskonkurrenzen[576]

Die Subsumierbarkeit eines Sachverhaltes unter den Schutzbereich mehrerer Freiheitsrechte führt zu einer Grundrechtskonkurrenz. Bei einer Kollision von verschiedenen Grundrechtsinteressen ergeben sich Überschneidungen des jeweiligen Protektionsumfangs, da die Schutzbereiche der einzelnen Grundrechte zufolge ihrer unterschiedlichen Protektionsgüter, welche von keinem abschliessenden Grundrechtskatalog gefasst werden[577], nicht aufeinander abgestimmt sind[578].

---

574 Isele, Gliedschaft, S. 45 f.

575 Isele, Gliedschaft, S. 46.

576 Die Überwindung der freiheitsrechtlichen Konkurrenz von gleichermassen verbindlichen Schutzobjekten erfordert einen methodologischen Lösungsansatz, welcher den Betroffenheitsgrad der rivalisierenden Protektionsgüter im Sinne einer Güterabwägung einschlägig analysiert, um schliesslich im Hinblick auf die Anwendung des Prinzips der Verhältnismässigkeit die sachverhaltsspezifische Massgeblichkeit der anwendbaren Grundfreiheiten zu eruieren. Vgl. Bolz, S. 179 ff. Insofern lässt sich der von Hafner/Buser, S. 1209, postulierte „Weg *praktischer Konkordanz*" erst in einem zweiten Schritt verwirklichen. Rechtslogisch betrachtet ist hier die Konkordanz eine Folge der Konkurrenz und weist als einzelfallorientiertes Ergebnis diesbezüglich lediglich begriffstechnische Bedeutung auf.

577 Jede Grundrechtsverbürgung stellt ein „selbständiges, auf einen bestimmten Lebensbereich zugeschnittenes Rechtsgebilde" dar. Deswegen kann der Freiheitsschutz nicht als „geschlossenes System" mit einer a priori feststehenden „Rangordnung unter den Grundrechten" fungieren. Siehe Karlen, Religionsfreiheit, S. 246. „Vergessen wir dabei nicht, dass die Religionsfreiheit immer auch angewiesen ist auf die Einbettung in den Schutz der anderen Menschenrechte (sc. liberale Freiheitsrechte wie auch soziale Grundrechte) ... Die religiöse Minderheit, die ihre konkreten Lebensbedürfnisse nicht in einem demokratischen Prozess in die Gestaltung von Staat und Recht – etwa in der Gestaltung des Schulwesens oder der Arbeitsverhältnisse – zur Geltung bringen kann, bleibt bedroht und im Respekt ihres Glaubens gefährdet [...] Das Umkippen religiöser Überzeugung und entsprechender sinnstiftender Praxis zu fundamentalistischer Intoleranz, ja Gewalttätigkeit, kann eine Folge lange unterdrückter Not und sozialer Ungerechtigkeit sein. Wirtschaftliche und politische Ohnmacht können in religiösen kollektiven Allmachtsvorstellungen eine Kompensation finden, was in gewissem Sinn verständlich ist. Der religiöse Eifer gleicht dann mitunter einer blinden Flucht aus erfahrenem Elend." (Jörg Paul Müller, Religionsfreiheit, S. 8).

578 Karlen, Religionsfreiheit, S. 246. – Die Grundrechte geben eine Antwort auf typische Konfliktlagen, welche sich aus dem Zusammenstoss von Freiheitsanspruch und obrigkeitlichem Eingriff ergeben. Qualität des betroffenen Rechtsgutes und Ziel-

Mit der Zuordnungsfrage einher geht die Ermittlung ihrer Einschränkbarkeit, welche von Grundrecht zu Grundrecht variieren kann. Diesbezügliche Divergenzen werden mittels einer Güterabwägung[579] der in Konflikt stehenden Interessen am Massstab jedes einzelnen Grundrechts überwunden[580]. Die Berücksichtigung aller relevanten Grundrechtsgehalte und -einschränkungen zwecks Auffindung und Bestätigung des massgeblichsten Grundrechts[581] rekrutiert die Lösungskriterien[582].

Der in Art. 49 Abs. 4 aBV[583] statuierte und in der totalrevidierten Bundesverfassung nicht mehr erwähnte Vorbehalt entschied in casu die Konkurrenz der

---

richtung der staatlichen Intervention bilden die grundrechlichen Zuordnungskriterien. Die Ursächlichkeit der Grundrechtskonkurrenzen liegt in der Möglichkeit verschiedener diesbezüglicher Varianten. Siehe Jörg Paul Müller, BV-Kom. Einleitung zu den Grundrechten, Rz. 189 ff.

579 „Bei der 'praktischen Konkordanz', d.h. bei der Koordinierung und Harmonisierung teilweise kollidierender Verfassungsgüter durch Rechtssetzungs- und Rechtsanwendungsorgane stellt sich m.E. ein Optimierungsproblem, das methodisch durch Güterabwägung zu bewältigen ist." (Bolz, S. 180).

580 „Im Gesetzgebungsverfahren soll die Vielzahl der betroffenen Interessen im weitest möglichen Umfang zur Geltung kommen, und es soll darin zwischen ihnen ein Ausgleich gefunden werden. Doch kann der Gesetzgeber nicht alle notwendigen Wertentscheidungen vorwegnehmen. Im Rahmen der Rechtsanwendung muss die Wertigkeit der zu koordinierenden Interessen konkret bestimmt werden. Es sind weitere Wertentscheidungen erforderlich, da die Rechtsanwendung sich nicht an einem rationalen Erkenntnisvorgang erschöpft. Die Wertentscheidungen des Rechtsanwenders sind nach der Gerechtigkeit, d.h. nach dem herrschenden Rechtsethos auszurichten." (Bolz, S. 180). Aus Gründen der Redlichkeit sind dabei die Schranken der Werterkenntnis zu achten und offenzulegen. Dort, wo der Rechtsanwender den Bereich des Erkennbaren verlässt, darf er diesen nicht mit Scheingründen ausweiten. Hierzu Ders., op.cit., S. 180 f.

581 Das Kriterium der Massgeblichkeit einer religionsfreiheitlichen Position muss sich an der Stellung des betroffenen Rechtsgutes im geschützten Selbstverständnis des konfessionellen Verbandes orientieren. Die vorzunehmende Güterabwägung fällt umso stärker zugunsten der korporativen Religionsfreiheit aus, je näher der eine kircheninterne Materie beschlagende Sachverhalt am dogmatischen Zentralbereich des betroffenen Bekenntnisses liegt bzw. inwieweit innerkirchlich überhaupt ein entsprechender Ermessensspielraum kirchenrechtlich besteht. Im Sinne einer Kautele vor willkürlicher Ausdehnung des Selbstverständnisses von Religionsgemeinschaften, deren normative Ordnung unter dem Gesichtspunkt der Rechtsstabilität schwer nachvollziehbar ist, muss „der Versuch einer gewissen Objektivierung in der Frage, wie nahe eine innere Angelegenheit dem zentralen religiösen Kern der verfassungsmässig garantierten Kirchenautonomie steht, unternommen werden" (Schwendenwein, korporative Religionsfreiheit, S. 792).

582 Vgl. Felix Hafner, Kirchen, S. 79; Karlen, Religionsfreiheit, S. 246 f.

583 Bezüglich der Subsumption unter Art. 49 Abs. 4 aBV erlangten beispielsweise die staatliche Sonn- und Feiertagsordnung, das saekulare Schulwesen, die weltliche Be-

bürgerlichen und politischen Rechte mit der korporativen Religionsfreiheit nicht apodiktisch zuungunsten des kirchlichen Selbstbestimmungsrechts. In der Regel gehen die speziellen religionsrechtlichen Bestandteile der interkonfessionellen, kirchenpolitischen, Saekularisations- und Ausnahmebestimmungen der Bundesverfassung als unechte[584] Grundrechtskonkurrenzen[585] vor, welche damit zu einem „dogmatischen Scheinproblem"[586] degenerieren. In der nachgeführten Bundesverfassung wurde in den fünf religionsrechtlichen Verfassungskategorien der explizite Bestand an vorgehenden Bestimmungen zugunsten eines generelleren Gehalts der Religionsfreiheit mit Ausnahme von Art. 72 Abs. 2 und 3 rev. BV markant reduziert[587]. Echte Konkurrenzen können sich zur persönlichen Frei-

---

stattungsordnung und religiöse Gelübde wie Zölibat oder Besitzlosigkeit etc. Bedeutung. Generell darf der Staat keine kirchlichen Vorschiften aus religiösen Gründen bzw. konfessionellen Interessen ins saekulare Recht aufnehmen. Siehe Häfelin, BV- Kom. Art. 49, Rz. 67 ff. Vgl. Urs Josef Cavelti, Religionsgemeinschaften, S. 111 ff.; Karlen, Religionsfreiheit, S. 341 ff. Fleiner/Giacometti, Bundesstaatsrecht, S. 328, liessen aus Gründen, welche „in der Natur der Sache" lägen, Art. 49 Abs. 4 aBV nicht für die – wohl kircheninterne – „Rechtsordnung öffentlichrechtlicher Religionsverbände" gelten. „Aus Art. 49 Abs. 4 BV kann richtigerweise nicht ein absolutes Verbot konfessioneller Rücksichtnahme entnommen werden; diese Bestimmung untersagt vielmehr nur eine Ungleichbehandlung aus 'religiösen Gründen', d.h. aus Gründen, die eine Parteinahme zugunsten einer bestimmten religiösen Wahrheit enthalten." (Karlen, Religionsfreiheit, S. 191). Entgegen der von Ders., Religionsfreiheit, S. 190 f., vertretenen Ansicht, stellen die konfessionellen Ausnahmeartikel eine Parteinahme des Staates zuungunsten der röm.-kath. Kirche dar und lassen sich mithin nicht unter die Kategorie differenzierender Rücksichtnahme auf den konfessionellen Verband subsumieren. Infolgedessen liess sich die konfessionelle Diskriminierung der röm.-kath. Kirche zu keiner Zeit durch Art. 49 Abs. 4 aBV rechtfertigen.

584 In casu schliesst der verfassungsmässig niedergelegte Vorrang als 'Ius speciale' a priori die plurale Grundrechtszuordnung eines Sachverhaltes aus. – „Im Regelfall ist dies (sc. unechte Grundrechtskonkurrenz) anzunehmen im Verhältnis der Religionsfreiheit zur ... Meinungsäusserungsfreiheit, zur Pressefreiheit ..., desgleichen im Verhältnis zur ... Versammlungs- und zur ... Vereinsfreiheit." (Kraus, Staatskirchenrecht, S. 129). Einlässlich hierzu Karlen, Religionsfreiheit, S. 248 ff. Vgl. Conring, S. 175 f.; Felix Hafner, Kirchen, S. 79, FN 145. – Beispielsweise überschneidet sich die Religionsfreiheit bei einem Hirtenbrief mit der Meinungsäusserungsfreiheit, bei einer Prozession mit der Vereins- und Versammlungsfreiheit etc. Vgl. Kraus, Staatskirchenrecht, S. 6.

585 Definitorisch erweisen sich diejenigen Fälle, in denen des speziellere Grundrecht den anderen zur Diskussion stehenden Grundrechten vorgeht, als 'unechte Grundrechtskonkurrenzen'.

586 Hangartner, Grundzüge II, S. 171.

587 Siehe vorne, S. 78 ff.

heit[588], zur Handels- und Gewerbefreiheit, zur Eigentumsgarantie und zur Rechtsgleichheit ergeben[589].

IV. Kirchen und Religionsgemeinschaften als Träger der Religionsfreiheit und Adressaten grundrechtlicher Bindungen

1. Allgemein

Nach dem Aufweis von Schutzbereich und Einschränkungen der Religionsfreiheit müssen die vom Protektionsobjekt der Fundamentalnorm erfassten Rechtspositionen mit der Erörterung ihrer Trägerschaftssubjekte komplettiert werden. „Allein aus der Tatsache, dass juristische Personen Zuordnungssubjekte von Rechtsgütern sind, die gleichzeitig auch Gegenstand grundrechtlichen Schutzes sind, folgt also noch nicht, dass sie in der Trägerschaft dieser Rechtsgüter auch grundrechtlich geschützt sind. Nur wenn das betreffende Rechtsgut seinem Träger zur Sicherung und Entfaltung einer eigengeprägten, vom Staat und seinen Zwecken verschiedenen Interessenzielrichtung dient, ist es unter grundrechtlichen Schutz gestellt.“[590]. Dies gilt es im folgenden darzulegen.

Die Beantwortung der Frage nach der kirchlichen Grundrechtsträgerschaft spezifiziert sich rechtsformal – falls den in Frage stehenden religiösen Denominationen aufgrund ihrer strukturellen Verfasstheit überhaupt eine saekulare Rechtsform adaptiert werden kann[591] – bei der Qualifikation in öffentlichrecht-

588 Zum Verhältnis persönliche Freiheit-Religionsfreiheit siehe BGE 119 Ia 187 E. 5; sowie BGE 125 I 378 f. E. 5b, welcher ebenfalls die Meinungsäusserungsfreiheit und die Versammlungsfreiheit erwähnt.

589 Näheres siehe bei Häfelin, BV-Kom. Art. 49, Rz. 108 ff.; Karlen, Religionsfreiheit, S. 247 ff. – In „atypischen Fällen“ sind echte Grundrechtskonkurrenzen auch zwischen der Religionsfreiheit und der Meinungsäusserungs-, Presse-, Versammlungs- und Vereinsfreiheit denkbar. Vgl. Kraus, Staatskirchenrecht, S. 129.

590 Dülp, S. 515.

591 Trotz möglicher Inadäquanz einer saekularen Rechtsform muss in casu der grundfreiheitliche Rechtsschutz verfahrensrechtlich realisiert werden können, was insbesondere auch aus Art. 9 EMRK folgt. Gemäss Conring, S. 338, besteht „Einigkeit darin, dass sich die Kirchen und Glaubensgemeinschaften unabhängig ihrer Rechtsform, auf Rechte des Art. 9 EMRK berufen können“. Als entsprechendes Präjudiz führt Strasser, S. 25 f., den Entscheid der Europäischen Menschenrechtskommission vom 3. Juli 1997 über die Beschwerde Nr. 28626/95 (bulgarische Zeugen Jehovas), DR 90, 77, an. – Speziell im Hinblick auf die röm.-kath. Kirche ist festzuhalten, dass legitimationsrechtlich bei einer Grundrechtsverletzung durch einen Rechtssetzungs- bzw. konkreten Rechtsanwendungsakt zusätzlich neben dem betroffenen Inhaber und mithin kanonisch mandatierten Organ eines kirchlichen Amtes auch die in

lich positionierte konfessionelle Verbände bzw. staatskirchenrechtliche Gefässe mit Verbeiständungsfunktion und durch das Privatrecht erfasste Religionsgemeinschaften. Den dort angesiedelten iuristischen Personen ist in Übereinstimmung mit Art. 9 EMRK[592] die Religionsfreiheit[593] zuzuerkennen[594], sofern die

---

ihren rechtspersönlichen Ausprägungen (Diözese, Pfarrei, Benefizium, Fabrikstiftung etc.) kirchenrechtlich existente Teilkirche vermöge ihrer Eigenschaft als Strukturelement der anstaltlichen und hierarchisch verfassten Gesamtkirche (cf. cc. 331; 336; 368 CIC 1983) zur verfahrensrechtlichen Durchsetzung der korporativen Religionsfreiheit als beschwerdebefähigt zu gelten hat. – Vgl. Häfelin/Haller, Rz. 1715 ff.; sowie BGE 118 Ia 53, 58.

592 Vgl. Frowein, Art. 9 EMRK, S. 49; Häfliger, Menschenrechtskonvention, S. 223; Strasser, S. 18 ff.; sowie Conring, S. 334 ff., welcher die diesbezügliche EMRK-Rechtsprechung überblicksmässig zusammenfasst. – Die EMRK-Rechtsprechung zur Beschwerdebefugnis von Religionsgemeinschaften bekräftigt, „dass die Kirche eigene Rechte aus Art. 9 I EMRK hat“ (Conring, S. 355). Diese müssen verfahrensrechtlich auch auf der innerstaatlichen Ebene durchsetzbar sein. Art. 35 Abs. 1 EMRK legt fest, dass der Gerichtshof erst „nach Erschöpfung aller innerstaatlichen Rechtsbehelfe“ angerufen werden kann. Somit muss auf sämtlichen schweizerischen Rechtsebenen garantiert sein, dass die röm.-kath. Kirche auch dann, wenn sie keiner Rechtsform aus dem Numerus clausus des saekularen Rechts entspricht, sich auf die völkerrechtlich gewährleistete Religionsfreiheit berufen kann, ansonsten die Europäische Menschenrechtskonvention rechtswidriger und konventionsverletzender Weise ihrer Schutzwirkung entledigt würde. Siehe Strasser, S. 25 ff.

593 Bezüglich der Religionsfreiheit basiert die Rechtsprechung auf einem pragmatischen Ansatz (Judikaturnachweise bei Karlen, Religionsfreiheit, S. 260 f.). Das BGer. billigt die auf iuristische Personen des Privatrechts generell schwer übertragbare religionsfreiheitliche Grundrechtsbedürftigkeit nur solchen mit kirchlicher oder religiöser Zwecksetzung zu. Diesen Schematismus gilt es zu präzisieren, indem zwischen der aus der Summe individueller Rechtsträger emanzipierten iuristischen Person und den hinter derselben stehenden natürlichen Personen unterschieden werden muss. Zustimmend aus der Sicht von Art. 9 EMRK Conring, S. 355 f. Daran anknüpfend stuft Karlen, Religionsfreiheit, S. 261 ff., die Trägerschaft nach den negativen und positiven Teilgehalten der Religionsfreiheit ab. Ersterer kommt demnach natürlichen und iuristischen Personen auch ohne eigene religiöse Überzeugung zu, letzterer bleibt natürlichen bzw. iuristischen Personen mit religiösem Zweck oder Zielsetzung reserviert. Gl.M. Conring, S. 209 f. „Die negative Religionsfreiheit muss jedem Rechtssubjekt zukommen können, denn sie will lediglich den Anschein einer religiösen Handlung abwehren. Ein solcher Anschein wird durch das Finanzieren eines Kultus erzeugt. Die negative Religionsfreiheit steht somit auch der juristischen Person zu. Anders ist bei der positiven Religionsfreiheit und dem Schutz rein individueller religiöser Handlungen zu entscheiden. Die Begründung für die Verweigerung der negativen Religionsfreiheit, angesichts der Fähigkeit der juristische[n] Person einen Geschäftswillen zu bilden und der Möglichkeit sich auf die Meinungsäusserungsfreiheit zu berufen, muss also noch gefunden werden.“ (Ders., S. 210). – „Der dogmatische Streit besitzt grösste praktische Bedeutung, denn mit Hilfe der negativen Religionsfreiheit könnten die juristischen Personen ihre Kirchensteuerpflicht

Religionsgemeinschaft eine kirchliche Ausrichtung oder religiöse Zwecksetzung[595] aufweist[596].

(sc. statuiert im Kanton Schwyz durch den Regierungsratsbeschluss über die Steuererhebung für Kultuszwecke [nGS SZ I-111]) abschütteln und damit das Gefüge der Kirchenfinanzierung in weiten Teilen der Schweiz ins Wanken bringen." (Kraus, Staatskirchenrecht, S. 77). Hierbei ist Karlen, Religionsfreiheit, S. 367, zuzustimmen, wenn er moniert, dass es sich „um eine genuin *verfassungsrechtliche* Frage, um eine Frage des juristischen Gewissens und nicht der kirchen- und sozialpolitischen Opportunität" handelt. Grundsätzlich sollten die Körperschaften des Staatskirchenrechts bei der Festlegung ihrer materiellen Bedürfnisse nicht mit dem fiskalischen Ertrag der diesbezüglich unzulässigen Besteuerung iuristischer Personen liebäugeln. Der objektivrechtliche Gehalt der Religionsfreiheit, welcher das Gemeinwesen zu religiös-weltanschaulicher Neutralität verpflichtet, erheischt eine auf personaler Grundlage konzipierte staatskirchenrechtliche Kirchensteuerhoheit, die nicht in Analogie zur auf territorialer Basis erhobenen Gemeindesteuer des politischen Gemeinwesens steht. „Dem Sinn der Religionsfreiheit entspricht einzig eine Gesetzgebung, welche die Kirchensteuer als *reine Mitgliedsteuer* ausgestaltet. Die bundesgerichtliche Rechtsprechung ist in diesem Ansatz ausser dem ... Anzeichen einer Praxisänderung in BGE 107 Ia 134 bisher nicht konsequent gefolgt, weshalb denn auch manche Urteile umstritten geblieben sind." (Ders., op.cit., S. 356). Gl.M. Conring, S. 211 f.; Jörg Paul Müller, Grundrechte, S. 101. Vgl. Bolliger, S. 412 f.; Kraus, Staatskirchenrecht, S. 125. Die hoheitlich-territorial begründete Kirchensteuererhebung im staatskirchenrechtlichen Sinne korrespondiert nicht mit dem völkerwie staatsrechtlich geschützten und menschenrechtlich einschränkungsphoben Nukleus der Religionsfreiheit. Die diesbezüglich mit dem steuerrechtlichen Bereich zu verwirklichende Konkordanz erscheint gerade in der heutigen Zeit erhöhter Grundrechtssensibilität als undispensierbares Legiferierungspostulat. Mit Blick auf die Schweiz sekundiert Friesenhahn, S. 30: „In den grundlegenden Kirchensteuerurteilen des Bundesverfassungsgerichts ist entschieden, dass Kirchensteuer nur von Angehörigen der Kirchen erhoben werden darf; d.h ... nur von natürlichen Personen (auch in der Schweiz scheint mir die Kirchensteuer der juristischen Personen ein Anachronismus zu sein) ..." Mit der Steuerbemessung auf mitgliedschaftlicher Basis harmoniert der territorial ungebundene Gliedschaftsbegriff der röm.-kath. Kirche. Der Frage ist de constitutione bzw. lege ferenda angesichts der religiös-weltanschaulichen Neutralitätspflicht des Gemeinwesens als konstitutiv-institutioneller Kernprämisse im Verbund mit der expliziten Aufnahme der Grundrechtsträgerschaft kirchlicher iuristischer Personen in den Verfassungskontext endlich Abhilfe zu schaffen.

594 Natürlich nur soweit ein betreffendes Recht einer iuristischen Person seiner Natur nach zustehen kann. Verwehrt sind ihr insbesonders Rechte, welche „die natürlichen Eigenschaften des Menschen, wie das Geschlecht, das Alter oder die Verwandtschaft zur notwendigen Voraussetzung haben" (Art. 53 ZGB), beispielsweise die persönliche Freiheit und Ehefreiheit. Vgl. Häfelin/Haller, Rz. 1121; Hangartner, Grundzüge II, S. 39.

595 Nicht ausschlaggebend für die Wirksamkeit der grundfreiheitlichen Protektion ist die saekularrechtlich anerkannte oder nicht vorgesehene Art der Rechtsform einer

Iuristischen Personen des öffentlichen Rechts eignet gemeinhin klassischerweise keine Trägerschaftsqualität[597]. Der Staat als solcher kann grundsätzlich

---

Religionsgemeinschaft. Vgl. in legitmationsrechtlicher Hinsicht Kälin, Staatsrechtliche Beschwerde, S. 210; Strasser, S. 25 ff. Relevant sind lediglich kirchliche Ausrichtung oder religiöser Zweck. Hierzu Kraus, Staatskirchenrecht, S. 78; sowie Conring, S. 200. Verfahrensrechtlich kann die eigenrechtsmächtige röm.-kath. Kirche die korporative Religionsfreiheit auch über die Amtsbetroffenheit des kanonisch mandatierten Trägers eines kirchenrechtlichen 'Officium ecclesiasticum', welches den konfessionellen Verband in seiner rechtspersönlichen Gestalt kanonisch ausprägt, geltend machen. Art. 88 OG ist als Legitimationsnorm auf die sachliche Substanz einer Grundrechtsregel zwecks Bestimmung ihrer personalen Reichweite angewiesen. Die Beschwerdelegitimation enthüllt sich folglich in Kombination mit der Partei- und Prozessfähigkeit aus dem materiellrechtlichen Umfang der Religionsfreiheit. Sollte möglicherweise die saekularrechtliche Parteifähigkeit des kanonisch zweifellos rechtsfähigen konfessionellen Verbandes (cf. cc. 113; 115 CIC 1983) nicht völkerrechtskonform erkannt werden, kommt mindestens die Legitimation zur Geltendmachung der korporativen Religionsfreiheit einem kirchenrechtlich designierten Mandatar, dessen Vetretungskompetenz (cf. c. 1480 CIC 1983) ihm den aufsichtsrechtlich nicht konzessionierten Verzicht auf die Beschreitung des Rechtszuges verwehrt (cf. c. 1524 § 2 CIC 1983), im Rahmen seines kanonischen Mandats zu. Beispielsweise muss der Pfarrer bei einer Verletzung des kirchlichen Selbstbestimmungsrechts als einziges kanonisches Vertretungsorgan der Pfarrei (cc. 515 §§ 1,2; 532 CIC 1983) die Missachtung der korporativen Religionsfreiheit vermöge seiner saekularprozessualen Partei- und Prozessfähigkeit rügen können, ansonsten die verfahrensrechtliche Durchsetzung des kirchlichen Selbstbestimmungsrechts illusorisch würde. Vgl. auch BGE 118 Ia 53, 58. Stellt man konsequenterweise bei der Beurteilung externstaatlicher Rechtsschöpfungskompetenz zwecks Anerkennung der iuristischen Persönlichkeit von rechtsfähigen kirchlichen Verbandspersonen kanonischer Rechtsprovenienz auf das Kriterium der spirituellen Souveränität ab, so steht die Partei- und Prozessfähigkeit der eigenrechtsmächtigen röm.-kath. Kirche als 'Persona moralis ex ipsa ordinatione divina' (c. 113 § 1 CIC 1983) in foro civile ausser Frage. Zum spirituellen Souveränitätsbegriff bzw. zur 'Teilbarkeit der Souveränität' siehe Oechslin, S. 58 ff. Vgl. auch Kälin, Staatsrechtliche Beschwerde, S. 212. A fortiori ist dieselbe zu bejahen, wenn man mit Oechslin, S. 120 ff., die Völkerrechtssubjektivität des apostolischen Stuhles, welcher „seinem Wesen nach Amt, seiner Funktion nach Organ und seiner Rechtsnatur nach juristische Person" (Ders., S. 50) der Gesamtkirche ist, wie auch der röm.-kath. Kirche als „eigentliche Trägerin der spirituellen Souveränität und Basis aller kirchenrechtlichen Institutionen" (Ders., S. 121) für gegeben ansieht. In diesem Sinne hält Aymans, Kanonisches Recht I, S. 313, konkludierend fest: „Die Katholische Kirche als solche und der Apostolische Stuhl sind kraft ihres Wesens Rechtssubjekte, und zwar mit Wirkung nach innen (kanonische Rechtsordnung) wie nach aussen (Völkerrecht)."

596 Für die Kultusfreiheit siehe BGE 36 I 377 E. 2; 97 I 227 E. 3c, für die Glaubens- und Gewissensfreiheit BGE 97 I 120 E. 3a.; 97 I 227 E. 3c. Vgl. auch Carlen, Kirche und Staat, S. 1103; Kraus, Staatskirchenrecht, S. 77 f.

597 BGE 109 Ia 174 f. Vgl. auch Hans Marti, SJK Nr. 1070, S. 4.

nicht für sich subjektivrechtlich jene Verfassungsgarantien beanspruchen, welche ihn selber verpflichten[598]. Rechtsformal sollen Grundrechtsträger und Grundrechtsadressat in der Regel[599] zwei nicht identische Rechtspersönlichkeiten innehaben[600]. Nur dann tritt die aktiv berechtigte der passiv verpflichteten Partei grundrechtstypischerweise rechtsmachtmässig diametral gegenüber. Die in grundrechtlicher Betroffenheit vermeintlich rechtspersönliche Kongruenz von Staat und Kirchen mit publizistischem Status wird durch Freilegung der Sicht auf die strukturelle Verschiedenheit überwunden. Interessen, welche der Verwirklichung des Staatszweckes dienen, reduzieren den Fluss grundrechtlichen Schutzes[601]. Die Grundrechtsfähigkeit nimmt mit der Abnahme der Zweckkorrelation von Gemeinwesen und iuristischer Person des öffentlichen Rechts zu. Ihr Entfer-

---

598 Diesen Grundsatz präzisierend qualifiziert Hangartner, Rechte, S. 115 f., sowohl die aus der Kompetenzverteilung gemäss Art. 3 aBV bzw. Art. 3 rev. BV herrührende Zuständigkeit von Bund bzw. Kantonen im Sinne einer iuristischen „Gewährleistung des Bestandes und des Wirkungsbereiches von Bund und Kantonen“ wie auch die (neuerdings explizit durch Art. 50 rev. BV nach Massgabe des kantonalen Rechts gewährleistete und gemäss Art. 189 Abs. 1 lit. e rev. BV im Rahmen einer entsprechenden Beschwerde zu beurteilende) Gemeindeautonomie (vgl. BGE 122 I 290 f. E. 8b, c; ZBl 98 [1997], S. 419 E. 3a) als durchsetzbare verfassungsmässige Rechte, welche der jeweils berechtigten Körperschaft zustehen. – Auf verfassungsmässige Rechte von „allgemeiner Tragweite“ – namentlich Art. 4 Abs. 1 aBV bzw. Art. 9 rev. BV (Willkürverbot), Grundsätze der Gewaltentrennung, derogatorische Kraft des Bundesrechts etc. – können sich iuristische Personen des öffentlichen Rechts berufen, „wenn die Verfassung entweder besondere Garantien zu ihren Gunsten ausspricht oder wenn sie eben Rechte verankert, die ihrer Konzeption, ihrem vernünftigem Sinn nach jedem Rechtssubjekt, also auch Hoheitsträgern, zustehen sollen“ (Hangartner, Rechte, S. 118). In concreto lässt es das BGer. im Rahmen einer Autonomiebeschwerde legitimationsrechtlich zu, dass die entsprechende iuristische Person des öffentlichen Rechts „auch eine Verletzung des rechtlichen Gehörs, des Willkürverbots und anderer aus Art. 4 BV abgeleiteter Verfassungsgrundsätze“ rügt, „soweit deren Verletzung mit dem streitigen Eingriff in die Autonomie in engem Zusammenhang steht“ (ZBl 98 [1997], S. 261 E. 1d). – Vgl. auch Häfelin/Haller, Rz. 1550 ff.

599 Das formal-logische Argument des Fehlens einer personalen Verschiedenheit von Grundrechtsträger (Staat) und Grundrechtsadressat (Staat) überwindet das BGer., indem es fiktiv die aus der öffentlichrechtlichen Zuordnung abgelöste Betroffenheit derselben iuristischen Person auf den Boden des Privatrechts transponiert und dort selbständig „wie ein Privater“ der Hoheitsgewalt grundrechtlich gegenüberstellt (BGE 112 Ia 363 f.) bzw. die iuristischen Personen des öffentlichen Rechts als „sonstwie ... dem Bürger gleichgeordnete Rechtssubjekte auftreten und ... wie eine Privatperson betroffen“ sein lässt (BGE 120 Ia 97 E. 1a; ZBl 98 (1997), S. 416 E. 1e). Kritisch Dülp, S. 516; Hangartner, Rechte, S. 121 f.

600 Dülp, S. 514.

601 Dülp, S. 520.

nungsgrad bildet den Massstab für die Dimension des Grundrechtsschutzes[602]. Dabei ist darauf hinzuweisen, dass sich öffentliche und staatliche Zwecksetzung insofern nicht gegenseitig bedingen, als der Begriff des öffentlichen Zweckes viel weiter gefasst werden kann, denn „öffentliche Zwecke begründen nicht ohne weiteres staatliche Zugehörigkeit"[603]. Die Funktion der Religionsgemeinschaften wird von ausserstaatlichen Zielen transzendentaler Natur bestimmt. Des weiteren konstituiert sich das kirchliche Sozialsubstrat nicht durch personale Ausgliederung von staatlichen Zwecken, sondern entspringt dem gesellschaftlich-privaten Umfeld[604]. Der Nexus zum Gemeinwesen besteht letztendlich nur in der organisationsrechtlichen Transformation kirchlicher Rechtsinstitute in saekulare, mit Autonomie und Verbeiständungsauftrag ausgestattete Administrationsgefässe eines Gliedstaates, welche von Souveränität und ordre public an der integralen und strukturellen Imitation des kanonischen Archetyps gehindert werden. Trotz Verleihung der Öffentlichrechtlichkeit heben sich somit die mit institutionellen Gefässen 'sui generis'[605] staatskirchenrechtlich verbeiständeten Konfessionen „klar und deutlich von dem Begriff der Körperschaft des öffentlichen Rechts im verwaltungsrechtlichen Sinne"[606] ab[607]. Entfernt man die – falls überhaupt – konze-

602 „Der Weg des grundrechtlichen Durchgriffs ... erscheint die einzig erfolgversprechende Methode, um den nichtstaatlichen Interessenbereich juristischer Personen des öffentlichen Rechts zu ermitteln und gleichzeitig den Umfang ihres grundrechtlichen Schutzes zu finden." (Dülp, S. 520).

603 Urs-Josef Cavelti, Religionsgemeinschaften, S. 37. Vgl. Lampert, Stiftungen, S. 20 f.

604 Dülp, S. 521.

605 Friederich, Kirchen und Glaubensgemeinschaften, S. 461; Friesenhahn, S. 9; Fuchs, öffentlich-rechtliche Anerkennung, S. 95; Ders., Verhältnis, S. 135; Felix Hafner, Beteiligung, S. 161; Karlen, Religionsfreiheit, S. 240.

606 Friesenhahn, S.15. – Verfahrensrechtlich wird der Status 'sui generis' einer staatskirchenrechtlichen Körperschaft durch die beschränkte Kognitionsfähigkeit des BGer. bei der Überprüfung der innerkirchlichen Rechtslage indiziert. Vgl. BGE 119 Ia 185 E. 4c.

607 Siehe Thomas Fleiner-Gerster, Glaubens- und Gewissensfreiheit, S. 118; Friederich, Kirchen und Glaubensgemeinschaften, S. 461; Friesenhahn, S. 9; Fuchs, Verhältnis, S. 134 f.; Felix Hafner, Beteiligung, S. 161; Ders., Kirchen, S. 331, 338; Karlen, Religionsfreiheit, S. 240 f., 281. Vgl. Schwendenwein, korporative Religionsfreiheit, S. 784. – Im Volksempfinden scheint das spezifisch Öffentlichrechtliche der anerkannten Konfessionsverbände resp. der betreffenden staatskirchenrechtlichen Körperschaften nicht mehr verwurzelt zu sein. Dazu BGE 102 Ia 475: „Die anerkannten Landeskirchen bezw. ihre Kirchgemeinden werden wohl heute in weiten Kreisen der Bevölkerung nicht mehr als Träger öffentlicher Aufgaben und hoheitlicher Befugnisse betrachtet, die in ihrem Bereich den politischen Gemeinden gleichzustellen wären, sondern eher als den privatrechtlichen Personenverbänden ähnliche Körperschaften auf rein personeller Grundlage." Diesen Entscheid ergänzt BGE 107

dierte Ummantelung mit staatsrechtlicher Hoheitlichkeit[608], kommt das grundfreiheitlich trägerschaftsrelevante Erscheinungsbild[609] des konfessionellen Verbandes im saekularen Staatskirchenrecht demjenigen einer rechtsfähigen iuristischen Person des Privatrechts gleich[610].

2. *Prozessuale Anknüpfung*

Die gesetzliche Ausgangslage für die Bestimmung der personalen Reichweite freiheitsrechtlicher Verfassungsgarantien schafft Art. 88 OG[611]. Da das Bundes-

---

Ia 134 mit dem mitgliedschaftsrechtlichen Argument und bringt hiermit den ehedem transzendierten Willen zur hoheitlichen Form der Kirchgemeinde durch die Summe individueller Übereinstimmung im Rahmen des akzeptierten Zwecks auf den Boden der realiter kirchlich begründeten Existenzberechtigung: „Das Bild der Kirchgemeinde hat sich im Bewusstsein breiter Schichten der Bevölkerung verändert: an die Stelle der Konzeption der territorial begrenzten Gebietskörperschaft ist heute die Auffassung von der persönlichen Mitgliedschaft in einer Religionsgenossenschaft getreten ..." Vgl. Bolliger, S. 412 f.; Friederich, Kirchen und Glaubensgemeinschaften, S. 417 f.; Saladin, Beteiligung, S. 476.; Ders., Grundrechte, S. XX f. A.M. Fuchs, Kirchenfreiheit, S. 961. Als 'Mischform' zwischen einer Gebiets- und einer Personalkörperschaft bezeichnen Häfelin/Müller, Grundriss, Rz. 1030; sowie Huguenin Jacobs, Kom. ZGB, Art. 59, Rz. 4, die Kirchgemeinden.

608 Vgl. BGE 104 Ia 445 f. E. 4c. Das BGer. beschränkt diese in BGE 125 II 181 E. 3c grundsätzlich auf das hoheitliche Recht zum Einzug der Kirch(gemeinde)steuern. Dieses steht i.d.R. den staatskirchenrechtlichen Körperschaften und nicht dem konfessionellen Verband zu, weswegen das Argument des hoheitlichen Handelns gegenüber der röm.-kath. Kirche insofern unbehelflich ist.

609 „Wenn grundsätzlich der Zweck der jurististischen Person für die Grundrechtsfähigkeit ausschlaggebend sein soll, und nicht ihre Rechtsform, so müssen auch öffentlich-rechtlich organisierte Religionsgesellschaften Träger der in Art. 49 und 50 BV verbürgten Rechte sein. Die Kirchen werden zunehmend als eigenständige staatsunabhängige Grösse erkannt, weswegen das vor allem gegen die Grundrechtsträgerschaft sprechende Konfusionsargument an Gewicht verlieren wird." (Conring, S. 200). Letzterem kommt katholischerseits ohnenhin keine Relevanz mehr zu.

610 Das Gesagte trifft natürlich mutatis mutandis auch auf die in hingeordneter Stellung dem konfessionellen Verband zudienenden Institute des Staatskirchenrechts, deren Zweck die hierarchisch verfasste röm.-kath. Kirche generiert, zu.

611 „Das Recht zur Beschwerdeführung steht Bürgern (Privaten) und Korporationen bezüglich solcher Rechtsverletzungen zu, die sie durch allgemein verbindliche oder sie persönlich treffende Erlasse oder Verfügungen erlitten haben." (Art. 88 OG) – In casu sind die Begriffe 'Korporation' und 'iuristische Person' kongruent, „da 'Korporation' im Sinne einer pars major pro toto für die juristischen Personen schlechthin steht". Siehe Dülp, S. 485. Vgl. RRB SZ 1935/1815, abgedruckt in: ZSGV 36 (1935), S. 540 f.

gericht vorliegend nicht auf eine materiellrechtliche Regel Bezug nehmen kann, schält es aus der „sachlichen Substanz" dieser Legitimationsnorm die betreffenden Entscheidungsgrundlagen heraus[612]. Rechtstechnisch gehen folglich Legitimation und Trägerschaft ineinander auf[613]: „Parteifähige Beschwerdeführer, welche die Verletzung einer Norm rügen, die mit staatsrechtlicher Beschwerde[614] angerufen werden kann, sind nur dann zur Beschwerdeführung legitimiert, wenn sie durch den angefochtenen Hoheitsakt in ihren rechtlich geschützten Interessen getroffen sind."[615]. Art. 88 OG differenziert hinsichtlich der Legitimation als Sachurteilsvoraussetzung für die staatsrechtliche Beschwerde nicht zwischen privat- und öffentlichrechtlichen iuristischen Personen[616], so dass in dieser Hinsicht bei-

612 Dülp, S. 484 f. – „Obwohl formell reine Eintretensfrage, lässt sich die Legitimation gemäss Art. 88 OG ohne Mitberücksichtigung materiellrechtlicher Probleme nicht beurteilen." (Kälin, Staatsrechtliche Beschwerde, S. 226). – Das BGer. neigt dazu, Fragen der materiellen Grundrechtsträgerschaft legitimationsrechtlich zu erörtern. Siehe BGE 118 Ia 52 f. E. 3b. Vgl. Karlen, Religionsfreiheit, S. 253 mit Hinweis auf BGE 97 Ia 227 f. E. 3c. Vgl. auch Friederich, Kirchen und Glaubensgemeinschaften, S. 448, FN 57, mit weiteren Hinweisen.

613 Karlen, Religionsfreiheit, S. 253, bescheinigt dieser Praxis Unbedenklichkeit, solange der Grundrechtsschutz nicht verkürzt wird. Vgl. Friederich, Kirchen und Glaubensgemeinschaften, S. 447 f.

614 Eher theoretischer Natur für das kantonale Staatskirchenrecht ist die Möglichkeit der Inanspruchnahme des Rechtsbehelfs der Verwaltungsgerichtsbeschwerde, da nur auf Bundesrecht gestützte Verfügungen (Art. 5 VwVG) Gegenstand des Verwaltungs- und Verwaltungsgerichtsverfahren sind (Art. 97 Abs. 1 OG). Siehe Friederich, Kirchen und Glaubensgemeinschaften, S. 440 f., FN 9.

615 Kälin, Staatsrechtliche Beschwerde, S. 224. – „Macht der Beschwerdeführer eine drohende *Rechtsverletzung durch einen Rechtsetzungsakt* geltend, so genügt ein *virtuelles Betroffensein*: Legitimiert sind alle jene Personen, auf welche die als verfassungswidrig erachtete Vorschrift künftig einmal angewendet werden könnte (BGE 102 Ia 201, 205, Minelli)." (Häfelin/Haller, Rz. 1727). Verletzt hingegen beispielsweise ein konkreter Rechtsanwendungsakt die Religionsfreiheit eines kirchenrechtlichen Mandatars, so muss bei gegebenem Sachzusammenhang mit dem grundrechtlich geschützten kirchlichen Selbstbestimmungsrecht neben dem Verfügungsadressaten auch der konfessionelle Verband beschwerdelegitimiert sein. Vgl. auch Häfelin/Haller, Rz. 1735. – Auf das Erfordernis eines aktuellen Interesses an der Aufhebung des angefochtenen Entscheides bzw. an der Überprüfung der erhobenen Rügen zwecks Eintritts auf die staatsrechtliche Beschwerde kann verzichtet werden, „wenn sich der gerügte Eingriff jederzeit wiederholen lässt, an der Beantwortung der aufgeworfenen Fragen wegen ihrer grundsätzlichen Bedeutung ein hinreichendes öffentliches Interesse besteht und eine rechtzeitige verfassungsgerichtliche Überprüfung kaum je möglich wäre (BGE 120 Ia 165 E. 1a S. 166 f.; 118 Ia 46 E. 3c S. 53 f.; 114 Ia 88 E. 5b S. 90 f.)" (BGE 121 I 48 E. 3).

616 Vgl. Häfelin/Haller, Rz. 1724 ff.

de beschwerdebefugt sind[617]. Logischerweise erfordert die Berechtigung zur staatsrechtlichen Beschwerdeführung wegen Verletzung verfassungsmässiger Rechte, dass die angerufene Grundrechtsposition der aktivlegitimierten Verbandsperson überhaupt zukommt[618]. Legitimationsrechtlich steht – unter der Voraussetzung entsprechender Betroffenheit[619] – einer Grundrechtsträgerschaft iuristischer Personen des öffentlichen Rechts nichts entgegen. Das Beschwerdeverfahren gemäss Art. 84 Abs. 1 lit. a OG wegen Verletzung der Religionsfreiheit ist folglich unter der Prämisse bezüglicher Zuordnung der religionsfreiheitlichen Schutzobjekte sowohl von iuristischen Personen des Privatrechts wie auch seitens publizistisch erfasster Rechtssubjekte führbar[620].

Um die Interessen ihrer Mitglieder zu wahren, können die staatskirchenrechtlichen Verbeiständungsinstrumente aus prozessökonomischen Erwägungen auch dann in eigenem Namen Beschwerde führen, wenn sie selbst nicht Träger des in Frage stehenden Grundrechts sind[621]. Zu diesem Zweck hat das Bundesgericht spezielle Grundsätze bezüglich der Legitimationsvoraussetzungen zur staats-

---

617 „Das Bundesgericht bedient sich hier einer funktionellen Betrachtungsweise. Im Grunde genommen ist es für die Beschwerdebefugnis von Korporationen immer ausschlaggebend, ob der Hoheitsakt die Körperschaft bei der Ausübung öffentlicher Aufgaben und hoheitlicher Funktionen trifft oder nicht: Im ersten Fall ist die staatsrechtliche Beschwerde immer ausgeschlossen, falls die Körperschaft sich nicht auf eine ihr gewährte und verfassungsrechtlich geschützte Autonomie berufen kann. Im zweiten Fall kann sie unabhängig von der Rechtsform der Körperschaft stets ergriffen werden." (Kälin, Staatsrechtliche Beschwerde, S. 214). Entscheidend ist folglich das „jeweilige Erscheinungsbild öffentlich-rechtlicher Rechtssubjekte" (Dülp, S. 486). Aus der publizistischen Position einer iuristischen Person ergibt sich folglich nur ein mögliches Indiz ihrer Hoheitlichkeit. Hierzu auch Friederich, Kirchen und Glaubensgemeinschaften, S. 447.

618 BGE 112 Ia 363 f.; 120 Ia 96 E. 1a; ZBl 98 (1997), S. 416 E. 1e (mit Hinweisen).

619 „Die Legitimation zur *staatsrechtlichen Beschwerde* nimmt eine Zwischenstellung ein: einerseits bildet sie wie die verwaltungsprozessuale Legitimation eine *Sachurteilsvoraussetzung*. Anderseits steht sie nur jenem Beschwerdeführer zu, der vom angefochtenen Hoheitsakt in *seinen subjektiven Rechten* oder *seinen rechtlich geschützten Interessen* betroffen wird; diesbezüglich bestehen Parallelen zur zivilprozessualen Konzeption. Konsequenterweise kann der Beschwerdeführer die Rechtswidrigkeit des angefochtenen Hoheitsaktes nur geltend machen, soweit die Rechtssätze, deren Verletzung er behauptet, seine Rechtsstellung betreffen." (Kälin, Staatsrechtliche Beschwerde, S. 226). Zur Legitimation i.e.S. siehe Ders., op.cit., S. 228 ff.

620 Ebenfalls sind Religionsgemeinschaften nach Art. 9 Abs. 1 EMRK qua eigenen Rechts beschwerdebefugt. Siehe Conring, S. 334 ff.; Frowein/Peukert, EMRK-Kom. Art. 9; Kimminich, Religionsfreiheit, S. 150, Rz. 9; Strasser, S. 18 ff.

621 Häfelin/Haller, Rz. 1736a.; Kälin, Staatsrechtliche Beschwerde, S. 268.

rechtlichen Beschwerde entwickelt[622]. Eine iuristische Person kann demnach bei Verletzung aktueller bzw. virtueller Interessen einer Mehrzahl ihrer Mitglieder das Rechtsmittel der staatsrechtlichen Beschwerde ergreifen. Diese 'Verbandsbeschwerde'[623] durchbricht die rechtstechnische Kongruenz von materieller Grundrechtsträgerschaft und verfahrensrechtlicher Befugnis in Art. 88 OG[624], denn der Verband beschreitet den Rechtsweg nicht ipso iure, sondern interessenvertretend zum Nutzen bestimmter Einzelpersonen. Hierbei mangelt es der Unterscheidung korporativer Aspekte der Religionsfreiheit von der Wahrnehmung individueller Interessen eines Trägerschaftskollektivs oftmals an der notwendigen Trennschärfe[625], zumal den Konfessionen u.a. als „Mittel zum Zweck"[626] der Glaubensverwirklichung ihrer Kirchenglieder die religionsfreiheitliche Trägerschaft selbständig zusteht. Verbandsspezifisches Handeln kann sich in der Folge mit der Ausübung der Stellvertreterfunktion vermischen[627], was insbesondere durch den Dualismus von römisch-katholischer Kirche und staatskirchenrechtlichen Verbeiständungsinstrumenten zusätzlich akzentuiert wird[628]. Die Abgrenzungsproblematik zwischen den verschiedenen Rollen der staatskirchenrechtlichen Körperschaften[629] hinsichtlich ihrer legitimationstechnischen Partei- bzw. Stellvertreter-

622 Friederich, Kirchen und Glaubensgemeinschaften, S. 448.

623 Ein Verband ist zu dieser Beschwerde legitimiert , wenn er: – selber partei- und prozessfähig ist; – rechtlich geschützte aktuelle bzw. virtuelle Interessen der Mehrzahl oder mindestens einer grossen Zahl der Mitglieder betroffen sind; – eine statutarische Gestattung der Wahrung betroffener Mitgliederinteressen vorhanden ist; – die betroffenen Mitglieder selber zur Beschwerde legitimiert sind. Diese Legitimationsvoraussetzungen müssen kumulativ erfüllt sein. Siehe Häfelin/Haller, Rz. 1736b; Kälin, Staatsrechtliche Beschwerde, S. 268.

624 So schreibt Dülp, S. 484: „Die Verneinung der Legitimation bedeute in Wahrheit auch gleichzeitig eine Verneinung des *materiellen* Anspruchs."

625 Karlen, Religionsfreiheit, S. 262, FN 42.

626 Hangartner, Rechte, S. 114.

627 Was in bezug auf die röm.-kath. Kirche bzw. ihrer rechtspersönlichen Ausprägungen letztendlich immer der Fall ist. Siehe Friederich, Kirchen und Glaubensgemeinschaften, S. 448 f. – Eindeutig erweist sich die Sachlage nur, wenn ein staatskirchenrechtliches Institut als solches betroffen wird, z.B. dort, wo es selber aufgrund seines vom kirchlichen Zweck generierten Selbstverständnisses Verfügungsadressat ist. Dann kommt die Verbandsbeschwerde nicht zur Anwendung.

628 Der durch den konfessionellen Verband den staatskirchenrechtlichen Körperschaften zwingend zu generierende Zweck verhindert, dass sich diese der korporativen Religionsfreiheit zum Nachteil der röm.-kath. Kirche eigenmächtig behändigen. Insofern ist es den staatskirchenrechtlichen Körperschaften religionsfreiheitlich verwehrt, die Funktion eines Stellverters individueller Grundrechtsinteressen gegenüber der röm.-kath. Kirche und ihren rechtspersönlichen Ausprägungen zu reklamieren.

629 Die hierarchisch verfasste röm.-kath. Kirche macht ihre Grundrechtspositionen ipso iure und nicht in Vertretungsfunktion ihrer Glieder als numerisches Kollektiv gel-

stellung befördert insofern die verfahrensrechtliche Befugnis zur Verbandsbeschwerde zum Nichtindiz der kirchlichen Grundrechtsträgerschaft.

3. Grundrechtsträger

Die Rechtspraxis lässt die Schutzobjekte der in Art. 49 und 50 aBV enthaltenen freiheitsrechtlichen Garantien, welche in der nachgeführten Bundesverfassung unter Art. 15 rev. BV loziert werden, ineinander aufgehen, denn eine präzise Abgrenzung bringt aufgrund der gegenseitigen Bezogenheit keinen rechtlichen Nutzen[630]. Die Tragfähigkeit der begrifflichen Verschmelzung zur integralen Religionsfreiheit erweist sich namentlich in bezug auf die konkrete Grundrechtsträgerschaft iuristischer Personen von Bedeutung.

Im folgenden wird die Religionsfreiheit nur bei kausal gegebenem Anlass argumentativ in ihre Teilbereiche (Glaubens- und Gewissensfreiheit einerseits, Kultusfreiheit anderseits) dividiert.

A) Vom Privatrecht erfasste Religionsgemeinschaften

Vom Privatrecht erfassten Religionsgemeinschaften, die als iuristische Personen gemäss ihren Statuten religiöse oder kirchliche Zwecke verfolgen, ist die Trägerschaft der Glaubens- und Gewissensfreiheit zugebilligt[631]. Dort können diese ebenfalls die kultusfreiheitlichen Garantien unbestrittenermassen in Anspruch nehmen[632]. Einen Schritt[633] in Richtung expliziter Bestätigung des kirchlichen Selbstbestimmungsrechts durch das Bundesgericht setzt die Anerkennung des Schutzobjekts korporativer Observanz zugunsten der religionsfreiheitlichen Protektion einer konfessionellen Denomination: „Die Glaubens- Gewissensfreiheit- und Kultusfreiheit nach Art. 49 und 50 BV, nachfolgend auch kurz als Religions-

---

tend. Die kirchliche Rechtsnatur einer 'Persona moralis ex ipsa ordinatione divina' (cf. c. 113 §1 CIC 1983) lässt dies nicht zu. Vgl. Göbel, S. 118.

630 Häfelin, BV-Kom. Art. 49, Rz. 48; Saladin; Grundrechte, S. 18. – Vgl. BGE 118 Ia 56 E. 4c. Einzelne Stationen der Judikatur zeichnen Friederich, Kirchen und Glaubensgemeinschaften, S. 449 ff.; und Kraus, Staatskirchenrecht, S. 77 f., nach.

631 So u. a. BGE 97 I 120 E. 3a; 118 Ia 52 f. E. 3b. Vgl. Huguenin Jacobs, Kom. ZGB, Art. 59, Rz. 15. – Die Religionsgemeinschaften sind auch nach Art. 9 Abs. 1 EMRK anerkanntermassen Träger des Rechts auf Religionsfreiheit. Siehe Conring, S. 334 ff.; Kimminich, Religionsfreiheit, S. 149; Strasser, S. 18 ff.

632 Vgl. Häfelin, BV-Kom. Art. 50, Rz. 22.

633 Vielfach hatte das BGer. auf Art. 49 Abs. 6 aBV gestützte Beschwerden iuristischer Personen zu beurteilen. In BGE 95 I 354 f. befreite es privatrechtliche iuristische Personen mit religiösem Zweck von der Kultussteuerpflicht.

freiheit bezeichnet, gewährleistet das Recht, eine religiöse oder weltanschauliche Überzeugung zu haben, sowie diese, innerhalb gewisser Schranken, zu äussern, zu verbreiten und zu praktizieren. Sie schützt den Einzelnen und die Religionsgemeinschaften vorab vor unerlaubtem Zwang durch den Staat."[634]. Damit lässt die Judikatur richtigerweise ihrer Festlegung grundrechtlicher Einheit folgend[635] den mit eigener Rechtspersönlichkeit ausgestatteten Schutzpostulanten die integrale Protektion der Religionsfreiheit als subjektives verfassungsmässiges Recht im Sinne von Art. 113 Abs. 1 Ziff. 3 aBV bzw. Art. 189 Abs. 1 lit. a rev. BV angedeihen[636]. Der individuelle religionsfreiheitliche Schutz wird mithin mit dem korporativen Element komplettiert[637],[638].

---

634 BGE 118 Ia 56 E. 4c; Carlen, Rechtsprechung, S. 189. Vgl. auch BGE 97 I 120 E. 3a.

635 BGE 113 Ia 305 E. 2.

636 „Die Art der Bestattung berührt indessen unmittelbar die durch die Glaubensfreiheit geschützten Interessen der einzelnen Kirchenglieder ..., deren Wahrung im vorliegenden Fall zu den Aufgaben der kirchlichen Gemeinschaft gehört. Deshalb ist hier die Legitimation der NAK zur Rüge der Verletzung von Art. 49 zu bejahen." (BGE 97 I 228 E. 3c). Vgl. BGE 118 Ia 56 E. 4c. – Zu den Freiheitsrechten als verfassungsmässige Rechte siehe Häfelin/Haller, Rz. 1068, 1697 ff. Vgl. auch Dülp, S. 486, FN 24.

637 Bruhin, Konzile, S. 65; Carlen, Grundrechte, S. 1005; Ders., Kirche und Staat, S. 1103; Friederich, Kirchen und Glaubensgemeinschaften, S. 455 f.; Häfelin/Haller, Rz. 1121; Hinder, S. 55; Isele, Revision, S. 572, 584; Karlen, Religionsfreiheit, S. 238; Kraus, Staatskirchenrecht, S. 77 f.; Lampert, Kirche und Staat I, S. 211 f.; Schmid, S. 63 ff. Nur auf die Kultusfreiheit beziehen sich Urs Josef Cavelti, Religionsgemeinschaften, S. 16; Freuler, S. 18 f.; Reichlin, S. 46. – Pius Hafner, Staat und Kirche, S. 201, sieht keine rechtliche Grundlage für die Zuerkennung korporativer Religionsfreiheit an kirchliche Gemeinschaften. Seine Bewertung der bundesgerichtlichen Rechtsprechung führt ihn in der restriktiven Annahme einer Verbandsbeschwerde – ohne dass das BGer. bei den von Hafner zit. Entscheiden die Voraussetzungen für die Erhebung einer Verbandsbeschwerde geprüft hätte (siehe Friederich, Kirchen und Glaubensgemeinschaften, S. 456, FN 106) – nicht über eine verengte legitimationsrechtliche Sichtweise hinweg. – Mit BGE 118 Ia 53, 58 (bestätigt in BGE 123 I 308) anerkennt das BGer. den individualrechtlichen (i.e. Individualität einer iuristischen Person, hierzu Karlen, Religionsfreiheit, S. 139, FN 75, vgl. Art. 53 ZGB) Anspruch einer betroffenen religiösen Vereinigung, die Verletzung des Neutralitätsgebotes als verfassungsmässiges Recht zu rügen: „Wer von einer behaupteten Verletzung des Neutralitätsgebotes betroffen ist, kann sich auf diesen Teilgehalt der Religionsfreiheit im Sinne eines individualrechtlichen Anspruches berufen ..." (loc.cit., S. 58). Vgl. Aubert, Bundesstaatsrecht, S. 1169, Rz. 2025-2026. Zufolge der belanglosen semantischen Differenz zwischen der legitimationstechnischen Berufung und der subjektiv-trägerschaftlichen Anspruchsgrundlage im Kontext dieses Entscheides ist der grammatikalische Vorbehalt gegenüber der unzweifelbaren religionsfreiheitlichen Trägerschaft iuristischer Personen mit kirchlichem Zweck irrelevant, so dass die ratio legis in bezug auf die Rechtssubjektivität vom

B) Die im kantonalen öffentlichen Recht anerkannte und dort situierte bzw. überdies publizistisch verbeiständete römisch-katholische Kirche

Die explizite Festsetzung der Grundrechtsträgerschaft öffentlichrechtlich anerkannter und situierter bzw. überdies entsprechend verbeiständeter Konfessionen gehört zur Zeit – im Gegensatz zur EMRK[639] – noch nicht zum „gesicherten Stand"[640] der bundesgerichtlichen Rechtsprechung, weshalb die Trägerschaftsqualität im positiven Recht[641] auch nicht aufgrund eines höchstrichterlichen Präjudizes einschlägig deduzierbar ist[642], sondern anhand von Lehr-, Praxis- und Rechtsentwicklung verifiziert werden muss.

---

teleologischen Grundrechtselement zugunsten der materiellen Trägerschaft bestimmt wird. – Vgl. auch Karlen, Religionsfreiheit, S. 139, FN 75, welcher unter die Religionsfreiheit als Individualrecht den individuellen wie auch den korporativen Grundrechtsgehalt subsumiert.

638 „Der auf Individuen zugeschnittene Wortlaut ist damit überwunden. Die Religionsfreiheit ist zum Verbandsgrundrecht erstarkt, denn die Religionsgenossenschaften sind als selbstständige Grundrechtsträger anerkannt." (Conring, S. 188).

639 Conring, S. 338, 350; Frowein, Art. 9 EMRK, S. 49; Frowein/Peukert, EMRK-Kom. Art. 9, Rz. 9; Kimminich, Religionsfreiheit, S. 149 f.; Strasser, S. 24 f. „Dass an der Verbriefung des Menschenrechts der Religionsfreiheit in der EMRK alle Religionen teilnehmen, ergibt sich nicht nur aus dem Begriff der Religionsfreiheit selbst, sondern auch aus Art. 14 EMRK, der das allgemeine Diskriminierungsverbot für den Bereich der EMRK niederlegt und dabei – wie die übrigen Instrumente des völkerrechtlichen Menschenrechtsschutzes – die Religion als verbotenes Diskriminierungsmerkmal nennt." (Kimminich, Religionsfreiheit, S. 151). Hierzu vgl. Michel, S. 44 ff.

640 Friederich, Kirchen und Glaubensgemeinschaften, S. 457.

641 Die praepositiv existente und vom BGer. anerkannte (vgl. BGE 118 Ia 56) wesenseigene Integralität der Religionsfreiheit lässt in subjektbezogener Hinsicht den unabdingbaren Schluss zu, dass den religionsgemeinschaftlichen Ansprechern unabhängig ihrer saekularrechtlichen Situierung im staatlichen Rechtsgefüge dieses Freiheitsrecht grundsätzlich zukommt.

642 Häfelin, BV-Kom. Art. 50, Rz. 23: „Das Bundesgericht hat zu dieser Frage nie ausdrücklich Stellung bezogen, sie aber stillschweigend bejaht. Denn im Entscheid, in dem es die juristischen Personen allgemein als Träger der Kultusfreiheit anerkannte (BGE 36 I 374 ff.), war zwar nur die Rede von einer 'Korporation als solcher', im konkreten Fall handelte es sich bei der Beschwerdeführerin jedoch um eine öffentlichrechtlich anerkannte (sc. ev.-ref.) Kirchgemeinde." A.M. Hans Marti, SJK Nr. 1070, S. 4. Bezüglich der röm.-kath. Kirche müsste aus diesem Entscheid in materiell-paritätsrechtlicher Beziehung auch die religionsfreiheitliche Trägerschaft des konfessionellen Verbandes gesichert deduzierbar sein. – Hierzu ebenfalls Friederich, Kirchen und Glaubensgemeinschaften, S. 457; Karlen, Religionsfreiheit, S. 264; Kraus, Staatskirchenrecht, S. 400, FN 141.

a) Essential und staatskirchenrechtliche Realität der öffentlichrechtlichen Position[643] der römisch-katholischen Kirche

Idealiter muss sich die öffentlichrechtliche Position an der anstaltlichen Struktur der römisch-katholischen Kirche orientieren und diese eigenrechtlich verinnerlichen, um entsprechend determiniert ihren Blickwinkel zweckgerichtet auf die Organisation der bezüglichen staatskirchenrechtlichen Körperschaften – falls das Gemeinwesen überhaupt solche kreieren will[644] – zu fokussieren. „Die 'Anerkennung' geht der öffentlich-rechtlichen Organisation in der Form der Kirchgemeinde und der Kantonalkirche voraus; sie bildet gewissermassen die verfassungsrechtliche *causa*. Die vielberufene 'öffentlich-rechtliche Anerkennung' erweist sich somit als ein Doppelbegriff, der die Wertschätzung und den Organisationsakt zugleich zum Ausdruck bringt."[645]. Der Terminus der öffentlichrechtlichen

643 In terminologischer Hinsicht fällt der semantische Gehalt von publizistischer 'Anerkennung' und 'Position' nicht zusammen. Während ein Gemeinwesen anerkennend seine Wertschätzung gegenüber einer Religionsgemeinschaft öffentlich zum Ausdruck bringen kann, muss damit nicht automatisch deren Situierung im öffentlichen Rechtskreis verbunden sein. Häufig verwendet die Lehre den Sinngehalt der Termini öffentlichrechtliche 'Anerkennung' bzw. 'Position' synonym. Statt vieler: Reichlin, S. 105. Begriffstechnisch wird vorliegend hingegen – mit Ausnahme allfälliger Zitationen – entsprechend differenziert.

644 Eine entsprechende Rechtspflicht besteht im Zuge der öffentlichrechtlichen Anerkennung des konfessionellen Verbandes nur, wenn der Verfassungs- bzw. Gesetzgeber die Kreation solcher Körperschaften in einem formellen und generell-abstrakten Rechtssatz vorsieht.

645 Kraus, Staatskirchenrecht, S. 430, mit Hinweis auf die Trennungskantone Genf und Neuenburg, wo beide zwar die Anerkennung aussprechen, aber die ev.-ref. bzw. röm.-kath. Kirche nicht publizistisch positioniert resp. öffentlichrechtlich organisiert werden. Vgl. Fuchs, Verhältnis, S. 151 f. Nach Isele, Revision, S. 583 f., stellt die publizistische Positionierung des hierarchischen Konfessionsverbandes ein begriffsnotwendiges Element der öffentlichrechtlichen Anerkennung einer Religionsgemeinschaft dar. „Die öffentlich-rechtliche Anerkennung (sc. im Sinne publizistischer Erfassung) der Religionsgemeinschaft bildet eine unerlässliche Voraussetzung für die Errichtung von Kirchgemeinden, welche die Angehörigen der betreffenden Bekenntnisse umfassen. Umgekehrt stellt die Schaffung solcher Kirchgemeinden keine notwendige Folge der Anerkennung dar; die Anerkennung kann sich sehr wohl auf die *bestehenden* kirchenrechtlichen Gebilde beschränken." (Noser, S. 102). Dies geschähe rechtstechnisch mittels publizistischer Rezeption kanonischer Rechtsinstitute. – Korrekterweise differenziert diesbezüglich das Freiburger 'Gesetz über die Beziehungen zwischen der Kirche und dem Staat' (Art. 2 ff. KSG) gestützt auf Art. 2 KV FR (SR 131.219) zwischen der öffentlichrechtlichen Anerkennung der röm.-kath. Kirche bzw. deren institutionellen Gefässe und der publizistischen Kreation staatskirchenrechtlicher Körperschaften. – Eine staatlich rechtswirksame Rezeption von Institutionen der hierarchisch verfassten römisch-katholischen Kirchenstruktur

Anerkennung des konfessionellen Verbandes und seine staatsrechtliche Verwirklichung lassen sich infolgedessen zueinander nicht in begriffliche Beziehungslosigkeit setzen. Vielmehr bedingt der staatliche Wille zur Anerkennung die vollziehende Bereitstellung des öffentlichen Rechts[646]. Der Staat muss somit notwendigerweise die vollkommen verfasste Rechtsform der römisch-katholischen Kirche organisationsrechtlich in seinem Rechtskreis zur verpflichtenden Anerkennung bringen[647]. Dem Wesen der römisch-katholischen Kirche entsprechend hat

---

in das saekular-publizistische Recht mittels Anerkennung kraft Herkommens ist nicht generell zu vermuten, denn mit ihr würde die Kreation staatskirchenrechtlicher Körperschaften mindestens partiell kassiert bzw. überflüssig. Sie bedarf folglich i.d.R. der Explizität. Anders ist die Sachlage bei einer möglicherweise gewohnheitsrechtlichen Position der röm.-kath. Kirche im öffentlichen Recht nur dann, wenn gleichzeitig das gliedstaatliche Gemeinwesen keine staatskirchenrechtlichen Verbeiständungsinstrumente vorsieht.

646 Die profanrechtlich unangepasste Bekleidung des kanonischen Konfessionsverbandes mit der saekularen Form einer iuristischen Person des öffentlichen Rechts führt zu rechtsbegrifflichen Schwierigkeiten. Alleine mit den Requisiten staatlichen Rechts kann schwerlich ein Terminus konstruiert werden, „der so weit und zugleich so eng und bestimmt wäre, dass sich ihm die Kirchen neben allen weltlichen Verbänden unterordnen liessen“ (Urs Josef Cavelti, Religionsgemeinschaften, S. 38, die verschiedenen Lehrmeinungen erörternd), ohne der Gefahr einer saekularen Derogation ihres suprapositiven Zwecks zu rufen und damit dem in c. 113 § 1 CIC 1983 grundgelegten Strukturprogramm der Kirche als ‘Persona moralis ex ipsa ordinatione divina’ zuwiderzuhandeln. Ders., op.cit., S. 39, führt unter Bezugnahme auf Lampert, Stiftungen, S. 21, weiter aus: „Die Kirche ist an sich ... eine vollkommene Gesellschaft; sie besitzt als solche ein eigenes öffentliches Recht und obrigkeitliche Gewalt. Es hängt nun nurmehr vom Staat ab, ob er auch für seinen Bereich dieses kirchliche öffentliche Recht als solches anerkennen will durch die Verleihung der öffentlichen Korporationsqualität an die Kirchen.“ Damit rezipierte er dieses in den staatlichen Rechtskreis und enthöbe die Kirche der öffentlichrechtlichen Virtualität. In concreto wären potentielle Rechtskollisionen zwischen saekularer und kirchlicher Potenz im Keime erstickt, wenn das Gemeinwesen in der Weise staatskirchenrechtliche Rücksichten nähme, als es dem kirchlichen Eigenwesen keine staatlich bevollmächtigten Parallelinstitute und -organe – beispielsweise im Stiftungsrecht und bei der Vermögensverwaltung-, welche einen offensichtlichen Mangel an Komplementarität aufweisen, konkurrenzierend gegenüberstellte.

647 In diesem Sinne ist Kraus, Staatskirchenrecht, S. 430, bezüglich der röm.-kath. Kirche im Kanton Schwyz dahingehend zu präzisieren, dass zwar dort zutreffenderweise der Akt der öffentlichrechtlichen Anerkennung und der Akt der öffentlichrechtlichen Organisation aufgrund der Verfassungspartialrevision des Jahres 1992 nicht mehr auf den konfessionellen Verband übertragen und ineinsgesetzt werden können. Dies muss aber gerade dann dem Sinn einer organisationsrechtlichen Unterstützung als Ausdruck des publizistischen Wohlwollens, welches der saekulare Staat der röm.-kath. Kirche entgegenzubringen gedenkt, widersprechen, wenn die Verbeiständungsinstrumente den Platz der röm.-kath. Kirche einnehmen und daher die öffent-

der publizistische Status primär die kanonischen Ausprägungen des konfessionellen Verbandes zu erfassen. Der Kanton Schwyz etwa verortet dagegen neuerdings diese nicht mehr in seinem öffentlichen Rechtskreis[648] sondern nimmt realiter die organisationsrechtlichen Formen der römisch-katholischen Kirche auf seinem Territorium nur als virtuellen Reflex ihres staatsrechtlich vollzogenen Verweises ins Bundesprivatrecht zur Kenntnis[649], um in der Folge die staatlichen Verbeiständungsinstrumente mit öffentlichrechtlicher Ausschliesslichkeit[650] aus-

---

lichrechtliche Anerkennung der röm.-kath. Kirche nicht mehr stattfindet. Vgl. Gut, Landes- und Kantonalkirchen, S. 542 f. In der Konsequenz kreiert sich der Kanton Schwyz mit den staatskirchenrechtlichen Verbeiständungsinstrumenten einen konfessionellen Bezugspunkt saekularer Provenienz, dessen kanonische Rechtstreue er anhand seiner staatsrechtlichen Instrumentarien steuern kann. – „Die Tatsache der Anerkennung und die Art und Weise, wie diese vollzogen wird, lassen sich nicht voneinander trennen. Durch die neben der Kirche stehende, ihr wesensfremde Organisation der Katholiken gerät das 'Anerkennen' bestenfalls noch zu einem 'Kennen', das mehr oder weniger folgenlos bleibt." (Grichting, Kirche oder Kirchenwesen, S. 177, FN 26).

648 Hierzu siehe hinten, S. 473 ff.

649 Lampert, Stiftungen, S. 18 f., vertritt die Ansicht, „dass der öffentlich-rechtliche Charakter einer juristischen Person im Verhältnis zum Staate durch ein *doppeltes* Moment gekennzeichnet sei: *materiell* durch eine die Ordnung der privaten Interessen überragende[n] Bedeutung der Zwecksetzung, verbunden mit einer publizi[s]tischen Art der Zweckverfolgung; *formell* durch die staatliche Wertung dieser Bedeutung des Verbandes mittels Anerkennung desselben als Bestandteil der öffentlichen Rechtsordnung", was ihm erlaubt, ohne erhebliche Unzukömmlichkeiten seine weite Definition des saekularen Begriffs einer publizistischen Verbandsperson auf die hierarchisch verfasste Kirche profanrechtlich anzuwenden. In diesem Sinne besagt die öffentlichrechtliche Anerkennung „demnach nur, dass die Kirche – unter Wahrung ihrer Selbständigkeit- zu einer Potenz des öffentlichen Rechts wird" (Noser, S. 99). Hierzu Lampert, Rektoratsrede, S. 16 ff., 58 ff.; Urs Josef Cavelti, Religionsgemeinschaften, S. 27 f. Das begriffsnotwendig mit der publizistischen Position des konfessionellen Verbandes verknüpfte Minimum staatlicher Vergünstigungen soll mindestens die öffentlichrechtliche Anerkennung der kirchlichen Rechtspersönlichkeiten und des kirchenverfassungsmässigen Ämterapparates umfassen. Siehe Lampert, Kirche und Staat II, S. 13 ff.; Noser, S. 99 f. Dabei darf „die staatliche Zuerkennung einer Vorzugsstellung der Kirche ... niemals mit einer Antastung ihres Wesens verbunden werden" (Lampert, Kirche und Staat II, S. 7). Dieser Gefahr leistet das schwyzerische Verfassungsrecht mit der monopolistischen Institutionalisierung seiner staatskirchenrechtlichen Strukturen Vorschub. Somit erfüllt der Kanton Schwyz unidealerweise die staatsrechtlich minimalen Anforderungen an den Begriff der öffentlichrechtlichen Anerkennung der röm.-kath. Kirche nicht mehr.

650 Da die rechtspersönlichen Ausprägungen der röm.-kath. Kirche resp. der Diözese Chur im Kanton Schwyz durch die rev. KV SZ nicht mehr öffentlichrechtlich anerkannt werden, fällt, um mit Kraus, Staatskirchenrecht, S. 430, zu sprechen, auch die

zustatten[651]. Damit beschlägt die publizistische Rezeption lediglich die bereits staatsrechtlich generierten Körperschaften, welche zwar in hingeordneter Stellung an die öffentlichrechtlich ausgegliederte Seite der im Ius divinum fundierten

---

„verfassungsrechtliche *causa*" für ihre organisationsrechtliche Verbeiständung mit staatskirchenrechtlichen Körperschaften dahin.

651 Die ausschliessliche Anerkennung der staatskirchenrechtlichen Körperschaften vermag im kantonalen öffentlichen Recht mangels eines ausdrücklichen Bezuges auf die publizistische Position der röm.-kath. Kirche als solcher und ohne einen expliziten Vorbehalt zugunsten der kanonischen Rechtsinstitute nicht die dortige Lokalisation des konfessionellen Verbandes zu bewirken. Vgl. Kraus, Staatskirchenrecht, S. 163 f.: „Mit der öff.-rechtl. Anerkennung des Jahres 1963 erlangte nicht die römisch-katholische Kirche (sc. im Kanton Zürich) *comme telle* den Status als öff.-rechtl. Körperschaft ... Öff.-rechtl. Anerkennung und öff.-rechtl. Körperschaftsstatus decken sich keineswegs." Gl.M. Schmid, S. 181 f. Fuchs, öffentlich-rechtliche Anerkennung, S. 99, verwendet für diesen anerkennungsrechtlichen Zustand der röm.-kath. Kirche den Begriff der „mittelbaren Anerkennung". Das kantonalschwyzerische Verfassungsrecht entbehrt nach der 1992 erfolgten Änderung von § 2 aKV SZ einer positivierten Anerkennung des konfessionellen Verbandes mitsamt einer gesicherten Position der röm.-kath. Kirche in ihrer spezifisch rechtlichen Ausprägung im öffentlichen Rechtskreis. Vgl. Urs Josef Cavelti, Austritt, S. 71, FN 2. §§ 91 ff. rev. KV SZ lassen mithin eine Annahme der öffentlichrechtlichen Anerkennung des konfessionellen Verbandes kraft konstitutioneller Tradition nicht mehr zu. Dies rückt die Instrumente publizistischer Verbeiständung in den Mittelpunkt des religionsverfassungsrechtlichen Interesses und belässt die nicht öffentlichrechtlich erfassten kirchlichen Rechtssubjekte vom staatsrechtlichen Blickwinkel aus am publizistisch virtuellen Ort ihrer kanonischen Entfaltung. Unter dieser Prämisse mutiert die dualistische Natur des Verhältnisses zwischen Kirche und Staat in ein Konstrukt des religionsrechtlichen Monismus, dessen Eigenart eine öffentlichrechtliche Gleichstellung des konfessionellen Verbandes nicht mehr zulässt. Die Realität der staatskirchenrechtlichen Verbeiständung zeigt sich dabei in einem veränderten Licht. Die Errichtung bzw. Bestätigung staatlich kreierter Institute erscheint vorliegend als monopolistischer Ausdruck einer dem staatskirchenrechtlichen Integralismus verhafteten 'Anerkennung', welche den wirklichen Existenzgrund der staatskirchenrechtlichen Körperschaften, nämlich ihre zudienende Funktion in hingeordneter Stellung, zu zweckentfremden und damit zu kassieren droht. In casu nimmt der Befund von Noser, S. 101, prophetisch die Situation im Kanton Schwyz vorweg: „Der Beweggrund, der den Staat zu dieser ... Art von Unterstützung der Kirchen veranlasst, kann ... ein positiver *oder* negativer, kann Wohlwollen *oder* Misstrauen sein. Es gibt ein einfaches Mittel, um die 'Gesinnung' des Staates festzustellen. Die Schaffung staatskirchenrechtlicher Organisationen kann nur dann als ein Ausdruck des staatlichen Wohlwollens gelten, wenn daneben nach Möglichkeit auch die *kirchlichen* Einrichtungen und Behörden anerkannt und geschützt oder doch wenigstens berücksichtigt werden." Für sich allein aber stellt die negativ motivierte „Art, in der sich die öffentlich-rechtliche Anerkennung einer Religionsgemeinschaft auswirken kann ... Ausdruck des Staatskirchentums" dar und entspringt „damit einer mit der Freiheit und Würde der Kirche unvereinbaren Anschauung".

und religionsfreiheitlich geschützten Rechtsgestalt der römisch-katholischen Kirche treten[652], dabei jedoch das öffentliche Recht des Kantons Schwyz exklusiv für sich in Anspruch nehmen, so dass der tradierte Dualismus zwischen der römisch-katholischen Kirche und dem Kanton Schwyz im formalparitätisch entflochtenen Gemeinwesen in die integralistische 'Dualität'[653] von kantonalkirchlicher Körperschaft und Staat pervertiert wird.

Mit der Errichtung staatskirchenrechtlicher Körperschaften muss der kantonale Gliedstaat wesensnotwendig bezwecken[654], der kanonischen Pfarrei die Temporalien zur Erfüllung ihrer Aufgabe zu beschaffen. Allgemein umschrieben sind die Funktionen dieser „Beitragskörperschaften“[655] „ganz auf die Bedürfnisse einer bestimmten Konfession zugeschnitten“[656], nämlich in praxi „die Besorgung der äusseren ortskirchlichen Angelegenheiten, sofern darunter jene verstanden

---

652 Grundsätzlich stellt sich dabei die philosophische Frage des logischen Prius von Staat und Recht. Gemäss Hegel ist der Staat „Quelle allen Rechts“. Demzufolge haben Individuum und Religionsgemeinschaften keine nativen Freiheitsrechte sondern nur verliehene. Wird hingegen der Staat ins Recht hineingeboren, dann entfalten die Subjekte im Rahmen der staatsfreien Sphäre ihre vorgegebene Religionsfreiheit und die Qualität der Grundrechtsträgerschaft ist somit independent von staatlicher Konzession. Zu dieser Ansicht konnte sich der Bundesverfassungsgeber explizit bis dato nicht durchringen. Siehe Isele, Entwicklung, S. 195 f. Vgl. auch Felix Hafner, Kirchen, S. 51 ff. Bemerkenswerterweise geht der Kanton Schwyz bei der Gewährleistung der Glaubens- und Gewissensfreiheit in § 2 Abs. 1 rev. KV SZ implizit von einer naturrechtlichen Prädisposition dieses inhaltlichen Bestandteils der integralen Religionsfreiheit aus.

653 Diese ereignet sich nicht mehr im eigentlichen Sinne auf der öffentlichrechtlichen Bezugsebene Pfarrei-Kirchgemeinde, sondern uneigentlich zwischen der staatskirchenrechtlichen Körperschaft des kantonalen öffentlichen Rechts und der dort ausgesiedelten Rechtsperson Pfarrei (c. 515 Abs. 3 CIC 1983), welche über das rechtspersönliche Pfarramt in der Form einer Stiftung auf der Grundlage des Bundesprivatrechts mit dem betreffenden Institut des schwyzerischen Staatskirchenrechts kommunizieren muss. Dadurch nimmt der Kanton Schwyz nicht zur Kenntnis, dass die Kirchgemeinde in der im CIC 1983 neuerdings mit eigener Rechtspersönlichkeit ausgestatteten Pfarrei einen selbständig existenten Widerpart gefunden hat. In diesem Sinne käme es einem venire contra factum proprium gleich, wenn das schwyzerische Gemeinwesen seinen freiwillig im rechtspersönlichen Benefizium gewählten Bezugspunkt zufolge der mehrheitlich kanonisch-altrechtlich begründeten Existenz des bepfründeten Amtes als Rechtsperson des staatlichen Normengefüges in Frage stellte. Näheres siehe hinten, S. 359 ff.

654 Der Staat hat die Aufgaben der staatskirchenrechtlichen Körperschaften anhand ihres Zwecks zu definieren, welcher von der röm.-kath. Kirche vorgegeben wird und in den 'Sacra interna' seinen Ursprung nimmt. Hierzu Noser, S. 111.

655 Pius Hafner, Dienst, S. 79. Isele, Revision, S. 580, spricht von „Beitragsgemeinschaften“ bzw. „Patronatskörperschaften“ (Ders., Entwicklung, S. 194 f.).

656 Noser, S. 115.

werden, die von der Kirche als äussere, den Laien überhaupt zugängliche betrachtet werden"[657].

Kraft eines hoheitlichen Anerkennungs- bzw. Errichtungsaktes[658], „durch den der Staat ein näheres Verhältnis zu einer bestimmten Konfession setzt"[659], erblikken die rezipierten Rechtsfiguren[660] resp. die staatlich kreierten Verbeiständungsinstrumente wie Kirchgemeinde[661] und Kantonal- oder Landeskirche[662] das

---

657 Noser, S. 112. – Vgl. Kraus, Staatskirchenrecht, S. 391: „In der Pfarrei ist der Ort für alle Aufgaben, die nach katholischem Verständnis im Kirchenbegriff einbeschlossen sind; die Kirchgemeinde nimmt diejenigen Angelegenheiten wahr, für die es der Pfarrei an der staatlichen Rechtspersönlichkeit ermangelt oder die nur im öffentlichen Recht möglich sind." Zu präzisieren ist diesbezüglich, dass die rechtmässig errichtete Pfarrei gemäss cc. 515 §§ 1, 3; 115 § 2; 116 § 1 CIC 1983 als nichtkollegiale Personengesamtheit die Rechtspersönlichkeit einer öffentlichen iuristischen Person des kanonischen Rechts besitzt. Der staatsrechtlich kreierte Katalog bundesrechtlicher bzw. kantonalschwyzerischer Formen (rev. KV SZ 1992) von Verbandspersonen enthält kein dem kanonischen Persönlichkeitsbegriff der Pfarrei analoges Element. Hingegen rezipierte das Staatskirchenrecht des Kantons Schwyz unter dem Regime der aKV SZ 1898 die kanonische Pfarrei durch § 2 Abs.1 aKV SZ aus dem Kodex 1983. Damit trat sie im öffentlichen Recht neben die Kirchgemeinde und konnte bis zur rechtskräftigen Abolierung von § 2 Abs. 1 aKV SZ (1999) auf der Ebene des kantonalschwyzerischen Normengefüges in der Form einer selbständigen Rechtsperson oder durch das rechtspersönliche Pfarramt handlungsfähig agieren. Die Kirchgemeinde vertritt aus kirchenrechtlicher Sicht die Pfarrei in keinem Fall 'Nomine ecclesiae'. Dieses Prinzip hat das staatliche Recht anhand des mit eigener Rechtspersönlichkeit ausgestatteten Kirchenamtes letztendlich auch innerhalb des 'Numerus clausus' zivilistischer Rechtsfiguren nachzuvollziehen.

658 Die auf der religionsrechtlich originär zugwiesenen Kompetenz resp. auf Art. 59 Abs. 1 ZGB basierende Anerkennung bzw. Errichtung öffentlichrechtlicher Körperschaften und Anstalten bedarf gemäss BGE 104 Ia 445 E. 4c einer formalgesetzlichen Grundlage. Vgl. Huguenin Jacobs, Kom. ZGB, Art. 59, Rz. 7.

659 Urs Josef Cavelti, Religionsgemeinschaften, S. 27.

660 § 2 Abs. 1 aKV SZ gewährleistete die röm.-kath. Kirche. Neben der öffentlichen Anerkennung als solcher enthielt diese staatskirchenrechtliche Schlüsselbestimmung auch ein rezipierendes Element. Da sich die Kantonsverfassung über die Art der bezogenen Institute des Kirchenrechts ausschwieg, generierte ausschliesslich die kanonische Ordnung das organisationsrechtliche Programm der publizistischen Anerkennung. Siehe hinten, S. 296 ff.

661 Kraus, Staatskirchenrecht, S. 368 ff., erkennt im 'Kirchgemeindeprinzip' als überkonfessionelle Eigenart des öffentlichen Zueinander von Kirche und Staat ein „zentrales Organisationselement" (Ders., op.cit., S. 421) des schweizerischen Staatskirchenrechts. Vgl. Gut, Besprechung, S. 294. Mit dem begrifflichen Gleichklang hören jedoch die konfessionellen Gemeinsamkeiten der vom Gemeinwesen kreierten Kirchgemeinden unterschiedlicher Observanz auf. Diese haben katholischerseits kein kirchen- sondern ein staatsrechtliches Fundament, welches auf der kirchenrechtlich zugewiesenen und mit der patronatischen Funktion privilegierten Stellung

Licht der saekular-publizistischen Rechtswirklichkeit. Letzteren verleiht der Staat die korporativen Rechte, aus seiner Hand empfangen die staatskirchenrechtlichen Körperschaften ihre Verwaltungsbefugnis[663], entsprechend sind sie vollkommen staatlichen Rechts[664]. Reduziert das Staatsrecht seinen publizistischen Bezug zur

---

der Kirchgenossen im Bereich der Pfarrbenefizien basieren muss. Die Kirchgemeinde reflektiert staatsrechtlich den konsensualen Willen der Kirchgenossen, sich im weltlichen Recht organisatorisch zu verfassen. Im Gegensatz zur ev.-ref. Kirche, wo das Gemeindeprinzip einen Pfeiler des rechtstheologischen Kirchenverständnisses bildet, stellt die röm.-kath. Pfarrei (cf. c. 515 CIC 1983) als kanonischer Widerpart des Dualismus Kirche-Staat innerhalb der 'Communio ecclesiae et ecclesiarum' den untersten, dem Diözesanbischof subordinierten aber rechtlich selbständigen Teilverband der hierarchisch gegliederten und anstaltlich verfassten röm.-kath. Kirche dar. Mithin unterscheidet sich die kirchlich zweckdefinierte Idee der in hingeordneter Stellung auf den konfessionellen Verband zudienend bezogenen Kirchgemeinde auch vom politischen Gemeindeprinzip, welches als eine durch den Grundsatz der Subsidiarität geprägte Maxime des schweizerischen Föderalismus die kommunale Basis des von unten nach oben konstruierten Staatsaufbaus betont. Insofern erodiert das Motiv, „dass das schweizerische Staatskirchenrecht massgebend auf der Organisationsstruktur der Kirchgemeinde als Spezialgemeinde aufbaut" (Gut, op.cit., S. 294) unter Zuhilfenahme der katalytischen Wirkung der korporativen Religionsfreiheit zusehends. Vgl. auch BGE 102 Ia 474 f.; 107 Ia 134; Bolliger, S. 412 f.; Friederich, Kirchen und Glaubensgemeinschaften, S. 417 f., mit Verweis auf Saladin, Beteiligung, S. 476: „Eine z.T. weitgehende Gleichstellung von Kirchgemeinden mit politischen Gemeinden erweist sich heute ebenso als Fiktion wie die Vorstellung einer 'aktiven' Volkskirche." Beachte auch Ders., Grundrechte, S. XX f. Folglich vermag die von Kraus, Kirche und Demokratie, S. 172, geprägte Terminologie der „Institutionen-Verdoppelung" in einschlägiger Art und Weise die Realität des Dualismus röm.-kath. Kirche-Staat bzw. staatskirchenrechtliche-politische Körperschaft zwar staatsrechtlich formaliter aber keinesfalls zweckgerichtet idealiter zu erfassen. Sie kann die Wirklichkeit lediglich unter einem quantitativen Aspekt darstellen.

662 Eingehend analysiert Gut, Landeskirchen und Kantonalkirchen, S. 533 ff., das Wesen und die Notwendigkeit kantonalkirchlicher Körperschaften, um u.a. zur Erkenntnis zu gelangen: „Die Rechtsgestalt einer 'Landeskirche' (sc. Kantonalkirche) – ihre Herkunft, ihre Struktur, ihre Wirkweise – erscheint zur geistlichen Dimension und Zielsetzung der katholischen Kirche als inadäquat." (Ders., op.cit., S. 540). Siehe hierzu auch hinten, S. 485 ff.

663 Vasella, S. 10.

664 Bonnemain, Schweizer Kantonalkirchen, S. 533; Gut, Errichtung, S. 19; Isele, Entwicklung, S. 194. – Urs Josef Cavelti, Funktion, S. 39, schreibt den staatskirchenrechtlichen Kirchgemeinden auch eine „kirchenrechtliche Verwurzelung" zu. Ein Bezug zum Kirchenrecht – abgesehen von möglichen vertraglichen Vereinbarungen – lässt sich aber nur im Bereich kirchlich bestehender Benefizien über die patronatische bzw. neurechtlich über die quasipatronatische Funktion der Kirchgemeinden herstellen (cf. cc. 222 § 1; 1260 CIC 1983). Die Kenntnisnahme der staatskirchenrechtlichen Verfasstheit der Kirchgenossen ist für die Kirche diesbezüglich – gerade auch wegen des staatlichen Verwaltungsoktroi – höchstens im Rahmen patronati-

römisch-katholischen Kirche auf die isolierte Kreation staatskirchenrechtlicher Verbeiständungsinstrumente, wertet sich dadurch das Mass staatlichen Wohlwollens zur integralistisch ausgeprägten und mithin religionsfreiheitlich zweifelhaften Evidenz eines den konfessionellen Verband ausgliedernden und ersatzweise in eine spezifische Relation zu den bezüglichen Institutionen des Staatsrechts tretenden Verhältnisprinzips ab, welches das Gemeinwesen ausserstandesetzt, das Prädikat der öffentlichrechtlichen Anerkennung dem konfessionellen Verband zu verleihen[665].

Ein vollständiges Aufgehen[666] der konfessionsbezogenen Selbstverwaltungskörperschaften im religiös-weltanschaulich neutralen Gemeinwesen wird durch

---

scher bzw. quasipatronatischer Privilegien und Pflichten einer Kirchgemeinde u.a. hinsichtlich der Notwendigkeit kirchlicher Mitsprache bei der Festlegung der personalen Substanz und des territorialen Umfangs einer staatskirchenrechtlichen Körperschaft von Belang. Vgl. Bonnemain, Schweizer Kantonalkirchen, S. 533 f. Den patronatischen Aspekt vergisst Reichlin, S. 97, bei seiner Kritik von § 92 3. Lemma (Fassung 1898) aKV SZ (heute § 93 Abs. 2 aKV SZ). – Einen anderen Qualifikationsansatz bietet Bruhin, Verhältnis, S. 186, welcher die staatskirchenrechtlichen Körperschaften nicht im staatlichen Rechtskreis ansiedelt sondern „auf einer Rechtsebene sui generis“. Diese These vermischt fälschlicherweise die Konsequenzen der Rechtslokalisation mit den Möglichkeiten des Autonomiestatus, was zu einer verzerrten und monopolistisch überzogenen Darstellung von Qualität und Funktion staatskirchenrechtlicher Institutionen im dualistischen System Kirche-Staat führt.

665 Darauf verkürzt der Kanton Schwyz in der 1992 partialrevidierten Kantonsverfassung das Essential seines publizistischen Verhältnisses zum konfessionellen Verband, welches sich dort in nichts anderem als der staatlichen Bereitstellung entsprechend ausgestatteter Rechtsgefässe, die der kirchlichen Zweckerfüllung dienen sollen, zuträgt. Das Moment der eigentlichen Anerkennung im kantonalen öffentlichen Recht als tradierte Form des publizistischen Wohlwollens gegenüber dem konfessionellen Verband wurde aus der rev. KV SZ verdrängt. Siehe hinten, S. 473 ff. – Ob die hierarchisch verfasste röm.-kath. Kirche expressis verbis anerkannt ist, erweist sich formell bezüglich der Klassifikation ihres Standortes im staatlichen Rechtskreis von Bedeutung. Die materiellen Wirkungen der Anerkennung hängen von Umfang und Qualität der entsprechenden Normen ab. Bindungen und Verpflichtungen der Kirche potenzieren sich hierbei mit zunehmendem Grad ihrer öffentlichrechtlichen Implementierung. Vgl. Isele, Revision, S. 583 f. – Beachte auch Art. 4 des Freiburger ‘Gesetzes über die Beziehungen zwischen der Kirche und dem Staat’ (KSG), welcher neben den staatskirchenrechtlichen Körperschaften auch die iuristischen Personen des Kirchenrechts öffentlichrechtlich anerkennt. – Anstelle der verbeiständenden Kreation kann auch ausschliesslich eine Rezeption der kanonischen Institute erfolgen, was das kantonale Gemeinwesen zweifelsohne in die Lage versetzt, das Prädikat der öffentlichrechtlichen Anerkennung berechtigterweise anzuwenden. Vgl. Art. 2 KV VS [SR 131.232] bzw. Art. 4 GVKS.

666 Vor einer zweck- und grundrechtsorientierten Betrachtung der staatskirchenrechtlichen Körperschaften als öffentlichrechtliche Verbandspersonen ‘sui generis’ hält die Ansicht, dass in den entsprechenden Körperschaften dezentralisierte Teilorgane des

die zwingende Ausrichtung ihres kirchenseitig zu definierenden Zwecks auf die römisch-katholische Kirche verhindert[667]. Folglich können die Aufgaben der

---

Staates mit einem „übertragenen Wirkungskreis“ zu erblicken sind, welche sich das Gemeinwesen in Organisation und Verwaltung gleichschaltet, nicht stand. Hierzu ausführlich Noser, S. 115 ff. Darüber hinaus ist die staatlich angemasste Besorgung konfessioneller Aufgaben kraft saekularer Strukturprinzipien und anhand profaner Entscheidungsmechanismen, beispielsweise bei Bischofsernennungen und Diözesanzirkumskriptionen, abzulehnen. Cf. c. 377 § 5 CIC 1983. – „Die öffentlichrechtliche Anerkennung ist nicht in dem Sinne zu verstehen, dass sie (sc. die staatskirchenrechtlichen Körperschaften) damit in den Staatsorganismus eingegliedert werden oder dass ihr Wirkungsbereich als Teilstück des Staates erscheint“ (Isele, Entwicklung, S. 197). Gl.M. Schmid, S. 202: „Gäbe es keine öffentlichrechtlichen Religionsgenossenschaften, so könnte der moderne Staat deren Funktion nicht selber ausüben, was aber bezüglich der Funktionen aller anderen Selbstverwaltungskörper durchaus möglich wäre [...] Die landeskirchliche Autonomie ist keine Folge der Dezentralisierung staatlicher Gewalt, obwohl es die äussere Konstruktion der religiösen Selbstverwaltungskörper vermuten liesse, denn der Staat kann nicht dezentralisieren, was nicht in seinem Zweckbereich liegt.“ Vgl. auch Fuchs, öffentlich-rechtliche Anerkennung, S. 95.

667 „Tatsächlich wird die Gleichstellung der Kirchgemeinden mit der politischen Gemeinde angesichts des gewandelten Verständnisses heute – de facto wenigstens – zur blossen Fiktion, welche grundrechtlichen Erwägungen nicht mehr standzuhalten vermag.“ (Friederich, Kirchen und Glaubensgemeinschaften, S. 418). Vgl. BGE 102 Ia 474 f.; 107 Ia 134; Bolliger, S. 412 f.; Saladin, Beteiligung, S. 476; Ders. Grundrechte, S. XX f. Diese für die ev.-ref. Kirche zweifellos wichtige Feststellung gilt es katholischerseits insofern zu präzisieren, als die röm.-kath. Kirche, welche aufgrund ihrer eigenrechtsmächtigen Verfasstheit der staatskirchenrechtlichen Körperschaften institutionell keinesfalls bedarf, den Systemdualismus nicht staatskirchenrechtlich derart – von seiner ekklesialen Zweckdeterminierung abgesehen – bestimmen kann, dass sich die Adaption der staatskirchenrechtlichen Körperschaften an ihre staatsrechtlichen Reverenzorganisationen aus religionsfreiheitlich geschützten Gründen des kirchlichen Selbstverständnisses verhindern liesse. „Nun kennen ... sowohl die katholischen als auch die evangelischen Kantone Kirchgemeinden, setzen ihnen ihren Zweck, geben ihnen eine Organisation. Aber die Gleichordnung ist nur eine scheinbare, und der Schein hat sehr oft dazu verleitet, Ungleiches gleich zu behandeln.“ (Isele, Entwicklung, S. 194). Hingegen stellt sich in Anbetracht des eigenrechtsmächtigen Wesens der röm.-kath. Kirche grundsätzlich die Frage nach der publizistischen Notwendigkeit staatskirchenrechtlicher Körperschaften. – Die Gefahr der Parallelschaltung von politischer Gemeinde und Kirchgemeinde erweist sich für die ev.-ref. Kirchen von grosser Tragweite, denn „mit der Zulassung der Autonomiebeschwerde der Kirchgemeinde gegenüber den kirchlichen Oberbehörden wird die im staatlichen Recht geltende Ordnung zu unbesehen auf die kirchliche Rechtssphäre übertragen und damit gleichzeitig in die kirchliche Freiheit eingegriffen“ (Karlen, Religionsfreiheit, S. 460). In der eigenrechtsmächtig verfassten röm.-kath. Kirche schiebt die Iure divino gegebene Episkopalstruktur allfälligen Kompetenzanmassungen einer untergeordneten Verwaltungseinheit einen Riegel.

staatskirchenrechtlichen Körperschaften nicht vom Staat hergeleitet werden[668]. Die öffentlichrechtliche Positionierung[669] fügt die dem konfessionellen Verband auf der publizistischen Ebene hingeordneten körperschaftlichen Gefässe als Ausdruck für das „Entgegenkommen des Staates“[670] und zwecks Akzentuierung der öffentlichen Konturen[671] der extrastaatlich-supranational eigenrechtsmächtig verfassten römisch-katholischen Kirche in den publizistischen Rechtsbereich ein[672]. Dadurch werden sie zu einer „Potenz des öffentlichen Rechts“[673] 'sui generis'[674],

---

668 Urs Josef Cavelti, Religionsgemeinschaften, S. 51; Friederich, Kirchen und Glaubensgemeinschaften, S. 470; Isele, Entwicklung, S. 196; Lampert, Kirche und Staat I, S. 13 ff.; Noser, S. 115 f.; Schmid, S. 202. – „Sie sind zwar juristische Personen des öffentlichen Rechts, dienen aber ihrer Eigenart entsprechend nicht der Erfüllung von Staatsaufgaben, sondern Kultushandlungen (sc. der röm.-kath. Kirche) und anderen religiös motivierten Anliegen ihrer Angehörigen.“ (Hangartner, Rechte, S. 123).

669 Die publizistische Stellung eines konfessionellen Verbandes als solchen kann in der Schweiz per besonderer Verfassungsnorm, Gesetz, Parlamentsbeschluss, Beschluss der Exekutive, Gewohnheitsrecht oder Konkordat Anerkennung finden. Hierzu Fuchs, Verhältnis, S. 133 f.; Felix Hafner, Beteiligung, S. 161. Vgl. auch Urs Josef Cavelti, Religionsgemeinschaften, S. 30 ff. Der Kanton Schwyz anerkannte bis dato die ev.-ref. Kirchgemeinden bzw. die röm.-kath. Kirche auf Verfassungsstufe. Siehe § 92 aKV SZ für die ev.-ref. Kirchgemeinden bzw. § 2 Abs. 1 aKV SZ für die röm.-kath. Kirche. Neuerdings nimmt er in §§ 91 ff. rev. KV SZ lediglich noch die Kantonalkirchen und Kirchgemeinden katholischer und ev.-ref. Denomination zur Kenntnis.

670 Noser, S. 100. Vgl. Urs Josef Cavelti, Religionsgemeinschaften, S. 27; Thomas Fleiner-Gerster, Glaubens- und Gewissensfreiheit, S. 118 f.

671 Karlen, Religionsfreiheit, S. 114 ff. – Nach Lampert, Rektoratsrede, S. 21, hat der Staat um seiner selbst willen „ein ethisches Interesse“ hinsichtlich der kirchlichen Wirksamkeit, welches ihn dieselbe publizistisch behandeln liesse. Vgl. Feigenwinter, S. 53; Friederich, Kirchen- und Glaubensgemeinschaften, S. 340; Grichting, Kirche oder Kirchenwesen, S. 172; Isele, Revision, S. 583.; Lampert, Kirche und Staat II, S. 3; Ders., Stiftungen, S. 19 f.,

672 Mit Bezugnahme auf Fuchs, Verhältnis, S. 135, erläutert Felix Hafner, Beteiligung, S. 161, die weder konstitutive noch konstituierende Bedeutung des verbeiständungsförmigen 'Anerkennungsaktes' für die materielle und formelle Existenz der Religionsgemeinschaften: „Die öffentlichrechtliche Anerkennung drückt lediglich 'die staatliche Respektierung und Unterstützung des öffentlichen Sendungsauftrages' der Kirchen aus, ohne dass der Staat gestaltend auf des kirchliche Wesen einwirken soll, weshalb die Kantone gehalten sind, bei der öffentlichrechtlichen Anerkennung Rücksicht auf das kirchliche Eigenverständnis zu nehmen.“

673 Urs Josef Cavelti, Religionsgemeinschaften, S. 27 f.; Lampert, Kirche und Staat II, S. 2; Ders., Rektoratsrede, S. 20, welche von einer Anerkennung des konfessionellen Verbandes im publizistischen Rechtskreis ausgehen, was in casu nicht mehr der schwyzerischen Realität (§§ 91 ff. rev. KV SZ) entspricht. – „Diese Hervorhebung und Qualifizierung der Kirche vollzieht der Staat unter bewusster Anerkennung der

ohne dass Organisation und Rechtspersönlichkeit der staatskirchenrechtlichen Körperschaften konstitutive Bedeutung für die vorbestehende, im Ius divinum gestiftete Kirche erlangen könnten[675]. Der zudienende Charakter des kirchlicher Zweckerfüllung in hingeordneter Stellung verpflichteten staatskirchenrechtlichen Instrumentariums macht die Inkommensurabilität zu anderen Körperschaften des öffentlichen Rechts deutlich[676]. Sein kirchlich geprägter Existenzzweck enthebt das Wesen staatskirchenrechtlicher Institute etatistischer Vereinnahmung und lässt seiner Rechtsnatur das Prädikat der Parastaatlichkeit[677] anhaften. Um un-

---

Zweckverschiedenheit des religiösen Verbandes vom staatlichen. Der (sc. evt. zusätzlich vollzogene) Übergang der Kirche in den öffentlichen Bereich des Staates hat daher weder eine Veränderung des Wesens ihrer obrigkeitlichen Gewalt, noch ein Abhängigkeitsverhältnis vom Staat zur Folge." (Urs Josef Cavelti, Religionsgemeinschaften, S. 27).

674 Friederich, Kirchen und Glaubensgemeinschaften, S. 461; Friesenhahn, S. 9; Fuchs, öffentlich-rechtliche Anerkennung, S. 95; Ders., Verhältnis, S. 135; Felix Hafner, Beteiligung, S. 161; Karlen, Religionsfreiheit, S. 240. – Eine rein grundrechtsorientierte Sichtweise vermag die Ausserstaatlichkeit der staatskirchenrechtlichen Körperschaften nicht hinlänglich zu begründen, denn schliesslich gewährleistet das Gemeinwesen die zwanglose Inanspruchnahme der grundrechtlichen Garantien nur innerhalb seiner Machtsphäre. Die Verknüpfung mit der Staatsmacht ist hier nicht ohne Grundrechtsverlust zu lösen. Sie ist aber in der Lage, die hoheitliche Qualität der verscheidenen Facetten ihrer Öffentlichrechtlichkeit zu relativieren.

675 „Selbstverständlich leitet ... die Kirche ihre obrigkeitliche Gewalt in ihrer Sphäre nicht von einer staatlichen Verleihung der öffentlichrechtlichen Korporationsqualität ab." (Lampert, Rektoratsrede, S. 19).

676 Als pars pro toto sei die politische Gemeinde ins Treffen geführt, mit der eine Kirchgemeinde i. d. R. ein bestimmtes Gebiet gemeinsam hat, sich aber in der personalen Substanz bereits unterscheidet. Vgl. Noser, S. 108 ff.

677 Fuchs, Kirchenfreiheit, S. 960; Ders., öffentlich-rechtliche Anerkennung, S. 98; Ders., Praxis, S. 168, betitelt die staatskirchenrechtlichen Körperschaften als 'parakirchliche Organismen'. „Diese vom Saat ermöglichten öffentlichrechtlichen Körperschaften stehen nun neben der wirklichen Kirche und haben ihr gegenüber zudienende Funktion, so dass von 'parakirchlichen Organismen' gesprochen werden kann ..." (Ders., öffentlich-rechtliche Anerkennung, S. 98). Die Begriffswahl 'parakirchlich' korrespondiert zufolge der genuin staatlichen Rechtsinstitute in keiner Weise mit dem Normengefüge der nicht durch den weltlichen Rechtskreis hierarchisch verfassten röm.-kath. Kirche. Indes entzieht der seitens des konfessionellen Verbandes für die staatskirchenrechtlichen Körperschaften generierte Zweck dieselben einem staatsrechtlich uneingeschränkten Modus etatistischer Identifizierung, so dass man die entsprechenden Institute als 'parastaatlich' bezeichnen kann. Anders verhält es sich bei der ev.-ref. Kirche. Dort unterscheidet ausschliesslich die Verschiedenartigkeit ihres Zwecks die Kirche vom Staat. Da die staatskirchenrechtlichen Strukturen sowohl in zudienendem Auftrag der Kirche hingeordnet sind, als auch selber Verfassungsfunktion aufweisen, ist es sinnvoll, den staatskirchenrechtlichen Organismen der ev.-ref. Kirche das Attribut 'parakirchlich' beizugeben.

richtige Assoziationen mit verwaltungsrechtlichen Institutionen auszuschliessen, sind die staatskirchenrechtlichen Körperschaften innerhalb des publizistischen Normengefüges dem „Bereich des Nicht-Staatlich-Öffentlichen" zuzuordnen[678]. Im Unterschied zu der im Bundesprivatrecht durch den Numerus clausus zivilistischer Rechtspersonen weitgehend festgelegten Organisationsautonomie öffnete sich den Kantonen mit der Situierung des konfessionellen Verbandes im öffentlichen Rechtskomplex ein weites Feld zur regulativen Ausformung der staatskirchenrechtlichen Ordnung[679]. Hoheitliche Befugnisse, vom Gemeinwesen verliehene Privilegien aber auch staatliche Aufsichts- und Eingriffsrechte zählen indes nicht zum Katalog der Begriffsmerkmale öffentlichrechtlicher Anerkennung sondern sind bloss „akzidenteller Natur"[680]. Damit wird im Rahmen ihrer praepositiven Religionsfreiheit die publizistische Bedeutung der römisch-katholischen Kirche als 'Societas perfecta' dergestalt manifest, dass der Staat die kirchlich-souveräne Eigenrechtsfähigkeit trotz seiner territorialen Herrschaftsmacht nicht beeinträchtigen darf.

b) Funktionaler Dienst der staatskirchenrechtlichen Körperschaften an der kirchlichen Grundrechtsträgerschaft

Zwischen der kirchlichen Grundrechtsträgerschaft und der öffentlichrechtlichen Position des konfessionellen Verbandes bzw. der staatskirchenrechtlichen Verbeiständungsinstrumente versagt der Verknüpfungsmodus der Kausalität in positiver und negativer Hinsicht[681]. Die römisch-katholische Kirche dient kraft „ihrer Eigenart" der grundrechtsgeschützten Glaubenspraxis ihrer Angehörigen „unmittelbar und spezifisch" zu[682], und bildet mithin eine „*Voraussetzung für indivi-*

678 Friesenhahn, S. 10 ff. – Dem Gemeinwesen ist es zufolge seiner Pflicht zur religiös-weltanschaulichen Neutralität ebenfalls verwehrt, das Wirken der Religionsgemeinschaften seinem Verantwortungsbereich zuzurechnen. Hierzu Karlen, Religionsfreiheit, S. 281. – Vgl. auch Ders., op.cit., S. 240; Lampert, Rektoratsrede, S. 18; Schwendenwein, korporative Religionsfreiheit, S. 784.

679 Friederich, Kirchen und Glaubensgemeinschaften, S. 461 f.; Fuchs, Verhältnis, S. 134 f.

680 Urs Josef Cavelti, Religionsgemeinschaften, S. 28.

681 In casu „stellt die öffentlichrechtliche Anerkennung einer Kirche durch den Kanton *unter Art. 49-50 BV keinen Titel zur Beschränkung ihrer korporativen Religionsfreiheit* dar" (Winzeler, Selbstbestimmungsrecht, S. 95).

682 Hangartner, Rechte, S. 122. – Mit theologischen Erwägungen sekundiert Gerosa, Vielfalt, S. 38 f.: „Der Christ repräsentiert Christus, weil in ihm der ganze Christus mit seinem mystischen Leib gegenwärtig ist. Infolgedessen ist der Christ nicht als eine individuelle Wirklichkeit aufzufassen, die der kollektiven Wirklichkeit entgegengesetzt ist, sondern als Subjekt, in dem die ganze Gemeinschaft der Christen auf geheimnisvolle, aber reale Weise gegenwärtig ist. Diese Integration zwischen Indi-

duelle Grundrechtsausübung"[683]. In Überwindung der Negation grundrechtlicher Trägerschaft iuristischer Personen des öffentlichen Rechts[684] aufgrund rein dogmatisch-etatisierter, schematisch-formaler Implementierung in den publizistischen Rechtskreis beruht die Einbeziehung der Kirchen bzw. der Instrumente staatskirchenrechtlicher Verbeiständung als iuristische Personen des öffentlichen Rechts in die personale Reichweite der Religionsfreiheit[685] auf drei Voraussetzungen, welche kumulativ erfüllt sein müssen[686]:

---

viduum und Gemeinschaft ist strukturell und umfassend. Diese Behauptung ist ... in zweifacher Weise von Bedeutung: Zunächst kann der rechtliche Schutz des Einzelnen nicht ohne die Bewahrung der Freiheit der Gemeinschaft und umgekehrt verwirklicht werden [...] Zweitens kann der Schlüsselbegriff 'Autonomie' der modernen Staatslehre nicht bedenkenlos auf die katholische Kirche angewendet werden." Daraus folgert Ders., op.cit., S. 40, „dass die Berücksichtigung dieser doppelten Dimension der Religionsfreiheit ... die beste Garantie für Demokratie in einem Land" ist.

683 Friederich, Kirchen und Glaubensgemeinschaften, S. 464. Dieses einer teleologischen Denkweise verpflichtete Kriterium erlangt auch Relevanz für die Anerkennung ungeschriebener verfassungsmässiger Rechte. Vgl. Friederich, Kirchen und Glaubensgemeinschaften, S. 367 f.; Häfelin/Haller, Rz. 1074.

684 Einen eleganten Ansatz liefert die These von Bolz, S. 77, wonach die Grundrechtsträgerschaft eine Eigenschaft der Rechtspositionen ist, die vom Schutzobjekt erfasst werden und in demselben aufgehen. Die Trägerschaft tritt als Teilaspekt der Zurechnung zum grundrechtlichen Schutzobjekt in Erscheinung. Die Frage der Grundrechtsträgerschaft ist deshalb ausgehend vom Wesensgehalt des Schutzobjektes auf die gesetzliche Ausgestaltung der Organisation und Zielsetzung iuristischer Personen zu beziehen, welche die Prüfung der „geschützten Tätigkeiten, Interessen, Befugnisse und Rechtspositionen" beschlägt. – Die Verschmelzung von Trägerschaft und Schutzobjekt bewirkt eine Betonung der grundrechtlichen Zweckfunktion und lenkt den Blick weg von der unter Umständen die Schutzwirkung einschränkenden Sicht auf den Trägerkreis. – Vgl. auch Friederich, Kirchen und Glaubensgemeinschaften, S. 442, FN 26, welcher die Trägerschaft aus der Erfassung eines Sachverhaltes durch den begrifflichen Umfang der im Grundrecht enthaltenen Schutzgüter ableitet, deren „immanente Schranken" die subjektive Berufung auf ein Grundrecht selektionieren.

685 „Die als öffentlichrechtliche Körperschaften (sc. bzw. Anstalten) anerkannten Kirchen können sich gemäss neuerer Auffassung auf die Religionsfreiheit, insbesondere auf die Kultusfreiheit, berufen, grundsätzlich aber nicht auf die übrigen Grundrechte. In bezug auf diese steht ihnen die *staatsrechtliche* Beschwerde wegen Verletzung verfassungsmässiger Rechte im Sinne von Art. 84 Abs. 1 Bst. a OG nur ausnahmsweise zu, nämlich dann, wenn sie wie ein Rechtssubjekt des Privatrechts betroffen werden." (Häfelin, BV-Kom. Art. 49, Rz. 30). Diese Feststellung gilt es nachfolgend in bezug auf die röm.-kath. Kirche präzisierend zu differenzieren.

686 Zum Ganzen siehe Dülp, S. 514 ff.

– Rechtsformal haben sich Grundrechtsinhaber und -adressat zu unterscheiden. Dem Verhältnis konfessionell determinierter Selbstverwaltungskörper zum Staat dürfen separative Elemente nicht mangeln;

– Inmitten Normgegner und Norminhaber besteht ein „rechtsmachtmässiges Gefälle", welches durch die stärkere Position des Trägers öffentlicher Gewalt seine Schräglage erhält. Träten sich Träger und Garant in hoheitlicher Funktion gegenüber, equilibrierte beider Potenz das grundrechtstechnisch undispensierbare Spannungsverhältnis mit der Folge rechtsmachtmässiger Identität von Träger und Adressat;

– Schliesslich sollen die geschützten Rechtsgüter ihren Inhabern „zur Sicherung und Entfaltung einer eigengeprägten, vom Staat und seinen Zwecken verschiedenen Interessenzielrichtung" dienen. Kriterium des grundrechtlichen Schutzes staatskirchenrechtlicher Körperschaften ist somit das Mass der funktionellen Verschiedenheit ihrer zweckgerichteten Aufgabenstellung von jener des Staates[687], welches durch die staatsspezifische Hoheitlichkeit des Handelns reduziert werden kann.

Sollte der konfessionelle Verband durch das kantonale Recht in die Lage versetzt werden, auf der publizistischen Rechtsebene hoheitlich zu agieren, resp. treten an dessen Stelle – wie beispielsweise im Kanton Schwyz – die staatskirchenrechtlich applizierten Verbeiständungsinstrumente im Rechtsverkehr als staatliche Hoheitsträger auf, ist die Inanspruchnahme der Religionsfreiheit nicht statthaft[688]. Allenfalls können letztere ihre nach Massgabe des kantonalen Rechts eingeräumte Autonomie[689] geltend machen[690].

687 Evidentermassen braucht hier die diesbezügliche Disparität der röm.-kath. Kirche vom profanen Gemeinwesen nicht weiter erörtert zu werden.

688 Vgl. Art. 35 Abs. 2 rev. BV.

689 Häfelin, BV-Kom. Art. 49, Rz. 30. Autonomie beinhaltet in Ausrichtung auf den Zweck, welchem sie zu dienen hat – in casu die Beschaffung der Temporalien – vor allem das Recht zum Erlass und Vollzug eigener Normen bzw. die Anwendung bundesrechtlicher und kantonaler Vorschriften sowie die Kompetenz zur Selbstverwaltung. Siehe BGE 122 I 290 E. 8b; ZBl 98 (1997), S. 419. In diesem Rahmen darf sie seitens der staatskirchenrechtlichen Verbandspersonen – auch in Ausübung hoheitlicher Funktionen – Verwendung finden. Hierzu Hangartner, Grundzüge II, S. 100 f. Vgl. auch Friederich, Kirchen und Glaubensgemeinschaften, S. 469. Der Umfang staatskirchenrechtlicher Autonomie hängt vom Mass der kantonalen Zubilligung ab und bestimmt sich nach der gliedstaatlichen Rechtsordnung. Siehe Häfelin/Haller, Rz. 201a f., 1702 f. Vgl. EGV-SZ 1983 Nr. 1, S. 8; Hangartner, Grundzüge I, S. 153; vorne, S. 182 ff. – Der Strom kantonalkirchlicher Autonomie erreicht im Gegensatz zum Fluss kirchgemeindlicher Selbständigkeit ohne Föderalgefälle das gesamtkantonale Rechtsinstitut. Vgl. §§ 92, 94 rev. KV SZ.

690 Die staatskirchenrechtlichen Verbeiständungsinstrumente in der Form öffentlichrechtlicher Körperschaften können, soweit sie in ihrer Eigenschaft als Trägerin-

Namentlich in der Folge hoheitlicher Inanspruchnahme der staatlich delegierten Steuereinzugsbefungis durch die Kirchgemeinden ergeben sich im Hinblick auf den souveränitätsrechtlichen Anwendungs- und Einschlägigkeitsanspruch der betreffenden Statute vermögensrechtliche Differenzen mit der kanonischen Ordnung über die diesbezügliche Zulässigkeit staatskirchenrechtlicher Ingerenz. Die römisch-katholische Kirche versteht den Anspruch, zur Verwirklichung der ihr eigenen Zwecke sach- bzw. geldwerte Güter und Rechte (Bona temporalia) zu erwerben, zu besitzen, zu verwalten und zu veräussern[691], und solche auch von den Gläubigen zu fordern[692], als 'Ius nativum'. Dieses vindiziert vermöge c. 1254 CIC 1983 auf der Basis kirchlicher Eigenrechtsmächtigkeit ein ursprüngliches, der staatlichen Rechtsordnung im Rahmen der integralen Religionsfreiheit vorgegebenes Grundrecht[693]. Die Beschaffung der Temporalien bezeichnet den existentiellen Daseinszweck und die vornehmliche Funktion[694] staatskirchenrechtlicher Körperschaften. Dadurch stellen sie dem hierarchisch verfassten konfessionellen Verband das materielle Fundament seines Sendungsauftrages sicher. Die Parastaatlichkeit der staatskirchenrechtlichen Körperschaf-

---

nen hoheitlicher Gewalt berührt sind, „sich mit staatsrechtlicher Beschwerde gegen die Verletzung ihrer durch das kantonale Recht gewährleisteten Autonomie zur Wehr setzen" (ZBl 98 [1997], S. 416). Vgl. BGE 122 I 291 E. 8c; sowie Häfelin/Haller, Rz. 1702c, 1724d, 1736d.

691 In Ausrichtung auf den Zweck allen Kirchenvermögens sind Erwerb, Besitz, Verwaltung und Veräusserung inhaltliche Elemente der kirchlichen Vermögensfähigkeit gemäss c. 1254 § 1 CIC 1983. Hierzu Heimerl/Pree, S. 55 f., Rz. 13 ff.

692 Cc. 222 § 1; 1260 CIC 1983. Vgl. Potz, S. 882 ff.

693 Heimerl/Pree, S. 55, Rz. 11 f.; Listl, Aufgabe, S. 474; Ders., Aussagen, S. 1051 f.; Potz, S. 881 f.; Schulz, Grundfragen, S. 860 f. „Dieses Recht ist eine Grundvoraussetzung dafür, dass die Kirche in dieser Welt ihre Mission in Freiheit und ohne Diskriminierung ausüben kann. Gerade durch den Entzug ihres Vermögens und durch Behinderung der Verfügungsgewalt über das Kirchengut kann die Tätigkeit der Kirche in schwerwiegender Weise beeinträchtigt oder sogar weithin unmöglich gemacht werden." (Mikat, Verhältnis von Kirche und Staat, S. 151). – Die 'Iura nativa' (wie cc. 232; 362; 747 §1; 1254 §1; 1260; 1311; 1401 CIC 1983) verleihen dem konfessionellen Verband einen subjektiven Rechtsanspruch. Sie kommen der Kirche kraft ihrer Stiftung durch Christus zu und lassen sich auch institutionell aus ihrer 'Societas perfecta-Natur' herleiten. Vgl. Göbel, S. 111 f. Kollisionsrechtlich gelten die 'Iura nativa' als lois d'application immédiate.

694 Während die Kirche die Kirchgemeinde als „finanzielles Rückgrat einer Pfarrei" (Alcides Vasella, Die Rechtsverhältnisse des katholischen Kirchenvermögens im Kt. Graubünden, Diss. Freiburg 1933 [=FV 2], S. 175) betrachtet, fallen aus staatlicher Optik neben der Mittelbeschaffung evt. patronatische Privilegien und Pflichten „sowie die korporativen Aufgaben, welche die Gemeinde überhaupt erst in den Stand setzen, ihren Zweck zu erfüllen" (Noser, S. 111) in das Pflichtenheft der Kirchgemeinde. Hierzu Corecco, Landeskirche, S. 16 f.

ten bindet diese in bezug auf die vorsätzlich prägende Beeinflussung des kirchlichen Selbstverständnisses zurück, denn dem Staat steht es nicht zu, „gestaltend auf des kirchliche Wesen“[695] einzuwirken. Der den staatskirchenrechtlichen Dualismus rechtfertigende Hinordnungsimperativ zur kirchlichen Zweckerfüllung lässt den Fluss des materiellen grundrechtlichen Schutzes in jenem Normensegment, welches die Kirche kraft eigener Rechtsmacht unabhängig ihrer saekularrechtlichen Position[696] vollständig und abschliessend ordnet und folglich keine entsprechende Kompetenz[697] staatlichen Rechtsinstituten einräumt[698], konsequenterweise dem im nichtstaatlichen Normengefüge konstituierten konfessionellen Verband[699] zufliessen[700], zumal die hierarchisch verfasste Kirche mit ih-

---

695 Felix Hafner, Beteiligung, S. 161.

696 Infolgedessen ist es in dieser Beziehung für das Verhältnis des konfessionellen Verbandes zu den staatskirchenrechtlichen Verbeiständungsinstrumenten ohne religionsfreiheitlich schutzrelevante Bedeutung, ob die rechtspersönlichen Ausprägungen der röm.-kath. Kirche vom kantonalen Gemeinwesen privat- oder öffentlichrechtlich situiert werden.

697 Zur Frage der Bereichscheidung, besonders ihrer Kategorien und Methoden, siehe hinten, S. 438 ff. – Bei den Res mixtae – falls die Kirche im Einzelfall deren Existenz als solche akzeptiert – dürfen die staatskirchenrechtlichen Körperschaften die religionsfreiheitliche Grundrechträgerschaft der Kirche in materieller Hinsicht antizipieren.

698 Als Beispiel für eine Kompetenzzuweisung seitens der röm.-kath. Kirche an jene Kirchgemeinden, welchen auf der Grundlage eines kirchlich bestehenden Benefiziums eine patronatische Stellung eignet, ist das Präsentationsprivileg zu nennen. Dabei bleibt die Form der organisatorischen und territorialen Verfasstheit ihrer mit diesem Vorrecht betrauten Kirchgenossen für die Kirche insofern relevant, als die Schnittstellen der kirchgemeindlichen Ordnung mit dem Kirchenrecht nicht in Widerspruch zur kanonischen Ordnung stehen dürfen. Vgl. Reichlin, S. 97. Die Festschreibung eines ‘Pfarrwahlrechts’ sui iuris aufgrund diesbezüglich nicht kirchlich autorisierter Rechtsmacht des Staates bzw. dessen staatskirchenrechtlichen Körperschaften gilt als hoheitlicher Akt und wird somit zufolge unmöglicher Trägerschaft nicht vom religionsfreiheitlichen Grundrechtsschutz erfasst, was der Kanton Schwyz seinerseits u.a. durch den rezipierenden Vorbehalt des kanonischen Präsentationsrechts in § 64 Abs. 1 lit. c aGOG (nGS SZ I-65) zugunsten der kirchenrechtlichen Ordnung auch staatskirchenrechtlicherweise zu verhindern wusste, worin er mit Ziff. 16.4 des KSZE-Folgetreffens von Wien (abgedruckt in: BBl 1989 II 421 ff.) und Art. 6 lit. g der ‘Erklärung der UNO-Generalversammlung über die Beseitigung aller Formen von Intoleranz und Diskriminierung aufgrund der Religion oder der Überzeugung’ (abgedruckt in: BBl 1988 III 1408 ff.) inhaltlich übereinstimmte.

699 Die Inanspruchnahme der Religionsfreiheit erachtet die röm.-kath. Kirche für ihre göttliche Sendung als objektives Erfordernis, so dass die Konzilserklärung ‘Dignitatis humanae’ eindringlich vor einer diesbezüglichen Verletzung warnt: „Sie (sc. die Religionsfreiheit) gehört in Wahrheit der Kirche so sehr zu eigen, dass, wer immer gegen sie streitet, gegen den Willen Gottes handelt. Die Freiheit der Kirche ist das

rem genuinen 'Depositum fidei' a priori die Voraussetzungen zur kollektiven Grundrechtsverwirklichung römisch-katholischer Observanz schafft. Die staatskirchenrechtlichen Körperschaften können dabei allenfalls die Rolle eines inoffiziellen Mittlers fundamentaler Freiheitsprotektion übernehmen, der eigentlichen Verwirklichung der Religionsfreiheit des konfessionellen Verbandes vermögen sie indessen nicht zu dienen. Eine Missachtung des grundrechtlich gesicherten kirchlichen Selbstverständnisses seitens saekular generierter und konfessionell zweckdeterminierter Körperschaften verstösst gegen die religiös-weltanschauliche Neutralitätspflicht und verletzt den programmatischen Charakter des objektivrechtlichen Teilgehalts der Religionsfreiheit[701]. Das Gemeinwesen hat die formale Disposition seiner parastaatlichen Institutionen im Staatskirchenrecht nicht nur mit adäquaten Rechtsgefässen zu entwerfen, sondern es muss in erster Linie die materielle Funktionalität ihrer Zweckausrichtung schützen[702]. Entspre-

---

grundlegende Prinzip in den Beziehungen zwischen der Kirche und den öffentlichen Gewalten sowie der gesamten bürgerlichen Ordnung." (DH Art. 13 Abs. 1).

700 Der Kanton Schwyz rezipiert formal keine kanonischen Rechtsinstitute in das kantonale Recht. Deshalb ist der Charakter staatskirchenrechtlicher Körperschaften ausschliesslich in Anbetracht der hingeordneten Stellung zugunsten ihrer zudienenden Funktion und nicht zwecks Kompilierung vermeintlicher Institutsparallelitäten bzw. Hierarchiestufen vom kantonalen Gemeinwesen der kirchlichen Rechtsordnung anzugleichen. Während die grundrechtliche Schutzkraft im saekularen Rechtskreis wirkt, richtet sich die Trägerschaft nach dem binnenkirchlichen Rang der Betroffenheit zwischen kirchlicher Stiftung bzw. kanonischer Pfarrei, Dekanat und Diözese.

701 Urs Josef Cavelti, Austritt, S. 80; Ders. Religionsgemeinschaften, S. 15, mit Bezug auf Lampert, Kirche und Staat II, S. 117 ff.: „Dies ist von grösster Bedeutung für die katholische Kirche. Sie ist nicht nur Glaubens- sondern auch Verfassungskirche mit unabänderlich gegebenen Organisationselementen. Sofern ein Kanton dieser Kirche die öffentlichrechtliche Anerkennung verleihen will, muss er ihre hierarchische Gliederung und ihren Aufbau anerkennen. Wird die öffentlichrechtliche Anerkennung einer Konfession an Bedingungen geknüpft, die ihrem Wesen oder ihrem Recht widerspricht, so muss sie notwendigerweise die Anerkennung ablehnen. Und wenn der kantonale Gesetzgeber der bereits anerkannten Konfession nachträglich ihr widersprechende Verfassungselemente aufzwingt, so bleibt den Konfessionsangehörigen nur die Möglichkeit des Austritts offen, und der Staat hat unter diesen Voraussetzungen nicht mehr die Berechtigung, der so alterierten Kirche ihre ursprüngliche Denomination zu wahren; denn die Frage der Benennung und der Identität ist eminent kirchlicher Natur und kann nur von der Religionsgemeinschaft selbst beantwortet werden. Es muss deshalb LAMPERT beigepflichtet werden, dass die Organisation einer Religionsgemeinschaft als innerkirchliche Angelegenheit zu betrachten ist und deshalb nicht nach Gutdünken des Staates bestimmt werden kann. Diese staatliche Tätigkeit wäre religionsgründend, was aber weder dem Wesen noch dem Zweck des Staates entspricht."

702 Es ist deshalb bedauerlicher Ausdruck eines mangelhaften Verhältnissystems, wenn der hierarchisch verfassten röm.-kath. Kirche durch das Fehlen entsprechender Vor-

chend soll die Form der konfessionell konzipierten Funktion gehorchen. Ausschliesslich als Anwalt kirchlich sanktionierter Interessen[703] und nicht in eklektizistischer Begehrlichkeit eigenschöpferischer Organisationsausformung[704] und Dogmengestaltung[705] dürfen die staatskirchenrechtlichen Körperschaften gegenüber dem Gemeinwesen religionsfreiheitliche Grundrechtsträgerschaft im Sinne eines subjektiven verfassungsmässigen Rechts gemäss Art. 113 Abs. 1 Ziff. 3 aBV bzw. Art. 189 Abs. 1 lit. a rev. BV beanspruchen, ansonsten die mit der Temporalienbeschaffung beauftragten Institutionen in widerrechtliche Kongruenznähe zur grundrechtlich untersagten Errichtung staatskirchlicher Einrichtungen kämen. Parameter für die Qualität der Beziehung Kirche-Staat ist das Mass grundrechtlichen Schutzes, welches das Gemeinwesen der römisch-katholischen Kirche unbeschadet ihrer auf suprapositiver Rechtsgrundlage eigenrechtsmächtig und hierarchisch ausgeprägten Verfasstheit angedeihen lässt.

---

behalte zugunsten des kanonischen Rechts kein Korrektiv für ein potentielles Schutzdefizit gegenüber den staatskirchenrechtlichen Körperschaften des öffentlichen Rechts zur Verfügung steht. Vgl. Kraus, Staatskirchenrecht, S. 392 f.

703 Beispielsweise hinsichtlich des Ausschlusses eines Mitgliedes aus der Kirchgemeinde, welches den Tatbestand der Apostasie, der Häresie oder des Schismas erfüllt, cf. c. 1364 CIC 1983. Dabei hat sich die Schwere der staatskirchenrechtlichen Rechtsfolge nach dem Grad des Entfernens aus der gliedschaftlichen 'Communio plena' (c. 205 CIC 1983) zu richten. Zum Ausschluss aus der Kirchgemeinde vgl. Ambühl, S. 78 f.; Urs Josef Cavelti, Austritt, S. 95 ff.; Ders., Religionsgemeinschaften, S. 97 ff.; Thomas Fleiner-Gerster, Glaubens- und Gewissensfreiheit, S. 108; Fuchs, Praxis, S. 152; Isele, Gliedschaft, S. 43 ff.; Kraus, Staatskirchenrecht, S. 379, FN 60; Lampert, Kirche und Staat I, S. 326 ff. „Beim Vorliegen einer eigentlichen Sezessionsbewegung dürfte die Beurteilung des Dissenses im Bekenntnis leichter fallen. Die Aktivität einer Gruppe, ihre Äusserungen und Ziele manifestieren klarer, ob die Glaubenseinheit gewahrt ist oder nicht.“ (Urs Josef Cavelti, Austritt, S. 98 f.) – Ebenfalls müssen die staatskirchenrechtlichen Körperschaften entsprechende Sanktionen, die in den Statuten der Kirchgemeinden und des gesamtkantonalen Verbandes aus formaliuristischen Gründen vorgesehen sein sollten, ergreifen, wenn in einer Kirchgemeinde Personen, denen keine sakramental gültig empfangene Priesterweihe eignet, Funktionen, welche die Priesterweihe voraussetzen, wahrnehmen.

704 Zu Recht fasst Fuchs, Praxis, S. 183, die Organisation der röm.-kath. Kirche im Gegensatz zur ev.-ref. Kirche nicht als ekklesiales Externum auf sondern erachtet ihr nach aussen sichtbares Erscheinungsbild als Bestandteil des kircheninternen Glaubensgutes. Vgl. Felix Hafner, Kirchen, S. 300 f. – Die Gefahr des Übergriffs staatskirchenrechtlicher Körperschaften auf kirchliche Interna beschönigt Bruhin, Verhältnis, S. 186. Seine Vorstellung vom Dualismus Kirche-Staat scheint sich dabei auf die Elemente politisches Gemeinwesen und staatskirchenrechtliche Körperschaft zu verkürzen.

705 „Eine staatliche Dispositionsbefugnis über die Substanz und die Lehre oder die Gestaltung des Gottesdienstes ist mit dem System der staatlichen Kirchenhoheit unvereinbar.“ (Isele, Revision, S. 587).

4. *Kirchen und Religionsgemeinschaften als Adressaten grundrechtlicher Bindungen*

Die Kehrseite der Medaille kirchlicher Grundrechtsträgerschaft ist ihre Adressatenpflicht[706]. „Von der Grundrechtsbindung der Kirchen durch den Staat ist dann auszugehen, wenn dessen Recht die Freiheit der Kirchen im allgemeinen oder die Autonomie öffentlichrechtlich anerkannter Kirchen im speziellen einschränkt, um dadurch diejenigen Personen zu schützen, deren Grundrechte durch kirchliche Rechtsakte bedroht oder verletzt werden können."[707]. Dies bedingt in praxi eine partielle Paralyse des Schutzobjekts des kirchlichen Selbstbestimmungsrechts zugunsten individueller Grundrechtsansprüche. Das Dreiecksverhältnis Kirche-Staat[708]-Individuum[709] steckt dabei das Spannungsfeld ab, in welchem religions-

---

706 Während die Schranken eines Grundrechts vom Schutzobjekt ausgehend den Protektionsumfang determinieren, knüpft die Frage der Grundrechtsbindung bei der Trägerschaftsqualität an. Die Überschneidung des objektiven und subjektiven Methodenansatzes ergibt eine gemeinsame Schnittfläche, welche man in dispositorischer Hinsicht von beiden Seiten beleuchten kann. – Gemäss der von Bolz, S. 77, formulierten These, dass die Trägerschaft lediglich eine Eigenschaft der Rechtspositionen, welche „vom Schutzobjekt erfasst werden", sei, fiele die Unterscheidung zwischen Schranke und Bindung dahin.

707 Felix Hafner, Kirchen, S. 305.

708 „Grundsätzlich sind sämtliche Staatsorgane auf allen Ebenen (Bund, Kanton, Gemeinde) und in Wahrnehmung aller Staatsfunktionen (Gesetzgebung, Verwaltung, Rechtsprechung) in umfassender Weise an die Religionsfreiheit gebunden. Den Trägern der Religionsfreiheit als den Grundrechtsberechtigten steht der Staat als der Grundrechtsverpflichtete gegenüber." (Karlen, Religionsfreiheit, S. 266). Siehe Häfelin/Haller, Rz. 1100; Hangartner, Grundzüge II, S. 44 f. Während die Gesetzgebung objektivrechtliche Voraussetzungen zur integralen Gewährleistung des religionsfreiheitlichen Schutzes zu schaffen hat, wird die Verwaltung im Bereich der Rechtsanwendung insbesondere im Rahmen ihres Ermessens an die Religionsfreiheit gebunden. Ebenfalls soll sie beim Erlass von Verordnungen bzw. hinsichtlich ihrer Vorbereitungsfunktion im Gebiet der Rechtssetzung diese berücksichtigen. Des weiteren muss die Rechtsprechung allen gegen die Religionsfreiheit verstossenden Normen und Erlassen die Anwendung versagen und sich bei der Interpretation unbestimmter Rechtsbegriffe von grundrechtlichen Wertentscheidungen leiten lassen. Schliesslich sind auch die vom Staat mit hoheitlichen Befugnissen zwecks Erfüllung staatlicher Aufgaben beliehenen Privaten wie staatliche Organe an die Religionsfreiheit gebunden. Zum Ganzen Karlen, Religionsfreiheit, S. 266 ff. Vgl. auch Häfelin/Haller, Rz. 1102 f.; Felix Hafner, Kirchen, S. 334. Zur Frage der Bindung des als Privatrechtssubjekt auftretenden Staates vgl. BGE 109 Ib 155 E. 4; sowie Häfelin/Haller, Rz. 1104. „Der Staat verstösst ... gegen die Religionsfreiheit, wenn er bei der Vergebung privatrechtlicher Aufträge einen Bewerber nur deshalb nicht berücksichtigt, weil er einer bestimmten Konfession angehört. Es geht auch nicht an, dass der Staat über einen privatrechtlichen Vertrag die Religionsfreiheit eines Angestell-

rechtliche Bindungen eine Grundrechtsadressatur zu begründen vermögen. Dort sind drei Gruppen aufeinander bezogen:
- Die Bindungssubjekte unterscheiden sich in staatskirchenrechtliche Körperschaften saekularen Rechts und in die hierarchisch verfasste Kirche kanonischen Rechts;
- Die Bindungsmotivation wird allenfalls mit staatlichem Oktroi gezwungenermassen beeinflusst oder erfolgt freiwillig;
- Der Bindungsort ist entweder im privaten oder öffentlichen Rechtskreis zu lokalisieren.

Die allseitige Verknüpfung der Gruppen und Eckpunkte lässt im Hinblick auf eine gültige Aussage über die Bindekraft grundrechtlicher Positionen keine lineare Konfiguration zur Feststellung eines sachspezifischen Gliederungsplanes zu. In Nachachtung dessen ist deshalb die Disposition dergestalt festzulegen, dass von der 'summa divisio' des Rechts in einen öffentlichen und privaten Bereich mitsamt seiner konstitutionellen Verklammerung aus- und anschliessend auf die eigenrechtsmächtige Grundrechtsbindung der Kirche in der Form eines Appendizes eingegangen wird.

A) Grundrechtsbindungen im Privatrecht situierter Kirchen und Religionsgemeinschaften

a) Prinzip

Im Privatrecht situierte Kirchen[710] und Religionsgemeinschaften können sich wie alle dort angesiedelten Rechtssubjekte im Rahmen der eidgenössischen und kantonalen Ordnung frei konstituieren und organisieren. Die korporative Religionsfreiheit schützt die Glaubensgemeinschaften vor „Eingriffen in Lehre, Liturgie, Ämteraufbau und Mitgliederbestand etc."[711]. Für dieses Freiheitsrecht ist eine unmittelbare Adressatur zivilrechtlich organisierter Bekenntnisse auszuschlies-

---

ten stärker einschränkt, als er dies in einem entsprechenden öffentlichrechtlichen Anstellungsverhältnis tun dürfte." (Karlen, Religionsfreiheit, S. 269). Hierzu auch Hangartner, Rechte, S. 121 f.

709 Felix Hafner, Kirchen, S. 306.

710 Die Situierung im Privatrecht macht katholischerseits aufgrund des dualistischen Systems eine Separation zwischen dem konfessionellen Verband und den (quasi-) patronatischen Beitragsgemeinschaften öffentlich- oder privatrechtlicher Natur nicht überflüssig. Profanrechtliche Bindungen beschlagen i. d. R. letztere. Eine Ausnahme, welche direkt den konfessionellen Verband betrifft, kann z.B. das saekularrechtlich durchsetzbare Verbot der übermässigen vertraglichen Bindung gemäss Art. 27 ZGB in bezug auf das Armuts- und Zölibatsgelübde darstellen.

711 Kraus, Staatskirchenrecht, S. 109.

sen[712]. Demzufolge haben in casu die Religionsgemeinschaften keine weitergehenden Grundrechtsbindungen zu gewärtigen als die übrigen Rechtssubjekte das Privatrechts[713]. Denkbare grundrechtliche Pflichten scheinen sich hingegen bei einem von sozialrechtlichen Sachverhalten erfassten Zusammentreffen mit individuellen Schutzpositionen zu entfalten[714], deren Protektionsbedürfnis nicht durch die Begrenzung staatlicher Gewalt befriedigt wird.

b) Privatrechtliche Bindungsvarianten

Im zivilistischen Komplex kommt in besonderen Einzelbereichen[715] zwei religionsrechtlichen Normen, welche in der nachgeführten Bundesverfassung keine explizite Erwähnung finden, unter Berücksichtigung des realen Sachverhalts möglicherweise eine gewisse Horizontalwirkung[716] zu[717]. Konkret entfalteten

---

712 BGE 118 Ia 56 E. 4c. Siehe Fleiner/Giacometti, Bundesstaatsrecht, S. 317, FN 7 f.; Friederich, Kirchen und Glaubensgemeinschaften, S. 409; Häfelin, BV-Kom. Art. 49, Rz. 121; Felix Hafner, Kirchen, S. 313 f.; Karlen, Religionsfreiheit, S. 272, 279 ff.

713 Felix Hafner, Kirchen, S. 314. „Grundsätzlich ist es somit Sache der privatrechtlichen Religionsgemeinschaften selbst, die Grundrechte in ihrem internen Bereich zu gewährleisten. Dementsprechend darf es nicht Aufgabe des Staates sein, privatrechtliche Religionsgemeinschaften an die Grundrechte zu binden.“ (Ders., op.cit., S. 312).

714 Gesellschaftliche Kräfte und Gruppen eignen sich mitunter Machtstellungen an, welche derjenigen des Staates nahe kommen und infolgedessen Fundamentalrechte Dritter ungerechtfertigt beeinflussen bzw. verletzen können. Dagegen nimmt die Dritt- bzw. Horizontalwirkung der Grundrechte eine Kautelarposition ein. Vgl. Felix Hafner, Kirchen, S. 63, 72.

715 Huber, Konkretisierung, S. 209, bemerkt in einem obiter dictum, dass „die Dritt- oder Horizontalwirkung der Grundrechte, bisweilen auch Privatrechtswirkung geheissen, nicht den Gegenstand einer allgemeinen Vorentscheidung bilden kann, sondern nur von Grundrecht zu Grundrecht in Ansehung des konkreten Rechtsfalles beurteilt werden soll“.

716 Die Drittwirkung leitet sich bezüglich des Adressatenkreises aus dem konstitutiv-institutionellen Grundrechtsverständnis ab. Dieser bedarf einer differenzierenden Ermittlung, da „jedem Grundrecht eine spezifische 'Drittwirkungseignung' zukommt“ (Felix Hafner, Kirchen, S. 64). Letztlich stellt sich dabei die Frage, wie weit eine Integration des Privaten ins Öffentliche gehen darf. Siehe Felix Hafner, Beteiligung, S. 111 f.; Ders., Kirchen, S. 64 f. Vgl. auch Häfelin/Haller, Rz. 1095, 1105 ff.; Art. 35 rev. BV bzw. Botschaft BV, BBl 1997 I 192 f. – In allgemeiner Weise äussert sich BGE 111 II 253 ff. zur Dritt- und Horizontalwirkung: „Drittwirkung bedeutet ... nicht ausnahmslose, gleichmässige Anwendung der Grundrechte im Privatrecht. Weder sind alle Grundrechte gleichermassen geeignet, die Regelungen der Privaten unter sich zu gestalten, noch bedürfen alle privatrechtlichen Verhältnisse gleichermassen die Ausrichtung auf die Grundrechte; bei letzteren ist insbesondere

Art. 49 Abs. 2 4. Lemma aBV[718], dessen Verbot kirchlicher Sanktionen in der nachgeführten Bundesverfassung implizit aus Art. 15 Abs. 1 rev. BV folgt, und Art. 49 Abs. 3 aBV[719],[720] hierbei potentielle Drittwirksamkeit[721]. Unter Umstän-

---

nach der sozialen Machtintensität zu differenzieren." (loc.cit., S. 254). Die Feststellung der einzelfallgerechten „Drittwirkungseignung" einer freiheitsrechtlichen Garantie löst die bei einer Kollision von Grundrechtsträgern unterschiedlicher rechtsmachtmässiger Potenz entstehenden Differenzen, indem sie einem der Kontrahenten die Grundrechtsbindung zuweist. Siehe Felix Hafner, Kirchen, S. 73. – Eine auf den religionsfreiheitlichen Forderungen und Gewährleistungen in den Menschenrechtstexten des Völkerrechts basierende Drittwirkung zugunsten individueller Positionen ist ebenfalls abzulehnen. Siehe Kaufmann, S. 42.

717 „Gegenüber Privaten entfaltet dieses Grundrecht (sc. Religionsfreiheit) keine unmittelbare Wirkung; eine sogenannte Drittwirkung besteht nur indirekt in dem Sinne, dass bei der Auslegung von offenen Klauseln im Privat- und Strafrecht gegebenenfalls auch der Gehalt dieses Grundrechts mitzuberücksichtigen ist" (BGE 118 Ia 56 E. 4c).

718 Die Tragweite des staatlichen Verbots kirchlicher Sanktionen ist restriktiv zu fassen, damit dieses nicht zu einer Vereitelung der Kultusfreiheit führt. Die Norm beschlägt somit nur Sanktionen, welche ihrer Art nach faktisch (d.h. falls sie saekularrechtlich als solche anerkannt werden) staatlichen Strafen tatsächlich entsprechen. „Daraus ergibt sich zugleich, dass es dem Staat selbst untersagt ist, kirchliche Sanktionen, die keiner staatlichen Strafe gleichkommen, gleichsam in eine staatliche umzufunktionieren und diese mit seinem Zwangsapparat zu vollstrecken." (Felix Hafner, Kirchen, S. 322). Hierzu Bruhin, Konzile, S. 63 f.; Carlen, Kirche und Staat, S. 1105; Urs Josef Cavelti, Religionsgemeinschaften, S. 83 ff.; Fleiner/Giacometti, Bundesstaatsrecht, S. 326; Häfelin, BV-Kom. Art. 49, Rz. 66; Felix Hafner, Kirchen, S. 321 f. Durch den Verzicht auf das 'Bracchium saeculare' entsagt die Kirche staatlicher Vollstreckungshilfe für ihr kanonisches Strafrecht. Damit bedarf das Gemeinwesen, was die röm.-kath. Kirche betrifft, keiner Verfassungskautele gegen eine ingerenzrechtliche Beanspruchung des weltlichen Arms mehr. Mithin paralysiert das kanonische Recht indirekt die funktionale Wirksamkeit von Art. 49 Abs. 2 4. Lemma aBV und macht diese Bestimmung diesbezüglich staatsrechtlich obsolet, weswegen die nachgeführte BV das Verbot kirchlicher Strafen zu Recht nicht mehr erwähnt. Sollte die röm.-kath. Kirche den weltlichen Rechtsboden verfahrens- und vollstreckungsrechtlicherweise betreten müssen, verlagert sich die Problematik darauf, „inwieweit der Staat bei seiner eigenrechtlichen Kognition der kirchlichen Inanspruchnahme das im kirchlichen Eigenrecht zum Ausdruck kommende kirchliche Selbstverständnis übernehmen muss oder darf" (Göbel, S. 129, FN 127). – Berechtigte Kritik gegenüber der Annahme direkter Drittwirksamkeit von Art. 49 Abs. 2 aBV äussert Häfelin, BV-Kom. Art. 49, Rz. 121.

719 Felix Hafner, Kirchen, S. 314 f., 322 f.; Mascello, S. 75. Vgl. auch Jörg Paul Müller, Bedeutung der Grundrechte, S. 39.

720 Art. 49 Abs. 3 aBV wird in der nachgeführten BV nicht mehr erwähnt, da er gemäss Botschaft BV, BBl 1997 I 157, bereits in Art. 303 ZGB enthalten ist.

721 Im Hinblick auf die antiklerikale Tendenz in Art. 49 Abs. 2 4. Lemma aBV und unter Befürwortung von entsprechendem straf- (das Strafrecht geht aus staatlicher

den könnte diesfalls eine grundrechtliche Verfassungsvorschrift unmittelbar auf die privatrechtlichen Beziehungen[722] zwischen zwei oder mehreren Rechtssubjekten verpflichtend angewandt werden[723],[724]. In diesem Sinne wäre vorliegend die Drittwirkung als ein die intersubjektive Autonomieebene partiell publizistisch fixierender und normativ limitierender objektivrechtlicher Reflex des abwehrrechtlichen Individualgehalts der Religionsfreiheit zu qualifizieren. Gerade im Hinblick auf die in Art. 35 Abs. 3 rev. BV statuierte Pflicht der Behörden[725] zur Wirksammachung der Grundrechte – soweit diese sich dazu eignen – auch unter

---

Sicht schon zufolge unechter Normenkonkurrenz kirchlichen Disziplinarmitteln vor, so dass die Vorschrift de constitutione ferenda wie Felix Hafner, Kirchen, S. 322, in Übereinstimmung mit Art. 15 rev. BV ausführt, bedenkenlos gestrichen werden kann) und polizeirechtlichem Vorgehen, sowie der Verneinung einer Sonderstellung der Eltern in Art. 49 Abs. 3 aBV verwirft Karlen, Religionsfreiheit, S. 272 ff., die Eignung dieser (in der nachgeführten BV nicht mehr erwähnten) Artikel zur direkten Drittwirkung. Gl.M. in bezug auf das Verbot kirchlicher Strafen Kraus, Staatskirchenrecht, S. 89, FN 76.

722 Im Rahmen von Art. 6 ZGB dürfen hierbei „die Kantone grundsätzlich *keine direkte Drittwirkung* der (kantonalen und eidgenössischen) *Grundrechte* vorsehen, weil damit ebenfalls in unzulässiger Weise ins Bundeszivilrecht eingegriffen bzw. zugleich eine privatrechtliche Regelung für die betroffenen Rechtsverhältnisse geschaffen würde ... Eine direkte Drittwirkung ... lehnt die herrschende Lehre und Rechtsprechung überdies – von den in der Verfassung ausdrücklich geregelten Fällen abgesehen – aus prinzipiellen Gründen ab ...“ (Arnold Marti, ZK I/1, Art. 6, Rz. 141).

723 Die direkte Drittwirkung muss expressis verbis in der Verfassungsnorm zum Ausdruck kommen (bzw. die Drittwirkung als Rechtssatz auf kompetenter Gesetzesstufe liquid verdichtet und justitiabel sein), damit das entsprechende Grundrecht im zivilrechtlichen Verfahren drittwirksam durchgesetzt werden kann. Vgl. Erläuterungen zum Verfassungsentwurf VE 95, S. 64.; Felix Hafner, Kirchen, S. 66; Hangartner, Grundzüge II, S. 52.

724 Aus prinzipiellen Gründen lehnt Karlen, Religionsfreiheit, S. 272, die unmittelbare Geltung der Grundrechte im Privatrechtsverkehr ab: „Diese Auffassung hätte zur Folge, dass der Richter in jedem Einzelfall von neuem die Grundrechtsposition der an einem Rechtsverhältnis beteiligten Privaten gegeneinander abwägen müsste. Das so entwickelte Richterrecht würde unweigerlich in Konkurrenz zur privatrechtlichen Gesetzgebung treten und diese teilweise überlagern [...] Eine direkte richterliche Bewertung der sich gegenüberstehenden Grundrechtspositionen von Privaten müsste sodann zu grosser Rechtsunsicherheit führen, und vor allem würde verkannt, dass die Privatrechtsgesetzgebung auch der Verwirklichung der grundrechtlichen Freiheit dient: Diese letztere besteht ‘dem Grundsatz nach gerade darin, nicht selbst an die Grundrechte gebunden zu sein’. Private sind deshalb nicht als direkte Adressaten der Grundrechte zu betrachten. *Die Geltung der Religionsfreiheit unter Privaten beschränkt sich auf die ... indirekte Drittwirkung.*“

725 Gemäss Botschaft BV, BBl 1997 I 193, betrifft diese Pflicht sowohl die rechtsprechenden als auch die rechtssetzenden Organe.

Privaten, bewirkt die Streichung von Art. 49 Abs. 2 aBV aus der totalrevidierten Bundesverfassung einen actus contrarius zuungunsten der direkten Drittwirkung des Verbots kirchlicher Strafen.

Ohne Support vermittels einer expliziten Konstitutionsnorm darf sich ein Einzelner lediglich auf jene Gesetze berufen, welche die Grundrechte ins Werk setzen[726]. Ansonsten bindet die Drittwirkung Religionsgemeinschaften im Privatrecht einerseits indirekt, indem man bei der Lückenfüllung und bei der Interpretation unbestimmter Rechtsbegriffe[727] die Freiheitsrechte zwecks grundrechtskonformer Auslegung zu Rate zieht[728]. Auf der anderen Seite sind die religiösen Denominationen mittelbar aus der staatlichen Pflicht zur Aufrechterhaltung des religiösen Friedens[729] untereinander zur gegenseitigen Toleranz angehalten[730]. Auch verpflichtet die Teilnahme am zivilistischen Rechtsverkehr die im Privatrecht angesiedelten Religionsgemeinschaften, falls ihnen die Berufung auf ein Schutzobjekt der Religionsfreiheit sachlich nicht gegeben ist, indirekt[731] wie die übrigen allda agierenden Subjekte[732].

---

726 Zur Frage der Anwendbarkeit des Gleichstellungsgesetzes auf die Dienstverhältnisse in der röm.-kath. Kirche vgl. Hafner/Buser, S. 1207 ff.; sowie hinten, S. 259 f., FN 761.

727 Als 'unbestimmte Rechtsbegriffe' gelten u.a. Generalklauseln, unbestimmte bzw. stark konkretisierungsbedürftige Gesetzesbegriffe im Privat- und Strafrecht sowie Verweise auf das richterliche Ermessen (z.B. Art. 4 ZGB). Vgl. Haller/Kölz, S. 232.

728 Häfelin/Haller, Rz. 1115. – Karlen, Religionsfreiheit, S. 271, weist der indirekten Drittwirkung diesbezüglich eine „flankierende Funktion" zu. Den Gesetzgeber nimmt der objektivrechtliche Grundrechtsgehalt dahingehend in die Pflicht, als er seine normativen Prämissen für die Rechtsbeziehungen unter Privaten dem konstitutiv-institutionellen Teilgehalt entsprechend auszugestalten hat. Vgl. vorne, S. 102 ff.

729 Vgl. Art. 50 Abs. 2 aBV bzw. Art. 72 Abs. 2 rev. BV; sowie BGE 97 I 230.

730 Felix Hafner, Kirchen, S. 67, 315.

731 Es „ergeben sich für die privatrechtlichen Religionsgemeinschaften zumindest mittelbare Grundrechtsbindungen aus den für alle am Rechtsverkehr beteiligten Personen geltenden Gesetzesbestimmungen" (Felix Hafner, Kirchen, S. 315).

732 Verpflichtungen kommen beispielsweise hinsichtlich sozial- und gleichstellungsrechtlicher Bindungen der Religionsgemeinschaften als Arbeitgeber im Arbeitsvertragsrecht (cf. auch c. 1286 CIC 1983) oder im ausservertraglichen Bereich gegenüber der Protektion der Religionsausübung mit den Mitteln des Polizei- und Strafrechts sowie des Persönlichkeitsschutzrechts zustande. Hierzu ausführlich Felix Hafner, Kirchen, S. 315 f.; Karlen, Religionsfreiheit, S. 277 ff., 442 f. Vgl. auch Hangartner, Grundzüge II, S. 52. – Die Partizipation am Privatrechtsverkehr vermag keinesfalls eine Bindung hinsichtlich der Zuerkennung der Religionsfreiheit innerhalb des konfessionellen Verbandes auszulösen. Diese ginge auf Kosten der Religionsfreiheit der röm.-kath. Kirche. Vgl. Karlen, Religionsfreiheit, S. 285. Auch schüfe insbesondere die über das Mass privatrechtlichen Ius cogens hinausgehende Verpflichtung zur Gewährleistung von Teilhaberechten – neben einer gravierenden

B) *Besondere Bindungskonstellationen spezifisch religionsverfassungsrechtlicher Natur*[733]

Die institutionelle Einordnung der Religionsfreiheit in den Verfassungskatalog der Grundrechte bewirkt dort Bindungsimplikationen, wo den Religionsgemeinschaften trotz korporativer Grundrechtsträgerschaft gegenüber konstitutionellen Vorschriften eine Berufung auf ihr Grundrecht nicht gegeben ist[734]. Daraus kann eine „mittelbare verfassungsrechtliche Grundrechtsbindung der Kirchen" resultieren[735].

Im Verhältnis zu ihren Mitgliedern gerät das jederzeitige Austrittsrecht zum indirekt grundrechtsbindenden Faktor[736]. Der Kirchenaustritt erfolgt hinsichtlich der römisch-katholischen Kirche nur mit Wirkung für die entsprechenden staatskirchenrechtlichen Körperschaften, da der konfessionelle Verband einen eigentlichen Austritt weder theologisch noch rechtlich kennt. Die Bindungen kraft Kir-

---

Verletzung des kirchlichen Selbstbestimmungsrechts – zusätzlich diskriminatorische Inkommensurabilitäten mit dem röm.-kath. Selbstverständnis als 'Societas perfecta', welches auch gegen die in der schweizerischen Rechtsordnung verbotene staatskirchliche Vereinnahmung streitet.

733 Vgl. Felix Hafner, Kirchen, S. 317: „Das Verhältnis von individuellen und kollektiven Grundrechtsinteressen ist weder faktisch noch normativ ein für allemal geklärt, sondern muss auf dem Wege der konkreten 'Grundrechtsverteilung' immer wieder neu definiert und festgelegt werden." Dies geht folglich nicht durch „aprioristische Konstruktionen" vonstatten, sondern vermöge „eines angemessenen Ausgleichs der auf dem Spiel stehenden Grundrechtsinteressen im Rahmen regulativer Grundrechtskonkretisierung".

734 In dem Masse, als Grundrechtsschranken das religionsfreiheitliche Schutzobjekt umfangmässig reduzieren, können die Kirchen dem externen Zwang grundrechtlicher Bindung ausgesetzt sein.

735 Felix Hafner, Kirchen, S. 319. – Die nachstehend angeführten religionsrechtlichen Obstruktionen zulasten der integralen Religionsfreiheit der Kirchen gelten bei entsprechender Einschlägigkeit sowohl für die privatrechtlich situierten Religionsgemeinschaften als auch mutatis mutandis für die vom öffentlichen Recht erfassten Konfessionen bzw. für die diesbezüglichen Instrumente staatskirchenrechtlicher Verbeiständung.

736 Der religiös-weltanschaulich neutrale Staat darf den Kirchen bzw. den bezüglichen staatskirchenrechtlichen Körperschaften keine Zwangsmittel zwecks Bindung ausgetretener Kirchenglieder an die betroffene Religionsgemeinschaft zur Verfügung stellen. „In dieser Hinsicht ist der Staat verpflichtet, seine Rechtsordnung so auszugestalten, dass in den Kirchen (sc. hinsichtlich der röm.-kath. Kirche weisen lediglich die entsprechenden staatskirchenrechtlichen Verbeiständungsinstrumente eine diesbezügliche Adressatenstellung auf) nicht dort grundrechtsfreie Zonen entstehen, wo er sämtliche Teilnehmer am allgemeinen Rechtsverkehr an die Grundrechte binden müsste." (Felix Hafner, Kirchen, S. 307). Hier kommt der objektivrechtliche Grundrechtsgehalt staatsverpflichtend zum Tragen.

chenrechts bleiben bestehen[737]. Als das Gemeinwesen die Unauflöslichkeit dieses gliedschaftlichen Bandes religionsrechtlich mit Art. 49 Abs. 2 aBV bzw. Art. 15 Abs. 4 rev. BV nicht sanktioniert[738] sondern „negativ ein Verbot der Zwangsmitgliedschaft“[739] erlässt[740], zementiert es die Aporie zwischen staatskirchenrechtlicher Ordnung und kanonischem Recht, indem die körperschaftlichen Verbände des Staatskirchenrechts staatsrechtlich exklusiv an das Bundesverfassungsrecht gebunden werden[741]. Auf EMRK-Stufe vermag die Unmöglichkeit eines Aus-

---

737 Hollerbach, Kirchensteuer, S. 896.

738 Die Gliedschaft in der röm.-kath. Kirche kann auf dem saekularen Rechtsweg weder vom konfessionellen Verband noch vom individuellen Rechtssubjekt durchgesetzt werden. Vgl. Botschaft BV, BBl 1997 I 156, welche den diesbezüglich unpräzisen Art. 15 Abs. 3 rev. BV konkretisiert.

739 Fuchs, Zugehörigkeit, S. 177. – Die Unauflöslichkeit des gliedschaftlichen Bandes der Kirchenzugehörigkeit entzieht sich kraft göttlichen Rechts einem grundfreiheitlich motivierten Beseitigungsanspruch (cf. cc. 96, 845 § 1, 849 CIC 1983). Hingegen verbietet die röm.-kath. Kirche zum Schutz der freiheitsrechtlich sensitiven Ebene der persönlichen Glaubensannahme die Ausübung jeglichen Zwangs auf den Gewissensentscheid. Cf. c. 748 § 2 CIC 1983: „Homines ad amplectendam fidem catholicam contra ipsorum conscientiam per coactionem adducere nemini umquam fas est.“ Mit diesem Kanon, einer Frucht der konziliaren Erklärung über die Religionsfreiheit, prononciert die röm.-kath. Kirche die Würde der menschlichen Person als Ansatzpunkt der Gestaltung ihres Verhältnisses zum grundrechtsverpflichteten Gemeinwesen. Vgl. Grichting, Kirche oder Kirchenwesen, S. 160.

740 Die Möglichkeit eines jederzeitigen Austritts ebnet den Weg zur Aufnahme einer Mitgliedschaftspräsumption in die staatskirchenrechtlichen Ordnungen der Kantone. Mithin interpretieren Fuchs, Zugehörigkeit, S. 177; und Felix Hafner, Kirchen, S. 319 ff., Art. 49 Abs. 2 aBV (nachgeführt durch Art. 15 Abs. 4 rev. BV) dergestalt, dass diese Bestimmung die Voraussetzung für die Existenz von Volkskirchen impliziere. A.M. Hangartner, Zwangsmitgliedschaft, S. 241, FN 49, welcher eine Mitgliedschaftspräsumption als Zwangsmitgliedschaft beurteilt. Differenzierend Karlen, Religionsfreiheit, S. 334 f.: „Auch wenn man die Mitgliedschaftspräsumtion unter Austrittsvorbehalt nicht unbedingt als unzulässige Zwangsvereinnahmung bezeichnen möchte, so muss man sich doch fragen, ob sie sich mit dem Grundsatz der religiösen Neutralität des Staates vereinbaren lasse.“ Vgl. Kraus, Staatskirchenrecht, S. 378, FN 59.

741 Die Eintrittsfreiheit hingegen hat hinter der korporativen Religionsfreiheit zurückzutreten. Es besteht kein religionsfreiheitlicher Anspruch auf Zugehörigkeit zu einem konfessionellen Verband. Vgl. Friederich, Kirchen und Glaubensgemeinschaften, S. 390 ff.; sowie Botschaft BV, BBl 1997 I 156. In diesem Sinne auch Isele, Revision, S. 572. – Den Kantonen ist es im Rahmen ihrer kompetenzgemässen Kirchenhoheit nicht anheimgestellt, in casu gegenüber den im publizistischen Rechtskreis angesiedelten bzw. verbeiständeten Konfessionen Mitgliedschaftsbedingungen aufzustellen, geschweige denn einen eigenen Bekenntnisakt zu fordern. Eine diesbezüglich mögliche Verletzung der religiös-weltanschaulichen Neutralitätspflicht wäre nur zu vermeiden, wenn das Gemeinwesen durch die zuständige staatskirchenrecht-

tritts[742] aus der gliedschaftsrechtlichen Ordnung der römisch-katholischen Kirche die Menschenrechtskonvention nicht zu verletzen, denn die Fundamentalisierung einer einzelnen Norm innerhalb eines integralen Grundrechts durchbräche das Prinzip der Gleichrangigkeit der Elemente des Menschenrechtskataloges. Die Beschneidung des kirchlichen Selbstbestimmungsrechts zugunsten staatlich-individueller Religionsfreiheit verharrt in einem liberalistisch ideologisierten Menschenrechtsabsolutismus, welcher selber menschenrechtsverletzend wirkt[743].

---

liche Körperschaft unter Berücksichtigung des kirchlichen Selbstbestimmungsrechts die entsprechenden kodikarischen Bestimmungen rezipierte bzw. vorbehielte. Vgl. die kontroversielle Lit. zu BGE 55 I 113 ff., zit. in: Häfelin, BV-Kom. Art. 49, Rz. 31; Karlen, Religionsfreiheit, S. 333, FN 28; sowie Kraus, Staatskirchenrecht, S. 379, FN 60. Insbesondere verstösst das Junktim eines Anti- bzw. Negativbekenntnisses mit dem Austritt gegen die Glaubens- und Gewissensfreiheit und damit objektivrechtlich gegen die religiös-weltanschauliche Neutralitätspflicht des Staates. Hierzu Kraus, Staatskirchenrecht, S. 94. Hinsichtlich der formalen Erfordernisse für die Austrittserklärung aus einer staatskirchenrechtlichen Körperschaft erkennt das BGer. den zuständigen Instanzen ein gewissen Ermessensspielraum zu, an dieselbe erhöhte Anforderungen zu stellen. Hierzu BGE vom 18. März 1983, wiedergegeben in: ZBl 85 (1984), S. 131 ff.; bestätigt durch Entscheid der Europäischen Menschenrechtskommission vom 4. Dezember 1984 über die Beschwerde Nr. 10616/83 (J. und B. Gottesmann v. Schweiz), DR 40, 284 ff., zusammengefasst in: VPB 49 (1985) Nr. 79, S. 460 f.; sowie BGE 104 Ia 84 f. E. 3a. Vgl. Friederich, Kirchen und Glaubensgemeinschaften, S. 407; Häfliger, Meschenrechtskonvention, S. 223 f.; Kraus, Staatskirchenrecht, S. 94 f. Siehe auch hinten, S. 426 ff. – Kommt das kirchliche Selbstbestimmungsrecht richtigerweise beim Eintritt zum Tragen, darf dieses der Staat freiheitsrechtlicherweise beim Austritt nicht negieren. Das Gemeinwesen sollte sich hier einer differenzierenden Haltung nicht dadurch entziehen, dass es einen 'modifizierten Kirchenaustritt' a priori ablehnt.

742 Die kirchliche Gliedschaft ist zufolge des 'Character indelebilis' der Taufe unauflösbar (cc. 96; 849 CIC 1983). „Bei einem förmlichen Kirchenaustritt bleibt der Austretende kirchenrechtlich Glied der Kirche. Seine Rechtsstellung ist freilich modifiziert in Rechten und Pflichten." (Isele, Gliedschaft, S. 51).

743 Art. 9 Abs. 1 EMRK garantiert explizit des Recht auf Religionswechsel. Dieser deckt sich inhaltlich nicht mit dem Kirchenaustritt. Der Religionswechsel kann durch Apostasie, Häresie und Schisma motiviert sein. Er stellt das in einem äusseren Akt sichtbar gewordene schuldhafte Überzeugungsmoment dar, woran die Kirche bei einem Vergehen gegen Glauben und Einheit die Tatstrafe der Exkommunikation knüpft. Allein der Kirchenaustritt ist ohne qualifiziertes Willenselement nicht unter den Straftatbestand gemäss c. 1364 § 1 CIC 1983 zu subsumieren. Die mit einem Religionswechsel in foro interno subjektiv in Kauf genommene Exklusive aus der 'Communio ecclesiae' kann nicht gegen das kirchliche Selbstbestimmungsrecht ausgespielt werden, ohne dass letzteres konsequenterweise ad absurdum geführt würde. In foro civile steht katholischerseits unter Abwendung binnenkirchlicher Bindung einem konventionsgarantierten Schutz des Religionswechsels insofern nichts entge-

Des weiteren sind die Kirchen in der Respektierung der staatlichen Religionsmündigkeit mittelbar grundrechtsgebunden[744]. Schliesslich lassen sich in den religionsrechtlichen Saekularisationsvorschriften, welche in der totalrevidierten Bundesverfassung nicht explizit nachgeführt werden, implizite Behaftungen ausmachen: Zum einen werden die Kirchen angehalten, bei einem Begräbnis die Glocken zu läuten[745]. Zum anderen ist den staatskirchenrechtlichen Körperschaften die Berufung auf die kirchliche Gerichtsbarkeit bei Angelegenheiten, welche als Res mixtae sowohl kanonisches Recht wie auch staatliches Ius cogens tangieren, bundesrechtlich verwehrt[746]. Damit steht das Verbot der Einschrän-

---

gen, als dadurch keinesfalls die korporative von der individuellen Rechtsträgerschaft beiseite geschoben werden darf. Vgl. Kimminich, Religionsfreiheit, S. 154.

744 Bezüglich der Verfügungsmacht über die individuelle Religionsfreiheit (als Beispiel erwähnt Felix Hafner, Kirchen, S. 322 f., den Kirchenaustritt der zivilrechtlich unmündigen Kinder gegen den Willen der Eltern) haben die Religionsgemeinschaften der Alterslimite in Art. 303 Abs. 3 ZGB (erfülltes 16. Altersjahr) auf der saekularen Rechtsebene Nachachtung zu schenken.

745 Zu einer 'schicklichen' Beerdigung gehört, wo dies ortsüblich ist, – und zwar unabhängig von der entsprechenden Konfessionszugehörigkeit – das Läuten der Kirchenglocken. Siehe Dicke, BV-Kom. Art. 53, Rz. 10. Diese „etwas anachronistische anmutende Pflicht der Kirchen stellt gleichsam einen grundrechtlichen Leistungsanspruch dar und dient wie das Recht auf ein schickliches Begräbnis insgesamt dazu, eine 'Zurücksetzung' Andersgläubiger bei ihrer Beerdigung zu 'verhindern', um dadurch letztlich eine rechtsgleiche Behandlung aller bei der Bestattung sicherzustellen. In der Tat kommt den Kirchenglocken Monopolcharakter zu, weshalb es gerechtfertigt erscheint, die Kirchen in Bestattungsfällen auf den nichtdiskriminierenden Gebrauch des Glockengeläutes zu verpflichten." (Felix Hafner, Kirchen, S. 328). A.M. Karlen, Religionsfreiheit, S. 381. – Der Schicklichkeitsbegriff enthält aber weder eine staatliche Vorschrift betreffend der religiösen Seite des Begräbnisses noch die Verpflichtung auf eine bestimmte (schickliche!) Bestattungsart. Vgl. Dicke, BV-Kom. Art 53, Rz. 11 ff.; Fleiner/Giacometti, Bundesstaatsrecht, S. 350 f.; Felix Hafner, Kirchen, S. 327 f.; Karlen, Religionsfreiheit, S. 381; Hans Marti, SJK Nr. 1074, S. 2.

746 In Art. 58 Abs. 2 aBV wurde die geistliche Gerichtsbarkeit abgeschafft, d.h. der saekulare Staat negiert bei Fehlens eines entsprechend anerkannten Rezeptionstitels die Relevanz kirchlicher Rechtspflege für seine Rechtsordnung. Namentlich können sich Kleriker gegenüber dem weltlichen Richter nicht auf das 'Privilegium fori' berufen. Sie haben ein rechtsstaatlich ergangenes Urteil zu akzeptieren. Vgl. Felix Hafner, Kirchen, S. 328 f. – Für den „*innerkirchlichen* Gewissensbereich der kath. Staatsbürger" besteht jedoch die Möglichkeit der freiwilligen Befolgung eines nach kirchenrechtlichen Normen und im kanonischen Verfahren erlassenen Entscheides, ohne dass dadurch die saekulare Rechtsordnung verletzt werden könnte. Siehe Lampert, Kirche und Staat II, S. 230 ff. Cf. c. 1401 CIC 1983. – Die röm.-kath. Kirche verzichtet in rechtstechnisch wirksamem Nachvollzug von GS Art. 76 Abs. 5 mittels qualifiziertem Schweigen im CIC 1983 auf das 'Privilegium fori'. Hierzu Göbel, S. 120 ff.

kung des Rechts zur Ehe aus kirchlichen Gründen in Verbindung[747]. Endlich müssen mittelbare Grundrechtsbindungen der Religionsgemeinschaften hinsichtlich der Ausübung bürgerlicher oder politischer Rechte und der Erfüllung bürgerlicher Pflichten verneint werden, da ausschliesslich der Staat Adressat der nicht ausdrücklich nachgeführten Art. 49 Abs. 4[748] und 5 aBV war[749]. Das gleiche gilt für den aus der totalrevidierten Bundesverfassung entfernten Art. 50 Ab. 3 aBV, welcher die Kompetenz zur kulturkämpferischen Aufspaltung des Kirchenvermögens dem richterlichen Entscheid der „zuständigen Bundesbehörden" anheimstellte[750]. Ebenfalls bindet die Pflicht zur konfessionellen Neutralität öffentlicher Schulen lediglich das Gemeinwesen grundrechtlich[751].

---

747 Die Abolition der geistlichen Gerichtsbarkeit in Art. 58 Abs. 2 aBV wirkte verfahrensrechtlich komplementär zu Art. 54 Abs. 2 aBV, welcher Art. 49 Abs. 4 aBV konkretisierte. Gesetzlicher Ausdruck des bundesverfassungsrechtlichen Einschränkungsinterdikts der Ehefreiheit aus religiösen Gründen ist das Voraustrauungsverbot gemäss Art. 118 Abs. 2 ZGB. – Das kanonische Eherecht misst bezogen auf das saekulare Recht der zivilen Voraustrauung den Rang einer Erklärung zu, welche nur für die saekularen Wirkungen der Ehe Bedeutung erlangt (cf. cc. 1059, 1692 §§ 2, 3 CIC 1983). Sie vermag kirchenrechtlich nicht den Abschluss einer gültigen Ehe zu begründen. Siehe Listl, Aufgabe, S. 473. Vgl. Mikat, Verhältnis von Kirche und Staat, S.150 f.

748 „Weil sich BV 49 Abs. 4 an den Staat richtet, gilt diese Vorschrift nicht für den innerkirchlichen Bereich, so dass die Kirchen – ob öffentlichrechtlich anerkannt oder nicht – religiöse Pflichten aufzustellen befugt sind, ohne damit gegen die Bundesverfassung zu verstossen." (Felix Hafner, Kirchen, S. 323).

749 Vgl. Felix Hafner, Kirchen, S. 323 f.

750 Die Beurteilung von Rekursen aufgrund Art. 49 und 50 aBV bzw. Art. 15 rev. BV sind dem BGer. seit der Neuordnung der Organisation der Bundesrechtspflege im Jahre 1893 (AS 13 455 ff.) insgesamt übertragen. Daran ändert die nachgeführte BV nichts. Vgl. Kraus, Staatskirchenrecht, S. 38.

751 Für Felix Hafner, Kirchen, S. 330, verdient im vorliegenden Zusammenhang auch die grundrechtliche Subordination von „staatlichen Schulen und Universitäten mit konfessioneller Bezeichnung oder Ausrichtung" Erwähnung. Daraus jedoch eine mittelbare Grundrechtsbindung der Religionsgemeinschaften ableiten zu wollen, wäre sinnverkehrend, denn wenn das Gemeinwesen eine konfessionelle Prägung billigt, tut es dies sicher nicht, um gleichzeitig innerhalb dieser Lehranstalt die Religionsfreiheit sicherzustellen. Hingegen ist der Verpflichtung zur Aufnahme von Nichtangehörigen der entsprechenden Konfession, welche aus der öffentlichen Stellung der betroffenen Schulen herrührt, zuzustimmen, was aber die konfessionell zwangfreie religiöse Färbung nicht zu bleichen braucht. Entscheidend sind in diesem Zusammenhang nur die Zulassungskriterien, der Wertevermittlungszweck muss keine grundrechtliche Einschränkung erfahren. Vgl. diesbezüglich beispielsweise zur inzwischen abolierten Examenspflicht im Kirchen- und Staatskirchenrecht an der Universität Freiburg i.Ue. Carlen, Kirche und Staat in der Schweiz, S. 347; Ders., Rechtsprechung, S. 194; sowie VPB 47 (1983) Nr. 32, S. 156 ff. – Allgemein zur Religionsfreiheit im Schulwesen aus staatlicher Sicht siehe Borghi, BV-Kom. Art.

Keine indirekt drittwirksame Bindewirkung vermag Art. 15 Abs. 3 rev. BV zu provozieren. Die religiös-weltanschauliche Neutralitätspflicht des Gemeinwesens verbietet es nicht zuletzt aus völkerrechtlichen Gründen[752] dem saekularen Staat, in die aus der eigenrechtsmächtigen Verfasstheit fliessende Gliedschaftsordnung der römisch-katholischen Kirche einzugreifen. Infolgedessen kann dem positiv formulierten Art. 15 Abs. 3 rev. BV lediglich die Bedeutung einer abwehrrechtlichen Facette von Art. 15 Abs. 4 rev. BV zukommen, welche ausschliesslich gegenüber dem Gemeinwesen Wirkung entfaltet[753].

C) Grundrechtsbindung der öffentlichrechtlich erfassten bzw. verbeiständeten römisch-katholischen Kirche im Verhältnis zu den betreffenden staatskirchenrechtlichen Körperschaften

a) Bindungsrelevante Bereichscheidungsmechanik

Die Grundrechtsbindung von Kirchen, welche im publizistischen Rechtskreis situiert und/oder verbeiständet sind, wird vom grundfreiheitlich gewährleisteten Recht auf kirchliche Selbstbestimmung limitiert[754]. Im Rahmen ihrer publizi-

---

27, Rz. 64 ff.; Karlen, Religionsfreiheit, S. 385 ff. und dort zit. Lit.; Plotke, S. 154 ff. Vgl. Häfelin, BV-Kom. Art. 49, Rz. 60 ff.; Karlen, umstrittene Religionsfreiheit, S. 199 ff.; Wyss, Glaubens- und Religionsfreiheit, S. 405 ff.; Ders., Umgang, S. 179 f.; konkret hierzu BGE 114 Ia 133 f. E. 3a; 117 Ia 317 E. 4a; 119 Ia 192 f. E. 7e; 123 I 304 ff. E. 4; 125 I 356 ff. E. 4; sowie aus kirchlicher Sicht Carlen, Kirche und Staat in der Schweiz nach dem neuen Codex Iuris Canonici, S. 589 ff.; Göbel, S. 172 ff.

752 Siehe Conring, S. 358 ff.; Strasser, S. 18 ff. – Zur Völkerrechtssubjektivität der röm.-kath. Kirche bzw. des Hl. Stuhls siehe Köck, völkerrechtliche Stellung, S. 16 ff., 773 ff.; Oechslin, S. 51 ff.

753 Siehe Botschaft BV, BBl 1997 I 156. Wenn aus Art. 15 Abs. 3 rev. BV eine selbständiger Anspruch zulasten des konfessionellen Verbandes flösse, würde dadurch ein rechtssystematischer Widerspruch zur konstitutiv-institutionellen Konzeption der Religionsfreiheit konstruiert, welcher die subjektivrechtlich durchsetzbare religiös-weltanschauliche Neutralitätspflicht des Gemeinwesens (BGE 125 I 354 E. 3a mit Hinweisen) ad absurdum führte und den von der völkerrechtlichen Ebene ausgehenden Schutz der korporativen Religionsfreiheit ernsthaft in Zweifel zöge. – Die Kritik an der missverständlichen Formulierung von Art. 15 Abs. 3 rev. BV wird von Kraus, Staatskirchenrecht, S. 435, antizipiert: „Fraglich ist ..., gegen wen sich das Recht auf Beitritt und Unterricht richten soll."

754 „Die besondere Grundrechtsbindung der öffentlichrechtlich anerkannten Kirchen als Träger öffentlicher Gewalt hört..dort auf, wo sie als Grundrechtsträger selbst den entsprechenden Grundrechtsschutz beanspruchen können." (Felix Hafner, Kirchen, S. 335).

stisch nicht gebundenen Grundrechtsträgerschaft bleiben die öffentlichrechtlich erfassten bzw. staatskirchenrechtlich verbeiständeten Konfessionsverbände mit Ausnahme der vorstehend skizzierten Bindungskonstellationen in der Wahrnehmung der korporativen Religionsfreiheit frei. Die Ausstattung der Kirchen mit öffentlichrechtlicher Hoheitsgewalt als akzessorische Facette ihrer publizistischen Eingliederung zieht bei der Ausübung entsprechender Rechtsmacht die Grenze gegenüber der wirksamen Geltendmachung kirchlicher Selbstbestimmung[755].

Funktionell agieren die staatskirchenrechtlichen Körperschaften im Interesse der Kirchen, formell aber sind sie als Potenzen des öffentlichen Rechts 'sui generis' in ihren Handlungsformen alleine dem staatlichen Recht unterworfen[756]. Die staatlicherseits übertragene Hoheitsgewalt eignet in der Regel den vom Gemeinwesen seinem Staatskirchenrecht zur Verfügung gestellten Rechtsgefässen[757] und nicht dem konfessionellen Verband als solchem[758]. Infolgedessen wird die ausserhalb des staatlichen Rechtskreises Iure divino konstituierte römisch-katholische Kirche auch nicht von diesbezüglichen Grundrechtsbindungen der staatskirchenrechtlichen Verbeiständungsinstrumente betroffen. Es widerspräche

---

755 Hangartner, Grundzüge II, S. 44 f.

756 Karlen, Religionsfreiheit, S. 281. – Inwieweit die staatskirchenrechtlichen Körperschaften, wenn sie 'verwaltungsprivatrechtlichen' Boden beschreiten, durch die 'Besorgung öffentlicher Aufgaben in Privatrechtsform' grundrechtlich gebunden werden, kann hier offen bleiben, zumal es dem Gemeinwesen aufgrund seiner religös-weltanschaulichen Neutralität und im Hinblick auf die Dualität Kirche-Staat verwehrt ist, den staatskirchenrechtlichen Körperschaften ihre zweckdependenten Funktionen und Pflichten zu definieren. Vgl. Karlen, Religionsfreiheit, S. 268; Felix Hafner, Kirchen, S. 334.

757 Im Sinne des Rechtsschutzes sind hoheitliche Akte der staatskirchenrechtlichen Körperschaften denn auch mit den entsprechenden Rechtsmitteln bis ans BGer. weiterziehbar. Vgl. Felix Hafner, Kirchen, S. 331.

758 Betreffend des Kantons Schwyz hat dieser Befund für das Regime der rev. KV SZ Gültigkeit. – Auch unter der Herrschaft der aKV SZ verlieh das kantonale Recht den anhand § 2 Abs. 1 aKV SZ im öffentlichen Recht situierten rechtspersönlichen Ausprägungen der röm.-kath. Kirche keine selbständige Hoheitsgewalt. – Sollten kanonische Rechtsgefässe vom staatlichen Recht publizistisch rezipiert werden, kann die Grundrechtsbindung nicht im Verhältnis zum konfessionellen Verband als solchem sondern lediglich gegenüber den einzelnen saekular bezogenen Instituten Wirkung entfalten. Dies auch nur dann, wenn die rezipierten Rechtsgefässe selber hoheitlich agieren können, ohne dass eine saekularrechtlich kreierte Körperschaft des Staatskirchenrechts diesbezüglich in entsprechende Konkurrenz tritt. Die profanrechtliche Unantastbarkeit der souveränen Integrität des kirchlichen Normengefüges bleibt auch bei einer Rezeption kanonischer Rechtsfiguren durch das saekulare Staatsrecht zufolge der Pflicht des Gemeinwesens zur religiös-weltanschaulichen Neutralität und schliesslich auch in Anbetracht der Autonomie des staatlichen Rechtskreises gewahrt.

dem Sinn des dualistischen Systems Kirche-Staat, wenn die staatskirchenrechtlichen Körperschaften des öffentlichen Rechts transitive Grundrechtsansprüche gegenüber der souveränen[759] römisch-katholischen Kirche besässen[760]. Das Gemeinwesen gestattet die Ausübung hoheitlicher Befugnisse im Rahmen seines ordre public[761]. Dieser kann lediglich die staatskirchenrechtlichen Körperschaf-

---

759 Zur Souveränität der röm.-kath. Kirche vgl. Oechslin, S. 51 ff.

760 Eine wesentliche Folge der schweizerischen Reformation war das Zusammenfallen des Kirchenregiments mit der staatlichen Herrschaft sowie die Preisgabe der Episkopalstruktur. In der Tradition kantonaler Kirchenhoheit protestantischer Mehrheitsobservanz findet sich denn als Ausdruck eines funktionalen Kirchenbegriffs die Verpflichtung zur Bekenntnisoffenheit. „Hiernach sähe es der Staat als die Aufgabe der Kirche an, dass diese sich in umfassender Weise der Sorge um die Religion der Bürger annimmt. Nicht Bekenntnisbindung und Glaubensgemeinschaft sind dann für die Kirche konstituierend, sondern Offenheit, Liberalität, Entfaltungsfreiheit für eine Vielzahl religiöser Richtungen." (Kraus, Staatskirchenrecht, S. 110). Daraus folgert Hinder, S. 61: „Die Anwendung der staatsrechtlich gewährleisteten Freiheitsrechte im innerkirchlichen Bereich setzt letztlich volkskirchliche Verhältnisse ohne bekenntnismässige Bindung voraus." Das Szenario eines staatsdogmatisch beherrschten Kirchenverständnisses, welches in der Konsequenz auf einem profan-saekularen Fundament und nicht auf göttlicher Offenbarung beruht, zeichnet Felix Hafner, Beteiligung, S. 164. Solch einem liberalistisch ideologisierten Kirchenbild, welches die röm.-kath. Kirche als staatlich-volkskirchliche Funktionsträgerin disqualifiziert und entkonfessionalisiert, muss folglich durch den konfessionellen Verband mit aller ihm zu Gebote stehender Schärfe begegnet werden. – Gegenüber der röm.-kath. Kirche wäre ein derartiger Oktroi als Akt der „'Gleichschaltung' von Kirche und liberalem Staat" zu bewerten, welcher eindeutig gegen die religiös-weltanschauliche Neutralitätspflicht verstiesse. Siehe Felix Hafner, Kirchen, S. 335 f. – Vgl. auch Friederich, Kirchen und Glaubensgemeinschaften, S. 422 f.; Fuchs, Praxis, S. 155 ff.; Ders., Staatskirchenrecht, S. 271 ff.; Kraus, Staatskirchenrecht, S. 111; Noser, S. 94.

761 Beispielsweise stellt sich hier die Frage der Grundrechtsbetätigung von kirchlichem Personal. Die öffentlichrechtliche Erfassung bzw. Verbeiständung einer Religionsgemeinschaft kann staatlicherseits unter Umständen auch das Anstellungsverhältnis ihrer Mitarbeiter beherrschen. „Zwar können sich diese gegenüber dem Staat auf die Grundrechte berufen; fraglich erscheint indessen, ob und inwieweit ihnen dies gegenüber der öffentlichrechtlich anerkannten Kirche als deren Arbeitgeber möglich ist. Dabei ist davon auszugehen, dass ein öffentlichrechtliches Anstellungs- oder Beamtenverhältnis vorliegt, das den Charakter eines Sonderstatusverhältnisses besitzt und deswegen die Grundrechte des Amtsträgers auf Gesetzesebene einschränkt, soweit er zur Vornahme einer bestimmten Amtshandlung verpflichtet ist. Ein kirchlicher Amtsträger darf somit eine Amtshandlung nur dann verweigern, wenn sie selbst keine Amtspflicht darstellt oder wenn die Unterlassung einer Amtshandlung nach innerkirchlichem Recht Gegenstand der Amtspflicht ist." (Felix Hafner, Kirchen, S. 339 f.). Abgesehen von der Verpflichtung auf gewisse formelle Verfahrensgarantien ergeben sich diesbezüglich für die publizistisch positionierten Konfessionen keine wesentlich stärkeren Grundrechtsbindungen, als sie privatrechtlich organisierte bzw. situierte Religionsgemeinschaften zu gewärtigen haben. Im Rahmen ihres

ten auf die vom Staat selber zu beachtenden rechtsstaatlich-demokratischen Grundprinzipien verpflichten, welche mithin neben grundrechtlichen Bindungen auch die Befolgung der staatlichen „Demokratierequisite“[762] erheischen[763]. Der

---

Arbeitsverhältnisses werden kirchliche Mitarbeiter jedenfalls materiell nicht zur Geltendmachung der individuellen religionsfreiheitlichen Gewährleistungen zulasten des kirchlichen Selbstverständnisses legitimiert, denn die korporative Religionsfreiheit muss vorgehen, ansonsten der Staat seine „konfessionelle Neutralität“ preisgäbe. Hierzu und zur verfahrensrechtlichen Problemkomponente ausführlich Felix Hafner, Kirchen, S.339 ff. Vgl. auch Fleiner/Giacometti, Bundesstaatsrecht, S. 322 mit Hinweis auf BGE 27 I 341; Karlen, Religionsfreiheit, S. 283 f.; Kraus, Staatskirchenrecht, S. 75. Den arbeitsvertraglichen Tendenzschutz in konventionsrechtlicher Hinsicht legt Frowein, Art. 9 EMRK, S. 57 ff., dar. Vgl. Strasser, S. 20 f. – Zu den Dienstverhältnissen staatskirchenrechtlicher Körperschaften röm.-kath. Observanz und ihrer Normadressatur seitens des ‘Bundesgesetzes über die Gleichstellung von Mann und Frau’ (SR 151) beachte Hafner/Buser, S. 1212 ff. – Die Erörterung der Zulässigkeit staatlichen Drucks durch einen Anwendungszwang des Gleichstellungsgebots auf des Konsekrationserfordernis im kirchlichen Ämterrecht bewirkt bereits aufgrund der Wahl des Themas eine mit polemischen Begleittönen angereicherte religionsrechtliche Klimakontamination. Eindeutigerweise regelt ausschliesslich das kirchliche Ämterrecht die Voraussetzungen zur Erlangung der Klerikerdignität. Der staatskirchenrechtliche Bezug wird erst bei der saekularrechtlichen Qualifikation des entsprechenden Rechtsverhältnisses hergestellt. Dieses richtet sich im weltlichen Bereich zunächst nach den kirchenrechtlichen Prämissen, z.B. im Benefizialwesen (vgl. hinten, S. 379 ff.), und folgt im übrigen den staatlichen Vorgaben. Das Bedürfnis, die Weihezulassungsbedingungen im saekularen Rechtskreis zu generieren, entspringt einem die integrale Religionsfreiheit verletzenden Katalog von Desideraten, die der kirchenpolitischen Idee des staatskirchenrechtlichen Integralismus verhaftet sind. Im Ergebnis ist Hafner/Buser, S. 1207 ff., jedoch zuzustimmen, dass eine Grundrechtskollision zwischen korporativer Religionsfreiheit und Art. 4 aBV bzw. Art. 8 rev. BV das kirchliche Selbstbestimmungsrecht zugunsten einer Frauenzulassungspflicht in den Klerikerstand nicht zu kassieren vermag. Das röm.-kath. Kirchenrecht erlaubt nur u.a. getauften Männern den gültigen Empfang des Weihesakramentes, ohne darauf einen kanonischen Rechtsanspruch zu verleihen. Cf. c. 1024 CIC 1983.

762 Felix Hafner, Kirchen, S. 308. Vgl. § 92 Abs. 1 rev. KV SZ. – Der röm.-kath. Kirche wird durch die staatskirchenrechtlichen Körperschaften sozusagen ein fremdes Kirchenbild, was sich beispielsweise in periodisch vorzunehmenden ‘Pfarrwahlen’ äussert, unzulässigerweise diktiert. Vgl. Carlen, Kirche und Staat in der Schweiz nach dem neuen Codex Iuris Canonici, S. 588 f. Es „ist nicht zu verkennen, dass staatliche Vorschriften über die demokratische Struktur landeskirchlicher Körperschaften mitunter dem kirchlichen Selbstverständnis und der Grundidee der Religionsfreiheit widersprechen“. Im Bewusstsein dessen soll „sich *staatlich verordnete Demokratie im kirchlichen Raum am spezifischen Auftrag der Kirche*“ orientieren. Hierzu Friederich, Kirchen und Glaubensgemeinschaften, S. 420 f. Vgl. auch Fuchs, Unfehlbarkeit, S. 130; Ders., Verhältnis, S. 126 ff.; Karlen, Religionsfreiheit, S. 136 f.; Saladin, Beteiligung, S. 475 f. – Listl, Gewährleistung, S. 97, moniert zu Recht,

konfessionelle Verband hingegen darf vom profanen Gemeinwesen in Anbetracht seiner objektivrechtlichen Pflicht zur religiös-weltanschaulichen Neutralität und aufgrund des religionsfreiheitlich gewährleisteten Selbstbestimmungsrechts der römisch-katholischen Kirche nicht mit seinen Strukturen und Entscheidungsmechanismen missioniert werden, ansonsten würde u. a. der Zweck des dualistischen Verhältnissystems[764] beider 'Societates perfectae' pervertiert[765],[766].

---

dass in casu das Demokratieprinzip mit c. 381 § 1 CIC 1983 kollidiert: „Mit dieser grundlegenden Bestimmung des kanonischen Rechts ist das 'Demokratieprinzip' auf dem das Staatskirchenrecht der schweizerischen Kantone weithin beruht, nicht in Einklang zu bringen." – Die deliberative Teilhabe der Kirchenglieder an Entscheidungsprozessen führt im protestantischen Bereich zu keinem Widerspruch mit der reformatorischen Kirchenstruktur.

763 Im staatlichen Raum wird der Freiheitsgedanke vielfach in den Bereich des formalen Funktionierens der Demokratie verlegt und dort zu einem „universalen Lebensmuster" erhoben. Freiheit fällt dann zusammen mit der aktionistischen Handhabung demokratischer Strukturen, deren Dynamik im Bestreben maximaler Unabhängigkeit von allen staatlichen Institutionen in letzter Konsequenz den Bestand des demokratisch verfassten Gemeinwesens mit seinen ausbalancierten Freiheitsgewährleistungen verdrängt. Die röm.-kath. Kirche entzieht sich aufgrund ihres Wesens und ihres Ursprungs diesem demokratistischen Freiheitsbegriff. Sie erblickt in „der Wahrung der wesentlichen Rechte und der Seinshöhe des Menschen", welche ihn als 'Imago Dei' zu Gott führt, das Essential der menschlichen Freiheit. Siehe Ratzinger, S. 44 f.

764 Die staatshoheitlich motivierte Intention des Gemeinwesens, der röm.-kath. Kirche sein Demokratieverständnis zu inkulturieren, provozierte in grundrechtsverletzender Art und Weise beim Etablierungsversuch eines adäquaten Verhältnisses Kirche-Staat mindestens eine Paralyse der aus der Religionsfreiheit fliessenden Verpflichtung zur Pazifikation. „Sollte das kantonale Recht auf der Verwirklichung demokratischer Mitwirkungsrechte des Kirchenvolkes beharren (in der Art eines staatskirchenrechtlichen ordre public), so muss die Kirchenorganisation im öffentlichen Recht misslingen (durch Verzicht auf die öffentlich-rechtliche Anerkennung), falls sich nicht eine Brücke zueinander bauen lässt." (Kraus, Staatskirchenrecht, S. 383 f.). Diesbezüglich wäre eine rechtliche Verständigung probaterweise auf vertraglicher Grundlage zu bewerkstelligen.

765 Gleichzeitig handelte der saekulare Staat dadurch, dass er in foro civile gegenüber dem konfessionellen Verband binnenkirchliche Begehrlichkeiten statuierte, ad intra seiner religiös-weltanschaulichen Neutralitätspflicht zuwider. – A.M. Felix Hafner, Kirchen, S. 335 ff., welcher eine undifferenzierend konturenarme Kombination zwischen dem auf der Religionsfreiheit basierenden kirchlichen Selbstbestimmungsrecht und dem jederzeit vom Gliedstaat reduzierbaren Mass der den staatskirchenrechtlichen Körperschaften verliehenen Autonomie kreiert.

766 Bonnemain, Schweizer Kantonalkirchen, S. 533, warnt diesbezüglich vor der Errichtung eines staatskirchenrechtlichen Körperschaftskonstrukts in der Form einer Kantonalkirche auf gesamtkantonaler Ebene: „Eine Landeskirche mit ihrer Verfassung oder mit ihrem verfassungsähnlichen Grundgesetz, mit ihren Organen und Versammlungen, entscheidet nach demokratischen Prinzipien – insbesondere durch die

Die Kompetenzabgrenzung zwischen den staatskirchenrechtlichen Körperschaften und der römisch-katholischen Konfession dividiert die einzelnen Sachverhalte in zwei Zugehörigkeitssegmente. Deren Einteilungsmechanik wird objektivrechtlich aus den ekklesialen Bedürfnissen entworfen und u.a. vermöge der in hingeordneter Stellung zudienenden Funktion der publizistischen Rechtsgefässe grundrechtsverpflichtet realisiert. In der Folge weist dieses Bereichscheidungsprinzip dann den Weg zum kirchlichen Recht, wenn dessen kraft des kirchlichen Selbstbestimmungsrechts staatsrechtlich anzuerkennende Einschlägigkeit einen Sachverhalt umfasst. Daraus resultiert sowohl eine neutralitäts- wie grundrechtskonforme als auch eindeutige Qualifikation der kirchlichen Interna[767].

Verwaltung der materiellen Güter-, wie den ...'katholischen Bedürfnissen' ihrer Mitglieder Rechnung getragen werden soll; sie urteilt über die diesbezüglichen Leistungen seitens der katholischen Kirche und ihrer Seelsorger. Eugenio Corecco hat mit Recht diesen Zustand als 'eine neue, verfeinerte Form des(...)Josephinismus' bezeichnet. Man könnte hier von einem nun nicht mehr kaiserlichen, sondern demokratischen Volks-Josephinismus sprechen – eigentlich von einem solchen der Oligarchie das staatskirchlichen Apparates." – A.M. Koch, Kirche und Staat, S. 118 f., welcher die Ansicht vertritt, „dass gerade der katholischen Kirche in der Schweiz eine elementare Herzschrittmacherfunktion in der Stossrichtung hin auf eine demokratischere beziehungsweise und theologisch adäquater auf eine synodale Weltkirche hin zukommen könnte. Dieses Urteil drängt sich jedenfalls dann auf, wenn man sich in einem hypothetischen Gedankenexperiment überlegt, was in der katholischen Kirche in der Schweiz verlorengehen könnte und müsste, wenn auch ihr nur noch das römische Kirchenrecht verpflichtend wäre und dieses nicht mehr durch die staatskirchenrechtlichen Auflagen gleichsam besänftigt und auf diesem Weg ausbalanciert würde. In diesem Gedankenexperiment käme man bald zum Schluss, dass im helvetischen Staatskirchenrecht die grosse und gute Tradition der katholischen Kirche wohl besser aufbewahrt ist als im Kirchenrecht Roms [...] Es ist deshalb nicht übertrieben, wenn man die Feststellung trifft, dass das helvetische Staatskirchenrecht mit seinen fundamentalen Prinzipien der Partizipation und der Transparenz, der Dezentralisierung und der Subsidiarität auch dem neuen Kirchenrecht aus dem Jahre 1983 meilenweit voraus ist ..." Ohne Not wird hier die röm.-kath. Identität auf dem saekularistischen Staatskirchenaltar geopfert. Gleichzeitig huldigt man dem theologischen Modell eines schweizerischen Staatskirchentums und kassiert den Dualismus des kantonalen Staatskirchenrechts. „Es ist dies die logische Konsequenz aus dem Prinzip, dass 'die eigentliche Kirchenordnung eine Ausführungsnorm zweiter Ordnung zur staatlichen Verfassung sei'. Dies führt dann zur 'Bindung der kirchlichen Organisation an die Aufbauprinzipien der weltlichen Demokratie'." (Hinder, S. 61). Im Resultat wird das Staatskirchenrecht in den Dienst der Beliebigkeit eines entkonfessionalisierten Verhältnisses Kirche-Staat gestellt. Neuerdings wehrt sich Kurt Koch als Ordinarius der Diözese Basel gegen die Vorstellung, „es liege in der Kompetenz der Kantone oder des Bundes, über die Organisationsform der Kirche zu befinden" (Koch, Verhältnis, S. 183).

767 Aus den gegen Rechtsakte und Verfügungen der staatskirchenrechtlichen Körperschaften des öffentlichen Rechts vom Staat zur Verfügung gestellten Rechtsschutz-

b) Autonome kirchliche Bindung

Diese erfolgt entweder einseitig durch kirchliche Rechtssetzung[768], womit sich in grundlegender Weise c. 22 CIC 1983 befasst, oder zweiseitig mittels einer vertraglichen Bindung (c. 3 CIC 1983), oder schliesslich vermöge einer Mischform, indem sich die römisch-katholische Kirche mit dem Gemeinwesen insofern verständigt, als der konfessionelle Verband seine selbstbestimmungsrechtliche Kompetenz zur einseitigen Regelung gemeinsamer Angelegenheiten bestätigen lässt[769].

Erlaubt das kirchliche Recht[770] einen nicht falsifizierbaren Bezug zum staatlichen Normengefüge[771], rastet dort[772] für den Anteil saekularen Herkommens[773]

---

instrumenten erwächst hier die verfahrensrechtliche Frage nach der saekularrechtlichen Kognition, welche – sollte die Einschränkung des kirchlichen Selbstbestimmungsrechts zugunsten individueller Religionsfreiheit reklamiert werden – nicht auf eine Überprüfung der binnenkirchlichen Rechtslage auszudehnen ist. An der Schwelle zum kirchlichen Rechtsbereich findet dann die Grundrechtsbindung der Kirchen und damit auch der staatliche Grundrechtsschutz des Individuums seine definitive Grenze. Siehe Lampert, Kirche und Staat II, S. 162 ff. Vgl. Karlen, Religionsfreiheit, S. 461. Deutlich kommt die Zurückhaltung des BGer. in BGE 119 Ia 185 E. 4c zum Ausdruck: „Allerdings hat sich das Bundesgericht insofern grosse Zurückhaltung aufzuerlegen, als der Inhalt der Glaubenslehre in Frage steht. Eine Bewertung der Glaubenshaltung und -regeln oder gar eine Überprüfung ihrer theologischen Richtigkeit, insbesondere eine Interpretation der einschlägigen Stellen heiliger Schriften, bleibt dem Bundesgericht jedenfalls solange verwehrt, als nicht die Grenzen der Willkür überschritten sind.“

768 Diese kann in allen Formen der kirchlichen Begründung objektiven Rechts geschehen, nämlich durch universales, gesamtlateinisches oder partikulares Recht, bzw. mittels rechtmässig promulgiertem resp. rekognosziertem Gesetzes-, Gewohnheits- oder approbiertem Satzungsrecht. Siehe Socha, Kom. c. 22 CIC 1983, Rz. 4. Vgl. Göbel, S. 184.

769 Socha, Kom. c. 22 CIC 1983, Rz. 2.

770 Terminologisch grenzt der CIC 1983 den kirchlichen vom weltlichen Rechtskreis ab, indem er dem ‘Ius canonicum’ den Begriff des ‘Ius civile’ gegenüberstellt. Dadurch betont der Kodex implizit die Unabhängigkeit der beiden Normkomplexe. Explizit kommt die kirchenrechtliche Independenz in der grundsätzlichen Geschlossenheit des kodikarischen Systems, welches anhand der cc. 19; 20 CIC 1983 regulativ klaustriert wird, zum Ausdruck. Die binnenkirchliche Autonomie verirrt sich aber nicht in die Beziehungslosigkeit. Das kirchliche Gesetzbuch kennt eine Reihe von Bezugnahmen auf das ‘Ius civile’. „Gesetzgeberische Intention der Verweisungen ... sind die pragmatische Abstimmung und Harmonisierung der Rechtsordnungen in Bereichen beiderseitigen Interesses, die Sicherung kanonischer Rechtshandlungen auch vor dem Forum civile ... sowie die Arbeitserleichterung hinsichtlich Rechtsmaterien, die vom weltlichen Recht in sachlich angemessener Weise bereits erarbeitet worden sind.“ (Göbel, S. 187). Die in c. 22 CIC 1983 verortete regeltech-

nische Umsetzung geschieht hierbei durch eine generell-abstrakte, objektivrechtliche Kollisionsnorm. Zum Ganzen siehe Ders., S. 181 ff.; sowie Socha, Kom. c. 22 CIC 1983, Rz. 2 ff.

771 „Leges civiles ad quas ius Ecclesiae remittit, in iure canonico iisdem cum effectibus serventur, quatenus iuri divino non sint contrariae et nisi aliud iure canonico caveatur.“ (c. 22 CIC 1983). Dieser Kanon verweist in rechtstechnischer Hinsicht dynamisch (Socha, Kom. c. 22 CIC 1983, Rz. 9, erwähnt in casu auch die statische Rezeption) auf die jeweils geltende staatliche Rechtsregel, wodurch Rechtsänderungen des saekularen Kreises mitvollzogen werden. Er legt fest, dass die bezogenen weltlichen Gesetze in den kodikarischen Schranken mit denselben Wirkungen kirchenrechtlich einzuhalten sind. Eine differenzierende und weite Interpretation des Begriffs 'remittere' in c. 22 CIC 1983, die sich auf die Formulierung 'cum iisdem effectibus servare' als kausalem Indiz der eigentlichen 'Canonizatio' abstützend berufen kann, unterscheidet anhand der Rechtsfolge der bezugnehmenden Norm einerseits einen rezipierenden und anderseits einen nicht rezipierenden Verweis. Beide werden sachlogisch durch das bezügliche Rechtsgebiet territorial begrenzt. Anhand des rezipierenden Verweises wird ein saekularer Rechtssatz in das kirchliche Normengefüge inkorporiert, die Wirkungen des staatlichen für das kanonische Recht mithin übernommen und dem Inhalt der bezogenen Norm kirchenrechtliche Verbindlichkeit verliehen. Als solche, 'kanonisierende', Bestimmungen gelten beispielsweise cc. 98 § 2; 197; 1105 § 2; 1268; 1290; 1500; 1714; 1716 §§ 1, 2 CIC 1983. Durch den nicht rezipierenden Verweis nimmt der konfessionelle Verband die staatliche Kompetenz hinsichtlich der Regelung eines Sachbereiches mitsamt den diesbezüglich gezeitigten Rechtswirkungen zur Kenntnis, ohne dass die Kirche gleichzeitig eine Aussage über die eigene Rechtssetzungskompetenz macht. Mithin bleiben die im kanonischen Lichte stehenden Bestimmungen rein staatliche Normen. Das kirchliche Recht tätigt folglich eine „ausgrenzende Anerkennung“, so z.B. cc. 105 § 1; 110; 877 § 3; 1059, 1071 § 1, 2 °; 1296; 1540 § 2; 1558 § 2; 1672, 1692 §§ 2, 3 CIC 1983. Weiter fällt unter diese Kategorie die Gruppe der Empfehlungen, deren Missachtung die kodikarische Wirksamkeit der bezüglichen Rechtshandlung nicht tangiert. Materiell und formell belässt diese u.a. durch die Wendung 'servatis normis civilis' sprachlich gekennzeichnete Bezugnahme wie diejenige der 'ausgrenzenden Anerkennung' den beschlagenen Bestimmungen den Charakter einer staatlichen Anordnung. Als Beispiele hierfür gelten cc. 231 § 2; 362; 668 §§ 1, 4; 1062 § 1; 1072; 1274 § 5; 1284 § 2, 2°, 3°; 1286, 1°; 1293 § 2; 1299 § 2 CIC 1983. „Dadurch soll (wie bei der Kanonisierung und Anerkennung des *ius civile*) erreicht werden, dass kanonisch legitim vorgenommene Rechtshandlungen auch aus staatlicher Sicht wirksam und durchsetzbar sind“ (Socha, Kom. c. 22 CIC 1983, Rz. 11). Schliesslich enthält der Kodex einige hinweisende Kanones ohne präskriptive Kraft, wie z.B. cc. 194 § 1, 3°; 365 § 1; 492 § 1; 694 § 1, 2°; 799; 1041, 3°; 1152 § 2; 1259, 1394 CIC 1983. Materiell beschlagen die Bezugnahmen auf das weltliche Recht – abgesehen von nicht systembildenden, inhaltlich marginalen Bestimmungen und Ausnahmen (z.B. cc. 289 § 2; 362; 365 § 1 CIC 1983) – drei Regelungsgegenstände: „Vermögensrechtliche Rechtsgeschäfte, bestimmte Rechtsförmlichkeiten und bestimmte familienrechtliche Sorgeverhältnisse“. Zum Ganzen siehe Göbel, S. 185 ff. Hierzu auch Aymans, Kanonisches Recht I, S. 171 f.; Neuhaus, S. 510 f.; Socha, Kom. c. 22 CIC 1983, Rz. 5 ff. – „Mit ihr (sc. Kanonisierung der staatlichen

die grundrechtsbindende Potenz des staatlichen Rechts ein[774],[775]. Der Codex Iuris Canonici verweist u.a. durch Ius cogens als lois d'application immédiate unilate-

---

Normen, 'Canonizatio') ist die traditionelle Lehre von der societas perfecta formal gerettet ..." (Isele, Probleme des kirchlichen Vermögensrechts, S. 63). Die von dogmatischer Unumgänglichkeit bedingte Methodenwahl des kodikarischen Bezuges staatlicher Normen wird durch den vom 'Societas perfecta'-Prinzip geforderten allumfassenden kirchlichen Rechtssetzungsanspruch beherrscht.

772 „Nach der herkömmlichen Vorstellung nehmen die (sc. 'öffentlichrechtlichen') Religionsgemeinschaften hier (sc. im Bereich der 'äusseren' Angelegenheiten) am weltlichen Rechtsverkehr in der gleichen Weise teil wie andere Körperschaften des öffentlichen Rechts, so dass sie in diesem Bereich konsequenterweise der gleichen Bindung an die Grundrechte wie der Staat unterliegen." (Karlen, Religionsfreiheit, S. 283).

773 Unter die 'Leges civiles', auf welche die kirchliche Rechtsordnung Bezug nehmen kann, „fallen grundsätzlich nicht nur formelle Gesetze ..., sondern alle objektiven Rechtsnormen (z.B. auch Gewohnheitsrecht und internationales Recht), die in dem betreffenden Staatsgebiet gelten ..." (Socha, Kom. c. 22 CIC 1983, Rz. 3). Vgl. Göbel, S. 187. Beschlägt in einem föderalistisch geprägten und bundesstaatlich organisierten Gemeinwesen der kanonische Verweis das Recht eines Gliedstaates, so wird dieses von den bezugnehmenden Normen rechtserheblich erfasst. Hierzu Heimerl/Pree S. 295, Rz. 10. Mithin kann auch das kantonalschwyzerische Recht diesbezüglich relevant werden.

774 Dies trifft mutatis mutandis auch dort zu, wo die röm.-kath. Kirche weder öffentlichrechtlich positioniert noch verbeiständet ist.

775 Als rezipierende Verweise lassen die 'Canonizationes' grundrechtliche Bindungen des saekularen Rechts im kanonischen Rechtskreis wirksam werden. In casu ist jedoch eine 'Canonizatio' für die staatlich gewährleistete Religionsfreiheit auszuschliessen. Daneben vermag die nicht rezipierende faktische Anerkennung des staatlichen Rechts in der Form einer Empfehlung die kirchenrechtliche Wirksamkeit der einschlägigen Rechtsfunktion bei Verletzung der bezogenen Saekularnorm nicht zu berühren. Trotz Transformation der profanen Rechtsregel in eine kanonische Sollvorschrift belässt deren Nichteinhaltung die kodikarische Effektivität der entsprechenden Rechtshandlung intakt. Beispielsweise beruft sich c. 668 §§ 1, 4 CIC 1983 implizit auf die saekularrechtlich geschützte Eigentumsverfügungsfreiheit und tritt ipso facto zu ihr in Widerspruch, wenn gleichzeitig das Kirchenrecht von einem Ordensangehörigen anlässlich seiner Profess verlangt, frei über sein Vermögen zu disponieren bzw. zu testieren. Hierzu Göbel, S. 186; Neuhaus, S. 511. Die Ratio legis von c. 668 § 1 CIC 1983 ist darin zu erblicken, dass der Professkandidat sich anlässlich seiner Profess über seine vermögensrechtliche Nachfolge Gedanken machen soll, um das betreffende Ordensinstitut möglichst vor erbrechtlichen Anfeindungen der gesetzlichen Erben zu schützen. Zu diesem Behufe wird der Professkandidat durch c. 668 § 1 CIC 1983 veranlasst, ein Testament, dessen Inhalt er frei bestimmen kann (z.B. indem er darin schlicht festlegt, dass die gesetzliche Erbfolge einzutreten habe), in einer saekularrechtlich gültigen Form (Art. 498 ff. ZGB) zu verfassen. Nämliches gilt selbstverständlich für Ordensinstitute mit Religiosen weiblichen Geschlechts.

ral[776] oder bilateral mittels rezipierender bzw. nicht rezipierender Bezugnahme[777] auf das anwendbare Statut, mithin beinhaltet er auch einen Katalog kollisionsrechtlicher Normen[778]. Die Prinzipienordnung, welcher der kirchliche Gesetzge-

---

776 Beispielsweise c. 1240 § 2 CIC 1983. Dieser Kanon verlangt aussenrechtlich gegenüber dem Staat als Friedhofseigentümer ein Zugangsrecht der Geistlichen, um dort kultische Funktionen vorzunehmen. In diese Kategorie gehören auch die 'Iura nativa' als subjektive Rechte, „welche der Kirche kraft ihrer Einrichtung und Gründung durch Christus zukommen", nämlich c. 232 (Klerikerausbildung); c. 362 (Recht der freien Legation); c. 747 § 1 (Verkündigungsfreiheit); c. 1254 § 1 (allgemeine Vermögensfähigkeit); c. 1260 (Abgabenhoheit); c. 1311 (Strafgewalt); c. 1401 (Justizhoheit) CIC 1983; sowie c. 331 (päpstliche Primatialgewalt) CIC 1983 mitsamt der Derivativnorm c. 377 §§ 1, 5 (freie Ernennung der Bischöfe) CIC 1983. Zum Ganzen siehe Göbel, S. 111 f. Ebenfalls zu erwähnen sind c. 800 § 1 (Recht auf Schulgründung); c. 807 (Recht zur Errichtung von Universitäten); c. 1671 (Zuständigkeit des kirchlichen Richters bezüglich Ehesachen Getaufter) CIC 1983. Hierzu Listl, Lehre, S. 1030 f. Vgl. Mikat, Verhältnis von Kirche und Staat, S. 146 ff.; sowie Ders., StL, Sp. 481 f.

777 Göbel, S. 184, führt diesbezüglich cc. 22; 98 § 2; 105 § 1; 110; 194 § 1, 3°; 197; 231 § 2; 289 § 2; 362; 365 § 1; 492 § 1; 668 § 1; 668 § 4; 694 § 1, 2°; 877 § 3; 1041, 3°; 1059; 1062 § 1; 1071 § 1, 2°; 1072; 1105 § 2; 1152 § 2; 1259; 1268; 1274 § 5; 1284 § 2, 2° und 3°; 1286, 1°; 1290; 1293 § 2; 1296; 1299 § 2; 1500; 1540 § 2; 1558 § 2; 1672; 1692 § 2 und § 3; 1714, 1716 § 1 und § 2 CIC 1983 auf, wobei dieser Liste noch die entsprechenden partikularrechtlichen Bestimmungen beizufügen sind. – Die vorliegende Unterscheidung der kodikarischen Bezugnahme auf weltliche Normen in einen rezipierenden Verweis ('Canonizatio') und eine nicht rezipierenden Verweis ('Anerkennung', 'Empfehlung') folgt der von Göbel, S. 186, vorgenommenen Gliederung. Einen anderen terminologischen Ansatz wählt in casu Socha, Kom. c. 22 CIC 1983, Rz. 5, indem er beim rezipierenden Verweis zwischen 'Canonizatio' und 'Anerkennung' differenziert.

778 Isele, Probleme des kirchlichen Vermögensrechts, S. 64 f., konstatierte aufgrund seiner Analyse des im Kodex 1917 enthaltenen kirchlichen Vermögensrechts eine „echte Kollision zwischen kirchlichem und staatlichem Recht". Zwecks saekularrechtlicher Durchsetzbarkeit der vermögensrechtlich relevanten Normen formulierte er verschiedene Kodifikationspostulate, welche grösstenteils über cc. 1296, 1500 CIC 1983 in den Kodex 1983 Eingang fanden. – Im Rahmen des grundsätzlich geschlossenen ekklesialen Rechtssystems findet kraft kodikarischer Begriffsabgrenzung beider Normkomplexe der terminologische Befund impliziter Unabhängigkeit des kirchlichen und weltlichen Rechtskreises seine rechtsdogmatische Bestätigung in der für die Konstitution des Kirchenrechts fundamentalen Figur der 'Potestas regiminis' (cc. 129-144 CIC 1983). Dieser auf dem 'Societas perfecta'-Prinzip basierende Rechtsterminus gliedert sich gemäss c. 135 CIC 1983 in drei Funktionen ('Potestas legislativa', 'Potestas exsecutiva', 'Potestas iudicialis'), welche hierarchiebezogen abgestuft in ihrer kulminierenden Fülle dem päpstlichen Primatialamt eignen (c. 331 CIC 1983). Der Papst als Bischof von Rom, Haupt des Bischofsfskollegiums, Stellvertreter Christi und Hirte der Gesamtkirche verfügt damit kraft seines Amtes in der Kirche über die höchste, volle, universale ordentliche Ge-

ber bei der Positivierung seines Kollisionssystems zu gehorchen hat, wird durch das göttliche Recht festgelegt. Dieses fixiert für das kanonische Recht anhand c. 22 CIC 1983 die Bedingungen, in deren Rahmen eine weltliche Norm im kirchlichen Rechtsgefüge Geltung erlangen kann[779]. „Das ius divinum ist Kirche und Staat vorgegeben, absolut und unveränderlich, ein Imperativ für Kirche und Staat zugleich. Bei Kollisionen von kirchlichem und staatlichem Recht hält der kirchliche Gesetzgeber bald an der Strenge der kanonischen Norm fest, bald gestaltet er sein ius humanum als nachgiebiges Recht, bald weist er die Ordnung einer Frage dem Staate zu. Massgeblich ist dabei die Bedeutung des Tatbestandes für die kirchliche Lebensordnung. In dieser Weise – nicht in der Form eines kirchenpolitischen Systems, wie der Staat in seiner Verfassung – hat der Codex ... das Verhältnis von Kirche und Staat normiert."[780].

D) Appendix

Die Sicht auf die vom Gemeinwesen den Kirchen fremdbestimmte „Inkulturation in das Grundrechtsmilieu neuzeitlicher Rechtsstaatlichkeit"[781] ist mit einem kursorischen Überblick binnenkirchlicher Grundrechtsbindung der römisch-katholischen Konfession zu komplettieren[782], damit die Skizze eines überblickhaften Aufrisses kirchlicher Grundrechtsadressatur insofern vervollständigt wird.

---

walt, die er immer frei ausüben kann. Hierzu Göbel, S. 182 f. Vgl. Mikat, Verhältnis von Kirche und Staat, S. 145 f.; Socha, Einleitung vor c. 129 CIC 1983, Rz. 3 ff. „Es kommt also immer wieder auf ein richtiges Ausscheidungsprinzip für die beiden Sphären an. Ein konfessioneller Organismus ohne tätige und in ihrem Kompetenzenkreis respektierte Organe ist praktisch einem Organismus ohne Organe gleich zu achten: letzterer ist aber eine geradezu *'unvollziehbare Vorstellung'*." (Lampert, Kirche und Staat II, S. 164). Vgl. auch Listl, Aufgabe, S. 468 ff. Dem Geist des Kulturkampfes verpflichtete Kritik übt Fritz Fleiner, Geistliches Weltrecht und weltliches Staatsrecht, S. 266 ff.

779 Aymans, Kanonisches Recht I, S. 161, 171; Göbel, S. 187 f.; Socha, Kom. c. 22 CIC 1983, Rz. 8. Des weiteren stellt „das allgemeine oder pratikulare, gesatzte oder ungesatzte rein kirchliche Recht" eine positivrechtliche Schranke von in Bezug genommenem weltlichen Recht dar. Ersteres kann die Rechtskraft rezipierter Normen schlechthin (z.B. cc. 197; 1290 CIC 1983) oder nur bedingt, wenn bereits eine kanonische Regelung getroffen wurde (z.B. cc. 98 § 2, 2. Lemma; 1105 § 2, 2. Lemma; 1672; 1692 § 2; 1714 CIC 1983), ausschliessen. Siehe Socha, Kom. c. 22 CIC 1983, Rz. 8. Vgl. Göbel, S. 188.

780 Isele, Probleme des kirchlichen Vermögensrechts, S. 44.

781 Felix Hafner, Kirchen, S. 293.

782 Das Gemeinwesen unterscheidet zwischen „staatlich auferlegter und staatlich bekräftigter Grundrechtsbindung der Kirchen" (Felix Hafner, Kirchen, S. 306). Aus der etatistischen Optik ist hierbei das Mass der Freiwilligkeit kirchlicher Grund-

Die von neuzeitlichen Grundrechtsgewährleistungen und Menschenrechtskodifikationen ausgehende Faszination drängt den konfessionellen Verband zur unreflektierten Adaption seines Normensystems an entsprechende saekularistische Fundamentalbegriffe. Die Rechtsordnungen von Kirche und Staat folgen aber nicht dem gleichen Modell. 'Telos' der weltlichen Verfassung ist die Verwirklichung der qua constitutione garantierten Grundrechte. Hingegen hat die verfasste Struktur der Kirche keineswegs den Zweck, das profane Verständnis der staatsrechtlich proklamierten Rechte ihrer Glieder zu gewährleisten[783]. Vielmehr lässt ihre mystagogische Dimension die römisch-katholische Kirche unter der Voraussetzung, dass sie durch die auftragsgemässe Protektion des 'Depositum Fidei' die Botschaft des Heils unverfälscht bewahrt und weiterträgt, zu einem Hort für die Begegnung des Menschen mit Gott werden[784]. Des weiteren unterscheiden sich die kirchlichen von den staatlichen Fundamentalnormen dahingehend, als die spezifischen Rechte der Christen nicht präexistent[785] sind, sondern mit der Taufe beginnend den Gliedern der Kirche verliehen werden[786]. Ein Oktroi der aus dem weltlichen Abwehrrecht fliessenden individuellen Bekenntnisautonomie auf die verfasste Konstitution des konfessionellen Verbandes widerspräche schliesslich seiner glaubensgemeinschaftlichen Zielsetzung[787].

Die staatliche Grundrechtslehre ist untauglich, um unbesehen und generell in die allgemeine Theorie des kirchlichen Rechtskreises kopiert zu werden. Das Merkmal der Fundamentalität kirchlicher und saekularer Rechtstermini transzen-

---

rechtsbindung umgekehrt proportional zum Grad der staatlichen Verpflichtung der Kirche auf grundrechtskonformes Verhalten im allgemeinen Rechtsverkehr.

783 Vgl. Göbel, S. 134 f.

784 Vgl. Corecco, Katalog der Pflichten und Rechte des Gläubigen, S. 212.

785 Für das Gemeinwesen hingegen, welches sich nicht als dem Menschen vorgegebene Entität realisiert, sondern aufgrund eines 'contrat social' begründet wurde, sind die natürlichen Grundrechte – was zwar von der positivistischen Staatslehre bestritten wird – vorstaatlich konzipiert. Hierzu Hinder, S. 70 f., FN 2. Zur Vorstaatlichkeit der Religionsfreiheit siehe Pavan, S. 715. Vgl. auch Hans Marti, SJK Nr. 1070, S. 2.

786 Bruhin, Konzile, S. 211 f., verneint, dass die Kirche sich über „vorpositives Menschenrecht" je hinwegsetzen darf. Er fordert, die Kirche müsse von der „libertas religiosa" zur „libertas in ecclesia" gelangen. Damit evoziert er die individuelle Beliebigkeit im Glauben.

787 Dem innerkirchlichen Normkomplex aufgezwungene freiheitsrechtliche Garantien sind kein passendes Mittel zur Beförderung des Seelenheils (Salus animarum) der Gläubigen. Darin unterscheidet sich das kirchliche vom saekularen Gemeinwohl, indem einerseits der religiös-weltanschaulich neutrale Staat „nicht die Bewahrung eines bestimmten glaubensmässigen oder weltanschaulichen Zustands" anstrebt und anderseits die beiden Begriffsgehalte nicht per analogiam proportionalitatis erschliessbar und folglich deckungsungleich sind. Vgl. Felix Hafner, Grund- und Menschenrechte, S. 704.

diert die beiden Normkategorien nicht[788],[789], folglich muss ihre analoge Anwendbarkeit auf die ekklesiale Rechtsordnung verneint werden[790]. Ausgangspunkt zur inhaltlichen Bestimmung des kirchlichen Grundrechtsbegriffes ist die 'Communio', welche die christliche Personalität dahingehend prägt, als sie nicht von der Gegensätzlichkeit individueller und kollektiver Existenz ausgeht sondern den Christgläubigen aufgrund seiner Integration in die Kirche, der er seit der Taufe für immer angehört, umfassend erfasst. In der 'Communio', welche im ekklesiologischen Sinne auf dem Bekenntnis des wahren Glaubens, den Sakramenten und dem apostolischen Dienst basiert, sind die kirchlichen Grundrechte grundgelegt.

Die Konzilskonstitution 'Lumen Gentium' stellt die Frage nach der Beziehung von Rechten und Pflichten, welche sowohl dem Kirchenglied wie auch dem Staatsbürger zugehörig sind[791]. Ein Lösungsansatz für diese Problemstellung

---

788 Göbel, S. 189, ordnet „neben dem ergänzenden Rekurs auf die 'principia generalia iuris' in c. 19" CIC 1983 dem kodikarischen Phänomen der 'Canonizatio' indizielle „Bedeutung für die Frage nach der Vergleichbarkeit der kirchlichen Rechtsordnung mit anderen Rechtsordnungen" zu. Hinsichtlich des vorliegenden Sachverhalts enthält der Kodex keine einschlägige 'Lex canonizans'.

789 Beispielsweise erachtet die Konzilserklärung 'Dignitatis humanae' die Religionsfreiheit als staatliche Grundrechtsgewährleistung mit Verpflichtungsfunktion. Die Religionsfreiheit existiert in der Form eines von der staatlichen Rechtsordnung anerkannten und proklamierten suprapositiven, vorstaatlichen bzw. ursprünglichen, unveräusserlichen und unverzichtbaren Menschenrechts, welches das Konzil (DH Art. 2 Abs. 1) für die saekulare Ordnung lediglich als 'bürgerliches Recht' definiert. „Da nun die religiöse Freiheit, welche die Menschen zur Erfüllung der pflichtgemässen Gottesverehrung beanspruchen, sich auf die Freiheit von Zwang in der staatlichen Gesellschaft bezieht, lässt sie die überlieferte katholische Lehre von der moralischen Pflicht der Menschen und der Gesellschaften gegenüber der wahren Religion und der einzigen Kirche Christi unangetastet." (DH Art. 1 Abs. 3). Vgl. Bruhin, Konzile, S. 209 f.; Grichting, Kirche oder Kirchenwesen, S. 144.

790 Die Analogie fungierte seit alters als methodologisches Scharnier der „Wechselbeziehung zwischen weltlichem und kanonischem Recht". Nachdem eine 'analogia proportionalitatis' auf die rechtsbegrifflichen Fundamentalitäten des kanonischen bzw. saekularen Rechts nicht angewandt werden kann, sind eventuelle fundamentalbegriffliche Gemeinsamkeiten der beiden Rechtsordnungen nur über die nicht konstitutive 'analogia attributionis' erschliessbar. Die Grundrechte bleiben ein „Spezifikum des Verfassungsrechts des modernen Staates". Zum Ganzen siehe Corecco, Erwägungen, S. 435 ff. Vgl. auch Listl, Rechtsnormen, S. 87 f. – „Die Christenwürde, aus der die kirchlichen Grundrechte erwachsen, kann nicht verstanden werden als eine blosse Erweiterung oder Erhöhung der Menschenwürde in den religiösen Bereich." (Aymans, 'Munus' und 'Sacra Potestas', S. 202).

791 „Um der Heilsökonomie selbst willen sollen die Gläubigen genau zu unterscheiden lernen zwischen den Rechten und Pflichten, die sie haben, insofern sie zur Kirche gehören, und denen, die sie als Glieder der menschlichen Gesellschaft haben. Beide

bietet der Subsidiaritätsgrundsatz. Die natürlichen Rechte des Menschen als normative Postulate[792] und auch die „vom modernen öffentlichen Recht formulierten Grundrechte" sind „in ihrem inhaltlichen wie rechtlichen Aspekt ... unter der Bedingung, dass sie sich nicht im Widerspruch zur eigenen Spezifizität der Rechte des Christen entwickeln, und unter der Bedingung, dass sie positiv zur Verwirklichung der dem kanonischen Recht eigenen Ziele beitragen", subsidiär[793] anwendbar[794]. Damit werden vermeintliche Inkompatibilitäten, welche sich in foro

---

sollen sie harmonisch miteinander zu verbinden suchen und daran denken, dass sie sich auch in jeder zeitlichen Angelegenheit vom christlichen Gewissen führen lassen müssen ..." (LG Art. 36 Abs. 4). Vgl. auch Loretan, Kontext, S. 104.

792 Hinder, S. 22 f., 68 ff. Die naturrechtliche Ableitung deduziert aus der menschlichen Realität faktische Wertvorstellungen, welche als solche keine Regeln im strikt rechtstechnischen Sinne zu begründen vermögen. Ob dem Sein das Sollen logisch folgen kann, hängt davon ab, dass die Norm der Seinsstruktur tatsächlich inhärent ist, ansonsten Normen aus einem Zirkelschluss heraus gesichert werden könnten. „Entsprechend sind ... aus der Seinsstruktur des Christen allein keine grundlegenden Rechte abzuleiten." (Ders., S. 69). Eine auf naturrechtlicher Deduktion beruhende innerkirchliche Grundrechtskonzeption scheidet folglich aus. Rechtsdogmatisch erscheinen hier die naturrechtlichen Fakten in der Form eines normativen Postulates.

793 Corecco, Erwägungen, S. 449. Vgl. Gerosa, Recht, S. 209; Loretan, Kontext, S. 104. – Im grundsätzlich geschlossenen Kreis des kirchlichen Rechts (cc. 19, 20 CIC 1983) hat die subsidiäre Anwendbarkeit der natürlichen Rechte des Menschen dem kodikarischen System des rezipierenden bzw. nicht rezipierenden Verweises/Bezugnahme zu gehorchen (c. 22 CIC 1983).

794 Beispielsweise bezeichnete das Lehramt die Gewissensfreiheit als das Grundrecht des Menschen, welches in der Heilsordnung allen anderen Rechten vorangeht. Ad intra hat die Kirche dabei die Schwelle zum Schutz subjektiver Grundrechtsautonomie nicht überschritten, da sie einen diesbezüglichen Freiheitsanspruch des Individuums binnenkirchlich negiert. Die Gewissensfreiheit verharrt in der Kategorie der natürlichen Rechte des Menschen, deren zwangsbehaftete Ausserkraftsetzung durch Mittel, welche der kirchlichen Rechtsordnung fremd sind, in c. 748 § 2 CIC 1983 aber ausdrücklich verboten wird. Vgl. DH Art. 10. Hiermit „markiert die Kirche an prominenter Stelle, wo der Ausgangspunkt ihrer Verkündigung und ihrer Verhältnisbestimmung zum (sc. grundrechtsverpflichteten) Staat liegt: in der Würde der menschlichen Person" (Grichting, Kirche oder Kirchenwesen, S. 160). Vgl. Krämer, S. 25. Kirchenrechtlich hat dies eine strikte Selbstbindung der Kirche an die Möglichkeiten des geistlichen Rechts zur Folge. „Die *potestas sacra* darf nicht denaturiert werden zu einer Zwangsgewalt im Sinne einer *vis physica seu moralis* bzw. einer *potestas civilis seu mere humana*. Anders gesagt: Die Kirche muss der Versuchung widerstehen, ihren geistlichen Sendungsanspruch mit artfremden, ungeistlichen Mitteln durchzusetzen." (Aymans, 'Munus' und 'Sacra Potestas', S. 192 f.). Vgl. Ders., Kanonisches Recht I, S. 94 ff. Ad extra bestätigt der Kodex in c. 748 § 2 CIC 1983 Art. 49 Abs. 2 1. Lemma aBV bzw. Art. 15 Abs. 4 rev. BV, insofern konvergiert eine saekulare Grundrechtsgewährleistung mit einer kirchenrechtlichen Norm. Siehe auch c. 227 CIC 1983. Danach kann sich der katholische Laie, „in Ent-

civile trotz Eintretens der Kirche für Religionsfreiheit[795] und Menschenrechte ad extra aus der primären Negation von saekularistisch motivierter binnenkirchlicher Grundrechtsbindung ergeben könnten, überwunden[796].

---

sprechung zum Grundrecht der Religionsfreiheit, die es dem Staat verbietet, den Menschen seiner totalen Herrschaft unterzuordnen, ... *seiner Kirche gegenüber* auf ein analoges Recht stützen [...] Damit erkennt die Kirche ihrerseits an, dass sie kein Recht hat, von ihrem geistlichen Bereich aus im Sinne des Integralismus auf die Welt überzugreifen" (Grichting, Kirche oder Kirchenwesen, S. 162), um die Freiheit des Christgläubigen gegenüber dem irdischen Gemeinwesen einzuschränken. Vgl. Ders., op.cit., S. 161 f. Hierzu auch Aymans, 'Munus' und 'Sacra Potestas', S. 193; Corecco, Erwägungen, S. 450 f.; Felix Hafner, Grund- und Menschenrechte, S. 704 f.; Pavan, S. 717, 742.

795 „Das Konzil versteht Religionsfreiheit als Recht und Pflicht der *staatlichen* Rechtsordnung. Religionsfreiheit erscheint damit als unveräusserliches und unverzichtbares Menschenrecht, das in den Staatsverfassungen und internationalen Abkommen garantiert werden soll. Dies ist zentral für das Verhältnis der Kirche zur modernen Welt und deren Rechtsordnung, dem freiheitlichen Rechtsstaat. Die Religionsfreiheit gilt nur im Rahmen der Friedens- und Freiheitsordnung des Staates, nicht aber im Rahmen der Wahrheitsordnung der Kirche." (Loretan, Kontext, S. 103). Insofern ist sie ein staatsrechtliches Prinzip und kein kirchliches Glaubensgut. – Gl.M. Hinder, S. 60 ff. – Seit dem Zweiten Vatikanum ist nicht mehr die Wahrheit Rechtssubjekt der Religionsfreiheit, sondern der Mensch unabhängig seiner Rasse, seines Standes oder seiner Religion avanciert als Person zum Träger der Religionsfreiheit. Damit wird die Relevanz des Irrtums hinsichtlich einer Trägerschaftsverneinung überwunden. Trotzdem lässt sich „aufgrund der Unterscheidung zwischen dem rechtlich-staatlichen und dem moralisch-theologischen Bereich ... die traditionelle kirchliche Lehre, dass der Irrtum gegenüber der Wahrheit kein Recht auf Existenz geltend machen könne, mit der Anerkennung der Religionsfreiheit vermitteln, ohne dass dabei eine der beiden Positionen aufgegeben werden müsste" (Listl, Kirche und Staat, S. 220 f.). Vgl. auch Pavan, S. 715 f. Ausführlich zur Erklärung über die Religionsfreiheit 'Dignitatis humanae' Bruhin, Konzile, S. 188 ff. – „Das Konzil ist weit davon entfernt, die von ihm anerkannten staatsbürgerlichen religiösen Grund- und Freiheitsrechte als Privilegien zu betrachten, die nur den Katholiken oder den Angehörigen der christlichen Kirchen und Konfessionen zustehen sollen; es versteht die Religionsfreiheit vielmehr im Einklang mit Art. 18 der 'Allgemeinen Erklärung der Menschenrechte' und den dazu später beschlossenen Konventionen der Vereinten Nationen sowie mit Art. 9 der Europäischen Menschenrechtskonvention als eines der fundamentalen und vornehmsten Menschenrechte." (Listl, Kirche und Staat, S. 210 f.). Vgl. auch Pavan, S. 742 f.

796 Corecco, Erwägungen, S. 452 f.: „Sollen die natürlichen Menschenrechte auch für die Christen in der Kirche gültig sein? Die Antwort ist ein Ja und ein Nein zugleich. Ein Ja, weil die natürlichen Rechte eine Grenze und eine vorgängige Bedingung bilden, damit sich die *Communio* verwirklichen kann; ein Nein, weil sie Ausdruck übernatürlicher Werte nicht aus sich heraus fähig sind, die *Communio ecclesiae et ecclesiarum* als solche hervorzubringen. Ein Ja auch, weil es die Kirche in einem bestimmten geschichtlichen Augenblick als nötig erachten könnte, auf sie zurückzu-

Nachdem das zweite Vatikanische Konzil die Grund- und Menschenrechte thematisiert hatte, fand in den Codex Iuris Canonici 1983[797] ein Katalog[798] von Rechten[799] der Christgläubigen Eingang[800]. Diesem ist systematisch eine Aufli-

---

greifen, um ein tieferes Nachdenken über die Natur der Rechte des Christen hervorzurufen. Ein Nein, weil ihre Funktion (eher als subsidiärer) rein provisorischer, zwischenzeitlicher Natur ist, und zwar in der Erwartung, dass die Christen im Glauben, in der Hoffnung und in der Liebe die Werte und Massstäbe, welche die Eigenart ihrer kirchlichen Erfahrung bestimmen sollten, in ihrer Gesamtheit erfassen."

797 Felix Hafner, Kirchen, S. 148, postuliert „eine Vermittlung von Subjektivität und Objektivität im religiös-metaphysischen Bereich" und kirtisiert deren Nichtkonzedierung im neuen Codex Iuris Canonici. – Ders., Grund- und Menschenrechte, S. 704 f., erläutert, dass beispielsweise am Lehrbeanstandungsverfahren, welches nach kirchlicher Auffassung nicht die Person, sondern ihre theologischen Ansichten überprüft, die Kritik der Subjektsobjektivierung ansetzt. Vgl. auch Loretan, Kontext, S. 103; Ders., Verhältnis, S. 267. Zur Gewichtung der damit möglicherweise verbundenen beamten- und staatsrechtlichen Implikationen äussert sich Fuchs, Unfehlbarkeit, S. 127 ff. – Göbel, S. 134 ff., erkennt dem in c. 747 § 2 CIC 1983 „vindizierten Titel der Menschenrechte" richtigerweise nicht die Qualität einer Verbindlichkeitserklärung letzterer „innerhalb der Kirche und des Kirchenrechts" zu. Die Berufung auf die Menschenrechte im profanen Verständnis würde sich für den geltenden CIC unter Zugrundelegung des saekularistischen Standards ihrer diesbezüglichen Fundamentalität „geradezu als Pandorabüchse entpuppen". „Immerhin ist dieser Kanon (sc. c. 747 § 2 CIC 1983) nicht völlig funktionslos. Denn er ist zum einen eine durchaus respektable, sozusagen juridisch verfestigte Deklamation der Tatsache, dass die kirchliche Lehrautorität ihren Frieden mit der Idee der Menschenrechte gemacht hat, und in diesem Sinne kommt ihm nicht zu unterschätzende Signalwirkung zu." (Ders., S. 135).

798 Terminologisch spricht der erste Titel im zweiten Buch nicht von Grundrechten sondern lautet: „De omnium christifidelium obligationibus et iuribus". Unter diesen Katalog sind nicht mehr alle Getauften verpflichtet, sondern nur die in der Gemeinschaft mit der Kirche sich befindenden Kirchenglieder. Cf. cc. 96 und 208 CIC 1983. Hingegen unterliegen alle Menschen dem göttlichen Recht (Ius divinum). – Zur Gültigkeit der von anderen kirchlichen Gemeinschaften gespendeten Taufe in der röm.-kath. Kirche siehe Gerosa, Recht, S. 204 ff.

799 Freie Meinungsäusserung und Petitionsfreiheit (c. 212 §§ 2 und 3 CIC 1983); geistliche Hilfen (c. 213 CIC 1983); eigener Ritus und eigene Form des geistlichen Lebens (c. 214 CIC 1983); Vereinigungs- und Versammlungsfreiheit (c. 215 CIC 1983); Apostolische Tätigkeit (c. 216 CIC 1983); christliche Erziehung (c. 217 CIC 1983); Forschungs- und Veröffentlichungsfreiheit (c. 218 CIC 1983); freie Standeswahl (c. 219 CIC 1983); guter Ruf und Intimsphäre (c. 220 CIC 1983); sowie das Recht auf Rechtsschutz (c. 221 CIC 1983). Die Rechtsausübung findet ihre generalklauselartige Schranke am Gemeinwohl der Kirche und in der pflichtgemässen Rücksichtnahme gegenüber Dritten (c. 223 CIC 1983). – Zum fundamentalen 'Ius defensionis' (c. 221 § 1 CIC 1983) des Christgläubigen als verfahrensrechtlich vorausgesetztes Komplettierungselement des kodikarischen Grundrechtsschutzes siehe Franz Xaver v. Weber, Rechtsanwalt, S. 69 ff.

stung korrelierender Pflichten[801] vorangestellt. Ihre Justitiabilität wird mittels eines innerkirchlichen Verwaltungs-[802] bzw. Verwaltungsgerichtsverfahrens[803] gewährleistet[804], wobei jedoch die hierarchische Verfasstheit der römisch-katholischen Kirche keine Gewaltenteilung zulässt und somit nicht am verfahrensrechtlichen Grundrechtsschutz der Schweiz gemessen werden kann und darf[805],[806].

---

800 Hierzu ausführlich Corecco, Katalog der Pflichten und Rechte des Gläubigen, S. 200 ff.

801 Gemeinschaft mit der Kirche (c. 209 CIC 1983); Heiligkeit des Lebens und Heiligung der Kirche (c. 210 CIC 1983); Ausbreitung der göttlichen Heilsbotschaft (c. 211 CIC 1983); Gehorsam gegenüber Vorlagen der geistlichen Hirten (c. 212 § 1 CIC 1983). Des weiteren folgt im Anschluss an die Liste der Rechte die Beitragspflicht für die Bedürfnisse der Kirche (c. 222 § 1 CIC 1983); und die Förderung der sozialen Gerechtigkeit (c. 222 § 2 1983).

802 Hierzu Franz Xaver v. Weber, Rechtsanwalt, S. 60 ff.

803 „Das verwaltungsgerichtliche Verfahren zeichnet sich dadurch aus, dass eine richterliche Behörde über die Zulässigkeit einer Verfügung einer kirchlichen Verwaltungsbehörde in einer Sache, die zum kirchlichen Verwaltungs- oder Verfassungsrecht gehört, entscheidet.“ (Franz Xaver v. Weber, Rechtsanwalt, S. 65). Die Apostolische Konstitution ‘Pastor bonus’, abgedruckt in: AfkKR 157 (1988), S. 129-186, regelt u. a. das verwaltungsgerichtliche Verfahren vor der betreffenden der insgesamt in drei Sektionen gegliederten Apostolischen Signatur. Im Zuge der Erarbeitung des CIC 1983 war für die teilkirchliche Ebene von der Schaffung einer verwaltungsgerichtlichen Instanz die Rede. ‘Pastor bonus’ lässt aber eine teilkirchlich etablierte Verwaltungsgerichtsbarkeit nicht zu. Aus der Erwähnung des Verwaltungsgerichts in c. 149 § 2 und c. 1400 § 2 CIC 1983 ist jedenfalls zu schliessen, dass dort zumindest die Möglichkeit einer Errichtung nicht ausgeschlossen wurde. Siehe Ders., op.cit., S. 65 ff.

804 Zu den Verfahrensgarantien im gemeingerichtlichen Verfahren (cf. cc. 1400; 1671-1707; 1708-1712; 1717-1731 CIC 1983 betreffend des kirchlichen Straf- und Zivilprozesses sowie das durch besonderes päpstliches Gesetz geregelte Kanonisationsverfahren [c. 1403 CIC 1983; Apostolische Konstitution ‘Divinus Perfectionis Magister’ vom 25. Januar 1983, in: AAS 75 [1983], S. 349-355, auch in: Codex Iuris Canonici. Codex des kanonischen Rechts, Lateinisch-deutsche Ausgabe, 3. Aufl., Kevelaer 1989, S. LXV-LXXXVII; Normae servandae in inquisitionibus ab Episcopis faciendis in Causis Sanctorum vom 7. Februar 1983, in: AAS 75 [1983], S. 396-403; Motu proprio ‘Sanctitas clarior’ über die Neuordnung der Selig- und Heiligsprechungsverfahren vom 19. März 1969, in: AAS 61 [1969], S. 149 ff.]), welches sich von der Erstinstanz über mehrere gerichtliche Oberinstanzen erstrecken kann (zweite, allenfalls dritte Instanz im betreffenden Staatsgebiet, römische Gerichte: Rota Romana und Apostolische Signatur), siehe Franz Xaver v. Weber, Rechtsanwalt, S. 57 ff.

805 „Romanus Pontifex pro toto orbe catholico iudex est supremus, qui vel per se ipse ius dicit, vel per ordinaria Sedis Apostolicae tribunalia, vel per iudices a se delegatos.“ (c. 1442 CIC 1983). Listl, Aufgabe, S. 469, präzisiert: „Im Unterschied zu der

§ 4 Befund

Die Methode der Deduktion breitete eine Schau der religionsfreiheitlichen Grundrechtsrealitäten aus, deren Herleitungsprogramm von der schematischen Grundrechtsübersicht zur Relevanz des konstitutiv-institutionellen Teilgehalts über die objektivrechtlichen Komplementärspezifikationen Parität und Toleranz zur religiös-weltanschaulichen Neutralität reichte. Aus diesem rechtsquellentechnisch gesicherten Bestand fliesst die korporative Religionsfreiheit, welche völkerrechtlich u. a. durch Art. 9 EMRK[807] rechtsbindend verbrieft ist[808], in ihren objektiv- und subjektivrechtlichen Facetten[809]. Als materielles Element stellt das kirchliche Selbstbestimmungsrecht den für das vorliegende Thema belangvollen religionsfreiheitlichen Idealzustand dar. Die Realität beginnt sich der Idealität in der bundesgerichtlich expressis verbis verpflichtend festgestellten religiös-weltanschaulichen Neutralität des Gemeinwesens zu nähern. Diese verkümmert auf der deskriptiven Ebene, wenn nicht das normative Element des Sollens als

---

Gewaltenteilung der modernen repräsentativen Demokratie kennt das kanonische Recht, nach dem die gesamte oberste Leitungsgewalt beim Papst oder beim Bischofskollegium liegt, keine Gewaltenteilung, wohl aber eine für die Praxis bedeutsame und effektive Gewaltenunterscheidung." Sie gliedert sich gemäss c. 135 § 1 CIC 1983 in die 'Potestas legislativa, exsecutiva et iudicalis'. „Dies bedeutet in der Rechtspraxis, dass auch in der obersten Leitung der katholischen Kirche die verwaltende Tätigkeit und die Rechtsprechung, soweit deren Akte nicht ausnahmsweise vom Papst selbst vorgenommen werden, in den Händen getrennter Organe liegen." (Mikat, Verhältnis von Kirche und Staat, S. 146). Zur Gerichtsorganisation der röm.-kath. Kirche siehe Apostolische Konstitution 'Pastor bonus', abgedruckt in: AfkKR 157 (1988), S. 129-186.

806 „Die Kirche ist kein Rechtsstaat." (Aymans, 'Munus' und 'Sacra Potestas', S. 191). – Hier verdient die Tatsache Erwähnung, dass der Hl. Stuhl die Charta der EMRK bis dato nicht ratifiziert hat!

807 Es besteht gemäss Conring, S. 338, „Einigkeit darin, dass sich Kirchen und Glaubensgemeinschaften, unabhänig von ihrer Rechtsform, auf Rechte des Art. 9 EMRK berufen können". Siehe Strasser, S. 18 ff.

808 Dies verkennt Loretan, Kirchenaustritt, S. 116, der bei seiner Behauptung, dass die korporative Religionsfreiheit lediglich ein Postulat sei, weder die völkerrechtlichen Rechtsquellen berücksichtigt noch den aktuellen Stand von Lehre und Rechtsprechung konsultiert.

809 Der konstitutiv-institutionelle Teilgehalt der Religionsfreiheit birgt über das kirchliche Selbstbestimmungsrecht den Schlüssel zur Bereichscheidung des kirchlichen und des staatlichen Wirkungskreises, während die auf die objektivrechtliche Komponente des Freiheitsrechts bezugnehmende individualrechtliche Trägerschaft der subjektiven Grundrechtsseite zuzuordnen und die personale Reichweite materiellrechtlich über die legitimationstechnische Formalie erschliessbar ist, welche sich in ihrer Substanz aus dem sachlichen Umfang der Religionsfreiheit enthüllt.

Regel das Sein rechtsbildend ergänzt und somit den Syllogismus in bezug auf die formale Sicherung des kirchlichen Selbstbestimmungsrechts perfektioniert[810]. Damit folgt das Richtige dem Wirklichen[811]. Das Bundesgericht geht explizit bis dato nicht über die religiös-weltanschauliche Neutralitätspflicht des Staates hinaus. Es gewährt darauf einen individualrechtlichen Anspruch[812]. Der Profit dieser staatlichen Verhaltensbindung ist approximativ grösstenteils konfessionell ausgeprägten und verfassten Verbandspersonen zugänglich, das Individuum erfährt über den subjektivrechtlichen Teilgehalt der Religionsfreiheit hinreichenden Schutz. Dann aber vermag sich die Rechtsfolge des individualrechtlichen Anspruchs nur formalbegrifflich von der positiven Notwendigkeit korporativfreiheitlicher Selbstbestimmung des konfessionellen Verbandes zu unterscheiden. Das in der Theorie selbständige Gebot wirkt hinsichtlich des Kollektivs ungenügend konditioniert. Die Rechtsschöpfung ist deshalb veranlasst, daran die konfessionsseitig verschiedenartig facettierte korporative Religionsfreiheit zwecks normativer Grundrechtsverdichtung zu knüpfen. Dies führt in der Konsequenz zur

---

810 Vgl. Forstmoser/Ogorek, S. 27 ff., 70 f. – Die Anerkennung der korporativen Religionsfreiheit ist ein Akt der „*Konkretisierung* als einer besonderen Art der 'Ausschöpfung und Anreicherung' der Grundrechte [...] Der Verfassungsrichter kann die Religionsfreiheit nicht einfach auf den Lebenssachverhalt anwenden; er muss vielmehr zuerst das noch in der Art eines blossen Programms formulierte Grundrecht in einen anwendbaren Rechtssatz umgiessen." (Karlen, Religionsfreiheit, S. 168).

811 Vgl. Felix Hafner, Beteiligung, S. 37.

812 Es stellt sich hier die Frage nach dem individualrechtlichen Nutzen des Rechts auf religiös-weltanschauliche Neutralität als Inbegriff sämtlicher aus der Religionsfreiheit fliessenden objektivrechtlichen Facetten. Der Staat fördert die Toleranz, indem er die Voraussetzungen zu friedlicher Koexistenz unter den Religionsgemeinschaften und ihrer Mitglieder schafft. Die Toleranz des Gemeinwesens selber äussert sich bezüglich der Religionsfreiheit in seiner religiös-weltanschaulichen Neutralität. Der Anspruch auf Parität besteht insofern, als die den Kantonen originär zugewiesene Kompetenz zur staatskirchenrechtlichen Verhältnisgestaltung den vom Paritätsgrundsatz in Art. 49 Abs. 4 aBV (dieser ist in der nachgeführten BV aus Art. 15 Abs. 1 rev. BV abzuleiten, vgl. Botschaft BV, BBl 1997 I 157) spezialrechtlich überlagerten bzw. redundant gültigen Gleichheitsgrundsatz des Bundesrechts gemäss Art. 4 aBV bzw. 8 rev. BV nicht verletzen darf. Die Parität hat sich in diesem Rahmen zu bewegen. In die subjektivrechtliche Pflicht genommen, mehren die objektivrechtlichen Komplementärgehalte Toleranz und Parität der religiös-weltanschaulichen Neutralität materiell den individualrechtlichen Anspruch höchstens an den religionsfreiheitlichen Flanken. Ihr judizieller Ertrag muss aus subjektiver Rechtssicht einen Zwischenschritt auf dem durch die objektivrechtlichen Teilgehalte vorgezeichneten Weg der Grundrechtsentwicklung bedeuten. Es ist zu hoffen, dass der Verfassungsgeber bzw. das BGer. mit der Anerkennung des kirchlichen Selbstbestimmungsrechts und der Gewährleistung korporativer Religionsfreiheit in bälde ans formalrechtliche Ziel gelangt.

prozessualen Eignung des subjektivrechtlichen Anspruchs auf korporative Religionsfreiheit.

Obwohl sich das kirchliche Selbstbestimmungsrecht aus der religiös-weltanschaulichen Neutralitätspflicht systemgültig deduzieren lässt, behindert in praxi die vermeintlich bundesverfassungskonforme Statik staatskirchenrechtlicher Strukturen das grundfreiheitlich motivierte Bestreben, diesbezüglich die gliedstaatlichen Kompetenzen an den Gestaltungsvorgaben der Religionsfreiheit konsequent auszurichten. Folglich erschweren vom pragmatisch-spekulativen Standpunkt aus bewertet religionspolitische Argumente zugunsten der Aufrechterhaltung überkommener Strukturen die religionsfreiheitlich unabdingbare Realisation eines selbstbestimmungsrechtlichen Präjudizes[813]. Dieses Desiderat[814] ist infolgedessen bis dato weder judiziell[815] verwirklicht noch legislatorisch umgesetzt. Will das höchste schweizerische Gericht in einer auf Rechtssicherheit ausgelegten Rechtsprechung seinen Hauptaufgaben gerecht werden, soll es zwecks Wahrung und Fortbildung des Rechts die normative Ordnung dahingehend arrangieren, dass sich die offensichtliche Bestimmtheit einer ungeschriebenen Regel zum Gestaltungsprinzip de lege ferenda ausreift. Da der Streitansatz jeweils in der Unschärfe der bezüglichen Norm selber liegt, wird das Bundesgericht nicht umhin können, den Rechtsfrieden insofern zu befördern, als es in casu die objektivrechtlich hinreichend verdichtete Religionsfreiheit korporativer Observanz

---

813 Gemäss Friederich, Kirchen und Glaubensgemeinschaften, S. 382, erfolgen Korrekturen in Richtung „entschiedener Rücksichtnahme des Verfassungs- und Gesetzgebers auf das Selbstverständnis kirchlicher Gemeinschaften ... in der Praxis nicht selten durch grundrechtsorientierte *Auslegung*". Ansatzweise hat das BGer. etwa in BGE 97 I 277 E. 3c. hinsichtlich der Bestattung von Kirchenangehörigen und in BGE 93 I 352 f. E. 2 (vgl. auch BGE 98 Ia 407 E. 3) bezüglich der Zugehörigkeit zur ev.-ref. Kirche sowie in BGE 119 Ia 185 f. E. 4d bei den islamischen Kleidungsvorschriften auf das Selbstverständnis des betreffenden konfessionellen Verbandes Rücksicht genommen.

814 Ebenfalls hofft Friederich, Kirchen und Glaubensgemeinschaften, S. 467, auf einen diesbezüglichen Entscheid des BGer.

815 Grundrechte reflektieren als Verfassungsreagens zeitumständlich determinierte Gefährdungen des Staates und seiner Subjekte. Ihr objektiver Gehalt ist in seiner „*historischen Bedingtheit*" zu akzeptieren. Der geschichtliche Wandel erlaubt indes nicht, historisch begründete Gefährdungen unreflektierterweise zu perpetuieren, indem die Notwendigkeit der diesbezüglichen Rechtsfortbildung negiert wird. Um den aktuellen Rang einer Norm zu erkennen, hat man ihre Bedeutung im Bezug zur Gegenwart interpretatorisch zu ermitteln. In bezug auf ein Grundrecht verlangt die Interpretation eine Analyse der gegenwärtigen Relevanz vergangener und akuter Gefahrenlagen. Insofern hat des BGer. dem Postulat geltungszeitlicher Auslegung Rechnung zu tragen. Hierzu BGE 108 Ia 46. Siehe Hangartner, Grundzüge II, S. 29. Vgl. auch Friederich, Kirchen und Glaubensgemeinschaften, S. 244 f.

dem subjektivrechtlich durchsetzbaren Grundrechtskatalog eingliedert. Diese Obliegenheit strahlt auf den Verfassungsgeber aus, welcher mithin gehalten ist, de constitutione ferenda entsprechend zu agieren. Normlogisch betrachtet wie topisch gewichtet führt somit kein Weg an der offiziellen Aufnahme der korporativen Religionsfreiheit als objektiv gültige Norm in den religionsrechtlichen Katalog der Grundfreiheiten vorbei.

Das Konzept staatskirchenrechtlicher Freiheit[816] erschliesst sich aus der Symbiose grundrechtlicher und institutioneller Verfassungselemente. Die Religionsfreiheit bedingt inhaltlich die grundrechtskonforme Ausprägung einer staatskirchenrechtlichen Ordnung, um dort die „'konsequente Verwirklichung' des Individual- und Verbandsgrundrechts" zu erzielen[817]. Insofern disponiert die integrale Religionsfreiheit über die eigentliche Legitimation des grundrechtlich verfügten Verhältnisprinzips der kirchlichen Selbstbestimmung. Die Gewährleistung der integralen Religionsfreiheit macht das Staatskirchenrecht jedoch iuristisch nicht entbehrlich, „weil das Grundrecht, für sich allein genommen, 'ambivalent ist zum Aufbau sehr verschiedener Systeme und daher ohne ein komplementäres Organisationsprinzip keine zureichende Gestaltungsgrundlage für eine konkrete staatskirchenrechtliche Ordnung darstellt'"[818].

Neben den privatrechtlichen Religionsgemeinschaften eignet auch den publizistisch situierten Kirchen bzw. den bezüglichen staatskirchenrechtlichen Verbeiständungsinstrumenten extern ihrer hoheitlichen Rechtsmacht und vorbehaltlich eigener Bindung die Qualität religionsfreiheitlicher Trägerschaft. Die konfessionellen Gemeinschaften dienen realiter unabhängig der saekularen Klassifikation ihrer Rechtsgestalt faktisch der individuellen Grundrechtsverwirklichung[819], welche die römisch-katholische Kirche nicht in summa subjektiver Positionen, sondern anhand ihres anstaltlich-hierarchischen Verfassungsprinzips als genuine Rechtsträgerin ermöglicht[820]. Mitsamt ihrem kantonalkirchlichen Überbau räumt die Konstruktion der staatskirchenrechtlichen Körperschaften in der Form staatlicher Sonderzweckgemeinden dem Gemeinwesen die Dispositionsbefugnis bezüglich der Mensuren des damit verbundenen Freiraums ein. „Obwohl der landeskirchliche (sc. kantonalkirchliche) Verband in katholischer Optik nur die Be-

816 Die verwendete Begrifflichkeit ist hier selbstverständlich so zu verstehen, dass nicht die Freiheit des Staates gemeint sein kann, nach Belieben staatskirchenrechtliche Ordnungen zu kreieren, sondern vorliegend seine Verpflichtung terminologisch zum Ausdruck gebracht wird, die Religionsfreiheit als zwingendes Gestaltungsprinzip des staatlichen Verhältnisses zum konfesionellen Verband einzusetzen.

817 Isensee/Rüfner, S. XXIX.

818 Isensee/Rüfner, S. XXIX, mit Zitation aus Listl, Religionsfreiheit, S. 7.

819 Friederich, Kirchen und Glaubensgemeinschaften, S. 465 f.

820 Vgl. Hangartner, Universitätshexe, S. 113.

deutung einer staatsrechtlichen Hilfskonstruktion mit zudienender Funktion hat, ist sein Einfluss auf das kirchliche Leben unter Umständen beträchtlich. Auch wenn das staatliche Recht die kanonische Organisation der Kirche als solche nicht antastet, verletzt eine umfassende ausschliesslich staatliche Regelung der landeskirchlichen Organisation deshalb unter Umständen die Kirchenfreiheit. Sie widerspricht jedenfalls den Bestimmungen des *Abschliessenden Dokuments des KSZE-Folgetreffens von Wien*, wonach das Recht kirchlicher Gemeinschaften zu achten ist, 'sich nach ihrer eigenen hierarchischen und institutionellen Struktur zu organisieren'."[821]. Der kantonale Verfassungs- und Gesetzgeber darf also die durch die Grundfreiheiten umgrenzte Placierung einer kirchlichen Gemeinschaft im staatlichen Gefüge nur mittels Rücksichtnahme auf ihr theologisches Selbstverständnis bestimmen[822]. Derweil muss er das Distanzgebot, welches aus der religiös-weltanschaulichen Neutralitätspflicht fliesst, befolgen. Es ist jedoch bei der Konditionierung staatskirchenrechtlicher Körperschaften nicht zu verkennen, dass sich staatsrechtliche Vorschriften in der Form eines prinzipiellen Präjudizes zuungunsten der strukturellen Ausprägung der römisch-katholischen Kirche wie beispielsweise „über das Wahl- und Stimmrecht in der Kirche, über den Schutz konfessioneller Minderheiten in einer Landes(sc. Kantonal-)kirche oder über demokratische Strukturen in der Kirche angesichts des Selbstverständnisses der betroffenen Kirche" als 'Societas perfecta' kaum rechtfertigen lassen[823]. Der Violation des kirchlichen Selbstbestimmungsrechts leistet in praxi das Gemeinwesen vermittels gliedstaatlicher Autonomiegewährleistung[824] staatskirchenrechtlichen

821 Friederich, Kirchen und Glaubensgemeinschaften, S. 416. Siehe Karlen, Religionsfreiheit, S. 139.

822 Hierzu Grichting, Kirche oder Kirchenwesen, S. 168.

823 Friederich, Kirchen und Glaubensgemeinschaften, S. 382. Vgl. auch Karlen, Religionsfreiheit, S. 331.

824 Die gliedstaatlich gewährleistete Autonomie stiftet die staatskirchenrechtlichen Körperschaften an, die Religionsfreiheit zum Nachteil des konfessionellen Verbandes für sich in Anspruch zu nehmen, um dadurch das kirchliche Selbstbestimmungsrecht zu paralysieren. Gleichzeitig verfallen die Organe der profanrechtlichen Verbeiständungsinstrumente oftmals der irrigen Meinung, ein saekularrechtlich gesichertes Vertretungsmandat des konfessionellen Verbandes verbindlich gegenüber dem Gemeinwesen wahrnehmen zu können, während ihnen kirchenrechtlich in keiner Art und Weise eine solche Substitutionsbefugnis zukommt. – Die rechtsdogmatische Inadäquanz einer Substitution des religionsfreiheitlichen Schutzes durch gliedstaatlich konzedierte Autonomie ereignet sich u.a. teils darin, dass diese sowohl in begrifflicher als auch qualitativer Hinsicht die Berufung auf das kirchliche Selbstbestimmungsrecht nicht zu sichern vermag, teils der kantonalen Autonomiegewährleistung unbeschadet ihres Tauglichkeitsmangels nurmehr „deklaratorische Bedeutung" gebührt, wenn sie umfangmässig das kirchliche Selbstbestimmungsrecht unterschreitet. Siehe Friederich, Kirchen und Glaubensgemeinschaften, S. 373;

Zuschnitts Vorschub, indem der Gliedstaat an das Zwangskonstrukt Kantonalkirche bzw. an die entsprechenden Sonderzweckgemeinden staatskirchliche Normierungsbereiche delegiert[825]. Diese unterliegen trotz kausaler Verknüpfung mit dem Autonomietopos u.a. in organisationsrechtlicher Hinsicht einem saekularistischen Identitätsoktroi, welcher in der Konsequenz die anstaltlich geprägte römisch-katholische Kirche dem Staat entfremdet[826]. Dadurch erleidet die religiösweltanschauliche Neutralität als unverzichtbare Prämisse der korporativen Religionsfreiheit ungerechtfertigter- und systemwidrigerweise eine Einbusse ihrer Schutzwirkung[827]. Die Argumentation, dass eine Grundrechtsträgerschaft publizistisch situierter bzw. verbeiständeter Religionsgemeinschaften die staatskirchenrechtliche Gestaltungsfreiheit der Kantone existenziell verletzen könne und dem-

---

Hangartner, Grundzüge II, S. 100. Vgl. auch Thomas Fleiner-Gerster, Glaubens- und Gewissensfreiheit, S. 118.

825 § 91 rev. KV SZ schreibt die Schaffung einer kantonalkirchlichen Organisation vor, während § 92 rev. KV SZ dieser gleichzeitig im Rahmen von Verfassung und Gesetz Organisationsfreiheit gewährt und eine Transposition der Autonomiegewährleistung, welche mindestens dem in § 94 Abs. 3 rev. KV formulierten Standard entsprechen soll, vermöge der Kompetenzkompetenz auf eine subalterne Normstufe zulässt. Vgl. auch Gewährleistungsbotschaft rev. KV SZ, BBl 1993 II 189, die bezüglich der Überprüfung von §§ 91-96 rev. KV SZ auf ihre Bundesrechtsmässigkeit undifferenzierterweise die korporative Religionsfreiheit unter die kantonalrechtlich gewährleistete Autonomie staatskirchenrechtlicher Körperschaften subsumiert und infolgedessen das dadurch entstehende Potential bundesrechtswidriger Verletzungen des kirchlichen Selbstbestimmungsrechts übersieht. Es ist daher an dieser Stelle anzumerken, dass die Gewährleistung von kantonalen Verfassungsnormen lediglich deklaratorische Wirkung entfaltet. Die Bundesversammlung kann einen Gewährleistungsbeschluss widerrufen, wenn sich später ein Widerspruch der gewährleisteten Kantonsverfassungsnormen zum Bundesrecht ergibt. Hierzu Häfelin/Haller, Rz. 254 ff.

826 Mögliche religionsfreiheitliche Defizite des staatskirchenrechtlichen 'Status quo' veranlassen Friesenhahn, S. 9, zu fragen, weshalb „dieser, dem Staat entzogene, ihm fremde Bereich der Verkündigung des Wortes Gottes, überhaupt in eine öffentlichrechtliche Organisationsform gebracht wird, so dass die Kirchen ihren Gliedern *auch* mit einer Hoheitsgewalt analog der staatlichen Hoheitsgewalt gegenübertreten, und die Kirchen in eine *spezifische* Beziehung zum Staat gebracht werden". Ohne mit einer einlässlichen Begründung in seiner Stellungnahme diesbezüglich dagegenzuhalten, verweist Fuchs, öffentlich-rechtliche Anerkennung, S. 97 f., auf die „schweizerische Realität und Tradition". Diese Antwort erscheint Karlen, Religionsfreiheit, S. 241, zu Recht „etwas widersprüchlich".

827 Diesbezüglich wird die religiös-weltanschauliche Neutralität des Staates nicht vollumfänglich objektivrechtlich umgesetzt. Siehe Pius Hafner, Staat und Kirche, S. 204; Listl, Gewährleistung, S. 95.

zufolge in unbeachtliche Nachrangigkeit verfallen solle[828], läuft unbegründeterweise leer[829], denn das grundrechtliche Schrankenelement der föderal austarierten eidgenössischen Kompetenzenordnung wird zugunsten kantonaler Begehrlichkeiten im Staatskirchenrecht nicht ausser Kraft gesetzt[830]. Letztlich gerät hier

---

828 Siehe Felix Hafner, Kirchen, S. 70 ff., 303 f. A.M. Karlen, Religionsfreiheit, S. 241. Vgl. auch Ders., op.cit., S. 281. – Bruhin, Verhältnis, S. 185, erblickt im Zugeständnis korporativer Religionsfreiheit an die Kirchen eine Gefährdung ihres publizistischen Status: „Wer zugunsten der Religionsfreiheit noch weiter gehen will – was mir nicht zwingend scheint –, der muss das gegenwärtige System der öffentlichrechtlichen Anerkennung verlassen."

829 Die Kompetenz der Kantone bezüglich der rechtlichen Ausgestaltung ihrer Beziehungen zu den konfessionellen Gemeinschaften bleibt als solche unangetastet, lediglich die Bandbreite der möglichen Regelungszuständigkeit kann sich verringern. Vgl. Pius Hafner, Dienst, S. 86; Ders., Kirche und Staat in 26 Rechtsordnungen, S. 6 (undeutlich). – Felix Hafner, Beteiligung, S. 164, nimmt „eine gewisse Einschränkung kantonaler Kirchenhoheit in Kauf, um „die Gewährleistung kollektiver Religionsfreiheit für die kirchlichen Körperschaften des öffentlichen Rechts auf Bundesverfassungsebene" zu ermöglichen.

830 Felix Hafner, Spannungsfeld, S. 46, Anm. 49, bezweifelt, dass der Grundsatz kirchlicher Selbstbestimmung publizistisch positionierten Konfessionen rechtmässig zur Verfügung steht, wobei er insbesondere aus dem Blickwinkel der Grundrechtsdogmatik die Anwendung der Schrankenlehre mit dem Argument verneint, dass die öffentlichrechtliche Anerkennung infolge Freiwilligkeit des kirchlichen Statusakzepts einen Grundrechtsverzicht (allgemein zum Grundrechtsverzicht siehe Malacrida, S. 3 ff.) bewirke. Gegen den Einwand der Unverzichtbarkeit religionsfreiheitlicher Garantien beruft sich Hafner auf BGE 118 Ia 214. Diese Ansicht verlangt in zweierlei Hinsicht der Präzisierung: – Das BGer. nimmt erstens bis dato einen abschliessenden Katalog unverjähr- und unverzichtbarer Grundrechte an. Das höchste Schweizerische Gericht folgt im erwähnten Entscheid nun teilweise der Lehre, indem es nicht mehr exklusiv auf das Kriterium der kategorisierenden Grundrechtsprivilegierung abstellt. „Die von der bisherigen Rechtsprechung definierte Kategorie der unverjährbaren und unverzichtbaren Grundrechte kann daher nicht – und insofern ist der Kritik der Lehre Rechnung zu tragen – im Sinne eines numerus clausus abschliessend und unverrückbar vorbestimmt sein. Es kommen dafür unter Umständen auch bisher noch nicht als privilegiert anerkannte Grundrechtsgarantien in Frage. Die dafür erforderlichen Voraussetzungen sind allerdings angesichts der äusserst weitreichenden Auswirkungen restriktiv zu handhaben." (loc.cit., S. 214). Von einer Reduktion zuungunsten der Religionsfreiheit spricht das BGer. nicht! – Zweitens stellt der Grundrechtsverzicht einen Dispositionsakt dar, welcher mittels einer empfangsbedürftigen und formlosen Willenserklärung erst unter freiwilliger Abgabe und nur bei Abwesenheit von Irrtum, Täuschung oder Drohung rechtsverbindlich wird. Folglich müsste die betroffene öffentlichrechtliche Körperschaft eine rechtsgültige Willensbildung des Kollektivs über den allfälligen Grundrechtsverzicht anstrengen, um sich des grundrechtlichen Schutzes begeben zu können. Zusätzlich erheischte im dualistischen Verhältnis Kirche-Staat die Stellung der allenfalls publizistisch positionierten röm.-kath. Kirche eine diesbezügliche Verzichtseinwilligung des hierar-

das kirchliche mit dem staatlichen Souveränitätsverständnis in einen Konflikt, der nur mittels vertraglicher bzw. konkordatärer Übereinkunft vermeidbar wäre[831],[832]. Keinesfalls stehen dem Gemeinwesen und seinen staatskirchenrechtli-

---

chisch verfassten konfessionellen Verbandes. Jedenfalls ist schon alleine beim staatlicherseits diktierten Übergang vom Staatskirchentum zur staatlichen Kirchenhoheit das undispensierbare Moment der Freiwilligkeit des Dispositionsaktes nicht ersichtlich. Die angelegentlich erhoffte Konstruktion eines rechtsgenüglichen Grundrechtsverzichts der öffentlichrechtlich situierten Kirchen führt zwangsläufig in ein sophistisches Labyrinth der Rechtsspekulation. – Ebenfalls die These des Grundrechtsverzichts nicht nachvollziehend Karlen, Religionsfreiheit, S. 240 f.: „Mit der Anerkennung werden jedoch die Religionsgemeinschaften nicht vollständig in den Staatsapparat integriert; man hat sie deshalb zu Recht als *öffentlichrechtliche Körperschaften sui generis* bezeichnet, weil sie eben durch die staatliche Anerkennung ihre Religionsfreiheit grundsätzlich nicht verlieren ...“ Das organisationsrechtliche Argument implizit voraussetzend dupliziert Winzeler, Selbstbestimmungsrecht, S. 95, vom Zweck der öffentlichrechtlichen Anerkennung her: „Die (sc. öffentlichrechtliche) Anerkennung will nach heutigem Verständnis nicht Privileg für die Kirche, sondern institutionelle Vorkehr sein ... Wenn ein Kanton dazu eine Form seines öffentlichen Rechts zur Verfügung stellt, so gewiss nicht, um die Freiheit der betroffenen Kirche zu beschränken, sondern vorab um ihr ein angemessenes Instrumentarium zu schaffen.“ – Zur Kritik eines festen Katalogs unverjährbarer und unverzichtbarer Rechte siehe Karlen, Religionsfreiheit, S. 456 f. und dort zit. Lit.

831 Vertragliche Absicherung kirchlicher Rechte und die integrale Protektion der Religionsfreiheit schliessen einander nicht aus. Vielmehr ist die (völker)vertragsrechtliche Regelung elastischer als eine statische Verfassungsnorm, da oftmals nicht zu übersehen ist, „dass instutionelle Garantien in den Staatsverfassungen nicht in der Lage sind, den gesamten Bereich der Beziehungen Kirche-Staat-Gesellschaft abzudecken, und dass sehr häufig erstarrte Interpretationen einer Anpassung an die gewandelte Situation im Wege stehen“ (Puza, Weltkirche, S. 656). In diesem Sinne ergänzt und konkretisiert des Institut der zweiseitigen Vereinbarung den (über)staatlich gewährleisteten Grundrechtsschutz. Vgl. Aymans, Kanonisches Recht I, S. 97. „Daher tritt auch der Heilige Stuhl seit langem innerstaatlich wie international, insbesondere im Forum der internationalen Organisationen, für die Religionsfreiheit und sonstige Menschenrechte ein, ohne deswegen dem (sc. in casu nicht ausschliesslich im formal-technischen Sinne zu verstehenden) Konkordatsinstitut entsagt zu haben.“ (Köck, rechtliche und politische Aspekte von Konkordaten, S. 51).

832 Corecco, Landeskirche, S. 14 f., legt dar, dass die staatlich einseitige Rechtssetzung in kirchlichen Angelegenheiten, die Generierung der staatskirchenrechtlichen Körperschaften aus dem staatlichen Korporationenkatalog mit den daraus resultierenden Bindungen, die Abhängigkeit von der Gewährleistung abgeleiteter Autonomie für die der Kirche in hingeordneter Position zudienenden staatlichen Institutionen und deren vorbehaltliche 'Weitergabe' an die hierarchisch verfasste Kirche zugunsten einer „Anerkennung der prinzipiellen Unabhängigkeit und Souveränität der Kirche“ auf vertraglicher bzw. konkordatärer Basis unter Beachtung der Verschiedenartigkeit beider Rechtskreise hinfällig würden. – „In einer Zeit, in der überkommene historische Positionen der Kirche im Verhältnis zum Staat innerlich schwächer zu werden

chen Verbeiständungsinstrumenten zulässige Mittel zu Gebot, die römisch-katholische Kirche auf einen von ihr per staatliches Geheiss zu rezipierenden formellen und materiellen Grundrechtskatalog einseitig zu verpflichten. Der religionsfreiheitliche Respekt des Gemeinwesens bildet die conditio sine qua non für eine kommunikative Kooperation von Kirche und Staat[833]. Die geschichtliche Signifikanz staatlichen Souveränitätsbeharrens hat dem Streben nach partnerschaftlicher Loyalität[834] zu weichen[835], welches vom Willen nach 'Deregulie-

---

drohen, sollten Staat und Kirche nach neuen Legitimationsgründen und Formen ihrer Zuordnung suchen, die sich zugleich als wichtiger Beitrag zur Sicherheit gesamtgesellschaftlicher Freiheit zu erweisen haben und dennoch ausgewogen die historische Kontinuität im Blick halten. Nicht zuletzt gehört zur politischen 'Angemessenheit', dass der Staat die 'konkrete Form der Zuordnung' nicht durch einseitigen Machtspruch, sondern durch auf Ausgleich bedachtes Zusammenwirken findet; in diesem Sinne gewinnen Konkordate und ... Kirchenverträge heute wieder gesteigerte Bedeutung." (Mikat, StL, Sp. 489). Vgl. auch Friederich, Kirchen und Glaubensgemeinschaften, S. 416 f.; Friesenhahn, S. 16 f.; Grichting, Kirche oder Kirchenwesen, S. 326. – Dem Desiderat nach vertraglichem Interessenausgleich trägt die Kirche Rechnung, indem sie ihrerseits die kodikarischen Voraussetzungen schafft, um über ihre Vertragsverlässlichkeit keinen Zweifel aufkommen zu lassen: „Codicis canones initas ab Apostolica Sede cum nationibus aliisve societatibus politicis conventiones non abrogant neque iis derogant; eadem idcirco perinde ac in praesens vigere pergent, contrariis huius Codicis praescriptis minime obstantibus." (C. 3 CIC 1983). Vgl. Lampert, Kirche und Staat II, S. 178; Listl, Aufgabe, S. 468; Mikat, Verhältnis von Kirche und Staat, S. 147; Rauber, S. 172. – Das Problem der Adäquanz rechtlicher Organisationsformen im publizistischen bzw. zivilistischen Rechtskreis in Anbetracht des religionsfreiheitlich zu schützenden Selbstverständnisses des konfessionellen Verbandes erkennen auch Friederich, Kirchen und Glaubensgemeinschaften, S. 388; Pius Hafner, Staat und Kirche, S. 189; Karlen, Religionsfreiheit, S. 108; Schmid, S. 65.

833 Aufgrund der Aussagen des Zweiten Vatikanums zum Verhältnis von Kirche und Staat „lässt sich die Feststellung treffen, dass in den Konzilstexten auf der Grundlage der Gewährleistung voller individueller und korporativer Religionsfreiheit eine *Synthese* zwischen den traditionellen Grundpositionen und -erwartungen der katholischen Kirche gegenüber der politischen Gemeinschaft und dem Religionsverständnis des religiös-neutralen, freiheitlich-demokratischen Verfassungsstaats erzielt worden ist" (Listl, Kirche und Staat, S. 233). Die geistesgeschichtliche Bedeutung dieser Aussage liegt in der Abkehr der röm.-kath. Kirche vom Postulat des konfessionellen Staates und ihrer Hinwendung zur Bereitschaft partnerschaftlicher Zusammenarbeit mit dem Gemeinwesen. Hierzu Ders., op.cit., S. 233 ff.

834 Es ist an dieser Stelle in Anbetracht der kirchlichen Souveränität, welche der röm.-kath. Kirche erlaubt, unabhängig von der staatlichen Gewalt über die ihr eigenen Mittel zur Erreichung ihres göttlich verfügten Zwecks zu disponieren, im Vergleich mit dem saekularen Gemeinwesen darauf hinzuweisen, „dass sich der Staat innerhalb der internationalen Gemeinschaft in einer zu der des Individuums im Staat analogen Lage befindet und nur dann für sich die Respektierung eines Mindestma-

rung' des bilateralen Verhältnisses getragen werden muss[836]. Hierzu ist momentan[837] der zweiseitige Vertrag als „das genuine rechtliche Verständigungsmittel zwischen Freien und Gleichen"[838] ein vorzügliches Institut[839], um mithin auch In-

---

sses an friedlicher Entwicklungsmöglichkeit fordern kann, wenn er seinerseits bereit ist, diesen Respekt auch den anderen Gliedern der internationalen Gemeinschaft entgegenzubringen. Zu diesen Gliedern gehört aber auch die katholische Kirche, insoweit sie über ihre Mitglieder geistliche Souveränität in einer der weltlichen Souveränität der Staaten vergleichbaren Art ausübt. Sie kann daher – eben weil es im internationalen Bereich um Personen*gemeinschaften* geht und nicht um Individuen – *als solche*, also als Kirche, Anerkennung und Achtung fordern." (Köck, rechtliche und politische Aspekte von Konkordaten, S. 45).

835 „Die Stellung der Kirche in der Gemeinschaft ist alsdann nicht mehr geprägt vom staatlichen Souveränitätsanspruch, sondern vom Verhältnis zwischen Kirche und Gesellschaft, die Kirche wird frei in einer freien Gesellschaft." (Ulrich A. Cavelti, Aufklärung, S. 214). Dies führt im Bereich der staatskirchenrechtlichen Legiferierungskompetenzen zu einer Erhöhung der Akzeptanz und festigt die Legitimationschancen der saekularen Verhältnisgestaltung.

836 „Eine '*Deregulierung*' im Verhältnis zwischen katholischer Kirche und Bundesstaat ist in jeder Hinsicht angezeigt, ebensosehr wie im Verhältnis zwischen Staat und Wirtschaft. Ein Regelungsbedarf besteht hier schon längst nicht mehr – wenn er überhaupt je gegeben war." (Gut, Errichtung, S. 34). Dieser Befund trifft in besonderem Masse auf die inflationäre Kreation im nicht kanonischen Sinne 'synodal' geschwollener staatskirchenrechtlicher Kantonalkörperschaften in den katholischen Stammlanden zu.

837 Zunehmend nimmt mit der feststellenden Anerkennung der korporativen Religionsfreiheit die konkrete Gestalt des Verhältnisses Kirche-Staat aus den grundfreiheitlichen Garantien in der Form einer normativen Prämisse ihren rechtlichen Ausgangspunkt. „Unter diesem zukunftsorientierten Aspekt erscheint es ungewiss, ob die römisch-katholische Kirche für ihr Wirken, um das Wohl der Gläubigen ('salus animarum') zu sichern, weiterhin den Weg über völkerrechtliche Verträge als notwendig zu erachten braucht. Es ist durchaus möglich, das[s] unter dem neuen Paradigma der Kirchenfreiheit in ferner Zukunft die Epoche der Konkordate zu Ende gehen kann." (Gut, Errichtung, S. 29). Unter der Bedingung, dass die subjektivrechtlich seitens des konfessionellen Verbandes durchsetzbare korporative Religionsfreiheit den methodologischen Schlüssel zur Bereichscheidung im Verhältnis Kirche-Staat innerhalb der Schranken unseres Rechtsstaates objektivrechtlich generiert, kann sich die Prognose von Gut, op.cit., S. 29, in einem grundfreiheitlich integral durchdrungenen Beziehungskonstrukt durchaus als zukunftsträchtige Systemlösung für das schweizerische Staatskirchenrecht erweisen. Ob allerdings das in der vertraglichen Bindewirkung enthaltene kautelarische Prinzip der gegenseitigen Inpflichtnahme einzig durch eine unilaterale Grundrechtsgewährleistung adäquat substituiert werden kann, ist fraglich. Idealiter liessen sich diese Bedenken wohl vermöge einer (völker)vertragsrechtlichen Sicherung der grundrechtlich gewährleisteten Kirchenfreiheit beseitigen.

838 Göbel, S. 146.

stitutionen anzuerkennen, „die sich nicht dem Staat verdanken, sondern die ihr die säkulare Dimension überschreitendes proprium haben“[840],[841]. In diesem Sinne

---

839 Bruhin, Konzile, S. 367, erkennt erhebliche Vorteile des Vertragsweges: „Endlich bewährt sich der Staat gerade dadurch als Verfassungsstaat, dass er durch den Verzicht auf ein einseitiges 'iudicium finium regundorum' seine eigenen Grenzen wirklich ernst nimmt. Das gilt dann aber auch für die Kirche: auch ihr ist aufgetragen, ihre Grenzen nicht zu überschreiten. Das Prinzip, den Eigenbereich des anderen zu respektieren, soll sich gerade also dort bewähren, wo es zu Kollisionen oder Überschneidungen kommt, im Bereich der Res mixtae, für die beide einen Anspruch auf positive Mitgestaltung erheben.“ Vgl. Heimerl/Pree, S. 72, Rz. 86; Listl, Lehre, S. 1035 f. – Eine vertragsrechtliche Ausgestaltung des kantonalen Staatskirchenrechts verletzt das bundesrechtliche Prinzip der Kompetenzkompetenz unter der Voraussetzung der Wahrung von religiös-weltanschaulicher Neutralität und Parität durch den kontrahierenden Gliedstaat nicht. „Im Einzelfall wird das Verhältnis zwischen Staat und kirchlicher Gemeinschaft durch Vereinbarung zwischen der ... zuständigen kantonalen Behörde und dem nach kircheneigenen Recht zuständigen Organ der Gemeinschaft *konkretisiert.* Möglicher Gegenstand dieser Vereinbarung ist nicht nur der allfällige öffentlichrechtliche Status als solcher, sondern z.B. auch das Recht auf Erhebung von Steuern der Kirchenglieder, die staatliche Unterstützung durch Mithilfe beim Steuerbezug oder durch Führung einer theologischen Fakultät oder schliesslich das Wirken der kirchlichen Gemeinschaft in Schule, staatlichen Anstalten, Spitälern und der Armee.“ (Friederich, Kirchen und Glaubensgemeinschaften, S. 475). Vgl. Bonnemain, Kantonalkirche, S. 715 f. Richtschnur für den Inhalt konkordatärer Abmachungen „bleibt die Mindestforderung, die die Kirche an jeden Staat zu stellen hat: dass der Staat ihr die ungestörte Ausübung ihres Heilsauftrages ermöglicht, dass er seinen Bürgern die Freiheit lässt, den übernatürlichen Pflichten nachzukommen und dass die Forderungen, die der Staat in seinem Bereich stellt, nicht gegen das natürliche Sittengesetz und gegen das geoffenbarte göttliche Recht verstossen“ (Mikat, Verhältnis von Kirche und Staat, S. 133). Vgl. Walser, Pfarrei, Kirchgemeinde und Landeskirche, S. 433. – A.M. Bruhin, Verhältnis, S. 186.

840 Hollerbach, Trennung, S. 25.

841 Bemerkenswert sind in diesem Zusammenhang auch die Ausführungen von Thürer, Staatsverständnis und Kirchenverständnis, S. 299 f., welcher die Öffentlichrechtlichkeit von dergestalt mit staatlichem Wohlwollen verbeiständeten Religionsgemeinschaften anhand der diesbezüglichen Vor- und Nachteile erwägt: „Gewiss haben unsere Landeskirchen auch *grosse, altbewährte Vorzüge* aufzuweisen, die keinesfalls übersehen und unterschätzt werden dürfen. Wesentliche Argumente lassen sich ohne Zweifel auch zur Rechtfertigung des status quo vorbringen. So schaffen die grossen öffentlich-rechtlich organisierten Kirchen breite Repräsentationsräume, verhindern ein Sich-Abschliessen des Kirchenvolkes in segmentierte, gegen Andersdenkende abgeschirmte, nicht mehr diskussionsfähige Zirkel Gleichgesinnter, die sich gegenseitig ignorieren oder fanatisch bekämpfen [...] Auf der anderen Seite aber fragt sich eben doch, ob unsere öffentlich-rechtlich konstituierten Kirchen heute nicht *überbürokratisiert* und dadurch ihrer *eigentlichen Aufgabe entfremdet* sind, ob sie also nicht gerade als eine öffentliche Potenz ihre Stimme kräftiger zum Tragen

mutiert die inhaltliche Determination des Staatskirchenrechts von der staatlich mit der Kreation autonomer Verbeiständungsinstrumente einseitig dekretierten Verhältnisregelung in ein auf dem integralen Entwurf der praepositiven Religionsfreiheit fundamentiertes Staatskirchenvertragsrecht.

Kirche und Staat basieren auf unterschiedlichen Rechtskreisen, welche nebeneinander bestehen, unterschiedlichen Prinzipien folgen und besondere Rechtsquellen aufweisen. Diese stehen indessen miteinander teils sachlich, teils formell in Verbindung[842]. Wenn dabei die subjektiv -und objektivrechtlichen Teilgehalte der integralen Religionsfreiheit systemstringenterweise gefiltert von direktem[843] gliedstaatlichen Zwang oder Kirchenrecht verletzender Autonomiegewährleistung unbehindert auf die den Kantonen im Rahmen ihrer staatskirchenrechtlichen Kompetenz zugewiesene konstitutiv-institutionelle Gestaltungsebene strahlen bzw. den individualrechtlichen Trägern in der grundfreiheitlichen Vollgestalt zur Disposition stehen, darf mit Fug „die Zuerkennung des Status einer Körperschaft des öffentlichen Rechts an die römisch-katholische Kirche als eine Verwirklichung des Grundsatzes von der freien Kirche im freien Staat verstanden

---

bringen könnten, wenn sie vom Staat getrennt wären. Wären also, so kann man sich fragen, Appelle von Kirchen, die in grosser Vielfalt in Formen des völlig freien, bewussten und gewollten Zusammenschlusses wirken, nicht repräsentativer und glaubwürdiger als diejenigen unserer grossen Landeskirchen mit einer zwar aktiv-engagierten Spitze, aber einem weitgehend passiv-indifferenten, in den politischen Meinungsbildungsprozess der Gesamtkirchen in aller Regel nur schwach einbezogenen Kirchenvolk?“ Schliesslich kommt Ders., op.cit., S. 300, zum Schluss, dass die Kirche als Verantwortung wahrnehmender Partner des Gemeinwesens, welcher eine besondere Legitimation eignet, auf der Basis einer zwischen Kirche und Staat geschlossenen „Charta“ in ein „fruchtbares, durch ein Nebeneinander und Miteinander gekennzeichnetes, gleichgeordnetes Spannungsverhältnis zum Staat“ treten könnte, um so auch ohne staatskirchenrechtliche Privilegierung einer wirklichen Partnerschaft gegenseitigen Ausdruck und normativen Halt zu verleihen.

842 „Diese Lage entspricht tatsächlich und rechtlich der Wirklichkeit. Sie ist keineswegs etwa bedauerlich, weder weil sie der Forderung einer einheiltlichen Rechtsordnung nicht Rechnung trägt, noch weil sie sich nicht einem lehrhaften Begriff 'Autonomie' unterwerfen lässt, sondern sie ist ein erfreuliches Abbild vielgestaltigen Lebens. Theoretisch denkbare Konflikte aber würden sich sicher über kurz oder lang durch Verständigung zwischen den gleichberechtigten Partnern Kirche und Staat beheben lassen, viel besser und dauerhafter als durch einseitige und ausschliessliche Berufung auf eine vermeintlich alles erfassende, überragende Grösse Staat oder gar auf die dieser allein zur Verfügung stehenden Machtmittel.“ (v. Waldkirch, S. 172 f.).

843 Ihre Positionierung in einem religiös-weltanschaulich neutralen Gemeinwesen setzt die souveräne Rechtsgestalt der röm.-kath. Kirche eo ipso indirektem Zwang aus. Unilaterale Abhilfe könnte in praxi nur das von der Kirche selber überwundene Kirchenstaatstum schaffen. Eine diesbezügliche Quadratur des Zirkels liesse sich wohl alleine mit einer vertraglichen Verständigungsgrundlage vermeiden.

werden"[844]. Indem nämlich „das traditionell monistische staatskirchenrechtliche System der Schweizer Kantone auf der Basis eines vertieften Verständnisses des Grundrechts der Religionsfreiheit allmählich als unfreiheitlich erkannt und überwunden"[845] wird, kann dem Staat tatsächlich das gegeben werden, was des Staates und der Kirche, was der Kirche ist.

§ 5 De constitutione lata et ferenda

Der Bundesrat gab 1995 einen Entwurf zur Totalrevision der Bundesverfassung in die Vernehmlassung. In bereinigter Form wurde der Revisionsentwurf 1996 dem Parlament unterbreitet, welches diesen überarbeitete. Volk und Stände stimmten am 18. April 1999 dem Bundesbeschluss über eine neue Bundesverfassung zu. Diese Bundesverfassung wurde auf den 1. Januar 2000 in Kraft gesetzt.

Die totalrevidierte Bundesverfassung will „das geltende, geschriebene und ungeschriebene Verfassungsrecht nachführen, es verständlich darstellen, systematisch ordnen sowie Dichte und Sprache vereinheitlichen"[846], um das Verfassungsrecht bereinigt, umfassend, zeitgerecht, einheitlich, klar und eingängig zu kodifizieren[847]. Mittels der Behebung formaler und inhaltlicher Mängel sollte ei-

844 Gerosa, Vielfalt, S. 40. Dieses Zitat ist in dem Sinne zu präzisieren, dass der öffentlichrechtliche Status der röm.-kath. Kirche diese in ihren eigenrechtlichen Ausprägungen anerkennt, und demzufolge sowohl der konfessionelle Verband in der Form einer 'Persona moralis ex ipsa ordinatione divina' (c. 113 CIC 1983) an sich als auch die Formen der in c. 115 CIC 1983 enumerierten Rechtspersonen auf der saekularen Rechtsebene Rechts- und Handlungsfähigkeit erlangen. Vgl. auch Isele, Revision, S. 602. – Die Rücksichtnahme auf das Selbstverständnis einer Religionsgemeinschaft ist unter Ausbedingung entsprechender Kontrollmechanismen am wirkungsvollsten mit dem Rechtsinstitut der gegenseitigen Vereinbarung zwischen Staat und Kirche durchsetzbar. Leider fällt das Postulat nach vertraglichem Ausgleich mittels konkordatärer Beziehungsgestaltung zwischen der röm.-kath. Kirche und den betreffenden Gemeinwesen in der Schweiz – mit der torsohaften Ausnahme bistumsrechtlicher Fragen gemäss Art. 50 Abs. 4 aBV bzw. Art. 72 Abs. 3 rev. BV (dazu vgl. vorne, S. 24 ff., FN 61) – noch auf keinen ergiebigen Boden.

845 Grichting, Kirche oder Kirchenwesen, S. 326.

846 Art. 3 BB vom 3. Juni 1987.

847 Erläuterungen zum Verfassungsentwurf VE 95, S. 25. – Hierbei ist der Verfassungsgeber gehalten, auch die völkerrechtlich gesetzten Rahmenbedingungen zu respektieren (vgl. diesbezüglich die unterschiedlichen Verbindlichkeiten von Art. 5 Abs. 4 rev. BV und Art. 190 rev. BV). „Für ein Land, das wie die Schweiz auf seine Freiheitlichkeit und seine Grundrechtslehre hält, müsste ... das Erreichen des völkerrechtlichen Niveaus selbstverständlich sein." (Kraus, Staatskirchenrecht, S. 424, FN 235). In casu heisst das einerseits, dass unser Verfassungsrecht dem völkerrechtlich anerkannten Standard des religionsfreiheitlich gewährleisteten kirchlichen Selbstbe-

ne realitätsbezogene Fundamentalordnung geschaffen werden, die an Bewährtem anknüpft und in „Inhalt, Wort und Stil 'Identifikations- und Traditionsanschlüsse'" zulässt[848]. In casu ist die Frage nach der konsequenten Berücksichtigung des vorliegend entfalteten Rechtszustandes in der Redaktion der religionsverfassungsrechtlichen Normen relevant.

Art. 15 rev. BV redigiert Teile der Art. 49 und 50 aBV neu. Dabei wird das Schwergewicht auf individualrechtliche Aspekte gelegt. Nicht mehr in den neuen Verfassungskatalog übernommen wurden Art. 49 Abs. 3 aBV, welchen Art. 303 ZGB inhaltlich ausführt; Art. 49 Abs. 4, 5 und 6 aBV, die aus Art. 15 Abs. 1 rev. BV ableitbar sind; Art. 50 Abs. 1 aBV, dessen vereinsfreiheitlicher Spezialgehalt von Art. 23 rev. BV übernommen wird; Art. 50 Abs. 2 aBV, der teilweise in Art. 72 Abs. 2 rev. BV wiederaufgenommen wird; sowie Art. 50 Abs. 3 aBV, welcher – was strikte abzulehnen ist – auf Gesetzesebene weiterführbar sein soll. Die Regelungsdichte nimmt in Art. 15 rev. BV zu. Aus dem ungeschriebenen Verfassungsrecht werden die grundsätzlichen Eingriffsvoraussetzungen in Art. 36 rev. BV expressis verbis normiert[849]. Im Gegensatz zur EMRK, welche bei jedem garantierten Grundrecht eigens die Limitationen benennt (z.B. Art. 9 Abs. 2 EMRK)[850], widmet der Verfassungsentwurf dem ganzen Komplex der Zulässig-

---

stimmungsrechts expressis verbis angepasst werden muss und anderseits, dass obsolete und diskriminatorische Bestimmungen des Religionsverfassungsrecht (z.B. Art. 50 Abs. 4 aBV bzw. Art. 72 Abs. 3 rev. BV) zu eliminieren sind. Vgl. Gut, Errichtung, S. 35 ff.

848 Erläuterungen zum Verfassungsentwurf VE 95, S. 26. – Die von der Judikatur rechtsgeschöpften ungeschriebenen Grundrechte haben in der Schweiz eine grosse Tradition. Wird es im Revisionsprozess der BV verabsäumt, dieselben sachlich lükkenlos, formell vollumfänglich und systematisch konsequent in den Verfassungskatalog zu integrieren, erfährt der grundfreiheitliche Rechtsschutz eine Einbusse seines tradierten Protektionsstandards. Mithin mutierte die zukunftsorientierte Motivation zur Verfassungsnachführung in einen kodifizierten Rechtsrückschritt. In diesem Sinne kann eine isolierte Nachführung der BV, ohne das unverdächtige Motiv der ordnenden Bestandesaufnahme mit dem verpflichtenden Willen zu inhaltlicher Ergänzung und Fortführung zu komplettieren, der schweizerischen Verfassungstradition nicht genügen.

849 Die abstrakte Festlegung der Grundrechtssicherung vermöge der Unantastbarkeit des jeweiligen Kerngehalts durch Art. 36 Abs. 4 rev. BV limitiert die positivrechtliche Schrankensetzung. Der Verfassungsentwurf verzichtet i. d. R. auf eine Präzisierung der konkreten grundrechtlichen Kernbereiche und legt deren Ausdifferenzierung im Einzelfall weiterhin der Rechtsprechung anheim. Siehe Botschaft BV, BBl 1997 I 196 f.; Erläuterungen zum Verfassungsentwurf VE 95, S. 65 f. Hierzu auch Jörg Paul Müller, Kerngehalt, S. 33 ff.

850 Vgl. Conring, S. 364 ff.

keitsvoraussetzungen von Grundrechtseinschränkungen[851] singulär eine allgemeine Bestimmung (Art. 36 rev. BV). Art. 72 rev. BV[852] repetiert im Sinne von Art. 3 rev. BV explizit die Zuständigkeit der Kantone zur saekularen Gestaltung des Verhältnisses Kirche-Staat. Die Gliedstaaten sind dabei zur Beachtung der Grundsätze staatlichen Handelns (Art. 5 rev. BV), der Rechtsgleichheit (Art. 8 rev. BV) sowie der Glaubens- und Gewissensfreiheit (Art. 15 rev. BV) angehalten. Ohne das staatskirchliche Relikt des 'Recursus ab abusu'[853] findet Art. 50 Abs. 2 aBV in Art. 72 Abs. 2 rev. BV erneut Eingang. Man traut offenbar der Beständigkeit des religiösen Friedens nicht[854].

Die Betitelung von Art. 15 rev. BV gehorcht der vom Bundesgericht materiell und formell überwundenen Begrifflichkeit[855]. Nachdem der Entwurf die Kultusfreiheit in Art. 15 rev. BV eingliedert, hätte folgerichtig auch die Überschrift der gesamtgrundrechtlichen Konzeption folgen und in 'Religionsfreiheit' umgewan-

---

851 Bolz, S. 326, lehnt die Verräumlichung der Fundamentalnormen mittels Grundrechtsschranken beim direkt-anspruchsbegründenden Teilgehalt ab und fordert eine Konkretisierung der Grundrechte anhand der Unterscheidung von Schutzobjekt und Schutzwirkung. Die nachgeführte BV folgt in dieser Hinsicht der These von Bolz nicht.

852 Der Standort dieser Bestimmung, welche die kantonale Kompetenz unmotiviert wiederholt und in Abs. 3 gleichzeitig einschränkt, ist in der Systematik der nachgeführten BV unter dem Titel Zuständigkeiten ausschliesslich aufgrund der Beibehaltung des bundesrechtlichen Genehmigungsvorbehaltes bei der Errichtung bzw. Veränderung des gebietsmässigen Substrats von Bistümern gegeben. Ansonsten gibt es keinen Grund, diese Norm im 2. Kapitel der nachgeführten BV aufzuführen. Redaktionell wurde Art. 72 Abs. 3 rev. BV dem Stand von Lehre und Rechtsprechung bezüglich der Änderung der territorialen Diözesanzirkumskription nicht angepasst, folglich kann sie keinesfalls als nachgeführt qualifiziert werden, was weiterhin der Kaschierung ihrer vollen Tragweite dient. A fortiori betont der Verfassungstext diesbezüglich die ausschliessliche Zuständigkeit des Bundes („Bistümer dürfen *nur* mit Genehmigung des Bundes errichtet werden"). Insofern verschärft die schärfere Nüance von Art. 72 Abs. 3 rev. BV den neutraler formulierten Art. 50 Abs. 4 aBV und geht im Sinne einer Neuerung über das Postulat der Nachführung des Verfassungsrechts hinaus. Vgl. Gut, Errichtung, S. 2 ff.

853 Die röm.-kath. Kirche hat jene Straftatbestände aus dem Kodex entfernt, die gegen Katholiken gerichtet waren, welche an staatliche Instanzen appellierten, um „mit Hilfe des staatlichen Machtapparates Urteile kirchlicher Gerichte aufzuheben oder die Tätigkeit der Bischöfe und anderer kirchlicher Amtsträger zu behindern" (Mikat, Verhältnis von Kirche und Staat, S. 153).

854 In der Botschaft BV, BBl 1997 I 288, wird der Meinung eines Teils der Lehre, welche annimmt, dass der in Art. 50 Abs. 2 aBV enthaltene Ordnungsbegriff Ausnahme- oder Notrecht legitimierte und insofern darauf gestützte Massnahmen über den Rahmen der polizeilichen Generalklausel hinausgehen könnten, eine Absage erteilt.

855 Vgl. BGE 113 Ia 305 E. 2 bzw. 118 Ia 56 E. 4c.

delt werden müssen. Art. 35 rev. BV[856] statuiert den objektivrechtlichen Gehalt der Grundrechte[857]. In ihrer konstitutiv-institutionellen Funktion verpflichten sie in erster Linie den Gesetzgeber und binden diejenigen, welche staatliche Aufgaben wahrnehmen[858]. Leider greift Art. 15 rev. BV diese grundrechtlichen Wirkungsvorgaben nicht explizit auf und setzt sie konsequent um, indem weder die judiziell gesicherte religiös-weltanschauliche Neutralität des Staates noch die korporative Religionsfreiheit[859] rechtsfähiger iuristischer Personen mit kirchlichem Zweck expressis verbis erwähnt werden[860]. Hierin findet die Revisionsmotivation zur Nachführung und systematischen Lückenschliessung keinen Niederschlag.

Schliesslich wurden teilweise die diskriminatorischen konfessionellen Ausnahmenbestimmungen und die kirchenpolitischen Artikel aus dem Verfassungskatalog verbannt. Damit kommt der Entwurf von einem individualistischen Begriff[861] der Religionsfreiheit ab und begibt sich in Richtung Zuerkennung eines

---

856 „Artikel 31 VE 96 (sc. Art. 35 rev. BV) bringt ... zum Ausdruck und erinnert daran, dass die Gewährleistung der Grundrechte ein Grundprinzip der schweizerischen Rechtsordnung ist, neben dem Föderalismus, dem Demokratiegebot und der Gewaltentrennung.“ (Botschaft BV, BBl 1997 I 191).

857 Vgl. Botschaft BV, BBl 1997 I 13, 192.

858 Ebenfalls bringt Art. 35 Abs. 3 rev. BV in Präzisierung der positiven Funktion der Grundrechte die Idee der Horizontalwirkung zum Ausdruck: „Zunächst wird im Einklang mit der herrschenden Lehre anerkannt, dass die Grundrechte auch eine Wirkung auf die Beziehungen unter den Einzelnen haben. Dann erscheint es, dass diese Wirkung nicht konstant ist, dass sie sich vielmehr wandelt je nach Art des betreffenden Grundrechts und je nach den Umständen; es ist jedesmal eine Analyse der konkreten Situation erforderlich, damit entschieden werden kann, ob die Analogie möglich ist. Schliesslich wird präzisiert, dass die Transposition das Werk der Behörden ist, worunter sowohl die rechtsetzenden als auch die rechtsprechenden Organe zu verstehen sind. Bei den legislativen Organen handelt es sich um eine traditionelle Aufgabe, ja der Auftrag, die Grundrechte auf Verhältnisse unter Einzelnen zu transponieren, wendet sich prioritär an den Gesetzgeber, da die Wahl der zu treffenden Massnahmen eng mit der Ermessensausübung der politischen Behörden verbunden ist. Aber auch die rechtsanwendenden Behörden sind dazu aufgerufen, den Grundrechten eine Horizontalwirkung dann zuzuerkennen, wenn sie unbestimmte Rechtsbegriffe interpretieren.“ (Botschaft BV, BBl 1997 I 193).

859 Bruhin, Konzile, S. 252; Felix Hafner, Beteiligung, S. 164, fordern ebenfalls die Aufnahme der korporativen Religionsfreiheit in den freiheitsrechtlichen Katalog der BV.

860 In der Botschaft BV, BBl 1997 I 156 f., werden hingegen sowohl die religionsfreiheitliche Rechtsträgerschaft iuristischer Personen mit kirchlichem Zweck als auch die konfessionelle Neutralitätspflicht des Staates angeführt.

861 „In der grundsätzlichen Schau zeichnete sich schon in den eidgenössischen Räten bei der Verfassungsrevision (sc. 1874) das politische Spannungsfeld zwischen der Rechten und dem gemässigten Zentrum einerseits und der liberalen und radikalen

staatsunabhängigen Raumes an die Kirchen[862]. Zu Unrecht wird in Art. 72 Abs. 3 rev. BV der staatskirchliche Genehmigungsvorbehalt bezüglich Bistümern übernommen[863]. Es ist zu hoffen, dass die nachgeführte Bundesverfassung letzten Endes von diesem unbilligen Diskirminierungsinstrument purifiziert wird, um schliesslich Art. 50 Abs. 4 aBV bzw. 72 Abs. 3 rev. BV[864] endlich der Sammlung eidgenössischer Rechtsaltertümer einverleiben zu können. „Aufgabe der geistig

---

Linken anderseits ab. Alle Parteien anerkannten das Recht des Individuums auf religiöse Freiheit gegenüber dem Staat in all seinen Folgerungen [...] Die weitere Konsequenz aber, dass in dem durch die Gewährleistung der Religionsfreiheit anerkannten staatsfreien Raum eine Politie, die nicht Staat ist, ihre gesellschaftlichen Verhältnisse unabhängig und für ihre Angehörigen verbindlich zu ordnen vermag, erschien dem Radikalismus im Lichte der Hegelschen Lehre unannehmbar. Die ideologischen Niederschläge dieser Auffassung sind die Ausnahmeartikel der Bundesverfassung, die die Freiheit der katholischen Kirche, die als solche vom Staat nicht zu erfassen ist, einengen. Wären die radikalen Vorschläge in toto angenommen worden, dann wäre die Kirche von Bundes wegen zu einer staatlich dirigierten Anstalt geworden.“ (Isele, Revision, S. 565 f.).

862 Vgl. Bruhin, Konzile, S. 368.

863 Als Seitenthema wäre in diesem Zusammenhang folgender Gedanke anzumerken: Der Hl. Stuhl besitzt anerkanntermassen die Qualität eines Völkerrechtssubjekts. Infolgedessen vermögen auf der profanen Rechtsebene staatliche Grundrechtsschranken die völkerrechtliche Stellung des Hl. Stuhls nicht zu tangieren. Der Hl. Stuhl wird in seiner wesenhaften Ausprägung durch die ‘Suprema auctoritas’ verkörpert (vgl. Oechslin, S. 49 f.), indem der Inhaber der päpstlichen Primatialgewalt bei der Errichtung diözesaner Teilkirchen als ausschliesslich zuständiges Zentralorgan der röm.-kath. Kirche waltet (c. 373 CIC 1983). Der Hl. Stuhl wird in der Folge als Völkerrechtssubjekt bei der Errichtung diözesaner Teilkirchen nicht durch die in Art. 72 Abs. 3 rev. BV einseitig dekretierte Bewilligungspflicht gebunden. Aus dieser Sicht könnte Art. 72 Abs. 3 rev. BV keine Rechtswirkung entfalten.

864 In BBl 1997 I 288 macht der Bund weis, er habe dem Wunsch zur Streichung dieses Absatzes deshalb nicht stattgegeben, da dies über die Nachführung des geltenden Rechts hinausführte. Im selben Atemzug tut er die wahre Absicht seines materiellen Festhaltens an Art. 50 Abs. 4 aBV bzw. Art. 72 Abs. 3 rev. BV kund: „Das Genehmigungserfordernis erlaubt dem Bund, Einfluss auf die Organisation der Kirche zu nehmen und schränkt die entsprechenden kantonalen Kompetenzen ein.“ (loc.cit., S. 288). Die im 1. Lemma dieses Rechtfertigungsversuches enthüllte Motivation zur Beibehaltung des Genehmigungsvorbehalts verletzt in Tat und Wahrheit mindestens die judiziell gesicherte religiös-weltanschauliche Neutralitätspflicht des Gemeinwesens und kann folglich keinesfalls dem Kodifikationspostulat der Nachführung geltenden Verfassungsrechts entsprechen. Gleichzeitig räumt der Bundesrat, loc.cit., S. 288, die Gültigkeit seiner eigenen Argumentation relativierend ein, dass im übrigen „das Verhältnis von Art. 50 Abs. 4 BV zu Artikel 14 EMRK, der (in Verbindung mit Art. 9. EMRK) Diskriminierungen verbietet, und Artikel 26 UNO-Pakt II (in Verbindung mit Art. 18 UNO-Pakt II) unklar“ bleibe. Vgl. Gut, Errichtung, S. 3 f., 35 ff.

führenden, staatsmännisch denkenden und handelnden Politiker ist es, die unangemessene, problemlösungshindernde Last der Vergangenheit den Historikern zur Durchleuchtung zu überlassen und so den Feiraum zu neuen Wegen zu gewinnen, die den rechtsstaatlichen Geboten der korporativen Religionsfreiheit, der Rechtsgleichheit und Nichtdiskrimination anderer Religionsgemeinschaften gerecht werden. Den 'Schutt konfessionellen Haders' – von dem der Historiker Herbert Lüthy in seiner Antwort auf eine Anfrage des damaligen Chefredaktors der 'Civitas' 1968 ... treffend schrieb – wegzuräumen, ist elementare Pflicht jener Politiker in unserem Land, die sich für eine freundschaftliche, repressionsfreie Zusammenarbeit zwischen den Kirchen und den weltlichen Gemeinwesen engagieren wollen. Für beide Teile mag Senecas Empfehlung in den Epistulae morales (94, 28) hilfreich sein: 'Iniuriarum remedium est oblivio' (Das beste Heilmittel gegen die Wunden erlittenen Unrechts ist das Vergessenkönnen). Schutt des konfessionellen Haders wegzuräumen, dürfte aber auch Aufgabe des Verfassungsgebers sein, wenn er daran geht, den Verfassungstext 'nachzuführen' und auszumerzen, was mit der Verfassungswirklichkeit nicht im Einklang steht und was einer längst vergangenen, ideologisch aufgewühlten Kampfstimmung entsprungen war; solches Vorgehen käme einer höchst erwünschten historischen 'Entschlackung' gleich."[865].

865 Gut, Errichtung, S. 24. Gl.M. Koch, Verhältnis, S. 181 ff.

Teil 2 Grundzüge des Selbstbestimmungsrechts der römisch-katholischen Kirche im Kanton Schwyz

Der 2. Teil dieser Arbeit entwirft anhand der im 1. Teil skizzierten Vorgaben ein Bild der konkreten Umsetzung des kirchlichen Selbstbestimmungsrechts auf der Ebene des schwyzerischen Staatskirchenrechts. In methodischer Hinsicht werden zu diesem Behufe die im Rahmen der praepositiv existierenden Religionsfreiheit staatsrechtlich nachzuvollziehenden Freiräume objektivrechtlich eruiert und mit der subjektivrechtlich gewährleisteten Wirksamkeit der eigenrechtsmächtigen römisch-katholischen Ordnung ausgefüllt. Dabei hat die im kantonalen Verfassungsrecht[1] angelegte Relation zum konfessionellen Verband den Katalog der darzustellenden Rechtsinstitute, Verhältnisprinzipien und Kompetenzabgrenzungen grundrechtskonform zu entfalten. Hierauf ist das integrale Grundrecht der Religionsfreiheit als Bestandteil der bundesrechtlich gewährleisteten Grundrechtsgarantien verbindlich anzuwenden und als Verhältnistypus gestaltend durchzusetzen. Insofern legt das kirchliche Selbstbestimmungsrecht die Traktanden für die Disposition des 2. Teils fest[2].

---

1 Es gelangen schwergewichtig für das 3. Kapitel die staatskirchenrechtlichen Normen der aKV und für das 4. Kapitel diejenigen der KV-Partialrevision des Jahres 1992 (rev. KV) zur Darstellung.

2 Wie im 1. Teil aufgezeigt, kommt der röm.-kath. Kirche kraft ihres souveränen Wesens im Kanton Schwyz nach Massgabe der praepositiv garantierten und staatlich gewährleisteten Religionsfreiheit selbstbestimmungsrechtlicher Freiraum zu. Im Rahmen der religiös-weltanschaulichen Neutralitätspflicht des Gemeinwesens verbietet es sich den staatskirchenrechtlichen Körperschaften, zuungunsten der röm.-kath. Kirche die Rolle eines konfessionellen Bezugspunktes für den Kanton Schwyz zu übernehmen. Die Darstellung des kirchlichen Selbstbestimmungsrechts hat deshalb ausschliesslich anhand der eigenrechtsmächtigen Verfasstheit des konfessionellen Verbandes zu erfolgen. Den kanonischen Ausprägungen seiner Rechtsgestalt und ihrer staatskirchenrechtlichen Verbindlichkeit für das Gemeinwesen ist somit vorliegend Raum zu widmen. Infolgedessen sind die staatskirchenrechtlichen Körperschaften in dispositorischer Hinsicht nicht eigentlicher Gegenstand der nachfolgenden Ausführungen.

3. Kapitel Grundsätzliche Aspekte zur verfassungsrechtlichen Stellung der römisch-katholischen Kirche im Kanton Schwyz unter besonderer Berücksichtigung der Kantonsverfassung 1898

Das 3. Kapitel basiert auf dem Verfassungsrecht aus dem Jahre 1898[1], welches die römisch-katholische Kirche bis zur Inkrafttsetzung der Partialrevision öffentlichrechtlich anerkannte und dementsprechend postitionierte[2]. Es werden vorliegend die anstaltlichen und körperschaftlichen Hauptausprägungen der römisch-katholischen Kirche zur Darstellung gebracht. Das Programm der öffentlichrechtlichen Situierung dieser Rechtspersonen bezog das kantonale Verfassungsrecht bis 1999 aus der eigenrechtlich verfassten Organisation der römisch-katholischen Kirche. Dadurch entsprach die staatsrechtliche Methode der Anerkennung dem religionsfreiheitlich gewährleisteten Prinzip der kirchlichen Selbstbestimmung. Nach wie vor entfalten die kirchlichen Rechtsträger ihre Verbindlichkeit auch gegenüber dem kantonalen Recht und generieren diesem auf der Grundlage der patronatischen Privilegien[3] das ursprüngliche System für ein unbedenkliches Verhältnis von Kirche und Staat im Kanton Schwyz, welches bis dato vermöge der vertraglichen Bindung mit dem Bistum Chur ebenfalls eine völkerrechtliche Komponente erhält[4]. Schliesslich ist in der Folge auf die methodologische Relevanz der religionsfreiheitlichen Grundrechtsgewährleistung für die Bereichscheidung einzugehen, um hernach den Dualismus von Kirche und Staat im religiös-weltanschaulich neutralen Gemeinwesen kompetenzrechtlich determinieren und typologisch präzisieren zu können.

---

1 Im folgenden werden die bis 31. Dezember 1998 geltenden Paragraphen der KV 1898 in der 1969 letztmals bereinigten Fassung, welche 1992 vom Souverän abgeändert wurden, wie die vorher ausser Kraft gesetzten Verfassungsnormen jedoch ohne Präzisierung mittels der Jahreszahl der Annahme durch den Souverän mit 'aKV' bezeichnet.

2 Die 1992 partialrevidierte Kantonsverfassung wurde auf den 1. Januar 1999 u.a. mitsamt der Revision des GOG (u.a. Streichung von §§ 64-87 GOG, vgl. ABl 1998 979 f.) in Kraft gesetzt (ABl 1998 1774). Nachfolgend wird bei sachlicher Notwendigkeit insbesondere auch auf den Gehalt von § 64 aGOG Bezug genommen.

3 Diese werden in bezug auf die universalrechtlich von den Christgläubigen geforderte Unterstützung u.a. durch cc. 222 § 1; 1260 CIC 1983 sekundiert.

4 Hierauf wird im 4. Kapitel einzugehen sein.

§ 1 Grundriss der staatskirchenrechtlichen Relevanz kirchenrechtlicher Organisationselemente in der Kantonsverfassung von 1898

I. Öffentlichrechtliche Situierung der römisch-katholischen Kirche

1. Rechtsgrundlage

Der Kanton Schwyz normiert sein Staatskirchenrecht in der Kantonsverfassung aus dem Jahre 1898[5]. Dort stand bis 1999 § 2 aKV[6] im Zentrum staatskirchenrechtlicher Regulation. Dieser ordnete der römisch-katholischen Kirche den Status eines öffentlichrechtlich gewährleisteten Religionsverbandes zu[7]. Systematisch nahm § 2 aKV zwischen Staatsdefinition und Statuierung der politischen Rechte eine prominente Stellung ein[8]. Diese Verfassungsnorm verortete in orga-

5 Weitere Bestimmungen staatskirchenrechtlicher Natur finden sich u.a. im StG, der VRP und in den Erlassen der staatskirchenrechtlichen Körperschaften. Zu den unmittelbaren Rechtsquellen des schwyzerischen Staatskirchenrechts zählten ehemals auch das GOG sowie die bei Reichlin, S. 51 ff., aufgelisteten Erlasse.

6 Die Vorgängerbestimmung von § 2 aKV kodifizierte das System des Staatskirchentums im Kanton Schwyz. Dieses geriet mit der bundesrechtlichen Gewährleistung der Glaubens- und Gewissensfreiheit bzw. der Kultusfreiheit in Widerspruch zum Bundesverfassungsrecht, so dass der Stand Schwyz in der KV-Totalrevision 1876 das Staatskirchentum entsprechend abschaffen musste. Die bis 1999 gültige Gestalt von § 2 aKV wurde durch den Souverän anlässlich der Verfassungsrevision im Jahre 1898 sanktioniert. Siehe Reichlin, S. 34 ff. Vgl. Gewährleistungsbotschaft KV 1898, BBl 1899 IV 484.

7 „§ 2 KV 'gewährleistet' sodann die katholische Kirche. Damit wollte der religionspolitische Tatbestand gegenüber den radikalen Begehren, die zur Zeit der Entstehung dieser Norm aktuell waren, garantiert werden. Zu diesem Tatbestand gehörte die traditionelle Stellung der katholischen Kirche als öffentlich-rechtlich anerkannter Religionsverband. § 2 KV schliesst daher die öffentlich-rechtliche Anerkennung der katholischen Kirche in ihrer konkreten rechtlichen Erscheinungsform im Kanton Schwyz in sich." (Reichlin, S. 84). Zögernd kritisiert Ders., S. 106, die Formulierung von § 2 Abs. 1 aKV als „missglückten Versuch", die röm.-kath. Kirche öffentlichrechtlich anzuerkennen. Wer davor scheut, das mit § 2 Abs. 1 aKV ins staatliche Recht aufgenommene Regulationsprogramm des Kirchenrechts zu akzeptieren, muss konsequenterweise sein Heil bei den staatskirchenrechtlichen Verbeiständungsinstrumenten suchen. Da die Religionsfreiheit dieselben jedoch in Schranken weist, tritt die Bedeutung von § 2 aKV purifiziert von subjektiven Neigungen letztendlich doch rechtsgültig zutage.

8 „Der Kanton Schwyz anerkennt den öffentlich-rechtlichen Charakter der katholischen Kirche. Ohne Einschränkung anerkennt er die Gleichberechtigung der Kirche neben dem Staat und erweist ihr die Ehre der vollen Anerkennung unmittelbar nach der Feststellung der eigenen Unabhängigkeit." (Josef A. Furrer, Die rechtliche Stellung der katholischen Kirche im Kanton Schwyz, in: SKZ Nr. 47 [1955], S. 569).

nisationsrechtlicher Hinsicht kein selbständig generiertes Programm[9] für die Verhältnisgestaltung zwischen der römisch-katholischen Kirche und dem Staat[10].

A. *Begriffliches*

Die ehemalige Gewährleistung der römisch-katholischen Kirche durch die Verfassung des Kantons Schwyz lässt sich begriffsinhaltlich in zweierlei Hinsicht entfalten:

a) Position

Der Gliedstaat situiert den konfessionellen Verband dort, wo er selber kompetent ist, nämlich in seinem öffentlichen Recht. Hier kann er die römisch-katholische Kirche mit den ihm bundesverfassungsrechtlich konzedierten Mitteln schützen[11] und achten, am publizistischen Recht partizipieren lassen und eine vom Privatrecht abweichende Ordnung gestatten[12]. Nach herkömmlicher Rechtsauffassung realisiert bzw. reflektiert die öffentlichrechtliche Position eines konfessionellen Verbandes das Wohlwollen, welches das Gemeinwesen für das gesellschaftstragende Wirken der betreffenden Religionsgemeinschaft entgegenbringt[13]. Der Kanton Schwyz tritt dadurch im Wissen um die historische Dimension seiner Beziehung mit dem konfessionellen Verband als Teil der eigenen Identität in eine näheres Verhältnis zur römisch-katholischen Kirche. Anhand des in § 2 Abs. 1 aKV legiferierten Konnexes der Gewährleistung und des freiheitsrechtlichen Schutzes von 'Glaubensbekenntnis und Gottesdienst' lässt der Wortlaut der Verfassungsbestimmung darauf schliessen, dass dieser Schritt staatlicherseits unter

---

9 Vgl. Isele, Entwicklung, S. 198.

10 Vgl. RRB 1991/840, S. 6; Reichlin, S. 84.

11 Die diesbezügliche Protektion durch den Staat ist eine „natürliche Konsequenz“ der in § 2 Abs. 1 aKV statuierten Gewährleistung. Vgl. Gewährleistungsbotschaft KV 1898, BBl 1899 IV 511. Mit dem entsprechenden Schutzobjekt inhaltlich komplettiert wird diese Aussage durch EGV-SZ 1994 Nr. 15, S. 61, wonach § 2 aKV „die Freiheit der römisch-katholischen Kirche“ gewährleistet.

12 Dies erlaubt dem kantonalen Gemeinwesen, im Rahmen seiner staatskirchenrechtlichen Zuständigkeit und gemäss den praepositiven Prinzipien der religionsfreiheitsrechtlichen Fundamentalordnung eine dem Verhältnis des Staates zum entsprechenden konfessionellen Verband adäquate Verhältnisordnung masszuschneidern.

13 Urs Josef Cavelti, Religionsgemeinschaften, S. 11 f., 27 f.; Feigenwinter, S. 53; Friederich, Kirchen- und Glaubensgemeinschaften, S. 340; Grichting, Kirche oder Kirchenwesen, S. 172; Isele, Revision, S. 583; Karlen, Religionsfreiheit, S. 114 f.; Kraus, Staatskirchenrecht, S. 430; Lampert, Kirche und Staat II, S. 3; Ders., Rektoratsrede, S. 20 ff.; Ders., Stiftungen, S. 19 f., 24; Noser, S. 100.

bewusster Anerkennung der Zweckverschiedenheit von Kirche und Staat vollzogen wurde[14]. Virtuell ist das Selbstordnungsrecht des konfessionellen Verbandes infolgedessen durch das 2. Lemma von § 2 Abs. 1 aKV zusätzlich garantiert[15].

b) Rezeption

Mit der Gewährleistung der römisch-katholischen Kirche anerkennt[16] der Kanton Schwyz auch deren suprapositive Qualität als 'Persona moralis ex ipsa ordinatione divina'[17]. Das verpflichtende Vorbestehen des konfessionellen Verbandes veranlasst das Gemeinwesen, diesen in seiner „konkreten rechtlichen Erscheinungsform“[18] rechtswirksam aufzunehmen[19]. Mithin rezipiert[20] der Kanton Schwyz eine strukturell und organisatorisch eigenverfasste, keiner weltlichen Rechtsform verpflichtete und vermöge ihrer spirituellen Funktion souveräne Religionsgemeinschaft[21]. Dadurch behält er sich für seine Rechtsordnung das Recht der rö-

---

14 „Der Übergang der Kirche in den öffentlichen Bereich des Staates hat daher weder eine Veränderung des Wesens ihrer obrigkeitlichen Gewalt, noch ein Abhängigkeitsverhältnis vom Staat zur Folge.“ (Urs Josef Cavelti, Religionsgemeinschaften, S. 27). Das 2. Lemma dieses Schlusses wird durch die Existenz staatskirchenrechtlicher Körperschaften parakirchlicher Observanz widerlegt.

15 Lampert, Kirche und Staat I, S. 318.

16 Bereits der semantische Gehalt des Terminus 'Anerkennung' macht deutlich, dass der saekulare Staat keine Ordnung anerkennen kann, welche er selber hervorzubringen nicht in der Lage ist. Mithin erschliesst sich auch aus dieser Perspektive die vorbestehende Eigenrechtsmächtigkeit des konfessionellen Verbandes. Vgl. Friederich, Kirchen und Glaubensgemeinschaften, S. 460 f.

17 C. 113 § 1 CIC 1983.

18 Reichlin, S. 84.

19 „Die katholische Kirche wird vom staatlichen Recht nicht geschaffen, sondern vorausgesetzt. Sie ist als Gesamtorganismus nicht Subjekt des kantonalen Rechtes, weil sie in ihrer Universalität auf staatsrechtlicher Ebene nicht fassbar ist. Fassbar ist sie allenfalls in den Teilkirchen, den Bistümern und Pfarreien.“ (Isele, Exposé, S. 47).

20 Zufolge der Aufnahme kirchenrechtlicher Institutionen ins öffentliche Recht verpflichtet sich der Kanton, den konfessionellen Verband durch die analoge Verfolgung des genuin kirchlichen Zwecks mit staatskirchenrechtlichen Konstrukten nicht zu konkurrenzieren. Dies umso mehr, wenn das Gemeinwesen darauf verzichtet, selbständige staatskirchenrechtliche Verbeiständungsinstrumente bereitzustellen bzw. zwingend einführen zu lassen (vgl. § 92 aKV). Formell kulminiert die staatliche Selbstbindung in der staatsrechtlichen Rezeption kanonischer Rechtsinstitute als exklusivem Gestaltungsprinzip für das Verhältnis Kirche-Staat. Im Kanton Wallis prägt sich der Dualismus Kirche-Staat ausschliesslich in der Rezeption von Pfarrei und Diözese (bzw. Territorialabtei St. Moritz) aus. Hierzu Kraus, Staatskirchenrecht, S. 294; Theler, S. 228 ff.

21 Vgl. Isele, Revision, S. 579; Lampert, Kirche und Staat II, S. 2; Lenz, S. 61 f.

misch-katholischen Kirche vor[22],[23] und macht dieses insofern in den Schranken der religiös-weltanschaulichen Neutralität zum organisationsrechtlichen Programm seiner staatskirchenrechtlichen Gestaltunsgkompetenz[24]. Das Gemeinwesen nimmt folglich die normative Ordnung des konfessionellen Verbandes nach Massgabe des Bundesrechts in den kantonalen Rechtskreis auf und ordnet dieser den Nimbus seiner staatsrechtlichen Potenz bei. Die Strukturen beider 'Societates perfectae' berühren sich auf der saekularen Ebene. Dort, wo das Gemeinwesen Kollisionen nicht mittels des Erlasses staatlicher Normen ausschliessen wollte oder aufgrund seiner religionsfreiheitlichen Verpflichtung nicht verhindern konnte, kann die in casu einschlägige kanonische Regel im weltlichen Rechtsbereich Wirkung entfalten. Ihrerseits dient die römisch-katholische Kirche als Bestandteil des öffentlichen Rechts nicht der Erfüllung staatlich-weltlicher Aufgaben[25].

---

22 „So ergibt sich, dass das innerkirchliche Recht sehr wohl im staatlichen Recht Geltung besitzt, ohne dass der Staat eine ausdrückliche Rezeption vorauszustellen hätte." (Ulrich A. Cavelti, Aufklärung, S. 182). Vgl. auch v.Waldkirch, S. 163.

23 Explizit bestätigt RRB 1935/1815 den durch § 13 Abs. 1 KV stipulierten Vorbehalt des Kirchenrechts für vermögensrechtliche Angelegenheiten. „Darnach (sc. § 13 Abs. 1 KV) ist jeder 'geistlichen und weltlichen Korporation' die Befugnis gewährleistet, 'die Art und Weise der Benützung und Verwaltung ihrer Güter selbst zu bestimmen'. Eine geistliche Korporation im Sinne dieser Bestimmung ist nun zweifellos die römisch-katholische Kirche, deren Bestand, Organisation und Wirksamkeit schon durch § 2 Abs. 1 KV in besonderer Weise gewährleistet ist. Diese Gewährleistung schliesst u.a. eine Anerkennung des Rechts der Kirche zur selbständigen Ordnung ihrer vermögensrechtlichen Angelegenheiten in sich, namentlich auch das Recht selbständiger Aufsicht über das Kirchengut und die kirchlichen Stiftungen." (loc.cit., abgedruckt in: ZSGV 36 [1935], S. 540 f.). Indem der regierungsrätliche Entscheid den kirchenrechtlichen Vorbehalt bezüglich der vermögensrechtlichen Materie nach dem Prinzip 'in maiore minus' schlussfolgert, geht der Regierungsrat davon aus, dass die in § 13 Abs. 1 KV statuierte Kompetenzdelegation einen Teil des sachlichen Geltungsbereichs der in § 2 aKV gewährleisteten Rezeption des kirchlichen Rechts darstellt.

24 Es ist darauf hinzuweisen, dass die röm.-kath. Kirche als 'Societas perfecta' keiner organisationsrechtlichen Nachhilfe durch Instrumente des weltlichen Staatskirchenrechts bedarf. In dieser Hinsicht verkennt RRB 1991/840, S. 6, die Ausgangslage, was ihn zur Marginalisierung von § 2 aKV motiviert. Abgesehen davon verletzt die indirekte Fragestellung, nämlich „welche organisatorische Ausgestaltung der katholischen Kirche letztlich gewährleistet werden soll" (loc.cit., S. 6), die korporative Religionsfreiheit.

25 Vgl. Feigenwinter, S. 53; Isele, Revision, S. 583. – Die röm.-kath. Kirche versteht ihr Wirken als Dienst an der Öffentlichkeit. Sie verzichtet dabei auf die öffentlichrechtliche Privilegierung der kanonischen Institutionen, „wenn feststeht, dass durch deren Inanspruchnahme die Lauterkeit ihres Zeugnisses in Frage gestellt ist" (GS Art. 76 Abs. 5). – Die röm.-kath. Kirche fordert offiziell nicht mehr vom Staat,

Das schwyzerische Staatskirchenrecht kannte bis 1999 als von der Verfassung vorgesehenen Regelfall[26] das Institut der Einheitsgemeinde. Die Instrumentarien staatskirchenrechtlicher Verbeiständung in der Form unselbständiger Sonderzweckgemeinden fristeten nur eine virtuelle Existenz, welche die Entfaltung ihres Potentials etatistischer Fremdbestimung verhinderte[27]. Mithin rückten die kirchenrechtlichen Pfarreien ins Zentrum des Dualismus Kirche-Staat. Die mit dem öffentlichrechtlichen Status verbundene Anerkennung des kirchlichen Wirkens zollt der hierarchisch verfassten Struktur der römisch-katholischen Kirche Achtung. Damit ist notwendigerweise der freiheitsrechtliche Umgang mit der kanonischen Organisation verbunden, welcher das Gemeinwesen in seinem Gefüge einen staatsfreien Raum zuordnet. Durch die mit der zielsetzenden Honorierung des konfessionellen Verbandes verknüpfte Rezeptionsqualität von § 2 aKV eignete diesem Paragraphen der schwyzerischen Kantonsverfassung der Rang einer Schlüsselbstimmung[28] für das Verhältnis Kirche-Staat im Kanton Schwyz[29].

---

ihr mit der öffentlichrechtlichen Situierung auch das 'Bracchium saeculare' zu verleihen, in Anspruch nehmen kann sie es trotzdem. Der Kodex 1983 enthält für die in die staatliche Hoheit ingerierende Trias kirchlicher Sonderrechte 'Privilegium fori', 'Ius asyli' und 'Bracchium saeculare' keinen Regelungsort. Vgl. Göbel, S. 119 ff.

26 Ausdruck dessen ist die von § 92 aKV in eine 'Kann-Formulierung' gekleidete Möglichkeit, aus dem Institut der Einheitsgemeinde eine selbständige Kirchgemeinde herauszulösen. In systematischer Beziehung kommt dieser Regelfall dadurch zum Ausdruck, dass die Einheitsgemeinde (§ 91 aKV) vor dem Institut der selbständigen Kirchgemeinde (§ 92 f. aKV) von der Kantonsverfassung 1898 reguliert wurde.

27 Die zu Beginn unseres Säkulums bestehende Majorität der unselbständigen Kirchgemeinden legte den funktionalen Standard des Existenzzweckes sämtlicher Körperschaften des schwyzerischen Staatskirchenrechts fest. Die Kirchgemeinden wurden durch ihre Einbindung seitens der kommunalen Körperschaften verbindlich in zweckgerechter Hinordnung auf die Bedürfnisse der röm.-kath. Kirche fixiert. Für parakirchliche Ambitionen blieb kein Raum.

28 Weshalb gemäss RRB 1991/840, S. 6, die Gewährleistung der ev.-ref. Kirchgemeinden durch § 92 aKV den Gehalt von § 2 Abs. 1 aKV relativieren soll, ist nicht ersichtlich. Vielmehr situieren beide Paragraphen in zielanaloger Weise die jeweilige Konfessionsgemeinschaft ihrem Wesen entsprechend im öffentlichen Recht des Kantons Schwyz. Wer glaubt, die röm.-kath. und die ev.-ref. Kirche über denselben staatskirchenrechtlichen Leisten schlagen zu können, irrt und missachtet die Pflicht zur materiellen Parität.

29 In RRB 1991/840, S. 6, wird der Versuch unternommen, die Stellung von § 2 aKV zu marginalisieren, indem man der Norm lediglich „programmatisch-historische Bedeutung" beimisst. Weder wurde diese Bestimmung aus einem Reflex gegen die vermeintlich religiöse Toleranz des Bundesstaates (vgl. z.B. Art. 50 Abs. 4 aBV bzw. Art. 72 Abs. 3 rev. BV sowie die 1973 aufgehobenen Art. 51 und 52 aBV) ge-

§ 2 aKV benannte die kirchenrechtlichen Subjekte, welche durch das Gemeinwesen im öffentlichen Rechtskreis situiert wurden, nicht explizit. Die rezipierende Qualität dieser staatskirchenrechtlichen Schlüsselbestimmung versetzte daher die kanonische Ordnung direkt in die Lage, das organisationsrechtliche Programm der publizistischen Anerkennung zu generieren[30], wodurch mithin die staatliche Ordnung in globo die vom konfessionellen Verband für sein Verhältnis zum Staat mit entsprechender Relevanz designierten kirchlichen iuristischen Personen öffentlichrechtlich erfassen[31] konnte[32].

schaffen, noch lässt sich ihr das Fehlen eines organisationsrechtlichen Programmes unterstellen. Die publizistische Rezeption des kanonischen Rechts legt in aller Deutlichkeit die Intention der von § 2 Abs. 1 aKV bezweckten Verhältnisordnung fest. Die eigenrechtsmächtige Struktur der röm.-kath. Kirche ruft nicht nach einer Institutionenverdoppelung im Bereich des Staats- bzw. Staatskirchenrechts. – Das in der KV 1898 für das öffentliche Recht verwirklichte Beziehungsaxiom des dualen Verhältnisses Kirche-Staat wurde durch den Verfassungsgeber vermöge der Streichung von § 2 Abs. 1 aKV im Zuge der Verfassungspartialrevision des Jahres 1992 eliminiert, denn die zuständige Behörde konnte dem Stimmvolk unter dem Deckmantel der finanziellen Entflechtung glaubhaft vorschlagen, das staatskirchenrechtliche Heil in zusätzlichen Verbeiständungsinstrumentarien zu suchen.

30 Aus § 2 Abs. 1 aKV lässt sich nicht eine mit staatskirchenrechtlichen Verbeiständungsinstrumenten parakirchlicher Observanz bestückte und vom majestätsrechtlichen Ideal der 'Iura circa sacra' beherrschte staatskirchenähnliche Ordnung herleiten. Aufgrund seiner rezipierenden Funktion verweigert sich § 2 aKV als Legitmationsgrundlage zugunsten einer auf gesamtkantonaler Ebene zu institutionalisierenden Organisation, deren staatskirchlicher Reflex dem Telos dieser Norm zuwiderläuft. Gl.M. Reichlin, S. 84. Vgl. auch RRB 1991/840, S. 6.

31 Die öffentlichrechtliche Stellung der rechtspersönlichen Ausprägungen der röm.-kath. Kirche auf dem Territorium des Kantons Schwyz positioniert diese ebenfalls in verfahrensrechtlicher Hinsicht. Die publizistisch situierten Rechtspersonen des Kirchenrechts können mithin auch den öffentlichen Rechtsweg beschreiten. Das Verwaltungsgericht betrachtet die öffentlichrechtlichen Körperschaften und Anstalten zu den durch § 35 VRP (nGS SZ II-225) aufgeführten Rechtsmitteln berechtigt, wenn die Anforderungen von § 37 lit. a VRP sinngemäss erfüllt sind. Die konkreten Voraussetzungen hat das Verwaltungsgericht u.a. in EGV-SZ 1983 Nr. 1, S. 4, ausführlich dargelegt. Siehe Hensler, S. 51 ff.

32 Vgl. Isele, Probleme des kirchlichen Vermögensrechts, S. 60 f.

„Der Glaube bestimmt den Kirchenbegriff, der Kirchenbegriff bestimmt das Kirchenrecht.“[33]. Mithin gilt das Prinzip, „dass das Kirchenrecht eine Funktion des vorausgesetzten Kirchenbegriffs“ darstellt[34]. „Die Kirche ist, wie das Zweite Vatikanische Konzil erklärt, nicht nur Glaubens- und Heils-, sondern auch Rechtsgemeinschaft, und zwar all dies in untrennbarer Einheit. Die Kirche ist damit zugleich und wesentlich ebenso pilgerndes Volk Gottes, Geheimnisvoller Leib Christi, Tempel des Heiligen Geistes und geistgewirkte Gemeinschaft, wie sichtbarer, rechtlich verfasster und durch seine hierarchischen Organe im Innern und nach aussen handelnder gesellschaftlicher Verband und aufgrund der Stiftung der Kirche durch ihren Herrn Jesus Christus zugleich auch vorgegebene und der menschlichen und damit auch der kirchlichen Verfügbarkeit entzogene *rechtliche Institution.* Die Kirche ist nach dem Ausweis ihrer Geschichte von jeher einer doppelten Versuchung und Gefährdung ausgesetzt, nämlich einer wirklichkeits- und realitätsfremden Spiritualisierung und Mystifizierung und andererseits einer den Geist ertötenden Verrechtlichung“[35]. Die römisch-katholische Kirche handelt indes nicht als äussere, lediglich additive Zusammenfügung zweier an sich heterogener Elemente. Sie ist vielmehr gemäss dem Zweiten Vatikanum[36] gleichermassen Heilsgemeinschaft wie rechtlich verfasste Gesellschaft, deren gegenseiti-

---

33 Hans Barion, Rudolph Sohm und die Grundlegung des Kirchenrechts, Tübingen 1931, S. 26.

34 Barion, loc.cit., S. 13. Vgl. Gerosa, Recht, S. 30.

35 Listl, Aussagen, S. 1037. Diese dialektische Spannung ist im Wesen der Kirche grundgelegt. Dezidiert spricht sich das Lehramt gegen eine falsche Dichotomie von ‘Liebeskirche’ und ‘Rechtskirche’ im Kirchenverständnis aus. Unmissverständlich legt diesbezüglich die aus der Feder von Papst Pius XII. stammende Enzyklika ‘Mystici Corporis’ vom 29.6.1943, in: AAS 35 (1943), S. 224, welche als erstes lehramtliches Dokument das ekklesiologische Selbstverständnis der röm.-kath. Kirche umfassend thematisiert, die kirchliche Haltung dar. Vgl. Listl, Lehre, S. 1021 f.

36 „Die mit hierarchischen Organen ausgestattete Gesellschaft und der geheimnisvolle Leib Christi, die sichtbare Versammlung und die geistliche Gemeinschaft, die irdische Kirche und die mit himmlischen Gaben beschenkte Kirche sind nicht als zwei verschiedene Grössen zu betrachten, sondern bilden eine einzige komplexe Wirklichkeit, die aus menschlichem und göttlichem Element zusammenwächst [...] Diese Kirche, in dieser Welt als Gesellschaft verfasst und geordnet, ist verwirklicht in der katholischen Kirche, die vom Nachfolger Petri und von den Bischöfen in Gemeinschaft mit ihm geleitet wird.“ (LG, Art. 8). Cf. c. 204 § 2 CIC 1983. – Beachte auch die Wesenserklärung der Kirche bei Aymans, Kanonisches Recht I, S. 9 ff., welche Ders., op.cit., S. 20, mit der Kurzthese zusammenfasst: „Die Kirche ist das in hierarchischer Ordnung lebende neue Gottesvolk zur Verwirklichung des Reiches Gottes auf Erden.“ – Da die röm.-kath. Kirche ein Geheimnis des Glaubens ist und bleibt, entzieht sie sich schlussendlich einer streng logischen Definition.

ges Verhältnis wesensgemäss und daher notwendigerweise von der Identität durchdrungen wird[37]. Mit aller Deutlichkeit bringt der konfessionelle Verband seine Eigenständigkeit gegenüber dem weltlichen Gemeinwesen durch die Rechtsfigur der 'Persona moralis ex ipsa ordinatione divina'[38] zum Ausdruck[39].

---

37 Listl, Aufgabe, S. 458. – „Sie ist zugleich Glaubenskirche und zugleich Verfassungskirche anstaltlicher Natur." (Lampert, Kirche und Staat I, S. 297). Vgl. Urs Josef Cavelti, Religionsgemeinschaften, S. 40.

38 C. 113 § 1 CIC 1983. Ebenfalls eignet dem Apostolischen Stuhl CIC 1983 die Qualität einer 'Persona Moralis ex ipsa ordinatione divina'. Unter diesem, welcher „seinem Wesen nach Amt, seiner Funktion nach Organ und seiner Rechtsnatur nach juristische Person ist" (Oechslin, S. 50), wird gemäss der Legaldefinition in c. 361 CIC 1983 nicht nur der Römische Pontifex sondern auch, wenn nicht aus der Natur der Sache oder aus dem Kontext anderes offensichtlich ist, das Staatssekretariat, der Rat für die öffentlichen Angelegenheiten der Kirche und andere Einrichtungen der Römischen Kurie, „mithin alle obersten Organe der katholischen Kirche, die im Auftrag der Papstes handeln und deren sich der Papst bei der Verwaltung der Kirche bedient" (Listl, Aussagen, S. 1042) verstanden.

39 Die Eigenrechtsmacht der röm.-kath. Kirche verdeutlicht sich in der Definition ihres Rechtscharakters als einer kraft göttlicher Anordnung gestifteten 'Persona moralis' (c. 113 § 1 CIC 1983). Durch diese unscheinbare Grundaussage reklamiert der konfessionelle Verband bestimmte Freiheitsforderungen. Die Rechtssubjektivität der Kirche und des apostolischen Stuhls zeitigt ad intra (kanonische Rechtsordnung) et ad extra (Völkerrecht) Wirkung. Namentlich prägt sich diese aus a) in der Betonung der im göttlichen Recht grundgelegten Leitungsgewalt (c. 129 CIC 1983); b) in der Freiheit bei der Ausübung der Primatialgewalt (c. 331 CIC 1983) und in der Freiheit des weder empfangsbedürftigen noch empfangsberechtigenden päpstlichen Amtsverzichts (c. 332 § 2 CIC 1983). Hervorzuheben sind des weiteren c) das Erfordernis der rechtmässigen Übertragung zur gültigen Erlangung eines Kirchenamtes (c. 146 CIC 1983), insbesondere die Freiheit des Papstes zur Ernennung und Bestätigung von Bischöfen (c. 377 §§ 1 und 5 CIC 1983); d) das angeborene und unabhängige Gesandtschaftsrecht des Papstes (c. 362 CIC 1983); e) das angeborene Recht, unabhängig von jeder menschlichen Gewalt den Völkern das Evangelium zu verkünden (c. 747 § 1 CIC 1983); f) das eigene und ausschliessliche Recht der Kirche zur Klerikerausbildung (c. 232 CIC 1983); g) der Anspruch auf Schulen jedweder Art und Stufe (cc. 800 § 1, 807 CIC 1983) insbesondere auch die Subordination des Religionsunterrichtes und der katholischen Erziehung gegenüber der kirchlichen Autorität (c. 804 CIC 1983) mitsamt der Ernennungs-, Approbations- und Abberufungskompetenz des Ortsordinarius hinsichtlich der bezüglichen Lehrkräfte (c. 805 CIC 1983); h) die Zuständigkeit für die Ehen katholischer Christgläubiger mit Ausnahme der rein bürgerlichen Wirkung (cc. 1059; 1671; 1672 CIC 1983); i) die freie Ausübung der Vollmachten und Aufgaben durch die kirchliche Autorität an heiligen Orten (c. 1213 CIC 1983); k) das angeborene Recht, unabhängig von der weltlichen Gewalt Vermögen zur Verwirklichung der kirchlichen Zwecke zu erwerben, zu besitzen, zu verwalten, zu veräussern (c. 1254 § 1 CIC 1983) und von den Christgläubigen einzufordern (c. 1260 CIC 1983); l) das angeborene Recht gegen straffällig gewordene Gläubige mit den Mitteln ihres geistlichen Rechts (c. 1311 CIC 1983)

Die römisch-katholische Kirche begegnet dem Staat rechtlich als hierarchisch verfasste iuristische Person anstaltlichen Charakters, welche auf einem unabänderlich gegebenen Stifterwillen beruht[40] und sich damit auch der kirchlichen Verfügbarkeit entzieht[41].

Es gehört zur Gestalt der römisch-katholischen Kirche, dass sie keinen strukturlos-monolithischen Block bildet, sondern sich als Gesamtkirche in verschiedene Teilkirchen gliedert[42]. Das zugrundegelegte Strukturprinzip der 'Communio Ecclesiae et Ecclesiarum' verklammert die in und aus Partikularkirchen, 'in quibus et ex quibus', bestehende Universalkirche unlösbar[43]. „Die Gesamtkirche besteht nämlich ihrem Wesen nach ganz in jeder Teilkirche, wird zugleich aber ganz aus diesen Teilkirchen auferbaut. Daraus folgt, dass die Gesamtkirche als aus den Teilkirchen auferbaute in den Teilkirchen gegenwärtig ist. Die Kirchenstruktur der Communio Ecclesiarum lässt eine historische oder theologische Priorität der Gesamtkirche vor den Teilkirchen oder umgekehrt nicht zu; sie ist vielmehr die organische Entfaltung der vorgesehenen Kircheneinheit."[44]. Die römisch-katholische Kirche prägt sich in erster Linie als personal bestimmte Glied-

---

durch die eigene Rechtsprechung vorzugehen (c. 1401 CIC 1983). Zum Ganzen siehe Listl, Aussagen, S. 1040 ff.; sowie zusammenfassend Aymans, Kanonisches Recht I, S. 93 f. Vgl. Göbel, S. 99 ff.; Mikat, Verhältnis von Kirche und Staat, S. 144 ff.

40 „Die Kirche als Stiftung Christi tritt mit dem Anspruch auf, als eigenberechtigter Verband mit eigener Kompetenzsphäre und mit eigener Amtsgewalt zu gelten. Ihr für sich bestehender Lebenszweck, ihre Mittel, ihre Wirksamkeit und die entsprechende Ordnung der Zugehörigkeit ihrer Mitglieder bedingen eine solche Verschiedenheit der Kirche gegenüber dem staatlichen Lebenskreis mit seinen ihm eigentümlichen Verwaltungsaufgaben, dass weder eine 'organische Einführung der Kirche als Zelle in den Staatsorganismus', noch eine staatliche Bestimmung der kirchlichen Aufgaben stattfinden kann, wie auch die Kirche ihre Aufgaben nur kraft eigener, nicht vom Staate abgeleiteter Befugnis erfüllt und die Verbindlichkeit ihres Wirkens für ihre Mitglieder rechtlich unabhängig vom Staat ist." (Lampert, Kirche und Staat II, S. 7).

41 Listl, Aufgabe, S. 458 f.

42 „Im Bereich des kirchlichen Willensgebietes wird der *eine* Zweck der Kirche in ihren abgestuften Gliederungen und Verzweigungen lokalisiert und spezialisiert. Diese Teilorganisationen gehören zum kirchlichen Gesamtorganismus wie die Glieder eines Leibes. Zu ihrer Eingliederung bedarf es eines Aktes der kirchenverfassungsmässigen Organe." (Lampert, Stiftungen, S. 29).

43 Vgl. LG Art. 23 Abs. 1.

44 Aymans, Gliederungs- und Organisationsprinzipien, S. 241 f.

gemeinschaft aus, ohne an ein bestimmtes Gebiet oder Volk gebunden zu sein[45]. Gleichwohl wird das Personalitätsprinzip von einem Territorialitätsprinzip grundsätzlich strukturiert. Dieses verortet die jeweilige Partikularkirche[46] im Regelfall gemäss c. 372 CIC 1983 territorial, welche ihrerseits aufgrund c. 374 CIC 1983 in verschiedene Teile aufzugliedern ist[47].

---

45 Die teilkirchliche Ordnung stellt sich nicht primär als vollständiges Netz von Regierungsbezirken dar. Sie tritt vielmehr als ein vollständiger Verbund von Personengemeinschaften in Erscheinung. Das Zweite Vatikanum führte diesbezüglich einen Pradigmenwechsel herbei, indem die 'ex institutione divina' verliehene Vollmacht den Ortsbischöfen nicht mehr wie in c. 329 § 1 CIC 1917 aufgrund ihrer Regierungskompetenz über ein kirchliches Territorium zukommt, sondern den konsekrierten 'Successores Apostolorum' nurmehr vermöge ihrer sakramentalen Weihe eignet. Cf. c. 375 CIC 1983. Siehe Göbel, S. 157 f.

46 Teilkirchen können in organisatorischer Hinsicht nach Riten in entsprechende Verbände gegliedert sein, z.B. Lateinischer Ritusverband. Ein zweites Ordnungsprinzip stellt die verbandsmässige Strukturierung nach Kirchenprovinzen, welche aus den betreffenden Diözesen, Territorialabteien, ständigen Apostolischen Administraturen etc. (cf. c. 368 CIC 1983) besteht, dar, wobei auf dem Gebiet der schweizerischen Eidgenossenschaft die Diözesen in keinem Suffraganverhältnis zu einem übergeordneten Metroplitanverband stehen. Weitere teilkirchliche Organisationen sind die Kirchenregionen (cc. 433 f. CIC 1983) sowie die Bischofskonferenzen (cc. 447 ff. CIC 1983). Die Kompetenz zur Errichtung teilkirchlicher Verbände liegt ausschliesslich beim Hl. Stuhl.

47 „Diese ordentliche Verfassungstruktur der Kirche ist in ihrer Verbindung von Personal- und Territorialprinzip dadurch gekennzeichnet, dass sie die jeweilige 'Portio populi Dei' eines bestimmten Ritus und eines bestimmten Gebietes umfassend in sich selber schliesst. Besondere Seelsorgebedingungen lassen aber in begrenztem Umfang daneben eine *ausserordentliche* Verfassungsstruktur zu, die sog. kategoriale Seelsorgestruktur. Auf teilkirchlicher Ebene ist diese insbesondere in der Militärseelsorge ausgestaltet, findet aber auch auf der Ebene diözesaner Untergliederungen gegebenenfalls Anwendung, z.B. durch Errichtung ritusgleicher Personalpfarreien etwa aus Gründen muttersprachlicher oder nationaler Bindungen." (Aymans, Gliederungs- und Organisationsprinzipien, S. 247). Vgl. Ders., Kanonisches Recht II, S. 317 ff.

2. *Verfassungsrechtlich relevante Elemente des Teilkirchenverbandes*

A. *Nichtkollegiale Körperschaften*[48]

a) Diözese

„Dioecesis est populi Dei portio, quae Episcopo cum cooperatione presbyterii pascenda concreditur, ita ut, pastori suo adhaerens ab eoque per Evangelium et Eucharistiam in Spiritu Sancto congregata, Ecclesiam particularem constituat, in qua vere inest et operatur una sancta catholica et apostolica Christi Ecclesia.“[49]. „Grund- und Vollform“ der Teilkirche stellt die Diözese dar, welche sich in ihren Konstitutivelementen 'Teil des Gottesvolkes', 'Bischof' und 'Presbyterium' ausprägt[50]. Die kodikarische Legaldefinition ordnet die personale Substanz einer Diözese anhand der determinativen Funktion des Territorialprinzips dem bischöflichen Hirtendienst zu[51]. Das Amt des Diözesanbischofs, welches in Gemeinschaft

48 Der Unterschied einer nichtkollegialen Körperschaft (oder auch Anstalt bzw. Stiftung) zu einer kollegialen Körperschaft besteht darin, „dass der Handlungswille entweder durch Beschlussfassung der Mitglieder (kollegiale Körperschaft) oder durch hierzu von Rechts wegen oder aufgrund der Stiftungsurkunde bevollmächtigte Einzelpersonen oder Kollegien erfolgt“ (Aymans, Kanonisches Recht I, S. 310). Nicht rechtsformal differenzierbar sind kanonische Anstalt bzw. nichtkollegiale Körperschaft über das Indiz, dass bei der Bestimmung des Handlungswillens Kollegien tätig werden.

49 C. 369 CIC 1983. – Aymans, Kanonisches Recht II, S. 319 weist darauf hin, dass die Diktion dieser Norm – entsprechend ihrer Herkunft (CD Art. 11 Abs. 1) – theologisch gefärbt ist. Sie bringt denn auch primär die Wesenselemente einer Diözese zur Sprache, als dass sie sich durch iuristische Präzision kennzeichnet. In diesem Sinne ist c. 369 CIC 1983 eher als Wesensumschreibung denn als strikte Legaldefinition aufzufassen.

50 Siehe Aymans, Kanonisches Recht II, S. 315 f.

51 Die personale Substanz ist ein dem Bischof anvertrauter Teil von Christgläubigen. Sie konstituiert sich nicht durch den Zugehörigkeitswillen ihrer Glieder. Vielmehr wird die Zugehörigkeit anhand objektivrechtlicher Determinationen wie Integration in die 'Communio plena' als Prinzip der kirchlichen Verfassungsstruktur, rituskirchliche Einordnung und Wohnsitz festgelegt. „Anders gesagt: Die Zugehörigkeit zur '*Communio plena*' ist konstitutiv für die Zugehörigkeit zu einer Diözese, und umgekehrt: Eine Gemeinschaft von und zur Communio plena Gehörenden ist Konstitutivelement für die Bildung einer Diözese. Alle anderen genannten Elemente sind nicht konstitutiver, sondern determinativer Art. Sie dienen der rechtlichen Umschreibung und sind *objektiver Natur*, d.h. es findet weder eine Bewerbung statt, noch ist eine Aufnahme in das beliebige Ermessen von irgend jemand gestellt (wie bei allen Vereinigungen, Zweckverbänden, Orden). Vielmehr ist die Zugehörigkeit allein aufgrund solcher objektiver Kriterien festzustellen, die Grundstellung des Gläubigen nicht übersteigen.“ (Aymans, Kanonisches Recht II, S. 320).

mit dem universalen Episkopat unter der primatialen Gewalt des Papstes als Haupt des Bischofskollegiums, Stellvertreter Christi und Hirte der Gesamtkirche ausgeübt werden muss und deshalb die verfassungsrechtliche Verbindungsstelle zwischen Partikular- und Universalkirche darstellt, berechtigt seinen rechtmässigen Inhaber, in der Teilkirche den Dienst des Heiligens, Leitens und Lehrens auszuüben[52]. Dabei bedient sich der Bischof der Hirten- und der Weihegewalt[53], welche je auf ihre Weise an dem durch das 'Tria Munera'- Schema[54] bezeichneten Wirkungskreis der Kirche teilhaben[55]. Das bischöfliche Amt[56] wirkt konstitu-

---

52 C. 375 CIC 1983.

53 „Die Ausübung der mit dem Bischofsamt verbundenen Weihegewalt setzt notwendig den Empfang des Weihesakramentes in seiner dreifachen Stufung (Diakonat, Presbyterat, Episkopat) voraus." (Listl, Amt, S. 593).

54 „In der in der Neuzeit entwickelten theologischen Lehre von den Ämtern Christi und der Kirche wird zwischen Hirtenamt, Lehramt und Priesteramt unterschieden. Bei diesen sog. 'Ämtern' (munera) handelt es sich, worauf zur Vermeidung von Missverständnissen nachdrücklich aufmerksam zu machen ist, nicht um Kirchenämter im rechtlichen Sinn, sondern vielmehr um Aufgaben und Funktionen der Gesamtkirche als solcher, die ihr als Leitungs-, Verkündigungs- und Heiligungsdienst zur Wahrnehmung übertragen sind (vgl. die Titel des 3. Und 4. Buches des CIC/1983 'Der Verkündigungsdienst der Kirche' und 'Der Heiligungsdienst der Kirche')." (Listl, Amt, S. 595).

55 Im Hinblick auf die ihm anvertraute Diözese kommt dem Diözesanbischof alle ordentliche, eigenberechtigte und unmittelbare Gewalt zu, die zur Ausübung seines Hirtendienstes erforderlich ist. Ausgenommen ist allein, was von Rechts wegen oder aufgrund einer Anordnung des Papstes der höchsten oder einer anderen kirchlichen Autorität vorbehalten ist (c. 381 § 1 CIC 1983). Gemäss c. 391 CIC 1983 liegt die unmittelbare Leitung der Teilkirche ganz in der Hand des Diözesanbischofs, „der diese umfassende Aufgabe mit gesetzgebender, ausführender und richterlicher Gewalt wahrnimmt (§1). Er ist dabei an das übergeordnete Gesetzesrecht und an das durch höheres Gesetzesrecht geschütztes Gewohnheitsrecht gebunden. Dem *Besitz* nach vereinigt der Diözesanbischof alle drei Gewaltfunktionen in seiner Hand. Der *Ausübung* nach liegt die *Gesetzgebungsgewalt* exklusiv bei ihm persönlich; er kann sie nicht delegieren. In den beiden anderen Gewaltfunktionen kann er sich nach Massgabe des Rechts vertreten lassen. Diese Vertretung ist institutionell in bestimmten Vikarsämtern geordnet: für die *Verwaltung* im Amt des Generalvikars und des Bischofsvikars, für die *Rechtsprechung* in den Ämtern des Gerichtsvikars (Offizial) und der Diözesanrichter (§2)." (Aymans, Kanonisches Recht II, S. 343).

56 Die Ämter des Papstes (c. 331 CIC 1983), des Bischofskollegiums (c. 336 CIC 1983) sowie das Bischofsamt (c. 375 § 1 CIC 1983) gehen unmittelbar aus der apostolischen Tradition hervor und begründen sich direkt aus göttlicher Weisung (c. 330 CIC 1983). Die übrigen Kirchenämter verdanken ihre Entstehung iure humano dem positiven Kirchenrecht oder gewohnheitsrechtlicher Bildung. Siehe Aymans, Kanonisches Recht I, S. 446; Listl, Amt, S. 594.

tiv für den Begriff der Diözese[57], der, wenn sie rechtmässig[58] errichtet ist, von Rechts wegen als 'Universitas personarum non collegialis' die Rechtspersönlichkeit[59] einer öffentlichen[60] iuristischen Person des Kirchenrechts[61] eignet[62]. Dem

---

57 „Es gibt keine Teilkirche ohne bischöfliches Amt." (Aymans, Kanonisches Recht II, S. 321). Sein konstitutiver Gehalt liegt darin, dass der Amtsinhaber aufgrund der apostolischen Sendung für die diözesane bzw. diözesanähnliche Teilkirche geistliches Haupt mit ordentlicher, eigenberechtigter und unmittelbarer Gewalt (c. 381 § 1 CIC 1983) ist. Das Amt erfährt hinsichtlich Inhalt und Form durchaus unterschiedliche Ausprägungen. Beispielsweise kann es sich um einen 'Oberbischof' (Papst, Metropolit, Patriarch) wie umgekehrt auch um einen Priester in bischofsgleicher Stellung (Gebietsabt, Apostolischer Präfekt) handeln. Hierzu Ders., op.cit., S. 320 f. Vgl. auch Isele, Probleme des kirchlichen Vermögensrechts, S. 58 f.

58 Die Kompetenz zur Errichtung von Teilkirchen liegt ausschliesslich beim Papst, cf. c. 373 CIC 1983. Die Schweiz greift in casu unter Verletzung der korporativen Religionsfreiheit mittels des diskriminatorischen Genehmigungsvorbehalts hinsichtlich der Diözesanzirkumskription (Art. 50 Abs. 4 aBV bzw. Art. 72 Abs. 3 rev. BV) durch völkerrechtswidrige Missachtung der kirchlichen Souveränität (vgl. Oechslin, S. 120 ff.) in die Verfassungshoheit der röm.-kath. Kirche ein.

59 C. 373 CIC 1983.

60 Das in der Legaldefinition von c. 369 CIC 1983 konstitutiv umschriebene Wesen einer Diözese lässt diese in der Form einer öffentlichen iuristischen Person durch die Kompetenz der apostolischen Autorität des Papstes entstehen (c. 373 CIC 1983). Als öffentliche Rechtsperson des Kirchenrechts wird die Diözese auf den Zweck hin errichtet, die ihr im Hinblick auf das öffentliche Wohl übertragenen eigenen Obliegenheiten im Namen der röm.-kath. Kirche nach Massgabe des Rechts zu erfüllen c. 116 § 1 CIC 1983). „Eine Teilkirche oder eine Pfarrei (cc. 373; 515 § 3), die beide von Rechts wegen den Charakter einer öffentlichen juristischen Person haben, handeln im *Gesamtbereich* ihrer Aufgaben im Namen der Kirche." (Aymans, Kanonisches Recht I, S. 311). Die greifbarste Konsequenz aus dem kanonischem Status einer öffentlichen iuristischen Person stellt die Qualifikation ihres Besitztums als Kirchenvermögen dar, welches mithin vom Treuhandgedanken erfasst wird und deshalb nicht nur nach den Statuten des Rechtsträgers zu behandeln ist, sondern in erster Linie den strengeren Regeln des kirchlichen Vermögensrechts (cc. 1258-1289 CIC 1983) unterliegt. Siehe Ders., op.cit., S. 311.

61 Vgl. Aymans, Kanonisches Recht I, S. 317; Ders., Kanonisches Recht II, S. 190, 317.

62 Vor dem zweiten Vatikanum herrschte in der Lehre Uneinigkeit, ob die Rechtspersönlichkeit von Diözese und Pfarrei im bepfründeten Amt oder im Institut der 'Ecclesia', also der Kathedral- respektive Pfarrkirchenstiftung, oder schliesslich in beiden zutage trete. Vgl. Isele, Probleme des kirchlichen Vermögensrechts, S. 58 f., Reichlin, S. 65 f. Indem der CIC 1983 Diözese und Pfarrei als nichtkollegiale Personengesamtheiten rechtspersönlich definierte, brachte der kirchliche Gesetzgeber das Communio-Prinzip der personal determinierten Gliedgemeinschaft, welche territorial strukturiert wird, in eine rechtliche Form. Die kirchlichen iuristischen Personen 'Mensa episcopalis' und 'Pfarrbenefizium' fungieren weiterhin auf der zivilistischen Rechtsebene in der Form privatrechtlicher Stiftungen als vermögensträger-

kirchenrechtlichen Begriff der Diözese stellte der weltliche Gesetzgeber bis dato keine eigenkreierte Rechtsfigur gegenüber, folglich situierte der Kanton Schwyz aufgrund § 2 Abs. 1 aKV die kanonische Teilkirche mitsamt den einzelnen Elementen der Bistumsverfassung[63], welche für sein Territorium staatskirchenrechtliche Relevanz entfalten können, in seinem öffentlichen Rechtskreis. Der Kanton Schwyz wurde durch Papst Leo XII. 1824 mit der Bulle 'Imposita humilitati'[64] definitiv der Diözese Chur eingegliedert, nachdem sich die Regierung und der Bischof von Chur in einer gegenseitigen vertraglichen Erklärung darüber verständigt hatten[65].

b) Pfarrei

„Paroecia est certa communitas christifidelium in Ecclesia particulari stabiliter constituta, cuius cura pastoralis, sub auctoritate Episcopi dioecesani, committitur parocho, qua proprio eiusdem pastori."[66]. Jede Teilkirche wird in der Regel territorial[67] in Pfarreien aufgegliedert, welche innerhalb der hierarchisch struktu-

---

schaftliche Repräsentanz der 'Universitas personarum non collegialis', welche gegenüber der zivilistischen Rechtsordnung keine analoge Entsprechung aufweist. Die privatrechtliche Rechts- und Vermögensfähigkeit der nichtkollegialen Personengesamtheiten kann somit durch das bepfründete Amt existieren. Insofern funktionieren Mensa episcopalis und Pfarrbenefizium für den weltlichen Rechtskreis nach wie vor als iuristisch selbständige Gliederungselemente der Gesamtkirche. Vgl. Riemer, BK I/3, ST, Rz. 189.

63 Als solche gelten u.a. die Diözesankurie (cc. 469-494 CIC 1983), das Domkapitel (cc. 503-510 CIC 1983), die Konsultationsorgane (Konsultorenkollegium, etc.; cc. 495-502 CIC 1983). Vgl. Aymans, Kanonisches Recht II, S. 372 ff., 391 ff.

64 Deutsche Übersetzung in: nGS SZ I-81.

65 'Übereinkunft betreffend die Vereinigung des Kantons Schwyz mit dem Bistum Chur und die Verwaltung des Diözesanfonds' vom 3. August 1824, abgedruckt in: nGS SZ I-80. Zu Rechtsqualität und verfassungsrelevantem Inhalt des Bistumsvertrags siehe hinten, S. 455 ff.

66 C. 515 § 1 CIC 1983.

67 Hauptsächliches Instrument zur Strukturierung einer bestimmten 'Portio populi Dei' ist das Territorialprinzip. Besondere Seelsorgebedingungen lassen aber daneben eine ausserordentliche Verfassungsstruktur zweckdienlich erscheinen, nämlich die sogenannte 'kategoriale Seelsorgestruktur', welche in casu in pfarrlichen Verfassungsformen organisiert wird. Als personal determinierte Pfarreien kommen hier in Frage: Militärpfarreien, Pfarreien für Minderheiten eines anderen Ritus, einer anderen Sprache oder Nationalität, etc. (c. 518 CIC 1983). Vgl. Aymans, Gliederungs- und Organisationsprinzipien, S. 247; Ders., Kanonisches Recht II, S. 414. Im Kanton Schwyz hat das bischöfliche Ordinariat von der durch c. 518 CIC 1983 statuierten Kompetenz, welche im CIC 1983 nicht mehr an ein besonderes päpstliches Indult

rierten Kirchenverfassung als unterste rechtlich selbständige Teilverbände dem ordentlichen Vollzug der von Christus seiner Kirche aufgetragenen Heilssendung zweckgewidmet sind[68]. Der Pfarrei eignet von Rechts wegen[69] die Persönlichkeit einer 'Universitas personarum non collegialis', deren einziges Konstitutivorgan der Inhaber[70] des Pfarramtes, welcher Priester[71] sein muss[72], ist[73]. Als kirchenamtliche d.h. öffentliche[74] iuristische Person des Kirchenrechts werden die Pfarreien durch den zuständigen Diözesanbischof[75] auf Dauer[76] errichtet[77]. Die legal-

---

gebunden ist (cf. c. 515 §§ 1, 2 CIC 1983), noch keinen Gebrauch gemacht. Dort wurden folglich bis dato keine Personalpfarreien errichtet.

68 Trotz aller strukturellen Ähnlichkeit mit der Teilkirche ist die Pfarrei aber nicht selbst Teilkirche, „denn es fehlt ihr die Fülle der Teilkirche" (Paarhammer, Kom. c. 515 CIC 1983, Rz. 2).

69 C. 515 § 3 CIC 1983. Vgl. Aymans, Kanonisches Recht II, S. 416.

70 Da das Amt des Pfarrers begrifflich unabdingbar mit der Pfarrei verbunden ist, strahlt die mit der Dauerhaftigkeit der Pfarrei identische Beständigkeit des Amtes auf die Amtsinhaberschaft aus. „Deshalb ist der Pfarrer grundsätzlich auf *unbestimmte* Zeit zu ernennen" (Aymans, Kanonisches Recht II, S. 415). C. 522 CIC 1983 lässt partikularrechtlich eine befristete Amtsdauer zu. Die Schweizer Bischofskonferenz legte diesbezüglich per Dekret (abgedruckt in: SKZ Nr. 153 [1986], S. 71) eine Mindestamtszeit von sechs Jahren fest. Eine Befristung der Amtsdauer hat amtsrechtliche Inkompatibilitäten mit dem im Kanton Schwyz überdauerten Benefizialsystem (cf. c. 1272 CIC 1983) zur Folge. Siehe hinten, S. 379 ff.

71 Aufgrund des bedauerlichen Priestermangels kann der Diözesanbischof nichtpriesterliche Funktionen in einer Pfarrei einem Diakon oder Laien übertragen. Hierbei findet die Übertragung von Aufgaben an Laien ihre Grenze spätestens in jenen Angelegenheiten, für deren Wahrnehmung die Trägerschaft von Weihe- und/oder Leitungsgewalt notwendig ist (c. 129 CIC 1983). In diesen Fällen ist ein Priester zu bestimmen, welcher mit den entsprechenden Pfarrvollmachten und -befugnissen ausgestattet die Oberleitung der Seelsorge innehat (c. 517 § 2 CIC 1983). Dieser kann eine solche Position gleichzeitig für mehrere derartige Pfarreien bekleiden (cf. c. 526 § 1 CIC 1983). Hierzu Aymans, Kanonisches Recht II, S. 419, 421 f.

72 C. 521 § 1 CICI 1983.

73 C. 532 CIC 1983.

74 Zu den Konsequenzen der Qualifikation einer Pfarrei als öffentliche iuristische Person des Kirchenrechts siehe mutatis mutandis vorne, S. 308, FN 60.

75 Gemäss c. 515 CIC 1983 hat der Diözesanbischof auf der Ebene der Pfarrorganisation kraft seines Amtes die umfassende Befugnis, territorial und personal determinierte Pfarreien zu errichten, aufzuheben und zu verändern. Diesbezüglich muss er vorgängig den Priesterrat anhören, ohne jedoch an dessen Rat gebunden zu sein. Hierzu Paarhammer, Kom. c. 515 CIC 1983, Rz. 10.

76 „Mit dem ausdrücklichen Hinweis, dass die Pfarrei in einer Teilkirche auf Dauer errichtet ist, und deren Seelsorge unter der Autorität des Diözesanbischofs steht, wird jeder falschen Interpretation, wie z.B. dass Gemeinde etwa durch freien Zusammenschluss der Gläubigen entstehe, ein Riegel vorgeschoben." (Paarhammer, Kom. c. 515 CIC 1983, Rz. 5).

definierte Rechtsform einer nichtkollegialen Gebietskörperschaft beinhaltet unabdingbar die entsprechende personale Substanz. Das Pfarrvolk stellt seit dem Zweiten Vatikanum einen rechtsnotwendigen Bestandteil der Pfarrei dar[78]. Die Zugehörigkeit zum Pfarrvolk hat die Gliedschaft in der römisch-katholischen Kirche zur selbstverständlichen Voraussetzung[79]. Als spezifischer Teil der diözensanen Teilkirche umfasst der Pfarreibegriff auch ein der nichtkollegialen Körperschaft hingeordnetes Territorium[80], welches den personalen Umfang der 'Communitas christifidelium' in objektiver Weise näher determiniert. Insofern weist das Gebietselement die Funktion eines akzessorischen Zubehörs zum Begriff des Pfarrvolkes auf[81]. Die territoriale Abgrenzungskompetenz hierzu liegt beim zuständigen Diözesanbischof. Neben dem Pfarrvolk bildet das Pfarramt, welches im CIC 1983 ordentlicherweise mittelbar zufolge der Errichtung einer bezüglichen Pfarrei zur rechtlichen Realität wird[82], ein weiteres Konstitutivele-

---

77 „Unter Errichtung versteht man einen Verwaltungsakt, in dem der Wille der Kirche zum Ausdruck kommt, eine bestimmte Gemeinschaft von Gläubigen als Pfarrgemeinde zu konstituieren und ihr einen Priester als ihren geistlichen Vorsteher zu geben; d.h. die vielen Gläubigen werden durch hoheitlichen Akt zu einer Einheit zusammengebunden und es wird für diese 'certa communitas fidelium' das Amt des Pfarrers errichtet." (Paarhammer, Kom. c. 515 CIC 1983, Rz. 11).

78 Trotzdem gilt aber, dass die Summe der auf einem bestimmten Pfarrterritorium angesiedelten Christgläubigen keine kollegiale Gemeinschaft von gleichgestellten und kollektivistisch organisierten Mitgliedern, sondern eine Gemeinschaft konsekratorisch verschieden geprägter und unterschiedlich berechtigter Kirchenglieder einer Pfarrei darstellt. Vgl. Paarhammer, Kom. c. 515 CIC 1983, Rz. 5.

79 Noser, S. 27.

80 Die kanonische Programm für die Gliederung der Teilkirchen misst dem Begriff 'Paroecia' im Sinne einer gebietsmässigen Aufteilung des Diözesansprengels auch eine territoriale Bedeutung zu. Der Terminus ist diesbezüglich mit 'Pfarreigebiet' zu übersetzen. Hingegen stellt das Territorium kein eigentliches und selbständiges Wesensmerkmal des rechtsformalen Pfarreiterminus dar. „Das Territorium ist demnach kein Wesensbestandteil der Pfarrei, sondern nur ein Mittel neben anderen zur Bestimmung des populus determinatus, des Pfarrvolkes." (Noser, S. 26).

81 Dies gilt ebenso für die Personalpfarreien, deren Personenkreis i. d. R. auch territorial umgrenzt wird. Die Abgrenzungsmethode der ausserordentlichen Verfassungsstruktur basiert jedoch primär auf der Anwendung des modalen Personalitätsprinzips. Cf. c. 518 CIC 1983.

82 Als bepfründetes Pfarramt wird die Pfarrei auch mit weltlichen Rechtskategorien begreifbar. Siehe hinten, S. 371 ff., 501 ff. – „Anders als nach dem früher geltenden Recht haben die Kirchenämter gemäss dem CIC in aller Regel (sc. u.a. stellt hierbei der Kanton Schwyz eine Ausnahme dar) als solche nicht mehr den Charakter juristischer Personen. Das gilt auch hinsichtlich der für den Aufbau der Kirche so wichtigen Ämter des Diözesanbischofs und des Pfarrers. Diese Ämter treten konkret dadurch ins Leben, dass eine Diözese, bzw. eine Pfarrei als öffentliche juristische Person errichtet wird, zu der kraft gesetzlicher Begriffsbestimmung das Amt des Di-

ment des Pfarreibegriffs[83]. Nicht mehr wesensnotwendig und mithin akzidentiell für das begriffliche Rechtsbestehen einer Pfarrei ist die Existenz einer Pfarrkirche[84], welcher aber theologisch besehen für die Applikation der Sakramente als Zeichen und Mittel, durch die der Glaube ausgedrückt und bestärkt, Gott Verehrung erwiesen und die Heiligung der Menschen bewirkt wird[85], eine herausragende Bedeutung eignet. Insofern bildet die Pfarrkirche eine Voraussetzung für die geordnete Entfaltung der pfarramtlichen Tätigkeit[86]. Neben der 'Cura anima-

---

özesanbischofs bzw. des Pfarrers gehört; die Inhaber dieser Ämter vertreten die juristische Person nach aussen. Die vorgenannten Kirchenämter werden also nicht errichtet, sondern treten *mittelbar infolge eines konkreten Errichtungsaktes* ins rechtliche Dasein." (Aymans, Kanonisches Recht I, S. 446).

83 Der Pfarrsprengel verhält sich zum Pfarramt insofern, als letzeres ersterem den Umfang des Wirkungskreises determiniert. Mithin bestimmt die territoriale Umgrenzung der Pfarrei auch den Kreis der Gläubigen, welche dem Pfarramt zur religiösen Betreuung zugewiesen sind. „Die räumliche Zuständigkeit mündet so in eine persönliche." (Noser, S. 65).

84 Der CIC 1983 verleiht einem neu zu errichtenden Gotteshaus nicht mehr wie c. 99 CIC 1917 die Qualität einer 'Persona moralis', welcher 'ex ipso iuris praescriptio' (c. 100 § 1 CIC 1917) als selbständige iuristische Person des Kirchenrechts in der Form einer kirchlichen Stiftung (Fabrica ecclesiae) eigene Rechtspersönlichkeit zusteht. „Die *vor* Inkrafttreten des CIC 1983 *bestehenden Kirchen* behalten aber ihre Rechtspersönlichkeit *weiter*, da es sich um wohlerworbene Rechte handelt (c.4), das neue G nicht zurückwirkt (c.9) und die jP ihrer Natur nach nicht zeitlich begrenzt ist (c. 120 § 1)." (Heimerl/Pree, S. 598, Rz. 1115). Als kirchliche Stiftung ist die Pfarrkirche auf die Pfarrei hingeordnet, da sie aufgrund ihrer Zweckbestimmung sakramentalen Bedürfnissen der Kirchgenossen einerseits und pfarramtlichen Verrichtungen anderseits dient. „Die Hinordnung der juristischen Person 'Pfarrkirche' auf die juristische Person 'Pfarrei' darf aber nicht derart überspitzt werden, dass die Rechte und Pflichten der Pfarrkirche als Rechte und Pflichten der Pfarrei erscheinen, die letztlich das einzige wirkliche Subjekt in der Pfarrei wäre. So würde das Pfarrkirchenvermögen als unselbständiges Stiftungsgut im Vermögen der Pfarrei aufgehen; dies scheint im Hinblick auf die allgemein bejahte selbständige Rechtspersönlichkeit *jeder* Einzelkirche unannehmbar, weil es tatsächlich auf eine Leugnung der letzteren hinauskommt." (Noser, S. 48). – Vgl. auch Isele, Probleme des kirchlichen Vermögensrecht, S. 58 f., welcher der Lehrmeinung, dass die Rechtspersönlichkeit von Diözese und Pfarrei in der Existenz einer 'Fabrica ecclesiae' zu erblicken sei, nicht beipflichtet. Der Streit ist insofern entschieden, als der CIC 1983 das Problem der Rechtspersönlichkeit von Diözese und Pfarrei anhand der cc. 115 §1,2; 369; 515 § 1 CIC 1983 löst.

85 Cf. c. 840 CIC 1983.

86 „Die Pfarrkirche gehört nicht zu den wesentlichen Elementen einer Pfarrei, sie ist jedoch die logische Konsequenz aus der Errichtung einer Pfarrei, weil aufgrund der Orthaftigkeit allen kirchlichen Lebens und Handelns die Feier der Eucharistie Zentrum des pfarrlichen Lebens ist ... und Gipfel und Quelle für das gesamte christliche

rum'[87] ist das bepfründete Pfarramt zugleich in vermögensrechtlicher Hinsicht mit dem Pfarrvolk verbunden. Zwar kann die rechtspersönliche Pfarrei gemäss neuem Codex Iuris Canonici auch Vermögen besitzen. Im Kanton Schwyz sind jedoch nach wie vor die bestehenden Benefizien[88] bzw. die 'Fabricae ecclesiae' hauptsächliche Träger des kirchlichen Vermögens auf der Pfarrebene. Daran ändert im übrigen faktisch des Vermögensrecht des CIC 1983 – noch! – nichts[89].

Das kantonale Verfassungsrecht ordnet dem kanonischen Institut der Pfarrei zur Erfüllung ihrer weltlichen Bedürfnisse das staatsrechtliche Instrument der Kirchgemeinde bei. Der Zweck dieser staatskirchenrechtlichen Körperschaft wird durch den konfessionellen Verband generiert. Mithin darf die Kirchgemeinde ihre Funktion nicht in Konkurrenz zur Pfarrei wahrnehmen[90]. Für seinen Geltungs-

---

Leben ..." (Paarhammer, Kom. c. 515 CIC 1983, Rz. 9). Vgl. auch Aymans, Kanonisches Recht II, S. 417.

87 Cf. cc. 528 ff. CIC 1983. – Die Seelsorge wird unter der Autorität des Diözesanbischofs ausgeübt, welcher die Pastoration einem eigenberechtigten Hirten als Amtsinhaber überträgt. Vgl. Paarhammer, Kom. c. 515 CIC 1983, Rz. 5.

88 Als iuristische Person des Kirchenrechts ist das bepfründete Pfarramt Träger von vermögenswerten Rechten und Pflichten. Dabei vereinigen sich in der Person des Amtsträgers die Vertretung, Verwaltung und die Nutzniessung des Benefiziums. Während die Pfarreiangehörigen gegenüber der amtsrechtlichen Seite der Pfarrei vorwiegend eine empfangend-passive Stellung innehaben, nehmen sie in vermögensrechtlicher Hinsicht eine aktive Rolle ein. Aufgrund ihrer patronatischen Verpflichtung alimentieren sie das Benefizium, welches den Pfarreigliedern die Dienste des auf die Pfründe eingesetzten und daraus entlöhnten Geistlichen sichert. Mithin treten Pfarrei und Benefizium in eine Beziehung gegenseitigen Gebens und Nehmens. Vgl. Noser, S. 66.

89 „Der revidierte CIC kennt nicht mehr die früher übliche grundlegende Unterscheidung zwischen unbepfründeten (officia) und bepfründeten Ämtern (beneficia). Die Sache selbst bleibt davon unberührt. Denn auch der CIC/1983 weiss, dass es Gebiete der Kirche gibt, in denen Benefizien im strengen Sinne existieren." (May, Kirchenamt, S. 142). C. 1272 CIC 1983 gibt den Bischofskonferenzen diesbezüglich die Kompetenz, dass dort, wo solche Benefizien noch existieren wie z.B. im Kanton Schwyz, entsprechende Partikularnormen zu erlassen. Folglich bestehen innerhalb der nichtkollegialen Gebietskörperschaft Pfarrei weiterhin auch andere kirchliche Rechtspersonen. Die Schweizer Bischofskonferenz hat in casu diejenigen Normen des Codex 1917, welche sich mit der Verwaltung, des Benefiziums befassen, als Partikulargesetz in Kraft gesetzt (Schmitz/Kalde, S. 83; SKZ Nr. 29/30 [1985], S. 473). Vgl. Paarhammer, Kom. c. 515 CIC 1983, Rz. 8; Walser, Pfarrei, Kirchgemeinde und Landeskirche, S. 428 f.

90 Die Realisierung parakirchlicher Ambitionen seitens der Kirchgemeinde verletzt das kirchliche Selbstbestimmungsrecht, welches durch die bundesrechtlich übergeordnete Religionsfreiheit korporativer Observanz gewährleistet wird. Gleichzeitig erlaubt gemäss EGV-SZ 1980, S. 36 f., der nach Massgabe des kantonalen Rechts ge-

bereich positionierte § 2 Abs. 1 aKV ehedem ebenfalls die kleinsten rechtlich selbständigen Teilverbände der hierarchisch strukturierten Kirchenverfassung im kantonalen öffentlichen Recht. Die Pfarreien gliedern gemäss c. 374 § 1 CIC 1983 die Teilkirche. Demzufolge waren sowohl die Diözese Chur, wie auch die einzelnen im Kanton Schwyz gelegenen Pfarreien separat oder als Bestandteil der einheitlich durch die kanonische Ordnung verfassten Communio-Struktur seitens des Standes Schwyz öffentlichrechtlich anerkannt[91],[92].

---

währleistete Autonomiebegriff den Kirchgemeinden, nur dann Aufgaben zu übernehmen, wenn dadurch nicht „der Kompetenzbereich ... der Pfarrei tangiert wird".

91 Reichlin, S. 84, leitet die öffentlichrechtliche Anerkennung der Pfarrei aus der gemäss § 16 Abs. 2 KV den Pfrundstiftungen konzedierten Steuerfreiheit (zum Umfang dieses Steuerprivilegs siehe Ders., S. 127 ff.) ab. Kirchenrechtlich konnte vor Inkrafttreten des Codex Iuris Canonici 1983 die Rechtspersönlichkeit der Pfarrei u.a. im bepfründeten Pfarramt zutage treten. Insofern ist die kanonische Prämisse dieser Deduktion korrekt. Hingegen lässt sich aus der Steuerbefreiung nicht die öffentlichrechtliche Qualität einer iuristischen Person belegen, da durchaus auch Verbandspersonen des öffentlichen Rechts (vgl. z.B. die Steuerpflicht [§ 16 Abs. 1 KV; § 4b in Verbindung mit § 43 aStG, nGS SZ I-105] der staatskirchenrechtlichen Körperschaften oder der öffentlichrechtlichen Allmendgenossenschaften [§ 18 EG ZGB, nGS SZ II-175]) gehalten sind, Steuern zu bezahlen. Die erwähnte Deduktion gerinnt so zu einem Indiz für die öffentlichrechtliche Anerkennung. Massgebliche Verfassungsbestimmung für die publizistische Position der röm.-kath. Kirche ist § 2 Abs. 1 aKV, welcher sein anerkennungsrechtliches Programm dem Codex Iuris Canonici entnimmt.

92 Lampert, Kirche und Staat I, S. 304 f., fasst die Bedingungen, welche die röm.-kath. Kirche an die Anerkennung der Pfarrorganisation stellt, mit folgenden Punkten zusammen: „1. Die Beachtung der gliedmässigen Zusammenhänge des lokalen Verbandes mit dem höheren kirchlichen Organismus des Bistums und der Gesamtkirche aus dem kath. Prinzip der Einheit im Glauben und der Kirchenregierung; 2. Die Anerkennung des bischöflichen Leitungsrechts; 3. Die ausschliessliche Bereitstellung der Kultusstätten für ihre durch Weihe und Widmung konfessionell genau bezeichnete gottesdienstliche Bestimmung; 4. Die Sicherung des örtlichen Kirchengutes für die kirchlichen stiftungsmässigen Zwecke in der Pfarrei; 5. Die Anerkennung der Ämter ihrer Funktionäre als kirchliche, beruhend auf einem Mandate, das von der kirchlichen Autorität ausgeht." Vgl. auch Urs Josef Cavelti, Religionsgemeinschaften, S. 52. Auf die vermögensrechtlichen Punkte wird hinten, S. 327 ff., zurückzukommen sein.

B. Kollegiale Körperschaften[93]

a) Diözesanähnliche Teilkirchen[94]

„Praelatura territorialis aut abbatia territorialis est certa populi Dei portio, territorialiter quidem circumscripta, cuius cura, specialia ob adiuncta, committitur alicui Praelato aut Abbati, qui eam, ad instar Episcopi dioecesani, tamquam propri-

93 C. 115 § 2 1. Lemma CIC 1983. Eine kollegiale Körperschaft kennzeichnet sich dadurch, dass die Mitglieder deren Handeln bestimmen, indem sie nach Massgabe des Rechts und der Statutèn bei der Entscheidfällung zusammenwirken. Dabei ist es unerheblich, ob die Mitglieder alle über das gleiche Stimmrecht verfügen. Vgl. Aymans, Kanonisches Recht I, S. 309. Für die Bildung einer Körperschaft muss wenigstens ein Substrat von drei physischen oder auch bestehenden iuristischen Personen vorhanden sein. – Die Art der Willensbildung und Zwecksetzung erfolgt beim klösterlichen Verband von innen heraus durch die Gesamtheit der Religiosen bzw. über die von ihnen direkt oder indirekt bestellten Organe. Die rechtliche Struktur der Ordensinstitute enthält neben der wesensbestimmenden Prägung durch korporative Eigenschaften aber auch anstaltliche Elemente. Einerseits beruht die formelle Errichtung seitens der zuständigen kirchlichen Autorität (cc. 579; 589 CIC 1983) nicht auf konsensualer Vereinbarung sondern in mindestens tatsächlicher Weise auf dem materiellen Stifterwillen, was mutatis mutandis auch für die Errichtung einer klösterlichen Niederlassung gilt (c. 609 CIC 1983). (Der Stifterwillen erweist sich in denjenigen Orden, für welche der Willen des Stifters durch eine kirchlich approbierte Regel kodifiziert wurde, auch unter dem Aspekt der normativen Geltung als rechtsrelevant. Eine Abänderung des Stifterwilens wäre daher nur mit kirchlicher Genehmigung möglich.) Andererseits lässt das Bekenntnis zum evangelischen Rat des Gehorsams in der Form eines Gelübdes oder einer anderen heiligen Bindung nicht auf eine orthodox demokratische Ausprägung der körperschaftlichen Verbandskonstitution schliessen. Das Haupt eines Ordensinstitutes stellt nicht bloss ein 'demokratisch' designiertes Organ dar, sondern leitet ebenfalls als Oberer mit besonderer Gewalt seine unterstellten Mitbrüder. Trotz der anstaltlichen Elemente des klösterlichen Verbandes differiert die Verwaltung eines Ordensinstitutes beispielsweise mit derjenigen einer kirchlichen Stiftung. Diese ist „eine im Prinzip absolut objektive, durch ein von aussen bestelltes Organ, während die Verwaltung des klösterlichen Verbandes eine mitgliedschaftliche, subjektive d.h. die Interessen der Mitglieder vertretende ist und ordentlicherweise durch Organe besorgt wird, die von Mitgliedern und aus Mitgliedern bestellt werden" (Stillhart, S. 135).

94 Diese kirchlichen Teilgemeinschaften sind einer Diözese ähnlich aber aus bestimmten Gründen nicht zur Vollform entfaltet worden. Unter den Begriff einer solchen diözesanen Ersatzform fällt auch die Gebietsabtei Maria-Einsiedeln. Der Unterschied zwischen Voll- und Ersatzform liegt in der rechtlichen Ausgestaltung des konstitutiven Vorsteheramtes. Ansonsten werden sämtliche als Teilkirche bezeichneten Gemeinschaften – soweit nichts anderes ausdrücklich feststeht – gemäss c. 368 CIC 1983 rechtlich wie Diözesen behandelt. Siehe Aymans, Kanonisches Recht II, S. 316.

us eius pastor regat."[95]. Im ordensgeistlichen Bereich eignet der Benediktinerabtei Maria-Einsiedeln vollständige Unabhängigkeit vom Churer Ordinarius, zu dessen Herrschaftsgebiet sie ihrer geographischen Lage nach gehören würde. Als exemte Territorialabtei 'Abbatia nullius dioecesis' ist sie für ihr Gebiet 'intra muros'[96] direkt dem Hl. Stuhl unterstellt, ihr Prälat nimmt Einsitz in der Schweizer Bischofskonferenz. Die Benediktinerabtei Maria-Einsiedeln besitzt die kanonische Rechtspersönlichkeit einer öffentlichen iuristischen Person des Kirchenrechts[97], welche das kantonale Recht mit keiner analogen Rechtsfigur konkurrenziert sondern gewährleistend anhand der §§ 2 Abs. 1 aKV, 20 KV in seinem publizistischen Bereich ansiedelt[98].

---

95 C. 370 CIC 1983.

96 Die Jurisdiktionsgewalt des Abtes beschlägt also nicht nur die Klausur, sondern das ganze Gebiet innerhalb der äusseren Klostermauern, wie Stiftsschule, Internat und Klosterkirche etc. Der Hl. Papst Pius X. beabsichtigte, dem Abt des Klosters Einsiedeln die Jurisdiktionsgewalt über die Pfarrei Einsiedeln bzw. über die dem Kloster 'inkorporierten' Pfarreien zu gewähren. Da der damalige Abt Thomas Bossart befürchtete, bei einer territorialen Ausweitung seiner 'quasibischöflichen' Rechte auf das Gebiet 'extra muros' sowohl mit dem Ordinarius von Chur aber auch mit den weltlichen Behörden (vgl. Art. 50 Abs. 4 aBV bzw. Art. 72 Abs. 3 rev. BV) in Konflikt zu geraten, bat er den Hl. Stuhl, von diesem Vorhaben Abstand zu nehmen: „Ich bitte, mir von alledem nichts zu geben. Es würde grosses Aufsehen erregen, ja selbst Schwierigkeiten mit dem Staat herbeiführen. Wenn der Heilige Vater den Äbten von Einsiedeln etwas geben will, so wäre es vor allem die rechtliche Grundlage für den Titel Abbatia Nullius, wie er von Rom dem Kloster Einsiedeln in der 'Gerarchia cattolica' (Verzeichnis der katholischen Hierarchie) stets angeführt wird. Der Papst möge diesen Titel offiziell anerkennen und erklären, dass Einsiedeln in dem Sinne eine Abbatia Nullius sei, dass der Abt innerhalb der äusseren Mauern des Klosters über alle auf diesem Gebiete Wohnenden und über alle auf diesem Gebiete weilenden Pilger quasi bischöfliche Jurisdiktion besitze." (Brief von Abt Thomas Bossart an den Hl. Stuhl, auszugsweise abgedruckt bei: P. Joachim Salzgeber O.S.B., Das Kloster Einsiedeln wird offiziell zur Abbatia Nullius erklärt, in: Maria Einsiedeln 1984, Heft 6, S. 199). Papst Pius X. willfahrte dem Begehren von Abt Thomas Bossart um ein diesbezügliches Privileg mit einem 'Motu proprio' vom 7. Mai 1907, welches Papst Pius XII. in der Apostolischen Konstitution 'Insignis Einsiedelensis' vom 13. Dezember 1947, abgedruckt in: AAS 40 (1948), S. 142 f., neuerdings anerkannte und genauer umschrieb. Vgl. Isele, Gutachten Einsiedeln, S. 195 ff.; Moser, S. 102.

97 Cc. 115 f. CIC 1983. Als Teilkirche eignet der rechtmässig errichteten Territorialabtei die Rechtspersönlichkeit einer öffentlichen iuristischen Person ipso iure (c. 373 CIC 1983). Vgl. Aymans, Kanonisches Recht I, S. 317; Ders., Kanonisches Recht II, S. 190, 317.

98 Dies gilt kirchenrechtlich mutatis mutandis für alle von § 20 KV erfassten Ordensinstitute. – Generell kann hier festgehalten werden, „dass alle kanonischen Lebensverbände, Provinzen und Niederlassungen im Prinzip rechtsfähig sind. Sie sind also ju-

§ 20 KV gewährleistet die bestehenden Klöster. Danach kann ohne Änderung der Kantonsverfassung kein Kloster, welches im Zeitpunkt der Annahme dieser Verfassungsbestimmung bereits existierte, durch einen Akt der kantonalen Staatsgewalt aufgehoben werden[99]. Als 'Lex specialis' kommt dieser Bestimmung in der Korrelation mit § 2 aKV mindestens deklaratorische Bedeutung zu[100]. Die klösterfreundliche Vorschrift stellt im historischen Kontext durchaus eine Merkwürdigkeit dar. Musste 1874 der Kanton Schwyz offiziell dem eidgenössischen Druck zufolge Art. 51 und 52 aBV nachgeben, fasste er seinerseits bereits nach der Kantonstrennung (1831-1833) den Beschluss, die Klöster in jeder Beziehung unter die Aufsicht des Staates zu stellen[101]. Nach der missglückten Verfassungsänderung des Jahres 1898 trägt § 20 KV, welcher keine Repressalien gegenüber den bestehenden Klöstern mehr statuiert, unter Beachtung seiner inhaltlichen Historiezität wesentlich zum gebührenden Respekt des Staates gegenüber der kirchlichen Ordnung im schwyzerischen Staatskirchenrecht bei.

Im Jahre 1973 hat das Schweizervolk einer Streichung des sogenannten Klosterartikels (Art. 52 aBV) aus der Bundesverfassung zugestimmt. Dieser bestimmte, dass weder die Errichtung neuer noch die Wiederherstellung aufgehobener Klöster oder religiöser Orden zulässig sei. Die bundesrechtliche Praxis[102] stellte bei der Anwendung dieser Norm nicht auf die Terminologie des Codex Iuris Canonici[103] ab, sondern versuchte einen eigenen staatsrechtlichen Begriff zu entwickeln. In extensiver Interpretation[104] verstand dabei das Gemeinwesen unter dem Terminus 'Errichtung neuer Orden' „nicht die vom Stifter eines Ordens ausgehende Gründung, sondern die Einführung eines für die Schweiz neuen Ordens oder Kongregationsverbandes, der bis zum Inkrafttreten der BV vom 29. Mai 1874 in der Schweiz nicht schon eine Niederlassung hatte ... oder – wenn er sie

---

ristische Personen und zwar näherhin öffentliche juristische Personen des kanonischen Rechts." (Aymans, Kanonisches Recht I, S. 599).

99 RRB 1991/840, S. 9.

100 Zur Funktion von § 20 KV unter dem Regime der rev. KV siehe hinten, S. 484.

101 Art. 21 aKV 1833. Die Staatsaufsicht wurde in § 35 aKV 1848 beibehalten.

102 Der Bundesrat stellte in seiner Gewährleistungsbotschaft KV 1898, BBl 1899 IV 510 f., fest, dass § 20 KV durchaus im Gleichklang zur bundesrechtlichen Praxis steht und der Kanton Schwyz demzufolge gegenüber höhergeordnetem Bundesrecht mittels § 20 KV keinen Rechtsgegensatz statuiert.

103 C. 488 CIC 1917.

104 Diese erfolgte in der Absicht, „möglichst viele Gebilde der kath. Kirche als unzulässig vom Standpunkt der Bundesverfassung erscheinen zu lassen" (Lampert, Kirche und Staat II, S. 420).

vorher besass – seither die Ansiedelung aufgegeben hatte“[105]. Für die Rechtsanwendung wurde die im Codex Iuris Canonici 1917 getroffene Unterscheidung[106] zwischen ‘Orden’ und ‘Kongregationen’ als unmassgeblich betrachtet[107]. Nach erfolgter Ausserkraftsetzung von Art. 52 aBV änderte sich die Rechtslage insofern, als die Interpretation von § 20 KV nicht mehr durch höhergeordnetes Bundesrecht determiniert wird. Die dort gewährleistete Garantie entbehrt ab dato der Ausschliesslichkeit des Bezuges auf die vor 1874 bereits bestehenden Konvente. Sie beschlägt einzig das Faktum der rechtmässigen Existenz. Dieses richtet sich nach den entsprechenden Bestimmungen des kanonischen Rechts[108], welche mithin an die Stelle der bundesrechtlichen Praxis treten. Die römisch-katholische Kirche verzichtet im CIC 1983 bei den ‘Instituta religiosa’ auf jede rechtliche Klassifizierung in Klöster und Kongregationen[109]. Sämtliche Differenzierungen sind in der Regel ohne weiteren universalrechtlichen Rahmen direkt dem Eigenrecht[110] der Institute zugewiesen, dem für die konkrete Lebensform und die Identität des einzelnen Instituts grundlegende Bedeutung zukommt[111]. Folglich dient der kanonische Terminus des ‘Institutum religiosum’ als Oberbgeriff für Klöster und Kongregationen. Damit betrifft die öffentlichrechtliche Gewährleistung der ‘bestehenden Klöster’ sämtliche gemäss kirchlichem Recht ansässigen und offiziell im Kanton Schwyz niedergelassenen Ordensinstitute[112].

---

105 Lampert, Kirche und Staat II, S. 422.

106 Ein evidenter Unterschied zwischen Orden im engeren Sinne und den Kongregationen liegt darin, dass in ersteren verfassungsmässig die feierlichen Gelübde abgelegt werden, während letztere lediglich die einfachen Gelübde kennen. Zu den klösterlichen Verbandsformen des CIC 1917 siehe Mörsdorf, Kirchenrecht I, S. 489 ff.

107 Zur bundesrechtlichen Praxis zu Art. 52 aBV siehe BBl 1972 I 140 f. Vgl. Fleiner/Giacometti, Bundesstaatsrecht, S. 356 ff.; Lampert, Kirche und Staat II, S. 420 ff.

108 Cf. cc. 573 ff. CIC 1983.

109 Im Eigenrecht der Verbände des geweihten Lebens können diese Begriffe als Ausdruck des traditionellen Selbstverständnisses weiterhin Verwendung finden. Siehe Aymans, Kanonisches Recht II, S. 543.

110 „Die Konstitutionen sollen sich auf das für den Verband in rechtlicher Hinsicht Wesentliche beschränken. Die Verbände haben nämlich ... das Recht, im Rahmen des ‘*ius commune*’ und der Konstitutionen in völliger Eigenständigkeit ein nachgeordnetes internes Verbandsrecht zu entwickeln und auch wieder zu verändern (c. 587 § 4).“ (Aymans, Kanonisches Recht II, S. 564).

111 Cf. c. 587 CIC 1983.

112 Dies verkennt RRB 1991/840, S. 9, wenn dort bemerkt wird, dass § 20 KV „kaum mehr von grösserer praktischer Bedeutung“ sei.

3. Kirchliche Stiftungen

A. System der Anerkennung

a) Terminologisches

Art. 59 Abs. 1 ZGB behält für die öffentlichrechtlichen und[113] kirchlichen Körperschaften und Anstalten das öffentliche Recht des Bundes und der Kantone vor. Das religionsrechtliche System des Bundes lässt die Situierung eines konfessionellen Verbandes im öffentlichen Bundesrecht nicht zu. Somit liegt es in der Kompetenz der Gliedstaaten, jene iuristischen Personen zu designieren, welchen der publizistische Status verliehen werden soll. Dabei differenziert der kantonale Verfassungs- und Gesetzgeber hinsichtlich seines von ihm als 'kirchlich' prädikatisierten Begriffs aufgrund externer, von aussen das Essential des jeweils eigenrechtlich gegebenen Wesens des konfessionellen Verbandes zu erfassen suchender und nicht im staatsrechtlichen Terminus[114] selbst gelegener Determinationen[115]. Das Bundesprivatrecht (Art. 52 Abs. 2, 87 Abs. 1 ZGB) knüpft an die Existenz einer mit den Terminus 'kirchlich' qualifizierbaren Stiftung zwei positive Voraussetzungen, welche kumulativ erfüllt sein müssen[116], nämlich einerseits als entscheidendes Unterscheidungskriterium[117] die organische Verbindung[118]

---

113 Die Konjunktion 'und' wird hier in Übereinstimmung mit der überwiegenden Lehre nebenordnend verstanden. Siehe vorne, S. 60 f., FN 204.

114 Das staatsrechtliche Kriterium der 'Kirchlichkeit' eines Bekenntnisverbandes gehorcht der religionsfreiheitlich vorgegebenen Prämisse religiös-weltanschaulicher Neutralität des Gemeinwesens. Diese verbietet es, dass der Staat eine eigene Religionskonzeption entwickelt. Da für das Gemeinwesen die Begriffe 'Glaube', 'Bekenntnis' und 'Kirche' jenseits eigener Aufgaben liegen, darf in casu die rechtlich verfasste Organisation der röm.-kath. Kirche nur als Ordnung eigener Art verstanden werden, welche dem Staat eine diesbezügliche Idee für seinen staatsrechtlichen Terminus der Kirchlichkeit verschafft. Vgl. Hesse, S. 536; Kraus, Staatskirchenrecht, S. 3.

115 Jeder konfessionelle Verband hat seinen eigenen Kirchenbegriff. Die entsprechenden iuristischen Elemente ergeben sich aus der besonderen Verfassung der betreffenden Religionsgemeinschaft, weswegen der Kirchenbegriff der verschiedenen Konfessionen erhebliche Wesensdifferenzen in der rechtlichen Struktur aufweist. Hierzu Lampert, Stiftungen, S. 28.

116 Vgl. BGE 106 II 116 f.; 106 II 120. Kritisch Grüninger, Kom. ZGB, Art. 87, Rz. 5; Tuor/Schnyder/Schmid, S. 143, FN 2.

117 Grüninger, Kom. ZGB, Art. 87, Rz. 5.

118 Zur Kasuistik des privatrechtlichen Begriffselementes der 'organischen Verbindung' siehe Riemer, BK I/3, ST, Rz. 197 f.

mit einer Religionsgemeinschaft und anderseits einen kirchlichen Zweck[119]. Die für den saekularrechtlichen Terminus relevante kirchliche Zweckgemässheit einer iuristischen Person erhellt sich dabei katholischerseits nach Massgabe des kanonischen Rechts aus der ziel- und zweckkonformen Eingliederung in den Organismus der Kirche[120],[121]. Das kantonale öffentliche Recht ist betreffend seines Begriffs einer kirchlichen Stiftung nicht an den bundesprivatrechtlichen Terminus (Art. 59 Abs. 1 ZGB) gebunden. Demzufolge kann der gliedstaatliche Gesetzgeber diesbezüglich konfessionsbezogene Gewichtungen vornehmen[122].

---

119 Fallspezifische Anforderungen an das privatrechtliche Begriffselement des 'kirchlichen Zwecks' führt Riemer, BK I/3, ST, Rz. 199 ff., auf.

120 Urs Josef Cavelti, Religionsgemeinschaften, S. 57; Lampert, Stiftungen, S. 28; Vasella, S. 28. „Die gesetzliche *Sonderregelung* für kirchliche Stiftungen und insb. die Befreiung von staatlicher Aufsicht hat ihren Grund letztlich im Respekt des Gesetzgebers vor der *Autonomie der Kirche* und deren eigenen Kontrollmechanismen ... Es ist daher sinnvoll und naheliegend, die *organisatorische Eingliederung* in die kirchliche oder religiöse Organisation als entscheidendes Unterscheidungskriterium zu betrachten. Der Zweck alleine kann demgegenüber für kirchliche Organisationen namentlich im karitativen und sozialen Bereich mit weltlichen Zwecken weitgehend identisch sein, wie etwa ein (auf christlicher Grundlage geführtes) Spital oder Altersheim illustrieren. Gleichzeitig ist damit eine Verdoppelung der Aufsicht vermieden und eine Funktionstrennung zwischen Staat und Kirche erreicht, indem die staatliche Aufsicht über eine Stiftung immer dann wegfällt, wenn eine organisatorische Einbindung in eine kirchliche oder religiöse Organisation vorhanden ist.“ (Grüninger, Kom. ZGB, Art. 87, Rz. 5).

121 Die Stiftungen gehören als Teilorganisationen zum kirchlichen Gesamtorganismus „wie die Glieder eines Leibes“. Durch die Eingliederung in der röm.-kath. Kirche, welche anhand eines Aktes der kirchenverfassungsmässigen Organe, 'Erectio canonica' (c. 114 § 1 CIC 1983), geschieht, wird das Mandat des konfessionellen Verbandes auch in den abgestuften Einteilungen und Verzweigungen lokalisiert und spezialisiert. Hierzu Lampert, Stiftungen, S. 29. Da der Existenzzweck einer kirchlichen Stiftung mit der Sendung der Kirche in Einklang stehen muss, ist seine Ausrichtung auf die kanonischen Ziele der röm.-kath. Kirche (cf. cc. 114 § 2; 1254 § 2 CIC 1983) vorgegeben. Siehe Vasella, S. 4. Folgerichtig eignet einer rechtmässig errichteten kodikarischen Stiftung mit publizistischer Funktion und mit entsprechender Rechtspersönlichkeit „ipso iure sive speciali competentis auctoritatis decreto“ (c. 116 § 2 CIC 1983) betrauten bzw. einer nichtöffentliche Aufgaben wahrnehmenden und mit privater Rechtspersönlichkeit ausgestatteten Anstalt des CIC (cf. c. 116 CIC 1983) das saekularrechtliche respektive zivilistische Prädikat einer kirchlichen Stiftung. Vgl. Aymans, Kanonisches Recht I, S. 314 ff.; sowie Noser, S. 107.

122 Bei gegebener organischer Nähe zu einem konfessionellen Verband können die Voraussetzungen an den Begriff der kirchlichen Stiftung im Vergleich zum privatrechtlichen Parallelinstitut weniger streng ausgelegt sein. Dafür fungiert der Grad ihrer öffentlichen Bedeutung analog zum kirchlichen Zweck als begriffliches Korrektiv. Vgl. Riemer, BK I/3, ST, Rz. 247. Hingegen bleiben die betroffenen Rechtsinstitute der axiomatischen, grundrechtlichen und völkerrechtlichen Geltungs- und

„'Kirchlich' im Sinne des Privatrechts bedeutet mithin nicht oder jedenfalls nicht notwendigerweise dasselbe wie 'kirchlich' im Sinne des öffentlichen Rechts."[123].

b) Formalien

Das Bundesprivatrecht sieht u.a. für die kirchlichen Stiftungen das System der freien Bildung vor. Danach ist zur Erlangung der Rechtspersönlichkeit nichts weiter erforderlich als ein rechtmässig zweckgewidmetes Vermögen, was der kirchlichen Stiftung eo ipso die selbständige Rechtspersönlichkeit einträgt[124]. Auf der Ebene des Bundesprivatrechts geniessen die kirchlichen Stiftungen die Rechtswohlat der Nichteintragung ins Handelsregister[125] und der Subordinationsfreiheit gegenüber staatlichen Aufsichtsbehörden[126],[127].

Regulationslimitation unterworfen. Siehe vorne, S. 61 ff. – A.M. Pius Hafner, Staat und Kirche, S. 187 f., welcher die unterschiedliche Definition der 'Kirchlichkeit' iuristischer Personen zufolge ihrer publizistischen bzw. zivilistischen Einordnung für verfehlt hält. Dieser Einwand relativiert sich bezüglich der röm.-kath. Kirche insofern, als das kirchliche Vermögen, welches in der Rechtsträgerschaft einer iuristischen Person des Kirchenrechts steht (c. 1257 CIC 1983), in seiner grundsätzlichen Zweckbestimmung der Sendung des konfessionellen Verbandes dient (cf. c. 1254 CIC 1983) und folglich die bundesrechtlichen Bedingungen kirchlicher Zweck und organische Nähe ineinander aufgehen lässt.

123 Riemer, BK I/3, ST, Rz. 247.

124 Vgl. Tuor/Schnyder/Schmid, S. 143 ff.

125 Art. 52 Abs. 2 ZGB.

126 Der Kanton Schwyz hat den von Art. 87 Abs. 1 ZGB eingeräumten Vorbehalt in aufsichtsrechtlicher Hinsicht insofern nicht wahrgenommen, als der gemäss § 22 EG ZGB (nGS SZ II-175) zuständige Regierungsrat die kirchlichen Stiftungen nicht unter die kantonale Aufsicht stellt. Siehe § 1 Abs. 2 der 'Verordnung betreffend die Aufsicht über die Stiftungen und über die Personalvorsorgeeinrichtungen' (nGS SZ II-182).

127 Die Realien, also die faktischen Grundlagen der gesetzlichen Sonderbehandlung von kirchlichen Stiftungen, welche in den Materialien weitgehend unberücksichtigt geblieben sind, referiert Riemer, BK I/3, ST, Rz. 189: „Die Sonderstellung der kirchlichen Stiftungen im ZGB ist in allererster Linie aus den Gegebenheiten und Bedürfnissen der *katholischen* Kirche heraus ... entstanden und auf ihre Interessen und das Wesen ihrer Organisation zugeschnitten; deren Stiftungen sind mithin als der *gesetzliche* Typus der kirchlichen Stiftungen i.S.v. Art. 52 Abs. 2 und 87 Abs. 1 ZGB anzusehen ..., was indessen nicht bedeutet, dass die Anwendung dieser Sondernormen auf entsprechende Stiftungen anderer Religionsgemeinschaften ausgeschlossen wäre bzw. solche nicht als *kirchliche* Stiftungen in Frage kämen ... Diese besonderen Gegebenheiten der katholischen Kirche ... bestehen darin, dass sich diese nicht als eine Körperschaft mit ihren Gläubigen als Mitgliedern, sondern als eine juristische Person *anstaltlichen* bzw. *stiftungsmässigen* Charakters (persona moralis non collegialis), als eine Heilsanstalt (mit den Gläubigen als eine Art von *Destinatären*), ver-

Im Rahmen der von Art. 59 Abs. 1 ZGB statuierten Kompetenz übernimmt der Kanton Schwyz das System der freien Bildung kirchlicher Stiftungen, indem er diesbezüglich für die betreffenden Anstalten nicht legiferieren liess. Im öffentlichen Rechtskreis können die kanonisch errichteten Rechtspersonen der römisch-katholische Kirche offiziell zur Anerkennung gebracht werden. Der Kanton Schwyz bekleidete die kirchlichen Stiftungen nicht mit der formellen Bestätigung ihres publizistischen Wesens[128]. Ihre saekularrechtliche Natur enthüllte sich ehedem aus der öffentlichrechtlichen Situation des konfessionellen Verbandes als solchem[129],[130], welche bezogen auf die öffentlichrechtliche Ebene auch aus der

steht. Dieser anstaltliche Charakter liegt aber nicht nur vor bei der Gesamtkirche als solcher, sondern auch bei den meisten und wichtigsten ihrer Gliederungen, d.h. auch bei den auf Bistums- und ortskirchlicher Ebene existierenden juristischen Personen ... Insbesondere sind jeweils das Bistum und die Ortskirche (Pfarrei) selber auch als Anstalten bzw. Stiftungen aufzufassen (sc. die in Frage stehende Rechtspersönlichkeit wurde inzwischen durch den Kodex 1983 als Universitas personarum non collegialis [c. 115 § 2 CIC 1983] festgelegt, cf. cc. 373; 515 § 3 CIC 1983), und zwar ist es die bischöfliche Pfründe (Benefizium, Tafel, mensa episcopalis) und die Pfarreipfründe (paroccia) – deren Vermögen dem Unterhalt des betreffenden Bischofs bzw. Ortspfarrers, als Stiftungsdestinatär, dient –, in welchen diese juristisch selbständigen Gliederungen der Gesamtkirche (sc. u.a. auf der Ebene des staatlichen Privatrechts) repräsentiert werden. Darüber hinaus treten auf diesen beiden Stufen weitere wichtige Anstalten bzw. Stiftungen auf; es sind dies die Kathedralkirchenstiftung und die Pfarrkirchenstiftung (Kirchenfabrik, ecclesiae fabrica), die Eigentümerinnen der für Unterhalt und Ausstattung der betreffenden Kirchengebäude bestimmten Güter und – jedenfalls regelmässig – auch der Kirchengebäude selbst sind."

128 Darauf weist auch BGE 1 334 in einem obiter dictum hin: „Die weltlichen Korporationen sind somit (sc. in § 13 KV) mit den Bezirken, Gemeinden und geistlichen Korporationen, deren öffentlich rechtlicher Charakter wohl keinem begründeten Zweifel unterliegt, in gleiche Linie gestellt ..."

129 Ein Indiz für die öffentlichrechtliche Erfassung kirchlicher Stiftungen lieferte § 64 aGOG. Hier nahm der Gesetzgeber die in Art. 59 Abs. 1 ZGB (die in Art. 87 Abs. 1 ZGB vorbehaltene Zuständigkeit des öffentlichen Rechts wird bereits durch § 22 EG ZGB SZ [nGS SZ II-175] konsumiert) statuierte Kompetenz wahr, in casu delegationsgemäss öffentlichrechtlich zu legiferieren, weswegen von der publizistischen Position kirchlicher Stiftungen ausgegangen werden durfte.

130 BGE 18 178; unveröffentlichtes Urteil des BGer. vom 29. 11. 1929, abgedruckt in: SKZ Nr. 20 (1932), S. 166. Hierzu Lampert, Stiftungen, S. 134; Lenz, S. 63; Vasella, S. 28. Zurückhaltend Isele, Revision, S. 595, FN 62. Urs Josef Cavelti, Religionsgemeinschaften, S. 58 ff., präsumiert lediglich die implizite Öffentlichrechtlichkeit kirchlicher Stiftungen aus der publizistischen Stellung des konfessionellen Verbandes. „Für das ortskirchliche Stiftungsgut als selbständiger juristischer Person gilt nun ganz besonders die Vermutung der öffentlich-rechtlichen Anerkennung, sofern die katholische Kirche sich in dieser Stellung befindet." (Ders., op.cit., S. 60). In bezug auf den Kanton Schwyz bestätigt Lampert, Gutachten, S. 78, die Deduktion der publizistischen Stellung der kirchlichen Stiftungen aus der öffentlichrechtlichen

Warte des kantonalen Privatrechts reflexiv entfaltet wird. Art. 944 ZGB überlässt es den Kantonen, die Aufnahme von Grundstücken, die dem öffentlichen Gebrauch dienen und nicht im Privateigentum stehen, ins Grundbuch vorzusehen. Das kantonalschwyzerische Privatrecht reguliert in diesem Zusammenhang, inwiefern ein Grundstück öffentlichen Zwecken zustatten kommt[131], und unter welchen Voraussetzungen es dies tut[132],[133]. Die Rechtsnatur der 'Öffentlichkeit'[134]

Position der röm.-kath. Kirche. Vgl. auch Urs Josef Cavelti, Religionsgemeinschaften, S. 60, FN 48; Riemer, BK I/3, ST, RZ. 243. Kirchenrechtlich bestätigt sich dieser Befund insofern, als im kirchlichen Vermögensrecht gemäss c. 1258 CIC 1983 mit dem Begriff 'Ecclesia' jedwede öffentliche iuristische Person in der röm.-kath. Kirche, wenn nichts anderes aus dem Wortzusammenhang oder aus der Natur der Sache hervorgeht, bezeichnet wird.

131 § 80 EG ZGB (nGS SZ II-175) bzw. § 1 der 'Verordnung über die Aufnahme der Grundstücke des Kantons, der Bezirke und der Gemeinden sowie der Kirchengüter ins Grundbuch' (nGS SZ II-194) knüpfen zur Bestimmung des öffentlichen Gebrauchs an den jeweiligen Rechtsträger an. Massgebend ist jedoch die Zweckbestimmung der öffentlichen Sachen und nicht das Eigentum des publizistischen Rechtsträgers an sich, denn öffentliche Sachen können auch im Eigentum Privater stehen. In diesem Sinne muss das 1. Lemma von Art. 944 ZGB verstanden werden. Siehe Thomas Fleiner-Gerster, Verwaltungsrecht, S. 368, Rz. 20; Häfelin/Müller, Grundriss, Rz. 1818. Vgl. auch das Rechtsgutachten von Dr. ab-Yberg, S. 2.

132 Ostertag, BK, Art. 944, Rz. 6.

133 § 1 der 'Verordnung über die Aufnahme der Grundstücke des Kantons, der Bezirke und der Gemeinden sowie der Kirchengüter ins Grundbuch' (nGS SZ II-194) schreibt die Aufnahme der 'Kirchengrundstücke', ohne diese auf ihre publizistische Funktion hin näher zu spezifizieren, ins Grundbuch vor. Dieser Rechtserlass stützt sich auf § 80 EG ZGB (nGS SZ II-175), welcher das öffentliche Gut entweder ins Eigentum des Kantons, der Bezirke oder der Gemeinden stellt. Dabei unterlässt es diese Bestimmung des kantonalen Privatrechts, die selbständigen Kirchgemeinden zu erwähnen, was darauf zurückzuführen ist, dass für den kantonalen Gesetzgeber in Respektierung des Kirchenrechts die staatskirchenrechtlichen Körperschaften als bezügliche Rechtsträger nicht in Frage kommen können. Zwischen dem EG ZGB und seiner dependenten Ausführungsbestimmung besteht mithin eine rechtssystematische Diskrepanz, da für den Einschluss der 'Kirchengrundstücke' in § 1 der Verordnung über die Aufnahme von Grundstücken ins Grundbuch keine Rechtsgrundlage besteht. Während die Interpretation des Verordnungstitels bzw. § 1 offen lässt, ob Grundstücke der dort erwähnten Rechtsträger (in casu kirchliche Stiftungen) unter dem Begriff 'öffentlich' zu subsumieren sind, werden in § 11 die 'Kirchengüter' (sic!) von den 'öffentlichen Grundstücken' terminologisch separiert. Der Befund, dass der kantonale Gesetzgeber die 'Kirchengrundstücke' nicht als 'öffentlich' qualifiziert, wird intra legem durch das Fehlen einer entsprechenden Regulation für dem Gemeingebrauch gewidmete Güter des nämlichen Rechtsträgers in der 'Verordnung über die Anmerkung von Sondernutzungsrechten und von öffentlichrechtlichen Eigentumsbeschränkungen im Grundbuch' (nGS SZ II-194a) erhärtet. In Anbetracht der fehlenden Rechtsgrundlage und aufgrund der rechtssystemati-

des ins Grundbuch einzutragenden Kirchenguts[135] wird jedoch von den grundfreiheitlichen Garantien in Schranken gefasst[136]. Diese lassen eine zwangsweise auf die Erfüllung staatlicher Aufgaben disponierte Widmung nicht zu[137],[138].

---

schen Diskrepanz lässt sich aus der 'Verordnung über die Aufnahme der Grundstükke des Kantons, der Bezirke und der Gemeinden sowie der Kirchengüter ins Grundbuch' in der Konsequenz auch kein Indiz für die 'Öffentlichrechtlichkeit' der kirchlichen Stiftungen ableiten. Vgl. das Rechtsgutachten von Dr. ab-Yberg, S. 2 f.

134 Diese beschlägt nicht die privatrechtliche Qualität des Eigentums an sich, sondern die besondere Stellung der öffentlichen Sache, welche „entweder wegen ihrer rechtlichen Beschaffenheit oder auf Grund eines besondern Widmungsaktes der zuständigen Behörde, 'in einen Zustand der öffentlichen Zweckgebundenheit versetzt wird'" (Vasella, S. 23). „Für die Annahme eines öffentlich-rechtlichen Eigentums fehlen die notwendigen positivrechtlichen Grundlagen. Art. 664 Abs. 1 ZGB weist die Rechtsverhältnisse an öffentlichen Sachen ausdrücklich dem kantonalen Rechte zu. Die kantonalen Rechte kennen aber kein öffentliches Eigentum [...] Ebenso wenig kennen alle jene Kantone, die in ihrem EG ausdrücklich bestimmen, dass die öffentlichen Sachen in das Grundbuch einzutragen sind (sc. Kanton Schwyz, § 80 EG ZGB [nGS SZ II-175]), ein öffentliches Eigentum. Denn wo die Zulässigkeit der Grundbucheintragung von Liegenschaften, die zum öffentlichen Gute gehören, ausgesprochen wird, steht auch implicite der privatrechtliche Charakter des öffentlichen Gutes ausser Zweifel. Durch Anordnung der Grundbucheintragung des öffentlichen Gutes wird das Eigentum an demselben seiner rechtlichen Natur nach den Bestimmungen des Privatrechts unterstellt." (Ders., S. 21 f.). Vgl. Arnold Marti, ZK I/1, Art. 6, Rz. 397 f.; Oberholzer, S. 63 ff.

135 Vasella, S. 73 f., setzt den Rechtsakt der publizistischen Anerkennung und die öffentlichrechtliche Bewidmung der Kirchengüter in eins. Das Rechtsgutachten von Dr. ab-Yberg, S. 2 f., sekundiert diese Auffassung. Die publizistische Situation des konfessionellen Verbandes lässt aber den automatischen Schluss auf die öffentlichrechtliche Zweckwidmung der kirchlichen Güter nicht zwingend zu. Das Wesen der Form des Rechtsträgers kann wohl ein Indiz, nicht aber eine hinreichende Begründung für die publizistische Qualifikation seiner Güter sein. Vgl. Thomas Fleiner-Gerster, Verwaltungsrecht, S. 368, Rz. 20; Häfelin/Müller, Grundriss, Rz. 1817 f.

136 Der religionsfreiheitliche Schutz des kirchlichen Selbstbestimmungsrechts verbietet dem Gemeinwesen in subjektiv-abwehrrechtlicher Hinsicht, die kirchlichen Stiftungsgüter mit den staatsrechtlichen Katagorien seines publizistischen Sachenrechts für die Erfüllung staatlicher Aufgaben ohne entsprechende Einwilligung dienstbar zu machen. Vgl. Lampert, Kirche und Staat I, S. 212 ff.

137 Häfelin/Müller, Grundriss, Rz. 1817 f., definiert den Begriff der öffentlichen Sache i.w.S. folgendermassen: „Öffentliche Sachen i.w.S. sind alle Sachen, deren sich der Staat zur Erfüllung seiner Aufgaben bedient. Massgebend für die Zugehörigkeit zu den öffentlichen Sachen i.w.S. ist deren Zweckbestimmung und die Verfügungsmöglichkeit (Hoheit) des Staates darüber." Der konstitutiv-institutionelle Gehalt der Religionsfreiheit verbietet objektivrechtlich eine unilateral staatlich verordnete Widmung der kirchlichen Güter. Dies derogierte einerseits dem materiellrechtlichen Gebot der Parität, anderseits widerspräche eine solche Massnahme der religiösweltanschaulichen Neutralitätspflicht des Staates. Indem sich beispielsweise das

Trotz ihrer bis 1999 gültigen öffentlichrechtlichen Bewandtnis befinden sich folglich die stiftungsrechtlich dotierten Kirchengüter fortdauernd in privatrechtlicher Nutzung und diesbezüglichem Eigentum[139], weshalb die kirchlichen Grund-

Gemeinwesen der konfessionellen Bestimmung einer Pfarrkirche behändigte, indizierte der Staat damit gleichzeitig einen wie auch immer gearteten Staatskultus. Der Zweck der ins Grundbuch einzutragenden Kirchengüter ist nicht staatlich-öffentlich. Es gibt keine Bestimmung im kantonalschwyzerischen öffentlichen Recht, welche besagt, dass die kirchlichen Güter öffentlichen Zwecken dienen müssten und folglich die Nutzungsrechte durch öffentliche Vorschriften zu beschränken wären. Nutzungsgestattungen durch die entsprechenden Stiftungsorgane basieren auf freiwilliger Überlassung an die staatskirchenrechtlichen bzw. politischen Körperschaften.

138 Die buchhalterische Erfassung der Kirchengüter unter Finanz- bzw. Verwaltungsvermögen ist insofern nicht korrekt, als das kirchliche Vermögen eben gerade nicht als öffentliche Sache i.w.S. qualifiziert werden kann. Das Kirchenvermögen steht nämlich vorwiegend im Privateigentum selbständiger Stiftungen. Diesem rechtsgeschützten Faktum muss bei der Rechnungslegung unbedingt Beachtung geschenkt werden. Irreführend waren in diesem Zusammenhang § 42 aFHG bzw. § 3 Abs. 2 aGOG, welche bis zum Erlass eigener Bestimmungen durch die Kantonalkirchen den IV. Titel des 'Gesetzes über die Organisation der Bezirke und Gemeinden' (§§ 67-87) nur für die selbständigen Kirchgemeinden in Kraft liessen. Dort gehören gemäss § 74 lit. a aGOG jene „Liegenschaften und Fahrnisgegenstände" zum Verwaltungsvermögen, „die durch ihren Gebrauchswert zur Durchführung der Aufgaben der Gemeinde dienen". Die Kultusgebäude mitsamt ihrem Zugehör etc. erfüllen aber keineswegs eine Funktion der Kirchgemeinde. Im Gegenteil hat die Kirchgemeinde aufgrund ihrer Pflicht zur Temporalienbeschaffung, welche die Daseinsberechtigung der staatskirchenrechtlichen Körperschaften ausschliesslich rechtfertigt, den dauerhaften Bestand der kultischen Zweckwidmung der 'Res sacra' finanziell zu ermöglichen. In dieser Hinsicht verletzte der Wortlaut von § 74 aGOG die Religionsfreiheit.

139 Dieses erfährt den Schutz der freiheitsrechtlichen Eigentumsgarantie. Da die religiös-weltanschauliche Neutralität eine staatliche Zweckbewidmung der Kirchengüter als öffentliche Sachen i.w.S. zugunsten der korporativen Religionsfreiheit objektivrechtlich nicht zulässt, hängt vorliegend die eigentumsrechtliche Protektion in logischer Konsequenz von der Wirksamkeit des kirchlichen Selbstbestimmungsrechts ab. Art. 22 ter aBV bzw. Art. 26 rev. BV gewährleistet das privatrechtliche Eigentum als in seinem Kern unantastbares Institut der schweizerischen Rechtsordnung. Die Eigentumsgarantie, welche die Eigentumsfreiheit gewährleistet, protektioniert den Bestand der konkreten Eigentumsrechte des Einzelnen bzw. der iuristischen Personen. Hierzu Häfelin/Haller, Bundesstaatsrecht, Rz. 1355 ff.; Häfelin/Müller, Grundriss, Rz. 1572 ff. Auch iuristische Personen des öffentlichen Rechts können ausnahmsweise den Schutz der Eigentumsgarantie geltendmachen, wenn „sie nicht hoheitlich handeln, sondern sich auf dem Boden des Privatrechts bewegen und ... in gleicher Weise wie ein Privater betroffen sind" (BGE 112 Ia 363 f.) Vgl. Hangartner, Rechte, S. 121 f. § 13 KV sekundiert die bundesrechtliche Protektion des kirchlichen Stiftungseigentums, ohne in freiheitsrechtlicher Hinsicht auf der kanto-

stücke der bundeszivilrechtlichen Eintragungspflicht ins Grundbuch unterliegen[140]. Die kirchlichen Stiftungen bestimmten auch als publizistische Träger[141] der privatrechtlichen[142] Rechtstitel[143] über die ihrem Zweck gemässe Verwen-

---

nalschwyzerischen Ebene diesbezüglich einen weitergehenden Schutz des Eigentums zu statuieren.

140 Insbesondere können diese Eigentumsobjekte weder dem Gemeingebrauch noch dem Verwaltungsvermögen zugeordnet werden. Folglich ist Art. 944 ZGB in casu nicht einschlägig. A.M. Rechtsgutachten von Dr. ab-Yberg, S. 2 f.; Ostertag, BK, Art. 944, Rz. 2 ff. Vasella, S. 70 ff., folgt dieser Argumentation teilweise, indem er die Güter der Pfarrkirchenstiftungen grösstenteils dem Verwaltungsvermögen zurechnet, ansonsten leitet er aber eine Eintragungspflicht aus dem auf Art. 944 ZGB abgestützten § 80 EG ZGB (nGS SZ II-175) ab. – Speziell sind in diesem Zusammenhang die Friedhöfe zu erwähnen. Während die öffentlichen, nicht konfessionellen Friedhöfe als öffentliche Sache in anstaltlicher Nutzung dem Verwaltungsvermögen angehören, sorgt die zivilistische Eigentümerschaft der kirchlichen Rechtsträger für eine zweckgemässe Verwendung ihrer Güter. Die konfessionelle Widmung von Friedhöfen, welche sich im privatrechtlichen Eigentum kirchlicher Stiftungen befinden (z.B. indem sie einer 'Fabrica ecclesiae' zugehörig sind), mutiert trotz bundesrechtlicher Garantie der 'schicklichen Bestattung' keinesfalls in eine öffentliche Sache i.w.S. Art. 53 Abs. 2 aBV bzw. Art. 7 rev. BV statuiert diesbezüglich subsidiärerweise dann eine öffentlichrechtliche Verfügungskompetenz der Zivilbehörden, wenn in Ermangelung eines öffentlichen Friedhofs das für die schickliche Bestattung von Verstorbenen, die keiner oder einer anderen Konfession angehören, Notwendige nicht anderweitig vorgekehrt werden kann. Hierzu Lampert, Gutachten, S. 83; Raselli, S. 1107; sowie EGV-SZ 1980, S. 34 f. Siehe auch den diesbezüglich moderaten § 2 der 'Verordnung über das Bestattungs- und Friedhofswesen' (nGS SZ V-608). Ansonsten verfügt das Gemeinwesen im Rahmen seines gesundheitspolizeilichen Interesses über ein rechtliches 'Friedhofsmonopol'. Vgl. Dicke, BV-Kom. Art. 53, Rz. 7 f.; Thomas Fleiner-Gerster, Verwaltungsrecht, S. 485, Rz. 100. – Zum Grundbucheintrag des Kirchenguts siehe auch Karl Bachmann, Die Gleichstellung des kantonalen Grundbuchs mit dem eidgenössischen Grundbuch im Kanton Schwyz, Lachen 1947, S. 35 ff., 91.

141 Es ist hier zu erwähnen, dass die iuristischen Personen des öffentlichen Rechts auch die privatrechtliche Rechtspersönlichkeit besitzen. Infolgedessen sind sie ebenfalls der privatrechtlichen Rechtsfähigkeit teilhaftig. Für ihre zivilistischen Rechtsbeziehungen und -verhältnisse werden die kirchlichen Stiftungen demzufolge in casu – wenn sie nicht als Hoheitsträger auftreten – dem Privatrecht unterstellt. Hierzu Riemer, BK I/1, ST, Rz. 123; Ders., BK I/3, ST, Rz. 494; Tuor/Schnyder/Schmid S. 120. Vgl. auch Lampert, Stiftungen, S. 61, 67 f. Den Inhalt der diesbezüglichen Rechts- bzw. Handlungsfähigkeit iuristischer Personen kirchlicher Provenienz legt Lampert, Stiftungen, S. 72 ff., dar.

142 Da die Religionsfreiheit einen öffentlichrechtlichen Durchgriff auf das Kirchengut abwehrt und mithin dasselbe nicht unter den Begriff der im nicht zivilistischen Gebrauch stehenden öffentlichen Sache subsumiert werden kann, sind die entsprechenden Güter unter dem jeweiligen privatrechtlichen Eigentumstitel ins Grundbuch einzutragen. Vgl. RRB 1913/510. A.M Rechtsgutachten von Dr. ab-Yberg, S. 1 ff.

dung des Kirchenguts. Dabei generierte für den staatsrechtlichen Bereich § 2 aKV in rechtssystematischer Hinsicht den programmatischen Schlüssel. Die Qualität eines 'öffentlichen Grundstücks' wird folglich in casu einzig aus der kirchenrechtlich positivierten Einordnung des bestimmenden Rechtsträgers in die Sendung der römisch-katholischen Kirche freigelegt[144].

B. Stiftungscharakter des ortskirchlichen Vermögens

Im Kanton Schwyz wurde bis dato in bezug auf den anstaltlichen Charakters des ortskirchlichen Vermögens kein konträrer Rechtsakt[145] gegenüber den kirchlich determinierten Verbandspersonen gesetzt, so dass sich die Stiftungen als Rechtsträger des ortskirchlichen Vermögens erhalten haben[146],[147]. Der Eigentumstitel kirchlicher Stiftungen am ortskirchlichen Vermögen findet u.a. seine staats-

---

143 Appert, S. 106; Lampert, Gutachten, S. 78.

144 Danach kann gemäss der Intention der kirchlichen Behörden und unter der Aufsicht der Stiftungsorgane an den dafür geeigneten kirchlichen Gütern ein beschränkter Gemeingebrauch gestattet sein. Cf. c. 1214 CIC 1983.

145 Der untaugliche Versuch im Entwurf für eine 'Verfassung der römisch-katholischen Kantonalkirche Schwyz' (publiziert in: ABl 1997 523 ff.), eine in Kontestation mit § 13 KV befindliche Enteignungsgrundlage (§ 24 Abs. 2) zu statuieren und diese mit der impliziten Taktik des materiellen Aushungerns der kirchlichen Stiftungen zu bagatellisieren, wurde vom Volk am 8. Juni 1997 nicht goutiert und folglich verworfen.

146 Urs Josef Cavelti, Religionsgemeinschaften, S. 60; Lampert, Eigentum, S. 17 f.; Ders., Gutachten, S. 78 ff.; Ders., Stiftungen, S. 39 f.; Lenz, S. 72 f.; Oberholzer, S. 72; Vasella, S. 14. – „Was einmal Recht geworden, kann nur in den Formen des Rechts abgeändert werden.“ (Lampert, Eigentum, S. 10 f.) Siehe Vasella, S. 15.

147 Der Stiftungscharakter des ortskirchlichen Vermögens lässt sich i. d. R. anhand schriftlicher Titel nachweisen. „Er erhellt aus den Stiftungsbriefen (Pfrundbriefen) und andern Urkunden, besonders Errichtungs- und Trennungsdekreten von Pfarreien etc ... Viele Stiftungsbriefe, besonders die ältern, sind allerdings im Laufe der Zeit verloren gegangen. In solchen, nicht seltenen Fällen, kann für den Beweis des Stiftungscharakters des Pfrundgutes (sc. und Kirchengutes) auf die Art der Verwaltung abgestellt werden. So oft die Verwaltung eine von der Verwaltung des übrigen Lokalkirchenvermögens geschiedene ist und beispielsweise von einem eigenen Pfrundvogt besorgt wird, spricht die Vermutung für die rechtliche Verselbständigung des Pfrundgutes.“ (Vasella, S. 40 f.). Die Bestätigung der gemeinrechtlichen Rechtslage für den Kanton Schwyz findet sich anhand des in den Pfarrarchiven liegenden urkundlichen Rechtsmaterials. Vielfach wurden diese altrechtlichen Bewidmungsnachweise kirchlicher Stiftungen publiziert in: 'Der Geschichtsfreund', Mitteilungen des Historischen Vereins der fünf Orte Luzern, Uri, Schwyz, Unterwalden ob und nid dem Wald und Zug, Einsiedeln/New York/Cinncinati 1844 ff. Vgl. Lampert, Gutachten, S. 79.

rechtliche Bestätigung in § 64 Abs. 2 aGOG[148], welcher mittelbar im Rahmen des bischöflichen Genehmigungsvorbehalts das kanonische Vermögensrecht rezipierte[149].

a) Entstehung und Rechtsstellung einer kanonischen Stiftung

„Die selbständige Stiftung oder Anstalt ist eine aus Sachen, d.h. aus vermögenswerten Gütern bestehende Einrichtung, die gemäss dem Willen ihres Begründers (Stifters) Zwecken der Gemeinschaft zu dienen bestimmt ist (vgl. c. 1303 § 1 n. 1) und deren Leitung nach Massgabe des Rechts einer oder mehreren physischen Personen oder auch einem Kollegium anvertraut ist (c. 115 § 3).“[150]. Die Gesamtheit der Dotation muss in sich eine Einheit darstellen[151], welche aus dem angestrebten Stiftungsziel resultiert. Die Zwecksetzung soll dabei eine private Interessen überragende Bedeutung aufweisen[152],[153] und im Einklang mit der Sendung der römisch-katholischen Kirche stehen[154].

Mit Ausnahme der römisch-katholischen Kirche und des Apostolischen Stuhls[155] treten die iuristischen Personen der Kirche durch hoheitlichen Akt der zuständigen Autorität ins rechtliche Dasein[156]. Anhand des ‘Konzessionssy-

148 Vgl. § 91 Abs. 4 3. Lemma (Fassung 1898) aKV.

149 Hierzu Lampert, Gutachten, S. 80. – Dies wirkt sich insbesondere zwingend auf den Bereich der ausserordentlichen Verwaltung und dort im speziellen hinsichtlich in Frage stehender Alientationen aus. Cf. cc. 1281; 1291 ff. CIC 1983.

150 Aymans, Kanonisches Recht I, S. 310. Vgl. auch Heimerl/Pree, S. 127, Rz. 297.

151 Das Substrat der geforderten Sachgesamtheit ist je nach der Art der Stiftung/Anstalt verschieden. Es kann i. d. R. eine Gesamtheit vermögenswerter Güter beinhalten, aber auch aus „einem Inbegriff geistlicher Befugnisse“ bestehen. Die Kombination beider Dotationselemente tritt beim bepfründeten Kirchenamt in Erscheinung, dessen vermögensmässige Ausstattung unmittelbar dem Amtsinhaber und mittelbar den öffentlichen Interessen der bezüglichen Rechtsgemeinschaft (z.B. Pfarrei) zu dienen bestimmt ist. Vgl. Aymans, Kanonisches Recht I, S. 314.

152 Nicht das Ziel an sich, sondern die Art und Weise, wie es anzugehen ist, hat die Zielsetzung eines Einzelnen, beispielsweise in bezug auf den Dauercharakter, zu übersteigen. Hierzu Aymans, Kanonisches Recht I, S. 315.

153 An das materielle Element der Zwecksetzung zugunsten überindividueller Interessen knüpft Lampert, Stiftungen, S. 18 f., in bezug auf den saekularrechtlichen Status das formelle Moment der „Wertung dieser Bedeutung des Verbandes mittels Anerkennung desselben als Bestandteil der öffentlichen Rechtsordnung“. Vgl. Lenz, S. 52.

154 C. 114 § 1 CIC 1983.

155 Röm.-kath. Kirche und Apostolischer Stuhl weisen gemäss c. 113 § 1 CIC 1983 ‘ex ipsa ordinatione divina’ den Charakter einer ‘Persona moralis’ auf.

156 Zur Errichtung einer Stiftung sind gemäss Isele, Stiftung, Sp. 1077, zwei förmliche Rechtsakte zu unterscheiden: Nämlich einerseits das Stiftungsgeschäft, worin die Verfassung der Stiftung (Zweck, Mittel, Sitz und Organisation) – soweit sie nicht

stems'[157] wird die Rechtspersönlichkeit kraft objektiven Rechts vermöge obrigkeitlicher Verleihung 'ex ipso iuris praescriptio'[158],[159] oder 'per decretum' dank ausdrücklichem Rechtsakt erworben[160],[161]. Immer bleibt hierbei die iuristische Person in ihrem Bestand von der kirchlichen Autorität abhängig[162]. Grundsätzlich sind iuristische Personen in demselben Umfang aktiv und passiv rechtsfähig[163] wie natürliche Personen[164]. Ausgenommen davon sind jene Rechte und Pflichten, welche die Eigenschaften physischer Personen voraussetzen[165]. Der zweckgerichtete Handlungswillen einer kirchlichen Stiftung wird einerseits durch gesetzliche Vorschriften determiniert und anderseits im Rahmen der kanonischen Vorgaben durch den Stifterwillen festgelegt. Um sich ad extra rechtlich entfalten zu können, bedarf eine kirchliche Stiftung zur Verwirklichung ihres Zwecks eines

---

schon gesetzlich zwingend feststeht – festzulegen ist und die Dotation vollzogen wird; sowie anderseits die Errichtung bzw. Konzession durch die kirchliche Autorität, cf. c. 116 CIC 1983.

157 Vgl. Aymans, Kanonisches Recht I, S. 313 f.; Isele, Probleme des kirchlichen Vermögensrechts, S. 60 f. Vgl. auch Weber, SPR II, S. 75.

158 Cf. cc. 238 § 1; 373, 515 § 3 CIC 1983. Seminar, Diözese und Pfarrei erhalten mit ihrer Errichtung automatisch auch Rechtspersönlichkeit.

159 Kirchen und Benefizien wurde vermöge c. 99 CIC 1917 ex lege die Rechtspersönlichkeit iuristischer Personen verliehen. Obwohl der Kodex 1983 diesen errichteten Rechtspersonen ihre Persönlichkeit nicht mehr 'ex ipso iuris praescriptio' zuerkennt, besitzen sie dennoch diesbezügliche Qualität. Die Verleihung der Rechtspersönlichkeit während der Geltungszeit des CIC 1917 dauert aufgrund rechtserheblichen Handelns seitens der kirchlichen Autorität als durch den entsprechenden Rechtsträger erworbenes subjektives Recht in der Form eines 'Ius quaesitum' auch im geltenden Kodex gemäss c. 4 CIC 1983 fort. Vgl. Heimerl/Pree, S. 95, Rz. 170.

160 C. 114 § 1 CIC 1983.

161 Vor der Verleihung der Rechtspersönlichkeit sollen gemäss c. 114 § 3 CIC 1983 von der zuständigen Autorität die näheren Umstände auf den zu erwartenden Nutzen hin überprüft und ein Ausweis über ausreichende Mittel verlangt werden. Hierzu Aymans, Kanonisches Recht I, S. 315 f. Vgl. Heimerl/Pree, S. 94, Rz. 168.

162 Eine iuristische Person ist eine ihrem Wesen nach auf Dauer angelegte Einrichtung. Cf. c. 120 CIC 1983. „In der Dauerhaftigkeit liegt eine wesentliche Eigenart der juristischen Personen, denn ihre Hauptaufgabe ist es, ihren Zweck unabhängig von der Einsatzfähigkeit und der Lebensdauer einzelner physischer Personen sicherzustellen." (Aymans, Kanonisches Recht I, S. 323).

163 Die Rechtsfähigkeit als Inbegriff rechtlicher Befähigung beinhaltet den Besitz konkreter Rechte und entsprechender Pflichten. Eine herausragende Bedeutung nimmt dabei die Fähigkeit, Vermögen zu erwerben und zu besitzen wie auch vermögensrechtlich verpflichtet werden zu können, ein. – Der Rechtsfähigkeit iuristischer Personen entspricht in prozessrechtlicher Hinsicht deren Parteifähigkeit.

164 Isele, Stiftung, Sp. 1077.

165 Lampert, Gutachten, S. 80. Vgl. in saekularrechtlicher Hinsicht Art. 53 ZGB.

für sie handelnden Organismus[166]. Die in der approbierten Stiftungsurkunde[167] zu bezeichnenden Organträger transferieren den rechtmässig zustande gekommenen Handlungswillen, welcher für die Rechtshandlungen einer kirchlichen Stiftung massgeblich ist, von innen nach aussen[168]. Eigentum und Verwaltung sind in die-

---

166 Weder die Dotation als Objekt einer Stiftung, noch die Personifikation des Zwecks, geschweige denn die Organträger vermögen für sich genommen das Wesen der Rechtssubjektivität einer Stiftung hinreichend zu erfassen. Die Stiftung ist vielmehr ein sozialer Verband, mit einer prinzipiell konstanten Verfassung, welcher durch seinen Organismus skelettiert wird. In diesem Verbandsorganismus werden menschliche Willenskräfte aufgrund einer sie beherrschenden Ordnung für einen vom Stifter gewollten und stetsfort zu realisierenden Zweck durch gewidmete Mittel bzw. hingegebene Befugnisse wirksam. Mithin ist die Organisation nur ein Attribut des sozialen Verbandes. Hierzu Lampert, Stiftungen, S. 116 ff.; Vasella, S. 26. E contrario gefährdet ein organisatorischer Mangel die Existenz des rechtlichen Gefäßes als solches nicht. Vgl. in diesem Zusammenhang auch Aymans, Kanonisches Recht I, S. 314, FN 21. – Nach Lampert, Stiftungen, S. 144, gehören zur Organisation einer Stiftung: „Die Bezeichnung des Stiftungsvorstandes (Stiftungspflege, Kuratorium, Sachwalter, Stiftungsrat oder unter anderem Namen tätige Organe), die Bestimmung der Art, wie die Organe, berufen, abberufen und ersetzt werden, endlich Feststellung der Art der Verwaltung, wodurch die Organpflichten umschrieben werden hinsichtlich der stiftungsmässigen Verwendung des Vermögens und die Voraussetzungen für die Verleihung des Stiftungsgenusses an die Destinatäre bestimmt und die Verteilung nach aussen geregelt wird."

167 C. 117 CIC 1983. Cf. c. 1306 § 1 CIC 1983. – Für die Vermögensverwaltung derjenigen öffentlichen Stiftungen, welche von Rechts wegen oder nach der Stiftungsurkunde bzw. Statuten keinen eigenen Verwalter haben, muss gemäss c. 1279 § 2 CIC 1983 der Ordinarius, dem die iuristische Person unterstellt ist, eine geeignete Person für den Zeitraum von drei Jahren berufen, wobei die entsprechende Person wieder ernannt werden kann.

168 Als Vertretungsorgane walten bei einer öffentlichen kirchlichen Stiftung diejenigen, denen diese Kompetenz durch allgemeines oder partikulares Recht sowie gegebenenfalls durch die eigenen Statuten zuerkannt wird. Die Vertretungskompetenz bei einer privaten kirchlichen Stiftung wird allein von den diesbezüglichen Statuten geregelt. Cf. c. 118 CIC 1983. Siehe Althaus, Kom. Einführung vor c. 1273 CIC 1983, Rz. 3. – Hinsichtlich der Vermögensverwaltung gelten besondere Bestimmungen, wonach für das rechtsgültige Handeln gewisse Schutzmodalitäten vorgesehen werden. Insbesondere hat der Ortsordinarius die Verwaltung des gesamten Vermögens zu überwachen, welches den ihm unterstellten öffentlichen iuristischen Personen gehört. Cf. cc. 1276 ff. CIC 1983. Ebenfalls ist es dem kompetenten Vertretungsorgan verwehrt, ohne entsprechende Zustimmung der kanonischen Aufsichtsinstanz, deren Mitwirkung für Rechtsakte erforderlich ist, welche die Grenzen der ordentlichen Verwaltung überschreiten, auf den Rechtszug zu verzichten. Cf. c. 1524 § 2 in Verbindung mit c. 1281 §§ 1,2 CIC 1983; sowie e contrario c. 1288 CIC 1983. Vgl. Aymans, Kanonisches Recht I, S. 323.

sem Zusammenhang strikt voneinander zu trennen. Das Vertretungsorgan[169],[170] agiert iure alieno als Sachwalter im Namen des Eigentümers der dotierten Vermögensgegenstände[171]. „Die Verwaltungsbefugnis beschränkt sich auf Zweck und Mass, die mit einer bestimmten Verwaltung verbunden sind.“[172].

b) Öffentliche und private kirchliche Stiftungen

Die Einordnung in die Sendung der Kirche differenziert zwei Arten kirchlicher Stiftungen, nämlich öffentliche und private[173]. An diese Unterscheidung[174] knüpft die kirchliche Rechtsordnung verschiedene Rechtsfolgen.

---

169 Begrifflich ist hier die Stellung des Vermögensverwalters von derjenigen des hoheitlichen Leitungsorgans und des organschaftlichen Vertreters einer iuristischen Person zu unterscheiden. Die ‘Repraesentatio’ kann Personen zustehen, die weder als Superior noch Administrator in bezug auf die betreffende iuristische Person amten. C. 1279 CIC 1983 lässt die Kombination der Verwalter- und Vertreterstellung wie auch die Möglichkeit der Trennung beider Funktionen zu (cf. auch cc. 1419 § 2; 1480 CIC 1983). Siehe Heimerl/Pree, S. 254, Rz. 4. Dort, wo in casu nicht explizit differenziert werden muss, ist von der Kumulation der Verwaltung und der Vertretung im nämlichen Amt auszugehen (cc. 115 § 3; 1279 CIC 1983). Vgl. Ders., S. 254, Rz. 6. „Dieser *Vertreter*, der im Namen der juristischen Person handelt, im Falle einer öffentlichen Rechtsperson sogar *nomine Ecclesiae*, wird im Zusammenhang des Vermögensrechts *administrator* genannt. Sein Handeln kann ein solcher Verwalter nicht nach Gutdünken bestimmen. Vielmehr hat seine Verwaltung so zu geschehen, wie es dem Nutzen und dem Willen der juristischen Person entspricht. Dies bedeutet die genaue Einhaltung der einschlägigen Vorschriften zur Vermögensverwaltung, Klugheit und erhöhte Sorgfalt im Handeln ... sowie die getreue Befolgung des Willens der Rechtsperson ...“ (Althaus, Kom. Einführung vor c. 1273 CIC 1983, Rz. 3).

170 Hinreichend für die Handlungsfähigkeit einer kirchlichen Stiftung ist das Vorhandensein einer Person zur Verwirklichung des Stiftungszwecks. Beispielsweise kann der Pfründner bei einer Pfrundstiftung als deren einziges Organ agieren und zugleich ihr Destinatär sein. Cf. c. 115 § 3 CIC 1983. Vgl. Lampert, Stiftungen, S. 115.

171 Dem Verwalter von Kirchenvermögen obliegt die Sorgfaltspflicht eines ‘Bonus pater familias’ (c. 1284 CIC 1983). Handelt dieser ohne Vertretungsmacht, so berechtigt und verpflichtet er die iuristische Person grundsätzlich nicht, es sei denn, sie könnte aus seinem Tun einen Vorteil ziehen (cf. c. 1281 § 3 CIC 1983). Siehe Heimerl/Pree, S. 96, Rz. 172. Sollte ein Organ der kirchlichen Stiftung Schaden zugefügt haben, steht der rechtspersönlichen ‘Universitas rerum’ gemäss c. 1281 § 3 CIC 1983 als kanonischer Rechtsbehelf Klage oder Beschwerde zu. Vgl. Aymans, Kanonisches Recht I, S. 323.

172 Isele, Probleme des kirchlichen Vermögensrechts, S. 64.

173 Eine spürbare Neuerung gegenüber dem CIC 1917 ist die Unterscheidung iuristischer Personen in öffentliche und private. In einem Teilbereich des kanonischen Rechts wird dadurch jedoch nicht die vom weltlichen Recht beeinflusste Kategorisierung in öffentliches und privates Recht eingeführt. „Die Unterscheidung von öf-

Öffentliche iuristische Personen des Kirchenrechts müssen durch die zuständige kirchliche Autorität errichtet werden, um Rechtspersönlichkeit zu erlangen[175]. Die rechtliche Existenz einer öffentlichen iuristischen Person beruht auf einem konstitutiven Hoheitsakt und ihre Wirksamkeit geht von der römisch-katholischen Kirche als Institution aus. „Das Merkmal der Errichtung ist zweckgerichtet. Die Errichtung geschieht zu dem *Zweck*, dass die juristische Person eine ihr im Hinblick auf das öffentliche Wohl übertragene eigene Aufgabe im *Namen der Kirche* nach Massgabe des Rechtes erfüllt. Die juristische Person muss nicht im Gesamtbereich ihrer eigenen Aufgaben zum Handeln im Namen der Kirche befähigt werden; es geschieht dies vielmehr nur innerhalb der für sie festgesetzten Grenzen."[176]. Die mit c. 116 CIC 1983 eingeführte Distinktion[177] ist neben der Beurteilung der entsprechenden Rechtsträgerschaft für die Relevanz der zur Anwendung gelangenden kanonischen Normen von erheblichem Belang. Eine der greifbarsten Konsequenzen aus dem Rechtsstatus einer 'Persona iuridica publica' stellt die Qualifikation des Besitztums dieses Rechtsträgers als Kirchen-

---

fentlichen und privaten juristischen Personen ist strikt auf die Inhalte zu beschränken, die die kanonisches Rechtsordnung dafür hergibt." (Aymans, Kanonisches Recht I, S. 310 f.).

174 Die Unterscheidung von öffentlichen und privaten iuristischen Personen dürfte zwar terminologisch vom weltlichen Recht beeinflusst sein, sie besagt jedoch nicht die Statuierung der 'Summa divisio' des saekularen Rechts in einem Teilbereich des kirchlichen Rechts. „Im weltlichen Recht hat die genannte Unterscheidung ihren tiefsten Grund in der Tatsache, dass in dieser Rechtsordnung die Existenz des Menschen sehr weitgehend erfasst wird und deshalb ein Bereich privater Autonomie gleichsam ausgespart werden soll. Das kanonische Recht hingegen erfasst nicht einmal die gesamte religiöse Sphäre des Menschen, sondern nur jene Bereiche, die für die kirchliche Existenz des Gläubigen regelungsbedürftig ist [sind]; im übrigen ist der Gläubige als religiöses Subjekt ohnehin frei, so dass es eines rechtlich geregelten Privatbereichs nicht bedarf." (Aymans, Kanonisches Recht I, S. 310, FN 12).

175 C. 116 CIC 1983. „Mit diesem Merkmal steht sie zwischen den kraft Wesens existierenden juristischen Personen, die ihr Dasein nicht einem Errichtungsakt durch menschliche Autorität verdanken, und der privaten juristischen Person, die einer Errichtung weder bedarf noch als solche fähig ist." (Aymans, Kanonisches Recht I, S. 311).

176 Aymans, Kanonisches Recht I, S. 311. Während beispielsweise eine Teilkirche oder eine Pfarrei, welche beide ipso iure den Charakter einer öffentlichen iuristischen Person aufweisen, im Gesamtbereich ihrer Aufgaben 'Nomine Ecclesiae' handeln, erhält eine kirchliche Stiftung lediglich soweit erforderlich einen auf ihren Zweck ausgerichteten Sendungsauftrag, um bestimmte Ziele im Namen der Kirche verfolgen zu können.

177 Iuristische Personen, welche vor Inkrafttreten des CIC 1983 errichtet wurden, sind als öffentlich anzusehen, da der CIC 1917 dem Begriff nach die privaten iuristischen Person nicht kannte. Siehe Aymans, Kanonisches Recht I, S. 318; Heimerl/Pree, S. 95, Rz. 171.

vermögen dar. Dadurch wird es in der Form öffentlichen Vermögens vom Treuhandgedanken erfasst. Mithin unterliegt die öffentliche iuristische Person ausser den eigenen Statuten[178] auch den vermögensrechtlichen Vorschriften des Kirchenrechts[179]. Dort wird das Vertretungsorgan nur im Rahmen der ordentlichen Verwaltung befähigt, rechtsgültig Akte zu setzen, während für Verfügungen, welche die Grenzen und Weisen der ausserordentlichen Verwaltung überschreiten, c. 1281 § 2 CIC 1983 die schriftliche Zustimmung des zuständigen Ordinarius vorschreibt[180]. Insbesondere binden die vermögensrechtlichen Kontrahierungsbestimmungen des Kodex[181] bei der Vornahme von Rechtsgeschäften als besonderem Bereich der Verwaltung des Kirchenvermögens das zur Aussenvertretung ei-

---

178 Diese sind den vermögensrechtlichen Vorschriften anzugleichen. Cf. c. 1295 CIC 1983.

179 C. 1257 § 1 CIC 1983 bzw. cc. 1259 ff. CIC 1983.

180 Die Abgrenzung von ordentlicher und ausserordentlicher Verwaltung nimmt der Kodex lediglich formalgesetzlich vor. Dabei schweigt er sich über den materiellen Begriff der ordentlichen Verwaltung aus. Für die Ebene der Diözese muss die Bischofskonferenz partikularrechtlich bestimmen, welche Akte als solche der ausserordentlichen Verwaltung zu gelten haben (c. 1277 CIC 1983). Die Frage der Distinktion zwischen ordentlicher bzw. ausserordentlicher Verwaltung und somit in casu auch die Grenzen der Gewalt der Stiftungsorgane delegiert der CIC 1983 nach Massgabe der kompetenzgemässen Befugnis zur Setzung genereller Normen an die entsprechenden Organträger, um den Organismus der bezüglichen Rechtsperson zweckgerichtet verfassen zu lassen. Gemäss c. 1281 § 1 CIC 1983 sollen die Statuten festlegen, welche Verfügungen den Bereich der ordentlichen Verwaltung überschreiten. Schweigen sich diese darüber aus, ist es Sache des Diözesanbischofs, nach Anhörung des Vermögensverwaltungsrats jene Akte für die ihm unterstellten iuristischen Personen zu bestimmen, welche nicht mehr der ordentlichen Verwaltung zugerechnet werden können. Ein gängiges Unterscheidungskriterium stellt die Differenzierung zwischen den zur Aufbewahrung und Erhaltung ('Patrimonium stabile', cf. c. 1291 CIC 1983) und den zum augenblicklichen Gebrauch ('Patrimonium liberum') bestimmten Gütern dar (siehe Althaus, Kom. Einführung vor c. 1290 CIC 1983, Rz. 8). Die Verwendung von Vermögensgegenständen bzw. -werten, welche der ursprünglichen Zweckintention entspricht, ist ordentliche, eine darüber hinausgehende wäre ausserordentliche Verwaltung. Hinsichtlich des 'Patrimonium stabile' beinhaltet die ordentliche Verwaltung alle Massnahmen, welche der Bewahrung, Instandsetzung, Verbesserung und Nutzbarmachung dienen. Diesen Katalog überschreitende Handlungen wie namentlich die Veräusserung betreffen die ausserordentliche Verwaltung. Mit Sicherheit gehören jene Rechtsakte nicht dem Bereich der ordentlichen Verwaltung an, deren kanonische Rechtmässigkeit vom gesetzlich vorgeschriebenen Placet der zuständigen Aufsichtsinstanz abhängt, cf. beispielsweise cc. 1215 § 1; 1284 § 2, 6°; 1288; 1291; 1295 CIC 1983. Hierzu Puza, Verwaltung des Kirchenvermögens, S. 907 f. Vgl. Althaus, Kom. Einführung vor c. 1273 CIC 1983, Rz. 12 ff.

181 Cc. 1291 ff. CIC 1983.

ner kirchlichen Stiftungen vorgesehene Organ in aufsichtsrechtlicher Hinsicht[182] an die nach Massgabe des Rechts zuständige kirchliche Autorität. Deren Ermessen wird durch die Schutzfunktion der kanonischen Veräusserungsvorschriften in enge Grenzen gefasst[183].

Daneben werden zwar private iuristische Personen auch nur auf Ziele hin gebildet, welche „mit der kirchlichen Sendung in Einklang stehen und einen Ausschnitt daraus abdecken“[184]. Hingegen verfolgt eine ‘Persona iuridica privata’ ihre Zielsetzung nicht ‘Nomine Ecclesiae’, sondern ganz in ihrem eigenen Namen. Folglich wird das Vermögen einer privaten iuristischen Person nach Massgabe von c. 1257 § 2 CIC 1983 nicht von gemeinrechtlichen Bestimmungen beschlagen und ist mithin grundsätzlich statutengemäss zu behandeln. Die Normen des kirchlichen Vermögensrechts gelten für die privaten iuristischen Personen nur insoweit, als universalrechtlich nicht ausdrücklich eine andere Regelung vorgesehen ist[185].

Gemäss c. 116 § 1 CIC 1983 sind alle iuristischen Personen des kanonischen Rechts, denen nicht die Disposition einer ‘Persona iuridica publica’ eignet, private iuristische Personen. Der Zweck, dass eine iuristische Person im Rahmen der von der römisch-katholischen Kirche vorgegebenen Zielsetzung[186] eine ihr im Hinblick auf das ‘Bonum publicum’ übertragene eigene Aufgabe erfüllt, erfährt seine Anerkennung kraft der Kompetenz, ‘Nomine Ecclesiae’[187] agieren zu dür-

182 „Aufsicht bedeutet die umfassende Kontrolle des ordnungsgemässen Umganges mit dem Vermögen einer juristischen Person durch ihre Verwalter.“ (Althaus, Einführung vor c. 1273 CIC 1983, Rz. 3).

183 So cc. 1292 f. CIC 1983. – In Erfüllung der von c. 1292 § 1 CIC 1983 statuierten Pflicht zum Erlass bezüglicher Partikularnormen dekretierte die Schweizer Bischofskonferenz: „1) Die Schweizer Bischofskonferenz legt für Veräusserungen und veräusserungsähnliche Rechtsgeschäfte als Obergrenze die Summe von Fr. 5’000’000.- fest. 2) Für Veräusserungen gemäss can. 1291 beschliesst die Schweizer Bischofskonferenz folgende Untergrenzen: a) Alle Grundstücksveräusserungen – unabhängig von einer Wertgrenze – bedürfen der Genehmigung des Diözesanbischofs. Der Diözesanbischof ist seinerseits an die Zustimmung des Diözesanvermögensverwaltungsrates, des Konsultorenkollegiums sowie der Betroffenen gebunden, wenn der Wert Fr. 20’000.- übersteigt. b) Für alle übrigen Veräusserungsgeschäfte wird als Untergrenze die Summe von Fr. 20’000.- pro Jahr festgelegt, so dass erst beim Überschreiten dieser Wertgrenze die Genehmigung des Diözesanbischofs erforderlich ist. Der Diözesanbischof ist seinerseits an die in can. 1292 § 1 erwähnte Zustimmung der verschiedenen Gremien gebunden.“ (Schmitz/Kalde, S. 87).

184 Aymans, Kanonisches Recht I, S. 312.

185 Aymans, Kanonisches Recht I, S. 312; Schulz, Grundfragen, S. 866.

186 Cf. cc. 114 § 2; 1254 § 2; 1303 § 1, 1° CIC 1983.

187 Folgerichtig verfügt die in c. 1258 CIC 1983 getroffene Sprachregelung, dass in den vermögensrechtlichen Bestimmungen des Kodex (cc. 1259 ff. CIC 1983) unter den Begriff ‘Kirche’, wenn nichts anderes aus dem Wortzusammenhang oder aus der

fen. Insofern handelt es sich um eine in den Dienst der Kirche gestellte iuristische Person mit publizistischem Charakter. Die unterschiedliche Einordnung der iuristischen Personen in die Sendung der Kirche generiert somit saekularrechtlich bezogen dem Gemeinwesen das Programm für die staatskirchenrechtliche Positionierung kirchlicher Stiftungen.

C. Verhältnis zum staatlichen Recht

Die mit kanonischer Rechtspersönlichkeit ausgestatteten iuristischen Personen des Kirchenrechts besitzen im Staate nur schemenhafte Existenz. Sie bedürfen, sofern sie ihre kirchliche Aufgabe in einer für die weltliche Ebene wirksamen Weise erfüllen wollen, der staatlichen Anerkennung, um am weltlichen Rechtsverkehr teilnehmen zu können. Die im kanonischen Recht festgelegten Parameter der Kirchlichkeit einer daselbst mit Rechtspersönlichkeit ausgestatteten Stiftung sind diesbezüglich für das Gemeinwesen in den Schranken seiner religiös-weltanschaulichen Neutralitätspflicht massgebend.

Der kirchliche Gesetzgeber wünscht, dass die iuristischen Personen des kanonischen Rechts, soweit sich dies nicht aufgrund rezipierender Legislation oder zufolge gültiger Vereinbarungen zwischen Staat und Kirche erübrigt, auch vor dem Forum des saekularen Rechts einen adäquaten Status[188] erlangen[189]. Dadurch soll dort den kirchlichen Institutionen mit eigener kanonischer Rechtspersönlichkeit ein maximales Mass an Effektivität und Rechtssicherheit gewährleistet werden[190], was wiederum die wiederholte Bezugnahme des kirchlichen Vermögensrechts auf das 'Ius civile' erklärt[191].

Natur der Sache hervorgeht, nicht nur die Gesamtkirche oder der Apostolische Stuhl sondern auch jedwede öffentliche iuristische Person in der Kirche zu subsumieren ist. Vgl. Schulz, Grundfragen, S. 867.

188 Für bestimmte kirchliche Vermögensträger strebt der Kodex explizit an, dass diese – wenn möglich! – in einer Rechtsform geschaffen werden sollen, welche diesen Einrichtungen ihre rechtsgültige Wirksamkeit auch nach staatlichem Recht konzediert. Cf. c. 1274 § 5 CIC 1983. Vgl. Aymans, Kanonisches Recht I, S. 326 ff.; Listl, Rechtsnormen, S. 96.

189 „Dasselbe gilt aber im allgemeinen nicht umgekehrt in dem Sinne, dass juristische Personen des weltlichen Rechts mit kanonisch anerkannter Zielsetzung sich auch um kanonische Rechtspersönlichkeit bemühen sollen, denn für manche Unternehmungen von Gläubigen ist die rein weltlichrechtliche Organisationsform die angemessenere Weise, um die eigenen kanonisch anerkannten Ziele zum Wohl der Kirche zu erreichen." (Aymans, Kanonisches Recht I, S. 328).

190 Dabei gibt die röm.-kath. Kirche als 'Societas perfecta' ihren nativen Anspruch, unabhängig von der staatlichen Gewalt und nach der autonomen kirchlichen Ordnung Vermögen zur Erreichung der ihr eigenen Zwecke zu erwerben, zu besitzen, zu veräussern und zu verwalten, nicht auf. Die Vergegenwärtigung der Rechtsmächtigkeit

a) Staatskirchenrechtliche Position kirchlicher Stiftungen

Der Kanton Schwyz wird von Art. 59 Abs. 1 ZGB[192],[193] mit der Kompetenz versehen, die kirchlichen Stiftungen in seinem öffentlichen Recht anzusiedeln und

---

der röm.-kath. Kirche in einem religiös-weltanschaulichen Gemeinwesen mag den Eindruck erwecken, dass durch die Betonung der vermögensrechtlichen Unabhängigkeit die Kirche anachronistischen Vorstellungen in bezug auf ihre faktischen Möglichkeiten anhaftet. Dies trifft insofern nicht zu, als der konfessionelle Verband mit der in c. 1254 CIC 1983 gewählten Deklarationsform die Intention verfolgt, ein seit jeher für sich beanspruchtes Grundrecht zu vindizieren. Hierzu Schulz, Grundfragen, S. 860 f. Vgl. Grichting, Kirche oder Kirchenwesen, S. 190, FN 52.; Heimerl/Pree, S. 71, Rz. 83.

191 Heimerl/Pree, S. 55, Rz. 12. Vgl. Althaus, Kom. Einleitung vor c. 1254 CIC 1983, Rz. 4.

192 Art. 59 Abs. 1 ZGB behält in casu das öffentliche Recht der Kantone vor. Demzufolge kann der zuständige Gesetzgeber des betreffenden Gliedstaates für Körperschaften bzw. Anstalten, welche gleichzeitig durch das kantonale Recht öffentlichrechtlich qualifiziert und von einem kirchlichen Zweck durchdrungen werden, kompetenzgemäss legiferieren. Ratio legis der erwähnten Norm ist das vom Subsidiaritätsprinzip motivierte Bestreben des Bundes, im religionsrechtlichen Bereich den verschiedenartig konfessionell geprägten Gliedstaaten diesbezüglich maximalen Handlungsspielraum zu gewähren. Dieser wird im Rahmen der bundesrechtlichen Limitationen von der religiös-weltanschaulichen Neutralitätspflicht und mithin der Parität wiederum auf das Grundrecht der Religionsfreiheit verpflichtet. Folglich gewährt das Bundesrecht die von Art. 59 Abs. 1 ZGB statuierte Kompetenz nicht irgendwelchen staatskirchenrechtlichen Körperschaften, sondern alleine dem entsprechend gestaltungskompetenten Gliedstaat. Das Bundesverfassungsrecht unterscheidet nämlich nicht zwischen öffentlichrechtlich situierten oder privatrechtlich organisierten Religionsgemeinschaften. Es kennt diese so – ohne jeden präjudizierenden Aussschluss – nicht. Vgl. Bundesrätliche Botschaft zum Verfassungsentwurf vom 4. Juli 1873, BBl 1873 II 965: „Der Bund stellt sich *über* die religiösen Gemeinschaften und ihre Benennungen. Er *anerkennt* keine derselben. Er *kennt* dieselben nur, um ihre Freiheit zu schützen." Der Befund, dass die von Art. 59 Abs. 1 ZGB gewährte Kompetenz in casu direkterweise ausschliesslich seitens des gliedstaatlichen Gesetzgebers wahrgenommen werden kann, wird durch die grammatikalische Auslegungsmethode erhärtet, welche den Terminus des 'öffentlichen Rechts der Kantone' im erwähnten Sinne determiniert.

193 Wollte sich der Kanton Schwyz dieser Kompetenz zugunsten der staatskirchenrechtlichen Institute – falls er gemäss Bundesrecht diesbezüglich überhaupt befähigt ist – begeben, müsste er aufgrund des Legalitätsprinzips (siehe BGE 104 Ia 444 ff. E. 4) hierzu eine explizite Kompetenzdelegation statuieren. Vgl. EGV-SZ 1969 Nr. 3, S. 65 f. Diese bräuchte sowohl analog zur bundesrechtlichen Kompetenzverteilung (Art. 3 aBV bzw. Art. 3 rev. BV) als auch gemäss der kantonalen Verfassungssystematik, deren rechtliche Bedeutsamkeit in casu insbesondere anhand der Kompetenzaussonderung zwischen Kanton und Gemeinden manifest wird, Verfassungsrang. Vgl. Giacometti, Staatsrecht, S. 54. Kraft der institutionellen Verschmelzung

von politischer Gemeinde und Kirchgemeinde in der Einheitsgemeinde nahm der kommunale Verband im staatskirchenrechtlichen Bereich Kompetenzen wahr, welche gemäss § 87 rev. KV der politischen Gemeinde u.a. durch entsprechenden Rechtssatz formell übertragen werden müssen, was in bezug auf die unselbständigen Kirchgemeinden § 91 aKV implizit voraussetzte. Ebenfalls konnten zufolge § 94 aKV weitere Vorschriften über Organisation und Aufgaben der selbständigen Kirchgemeinden erlassen werden. Auf diesen Verfassungsbestimmungen basierte der delegierte Funktionstitel der selbst- bzw. unselbständigen Kirchgemeinde in § 64 aGOG. Die 1992 genehmigte Partialrevision der Kantonsverfassung war offiziell vom Motiv der Entflechtung des Verhältnisses Kirche-Staat geprägt. Diese sieht neben der Verselbständigung sämtlicher unselbständigen Kirchgemeinden eine explizite Kompetenzaufteilung zwischen Kirche und Staat nicht vor. § 92 rev. KV gewährt den staatskirchenrechtlichen Körperschaften diesbezüglich lediglich im Rahmen von Verfassung und Gesetz Organisationsautonomie. Damit tätigt das kantonal-schwyzerische Verfassungsrecht keine Aussage mehr hinsichtlich der in Art. 59 Abs. 1 ZGB vorbehaltenen Kompetenz, die öffentlichrechtlichen und kirchlichen Stiftungen für den kantonalen Rechtsbereich normativ zu regeln. In der Folge lassen sich für die Delegation stiftungsrechtlicher Aufsichtskompetenzen an die 'Kantonalkirche' (§§ 91 ff. rev. KV) auch im Sinne einer Vermutung keine Anhaltspunkte finden. Dies betrifft nun gemäss dem Rechtsgrundsatz 'Nemo plus iuris ad alium transferre potest, quam ipse haberet' in besonderem Masse auch die Kirchgemeinden, welche gemäss § 91 Abs. 4 (Fassung 1898) aKV dank angestammter Übung die Verwaltung kirchlicher Stiftungen innehatten, sofern nach Stiftungsurkunde oder Ortsgebrauch keine besonderen Verwaltungen bestanden (vgl. § 64 Abs. 1 lit. a aGOG). Um diese Funktion unter dem Regime der 1992 revidierten KV wahrzunehmen, bräuchten die staatskirchenrechtlichen Körperschaften ein kirchenrechtliches Mandat (z.B. c. 1280 CIC 1983; vgl. § 64 Abs. 2 aGOG). Vgl. auch EGV-SZ 1969 Nr. 3, S. 65 f. Auf jeden Fall entbehrt eine nicht auf dem Delegationsweg erfolgte und somit eigenmächtige Kompetenzattraktion („Eine solche Kompetenzaneigung ist rechtlich unhaltbar“ [EGV-SZ 1969 Nr. 3, S. 66]) durch die kantonalkirchliche Körperschaft der notwendigen Rechtsgrundlage und vermag infolgedessen diesbezüglich keine Organstellung der Kirchgemeinden zu begründen. Hierzu siehe hinten, S. 480 ff. In materiellrechtlicher Beziehung ist vorliegend schliesslich zum einen anzumerken, dass die angemasste Verwaltungskompetenz einer staats(kirchen)rechtlichen Behörde dem zivilistisch garantierten Recht auf organisationsrechtliche Eigenständigkeit einer im kantonalen öffentlichen Recht situierten kirchlichen Stiftung widerspricht. Insofern würde Bundesprivatrecht ungerechtfertigterweise vereitelt. Der in Art. 59 Abs. 1 ZGB gewährte Vorbehalt des kantonalen öffentlichen Rechts bezieht sich nämlich nur „auf jene Rechtsverhältnisse der kirchlichen Körperschaften und Anstalten, die überhaupt ihrer Natur nach *geeignet* sind, Inhalt öffentlich-rechtlicher Normen der Kantone zu sein; andernfalls könnte ein Kanton unter dem Vorwand öffentlich-rechtlicher Normierung in unberechtigter Weise das vom Bundeszivilrecht beherrschte Gebiet wieder einschränken.“ (Lampert, Stiftungen, S. 61). Vgl. Arnold Marti, BK I/1, Art. 6, Rz. 330 ff. Zum andern wird das eigentumsfreiheitliche Dispositionsrecht des konfessionellen Verbandes durch § 13 Abs. 1 KV ausdrücklich gesichert. „Darnach (sc. § 13 Abs. 1 KV) ist jeder 'geistlichen und weltlichen Korporation' die Befugnis gewährleistet, 'die Art

dort im Rahmen seiner staatskirchenrechtlichen Zuständigkeit und in den bundesprivatrechtlichen Schranken der 'expansiven Kraft des kantonalen öffentlichen Rechts'[194] selbständig stiftungsrechtlich zu legiferieren[195]. Er tut dies, indem er die Liste derjenigen iuristischen Personen, welche er bis 1999 gemäss § 2 Abs. 1 aKV öffentlichrechtlich erfassen wollte, aus dem kirchenrechtlich definierten Katalog öffentlicher Stiftungen alimentiert[196]. Damit rezipiert er das kanonische Konzessionssystem ins staatliche Recht, wo er die kirchenrechtlichen Stiftungen mit weltlicher Rechtspersönlichkeit ausstattet[197]. Dadurch werden die kirchlichen Stiftungen im staatlichen Normengefüge rechtsfähig und können am Rechtsverkehr teilnehmen. Mithin wird das entsprechende Dotationssubstrat vom weltlichen Vermögensrecht erfasst. Nach der Legaldefinition des c. 1257 § 1 CIC 1983 gilt Kirchengut als das Vermögen, welches der Gesamtkirche, dem aposto-

---

und Weise der Benützung und Verwaltung ihrer Güter selbst zu bestimmen'. Eine geistliche Korporation im Sinne dieser Bestimmung ist nun zweifellos die römisch-katholische Kirche, deren Bestand, Organisation und Wirksamkeit schon durch § 2 Abs. 1 KV in besonderer Weise gewährleistet ist. Diese Gewährleistung schliesst u.a. eine Anerkennung des Rechts der Kirche zur selbständigen Ordnung ihrer vermögensrechtlichen Angelegenheiten in sich, namentlich auch das Recht selbständiger Aufsicht über das Kirchengut und die kirchlichen Stiftungen." (RRB 1935/1815, abgedruckt in: ZSGV 36 [1935], S. 540 f.).

194 Die expansive Kraft des kantonalen öffentlichen Rechts kann sich namentlich dann nicht auswirken, wenn der Bundesgesetzgeber eine abschliessende Ordnung schuf, die kantonalen Bestimmungen keinem schutzwürdigen öffentlichen Interesse genügen und eine Vereitelung bzw. ein Verstoss gegen Sinn und Geist des Bundeszivilrechts stattfindet. Siehe Arnold Marti, BK I/1, Art. 6, Rz. 50 f.; 230 ff.; Tuor/Schnyder/Schmid, S. 26.

195 Art. 59 Abs. 1 ZGB erwähnt in casu einen „besonderen Anwendungsfall" der durch Art. 6 Abs. 1 ZGB anerkannten expansiven Kraft des kantonalen öffentlichen Rechts. Vgl. Riemer, BK I/3, ST, Rz. 252. – Zu den Limitationen des kantonalen Staatskirchenrechts siehe vorne, S. 45 ff.

196 Sollte eine öffentliche iuristische Person des Kirchenrechts als öffentlichrechtlich anerkannte Stiftung ihren Widmungszweck nicht mehr realisieren können (cf. c. 1310 CIC 1983), muss diese in jenem Normengefüge, welches ihr Entstehen ordnete und ihr Rechtspersönlichkeit zuerkannte, umgewandelt bzw. ihre Dotation widmungsentsprechend verwendet werden. Nach dem Erlöschen einer öffentlichen iuristischen Person des Kirchenrechts wird die Zuordnung ihrer Güter und Vermögensrechte sowie der Verbindlichkeiten gemäss c. 123 CIC 1983 durch das Recht und die Statuten geregelt; wenn diese schweigen, fallen sie der unmittelbar höheren iuristischen Person des Kirchenrechts zu, immer unter Wahrung des Willens der Stifter und Spender sowie wohlerworbener Rechte. Das Gemeinwesen rezipiert in casu lediglich die einschlägigen Normen des kanonischen Rechts, indem es die kirchliche Stiftung in seinem publizistischen Rechtskreis positioniert.

197 Vgl. Isele, Probleme des kirchlichen Vermögensrechts, S. 60.

lischen Stuhl oder einer anderen öffentlichen iuristischen Person in der Kirche gehört[198]. Anhand seiner grundfreiheitlichen Garantie protektioniert der Staat das Eigentum. Infolgedessen schützt das Gemeinwesen auch das Qualifikationskriterium des Kirchenguts. Somit ist also für den Staat nicht der kirchliche Zweck, sondern die Zugehörigkeit zum Vermögen einer kirchlichen iuristischen Person massgeblich. Die römisch-katholische Kirche[199] bedarf notwendigerweise materieller Mittel, die sie unabhängig von der weltlichen Gewalt zur Verwirklichung der ihr eigenen Zwecke[200] erwerben, besitzen, verwalten und veräussern will[201]. Dieses subjektivrechtliche 'Ius nativum' beansprucht die Kirche „als ein angeborenes, ihr gewissermassen eingestiftetes Recht"[202]. Die Idee des kirchlichen Vermögensrechts gehorcht in dogmatischer Hinsicht dem 'Societas perfecta'-Prinzip. „Es wird also an den Staat nicht nur die Forderung der Anerkennung der Rechts- und Vermögensfähigkeit gestellt, sondern ein Hoheitsrecht der Kirche über ihr Patrimonium schlechthin behauptet, also nicht nur das Recht der freien Verwaltung und Verfügung sondern auch der materiellen Normierung des Erwerbs und der Veräusserung postuliert."[203]. Demzufolge kann der kirchliche mit dem staat-

---

198 Gemäss der in casu durch den CIC sanktionierten 'Institutentheorie' ist die jeweilige iuristische Person, welcher das Vermögen gehört oder zugeordnet ist, Träger des kirchlichen Vermögens. „Dem apostolischen Stuhl obliegt in diesem Zusammenhang, mit Ausnahme der ihm eigentümlich zukommenden geldwerten Rechte, nur die Oberaufsicht in der Verwaltung des kirchlichen Vermögens." (Schulz, Grundfragen, S. 865).

199 Cf. c. 1258 CIC 1983.

200 C. 1254 § 2 CIC 1983 konkretisiert die für die kirchliche Vermögensfähigkeit massgebenden Zwecke, welche in erster Linie sind: Geordnete Durchführung des Gottesdienstes; Sicherstellung des angemessenen Unterhalts des Klerus und anderer Kirchenbediensteter; Ausübung der Werke des Apostolats und Werke der Caritas. „Diese Aufzählung ist nicht taxativ zu verstehen ... Unverfügbar vorgegeben und zugleich umfassender sind 'die der Kirche eigenen Zwecke', die aus dem gesamten Auftrag, den sie von ihrem Stifter erhalten hat, zu bestimmen sind. Im Vergleich zu diesen sind gesetzliche Nennungen von Kirchenzwecken eher von exemplarischem, indikativen Wert, bieten aber judiziable Indizien dafür, die Kirchlichkeit eines Vermögenswertes feststellen und auch nach aussen vindizieren zu können" (Heimerl/Pree, S. 57, Rz. 24).

201 Erwerb, Besitz, Verwaltung und Veräusserung sind gemäss c. 1254 § 1 Inhalt der Vermögensfähigkeit der röm.-kath. Kirche. Hierzu Heimerl/Pree, S. 55 f., Rz. 13 ff.

202 Schulz, Grundfragen, S. 860. C. 1254 § 1 CIC 1983 statuiert die Vermögensfähigkeit der röm.-kath. Kirche in der Form eines in ihrer Verfassung verankerten Grundrechts, welches dem konfessionellen Verband unabhängig von staatlicher Anerkennung eignet. Vgl. Heimerl/Pree, S. 55, Rz. 12.

203 Isele, Probleme des kirchlichen Vermögensrechts, S. 54. – Adressat der in c. 1254 § 1 CIC 1983 vindizierten Vermögensfreiheit ist somit der saekulare Staat, welcher kraft seiner hoheitlichen Gewalt weder den Vermögenserwerb des konfessionellen

lichen Rechtsbereich kollidieren. Es stellt sich deshalb die Frage, welches Recht effektiv wird. Die Antwort ist basierend auf der religiös-weltanschaulichen Neutralitätspflicht dem Grundrecht der korporativen Religionsfreiheit zu entnehmen, deren Schutzobjekt die einschlägigen Vorschriften des Kirchenrechts diesbezüglich für relevant erklärt[204],[205]. Insoweit protektioniert der grundfreiheitsrechtlich in Schranken[206] gefasste Staat die vom kanonischen Vermögensrecht regulierten Kirchengüter mit seiner Eigentumsgarantie[207], welche sich in drei Schutzrichtun-

---

Verbandes hindern darf, noch den Christgläubigen das Recht beschränken soll, der röm.-kath. Kirche zeitliche Güter zuzuwenden (c. 1261 § 1 CIC 1983). Siehe Urs Josef Cavelti, Vermögensrecht, S. 140.

204 Das Wissen um die potentielle Nichteffektivität des nationalen Rechts sollte sich bezogen auf das schweizerische Recht auch de lege ferenda niederschlagen.

205 Ihrerseits beschreitet die röm.-kath. Kirche diesbezüglich nur mit zurückhaltender Vorsicht im staatlichen Recht den Prozessweg. Cf. cc. 1296 (Klagegegenstand); 1500 (Klagegrund) CIC 1983.

206 Diese können mittels den freiheitsrechtlich relevanten Einschränkungsvoraussetzungen der gesetzlichen Grundlage, des öffentlichen Interesses und der Verhältnismässigkeit, welche rechtsgenüglich-kumulativ vorhanden sein müssen, im Einzelfall durchbrochen werden. Hierzu siehe vorne, S. 192 ff.

207 Ein klärendes Wort ist vorliegend bezüglich der in Art. 50 Abs. 3 aBV ehemals angemassten Kompetenz des Bundes, über 'Anstände aus dem öffentlichen oder Privatrechte, welche über Bildung oder Trennung von Religionsgenossenschaften entstehen', zu entscheiden, im Hinblick auf die freiheitsrechtlich gewährleistete Eigentumsgarantie von nöten. Ohne die Kontroverse aufzurollen, welche sich mit der bundesgerichtlichen Interpretation dieser konfessionellen Ausnahmebestimmung, die Lampert, Kirche und Staat I, S. 352, pointiert qualifiziert: „Der Knoten wird durchgehauen aber nicht gelöst", verknüpft, muss darauf hingewiesen werden, dass die Eigentumsgarantie zugunsten aller rechtmässigen Eigentumssubjekte, also auch der kirchlichen Stiftungen gilt. Liegt nun in einer Pfarrei Vermögen kirchlicher Stiftungen vor, so tritt durch Abfall von der röm.-kath. Kirche keine Teilung des in Stiftungsgefässen angelegten Kirchenvermögens ein, weil die einzelnen kirchlichen Stiftungen als Rechtsträger sich dadurch nicht im mindesten verändern. Die Zweckbestimmung des stiftungsrechtlich im kodikarischen Sinne gefassten Kirchengutes kann von keiner Sezessionsgruppe abgeändert und darf von keinem Richter durch Zuweisung an eine Gemeinschaft, welche den spezifischen Zweck der betreffenden kirchlichen Stiftung nicht zu erfüllen vermag, übergangen werden. „Nichtig ist der Einwand: das Kirchengut sei bestimmt, zur Erfüllung der religiösen Bedürfnisse der kath. Ortseinwohner zu dienen; dieser Zweck könne auch von den ... Dissidenten erfüllt werden. Dieser Einwand übergeht die Frage des berechtigten Eigentumssubjekts und nimmt a priori an, das Kirchengut sei Kollektiveigentum, an dem jeder am Ort niedergelassene Gläubige mitberechtigter Anteilhaber werde. Ferner beruht dieser Einwand auf einem seltsamen Konfessionalismus, der von der artweisen Verschiedenheit und Exklusivität der einzelnen Religionsgenossenschaften ganz absieht." (Lampert, Kirche und Staat I, S. 361). Vgl. Schmid, S. 74, 127, 351. Allgemein zu Art. 50 Abs. 3 aBV siehe vorne, S. 85 ff. Konsequenterweise enthält die

gen, nämlich der Instituts-[208] und Wesensgehaltsgarantie[209], der Bestandesgarantie[210] und der Wertgarantie[211], ausprägt. Die in Art. 22 ter Abs. 1 aBV bzw. Art.

---

totalrevidierte BV diese konfessionelle Ausnahmebestimmung nicht mehr. Die von der Botschaft BV, BBl 1997 I 157, in Aussicht gestellte Möglichkeit der Weiterführung auf Gesetzesebene ist grundrechtlich nicht vertretbar.

208 Die BV gewährleistet des Eigentum als eine durch das Recht geschaffene und ausgestaltete Institution der Rechtsordnung. Der Gesetzgeber als Adressat dieser Garantie darf in casu „keine Normen aufstellen, welche das Rechtsinstitut beseitigen, aushöhlen, seiner Substanz berauben, seinen Wesenskern antasten. Der Gesetzgeber muss die *wesentlichen, sich aus dem Eigentum ergebenden Verfügungs- und Nutzungsrechte wahren*, den Privaten ein Mindestmass an autonomer Bestimmung über ihre vermögenswerten Rechte einräumen." (Georg Müller, BV-Kom. Art. 22 ter, Rz. 12). Beispielsweise verletzt die konfiskatorische Besteuerung im Sinne einer Amortisationsgesetzgebung (zur Geschichte der Manusmortuagesetzgebung siehe Isele, Probleme des kirchlichen Vermögensrechts, S. 49 ff.; Lampert, Stiftungen, S. 79 ff.) mindestens die Eigentumsfreiheit als Institutsgarantie. Vgl. BGE 106 Ia 348 f. E. 6; Häfelin/Haller, Rz. 1356 f. Gemäss Georg Müller, BV-Kom. Art. 22 ter, Rz. 7, sollte bei der Erhebung von Abgaben sowohl die Instituts- als auch die Bestandesgarantie angerufen werden können.

209 Die Wesensgehaltsgarantie richtet sich neben dem Gesetzgeber wohl in erster Linie an die Organe der Rechtsanwendung. Sie verknüpft den Schutz des eigentumsfreiheitlichen Rechtsinstituts mit dem „unantastbaren Person-Sein" (Georg Müller, BV-Kom. Art. 22 ter, Rz. 15) des entsprechenden Trägers. – Eigentum mit geweihter Zweckwidmung (c. 1171 CIC 1983), sei es mobiler oder immobiler Natur, kann nicht dem kirchenrechtlich designierten und konzessionierten Rechtsträger enteignet werden, ohne die Würde der geweihten bzw. benedizierten Sache, welche aufgrund der vorgegebenen Kautelen des Kirchenrechts (cf. cc. 1171; 1269 CIC 1983) per definitionem in einem besonders persönlichkeitsbezogenen Verhältnis zu ihrem Eigentümer steht, ad absurdum zu führen. Hier muss die Wesensgehaltsgarantie eingreifen, welche im Rahmen ihres Schutzobjekts Träger und Zweck zu einer Einheit verbindet. Ob unter dieser grundrechtlichen Prämisse der ohne Beachtung des Tatbestandes der formellen Enteignung im Kanton Nidwalden vollzogene Übergang sakraler Gebäude und geweihter Sachen von einem kirchen- wie staatsrechtlich bereitgestellten Eigentumsträger (Stiftung) zu einem staatskirchenrechtlichen Inhaber (Kirchgemeinde) im Hinblick auf den eigentumsfreiheitlichen Aspekt der Wesensgehaltsgarantie als rechtskonform qualifizierbar ist, muss bezweifelt werden. – Auf jeden Fall stellt jeder Eingriff in die Wesensgehaltsgarantie, welcher damit den Kern der Eigentumsfreiheit tangiert, bereits eine Verletzung des Verhältnismässigkeitsprinzips dar. Vgl. Ders., op.cit., Rz. 15.

210 Die Eigentumsgarantie schützt in ihrer Hauptbedeutung „den *Bestand konkreter Vermögensrechte des einzelnen*, z.B. das Eigentum an einem bestimmten Grundstück. Sie verbietet allen staatlichen Organen – den rechtsetzenden wie den rechtsanwendenden –, diese Rechte zu beschränken, sofern der Eingriff nicht auf einer *genügenden gesetzlichen Grundlage beruht, im öffentlichen Interesse liegt und verhältnismässig ist.*" (Georg Müller, BV-Kom. Art. 22 ter, Rz. 16).

26 Abs. 1 rev. BV gewährleistete Freiheit des Eigentums[212] protektioniert eine durch des Recht geschaffene und ausgestaltete Einrichtung. Das garantierte Schutzobjekt[213] knüpft an den herkömmlichen Formen der Sachherrschaft, namentlich am privatrechtlichen Eigentumsbegriff[214], an und lässt anhand der mit-

---

211 Schliesslich kann ein staatlicher Eingriff in das Eigentum, „der weder die Instituts- noch die Bestandesgarantie verletzt, d.h. das Eigentum als Rechtsinstitut nicht aushöhlt, eine ausreichende gesetzliche Grundlage hat, durch ein öffentliches Interesse gerechtfertigt und verhältnismässig ist“ den Bürger derart treffen, dass das Gemeinwesen entschädigungspflichtig wird. Mithin mutiert die Eigentumsfreiheit, die eine dergestaltige Intervention in das Schutzobjekt zulässt, in eine blosse Wertgarantie. Der Träger kann über sein Recht nicht mehr oder nur noch partiell verfügen, wird aber für die damit verbundene Vermögenseinbusse vom gemäss Art. 22 ter Abs. 3 aBV bzw Art. 26 Abs. 2 rev. BV entschädigungspflichtigen Gemeinwesen entschädigt; „er verliert sein Recht bzw. wichtige Nutzungsmöglichkeiten ganz oder teilweise, nicht aber die entsprechenden Werte.“ Hierzu Georg Müller, BV-Kom. Art. 22 ter, Rz. 18.

212 Die Gestaltungsfreiheit des Gesetzgebers bezüglich Inhalt und Umfang des Eigentums als verfassungsmässiges Recht wird durch die Verfassung begrenzt. Gemäss Art. 22 ter aBV bzw. Art. 26 rev. BV steht einer Modifikation des gewährleisteten Rechts auf Sachherrschaft durch Anpassungen an gewandelte Auffassungen und veränderte Verhältnisse nichts entgegen. Der verfassungsrechtliche Eigentumsbegriff deckt sich insofern nicht mit demjenigen des Privatrechts. Siehe Georg Müller, BV-Kom. Art. 22 ter, Rz. 1. Vgl. Heinz Rey, Rz. 568 ff, welcher die Unteil- und Unbeschränkbarkeit des Eigentumsbegriffs betont und folglich begriffsimmanente Eigentumsbeschränkungen in rechtslogischer Hinsicht verwirft. Demzufolge können im Einzelfall lediglich die Befugnisse zur Rechtsausübung „von aussen her“ Restriktionen unterworfen sein.

213 „La garantie de la propriété consacré à l'art. 22 ter Cst. s'étend non seulement à la propriété des biens mobiliers et immobiliers, mais aussi aux droits réels restreints, aux droits conractuels, aux droits de propriété intellectuelle, aux droits acquis des citoyens contre l'Etat, ainsi qu'à la possession“ (BGE 120 Ia E. 1b). Zu den erwähnten wohlerworbenen Rechten „gehören einerseits die *seit urvordenklicher Zeit bestehenden*, oft als 'ehehaft' bezeichneten Rechte (z.B. Nutzungsrechte an öffentlichen Gewässern, Jagd- und Fischereirechte, Tavernenrechte), anderseits *vertragliche oder vertragsähnliche* Rechte (z.B. Subventionsgewährungen, Rechte aus Erschliessungsvereinbarungen, Konzessionen oder wirtschaftspolitischen Bewilligungen [vor allem Kontingenten], besonders zugesicherte, als unabänderlich und gesetzesbeständig erklärte vermögensrechtliche Ansprüche von Beamten)“ (Georg Müller, BV-Kom. Art 22 ter, Rz. 2). Vgl. auch Häfelin/Haller, Rz. 1358 f. Zu Begriff und Arten wohlerworbener Rechte und deren Verhältnis zu den historischen Rechtstiteln siehe Friederich, Kirchengut, S. 39 ff.

214 Das Eigentum ist „das vollkommenste und umfassendste dingliche Recht. Es ist dasjenige Recht an einer Sache, welches dem Berechtigten alle *Befugnisse* darüber zuweist, die nicht durch Rechtsordnung oder Rechtsgeschäft ausgenommen werden ...“ (Heinz Rey, Rz. 566).

tels Art. 641 ZGB[215] statuierten Verfügungs- und Ausschliessungsmacht den Rechtsträger in rechtlicher[216] und tatsächlicher[217] Hinsicht[218] über die inhaltlichen Bestandteile des Schutzobjekts als Summe seiner konkreten Befugnisse disponieren[219]. § 13 Abs. 1 KV sekundiert die bundesverfassungsrechtliche Eigentumsgarantie, derweil er das vermöge Art. 59 Abs. 1 ZGB der gliedstaatlichen Stufe für die kirchlichen und publizistischen Stiftungen vorbehaltene öffentliche Recht in freiheitsrechtliche Bahnen lenkt. Eigenständige Bedeutung kommt dieser Verfassungsbestimmung insofern zu, als sie im Zuge der Benennung einzelner

---

215 Gemäss Art 641 ZGB weist das Eigentum eine positive und eine negative Seite auf. Vgl. Tuor/Schnyder/Schmid, S. 659. Einerseits statuiert Abs. 1 eine grundlegende Verfügungsmacht des Eigentümers, welcher eine rechtliche und tatsächliche Dimension eignet. Anderseits wirkt das Eigentum als absolutes Recht gegenüber jedem Dritten. Demzufolge hat der Eigentümer das Recht, die Sache von jedem, der sie ihm vorenthält, herauszuverlangen, und ungerechtfertigte Einwirkungen abzuwehren (Abs. 2). Siehe Heinz Rey, Rz. 573 ff.

216 In Ausübung seiner sachenrechtlichen Verfügungsmacht kann der Eigentümer beispielsweise seine Befugnisse an einen Dritten übertragen (Verkauf, Schenkung), die Sache mit beschränkten dinglichen Rechten (z.B. Dienstbarkeiten, Pfandrechten) belasten, oder persönliche Rechte (z.B. Miete, Pacht, Leihe) begründen. Der Eigentümer kann sein Eigentumsobjekt derelinquieren sowie letztwillig darüber verfügen. Hierzu Heinz Rey, Rz. 576; Tuor/Schnyder/Schmid, S. 660.

217 Aufgrund seiner sachenrechtlichen Verfügungsmacht kann der Eigentümer nach seinem Belieben tatsächliche Herrschaft über eine Sache ausüben, indem er sie beispielsweise gebraucht, nutzt, verändert oder verbraucht. Siehe Heinz Rey, Rz. 575. Vgl. auch Tuor/Schnyder/Schmid, S. 660.

218 Die vom Schutzobjekt der Eigentumsgarantie ausgeprägte Dispositionsfreiheit erstreckt sich auf sämtliche in BGE 120 Ia E. 1b konkret aufgelisteten Rechte. Vgl. Georg Müller, BV-Kom. Art. 22 ter, Rz. 2.

219 „Unter dem Inhalt des Eigentums ist dessen materieller Gehalt zu verstehen, d.h. die konkreten Eigentümerbefugnisse ...“ (Heinz Rey, Rz. 585). Diese werden durch die geltende Rechtsordnung festgelegt. Die konkreten Eigentümerbefugnisse sind kaum je als solche definiert. Sie lassen sich meistens indirekt, aufgrund der Eigentumsbeschränkungen feststellen. Hierzu Ders., op.cit., Rz. 587. In grundrechtsdogmatischer Hinsicht muss hier präzisiert werden, dass der bezüglich der Ausgestaltung der Eigentumsordnung weitgehend kompetente Gesetzgeber nicht ein verfassungsrechtlich festgelegtes, umfassendes Eigentumsrecht im öffentlichen Interesse einschränken darf, sondern dieser hat *„den Gegenstand der Eigentumsgarantie, den Inhalt der geschützten Rechte näher zu bestimmen, sie untereinander und gegenüber anderen Rechten abzugrenzen und die Voraussetzungen dafür zu schaffen, dass von ihnen Gebrauch gemacht werden kann* [...] Der Eigentumsgarantie als Grundrecht kann der Gesetzgeber keine Schranken setzen. Sie wird vielmehr *schon durch die Verfassung selbst, d.h. durch die andern, sich auf die Eigentumsordnung auswirkenden Verfassungsbestimmungen begrenzt.* Der Gesetzgeber *konkretisiert diese Grenzen* nur noch.“ (Georg Müller, BV-Kom. Art. 22 ter, Rz. 22). Vgl. auch Bolz, S. 162.

Rechtsträger[220] neben der ausdrücklichen Unverletzlichkeit des Eigentums[221] verfassungsrechtlich situierter Korporationen[222] geistlicher[223],[224] und weltlicher[225]

---

220 Zur grundfreiheitlichen Rechtsträgerschaft einer iuristischen Person des öffentlichen Rechts siehe BGE 112 Ia 363 f.; Hangartner, Rechte, S. 111 ff.; sowie vorne, S. 215 ff. – Vgl. Oberholzer, S. 66 f., welcher darauf hinweist, dass § 13 Abs. 1 KV dergestalt formuliert ist, dass das geschützte Eigentum verschiedenen Rechtsträgern, namentlich auch kirchlichen Stiftungen und Anstalten zustehen kann.

221 Der Schutz von im privatrechtlichen Eigentum kirchlicher Stiftungen befindlichen Vermögenswerten durch § 13 Abs. 1 KV hängt nicht von der öffentlichrechtlichen Situation der entsprechenden Anstalt ab, sondern knüpft über den Terminus der 'geistlichen Korporation' am kirchenrechtlich parametrisierten Begriff der Kirchlichkeit ihrer Güter an. Vgl. Reichlin, S. 126. Ungenau RRB 1991/840, S. 8.

222 § 13 Abs. 1 KV entfaltet natürlich seine Schutzwirkung neben den publizistisch situierten Korporationen auch zugunsten privatrechtlich erfasster Rechtspersonen.

223 Der altrechtliche Begriff der 'geistlichen Korporation' umfasst im von der Kantonsverfassung garantierten Sinn sowohl kirchliche Anstalten als auch Körperschaften, schlicht sämtliche iuristischen Personen des Kirchenrechts, welche im Kanton Schwyz verortbar sind. Mithin gewährleistet § 13 Abs. 1 KV das Eigentum kirchlicher Stiftungen. Siehe RRB 1935/1815, abgedruckt in: ZSGV 36 (1935), S. 540 f.; Reichlin, S. 126 f. – Vgl. Art. 88 OG, wo die Begriffe 'Korporation' und 'iuristische Person kongruent' sind, „da 'Korporation' im Sinne einer pars major pro toto für die iuristischen Personen schlechthin steht“. Hierzu Dülp, S. 485; sowie auch Kälin, Staatsrechtliche Beschwerde, S. 210 f.

224 Um den Inhalt des Begriffs der 'geistlichen Korporation' zweckbezogen erfassen zu können, muss die Interpretation die entstehungszeitliche Methode zu Rate ziehen. Diese falsifiziert das Vorbestehen von selbständigen Körperschaften des schwyzerischen Staatskirchenrechts vor der Änderung der KV im Jahre 1898, während die inhaltliche Praeexistenz von § 13 Abs. 1 KV mittels § 20 aKV 1848 bzw. § 13 Abs. 1 aKV 1876, welchen das Rechtsinstitut der selbständigen Kirchgemeinde unbekannt war, belegt wird. Daraus folgt, dass eine geistliche Korporation im Sinne der KV 1898 nicht als staatskirchenrechtliche Gebietskörperschaft zu verstehen ist. Überdies werden die gewährleisteten Freiräume der schwyzerischen Sonderzweckgemeinden im Rahmen der Gemeindeautonomie entworfen. In bezug auf die röm.-kath. Kirche lassen sich mithin unter den in Frage stehenden Terminus lediglich kanonisch rechtsfähige Personen subsumieren. Der Begriff 'geistlich' wird somit alleine aus dem kirchlichenrechtlich vorgegebenen Zweck kodikarisch bereitgestellter Rechtsträger enthüllt. Vgl. Noser, S. 161 ff.

225 Der Begriff der 'weltlichen Korporation' wird kompetenzrechtlich von § 18 EG ZGB aufgrund Art. 59 Abs. 3 ZGB erfasst. Als solche, mit publizistischer Persönlichkeit ausgestattete weltliche Korporationen, gelten im Kanton Schwyz die 'Genossenschaften' des kantonalen öffentlichen Rechts. Diese werden in § 13 Abs. 1 KV den Bezirken und Gemeinden formal gleichgestellt. Siehe BGE 1 334; EGV-SZ 1987 Nr. 30, S. 30. Vgl. auch Vital Schwander, Veräusserungsverbot für das schwyzerische Genossenvermögen, in: ZSR NF 59 (1940), S. 277 ff. Im Unterschied zu den 'geistlichen Korporationen' ist in casu jedoch zu betonen, dass vor allem körperschaftliche Gebilde (die Frage, ob eventuell auch andere öffentlichrechtliche, mit

Observanz diesbezüglich expressis verbis auch die uneingeschränkte Freiheit der kirchlichen Aufsichts-[226],[227] Verwaltungs- und Dispositionskompetenz[228] gewährleistet[229], ohne dass § 13 Abs. 1 KV das Programm der verwaltungsrechtli-

---

eigener Rechtspersönlichkeit versehene Anstalten des kantonalen Rechts [z.B. Schwyzer Kantonalbank] unter die in § 13 KV enumerierten Rechtsträger zu zählen sind, kann und muss vorliegend offenbleiben), welche das staatliche Recht ursprünglich bereitstellt, diesbezüglich von § 13 Abs. 1 KV erfasst werden.

226 „Durch die Garantie der § 2 Abs. 1 (sc. aKV) und § 13 Abs. 1 KV wird die ungehinderte Ausübung dieser kirchlichen Amtshandlungen staatlich gewährleistet. Daraus ergibt sich, dass alle staatlichen Behörden und Beamten ... kraft staatlichen Rechts gehalten sind, dem Bischof die kirchenrechtlich vorgeschriebene Kontrolle zu ermöglichen." (RRB1935/1815, abgedruckt in: ZSGV 36 [1935], S. 540 f.). Mithin kommt der bischöflichen Aufsichtsbehörde in casu die prozessrechtliche Legitimation zur Beschreitung des Rechtsweges zu. Hierzu der Entscheid des Kantonsgerichts Schwyz vom 3.12.1918, in: SJZ 15 (1918/19), S. 316; sowie RBR 1915, S. 104 f. Vgl. Riemer, BK I/3, ST, Rz. 191.

227 § 13 Abs. 1 KV wurde in aufsichts- bzw. konrollrechtlicher Hinsicht von § 64 Abs. 2 aGOG sekundiert. Diese ausser Kraft stehende Norm verlangt für Verfügungen der selbst- bzw. unselbständigen Kirchgemeinden über 'Kirchengüter und kirchliche Stiftungen die Zustimmung des bischöflichen Ordinariats. Welche Akte der ordentlichen bzw. ausserordentlichen Verwaltung gemäss Kirchenrecht unter den Begriff 'Verfügung' zu subsumieren sind und infolgedessen von § 64 Abs. 2 aGOG beschlagen werden, hat letztendlich die zuständige kirchliche Aufsichtsbehörde festzulegen (c. 1281 § 2 CIC 1983). § 64 Abs. 2 aGOG räumte mithin dem zuständigen Ordinarius ein von der begrifflichen Bandbreite der ordentlichen respektive ausserordentlichen Verwaltung umfangmässig abhängiges Aufsichts- bzw. Kontrollrecht ein. Vgl. Reichlin, S. 141; sowie RRB 1935/1815, abgedruckt in: ZSGV 36 (1935), S. 540 f.

228 Die Ratio legis von § 13 Abs. 1 KV intendiert auf die Protektion der Güter kirchlichen Eigentums vor staatskirchenrechtlichen Verfügungsbegehrlichkeiten, welche sich letztlich gegen die hierachisch verfasste röm.-kath. Kirche als solche richten. „Die praktische Bedeutung liegt vor allem darin, dass die ortskirchlichen Institute vor Übergriffen der Gemeinden und Kirchgemeinden bewahrt werden." (Reichlin, S. 127). Siehe Appert, S. 106 f. – Vgl. auch RRB 1935/1815, abgedruckt in: ZSGV 36 (1935), S. 540 f.

229 Damit in Widerspruch stand § 64 Abs. 1 lit. a, b aGOG. Nachdem der normative Gehalt des § 91 Abs. 4 (Fassung 1898) aKV durch die Schaffung des 'Gesetzes über die Organisation der Gemeinden und Bezirke' von der Verfassungs- auf die Gesetzesstufe transferiert und dort in einem eigenen Paragraphen aufgegliedert wurde (vgl. ABl 1970 344 ff.), standen die Vorschriften hinsichtlich Verfügungsgewalt und Aufsichtskompetenz der selbst- bzw. unselbständigen Kirchgemeinde gegenüber kirchlichen Stiftungen im Widerspruch zu Art. 13 Abs. 1 KV. Gl.M. Vernehmlassung bischöfliches Ordinariat Chur, S. 10. Die verfassungsrechtliche Eigentumsgarantie derogierte aus normhierarchischen Gründen § 64 Abs. 1 lit. a, b aGOG und stellte ihn als 'nullum ius' (hierzu vgl. vorne, S. 45 ff.) der Nichtexistenz anheim. Auf diese Weise wurde ein planwidriger Fehler im System des kantonalen Normen-

chen Autonomie iuristischer Personen des kantonalen öffentlichen Rechts konkret entwirft[230],[231]. Folglich haftet diesem Verfassungsartikel in bezug auf kirch-

---

gefüges behoben. Es gilt hier anzumerken, dass den in Frage stehenden Anstalten als öffentliche Stiftungen des Kirchenrechts durch das kanonische Recht entsprechende Organe unter gleichzeitiger Benennung der Aufsichtsinstanz beigegeben bzw. zugebilligt werden. Massgeblich ist infolgedessen hinsichtlich ihrer Existenz und Verwaltung lediglich das Kirchenrecht. Dieser Befund fand intra legem in § 64 Abs. 2 aGOG seine Entsprechung, wonach Verfügungen der Kirchgemeinden über Kirchengüter und kirchliche Stiftungen der Genehmigung des bischöflichen Ordinariats bedürfen. Vgl. den Entscheid des Kantonsgerichts Schwyz vom 3.12.1918, in: SJZ 15 (1918/19), S. 316; sowie RBR 1915, S. 104 f., welche die prozessrechtliche Aktivlegitimation des bischöflichen Ordinariates Chur als Aufsichtsbehörde für kirchliche Stiftungen anerkennen. Hierzu auch Riemer, BK I/3, ST, Rz. 191. § 64 Abs. 1 lit. a, b aGOG erlangte folglich nur in bezug auf nicht kirchlich prädikatisierte Güter, Fonds und Einrichtungen, welche der selbst- oder unselbständigen Kirchgemeinde gehörten, normative Tragweite. Somit relativierte sich der Wirkungsgrad dieser Bestimmung erheblich. Die Frage, inwieweit § 64 Abs. 1 lit. a, b aGOG auch den objektivrechtlichen Teilgehalt der Eigentumsgarantie verletzte, kann hier offenbleiben, da die normhierarchische Derogation eine diesbezügliche Antwort erübrigt. Des weiteren gilt es in casu zu erwähnen, dass grundrechtsbeschränkende Normen in Anbetracht der Zielharmonie zwischen Legalitätsprinzip und Grundrechtsgewährleistung konsequenterweise auf die Verfassungsstufe zurückführbar sein müssen. Dieses Erfordernis wirkt sich schliesslich auch auf das öffentliche Interesse als Element der grundsätzlichen Einschränkungsvoraussetzungen aus, denn das hinter den Grundrechtsschranken stehende Interesse muss sich auf die Verfassung zurückführen lassen. „Nicht irgendwelche 'öffentlichen Interessen' können mit den Grundrechten der Verfassung konkurrieren, sondern grundsätzlich nur solche, die der gleichen Normstufe entspringen. Nur zu solchen Interessen ist ein Ausgleich zu finden. Wegen des hierarchischen Aufbaus der Rechtsordnung kommt grundsätzlich nur den Verfassungen die Funktion zu, diejenigen Interessen anzugeben (oft auch bloss anzudeuten), die der Koordination und der Optimierung mit den Grundrechten bedürfen." (Bolz, S. 164). Allgemein gesprochen soll die Qualität von zulässigen Motiven zur Grundrechtseinschränkung vom Prinzip geprägt sein, dass nicht die Gesetzgebung das Schutzobjekt durch Grundrechtsschranken festzulegen hat, sondern umgekehrt die Grundrechte Schranken der Gesetzgebung darstellen. Hierzu Ders., S. 159 ff. Diesem Postulat ist im Verein mit der objektivrechtlichen Verpflichtung auf die konstitutiv-institutionelle Gehaltsseite der Fundamentalnormen de constitutione et lege ferenda Nachachtung zu schenken. – Zu Recht wurde die in § 64 aGOG angemasste Verwaltungs- und Verfügungskompetenz im Zuge der Inkraftsetzung der rev. KV per 1. Januar 1999 nach entsprechendem Volksentscheid ausser Kraft gesetzt (ABl 1998 1774).

230 Vor der Verfassungsänderung des Jahres 1970 soll die schwyzerische KV gemäss Kennel, S. 156, keine Norm gekannt haben, „die den Gemeinden und Bezirken in einer Generalklausel garantiert hätte, ihre Angelegenheiten innert den Schranken der Rechtsordnung zu regeln". Vgl. auch Simon, S. 67. – Die Gemeindeautonomie im Kanton Schwyz enthüllt sich seither hinsichtlich ihrer Tragweite rechtsquellenmä-

liche Stiftungen nur aber immerhin mindestens grundfreiheitliche Bedeutung an[232].

b) Vermögensrechtliche 'Canonizatio'[233]

Das 'Ius publicum ecclesiasticum' vindiziert die Wesensverschiedenheit von Kirche und Staat und mithin die Souveränität des konfessionellen Verbandes, deren Ausdruck das praepositive Selbstbestimmungsrecht ist, welches sich in vermögensrechtlicher Hinsicht durch den auf 'Ius divinum' (Naturrecht bzw. positiv-göttlichem Recht) beruhenden Anspruch manifestiert, unabhängig von der staatlichen Gewalt Eigentum zu erwerben, zu besitzen, zu verwalten und zu veräussern[234]. Das aus dem Axiom der 'Societas perfecta' fliessende Prinzip der Eigenrechtsmächtigkeit der römisch-katholischen Kirche bedingt nicht notwendigerweise Beziehungsloskeit zum staatlichen Recht[235]. Das kanonische Vermögensrecht „als die Gesamtheit der Gesetze, die den Erwerb und Besitz, die Ver-

---

ssig aus § 87 rev. KV (bzw. loc.cit. aKV), welcher als Programmbestimmung einen autonomen Wirkungsbereich voraussetzt, „wonach die politische Gemeinde die sich aus ihrer Autonomie ergebenden örtlichen Obliegenheiten sowie die Aufgaben, die ihr durch Rechtsatz übertragen worden sind, zu erfüllen hat" (§ 87 aKV; EGV-SZ 1983 Nr. 1, S. 12). Gestützt darauf legen die einschlägigen Bestimmungen des 'Gesetzes über die Organisation der Gemeinden und Bezirke', in welchem die Einzelheiten geregelt sind, diesbezügliche Kompetenzen fest. Vgl. Gewährleistungsbotschaft 'Reorganisation der Gemeinden und Bezirke', BBl 1970 II 1363. Insbesondere nimmt in casu § 67 Abs. 1 aGOG bzw. § 2 Abs. 2 rev. GOG, welcher innerhalb der Schranken von Verfassung und Gesetz den Gemeinden in der Verwaltung, der Benutzung und Verwendung ihrer Mittel sowie der Art der Erledigung öffentlicher Aufgaben Selbständigkeit zusichert, insoweit § 13 Abs. 1 KV zum Vorbild. Mutatis mutandis wird die Autonomie der staatskirchenrechtlichen Körperschaften mittels §§ 93, 94 Abs. 3 rev. KV statuiert.

231 Die äusserst summarische Regelung in § 13 Abs. 1 KV (vgl. EGV-SZ 1979, S. 25), welche den kirchlichen Rechtsträgern (Diözese, Gebietsabtei, Pfarrei, Stiftung) in Hinsicht auf Organisation, Verwaltung und Aufsicht im Rahmen des grundfreiheitlichen Schutzobjekts einen absoluten Gestaltungsfreiraum einräumt, ist terminologisch als 'besondere (eigentumsfreiheitliche) Garantie' von der allgemeinen Garantie der Gemeindeautonomie zu unterscheiden. Siehe Hangartner, Grundzüge I, S. 153.

232 Vermöge der systematischen Interpretation wird dieser Befund durch die Verortung von § 13 KV innerhalb des Grundrechtskatalogs der Kantonsverfassung erhärtet.

233 Der Begriff der 'Canonizatio' wird in casu als Überschrift nicht in seiner rechtstechnisch strikt rezipierenden Form des Verweises, deren Ansatz in der entsprechenden Rechtsfolge liegt, sondern allgemein im normativen Sinne des Bezuges auf die staatliche Rechtsordnung verwendet. Vgl. Socha, Kom. c. 22 CIC 1983, Rz. 5.

234 Cf. c. 1254 § 1 CIC 1983. Siehe Heimerl/Pree, S. 70, Rz. 77.

235 Göbel, S. 183 f.

waltung, Belastung und Veräusserung des Kirchenvermögens regeln"[236], ist konzeptionell in die Form eines Rahmengesetzes eingebettet, welches hinreichend Spielraum für den teilkirchlichen Konnex mit dem diesbezüglichen Saekularrecht offenlässt. Im 5. Buch 'De bonis Ecclesiae temporalibus' nimmt der Codex Iuris Canonici 1983 verschiedentlich Bezug auf das 'Ius civile'[237].

Rechtsgegenstand der vermögensrechtlichen Bezugnahme ist das Kirchengut im kodikarischen Sinn[238],[239], welches in casu den kirchlichen Stiftungen eignet. Gemäss der Legaldefinition in c. 1257 § 1 CIC 1983 wird unter Kirchengut das spezifisch zweckgewidmete Vermögen verstanden, welches der Gesamtkirche, dem Apostolischen Stuhl oder anderen öffentlichen Personen in der römisch-

---

236 Diese von der Kanonistik formulierte Definition des kirchlichen Vermögensrechts ist Schulz, Grundfragen, S. 869, entnommen, welcher in diesem Zusammenhang darauf hinweist, dass für eine umfassende Begriffsbestimmung des Kirchenvermögens als Regelungsobjekt des kanonischen Vermögensrechts die wesensmässige Zweckwidmung nicht ausserachtgelassen werden darf. „Der blosse Aufweis des Rechtszusammenhangs von vermögenswertem Gut und kirchlichem Träger reicht hierfür nicht aus." (Ders., op.cit., S. 869).

237 Althaus, Kom. Einleitung vor c. 1254 CIC 1983, Rz. 15 f.; Schulz, Grundfragen, S. 864.

238 Die Kanonistik distinguiert körperliche und unkörperliche Vermögenswerte, von denen sich erstere in bewegliche und unbewegliche gliedern. Weiterhin sind im kanonischen Vermögensrecht „vor allem *geistliche Sachen* (res spirituales, bona spiritualia) von *weltlichen Sachen* (res temporales, bona temporalia) zu unterscheiden. Während die res spirituales unmittelbar übernatürlichen Zwecken der Kirche dienen (z.B. Sakramente) und deshalb begriffsnotwendig unkörperlich sind, bilden die res temporales die zur Erfüllung der kirchlichen Aufgaben irdischen Mittel (z.B. bewegliche wie unbewegliche Vermögensstücke, Forderungsrechte). Dazwischen ordnet das kanonische Recht die res mixtae ein, die sogenannten *gemischten Sachen*, d.h. solche weltliche Sachen, die mit einer geistlichen Sache in notwendigem oder zufälligem Zusammenhang stehen (res temporales spirituali adnexae genannt, wie z.B. das Benefizium oder ein benedizierter Friedhof) und als solche einem natürlichen oder übernatürlichen Zweck der Kirche dienen. Soweit es sich hierbei um körperliche Sachen handelt, die durch Konsekration oder Benediktion zum kirchlichen Gebrauch bestimmt sind, heissen sie *heilige Sachen* (res sacrae). Kommt ihnen ein besonderer künstlerischer, geschichtlicher oder materieller Wert zu, dann gelten sie als *kostbare Sachen* (res pretiosae)." (Schulz, Grundfragen, S. 870). Vgl. Althaus, Kom. Einleitung vor c. 1254 CIC 1983, Rz. 1; Heimerl/Pree, S. 81, Rz. 123 ff.

239 Sachenrechtlich verankerte c. 726 CIC 1917 die verschiedenen Arten einer 'Res'. Nachdem der CIC 1983 nicht mehr im Kontext eines eigentlichen Sachenrechts steht, werden eine Reihe diesbezüglicher Begriffsunterscheidungen ohne entsprechende Legaldefinition vom kanonischen Gesetzgeber vorausgesetzt. Damit hängt zusammen, „dass der rechtl Sachen-Begriff des Liber V CIC sich nun ausschliesslich auf die vermögenswerten Sachen bezieht, und nicht mehr auf die *res spirituales*. Dennoch sind die Begriffe als Kriterium für die Bestimmung der Kompetenz der Kirche gegenüber dem Staat weiterhin von Bedeutung." (Heimerl/Pree, S. 82, Rz. 127). Siehe Schulz, Grundfragen, S. 869.

katholischen Kirche gehört[240] und als solches die zeitlichen Güter[241] umfasst[242]. Massgeblichkeit für die Rechtsqualifikation des Kirchenguts erlangt somit nicht nur die Zweckwidmung[243] schlechthin[244],[245] sondern ebenfalls der kirchliche

---

240 Der Kodex 1917 stellt sich in bezug auf das Rechtssubjekt kirchlichen Vermögens auf den Standpunkt der 'Institutentheorie', welche vom CIC 1983 übernommen wird. Vgl. Schulz, Grundfragen, S. 865. „Die Institutentheorie zieht die Folgerungen aus der geschichtlichen Spezialisierung des Kirchenvermögens und kommt so zu einer Mehrheit von Eigentümern. Danach erscheinen als Eigentümer des Kirchengutes die in geschichtlicher Entwicklung gereiften, einzelnen, mit juristischer Persönlichkeit ausgestatteten kirchlichen Institute." (Vasella, S. 8).

241 „Da der Begriff der *bona temporalia* sowohl körperliche Güter (bona corporalia), seien sie beweglicher oder unbeweglicher Art (z.B. Gerätschaften bzw. Grundstükke), als auch bona incorporalia, d.h. unkörperliche Güter (z.B. Rechtsansprüche auf vermögenswerte Leistungen) umfasst, gehören zum Kirchenvermögen nicht nur Vermögensstücke, die Eigentum einer öffentlichen juristischen Person in der Kirche sind, sondern auch solche, an denen die betreffende juristische Person geldwerte Rechte besitzt, seien sie dinglicher oder schuldrechtlicher Art." (Schulz, Grundfragen, S. 868). Das Kirchenvermögen erschöpft sich mithin nicht im sachenrechtlichen Kircheneigentum. Vgl. Heimerl/Pree, S. 80, Rz. 117. – Vom Schutzobjekt der staatlich gewährleisteten Eigentumsfreiheit werden sämtliche Elemente des Kirchenvermögens erfasst. Siehe Georg Müller, BV-Kom. Art. 21 ter, Rz. 2.

242 „*Kirchenvermögen ist die Gesamtheit der einer öffentlichen juristischen Person in der Kirche gehörenden oder zugeordneten geldwerten Rechte zur Bestreitung der Aufwendungen für die geordnete Durchführung des Gottesdienstes, die Sicherstellung des angemessenen Unterhalts des Klerus und anderer Kirchenbediensteter sowie zur Finanzierung der Werke des Apostolats und der Caritas, vor allem jener, die den Armen zugute kommen.*" (Schulz, Grundfragen, S. 869).

243 Schriebe der Staat der röm.-kath. Kirche die Zweckbestimmung ihres Vermögens vor, verletzte er deren im Rahmen der korporativen Religionsfreiheit gewährleistetes Selbstbestimmungsrecht. Das Gemeinwesen muss deshalb, knüpft es an der Zweckbestimmung des Kirchenvermögens bei Gesetzgebung und Vollziehung an, die zweckgemässe Sicherung der 'Bona temporalia' auch mit dem Schutz des Rechtstitels eines entsprechenden kirchlichen Rechtsträgers verbinden.

244 Ein Zweckvermögen ohne Rechtsträger ist undenkbar, denn der Zweck wird überhaupt erst durch den Willen des Eigentümers bzw. Stifters determiniert. Siehe Vasella, S. 5.

245 Die Zwecke des Kirchenvermögens indizieren hingegen den Rahmen, „innerhalb dessen Existenz, Erwerb und Verwendung von Kirchenvermögen aus dem Wesen der Kirche und kraft kanonischen Rechts legitim ist. C. 1254 lässt diese dem Kirchenvermögen als solche *immanente* Grenze wie auch die daraus erfliessende Selbstbindung des kanonischen Gesetzgebers erkennen ... Die kirchl jP verfolgen ihrem Wesen nach kirchl Zwecke, sie sind daher auch wesentlich in ihrer Vermögensfähigkeit an diese gebunden. Diese Grenze konkret festzustellen und ihre Einhaltung zu urgieren ist Sache der kirchl Autorität in der Ausübung ihrer Aufsicht über die Vermögensverwaltung ..." (Heimerl/Pree, S. 59, Rz. 37).

Rechtstitel[246],[247]. Das Kirchengut untersteht der vom Kanton Schwyz ehedem in § 2 Abs. 1 aKV bzw. bundesrechtlich durch Art. 52 Abs. 2 und 87 Abs. 1 ZGB für den staatlichen Rechtsbereich implizit[248] anerkannten[249] normativen Kraft des kanonischen Rechts[250]. Damit wird der kanonische Begriff der 'Bona temporalia' mitsamt seiner zwingenden Bindung an den kirchlichen Rechtsträger vermögensrechtlich auch im saekularen Normengefüge rechtserheblich[251]. Insbesondere

---

246 Isele, Exposé, S. 40; Ders., Probleme des kirchlichen Vermögensrechts, S. 55. – „Trotz der vielfach herrschenden Ansicht, das entscheidende Kriterium des Kirchenguts sei die Kirchlichkeit des Zweckes, kann man doch nicht bei der blossen Zweckformulierung (ohne Bezeichnung des kirchlichen Rechtsträgers) stehen bleiben, mag auch die staatliche Rechtsordnung die Zweckwidmung schützen zu wollen erklären" (Lampert, Eigentum, S. 12).

247 Im Wissen darum folgt daraus für das Gemeinwesen, dass eigentumsrechtlich die kirchliche Zweckwidmung mit der ekklesialen Rechtsträgerschaft zwingend verknüpft ist. Der Staat bzw. seine staatskirchenrechtlichen Körperschaften können deshalb Kirchenvermögen im kanonischen Sinne nicht unter der Vorgabe, weiterhin für dessen Zweckerhaltung sorgen zu wollen, mit der Behauptung eigener Rechtsträgerschaft belegen. Tun sie dies, fügen sie dem von der Saekularisierung bedrohten Gut gleichzeitig mindestens eine profanierende Widmungsänderung zu. Vgl. Vasella, S. 3 f., welcher es als nicht angängig betrachtet, „Kirchenvermögen in zweifacher Weise, nach dem Zweck und nach dem Eigentümer, zu bestimmen".

248 Hierzu siehe vorne, S. 298 f.

249 Die einschlägigen staatlichen Bestimmungen, seien sie solche des privaten oder öffentlichen Rechts, müssen folglich sowohl die betreffenden kirchlichen Vermögenswerte an sich schützen wie auch die Zwecke, denen zu dienen sie bestimmt sind. Siehe Heimerl/Pree, S. 71, Rz. 85.

250 „Im kr Sinn sind *res temporales* vermögenswerte Güter und Rechte, seien sie der Kirche zugeordnet oder nicht. Dienen sie kirchlichen Zwecken oder gehören sie als Vermögenswerte einer kirchl jP zu, sind sie Gegenstand des kirchlichen Vermögensrechts ..." (Heimerl/Pree, S. 82, Rz. 124).

251 Sämtliche Vermögenswerte, welche der Kanton Schwyz als Kirchengut anerkennt bzw. bezeichnet (wie z.B. 'Kirchengrundstücke'), müssen mithin auch in der freiheitsrechtlich garantierten Rechtsträgerschaft der röm.-kath. Kirche bzw. einer öffentlichen iuristischen Person des kanonischen Rechts stehen. – Gemäss c. 1497 § 1 CIC 1917 und c. 1257 § 1 CIC 1983 werden unter Kirchengut diejenigen Vermögenswerte verstanden, welche der röm.-kath. Kirche, dem Apostolischen Stuhl oder einer öffentlichen iuristischen Person des Kirchenrechts gehören. Das freiheitsrechtlich gewährleistete Selbstbestimmungsrecht des konfessionellen Verbandes toleriert einen saekularrechtlich profanierten Begriff des Kirchengutes nicht. In diesem Sinne irrt Isele, Exposé, S. 44 f., wenn er versucht, das Kirchen- im Kirchgemeindegut terminologisch aufgehen zu lassen und in der Folge damit einen staatlichen Begriff des Kirchengutes zu rechtfertigen. Siehe Urs Josef Cavelti, Religionsgemeinschaften, S. 60; Noser, S. 161 ff. „Von Kirchenvermögen im eigentlichen Sinne kann ... nur da gesprochen werden, wo ein *kirchliches* Subjekt als Rechtsträger des betreffenden Vermögens vorhanden ist; kein Kirchengut ist das Vermögen, das ein nicht-

zeitigt diesbezüglich die begriffliche Zweckimmanenz von 'Res sacrae' Rechtswirkungen. Das Kirchenvermögen besteht nämlich zum Teil aus Sachen, die dem rechtsgeschäftlichen Verkehr entzogen bzw. nur partiell zugänglich sind. Durch Weihung[252] oder Segnung[253] empfangen diese in sich indifferenten Objekte die Dimension des Sakralen[254]. Infolgedessen versagen sie sich dem profanen Be-

---

kirchlicher Eigentümer bloss zu kirchlichen Zwecken verwendet [...] Es muss notwendig zu inneren Widersprüchen führen, sobald der Staat die Rechtssubjektivität kirchlicher Gebilde willkürlich anders konstruiert, als die Kirche das Substrat derselben nach der Kirchenverfassung selbst aufzufassen vermag." (Lampert, Eigentum, S. 11 f.).

252 Der Begriff 'Dedicatio' bezeichnet den feierlichen, u.a. mit einer Oelsalbung verbundenen Weiheritus, mit dem von der röm.-kath. Kirche eine bewegliche oder unbewegliche Sache (z. B. Glocken und Tragaltäre bzw. Kirchen und feststehende Altäre) dauerhaft in den liturgischen Dienst genommen und dem zivilen Rechtsverkehr entzogen wird. Cf. cc. 1205 f.; 1210 ff.; 1238 CIC 1983. Siehe Heimerl/Pree, S. 594 f., Rz. 1095; Schulz, Kom. c. 1269 CIC 1983, Rz. 2. – Der Begriff 'Consecratio' beschlägt primär den feierlichen Ritus der Weihe einer Person (z.B. cc. 375 § 2; 379; 1012 CIC 1983) welche u.a. bei der Spendung des Weihesakramentes mit einer Oelsalbung verbunden ist. Er wird aber auch im Zusammenhang mit der Weihe einer Sache genannt (z.B. cc. 847 § 1; 880 § 2 CIC 1983). Hierzu Heimerl/Pree, S. 594, Rz. 1095.

253 Durch die 'Benedictio' werden in einem feierlichen Ritus göttlicher Schutz und göttliche Wohltaten über Personen und Sachen mittels Verrichtung von Segensgebeten ohne Oelsalbung herabgerufen. Die Kanonistik (nicht der Gesetzgeber) distinguiert dabei zwei Arten, welche unterschiedliche Rechtswirkungen zeitigen. Die 'Benedictio constitutiva' bezieht sich auf Personen sowie bewegliche und unbewegliche Sachen und zeitigt für diese die nämliche Rechtswirkung wie die 'Dedicatio' und die 'Consecratio'. Cf. cc. 1208; 1212; 1238; 1269 CIC 1983. Von der konstitutiven Segnung ist die 'Benedictio invocativa' zu unterscheiden, welche auf Personen ebenso wie auf bewegliche und unbewegliche Sachen Bezug nehmen kann. Sie geschieht i. d. R. mittels Herabrufung des Heiligen Geistes, gegebenenfalls unter Einbeziehung der Fürbitte von Heiligen. Cf. c. 1170 CIC 1983. „Beispiele für solche invokative Segnungen bei Personen sind u.a. Kinder-, Kranken-, Braut- und Muttersegen, während in bezug auf Sachen z.B. die Flursegnung genauso wie die Fahrzeugweihe genannt werden können. Durch eine solche Segnung tritt keine Änderung der allgemeinen Zweckbestimmung ein. Folglich sind sie auch vermögensrechtlich ohne Belang." (Schulz, Kom. c. 1269 CIC 1983, Rz. 3). Vgl. Heimerl/Pree, S. 595, Rz. 1095.

254 Der Kodex 1983 hat die lateinische Begrifflichkeit in bezug auf 'Dedicatio' und 'Benedictio' nachvollziehbar festgelegt. Im diesbezüglichen Kontext des kirchlichen Vermögensrechts verwendet der kanonische Gesetzgeber die Termini 'Res sacrae' und 'Bona sacra' synonym. Diese stellen eine Sammelbezeichnung für heilige Sachen wie für heilige Güter, zu denen auch die heiligen Orte ('Loca sacra') zu rechnen sind, dar. Ausschlaggebendes Kriterium der prädikativen Verwendung des Attributes 'sacer' ist die 'Dedicatio' bzw. 'Benedictio'. Entsprechend werden als heilige Sachen im CIC 1983 eigens genannt: Kirchen und Kapellen (cc. 1214; 1223 CIC

reich. Den kultisch gewidmeten Sachen wird demzufolge aus formaler Sicht der Status von kanonischen 'Res sacrae' zuteil. Als solche sind sie ehrfürchtig zu behandeln und dürfen keinem profanen oder ihnen fremden Gebrauch zugeführt werden[255]. Die kultische Zweckwidmung überlagert die dingliche Rechtsmacht und grenzt sie im Rahmen ihrer sakralen Bestimmung ein[256]. Die Gebrauchsfähigkeit der Heiligen Sachen ist folglich beschränkt. Ihre sakrale Widmung limitiert somit den vermögensrechtlichen Bezug[257],[258]. Die Zweckbindung von 'Res

---

1983) sowie sonstige heilige Orte (c. 1205 CIC 1983) und Heiligtümer (c. 1230 CIC 1983), insbesondere auch Friedhöfe (c. 1240 CIC 1983) und Altäre (c. 1237 § 1 CIC 1983). „Darunter fallen aufgrund ihrer Weihung bzw. konstitutiven Segnung u.a. auch die Glocken, Kelche und Paramente sowie solche Gegenstände, die beim Gottesdienst liturgische Verwendung finden, ohne dass dafür eine eigene Weihung oder Segnung vorgesehen ist, wie z.B. Beichtstühle, Weihrauchfässer, Altarleuchter u.ä." (Schulz, Kom. c. 1269 CIC 1983, Rz. 1). Einlässlich hinsichtlich der vermögensrechtlichen Komponente heiliger Orte Heimerl/Pree, S. 596 ff., Rz. 1102 ff.

255 C. 1171 CIC 1983. Vgl. Schulz, Kom. c. 1269 CIC 1983, Rz. 4. – Die Profanierung einer 'Res sacra' kann als eigener Straftatbestand, unter welchen die Delikte der Entweihung, Schändung oder der Verunehrung zu subsumieren sind, geahndet werden (cf. c. 1376 CIC 1983).

256 Isele, Probleme des kirchlichen Vermögensrechts, S. 56.

257 Heimerl/Pree, S. 596, Rz. 1100 f.; Schulz, Kom. c. 1269 CIC 1983, Rz. 4. – Die Einschränkung der vermögensrechtlichen Verkehrsfähigkeit wird dann von Belang, wenn die in Frage stehende Sache nicht im Eigentum eines Rechtsträgers desjenigen konfessionellen Verbandes steht, welcher die diesbezügliche Zweckwidmung vornimmt. Vgl. Schütz, S. 11.

258 Mit der religionsfreiheitlichen Komponente stützt Lampert, Kirche und Staat I, S. 213 ff., die Beschränkung der Verkehrsfähigkeit von 'Res sacrae' insofern grundrechtskonform ab, als sich ein zweckentfremdender Gebrauch der hl. Sachen aufgrund ihrer sakralen Widmung kultusfreiheitlich verbietet. „Diese Widmung des Gotteshauses und des Kultusgegenstandes zum Gottesdienst ist juristisch betrachtet ein Rechtsgeschäft, d.h. eine Willenserklärung der über die Sache verfügungsberechtigten Person, gerichtet auf bestimmte *rechtliche Wirkungen*: erstens wird dadurch ein profanierender Gebrauch der Sache, also die Verwendung zu einem der Widmung widersprechenden Zweck, so lang rechtlich ausgeschlossen, als nicht der Weihecharakter gemäss der kirchlichen Normen aufgehoben und die Rückgabe der Sache an den weltlichen Verkehr erfolgt ist; zweitens wird, solange die Widmung in Kraft bleibt, die dem Gottesdienst geweihte Sache der Verfügung der Kirchenbehörde unterstellt. Diese Rechtswirkungen sind mit der Widmung notwendig verbunden, da der Eigentümer der Sache nicht die Zueignung derselben für den Kultus zugleich wollen und nicht wollen kann. Die Konsekration bedeutet rechtlich kirchenbehördliche Annahme der Widmung und kirchliche Perfektion derselben. Vielfach wird diese Widmung der Kultusgebäude rechtlich eingekleidet in die Form der Stiftung. So erscheint die kath. Kultusstätte in der Regel als kirchliche Stiftung. Der Bischof weiht jedenfalls keine Kirche ein, deren ausschliesslich gottesdienstliche Benützung nicht zugesichert ist durch die entsprechende Widmung, die einzig der Würde eines

sacrae' bleibt mithin auch bei einem Eigentümerwechsel[259] erhalten[260],[261]. Insofern handelt es sich diesbezüglich um eine 'Civilizatio' kirchenrechtlicher Normen.

Die Ebene des Vermögensrechts konstituiert zwischen Kirche und Staat einen Bereich beiderseitigen Interesses[262]. Dieses erfordert die pragmatische Abstimmung[263] jener Materien, die in der jeweils beanspruchten Kompetenz der bezüg-

---

Tempels als Haus Gottes geziemt." (Ders., op.cit., S. 213 f.). Vgl. Vasella, S. 5. Damit verbunden muss auch das entsprechende Zugangsrecht für sämtliche Glieder der röm.-kath. Kirche, seien sie Mitglieder einer ortsansässigen staatskirchenrechtlichen Körperschaft oder nicht, gewährleistet sein. Vgl. auch Bonnemain, Schweizer Kantonalkirchen, S. 534 f., FN 43.

259 Heilige Sachen, welche kein Kirchenvermögen darstellen, weil sich seit alters im Besitz natürlicher oder privater iuristischer Personen nach Massgabe des kanonischen Rechts befinden, können von Privatpersonen gemäss c. 1269 CIC 1983 ersessen werden. 'Res sacrae', die einer öffentlichen iuristischen Person des Kirchenrechts gehören, unterliegen als Kirchenvermögen im Sinne von c. 1257 § 1 CIC 1983 weder der Ersitzung durch natürliche noch private iuristische Personen (c. 116 § 1 CIC 1983) und schon gar nicht durch iuristische Personen, „die ausschliesslich nach Massgabe der jeweiligen staatlichen Rechtsordnung errichtet worden sind ... Gehören sie aber einer öffentlichen kanonischen Rechtsperson, dann können sie von einer anderen kirchlichen iuristischen Person, die über den gleichen Rechtsstatus verfügt, erworben werden." (Schulz, Kom. c. 1269 CIC 1983, Rz. 5).

260 In Anbetracht des in c. 1171 bzw. c. 1269 CIC 1983 vindizierten Zweckentfremdungsverbots heiliger Sachen stellt die Einschränkung der Verkehrsfähigkeit von 'Res sacrae' eine logische Schlussfolgerung aus den gesetzlichen Prämissen dar. Vgl. Heimerl/Pree, S. 596, Rz. 1100 f. „Der (sc. private!) Eigentümer muss die zweckgemässe Benutzung der Sache dulden; er kann sie veräussern, übereignen oder mit dinglichen Rechten belasten, soweit die Zweckbestimmung nicht beeinträchtigt oder aufgehoben wird." (Schütz, S. 11 f.).

261 Die zweckentsprechende Beschränkung der rechtsgeschäftlichen Verkehrsfähigkeit von 'Res sacrae' ist vorerst lediglich obligatorischer Natur, „kann aber bei Grundstücken nach Art. 781 ZGB durch die Eintragung einer Personalservitut z.B. zugunsten der katholischen Kirchenstiftung NN. oder des Diözesanbischofs dinglichen Charakter annehmen und jedem Dritten gegenüber wirksam gestaltet werden" (Vasella, S. 5).

262 „Die Kirche tritt in vermögensrechtl Beziehungen zu *nichtkirchlichen Partnern*, seien es juristische oder physische Personen, die nicht der kath. Kirche angehören [...] Zugleich muss die Kirche in ihren Vermögensangelegenheiten sich – unter Wahrung ihrer Eigenständigkeit- auf das staatl Recht einlassen, nicht nur, weil sie die tatsächliche Situation dazu zwingt, sondern wegen ihrer grundsätzlichen Verflochtenheit mit der weltlichen Gesellschaft gerade auf diesem Gebiet." (Heimerl/Pree, S. 71, Rz. 83).

263 „Von der sakramentalen Mitte der Kirche her betrachtet, handelt es sich bei der detaillierten Ausgestaltung der Modalitäten des Erwerbs, der Verwaltung und der Veräusserung von zeitlichen Gütern lediglich um periphäre Bestimmungen. So sind hierbei nicht wie im Verfassungs- und Sakramentenrecht dogmatische Grundlagen zu beachten. Eine unterschiedliche Ausgestaltung der Normen, die den unterschied-

lichen 'Societas perfecta' liegen. Zu diesem Behufe müssen die beteiligten Rechtsordnungen mit dem Ziel harmonisiert werden, die Sicherung kanonischer Rechtshandlungen auch vor dem 'Forum civile' zu gewährleisten[264] und gleichzeitig jene normativen Errungenschaften des weltlichen Rechts, welche vor der Zweckstringenz des kanonischen Vermögensrechts Bestand haben, in sachlich angemessener Weise für das kirchliche Normengefüge dienstbar zu machen[265]. Die Bedingungen für die Beachtlichkeit von in Bezug genommenem weltlichen Recht formuliert dabei c. 22 CIC 1983, indem dort einerseits die Bindung an die vom 'Ius Divinum' festgelegte Prinzipienordnung[266], welcher der kirchliche Gesetzgeber bei der Positivierung seines Kollisionssystems zu gehorchen hat, vindiziert wird, und anderseits „das allgemeine oder partikulare, gesatzte oder ungesatzte rein kirchliche Recht“[267] eine kollisionsrechtliche Grenze zieht[268].

Die 'Canonizatio'[269],[270] im rezipierenden Sinne[271] stellt auf seiten des kirchlichen Gesetzgebers die intensivste Verknüpfung mit dem weltlichen Rechtsgefüge

---

lichen Verhältnissen in den verschiedenen Teilkirchen gerecht wird, ist ohne weiteres möglich.“ (Althaus, Kom. Einleitung vor c. 1254 CIC 1983, Rz. 16).

264 Althaus, Kom. Einleitung vor c. 1254 CIC 1983, Rz. 16; Göbel, S. 187; Listl, Rechtsnormen, S. 96; Socha, Kom. c. 22 CIC 1983, Rz. 2, 11.

265 Göbel, S. 187. Vgl. Socha, Kom. c. 22 CIC 1983, Rz. 6.

266 Das praepositive Ius Divinum gibt den beiden 'Societates perfectae' Kirche und Staat den normativen Imperativ ihrer rechtlichen Gestaltungskompetenz vor. Hierzu Isele, Probleme des kirchlichen Vermögensrechts, S. 44.

267 Socha, Kom. c. 22 CIC 1983, Rz. 8. Dieses kann die Rechtskraft rezipierter Normen schlechthin (z.B. cc. 197; 1290 CIC 1983) oder nur bedingt, wenn bereits eine kanonische Regelung getroffen wurde (z.B. cc. 98 § 2, 2. Lemma; 1105 § 2, 2. Lemma; 1672; 1692 § 2; 1714 CIC 1983), ausschliessen. Siehe Ders., op.cit., Rz. 8. Vgl. Göbel, S. 188.

268 Insofern stellt c. 22 CIC 1983 eine „echte Kollisionsnorm“ dar. Siehe Göbel, S. 188. – Hierzu auch Aymans, Kanonisches Recht I, S. 161, 171.

269 „Unter *Kanonisation* (canonizatio) versteht man eine autoritative Verfügung, die staatliche Anordnungen in die kirchliche Rechtsordnung eingliedert und ihnen kanonische Verbindlichkeit verleiht“ (Socha, Kom. c. 22 CIC 1983, Rz. 6). Siehe Göbel, S. 189; Listl, Rechtsnormen, S. 96. Dabei kann in territorialer Hinsicht die vermöge der 'Canonizatio' bewirkte kirchenrechtliche Geltung einer inkorporierten Bestimmung „nicht weiter reichen, als die ursprüngliche, staatlich-rechtliche Geltungserstreckung der kanonisierten Norm“ (Göbel, S. 189, FN 48).

270 Unter die 'Leges civiles', auf welche die kirchliche Rechtsordnung bei der 'Canonizatio' Bezug nehmen kann, fallen in casu sämtliche Normen des für ein bestimmtes Territorium einschlägigen Vertragsrechts eines weltlichen Gemeinwesens. Mitunter sind sowohl gesamt- wie gliedstaatliches (kantonales) Recht in Betracht zu ziehen. Kommen Rechtsordnungen mehrerer Staatsgebiete in Frage, regelt sich ihre Anwendung nach dem übergeordneten innerstaatlichen Recht oder dem IPR. Siehe Heimerl/Pree, S. 295 f., Rz. 10; Socha, Kom. c. 22 CIC 1983, Rz. 3. Vgl. Göbel, S. 187. – C. 22 CIC 1983 verweist in rechtstechnischer Hinsicht dynamisch auf die je-

dar. Auf diese Weise werden die Normen über die vermögensrechtlichen Verträge im allgemeinen und deren Erfüllung im speziellen inkorporiert. Als 'Lex canonizatae'[272] übernimmt c. 1290 CIC 1983 sowohl in formeller[273] wie auch materieller[274] Beziehung die Geltung des weltlichen Vertragsrechts, womit gleichzei-

---

weils geltende staatliche Rechtsregel, wodurch Rechtsänderungen des saekularen Kreises mitvollzogen werden. Dadurch wird die im Zeitpunkt des Vertragsabschlusses geltende Fassung des weltlichen Rechts mitsamt diesbezüglicher Interpretation und richterlicher Rechtsfortbildung zur kanonischen Geltung erhoben. Siehe Heimerl/Pree, S. 295, Rz. 8; Göbel, S. 187.

271 Vorliegend wird begrifflich den von Göbel, S. 185 f., nach dem Kriterium der Rechtsfolge systematisierten Bezugnahmen in rezipierender Verweis ('Canonizatio') und nicht rezipierender Verweis ('Anerkennung', 'Empfehlung') gefolgt.

272 C. 22 CIC 1983.

273 Welches weltliche Zivilrecht in casu anzuwenden ist, ergibt sich aus dem staatlichen Recht. Das in c. 1290 CIC 1983 bezogene 'Ius civile' kann entsprechend der jeweiligen Verfasstheit des Gemeinwesens unterschiedliche Rechtsquellen haben. Neben dem Internationalen Privatrecht und den Vorschriften des Bundes sind auch die einschlägigen Bestimmungen des kantonalen Normengefüges rechtserheblich. Mithin werden auch kommunale Erlasse (z.B. Bau- und Zonenordnungen, Baureglemente etc.) diesbezüglich relevant. Siehe Althaus, Kom. c. 1290 CIC 1983, Rz. 4. Vgl. Heimerl/Pree, S. 295, Rz. 3.

274 Der rechtsgegenständliche Umfang des rezipierenden Verweises erstreckt sich auf den Inhalt des im Sinne von c. 1290 CIC 1983 zu interpretierenden Begriffes 'Contractus'. Daraus folgt, „dass alles das, was entweder notwendige Voraussetzung oder notwendige Folge oder Rechtswirkung des jeweiligen Vertrages in einer bestimmten Rechtsordnung als kanonisiert anzusehen ist“ (Heimerl/Pree, S. 297, Rz. 16), wie beispiels- und nicht abschliessenderweise jeweils der Vertragstypus (Art. 184-529 OR); der Vertragsgegenstand (Art. 641-977 ZGB, Art. 19 f. OR); die Voraussetzungen für das rechtsgültige Zustandekommen (so Formvorschriften Art. 11-16 OR, deren Anwendungsbereich durch die Einzelvorschriften in ZGB und OR bestimmt wird, die Geschäftsfähigkeit Art. 12-19, 54 ZGB vorbehaltlich kirchenrechtlicher Regelungen cc. 97-99 CIC 1983); der Eintritt, Nichteintritt oder die Beendigung von Vertragswirkungen (namentlich Bedingung, Befristung, Auflage); die Verpflichtungen, welche aus dem Vertrag entstehen (wie Art und Weise der Erfüllung, Erfüllungszeit und -ort Art. 68-96 OR, Erlöschen der Obligation Art. 114-126 OR, etc.), die Haftung für vertragliche Vorbereitungshandlungen (Culpa in contrahendo) sowie die Folgen der Nichterfüllung (Art. 97-109 OR). Weiterhin wird die Erfüllung von Verträgen durch das Schuld-, Betreibungs- und Konkursrecht betroffen. Ebenfalls enthält die kantonalschwyzerische Rechtsordnung diesbezügliche Quellen, z.B. das 'Einführungsgesetz zum schweizerischen Zivilgesetzbuch (nGS SZ II-175), die 'Verordnung über die Beurkundung und Beglaubigung' (nGS SZ II-176), die 'kantonale Vollzugsverordnung zum Schweizerischen Obligationenrecht und zu den dazugehörenden Ergänzungs- und Ausführungserlassen' (nGS SZ II-200) etc. Siehe Althaus, Kom. c. 1290 CIC 1983, Rz. 4; Heimerl/Pree, S. 296 f., Rz. 12 ff. Vgl. auch Althaus, Kom. Einführung vor c. 1290 CIC 1983, Rz. 2 f.; Carlen, Kirche und Staat in der Schweiz nach dem neuen Codex Iuris Canonici, S. 593. „Das Gesagte

tig das rezipierte Zivilrecht auf die Beantwortung kirchenrechtlicher Fragen zurückwirkt[275]. Dabei muss die Kanonisation den Vorschriften göttlichen Rechts[276] entsprechen, darf nicht in Widerspruch stehen zum 'Ius mere ecclesiasticum'[277]

---

setzt allerdings die Trennbarkeit des vermögensrechtl vom übrigen Vertragsinhalt voraus. Diese Trennbarkeit ist ... immer und nur dann gegeben, wenn die beiden Inhalte (der vermögensrechtl und der sonstige) auf verschiedenen Rechtstiteln beruhen: so ist zB beim Pastoralassistenten ... die Sendung ein vom vertraglichen Dienstverhältnis verschiedener Rechtstitel; demgegenüber ist die Übertragung einer Pfarrei (c. 520 § 2) oder eines Apostolatswerkes an einen Orden (c. 681 § 2) ein einheitlicher Rechtstitel." (Heimerl/Pree, S. 298, Rz. 18). – Nicht nur zwei- bzw. mehrseitige Verträge sondern auch einseitige Rechtsgeschäfte werden durch c. 1290 CIC 1983 rezipiert, nämlich u.a. die Auslobung (Art. 8 OR); sowie teilweise die Förmlichkeiten des Rechts der Verfügungen von Todes wegen (Art. 467-640 ZGB) nach Massgabe der cc. 668 § 1; 1299 § 2 CIC 1983 und in den Schranken der kanonischen Ordnung. Des weiteren sind die Haftung aus unerlaubter Handlung (Art. 41-61 OR) und aus ungerechtfertigter Bereicherung (Art. 62-66 OR) als kanonisiert anzusehen. Weiterhin haben ebenfalls die Bestimmungen über den originären Eigentumserwerb (Art. 658-666, 718-728 ZGB) entsprechende Geltung. Siehe Heimerl/Pree, S. 298, Rz. 20. Vgl. Althaus, Kom. c. 1290 CIC 1983, Rz. 4.

275 In casu erlangt der von einer rezipierten Vorschrift regulierte Rechtsgegenstand hinsichtlich der Typenqualifikation eines diesbezüglich in Frage stehenden Rechtsgeschäftes Relevanz. Dies wirkt sich insbesondere dort aus, wo das weltliche Recht mit zwingenden Bestimmungen, wie beispielsweise im Arbeits- oder Mietrecht, die vertragsrechtliche Gestaltungsautonomie einengt. Vgl. Heimerl/Pree, S. 295, Rz. 7.

276 Der Codex Iuris Canonici führt als Schranke zunächst den Widerspruch zum göttlichen Recht an. „Dabei spielt es keine Rolle, ob das staatliche Gesetz gegen das positive göttliche Recht (z.B. Ablehnung jeglicher Aufsichtsbefugnis des Bischofs bzw. Papstes) oder das Naturrecht verstösst (z.B. Möglichkeit des Verkaufs einer gestohlenen Sache). Aus dem Umstand der Kanonisation selber, d.h. der Integration der staatlichen Gesetze in die kirchliche Rechtsordnung, ergibt sich ein logischer Widerspruch. Dieser kann aus Sicht der Kirche nur dadurch gelöst werden, dass in diesen Fällen die staatliche Rechtsordnung nicht greift. Wollte man dennoch einen im staatlichen Bereich rechtswirksamen Vertrag abschliessen, müsste gegen göttliches Recht verstossen werden, was sich aus Gehorsamsgründen verbietet." (Althaus, Kom. c. 1290 CIC 1983, Rz. 5.) Vgl. Heimerl/Pree, S. 299, Rz. 23 f.

277 Das staatliche Recht ist nicht zu beachten, wenn die kirchliche Rechtsordnung eine andere Bestimmung bereithält. Darauf weist der Gesetzgeber in cc. 22; 1290 CIC 1983 explizit hin. Diesbezüglich können sich Spannungen mit folgenden Normen des CIC 1983 ergeben: Cc. 97; 1190; 1259; 1277; 1281; 1286; 1291-1295; 1297-1299; 1301 CIC 1983. Dem Partikularrecht eignet auf der Grundlage des kodikarischen Rahmenrechts die Kompetenz, Bestimmungen zu erlassen, welche unbeschadet der gemeinrechtlichen Schranken den kirchlichen Rechtsverkehr in Kenntnis des territorialen Zivilrechts autonom ordnen. „Schliesslich haben auch die kirchl Verwaltungsbehörden die Möglichkeit, im Rahmen ihrer Kompetenz in Einzelfällen vom staatl Recht abweichende Regelungen für Verträge ihnen unterstellter jP anzuordnen: Ordinarien gebrauchen dabei ihre Vollmacht zur Dispens von allg KirchenG

und soll den Zeugenbeweis in jedwedem Verfahren zulassen[278]. Ebenfalls wurde die Vermögens- bzw. Anspruchssicherung[279] seitens der gesetzgebenden Autorität in eine 'Lex canonizatae' eingeordnet[280]. Die römisch-katholische Kirche übernimmt infolgedessen vorbehaltlich der im Kodex[281] verfügten Ausnahmen[282],[283] die weltliche Gesetzgebung hinsichtlich Ersitzung und Verjährung[284].

(hier: von c. 1290) gem c. 87, wenn dessen Voraussetzungen zutreffen. Würde zB das staatliche Recht kirchl Rechtsträger nicht als jP anerkennen, so wäre eine solche Beschränkung nicht kanonisiert. Unter den Vorbehalt fällt nicht nur das kirchl Gesetzesrecht, sondern auch das (universelle und partikulare) Gewohnheitsrecht." (Heimerl/Pree, S. 299, Rz. 25). Vgl. Althaus, Kom. c. 1290 CIC 1983, Rz. 5.

278 Diese Bestimmung will nicht die verfahrensrechtlichen Vorschriften des weltlichen Rechts ausser Kraft setzen. Sie bezieht sich lediglich auf das kirchliche Prozessrecht. Siehe Althaus, Kom. c. 1290 CIC 1983, Rz. 5; Heimerl/Pree, S. 300, Rz. 26.

279 C. 1293 § 2 CIC 1983 empfiehlt zu diesem Behufe bei einer Alienation von Kirchenvermögen ab einer partikularrechtlich zu bestimmenden Wertgrenze die Beachtung staatlich verfügter Sicherheitsvorkehren, um die Wirksamkeit von diesbezüglich kanonisch legitim vorgenommenen Rechtshandlungen auch in foro civile zu gewährleisten. Zu diesem Zweck verweist c. 1500 CIC 1983 im rezipierenden Sinne auf das weltliche Prozessrecht. Vgl. Göbel, S. 188; Socha, Kom. c. 22 CIC 1983, Rz. 11.

280 Aymans, Kanonisches Recht I, S. 504; Heimerl/Pree, S. 72, Rz. 87.

281 C. 197 CIC 1983 fasst Ersitzung und Verjährung begrifflich unter dem Terminus 'Praescriptio' zusammen. Diese Rechtsinstitute sollen ein Auseinanderklaffen der rechtlichen und tatsächlichen Situation dadurch verhindern, dass in Einzelfällen nach einer gewissen Zeit diesbezüglich der Einklang wiederhergestellt wird, „indem als vorhanden geglaubte und ausgeübte, aber in Wirklichkeit nicht vorhandene Rechte vom G zugesprochen, andererseits auch bestehende aber nicht erfüllte Lasten aufgehoben werden" (Heimerl/Pree, S. 243, Rz. 608). Hierbei versteht der CIC 1983 unter 'Praescriptio acquisitiva' den Erwerb eines entsprechenden Titels mittels Ersitzung, während anhand der 'Praescriptio exstinctiva seu liberativa' „subjektive Rechte aller Art" (selbst gewisse objektive Rechte wie z.B. ein Privileg, cf. c. 82 CIC 1983) zufolge Verjährung erlöschen respektive nicht durchgesetzt werden können. Siehe Aymans, Kanonisches Recht I, S. 503 f. Vgl. Heimerl/Pree, S. 243 f., Rz. 609. – Ersitzbar sind gemäss Art. 661 ff.; 728 ZGB Grund- bzw. Fahrniseigentum, sowie auch zulasten eines ersitzbaren Grundstücks begründete Grunddienstbarkeiten (Art. 731 Abs. 3 ZGB; zur Ersitzung von Grundlasten siehe Tuor/Schnyder/Schmid, S. 806.) Das OR lässt eine Verjährung nur bei Forderungen zu. Insbesondere sind im Schweizerischen Recht nicht verjährbar: Ganze Vertragsverhältnisse; Herrschaftsrechte (dingliche bzw. beschränkte dingliche Rechte); Persönlichkeitsrechte; Mitgliedschaftsrechte (soweit sie keine Forderungen sind); Gestaltungsrechte. – Kommen für eine 'Praescriptio' die Rechtsordnungen mehrerer Staaten in Frage, ist der Fall nach dem Internationalen Privatrecht des betreffenden Landes zu lösen. Gemäss Art. 148 Abs. 1 IPRG (vgl. auch Art. 13 Abs. 1 IPRG) beurteilt sich die Verjährung nach dem Forderungsstatut (akzessorische Anknüpfung).

282 Von der 'Praescriptio' sind gemäss c. 199 CIC 1983 ausgeschlossen: Rechte und Pflichten, die auf natürlichem oder positiv-göttlichem Recht beruhen (z.B. Perso-

nenstandsrechte, die wesentlichen ehelichen Rechte und Pflichten, Rechte, die mit dem päpstlichen Primat oder der Höchstgewalt des Bischofskollegiums zusammenhängen); Rechte, die allein durch apostolisches Privileg erlangt werden können (z.B. cc. 312 § 2; 317 § 2; 328 CIC 1983); Rechte und Pflichten, die unmittelbar das geistliche Leben der Gläubigen betreffen (z.B. Sonn- und Feiertagspflicht, c. 1247 CIC 1983); sichere und unzweifelhafte Grenzen kirchlicher Gebiete (z.B. Kirchenprovinzen, Diözesen, Pfarreien); Messstipendien und Messverpflichtungen; Übertragung eines Kirchenamtes, das nach Massgabe des Rechts die Ausübung der heiligen Weihe erfordert (z.B. das Amt eines Pfarrers, c. 521 § 1 CIC 1983). „Die Ausübung der heiligen Weihe ist aber nicht nur dann gegeben, wenn kraft Amtes bestimmte sakramentale Handlungen vorzunehmen sind, sondern immer dann, wenn für die Ausübung des Amtes selbst der Besitz von Weihegewalt erforderlich ist; deshalb sind z.B. auch die Ämter des Generalvikars und des Bischofsvikars von Ersitzung und Verjährung ausgeschlossen. Eine wegen Simonie ungültige Verleihung ist kein ausreichender Titel." (Aymans, Kanonisches Recht I, S. 505); Visitationsrechte und Gehorsamspflichten können nicht dergestalt verjähren, dass die Christgläubigen von keinem Oberhirten mehr visitiert werden können oder keinen Gehorsam mehr schulden. Zum Ganzen Aymans, Kanonisches Recht I, S. 505 f. Vgl. Heimerl/Pree, S. 245, Rz. 615. – C. 1269 CIC 1983 beschränkt den Erwerb heiliger Sachen durch Ersitzung. Danach können 'Res sacrae', die einer öffentlichen iuristischen Person des Kirchenrechts gehören oder zugeordnet sind, als Kirchenvermögen (c. 1257 § 1 CIC 1983) weder von physischen noch von privaten iuristischen Personen des kanonischen Rechts geschweige denn von Personen des weltlichen Rechts aber wohl seitens öffentlicher iuristischer Personen des CIC ersessen werden. Heilige Sachen, die kein Kirchenvermögen darstellen, weil sie sich im Eigentum natürlicher oder iuristischer Personen nach Massgabe der kanonischen Bestimmungen befinden, sind der Ersitzung durch Privatpersonen zugänglich. Gleichwohl ist ihre Profanierung verboten, wenn sie nicht vorgängig ihre Weihe oder konstitutive Segnung bereits verloren haben. Hierzu Aymans, Kanonisches Recht I, S. 506; Schulz, Kom. c. 1269 CIC 1983, Rz. 5. Vgl. auch Heimerl/Pree, S. 245, Rz. 616.

283 Im Prinzip gelten sowohl für die Verjährung wie für die Ersitzung die in der Gesetzgebung des jeweiligen Staates festgelegten Fristen. Allein zum Schutz von Immobilien und kostbaren Sachen ('Res pretiosa', z.B. wertvolle Handschriften, Gemälde, Paramente und dergleichen mehr) beläuft sich gemäss c. 1270 CIC 1983 die Ersitzungsfrist auf einhundert Jahre, wenn Eigentum das Apostolischen Stuhls betroffen ist, bzw. dreissig Jahre, falls die betreffenden Sachen einer öffentlichen iuristischen Person in der röm.-kath. Kirche gehören. Analog betragen die Verjährungsfristen hinsichtlich der auf Dinge der erwähnten Art bezüglichen Rechte, sowie persönliche oder dingliche Klageansprüche gemäss c. 1270 CIC 1983 einhundert (Apostolischer Stuhl) respektive dreissig (öffentliche iuristische Person des Kirchenrechts) Jahre. Vgl. Aymans, Kanonisches Recht I, S. 506; Carlen, Kirche und Staat in der Schweiz nach dem neuen Codex Iuris Canonici, S. 593; Heimerl/Pree, S. 245, Rz. 616. – Zur Zeitberechnung und zum Fristenlauf kanonischer Fristen cf. cc. 200 ff. CIC 1983. Siehe Aymans, Kanonisches Recht I, S. 509 ff. Summe und Berechnung kanonisierter Ersitzungsfristen enthüllen sich aus Art. 661 ff. ZGB bzw. folgen entsprechend den Verjährungsfristen anhand Art. 127 ff. OR.

'Lex canonizatae' und 'Res sacra' stellen begrifflich die Antipoden auf der Linie des vermögensrechtlichen Bezuges der kanonischen Ordnung zum staatlichen Recht dar. Dabei reicht die Bandbreite, welche anhand der Verpflichtung auf das göttliche Recht stringent im Rahmen des kodikarischen Systems gehalten wird, von der Inkorporation bis zur Beschränkung der vermögensrechtlichen Verkehrsfähigkeit[285]. Das staatliche Recht knüpft an dieser Bezugsfrequenz an, indem es auf der freiheitsrechtlichen Grundlage des kirchlichen Selbstbestimmungsrechts und nach entsprechender Massgabe des publizistischen Verweises bzw. von Art. 52 Abs. 2 und 87 Abs. 1 ZGB dem vermögensrechtlichen 'Ius nativum' der römisch-katholischen Kirche mitsamt seinen Bedingungen und Folgen Rechtsgeltung verschafft.

D. Typen und Verwaltungsträger kirchlicher Stiftungen

Die römisch-katholische Kirche hat ein angeborenes Recht, unabhängig von der staatlichen Gewalt Vermögen zu erwerben, zu besitzen, zu verwalten[286],[287] und

---

284 Gültigkeitsvoraussetzung jeder 'Praescriptio' ist gemäss c. 198 CIC 1983 die 'Bona fides'. Der gute Glaube muss nicht nur zu Beginn bestehen, sondern während der vollen Ersitzungsfrist vorhanden sein. Dieses kanonische Erfordernis bleibt auch dann verpflichtend, wenn die kanonisierten Normen keinen guten Glauben verlangen (z.B. Art. 662 Abs. 2 ZGB). „Strenger als nach weltlichem Recht ist der vom kanonischen Recht geforderte gute Glaube sittlich bestimmt. Danach genügt nicht das tatsächliche Vorhandensein der regelmässig auf einem Nichtwissen oder Irren beruhenden Überzeugung von der Rechtmässigkeit; vielmehr muss diese frei von sittlicher Schuld gewonnen und in diesem Sinne eine *ehrliche Überzeugung* sein. Bei der *Ersitzung* muss sich der gute Glaube darauf richten, die Sache rechtmässig als eigene zu besitzen oder das Recht als eigenes rechtmässig auszuüben. Bei der *Verjährung* wird in der Doktrin zwischen positivem und negativem guten Glauben unterschieden, je nachdem der Schuldner ohne oder erst nach Aufforderung durch den Gläubiger zur Leistung verpflichtet ist.“ (Aymans, Kanonisches Recht I, S. 508). Vgl. Heimerl/Pree, S. 244 f., Rz. 612 f.

285 Zur Systematisierung der verschiedenen Typen kodikarischer Verweise auf das weltliche Recht und zu ihrer Art kanonischer Bezugnahme siehe Göbel, S. 181 ff.; Socha, Kom. c. 22 CIC 1983, Rz. 2 ff.; sowie vorne, S. 263 ff. Vgl. Althaus, Kom. c. 1290 CIC 1983, Rz. 2 ff.; Aymans, Kanonisches Recht I, S. 171 f.; Heimerl/Pree, S. 72, Rz. 87 ff.

286 Das gesamtkirchliche Vermögensrecht ist als Rahmengesetz konzipiert. Um den ortskirchlichen Verhältnissen gerecht zu werden, lässt deshalb der Kodex 1983 der konkreten Organisation der Vermögensverwaltung einen gewissen Spielraum. Vgl. Althaus, Kom. Einleitung vor c. 1254 CIC 1983, Rz. 16; Ders., Kom. Einführung vor c. 1273 CIC 1983, Rz. 3. Dennoch schreibt das kanonische Recht hinsichtlich der kirchlichen Vermögensverwaltung auf den unterschiedlichen Ebenen gemein-

rechtlich bestimmte Organe, beispielsweise in casu cc. 532; 1273 § 1 CIC 1983, vor. Siehe Ders., Kom. Einführung vor c. 1273 CIC 1983, Rz. 3.

287 Unter Verwaltung wird vorliegend das vermögensrechtliche Handeln für eine iuristische Person verstanden. Siehe Heimerl/Pree, S. 94, Rz. 165. Zu unterscheiden sind die Verwaltung i.e.S., welche sämtliche Rechtsgeschäfte und Massnahmen umfasst, die auf Gebrauch und Nutzung, Verbesserung und Bewahrung des kirchlichen Vermögens in seinem Bestand ausgerichtet sind, während die Verwaltung i.w.S. alle zweckgerichteten Rechtsgeschäfte und Massnahmen beinhaltet, welche „mit kirchlichem Vermögen vorgenommen werden dürfen, die also zum Erwerb, zum Erhalt sowie zur Veräusserung dienen" (Althaus, Kom. Einführung vor c. 1273 CIC 1983, Rz. 2). Die kirchliche Vermögensverwaltung schliesst somit all das ein, was der CIC 1983 unter dem Titel II 'De administratione bonorum' und III 'De contractibus ac praesertim de alienatione' im 5. Buch behandelt, wo Akte der ordentlichen von denjenigen der ausserordentlichen Verwaltung unterschieden werden. Die cc. 1277 und 1281 CIC 1983 statuieren den Rechtsgrundsatz, dass Vertreter einer iuristischen Person nur im Rahmen der ordentlichen Verwaltung rechtsgültige Akte setzen können. Da bei Akten der ausserordentlichen Verwaltung gemäss c. 1281 § 1 CIC 1983 die Einhaltung besonderer Gültigkeitsvorkehren (z.B. hinsichtlich öffentlicher iuristischer Personen auf Stufe Pfarrei die schriftliche Erlaubnis des zuständigen Ordinariats) erforderlich ist, drängt sich die Frage auf, wie zwischen ordentlicher und ausserordentlicher Verwaltung unterschieden werden kann. Der materielle Begriff der ordentlichen Verwaltung wird im CIC 1983 nicht definiert. Der Kodex regelt die Abgrenzung zwischen ordentlicher und ausserordentlicher Verwaltung lediglich formalgesetzlich. Mörsdorf, Kirchenrecht II, S. 523, erfasst die ordentliche Verwaltung als die „üblichen und notwendigen Geschäftsvorgänge". In diesem Rahmen, worin sich nicht jene Rechtsgeschäfte bewegen, die einer vorgängigen Genehmigung bedürfen (cf. beispielsweise cc. 1284 § 2 6°; 1288; 1291; 1295 CIC 1983), handelt nach Massgabe der genehmigungspflichtigen Statuten (c. 117 CIC 1983) oder des universalen Rechts das Vertretungsorgan gültig. Der Terminus der ordentlichen Verwaltung ist gemeinrechtlich unbestimmter Natur. Für die diözesane Ebene muss die Bischofskonferenz gemäss c. 1277 CIC 1983 den Bereich der ausserordentlichen Verwaltung determinieren. Siehe Althaus, Einführung vor Kom. c. 1273 CIC 1983, Rz. 12 ff. Vgl. auch Puza, Verwaltung des Kirchenvermögens, S. 907 f. Infolgedessen nahm die Schweizer Bischofskonferenz ihre Kompetenz zur partikularrechtlichen Legislation folgendermassen wahr: „Als Akte der ausserordentlichen Verwaltung werden bestimmt: a) Annahme von Zuwendungen (Erbschaften und Schenkungen) sofern sie nicht frei sind von Auflagen und Belastungen; b) Aufnahme von Darlehen, sofern diese nicht nur zu kurzfristiger Gewährleistung der Zahlungsbereitschaft, also nicht zur vorübergehenden Aushilfe dienen; c) Einstehen für fremde Verbindlichkeiten (z.B. Bürgschaften); d) der Abschluss von Kauf- oder Werkverträgen sowie der Erwerb von Grundstücken, soweit der Wert von Fr. 1'000'000.- im Einzelfall überschritten ist; e) – Errichtung oder Übernahme von anstaltlichen Einrichtungen (selbständigen Organisationseinheiten) kirchlichen oder staatlichen Rechtes, – Auflösung oder Übergabe solcher anstaltlicher Einrichtungen (selbständigen Organisationseinheiten); f) Vereinbarungen über die Ablösung von Baulastverpflichtungen und anderen Leistungen Dritter." (Schmitz/Kalde, S. 85).

zu veräussern[288],[289]. Dieses 'Ius nativum' kommt dem konfessionellen Verband in Hinordnung auf seine ihm eigenen Zwecke zu. Da die vom kirchlichen Ge-

---

288 Der kirchliche Gesetzgeber knüpft die Genehmigung für bestimmte Rechtsgeschäfte an eigens normierte Bedingungen, um das Kirchenvermögen und insbesondere dasjenige einer kirchlichen Stiftung im Hinblick auf seine Zweckbindung zu protektionieren. So ist in den Schranken einer durch die Bischofskonferenz festzusetzenden Mindest- und Höchstsumme als Kompetenzgrenzen (c. 1292 CIC 1983; die diesbezüglichen Partikularnormen der Schweizer Bischofskonferenz sind vorne, S. 334, FN 183 wiedergegeben) unter den in c. 1293 CIC 1983 statuierten Bedingungen gemäss c. 1291 CIC 1983 die rechtsgültige Alienation von der Erlaubnis der zuständigen Autorität abhängig. Das Prinzip des Veräusserungsverbots ist mithin in dem Sinne zu verstehen, dass bei bestimmten Rechtsgeschäften eine verschärfte Kontrolle durch das Aufsichtsorgan stattfindet. Zusätzlich verfügt c. 1256 CIC 1983 als Ausfluss der Institutentheorie den konkreten Schutz des Vermögensbestandes der kirchlichen iuristischen Personen. Der CIC 1983 kennt zwei Arten von Veräusserungen. „In beiden Fällen sind aber die vorgesehenen Rechtsförmlichkeiten (Bedingungen) und die Rechtswirkungen dieselben. Unter Veräusserung im engern Sinn werden alle Rechtsgeschäfte verstanden, die zur Aufgabe von Eigentum führen, unter Veräusserung im weiteren Sinn (der CIC verwendet diesen Terminus nicht) jedes Rechtsgeschäft, durch das eine kirchliche juristische Person schlechter gestellt ist oder sein könnte. C. 1291 des Kodex legt ausserdem ausdrücklich fest, dass die Regeln über die Veräusserung 1. Bei *öffentlichen* iuristischen Personen anzuwenden sind und 2. Dass sie nur die Veräusserung von Stammvermögen (*patrimonium stabile*) betreffen." (Puza, Verwaltung des Kirchenvermögens, S. 912). Im Rahmen der Veräusserung als eines speziellen Vertragstypus kanonisiert des kanonische Recht unter den in c. 1290 CIC 1983 genannten Bedingungen diejenigen Normen des weltlichen Rechts, welche sich mit den Verträgen im allgemeinen und deren Erfüllung im besonderen befassen. Der Begriff der 'Alienatio in sensu stricto' umfasst konkret u.a. den Verkauf (Art. 184-236 OR), den Tausch (Art. 237 f. OR), die Schenkung (Art. 239-252 OR), die Forderungsabtretung (Art. 164-174 OR), die Ablösung von Dienstbarkeiten, Grundlasten und Grundpfändern (Art. 730-883 ZGB). Da eine 'Alienatio' nur vorliegt, wenn das entsprechende Recht auf einen anderen Träger übergeht, sind die 'Unio exstinctiva' (c. 121 CIC 1983) und die 'Dismembratio' (c. 122 CIC 1983) nicht unter diesen Sachverhalt zu subsumieren. Bezüglich der 'Alienatio in sensu lata' können drei Typen unterschieden werden, nämlich erstens die Belastung des kirchlichen Eigentums durch Einräumen einer Verbindlichkeit zugunsten eines Dritten, worunter beispielsweise die Grundlasten (Art. 782-792 ZGB), das Grundpfand (Art. 793-883 ZGB), das Fahrnispfand (Art. 884-906 ZGB), die grundbuchamtliche Eintragung einer Vormerkung zur Sicherung des Anspruchs auf Einräumung oder Aufhebung eines persönlichen Rechts an einem Grundstück (Art. 681, 959-961 ZGB) sowie die Schuldübernahme (Art. 175-183 OR) zu zählen sind; zweitens die Gefährdung des kirchlichen Eigentums durch Aufnahme einer Verbindlichkeit, wie etwa die Übernahme einer Bürgschaft (Art. 492-512, 1020-1022, 1114 OR), Aufnahme eines Darlehens (Art. 312-318 OR), Annahme einer belasteten Schenkung; drittens die Beschränkung des kirchlichen Eigentümers mittels Einräumung eines Rechts zugunsten eines Dritten, insbesondere durch

setzgeber u.a. als Rechtsträger vorgesehene 'Universitas rerum' auf der Ebene des weltlichen Normengefüges dem kirchlich prädikatisierten Rechtsgefäss einer Stiftung entspricht[290], kann die Vermögensfähigkeit der römisch-katholischen Kirche auch dort rechtserhebliche Wirkungen zeitigen[291],[292]. Als Stiftung ist die iuristische Person ihrer Natur nach auf Dauer angelegt[293].

Miete, Pacht, Leasing (Art. 253-304 OR), Einräumung von Dienstbarkeiten und Grundlasten (Art. 730-792 ZGB); schliesslich zählt der kirchliche Gesetzgeber in c. 1715 § 2 CIC 1983 den Schiedsvertrag und den Vergleich zu den Schlechterstellungsgeschäften. Zum Ganzen Althaus, Kom. Einführung vor c. 1290 CIC 1983, Rz. 6 f.

289 Die Veräusserung lässt sich nicht schlechthin mit der ausserordentlichen Verwaltung identifizieren. In formeller Hinsicht bestätigt die jeweils explizite Nennung beider Rechtstätigkeiten in cc. 1254 § 1 und 1255 CIC 1983 diesen Befund. Unter materiellen Aspekten beschlägt die 'Administratio extraordinaria' allgemein Rechtsgeschäfte mit einem besonderen Wert oder besonderen Modalitäten (cc. 638 § 1; 1281 § 1 CIC 1983), sowohl im Bereich des Gebrauchs- als auch des Stammvermögens, während sich die 'Alienatio' i. d. R. auf das 'Patrimonium stabile' (c. 1291 CIC 1983) oder auf die 'Conditio patrimonialis' (c. 1295 CIC 1983) insgesamt bezieht. „Somit stellt die *alienatio* nur einen Teil der ausserordentlichen Vermögensverwaltung dar" (Althaus, Kom. Einführung vor c. 1290 CIC 1983, Rz. 4).

290 „Die Form der kirchlichen Stiftung ... besitzt die gewünschten Rechtsfolgen sowohl innerkirchlich (als eigenständige Stiftung und juristische Person) wie auch im zivilen Rechtsbereich, unabhängig von einer eventuellen Trennung von Kirche und Staat. In einer langfristigen Perspektive ist es also angezeigt, die altrechtlichen kirchlichen Vermögensgüter weiterhin als selbständige Stiftungen zu führen und sie mit modernen Stiftungsreglementen und Stiftungsorganen auszustatten." (Walser, Pfarrei, Kirchgemeinde und Landeskirche, S. 429).

291 Der kirchliche Gesetzgeber wünscht beispielsweise gemäss c. 1274 § 5 CIC 1983 für die dort erwähnten Vermögensträger ausdrücklich, „dass sie nach Möglichkeit in einer Rechtsform geschaffen werden, die eine Wirksamkeit auch nach weltlichem Recht eröffnet ... Darüber hinaus sollten alle juristischen Personen des kanonischen Rechts, soweit sich dies nicht aufgrund staatlicher Gesetzgebung oder aufgrund von Vereinbarungen zwischen Kirche und Staat erübrigt, darum bemüht sein, auch nach weltlichem Recht einen angemessenen Rechtsstatus zu erlangen, weil dadurch vor allem vermögensrechtliche Fragen in aller Regel leichter und wirkungsvoller zu behandeln sind." (Aymans, Kanonisches Recht I, S. 328).

292 „In diesem Zusammenhang ist auch in Erinnerung zu rufen, dass im Falle einer konfessionsinternen Sezession das Vermögen der Stiftung ungeschmälert bei der Kirche bleibt, da Stiftungen von Art. 50 III BV nicht erfasst werden und somit eine Verteilung ihres Vermögens unter die getrennten Gruppen nicht möglich ist. Die Stiftung bietet somit der Kirche die grösste Gewähr, dass ihr die kirchlichen Gebäude als wesentliche Mittel der Zweckerfüllung erhalten bleiben." (Schmid, S. 351). Diese Feststellung gilt auch unter dem Regime der rev. BV.

293 C. 120 § 1 CIC 1983. Da eine Stiftung die Erfüllung ihres Zweck unabhängig von der Einsatzfähigkeit und der Lebensdauer einzelner physischer Personen begriffsnotwendig sicherstellen muss, liegt in der Dauerhaftigkeit eine wesentliche Eigenart

Das Ortskirchenvermögen prägte sich bis zur Inkraftsetzung des Codex Iuris Canonici 1983 zur Hauptsache durch drei Rechtsträger aus, nämlich die Pfarrkirchen- und die Pfarrpfrundstiftung sowie eventuell vorhandenen selbständigen Sonderstiftungen[294]. Im Kanton Schwyz bestanden diese staatsrechtlich bereits vor der nationalen Kodifikation des Zivilrechts[295] und bestehen aus privatrechtlicher Sicht auch unter dem Regime des Schweizerischen Zivilgesetzbuches fort[296]. Als paradigmatischer Ausdruck schwyzerischer Rechtskultur perpetuierte § 91 Abs. 4 aKV 1898 bzw. § 64 Abs. 1 lit. a, c aGOG bis 1999 den publizistischen Bestand der ehemals altrechtlichen Stiftungen[297]. Pfarrkirchen-, Pfarrpfrundstiftungen und die selbständigen Sonderstiftungen sind als Inhaber dinglicher Ver-

---

dieser iuristischen Person. Vgl. Aymans, Kanonisches Recht I, S. 323. Dementsprechend kann eine Stiftung sich auch nicht durch einen eigenhändigen Entwidmungsakt selbst auflösen. Siehe Tuor/Schnyder/Schmid, S. 123, 132.

294 Die Überbindung der Baulast an die Kirchgenossen gab Anlass zur Teilung des Ortskirchenvermögens, welches bis zum Beginn des Spätmittelalters eine rechtliche Einheit bildete. Danach spaltete es sich in zwei Vermögensmassen auf, deren Träger die 'Fabrica ecclesiae' (Kirchenstiftung, Gotteshausvermögen) und das 'Beneficium' (Pfrundstiftung) wurden. Ferner entstanden oft noch weitere Stiftungen (Kapellstiftung, Kaplaneipfrundstiftung etc.). Siehe Schulz, Grundfragen, S. 871; sowie Althaus, Kom. Einleitung vor c. 1254 CIC 1983, Rz. 5. – Die begriffliche Aufteilung in diese drei Vermögensmassen folgt Schulz, Grundfragen, S. 872. Vgl. Vasella, S. 6, 49 ff.

295 Vgl. RBKG 1910, S. 42, wo die Historiezität der „Pfrunden- und Kultusstiftungen und dergleichen Institutionen“ als Rechtsträger des ortskirchlichen Vermögens im Kanton Schwyz explizit hervorgehoben wird.

296 Zufolge Art. 6 ZGB greift hier über Art. 59 Abs. 1 ZGB die expansive Kraft des kantonalen öffentlichen Rechts hinsichtlich der 'öffentlich-rechtlichen und kirchlichen' Anstalten. Siehe vorne, S. 58 ff. Vgl. Huguenin Jacobs, Kom. ZGB, Art. 7 SchlT, Rz. 1; Lenz, S. 57. Jene kirchlichen Stiftungen, welche vor der Kodifikation des ZGB entstanden und nicht vom öffentlichen Recht des Bundes oder des Kantons Schwyz erfasst wurden bzw. werden, bewahren ihre Rechtspersönlichkeit gemäss Art. 7 SchlT. Vgl. Lenz, S. 57 f.; Riemer, BK I/1, ST, Rz. 143, 190 ff.

297 Vgl. Schweizer, S. 72. – Die Pfarrei war als teilkirchliches Verfassungselement Normadressat des kantonalen öffentlichen Rechts, welches sein Programm der anzuerkennenden Rechtspersönlichkeiten gemäss § 2 aKV nach den kirchenrechtlichen Vorgaben gestaltete. Im staatlichen Recht kann die Pfarrei nur mit der Qualität einer iuristischen Person gegenüber den Kirchgenossen als patronatischem Verband bzw. Dritten rechtlich durchsetzbare Ansprüche geltend machen, wenn das Kirchenrecht ihr die kanonische Rechtsfähigkeit zuerkennt. Da die kodikarische Rechtspersönlichkeit der Pfarrei vor dem Inkrafttreten des CIC 1983 ausschliesslich im bepfründeten Amt bzw. in der 'Fabrica ecclesiae' zutage treten konnte, mussten mithin die entsprechenden Rechtsgefässe – unabhängig von der Existenz allfälliger Errichtungs- und Bewidmungsnachweise (siehe EGV-SZ 1969 Nr. 3, S. 66; Reichlin, S. 131, FN 31; Vasella, S. 40 f.) – im weltlichen Normengefüge rechtswirksamen Bestand haben.

mögenswerte im Grundbuch[298] eingetragen[299],[300] und geniessen somit die Rechtskraft des Grundbucheintrags[301]. Der Kodex 1983 weitet dieses trägerschaftliche

298 Lampert, Gutachten, S. 89, empfiehlt, das Eigentumsobjekt und den Eigentümer eines in das Grundbuch einzutragenden Grundstücks z.B. mit „Pfarrpfrund der römisch-kathol. Kirchgemeinde N.N." zu bezeichnen. Nachdem die Pfarrei als 'Communitas christifidelium' gemäss c. 115 § 1 CIC 1983 aufgrund c. 515 § 3 CIC 1983 ipso iure die Rechtspersönlichkeit einer 'Universitas personarum non collegialis' eignet, könnte die attributive Lokalisation aus der Sicht des Kirchenrechts, welches in der Folge des zweiten Vatikanums diesbezüglich einem geläuterten Personalitätsprinzip zum Durchbruch verhalf, auch zugunsten der kanonischen Pfarrei lauten.

299 Damit ein Eintrag ins Grundbuch erfolgen kann, muss der Anmeldende u.a. einen gültigen Ausweis über sein Verfügungsrecht nachweisen (Art. 965 Abs. 1, 2 ZGB). Eine iuristische Person ist nur durch ihre Organe handlungsfähig. Somit erbringt der Petent den Ausweis über das Verfügungsrecht, indem er seine Stiftungsorganschaft kundtut. Die Handlungsfähigkeit einer iuristischen Person setzt deren Rechtsfähigkeit voraus. Sofern ihre Rechtspersönlichkeit kirchenrechtlich existiert (cf. c. 99 CIC 1917 bzw. c. 4 CIC 1983), erlangte sie diese auch im öffentlichen Recht des Kantons Schwyz. Folglich lässt die rechtskräftige Eintragung den Schluss eines rechtsgenüglichen Ausweises des Verfügungsrechts zu, aus welchem reziprok ein Indiz für den Bestand der Rechtspersönlichkeit im Zeitpunkt der Aufnahme ins Grundbuch fliesst. Die hypothetische Falsifikation der Bestandesbehauptung muss insoweit ergebnislos bleiben, weswegen einer Grundbuchberichtigungsklage als formellem Korrektiv des materiellen Grundbuchrechts im Einzelfall kein Erfolg beschieden sein konnte bzw. kann. Der Grundbucheintrag streitet insofern für die Rechtsträgerschaft von Benefizium und 'Fabrica ecclesiae', woraus sich die Vermutung ihrer Rechtssubjektivität zur Gewissheit perpetuiert.

300 Das Grundbuchinspektorat des Kantons Graubünden hat festgestellt, dass bezüglich der Grundbucheintragung von kirchlichen Gütern eine gewisse Unsicherheit bei den einzelnen Grundbuchämtern vorhanden sei. Oftmals sind die grundbuchamtlichen Eintragungen unklar und eine Präzisierung des Verhältnisses der kirchlichen Stiftung zur betreffenden staatskirchenrechtlichen Körperschaft besteht nicht. Um diesbezüglich Klarheit zu schaffen, erliess das Grundbuchinspektorat Graubünden per Kreisschreiben Nr. 9/1996 am 29. November 1996 entsprechende Richtlinien. Da sich das Grundbuchinspektorat des Kantons Schwyz bezüglich des Eintrags der röm.-kath. Kirchengüter bis dato nicht eigens verlauten liess (vgl. aber RRB 1913/510), werden jene Passagen des Kreisschreibens, welche auch auf den Kanton Schwyz angewandt werden können, hier wiedergegeben: „Überall dort, wo ein kirchgemeindliches Eigentum nicht nachgewiesen werden kann, sind die kirchlichen Liegenschaften als Kirchengut zu betrachten und stehen vermutungsweise im Eigentum der örtlichen kirchlichen Stiftungen. Kirchgemeinde und kirchliche Stiftung haben einen beurkundeten Bereinigungsvertrag zu unterzeichnen, der zudem vom bischöflichen Ordinariat zu genehmigen ist." Hinsichtlich eines bestehenden Eintrags auf den Namen der Kirchgemeinde wird weiter ausgeführt: „Die Eintragung von aus früherer Zeit stammenden kirchlichen Gütern auf den Namen der Kirchgemeinde dürfte in vielen Fällen ungerechtfertigt sein. Solche Eintragungen wurden öfters in Anlehnung an die Kirchgemeindetheorie und in Verkennung der wahren

Triumvirat zu einem Quadrumvirat aus, indem er die Pfarrei in der Person einer 'Persona moralis non collegialis'[302] dem Verzeichnis der vermögensrechtlichen Träger von Kirchengut beifügt[303]. Aufgrund der fortdauernden Beständigkeit des historisch gewachsenen Katalogs von Trägern des Vermögens im pfarrlichen Be-

---

Rechtsnatur des Kirchenvermögens oder auf Verfügung einer nicht verfügungsberechtigten Person, wie des Kirchgemeindevorstandes bzw. der Kirchgemeindeverwaltung vorgenommen." Daraus folgert das Kreisschreiben: „In Fällen also, wo die Kirchgemeinde zwar als Eigentümerin kirchlicher Vermögen im Grundbuch eingetragen ist, dem Vermögen allerdings altrechtlicher kirchlicher Stiftungscharakter zukommen könnte, ist ebenfalls die oben umschriebene Berichtigung vorzunehmen. In Zweifelsfällen kann stets davon ausgegangen werden, dass die Kirchenstiftung und nicht die Kirchgemeinde Eigentümern des Kirchenvermögens ist." Vgl. Lenz, S. 72 f. Diese Rechtslage trifft auch auf den Kanton Schwyz zu. In concreto sind im Kanton Schwyz – falls keine Tabularersitzung rechtmässig geltend gemacht werden kann (Art. 661, 974 Abs. 2, 975 ZGB) – beispielsweise die Grundbucheintragung der Pfarrkirche Arth in Wiedererwägung zu ziehen. Des weiteren behandelt das Kreisschreiben noch den Fall, wo ein Eintrag auf den Namen der Stiftung besteht: „Ein solcher Eintrag kann grundsätzlich als richtig betrachtet werden. Ausnahme: Sobald nachgewiesen werden kann, dass das Vermögen nicht durch Stiftungen geschaffen wurde, sondern nur durch Mittel der Kirchgemeinde, ist in gegenseitigem Einvernehmen ein Bereinigungsvertrag (wie oben umschrieben) abzuschliessen."

301 Vgl. Art. 9, 937 Abs. 1 ZGB; sowie Tuor/Schnyder/Schmid, S. 651 ff.

302 Nach c. 532 CIC 1983 vertritt der Inhaber des Pfarramtes (bzw. gemäss c. 540 CIC 1983 der für eine vakante Pfarrei ernannte Pfarradministrator, siehe Heimerl/Pree, S. 400, Rz. 206) respektive der Moderator bei einer in solidum verliehenen Pfarrei (c. 543 § 2 3° CIC 1983) die öffentliche iuristische Person der Pfarrei im rechtsgeschäftlichen Handeln. Vgl. Aymans, Kanonisches Recht II, S. 433; Heimerl/Pree, S. 399, Rz. 202. Der Pfarrer repräsentiert ad extra die rechtspersönliche Pfarrei, ihm obliegt die Sorge für die Verwaltung des Pfarreivermögens (cc. 1281-1288 CIC 1983). Er kann dabei nach Massgabe des Partikularrechts durch ein Konsultorengremium Unterstützung erfahren (cc. 537; 1280 CIC 1983). Die Aufsicht über die Vermögensverwaltung derjenigen öffentlichen iuristischen Personen des Kirchenrechts, die dem Ortsordinarius unterstellt sind, wie z.B. Pfarrei, 'Fabrica ecclesiae', Benefizium', kommt der zuständigen kirchlichen Autorität zu. Die vermögensrechtliche Kontrolle erstreckt sich u.a. auf die jährliche Prüfung der Jahresrechnung mit dem Ziel der Entlastung (c. 1287 § 1 CIC 1983), auf die Inspektion anlässlich von Visitationen (cc. 397; 555 § 1 3° CIC 1983), auf die Rekognition des Inventarverzeichnisses beim Amtsantritt eines Vermögensverwalters (c. 1283 2° CIC 1983), auf Eingriffe bei Nachlässigkeiten (c. 1279 § 1 CIC 1983). Die Aufsicht manifestiert sich auch in den durch die cc. 1281 § 1; 1284 § 2 6°; 1288; 1291; 1295; 1298; 1301-1305; 1308-1310; 1524 § 2; 1715 § 2 CIC 1983 statuierten Genehmigungsvorbehalte. Siehe Althaus, Kom. Einführung vor c. 1273 CIC 1983, Rz. 9.

303 Walser, Pfarrei, Kirchgemeinde und Landeskirche, S. 428 f.

reich[304] werden des näheren die 'Fabrica ecclesiae', das Benefizium und die selbständigen Sonderstiftungen skizziert[305].

a) Pfarrkirchenstiftung

„Zur formellen Errichtung einer Kirche gehört nach Kirchenrecht seit ältester Zeit die Widmung des Gebäudes für den Gottesdienst in der juristischen Form der Einweihung, verbunden mit der nach Kirchenrecht als Bedingung der Einweihung vorgeschriebenen *Dotation der Kirche mit einem eigenen Vermögen*, wodurch für die laufenden Kosten des Kultus und für den baulichen Unterhalt des Kirchengebäudes Vorsorge geboten wird. Es liegt also eine Stiftung vor und das Kirchengebäude geht in das Eigentum dieser Stiftung als juristischer Person über."[306]. Gemäss c. 99 CIC 1917 war die Pfarrkirche eine öffentliche iuristische Person des Kirchenrechts[307], welche „im Hinblick auf das Vermögen zur Erhal-

---

304 „Es darf eben nie vergessen werden, dass überall in der katholischen Kirche das System befolgt wurde, keine neue kirchliche Einrichtung (sei es Pfarrkirche oder eine Pfrund etc.) zu schaffen, ohne dass vorher dieselbe durch Dotation sicher gestellt wäre. Auf diese Weise konnten diese Einrichtungen nur im Wege der Stiftung entstehen, sodass das Kirchenvermögen sich nach ebenso vielen kirchlichen Anstalten oder Stiftungen spezialisierte." (Lampert, Gutachten, S. 81).

305 „Die genaue Unterscheidung der Rechtsträger ist von Bedeutung für den Fall der Abspaltung einer Kirchgemeinde von der Einheitsgemeinde aber auch für den Fall von Anleihen für kirchliche Zwecke, der Überschuldung einer kirchlichen Stiftung, eines Abfalls eines Teils der Kirchgenossen etc." (Appert, S. 106 f.) Vgl. RBR 1921, S. 143. Lampert, Gutachten, S. 81, hält in diesem Zusammenhang zu Recht fest, dass die Frage des Rechtsträgers nicht umgangen werden darf, „weil beim Kirchengut in erster Linie nur die kirchliche Zweckbestimmung in die Augen springt und ist diese gewahrt, so glaubt man, damit sei alles in Ordnung". Cf. c. 1257 § 1 CIC 1983.

306 Lampert, Gutachten, S. 82. Vgl. Ders., Stiftungen, S. 38 ff. Vgl. auch Ders., Eigentum, S. 10, 18; sowie den in dieser Beziehung unscharfen Ansatz von Eugen Isele, Vom Recht unserer Pfarrkirchen, in: SKZ Nr. 11 (1960), S. 133 ff.

307 Unter der Herrschaft des CIC 1917 erblickte die kanonistische Doktrin die Rechtspersönlichkeit einer Pfarrei u.a. in der normativen Existenz der Pfarrkirche. In der Folge muss dieses Gotteshaus im Eigentum des entsprechenden kirchlichen Rechtsträgers stehen. Wäre dies nicht der Fall, dann stünde die kirchliche Rechtspersönlichkeit in Abhängigkeit des saekularen Rechts und folglich enthüllte sich die rechtspersönliche Stellung einer Pfarrei aus einem staatlich-unilateralen Rechtstitel eines staatskirchenrechtlich designierten Trägers. Es ist mithin keine kanonistische Konstruktion denkbar, wonach die römisch-katholische Kirche ein von einem staatlichen Rechtstitel dependentes Gotteshaus in den Rang einer Pfarrkirche erhoben hätte. Somit ist der im staatlichen Recht anerkannte kirchliche Eigentumstitel Bedingung der nicht falsifizierten Lehre von der rechtspersönlichen Existenz der Pfarrei in der als iuristischer Person errichteten Pfarrkirche.

tung der Kirche und des Gottesdienstes mit dem Kirchenfabrikgut (Kirchenstiftung, Gotteshausvermögen)" zusammenfällt[308],[309]. Diese existiert als solche vor-

---

308 Heimerl/Pree, S. 409, Rz. 244; A.M. Urs Josef Cavelti, Religionsgemeinschaften, S. 56, welcher das Eigentum der Kirchenstiftung am Kirchengebäude nicht als begriffsnotwendig erachtet aber in diesem Zusammenhang trotzdem darauf hinweist, dass die 'Fabrica ecclesiae', die jene Vermögensmassen mitumfasst, aus der die Kosten für den Unterhalt des Kirchengebäudes und die Bedürfnisse des Kultus bestritten werden (cf. c. 1182 § 1 CIC 1917), „Voraussetzung für jede Kirchenerrichtung" ist. Noser, S. 43 ff., nimmt hingegen die rechtspersönliche Identität von Kirche und Kirchenfabrik an und legt in der Folge die vermögensrechtliche Trägerschaft der 'Fabrica ecclesiae' terminologisch stringent dar. Siehe Vasella, S. 50.

309 Isele, Exposé, S. 9 ff., welcher von Urs Josef Cavelti, Gutachten, S.12 ff., sekundiert wird, behauptet, dass trotz der im 12./13. Jahrhundert hauptsächlich während der Pontifikate von Alexander III. und Innozenz IV. vermöge des Benefizialrechts und der rechtspersönlich verselbständigenden Teilung das Kirchenvermögens in eine Pfrund- und Fabrikstiftung eingeleiteten Reform des Ämterwesens die Eigenkirchenherren weder die Dotation des Gotteshausvermögens in die kanonisch vorgesehenen Rechtsgefässe überführten, noch enteignet wurden und infolgedessen Eigentümer des Gotteshausvermögens blieben. Bei den körperschaftlich organisierten Kirchgenossen, welche die Baulast über den Erwerb der patronatischen Stellung von den Eigenkirchenherren übernommen hätten, soll sich aufgrund ihrer Leistungen an das Gotteshausvermögen die Überzeugung der Eigentumsherrschaft über das Kirchengut gebildet haben. Dieser auf die kantonalschwyzerischen Verhältnisse in ihrer schematisierenden Konsekutionsweise nicht zu beziehenden These entgegnet Noser, S. 162, indem er diesbezüglich zwingend zwischen Verwaltung und Eigentum differenziert: „Dabei darf aus der Tatsache, dass ein gewisses Vermögen durch die Kirchgemeinde verwaltet wird, nicht geschlossen werden, es stehe im Eigentum der Kirchgemeinde. Denn auch die Verwaltung kirchlicher Stiftungsgüter wird in der Schweiz seit Jahrhunderten von den Kirchgemeinden besorgt. Mit der Zeit betrachteten sich die Kirchgenossen, die oft auch Leistungen für das Kirchenwesen zu erbringen hatten, an gewissen Orten als eigentliche Herren und Eigentümer des Kirchengutes. Solch irrige Auffassungen über die Eigentumsverhältnisse am Kirchengut bewirkten indessen keine Umwandlung des Stiftungsgutes in Korporationseigentum. Wo eine solche behauptet wird, muss sie durch Urkunden oder in sonst schlüssiger Weise nachgewiesen werden." Des weiteren ist die Annahme des Erwerbs der Patronatsrechte von den Eigenkirchenherren zu relativieren, denn „merkwürdigerweise gehen gerade die innerschweizerischen Gemeindepatronatsrechte nicht auf das Eigenkirchenrecht zurück!" (Hochstrasser, S. 52). Vgl. Feigenwinter, S. 87; Friederich, Kirchengut, S. 85 ff.; Noser, S. 85. Besonders im Kanton Schwyz, wo Kirchensatz bzw. Patronatsrechte ab 1415 (Verleihung der Reichslehen des geächteten Herzogs Friederich IV. an die Eidgenossen, siehe Schweizer, S. 7, vgl. Isele, Exposé, S. 21 f.) in den Besitz des Staates gelangten, erlangten die Kirchgenossen im Anschluss daran per Rechtsgeschäft, nämlich teils durch Verkauf oder prekaristischer Überlassung seitens der Schwyzer Regierung, teils durch Schenkung, teils durch eigene Stiftung, sowie schliesslich auch durch Schiedsspruch den Patronat. Infolgedessen geriet der bürgerliche Eigentumsanspruch – wenn er überhaupt bestand – im Be-

bestehenderweise auch gemäss CIC 1983[310] und weist infolgedessen für das staatliche Normengefüge Rechtspersönlichkeit[311] auf[312],[313]. Der Pfarrkirchen-

---

wusstsein des von einer iuristischen Person erworbenen 'Ius patronatus personale' in Vergessenheit. Hierzu Schweizer, S. 11 ff., 57 f.

310 Nach dem geltenden Recht besitzen die Gotteshäuser nicht notwendig Rechtspersönlichkeit. Den vor Inkrafttreten des CIC 1983 existenten Kirchen eignet aber die Rechtspersönlichkeit weiterhin, da es sich in casu um ein wohlerworbenes Recht handelt (c. 4 CIC 1983), der Kodex 1983 diesbezüglich nicht rückwirkend gilt (c. 9 CIC 1983) und eine iuristische Person ihrer Natur nach zeitlich unbegrenzt ist, falls sie nicht durch die zuständige Autorität aufgelöst bzw. vereinigt wurde (cc. 120 f.; 123 CIC 1983). Hierzu Althaus, Kom. Einleitung vor c. 1254 CIC 1983, Rz. 17; Heimerl/Pree, S. 598, Rz. 1115.

311 Siehe § 2 Abs. 1 aKV. Vgl. §§ 13 Abs. 1 KV; 16 Abs. 2 KV; 91 Abs. 4 (Fassung 1898) aKV. Siehe hinten, S. 373, FN 326.

312 Vergabungen, Vermächtnisse, mit Stiftungslasten onerierte Schenkungen etc. an ein gestiftetes Gotteshaus bzw. an ein entsprechendes Benefizium belegen, dass diese als mit eigener Persönlichkeit ausgestattete Rechtssubjekte betrachtet werden müssen, denn solche Zuflüsse können rechtens nicht an einen Empfänger übergehen, der nicht rechtsfähig ist. Hierzu Lampert, Gutachten, S. 79 f.

313 Die historische Entwicklung, welche im Kanton Schwyz durch das kantonale öffentliche Recht in casu nicht unterbrochen wurde, gelangt zu einer anstaltlichen Form des Eigentums an röm.-kath. Kultusgebäuden. Demzufolge enthält das schwyzerische Normengefüge diesbezüglich keinen generellen Eigentumsgrundsatz. Die Frage, wer saekularrechtlicher Eigentümer des Gotteshausvermögens ist, entscheidet mithin der entsprechende Rechtstitel. Vgl. Oberholzer, S. 74. Dieser befindet sich aus der kirchlich fokussierten Natur der staatlichen Perspektive respektive aufgrund seiner i. d. R. vor die Kodifikation des kantonalen Rechts (hierzu Hans Windlin, Die institutionelle Entwicklung der Staatsformen des Kantons Schwyz im 19. Jahrhundert, Diss. Freiburg, Winterthur 1965, S. 1 ff.) zurückgehenden Urvordenklichkeit zwingend in einer kausalen Relation mit der kanonischen Rechtstradition. C. 99 CIC 1917 sieht als Träger des Gotteshausvermögens, „welches bei der Einweihung der Kirche als Dotation bestellt war als canonische Voraussetzung der Einweihung“ (Lampert, Eigentum, S. 10), öffentliche Stiftungen vor. Während § 2 Abs. 1 aKV das Programm für die Öffentlichrechtlichkeit ekklesialer Rechtspersonen von den einschlägigen Determinationen der kirchlichen Ordnung bezog, wehrte das kantonale Recht gleichzeitig die Behauptung der nicht vollzogenen bzw. transferierten Dotation zugunsten der kanonischen Kirchenstiftung ab, ansonsten die gliedstaatliche Rechtsordnung sich in Widerspruch zu ihrem staatskirchenrechtlichen Anerkennungssystem gesetzt hätte. Damit steht die rechtspersönliche Existenz der 'Fabricae ecclesiae' für den Kanton Schwyz ausser Frage. Im Falle einer allfälligen Kontestation der diesbezüglichen Rechtsmacht kann der im Grundbuch eingetragene und den Schutz der Eigentumsgarantie (§ 13 Abs. 1 KV) geniessende Rechtsträger die Tabularersitzung (Art. 661 ZGB) geltend machen. Dabei muss das staatliche Recht aus der kanonisch vindizierten Rechtspflicht (c. 99 CIC 1917) auf die gutgläubig erfolgte Ersitzung schliessen, welche zehn Jahre ununterbrochenen und unangefochtenen Besitz bzw. einen ebenfalls mindestens zehn Jahre währenden Grundbuchein-

stiftung eignet die Aufgabe, Trägerin der Rechte und Pflichten zu sein[314], welche aus der Bindung des Gotteshausvermögens an die gottesdienstlichen Zwecke fliessen[315]. Die Vermögensmasse der Pfarrkirchenstiftung umfasst die Gesamtheit der im Dienste des bezüglichen Gotteshauses stehenden beweglichen und unbeweglichen Sachen, geldwerten Rechte und laufenden Einnahmen[316],[317]. Sie dient

---

trag erfordert. Im Kanton Schwyz dürfte der entsprechende Nachweis bei sämtlichen Kirchenstiftungen unschwer zu erbringen sein.

314 Die Rechte und Pflichten, die dem betreffenden Rechtsträger des entsprechenden Stiftungsvermögens zukommen und in einem Sachzusammenhang mit der Zweckbindung der originär kirchenrechtlich gebundenen Rechtsperson stehen, können auf der weltlichen Rechtsebene nicht zugunsten der staatskirchenrechtlichen Körperschaften durch vertraglich begründete Rechtsverhältnisse aus dem kanonischen Rechtsbereich herausgelöst werden, ohne den kanonisch vindizierten Zweck des mit eigener Rechtspersönlichkeit ausgestatteten Gotteshaus- wie auch des Benefizialvermögens zu gefährden, was in EGV-SZ 1991 Nr. 15, S. 64, am konkreten Beispiel eines mietvertraglichen Rechtsverhältnisses dargelegt wird: „Nicht zu beanstanden ist, dass (sc. durch die Kirchgemeinde) der unmittelbaren Begleichung der Betriebs- und Unterhaltskosten gegenüber der Bezahlung eines Mietzinses der Vorzug gegeben wurde [...] Der Mietvertrag hätte definitionsgemäss zur Folge, dass Kirche und Pfarrhaus der Kirchgemeinde zum Gebrauch zur Verfügung stünden. Die Verfügungsgewalt richtet sich jedoch nach dem Kirchenrecht. Die Kirche steht danach allen Gläubigen auch ohne Mietvertrag offen." Siehe Schmid, S. 358.

315 Vgl. Mörsdorf, Kirchenrecht II, S. 320.

316 Kirchenrechtlich setzt sich das Gotteshausvermögen näherhin zusammen aus dem Kirchengebäude mitsamt Ausstattung und kultischem Zugehör sowie gegebenenfalls dem Finanzvermögen, dessen Erträgnisse der Bestreitung der anfallenden Kultusausgaben dienen. Als solches sind beispielsweise nicht nur ertragbringende Grundstücke sondern auch freiwillige Spendenmittel (Opfereinnahmen etc.) und Leistungen aufgrund bestimmter Rechtstitel (Stolarien, Mortuarien etc.) anzusehen. Siehe Mörsdorf, Kirchenrecht II, S. 319 f.; Heimerl/Pree, S. 410, Rz. 245; Schulz, Grundfragen, S. 872. – Hinsichtlich des Vermögenserwerbs muss nach geltendem Recht differenziert werden, ob und in welchem Umfang neues Vermögen für die Rechtsperson Pfarrkirche oder für die rechtspersönliche Pfarrei erworben wurde. Dabei ist in erster Linie auf die Zweckbestimmung der Spenden abzustellen (cf. cc. 1267 § 3, 1300 CIC 1983). Besteht diese in der baulichen Erhaltung des betreffenden Gotteshauses oder dient sie der Aufrechterhaltung des Kultus, ist die Pfarrkirche als Destinatär zu vermuten. Allgemein zugunsten der Pfarrei getätigte Zuwendungen gehören dieser Rechtsperson. Da der Pfarrer sowohl der Pfarrei wie der Pfarrkirche vorsteht, kann die Rechtsvermutung des c. 1267 § 1 CIC 1983, wenn dem Inhaber des Pfarramtes Spenden ohne nähere Zweckbestimmung dediziert werden, nicht helfen. Hier wird das Partikularrecht eine nähere Regelung treffen müssen. Siehe Heimerl/Pree, S. 410, Rz. 246.

317 Die 'Piae fundationes' (cc. 1299-1310 CIC 1983), welche oftmals in der Form von Gottesdienststiftungen einer öffentlichen iuristischen Person in der Kirche gewidmet werden, sind von ihrer primären Zwecksetzung her ebenfalls zum Gotteshausvermögen zu rechnen. Siehe Schulz, Grundfragen, S. 873. Historisch lassen sich die

neben dem unmittelbaren Zweck des Gotteshausvermögens, nämlich der Sicherung des bezüglichen Personal- und Sachbedarfs, ebenfalls dem Unterhalt des Kirchengebäudes mitsamt Zugehör[318]. Der jeweilige Amtsträger mit Pfarrfunkti-

---

frommen Vergabungen an ein Gotteshaus durch das häufig in den Pfarrarchiven liegende urkundliche Rechtsmaterial nachweisen. „Insbesondere lehrreich ist die Einsicht in die hochwichtigen *Jahrzeitbücher*, die in den Gemeinden mit öffentlichem Glauben ausgestattet waren ... Diese Jahrzeitbücher beweisen, dass die Jahrzeitstiftungen als Schenkungen an die Pfarrkirche ergangen sind mit der Last, die jährlichen Gedächtnisse zu halten, sie sind auch öfters begleitet mit reichen Vergabungen an die einzelnen Pfründen oder an eine bestimmte Kapelle oder Bruderschaft; niemals erfolgen diese Vergabungen etwa an die 'politische Gemeinde' oder an eine 'Genossame'." (Lampert, Gutachten, S. 79). – Die Gesamtheit der Anniversarien als Typus der Gottesdienststiftungen, die durch Rechtsgeschäft unter Lebenden oder von Todes wegen (wobei das kirchliche Recht ausdrücklich oder stillschweigend rechtsgeschäftlich zum Inhalt des Stiftungsaktes erhoben wird) unter der Auflage, alljährlich am Todestag des Spenders eine hl. Messe zu feiern, mit einem bestimmten Kapital dotiert werden, fasst der Jahrzeitfonds, welcher im Eigentum der Pfarrkirchenstiftung steht, als unselbständige Stiftung (selbständige Anniversarienstiftungen sind selten, hierzu Lampert, Stiftungen, S. 184, FN 1) gewöhnlich zusammen. Aus den Kapitalerträgen werden dann die Kosten für die entsprechenden Messverpflichtungen bestritten. Siehe Lampert, Stiftungen, S. 122, 183 f.; Noser, S. 75 f.; Riemer, BK I/3, ST, Rz. 254 ff.; Vasella, S. 27. Die Widmung der Dotation einer unselbständigen frommen Stiftung ('Pia fundatio non autonoma') muss zuhanden einer öffentlichen iuristischen Person des Kirchenrechts erfolgen (c. 1303 § 1 2° CIC 1983). Damit eine Stiftung von einer iuristischen Person gültig angenommen werden kann, bedarf es der schriftlichen Erlaubnis des Ortsordinarius (c. 1304 § 1 CIC 1983). Vgl. Heimerl/Pree, S. 571, Rz. 986 ff.

318 Die Baulast, worunter begrifflich die rechtliche Verpflichtung, die Kosten für die Errichtung, Erhaltung und Instandstellung der Kultusgebäude und zwar nicht nur in baulicher Hinsicht sondern auch bezüglich der Austattung im Kircheninnern zu tragen, verstanden wird, erstreckt sich in Anbetracht der staatskirchenrechtlichen Situation im Kanton Schwyz, welcher bis dato keine gesetzlichen Bestimmungen über die Baupflicht an kirchlichen Gebäuden erliess, primär auf die 'Fabrica ecclesiae', soweit deren Gut nicht für den Gottesdienst und die ordentliche Verwaltung unentbehrlich ist, und beruht sodann auf der patronatischen Verpflichtung der Kirchgenossen, welche das Gemeinwesen mittels des körperschaftlichen Gefässes der Kirchgemeinde staatsrechtlich verfasst. Vgl. Isele, Entwicklung, S. 194 f.; Ders., Exposé, S. 31; Gutachten, S. 240; Ders., Revision, S. 596; Lampert, Eigentum, S. 9; Noser, S. 111 f. Die Baulast kommt den Christgläubigen aber auch unabhängig ihrer patronatischen Verpflichtung aufgrund cc. 222 § 1, 1260 CIC 1983 zu. Vgl. Feigenwinter, S. 89. Den geschichtlichen Hintergrund hierzu referiert Schweizer, S. 44, FN 124. C. 1186 2° CIC 1917 übertrug schliesslich die Baulast allen, welche von der Pfarrkirche Einkünfte irgendwelcher Art bezogen. Der geltende CIC enthält keine Bestimmungen über die Verteilung der Baulast. Das Partikularrecht, welchem gesetzliche, vertragliche oder gewohnheitsrechtliche Quellen zur Verfügung stehen, ist dementsprechend als massgeblich anzusehen. Zur Schliessung allfälliger Lücken

on[319] weist gegenüber der Pfarrkirchenstiftung Organstellung auf. Der Pfarrer war gemäss c. 1182 CIC 1917 Verwalter des Gotteshausvermögens[320]. Diese Funktion wird ihm unter Berücksichtigung der 'Iura quaesita' (c. 4 CIC 1983) auf der Basis der Einheit des pfarrlichen Vermögens einerseits kraft Analogie zu c. 562 CIC 1983 und anderseits aufgrund c. 1279 § 1 CIC 1983 auch vom Kodex 1983 zugewiesen[321].

b) Pfarrpfrundstiftung

Die Pfarrpfrund wird aus zwei Elementen konstituiert, nämlich dem Pfarramt[322] und den mit dem Amt verbundenen Erträgen. Die Pfarrpfrundstiftung ist das

---

kann der CIC 1917 herangezogen werden, cf. cc. 6 § 2; 19 CIC 1983. Siehe Heimerl/Pree, S. 438 f., Rz. 385 f. Vgl. Isele, Gutachten Einsiedeln, S. 240; Mörsdorf, Kirchenrecht II, S. 327 ff.; Schulz, Grundfragen, S. 872 f. – Allgemein zu Begriff und Träger der Baulast beachte auch Hartmut Böttcher, Baulast an Kirchengebäuden, in: HdbStKirchR, Band II, S. 20-23.

319 Darunter fallen der Pfarrer (c. 532 CIC 1983) als auf das Pfarrbenefizium eingesetzter Amtsträger (c. 1476 § 1 CIC 1917) wie auch u.a. der Pfarradministrator (c. 540 CIC 1983), keinesfalls jedoch die an der Wahrnehmung von Seelsorgeaufgaben beteiligten Nichtpriester. Sollte mehreren Priestern ein Pfarrei 'In solidum' übertragen worden sein, hat in vermögensrechtlichen Angelegenheiten nur der Moderator Vertretungsvollmacht (c. 543 § 2, 3° CIC 1983). Siehe Heimerl/Pree, S. 399 f., Rz. 202 ff.

320 Jone, Gesetzbuch II, S. 374 ff.; Mörsdorf, Kirchenrecht II, S. 320.

321 Grundsätzlich steht die Verwaltung des Gotteshausvermögens dem jeweiligen Rektor (i.w.S.) der betreffenden Kirche, beispielsweise dem Pfarrer oder dem Rektor einer mit selbständiger Rechtspersönlichkeit ausgestatteten Filialkirche zu. Das Universalrecht, cf. cc. 1279 f. CIC 1983, lässt jedoch diesbezüglich Raum für partikularrechtliche, statutarische oder gewohnheitsrechtliche Lösungen, welche auch der Möglichkeit einer kollegialen Administration Platz bieten. Dabei müssen die zuständigen Organe das Vermögen der iuristischen Person nach Massgabe von cc. 1281-1288 CIC 1983 verwalten. Siehe Heimerl/Pree, S. 412, Rz. 258; Puza, Verwaltung des Kirchenvermögens, S. 901, 903. Vgl. Mörsdorf, Kirchenrecht II, S. 320; Reichlin, S. 130.

322 Allgemein können Kirchenämter nur an Personen verliehen werden, welche in der kirchlichen Gemeinschaft stehen und jene Eigenschaften besitzen, die vom Kirchenrecht für das betreffende Amt verlangt werden (c. 149 § 1 CIC 1983). Ämter, welche alle seelsorgerlichen Funktionen einschliessen und daher zu ihrer Ausübung die Priesterweihe voraussetzen, können Nichtpriestern nicht wirksam anvertraut werden (c. 150 CIC 1983). Somit dürfen Benefizien nur jenen Personen übertragen werden, die rechtmässig zum Priester geweiht wurden und bei der Investitur in das betreffende Amt nicht ausserhalb der sakramentalen 'Communio' stehen.

normative Gefäss des Benefiziums[323]. Seine Dotation hat den Zweck, durch die Nutzniessung des gewidmeten Vermögens dem Inhaber des bepfründeten Amtes hinsichtlich Personal- und Sachbedarf einen standesgemässen Unterhalt sicherzustellen[324]. „Rechtspersönlichkeit besitzt nicht die Pfründe für sich, sondern das

---

323 „Beneficium ecclesiasticum est ens iuridicum a competente ecclesiastica auctoritate in perpetuum constitutum seu erectum, constans officio sacro et iure percipiendi reditus ex dote officio adnexos." (c. 1409 CIC 1917). Der Begriff 'Beneficium' wird vom Kodex 1917 in einem weiteren, eigentlichen, und in einem engeren Sinn verwendet. I.w.S. ist das Benefizium eine von der zuständigen kirchlichen Autorität auf Dauer errichtete, eigentumsfähige iuristische Person des Kirchenrechts, welche aus der „konstitutiven Vereinigung von Kirchenamt und Mitgift (dos)" erwächst. I.e.S. umfasst der Terminus die dem Amt zugeordnete Dotation. Hierzu Hochstrasser, S. 32. – Zu den in c. 1411 CIC 1917 erwähnten Benefiziumsarten siehe Jone, Gesetzbuch II, S. 523; Mörsdorf, Kirchenrecht II, S. 447. Vgl. Listl, Amt, S. 595 f. Bei den Pfarrbenefizien im Kanton Schwyz handelt es sich um Beneficia non consistorialia et curata. Die übrigen Qualifikationsmerkmale sind bezogen auf den betreffenden Einzelfall darzustellen. – Näheres hinten, S. 379 ff.

324 Der Benefiziat ist Destinatär der Pfarrpfrundstiftung. Seine Stellung resultiert aus der persönlichen Beziehung zur Pfründe, welche sich durch das ihm verliehene kirchliche Amt begründet. „An der Pfründe erlangt der Benefiziat ein dingliches Recht eigener Art. Er wird nicht Eigentümer derselben; Träger des Eigentums ist die Benefiziumsstiftung als juristische Person, die vom Benefiziaten in treuhänderischer Weise vertreten wird (vgl. c. 1476 § 1 [sc. CIC 1917]). Der Benefiziat hat also nur ein dingliches Recht an fremder Sache (ius in re aliena) und hinsichtlich seines Nutzungsrechtes an der Pfründe im allgemeinen die Rechtstellung eines Niessbrauchers. Als solcher ist er berechtigt, die Pfründe innezuhaben und zu gebrauchen (usus) sowie die Früchte aus derselben zu ziehen (fructus). Er ist verpflichtet, das Stammvermögen zu erhalten, und darf davon nichts veräussern, verschenken oder verschlechtern (sc. vgl. Art. 755 ff. ZGB). Seine Stellung ist einerseits stärker und freier als die eines Niessbrauchers, weil er nach den Grundsätzen einer geordneten Bewirtschaftung Änderungen vornehmen darf; sie ist anderseits schwächer, weil der Fruchtgenuss beschränkt ist auf die Früchte, die zu einem standesgemässen Unterhalt des Benefiziaten erforderlich sind." (Mörsdorf, Kirchenrecht II, S. 479 f.). Die Bezüge des Pfrundinhabers tragen den Charakter eines Lohnes. Dieser kann einerseits in einer Summe Geldes bestehen oder anderseits ein Naturallohn sein, welcher sich in Verbrauchsgütern (Holz, Lebensmittel etc.) oder der Gebrauchsüberlassung von Immobilien bzw. Mobilien ausprägt. C. 1409 CIC 1917 spricht von einem 'Ius percipiendi' des Pfründners, woraus Hochstrasser, S. 36, dem Benefiziaten eine klagbare Lohnforderung gegen die Pfrundstiftung zuspricht. Dem Inhaber des bezüglichen Amtes steht die Nutzung der Pfarrpfrund, auch wenn er zusätzlich noch andere Einkünfte beziehen sollte, rechtmässig zu. Bis zu Höhe der 'Honesta sustentatio' kann er frei darüber verfügen. Was der Pfründner zusätzlich an Erträgnissen einnimmt, muss er für fromme Zwecke oder für die Armen verwenden. Cf. c. 1473 CIC 1917. Bezüglich der 'Superflua' sind Einschränkungen statthaft. Vgl. Heimerl/Pree, S. 432, Rz. 354; Plöchl, Benefizium, Sp. 196.

Amt mit der Pfründe, die Benefiziumsstiftung."[325]. Das Benefizialsystem des CIC 1917 wurde universalrechtlich nicht in den neuen CIC übernommen, jedoch bestehen die Benefizien im Kanton Schwyz als öffentliche iuristische Personen, welchen vermöge des durch § 2 Abs. 1 aKV ins kantonale öffentliche Recht übernommenen Katalogs[326] kodikarischer Rechtspersonen bzw. über Art. 52 Abs. 2 und 87 Abs. 1 ZGB auch im staatlichen Normengefüge rechtliche Existenz zukommt, in der Form rechtspersönlicher 'Beneficia proprie dicta' gemäss c. 1272 CIC 1983[327] fort[328]. Für die Ausstattung des Benefiziums kommen in Betracht:

---

325 Mörsdorf, Kirchenrecht II, S. 446. Noser, S. 50 f., präzisiert diesbezüglich, dass die Rechtspersönlichkeit des Benefiziums aus dem Amt und dem Recht besteht, aus der 'Dos' die 'Honesta sustentatio' zu beziehen. „Dieses Recht kann bei der Verschiedenartigkeit der dos (c. 1410 [sc. CIC 1917]) nicht wohl selbst personifiziert werden, es muss also einen Träger haben, als der nur das Amt selbst in Frage kommt." (Ders., S. 50).

326 In Abhängigkeit von § 2 Abs. 1 aKV wurde der staatskirchenrechtliche Plan der öffentlichrechtlichen Situierung kodikarischer Institutionen zum einen anhand der in § 13 Abs. 1 KV den 'geistlichen Korporationen' garantierten Dispositions- und Eigentumsfreiheit und zum andern durch die von § 16 Abs. 2 KV erwähnten und mit Steuerfreiheit privilegierten Rechtspersonen in der stiftungsrechtlichen Form des Kirchen- und Pfrundvermögens konkretisiert. Des weiteren ging § 91 Abs. 4 (Fassung 1898) aKV von der Rechtsauffassung aus, „dass die *'kirchlichen Stiftungen'* in den einzelnen Gemeinden unangetastet bleiben müssen", wodurch die Existenz der anhand das kanonischen Rechts publizistisch positionierten kirchlichen Stiftungen verfassungsrechtlich vorausgesetzt wird. Hierzu Lampert, Gutachten, S. 80. – Erblickt man mit einem Teil der vorkonziliaren Lehre (z. B. Isele, öffentlich-rechtliche Stellung des Geistlichen, S. 277: „Pfarrei ist Pfarramt. Das Pfarramt ist Benefizium. Das Benefizium ist eine Stiftung.") in der Pfarrpfrundstiftung die Rechtspersönlichkeit der Pfarrei, dann enthüllt sich die einstige publizistische Situation der Pfarrpfrundstiftung ebenfalls aus der verfassungsmässigen Stellung der Pfarrei.

327 „War das Ämter- und Vermögensrecht des CIC/1917 noch ganz vom Benefizialrecht geprägt, so stellt 1272 die einzige Norm des Gesetzbuches von 1983 dar, die sich noch mit dieser Materie befasst. Mit Inkrafttreten des neuen Gesetzbuches am 27.11.1983 wurden die einschlägigen detaillierten Bestimmungen des CIC/1917 ... folglich ersatzlos ausserkraftgesetzt ... Daher können seitdem nach gesamtkirchlichem Recht keine neuen Benefizien mehr errichtet werden. Auf den Fortbestand der zu diesem Zeitpunkt bereits vorhandenen Benefizien hat dies hingegen keine Auswirkungen: Der Codex selber hebt sie nicht auf. Da die Benefizien nach altem Recht nicht nur in *perpetuum constitutum seu erectum* errichtet waren, sondern auch *ex ipso iuris praescriptione* Rechtspersönlichkeit besassen ..., kann ihre fortdauernde Existenz als gesichert angenommen werden. Für ihr Erlöschen wären folglich die einschlägigen Bestimmungen des 120 § 1 (vgl. 102 § 1 CIC/1917) massgebend. Da dem CIC/1917 die private Rechtspersönlichkeit noch unbekannt war und die in 116 § 1 angegebenen Kriterien von den Benefizien eindeutig erfüllt werden, können diese unter der Geltung des CIC/1983 als *universitas rerum* zu den öffentlichen juristischen Personen gezählt werden" (Althaus, Kom. c. 1272 CIC 1983, Rz. 7). Mithin

Vermögenswerte, welche im Eigentum der Pfarrpfrundstiftung als iuristischer Person stehen; dingliche Rechte an fremden Sachen; dauernde Leistungen Dritter; freiwillig an den Benefiziumsinhaber entrichtete Gaben der Gläubigen; Stolgebühren etc.[329]. Das Benefizium entfaltet in vermögens- und amtsrechtlicher Beziehung Rechte und Pflichten für den Benefiziaten. Er steht zum einen in der Stellung eines Destinatärs des rechtspersönlichen Benefiziums. Gleichzeitig amtiert der Amtsinhaber zum andern als Organ und Verwalter[330],[331] der nämlichen

---

sind auf diese Benefizien die einschlägigen Bestimmungen des CIC 1983 über die iuristischen Personen anzuwenden. Siehe Schmitz, Benefizialrecht, S. 453.

328 Cf. cc. 4; 9; 120 § 1 CIC 1983. Vgl. Althaus, Kom. Einleitung vor c. 1254 CIC 1983, Rz. 17; Heimerl/Pree, S. 427, Rz. 326.

329 C. 1410 CIC 1917. Siehe Heimerl/Pree, S. 425, Rz. 317; Mörsdorf, Kirchenrecht II, S. 446; Plöchl, Benefizium, Sp. 196. Meistens erweisen sich die Pfrundeinkünfte als ungenügend, so dass der standesgemässe Unterhalt des Benefiziaten aus anderen Quellen ergänzt werden muss. Vgl. Heimerl/Pree, S. 432, Rz. 353.

330 Zwischen der Organfunktion des Benefiziaten als treuhänderischem Verwalter des Pfrundvermögens und seiner Stellung als Destinatär der bezüglichen Stiftung ist strikt zu differenzieren, um den Anschein einer Selbstkontrahierung a priori auszuschliessen.

331 Universalrechtlich kommt dem Inhaber des Pfarramtes hinsichtlich Verwaltung und rechtsgeschäftlicher wie prozessualer Vertretung Organstellung zu (cf. cc. 1476 § 1; 1653 § 2 CIC 1917). „Als Pfarrer sind in dieser Hinsicht (nicht aber hinsichtlich der Nutzung des Pfründenvermögens) jene zu verstehen, die auch das Vermögen der Pfarrei verwalten", also auch beispielsweise der Pfarradministrator (c. 540 CIC 1983) oder der Moderator (c. 543 § 2 3° CIC 1983). Der Pfründner ist befugt, die Verwaltung seines Benefiziums mitsamt der Vertretungsbefugnis in den kanonischen Schranken Dritten (gemäss cc. 228; 1282 CIC 1983 können auch Laien an der kirchlichen Vermögensverwaltung teilhaben, hierzu einlässlich Althaus, Kom. Einführung vor c. 1273 CIC 1983, Rz. 6 ff.) zu übertragen. Beauftragt er eine bischöfliche Behörde mit der Pfrundadministration, gilt es zu beachten, dass der zuständige Ordinarius als Aufsichtsbehörde auch Organ der hoheitlichen Verwaltung ist, welche er durch seine Kurialbeamten ausübt. Er darf gemäss c. 1480 § 2 CIC 1983 die Funktion eines Sonder- bzw. Subsidiärorgans für die Pfrund ausüben. Übernimmt der Ordinarius auch die unmittelbare Verwaltung, handelt er nicht bloss als privatrechtlicher Mandatar. Der Ordinarius kann als beauftragter Verwalter wie auch in seiner Eigenschaft als übergeordnetes Organ selbst Akte der ausserordentlichen Verwaltung für die Pfrund setzen. I. d. R. sollte aber die zentrale Pfründenverwaltung nur die ordentliche Verwaltung umfassen und die Kompetenz zur ausserordentlichen Verwaltung sowie die vermögensrechtliche Aufsicht einem anderen Organ der bischöflichen Kurie zustehen. Die Stellung des Benefiziaten als Verwaltungsorgan bleibt durch die „Freiwilligkeit und Widerruflichkeit der Übertragung" gewährleistet. Zum Ganzen Heimerl/Pree, S. 429 f., Rz. 336 ff. Vgl. Althaus, Kom. Einführung vor c. 1273 CIC 1983, Rz. 9 ff. – Agiert der 'Curator beneficii' nicht iure alieno als gesetzlicher Vertreter des Benefiziums, sondern im Rahmen bzw. in Ausübung seines Nutzungsrechts aber trotzdem als Träger des betreffenden Amtes,

Pfrundstiftung[332]. Die Bestimmungen des CIC 1917 über die Verleihung und den Verlust von Benefizien wurden durch das Ämterrecht des CIC 1983[333] ersetzt und sind dort „annähernd hinreichend"[334] geregelt[335]. Das renovierte Amtsverständnis[336] des CIC 1983 als dominierendes[337] Zweckelement[338] des Benefiziums

---

so setzt er persönlich rechtsgeschäftliche Akte, beispielsweise bezüglich seines Genusses von in Naturalien ausgefällten Lohnleistungen (z.B. Ertrag aus der Bewirtschaftung von Forsten, welche im Eigentum der Pfrundstiftung stehen). Vgl. Hochstrasser, S. 36 ff.; Mörsdorf, Kirchenrecht II, S. 479 f.

332 Die Verwaltung des Benefiziums – wie auch der 'Fabrica ecclesiae' – im Sinne vermögensrechtlichen Handelns richtet sich nach den einschlägigen Normen des II. und III. Titels des Liber V. CIC 1983. C. 1280 CIC 1983 schreibt für die Vermögensverwaltung einer iuristischen Person mindestens zwei Ratgeber vor, die den Verwalter bei der Erfüllung seiner Aufgabe unterstützen sollen. Dies gilt grundsätzlich hinsichtlich sämtlicher Träger des ortskirchlichen Vermögens, so auch der Benefizien. Siehe Althaus, Kom. c. 1272 CIC 1983, Rz. 7. Vgl. auch Heimerl/Pree, S. 430, Rz. 339. C. 118 CIC 1983 bestimmt, dass die Organe der Vermögensverwaltung nach Massgabe des Rechts oder der Statuten bestellt werden. In casu schliesst das Kirchenamt die Verwaltertätigkeit des Inhabers des Pfarramtes ein. Partikularrechtlich besteht jedoch Raum, um eine Pfarrpfrund durch mehrere Personen, darunter auch Laien (cf. cc. 228; 1282 CIC 1983), sachgerecht administrieren zu lassen. Siehe Althaus, Kom. Einführung vor c. 1273 CIC 1983, Rz. 3 ff.

333 Cc. 145-196 CIC 1983. – Ein Kirchenamt kann nur gültig durch kanonische Verleihung erlangt werden (c. 146 CIC 1983). Darunter ist die nach Massgabe des kanonischen Rechts durch den zuständigen kirchlichen Oberen vorgenommene Übertragung des Kirchenamtes zu verstehen. Diese wird seitens des Ordinarius frei oder wie im Falle des häufig mit dem Benefizium über das Patronatsrecht verbundenen Präsentationsprivilegs in gebundener Weise ausgeübt. Der Autorität, welcher es zukommt, Ämter zu errichten, zu verändern und aufzuheben, steht auch i. d. R. deren Übertragung zu (c. 148 CIC 1983). Kraft Fülle und Unmittelbarkeit der Primatialgewalt (c. 331 CIC 1983) hat der Papst das alleinige Recht, in der ganzen Kirche Ämter zu verleihen oder sich zur Verleihung vorzubehalten. Vgl. Listl, Amt, S. 596; May, Kirchenamt, S. 143 f.

334 Heimerl/Pree, S. 427, Rz. 326. – Probleme eher technischer Art können sich etwa bei allfälligen Präsentationsrechten hinsichtlich der Kompetenz zur Suche geeigneter Kandidaten oder der anderweitigen Inkardination von zu präsentierenden Geistlichen ergeben.

335 Unter Wahrung der 'Iura quaesita' (c. 4 CIC 1983) erfolgt mit der Einführung in das Amt implizit auch die Einsetzung auf die Pfarrpfrund.

336 Die strikte Inamovibilität der Pfarrer wurde durch das Motu proprio 'Ecclesiae Sanctae', Ziff. 20, unbeschadet der bezüglichen 'Iura quaesita' (c. 4 CIC 1917) weitgehend beseitigt. Die entsprechenden Bestimmungen flossen unter Wahrung der wohlerworbenen Rechte (c. 4 CIC 1983) in die cc. 184; 190; 522; 538; 1740-1752 ein. Siehe Althaus, Kom. c. 1272 CIC 1983, Rz. 7; Schmitz, Benefizialrecht, S. 454.

337 C. 1409 CIC 1917 statuierte den Vorrang des geistlichen Amtes vor dem vermögensrechtlichen Aspekt des Benefiziums, was durch die Parömie 'Beneficium datur propter officium' zum Ausdruck kommt. Siehe Mörsdorf, Kirchenrecht II, S. 444 f.;

muss mit dem partikularrechtlichem Fortbestehen der entsprechenden Temporalienregelung in Einklang gebracht werden. Hierbei können sich Probleme hinsichtlich den für die Pfarreiebene neu eingeführten Leitungsformen ergeben, so beispielsweise bei der Betreuung mehrerer Pfarreien durch einen Pfarrer[339], oder bezüglich der Pfarrinstallation mehrerer Priester auf eine oder verschiedene Pfarreien in solidum[340], wie auch im Falle, dass die Seelsorge einer Pfarrei gemäss c. 517 § 2 CIC 1983 von Nichtpriestern unterstützt und von einem Priester geleitet wird[341].

Schmitz, Benefizialrecht, S. 443. Vgl. auch Isele, Gutachten Einsiedeln, S. 234; Landau, S. 577 f.

338 „Das Beneficium ist ein bepfründetes Amt (officium beneficiale). Es ist einerseits Kirchenamt, und zwar ein Amt im engeren Sinne (officium), d.h. eine Einrichtung, die eine Teilhabe an hoheitlicher Hirtengewalt einschliesst ..., ausnahmsweise ein Amt im weiteren Sinne (munus), z.B. Kaplaneibenefizium, Frühmessbenefizium u.a.; andererseits ist es eine Vermögensmasse (dos, praebenda, Pfründe) oder wenigstens ein Anrecht auf Reichnisse und Gaben, die mit dem Kirchenamt bleibend verbunden sind. Demnach umschliesst das Beneficium Dinge geistlicher und zeitlicher Art, Spiritualien und Temporalien. Den wichtigsten Bestandteil bildet die geistliche Seite, das Kirchenamt; das mit diesem verbundene Vermögen oder die ihm zugewiesenen sonstigen Erträgnisse dienen dem Amt d.h. näherhin dem Lebensunterhalt des Amtsinhabers. Das Amt ist die Hauptsache (principale); das zeitliche Gut hat den Charakter eines Zubehörs (acessorium). Das Gut hängt am Amt nicht das Amt am Gut, und nach dem Grundsatz: Acessorium sequitur principale teilt das Gut die Schicksale des Amtes.“ (Mörsdorf, Kirchliches Recht II, S. 445).

339 C. 460 CIC 1917 schloss aus, dass ein Pfarrer mehrere Pfarreien innehaben konnte. C. 526 § 1 CIC 1983 sieht nun die Möglichkeit vor, dass zufolge Priestermangels einem Priester die pfarrliche Sorge für eine oder mehrere benachbarte Pfarreien anvertraut wird. Dabei kann der als Pfarrer in einer Pfarrei installierte Priester in der benachbarten Pfarrei (oder auch in benachbarten Pfarreien) als Pfarradministrator eingesetzt sein. Dementsprechend hat er als Pfarrer die Stellung eines Organs und Destinatärs der Pfarrpfrundstiftung, während er in der Funktion des Pfarradministrators das entsprechende Benefizium lediglich verwaltet. Hierbei ist anzumerken, dass c. 539 CIC 1983 einer Pfarradministratur zwischenzeitlichen Charakter zuspricht. Denkbar wäre auch, einem Priester die Pfarrämter verschiedener Pfarreien mitsamt den betreffenden Benefizien zu übertragen, wobei in allen Fällen die ‘Honesta sustentatio’ als Massstab der Einkommenshöhe gelten muss. Vgl. Heimerl/Pree, S. 433 f., Rz. 361.

340 Die Priester, welche in solidum eine Pfarrei betreuen, gelangen durch Besitzergreifung in ihr Amt (cf. cc. 527; 534 § 1 CIC 1983). „Sie können daher alle und jeder einzelne als Pfründeninhaber gelten; aber auch eine Regelung, nach der nur der Moderator die Pfründe innehabe, dürfte zulässig sein ...“ (Heimerl/Pree, S. 434, Rz. 362).

341 Dann kann nach dem Benefizialrecht die Pfarrpfrund nicht zugeordnet werden. Die Pfarrei ist insofern als vakant zu behandeln. In vermögensrechtlicher Hinsicht lässt sich folglich kein unmittelbarer Leiter der öffentlichen iuristischen Person bestim-

c) Selbständige Sonderstiftungen

Im Kanton Schwyz bestehen zahlreiche Sonderstiftungen mit eigener Rechtspersönlichkeit. Dabei handelt es sich zum einen um Filialkirchenstiftungen[342], deren Stiftungsgegenstand Wirkungsobjekt eines eigenen Kirchenrektors[343] sein kann, respektive um Kapellstiftungen[344]. Zum andern werden durch die selbständigen Sonderstiftungen die Ämter des Kirchenrektors[345] bzw. des 'Vicarius coopera-

---

men (cf. c. 1279 § 1 CIC 1983). Mithin fliessen die Früchte des Benefiziums der betreffenden Diözese zu. Siehe Heimerl/Pree, S. 434, Rz. 363; Ders., S. 400, Rz. 204.

342 Unter dem Begriff 'Filialkirche' wird vorliegend ein Gotteshaus verstanden, das „in einer Beziehung der Abhängigkeit zur Pfarrkirche" steht. Siehe Heimerl/Pree, S. 436, Rz. 373. Besassen die Filialkirchen unter dem Regime des CIC 1917 als öffentliche iuristische Personen des Kirchenrechts eigene Rechtspersönlichkeit, bestehen die Filialkirchenstiftungen wie übrigens auch die Kapellstiftungen in dieser Rechtsform unter dem Kodex 1983 fort (c. 4 CIC 1983). Hierzu Althaus, Kom. Einleitung vor c. 1254 CIC 1983, Rz. 17; Heimerl/Pree, S. 598., Rz. 1115.

343 Der Unterhalt von Kirchengebäude und bezüglichem Amt obliegt den betreffenden Kirchgenossen, die sich zum Teil in entsprechenden nicht mit der Kirchgemeinde zu verwechselnden Körperschaften (Kapellgenossenschaften etc.) organisieren. Als solche kommt diesen seit alters neben dem 'ex officio' amtierenden Amtsinhaber (c. 562 CIC 1983) die Verwaltung der selbständigen Sonderstiftungen zu. Dabei amtieren diese Verbandspersonen nicht in der Funktion eines Organs der betreffenden Kirchgemeinde. Siehe Reichlin, S. 131; sowie EGV-SZ 1969 Nr. 3, S. 66, welcher in casu nicht verneint, dass eine iuristische Person Organ einer Stiftung sein kann.

344 Cf. cc. 1223-1229 CIC 1983. Stiftungsobjekt einer Kapellstiftung ist im Kanton Schwyz häufig eine Nebenkirche (z.B. Friedhofs-, Spital-, Bruderschaftskirchen etc.) Diese dienen in erster Linie bestimmten Sonderzwecken. Siehe Mörsdorf, Kirchenrecht II, S. 309.

345 Unter einem Kirchenrektor ist in casu gemäss c. 556 CIC 1983 ein Priester zu verstehen, welchem die Obhut für ein Kirche anvertraut ist, die weder den Titel einer Pfarr- noch einer Kapitelskirche hat, und nicht mit der Niederlassung einer Ordensgemeinschaft oder einer Gesellschaft des apostolischen Lebens, welche in ihr Gottesdienste feiert, verbunden ist. Dem Kirchenrektor, dessen Amt mit 'Potestas ordinaria vicaria' (c. 131 § 2 CIC 1983) ausgestattet ist, kommen vornehmlich gottesdienstliche Aufgaben zu, „die durch Stiftung, Satzung, Herkommen oder Anweisung des Diözesanbischofs bestimmt sind" (Aymans, Kanonisches Recht II, S. 447). Siehe cc. 558-560 CIC 1983. Des weiteren entscheidet der Kirchenrektor gemäss c. 561 CIC 1983, wer in der Filialkirche Eucharistie feiern, Sakramente spenden oder kirchliche Amtshandlungen vornehmen darf. Ähnlich wie der Pfarrer hat der Kirchenrektor unter der Autorität des Ortsordinarius für alles, was die ihm anvertraute Kirche betrifft, Sorge zu tragen und die Aufsicht zu führen. Dabei muss er die rechtmässigen Stiftungsstatuten und die wohlerworbenen Rechte beachten. Namentlich ist der Kirchenrektor zur gewissenhaften Vermögensverwaltung verpflichtet sowie für die Instandhaltung des Gotteshauses und der hl. Geräte verantwortlich (c. 562 CIC 1983). Siehe Heimerl/Pree, S. 436, Rz. 374. Der Kirchenrektor wird ge-

tor'[346] rechtspersönlich bepfründet. Den jeweiligen Amtsinhabern obliegt die Verwaltung dieser öffentlichen Stiftungen des Kirchenrechts[347], welche Be-

meinrechtlich i. d. R. frei vom Diözesanbischof ernannt. Eine Ausnahme stellen im Kanton Schwyz beispielsweise die Viertelskuratien der Pfarrei Einsiedeln oder das von der Pfarrei Freienbach abhängige Pfarrektorat Pfäffikon dar, wohin jeweils der Abt des Klosters einen Stiftskonventualen zum Pfarrvikar (-rektor) bestellt (cf. c. 557 § 1 CIC 1983). Vgl. Reichlin, S. 80. Der Ortsordinarius kann gemäss c. 563 CIC 1983 den Kirchenrektor einer Neben- bzw. Filialkirche, auch wenn er von dritter Seite gewählt oder präsentiert worden ist, aus gerechtem Grund nach seinem klugen Ermessen, unbeschadet der Vorschrift des c. 682 § 2 CIC 1983, frei abberufen. „Der Grund muss nicht in der Person oder der Amtsführung des Kirchenrektors liegen. Wenn der Kirchenrektor einem Religiosenverband oder einer Gesellschaft des apostolischen Lebens angehört, hat der Diözesanbischof zuvor den Verbandsoberen zu informieren, doch kann auch der Verbandsobere den als Kirchenrektor amtierenden Verbandsangehörigen zur Aufgabe dieses Amtes veranlassen, nachdem er zuvor den Diözesanbischof über seine Absicht in Kenntnis gesetzt hat (cc. 682 § 2, 738 § 2)." (Aymans, Kanonisches Recht II, S. 447).

346 Im Kanton Schwyz wird der 'Vicarius cooperator' (cc. 545-552 CIC 1983) Kaplan, Pfarrhelfer oder schlicht Vikar genannt. Dieser ist priesterlicher Helfer eines oder mehrerer Pfarrer. Zu seiner Ernennung ist der Besitz der Priesterweihe zwingend erforderlich (c. 546 CIC 1983). Die Bestellung eines Pfarrvikars richtet sich nach den Bedürfnissen der Seelsorge (c. 545 CIC 1983). Er ist Mitarbeiter und Teilhaber an den pfarrlichen Aufgaben. Der Pfarrer hat gegenüber dem Pfarrvikar, welchem 'Potestas ordinaria vicaria' (c. 131 § 2 CIC 1983) zukommt, Weisungsbefugnis. Der Diözesanbischof ernennt gemäss c. 547 CIC 1983 den Pfarrvikar i. d. R. frei (gemäss Appert, S. 79; sowie Reichlin, S. 121 soll im Kanton Schwyz das Pfarrhelferpräsentationsrecht in Übung sein). „Die Rechtsstellung des Pfarrvikars ist nur zum Teil gemeinrechtlich festgelegt. Sie sollte diözesanrechtlich präzisiert sein und kann im Einzelfall kraft des Ernennungsschreibens erweitert oder eingeengt werden [...] Der Pfarrer ist als Hirte der Pfarrei für deren Einheit verantwortlich und daher gegenüber dem Pfarrvikar weisungsbefugt (sc. c. 548 § 1 CIC 1983), doch sind ihre Ämter auf vertrauensvolle Zusammenarbeit angelegt. Der Pfarrvikar ist Mitarbeiter und Teilhaber an der Seelsorgsaufgabe des Pfarrers [...] Der Pfarrvikar hat Residenzpflicht in dem Gebiet, für das er ernannt ist [...] Für die Abberufung des Pfarrvikars ist der Diözesanbischof, gegebenenfalls auch der Diözesanadministrator zuständig. Sie kann jederzeit aus gerechtem Grund vorgenommen werden. Ein Pfarrvikar, der als Priester einem anderen Oberhirten untersteht (Inkardination), kann auch von diesem frei abberufen werden; in diesen Fällen hat der eine den anderen Oberhirten zuvor von der beabsichtigten Massnahme lediglich in Kenntnis zu setzen." (Aymans, Kanonisches Recht II, S. 437 f.).

347 Ist das Amt des Pfarrvikars (Kaplans, Pfarrhelfers) rechtspersönlich dotiert, so übernimmt bei Vakanz des bepfründeten Amtes der Pfarrer (sollte das Pfarramt unbesetzt sein, der Pfarradministrator [c. 540 CIC 1983]) in Analogie zur Stellung des Pfarradministrators hinsichtlich des Pfarrbenefiziums und kraft c. 1267 CIC 1983 die stiftungsrechtliche Organfunktion. Diese hat er nach Massgabe von cc. 1281-1288

standteil des von § 2 Abs. 1 aKV[348] ehedem in den publizistischen Bereich des kantonalen Rechts aufgenommenen Katalogs kirchlicher Rechtspersonen sind[349].

Die Vielfalt der kirchlichen Stiftungen gibt schliesslich zur Bemerkung Anlass, dass das kirchliche Stiftungswesen im Kanton Schwyz eine staatskirchenrechtliche Tradition von erheblicher rechtshistorischer Bedeutung aufweist. Im Institut der kirchlichen Stiftung ereignet sich die Genese des Verhältnisses von Kirche und Staat[350] im Kanton Schwyz. Die von den Kirchgenossen vermöge der Kirchen- und Ämterdotation eingegangene Verpflichtung wirkt mitsamt den daran kirchlicherseits geknüpften Vorrechten bis in unsere Zeit rechtsverbindlich fort. Das Beziehungsgeflecht zwischen dem konfessionellen Verband und den Christgläubigen wurde dabei auf kommunaler Ebene im Rahmen der kanonischen Pfarrei geknüpft. Infolgedessen drückt sich die institutionelle Ausprägung des Rechtsverhältnisses der betreffenden Kirchgenossen zur römisch-katholischen Kirche durch jede selbständige Stiftung gesondert und konkret aus. Dies lässt eine generell-abstrakte Qualifikation nur in den Hauptlinien zu und begründet im übrigen die Pflicht zur Untersuchung des Einzelfalls.

4. Exkurs Benefizium

Das zweite Vatikanum hebt im Dekret 'Presbyterorum ordinis' die Prävalenz des Amtes und des mit ihm verbundenen geistlichen Zwecks hervor[351]. Um Verteilungsgerechtigkeit bei den Bezügen des Klerus walten zu lassen, soll in der Folge sämtlichen Inhabern eines kirchlichen Amtes eine adäquate Entlöhnung ausgerichtet werden. Zu diesem Behufe fordert das zweite Vatikanische Konzil die Ab-

---

CIC 1983 und unter Aufsicht der zuständigen kirchlichen Autorität (cc. 1276 ff. CIC 1983) wahrzunehmen.

348 Vgl. §§ 13 Abs. 1 KV; 16 Abs. 2 KV; 91 Abs. 4 (Fassung 1898) aKV, welche den staatskirchenrechtlichen Plan der öffentlichrechtlichen Situierung kodikarischer Institutionen in Dependenz von § 2 Abs. 1 aKV konkretisieren.

349 Im übrigen gelten bezüglich der kirchlichen Sonderstiftungen mutatis mutandis auch die über die Pfarrkirchen- und Pfarrpfrundstiftungen gemachten Ausführungen.

350 Diesbezüglich undifferenziert Kraus, Staatskirchenrecht, S. 389.

351 „Officio vero, quod sacri ministri adimplent, praecipuum momentum tribuere oportet. Quare systema sic dictum beneficiale relinquatur aut saltem ita reformetur ut pars beneficialis, seu ius ad reditus ex dote officio adnexos, habeatur tamquam secundaria, et princeps in iure tribuatur locus ipsi officio ecclesiastico, quod quidem deinceps intellegi debet quodlibet munus stabiliter collatum in finem spiritualem exercendum." (PO Art. 20 Abs. 2).

schaffung des Benefizialwesens oder mindestens dessen Umstrukturierung[352]. Das zweite Vatikanum konnte jedoch nicht umhin festzustellen, dass es in der römisch-katholischen Kirche Regionen gibt, in denen heute noch Benefizien bestehen. Diese sind als „geniale Schöpfung der kirchlichen Rechtsgeschichte"[353] sowohl in öffentlich- wie auch privatrechtlicher[354] Beziehung für den Kanton Schwyz von systemtypischer und zugleich kommunikationstragender Bedeutung und verhindern letztendlich ein Abgleiten des Gemeinwesens in staatskirchliche Ignoranz.

A. *'Beneficia proprie dicta'*

a) Begriff

C. 1272 CIC 1983 ordnet an, dass in den Regionen, wo 'Beneficia proprie dicta' bestehen, die Bischofskonferenz ermächtigt wird, durch Erlass entsprechender, mit dem Apostolischen Stuhl abgestimmter und von ihm genehmigter Normen, das Benefizialrecht neu zu ordnen. Eine Abgrenzung der Benefizien im eigentlichen von denjenigen im uneigentlichen Sinn findet sich weder im heutigen Gesetzbuch noch im Kodex 1917. Dort formuliert c. 1409 CIC 1917 eine Legaldefinition des Benefiziums als einer durch die zuständige kirchliche Autorität auf Dauer errichteten iuristischen Person, welche aus einem geistlichen Amt und dem Recht besteht, die Erträge aus einer am Amt hängenden Vermögensmasse[355] für den standesgemässen Lebensunterhalt des Amtsinhabers zu verwenden. Der Nexus von objektiviertem Amt und Dotation[356] bildet den Ausgangspunkt zur ter-

---

352 Siehe Schmitz, Benefizialrecht, S. 443. Vgl. Landau, S. 581 f.; Listl, Amt, S. 595.; May, Benefizium, Sp. 225. – Das Kirchenamt sollte nach dem Willen der Konzilsväter vom Benefizium insofern gelöst werden, als zum einen der zuständige Ordinarius sich bei der Ämterverleihung möglichst in der Lage befindet, nach dem Prinzip der 'Libera collatio' zu verfahren und zum andern nicht finanzielle Aspekte die Bewerbung eines Kandidaten für ein Kirchenamt beeinflussen dürfen. Siehe Althaus, Kom. c. 1272 CIC 1983, Rz. 1.

353 Schwendenwein, Durchführung des neuen CIC, S. 505.

354 Siehe hinten, S. 501 ff.

355 Diese kann im Lichte des CIC 1983 für die in Frage stehende Begriffsbestimmung nicht im Sinne der von c. 1410 CIC 1917 aufgezeigten Arten von 'Dotes' aufgeschlüsselt werden, da die durch c. 1272 CIC 1983 vorgenommene Reduktion auf bestimmte Regionen sonst hinfällig würde. C. 1272 CIC 1983 geht nämlich in bezug auf die Existenz von 'Beneficia proprie dicta' nicht von einer zu widerlegenden Rechtsvermutung aus. Vgl. Schmitz, Benefizialrecht, S. 451.

356 „Selbstverständlich muss der Benefizieninhaber diesbezüglich ein *ius percipiendi reditus* haben. Sog. 'Benefizien', die nur aus dem Kirchenamt und einem Einkommen aus anderen Mitteln bestehen (z.B. allein diözesane Haushaltmittel – in diesem

minologischen Unterscheidung zwischen 'Beneficia proprie dicta' und 'Beneficia non proprie dicta'[357]. Folglich können erstere nicht jene Benefizien umfassen, „bei denen die Rechtsfigur des Benefiziums nur noch die rechtliche Hülle für bestimmte, dem Aufbau der Kirchenverfassung dienende Kirchenämter abgibt"[358]. Der Begriff 'Beneficia porprie dicta' ist des weiteren auf solche Benefizien zu beschränken, welche eine Dotation „im ursprünglichen Sinn des Benefizialsystems"[359] aufweisen. Die betreffende Vermögensmasse muss danach im Eigentum des Benefiziums stehen und kann nicht nur vermögenswerte Rechte in der Form obligatorischer Ansprüche auf Sustentation aus anderen Quellen oder Mitteln enthalten[360],[361]. „Unter den Begriff 'Beneficia proprie dicta' sind also jene Benefizien zu fassen, die aus einem geistlichen Amt (*officium sacrum*) und dem Recht des Amtsinhabers auf die Erträge (*ius percipiendi reditus*) bestehen, die

---

Fall wäre an can. 1412, 4° CIC/1917 zu denken- oder Missionssammlungen) fallen folglich nicht unter die *beneficia proprie dicta* ..." (Althaus, Kom. c. 1272 CIC 1983, Rz. 3).

357 Vgl. Heimerl/Pree, S. 247, Rz. 324.

358 Schmitz, Benefizialrecht, S. 451. – Zufolge des Fehlens einer eigentlichen Dotation lässt sich an die 'Beneficia non proprie dicta' als zwar nach wie vor bestehenden 'Entes iuridica' (c. 4 CIC 1983) kein Titel knüpfen, unter welchem das Patronatsprivileg kausal firmieren könnte.

359 Schmitz, Benefizialrecht, S. 451.

360 „Daher kommt nur die erste der in c. 1410 CIC/1917 genannten Arten in Frage: '*bona quorum proprietas est penes ipsum ens iuridicum.*' Diese Art der *dos* umfasst also Vermögenswerte, die im Eigentum des Benefiziums als juristischer Person stehen, und allenfalls dingliche Rechte an fremden Sachen. Alle anderen Arten der in c. 1410 CIC/1917 aufgezeigten Arten der *dos* scheiden damit als *improprie/non proprie* aus." (Schmitz, Benefizialrecht, S. 451 f.). – A.M. Althaus, Kom. c. 1272 CIC 1983, Rz. 3; Heimerl/Pree, S. 426, Rz. 320.

361 Einem Benefizium im eigentlichen Sinn eignet auch im CIC 1983 die Qualität einer öffentlichen iuristischen Person des Kirchenrechts. Diese ist Rechtsträgerin von Kirchengut und wurde mit der nämlichen Intention seit der Reform des kirchlichen Ämterwesens im 12/13. Jahrhundert (Alexander III. und Innozenz IV.) in der Form einer rechtspersönlichen 'Universitas rerum' errichtet. Das Kirchenvermögen muss gemäss c. 1257 § 1 CIC 1983 im Eigentum einer öffentlichen iuristischen Person stehen, um als solches gelten zu können. Der alleinige Verweis auf den kirchlichen Zweck ist diesbezüglich nicht ausreichend. Infolgedessen stellt die Notwendigkeit der eigentumsrechtlichen Trägerschaft eines Benefiziums im eigentlichen Sinn an der entsprechenden 'Dos' einen kohärenten Bezug zum kodikarischen Recht des Kirchenvermögens her. – Der Kanton Schwyz regelt sein grundsätzliches Rechtsverhältnis zum Kirchengut nicht speziell, sondern stützte sich in casu zufolge § 2 Abs. 1 aKV bzw. § 13 Abs. 1 KV in programmatischer Hinsicht auf den kodikarischen Normenkatalog. Mithin existieren die 'Beneficia proprie dicta' auch im saekularrechtlichen Rahmen, wenn sie Eigentümer des entsprechenden Benefizialgutes sind.

aus dem Vermögen erfliessen, das im Eigentum des Rechtsträgers Benefizium steht, unabhängig davon, ob die Erträge zur Besoldung des Amtsinhabers ausreichend sind oder nicht."[362].

C. 1272 CIC 1983 überlässt es den Bischofskonferenzen zu prüfen, ob in ihrem Verantwortungsbereich 'Beneficia proprie dicta' bestehen. Diese Ermächtigung bzw. Zuweisung einer Gesetzgebungskompetenz verpflichtet gleichzeitig die Bischofskonferenzen[363], entsprechend der inhaltlichen Weisung von c. 1272 CIC 1983 tätig zu werden[364],[365].

b) Bestand und Funktion

Die Rechtsträgerschaft des ortskirchlichen Vermögens erhellt sich in der Regel aus den bezüglichen Stiftungsurkunden[366]. Die Stiftungsbriefe bezeugen den

---

362 Schmitz, Benefizialrecht, S. 452 f.

363 Aus dem religionsrechtlichen Blickwinkel entspräche es wohl eher der schweizerischen Realität, in casu die Kompetenz zum Erlass partikularrechtlicher Normen auf die diözesane Ebene zu verlagern. Die Zuständigkeit der Schweizer Bischofskonferenz zur Reform des Benefizialwesens lässt sich im Hinblick auf die Notwendigkeit der nationalen Kontinuität in den durch c. 1272 CIC 1983 statuierten Zielen und in Nachachtung der systembildenden Funktion von 'Beneficia porprie dicta' gleichwohl rechtfertigen. Siehe Althaus, Kom. c. 1272 CIC 1983, Rz. 4. Vgl. Schmitz, Benefizialrecht, S. 444.

364 „Die Neugestaltung des Benefizialwesens liegt jedoch nicht allein in der Kompetenz der Bischofskonferenz; vielmehr wird eine über die übliche *recognitio*, die mehr als eine Art Unbedenklichkeitserklärung verstanden werden kann ..., hinausgehende, intensivere Zusammenarbeit gefordert, die der fundamentalen und aussergewöhnlichen Bedeutung einer solchen Umwandlung eher gerecht wird." (Althaus, Kom. c. 1272 CIC 1983, Rz. 4). Siehe Schmitz, Benefizialrecht, S. 444.

365 Die von c. 1272 CIC 1983 vindizierte Vorschrift ist keine Kannbestimmung, welche ein Tätigwerden bei Handlungsbedarf in das Ermessen der Bischofskonferenz stellt. Siehe Althaus, Kom. c. 1272 CIC 1983, Rz. 4; Schmitz, Benefizialrecht, S. 444; Schmitz/Kalde, S. 124. Vgl. May, Benefizium, Sp. 225.

366 Vielfach wurden die rechtshistorischen Belege der stiftungsrechtlichen Rechtsgefässe untersucht und publiziert in: 'Der Geschichtsfreund', Mitteilungen des Historischen Vereins der fünf Orte Luzern, Uri, Schwyz, Unterwalden ob und nid dem Wald und Zug, Einsiedeln/New York/Cinncinati 1844 ff. Für die Landschaft March finden sich weitere Hinweise etwa bei Regula Hegner, Geschichte der March unter schwyzerischer Oberhoheit, in: Mitteilungen des Historischen Vereins des Kantons Schwyz, Nr. 50, Einsiedeln 1953; sowie neuerdings bei Iwan Köppel, Die Eigentumsverhältnisse an der katholischen Pfarrkirche in Nuolen. Exemplarische Fallstudie zur Frage des Eigentums am Kirchenvermögen, in: Mitteilungen des Historischen Vereins des Kantons Schwyz, Nr. 91, Schwyz 1999, S. 241-257, welcher das rechtmässige Bestehen der kirchlichen Stiftungen als vermögensrechtliche Rechtsträger der Pfarrei Nuolen nachweist. Einen allgemeinen Überblick der vermögens-

Widmungswillen des Donators und belegen den Übergang der Dotationsgüter ins Eigentum bzw. in die Verfügungsmacht des Benefiziums. Da Bewidmungsnachweise den Wirren des Zeitenlaufs zum Opfer fallen können[367], muss die rechtspersönliche Existenz der Benefizien im Lichte jenes Rechts, welches ihr Entstehen ordnete, zutage befördert werden[368]. Die Errichtung eines bepfründeten Kirchenamtes ist ein kirchenrechtlicher Akt der freiwilligen Verwaltung. Sie musste gemäss c. 1418 CIC 1917 in der Form einer Urkunde erfolgen, was jedoch keine Gültigkeitsvoraussetzung darstellte[369],[370]. „Canon 1418 (sc. CIC 1917) loquitur de instrumento constitutionis beneficii, quod, porprie loquendo idem non est ac decretum formale erectionis, quodque requiritur quidem *ex praecepto*, non tamen ad *valorem* constitutionis ipsius beneficii."[371]. Mithin lässt sich das rechtmässige Bestehen einer selbständigen Pfarrpfrundstiftung nicht durch das Fehlen einer Bewidmungs- bzw. Errichtungsurkunde falsifizieren[372].

---

rechtlichen Pfarreistrukturen in der Innerschweiz des Spätmittelalters bietet Carl Pfaff, Pfarrei und Pfarreileben, Ein Beitrag zur spätmittelalterlichen Kirchengeschichte, in: Innerschweiz und frühe Eidgenossenschaft, Olten 1990, S. 203-281. – Mit Reichlin, S. 80, FN 84, ist für die nachfolgenden Ausführungen darauf hinzuweisen, „dass die Bemerkungen über die Patronatsverhältnisse in den Pfarreien, sofern nicht expressis verbis etwas anderes vermerkt ist, *nicht auf urkundlicher Forschung* beruhen. Anderslautende Ergebnisse quellenmässiger Untersuchungen werden daher vorbehalten."

367 Reichlin, S. 131, FN 31. – In RRB 1937/1792, S. 6, vertrat der Regierungsrat irrtümlicherweise die Ansicht, „dass es sich deshalb nicht um Stiftungen handeln könne, weil die Stiftungsurkunde fehle. Diese Auffassung kann indessen nicht aufrechterhalten werden, weil Kirchen- und Pfrundstiftungen sehr oft über keine Stiftungsurkunde mehr verfügen." (EGV-SZ 1969 Nr. 3, S. 66). Vgl. Vasella, S. 40 f.

368 Vgl. Vasella, S. 15 f.

369 Jone, Gesetzbuch II, S. 530; Mörsdorf, Kirchenrecht II, S. 451; Plöchl, Benefizium, Sp. 198.

370 In der Folge zeitigt auch aus staatlicher Sicht die Unauffindbarkeit einer Stiftungsurkunde für die Annahme der rechtsgültigen Errichtung insofern keine Konsequenzen, als dem Pfrundbrief lediglich Beweiskraft bezüglich der individuellen Legitimation zur Sachherrschaft zukommt, welche gemäss Kodex 1983 i. d. R. (cf. c. 1279 CIC 1983) automatisch aus der Innehabung des betreffenden Amtes fliesst.

371 Entscheidung der Konzilskongregation vom 5. März 1932, in: AAS 25 (1932), S. 437 f.

372 Damit gerinnt auch die seitens Isele, Exposé, S. 44 f.; sowie Urs Josef Cavelti, Gutachten, S. 38; Ders., Vermögensrecht, S. 151 f., an die Hypothese der Inexistenz generell geknüpfte Vermutung der benefizialen Unverfügbarkeit von eigentumsrechtlichen Titeln im Lichte der vollumfänglichen Rechtsfähigkeit einer diesbezüglichen Stiftung zur fundamentlosen Konstruktion eines so nicht herleitbaren und demnach auch ungültigen Rechtsschlusses. Mehr Aufschluss bringt in casu die nachfolgende Skizze des 'Ius patronatus' hinten, S. 387 ff.

In der römisch-katholischen Kirche prägte sich der Grundsatz aus, dass kein Kirchenamt errichtet werden dürfe, ohne den Unterhalt des Amtsinhabers sicherzustellen, 'Nullum officium sine beneficio'[373]. Das Benefizium konstituiert sich aus zwei Elementen, nämlich dem Amt 'Officium' und dem Recht auf die Amtseinkünfte[374]. Metaphorisch ist die Pfarrpfrund als Janusgesicht fassbar: Die eine Kopfhälfte schaut zum kirchlichen Ämterwesen, die andere zum kirchlichen Vermögensrecht. „Spricht man von officium, so ist personell auch das beneficium begriffen, spricht man von Pfründe, so ist personell auch das Amt gemeint."[375]. Der Nexus von rechtspersönlichem Amt, welches dem Benefiziaten eine independente Position gegenüber direkter Einflussnahme seitens des Temporaliengebers verleihen soll[376], und der Dotation dieses verselbständigten Teils des örtlichen Kirchenvermögens generiert als durch die patronatische Inpflichtnahme der Kirchgenossen perpetuiertes Beziehungsprinzip dem Kanton Schwyz ein tradiertes System für sein Verhältnis zur römisch-katholischen Kirche. Die diesbezügliche Korrelation der Form in utroque foro verklammert beide 'Societates perfectae' unter der Voraussetzung der kirchenrechtlich bedingten Systemtreue. Somit gerät die Pfarrpfrundstiftung, deren spezifische Funktion das schwyzerische Staatskirchenrecht nachhaltig prägte, zum systembildenden Idealtypus des Verhältnisses von Kirche und Staat im Kanton Schwyz.

In Nachachtung dessen dekretierte die Schweizer Bischofskonferenz: „Bis zur Neuregelung der Materie werden diejenigen Normen des Codex 1917, die sich mit der Verwaltung – nicht mit der Verleihung des Benefiziums befassen, als Partikulargesetz der Schweizer Bischofskonferenz in Kraft gesetzt."[377]. Damit wird sinngemäss dem Mindestziel[378] von c. 1272 CIC 1983[379],[380] Rechnung ge-

373 Vgl. Isele, Gutachten Einsiedeln, S. 234; Vasella, S. 40.

374 C. 1409 CIC 1917.

375 Isele, Gutachten Einsiedeln, S. 234.

376 Die Notwendigkeit der unabhängigen Stellung eines Geistlichen erweist sich gerade bei der Ausübung seines prophetischen Amtes, welches er in Communio mit dem Lehramt vollziehen muss, auch heutzutage von eminenter Bedeutung. So ist es schon aus religionsfreiheitlicher Sicht nicht zulässig, dass ein Kleriker aufgrund seiner in dogmatischen Fragen mit der röm.-kath. Theologie konformen Haltung von einer staatskirchenrechtlichen Körperschaft in die Pflicht genommen bzw. abgelehnt wird.

377 Schmitz/Kalde, S. 83; SKZ Nr. 29/30 (1985), S. 473.

378 Das von c. 1272 CIC 1983 angestrebte Höchstziel besteht in der Abolierung bestehender Benefizien, um neben den Benefizialerträgen (reditus) auch die einzelnen Vermögensmassen (dotes) dem diözesanen Besoldungsinstitut als neuem Rechtsträger zu übereignen. Siehe Althaus, Kom. c. 1272 CIC 1983, Rz. 5; Schmitz, Benefizialrecht, S. 445. Das Höchstziel lässt sich im Kanton Schwyz, wo die öffentlichen iuristischen Personen des Kirchenrechts ehedem publizistisch erfasst wurden respektive nach Art. 52 Abs. 2 und 87 Abs. 1 ZGB situiert sind, nicht bewerkstelligen,

ohne die angestammten Sachgesamtheiten gemäss weltlichem Recht zu enteignen und diese mithin der eigentlichen Causa ihrer saekularrechtlichen Existenz zu berauben. Der Kanton Schwyz stellt bis dato zum Zwecke einer solchen Massnahme der röm.-kath. Kirche keine gesetzliche Grundlage zur Disposition. „Die bestehenden Benefizien sind nicht nur kirchliche Rechtspersonen; sie besitzen weithin auch Rechtspersönlichkeit nach weltlichem Recht. Demnach müssten die kirchlichen Massnahmen auch für den weltlichen Rechtsbereich wirksam gemacht werden, d.h. durch die weltliche Autorität müsste die Rechtspersönlichkeit aufgehoben werden, was nicht ohne Einschaltung der Gesetzgebungsorgane geschehen könnte. Dies hinwiederum ist kirchenpolitisch weder opportun noch wünschenswert.“ (Schmitz, Benefizialrecht, S. 457). Das von Isele, Exposé, S. 45 ff., diesbezüglich dargelegte Szenario ist in casu unbehelflich, da sich seine Konstruktion in genereller Weise auf das ‘Ius patronatus reale’ abstützt, welches für den Kanton Schwyz erst bewiesen werden müsste, was aber u.a. gemäss Schweizer, S. 57 f., nicht gelingt. Infolgedessen kann keinesfalls vom Eigentum der Kirchgemeinden am Benefizialgut ausgegangen werden. – Für kirchliche Stiftungen des Privatrechts schliesst Carlen, Kirche und Staat in der Schweiz nach dem neuen Codex Iuris Canonici, S. 594 ff., die Umwandlung kirchlicher Benefizialstiftungen des Privatrechts zugunsten des in c. 1272 CIC 1983 genannten Höchstziels nicht aus.

379 Das Telos des c. 1272 CIC 1983 will nach Massgabe von c. 281 §§ 2, 3 CIC 1983 eine angemessene und gerechte Entlöhnung gewährleisten sowie die soziale Für- und Vorsorge der Kleriker sichern. Hierfür trägt letztendlich der Ortsordinarius die Verantwortung. Damit dieser seiner Verpflichtung nachkommen kann, schaffen cc. 1272; 1274 CIC 1983 die erforderlichen Voraussetzungen. Der Gesetzgeber verweist in der Folge über c. 1272 CIC 1983 auf c. 1274 § 1 CIC 1983. „Dort ist von einer besonderen Einrichtung in jeder Diözese die Rede, aus der der Unterhalt der Kleriker finanziert wird, doch steht dies unter dem Vorbehalt ‘*nisi aliter eisdem provisum sit*’. Folglich muss eine solche Einrichtung nicht existieren, wenn die *sustenatio honesta* anderweitig gesichert ist.“ (Althaus, Kom. c. 1272 CIC 1983, Rz. 6). Allerdings beinhaltet „die den Diözesanbischöfen zugestandene Freiheit, ein anderes als durch ein zentrales diözesanes Institut angezieltes und gesichertes Besoldungssystem einzuführen und beizubehalten, ... nicht die Ermächtigung, das bisherige Benefizialsystem partikularkirchlich in vollem Umfang zu verewigen.“ (Schmitz, Benefizialrecht, S. 445). Im Kanton Schwyz erfolgt die Vergütung des Amtes zum grössten Teil aus Mitteln, welche die staatskirchenrechtlichen Körperschaften in der Form weltlicher Steuern erheben. Die Besoldung der Kleriker erweist sich mithin für die im Kanton Schwyz wirkenden Amtsträger als sichergestellt.

380 In den Kantonen, wo keine Entlöhnung aus der bischöflichen Zentralkasse (c. 1274 § 1 CIC 1983) zufolge des Fortbestehens der benefizialen Struktur erfolgen kann, müssten wohl in Analogie zum österreichischen Modell (vgl. Althaus, Kom. c. 1272 CIC 1983, Rz. 11, Heimerl/Pree, S. 428 f., Rz. 332 f.) bei Neugründungen von Pfarreien um der systembedingten Kontinuität willen ebenfalls rechtspersönliche Benefizien partikularrechtlich per formale decretum (wobei die entsprechende Stiftungsurkunde, welcher materialiter der Charakter einer ‘Res mixta’ zukommen kann, formaliter auch den staatlichen Anforderungen genügen soll) errichtet werden, deren ‘Dos’ mindestens im Eigentum an einer adäquaten, den Anforderungen des Amtes Rechnung tragenden Pfarrunterkunft sowie im Anspruch auf die kraft cc. 222 § 1;

tragen[381] und gleichzeitig der Stifterwillen[382] gewahrt[383]. Als partikularrechtlich in Kraft gesetzte Normen über die Verwaltung der Pfründe sind jedenfalls die cc. 1476-1479 CIC 1917 anzusehen[384].

1260 CIC 1983 und gemäss c. 1262 CIC 1983 (vgl. die diesbezüglichen Partikularnormen der Schweizer Bischofskonferenz: „Unbeschadet der bereits bestehenden Richtlinien und der schon unternommenen Anstrengungen zu einer grösseren Solidarität, beschliesst die Schweizer Bischofskonferenz, dass jeder Diözesanbischof zuständig ist, die von ihm als notwendig erachteten Normen bezüglich der 'Subsidia Ecclesiae' zu erlassen." [Schmitz/Kalde, S. 83]) durch die Christgläubigen zu entrichtenden 'Subsidia ecclesiae' zu bestehen hat, ohne dass dabei Bedingungen oder Auflagen zugelassen werden, welche die Freiheit des Diözesanbischofs bei der Verleihung des Benefiziums beschränken. Vgl. Aymans, Kanonisches Recht I, S. 471. Wesentlich ist in diesem Zusammenhang auch, ob die kanonischen Pfarreien im öffentlichen Recht des Gliedstaates Rechtspersönlichkeit erlangen. Ist dies nicht der Fall, muss sich die röm.-kath. Kirche für die weltliche Rechtsebene des bepfründeten Amtes, dessen Organ ebenfalls die Pfarrei vertritt (c. 532 CIC 1983), als privatrechtlich anerkannter kirchlicher Stiftung und damit des Benefiziums bedienen. Die Frage kann letztlich für den Kanton Schwyz noch offen bleiben, da zur Zeit dort keine Neugründung einer Pfarrei zur Debatte steht.

381 Die Lösung der Schweizer Bischofskonferenz birgt den Vorteil, dass gegenüber den staatskirchenrechtlichen Ordnungen der Kantone kein inkompatibles Präjudiz geschaffen wird. Die Intention von c. 1272 CIC 1983 lässt sich für die Stände der Schweizerischen Eidgenossenschaft im allgemeinen und den Kanton Schwyz im speziellen bezogen auf die weltliche Rechtsebene aber letztlich wohl nur über eine vertragliche Vereinbarung zwischen röm.-kath. Kirche und Staat realisieren.

382 Althaus, Kom. c. 1272 CIC 1983, Rz. 2, 4; Schmitz, Benefizialrecht, S. 457.

383 „Die Geschichte des Kirchenvermögens ... beweist, dass die Pfarrkirchenvermögen und die Pfarrpfründevermögen die Säkularisationen weitgehend überstanden haben. Zum Schutz des Kirchenvermögens ist auch weiterhin das Fortbestehen einer vielfältigen Mehrzahl von rechtlich selbständigen Vermögensmassen erforderlich. Dadurch kann der Gefahr eines möglichen erneuten säkularisierenden Zugriffs am ehesten vorbeugend begegnet werden. Befindet sich das Kirchenvermögen jedoch geballt und zentralisiert in der Hand eines einzigen Rechtsträgers, wird der Zugriff weltlicher Stellen nicht nur erleichtert, sondern geradezu die Begehrlichkeit hervorgerufen." (Schmitz, Benefizialrecht, S. 458). Die dargelegte Problematik bringt Schwendenwein, Durchführung des neuen CIC, S. 505, FN 65, auf den Punkt: „Der Kirche einen grossen Fonds zu entziehen, ist bei Enteignungsmassnahmen in der Öffentlichkeit unter Umständen noch eher zu verkraften, als dem Pfarrer sein Haus zu nehmen." Ganz abgesehen von den grundsätzlichen Argumenten, welche für die Pfarrpfrundstiftungen als Rechtsträger von Kirchenvermögen sprechen, würde die Übertragung der Kirchengüter enorme Kosten verursachen und hätte finanzielle Nachteile für die röm.-kath. Kirche zur Folge. Vgl. Althaus, Kom. c. 1272 CIC 1983, Rz. 8; Schmitz, Benefizialrecht, S. 457; Schwendenwein, Durchführung des neuen CIC, S. 505.

384 Sollten infolge der universalrechtlichen Aufhebung der cc. 1472-1483 CIC 1917 trotz der partikualrrechtlichen Regelung durch die Schweizer Bischofskonferenz

Das „Patronatsrecht ist ein Inbegriff gewisser Vorrechte, die den katholischen Stiftern einer Kirche, einer Kapelle oder eines Benefiziums oder deren Rechtsnachfolgern kraft kirchlicher Bewilligung zustehen. Mit den Vorrechten sind gewisse dauernde Pflichten verbunden.“[386]. Erwerbsstitel dieses von der römisch-katholischen Kirche bis zur Inkraftsetzung des Kodex 1917[387] in der Form eines ‘Ius spirituali adnexum’[388] verliehenen Privilegs sind die Ausstattung einer Kirche oder eines Benefiziums (‘Dos’), die Bestreitung der Baulasten (‘Aedificatio’) und die Überlassung des Baugrundes (‘Fundus’)[389],[390]. Mithin obliegt den ein-

---

dennoch Gesetzeslücken auftreten, müsste auf die cc. 1472-1475 und 1480-1483 CIC 1917 als ‘Lex lata in similibus’ (c. 19 CIC 1983; vgl. Aymans, Kanonisches Recht I, S. 185 f.) zurückgegriffen werden. „Konkret bedeutet dies: Sollte in einer Diözese die Besoldung nicht aufgrund von ES 8 bzw. von 1272 geregelt sein, hat der Inhaber eines Benefiziums nach wie vor das Recht, unbeschadet der zweckgemässen Nutzung der ‘*superflua*’, die gesamten Erträge seines Benefiziums zu beziehen, da dies zum Wesen des Benefiziums gehört (vgl. can. 1409 CIC/1917), während er aber auch zur Erfüllung der Obliegenheiten einschliesslich der Substanzerhaltung des Stammvermögens verpflichtet ist.“ (Althaus, Kom. c. 1272 CIC 1983, Rz. 7).

385 „Das Institut ist eine Erfindung des Rechtsdenkens des 12. Jahrhunderts. Es ist eine Antwort der Kanonistik und des gregorianischen Reformdenkens auf das Bedürfnis der Kirche, Grundbesitzer für die Förderung der Kirche zu gewinnen und gleichzeitig die Bedrohung der hierarchischen Ordnung abzuwehren. Es leistet das durch einen Kompromiss zwischen dem Interesse der Kirche an einer freien Kollatur und dem Interesse der Stifter, mittels Stiftung Einfluss auf die Kirche auszuüben.“ (Albrecht, S. 49). Ein adäquates Verhältnis von Kirche und Staat hat sich nach wie vor am Telos dieser Rechtsfigur auszurichten. Dies gilt im besonderen Masse für den Kanton Schwyz, dessen patronatische Tradition sein strukturelles Werden nachhaltig beeinflusste.

386 Mörsdorf, Kirchenrecht II, S. 467; c. 1448 CIC 1917. Vgl. auch Appert, S. 77 f.; Isele, Gutachten Einsiedeln, S. 238.

387 Seit dem Inkrafttreten des CIC 1917 können Patronatsrechte nicht mehr neu entstehen (c. 1450 CIC 1917). Jene Patronatsrechte, welche vorgängig Bestand hatten, geniessen den Schutz wohlerworbener Rechte (c. 4 CIC 1917/1983). Der Gesetzgeber wünscht jedoch gemäss c. 1451 CIC 1917 tunlichst einen Abbau der Patronatsrechte, indem die Patrone durch den Ordinarius diesbezüglich angehalten werden sollen, wenigstens auf das Präsentationsprivileg zu verzichten. Siehe Jone, Gesetzbuch II, S. 561 f.; Mörsdorf, Kirchenrecht II, S. 469. Vgl. auch Heimerl/Pree, S. 464, Rz. 523.

388 „Das kirchliche Privileg, das in der Literatur ius patronatus genannt wird, liess sich seiner Natur nach nicht verselbständigen und in den Rechtsverkehr bringen. Es war pertinenziert an das Kirchenvermögen und teilte dessen Schicksal“ (Isele, Exposé, S. 16 f.).

389 Heimerl/Pree, S. 464, Rz. 522.; Mörsdorf, Kirchenrecht II, S. 468 f.; Jone Gesetzbuch II, S. 560. Vgl. auch Friederich, Kirchengut, S. 78.

zelnen Patronen[391],[392] im Kanton Schwyz kumulativ[393] die Pflicht[394] der Baulast[395],[396] und der Einkommensergänzung[397],[398]. Kommt der Patron seinen patro-

---

390 Mit dem Inkrafttreten des CIC 1917 „wurde die paroecia liberae collationis gemeinrechtliche Pfarrei" (Isele, Exposé, S. 24). Infolgedessen macht das kanonische Recht das Prinzip der freien Kollatur zum Regelfall. Vgl. Ders., Gutachten Einsiedeln, S. 53 f. Um diesen zu widerlegen, muss der Erwerb eines Patronatstitels, welcher in der von c. 4 CIC 1983 vorgesehenen Form weiterbestehen kann, nachgewiesen werden. „Kirchliche Verleihung (sc. des Patronatsrechts) gilt als erfolgt bei aus Mitteln des Stifters vollzogener Stiftung einer Kirche, Kapelle oder Pfarrstelle. Das wird angenommen bei Hingabe des Grundstücks (fundatio), Errichtung des Gebäudes (aedificatio), Ausstattung mit hinreichendem Vermögen zur Bestreitung von Gottesdienst, Gebäudeunterhaltung, Unterhalt des Geistlichen." (Albrecht, S. 58).

391 Bis zum Inkrafttreten des CIC 1917 an Pfingsten 1918 waren mit Ausnahme der vom Kloster Einsiedeln wahrgenommenen Patronate (Einsiedeln, Freienbach, Feusisberg und Reichenburg) sämtliche Pfarreien patronatischer Natur und mithin die Kirchgenossen im Besitze des Gemeindepatronats. Vgl. Reichlin, S. 74 ff.; Schweizer, S. 79 f.

392 C. 1449 2° CIC 1917 unterscheidet zwischen geistlichem, laikalem und gemischtem Patronat. Die diesbezügliche Qualifikation hängt von der Art des Rechtsgrundes, auf den der Kirchensatz zurückgeht, ab. „Es kommt also allein darauf an, ob der ursprüngliche Erwerbstitel, d.h. die dem Patronat zugrundeliegende Widmung (dos, aedificatio, fundus ...) aus kirchlichem oder weltlichem Vermögen oder aus beiden Vermögensarten zugleich stammt. Demnach ist geistliches Patronat gegeben, wenn die Widmung aus dem Vermögen einer kirchlichen juristischen Person (z.B. Kapitel, Kloster [sc. z.B. Einsiedeln]) stammt. Das laikale Patronat beruht auf einer Widmung aus nichtkirchlichem Vermögen; dabei kann der Stifter ein Geistlicher wie ein Laie, auch eine nichtkirchliche juristische Person sein (z.B. Staat, Gemeinde ...)." (Mörsdorf, Kirchenrecht II, S. 468). Siehe Jone, Gesetzbuch II, S. 561. Vgl. Friederich, Kirchengut, S. 79; Hochstrasser, S. 21.

393 Bezüglich der laikalen Patronate begründet sich somit ein Alleinpatronat. Vgl. Hochstrasser, S. 12. Differenziert werden muss bei den Viertelskuratien des Bezirkes Einsiedeln, da die Kirchgenossen dort nicht den privilegierten Rang eines eigentlichen Patrons erlangt haben. Die Verpflichtungen der Viertel beruhen – unbeschadet der Beitragspflicht gemäss cc. 222 § 1; 1260 CIC 1983 – auf vertraglicher Basis und beziehen sich auf die Baulast an den Viertelskirchen und die Dotation der Rektoratspfründen. Hierzu Isele, Gutachten Einsiedeln, S. 214 ff., 252 f.

394 Dem Patron steht es keinesfalls zu, in die geistliche Amtsführung des Benefiziaten hineinzureden. Siehe Mörsdorf, Kirchenrecht, II, S. 471. Auch darf sich der Patron gemäss c. 1469 § 1, 3° CIC 1917 nicht in die Vermögensverwaltung der Kirche oder des Benefiziums ohne entsprechendes Mandat einmischen. Wenn er aber bemerkt, dass das Stiftungsvermögen verschleudert wird, muss er den zuständigen Ordinarius verständigen. Vgl. Heimerl/Pree, S. 464, Rz. 525; Hochstrasser, S. 16; Jone, Gesetzbuch II, S. 570; Mörsdorf, Kirchenrecht II, S. 475.

395 „Die Baulast trifft den Patron, der sein Recht aus der Erbauung der Kirche herleitet und verpflichtet ihn, die Kirche in gutem baulichen Zustand zu erhalten, Ausbesserungsarbeiten, die sich nach der Ansicht des Oberhirten als notwendig erweisen,

natischen Verpflichtungen nicht nach, erlischt[399] das Patronat mitsamt den daran geknüpften Privilegien[400] nach Ablauf einer angemessenen Frist[401] ipso iure und

---

vornehmen und die etwa verfallene Kirche wiederherstellen zu lassen. Die Bestreitung der Baukosten obliegt dem Patron aber nur in dem Umfange, als die Erträgnisse des Kirchenstiftungsvermögens hierzu nicht ausreichen (c. 1469 mit c. 1186 n. 2 [sc. CIC 1917])." (Mörsdorf, Kirchenrecht II, S. 475 f.). Siehe Jone, Gesetzbuch II, S. 571. Vgl. Hochstrasser, S. 17; Heimerl/Pree, S. 464, Rz. 525.

396 Die patronatische Baupflicht gilt es für den in c. 1469 § 1 2° CIC 1917 genannten Fall zu relativieren. „Es gehören hierher also nicht jene Patrone, bei denen sich das Patronatsrecht gründet auf die Schenkung des Bauplatzes oder auf die Bereitstellung der Mittel für die vermögensrechtliche Ausstattung der Kirche." (Jone, Gesetzbuch II, S. 571). Damit obliegt die Baulast bezüglich der Viertelskirchen im Bezirk Einsiedeln nicht dem Kloster als Patron, sondern den Kirchgenossen der jeweiligen Viertelskuratien, bzw. der Kirchgemeinde Einsiedeln, als deren staatskirchenrechtlicher Verband. Siehe Isele, Gutachten Einsiedeln, S. 253. U.a. bestehen hierüber seit dem 19. Jahrhundert zwischen den betreffenden Kirchgenossen der Viertel und dem Kloster Einsiedeln vertragliche Vereinbarungen. Hierzu Ders., op.cit., S. 216 ff.

397 Gründet sich das Patronatsrecht u.a. auf die Tatsache, dass der Patron die Mittel für die vermögensrechtliche Ausstattung der Kirche und/oder des Benefiziums ('Dos') bereitstellte, so muss dieser aufgrund c. 1469 § 1, 3° CIC 1917 das Einkommen ergänzen, falls die Einkünfte nicht ausreichen, um den geziemenden Vollzug der liturgischen Funktionen zu gewährleisten bzw. die Pfründe zu besetzen. Hierzu Jone, Gesetzbuch II, S. 571. „Zu den Einkünften der Kirche oder des Benefiziums rechnen nicht bloss die Erträgnisse des gestifteten Stammvermögens, sondern alle zur Ausstattung des Benefiziums gehörigen Einkommensarten (vgl. c. 1410 [sc. CIC 1917]). Die Ergänzungspflicht trifft den Patron demnach nur in dem Umfang, als die gesamten Einkommensquellen der Kirche oder des Benefiziums unzureichend sind." (Mörsdorf, Kirchenrecht II, S. 476). Vgl. auch Heimerl/Pree, S. 465, Rz. 525; Hochstrasser, S. 17.

398 Aus dem Umstand, dass eine staatskirchenrechtliche Körperschaft von ihren durch die Steuererträge alimentierten Mitteln Ausgaben zugunsten der ortskirchlichen Vermögensträger finanziert (z.B. Renovation der Pfarrkirche oder des Pfarrhauses etc.), darf nicht auf ihr diesbezügliches Eigentum geschlossen werden. Die Temporalienpflicht der staatskirchenrechtlichen Körperschaft muss einen eigentumsrechtlichen Anspruch insofern verbieten, als dadurch einerseits der staatsrechtlich begründete und religionsfreiheitlich beschränkte Existenzzweck der betreffenden Körperschaft verletzt würde und diese anderseits ihrer patronatischen Privilegien verlustig ginge. Vgl. Vasella, S. 19.

399 Das Patronat endet von seiten des Patrons einerseits durch das Fortfallen des berechtigten Subjekts (Nichtausübung der Patronatsrechte, Untergang der betreffenden Rechtsperson) und anderseits durch Verzicht auf die mit dem Patronat verbundenen Privilegien. Hinsichtlich der patronatischen Verpflichtungen kann der Patron durch Nichtleisten trotz befristeter Mahnung des zuständigen Ordinarius den Untergang des Patronats bewirken. Gemäss c. 1469 § 3 CIC 1917 liegt die Sanktion für versäumte Obliegenheiten in der Suspension und schliesslich im Verlust des Patronatsrechts. „Aber der Mangel an Zwangsmitteln in der Hand der Kirche zur Durchset-

ohne jede weitere Erklärung[402]. Der Kodex 1983 erwähnt das Patronat und die damit verbundenen Rechte und Pflichten nicht mehr, ohne aber gleichzeitig eine einschlägige Abolitionsnorm zu enthalten[403]. Deshalb bleiben beim Inkrafttreten des CIC 1983 bestehende Patronate als 'Iura quaesita'[404] aufrechterhalten[405]. Art. 18 des Motu proprio 'Ecclesiae sanctae' hebt u.a. die Präsentationsrechte für nichtkonsistoriale Kirchenämter aus lastenfreien Privilegien auf, um dem Konzilsprinzip der 'Libera collatio'[406] gemeinrechtlichen Ausdruck zu verleihen[407].

---

zung der Bauverpflichtungen des Patrons macht die Versäumnis dieser Pflichten nicht rechtmässig." (Hochstrasser, S. 24). Der Patron kann sich deshalb durch Verzicht auf das Patronatsrecht nur bei Zustimmung des Bischofs seiner patronatischen Bindung (z.B. bei der Baulast) entziehen. Siehe Heimerl/Pree, S. 465, Rz. 526; Hochstrasser, S. 24 f.; Jone, Gesetzbuch II, S. 571 ff.; Mörsdorf, Kirchenrecht II, S. 476 f. – Entschlagen sich die staatskirchenrechtlichen Körperschaften im Kanton Schwyz per Nichtleisten ihrer patronatischen Verpflichtung zur Temporalienbeschaffung, berauben sich diese insofern gleichzeitig ihrer durch das religionsfreiheitliche Selbstbestimmungsrecht der röm.-kath. Kirche in Schranken gefassten Daseinsberechtigung. Damit eignet der patronatischen Funktion für das schwyzerische Staatskirchenrecht die Bedeutung eines körperschaftlichen Existenztitels.

400 Das wichtigste Vorrecht eines Patrons ist das Präsentationsrecht. Zu den einzelnen Patronatsprivilegien (cc. 1455-1468 CIC 1917) siehe Mörsdorf, Kirchenrecht II, S. 470 ff. Vgl. auch Hochstrasser, S. 13 f.; sowie Friederich, Kirchengut, S. 80 ff.

401 Der zuständige Ordinarius kann dem Patron unter Androhung des Patronatsverlusts gemäss c. 1469 § 3 CIC 1917 eine Frist zur Erfüllung der ihm obliegenden Pflichten setzen. Kommt der Patron daraufhin seinen Pflichten nach, lebt das Patronat wieder auf, andernfalls erlischt es nach Ablauf der Frist von Rechts wegen. Siehe Jone, Gesetzbuch II, S. 571 f.; Mörsdorf, Kirchenrecht II, S. 476.

402 C. 1469 § 3 CIC 1917.

403 C. 1272 CIC 1983 schweigt diesbezüglich.

404 C. 4 CIC 1983; cf. c. 4 CIC 1917.

405 Althaus, Einleitung vor c. 1254 CIC 1983, Rz. 17; Heimerl/Pree, S. 465, Rz. 528; Listl, Amt, S. 597.

406 CD Art. 28, 31.

407 „Bonum animarum postulat, ut Episcopus congruae libertatae gaudeat ad officia et beneficia, etiam non curata, apte et aeque clericis magis idoneis conferenda. Ipsa Apostolica Sedes non amplius sibi reservat collationem officiorum aut beneficiorum, curata sint vel non curata, nisi sint non consistorialia; in lege fundationis cuiscumque beneficii, illae clausulae in posterum prohibentur, quae Episcopi libertatem quoad ipsius collationem coarctent; privilegia non onerosa, personis physicis vel moralibus hucusque forte concessa, quae ius electionis, nominationis vel praesentationis pro quocumque officio vel beneficio non consistoriali vacanti secumferunt, abrogantur; abrogantur vel consuetudines et tolluntur iura nominandi, eligendi, praesentandi presbyteros ad officium aut beneficium paroeciale; lex concursus, etiam pro officiis aut beneficiis non curatis supprimitur" (Eccl Sanct Art. 18 § 1, abgedruckt in: AfkKR 135 [1966], S. 562). „Die Gewohnheiten und Rechte, von denen hier die Rede ist, sind Privilegien, d.h. Ausnahmerechte, die gemäss c. 63 § 1 (sc.

Demzufolge gelten nur noch 'Privilegia onerosa' weiter[408]. Soweit im Kanton Schwyz also noch Patronate nach Kirchenrecht existieren, sind sie belastende, mit den rechtspersönlichen 'Beneficia proprie dicta'[409] bzw. mit den 'Fabricae ecclesiae' verbundene[410], wie es der „Natur des Patronats" gemäss Kodex 1917 entspricht[411].

Das Patronatsrecht prägte sich im Kanton Schwyz als 'Ius patronatus personale' aus. Die kanonische Präsumption, welche den persönlichen Patronat zur Regel macht[412], wird durch die historische Entwicklung[413],[414] sekundiert, so dass

---

CIC 1917) durch Verleihung seitens der zuständigen Autorität (durch Gesetz od. Verwaltungsakt) oder durch Gewohnheit oder Ersitzung erworben werden können. Es hätte daher einer besonderen Erwähnung der consuetudines und iura nicht bedurft. Es steht ausser Zweifel, dass die Wahl- und Vorschlagsrechte, die mit Lasten verbunden sind (z.B. beim Patronat), nicht aufgehoben sind, auch wenn es sich, was den Regelfall bildet, um die Besetzung von Pfarreien handelt." (Mörsdorf, Kirchenrecht II, S. 461). Daraus erhellt, dass die von Urs Josef Cavelti, Gutachten, S. 16, unter dem vom 'Ius patronatus personale' losgelösten Titel der Gewohnheit eingeräumten Präsentationsprivilegien – wenn solche in der behaupteten Form überhaupt je Bestand hatten – durch den kanonischen Gesetzgeber aboliert wurden und somit inexistent sind.

408 Heimerl/Pree, S. 465, Rz. 527.

409 Jene Patronatstitel, welche an einer Sache hängen und somit dem Patron nicht aufgrund der eigentumsrechtlich der Pfrundstiftung übertragenen 'Dos' sondern zufolge seiner Eigentümerstellung als 'Ius patronatus reale' zukommen, sind, da es sich diesbezüglich um 'Beneficia non proprie dicta' handelt (siehe Schmitz, Benefizialrecht, S. 451 ff.), mit keinem patronatischen Titel und insofern mit keinen Privilegien, insbesondere dem Präsentationsrecht, mehr verbunden. Die 'Beneficia non proprie dicta' können aber rechtspersönlich, jedoch nicht im Sinne von c. 1272 CIC 1983 und demzufolge ohne patronatische Privilegien, fortbestehen. Siehe Althaus, Kom. c. 1272 CIC 1983, Rz. 7; Schmitz, Benefizialrecht, S. 444, 453. Vgl. vorne, S. 373 f., FN 327.

410 Mörsdorf, Kirchenrecht II, S. 461.

411 Heimerl/Pree, S. 465, Rz. 527.

412 Isele, Exposé, S. 14; Schweizer, S. 56.

413 Schweizer, S. 11 ff., legt dar, dass im Kanton Schwyz der Kirchensatz bzw. Patronatsrechte, welche seit dem 15. Jahrhundert in den Besitz des Staates gelangten, von der Regierung entweder durch Kauf, Schenkung, Schiedsspruch, Stiftung oder prekaristische Überlassung den jeweils körperschaftlich verbundenen Kirchgenossen rechtsgeschäftlich überlassen wurden. Vgl. auch Reichlin, S. 74 ff. Indem die Patronatsrechte in die Hände des körperschaftlichen Verbandes der Kirchgenossen als juristischer Person kamen und dort dauernd verblieben, festigte sich die Rechtsüberzeugung, dass die patronatischen Privilegien nicht mit dem Gut sondern mit der Verbandsperson verbunden waren. „Demgemäss verwandelten sich alle dinglichen Patronate in den Händen der Regierungen und der Gemeinden in persönliche." (Schweizer, S. 57 f.).

sich der eigentumsrechtliche Titel[415] der kirchlichen iuristischen Personen nicht durch die unbewiesene Behauptung des 'Ius patronatus reale'[416] falsifizieren lässt. Die im 19. Jahrhundert aus dem körperschaftlichen Verband der mit dem Patronatsrecht privilegierten Kirchgenossen in eine staatsrechtliche Form überführten Kirchgemeinden[417] können somit keinen generellen Rechtsgrund für ihr

---

414 Im Hinblick auf die rechtspersönliche Existenz von 'Fabrica ecclesiae' und Benefizium ist aufgrund der geschichtlichen Entwicklung der kanonischen Pfarreien im Kanton Schwyz zu präzisieren, dass seit der Reform des kirchlichen Ämterrechts im 12/13. Jahrhundert, welches die Errichtung und die dingliche Dotation der entsprechenden Rechtsgefässe vorschrieb, manche Pfarreien durch Abkurung kanonisch gegründet wurden (vgl. diesbezüglich die bei Reichlin, S. 74, dargestellte Geschichte der schwyzerischen Pfarroganisation). Damit musste auch die Pfarrkirchen- und die Pfarrpfrundstiftung rechtspersönlich konstituiert und dotiert werden. „Die neue Pfarrei hat an und für sich gar keinen Anspruch auf einen verhältnismässigen Teil des Vermögens der Stammparochie; noch viel weniger entsteht eine communio pro indiviso an dem ganzen Vermögen der alten Pfarrei zwischen dieser und der neuen. Wenngleich also die Stammpfarrei durch die divisio einen Teil ihrer Rechte verliert und namentlich in ihrem geographischen Sprengel eine Schmälerung erleidet, ... so ist doch scharf zu betonen, dass man hier nicht kurzerhand von einer Teilung sämtlicher Anstalten und Stiftungen der Pfarrei (namentlich nicht der Kirchenfabrik und der Pfarrpfründestiftung) sprechen kann ..." (Gyr, S. 24).

415 Massgeblich für den Nachweis der Eigentumsträgerschaft kirchlicher Stiftungen im Kanton Schwyz ist der kausale Nachweis des Eigentumstitels. Dieser lässt sich rechtsstaatlich nicht anhand der abstrakten Kirchgemeindetheorie falsifizieren. Vgl. Urs Josef Cavelti, Gutachten, S. 12, der jedoch op.cit., S. 38 f., seine Schlussfolgerungen wiederum nur dadurch begründen kann, dass er die Institutentheorie zu widerlegen versucht, um schliesslich zufolge Fehlens entsprechender Rechtstitel die Kirchgemeindetheorie anwenden zu können.

416 Das 'Ius patronatus reale' müsste für jeden Einzelfall anhand des entsprechenden Rechtstitels nachgewiesen werden. Vgl. Noser, S. 162. Zum (nicht legitimierten) Regelfall erklären aber Isele, Exposé, S. 43 ff. und 50; sowie Urs Josef Cavelti, Gutachten, S. 15 ff., das 'Ius patronatus reale'. Ohne sich jedoch auf die Beweispflicht einzulassen, nimmt Ders., op.cit., S. 39, beim allfälligen Fehlen eines entsprechenden Rechtstitels die Ersitzung des in Frage stehenden Kirchenguts durch die staatskirchenrechtlichen Körperschaften an. Allein ist hier bereits in Anbetracht der für den Kanton Schwyz seit alters publizistisch verbindlichen Rechtstradition (vgl. § 2 Abs. 1 aKV) der röm.-kath. Kirche guter Glaube nicht geltend zu machen.

417 Zur Entstehung der Kirchgemeinde im 19. Jahrhundert vgl. für den Kanton Schwyz Reichlin, S. 86 ff.; Simon, S. 36 ff.; sowie allgemein Feigenwinter, S. 89 ff.; Lampert, Kirche und Staat I, S. 307; Noser, S. 96 ff.; Schweizer, S. 74 ff. – Im Regelfall existiert auf dem Territorium einer politischen Gemeinde eine (ab 1999 immer selbständige) Kirchgemeinde, die in zudienender Funktion der entsprechenden Pfarrei hingeordnet ist. Varianten können insofern bestehen, als eine Kirchgemeinde mehrere Pfarreien umfasst (z.B. Schwyz) oder in einer politischen Gemeinde sich mehrere Kirchgemeinden befinden (z.B. Feusisberg, Galgenen, Schübelbach, Wangen). Spezialfälle stellen etwa die politische Gemeinde Freienbach oder der Bezirk Einsiedeln

Eigentum am gestifteten Kirchengut geltend machen[418],[419]. Die patronatische Stellung der Kirchgemeinden ist nicht mit dem Eigentum am ortskirchlichen Vermögen sondern mit der rechtspersönlichen Existenz kirchenrechtlicher Benefizialstiftungen in den betreffenden Pfarreien verbunden[420]. „Die kirchlichen

---

dar, wo die Kirchgemeinde innerhalb des Pfarreisprengels auch die Viertelskuratien in der Form kirchenrechtlicher, mit 'Potestas ordinaria vicaria' ausgestatteter Pfarrektorate (cf. cc. 556-563 CIC 1983, vgl. Aymans, Kanonisches Recht II, S. 446 ff.; Isele, Gutachten Einsiedeln, S. 219 f.) umfasst, sowie diejenigen Kirchgemeinden, welche nicht einer kanonischen Pfarrei sondern einer abhängigen Filialkirche (z.B. Merlischachen) zudienen. Vgl. Reichlin, S. 74 ff., 100 ff.; Steiner, S. 12. Diesen Abweichungen vom Regelfall trägt auch die Begrifflichkeit von § 92 aKV Rechnung, ohne jedoch diesbezüglich spezielle Formen staatskirchenrechtlicher Körperschaften auf Gemeindeebene vorzusehen. Vgl. Kraus, Staatskirchenrecht, S. 193.

418 Vgl. Riemer, BK I/3, ST, Rz. 190. Unzutreffend Gareis/Zorn, S. 179.

419 A.M. Urs Josef Cavelti, Gutachten, S. 15 ff.; Isele, Exposé, S. 14 ff., 43 ff. – Urs Josef Cavelti, Vermögensrecht, S. 151 f., führt „Rechtsentwicklung und Praxis" als rechtsgenügliche Transferierungsgründe für die Pfrundgüter in das Eigentum der Kirchgemeinden an. Ohne auf das formelle Ungenügen dieses Enteignungsmotivs materiell einzugehen, wird in casu der Grundsatz, „was einmal Recht geworden, kann nur in den Formen des Rechts abgeändert werden" (Lampert, Eigentum, S. 10), durch Cavelti verkannt. Eine Umwandlung des ortskirchlichen Vermögens in Korporationsgut der staatskirchenrechtlichen Körperschaften käme einer widerrechtlichen Säkularisation gleich. Siehe Vasella, S. 15. In diesem Licht lässt sich die von Urs Josef Cavelti, op.cit., S. 152, mit der Behauptung, „dass selbst ursprünglich selbständige Pfründen zu blossen Fonden und damit zu zweckgebundenem Kirchgemeindevermögen herabgesunken sind", geforderte Umkehr der Beweislast zugunsten des Kirchgemeindevermögens (auch durch sein eigenes Schrifttum) nicht belegen: „Wo daher das Eigentum der Kirchgemeinden an den Stiftungsfonden behauptet wird, muss immer ein spezieller Rechtstitel für den Eigentumsübergang beigebracht werden können." (Ders., Religionsgemeinschaft, S. 60). Ein eigentumsrechtlicher Paradigmenwechsel kann sich hinsichtlich der Rechtslage im Kanton Schwyz weder auf das Recht des Bundes noch auf dasjenige des Kantons Schwyz stützen und wäre somit rechtswidrig.

420 „Aus der eventuellen Tatsache, dass Kirche und Pfründen durch den korporativen Zusammenschluss der Eingepfarrten erbaut, bezw. mit Vermögen ausgestattet worden [sind], folgt rechtlich nur das Patronatsrecht, nicht aber das Eigentumsrecht der Gemeinde an den betreffenden kirchlichen Instituten; Patronatsrecht und Eigentumsrecht im nämlichen Subjekt schliessen sich gegenseitig aus." (Lampert, Eigentum, S. 13). Vgl. Ders., Stiftungen, S. 134. Wer Kirchen, Kapellen oder Pfründen dinglich (bzw. auch obligatorisch) dotiert und damit eine Stiftung fundiert, gibt zwingend das Eigentum am entsprechenden Objekt zugunsten der errichteten Rechtsperson auf. Siehe Vasella, S. 16 f. „Man kann ohne innern Widerspruch nicht zugleich widmen und doch das Gewidmete behalten." (Lampert, Gutachten, S. 82). – Vgl. des Kreisschreiben Nr. 91/1996 des Grundbuchinspektorats Graubünden vom 29. November 1996 bezüglich der Grundbucheintragung der römisch-katholischen Kirchengüter, partiell wiedergegeben vorne, S. 364 f., FN 300.

Stiftungen und Anstalten in den einzelnen Ortschaften liegen daher ganz im Interessenkreis der Kirchgemeinde (Pfarrgemeinde oder Filialkirchgemeinde), weil sie ihrer Bestimmung nach den kirchlichen Bedürfnissen der betreffenden Kirchgenossen dienen sollen. Das Verhältnis der kirchlichen Stiftung zur Kirchgemeinde *ist ein Verhältnis der Angehörigkeit der Bestimmung nach, nicht ein Verhältnis der Sache zum Eigentümer*, weil die juristische Persönlichkeit der Stiftung verbietet, dass sie als blosse im Eigentum eines Andern stehende Sache aufgefasst werden dürfte."[421]. Gemäss c. 1449 1° CIC 1917 muss ein bestimmbares Subjekt[422] Träger der Patronatsprivilegien sein[423]. Das kanonische Recht kannte „keine Möglichkeit, die Pfarrgenossen zu Körperschaften zu konstituieren. Die zivile Gemeinde erwarb den Patronat [...] Damit erhielten die Pfarrgenossen als Kirchgemeinde im staatlichen – nicht im kirchlichen – Recht Körperschaftsrechte."[424]. Mithin führte das Patronatsrecht zur Bildung von Kirchgemeinden[425], welche folglich seit ihren Anfängen patronatische Körperschaften

---

421 Lampert, Gutachten, S. 87. Siehe Vasella, S. 17.

422 Das Patronatsrecht kann einer physischen oder einer iuristischen Person zustehen, beide sind patronatsfähig. Siehe Albrecht, S. 57; Aymans, Kanonisches Recht I, S. 476. – Es befinden sich im CIC 1917 keine Sonderbestimmungen für die Patronate von iuristischen Personen, „weshalb diese den allgemeinen Normen (sc. cf. cc. 113-123 CIC 1983 hinsichtlich eines mit kodikarischer Rechtspersönlichkeit ausgestatteten Patrons) unterstehen. Die Patronate von Personenmehrheiten, die wir heute als juristische Personen bezeichnen – also auch der Gemeinden – wurden im früheren Kirchenrecht (sc. vor 1917) vorwiegend als Patronate mehrerer physischer Personen betrachtet. Der kirchliche Gesetzgeber wird es wohl deshalb nicht für nötig befunden haben, die moderne Lehre von der juristischen Person noch ins Patronatsrecht einzubauen" (Noser, S. 86). Vgl. Hochstrasser, S. 20.

423 Durch das Patronatsrecht stehen nämlich rechtliche und klagbare Ansprüche in Frage, weshalb die Rechtspersönlichkeit des Forderungsadressaten, um den entsprechenden Titel überhaupt geltend machen zu können, vorausgesetzt ist.

424 Isele, Gutachten Einsiedeln, S. 245 f.

425 „Die ersten gemeindeähnlichen Gebilde im Kanton Schwyz waren die Kirchgemeinden oder Kirchhören und als solche anfänglich reine, kirchliche Institutionen. Sie hielten sich bis Mitte des 19. Jahrhunderts. Eine Betrachtung ihres Wirkungskreises zeigt aber, dass sie während ihrer Fortbildung den ihnen zukommenden Charakter nicht rein zu bewahren vermochten. Wenn im Kanton Schwyz eine, eigentlich vom Staat durchzuführende Aufgabe, die weder von ihm selbst noch an eine untere Verwaltungsstelle delegiert wurde, trotz allem hier und dort seine Erledigung fand, so waren es immer jene Kirchgemeinden, die sich damit befassten. In Ermangelung staatsrechtlich anerkannter Gemeinden führten sie tatsächlich staatliche Verwaltungsaufgaben durch. Dabei handelte es sich regelmässig um das Armen-, Vormundschafts-, Schul- und Sittenpolizeiwesen." (Simon, S. 36). Da die Bezirke mit mehreren Ortschaften und teilweise beträchtlicher räumlicher Ausdehnung der Vielfalt der zu erfüllenden Funktionen nicht mehr gewachsen waren, und um die lokalen Selbstverwaltungsaufgaben adäquat wahrnehmen zu lassen, erhob der Verfas-

sind[426]. Dieser Rang[427],[428] beinhaltet die Temporalienpflicht zur „Erfüllung der *weltlichen Bedürfnisse der Konfession*"[429]. Ihr sachlicher Umfang wird durch die

---

sungsgeber die Kirchgemeinde zur politischen Gemeinde (§ 163 aKV 1848) und kreierte so die Einheitsgemeinde. Indem die KV 1898 in katholisch-konfessionellen Angelegenheiten allein die aktivlegitimierten röm.-kath. Einwohner für stimmberechtigt erklärte (§ 91 Abs. 4 [Fassung 1898] aKV), wurde gleichzeitig erstmals die Möglichkeit eröffnet, „die kirchlich-konfessionellen Kompetenzen auch formal aus der Einheitsgemeinde herauszulösen und in einer *fakultativen* römisch-katholischen Kirchgemeinde zu verselbständigen (sc. § 92 [Fassung 1898] aKV)" (Walser, Pfarrei, Kirchgemeinde und Landeskirche, S. 427). Vgl. Reichlin, S. 35, 86.

426 Die Kirchgemeinde röm.-kath. Observanz „ist ein historisches und insofern zufälliges Gebilde. Der Staat hat sie ursprünglich als Patronatskörperschaft organisiert, sie ist heute staatlich organisierte Körperschaft der Pfarrgenossen. Sie ist also nicht im kirchlichen, sondern im staatlichen Recht begründet. Die Kirchgemeinde tritt an die Seite der Pfarrei, in ihnen treten sich Staat und Kirche im Ortsbereich gegenüber. Wesentliche Aufgabe der Pfarrei ist die Betreuung der Spiritualien, Aufgabe der Kirchgemeinde die Verwaltung der Temporalien." (Isele, Entwicklung, S. 194). Vgl. auch Fuchs, öffentlich-rechtliche Anerkennung, S. 98. Urs Josef Cavelti, Funktion, S. 37 ff., 43, versucht, aus der patronatischen Stellung der Kirchgemeinden über das 'Ius patronatus reale' eine „kirchenrechtliche Verwurzelung" der staatskirchenrechtlichen Körperschaften zu begründen. Da für den Kanton Schwyz hinsichtlich des dinglichen Patronatsrechts bis dato keine fundierte Rechtstradition nachgewiesen werden kann, muss diese Deduktion misslingen. Im Kanton Schwyz (wie anderswo auch) ist die Kirchgemeinde nicht kirchenrechtlich verwurzelt, sondern gegenüber der röm.-kath. Kirche existentiell verpflichtet. Diese Tatsache betont Corecco, La Sortie de l'Eglise, S. 52 f., indem er generell eine 'Kanonisation' der Kirchgemeinde ausdrücklich negiert: „Etant donné que la corporation de droit public est une instance de droit étatique et non pas de droit canonique, est-il possible, comme le soutiennent certains auteurs, de raisonner avec l'institut juridique de la 'canonizatio'? [...] Selon la conception catholique, la commune paroissiale (Kirchgemeinde) et l'Eglise cantonale (Landeskirche) ne peuvent pas être conisdérées comme des instances constitutionnelles de l'Eglise en tant qu'institution de droit canonique [...] Les corporations de droit public étatique sont en effet des institutions de médiation dans le rapport entre l'Eglise et l'Etat, mais en même temps des instances de contrôle de l'Etat sur certains secteurs de la vie ecclésiale, comme par exemple le secteur patrimonial. La canonisation d'une source extrinsèque de pouvoir juridique et politique reviendrait à lui reconnaître une fonction juridictionelle directe sur les fidèles. L'Eglise peut historiquement accepter des compromis, mais elle ne peut ou ne devrait pas abdiquer sa propre autorité, ni sacrifier le 'droit fondamental' du chrétien d'être gouverné et jugé dans les questions qui touchent sa propre foi et son rapport avec la communauté des chrétiens par l'Eglise seulement." Schliesslich ist Lampert, Eigentum, S. 9, zuzustimmen: „Die Kirchgemeinde ist also zunnächst eine Verwaltungseinheit. Körperschaftsrechte erhielt sie nicht durch das Kirchenrecht; diese wurden ihr erst durch die moderne staatliche Gesetzgebung zu teil durch moderne staatliche Gesetzgebung zur Wahrnehmung der den Parochianen etwa zustehenden Patronatsrechte, administrativen Befugnisse, Regelung der Beitragspflichten an die Kultusla-

in c. 1254 § 2 CIC 1983 genannten Zwecke festgelegt[430]. Patronat im Sinne des schwyzerischen Staatskirchenrechts ist demnach nur, was dem Rechtsbegriff des

---

sten in der Form öffentlichrechtlicher Steuern." Auf den Punkt bringt Isele, öffentlich-rechtliche Stellung des Geistlichen, S. 281, den rechtlichen Wesensursprung der Kirchgemeinden: „Die katholische Kirchgemeinde ist nicht Kirche, sondern Staat." Vgl. Noser, S. 106; Vasella, S. 10 f.

427 Einen Spezialfall stellt Einsiedeln dar, wo das Kloster die Stellung eines Patrons innehat und die Kirchgenossen ihre Temporalienpflicht mittels Stolarien und Oblationen an die Pfarrdotation beitragen und gleichzeitig in der Form von staatskirchenrechtlichen Kirchensteuern Deckung schaffen für die Aufwendungen der Pastoration. Die Obliegenheiten des Klosters bestehen in der hergebrachten Seelsorge. Folglich lassen sich in casu aufgrund des Patronatsrechts drei Rechtsebenen unterscheiden: Erstens jene des Patronatsrechts selbst. Hier besteht ein Rechtsverhältnis zwischen dem Patron (Kloster) und der Kirche (Bischof). Dieses beinhaltet das Präsentationsprivileg zugunsten des Patrons und dessen Pflichten aus den Titeln der 'Dotatio' und der 'Aedificatio'; zweitens zwischen der Pfarrei und den Pfarrgenossen, welche die Pflicht haben (cc. 222 § 1; 1260 CIC 1983), für den Unterhalt der Kirchengebäude, der Kleriker etc. (c. 1254 § 2 CIC 1983) aufzukommen. Dieser native Anspruch wird hergeleitet aus der Vermittlung geistlicher Güter, die ohne materielle Mittel nicht gespendet werden können; schliesslich liegt auf der dritten Ebene das Verhältnis zwischen dem Kloster und den Pfarrgenossen. „Das Verhältnis ist nur ein reflektiertes. Patron und Pfarrgenossen sind gegenüber der Pfarrei verpflichtet, sie haben also konkurrierende Verpflichtungen. Hier kann der Ursprung besonderer Rechtsverhältnisse sein, die beiderseitige Rechte und Pflichten erzeugen." (Isele, Gutachten Einsiedeln, S. 237). Zu diesem Behufe bestehen zwischen dem Kloster und der Kirchgemeinde Einsiedeln hinsichtlich der Pastoration der Pfarrei Einsiedeln sowie der Viertelskuratien (mit Ausnahme von Trachslau, welches mit dem Kloster verbunden blieb und kein eigenes Pfarrektorat besitzt, siehe Isele, Gutachten Einsiedeln, S. 216 ff.) vertragliche Vereinbarungen. Zum Ganzen Isele, Gutachten Einsiedeln, S. 230 ff. Analog stellt sich die Rechtslage für die Pfarreien Feusisberg und Freienbach dar, wo jedoch keine schriftlichen Abmachungen hinsichtlich der Pastorationsverpflichtung des Klosters bestehen.

428 Bei den nach 1918 errichteten Pfarreien, z.B. Immensee, Siebnen, kommt aufgrund c. 1450 CIC 1917, welcher nicht mehr zulässt, dass nach dem Inkrafttreten des CIC 1917 neue Patronatsrechte entstehen, i. d. R. – eine Ausnahme stellen allenfalls die aus ehemals bepfründeten Hilfsämtern mit Pfarrverterstellung hervorgegangenen Pfarreien dar – den bezüglichen Kirchgemeinden kein Patronatsrecht im Sinne eines Privilegiums gemäss c. 1448 CIC 1917 zu. Ihre (quasi)patronatische Funktion fusst jedoch weiterhin auf den entsprechenden Titeln des Kirchenrechts ('Aedificatio', 'Dos', 'Fundus', cf. c. 1454 CIC 1917) und wird durch den kirchlich generierten Zweck zum fundamentalen Existenzprinzip der staatskirchenrechtlichen Kirchgemeinden.

429 EGV-SZ 1987 Nr. 6, S. 29; § 64 Abs. 1 aGOG.

430 Die in EGV-SZ 1987 Nr. 6, S. 28 ff., aufgeworfene Frage nach Qualität und Umfang der Aufgaben einer Kirchgemeinde kann dahingehend beantwortet werden, dass erstens dieselben keinesfalls die Spiritualia beinhalten und sich zweitens kraft ihres

Patronats im Hinblick auf seine kirchenrechtliche Konzeption als kirchliches Privileg genügt[431]. Die zum Behufe der Temporalienbeschaffung in einer staatsrechtlichen Sonderzweckgemeinde freiwillig[432] verfassten Kirchgenossen, welche das Gemeinwesen anhand der religionsfreiheitlichen Schranken mit Autonomie[433] und Steuerhoheit[434],[435] ausstattet, kommen dieser kirchenrechtlich begründeten Verpflichtung[436] neben persönlich entrichteten Oblationen[437] und allfälligen Sto-

---

ausschliesslichen Bezugs auf die Temporalienpflicht in finanzieller Hinsicht lediglich im Rahmen dessen bewegen, was die röm.-kath. Kirche als die ihr eigenen Zwecke (c. 1254 § 2 CIC 1983) definiert. – Das Verhältnis der Kirchgemeinde zu den kirchlichen Stiftungen als Rechtsträger des ortskirchlichen Vermögens ist von der patronatischen Funktion der staatskirchenrechtlichen Körperschaften dependent und wird folglich durch das 'Ius patronatus' entworfen. Insofern legt der Stiftungszweck der rechtspersönlich selbständigen Träger des ortskirchlichen Vermögens die Zweckausrichtung der Kirchgemeinden fest. Daraus können sich logischerweise entgegen EGV-SZ 1987 Nr. 6, S. 29, und der dort diesbezüglich zit. Lit., keine Kompetenzüberschneidungen ergeben.

431 Albrecht, S. 48.

432 Vgl. Art. 49 Abs. 2 aBV bzw. Art. 15 Abs. 4 rev. BV. Nur im Sinne des Schutzes der individuell-freiwilligen Inanspruchnahme einer staatskirchenrechtlichen Form zur Erfüllung einer kirchenrechtlichen Pflicht vermag vorliegend die Religionsfreiheit Relevanz zu entfalten. Zur Natur des religionsfreiheitlichen Schutzes im Verhältnis von staatskirchenrechtlicher Körperschaft und konfessionellem Verband siehe vorne, S. 239 ff.

433 Im Rahmen der von Verfassung und Gesetz zugestandenen Organisationsautonomie enthält das öffentliche Recht des Kantons Schwyz keine Definition des Wirkungsbereichs der staatskirchenrechtlichen Körperschaften (vgl. §§ 92 aKV bzw. 92, 94 f. rev. KV). Ein Indiz für die Aufgabenstellung lässt sich § 95 Abs. 1 rev. KV entnehmen, wonach die Kirchgemeinden für die „Erfüllung kirchlicher Aufgaben" Steuern erheben können. Hiermit bestätigt der Verfassungsgeber die Temporalienpflicht der staatskirchenrechtlichen Körperschaften röm.-kath. Observanz. Die Beschaffung der Temporalia und die damit verbundenen Verwaltungstätigkeiten begrenzen die notwendige Reichweite der Autonomiegewährleistung. Träten die staatskirchenrechtlichen Körperschaften darüber hinaus, bewegten sie sich auf dem religionsfreiheitlich interdizierten Feld des Staatskirchentums. Infolgedessen definiert aus staatskirchenrechtlicher Sicht c. 1254 § 2 CIC 1983 die Funktion der Kirchgemeinden abschliessend.

434 Vgl. § 93 Abs. 3 aKV; § 95 rev. KV; § 64 Abs. 3 aGOG; § 1 Abs. 2 aStG.

435 Die Aufgaben einer Kirchgemeinde dürfen nicht durch Steuermittel konfessionsfremder Dritter finanziert werden. Insofern beschränkt Art. 49 Abs. 6 aBV, dessen Gehalt sich in der nachgeführten BV aus Art. 15 Abs. 1 rev. BV ableiten lässt, das autonome Wirkungsfeld einer staatskirchenrechtlichen Körperschaft. Siehe EGV-SZ 1987 Nr. 6, S. 30; Reichlin, S. 98. Vgl. auch BGE 107 Ia 134 f. E. 4c.

436 Zusätzlich zur patronatischen Temporalienpflicht der Kirchgenossen eignet der röm.-kath. Kirche in cc. 222 § 1; 1260 CIC 1983 zufolge des vermögensrechtlichen 'Ius nativum' (c. 1254 § 1 CIC 1983) ein weiterer Rechtstitel, welcher die in den

larien[438],[439] in der Form von 'Kirchgemeindesteuern'[440] nach. Die Erfüllung der patronatischen Pflichten rechtfertigt materiell das Vorrecht der Kirchgenossen,

---

Kirchgemeinden körperschaftlich organisierten Christgläubigen anhält, entsprechende Leistungen zur Verwirklichung der in cc. 114 § 2; 1254 § 2 CIC genannten eigenen Zwecke der röm.-kath. Kirche zu erbringen. Anhand der saekularrechtlichen Organisation der Kirchgenossen findet eine staatskirchenrechtliche Individualisierung der Normadressatur von cc. 222 § 1; 1260 CIC 1983 statt. Gleichzeitig wird die individuelle Beitragspflicht zugunsten der materiellen Bedürfnisse einer kanonischen Pfarrei durch die steuerrechtliche Verbeiständung bestimmbar. Trotzdem steht den staatskirchenrechtlichen Körperschaften aus der in cc. 222 § 1; 1260 CIC 1983 statuierten Unterstützungspflicht kein monopolistischer Vertretungsanspruch gegenüber dem einzelnen Christgläubigen zu. Dieser führte zu einer akatholischen Überhöhung der ortskirchlichen Verwaltungsebene, träte schliesslich in Widerspruch zur hierarchischen Verfassungsordnung der röm.-kath. Kirche und führte letztlich zu einer Verletzung des Communio-Prinzips. Mithin können die an die Erfüllung der Beitragspflicht eines Christgläubigen zu knüpfenden Bedingungen nicht staatskirchenrechtlich fixiert werden.

437 Zum Begriff der Oblation siehe Isele, Gutachten Einsiedeln, S. 250 f.

438 Zum Begriff der Stolgebühr siehe Isele, Gutachten Einsiedeln, S. 251 f.

439 Diese fallen, falls der Spender nicht das Gegenteil verfügt, gemäss c. 531 CIC 1983 der 'Massa paroecialis' zu. Wo solche unselbständigen Fonden der iuristischen Person 'Pfarrei' (noch) nicht bestehen, sollten sie dem Benefizium als selbständigem Vermögensträger des ortskirchlichen Vermögens zukommen. Vgl. auch Heimerl/Pree, S. 410, Rz. 246.

440 „Die Steuern, die von den Kirchgenossen erhoben werden sind nicht Kirchensteuern, sondern Kirchgemeindesteuern, sie werden von der Kirchgemeinde erhoben aufgrund der Finanzdelegation seitens des Staates." (Isele, Exposé, S. 31). Vgl. Baggi, S. 75 ff.; Feigenwinter, S. 211 ff.; Noser, S. 151 ff. Urs Josef Cavelti, Funktion, S. 37 f., versucht, die auf dem Wege der Entrichtung staatsrechtlicher Kirchgemeindesteuern erfüllbare Beitragspflicht der Kirchgenossen anhand c. 1263 CIC 1983 als eigentliche 'Kirchensteuer' auch kodikarisch zu fundieren. Die im kanonischen Sinne steuerrechtliche Form der 'Subsidia ecclesiae' lässt sich jedoch im Kanton Schwyz (wie anderswo auch) nicht auf das Kirchenrecht zurückführen. Einerseits belehnt nämlich das Gemeinwesen lediglich die Kirchgemeinde und nicht den konfessionellen Verband (etwa analog zu den Diözesen in Deutschland [vgl. Joseph Listl, Kirche und Staat in der Bundesrepublik Deutschland, in: HdbKathKR, S. 1066]) mit der Steuerhoheit. Vgl. Urs Josef Cavelti, Austritt, S. 102, FN 44; Ders., Diskussionsbeitrag, S. 1016. Anderseits kann der Diözesanbischof in bezug auf die Verwendung des Steuersubstrats nicht in einer seiner 'Potestas regiminis' gemässen Art über die entsprechenden Betreffnisse verfügen. Hierzu Grichting, Kirche oder Kirchenwesen, S.179 ff. Infolgedessen lassen sich in casu die schweizerischen Verhältnisse nicht mit für die Bundesrepublik Deutschland gültigen Aussagen charakterisieren, wie dies Josef Bruhin, Sind Kirchensteuern juristischer Personen theologisch und pastoral fragwürdig?, in: Die Kirchensteuer juristischer Personen in der Schweiz, Freiburg 1988 (=FV 26), S. 45, probiert. – Identisch zu c. 1263 CIC 1983 ist im vorliegenden Fall lediglich der auch vom staatlichen Recht benutzte Begriff

dem zuständigen Ortsordinarius einen geeigneten Geistlichen auf das vakante Benefizium zu präsentieren.

C. Präsentationsprivileg[441]

Die römisch-katholische Kirche verleiht ihre Ämter durch das religionsfreiheitlich zu schützende Prinzip der 'Libera collatio'[442]. Diese Regel wird u.a. durch-

---

der 'Kirchensteuer'. Solange der konfessionelle Verband gegenüber dem Gemeinwesen die staatlich erhobene 'Kirchensteuer' im Hinblick auf die erbetene Zuwendung nicht als untauglichen Behelf disqualifiziert, bleibt die Kirchensteuer im staatskirchenrechtlichen Sinne ein(!) für die Kirchgenossen offenkundig durch die röm.-kath. Kirche akzeptiertes Mittel zur Erfüllung ihrer patronatischen Pflichten, bzw. um den finanziellen Obliegenheiten eines Christgläubigen (cc. 222 § 1; 1260; 1262 CIC 1983) nachzukommen. A.M. Grichting, Kirche oder Kirchenwesen, S. 182.

441 Das privilegienweise seitens der röm.-kath. Kirche verliehene Präsentationsrecht stellt „ein spezielles, dauerndes Recht, das von der zuständigen Autorität in Abweichung vom Gemeinen Recht im Sinne einer Begünstigung gewährt wird", dar (Hochstrasser, S. 85). Die Privilegien sind zum einen subjektive Rechte, die einem Rechtssubjekt im Rahmen des objektiven Rechts zu eigen sind. Diese ergeben sich jedoch „nicht 'aufgrund', sondern nur 'im Rahmen des objektiven Rechts', weil sie diesem gegenüber Ausnahmerecht beinhalten; das objektive Recht hat aber den Rahmen für die Privielgienverleihung geschaffen" (Aymans, Kanonisches Recht I, S. 124). Zum andern trägt das Privileg "-unabhängig von der Frage, in welcher Weise es erworben worden ist – den Charakter der Norm, denn es gibt seiner Natur nach eine Regel für künftiges Tun oder Unterlassen; als solche tritt es an die Stelle der verdrängten Norm. Die Auffassung, dass das Privileg nicht nur subjektives Recht ist, sondern den *Charakter objektiven Rechts* hat, kann sich auch darauf stützen, dass der Verzicht auf ein Privileg annahmebedürftig ist (c. 80 § 1)." (Ders., op.cit., S. 257). Vor dem Inkrafttreten des Kodex 1983 gewährte Privilegien gelten wie die wohlerworbenen Rechte gemäss c. 4 CIC 1983 auch unter dem Regime des CIC 1983 weiter. „Während die wohlerworbenen Rechte sich inhaltlich aus der objektiven Rechtsordnung herleiten und durch formalen Rechtsakt oder rechtswirksame Übung erworben werden, stellt das Privileg schon gegenüber dem zur Zeit des Privilegienerwerbs geltenden objektiven Rechts Ausnahmerecht dar; es wird also von Anfang an inhaltlich nicht vom objektiven Recht bestimmt und folgt deshalb auch nicht dessen Änderungen." (Ders., op.cit., S. 126). Das materielle Verhältnis zur objektiven Rechtsordnung ist zwischen angestammten Privilegien und wohlerworbenen Rechten nicht kongruent. Beide decken sich aber zufolge c. 4 CIC 1983 hinsichtlich ihres formellen Geltungsgrundes.

442 Die Amtsverleihung enthält zwei Elemente, nämlich die Bezeichnung der Person, welcher das Kirchenamt anvertraut werden soll und die Übertragung des Kirchenamtes. Beide Vorgänge befinden sich i. d. R. als 'Libera collatio' in der Hand des verleihungsberechtigten Oberen (c. 157 CIC 1983). Auf der anderen Seite stehen der 'Libera collatio' drei Grundformen der gebundenen Amtsverleihung gegenüber: Prä-

brochen vom Präsentationsprivileg[443], welches als Bestandteil des Patronatsrechts in der Gestalt eines 'Ius spirituali adnexum' vom Bestehen der rechtspersönlichen Benefizialstiftung abhängt und insofern mit deren Schicksal verknüpft ist[444],[445]. Diese Form der gebundenen Verleihung verdichtete[446] sich hinsichtlich

---

sentation (cc. 158-163 CIC 1983; bestätigungsbedürftige Wahl (cc. 164-179 CIC 1983); sowie Wahlbitte (cc. 180-183 CIC 1983). Siehe Aymans, Kanonisches Recht I, S. 466 ff.; Listl, Amt, S. 596 f.; May, Kirchenamt, S. 144.

443 Vgl. Carlen, Kirche und Staat in der Schweiz, S. 350. – C. 4 CIC 1983 sichert die Weitergeltung der Präsentationsprivilegien unter der Voraussetzung, dass es sich erstens dabei um Gunsterweise des Apostolischen Stuhles handelt, d.h. sie müssen vom Papst oder seitens eines Organs der Kurie oder kraft päpstlicher Delegation gewährt worden sein. Die Form der Verleihung kann sich in casu als Gesetz respektive als Akt der freiwilligen Verwaltung definieren, cf. c. 1452 CIC 1917 bzw. das Privileg von Papst Julius II., sowie § 12 der 'Übereinkunft betreffend die Vereinigung des Kantons Schwyz mit dem Bistum Chur und die Verwaltung des Diözesanfonds' vom 3. August 1824 (Bistumsvertrag), abgedruckt in: nGS SZ I-80; dass zweitens die Privilegien bei Inkrafttreten des CIC 1983 noch in Gebrauch sind, d.h. sie weder durch ständigen Nichtgebrauch erloschen sein dürfen (c. 82 CIC 1983) noch darf rechtmässig auf sie verzichtet worden sein (c. 80 CIC 1983); dass sie drittens nicht bis zum Inkrafttreten des CIC 1983 widerrufen worden sein dürfen, wobei die Möglichkeit des späteren Widerrufs unberührt bleibt (c. 79 CIC 1983); und schliesslich dass viertens der Kodex 1983 die in Frage stehenden Privilegien nicht explizit widerruft. „Ein ausdrücklicher Widerruf liegt nicht schon vor, wenn der CIC etwas Gegenteiliges bestimmt, sondern nur dann, wenn aufzuhebende Privilegien besonders erwähnt werden. Dabei ist zu unterscheiden zwischen dem schlichten Widerruf durch die Klausel '*revocato quolibet contrario privilegio*', wodurch entgegenstehende Privilegien aufgehoben werden, und der Verwerfung eines Privilegs durch die Klausel '*reprobato quocumque contrario privilegio*', wodurch über die einfache Aufhebung hinaus das Privileg als Rechtsmissbrauch erklärt und jedwedes Wiederaufleben desselben unterbunden wird." (Aymans, Kanonisches Recht I, S. 127). Vgl. auch Mörsdorf, Kirchenrecht I, S. 151. Zuungunsten des Pivilegierten kann neben dem ausdrücklichen Widerruf zufolge Rechtsmissrauchs (c. 84 CIC 1983) ein Privileg gemäss c. 83 § 2 CIC 1983 auch durch die Änderung der Verhältnisse ('Clausula rebus sic stantibus') entfallen. In diesem Fall bedarf es keines expliziten Widerrufs. Vielmehr genügt die Feststellung des zuständigen Ordinarius, dass das Privileg erloschen ist. Hierzu Aymans, Kanonisches Recht I, S. 265 ff. – Ob eventuell die Gewohnheit als Entstehungsgrund des Präsentationsprivilegs zu gelten hat, kann hier offenbleiben, da diese vom Gesetzgeber als solche sanktioniert werden müsste (cc. 23-28 CIC 1983) und demzufolge den Rang objektiven Rechts hätte. Vgl. Mörsdorf, Kirchenrecht I, S. 152. Undifferenziert Urs Josef Cavelti, Gutachten, S. 16.

444 Art. 18 des Motu proprio 'Ecclesiae sanctae' hebt u.a. die Präsentationsrechte für nichtkonsistoriale Kirchenämter aus lastenfreien Privilegien auf, weshalb nur noch diejenigen Präsentationsrechte, welche als 'Privilegia onerosa' von den 'Beneficia proprie dicta' dependent sind, weiterbestehen können. Des weiteren trägt das Motu proprio 'Ecclesiae sanctae' hinsichtlich der in der Form sogenannter 'Volkswahlen'

der im Kanton Schwyz situierten Benefizien im Laufe der Zeit[447] zur Befugnis[448], zu handen des zuständigen Diözesanbischofs[449] eine geeignete Person[450] zu desi-

---

ausgeübten Präsentationsrechte den Bischofskonferenzen auf, dem Apostolischen Stuhl geeignete Vorschläge zu unterbreiten, um diese, wo es geschehen kann, aufzuheben. „Quod autem attinet ad electiones populares, quas vocant, ubi vigent, Conferentiae Episcopalis est ea quae opportuniora videantur Apostolicae Sedi proponere, ut, quantum fieri potest, abrogentur." (Eccl Sanct Art. 18 § 1 Abs. 2, abgedruckt in: AfkKR 135 [1966], S. 562). Damit dürfte es schlichtwegs ausgeschlossen sein, dass selbständige Präsentationsprivilegien aufgrund geltenden Rechts neu verliehen werden können. Infolgedessen regelt der CIC 1983 lediglich die verfahrensrechtliche Seite der Präsentation (cc. 158-163 CIC 1983), über die Verleihung schweigt er sich aus. Seinem Prinzip der Verleihung eines Kirchenamtes, der 'Libera collatio', eignet per definitionem kein Drittbezug.

445 Das Gemeinwesen kann diesen Konnex nicht einfach aufknüpfen, indem es einerseits versucht, das Benefizium seiner Rechtsträgerschaft zu berauben oder anderseits ein 'Wahlrecht' ohne Sanktion der röm.-kath. Kirche hoheitlich dekretiert. „Nie kann eine Wahl auf staatliche Anordnung hin geschehen." (Urs Josef Cavelti, Religionsgemeinschaften, S. 80). Beide Vorgehensweisen hielten vor dem Hintergrund unserer rechtsstaatlichen Freiheitsordnung einer grundrechtsverpflichteten Bewertung nicht stand. Im Kanton Schwyz statuierte § 91 Abs. 4 (Fassung 1898) aKV eine Kautele gegen die angemasste Ausübung des Präsentationsrechts durch die unberechtigte Kirchgemeinde mittels des Verweises auf die 'bisherige Übung'. Vgl. EGV-SZ 1969 Nr. 3, S. 66; Reichlin, S. 122. § 64 Abs. 1 lit. c aGOG modifizierte diese rechtstechnisch, indem dort in casu das kirchliche Recht vorbehalten wurde.

446 „Die Entwicklung, in deren Verlauf das Besetzungsrecht der Pfarreien von der Regierung an die Gemeinden übergegangen ist, hat in Schwyz später begonnen als in Obwalden, dagegen ist sie im erstern Lande weiter gegangen als im letzteren. Es verlautet nämlich in Schwyz nichts mehr von einem Bestätigungsrecht der Obrigkeit und es wird zwischen keinem Patronat der Regierung und keiner Nomination der Gemeinde mehr unterschieden, sondern diese übt das einheitliche Wahlrecht allein aus ..." (Schweizer, S. 16 f.). So stellte sich die Rechtslage im Verlaufe des 17. Jahrhunderts dar. Ausgenommen von der geschilderten Entwicklung blieben als späte Beispiele die Gemeinde Galgenen, die den Kirchensatz 1809 von der Familie v. Reding erwarb, sowie die Gemeinden Wangen und Nuolen, welche ihr Patronatsrecht 1805 bzw. 1866 von der Schwyzer Regierung übernehmen konnten. Ebenfalls im 19. Jahrhundert erhielten die Kirchgenossen der abgekurten Pfarreien Alpthal (1803) und Riemenstalden (1864) unter dem Titel der Stiftung den Patronat. Hierzu Reichlin, S. 74 ff.; Schweizer, S. 64 f., 79 f.

447 In den Jahren 1512-1513 bestätigte Papst Julius II. den Kantonen Uri, Schwyz Unterwalden, Glarus und vielleicht noch anderen für ihre dem Apostolischen Stuhl geleisteten Dienste das Recht oder wenigstens die Übung, auf die in ihrem Gebiet gelegenen Pfründen dem Diözesanbischof oder dem Patron eine geeignete Person vorzuschlagen. „Nos (PP. Julius II) itaque consuetudinem juris *nominandi* seu *praesentandi* hujusmodi, in cujus pacifica possessione seu quasi esse asseritis, auctoriate apostolica tenore praesentium approbamus et confirmamus." (zit. in: P. Justus Landolt OSB, Geschichte der Kirchgemeinde Lachen. Nach urkundlichen Quellen bear-

beitet, Einsiedeln 1876, S. 48, FN 2). „Um die Bulle Julius II. im Verhältnis zum Kirchenrecht richtig verstehen zu können, darf man nicht vergessen, dass man ihr nur deklarative, keine konstitutive Kraft beilegen darf; infolgedessen hat sie auch keinen aussergewöhnlichen Charakter." (Schweizer, S. 9). Gl.M. Lampert, Kirche und Staat II, S. 214 f., FN 26: „Die Bulle war somit keine Rechtsverleihung, wie vielfach angenommen worden ist, sondern bloss eine *Bestätigung* einer schon lange bestehenden Rechtsübung. Sie kann daher von Rechts wegen auch nicht als ein 'Privilegium' angesprochen werden. Dagegen kann darüber kein Zweifel bestehen, dass die päpstliche Approbation und Konfirmation eine wirklich bestehende Rechtsübung zum Gegenstand hatte. Es ist quellenmässig erhoben, dass in den mit der Bulle bedachten Kantonen im Jahre 1513 Laienwahlrechte auf kirchl. Pfründen zu Recht bestanden und zum Teil seit unvordenklicher Zeit in Übung waren. Sie betrafen meist Seelsorgestellen, waren somit grösstenteils eigentliche Pfarrwahlen und bezogen sich weniger auf Stiftspfründen oder blosse Altar- und Messpfründen. Solche Pfarrwahlrechte wurden sowohl von der Landesobrigkeit als [auch] von den Gemeinden ausgeübt. Im ersten Falle handelte es sich um kanonische Patronatsrechte oder Präsentationsrechte zuhanden des Diözesanbischofs oder allfällig kirchlich befugter Kollatoren; im Falle der Gemeindewahlen dagegen fast ohne Ausnahme um blosse sog. Nominationsrechte zuhanden des zur kanonischen Präsentation befugten Patrons (sc. die Kirchgenossen im Kanton Schwyz brachten mit Ausnahme der vom Kloster Einsiedeln beanspruchten Patronate im Laufe der Zeit den jeweiligen Kirchensatz in ihren Besitz, vgl. die Zusammenstellung bei Schweizer, S. 79 f.) ... Der diesen Wahlrechten zugrunde liegende (sc. patronatische) Rechtstitel ist noch heute in den meisten Fällen historisch nachweisbar. Papst Julius II. bestätigte diese bestehenden Wahlrechte nur, soweit sie sich in den Grenzen des kanonischen Rechts bewegten und von der Institution der gewählten Geistlichen durch die kirchl. Oberbehörde abhängig waren." Im Kanton Schwyz existiert mithin das Präsentationsprivileg ausschliesslich als 'Ius spirituali adnexum' des Benefiziums. Andere Entstehungsgründe kraft Gewohnheit oder eigenständigem Privileg sind nicht gegeben. Vgl. Appert, S. 77 ff.

448 Einseitig durch den Staat ohne entsprechenden Rechtstitel dekretierte Präsentations- bzw. Wahrechte sind hingegen für die röm.-kath. Kirche unverbindlich und deren Durchsetzung verletzt das religionsfreiheitlich gewährleistete kirchliche Selbstbestimmungsrecht. „Nachdem die Verleihung der Kirchenämter als eine kirchliche Funktion und daher als eigene Angelegenheit jeder Konfession erkannt ist, so darf auch die freie *Ausübung* dieses Rechts durch die Konfessionen nach ihrer autonomen Ordnung nicht von der Willkür der Staatsbehörden abhängig gemacht werden. Es fällt daher auch nicht in die Zuständigkeit des Staates, das *Verfahren* bei der Besetzung der Kirchenämter zu normieren; dies soll der Staat vielmehr der autonomen Regelung der einzelnen Konfessionen überlassen." (Lampert, Kirche und Staat II, S. 216). Siehe auch Isele, öffentlich-rechtliche Stellung des Geistlichen, S. 282.

449 Gemäss c. 158 § 1 CIC 1983 muss die Präsentation auf ein Kirchenamt von demjenigen, dem das Präsentationsrecht zusteht (Patron), gegenüber derjenigen kirchlichen Autorität erfolgen, der es zukommt, die Einsetzung in das betreffende Amt vorzunehmen. Dies ist i. d. R. jene Autorität, welche für die Errichtung, Änderung und Aufhebung des betreffenden Amtes kompetent ist (c. 148 CIC 1983). Vgl. Aymans, Kanonisches Recht I, S. 462 f.

gnieren und auf die vakante Pfrund verbindlich vorzuschlagen[451], welche, wenn sie vom Oberhirten als kanonisch geeignet[452] befunden wird, mit der Annahme[453]

---

450 Die Eignung einer Person enthüllt sich nicht aus staatsrechtlich generierten Parametern. Diesbezügliche Vorschriften des Staates verletzten die Religionsfreiheit. In concreto ist der Versuch, bei der Besetzung von Kirchenämtern das bundesrechtliche Gleichstellungsgesetz für anwendbar zu erklären, und mit den Zwangsmitteln des Staates durchzusetzen, unstatthaft. Die religiös-weltanschauliche Neutralitätspflicht des Gemeinwesens lässt objektivrechtlich nicht zu, dass amtsrechtliche 'Sacra interna' in den staatlichen Bereich gezogen und dieselben dort mit saekularistischen Kategorien verbeiständet werden, um staatskirchlich entkonfessionalisierte Ambitionen zu verwirklichen. Siehe vorne, S. 259 f., FN 761.

451 Dem Vorschlagsberechtigten steht, wenn nichts anderes rechtmässig vorgesehen ist, für die Wahrnehmung des Präsentationsrechts gemäss c. 158 § 1 CIC 1983 eine Nutzfrist von drei Monaten, nachdem er von der Vakanz des Benefiziums Kenntnis erlangt hat, zu. „Bei Fristversäumnis sowie bei wiederholtem Vorschlag eines kanonisch Ungeeigneten verliert der Präsentationsberechtigte für dieses Mal das Vorschlagsrecht. Die Bindung der Verleihung des zur Besetzung anstehenden Amtes wird für dieses Mal aufgehoben; an die Stelle des gebundenen Verleihungsrechts tritt das *freie Verleihungsrecht* dessen, der für die Einsetzung zuständig ist (sc. c. 162 CIC 1983). Es handelt sich um eine sog. *unechte Devolution*, weil die Amtsverleihung nicht an die übergeordnete Autorität geht, sondern bei derselben Autorität verbleibt, dabei jedoch von der gebundenen in eine freie Amtsverleihung umgewandelt wird.“ (Aymans, Kanonisches Recht I, S. 474). Siehe May, Kirchenamt, S. 145.

452 Der Präsentierte muss über jene Eigenschaften verfügen, die das Kirchenrecht für den Träger des zu besetzenden Amtes fordert. Hinsichtlich der Eignungsbestimmungen sind neben dem gesatzten allgemeinen wie partikularen Recht auch statutarische oder stiftungsrechtliche Normen sowie gegebenenfalls bestehendes Vertragsrecht zu berücksichtigen. Siehe Aymans, Kanonisches Recht II, S. 472. Vgl. Mörsdorf, Kirchenrecht II, S. 474. Allgemein können Kirchenämter nur an Personen verliehen werden, welche in der kirchlichen Gemeinschaft stehen und jene Eigenschaften besitzen, die vom Kirchenrecht für das betreffende Amt verlangt werden (c. 149 § 1 CIC 1983). Das bepfründete Pfarramt im speziellen, welches alle seelsorglichen Funktionen einschliesst und daher zu seiner Ausübung die Priesterweihe voraussetzt, kann nur einem Priester wirksam übertragen werden (cc. 150; 521 § 1 CIC 1983). Hierzu Aymans, Kanonisches Recht I, S. 451; May, Kirchenamt, S. 144. Damit dem Präsentierten das Pfarramt überhaupt anvertraut werden kann, muss gemäss c. 521 § 3 CIC 1983 seine Eignung auf eine vom Diözesanbischof festgelegte Weise sicher feststehen (cf. c. 1741 2°, 3° CIC 1983). – Wenn der Vorgeschlagene nicht als geeignet befunden wird, kann ein zweites und zugleich letztes Mal innerhalb eines Monats (c. 161 § 1 CIC 1983) ein anderer Kandidat präsentiert werden. Falls der Präsentationsberechtigte glaubt, die fehlende kanonische Eignung sei zu Unrecht geltend gemacht worden und er am präsentierten Kandidaten festhalten möchte, steht ihm offen, da es sich bei der kanonischen Amtsverleihung um einen hoheitlichen Verwaltungsakt im äusseren Bereich handelt (cf. cc. 37; 156 CIC 1983; siehe Aymans, Kanonisches Recht I, S. 464), gemäss c. 1732 CIC 1983 Verwal-

der Präsentation einen Rechtsanspruch (c. 163 CIC 1983)[454], 'Ius ad rem'[455], auf die Einsetzung in das Amt besitzt[456],[457]. Hingegen beinhaltet das Präsentati-

---

tungsbeschwerde einzulegen. Sollten mehrere ungeeignete Kandidaten präsentiert worden sein, ist eine Neuvornahme des Vorschlagsrechts anhand c. 161 § 1 CIC 1983 nicht möglich. Gegen die in diesem Fall drohende Devolution steht dem Präsentator nur die Beschreitung des kanonischen Rechtsweges mittels Verwaltungsbeschwerde zur Disposition. Siehe Ders., op.cit., S. 475 f.

453 Da niemand gemäss c. 159 CIC 1983 gegen seinen Willen präsentiert werden darf, muss vorgängig die Zustimmung desjenigen, der zur Präsentation vorgeschlagen wird, erfragt werden. Lehnt der Kandidat nicht innerhalb einer Nutzfrist von acht Tagen ab, wird seine Einverständnis vermutet. Trotz dieser Kautele hält der CIC 1983 an der nachträglichen Annahme der Präsentation durch den Präsentierten im Anschluss an die kanonische Eignungsprüfung fest (c. 163 CIC 1983). Siehe Aymans, Kanonisches Recht I, S. 472 f.

454 Werden mehrere Personen gleichzeitig präsentiert, wie es noch c. 1452 CIC 1917 verlangt, c. 160 CIC 1983 jedoch als Möglichkeit ohne quantitative Beschränkung vorsieht, erlangt keiner einen Rechtsanspruch auf die Übertragung des Benefiziums. Siehe Mörsdorf, Kirchenrecht II, S. 471. Hingegen muss gemäss c. 163 CIC 1983 die kirchliche Autorität, welcher nach Massgabe des Rechts die Amtseinsetzung zusteht, einen aus der Liste der rechtmässig Präsentierten und für geeignet befundenen Kandidaten in das Amt einsetzen. Mehrfache Präsentation ist auch durch Neupräsentation möglich, „wenn der Präsentierte trotz gegebener Einwilligung vor erfolgter Einsetzung verzichtet hat oder gestorben ist (c. 161 § 2); im ungünstigen Fall kann sich dies mehrfach wiederholen. Sofern nichts anderes rechtlich bestimmt ist, ist einmalige Neupräsentation dagegen möglich, wenn der Erstpräsentierte sich als kanonisch nicht geeignet erwiesen hat (c. 161 § 1); bei der Neupräsentation lässt der Wortlaut des Gesetzes allerdings nur mehr einen Kandidaten zu und schliesst somit die Möglichkeit des c. 160 § 1 aus.“ (Aymans, Kanonisches Recht I, S. 473).

455 Bei der gebundenen Verleihung ('Collatio necessaria') wird dem verleihungsberechtigten Oberhirten von dritter Seite ein Vorschlag zur Besetzung eines vakanten Kirchenamtes gemacht. Falls der präsentierte Kandidat von der in casu verantwortlichen kirchlichen Autorität als kanonisch geeignet befunden wird, ist der zuständige Ordinarius verpflichtet, den rechtmässig Vorgeschlagenen in das Amt einzusetzen (c. 163 CIC 1983). Dieser hat ein 'Ius ad rem'. „Mit der Verleihung des Amtes besitzt der Beliehene ein dingliches *Recht am Amt*“, er hat ein 'Ius in re' mit sämtlichen Rechten und Pflichten. Schliesslich bedarf es zur Amtsausübung noch der Amtseinführung, nämlich formal der 'Collatio officii' und real der Investitur. Siehe Aymans, Kanonisches Recht I, S. 456 f.

456 Listl, Amt, S. 597; Mörsdorf, Kirchenrecht II, S. 471. Vgl. Albrecht, S. 60. – Aufgrund des chronischen Priestermangels findet in der Diözese Chur vielfach eine Vorbenennung durch den zuständigen Oberhirten statt. Eine Besonderheit dieses Verfahrens liegt darin, dass dem in der Form eines demokratischen Entscheides präsentierten Kandidaten mit seiner Einwilligung ein Anspruch auf Übertragung des Amtes rechtswirksam entsteht, denn die kanonische Eignung des Präsentierten wurde durch den Vorschlag des Ortsoberhirten bereits anerkannt. Vgl. Appert, S. 78; Aymans, Kanonisches Recht I, S. 477, Mörsdorf, Kirchenrecht II, S. 473.

onsprivileg nicht ein Recht auf Wiederwahl oder Absetzung eines einmal präsentierten, durch die 'Collatio officii' in das Amt eingesetzten und mit der Investitur in den Amtsbesitz eingewiesenen Geistlichen[458],[459]. „Die Pfarrgeistlichkeit un-

---

457 Hält es der Diözesanbischof für angezeigt, die interimistische Leitung einer vakanten Patronatspfarrei gemäss c. 539 CIC 1983 einem Pfarradministrator zu übertragen, kann die Befristung der Pfarradministratur durch die Präsentation konsumiert werden. Damit erhielte der Präsentierte einen Rechtsanspruch auf Übertragung des Benefiziums, ohne dass seine Eignung erneut kanonisch überprüft werden müsste. Folglich können die Kirchgenossen anhand des Präsentationsprivilegs den Diözesanbischof unbeschadet c. 522 CIC 1983 zur personell dauerhaften Besetzung des bepfründeten Amtes anhalten.

458 Unbeschadet der in c. 522 CIC 1983 u.a. der Schweizer Bischofskonferenz reservierten Kompetenz (vgl. Schmitz/Kalde, S. 21) werden die bepfründeten Ämter grundsätzlich auf Dauer, 'Ad dies vitae' verliehen. Die subjektive Perpetuität macht das Pfarrbenefizium zu einem unbefristeten Kirchenamt, welches nur unter den von cc. 184; 190; 192-196; 538; 1740-1752 CIC 1983 bestimmten Voraussetzungen entzogen werden darf. Der amtsenthobene bzw. – versetzte Geistliche kann gegen seine Abberufung Beschwerde bei der Kleruskongregation erheben und anschliessend den Entscheid auf dem verwaltungsgerichtlichen Weg an die Apostolische Signatur weiterziehen. „Die subjektive Perpetuität eignet jedem weltgeistlichen Benefizium (Rechtsvermutung), sofern sich nicht aus der Stiftungsurkunde, aus einer gegenteiligen Gewohnheit oder aus einem gegenteiligen Indult ergibt, dass das Benefizium in widerruflicher Weise zu vergeben ist. Ordensgeistliche Benefizien sind aus Gründen der klösterlichen Zucht stets widerruflich zu verleihen." (Mörsdorf, Kirchenrecht II, S. 464). Dies trifft im Kanton Schwyz auf die Benefizien in den Pfarreien Einsiedeln, Feusisberg und Freienbach zu. Vgl. Reichlin, S. 79 f.

459 Wenn RRB 1996/507 behauptet, das Präsentationsrecht erlaube der Gemeinde, „die Begründung eines ... Dienstverhältnisses mit einem vom Bischof vorgeschlagenen Pfarrer nach den Regeln des Staatskirchenrechts oder anwendbaren staatlichen Rechts zu verweigern, nicht zu erneuern oder allenfalls auch aufzuheben" (loc.cit., S. 7 f.), bedarf dies der Korrektur. Der Regierungsrat irrt, wenn er annimmt, dass zwischen Pfarrer und selbst- bzw. unselbständiger staatskirchenrechtlicher Körperschaft ein Dienstverhältnis bestehe. „Der Geistliche ist nicht der Besoldete des Staates oder der Kirchgemeinde, er ist Destinatär seiner Pfründe." (Isele, öffentlichrechtliche Stellung des Geistlichen, S. 283); siehe auch hinten, S. 417 ff. Der Regierungsrat verkennt überdies die staatskirchenrechtlich relevante Natur des Präsentationsprivilegs. Erstens präsentieren die Kirchgenossen dem zuständigen Ordinarius zur Einsetzung auf das mit dem freien Benefizium verbundene Amt einen Geistlichen und nicht umgekehrt. Infolgedessen ist rechtslogisch kein Anlass ersichtlich, einem durch die Kirchgemeinde präsentierten Geistlichen die Anstellung zu verweigern. Zweitens lässt sich aus der Präsentation mit Sicherheit kein staatskirchenrechtlicher Rechtstitel ableiten, um einen präsentierten und anschliessend 'Ad dies vitae' (und nicht befristet, da keine Anwendung der einschlägigen Norm des von der Schweizer Bischofskonferenz erlassenen Partikularrechts [abgedruckt in: Schmitz/Kalde, S. 21, cf. c. 522 CIC 1983] ersichtlich ist, wie loc.cit., S. 12, zur Regel erheben will) kanonisch installierten Amtsträger ausserhalb der kirchenrecht-

terliegt deshalb grundsätzlich nach Kirchenrecht und nach schwyzerischem Staatsrecht keiner Wiederwahl."[460],[461]. Es entspricht im Kanton Schwyz alther-

lichen Ordnung von seinem Amt zu entfernen. Vorliegend war lediglich § 64 Abs. 1 lit. c aGOG, welcher in casu das kirchliche Recht vorbehielt und mithin rezipierte, einschlägig und rechtsverbindlich, keinesfalls aber die von Pius Hafner, Staat und Kirche, S. 315 ff., diesbezüglich 'präsentierte' Realität des kirchenrechtsverletzenden Verfahrens im Kanton Luzern.

460 Appert, S. 78. Es ist hier jedoch anzumerken, dass diesbezüglich die Zeichen im Kanton Schwyz nicht im Sinne der Rechtssicherheit auf Bewahrung der rechtskräftigen Tradition stehen. Die Regierung legt den Kirchgemeinden die Aufnahme einer Amtsdauer für den Pfarrer in den Kirchgemeindestatuten nahe. „Unüblich ist, dass für den Pfarrer keine Amtsdauer vorgesehen ist [...] Das Fehlen einer Amtsdauer in den Statuten kann jedenfalls nicht dahin verstanden werden, dass der Pfarrer auf Lebzeiten gewählt ist. Ist er privatrechtlich angestellt, würden die vertraglichen oder arbeitsrechtlichen Kündigungsmöglichkeiten zur Anwendung kommen. Ist das Arbeitsverhältnis öffentlichrechtlicher Natur, bestehen die hiefür vorgesehenen Entlassungsmöglichkeiten ebenfalls." (RRB 1996/1098, S. 15). Irrtümlicherweise verkennt die Schwyzer Regierung die amtsrechtlich mit dem Benefizium verknüpfte Stellung des Pfarrers als vermögensrechtlicher Destinatär der selbständigen Pfarrpfrundstiftung. Damit desavouiert sie für den staatskirchenrechtlichen Bereich die systemerhaltende Funktion des Benefiziums. „Die Entrichtung einer staatlichen Entlöhnung lässt noch nicht auf die staatliche Beamtenqualität schliessen. Nicht alle, die ein staatliches Gehalt beziehen sind staatliche Beamte [...] Die Form der Verselbständigung ist im katholischen Pfründewesen a priori gegeben. Der Geistliche ist nicht der besoldete des Staates oder der Kirchgemeinde, er ist Destinatär seiner Pfründe. Die Leistungen der Kirchgemeinde beruhen auf dem speziellen Rechtstitel des Patronats, oder auf dem allgemeinen Rechtstitel des c. 1496 (sc. CIC 1917; jetzt c. 1260 CIC 1983), wonach die Gläubigen für den Aufwand des Kultus zu sorgen haben." (Isele, öffentlich-rechtliche Stellung des Geistlichen, S. 283). Das regierungsrätliche Argument der formellen Üblichkeit einer befristeten Amtsdauer für den Inhaber des Pfarramtes zerschlägt Noser, S. 175, mit materiell nachhaltigen Argumenten: „Die Wiederwahl des Pfarrers ist nicht nur aus Rücksicht auf das kirchliche Recht abzulehnen. Die Möglichkeit einer Nichtwiederwahl kann sich auf die Tätigkeit eines Pfarrers ungünstig auswirken, seinen Eifer lähmen und seine Autorität untergraben [...] Auch das Argument, die Kirchgemeinde müsse sich gegen unfähige und unbeliebte Geistliche schützen können, verfängt nicht, gibt doch das Kirchenrecht dem Bischof die Möglichkeit, einen Geistlichen aus verschiedensten Gründen (sc. cc. 184; 190; 192-196; 538; 1740-1752 CIC 1983) ... auch ohne persönliches Verschulden aus einer Pfarrei zu entfernen. Die Kirchgemeinde kann jederzeit eine bischöfliche Untersuchung veranlassen, welche evt. zu einer Versetzung des Pfarrers führt. Die Kirchgemeinde ist nicht einmal genötigt, den Ablauf einer mehrjährigen Amtsdauer abzuwarten, um dem Bischof einen Wechsel im Pfarramt vorzuschlagen. Daraus geht hervor, dass das kirchliche Recht die Interessen der Gläubigen in noch höherem Masse schützt, als dies durch ein staatliches Wiederwahlrecht geschehen kann. Der CIC hat durch die Einführung der Amtsenthebung der Pfarrer auf dem Verwaltungswege die ratio legis der periodischen Erneuerungswahl – wenn es je ei-

gebrachter Tradition, dass die Summe der staatsrechtlich stimmberechtigten Kirchgenossen[462] als Patron die Präsentation durch einen demokratischen Entscheid[463] ausüben[464],[465].

---

ne solche gab – so gründlich beseitigt, dass für ein weiteres Festhalten daran keine triftigen Gründe mehr bestehen.“ Siehe auch Lampert, Kirche und Staat II, S. 223 ff.

461 Rechtsgeschichtlich findet sich kein Anhaltspunkt, dass die Wiederwahl der Benefiziaten im Kanton Schwyz definitiv Fuss fassen konnte. Bereits die Bulle von Papst Julius II. enthielt kein einziges Wort, welches eine Entlassungs- oder Wiederwahlbefugnis auch nur andeutete. „In der Innerschweiz stützte man sich auf die bekannten Zugeständnisse der Päpste zur Zeit der Mailänder Kriege, die allerdings vonseiten des Sixtus, Julius und Leo nie anders verstanden wurden denn als Konfirmierung des bisherigen unangefochtenen Pfarrwahlrechts; die Laien implizierten allerdings darin die berüchtigten 'guoten brüch, allten fryheitten und herkomen', d.h. alle Missbräuche, die im Benefizialrecht seit langem mit und ohne Schuld der Kirche üblich waren. So kann es nicht überraschen, auf Schwyzer Pfründen im 16. Jahrhundert gelegentlich Benefiziaten zu finden, die ohne jede kirchliche Admission aufgenommen wurden.“ (Alois Rey, S. 551). Siehe Lampert, S. 215, FN 26. Vgl. auch Schweizer, S. 33 ff. Gegen diese Missstände opponierte das Vierwaldstätterkapitel zu Beginn des 17. Jahrhunderts, so dass sich in den sechziger Jahren des 17. Jahrhunderts eine Wende abzeichnete, welche mit der an die Kirchgenossen seitens der Schwyzer Regierung am 6. Februar 1700 zugestandenen Kompetenz, allfällige Wiederwahlen ein- oder zweijährlich durchzuführen und schliesslich in der Folge auch darauf zu verzichten, ihren irreversiblen Umkehrpunkt erreichte. Damit beginnt ab dato das Verhältnis des Staates zur röm.-kath. Kirche im benefizialen Rahmen dem kanonischen Recht zu entsprechen, um im 19. Jahrhundert diesbezüglich keine Widersprüche mehr aufzuweisen. Vgl. Schweizer, S. 71. „Dem Volke von Schwyz gehört die Ehre, am frühesten dem Ersuchen der Geistlichkeit nachgegeben zu haben, und dies ist umso merkwürdiger, als die von Schwyz bei Bonhomini (sc. Nuntius in Luzern von 1579-1581) als die 'obstinatissimi' angekreidet waren.“ (Alois Rey, S. 557).

462 Dort, wo innerhalb des Territoriums einer politischen Gemeinde bzw. Kirchgemeinde mehrere Pfarreien bestehen (z.B. in der Gemeinde Schwyz, welche die Pfarreien Schwyz, Ibach und Seewen umfasst), steht das Präsentationsrecht den staatsrechtlich stimmberechtigten Kirchgenossen der betreffenden Pfarrei zu. Vgl. § 92 aKV; sowie Kraus, Staatskirchenrecht, S. 193. Hierzu auch EGV-SZ 1969 Nr. 3, S. 65 f. In diesem Zusammenhang stellt sich durchaus die Frage, ob das Stimmrecht nicht auch auf die Christgläubigen mit ausländischer Staatsbürgerschaft auszudehnen wäre. Die röm.-kath. Kirche ihrerseits übt nämlich ihre pastorale Aufgabe unabhängig der Nationalität des Individuums aus.

463 Dieser begründet aber arbeitsrechtlich keine befristete Amtsdauer, so dass einer Versetzung des Inhabers eines bepfründeten Amtes im Rahmen des kirchenrechtlich dafür vorgesehenen Verfahrens (cc. 184; 190; 192-196; 538; 1740-1752 CIC 1983) diesbezüglich keine saekularrechtlichen Hindernisse entgegenstehen. Vgl. auch Fuchs, Verhältnis, S. 173; sowie Ders., Unfehlbarkeit, S. 126.

464 Vgl. § 91 Abs. 4 (Fassung 1898) aKV. § 64 Abs. 1 lit. c aGOG zählte die Präsentation des Pfarrers zu den Obliegenheiten der selbst- bzw. unselbständigen Kirchge-

meinden. Diese Bestimmung hatte im Rahmen ihrer Verweisung auf das Kirchenrecht, welche primär die Erfordernisse zur Übertragung eines Kirchenamtes beschlägt, rein deklaratorischen Charakter. § 64 Abs. 1 lit. c aGOG stellte die „Präsentation oder Wahl“ in die Kompetenz der „Einheitsgemeinde als unselbständiger Kirchgemeinde oder der selbständigen Kirchgemeinde“. Dies gibt zu zwei Bemerkungen Anlass: Erstens soll das Vorschlagsrecht zur personellen Besetzung eines Pfarramtes – wie es § 91 Abs. 4 (Fassung 1898) aKV vorsah – den Kirchgenossen vorbehalten bleiben, weil nicht die iuristische Person Kirchgemeinde sondern das einzelne Individuum pastoriert werden muss und die Ausübung des Präsentationsprivilegs traditionell mit dem Willen der Kirchgenossen zur körperschaftlichen Verbindung verknüpft ist, weswegen sich dieses nicht auf die Beauftragung entsprechend delegierter Organe zurückführen lässt. Des weiteren wurde das Präsentationsprivileg den patronatisch verpflichtenen Kirchgenossen einer bestimmten Pfarrei erteilt. Wenn der Kanton das Präsentationsprivileg in § 64 Abs. 1 lit. c aGOG nun formell in seinen Rechtsbereich zog, um es dort mit einer Kompetenzdelgation an die Kirchgemeinden organisationsrechtlich zu regeln, fehlte ihm dafür die entsprechende Rechtsgrundlage. Der Kanton Schwyz besitzt nämlich spätestens seit 1866 (vgl. Reichlin, S. 78; Schweizer, S. 65) keine Patronatsrechte mehr. Schliesslich muss auch bei der staatsrechtlichen Realisierung des Präsentationsprivilegs dem Postulat von § 92 Abs. 1 rev. KV genüge getan werden. Mithin sind die Kirchgemeinden in casu dergestalt anzuhalten, dass die Kirchgenossen kompetenzgemäss die Präsentation in der Form eines demokratischen Entscheides durchführen sollen. Zweitens handelt es sich in casu ausschliesslich um eine Präsentation, welche von den Kirchgenossen in der demokratischen Form der Wahl vorgenommen wird. Eine kanonische Wahl (cf. cc. 164-179 CIC 1983) findet nicht statt, da u.a. zum einen die Formvorschriften hinsichtlich ihrer Durchführung dem weltlichen Recht entnommen werden und der Kodex 1983 weder dieses empfiehlt, noch anerkennt und schon gar nicht darauf rezipierend verweist und zum andern die Kirchgemeinde kirchenrechtlich nicht als ‘collegium aut coetus personarum’ (c. 158 § 2 CIC 1983) gilt bzw. keiner iuristischen Person des Kirchenrechts entspricht. Vgl. Noser, S. 166 f. In diesem Zusammenhang muss auf die problematische Terminologie von EGV-SZ 1996 Nr. 11, S. 30, welchem ein unzutreffendes Rechtsverständnis zugrunde liegt, hingewiesen werden. Der Entscheid spricht von der „Wahl eines Seelsorgers“, wobei „die kirchenrechtlichen Voraussetzungen zu beachten sind“. Diese Aussage ist vorliegend unter zweierlei Hinsicht zu präzisieren: Einerseits steht in casu die Einsetzung eines Pfarradministrators in Frage. Dieses Amt kann der Diözesanbischof gemäss c. 539 CIC 1983 frei verleihen (Libera collatio). Somit besitzt die betroffene staatskirchenrechtliche Körperschaft hinsichtlich des Amtes eines Pfarradministrators kein Präsentationsprivileg. Folglich ist zum einen das Verfahren nicht zweistufig, wie es der Entscheid weismachen will, und der ins Recht geführte § 64 Abs. 1 lit. c aGOG zum andern nicht einschlägig. Damit steht eine rechtmässige Amtsübertragung auch staatskirchenrechtlich ausser Zweifel. Anderseits verleiht das Präsentationsrecht zufolge der patronatischen Stellung der betroffenen Kirchgenossen als ‘Ius spirituali adnexum’ diesen das Privileg, dem Diözesanbischof einen geeigneten Geistlichen auf das vakante Pfarrbenefizium zu präsentieren. Dabei handelt es sich keinesfalls um eine Wahl im kirchenrechtlichen Sinn. Der demokratische Entscheid stellt ausschliesslich die saekularrechtliche Verfahrensform zur Designation des zu Präsentie-

§ 2 Res Mixtae

I. Dualismus

1. Funktion und Typus der staatskirchenrechtlichen Körperschaften im Kanton Schwyz

Das in der Kantonsverfassung verortete Staatskirchenrecht des Kantons Schwyz kannte bis 1999 zwei Arten von Gebietskörperschaften, nämlich die Einheitsgemeinde und die selbständige Kirchgemeinde. Vor 1848 bildeten die Bezirke die unterste Verwaltungsebene. Die öffentlichen Aufgaben gewannen im Laufe der Zeit namentlich im Schul-, Armen- und Sittenpolizeiwesen an Gewicht. Lokale Selbstverwaltungskörper jedoch fehlten damals. Deshalb griff man auf die bereits existierenden und in autonomen Körperschaften verfassten Verbände der Kirchgenossen zurück. Die Gemeindeorganisation der Kantonsverfassung 1848 erhob die Pfarreisprengel in der Regel zum Gemeindegebiet, das Pfarreivolk erhielt die staatsrechtliche Aktiv- und Passivlegitimation und die Summe der Pfarrgenossen

---

renden dar. In diesem Lichte ist § 64 Abs. 1 lit. c aGOG zu verstehen. Die im Entscheid als unzulässig bezeichnete Initiative zur Statuierung eines Vorschlagsrechts der Kirchgemeinde bei der Ernennung eines Pfarradministrators verletzt somit das Präsentationsprivileg in keiner Weise. Im Gegenteil hätte bei Vorliegen des bischöflichen Placets das zu initiierende Reglement im Rahmen der patronatischen Stellung der Kirchgemeinde zu einer kanonisch nicht anfechtbaren Konsolidierung der demokratischen Tradition des Präsentationsverfahrens geführt. Gleichzeitig würde den Kirchgenossen die Präsentation eines Pfarradministrators für das vakante Pfarrbenefizium anhand der vorausgegangenen Postulation in demokratischer Manier erleichtert und die kirchen- wie staatskirchenrechtliche Verbindlichkeit der bischöflichen Personalpolitik gestärkt. – Wie fundiert sich der in EGV-SZ 1996 Nr. 11 publizierte Entscheid des Verwaltungsgerichts (575/96) mit der kirchenrechtlichen Sachlage auseinandersetzte, möge aus dem Indiz erhellen, dass loc.cit., S. 8, der 'Corpus Iuris Canonici' als in Kraft stehende Rechtsquelle des Kirchenrechtes zitiert wird. Der 'Corpus Iuris Canonici' wurde jedoch durch die Kodifikation des Kirchenrechts 1918 ausser Kraft gesetzt (cf. c. 6 CIC 1917). Diese löste im Jahre 1983 der geltende CIC 1983 ab (cf. c. 6 CIC 1983).

465 Keine Präsentation in der Form der Wahl findet bezüglich der Pfarreien Einsiedeln, Feusisberg und Freienbach statt, wo der Abt von Einsiedeln dem Diözesanbischof einen Ordensgeistlichen präsentiert. Der Ortsordinarius prüft die Identität des Regularklerikers und erteilt ihm die Admission. Hinsichtlich der Ordensdisziplin sind die mit der Seelsorge in den erwähnten Pfarreien und den Einsiedler Viertelskuratien betrauten Regularkleriker dem Abt unterstellt, für die Belange ihrer seelsorgerlichen Tätigkeit zeichnen die Ordensgeistlichen gegenüber dem Dözesanbischof verantwortlich. Dieses Rechtsverhältnis kommt einer 'Incorporatio pleno iure' nahe. Siehe Isele, Gutachten Einsiedeln, S. 52 f. Vgl. Reichlin, S. 80.

wurde zum obersten Organ der neuen Einheitsgemeinde[466],[467]. Die staatlichen Aufgaben der Einheitsgemeinden[468] vermochten den ursprünglich staatskirchlich-konfessionellen Wirkungsbereich zu überschatten[469]. Mit der bundesrechtlichen Gewährleistung der Niederlassungsfreiheit durch die Bundesverfassung 1848 bzw. zufolge der Garantie der Kultusfreiheit wurde die Einheit von Kirchen- und Staatsvolk obsolet. Das System des Staatskirchentums musste der Kompetenzaufscheidung zwischen römisch-katholischer Kirche und dem Kanton Schwyz weichen.

Die Kantonsverfassung 1898 ermöglichte erstmals neben der bereits in der Form einer unselbständigen Kirchgemeinde existierenden Einheitsgemeinde die Bildung selbständiger Kirchgemeinden[470],[471], welche sich als „öffentlichrechtli-

466 Reichlin, S. 86 f. – Damit gibt das staatskirchliche Institut der Einheitsgemeinden „auch Hinweise auf die Entstehungsgeschichte der Gemeinden im Kanton Schwyz" (RRB 1991/840, S. 11). Vgl. Simon, S. 37.

467 Im Zuge der Revision der Bundesverfassung 1874, welche den Niedergelassenen das Stimmrecht einräumte, mutierte der schwyzerische Gemeindetypus von der Bürger- zur Einwohnergemeinde. Siehe Kennel, S. 130; Paul Schwander, S. 6 f.; Simon, S. 37.

468 Der Einheitsgemeinde wurden durch die Kantonsverfassung „alle diejenigen staatlichen Aufgaben delegiert, die fähig waren, einer Gemeinde delegiert zu werden" (Simon, S. 37).

469 Reichlin, S. 34 ff.

470 Für ihre Errichtung waren gemäss § 93 aKV kumulativ drei Voraussetzungen zu erfüllen, nämlich: Mehrheitsbeschluss der auf dem Gebiet der neuen Kirchgemeinde wohnhaften, an der Abstimmung teilnehmenden Konfessionsangehörigen sowie das Einverständnis des bischöflichen Ordinariats. Liegen diese konstitutiven Erfordernisse einer Neugründung vor, erteilt der Kantonsrat die Zustimmung. Vgl. u.a. RRB 1997/1583, wo S. 6 die kantonsrätliche Praxis, der sicheren finanziellen Grundlage der zu gründenden Kirchgemeinde kein grosses Gewicht mehr beizumessen, begründet wird. Reichlin, S. 97, erkennt in bezug auf den Genehmigungsvorbehalt des bischöflichen Ordinariats keine diesbezügliche Legislationspflicht des Staates. Diese Ansicht ist insofern zu präzisieren, als die Diözese hinsichtlich der patronatischen Stellung und der damit verbundenen Privilegien bzw. aufgrund der allgemeinen Beitragspflicht der Christgläubigen (cc. 222 § 1; 1260 CIC 1983) durchaus wissen muss, mit wem sie es in concreto zu tun hat. Eine eigentliche Neugründung erfolgt durch Abtrennung oder Vereinigung bestehender Kirchgemeinden, während im Rahmen der Verselbständigung einer unselbständigen Kirchgemeinde diese aus der Einheitsgemeinde herausgelöst und mit eigener Rechtspersönlichkeit ausgestattet wird. Ohne auf die vermögensrechtlichen Aspekte einzugehen, können sich bei der Errichtung einer Kirchgemeinde, welche bis 1999 beide aufgezeigten Fälle umfasste, beispielsweise präsentationsrechtliche Fragen ergeben. Es ist deshalb sinnvoll, wenn das bischöfliche Ordinariat im Rahmen der ehemals durch § 93 Abs. 2 aKV delegierten Kompetenz seine Kognition darauf beschränkt, die eingereichten Kirchgemeindestatuten auf ihre Widerspruchsfreiheit zum kanonischen Recht zu untersu-

che Körperschaften, die aus den Angehörigen der gleichen Konfession innerhalb eines bestimmten Territoriums bestehen", definieren lassen[472]. Das positive Verfassungsrecht enthielt aber keine Definition des Wirkungsbereiches der selbst- bzw. unselbständigen Kirchgemeinden sondern verwies in § 94 aKV auf die Gesetzgebung. § 64 Abs. 1 aGOG[473] übertrug „der Einheitsgemeinde als unselbständiger Kirchgemeinde und der selbständigen Kirchgemeinde die Erfüllung der weltlichen Bedürfnisse der Konfessionen". Zu diesem Behufe wird sie vom Gemeinwesen mit Autonomie[474],[475], welche jedoch der korporativen Religionsfreiheit nachzuordnen ist[476], ausgestattet. Die Definition der 'weltlichen Bedürfnisse'[477] obliegt daher im Umfang der ihr eigenen Zwecke[478] dem religionsfreiheit-

---

chen, um mithin auch tunlichst jeden Anschein einer Kanonisation der staatskirchenrechtlichen Körperschaften zu vermeiden. Vgl. Kraus, Staatskirchenrecht, S. 193; Reichlin, S. 97. Vgl. auch Bonnemain, Schweizer Kantonalkirchen, S. 593 f.

471 Die körperschaftlichen Verbände der ev.-ref. Christen können sich im Kanton Schwyz seit der Revision von § 92 aKV im Jahre 1956 in öffentlichrechtliche, mit dem Recht der Steuererhebung ausgestattete Kirchgemeinden konstituieren. Hierzu Karl Appert, Die öffentlich-rechtliche Anerkennung der reformierten Kirchgemeinden im Kanton Schwyz, in: SKZ Nr. 21 f. (1956), S. 261 ff.; Vgl. Ders., S. 32 f., 107 f.; Kraus, Staatskirchenrecht, S. 193; Reichlin, S. 80 ff.

472 Schmid, S. 223.

473 Die anschliessende Enumeration von Kompetenzen der Kirchgemeinde war lediglich exemplifikativ und nicht abschliessend zu verstehen (EGV-SZ 1980, S. 36; EGV-SZ 1987 Nr. 6, S. 28), zumal § 64 Abs. 1 lit. a, b aGOG durch § 13 Abs. 1 KV derogiert wurde. Vgl. Kennel, S. 133.

474 Die Erfüllung des kirchlich generierten Zwecks stellt die zwingende Prämisse für die Existenzberechtigung der staatskirchenrechtlichen Körperschaften dar. Um die „weltlichen Bedürfnisse der Konfessionen" (§ 64 Abs. 1 aGOG) sicherzustellen, kreiert der Staat die Kirchgemeinden und stattet sie im Hinblick auf die Zweckerfüllung mit Autonomie aus. Vgl. Urs Josef Cavelti, Religionsgemeinschaften, S. 51. Es ist somit der Kanton Schwyz und nicht die röm.-kath. Kirche, wie in EGV-SZ 1996 Nr. 11, S. 29, fälschlicherweise behauptet wird, welcher sich der „vom Staate zur Verfügung gestellten Einrichtung der Kirchgemeinde bedient". Mithin ist die den staatskirchenrechtlichen Körperschaften übertragene Autonomie ausschliesslich als zweckdependent zu verstehen. Folglich kommt dem in § 92 Abs. 1 rev. KV vindizierten Gestaltungsprinzip der Demokratie funktional gesehen eine konsekutive Stellung zu. Es kann infolgedessen keine Bedingung für die Autonomiegewährleistung sein, wie EGV-SZ 1996 Nr. 11, S. 29 f., zu Unrecht annimmt. Vgl. Walser, Bistumsvertrag, S. 782.

475 Gemäss EGV-SZ 1980, S. 36 f., erlaubt der nach Massgabe des kantonalen Rechts gewährleistete Autonomiebegriff den Kirchgemeinden, nur dann Aufgaben zu übernehmen, wenn dadurch nicht „der Kompetenzbereich ... der Pfarrei tangiert wird".

476 Zum normhierarchischen Verhältnis von Religionsfreiheit und Autonomie siehe vorne, S. 179 ff.

477 Unrichtig ist in diesem Zusammenhang die Annahme des Verwaltungsgerichts in EGV-SZ 1996 Nr. 11, S. 30, dass die „Wahl der Seelsorger" unter den Katalog der

lich geschützten Selbstverständins der römisch-katholischen Kirche. Damit bestimmt der kirchlich generierte Zweck die Funktion der staatskirchenrechtlichen Körperschaften[479], deren Existenzberechtigung mithin von der Erfüllung der Temporalienpflicht abhängt[480]. Auf dieser Grundlage konstituiert sich der Dualismus zwischen Kirche und Staat im Kanton Schwyz. Der Dualismus[481] besteht

---

„weltlichen Bedürfnisse der Konfession" falle. „Der Seelsorger und somit auch seine Wahl sind in erster Linie ein geistliches Bedürfnis, wie seine Amtsbezeichnung erkennen lässt: Die Aufgabe des Seelsorgers ist es, für die Seelen zu sorgen, was ein genuin geistliches, also nicht-weltliches Bedürfnis ist. Gerade darin unterscheidet er sich von den weltlichen Behörden, die für die zeitlichen Dinge zu sorgen haben." (Walser, Bistumsvertrag, S. 781). Auch wenn sich § 64 aGOG in der Einleitung von Abs. 1 diesbezüglich unglücklich ausdrückte, heilt der Verweis auf das Kirchenrecht in lit. c die terminologische Fehlleistung von § 64 Abs. 1 aGOG.

478 Cc. 114 § 2; 1254 CIC 1983.

479 Infolgedessen bildet der kirchliche Zweck die kausale Ursache für die Existenzberechtigung der Kirchgemeinden. Der Staat kann aufgrund seiner religiös-weltanschaulichen Neutralitätspflicht keine kirchlichen Zwecke verfolgen. Deshalb lässt er parallel zur kantonalen Verbandsstruktur zugunsten der 'anerkannten' Religionsgemeinschaften autonome Körperschaften kreieren. Das Gemeinwesen würde dem funktional zweckverpflichteten Wesen der staatskirchenrechtlichen Körperschaften derogieren, wenn es eine Institutionenverdoppelung intendierte, um seine demokratischen Organisationsprinzipien der röm.-kath. Kirche anhand der parastaatlichen Verbeiständungsinstrumente zu inkulturieren. In diesem Sinne kann der demokratische Standard in den staatskirchenrechtlichen Körperschaften lediglich Folge und nicht Bedingung ihrer Autonomie sein.

480 Dem Staat als Organisator der Kirchgemeinde obliegt es, die weltlichen Bedürfnisse des konfessionellen Verbandes in einen staatsrechtlichen Existenzzweck zu fassen. Da der röm.-kath. Kirche als 'Societas perfecta' die suprapositive Qualität einer eigenrechtsmächtig konstituierten 'Persona moralis ex ipsa ordinatione divina' (c. 113 § 1 CIC 1983) eignet, verbietet die korporative Religionsfreiheit dem Gemeinwesen, in die geschützte Ordnung der röm.-kath. Kirche einzugreifen. „Will man den Zweck der Kirchgemeinde allgemein umschreiben, so kann man sagen, die Kirchgemeinde bezwecke die Besorgung der äusseren ortskirchlichen Angelegenheiten, sofern darunter jene verstanden werden, die von der *Kirche* als äussere, den Laien zugängliche betrachtet werden." (Noser, S. 111 f.). Vgl. Urs Josef Cavelti, Religionsgemeinschaften, S. 52. In diesem Lichte kann keine Rede davon sein, „dass die Kirchgemeinden sich in allgemeiner Weise mit den Aufgaben der Ortskirche befassen" (RRB 1991/840, S. 12).

481 Der Dualismus von Pfarrei und Kirchgemeinde birgt aufgrund der staatsrechtlich monopolisierten Form der entsprechenden Körperschaften ein Gefahrenpotential etatistischer bzw. antikurialer Fremdbestimmung. Das in § 92 Abs. 3 aKV bzw. § 95 Abs. 1 rev. KV zugesprochene Recht der Steuererhebung stellt zwar die Finanzierung der staatskirchenrechtlichen Körperschaften auf eine mit staatlichen Zwangsmitteln bewehrte Grundlage, es spielt aber den staatlich kreierten Verbeiständungsinstrumenten gleichzeitig ein Herrschaftinstrument in die Hand, welches als Druckmittel missbraucht werden kann, um dem religiös-weltanschaulich neutralen Ge-

somit darin, dass neben die Pfarrei[482], die bepfründeten Ämter bzw. die kirchlichen Stiftungen[483] die Kirchgemeinde[484] als rein staatsrechtlich auf personaler[485]

---

meinwesen zwar wesensnotwendige aber der hierarchisch verfassten Struktur der röm.-kath. Kirche inadäquate Organisationsprinzipien in demokratistischer Manier aufzudrängen. „Diese *Spannungen* lassen sich abmildern, freilich – die Beibehaltung dieses Dualismus vorausgesetzt – letztlich nicht auflösen. So kann die Kirchgemeinde an die Pfarrei/Kirche 'angelehnt' werden, indem eine kantonalkirchliche Rechtsvorschrift sie zur Achtung des kanonischen Rechts und der staatskirchenrechtlichen Kompetenzabgrenzung verpflichtet. Einsitznahme des Ortspfarrers (sc. oder anderer bischöflich designierter Personen) in kirchgemeindliche Organe (mit Stimmberechtigung oder nur beratend), Koordination mit und Genehmigung bestimmter kirchgemeindlicher Beschlüsse durch den Diözesanbischof können die für eine effektive Zusammenarbeit notwendige Verzahnung von Pfarrei und Kirchgemeinde herbeiführen. Allerdings sichert all dies nicht notwendigerweise die Übereinstimmung der jeweiligen Interessenlage; dazu sind die Strukturunterschiede ... zu gross." (Kraus, Staatskirchenrecht, S. 392 f.). Siehe Ders., Kirche und Demokratie, S. 174. Dem Dualismus von Kirche und Staat kann im Kanton Schwyz nur dann eine friedliche Zukunft beschieden sein, wenn die staatskirchenrechtlichen Körperschaften ausschliesslich jenen verpflichtend kirchlich generierten Existenzzweck verfolgen, den ihre traditionell patronatische Stellung seit Jahrhunderten konkretisiert. Die unter dem Deckmantel der Entflechtung vom saekularen Gemeinwesen mit dem staatsrechtlichen Mittel der Autonomie praktizierte Etatisierung des Dualismus widerspricht insofern der objektivrechtlichen Pflicht zur religiös-weltanschaulichen Neutralität, als das Finanzmonopol der staatskirchenrechtlichen Körperschaften tendenziell parakirchlichen Ambitionen gehorcht. Dieses lässt sich grundrechtlich domestizieren, wenn das Gemeinwesen die Freiheit der röm.-kath. Kirche unter Zuhilfenahme des zweiseitigen Vertrages als genuinem rechtlichen Verständigungsmittel nicht staatskirchenrechtlichen Pressionen aussetzt. Der Weg einer durchsetzbaren Inpflichtnahme von Kirche und Staat hat im Kanton Schwyz mit dem Bistumsvertrag, welchen die Regierung im Jahre 1922 explizit (implizit neuestens RRB 1998/1326) für das geltende Verhältnisdispositiv von Kirche und Staat bestätigte (vgl. RRB 1922/959, publiziert in: RBR 1922, S. 138 f.), seit 1824 Tradition.

482 Nachdem die rechtmässig errichtete Pfarrei ipso iure Rechtspersönlichkeit erlangt (c. 515 § 3 CIC 1983), stellt das Kirchenrecht der staatskirchenrechtlichen Kirchgemeinde mit der Pfarrei als 'Universitas personarum non collegialis' gemäss Primetshofer, S. 861, im körperschaftlichen Bezug eine Entsprechung gegenüber. Damit besteht aus der Sicht der röm.-kath. Kirche überhaupt kein Anlass, das staatsrechtlich eigenkreierte Institut der staatskirchenrechtlichen Körperschaft auf eine kanonische Motivation zurückführen zu lassen bzw. kirchenrechtlich zu rechtfertigen. Rezipiert hingegen das kantonale Staatsrecht die kanonische Pfarrei lässt sich mit Primetshofer, S. 862, das staatskirchenrechtliche Konstrukt als 'Lex canonizata' bezeichnen und „anders ausgedrückt vom 'vorauseilenden Gehorsam' der Schweizer ... Katholiken bzw. ihres Staatskirchenrechts sprechen".

483 Die Kirchgemeinde steht den kanonischen Vermögensträgern bei Insuffizienz der Mittel der Pfarrei bzw. des kirchlichen Siftungsvermögens durch die Leistungen ih-

und territorialer[486] Basis kreierter „Organisationsbehelf"[487] der Kirchgenossen und im kantonalen öffentlichen Recht verfasste Institution[488] 'sui generis'[489]

---

rer Mitglieder in finanzieller Hinsicht bei. Vgl. Urs Josef Cavelti, Religionsgemeinschaften, S. 53.

484 Auch wenn die Kirchgemeinde sich in personeller Hinsicht der röm.-kath. Pfarrei sehr ähnlich sein kann, stellt die Kirchgemeinde keine Erscheinungsform der Pfarrei dar. A.M. Urs Josef Cavelti, Austritt, S. 75. Den staatskirchenrechtlichen Körperschaften eignet aus institutioneller Sicht weder ein kanonisches Mandat noch eine kodikarische Rechtsform. Sie haben auf der staatlichen Rechtsebene einen Platz neben der Pfarrei und können nicht als kanonische Institution auftreten, zumal unter dem Regime von § 2 Abs. 1 aKV die röm.-kath. Kirche traditionell selber im öffentlichen Recht des Kantons Schwyz situiert wurde.

485 Die freiwillige Mitgliedschaft in einer Kirchgemeinde fliesst eo ipso aus der Gliedschaft in der röm.-kath. Kirche. Vgl. Appert, S. 31; Giacometti, Staatsrecht, S. 83; Noser, S. 109. Erstere wird durch die in Art. 49 Abs. 2 aBV bzw. Art. 15 Abs. 4 rev. BV statuierte Austrittsfreiheit des Individuums absolut geschützt, während die Bedingungen letzterer vermöge der korporativen Religionsfreiheit protektioniert werden. Das BGer. erblickt in BGE 107 Ia 134 ansatzweise vorwiegend im mitgliedschaftlichen Zugehörigkeitswillen das materielle Element einer Kirchgemeinde: „Das Bild der Kirchgemeinde hat sich im Bewusstsein breiter Schichten der Bevölkerung verändert: an die Stelle der Konzeption der territorial begrenzten Gebietskörperschaft ist heute die Auffassung von der persönlichen Mitgliedschaft in einer Religionsgenossenschaft getreten (vgl. BGE 102 Ia 474)." Vgl. Bolliger, S. 412 f.; Friederich, Kirchen und Glaubensgemeinschaften, S. 417 f.; Saladin, Beteiligung, S. 476.; Ders. Grundrechte, S. XX f. A.M. Fuchs, Kirchenfreiheit, S. 961. Als 'Mischform' zwischen einer Gebiets- und einer Personalkörperschaft bezeichnen Häfelin/Müller, Grundriss, Rz. 1030; sowie Huguenin Jacobs, Kom. ZGB, Art. 59, Rz. 4, die Kirchgemeinden.

486 Die Kirchgemeinde ist vermöge ihrer räumlichen Grundlage eine Gebietskörperschaft, welche für die materiellen Bedürfnisse einer oder mehrerer Pfarreien zuständig und in territorialer Hinsicht mit dem Gebiet der entsprechenden politischen Gemeinde i.d.R. identisch ist. Vgl. Appert, S. 31; Giacometti, Staatsrecht, S. 83; Noser, S. 108 ff.

487 Ambühl, S. 75. „Die katholische Kirchgemeinde ist die rechtliche Organisationsform der Pfarrgenossen, die der Staat in Anlehnung an die staatliche Organisationsstruktur als Behelfsorganismus der Kirche geschaffen hat." (Isele, Gliedschaft, S. 5).

488 Bonnemain, Schweizer Kantonalkirchen, S. 533; Gut, Errichtung, S. 19; Isele, Entwicklung, S. 194. – In der Kreation staatskirchenrechtlicher Körperschaften erschöpft sich in der rev. KV 1992 der bloss vermeintliche Akt der öffentlichrechtlichen 'Anerkennung'! Vgl. Grichting, Kirche oder Kirchenwesen, S. 174 ff. Näheres hierzu hinten, S. 473 ff.

489 Vgl. Friederich, Kirchen und Glaubensgemeinschaften, S. 461; Friesenhahn, S. 9; Fuchs, öffentlich-rechtliche Anerkennung, S. 95; Ders., Verhältnis, S. 135; Felix Hafner, Beteiligung, S. 161; Karlen, Religionsfreiheit, S. 240.

tritt[490],[491]. „Kirchliche und staatskirchenrechtliche Organisation sind daher zu differenzieren. Die Kirchgemeinde hat der Kirche gegenüber zudienende Funktion; sie basiert auf einem staatlichen Rechtssetzungsakt, hat aber einen kirchlichen Zweck. Sie ist in ihrem Ziel auf die Kirche hin angelegt und auf einen administrativen und finanziellen Bereich ausgerichtet.“[492]. Das religionsfreiheitlich gewährleistete Selbstbestimmungsrecht der römisch-katholischen Kirche und die

490 „Der CIC enthält keine Bestimmungen über die Kirchgemeinden und ebenso wenig schafft das kantonale Recht Bestimmungen über die Pfarrei.“ (Isele, Exposé, S. 30). Vgl. Urs Josef Cavelti, Religionsgemeinschaften, S. 53. Die Kirchgemeinde röm.-kath. Observanz beruht, „im Gegensatz zur reformierten, nicht auf ideeller, sondern nur auf geschichtlicher Grundlage“ (Noser, S. 77). Das kantonale Recht hat sich infolgedessen darauf zu beschränken, das von der patronatischen Stellung bzw. der allgemeinen Beitragspflicht der Christgläubigen (cc. 222 § 1; 1260 CIC 1983) abhängige Wesen der Kirchgemeinde zu bestimmen und ihre kirchlich zweckgerichtete Funktion saekularrechtlich zu fixieren. Zu diesem Behufe kreiert der Kanton Schwyz die Kirchgemeinden, stattet sie mit publizistischen Befugnissen aus und belehnt sie in concreto mit der Steuerhoheit. Da die Kirchgemeinden als staatskirchenrechtliche Körperschaften ausschliesslich staatlichen Rechts sind, übt er nach Massgabe ihrer Autonomie bzw. derjenigen Institution (§ 92 rev. KV), welche gemäss §§ 91, 94 rev. KV auf gesamtkantonaler Stufe zu positionieren ist, die Kontrolle über die staatskirchenrechtlichen Körperschaften aus.

491 Diesen Dualismus verkennt EGV-SZ 1996 Nr. 11, S. 29, wenn er annimmt, dass die röm.-kath. Kirche „sich für ihre Zwecke der ihr vom Staate zur Verfügung gestellten Einrichtung bedient“, um Vorteile zu erlangen, „die ihr nur diese Ausgestaltung der Ortskirche zu einer öffentlichrechtlichen Körperschaft verschaffen kann“. Die röm.-kath. Kirche lässt sich die ‘Ortskirche’ nicht vom Staate durch staatskirchenrechtliche Instrumente ausgestalten, die ihrem souveränen und eigenrechtsmächtigen Wesen fremd sind und deren publizistische Qualifikation sie nicht beeinflussen kann. Der zit. Entscheid hätte sich in casu wohl eher mit der Öffentlichrechtlichkeit der röm.-kath. Kirche an sich auseinandersetzen müssen. Auf jeden Fall wäre prima vista unter religionsfreiheitlichen Aspekten nicht von der Hand zu weisen, dass die Auffassung des Verwaltungsgerichts mit dem Sachverhalt des Staatskirchentums grundrechtswidrigerweise liebäugelt.

492 Urs Josef Cavelti, Austritt, S. 74. Vgl. auch Friederich, Kirchen und Glaubensgemeinschaften, S. 59 f.; Fuchs, Kirche, S. 277; Lenz, S. 71. – Trotz der Hinordnung der Kirchgemeinde auf die kanonische Pfarrei besteht aber eine „unter dem kanonistischen Gesichtspunkt unvereinbare Divergenz zwischen dem Begriff der kanonischen Pfarrei und dem Begriff der staatskirchenrechtlichen Pfarrei (sc. Kirchgemeinde). Die erste ist hierarchischer Struktur und nichtkollegial, die zweite ist nichthierarchischer Struktur und kollegial (demokratisch) [...] Unter dem theologischrechtlichen Gesichtspunkt, vor allem gemäss der Ekklesiologie des Zweiten Vatikanischen Konzils, bleibt ... eine ... Unvereinbarkeit ... zwischen dem Begriff der kanonischen Pfarrei und dem Begriff der staatskirchenrechtlichen Pfarrei (sc. Kirchgemeinde), ganz zu schweigen vom Begriff der Landes- bzw. Kantonalkirche.“ (Aimone, S. 149 f.).

patronatische Stellung der Kirchgenossen bzw. cc. 222 § 1; 1260 CIC 1983[493] bilden die funktionellen Brennpunkte einer Kirchgemeinde, deren auf den konfessionellen Verband hingeordnete Position Thematik und Umfang ihrer Aufgaben festlegt[494]. In diesem eng fixierten und strikt zweckgerichteten Rahmen[495] kommt den Kirchgemeinden infolgedessen schlicht die blosse Pflicht der Temporalienbeschaffung[496] sowie das dazugehörende korporative Recht – falls sie ein solches Privileg besitzen – der Präsentation zu[497].

493 In c. 222 § 1 CIC 1983 wird die Grundpflicht der Christgläubigen statuiert, die röm.-kath. Kirche materiell zu unterstützen, „damit ihr dasjenige zur Verfügung steht, was für den Gottesdienst, die Werke des Apostolats und der Karitas sowie zum angemessenen Unterhalt ihrer Amtsträger und Bediensteten notwendig ist [...] Dieser Abgaben*pflicht* der Gläubigen korrespondiert das der Kirche als Gemeinschaft zustehende *Recht*, von ihren Mitgliedern dasjenige zu fordern, was zur Erfüllung der ihr eigentümlichen Zielsetzungen erforderlich ist (c. 1260). Dieses Recht wird auch insofern als ein originäres beansprucht, als es nicht vom Staat abgeleitet ist und unabhängig von dessen Anerkennung besteht.“ (Hollerbach, Kirchensteuer, S. 890).

494 „Grundlage ist die Pfarrei und die Kirchgemeinde ist auf sie hingeordnet“ (Isele, Exposé, S. 30).

495 Dieser setzt notwendigerweise die staatskirchenrechtlichen Körperschaften von den strukturellen Ausprägungen der röm.kath. Kirche ab, denn „es müsste jeder Versuch scheitern, das Staatskirchenrecht in die kirchlichen Strukturen einzubauen und es gleichsam kanonisieren zu wollen“ (Urs Josef Cavelti, Diskussionsbeitrag, S. 1016), und ordnet aber gleichzeitig die Kirchgemeinde als Temporaliengeber und evt. als präsentationsberechtigten Verband der Kirchgenossen den kirchlichen Rechtspersonen hin. Nur in diesem Spannungsfeld vermag sich der Dualismus im grundrechtskonformen Gleichgewicht zu halten.

496 Die Pflicht der staatskirchenrechtlichen Temporalienbeschaffung ist im Kanton Schwyz gegenüber den kirchlichen Rechtspersonen bzw. den entsprechend kanonisch mandatierten Vermögensträgern zu erfüllen, wie das Verwaltungsgericht in EGV-SZ 1991 Nr. 15, S. 61, ausdrücklich festhält: *„Staatskirchenrechtlich entscheidend ist, dass mit der Unterstützung der Stiftung die Kirchgemeinde grundsätzlich ihrem Zweck und Auftrage nachlebt und die weltlichen Bedürfnisse der römisch-katholischen Konfession erfüllt.* Dass dem so ist, gewährleistet in erster Linie der Stiftungszweck, dann aber auch die bischöfliche Zustimmung zur Stiftungserrichtung bzw. die bischöfliche Oberaufsicht über die Stiftung, sowie die Tatsache, dass die im Eigentum der Stiftung befindliche Kirche vom Bischof konsekriert und zur Pfarrkirche erklärt wurde.“

497 In diesem Sinne kann mit Noser, S. 112, die Kirchgemeinde „als eine staatliche Gemeinde (Gebietskörperschaft, Selbstverwaltungsverband), welche die auf einem bestimmten Gebiet wohnhaften Konfessionsangehörigen umfasst und die Besorgung der äusseren ortskirchlichen Angelegenheiten (Mittelbeschaffung für die Bedürfnisse der Pfarrei, evtl. [sc. kirchlich delegierte] Verwaltung von Kirchengut, Ausübung allfälliger Präsentationsrechte) bezweckt“, definiert werden. Vgl. Urs Josef Cavelti, Religionsgemeinschaften, S. 51 f.; Feigenwinter, S. 113; sowie Lampert, Eigentum, S. 9; Ders., Stiftungen, S. 38.

A. Einzelne Aspekte der Hinordnung

a) Selbständiges Kirchenamt

Die römisch-katholische Kirche besitzt in ihrer Eigenschaft als hierarchisch verfasste 'Societas perfecta' auch ohne unmittelbar eigene territoriale Herrschaft[498] ein souveränes[499] Wesen[500]. Sie definiert und ordnet infolgedessen in eigenrechtsmächtiger Kompetenz den Bereich der 'Sacra interna'. „Nach katholischer Lehre ist die Kirchenverfassung *Iure divino* gegeben, also auf unveränderliche Grundlage gestellt. Die Verfassungsstruktur stellt sich dar als ein anstaltlicher Ämterorganismus, der wesentlich auf den Ämtern des Papstes und der Bischöfe, und *Iure humano* auf dem Amt des Pfarrers beruht. Es wäre eine Ingerenz in die

---

498 Die territoriale Herrschaft der röm.-kath. Kirche ist mittelbar über den souveränen Staat der Vatikanstadt zu konstruieren. Inhaber der Staatsgewalt ist dort der Apostolische Stuhl, welcher seinem Wesen nach primatiales Amt, seiner Funktion nach Organ und seiner Rechtsnatur nach Rechtsperson der röm.-kath. Kirche ist. Hierzu Oechslin, S. 50, 81 ff., 121.

499 „Der katholischen Kirche kommt das für die Völkerrechtspersönlichkeit entscheidende Kriterium der Souveränität zu, weil sie – wie der Staat – nach aussen unabhängig ist und sich nach innen selbst regiert. Diese als eine Unabhängigkeit vom Staat und überhaupt von jeder ausserkirchlichen Autorität zu verstehende Souveränität gründet darin, dass die Kirche einen vom Staat verschiedenen Ursprung hat, einen von ihm verschiedenen Zweck verfolgt und zu dessen Erreichung staatlicher Mittel nicht bedarf." (Köck, rechtliche und politische Aspekte von Konkordaten, S. 26). Vgl. Oechslin, S. 121, welcher die Völkerrechtssubjekitvität der röm.-kath. Kirche als solcher auf eine Rechtsvermutung stützt.

500 Mikat, Verhältnis von Kirche und Staat, S. 126; Oechslin, S. 58 ff. Hierzu hält postkonziliar Papst Paul VI. im Motu proprio 'Sollicitudo omnium Ecclesiarum', in: AAS 61 (1969), S. 476, fest: „Neque est infitiandum finem Ecclesiae et Rebus Publicis propositum diversi esse ordinis, atque Ecclesiam et Civitatem, in suo cuiusque ordine, esse societates perfectas, ac propriis inde pollere iuribus et mediis, suisque uti legibus, quacumque uniuscuiusque patet provincia. At verum est etiam utramque ad communis subiecti utilitatem agere, sicilicet hominis, a Deo vocati ad salutem adipiscendam aeternam, et in terra collocati ut illam, divina adiutus gratia, sibi comparet opere suo, quo etiam suae suorumque similium prosperitati consulat, in pacifico omnium convictu." – Im institutionellen Sinne sind Kirche und Staat aus naturrechtlicher Sicht zwei aufgrund göttlicher Anordnung 'perfekte' Einrichtungen, „die verschiedenen Zwecken folgend und ausgerüstet mit je eigener Machtvollkommenheit den Menschen zu dienen haben: der Staat als höchste Einrichtung um des natürlichen Wohles des Menschen willen, die Kirche als höchste Einrichtung für das übernatürliche Wohl der Menschen. Da sie auf dieselben Menschen ausgerichtet sind, können sie nicht voneinander getrennt werden. Gleichwohl ist es notwendig, zwischen kirchlichem und staatlichem Bereich zu unterscheiden." (Aymans, Kanonisches Recht I, S. 91).

innern Belange, wenn dieser Kirche die Folie einer demokratischen Gemeindekirche vorgeschrieben würde."[501]. Damit rückt das Kirchenamt sowohl in seiner rechtspersönlichen Ausprägung als auch in kompetenzrechtlicher Hinsicht unter dem Aspekt der Verbindung von Amt und Dotation in den Mittelpunkt des Interesses[502].

Die römisch-katholische Kirche errichtete kein Kirchenamt, ohne die Dotation desselben sicherstellen zu lassen[503]. Der auf das bepfründete Amt eingesetzte Geistliche ist Destinatär[504] des rechtspersönlichen Benefiziums. Im Kanton Schwyz bestehen die 'Beneficia proprie dicta' kirchenrechtlich gemäss c. 1272 CIC 1983 als öffentliche iuristische Personen, welchen vermöge des mittels § 2 Abs. 1 aKV ins kantonale öffentliche Recht übernommenen Katalogs[505] kodikari-

---

501 Isele, Revision, S. 588.

502 Vgl. Isele, Probleme des kirchlichen Vermögensrechts, S. 59: „Die rechtspersönliche Verbindung von Amt und Dotation macht die Pfründe zu einer res mixta ..., während das Amt eigentlich eine eminente res spiritualis ist."

503 Lampert, Gutachten, S. 81.

504 C. 1290 CIC 1983 nimmt in der Form der 'Canonizatio' (siehe vorne, S. 347 ff.) u.a. auf den bundesprivatrechtlichen Inhalt der Nutzniessung Bezug. Siehe Althaus, Kom. Einführung vor c. 1290 CIC 1983, Rz. 3; Heimerl/Pree, S. 296 ff., Rz. 11 ff. Dadurch gilt Art. 755 ZGB in casu als kanonisch anwendbare Norm. Des Kirchenrecht generiert wiederum in organisationsrechtlicher Hinsicht dem schwyzerischen Staatskirchenrecht vermöge § 2 Abs. 1 aKV das Programm der öffentlichrechtlichen Anerkennung. Infolgedessen rezipierte das kantonale Recht den normativen Inhalt der bezogenen Rechtsinstitute in sein Normengefüge und siedelte diese im publizistischen Rechtskreis an. In der Folge verbietet der mithin ehedem auch öffentlichrechtlich einschlägige Art. 755 Abs. 2 ZGB, welcher die Verwaltung dem berechtigten Destinatär zuspricht und auferlegt, dem kantonalen Recht, eine ausschliesslich anderweitige Administration dieser kirchlichen Stiftungen zu dekretieren.

505 Der von § 2 Abs. 1 aKV dependente staatskirchenrechtliche Plan der öffentlichrechtlichen Situierung kodikarischer Institutionen wurde einerseits anhand der in § 13 Abs. 1 KV den 'geistlichen Korporationen' garantierten Dispositions- und Eigentumsfreiheit sowie anderseits durch die von § 16 Abs. 2 KV erwähnten und mit Steuerfreiheit privilegierten Rechtspersonen in der stiftungsrechtlichen Form des Kirchen- und Pfrundvermögens konkretisiert. Des weiteren ging § 91 Abs. 4 (Fassung 1898) aKV von der Rechtsauffassung aus, „dass die *'kirchlichen Stiftungen'* in den einzelnen Gemeinden unangetastet bleiben müssen", wodurch die Existenz der anhand des kanonischen Rechts publizistisch positionierten kirchlichen Stiftungen verfassungsrechtlich vorausgesetzt wurde. Hierzu Lampert, Gutachten, S. 80. – Erblickt man mit einem Teil der vorkonziliaren Lehre (z. B. Isele, öffentlich-rechtliche Stellung des Geistlichen, S. 277: „Pfarrei ist Pfarramt. Das Pfarramt ist Benefizium. Das Benefizium ist eine Stiftung.") in der Pfarrpfrundstiftung die Rechtspersönlichkeit der Pfarrei, dann enthüllte sich die publizistische Situation der Pfarrpfrundstiftung ebenfalls aus der verfassungsmässigen Stellung der Pfarrei.

scher Rechtspersonen bzw. nun über Art. 52 Abs. 2 und 87 Abs. 1 ZGB auch im staatlichen Normengefüge rechtliche Existenz zukommt, fort[506]. Das aus der Pflicht zur religiös-weltanschaulichen Neutralität des Gemeinwesens fliessende Gebot der Differenzierung von Kirche und Staat erfordert die finanzielle Unabhängigkeit des kirchlichen Amtsträgers durch die rechtspersönliche Autarkie seines Amtes. „Die Form der Verselbständigung ist im katholischen Pfründewesen a priori gegeben. Der Geistliche ist nicht der Besoldete des Staates oder der Kirchgemeinde, er ist Destinatär seiner Pfründe.“[507],[508]. Als systembestimmendes Verhältnisprinzip[509] bestimmt dieser Status auch die amtsrechtliche Stellung des Pfarradministrators, welcher somit in keinem saekularrechtlichen Dienstverhält-

---

506 Cf. cc. 4; 9; 120 § 1 CIC 1983. Vgl. Althaus, Kom. Einleitung vor c. 1254 CIC 1983, Rz. 17; Heimerl/Pree, S. 427, Rz. 326.

507 Isele, öffentlich-rechtliche Stellung des Geistlichen, S. 283. – Die staatsrechtliche Verortung des Benefiziums entscheidet für das saekulare Normengefüge mithin auch über die publizistische oder zivilistische Zuordnung des Rechtsverhältnisses zwischen dem bepfründeten Kirchenamt und seinem Amtsträger.

508 Gegen das Argument der ungleichen und hinsichtlich der Amtspflichten nicht- bzw. unangemessenen Verteilung der Pfrundeinkünfte sowie gegen die Behauptung, dass die Benefizien zufolge Verarmung inexistent seien, setzt sich Isele, Probleme des kirchlichen Vermögensrechts, S. 59 f., folgendermassen zur Wehr: „Nun darf nicht übersehen werden, dass gerade das Benefizialwesen dem kirchlichen Amtsträger eine unabhängige Stellung gewährleistet [...] Verschwindet die Pfründe, so wird der Geistliche zum Gehaltsempfänger [...] Erhält der Pfarrer sein Gehalt von der Kirchgemeinde, so wird er, womöglich als Gemeindebeamter eingestuft, leicht der bischöflichen Autorität entzogen. Das sind alles Probleme die historisch schon in irgendeiner Form zu bewältigen waren. Ist nun aber richtig, dass die Pfründen durch Substanzverlust auf den Aussterbeetat gesetzt sind? Liegt hier nicht vielleicht eine mangelhafte Handhabung des Rechts vor? Eine Pfründe kann mit körperlichen und unkörperlichen Gütern dotiert sein ... : mit Grundstücken und Wertschriften, aber auch mit Ansprüchen an Dritte und namentlich an iuristische Personen (Kirchgemeinden) und schliesslich mit freiwilligen Gaben der Gläubigen ... Die Dotationsmöglichkeiten einer Pfründe sind also mannigfaltig, und ein Substanzverlust sollte relativ leicht kompensiert werden können, sodass die Pfründe selbst nicht in Frage gestellt werden muss.“

509 Als Destinatär der rechtspersönlichen Stiftung kann der Inhaber des bepfründeten Amtes nur vermöge der kirchenrechtlich vorgesehenen Gründe und im Rahmen des kodikarisch vorgeschriebenen Verfahrens seine amtsrechtliche Stellung verlieren (cc. 184; 190; 192-196; 538; 1740-1752 CIC 1983). Da der Regelfall kein arbeitsvertragliches Rechtsverhältnis zwischen den Kirchgenossen und dem auf das Benefizium eingesetzten Geistlichen vorsieht, lässt sich dieses infolgedessen auch nicht durch die Kirchgemeinde auflösen. Die vermögensrechtliche Stellung des Benefiziaten entfaltet hinsichtlich einer Amtsenthebung oder Versetzung des Pfrundinhabers in Anbetracht der Prävalenz des amtsrechtlichen Elementes in bezug auf den formalen Rechtsakt keine Relevanz.

nis mit der staatskirchenrechtlichen Körperschaft stehen kann[510]. Die Leistungen der Kirchgemeinde beruhen damit auf dem speziellen Rechtstitel des Patronats bzw. auf der allgemeinen Beitragspflicht der Christgläubigen gemäss cc. 222 § 1; 1260 CIC 1983[511]. Die ehedem publizistische Rechtspersönlichkeit erfasste neben der vermögens- ebenfalls die amtsrechtliche Komponente des Benefiziums als deren prävalierende Bedingung[512]. Ihr öffentlicher Charakter an sich ergibt sich auch aus der kanonischen Gestalt des kirchlichen Ämterorganismus[513], welchen der Kanton Schwyz nach Massgabe des Kirchenrechts in der stiftungsrecht-

---

510 Die in RRB 1996/507 von Pius Hafner, Staat und Kirche, S. 315 f., übernommene Ansicht, dass „zwischen dem Gemeinwesen und Geistlichen ein dem öffentlichen Recht angehörendes Dienstverhältnis zustandekommt" (loc.cit., S. 14, vgl. auch S. 7 f.) ist in Anbetracht der herrschenden Rechtslage für den Kanton Schwyz nicht zutreffend.

511 „Der Pfarrer als Inhaber der Pfründe ist Destinatär, er bezieht sein Amtseinkommen von seiner Pfründe, er ist nicht Lohnempfänger der Kirchgemeinde, auch dort nicht, wo das Pfarramt auf die Beträge der Kirchgemeinde angewiesen ist, denn diese werden nicht dem Pfarrer persönlich sondern seiner Pfründe geschuldet (c.1410 [sc. CIC 1971]." (Isele, öffentlich-rechtliche Stellung des Geistlichen, S. 280).

512 'Beneficium datur propter officium'. Siehe Lampert, Kirche und Staat II, S. 200 f.

513 „Nach kath. Glaubenslehre hat Christus eine geistige Gewalt in der Kirche niedergelegt zur Verwaltung der Seelsorge und der Gnadenmittel, des Opfers sowie der übrigen Kultushandlungen (potestas ordinis, *Weihegewalt*), ferner zur Handhabung der Kirchenregierung durch authentische Erklärung der Glaubensnorm, Aufstellung verpflichtender Regeln für das Verhalten in der kirchlichen Gemeinschaft und durch Handhabung von Zucht und Ordnung und des Gerichtes in ihrem Bereich (potestas regiminis vel jurisdictionis, *Leitungsgewalt*). Anvertraut sind diese geistlichen Vollmachten von Christus dem durch sakramentale Ordination stetsfort in zusammenhängender Aufeinanderfolge übertragenen Amt des Episkopates der Apostel und ihrer Nachfolger, der Bischöfe, in Unterordnung unter dem Primat des hl. Petrus und seiner Nachfolger auf seinem Stuhle zu Rom. Im Primat und Episkopat ist also jure divino die ganze Fülle der Kirchengewalt niedergelegt und geht aus dieser Quelle an die verschiedenen Kirchenämter über, die nach kirchlicher Anordnung mit deren Ausübung beauftragt werden. Das priesterliche Amt ist nicht als ein für sich bestehendes von Christus eingesetzt, sondern es ist in der Fülle des bischöflichen Amtes miteinbegriffen; die Priester sind nur die Gehilfen des Bischofs. Somit ergibt sich der Begriff des *Kirchenamtes: objektiv*, dass ein bestimmter Kreis von kirchlichen Funktionen, Kompetenzen, Rechten und Pflichten behufs Ausübung eines Teils der Kirchengewalt dauernd in ihm festgesetzt ist auf dem Fundament der Autoritätsquelle der Kirche, und *subjektiv*, dass hiefür ein durch Weihe befähigter und geeigneter Träger rechtmässig in dauernder Weise durch kanonische Sendung seitens der zuständigen Kirchenbehörde berufen ist ... Der Inhaber des Kirchenamtes erscheint somit als *Beauftragter* der *Kirchenbehörde für* das Kirchenvolk zu wirken, aber nicht als Angestellter des Kirchenvolkes." (Lampert, Kirche und Staat II, S. 198 f.).

lichen Form bis 1999 auch öffentlichrechtlich positionierte[514]. Daraus folgt wiederum, dass das schwyzerische Gemeinwesen in seinem öffentlichen Recht die eigenrechtsmächtige Kompetenz der römisch-katholischen Kirche auf der Grundlage des religionsfreiheitlichen Selbstbestimmungsrechts anerkennen muss, „Ämter zu errichten und zu supprimieren, den Kreis ihrer Rechte und Pflichten zu umschreiben, die Voraussetzungen für den Erwerb und den Verlust des Amtes zu bestimmen. Und es ist Aufgabe der Kirchenbehörde, bei Vakanz des Amtes die Eignung eines Bewerbers zu prüfen, ihm das Amt zu verleihen und seine Amtsdauer festzulegen, vom Amtsinhaber Rechenschaft zu verlangen und ihn gegebenenfalls des Amtes zu entsetzen.“[515,516]. Auf diesen Entwurf der kirchenrechtlichen Amtssouveränität wird die Autonomie der staatskirchenrechtlichen Körperschaften durch die korporative Religionsfreiheit verpflichtet[517,518]. In der

---

514 „Mit der öffentlich-rechtlichen Anerkennung wird das kirchliche Amt öffentliches, aber nicht staatliches Amt, der kirchliche Amtsinhaber öffentlicher aber nicht staatlicher Beamter. Sein Dienstverhältnis erhält zwar öffentlichen Charakter, es ist und bleibt aber ein Kirchendienstverhältnis, weil der Auftrag und die Aufgabe auch des Kirchenbeamten der öffentlich-rechtlich anerkannten Religionsgenossenschaft wesentlich zum kirchlichen und nicht zum staatlichen Wirkungsbereich gehört.“ (Reichlin, S. 120). Vgl. Lenz, S. 60 ff.

515 Isele, Revision, S. 589 f. Ders., Entwicklung, S. 198: „Die Berufung zum Amt, die Abberufung vom Amt, die Innehabung des Amtes soll Sache der Kirche sein.“ – „Wenn der Staat die Kirche als öffentlich-rechtliches Gebilde anerkennt, so ergibt sich rechtslogisch, dass dieser Charakter in erster Linie zum Ausdruck kommen muss in der Gestaltung des kirchenverfassungsmässigen Ämterapparates, der sich als wesentliches Organsystem eines öffentlich-rechtlichen Selbstverwaltungskörpers in seinem Bereich entfalten und seine entsprechende autoritative Stellung in der öffentlich-rechtlichen Ordnung einnehmen muss.“ (Lampert, Kirche und Staat II, S. 13 f.) Siehe Noser, S. 100. Vgl. Urs-Josef Cavelti, Religionsgemeinschaften, S. 100; Lenz, S. 61.

516 Steiner, S. 11, präsumiert in seinem Gutachten die amtsrechtliche Souveränität der Kirche. Infolgedessen weist er darauf hin, dass für den Kanton Schwyz kein Bedürfnis besteht, „hierüber in einem Ausführungserlass Bestimmungen zu erlassen“.

517 Es ist in diesem Zusammenhang Schmid, S. 329, generell zuzustimmen, wenn er hinsichtlich des Kantons Zürich zur Erkenntnis gelangt: „Ein staatliches Interesse auf Pfarrwahlen durch das Volk besteht ... nicht.“

518 Beispielsweise darf sich demzufolge eine Kirchgemeinde nicht rechtsmissbräuchlich auf einen verwaltungsrechtlichen Stellenplan berufen, um der patronatischen Unterhaltspflicht gegenüber dem betreffenden Benefizium bzw. ihrer Lohnpflicht bei einem unbepfründeten Amt zu entgehen, wenn dem bischöflichen Ordinariat aus pastoralen Gründen die Besetzung oder eventuell die Errichtung eines zusätzlichen Amtes innerhalb einer Pfarrei notwendig erscheint. Vgl. Schmid, S. 331. – Dort, wo z.B. eine nicht besetzte Kaplanei- oder Pfarrhelferpfrund als kirchliche Stiftung rechtspersönlich besteht, muss – falls die betroffenen Kirchgenossen kein diesbezügliches Präsentationsrecht besitzen – die Kirchgemeinde mit der kirchenrechtli-

Form einer objektivrechtlichen Kautele der Religionsfreiheit verhindert die religiös-weltanschaulichen Neutralitätspflicht des Gemeinwesens, dass das kirchliche Amt im Kanton Schwyz zum Staatsamt[519] pervertiert wird[520]. „Als Träger kirchlicher Ämter sind die Geistlichen demnach keine Staatsbeamten. Daraus folgt, dass sie in keinem Dienstverhältnis zum Staate stehen, nicht von Staate angestellt oder entlassen werden, nicht der staatlichen Disziplinarordnung unterstehen und sich gleich anderen Bürgern auf die Glaubens- und Gewissensfreiheit berufen können."[521],[522].

---

chen Verleihung und mithin zufolge ihres patronatischen Rechtstitels mit der entsprechenden Inpflichtnahme rechnen.

519 „Das Staatsamt umfasst einen Kreis staatlicher Rechtsgeschäfte, das Kirchenamt einen Kreis kirchlicher und durch die Proklamation der Glaubens- und Gewissensfreiheit ausdrücklich als nicht-staatlich anerkannter Rechtsgeschäfte: damit ist die Nichtidentität von Kirchenamt und Staatsamt einleuchtend gegeben." (Cavelty, S. 38). Siehe Isele, öffentlich-rechtliche Stellung des Geistlichen, S. 280 f.; Ders., Revision, S. 589; Lampert, Kirche und Staat II, S. 200. Vgl. Urs Josef Cavelti, Religionsgemeinschaften, S. 101 f., Isele, Entwicklung, S. 198; sowie Schwendenwein, korporative Religionsfreiheit, S. 789.

520 Cavelty, S. 39. Vgl. Appert, S. 76 f.; Reichlin, S. 120 ff.

521 Cavelty, S. 40. – Es ist hier zu wiederholen, dass auch die staatskirchenrechtlichen Körperschaften im Rahmen ihrer Autonomie dem Gemeinwesen inkorporiert sind und folglich als ausschliesslich staatlichen Rechts gelten! In bezug auf die Disziplinargewalt präzisiert Urs Josef Cavelti, Religionsgemeinschaften, S. 103: „Es ist nicht der Staat, der die Pfarrer in ihr Amt einsetzt und nach katholischer Auffassung auch nicht die Kirchgemeinde; letztere hat nur das Recht der Wahl, resp. der Präsentation, und die Einsetzung selbst erfolgt durch den Bischof. Somit können die vorgenannten Instanzen (sc. die Kantone) auch nicht als berechtigt erscheinen, die Pfarrer auf disziplinarischem Weg wieder abzuberufen."

522 Zwischen den staatskirchenrechtlichen Körperschaften und den geistlichen Amtsträgern existiert folglich kein Dienstverhältnis. Dem Geistlichen werden somit saekularrechtlich keine Amtspflichten vorgeschrieben und er untersteht ausschliesslich der Disziplinargewalt seiner kirchlichen Vorgesetzten. Mit Schmid, S. 330, ist darauf hinzuweisen, dass der Kodex in amtsrechtlicher Hinsicht rigorosere Bestimmungen enthält als das staatliche Recht. Bis dato verhielt sich der Kanton Schwyz „gegenüber dem kirchlichen Amt eigentlich passiv. Er verlangt für die Gemeinden keinerlei Rechte hinsichtlich der Kirchenämter. Er betrachtet die Normierung der Rechtsstellung der Geistlichen als innerkirchliche Angelegenheit. Er konstatiert hingegen den historisch gewordenen Zustand, wonach viele Gemeinden ... Präsentationsrechte haben ... und ordnet die Ausübung dieser Rechte." (Reichlin, S. 122). Im Zuge der zufolge der Partialrevision der KV im Jahre 1992 eingetretenen Verselbständigungspflicht der unselbständigen Kirchgemeinden musste hinsichtlich der entsprechenden Statuten der zu verselbständigenden Kirchgemeinden gemäss § 93 Abs. 2 aKV das Einverständnis des bischöflichen Ordinariats in der Form einer Erklärung der Widerspruchsfreiheit zum kanonischen Recht eingeholt werden, auch wenn diese konstitutive Genehmigungsvoraussetzung u.a. in RRB 1997/1583, S. 2, rechts-

In vermögensrechtlicher Beziehung vertritt gemäss c. 532 CIC 1983 der Geistliche als Pfarrer bzw. Pfarradministrator die kanonische Pfarrei und verwaltet nach Massgabe der cc. 1281-1288 CIC 1983 unter oberhirtlicher Aufsicht und Leitung[523] ihre Güter. Gleichzeitig kommt dem Inhaber des bepfründeten Amtes respektive dem Rektor des rechtlich selbständigen Gotteshauses[524] hinsichtlich der kirchlichen 'Universitates rerum' als Organ der entsprechenden Stiftungen[525] die dem Offizium[526] inhärente Funktion eines Verwalters[527] zu.

---

missbräuchlicherweise nicht als solche deklariert wird. Das bischöfliche Ordinariat überprüfte die eingereichten Statuen auf allfällige Kollisionen mit dem Kirchenrecht. Mithin sollten diesfalls Usurpationen kirchlicher Rechte seitens der Kirchgemeinden wenigstens formalrechtlich ausgeschlossen sein.

523 Die getreue Befolgung des Willens bzw. Zwecks der Rechtsperson sowie die genaue Einhaltung der einschlägigen Vorschriften zur Vermögensverwaltung obliegt dem unmittelbaren Vermögensverwalter, welcher seine administrative Tätigkeit zum Nutzen des Administrationssubjekts auszuüben hat. Von der unmittelbaren Verwaltung des Vermögens ist prinzipiell die mittelbare oder hoheitliche Vermögensverwaltung, welche in Aufsichts- und Leitungsbefugnissen besteht, zu unterscheiden. Diese wird i. d. R. von einer vorgesetzten Instanz, in casu das bischöfliche Ordinariat (c. 1276 CIC 1983), wahrgenommen und umfasst insbesondere die grundsätzliche Regelung der unmittelbaren Vermögensverwaltung durch Gesetz oder Ausführungsbestimmungen, generelle und individuelle Weisungen etc. „Dies kann geschehen sowohl als eine vorgängige Aufsicht in Form von Etatbewilligungen oder von Genehmigungsvorbehalten für besondere Rechtsgeschäfte (ab einem bestimten Wert, besonders bei Veräusserungen) als auch als nachfolgende Aufsicht durch zumeist jährliche Rechnungslegungen oder unerwartete Kassenprüfungen." (Althaus, Kom. Einführung vor c. 1273 CIC 1983, Rz. 3). Vgl. Heimerl/Pree, S. 253, Rz. 2.

524 Unter dem Begriff des Kirchenrektors wird vorliegend in einem weiteren Sinn jener Geistliche verstanden, welcher direkt für eine Kirche verantwortlich ist (cf. cc. 764; 903; 1215 § 2 CIC 1983). I. d. R. jedoch dieser Terminus anhand der Legaldefinition von c. 556 CIC 1983 zu verwenden. Vgl. Aymans, Kanonisches Recht II, S. 446 ff.

525 Die kirchlichen Stiftungen sind als öffentliche iuristische Personen des Kirchenrechts auch im staatlichen Normengefüge rechtmässig existent. In den bundesrechtlichen Schranken der Religionsfreiheit, und falls diesbezüglich die Stiftungsstatuten nichts anderes vorsehen, ist demzufolge im Bereich des saekularen Rechts kompetenzgemäss das kanonische Recht stets anwendbar. Vgl. Schmid, S. 130.

526 Während das Vermögensrecht des Liber V des CIC 1983 für die Tätigkeit des Verwalters den umfassenden Begriff 'Munus' verwendet, definiert c. 145 § 1 CIC 1983 das Kirchenamt als jedweden Dienst, der durch göttliche oder kirchliche Anordnung auf Dauer eingerichtet ist und der Wahrnehmung eines geistlichen Zweckes dient. „Zweifelsohne handelt es sich bei der Verwaltertätigkeit um einen Dienst, der zumindest durch kirchliches Gesetz angeordnet ist, und zwar aufgrund der *perpetuitas* einer juristischen Person ... grundsätzlich auf Dauer. Vergegenwärtigt man sich die letztendlich geistliche Zwecksetzung kirchlicher Güter ..., kann auch ihre Verwaltung *nomine Ecclesiae* als eine indirekte Wahrnehmung eines geistlichen Zweckes

Aufgrund der patronatischen Klammer zwischen Kirchgemeinde und den rechtspersönlichen Stiftungen wäre es innerhalb einer Pfarrei sinnvoll, die altrechtliche Vermögensverwaltung der kirchlichen Stiftungen[528] auf eine kirchenrechtliche Ebene zu stellen, indem die kirchliche Autorität einen oder mehrere Vertreter der betreffenden Kirchgemeinde[529] gemäss c. 1280 CIC 1983[530] mit einem vermögensrechtlichen Mandat[531] ausstattet[532]. Damit wird die Zusammenarbeit zwi-

---

qualifiziert werden. Die Merkmale für ein Kirchenamt werden somit durch den Dienst des Verwalters erfüllt." (Althaus, Kom. Einführung vor c. 1273 CIC 1983, Rz. 5). Laien können gemäss c. 228 CIC 1983 zu 'Officia ecclesiastica vel munera' herangezogen werden, die keine Weihe- oder Leitungsgewalt voraussetzen (c. 274 § 1 CIC 1983). Folgerichtig bezeichnet Listl, Amt, S. 594, das Amt des Vermögensverwalters in Anlehnung an den Kodex 1917 als Kirchenamt „im weiteren Sinn".

527 Für die Vermögensverwaltung sieht das kanonische Recht die Anwendbarkeit der Delegationsregeln (cc. 137-144 CIC 1983) nicht vor, da die Delegation typischerweise für die Übertragung von ausführender Leitungsgewalt im Sinne echt jurisdiktioneller Befugnisse zur Setzung hoheitlicher Akte reserviert ist. Deshalb sind die Delegationsregeln hinsichtlich der Übertragung von vermögensrechtlichen Verwalterbefugnissen bei der unmittelbaren Vermögensverwaltung einer öffentlichen iuristischen Person des Kirchenrechts nicht einschlägig, denn die Delegierbarkeit beurteilt sich nach der rechtlichen Natur des zu delegierenden Aktes. Hingegen kann die Frage nach der Delegierbarkeit der Vollmacht zur mittelbaren Vermögensverwaltung dahingehend beantwortet werden, dass diese Kompetenz ex definitione die Setzung von jurisdiktionellem Verwaltungshandeln beinhaltet, so dass sie im Rahmen des universalen Rechts als delegierbar im Sinne von cc. 135-142 CIC 1983 zu qualifizieren ist. Siehe Heimerl/Pree, S. 100 f., Rz. 191 f.

528 Aus § 91 Abs. 4 (Fassung 1898) aKV folgte, dass den selbst- bzw. unselbständigen Kirchgemeinden die Verwaltung der kirchlichen Güter und Stiftungen oblag (vgl. den in dieser Hinsicht nichtigen § 64 Abs. 1 aGOG).

529 Dort, wo die Kirchgenossen innerhalb einer Kirchgemeinde in Pfarr- oder Filial(kirch)gemeinden bzw. Kirch- bzw. Kapellgenossenschaften organisiert sind, sollen diese als Patron in den entsprechenden Stiftungen repräsentiert sein.

530 Die Forderung des c. 1280 CIC 1983, wonach jedwede iuristische Person des Kirchenrechts ihren Vermögensverwaltungsrat oder wenigstens zwei Ratgeber haben muss, welche dem Verwalter nach Massgabe der Statuten bei der Erfüllung seiner Aufgabe helfen, betrifft auch die 'Fabrica ecclesiae' und die Benefizien (cf. c. 1476 § 1 CIC 1917). Hiervon muss der pfarrliche Vermögensverwaltungsrat (c. 537 CIC 1983) unterschieden werden. Dieser ist in enger Auslegung nur für das Vermögen der iuristischen Person Pfarrei (c. 515 § 1 CIC 1983) zuständig, nicht aber für dasjenige der Kirchenstiftung und des Benefiziums. Vgl. Heimerl/Pree, S. 402, Rz. 214.

531 Die Kompetenzen dieser Mandatare sind ausschliesslich vermögensrechtlicher Natur und beschlagen generell keine amtsrechtlichen Fragen. Insbesondere können die Stiftungsorgane das geistliche Dienstverhältnis des bepfründeten Amtsträgers weder auflösen noch disziplinarrechtlich regulieren. Diese Zuständigkeit kommt lediglich dem Diözesanbischof aufgrund seiner oberhirtlichen 'Potestas regiminis' zu. Die kirchenspezifischen Dienstverhältnisse gehören durchwegs zum Proprium der

schen dem Inhaber des bezüglichen Amtes und der entsprechenden Körperschaft nicht durch staatlichen Zwang einseitig institutionalisiert, sondern die römisch-katholische Kirche investiert anhand der kanonischen Ermächtigung staatskirchenrechtlicher Mandatare ihr religionsfreiheitlich motiviertes Vertrauen in eine von gegenseitigem Respekt gekennzeichnete Kooperation mit dem Gemeinwesen[533]. Die kanonische Rechtsgestalt der Eigentumsträger sowie die vermögens-

---

kirchlichen Sendung und sind dementsprechend dem kirchlichen Selbstbestimmungsrecht zuzuordnen. Das geistliche Ämterrecht regelt die Ämterverfassung (cc. 330-572 CIC 1983), die Amtsübertragung, den Amtsverlust sowie die Rechtsstellung der Amtsträger (cc. 145-196; 1732-1752 CIC 1983) ausführlich und detailliert. Die korporative Religionsfreiheit verbietet mithin dem zur religiös-weltanschaulichen Neutralität verpflichteten Gemeinwesen, Inhalt und Rechtsform des kirchlichen Dienstes arbeitsrechtlich auf seine spezifischen Kategorien zu verpflichten. Siehe Heimerl/Pree, S. 696, Rz. 128 f.

532 Diese üben ihre Tätigkeit nach Massgabe des Kirchenrechts aus und ihre Amtsführung untersteht der Aufsicht des zuständigen Ordinarius (c. 1276 CIC 1983). „Die Mitglieder des Verwaltungsrates haben in wirtschaftlichen Fragen und im weltlichen Recht wirklich erfahren zu sein und sich durch Integrität auszuzeichnen“ (Althaus, Kom. Einführung vor c. 1273 CIC 1983, Rz. 7).

533 Die Schwierigkeiten, die sich beim Dualismus von Organen ergeben, wonach dasjenige staatskirchenrechtlicher Provenienz genuin für die Temporalien zuständig sein soll, während der kanonische Amtsträger für die Spiritualien verantwortlich ist, dürfen nicht unterschätzt werden. „Indessen kann durch eine vernünftige Kooperation eine fruchtbare Zusammenarbeit erreicht werden, indem man die ‘Organe’ verzahnt und durch gegenseitige Einsitznahme eine Personalunion herstellt, wie etwa durch Aufnahme von Kirchgemeinderäten in die Pfarreiräte, oder indem man die gegenseitige Rücksicht der Organe institutionalisiert ...“ (Fuchs, öffentlich-rechtliche Anerkennung, S. 100). Dabei dürfen die Organe jedoch nicht vermischt werden. Als weitere Variante ist in casu die Einsitznahme des Pfarrers oder des Pfaradministrators im Kirchenrat zu nennen. Der Regierungsrat des Kantons Schwyz vertritt zu Recht die Auffassung, dass der jeweilige Inhaber des Pfarramtes nicht ex officio im Kirchenrat vollberechtigt vertreten sein kann. „Um dieses Amt (sc. Kirchenrat) mit allen Rechten und Pflichten ausüben zu können, muss er aber ebenfalls wie jedes andere Ratsmitglied von der Gemeindeversammlung gewählt werden. Denn gemäss § 7 Abs. 1 lit. c (i.V. mit § 66) GOG wählt die Gemeindeversammlung nebst dem Präsidenten auch ‘die übrigen Mitglieder’ des Kirchenrates. Als nichtgewähltes Mitglied könnte der Pfarrer lediglich beratende Funktion ausüben.“ (RRB 1996/1098, S. 15). Vgl. auch § 97 lit. m (Fassung 1898) aKV. Der Pfarrer einer Pfarrei – vorausgesetzt er besitzt das passive Wahlrecht – darf sich staatsrechtlich betrachtet zum Exekutivorgan der betreffenden staatskirchenrechtlichen Körperschaft wählen lassen. Als solches unterstünde er bezüglich seiner organschaftlichen Stellung in der Kirchgemeinde der Aufsicht durch die vorgesetzte staatskirchenrechtliche Behörde. Siehe Schmid, S. 304, 331. Daraus folgt wiederum, dass der Inhaber eines geistlichen Amtes in keinem Dienstverhältnis zu einer staatskirchenrechtlichen Körperschaft stehen kann, ansonsten er als gewähltes Mitglied des Kir-

rechtliche Komponente des kirchlichen Ämterrechts geniessen bis dato im schwyzerischen Staatskirchenrecht gerade auch in Anbetracht ihrer kanonischen Bindung traditionell rechtsverbindliche Akzeptanz[534].

b) Gliedschaft-Mitgliedschaft

Schliesslich ist die Zugehörigkeit zur Kirchgemeinde unter dem Aspekt einer 'Res mixta', nämlich die Beziehung zwischen kirchlichem und staatlichem Recht in bezug auf die Gliedschaft in der römisch-katholischen Kirche und die Mitgliedschaft in den staatskirchenrechtlichen Körperschaften zu beleuchten.

Die Ordnung der Gliedschaft[535] gehört zu den 'Sacra interna' der römisch-katholischen Kirche[536]. Demgegenüber ist es Sache des Gemeinwesens[537], die

---

chenrats unzulässigerweise zugleich seiner staatskirchenrechtlichen Anstellungsbehörde angehörte. Vgl. BGE 120 Ia 198 ff. E. 2. Es ist aus pastoraler Sicht nicht notwendig, dass der Inhaber des Pfarramtes in der Funktion eines staatskirchenrechtlichen Organs amtet und mithin kirchenextern auf der Ebene des weltlichen Rechts beaufsichtigt wird. A.M. Urs-Josef Cavelti, Unvereinbarkeiten, S. 65 ff.; sowie Kraus, Kirchgemeinde, S. 577. Vgl. Urs Josef Cavelti, Religionsgemeinschaften, S. 103 f. Die Antwort der Frage nach der Opportunität einer vollberechtigten Einsitznahme des Pfarrers in den Kirchenrat lässt sich schliesslich nur aus dem kirchlichen Amtsverständis erschliessen, welches einem Kleriker gemäss c. 285 § 3 CIC 1983 i.d.R. verbietet, öffentliche Ämter anzunehmen, die eine Teilhabe an der Ausübung weltlicher Gewalt mit sich bringen. Hierzu Aymans, Kanonisches Recht II, S. 166.

534 Siehe §§ 13 Abs. 1; 16 Abs. 2 KV; § 91 Abs. 4 3. Lemma (Fassung 1898) aKV; § 64 Abs. 2 aGOG; sowie RRB 1935/1815, abgedruckt in: ZSGV 36 (1935), S. 540 f. Vgl. § 5 lit. c aStG; Reichlin, S. 84, 127 ff. – Diese liesse sich staatskirchenrechtlich zusätzlich konsoldieren, indem der Inhaber des geistlichen Amtes als Organ der betreffenden Stiftung an der Kirchgemeindeversammlung über die Stiftungsrechnung unpräjudiziell orientiert. Vgl. Schmid, S. 355.

535 Der Begriff der Kirchengliedschaft wird vorliegend nicht in einem konfessionsübergreifenden Sinn verstanden. Die Eingliederung in die röm.-kath. Kirche und damit das kanonische Personsein erlangt der Christgläubige durch das Sakrament der Taufe (cc. 96; 204 § 1 CIC 1983). Die vollberechtigte Gliedschaft in der röm.-kath. Kirche erwirbt der getaufte Christ vermöge des dreifachen Bandes des Glaubensbekenntnisses, der Sakramente und der kirchlichen Leitung (c. 205 CIC 1983). Die rechtliche Bedeutung des sakramentalen Geschehens darf in oekumenistischer Manier bezüglich der Gliedschaft nicht dahingehend reduziert werden, dass das Sakrament der Taufe als Konstitutivelement konfessionell relativiert wird, um den Rechtsbegriff der Gliedschaft ausschliesslich in der 'Communio' mit dem Bestreben zu isolieren, anhand der Bedeutung der Gliedschaft für andere Konfessionen die Mitgliedschaft bei einer staatskirchenrechtlichen Körperschaft in deren Verständnis als konstitutiv für die röm.-kath. Kirche deklarieren zu können. Dahingehend Odermatt, S. 152 ff., welcher gleichzeitig den an sich untauglichen Versuch unternimmt, die Kirchgemeinden zu kanonisieren. Diesen Umweg nimmt Loretan, Kirchenaus-

Zugehörigkeit zu den staatskirchenrechtlichen Körperschaften zu umschreiben[538]. Diese Kompetenz wird jedoch objektivrechtlich vermöge der religiös-weltanschaulichen Neutralitätspflicht des Gemeinwesens und damit durch das Verbot des Staatskirchentums sowie subjektivrechtlich anhand der korporativen Religionsfreiheit limitiert. Die Kirchgemeinde ist auf die Pfarrei hingeordnet[539],

---

tritt, S. 127 ff., welcher direkt von einem „Abfall von der katholischen Kirche durch formalen Akt" (Ders., op.cit., S. 128) spricht, ohne diese These in casu näher zu belegen, nicht mehr.

536 Urs Josef Cavelti, Religionsgemeinschaften, S. 93 f.; Isele, Gliedschaft, S. 17 f.; Ders., Revision, S. 592 ff.; Lampert, Kirche und Staat I, S. 320 ff. Vgl. Thomas Fleiner-Gerster, Glaubens- und Gewissensfreiheit, S. 108; Fuchs, Zugehörigkeit, S. 180 f.

537 § 93 Abs. 1 rev. KV delegiert diese Kompetenz den Kantonalkirchen.

538 Wohnsitznahme im Territorium der betreffenden Kirchgemeinde und Gliedschaft in der röm.-kath. Kirche konstituieren die Merkmale der staatskirchenrechtlichen Mitgliedschaft. Vgl. Urs Josef Cavelti, Religionsgemeinschaften, S. 93; Isele, Entwicklung, S. 199; Noser, S. 121. „Ein Konfessionsangehöriger wird solange als Mitglied der Kirchgemeinde angesehen, als er nicht seinen Austritt erklärt (*Mitgliedschaftspräsumption*). Das Kirchgemeindeprinzip (sc. als Strukturprinzip ev.-ref. Observanz) erlaubt, stützt und fördert somit die *volkskirchliche Struktur* der öffentlichrechtlich organisierten Kirchen (sc. falls diese als solche im öffentlichen Recht situiert sind); Kirchgemeindeprinzip und Volkskirche sind miteinander verknüpft. Die kirchgemeindliche Mitgliedschaftspräsumption ermöglicht die Begründung der Mitgliedschaft ohne die Abgabe einer ausdrücklichen Beitrittserklärung und trägt damit institutionell zur Sicherung eines weiten, eben volkskirchlichen Mitgliederkreises bei." (Kraus, Staatskirchenrecht, S. 378). Siehe Urs Josef Cavelti, Austritt, S. 78 f.; Fuchs, Zugehörigkeit, S. 177; Karlen, Religionsfreiheit, S. 334 f.; sowie BGE 31 I 88; 93 I 352 f.

539 Die Existenz der staatskirchenrechtlichen Kirchgemeinde wird weder in universal- respektive partikularrechtlicher Hinsicht durch das kanonische Recht gefordert, noch legitimiert und schon gar nicht rezipiert. Sie ist somit nicht kanonisch verwurzelt und kann mithin keinesfalls als „Ausdruck und Glied" (Urs Josef Cavelti, Mitgliedschaft, S. 732) der röm.-kath. Kirche bezeichnet werden. Ohne darauf näher einzutreten, dass eine staatskirchenrechtliche Körperschaft unmöglich die kanonischen Bedingungen für die Gliedschaft in der röm.-kath. Kirche erfüllen kann, wird die Intention, welche die (bis dato keine kirchenrechtliche Realität gewordene!) Inkulturation der Kirchgemeinde im konfessionellen Verband als notwendige Prämisse benötigt, deutlich: Über die Entsprechung von kanonischer Pfarrei und staatskirchenrechtlicher Kirchgemeinde soll der röm.-kath. Kirche die Identität ihres gliedschaftsrechtlichen Begriffes mit demjenigen der Mitgliedschaft in der staatskirchenrechtlichen Körperschaft aufoktroyiert werden, um hernach sozusagen kanonisch legitimiert den Austritt aus der Kirchgemeinde mit dem Schicksal der 'Communio plena' verknüpfen zu können. Diese Deduktion muss an ihrer kirchenrechtswidrigen Prämisse scheitern. In diesem Sinne ist die von Urs Josef Cavelti, Mitgliedschaft, S. 734, formulierte Schlussfolgerung, dass der Austritt aus der Kirchgemeinde die

um ihrem kirchlich generierten Zweck nachzukommen. Die Erfüllung der Temporalienpflicht als Bedingung ihrer Existenz vollzieht die staatskirchenrechtliche Körperschaft zum Nutzen der durch das Communio-Prinzip in der Universalität des hierarchisch verfassten Verbandes sich als 'Universitas personarum non collegialis' ereignenden Pfarrei und mithin für sämtliche inidividuellen und strukturellen Glieder der römisch-katholischen Kirche[540]. Zu diesem Behufe wird die Kirchgemeinde vom Gemeinwesen kreiert[541]. Aus ihrer patronatischen bzw. quasipatronatischen Zweckbindung folgt die staatsrechtliche Konsequenz, dass die Kirchgemeinde in der Regel die innerhalb der räumlichen Umgrenzung einer Pfarrei wohnhaften Kirchgenossen umfasst. Die Zugehörigkeit zur Kirchgemeinde ist als staatskirchenrechtlicher Reflex somit unilateral von der Gliedschaft in der römisch-katholischen Kirche dependent[542],[543]. In diesem Punkt, welcher die

„Verletzung der ortskirchlich verbindlichen Rechtsordnung" bedeute, nicht zutreffend.

540 Unter diesem Aspekt kann der Kirchgemeinde bzw. der gesamtkantonalen Körperschaft nicht das Monopol zukommen, dass sie durch ihre staatskirchenrechtliche Organisation als Erfüllungskriterium für die seitens des Christgläubigen zu leistende Unterstützungspflicht (cc. 222 § 1; 1260 CIC 1983) fungiert. Dieser wird auch dann genüge getan, wenn die röm.-kath. Kirche als solche bzw. eine ihrer strukturellen Ausprägungen in einer kirchlich akzeptierten Form und im adäquaten Ausmass des steuerlichen Betreffnisses materielle Hilfe erfährt.

541 Vgl. Noser, S. 121.

542 „Die Kirchgemeinde ist auf die Pfarrei hingeordnet: wer Glied der Pfarrei ist, ist ex lege Mitglied der Kirchgemeinde. Das Recht der Gliedschaft der Kirche und das Recht der Mitgliedschaft bei der Kirchgemeinde schliessen nun aber gewisse gegensätzliche Normierungen in sich: es fehlt der Begründung und der Beendigung der Mitgliedschaften die Kongruenz. Die kirchliche Gliedschaft ist eine freiwillige, ist sie aber einmal begründet, so ist sie unverlierbar. Die Mitgliedschaft bei der Kirchgemeinde ist eine gesetzliche, aber man kann sich jederzeit von ihr lossagen. Diese Gegensätzlichkeiten bringen eine umbequeme Störung in einfache Analogieschlüsse und verunmöglichen eine gänzliche Hinordnung von Pfarrei und Kirchgemeinde." (Isele, Gliedschaft, S. 43). Die diesbezügliche Inkongruenz der kirchenrechtlichen Gliedschaftsordnung mit der staatskirchenrechtlichen Mitgliedschaftsordnung lässt sich in zwei Sachverhalte ausfalten: Erstens: Der Christgläubige tritt aus der staatskirchenrechtlichen Körperschaft aus (vgl. Art. 49 Abs. 2 aBV bzw. Art. 15 Abs. 4 rev. BV), will aber weiterhin Glied der Kirche sein; zweitens: Das Mitglied der staatskirchenrechtlichen Körperschaft trennt sich von der Kirche, will aber weiterhin der Kirchgemeinde angehören. Während die erste Variante alleine von der kirchenrechtlichen Qualifizierung der Austrittsmotivation abhängt, verursachte die zweite Variante zufolge Art. 50 Abs. 3 aBV, welchen die totalrevidierte BV konsequenterweise nicht mehr enthält, in Missachtung der religiös-weltanschaulichen Neutralitätspflicht des Gemeinwesens religionsrechtliche Inkompatibilitäten, deren Grundrechtswidrigkeit von Isele, Gliedschaft, S. 45 f., für das diesbezügliche Verhältnis von individueller und korporativer Religionsfreiheit folgendermassen auf den Punkt

gebracht wurde: „Die nähere Überlegung zeigt ..., dass in der Frage der Beendigung der Mitgliedschaft bei der Kirchgemeinde nicht auf die kirchliche Norm, sondern auf das staatliche Ordnungsprinzip abzustellen ist. Der Staat gibt für sein Gebiet trotz des kirchlichen character indelebilis durch Gewährleistung der Bekenntnisfreiheit die Möglichkeit des Austritts aus Kirche und Kirchgemeinde. Auf Grund desselben staatlichen Ordnungsprinzips, nämlich des Grundrechts der Religionsfreiheit, muss der Kirchgemeinde ein Ausschlussrecht gegeben sein [...] Ein dissoziierendes und sektiererisches Verhalten ist gegen die Identität des Religionsverbandes gerichtet. Man hat sich von der Kirche getrennt, jetzt soll auch der Kirchenverband einem abweichenden religiösen Bekenntnis zugeführt werden. Das spezifische Bekenntnis ist das identifizierende und daher sakrosankte Grundgesetz einer Religionsgenossenschaft. Selbst ein einmütiger Beschluss der Kirchgenossen könnte eine Änderung des Bekenntnisses der Kirchgemeinde nicht herbeiführen (so noch BGE 19 (1893) 417 i.S. evang. Kirchgemeinde Bondo). Es könnten also, meint man, sektiererische Tendenzen nicht zum Ziele kommen. Aber die Bundesbehörden sind dieser Auffassung nicht gefolgt, wenn sich eine Sezession in einer katholischen Gemeinde gebildet hat. BV Art. 50 III spricht von Anständen aus dem öffentlichen oder Privatrechte, die über die Bildung oder Trennung von Religionsgenossenschaften entstehen, und sagt, dass sie im Wege der Beschwerdeführung der Entscheidung der zuständigen Bundesbehörden unterstellt werden können. Die Bestimmung entstammt der Zeit des I. Vaticanums und sollte die Sezession in der katholischen Kirche begünstigen. Was in der Verfassung als formelle Norm niedergelegt ist, wurde als materielle Norm interpretiert mit Folgen im öffentlichen und zivilen Recht." Siehe hierzu Lampert, Kirche und Staat I, S. 345 ff. Art. 50 Abs. 3 aBV gehört nun hoffentlich für immer dem Katalog eidgenössischer Rechsaltertümer an. Allgemein zu Art. 50 Abs. 3 aBV vgl. vorne, S. 85 ff.

543 Die unilaterale Dependenz des staatskirchenrechtlichen Begriffs von der gliedschaftsrechtlichen Ordnung der röm.-kath. Kirche setzt Urs Josef Cavelti, Austritt, S. 87, 95, mitgliedschaftsrechtlich originellerweise in eine Rechtsvermutung um. Diese kann bei Fehlen der gültig empfangenen Taufe als objektiver Gliedschaftsvoraussetzung oder bei Eintreten eines nachhaltigen Entfernens des getauften Christgläubigen von der 'Communio plena' (c. 205 CIC 1983) mit Reflexwirkung für den staatskirchenrechtlichen Verband durch die röm.-kath. Kirche umgestossen werden. Dabei ereignet sich die Problematik darin, dass der Grad des gliedschaftlichen Bandes einer saekularrechtlichen Überprüfung nicht zugänglich ist, dass dieser aber trotzdem zwingend die Voraussetzung für die Rechtsfolge im staatlichen Bereich bildet. Die staatskirchenrechtliche Rechtsfolge kann somit nicht aufgrund eines subjektiven Verhaltens eintreten, welches die korporativen Rechte und Pflichten der öffentlichrechtlichen Körperschaft berührt. Vielmehr veranlasst die widerlegte Rechtsvermutung die staatskirchenrechtliche Körperschaft, den mitgliedschaftlichen Status des betreffenden Individuums zu überprüfen und entsprechende Sanktionen zu ergreifen. Art und Mass der mitgliedschaftsrechtlichen Strafe sollte mit der vom Kodex für den bezüglichen Tatbestand vorgesehenen Sanktion korrespondieren. Als ultima ratio entspricht der Ausschluss aus der staatskirchenrechtlichen Körperschaft der kirchenrechtlichen Exkommunikation. Vgl. Ders., Religionsgemeinschaften, S. 99; Lampert, Kirche und Staat I, S. 326 ff.; Noser, S. 132 ff.

Inkompatibilität[544] zwischen hierarchisch verfasstem Verband und staatskirchenrechtlicher Körperschaft ins staatliche Rechtsbewusstsein rückt, ereignet sich die „Aporie der Mitgliedschaften“[545],[546]. Formell regelt das Gemeinwesen die staats-

---

544 Zwischen der röm.-kath. Kirche und den staatskirchenrechtlichen Körperschaften besteht in keiner Weise Realidentität. „Dies verbietet es, die staatskirchenrechtlichen Institutionen mittels einer unlösbaren Verknüpfung der beiden Zugehörigkeiten gewissermassen zu ‘taufen’.“ (Grichting, Kirche oder Kirchenwesen, S. 188). – Die rev. KV 1992 situiert die röm.-kath. Kirche als solche nicht mehr im öffentlichen Recht des Kantons Schwyz (hierzu hinten, S. 473 ff.). Dadurch wird dem Staatskirchenrecht im saekularen Normengefüge die gemeinsame Rechtsbasis entzogen, was die Kommunikation in (mit)gliedschaftsrechtlichen Fragen zwischen der staatskirchenrechtlichen Körperschaften und dem konfessionellen Verband erschweren und verschärfen kann.

545 Isele, Gliedschaft, S. 2.

546 Die volkskirchliche Mitgliedschaftsregelung der Kirchgemeinden beruht auf einem Rechtssatz. Dieser ergibt sich aus dem Charakter der öffentlichrechtlichen Körperschaft. Eine Mitgliedschaft solcher Art, welche keinen eigentlichen Beitrittsakt erfordert, bedingt aber zufolge Art. 49 Abs. 2 aBV bzw. Art. 15 Abs. 4 rev. BV, dass der Einzelne jederzeit und vorbehaltlos aus der betreffenden staatskirchenrechtlichen Körperschaft austreten kann. „Hier bildet das Austrittsrecht somit ein *religionsrechtlich notwendiges Korrelat zur kantonalkirchlichen Mitgliedschaftspräsumtion.*“ (Kraus, Staatskirchenrecht, S. 93). Kritisch Häfelin, BV-Kom. Art. 49, Rz. 31; Karlen, Religionsfreiheit, S. 334 f. Adressat und Bezugspunkt des Austritts aus der Kirchgemeinde ist lediglich die staatskirchenrechtliche Körperschaft. Das Gemeinwesen darf nicht verlangen, dass sich der Austritt auch auf die röm.-kath. Kirche als solche zu beziehen habe. Aus kirchenrechtlicher Sicht ist ein solches Junktim gemäss Corecco, La sortie de l’Eglise, S. 52, wirkungslos: „La déclaration de sortie de l’Eglise – même si elle était dictée par une défaillance de la foi – ne peut jamais être évaluée juridiquement comme une déclaration prononcée devant l’Eglise elle-même. Le seul partenaire possible du chrétien dans le domaine de la foi est l’Eglise. Aucune autre instance ne peut la remplacer. Une déclaration de sortie de l’Eglise adressée à la corporation de droit public doit être considerée canoniquement comme un ‘res inter alios acta’. Aussi, le refus de payer les impôts en tant que le but premier de la déclaration de sortie de l’Eglise n’est pas exprimé dans ce système vis-à-vis de l’Eglise, mais vis-à-vis de la corporation de droit public, c’est-à-dire de la commune ecclésiastique ou de l’Eglise cantonale.“ In diesem Sinne dupliziert Kraus, Staatskirchenrecht, S. 93, dass es nicht zu den Aufgaben staatlicher Behörden gehört, zu beurteilen „wie die Mitgliedschaftsverhältnisse in der römisch-katholischen, kanonisch verfassten Kirche ... aussehen“. Für die Beschränkung der Austrittserklärung auf die staatskirchenrechtliche Körperschaft siehe ebenso Fuchs, Zugehörigkeit, S. 183 ff.; Karlen, Religionsfreiheit, S. 339; Schmid, S. 234 f. A.M. Urs-Josef Cavelti, Austritt, S. 91 f.; Ders. Mitgliedschaft, S. 732; Noser, S. 131 f. Relativierend Urs Josef Cavelti, Religionsgemeinschaften, S. 96. Vgl. Ambühl, S. 80 f.; sowie Isele, Gliedschaft, S. 51, welcher den Austritt aus der Kirchgemeinde grundsätzlich als „öffentliche Lossagung von der Kirche“ qualifiziert aber gleichzeitig betont, dass im Einzelfall die Schuldfrage nur hinsichtlich der kirchenrechtlichen Modifikation der

kirchenrechtliche Mitgliedschaft in Nachachtung der religionsfreiheitlichen Schranken[547],[548], indem es demzufolge materiell[549] auf die einschlägigen kanonischen Bestimmungen verweist[550], „denn wer Konfessionsangehöriger ist, be-

---

gliedschaftlichen Rechte und Pflichten geprüft werden kann, denn „auch bei einem förmlichen Kirchenaustritt bleibt der Austretende Glied der Kirche". Damit korrigiert der im Einzelfall abzuklärende Status der gliedschaftsrechtlichen 'Communio' das unter dem Aspekt des objektivrechtlichen Neutralitätsprinzips zutage getretene Defizit in Iseles Argumentation. Die freiheitsrechtliche Bindung des religiösweltanschaulich neutralen Staates lässt die eigenrechtsmächtige Souveränität der röm.-kath. Kirche auch hinsichtlich ihrer gliedschaftsrechtlichen Ordnung unberührt. Die Verfasstheit des konfessionellen Verbandes sieht nicht vor, sich in casu der mitgliedschaftsrechtlichen Abhängigkeit vom Gemeinwesen auszusetzen.

547 „Verleiht der Staat, d.h. der Kanton den Glaubensgemeinschaften mit der Anerkennung einen hoheitlichen Charakter, so kann er ihnen über den Weg der Gesetzgebung jedenfalls nicht das Recht übertragen, die Mitgliedschaft autonom, unabhängig vom Willen jedes Einzelnen zu regeln. Da ihm eine derartige Befugnis auf Grund von Art. 49 BV entzogen ist, kann er sie auch nicht auf die Religionsgemeinschaften übertragen. Dies hat zur Folge, dass Religionsgemeinschaften, die den Austritt aus der betreffenden Gemeinschaft eines Mitgliedes nicht seinem freien Willen belassen, mit der staatlichen Anerkennung auf dieses Recht, soweit es hoheitlicher Natur ist, verzichten müssen. Sie können zwar davon ausgehen, dass die Betreffenden durch die Taufe zwar immer noch Glieder der Kirche sind, müssen aber auf seine mit hoheitlichem Zwang (Steuerhoheit) durchsetzbare Mitgliedschaft verzichten, da der Staat ihnen ein derartiges Hoheitsrecht gar nie übertragen konnte." (Thomas Fleiner-Gerster, Glaubens- und Gewissensfreiheit, S. 114 f.). Diese Aussage ist dahingehend zu relativieren, als die rev. KV die hierarchisch verfasste röm.-kath. Kirche mitsamt ihren strukturellen Ausprägungen (exklusiv u.a. die exemte Gebietsabtei Maria-Einsiedeln) nicht mehr im öffentlichen Recht des Kantons Schwyz situiert. Deshalb lässt sich diesbezüglich die Frage der Kompetenz hoheitlichen Handelns nur auf die mit Autonomie ausgestatteten Körperschaften des schwyzerischen Staatskirchenrechts beziehen. Deren Mitgliedschaftsbegriff bleibt jedoch unilateral von der gliedschaftsrechtlichen Ordnung der röm.-kath. Kirche dependent.

548 Insbesondere zur Freiheit des Austritts aus den staatskirchenrechtlichen Körperschaften (Art. 49 Abs. 2 aBV bzw. Art. 15 Abs. 4 rev. BV) siehe vorne, S. 252 ff.

549 Das schwyzerische Staatskirchenrecht verweist in mitgliedschaftsrechtlicher Hinsicht indirekt auf das kanonische Recht, indem es die Stimmberechtigung von der Konfessionszugehörigkeit abhängig macht (§ 91 Abs. 2 aKV). § 93 Abs. 1 rev. KV delegiert den Erlass der mitgliedschaftsrechtlichen Ordnung, welcher sich die Kirchgemeinden zu beugen haben, dem Organisationsstatut der 'Kantonalkirche'.

550 Kraus, Staatskirchenrecht, S. 379, bezeichnet die Konfessionszugehörigkeit als „Verweisungsbegriff". „Über ihr Vorliegen können staatliche Organe nicht selbst entscheiden, sondern sie haben das jeweilige kirchliche Recht heranzuziehen und – nur begrenzt durch den staatlichen ordre public, darunter insbesondere die individuelle Religionsfreiheit – der staatskirchenrechtlichen Organisation zugrunde zu legen." (Ders., op.cit., S. 379). Vgl. Urs Josef Cavelti, Austritt, S. 82 f.; Häfelin, BV-Kom. Art. 49, Rz. 31; Karlen, Religionsfreiheit, S. 332 f.; Noser, S. 121. Diesen re-

ligionsrechtlichen Grundsachverhalt verkennt insbesondere BGE 55 I 113 ff. Dort wurde in subjektivistischer Überhöhung des individuellen Mitgliedschaftsrechts die Konfessionszugehörigkeit einer staatskirchlich isolierten Betrachtung unterworfen. „Der Ausdruck Konfessionangehörige ... kann ... nicht im kirchlichen Sinne d.h. demjenigen der internen Satzungen der bestimmten Glaubensgemeinschaft gemeint sein [...] Es sind darunter einfach diejenigen Personen verstanden, welche sich persönlich zu der betreffenden Konfession bekennen, behaupten ihr anzugehören und keine mit dieser Behauptung im Widerspruch stehende auf ihr Ausscheiden daraus gerichtete Erklärung abgegeben haben. Massgebend ist demnach grundsätzlich ausschliesslich der eigene Wille des Individuums." (loc.cit., S. 126). Damit stellt das BGer. im zit. Entscheid, welcher übrigens fürderhin lediglich unter dem Aspekt eines überwundenen Rechtsaltertums Beachtung finden sollte, das unter der Prämisse der religiös-weltanschaulichen Neutralität des Gemeinwesens zwingend einseitige Abhängigkeitsverhältnis des staatskirchenrechtlichen Mitgliedschafts- vom kirchlichen Gliedschaftsbegriff, welches sich u.a. auch dadurch ausprägt, dass kein staatsrechtlicher Anspruch auf Aufnahme in die röm.-kath. Kirche bestehen kann, in Abrede. „*Folgerichtig* ist dieser (sc. in BGE 55 I 120 ff. vertretene) Standpunkt nur auf der Grundlage (heute überwundener) kirchenhoheitlicher Vorstellungen, die die Institution der Kirchgemeinde als staatliches Werkzeug in der Auseinandersetzung mit der römischen Kirche ansehen. Der 'dienende' Charakter der Kirchgemeinde bestünde dann in erster Linie gegenüber dem Kanton (Staatsraison) und nicht wie heute allgemein anerkannt gegenüber der Kirche bzw. den röm.-kath. Konfessionsangehörigen." (Kraus, Staatskirchenrecht, S. 379, FN 60). – Die unilaterale Dependenz der Mitgliedschaft in einer staatskirchenrechtlichen Körperschaft von der kirchlichen Gliedschaftsordnung wird durch die grundrechtliche Pflicht des Gemeinwesens zur religiös-weltanschaulichen Neutralität objektivrechtlich erhärtet. „Zufolge dieser grundrechtlich gebotenen Neutralität kann der Staat einer Kirche auch nicht Mitglieder zuzählen, die sich bekenntnismässig von ihr gelöst haben und er kann nicht einschreiten, wenn sie aus Bekenntnisgründen ausgeschlossen werden. Nur ein die Grundrechte nicht achtender staatlicher Dirigismus kann ein Ausschlussrecht verneinen, und er könnte damit jeden beliebigen kirchlichen Verband zum Erliegen bringen." (Isele, Gliedschaft, S. 45). Demnach muss der staatskirchenrechtlichen Körperschaft durchaus das Recht eigen sein, ein Mitglied auszuschliessen. Vgl. Ders., Revision, S. 593. „Wegen der staatlichen Unzuständigkeit im Glaubensbereich kann sich das Freiheitsrecht nicht gegen die Religionsgemeinschaft richten, um dieser Mitglieder zuzuzählen, die sich bekenntnismässig von ihr gelöst haben." (Urs Josef Cavelti, Austritt, S. 96). Das staatliche Ordnungsprinzip, wonach der Staat durch das Grundrecht der Religionsfreiheit die Möglichkeit des individuellen Austritts aus der Kirchgemeinde (Art. 49 Abs. 2 aBV bzw. Art. 15 Abs. 4 rev. BV) sichert, verleiht infolgedessen auch der staatskirchenrechtlichen Körperschaft als Anwalt kirchlicher Interessen das korporative Recht des Ausschlusses. Siehe Ambühl, S. 78; Urs-Josef Cavelti, Religionsgemeinschaften, S. 97 ff.; Isele, Gliedschaft, S. 43 ff.; Lampert, Kirche und Staat I, S. 326 ff.

stimmt sowohl hinsichtlich des Glaubenstatbestandes als auch hinsichtlich der Form des Konsenses die innerkirchliche Rechtsordnung“[551],[552]. E contrario steht es dem Gemeinwesen nicht zu, die Gliedschaft in der römisch-katholischen Kirche von der Mitgliedschaft in der Kirchgemeinde[553] abhängig zu machen[554],[555].

---

551 Isele, Revision, S. 593. Vgl. Ders., Entwicklung, S. 199. – Zu den Voraussetzungen, Wirkungen und Bedingungen der Gliedschaft in der röm.-kath. Kirche siehe Ambühl, S. 69 ff.; Aymans, Kanonisches Recht I, S. 289 ff.; Ders., Kanonisches Recht II, S. 49 ff.; Urs Josef Cavelti, Austritt, S. 83 ff.; Ders., Religionsgemeinschaften, S. 90 f., 95; Corecco, La Sortie de l'Eglise, S. 18 ff.; Grichting, Kirche oder Kirchenwesen, S. 178 ff.; Isele, Gliedschaft, S. 17 ff.; Ders., Revision, S. 592 f.; Lampert, Kirche und Staat I, S. 320 ff.; Noser, S. 123; Reichlin, S. 118; sowie Joseph Listl, Rezension zum Aufsatz von Corecco ‘La sortie de l'Eglise ...’, in: AfkKR 155 (1986), S. 608-613; Jean-Hervé Nicolas O.P., L'appartenance à l'Eglise selon la théologie catholique, in: Austritt aus der Kirche, S. 129-172.

552 Thomas Fleiner-Gerster, Glaubens- und Gewissensfreiheit, S. 120 f., hegt den Wunsch, dass jemand gleichzeitig mehreren staatskirchenrechtlichen Körperschaften unterschiedlicher konfessioneller Observanz soll angehören können. Der staatskirchenrechtliche Mitgliedschaftsbegriff nimmt unilateral Bezug auf die gliedschaftsrechtliche Ordnung der röm.-kath. Kirche, wo die vollberechtigte ‘Communio plena’ eines getauften Christgläubigen über das dreifache Band des Glaubensbekenntnisses, der Sakramente und der kirchlichen Leitung erworben wird (c. 205 CIC 1983). Einer mehrfachen Mitgliedschaft dürfte dann nichts mehr im Wege stehen, wenn bei den durch die staatskirchenrechtlichen Körperschaften verbeiständeten Konfessionen diesbezüglich integrale Glaubenseinheit besteht. Die staatsrechtliche Zulässigkeit einer konfessionsübergreifenden Mitgliedschaft hängt somit von der entsprechenden Entwicklung im kirchlichen Raum ab. „Andernfalls käme es zu einem rechtswidrigen staatsrechtlichen Oekumene-Oktroi bzw. würde (im römisch-katholischen Dualismus von Pfarrei und Kirchgemeinde) der Zuordnungscharakter der staatskirchenrechtlichen Institution Schaden leiden.“ (Kraus, Staatskirchenrecht, S. 381).

553 Bezugspunkt des Austritts ist auch die auf gesamtkantonaler Ebene eingerichtete Kantonalkirche (§ 93 Abs. 2 rev. KV). „Dementsprechend genügt es nicht, wenn der Austritt nur aus der Kirchgemeinde erklärt wird, obwohl im Kanton auch eine Kantonalkirche besteht. Andererseits darf aber nicht verlangt werden, dass sich der Austritt auch auf die Kirche ‘als solche’ zu erstrecken habe.“ (Kraus, Staatskirchenrecht, S. 93). Danach muss BGE 34 I 52 f. in diesem Sinne eng ausgelegt werden. Eine extensive Interpretation kontestierte die von Art. 49 Abs. 2 aBV bzw. Art. 15 Abs. 4 rev. BV garantierte Austrittsfreiheit, weshalb ZBl 71 (1970), S. 493, in casu fehl geht. Vgl. Fuchs, Zugehörigkeit, S. 183 ff.; Karlen, Religionsfreiheit, S. 339; Kraus, Staatskirchenrecht, S. 93 f.; Schmid, S. 234 f. A.M. Urs-Josef Cavelti, Austritt, S. 91 f.; Ders. Mitgliedschaft, S. 732.

554 Das Gemeinwesen darf hinsichtlich der Austrittsfreiheit (Art. 49 Abs. 2 aBV bzw. Art. 15 Abs. 4 rev. BV) kein Junktim zwischen der Mitgliedschaft in einer Kirchgemeinde und der Gliedschaft in der röm.-kath. Kirche konstruieren. Die Religionsfreiheit beinhaltet das Recht, einer Religionsgemeinschaft nicht zwangsweise zugeordnet zu werden. E contrario schützt dieses Grundrecht die Freiheit, das Bekenntnis

Wer unter welchen Voraussetzungen, Bedingungen und Wirkungen Kirchenglied[556],[557] ist, legt aufgrund seiner eigenrechtsmächtigen Souveränität alleine der

---

eines konfessionellen Verband unter dessen Bedingungen anzunehmen und diesem zuzugehören. Dem Gemeinwesen obliegt dabei objektivrechtlich die Pflicht zur religiös-weltanschaulichen Neutralität. Diese kann sowohl das Individuum wie auch die Religionsgemeinschaft subjektivrechtlich einfordern (BGE 118 Ia 53, 58). Damit liegt es alleine in der Entscheidungskompetenz des betroffenen Individuums, aus der staatskirchenrechtlichen Körperschaft auszutreten und weiterhin der röm.-kath. Kirche angehören zu wollen. Im religionsfreiheitlich geschützten Ermessen letzterer steht es wiederum, den Austritt aus der staatskirchenrechtlichen Körperschaft im Hinblick auf die Gliedschaft in der Kirche zu qualifizieren. In diesem Zusammenhang betont Corecco, La sortie de l'Eglise, S. 49, „que l'Etat, dans le pays de l'Europe centrale, en reccevant und déclaration de sortie de l'Eglise, n'etend pas exiger une profession de foi. Il s'agit en effet d'un Etat non confessionel, mais qui, en vertue de la constitution, doit rigoureusement respecter la neutralité religieuse. Son but est d'exécuter une fonction administrative pour le compte de l'Eglise, sans s'ériger en juge des intentions confessionelles du citoyen et sans vouloir les influencer. Dans ces conditions on ne devrait pas attribuer à la déclaration de sortie de l'Eglise devant l'Etat une portée religieuse ... mais seulement statistique ou administrative. Si on prend au sérieux la neutralité religieuse de l'Etat, et même si actuellement l'appartenance à l'Eglise est légale, c.-à.-d. sanctionnée par la loi, on ne peut pas se passer, du point de vue canonique, de penser que l'Etat est tout simplement chargé de faire le recensement des chrétiens qui, en vertu de la loi, sont tenus de payer les impôts ecclésiastique et de les y contraindre dans le cas où ils ne déclarent pas leur sortie. Une déclaration de sortie de l'Eglise n'a pas plus de valeur confessionnelle pour l'Etat moderne que la déclaration d'appartenance à une religion dans un recensement, même si elle à des conséquences juridique plus vastes."

555 Urgiert die dem Mehrheitsprinzip verpflichtete Kirchgemeinde vermöge ihrer Temporalienmacht der entsprechenden Pfarrei ein Verhalten, welches nicht mehr in Übereinstimmung mit der röm.-kath. Glaubenslehre steht, beispielsweise indem zugelassen wird, dass eine nicht im Besitze der Priesterweihe sich befindliche Person die hl. Messe liest, darf es dem betroffenen Mitglied der Kirchgemeinde keinesfalls verwehrt sein, solch parakirchlich-konfessionell ambitioniertem Verhalten einer staatskirchenrechtlichen Körperschaft die finanzielle Gefolgschaft mittels Austritt zu verweigern. Verknüpft der Staat jedoch den erklärten Willen zur staatskirchenrechtlichen Nichtzugehörigkeit mit der Notwendigkeit zum Austritt aus der röm.-kath. Kirche, verpflichtet er den in der 'Plena communio' (c. 205 CIC 1983) und mithin im Willen zur rechtmässigen Gliedschaft stehenden Christgläubigen zum Verbleib in der staatskirchenrechtlichen Körperschaft. Dies verletzt die Austrittsfreiheit (Art. 49 Abs. 2 aBV bzw. Art. 15 Abs. 4 rev. BV) sowie den absolut geschützten Kern der Religionsfreiheit, dessen Schutzobjekt gegenüber den staatskirchenrechtlichen Körperschaften auch die Freiheit vor dem Zwang zur individuellen Akzeptanz parakirchlicher Ambitionen und konfessionskontestierender Handlungsweisen beinhalten muss.

556 „Die Erklärung des Kirchenaustritts stellt nach katholischem Kirchenrecht die in öffentlich-rechtlicher Form beurkundete intensivste Form der Abwendung des ka-

konfessionelle Verband fest[558],[559], und der Staat hat dieses Recht zufolge seiner religiös-weltanschaulichen Neutralitätspflicht religionsfreiheitlich zu protektio-

tholischen Christen von seiner Kirche dar [...] Dem steht nicht im Wege, dass die durch den Empfang des Taufsakraments begründete sog. 'konsekratorische' oder auch 'konstitutionelle' Kirchengliedschaft (Kirchenzugehörigkeit) wegen des durch die Taufe bewirkten unauslöschlichen Merkmals (character indelebilis) weder durch die Erklärung des Kirchenaustritts noch durch irgendeine andere strafbare Handlung beendet oder beseitigt werden kann. Wer in der katholischen Kirche getauft wurde oder nach Empfang der Taufe zu ihr übergetreten ist, bleibt nach dem ekklesiologischen Selbstverständins der katholischen Kirche in untrennbarer Weise Glied, d.h. Angehöriger der katholischen Kirche." (Listl, Kirchenaustritt, S. 651). Die Rechtsstellung des Ausgetretenen wird jedoch modifiziert, indem seine aktive Mitwirkung innerhalb der kirchlichen Gemeinschaft ruhen muss und seine Rechte bis zur Rekonziliation suspendiert bleiben. Hierzu Ders., op.cit., S. 651 ff.

557 Liesse die röm.-kath. Kirche ein begriffliches Junktim zwischen der kirchenrechtlichen Gliedschaft und der staatskirchenrechtlichen Mitgliedschaft zu, müsste der konfessionelle Verband in Kauf nehmen, dass damit die bundesrechtlich garantierte Austrittsfreiheit (Art. 49 Abs. 2 aBV bzw. Art. 15 Abs. 4 rev. BV) vom Blickwinkel des Staatsrechts aus betrachtet auch auf den konfessionellen Verband übertragen werden könnte, was gliedschaftsrechtlich dem ekklesiologischen Selbstverständnis der röm.-kath. Kirche zuwiderliefe. Dieses lässt ein solches Junktim alleine schon deswegen fallieren, als der konfessionelle Verband die Kirchengliedschaft nicht territorial reduziert, sondern aufgrund göttlicher Anordnung universal begreift. Cf. cc. 96; 204 § 1 CIC 1983.

558 „Aufgrund der Sachlage, dass weder die rechtliche Ordnung der Gliedschaft durch die römisch-katholische Kirche noch die allgemein gehaltene kanonische Verpflichtung des Gläubigen, seiner Kirche die nötige materielle Unterstützung zukommen zu lassen, verlangen, dass er den vom Staat geschaffenen Institutionen angehört, ist es evident, dass der Nicht-Zugehörigkeit oder dem Austritt aus den staatskirchenrechtlichen Institutionen seitens der römisch-katholischen Kirche keine kanonischen Konsequenzen zugemessen werden können und dürfen. Einem katholischen Gläubigen widerfährt durch die Nicht-Mitgliedschaft in den staatlich geschaffenen Institutionen keine Minderung seiner Rechte. Er hat also als Gläubiger der katholischen Kirche das Recht, 'aus den geistlichen Gütern der Kirche, insbesondere dem Wort Gottes und den Sakramenten Hilfe zu empfangen' (can. 213). Verweigert man ihm dies, weil er einer nicht-kirchlichen Institution nicht angehört, stellt das einen gravierenden Verstoss gegen seine elementaren Grundrechte als Gläubiger dar." (Grichting, Kirche oder Kirchenwesen, S. 188).

559 Die einzige Frage in diesem Zusammenhang, welche auch von staatskirchenrechtlichem Interesse sein kann, ist jene, ob das Motiv, sich der finanziellen Unterstützungspflicht zu entziehen, indem die mit der Hilfe des Staates eingeforderten 'Kirchensteuern' verweigert werden, ausreicht, um mit dem Austritt aus der staatskirchenrechtlichen Körperschaft auch eine kanonische Rechtsfolge eintreten zu lassen. Im 6. Buch des CIC 1983 'De sanctionibus in Ecclesia' fehlt jeder Hinweis auf die Strafbarkeit der unterlassenen materiellen Unterstützungspflicht. „Massnehmend an der biblischen Überlieferung betont das Kirchenrecht somit das Element der Feiwil-

nieren[560],[561]. Auf jeden Fall schützt der subjektivrechtlich durchsetzbare Gehalt der Religionsfreiheit auch den Willen eines Kirchengliedes[562], nur dem konfessionellen Verband und nicht auch der bezüglichen staatskirchenrechtlichen Körperschaft zugehören zu wollen[563],[564]. In diesem Punkt offenbart sich der 'Nervus

---

ligkeit und Grosszügigkeit. Es wird dadurch gleichzeitig vermieden, die Kirche in die Nähe des Staates zu rücken, der obrigkeitlich von seinen Untertanen Geldleistungen eintreibt." (Grichting, Kirche oder Kirchenwesen, S. 179 f.). Siehe Corecco, La sortie de l'Eglise, S. 40 ff. Lehnt der Christgläubige jedoch nur die staatskirchenrechtlich festgelegte Form der 'Subsida ecclesiae' aus Gründen ab, welche in der Institution der staatskirchenrechtlichen Körperschaft selbst liegen, steht seine gliedschaftliche 'Communio plena' in der röm.-kath. Kirche ausser Frage!

560 Mithin steht es dem Gemeinwesen nicht zu, eine Motivation des Austritts aus der Kirchgemeinde zu verlangen (BGE 93 I 353 E. 2). Vgl. Schmid, S. 234. Stellt das Gemeinwesens an die Erklärung des Austritts gewisse formelle Erfordernisse, wozu es gemäss BGE 104 Ia 84 f. E. 3a befugt ist, hat diesbezüglich eine Erklärung der 'Nichtzugehörigkeit' zum staatskirchenrechtlichen Verband auszureichen. Siehe Kraus, Staatskirchenrecht, S. 94; sowie BGE vom 18. März 1983, wiedergegeben in: ZBl 85 (1984), S. 131 ff.; bestätigt durch Entscheid der Europäischen Menschenrechtskommission vom 4. Dezember 1984 über die Beschwerde Nr. 10616/83 (J. und B. Gottesmann v. Schweiz), DR 40, 284 ff., zusammengefasst in: VPB 1985 Nr. 79, S. 460 f. Vgl. Urs Josef Cavelti, Austritt, S. 89 f.; Ders. Mitgliedschaft, S. 732; Ders. Religionsgemeinschaften, S. 96 f. – Zum Eintritt der Wirkungen einer Austrittserklärung siehe BGE 104 Ia 86 f. E. 4; Urs Josef Cavelti, Austritt, S. 94 f.; Thomas Fleiner-Gerster, Glaubens- und Gewissensfreiheit, S. 122 ff.; Kraus, Staatskirchenrecht, S. 94 f.

561 Infolgedessen ist beispielsweise eine Kirchgemeinde röm.-kath. Observanz nicht berechtigt, „dem Ausgetretenen etwa die Benützung der Kultusgebäude zu verweigern, selbst wenn sie deren Eigentümerin wäre, da ein solches Eingreifen als krasse Verletzung des innerkirchlichen Bereichs qualifiziert werden müsste" (Schmid, S. 237). Zufolge des religionsfreiheitlich gewährleisteten Selbstbestimmungsrechts der röm.-kath. Kirche richtet sich die konfessionelle Zweckwidmung eines für den Kultus bestimmten Gebäudes als 'Res sacra' nach der kirchenrechtlichen Ordnung, welche jedem Christgläubigen das Recht des freien Zugangs zu den heiligen Orten garantiert (c. 1214 CIC 1983). Eine gegenteilige Verfügung der betreffenden staatskirchenrechtlichen Körperschaft ist somit grundrechtswidrig.

562 Das BGer. hat in diesem Zusammenhang nicht zu prüfen, ob der Austritt aus der staatskirchenrechtlichen Körperschaft im Sinne einer Mentalreservation insofern simuliert ist, dass beim Erklärenden nach wie vor der Wille besteht, in der gliedschaftlichen 'Communio plena' der röm.-kath. Kirche zu stehen. Die Suche nach Willensmängeln erweist sich umso problematischer, als die staatskirchenrechtliche Körperschaft keine Kundgabe der Austrittsmotivation verlangen darf. Vgl. Ambühl, S. 81; Urs Josef Cavelti, Austritt, S. 92 ff. (je mit Hinweis auf BGE 10 324); Kraus, Staatskirchenrecht, S. 94; Schmid, S. 236.

563 „Es kann also vom Katholiken nur verlangt werden, dass er den Austritt aus der 'katholischen Kirche im Sinne des Staatskirchenrechts' erkläre, nämlich aus Körperschaft und Kirchgemeinde [...] Dass die Verknüpfung des Austritts mit der Aufgabe

rerum' des Dualismus. Bewertet die römisch-katholische Kirche eine Austrittsbewegung aus den staatskirchenrechtlichen Körperschaften nicht als Abkehr vom dreifachen Band der kirchlichen Gliedschaft im Sinne eines 'Actus formalis'[565], stellt sich dann die Frage der Existenzberechtigung der staatskirchenrechtlichen Körperschaften, wenn die zahlenmässige Diskrepanz zwischen den getauften Gliedern der röm.-kath. Kirche und den steuerpflichtigen Mitgliedern der vom Gemeinwesen kreierten Institutionen des schwyzerischen Staatskirchenrechts eine nicht unbeträchtliche Grösse annimmt. „Eine solche Perspektive zeigt, dass der Bestand der staatskirchenrechtlichen Organisation nur gewährleistet ist, wenn die Konfessionsangehörigen ihn freiwillig bejahen. Er beruht auf dem Bewusst-

---

des Glaubens nicht bundesverfassungskonform sein kann, zeigt sich an den aus einer solchen Konstruktion resultierenden Konsequenzen, denn hätte die Verknüpfung Bestand, so wäre jeder gläubige Katholik unauflöslich mit dem staatskirchenrechtlichen System verbunden, sei er mit diesem System einverstanden oder nicht. Dass dies mit der Glaubens- und Gewissensfreiheit unvereinbar ist, liegt auf der Hand. Die BV ermöglicht deshalb dem überzeugten Anhänger einer Trennung von Kirche und Staat den Austritt, auch wenn er seinen angestammten Glauben weiter praktiziert, ja die BV gibt sogar die Möglichkeit, dass die Gesamtheit der Gläubigen sich von den staatskirchenrechtlichen Institutionen löst und sich auf privatrechtlicher Ebene neu organisiert, weil sich der Staat (sc. bzw. die staatskirchenrechtlichen Körperschaften) vielleicht in unerträglicher Weise in den inneren Bereich der Kirche einmischt." (Schmid, S. 235). Vgl. Thomas Fleiner-Gerster, Glaubens- und Gewissensfreiheit, S. 116. Falsch jedoch Reichlin, S. 117, welcher es unter dem Aspekt der Religionsfreiheit als zulässig erachtet, dass die Kirchgemeindestatuten auch den Austritt aus dem konfessionellen Verband verlangen.

564 Die unilaterale Dependenz der staatskirchenrechtlichen Mitgliedschaft von der Gliedschaft in der röm.-kath. Kirche bedingt aufgrund des Dualismus von kirchlicher und staatlicher Ordnung, dass der Begriff der Zugehörigkeit in dreifacher Hinsicht unterschieden werden muss, nämlich: „Die Kirchenzugehörigkeit nach kirchlicher Ordnung (sc. Gliedschaft in der röm.-kath. Kirche), die 'Kirchenzugehörigkeit' nach staatlichem Recht, die sich unter dem Vorbehalt der individuellen Glaubens- und Gewissensfreiheit nach der kirchlichen Ordnung richtet, und schliesslich die Zugehörigkeit (sc. Mitgliedschaft) zur Kirchgemeinde und Landeskirche" (Feigenwinter, S. 484). Vgl. Karlen, Religionsfreiheit, S. 333; Noser, S. 122. Dieser Trias ist im Kanton Schwyz durch die zu 'Kantonalkirche' zwingend Nachachtung zu schenken!

565 Der kirchliche Gesetzgeber hat den Inhalt des Begriffs 'Actus formalis' im CIC 1983 nicht näher definiert (cf. cc. 1086 § 1; 1117; 1124 CIC 1983). „Unter den deutschsprachigen Autoren herrscht eine nahezu einhellige Übereinstimmung darüber, dass es sich hierbei entweder um den öffentlich erklärten Übertritt von der katholischen Kirche zu einer anderen Religionsgemeinschaft oder um eine rechtlich relevante, öffentlich abgegebene und daher beweisbare ausdrückliche Erklärung des Ausscheidens aus der Gemeinschaft der katholische Kirche handeln muss." (Listl, Kirchenaustritt, S. 655).

sein, dass in dieser rechtlichen Struktur in angepasster und adäquater Form kirchliche Ziele und Aufgaben erfüllt werden können. Geht diese stillschweigende Voraussetzung verloren, so entfällt die innere Berechtigung des öffentlichrechtlichen Verbandes."[566]. Damit ist letzten Endes in legitimationstechnischer Hinsicht die Systemadäquanz der staatsrechtlichen Kreation autonomer Verbeiständungsinstrumente mit kirchlich determinierter Funktion grundsätzlich zu hinterfragen.

II. Bereichscheidung

1. Methodologisches

Die herkömmliche Kompetenzabgrenzung unterscheidet zwischen 'inneren' und 'äusseren' Angelegenheiten[567]. Dabei wird ein Bereich beiderseitigen Interesses als 'Res mixta'[568],[569] ausgeschieden[570]. An der Definition dieser Einteilungskrite-

566 Urs Josef Cavelti, Austritt, S. 104. Vgl. Ders., Funktion, S. 41.

567 Die Scheidung von 'Iura in sacra' und 'Iura circa sacra', welche Fuchs, Verhältnis, S. 142, als „kardinaler Begriff des schweizerischen Staatskirchenrechts" bezeichnet, verharrt in der Form einer religionsfreiheitlich zu überwindenden Restanz noch in den terminologischen Kategorien des grundrechtswidrigen Staatskirchentums.

568 Lampert, Kirche und Staat II, S. 192, rechnet zu den 'Res mixtae' im strengen Sinne jene, „die ihrer Natur nach eine Zweckbeziehung sowohl zur Kirche als zum Staate in sich tragen und deshalb unter verschiedener Hinsicht zur Zuständigkeit der beiden Gewalten gehören". Vgl. Isele, Revision, S. 597, welcher diese Kategorie von 'Res mixtae' als solche im eigentlichen Sinne bezeichnet. „Bei diesen echten gemischten Angelegenheiten ist die Zweckverbundenheit sowohl zum Staat wie zur Kirche so eng, dass eine Aufteilung der Kompetenz in einen teils staatlichen, teils kirchlichen Sektor kaum möglich erscheint. Als Prototypen dieser Art gelten das Ehe- und Schulwesen, ferner auch das Begräbnis- und Friedhofwesen." (Urs Josef Cavelti, Religionsgemeinschaften, S. 67). Infolgedessen zieht der im Zuge des 19. Jahrhundert saekularistisch ausgeformte Bundesstaat die erwähnten 'Res mixtae' im strengen Sinn möglichst in seinen Zuständigkeitsbereich, um das Gemeinwesen aus dem mit diesen Materien verbundenen religionspolitischen Konnex lösen zu können. Die diesbezüglich einseitige Kompetenzattraktion durch das Gemeinwesen fand ohne Berücksichtigung der röm.-kath. Kirche statt. So wurde das ganze Ehewesen bundesrechtlich normiert (Art. 54 aBV, vgl. Art. 14 rev. BV). Andere gemischte Angelegenheiten hat der Bund seiner Zuständigkeit unterstellt, indem er den öffentlichen Primarschulunterricht einer ausschliesslich staatlichen Leitung unterwarf (Art. 27 Abs. 2, 3 aBV, vgl. Art. 15, 62 rev. BV) und die 'Verfügung' (im Sinne eines Rechts, keiner Pflicht, vgl. EGV-SZ 1980, S. 34 f.) über die Begräbnisplätze den bürgerlichen Behörden anheimstellte (Art. 53 Abs. 2 aBV, vgl. Art. 7 rev. BV). Siehe Urs Josef Cavelti, Religionsgemeinschaften, S. 67 f. Vgl. Friederich, Kirchen und

Glaubensgemeinschaften, S. 376, welcher in casu noch die Anstalts-, Militär-, und Spitalseelsorge erwähnt; sowie Isele, Revision, S. 597 f. Solche Bestimmungen dieses expliziten Inhalts wurden in der totalrevidierten BV nicht mehr nachgeführt.-"Zu den res mixtae im weiteren Sinn werden auch Angelegenheiten gerechnet, welche zwar prinzipiell in den Kompetenzbereich entweder des Staates oder der Kirche gehören, an deren Regelung sich aber trotzdem beide beteiligen, weil etwa historische Gegebenheiten, Schwierigkeiten der Materie oder wohlwollende Hilfeleistung die Mitwirkung nahelegen." (Friederich, Kirchen und Glaubensgemeinschaften, S. 376). Hierzu zählen etwa die Einführung oder Anerkennung kirchlicher Feiertage, Vorschlagsrechte staatlicher Behörden für die Besetzung kirchlicher Ämter sowie bei der Neuerrichtung oder Veränderung kirchlicher Amtssprengel etc. Siehe Lampert, Kirche und Staat II, S. 194 f. Vgl. Urs Josef Cavelti, Religionsgemeinschaften, S. 67 f.; Friederich Kirchen und Glaubensgemeinschaften, S. 376 f., FN 104; Isele, Revision, S. 597. „Auch bei diesen gemischten Angelegenheiten im weitern Sinn muss die staatliche Mitwirkung angepasst sein sowohl der Natur der Sache als der Natur der Rolle, die dem Staat bzw. der Kirche dabei zukommt. Jedenfalls können von Seiten der Kirche dabei die etwa einschlägigen Normen göttlichen Rechts (jus divinum) nicht anders als vorbehalten gelten, da die Kirche darüber keine Verfügungsmacht hat, um davon abweichende Zugeständnisse machen zu können. Anderseits fällt die Staatsbehörde aus ihrer Rolle, wenn sie den Bischof spielen oder z.B. die Kirchenamts-Kandidaten in theologischen Fächern prüfen will, oder die kirchlichen Anforderungen des Kirchenamtes bei Stellenbesetzungen unbeachtet lässt. Die Berücksichtigung des Zweckmomentes einer Einrichtung bleibt oberstes Leitmotiv." (Lampert, Kirche und Staat II, S. 195).

569 §§ 41, 51 aKV enthielten keine formelle Definition der 'Res mixtae'. Im Gegensatz zum Bundesrecht, welches die in seine Kompetenzen gezogenen Fragen materiell abschliessend und einseitig ordnet, regelte der Kanton Schwyz hier die gemischten Angelegenheiten, indem die Fragen beiderseitigen Interessen in organisatorischer Beziehung zwischen den staatlichen Behörden aufgeteilt wurden. Die Kantonsverfassung befasst sich gemäss Reichlin, S. 85, in den §§ 9 und 13 Abs. 1 KV mit 'Res mixtae' relevanten Materien. Hierzu dürfte auch § 93 aKV zu zählen sein. Vgl. Urs Josef Cavelti, Religionsgemeinschaften S. 71. Für die von der positiven Rechtsordnung nicht erfassten Fälle regelten §§ 41, 51 aKV kompetenzrechtlich die Zuständigkeit des Kantonsrats. „Aus der Praxis muss geschlossen werden, dass die Bestimmungen der §§ 41 und 51 KV gegenüber der ordentlichen Zuständigkeitsaufteilung zwischen Kantonsrat und Regierungsrat keine Abweichung bewirken. Soweit es darum geht, eine gemischt staatlich-kirchliche Frage gesetzlich zu regeln, ist dafür der Kantonsrat unter Vorbehalt des Referendums zuständig. Desgleichen hat er Konkordaten zuzustimmen und gegebenenfalls notwendig werdende Ausgaben zu bewilligen. Dem Kantonsrat steht auch für diesen Gegenstand gegenüber der Tätigkeit von Regierungsrat und Verwaltung die Oberaufsicht zu. Umgekehrt behält der Regierungsrat auch im Bereiche der gemischt staatlich-kirchlichen Fragen seine Befugnisse" (RRB 1991/840, S. 10).

570 „Den *Res mere ecclesiasticae* (sc. als Bestandteil der 'Sacra interna') stehen begrifflich die *Res mere civiles*, also die Bereiche ausschliesslich staatlicher Hoheit gegenüber. Zwischen beiden aber liegen die *Res mixtae* oder *Sacra externa*, in denen der

rien[571] scheiden sich die Geister, da sowohl der konfessionelle Verband wie auch das Gemeinwesen die Zuständigkeit zur Regelung dieser Trias in Anspruch nehmen. Als Bereichscheidungsmethode ist die dreiteilige Klassifikation indessen „historisch überholt, inhaltlich abzulehnen und praktisch undurchführbar"[572],[573].

Staat in irgendeiner Weise seine Hoheit geltend macht." (Isele, Revision, S. 597). Vgl. auch Fuchs, Verhältnis, S. 141.

571 Diese Einteilungskriterien lassen sich auch nicht aus der 'Natur der Sache' oder einer auf die 'Zweckbestimmung' rekurrierenden Argumentation generieren. Grundvoraussetzung dieses Weges wäre das Bestehen einer materiell-objektiven, den staatlichen und den kirchlichen Bereich transzendierenden Rechtslage. In casu greift jedoch der Einwand, „dass es eine solche Rechtslage angesichts der prinzipiellen Scheidung von geistlichem und weltlichem Wirken nur dort geben kann, wo ein Konsens erzielt ist, nicht jedoch, wenn es an einem solchen fehlt. Es hängt damit zusammen, dass dieser Weg dort versagen muss, wo es für das praktische Zusammenleben von Staat und Kirchen auf die Entwicklung von Massstäben ankommt, nämlich im Streitfalle. Hier muss eine Lehre von den 'eigenen' Angelegenheiten eine Antwort auf die Frage geben können, wessen Auffassung massgebend sein soll. Darauf enthält weder die 'Natur der Sache' noch die Zweckbestimmung eine Antwort." (Hesse, S. 541).

572 Kraus, Staatskirchenrecht, S. 412. Vgl. Fuchs, Verhältnis, S. 154. „Sie ist *inhaltlich abzulehnen*, weil nicht ersichtlich ist, warum die Kirchenfreiheit auf die 'inneren' Angelegenheiten beschränkt bleiben soll, währenddessen die 'äusseren Angelegenheiten' mehr oder minder dem kantonalen Belieben anheimgestellt werden; das bietet keine dem modernen religionsrechtlichen Denken angemessene Lösung für die Umschreibung der Kirchenfreiheit im kantonalen Recht. – Die Unterscheidung innerer und äusserer Angelegenheiten ist ferner *historisch überholt*. Zwar mochte sie zur Zeit des Übergangs vom Staatskirchentum zum Landeskirchentum ihren Sinn gehabt haben, als es darum ging, die Kirche von den sich als konfessionelle Staatswesen verstehenden Kantonen langsam zu verselbständigen; die Berufung auf die 'inneren Angelegenheiten' gab damals eine griffige Argumentationsfigur ab. Heute jedoch ist die Entwicklung der Kirchenfreiheit und die Säkularisierung der eidgenössischen Stände so weit fortgeschritten, dass die Gewährleistung lediglich innerkirchlicher Autonomie regressiven Charakter aufweist; der Zweck dieser Unterscheidung hat sich somit erfüllt bzw. ist entfallen. – Die Unterscheidung innerer und äusserer Angelegenheiten ist schliesslich *praktisch undurchführbar*. Denn das Kunststück einer überzeugenden Beschreibung und Abgrenzung der 'inneren' und 'äusseren' Angelegenheiten ist noch niemals überzeugend gelungen ..." (Kraus, Staatskirchenrecht, S. 413). Vgl. Friederich, Kirchen und Glaubensgemeinschaften, S. 375; Fuchs, Praxis, S. 59.

573 Als Methode leidet sie insbesondere am Defekt, dass das Schutzobjekt der Religionsfreiheit erst nach der Bereichscheidung Relevanz erlangt. Grundrechtskonformerweise müsste die Bereichscheidung jedoch anhand des religionsfreiheitlichen Schutzobjekts in Anbetracht seiner Schranken und der Bindung seiner Träger durchgeführt werden, um anschliessend die daraus folgenden Kompetenzabgrenzungen vornehmen zu können.

Sie lässt sich trotz der in den 'Res mixtae' ausgeschiedenen Schnittfläche[574] nicht in eine praktische Konkordanz bringen, da die starre Kategorisierung letztendlich dem Souveränitätsbeharren des Gemeinwesens gegenüber der römisch-katholischen Kirche gerade auch mit der Kreation autonomer Körperschaften des Staatskirchenrechts Tür und Tor öffnet[575]. Die römisch-katholische Kirche kann

574 Jene Bereiche, welche die Lehre als Prototypen gemischter Angelegenheiten bezeichnet, sind durch staatliches Recht der Rechtskraft der kirchlichen Ordnung insoweit entzogen, als diese im staatlichen Rechtsverkehr für den saekularrechtlich legiferierten Bereich beiderseitigen Interesses keine Wirkungen zeitigen kann. „Der Erklärung kirchlicher Zuständigkeit unter Berufung auf die Kategorie der res mixtae kommt damit kaum mehr als die Bedeutung eines blossen *rechtspolitischen* Postulats zu." (Friederich, Kirchen und Glaubensgemeinschaften, S. 378).

575 Obwohl die staatskirchenrechtlichen Körperschaften rein staatlichen Rechts sind und als solche für das Kirchenrecht weder Rechtsverbindlichkeit erlangen noch durch dieses in irgendeiner Weise rezipiert bzw. kanonisiert werden, droht das Gemeinwesen der irrigen Ansicht zu verfallen, dass die ausgliedernde Kreation von staatskirchenrechtlichen Institutionen dem Staat einen kirchlich-konfessionellen Ansatz- und Bezugspunkt schaffe. Vgl. Ambühl, S. 80. Ihre staatsrechtliche Ausstattung mit Autonomie lässt aus saekularistischer Sicht diese These für begründet erscheinen. Indes verfällt hier das Gemeinwesen im Glauben an die religiös-weltanschauliche Konformität dieses solcherart erwünschten Begriffs der Kirche einem Trugschluss. Die in der exklusiven Disposition des Staates liegende Gewährleistung von Autonomie dient in casu – falls sie nicht der kanonischen Ordnung einen entsprechenden Vorbehalt einräumt – ausschliesslich den staatskirchenrechtlichen Institutionen. Sie tritt in der Folge gerade bezüglich der Relation der staatskirchenrechtlichen Körperschaften zum konfessionellen Verband in eine Konkordanzaporie mit der korporativen Religionsfreiheit. Hierzu siehe vorne, S. 185 ff. Diese Grundfreiheit wirkt insofern transitiv, als die staatskirchenrechtlichen Verbeiständungsinstrumente die durch das Schutzobjekt der Religionsfreiheit erfassten Positionen nicht in einem dem hierarchisch verfassten Wesen des konfessionellen Verbandes zuwiderlaufenden Sinne selbständig geltend machen dürfen. Deshalb kann die Frage: Wer repräsentiert denn „die römisch-katholische Kirche gegenüber dem Staat 'gültig'" (Friederich, Kirchen- und Glaubensgemeinschaften, S. 229) durchaus mit Sicherheit zugunsten der 'Persona moralis ex ipsa ordinatione divina' (c. 113 § 1 CIC 1983) beantwortet werden. Das anstaltliche Selbstverständnis der röm.-kath. Kirche lässt auch hinsichtlich ihrer körperschaftlich geprägten Ausprägung in Diözese und Pfarrei zufolge des auf göttliche Anordnung zurückgehenden hierarchischen Verfassungsprinzips keinen anderen Grundrechtsträger zu als die röm.-kath. Kirche an sich. Dies hat der Staat aufgrund seiner religiös-weltanschaulichen Neutralitätspflicht zu respektieren. Ansonsten würde die Gewährleistung der Religionsfreiheit ad absurdum geführt. – Zu Recht stellt Friederich, Kirchen und Glaubensgemeinschaften, S. 59, fest, dass das Ius divinum nach katholischem Verständnis die Rechtsgestalt der röm.-kath. Kirche definiert. „Darum ist nach kanonischem und nicht nach staatlichem Recht zu bestimmen, was 'Kirche' ist." (Ders., op.cit., S. 59). Die Regelung der Repräsentanz der röm.-kath. Kirche folgt infolgedessen auch im

als 'Societas perfecta' aber nicht staatsunterworfen sein[576], genauso wie das Gemeinwesen als eigenrechtsmächtiger Verband nicht der römisch-katholischen Kirche subordiniert ist[577],[578]. „Nach der kath. Glaubenslehre gab Christus den Aposteln und ihren Nachfolgern den Auftrag, zur kirchlichen Wirksamkeit einzig kraft göttlicher Sendung und Vollmacht. Die Kirche weiss sich in eindeutiger Weise von einem eigenen Lebensprinzip und Wesensbild geformt. Und wie die Staaten die Kirche nicht gegründet, sondern geschichtlich vorgefunden haben, so haben sie auch nicht die aus dem vom göttlichen Stifter gesetzten Daseinszweck der Kirche sich ergebende Sphäre abzugrenzen und ihr das Mass der Betätigung zu bestimmen", infolgedessen „ist '*eigene*', '*kirchliche*' Angelegenheit der Religionsverbände *alles, was kraft der Religionsfreiheit nach Art und Umfang der bezüglichen Religionsauffassung seinem Wesen nach in diesen Bereich gehört und diesem Zwecke dient*"[579]. Folglich muss die römisch-katholische Kirche sel-

---

Hinblick auf die Kreation staatskirchenrechtlicher Körperschaften ausschliesslich der kanonischen Ordnung.

576 „Da die Staatsgewalt als solche nicht Organ der Kirche ist, sondern ausserhalb der Kirche steht und staatliche Kompetenz nur staatlichen Zwecken zu dienen hat, so kann das Kirchenregiment als Leitung eines ausserhalb des politischen Gemeinwesens stehenden Verbandes auch nicht Bestandteil der Landeshoheit sein. Die Staatsgewalt hat nicht zu bestimmen, was in der kirchlichen Sphäre wesentliche oder unwesentliche Einrichtung, zweckmässige oder unzweckmässige Institution oder abzuschaffender Missbrauch sei, so lange nicht der staatliche Interessenbereich berührt ist; sie hat nicht Beschlüsse der Kirchenbehörden zu überprüfen, ob dieselben der Kirche schädlich seien; sie hat auch nicht in das innere Gebiet der Kirche einzugreifen mit Massnahmen, von denen sie meint, dass dieselben 'zum grösseren Nutzen der Kirche' gereichen." (Lampert, Kirche und Staat I, S. 30).

577 Auch wenn Kirche und Staat nicht denselben Zweck, dieselben Mittel und dasselbe Ziel haben, ergibt sich, „dass der Begriff der *societas perfecta* nicht ausschliest, dass mehrere derartige Gebilde nebeneinander existieren. Dies gilt selbst vom kirchlichen Standpunkt aus für das Verhältnis von Kirche und Staat, weil diese beiden je wesentlich verschiedene Kompetenzbereiche besitzen und daher, solange sie dieselben nicht überschreiten, miteinander überhaupt nicht in Konkurrenz geraten können." (Köck, rechtliche und politische Aspekte von Konkordaten, S. 47).

578 „Die Unabhängigkeit beider Gewalten besagt: das Nebeneinanderbestehen von zwei selbständigen Verbänden mit eigener Leitung, sodass die beiden Gewalten frei sind im Streben für ihr Ziel; keine ist der andern unterworfen in allen Dingen, die ihre besondere Ordnung oder ihre arteigene Sphäre ausmachen; jede gibt sich in dieser Sphäre ihr Programm selber." (Lampert, Kirche und Staat I, S. 26).

579 Lampert, Kirche und Staat II, S. 181. Präzisierend Isele, Entwicklung, S. 198: „Der Raum der Religionsfreiheit ist der Wirkungsbereich der Kirche. Er beschränkt sich nicht auf das forum internum, er liegt in Wortverkündigung und Sakramentenspendung im forum externum, und er erfüllt sich hier in allen Belangen, die dem Zweck und der Aufgabe der Kirche angehören. Er findet seine Grenze dort, wo der Staat den Freiheitsrechten zur Wahrung seines eigenen Bereichs Grenzen gezogen hat."

ber bestimmen können, was ihr im Hinblick auf die vom Stifter auferlegte Zweckbestimmung legitimer Wirkungskreis ist[580]. „In diesem Bezirk darf die Willensbildung der Kirche nicht von aussenher beeinflusst werden, soll überhaupt Religionsfreiheit noch bestehen. Daher muss die Kirche die Forderung zurückweisen, dass der Staat nach souveränem Ermessen zu bestimmen berufen sei, was als kirchlich zu gelten habe."[581]. Die Religionsfreiheit eignet der römisch-katholischen Kirche in der Form eines praepositiven Rechtstitels[582]. Dieser kommt ihr nicht als abgeleitetes und originär vom Staat verliehenes sondern durch diesen lediglich gewährleistetes und proklamiertes Grundrecht zu. „Die Kirche sichert ihr Recht auf originäre Eigenrechtsmacht in der Erklärung *Dignitatis humanae* grundrechtlich ab, näherhin auf der Basis eines umfassenden Verständnisses der Religionsfreiheit. Sie fundiert also ihre rechtliche Stellung in den Verfassungsprinzipien des Staates."[583]. Damit konstituiert die Religionsfreiheit den gemeinsamen Rechtsboden, wo sich die römisch-katholische Kirche und der Staat begegnen können[584]. Infolgedessen muss die Bereichscheidung auf diesem grundfreiheitlichen Fundament erfolgen[585]. Dort wird das kirchliche Selbstbe-

580 Vgl. Urs Josef Cavelti, Religionsgemeinschaften, S. 66 f.; Friederich, Kirchen und Glaubensgemeinschaften, S. 196.

581 Lampert, Kirche und Staat II, S. 186. Vgl. Friederich, Kirchen und Glaubensgemeinschaften, S. 195 f., 376.

582 Zur Religionsfreiheit als vorstaatliches und überpositives bzw. als ursprüngliches, unveräusserliches und unentziehbares Menschenrecht vgl. Bruhin, Konzile, S. 209.

583 Grichting, Kirche oder Kirchenwesen, S. 145.

584 Der gemeinsame Rechtsboden der Religionsfreiheit hat zur Folge, „dass sich die Kirche in ihrem Verhältnis zum Staat mit allen anderen Religionsgemeinschaften auf die gleiche Stufe gestellt sieht" (Grichting, Kirche oder Kirchenwesen, S. 145). Mithin kann das Gemeinwesen die röm.-kath. Kirche nicht mehr des Anspruchs auf Exklusivität im staatlichen Normengefüge bezichtigen. „Damit bestimmt sich die Stellung der Kirche in der modernen Welt allgemein und innerhalb der politischen Gemeinschaft aus einem veränderten, nämlich spirituellen Selbstverständnis der Kirche, das weniger institutionell und mehr personal- und sozialverpflichtet charakterisiert ist. Freiheit und Würde des Menschen sowie das Gebot zum Weltdienst begründen ein Staats- und Ordnungsverständnis der katholischen Kirche, das zugleich Ausdruck ihrer heilsgeschichtlichen Sendung ist." (Mikat, Verhältnis von Kirche und Staat, S. 142).

585 Die Substanz dieses gemeinsamen Rechtsbodens wird in der Konzilserklärung 'Dignitatis humanae' freigelegt. Da der naturrechtlich verpflichtete Staat nicht alleinige Quelle des Rechts sein kann, darf er auch nicht ordnend in jene Domänen eingreifen, die ihm vorgegeben und folglich seiner Disposition in den Schranken der öffentlichen Ordnung entzogen sind. Hierzu zählen die in Art. 4 DH exemplikativ enumerierten Rechtsgüter und Ingerenzverbote der korporativen Religionsfreiheit. Den Religionsgemeinschaften steht, „wenn nur die gerechten Erfordernisse der öffentlichen Ordnung nicht verletzt werden, Rechtens die Freiheit zu, dass sie sich

stimmungsrecht ins Schutzobjekt der korporativen Religionsfreiheit gefasst. Dieses beinhaltet die kirchlichen Angelegenheiten als vom Staat vorgefundene Verfassungswirklichkeit[586] der römisch-katholischen Kirche und verleiht mithin dem Grundrechtsträger die Kompetenz zur Bereichscheidung. In den Schranken der öffentlichen Ordnung geht das Gemeinwesen derweil zufolge seiner religiös-weltanschaulichen Neutralitätspflicht auf Distanz[587] zur eigenrechtsmächtigen Verfasstheit des konfessionellen Verbandes. Somit lässt sich der methodologische Schlüssel zur Bereichscheidung aus dem objektivrechtlichen Grundrechtsgehalt der Religionsfreiheit gewinnen. Die selbstbestimmungsrechtliche Grundlage der bereichscheidungsrelevanten Kompetenzkompetenz der römisch-

---

gemäss ihren eigenen Normen leiten, der Gottheit in öffentlichem Kult Ehre erweisen, ihren Gliedern in der Betätigung ihres religiösen Lebens beistehen, sie durch Unterricht unterstützen ... In gleicher Weise steht den religiösen Gemeinschaften das Recht zu, dass sie nicht durch Mittel der Gesetzgebung oder durch verwaltungsrechtliche Massnahmen der staatlichen Gewalt daran gehindert werden, ihre eigenen Amtsträger auszuwählen, zu erziehen, zu ernennen und zu versetzen, mit religiösen Autoritäten und Gemeinschaften in anderen Teilen der Erde in Verbindung zu treten, religiöse Gebäude zu errichten und zweckentsprechende Güter zu erwerben und zu gebrauchen." (DH Art. 4 Abs. 2, 3). Schliesslich sind der korporativen Religionsfreiheit gemäss der zit. Konzilserklärung u.a. auch die Lehrfreiheit, die Publikationsfreiheit sowie die Vereinsfreiheit für karitative, kulturelle und religiöse Zwecke inhärent. Vgl. Grichting, Kirche oder Kirchenwesen, S. 147 f.

586 Die Rechtsgestalt der röm.-kath. Kirche ist theologisch bedingt und dogmatisch fundamentiert. Sie lässt sich infolgedessen nicht aus dem grundfreiheitlichen Schutzobjekt herauslösen, um lediglich das religiöse Bekenntnis als 'innere Angelegenheit' der korporativen Religionsfreiheit teilhaftig werden zu lassen. „*Die Rechtsgestalt einer Gemeinschaft ist ... aus kirchlicher Sicht wesentlich mehr als blosse 'Äusserlichkeit', über welche der Staat ohne Rücksicht auf die theologische Qualität befinden dürfte.*" (Friederich, Kirchen und Glaubensgemeinschaften, S. 377). Vgl. auch Isele, Entwicklung, S. 198. Die Bekenntnis- und die Organisationsfreiheit sind grundsätzlich hinsichtlich der röm.-kath. Kirche begrifflich nicht voneinander zu trennen. Mithin werden beide vom kirchlichen Selbstbestimmungsrecht erfasst. Hierzu Schmid, S. 65, welcher auf Lampert, Kirche und Staat I, S. 295 verweist. Siehe Friederich, Kirchen und Glaubensgemeinschaften, S. 379 f.

587 Die religiös-weltanschauliche Neutralitätspflicht des Gemeinwesens lässt Raum für die Wahrnehmung kirchlicher Aufgaben, „die jenseits der Aufgaben des religiös und weltanschaulich neutralen Staates liegen, die aber als wesentlich für das Leben des von ihm konstituierten Gemeinwesens angesehen werden. Welches diese Aufgaben sind, entscheidet es nicht. Würde es dies tun, so würde es sich mit sich selbst in Widerspruch setzen; denn indem es über Aufgaben der Kirchen und Religionsgemeinschaften befände, würde es deren Eigenständigkeit negieren und damit die Aufgabe der Gewährleistung kirchlicher und religionsgesellschaftlicher Freiheit schon im Ansatz verfehlen. Was nicht geregelt ist, kann auch nicht durch Auslegung ermittelt werden." (Hesse, S. 541).

katholischen Kirche gestattet es, ohne Widerspruch zu erklären, „dass der Staat nicht gehindert ist, Vereinbarungen mit den Kirchen einzugehen, in denen sich diese ihm gegenüber in der Wahrnehmung einzelner eigener Angelegenheiten binden. Der Satz 'volenti non fit iniuria', der gemeinhin zur Rechtfertigung dieses Tatbestandes herangezogen wird, müsste versagen, wenn die durch das Selbstbestimmungsrecht gewährleistete kirchliche Freiheit nicht zur Disposition der Kirchen und Religionsgemeinschaften gestellt wäre, da über grundrechtliche Freiheiten nicht ohne weiteres vertraglich zugunsten des Staates verfügt werden kann."[588]. Mithin bleibt der auf jeden Fall wünschbare vertragliche Ausgleich zwischen Kirche und Staat[589] auch aus der Sicht der selbstbestimmungsrechtlich berechtigten römisch-katholischen Kirche[590] für den grundrechtsverpflichteten Staat offen[591].

---

588 Hesse, S. 542.

589 „Wo ein solcher Konsens nicht besteht, müssen die staatlichen Organe die Auffassung der Kirchen und Religionsgemeinschaften als massgeblich ansehen." (Hesse, S. 543).

590 „Für die Ausgestaltung der korporativen Konsequenzen aus der Religionsfreiheit, für die dauerhafte Umschreibung der Rechtsstellung der Kirche im Staat und für die Abgleichung in Angelegenheiten von beiderseitigem Interesse – Schulwesen vom Kindergarten bis zur Universität, Religionsunterricht, Anstaltsseelsorge, Eherecht, Dienst an Alten und Kranken, Feiertagsordnung, Verwaltung des Kirchenvermögens etc. – bildet die beiderseitige Vereinbarung nach wie vor das beste Mittel. Der CIC bekennt sich in c. 3 zu dem überkommenen Grundsatz und bekräftigt den absoluten Vorrang des mit Nationen oder anderen politischen Gemeinschaften bestehenden Vetragsrechtes vor den Bestimmungen des Gesetzbuches. Vor allem im völkerrechtlichen Vertrag tritt einerseits die gleichberechtigte Selbständigkeit beider Vertragsteile und anderseits der gemeinsame Wille zu einträchtiger Zusammenarbeit in verpflichtender Weise zutage. Zwischen der menschenrechtlichen Grundlegung und der institutionellen Ausgestaltung des Verhältnisses von Kirche und Staat besteht nicht nur kein Widerspruch; vielmehr können durch institutionelle Sicherung des in der Relgionsfreiheit wurzelnden Wirkungskreises der Kirche Motiviationen zum Wohl der Menschen in einer freien Gesellschaft freigesetzt werden, die anders so nicht zu erreichen sind." (Aymans, Kanonisches Recht I, S. 96 f.).

591 „Indem Religionsgemeinschaften bestehen oder entstehen, die für ihre innere Ordnung und den ihnen eigenen Tätigkeitsbereich originäres, nicht vom Staat abgeleitetes Recht entwickeln, ergibt sich die Möglichkeit und Notwendigkeit, eine für beide Seiten vorteilhafte Verständigung zu erreichen." (Grichting, Kirche oder Kirchenwesen, S. 148). Damit weist die röm.-kath. Kirche dem grundrechtsgebundenen Staat auf seiner Verpflichtungsebene den Weg der Kooperation.

Eine gegenüber der römisch-katholischen Kirche staatshoheitlich dekretierte Bereichscheidung ist aus grundrechtlicher Sicht nicht haltbar. Sie hat einer freiheitsrechtlich verpflichteten Methode zu weichen. Dem muss auch die Begrifflichkeit der Verhältnistypologie zwischen Kirche und Staat Ausdruck verleihen. Im Kanton Schwyz war bis zur Inkraftsetzung der 1992 revidierten Kantonsverfassung im Jahre 1999 die römisch-katholische Kirche als hierarchisch verfasster Verband durch die Kantonsverfassung (§ 2 Abs. 1 aKV) öffentlichrechtlich anerkannt. Gleichzeitig ordnete das Gemeinwesen den Pfarreien teils selbständige teils unselbständige Körperschaften zur zudienenden Erfüllung der Temporalienpflicht hin. Darin ereignete sich der Dualismus von Kirche und Staat. Der Kanton Schwyz verwies also weder den konfessionellen Verband ins Privatrecht, was schlussendlich auf eine Trennung von Kirche und Staat hinausliefe, noch inkorporierte er diesen in den institutionellen Rahmen des Gemeinwesens, um eine Einheit von Staat und Religion zu erzwingen und somit grundrechtswidrigerweise eine eigene Staatskirche zu kreieren. Das im Kanton Schwyz ausgeprägte System, welches in der Lehre[592] durch 'staatliche Kirchenhoheit'[593],[594] typisiert wurde[595],

---

592 Vgl. Aymans, Kanonisches Recht I, S. 89 f.; Urs-Josef Cavelti, Religionsgemeinschaften, S. 10 ff.; Cavelty, S. 9; Feigenwinter, S. 40, 50; Friesenhahn, S. 7 f.; Pius Hafner, Staat und Kirche, S. 158 f.; Isele, Entwicklung, S. 178 f.; Ders., Revision, S. 564, 568; Kellerhals, S. 5; Lampert, Kirche und Staat II, S. 140 ff.; Mörsdorf, Kirchenrecht I, S. 49 f.; Noser, S. 97; Reichlin, S. 105. Kritisch, Kraus, Staatskirchenrecht, S. 420 f.

593 In den Verhältnistypus der staatlichen Kirchenhoheit können höchst fragwürdige Wesensblüten projiziert werden. So stellt beispielsweise für Fritz Fleiner, Geistliches Weltrecht und weltliches Staatsrecht, S. 273, die staatliche Kirchenhoheit ein Kautele dar, um das Protektionsbedürfnis des Staates zu befriedigen. „Die Kirchenhoheit ist lediglich dazu bestimmt, den Staat bei der Vollziehung seiner konfessionell neutralen Gesetzgebung gegen kirchliche Übergriffe und Angriffe zu schützen ..."

594 Corecco, La sortie de l'Eglise, S. 51, bezeichnet diesen Typus allgemeiner als „juridictionnalisme modéré" und trifft damit implizit den materiellen Kern des Begriffs, nämlich die Frage der Kompetenz zur Bereichscheidung.

595 Für Kraus, Staatskirchenrecht, S. 420 f., sind die traditionellen Einteilungsschemata des Staatskirchenrechts am verblassen. Insbesondere der Verhältnistypus der staatlichen „Kirchenhoheit ... muss sich den Einwand gefallen lassen, ein verfassungsrechtlich überholter und heute dogmatisch konturenloser Rechtsbegriff zu sein, der aus einer Epoche des Staatskirchenrechtsdenkens stammt, die mittlerweile zum Arbeitsgebiet der Historiker gehört. Zwar hat Kirchenhoheit mit der zeitlosen Relation von Autonomie und Aufsicht zu tun, doch weist dieses 'Herrschaftsinstrument' keinen für die Gegenwart angemessenen Weg der inhaltlichen Ausfüllung dieses Spannungsverhältnisses. Mit 'Kirchenhoheit' verbindet sich im übrigen die immer noch

steht zwischen vollständiger Trennung[596] und radikaler Einheit[597]. Es situierte in der Kantonsverfassung 1898 die römisch-katholische Kirche im öffentlichen Recht des Kantons und berücksichtigt nach der Partialrevision der Kantonsverfassung im Jahre 1992 insofern die funktionale Verschiedenheit von Kirche und Staat, als das Gemeinwesen lediglich in seinem Rechtsbereich autonome Rechtsgefässe mit kirchlich generiertem Zweck kreiert und diese auf seine Organisationsprinzipien verpflichtet[598]. Damit entflechtet scheinbar der Kanton Schwyz in

---

geläufige – aber ganz falsche! – Vorstellung, die Kantone könnten über die Organisationsform der Kirchen befinden; 'Kirchenhoheit' verkennt hier den Angebotscharakter öffentlichrechtlicher Organisation." (Ders., op.cit., S. 420 f.). In diesem Zusammenhang bezeichnet Koch, Verhältnis, S. 183, den Terminus der „'Kirchenhoheit' des Staates" als „äusserst problematischen Begriff". Vgl. auch Nay, Freie Kirche, S. 478.

596 „'Trennung von Staat und Kirche' ist ein oft gehörtes Schlagwort, das sich desto vielseitiger einsetzen lässt, je unschärfer es verstanden wird." (Kraus, Staatskirchenrecht, S. 12). Um dieser Gefahr zu entgehen, muss sich die Terminologie der im Kanton Schwyz in organisationsrechtlicher Hinsicht zu etablierenden Separation von Kirche und Staat anhand des Verfassungsauftrags aus dem Jahre 1992 am Entflechtungsprinzip orientieren. Da dieses jedoch auf der publizistischen Ebene des schwyzerischen Staatskirchenrechts lediglich mittels der staatlichen Kreation öffentlichrechtlicher Institutionen vollzogen wird, vermag der Begriff der 'Trennung' von Kirche und Staat die Rechtswirklichkeit nicht zu erfassen. Dass die röm.-kath. Kirche im Rahmen der Entflechtung ins Privatrecht verwiesen wird, macht die eigentliche Problematik dieses Vorgehens im Hinblick auf dessen terminologische Adäquanz deutlich, denn der Kanton Schwyz begegnet dadurch nur noch seinen staatskirchenrechtlichen Körperschaften auf dem Niveau seines angestammten Rechtsbereichs. Hierzu siehe hinten, S. 478 ff. Mit der röm.-kath. Kirche kommuniziert er fürderhin vorwiegend über das Bundesprivatrecht. Hierdurch gerät der Kanton Schwyz aber öffentlichrechtlich in den Dunstkreis des Staatskirchentums und nähert sich materiell dem Begriff der 'Einheit' von Kirche und Staat. Insofern vermag die formelle 'Entflechtung' von Kirche und Staat nicht die vom Verfassungsauftrag begrifflich intendierte Wirkung zu entfalten. Vgl. auch Carlen, Kirche und Staat in der Schweiz, S. 341.

597 In formalbegrifflicher Hinsicht stellen zum einen die Kantone Genf und Neuenburg (Trennung) und zum andern der Kanton Waadt (Einheit) ausgeprägte Exponenten dieser Verhältnistypen dar. Vgl. Carlen, Kirche und Staat, S. 1100; sowie Ders., Kirche und Staat in der Schweiz, S. 341. Einlässlich zum Verhältnissystem der Kantone Genf, Neuenburg und Waadt, Kraus, Staatskirchenrecht, S. 303 ff., 296 ff., 285 ff.

598 Das von §§ 2, 91 ff. rev. KV erwählte Ordnungsprinzip entfernt die röm.-kath. Kirche aus dem öffentlichen Recht des Kantons Schwyz. Insofern ist der konfessionelle Verband nicht in der Lage auf den publizistischen Status mitsamt den damit verbundenen Privilegien, welche ihm mithin nicht mehr zustehen, zu verzichten. Diese eigenen folglich nur noch den staatskirchenrechtlichen Körperschaften. Die röm.-kath. Kirche könnte höchstens mittelbar der finanziellen Unterstützung letzterer entsagen. Doch die 'Subsidia ecclesiae' stehen dem konfessionellen Verband als 'Ius nativum'

seinem Normengefüge beide 'Societates perfectae', ohne auf die souveräne Rechtsgestalt der hierarchisch verfassten Kirche Rücksicht nehmen zu müssen[599]. Diese saekularrechtliche Abschichtung vermag aber einer grundrechtsverpflichteten Typisierung[600] nicht standzuhalten[601],[602]. Infolgedessen muss de constitu-

---

zu (c. 1260 CIC 1983), sie werden kanonisch gefordert (c. 222 § 1 CIC 1983) und fliessen aus dem Titel des Patronats an die mit selbständiger Rechtspersönlichkeit ausgestatteten Stiftungen oder zufolge der generellen Unterstützungspflicht an die Pfarrei. Für die röm.-kath. Kirche ist es daher unerheblich, ob die Kirchgenossen zum Behufe der Erfüllung ihrer Temporalienpflicht sich in privat- oder öffentlichrechtlichen Verbandspersonen verfassen lassen. Daraus erhellt, dass es nicht der röm.-kath. Kirche sondern lediglich dem Gemeinwesen bzw. den autonomen Körperschaften, welche ausschliesslich staatlichen und keinesfalls kirchlichen Rechts sind, zur staatsrechtlich gewillkürten Disposition steht, über den Willen des konfessionellen Verbandes zur öffentlichrechtlichen Verbeiständung zu befinden. Die durch §§ 2, 91 ff. rev. KV herbeigeführte Konstellation, welche sich dadurch ausprägt, dass das schwyzerische Staatsrecht die röm.-kath. Kirche und die körperschaftlichen Instrumente des Staatskirchenrechts in ungleichen Rechtskreisen des saekularen Normengefüges placiert, verletzt somit die Religionsfreiheit. Vgl. Kraus, Staatskirchenrecht, S. 97, FN 104, welcher zu Recht darauf hinweist, dass die von Jörg Paul Müller, Grundrechte, S. 98, geäusserte Ansicht, die Kantone könnten aufgrund ihrer Kirchenhoheit das Verhältnis zwischen Kirche und Staat ordnen „und insbesondere die rechtliche Stellung der Religionsgemeinschaften ... bestimmen", in diesem Zusammenhang nicht richtig ist, wobei gleichzeitig kritisiert werden muss, dass die Formulierung von Art. 72 Abs. 1 rev. BV dem angeführten Einwand bedauernswerterweise keine Beachtung schenkt.

599 Die Scheinbarkeit des freiheitsrechtlichen Nutzens dieser anhand autonomischer Instrumente zu vollziehenden Entflechtung wird durch die selbstbestimmungsrechtliche Konkordanzaporie (siehe vorne, S. 185 ff.) letztendlich in eine Bedrohung der kirchlichen Freiheit pervertiert. Daran vermag auch die von Isele, Exposé, S. 35 f., herbeigesehnte Metamorphose des Autonomiebegriffs nichts zu ändern. „Die Kirche verwaltet sich selbst im Rahmen der vom Staate verliehenen Kirchenautonomie. Nun aber vollzieht sich ein Wandel in der Bedeutung der Autonomie. Damit geht das System der Staatlichen Kirchenhoheit in das System der Trennung über." (Ders., op.cit., S. 35 f.). In dieser Aussage rechnet Isele offensichtlich nicht mit der katalytischen Wirkung staatlich verliehener Autonomie, welche in der Konsequenz zum parakirchlich-konfessionell ambitionierten Stellungsbezug im durch staatskirchenrechtliche Entflechtung getarnten Staatskirchentum ermuntert. Dafür erreicht er eine begriffliche Konfusion mit dem in den Kantonen Genf und Neuenburg herrschenden Trennungssystem. Zur der von Isele verwendeten Terminologie siehe Pius Hafner, Staat und Kirche, S. 159, dort insbesondere FN 25. Vgl. auch Aymans, Kanonisches Recht I, S. 91; Mörsdorf, Kirchenrecht I, S. 50 f.

600 Gemäss Isele, Entwicklung, S. 178, unterscheidet sich die staatliche Kirchenhoheit durch die Gewährleistung der Religionsfreiheit vom grundrechtswidrigen Staatskirchentum. Vgl. Kellerhals, S. 5; Noser, S. 97.

601 Vermöge der öffentlichrechtlichen Anerkennung bezieht der Staat eine Religionsgemeinschaft unter der Prämisse ihrer Zustimmung in seine publizistische Rechts-

tione ferenda das Verhältnisprinzip zwischen Kirche und Staat im Kanton Schwyz von der hoheitlich geprägten Inanspruchnahme der staatskirchenrechtlichen Gestaltungskompetenz in die religionsfreiheitlich determinierte Anerkennung der souveränen Eigenrechtsmächtigkeit der römisch-katholischen Kirche transformiert werden, um auf der Ebene des staatlichen Rechtsbereichs auch die institutionellen Elemente des konfessionellen Verbandes grundrechtsgesichert Platz greifen zu lassen[603]. Dadurch schafft der Kanton Schwyz im Nachvollzug

---

sphäre ein. Dadurch wird gemäss Kellerhals, S. 5, das System der staatlichen Kirchenhoheit gekennzeichnet. Dieses muss sich im grundrechtsverpflichteten Gemeinwesen das Prinzip der integralen Religionsfreiheit zu eigen machen. „Damit wird dem einzelnen die Unabhängigkeit von staatlicher Einflussnahme auf die Bildung seiner religiösen Überzeugung und der Zusammenschluss mit Gleichgesinnten gewährleistet. Die Religion ist damit anerkannt als ein Gebiet, über welches die weltliche Herrschaft keine Gewalt hat“ (Urs Josef Cavelti, Religionsgemeinschaften, S. 11), was voraussetzt, dass das Gemeinwesen den Regelungsbereich für seine staatskirchenrechtlichen Institutionen nicht von der staatsrechtlichen Position des konfessionellen Verbandes separiert, um mithin den Anerkennungsakt in parakirchlich ambitionierter Weise lediglich auf seine autonomen Verbeiständungsinstrumente beziehen zu können. Hierdurch entfernt nämlich das Gemeinwesen die integrale Religionsfreiheit als bundesrechtliche Bedingung der staatskirchenrechtlichen Gestaltungskompetenz rechtswidrigerweise aus dem Verhältnistypus der staatlichen Kirchenhoheit, was diesen misslingen lässt.

602 „Die einseitig staatliche Organisation einer landeskirchlichen (sc. kantonalkirchlichen) Körperschaft schafft vor allem der römisch-katholischen Kirche Probleme, weil die Organisation der Kirche nach deren Verständnis eine entscheidende theologische Qualität aufweist und deshalb im eigentlichen Sinn als ‘innere’ Angelegenheit gilt. Obwohl der landeskirchliche Verband in katholischer Optik nur die Bedeutung einer staatsrechtlichen Hilfskonstruktion mit zudienender Funktion hat, ist sein Einfluss auf das kirchliche Leben unter Umständen beträchtlich. Auch wenn das staatliche Recht die kanonische Organisation der Kirche als solche nicht antastet, verletzt eine umfassende ausschliesslich staatliche Regelung der landeskirchlichen Organisation deshalb unter Umständen die Kirchenfreiheit. Sie widerspricht jedenfalls den Bestimmungen des *Abschliessenden Dokuments des KSZE-Folgetreffens von Wien*, wonach das Recht kirchlicher Gemeinschaften zu achten ist, ‘sich nach ihrer eigenen hierarchischen und institutionellen Struktur zu organisieren.“ (Friederich, Kirchen und Glaubensgemeinschaften, S. 416). Siehe Grichting, Kirche oder Kirchenwesen, S. 168; Karlen, Religionsfreiheit, S. 139. Als weitere völkerrechtliche Quelle, welche explizit die Verfassungs- und Organisationsfreiheit der Religionsgmeinschaften gewährleistet, ist in diesem Zusammenhang die ‘Erklärung zur Beseitigung aller Formen von Intoleranz und Diskriminierung aufgrund der Religion oder der Überzeugung’ (abgedruckt in: BBl 1998 III 1408 ff.) zu erwähnen.

603 Dieses Postulat lässt sich gemäss Giacometti, Quellen, S. 253, nur im System der Trennung von Kirche und Staat verwirklichen. „Dass die Trennung von Staat und Kirche das kirchenpolitische System der Zukunft sein wird, liegt ... in der Logik der Dinge selbst begründet. Durch die Anerkennung der Religionsfreiheit im modernen

jenen Raum für ein partnerschaftliches Verhältnis von Kirche und Staat, welchen die römisch-katholische Kirche seit dem Zweiten Vatikanum kirchenrechtlich[604] bereitstellt[605]. Terminologisch lässt sich ein derart gestalteter Bezug des Staates

---

Staate, anders ausgedrückt durch die Entstehung des konfessionell neutralen Staates sind nämlich die Voraussetzungen einer Verbindung von Staat und Kirche dahingefallen. Die heutige Verhältnisordnung von Staat und Kirche ist daher, soweit sie sich nicht als ein System der Trennung darstellt, sondern trotz des Dahinfallens einer Staatsreligion an einer Staatskirche im engern oder weitern Sinne festhält, logisch nicht begründet; sie stellt eine durch tatsächliche historische Verhältnisse bedingte Kompromisslösung, ein Übergangsstadium zwischen dem System des Staatskirchentums und der Trennung dar, aus dem wohl früher oder später die letzten Konsequenzen im Sinne der Trennung werden gezogen werden müssen." Dem hält Friederich, Kirchen und Glaubensgemeinschaften, S. 473, entgegen, dass sich aus dem „'grundrechtlichen' Ansatz ... kein bestimmtes 'System'" deduzieren liesse. „Offensichtlich ist mit abstrakten Modellen der 'Trennung' oder der 'Koordination' allein kaum etwas gewonnen; sie sind per se wenig aussagekräftig und meinen, obwohl sie oft und gerne als Antipole dargestellt werden, nicht notwendig Gegensätzliches. Hinzu kommt der empirische Befund, dass sich 'reine' Modelle trotz ihrer scheinbaren Klarheit und konsequenten Logik in der Praxis nicht haben durchsetzen können." Vor dem Hintergrund dieses wohl auch konfessionell bedingten Verhältnisdiskurses böte letztendlich nur das Prinzip des vertraglichen Ausgleichs von Kirche und Staat einen adäquaten Lösungsansatz.

604 „Im *Codex* von 1983 findet sich der auf göttliche Anordnung zurückgeführte Strukturplan der katholischen Kirche, wodurch zugleich im Sinne des Postulats der *libertas ecclesiae* (vgl. *DH* 13,1) auch der Wunsch der Kirche nach Eigenrechtsmacht und Selbstbestimmungsrecht gegenüber den Staat formuliert ist. Dieses theologische Postulat darf – wie im Falle des Konzils – nicht gegen die an den Staat gerichtete Forderung nach dem bürgerlichen Recht der (korporativen) Religionsfreiheit ausgespielt werden. Es geht darum, diese beiden auf verschiedenen Ebenen angesiedelten Forderungen in Einklang (*concordia*) zu bringen (vgl. *DH* 13,3). Als 'Vervollständigung' des II. Vatikanischen Konzils ist der *Codex* auf der Grundlage dieses Konzils zu deuten. Er ist somit kein Instrument der Konfrontation, sondern steht im Dienst am Menschen, in dessen Dienst Staat und Kirche zusammenwirken sollen (vgl. *GS* 76,3). Die Normen des *Codex Iuris Canonici* setzen allerdings – wie auch die Texte des II. Vatikanums – einen Staat voraus, der die Grundrechte, insbesondere die Religionsfreiheit, umfassend achtet." (Grichting, Kirche oder Kirchenwesen, S. 157 f.).

605 „Im Rahmen alles dessen, was zum Wohl der Kirche, ja auch zum Wohl der irdischen Gesellschaft selbst gehört und was immer und überall gewahrt und gegen alles Unrecht zu verteidigen ist, steht sicherlich mit an erster Stelle, dass die Kirche eine so grosse Handlungsfreiheit geniesst, wie sie die Sorge für das Heil der Menschen erfordert [...] Die Freiheit der Kirche ist das grundlegende Prinzip in den Beziehungen zwischen der Kirche und den öffentlichen Gewalten sowie der gesamten bürgerlichen Ordnung." (DH Art. 13 Abs. 1). Zur 'Libertas ecclesiae' als Grundprinzip für das Verhältnis von Kirche und Staat führt Grichting, Kirche oder Kirchenwesen, S. 150 f., aus: „Die Kirche muss sich bewusst sein, dass ihr ihre Freiheit – Gott und

zur römisch-katholischen Kirche durch den 'Grundsatz des freiheitsverpflichteten Staatskirchenrechts'[606] ausdrücken.

---

den Gläubigen gegenüber – eine Verpflichtung ist. Um der Gläubigen willen muss sie frei sein von irdischen Fesseln, um ihnen das Evangelium verkünden zu können (vgl. *DH* 13,2). Kirchenfreiheit ist damit das fundamentale Beurteilungskriterium dafür, ob sie konkrete Arrangements mit dem Staat akzeptieren darf oder nicht, ob diese konform sind mit ihrem Auftrag, diesem schaden oder ihn verwässern. Da die Kirchenfreiheit Grundprinzip der Verhältnisbestimmung zwischen Kirche und Staat ist, muss im Zweifelsfall zu ihren Gunsten entschieden werden, auch wenn das den Verzicht auf materielle Vorteile oder Einfluss bedeuten sollte. Aus dem Grundprinzip der Kirchenfreiheit ergibt sich ferner, dass die Kirche 'in keiner Weise hinsichtlich ihrer Aufgabe und Zuständigkeit mit der politischen Gemeinschaft verwechselt werden darf noch auch an ein irgendein politisches System gebunden ist' (*GS* 76,2). Das Konzil kann somit auch unter theologischer Rücksicht unmissverständlich feststellen: 'Die politische Gemeinschaft und die Kirche sind je auf ihrem Gebiet voneinander unabhängig und autonom.' (*GS* 76,3), wobei der Begriff 'autonom' hier in seiner Grundbedeutung von 'eigen-gesetzlich' zu verstehen ist."

606 Vgl. Isensee/Rüfner, S. XXX; sowie Puza, Weltkirche, S. 657. Vgl. auch Hollerbach, Staatskirchenrecht oder Religionsrecht, S. 878, welcher den Begriff des „freiheitlichen Staatskirchenrechts" verwendet. Dieser Terminus ist jedoch ambivalent, da er die Umdeutung der freiheitlichen Verpflichtung des Staatskirchenrechts insofern nicht verhindert, als letzterem unterschoben werden kann, es habe materiell auch freiheitsrechtliche Qualitäten. Solche Missdeutungen lässt der Grundsatz des 'freiheitsverpflichteten Staatskirchenrechts' nicht zu. – Mörsdorf, Kirchenrecht I, S. 50 f., ordnet die von der religiös-weltanschaulichen Neutralitätspflicht dem Gemeinwesen urgierte Verhältnistypologie terminologisch dem Trennungsbegriff zu. Wenn jedoch das formale Essential einer Trennung von Kirche und Staat, nämlich der Verweis ins Privatrecht, durch den Staat nicht direkt und ohne Hilfsinstrumente vollzogen wird, soll die Begrifflichkeit nicht einer attribuierten Intention sondern dem zu vollziehenden Programm folgen. Infolgedessen verdrängt in casu der 'Grundsatz des freiheitsverpflichteten Staatskirchenrechts' den Begriff der Trennung. In diesem Sinne auch Aymans, Kanonisches Recht I, S. 91. Hingegen behält die 'Trennung von Kirche und Staat' als eigentlicher Verhältnistypus bei staatsrechtlich gegebenen Voraussetzungen ihre Relevanz.

4. Kapitel Die veränderte verfassungsrechtliche Stellung der römisch-katholischen Kirche nach der Partialrevision der Kantonsverfassung im Jahre 1992

Der Souverän des Kantons Schwyz stimmte 1992[1] einer Änderung der Kantonsverfassung zu[2]. Diese beinhaltete die 'Neuordnung des Verhältnisses von Kirchen und Staat'[3]. Motive für die Partialrevision der Kantonsverfassung waren einerseits die Auflösung der Einheitsgemeinden[4] und anderseits die formalparitäti-

1 Die Verfassungsänderung des Jahres 1992 wurde auf den 1. Januar 1998 gegenüber der ev.-ref. Kantonalkirche bzw. am 1. Januar 1999 gegenüber der röm.-kath. Kirche und den ihr hingeordneten staatskirchenrechtlichen Körperschaften in Kraft gesetzt (ABl 1997 1870 bzw. 1998 1774). Seit der Partialrevision der Kantonsverfassung im Jahre 1992 hatte lediglich die Übergangsbestimmung zur Verfassungsänderung vom 25. März 1992 Verbindlichkeit (in Kraft seit 1. Januar 1994, siehe ABl 1993 1443). Diese sah eine fünfjährige Frist vor, um durch die röm.-kath. Stimmberechtigten der zu gründenden 'Kantonalkirche' ein Organisationsstatut, welches von einem diesbezüglich mandatierten und konfessionell determinierten Verfassungsrat ausgearbeitet wurde, annehmen zu lassen. Das Organisationsstatut konnte jedoch durch das röm.-kath. Stimmvolk innert Frist nicht erlassen werden. An Stelle des gescheiterten Verfassungsrates hat dann der nicht konfessionell determinierte Kantonsrat ein Organisationsstatut verabschiedet und gleichzeitig teilweise in Kraft gesetzt. Siehe ABl 1998 508; sowie RRB 1998/377. Die 'röm.-kath. Kantonalkirche' trat auf den 1. Januar 1999 im Rahmen der rev. KV in Funktion. Siehe ABl 1998 1774.

2 ABl 1992 1221.

3 Vgl. 'Abstimmungsvorlagen und Erläuterungen' des Regierungsrates zur kantonalen Volksabstimmung vom 27. September 1992.

4 Mittlerweile sind sämtliche Einheitsgemeinden im Kanton Schwyz aufgelöst. – Die Einheitsgemeinde zeitigte namentlich einen Mangel bei der Organbestellung. Die Gemeinderäte röm.-kath. Konfession konstituierten den Kirchenrat, welcher vom (katholischen) Gemeindepräsidenten geführt wurde. Durch die Gemeinderatswahl bestimmten also auch nichtkatholische Stimmbürger die Zusammensetzung des Kirchenrates. Dieses System überliess es dem Zufall, wieviele Gemeinderäte letztlich die Exekutivfunktion für die unselbständige Kirchgemeinde wahrnahmen. Daneben ergaben sich Probleme beim Finanzausgleich. Einheitsgemeinden, welche direkten Finanzausgleich bezogen und die Aufwendungen für den röm.-kath. Kultus nicht aus eigenen Mitteln bestreiten konnten, mussten den Fehlbetrag durch die politische Gemeinde oder den Kanton mit allgemeinen Steuermitteln decken lassen. Somit bestritten Nichtkatholiken indirekt den Kultusaufwand des konfessionellen Verbandes. Auf der anderen Seite bezahlten konfessionslose Steuerpflichtige in einer Finanzausgleichsgemeinde nicht den maximal zulässigen Steuerfuss, also unter Umständen weniger als in einer Gemeinde, welche sich nicht im Finanzausgleich befand. Diese steuertechnischen Unebenheiten standen in einem Spannungsverhältnis zu Art. 49 Abs. 6 aBV. Siehe RRB 1991/840, S. 14 f. Nichtsdestotrotz kann die Einheitsge-

sche Kreation einer kantonalkirchlichen Körperschaft. Neben den organisatorischen Veränderungen des schwyzerischen Staatskirchenrechts sollte in diesem Zusammenhang der Finanzausgleich einer Neuregelung zugeführt werden, indem fürderhin die 'Kantonalkirche' für den Finanzausgleich unter den Kirchgemeinden verantwortlich zeichnet[5].

Die nachfolgenden Ausführungen konzentrieren sich in dispositorischer Hinsicht auf den von der Verfassungsänderung des Jahres 1992 evozierten Paradigmenwechsel und seinen entsprechenden Folgen für das Verhältnis des Kantons Schwyz zur römisch-katholischen Kirche. Die Traktanden des 4. Kapitels knüpfen an den im 3. Kapitel dieser Arbeit untersuchten Themen an und basieren auf den dort gewonnen Erkenntnissen. Im 4. Kapitel werden die am 25. März 1992 geänderten Verfassungsbestimmungen im Kontext der völkerrechtlichen Substanz des Bistumsvertrags auf ihre Tauglichkeit untersucht, ein adäquates Verhältnissystem zwischen dem Kanton Schwyz und der römisch-katholischen Kirche zu generieren, um dieses schliesslich an seiner Fähigkeit zur Konkordanz mit dem grundfreiheitlich gewährleisteten Selbstbestimmungsrecht der eigenrechtsmächtigen römisch-katholischen Kirche zu messen.

---

meinde „bei entsprechender Beschränkung der Mitwirkungsrechte auf die jeweiligen Konfessionsangehörigen ... auch heute noch als eine praktikable und ökonomische Lösung gelten, zumal sie gegenüber ihrem früher streng katholischen Charakter durch die Hereinnahme der Reformierten paritätisch erweitert wurde" (Kraus, Staatskirchenrecht, S. 194). Aus pragmatisch-ökonomischer Sicht ist diesem Befund nichts entgegenzuhalten.

5 § 95 Abs. 4 rev. KV. – Die Vermutung ist nicht von der Hand zu weisen, dass es dem auf seine Finanzen wohl bedachten Kanton Schwyz mit der Verfassungsänderung des Jahres 1992 primär darum ging, durch die Ausgliederung der staatskirchenrechtlichen Körperschaften einer kostensparenden Neuregelung des Finanzausgleichs den Weg zu bereiten. Aufschlussreich ist diesbezüglich die Haltung des Regierungsrates hinsichtlich einer möglichen Entschädigung der Kirchgemeinden für Dienste, die eigentlich dem Staat oblägen: „Die angesprochenen Tätigkeiten, die tatsächlich sehr bedeutsam sind, stellen grundsätzlich selbstgewählte Aufgaben dar. Damit haben die Kirchgemeinden auch für die Kosten aufzukommen. Allerdings ist denkbar, dass für die Erfüllung einer öffentlichen Aufgabe durch die Kirchgemeinde in einem Vertrag Beitragsleistungen der öffentlichen Hand zugesichert werden (§ 2 Abs. 3 Verordnung über das Bestattungs- und Friedhofswesen vom 16. Januar 1990, nGS SZ VI-608). Sodann können die Kirchgemeinden ähnlich wie Private Träger der öffentlichen Sozialhilfe sein, womit sie auch entsprechende Beträge erhalten (vgl. etwa § 12 lit. a und § 14 Gesetz über die Sozialhilfe vom 18. März 1983, nGS SZ III-384). Bei all dem darf aber letztlich nicht übersehen werden, dass die kirchen- und staatskirchenrechtlichen Organisationen diese Aufgabe in der Regel aus ethischen Motiven und mit der Begründung übernehmen, sie im Sinne ihres Bekenntnisses zu erfüllen. Dass sie damit auch in erster Linie für die Lasten aufzukommen haben, versteht sich von selbst." (RRB 1991/840, S. 27).

§ 1 Völkerrechtlicher Kontext

I. Bistumsvertrag[6]

1. Formelle Rechtsqualität

A. Vertragspartner

Der Kanton Schwyz schloss mit dem Bischof von Chur am 3. August 1824 eine Vereinbarung, welche unter Vorbehalt der Genehmigung durch den Hl. Vater die definitive Eingliederung des Kantons Schwyz in die Diözese Chur zum Gegenstand hatte[7]. In diesem Zusammenhang wurden dem Kanton Schwyz gewisse

---

6 'Übereinkunft betreffend die Vereinigung des Kantons Schwyz mit dem Bistum Chur und die Verwaltung des Diözesanfonds', nachfolgend Bistumsvertrag genannt.

7 Es kann im folgenden nicht darum gehen, die Frage aufzurollen, ob der Kanton Schwyz irgendeinen Rechtstitel besitzt, um ein Wahlrecht des Domkapitels bei der Einsetzung eines Koadjutors cum iure successionis (c. 403 § 3 CIC 1983) zu erzwingen. – Für den Kanton Schwyz ist hinsichtlich des Privilegs der 'Bischofswahl' (zur Privilegienform des Wahlrechts siehe Lampert, Kirche und Staat II, S. 388 f.) durch das Domkapitel jedoch immerhin festzuhalten, dass der Regierungsrat bezüglich des Dekrets 'Etsi salva' vom 28. Juni 1948 (im lateinischen Original abgedruckt bei: Kundert, S. 115), welches zur Zeit neben den einschlägigen Normen des allgemeinen Kirchenrechts die einzige Rechtsgrundlage des Privilegs der 'Bischofswahl' in der Diözese Chur darstellt, einer Modifizierung desselben auf die Kür eines Diözesanbischofs aus einer vom Hl. Stuhl vorgelegten Dreierliste (Terna) am 7. März 1947 mit Schreiben an den Apostolischen Nuntius zustimmte: „Wir erklären daher, dass wir gegen die Modifizierung dieses Wahlmodus keine weiteren Einwände erheben." (Beschluss dieses Briefes durch RRB 1947/606; vgl. auch RRB 1947/928). Der Hl. Stuhl garantierte indes dem Kanton Schwyz zu keiner Zeit in einem konkordatsmässigen Recht die fortdauernde und unveränderliche Kompetenz des Domkapitels zur 'Bischofswahl' (vgl. den Brief des Nuntius an den Schwyzer Regierungsrat vom 29. Januar 1947, wiedergegeben von: RRB 1947/606). „Es scheint mir ... unrichtig, aus der in der Vereinigungsbulle enthaltenen Formulierung eine Garantie des Apostolischen Stuhles für die Belassung des Bischofswahlrechts beim Domkapitel zu entnehmen. Eine solche Zusicherung müsste – weil sie sich nicht aus dem gemeinen Recht ableiten lässt, sondern ein Privileg darstellt – expressis verbis in der Vereinigungsbulle festgehalten sein. Dieser Nachweis gelingt aber nicht. Die Bulle konstatiert lediglich den geltenden Rechtszustand, ohne ihn zu gewährleisten. Das Argument, die Gewährung von zwei Domherren mit Sitz und Stimme habe nur deshalb eine so grosse Bedeutung, weil dem Domkapitel die Wahl des Bischofs zustehe, ist unerheblich; denn es betrifft nur eine Tatsache, nicht ein Recht. Es mag sein, dass diese Tatsache eine Vertragsvoraussetzung bildete, und dass darum der Wegfall des Bischofswahlrechtes eine wesentliche Änderung der Verhältnisse darstellen würde. Damit wird jedoch keineswegs ein Recht kreiert, sondern höchstens die Anrufung der clausula rebus sic stantibus begründet." (Reichlin, S. 67). Gl.M. Kraus,

Rechte bzw. Privilegien zugesichert. Im Gegenzug erklärte sich der Kanton Schwyz bereit, verschiedene Verpflichtungen zu erfüllen[8].

Die Eingliederung des Kantons Schwyz in die Diözese Chur vollzog Papst Leo XII. am 16. Dezember 1824 mit der Bulle 'Imposita humilitati', worin der

Staatskirchenrecht, S. 331. Mutmassend RKZ, Bischofswahlen, S. 127. Infolgedessen kommt dem Kanton Schwyz kein Rechtsanspruch auf Beibehaltung der Rechte des Domkapitels zu. (Nachdem das Domkapitel am 9. Juni 1998 sein Wahlrecht in vollem Umfange wahrnehmen konnte, besteht in casu momentan für keine Vertragspartei Anlass, sich auf die clausula rebus sic stantibus zu berufen.) Auf welche Weise das Dekret 'Etsi salva' der Regierung des Kantons Schwyz zur Kenntnis gebracht wurde, ist gemäss Franz Xaver v. Weber, Koadjutorernennung, S. 62, Anm. 64, „nicht ganz klar – aber auch nicht von Bedeutung. Anzunehmen ist, dass die Standesdomherren dem Regierungsrat Mitteilung machten. Aufgrund der Rechtslage konnte der Grund der Nuntiatur für den Schriftenwechsel mit dem Kanton Schwyz in den Jahren 1943 bis 1947 in nichts anderem als in der Pflege guter diplomatischer Beziehungen gelegen haben. Da Rom keinen Rechtsanspruch des Kantons Schwyz anerkannte, ist wohl eine direkte Zustellung" unterblieben. -Die Chronologie der Reaktionen des Kantons Schwyz auf die Bestellung von Msgr. Wolfgang Haas zum Koadjutor mit Nachfolgerecht zeichnet Kundert, S. 107 f., nach. Siehe zu diesem Thema die reiche, sehr kontroverse Lit., welche Kraus, Staatskirchenrecht, S. 327, FN 742, auflistet. Die verschiedenen Meinungen werden verglichen, kommentiert und bewertet bei Heinz Maritz, Erwägungen zum Churer 'Bischofswahlrecht', in: FS Georg May, S. 491-505. – Treffend qualifiziert schliesslich Kraus, Staatskirchenrecht, S. 331 f., die rechtliche Bedeutung des staatlichen Versuchs der Einflussnahme auf die Bestellung eines Koadjutors cum iure successionis in der Diözese Chur: „Die juristische Gestaltung der Churer Bischofswahl erweist sich somit weniger als ein staatskirchenrechtliches Problem im Verhältnis von Diözesankantonen und katholischer Kirche, sondern vielmehr als ein kanonistisches Problem im Verhältnis von Domkapitel und Papst; dies gilt auch für die Ernennung von Koadjutoren. Von daher nehmen die mancherlei staatskirchenrechtlichen Bemühungen, die dem beim Bischofswechsel 1990 nicht zum Zuge gekommenen Domkapitel zu Hilfe eilen möchten, einen unzutreffenden Ausgangspunkt." Vgl. auch Conzemius, S. 310: „Die formalen Einsprüche ... – angeblich verletztes Wahlrecht von zwei Schwyzer Domherren – vermögen nicht recht zu überzeugen. Teilweise wurden sie von einer basiskirchlichen Richtung hochgespielt, die für das Rechtswesen der Kirche nur Hohn und Verachtung übrig hat. Der Rekurs auf staatliche und staatskirchliche Instanzen wirkt zudem anachronistisch ..."

8 An diesem Sachverhalt änderte der Erlass des Dekretes 'Etsi salva' im Jahre 1948, welches dem Domkapitel das Privileg der Bischofswahl aus einer vom Hl. Stuhl vorgelegten Dreierliste einräumt (Terna), während es gleichzeitig diesbezüglich entgegenstehende Rechtspositionen des Domkapitels abrogierte, nichts. Vgl. Kundert, S. 107.

Hl. Stuhl dem Kanton Schwyz mit einigen Korrekturen die vereinbarten Rechte und Pflichten bestätigte[9].

B. Völkerrechtliche Bedeutung

„Für sich genommen sind weder Bistumsvertrag noch Bulle ein völkerrechtliches Konkordat: Der Bistumsvertrag ist zwar eine zweiseitige Übereinkunft, an welcher der Hl. Stuhl aber nicht teilhat; die Bulle ist vom Hl. Stuhl erlassen, stellt jedoch einen einseitigen Akt dar. Allerdings dürfen Bistumsvertrag und Bulle nicht beziehungslos voneinander gesehen werden. Der Bistumsvertrag schliesst Schwyz der Diözese unter ausdrücklichem Vorbehalt der Genehmigung durch den Papst an, die Bulle nimmt auf den Inhalt des Bistumsvertrages Bezug und wiederholt beispielsweise dessen Aussagen zur Bischofswahl. Und nur im Hinblick auf die erwartete päpstliche Genehmigung konnte der Bischof Zusagen ... machen; nur im Hinblick auf den geschlossenen Bistumsvertrag konnte der Papst in der Bulle über Verpflichtungen des Kantons Schwyz beschliessen. Mit der Bulle hat der Papst den Bistumsvertrag gleichsam auf die völkerrechtliche Ebene gehoben. Wenn der Papst in der Bulle von der Verbindlichkeit der Schwyzer Zusagen auch dem Hl. Stuhl gegenüber ausgeht, dann kann aufgrund völkerrechtlicher Gegenseitigkeit angenommen werden, dass die bischöflichen Zusagen (zumindest soweit sie in der Bulle wiederholt werden) auch den Hl. Stuhl als Rechtspflichten binden.“[10]. Als Fazit ist folglich festzuhalten, dass der Bistumsvertrag weder die eigentliche Qualität eines völkerrechtlichen Konkordats besitzt[11], noch als ausschliesslich staatsrechtliches Vertragskonstrukt, welches lediglich auf der Ebene des kantonalen Gemeinwesens Bindewirkung entfaltet, gelten kann[12]. Vielmehr handelt es sich auch aus der Sicht des Kantons Schwyz um mittels zweiseitiger Vereinbarung[13] eingegangene Pflichten und erhaltene Rechte, welche systematisch vom 'Droit international public' erfasst werden[14].

---

9 Zum Zustandekommen des Bistumsvertrags und der Bulle 'Imposita humilitati' siehe die einlässliche und aufschlussreiche Darstellung bei Werner Alois v. Weber, S. 99 ff.

10 Kraus, Staatskirchenrecht, S. 329 f.

11 Fälschlicherweise bezeichnet RRB 1998/377, S. 5, den Bistumsvertrag als 'Konkordat'.

12 Vgl. RKZ, Bischofswahlen, S. 120, worin die Bulle 'Imposita humilitati' als 'Bulla concordata' qualifiziert wird.

13 Vgl. RRB 1947/606, S. 4.

14 Dass es sich in casu um einen Vereinbarung völkerrechtlicher Natur handelt, wird auch durch die Rechtsvermutung der Völkerrechtssubjektivität der röm.-kath. Kirche als solcher gestützt. Hierzu Oechslin, S. 121. Infolgedessen hat daran innerhalb der 'Communio ecclesiae et ecclesiarum' auch der von der Gesamtkirche depen-

Der Bistumsvertrag stellt ein zwischen dem Bischof von Chur und dem Kanton Schwyz vereinbartes Rechtsgeschäft dar[15], welches dem Kanton Schwyz die gleichberechtigte und definitive Eingliederung[16] in die Diözese Chur verspricht

---

dente teilkirchliche Verband teil. Dies entpflichtet jedoch den Kanton Schwyz nicht, sich Gewissheit darüber zu verschaffen, dass in casu der Diözese Chur als Vertragskontrahent die Kompetenz zum Abschluss einer entsprechenden Vereinbarung zukommt. „In analoger Anwendung von Art. 46 der Wiener Vertragsrechtskonvention 1969 ist jeder Staat, der mit einem anderen kirchlichen Organ als dem Heiligen Stuhl kontrahiert, verpflichtet, sich Gewissheit über das Vorliegen der Zustimmung von seiten des Heiligen Stuhls zu verschaffen, weil es notorisch ist, dass ohne dessen Zustimmung von kirchlichen Organen keine Verpflichtungen eingegangen werden dürfen, welche geeignet sind, die kirchliche Handlungsfreiheit in rechtlichem oder politischem Sinne zu beeinträchtigen. (Zwar wird gelegentlich die Auffassung vertreten, eine solche Zustimmung des Heiligen Stuhls sei bei Abkommen, die von solchen kirchlichen Organen im Rahmen der ihnen nach kanonischem Recht zukommenden materiellen Kompetenzen geschlossen werden, nicht erforderlich; diese Auffassung ist jedoch nicht wohl begründet. Die dem römischen Papst zukommende bischöfliche Gewalt über die Gesamtkirche ist nämlich bekanntlich eine *potestas immediata*, so dass in allen kirchlichen Angelegenheiten immer jedenfalls auch eine päpstliche Zuständigkeit gegeben ist und daher von einer Kompetenzaufteilung – wie etwa in einem Bundesstaat zwischen Bund und Ländern – überhaupt nicht gesprochen werden kann.) Missachtet ein Staat diesen Umstand und schliesst er trotz Fehlens einer ausdrücklichen oder stillschweigenden Zustimmung des Heiligen Stuhls mit anderen kirchlichen Organen einen Vertrag ab, so kann der Heilige Stuhl denselben – wiederum in analoger Anwendung von Art. 46 der Wiener Vertragsrechtskonvention – als nichtig zurückweisen.“ (Köck, rechtliche und politische Aspekte von Konkordaten, S. 31 f.). Siehe Walser, Bistumsvertrag, S. 777 f. Weniger streng Aymans, Kanonisches Recht I, S. 115. Vgl. auch Göbel, S. 148 ff.

15 Vgl. Reichlin, S. 22.

16 Zu diesem Behufe verleiht der Hl. Stuhl dem Kanton Schwyz das Privileg, zwei Standesdomherren (Forenses) zu deputieren, welche der gleichen Rechte und Pflichten teilhaftig sind wie die übrigen nicht residierenden Mitglieder des Domkapitels. Es ist hier zu betonen, dass nicht der Umstand, zwei Standesdomherren entsenden zu dürfen, welchen hinsichtlich des Privilegs der 'Bischofswahl' eine eigenes Wahlrecht zukommen soll, sondern die Zusicherung gleicher Rechte und Pflichten die Gleichberechtigung eigentlich verwirklicht. Gl. M. Kraus, Staatskirchenrecht, S. 331: „Hierfür spricht nicht nur der Wortlaut (sc. des Bistumsvertrages) (Gleichstellung durch Teilhabe am Wahlrecht der bisherigen Domkapitularen anstatt Gewährung eines eigenen Wahlrechts), sondern auch, dass es dem Kanton Schwyz 1824 vorrangig um den Anschluss an das Bistum ging und nicht in erster Linie um die Regelung der Bischofswahl. Anderenfalls entstünde zudem die eigenartige Situation, dass das Bischofswahlrecht nur gegenüber Schwyz, nicht aber gegenüber den übrigen Diözesankantonen abgesichert wäre.“ Siehe Abs. 2 der Bulle 'Imposita humilitati' sowie § 3 des Bistumsvertrags. Vgl. auch Kundert, S. 105 f.; Reichlin, S.

und der Diözese Chur im Gegenzug innerhalb des Kantons Schwyz einen publizistischen Status zusichert[17]. Als geltender Bestandteil des schwyzerischen Normengefüges ist der Bistumsvertrag in der Sammlung des kantonalen Rechts enthalten[18]. Die Völkerrechtlichkeit des Bistumsvertrags ergibt sich kraft der Völkerrechtspersönlichkeit[19] der römisch-katholischen Kirche bzw. in casu des Bischofs von Chur als deren unter Vorbehalt der päpstlichen Zustimmung dezentralisiert handelndes Organ[20] sowie des Kantons Schwyz in der Form der vorbundesstaatlichen Kompetenz eines Gliedstaates der Eidgenossenschaft[21]. Aufgrund seiner das kantonale Staatsrecht transzendierenden Qualität[22] muss der Bi-

---

67: Franz Xaver v. Weber, Koadjutorernennung, S. 56 f.; sowie Brief des Apostolischen Nuntius an den Regierungsrat vom 16. August 1988 (wiedergegeben von: RRB 1989/979, S. 8 f.).

17 Die Systematische Verklammerung des Vertragsinhaltes durch die konkreten Durchführungsbestimmungen in §§ 1 und 13 lässt diesen hauptsächlichen Wesensgehalt des Bistumsvertrags offenkundigerweise thematisch verknüpft zutage treten.

18 nGS SZ I-80.

19 Hierzu Köck, rechtliche und politische Aspekte von Konkordaten, S. 23 f., welcher Art. 2 f. VRK zu Rate zieht und in der Folge das Ergebnis ebenso dem Völkergewohnheitsrecht zuordnen kann. Vgl. Oechslin, S. 113.

20 „Die Vertragsfähigkeit solcher Organe – mögen es Patriarchen ... oder einzelne (sc. Diözesan-) Bischöfe sein – bestimmt sich völkerrechtlich in gleicher Weise wie die Vertragsfähigkeit von Gliedstaaten, also danach, ob ihnen das interne Recht (bei den Gliedstaaten: des Oberstaates, bei den genannten kirchlichen Organen: der Kirche) eine solche Vertragskompetenz einräumt und welche Grenzen es einer derartigen Kompetenz setzt." (Köck, rechtliche und politische Aspekte von Konkordaten, S. 30 f.).

21 Vgl. BGE 104 III 69 f. E. 3; 109 III 85 E. 2; sowie Schindler, BV-Kom. Art. 9, Rz. 7.

22 Ausser Zweifel steht, dass in casu auf der Ebene des kantonalen Rechts keine die souveränen Grössen Kirche und Staat umgreifende Rechtsordnung konstruierbar ist, „deren Grund- und gleichzeitig (mehr oder weniger) einzige Norm *pacta sunt servanda* ist". Somit haben die Vertragskontrahenten im Rahmen einer Rechtsordnung gehandelt, „die keinem der beiden zur einseitigen Disposition steht – weil dies einseitige Abänderbarkeit eines Vertrages in sich schlösse-, so kann das auf (sc. auch im untechnischen Sinn zu verstehende) Konkordate anwendbare Recht, wenn die Konkordate als allseits verbindliche Verträge dargetan werden sollen, weder das kirchliche noch das staatliche Recht sein, weil über jeweils eines der beiden jeweils ein Vertragspartner (der kirchliche oder der staatliche) verfügen könnte. Vielmehr muss es sich bei der für die Konkordate zuständigen Rechtsordnung um eine beide Vertragspartner gleicherweise umfassende handeln, und diese kann, – da, wie *Alfred Verdross* zurecht auch für die Völkerrechtswissenschaft ausgesprochen hat, nach der Maxime *entia praeter necessitatem non sunt multiplicanda* die Begriffe nur dann vermehrt werden sollen, wenn die bisher verwendeten nicht ausreichen – nur die Völkerrechtsordnung sein." Zum Ganzen Köck, rechtliche und politische Aspekte von Konkordaten, S. 21. Vgl. Göbel, S. 147 f.

stumsvertrag als rechtssetzende Völkerrechtsquelle angewandt[23] und interpretiert[24] werden[25]. Seine Einhaltung[26] sowie seine Beendigung[27] und daraus entstehende Streitigkeiten sind auf dem Forum des 'Droit international public' zu regeln[28].

a) Kirchenrecht

Vorab ist die kirchenrechtliche Verankerung der Bindungskompetenz kirchlich mandatierter Parteien zu klären, welche sich im Wege eines Konkordats oder ähnlicher Institute vertraglich vereinbaren. „Während die Legaltheorie, die in Staat-Kirche-Verträgen einseitige Machtnachlässe seitens des Staates erblickte

---

23 Kimminich, Völkerrecht, S. 212 f., 473.

24 Für die Interpretation von völkerrechtlichen Verträgen gilt gemäss Kimminich, Völkerrecht, S.480 f., folgende Grundregel: „Die im Vertrag verwendeten Ausdrücke sollen auf der Grundlage ihrer herkömmlichen Bedeutung im Lichte des Vertragszusammenhangs und der Ziele und Zwecke des Vertrages ausgelegt werden. Art. 31 der Wiener Vertragsrechtskonvention, der in seinem Abs.1 diese Grundregel enthält, zählt in dem darauffolgenden Absatz diejenigen Instrumente und Dokumente auf, die als im 'Zusammenhang' mit dem Vertrag im Sinne der allgemeinen Auslegungsregel stehend betrachtet werden: Präambel, Anhänge, Vereinbarungen zwischen den Vertragsparteien mit Bezug auf den Vertragsabschluss, und alle weiteren Instrumente, die von einer oder mehreren Parteien mit Bezug auf den Vertragsabschluss errichtet und von den übrigen Parteien als ein zum Vertrag gehöriges Instrument anerkannt worden sind." Vgl. BGE 117 V 269. Gemäss BGE 122 II 238 E. 4c soll die Auslegung eines vor dem (schweizerischen) Inkrafttreten des Wiener Übereinkommens über das Recht der Verträge abgeschlossenen völkerrechtlichen Vertrages sich an den in Art. 31 ff. VRK formulierten Grundsätzen orientieren.

25 Das von der Schweiz und dem Hl. Stuhl ratifizierte 'Wiener Übereinkommen über das Recht der Verträge' (SR 0.111) ist auf den Bistumsvertrag i. d. R. nicht anwendbar, da Art. 4 des Übereinkommens festlegt, dass dieses nur auf Verträge Anwendung findet, 'die von Staaten geschlossen werden, nachdem das Übereinkommen für sie in Kraft getreten ist' (CH: 1990). Unbeschadet davon sind jene Regeln des Übereinkommens anzuwenden, welche generelle Rechtsprinzipien des Völkerrechts kodifizieren (z.B. Art. 26 f., 46, 53 VRK). Auf jeden Fall berührt der Umstand, dass das Wiener Übereinkommen über das Recht der Verträge in casu keine Anwendung findet, gemäss Art. 3 VRK die rechtliche Gültigkeit des Bistumsvertrags nicht.

26 Vgl. Teil III und IV des Wiener Übereinkommens über das Recht der Verträge, welche die Vertragsanwendung, die Änderung und Modifikation von Verträgen sowie deren Interpretation regeln.

27 Vgl. Teil V des Wiener Übereinkommens über das Recht der Verträge, wo neben der Beendigung die Ungültigkeit und die Suspendierung von Verträgen normiert werden.

28 Kimminich, Völkerrecht, S. 212 ff.

und für den Staat allenfalls eine moralische Bindung an ihre Zusagen einräumte, von der Kirche seit jeher abgelehnt wurde, wird im Kodex deutlich, dass er gleichfalls die mittelalterlich-kirchliche Privilegientheorie verwirft. Denn alter wie neuer CIC unterscheiden die 'conventiones' in c. 3 deutlich von den 'iura quaesita' und 'privilegia', die sie jeweils in c. 4 behandeln. Dadurch, dass eben dieser c. 3 solchen Staat-Kirche-Vereinbarungen des Heiligen Stuhls den Rang einer dem CIC selbst vorgehenden Rechtsquelle einräumt, wird vollends deutlich, dass sich nicht nur die staatliche Theorie, sondern auch die kirchliche durch ihr kanonisches Recht die sog. 'Vertragstheorie' zueigen gemacht hat."[29].

Das Kirchenrecht spricht den typischen oder möglichen Inhalt von völkerrechtlichen Vereinbarungen bewusst nicht an[30]. Vielmehr fungiert c. 3 CIC 1983, welcher das Prinzip 'Vertragsrecht bricht kodikarisches Recht' erwähnt, als formale Kollisionsnorm[31]. „Allerdings ist auch in diesen Grundsatz die immanente Schranke hineinzulesen, dass der CIC auf seine Geltung weder verzichten will noch verzichten kann, wo er göttliches Recht positiviert hat."[32]. Die römisch-katholische Kirche will im Kodex ihre für den Staat wahrnehmbare Existenz gemäss ihren genuinen bzw. suprapositiv vorgeschriebenen Wesenseigenschaften ordnen. „Für diese eigengeartete Ordnung erwartet sie, wiederum rechtlich gesichert, Freiheit von seiten der weltlichen Mächte. Die Norm des c. 3 CIC/1983 erscheint vor diesem Hintergrund pragmatisch, ja weise. Sie macht es möglich, eine optimale Ordnung zu statuieren, diese in die Verhandlungen mit den staatlichen Partnern als eigene Position einzubringen und doch mögliche Abstriche als Konzessionen darzustellen."[33].

29 Göbel, S. 147. Vgl. u.a. RKZ, Bischofswahlen, S. 76 f. Zur vertragsvölkerrechtlichen Natur konkordatärer Rechtsbeziehungen zwischen der röm.-kath. Kirche und dem Staat siehe auch Otto Kimminich, Die internationalen Beziehungen der Kirchen und das Recht auf freien Verkehr, in: HdbStKirchR, Band II, S. 231 ff.

30 In c. 377 § 5 CIC 1983 erwähnt der Kodex, dass fürderhin weltlichen Autoritäten keine Rechte und Privilegien in bezug auf Wahl, Nomination, Präsentation oder Designation eingeräumt werden. Damit nimmt der CIC 1983 mittelbar Bezug auf Inhalte künftiger Vereinbarungen im Rahmen des Staatskirchenvertragsrechts, indem er diese negativ determiniert.

31 Aymans, Kanonisches Recht I, S. 96 f., 112 ff.

32 Göbel, S. 152.

33 Göbel, S. 152.

b) Kantonales Recht

Der Kanton Schwyz hat im Jahre 1922 für den Bistumsvertrag den völkerrechtlichen Grundsatz der 'Heiligkeit der Verträge' (pacta sunt servanda)[34] indirekt bestätigt[35], indem der Regierungsrat auch bei einer allfälligen Inkorporation der bis dato nur provisorisch der Diözese Chur zugehörigen Administrationsgebiete Uri (ohne Urseren), Unterwalden Ob und Nid dem Wald und Glarus darauf beharrte, dass Bistumsvertrag und Vereinigungsbulle in Kraft bleiben: „Die Rechte und Pflichten des Kantons Schwyz an das Bistum Chur werden in vollem Umfange, gemäss Uebereinkunft zwischen dem Kanton Schwyz und dem Bischof von Chur vom 5. August 1824 und gemäss der päpstlichen Bulle 'Imposita' vom 16. Dezember 1824, anerkannt und bleiben auch in Zukunft zu Recht bestehen, womit der Klerus des Kantons Schwyz aller Rechte teilhaftig wird, welche der Klerus der alten Diözesanteile besessen hat.“[36],[37].

---

34 „Grundlage der verbindlichen Kraft der Verträge – sowohl in ihrer rechtsgeschäftlichen Wirkung als auch in ihrer Wirkung als Rechtsquellen – ist der Satz 'pacta sunt servanda', auch Grundsatz der 'Heiligkeit der Verträge' genannt. Dieser Grundsatz ist nicht durch die Vertragspraxis entstanden, sondern setzt sie voraus. Die völkerrechtlichen Verträge könnten keine rechtserzeugende Wirkung entfalten, wenn der Grundsatz der Heiligkeit der Verträge sich erst allmählich als Völkergewohnheitsrecht durchgesetzt hätte, was zugleich bedeuten würde, dass er durch entsprechendes derogierendes Völkergewohnheitsrecht wieder beseitigt werden könnte. In der Völkerrechtslehre wird allgemein anerkannt, dass der Satz pacta sunt servanda jeder Beeinträchtigung durch die Staatenpraxis entzogen ist und dass 'bereits die ersten völkerrechtlichen Vertragsabschlüsse von der Geltung jener Norm abhängig waren'. Die Aufnahme in Art. 26 der Wiener Vertragsrechtskonvention hat nur deklaratorische Bedeutung.“ (Kimminich, Völkerrecht, S. 217). Siehe auch Hangartner, Völkerrecht und schweizerisches Landesrecht, S. 661. Vgl. Köck, völkerrechtliche Stellung, S. 381.

35 Dadurch tat der Kanton Schwyz gleichzeitig seinen Willen kund, den Bistumsvertrag nach Treu und Glauben zu erfüllen. Vgl. Art. 26 VRK. – Explizit bekundet neuerdings RRB 1998/1326 die Absicht des Kantons Schwyz, „die völkerrechtlichen Verträge[n] (sc. sic!) zwischen Bistum und Kanton weiterhin zu erfüllen“.

36 RRB 1922/959, publiziert in: RBR 1922, S. 138. Vgl. auch RRB 1991/2144, S. 3. – Aus dem Zusammenhang des zitierten Wortlautes ergibt sich, dass die Rechte des Kantons Schwyz im Hinblick auf das bilateral vereinbarte Vertragstelos nicht einseitig durch den berechtigten Vetragskontrahenten bestätigbar sind. Dieser Befund wird dadurch belegt, dass im 1. Lemma grammatikalisch nur eine Bezugnahme auf die Pflichten erschlossen werden kann.

37 An der völkerrechtlichen Verbindlichkeit des Bistumsvertrags für den Kanton Schwyz hielt der Regierungsrat weiterhin auch in einem Brief vom 12. März 1990 an den Bundesrat fest: „Wir (sc. Regierungsrat des Kantons Schwyz) erblicken darin (sc. Bistumsvertrag und Vereinigungsbulle 'Imposita humilitati') nach wie vor eine

Der Bistumsvertrag gilt im schweizerischen Normengefüge, worin Völkerrecht ohne staatsrechtliche Umschweife direkt inkorporiert wird[38], als kantonales Recht[39],[40]. In der Normenhierarchie[41] des Kantons Schwyz geht er dem übrigen kantonalen Recht vor[42],[43]. Dadurch wird allfällig widersprechendes Recht des Kantons Schwyz in objektivrechtlicher Hinsicht durch die völkerrechtlichen Rechtssätze des Bistumsvertrags mindestens suspendiert[44]. Die in Art. 113 Abs. 3

---

völkerrechtliche Vereinbarung ..." (RRB 1990/523, S. 4). In diesem Sinne auch RRB 1989/976.

38 „Völkerrechtlich hat das internationale Recht stets Vorrang vor dem nationalen Recht. Kein Staat darf sich unter Berufung auf sein Landesrecht seinen völkerrechtlichen Verpflichtungen entziehen. Das Völkerrecht hat in der Schweiz aber auch landesrechtlich prinzipiell Vorrang vor dem nationalen Recht. Das internationale Recht gilt in der Schweiz ohne weiteres aufgrund der Inkorporationstheorie." (Hangartner, Völkerrecht und schweizerisches Landesrecht, S. 661). Vgl. BGE 122 II 237 E. 4a, 238 E. 4e.

39 Dementsprechend wurde er in der kantonalen Gesetzessammlung, nGS SZ I-80, publiziert. Dort geniesst der Bistumsvertrag den Status einer Rechtsquelle. Hierzu vgl. auch Kimminich, Völkerrecht, S. 212 f.

40 „Die Eidgenossenschaft ist aber für die Einhaltung der eingegangenen Verpflichtungen völkerrechtlich verantwortlich." (Hangartner, Völkerrecht und schweizerisches Landesrecht, S. 658). Auch aus diesem Grunde hätte die Bundesversammlung die im Jahre 1992 revidierte KV ebenfalls auf die Einhaltung der vom 'Droit international public' erfassten Verpflichtungen des Kantons Schwyz, welche dieser im Bistumsvertrag kompetenzkonform einging, überprüfen müssen.

41 „Unbestritten ist ..., dass völkerrechtliche Verträge kantonalem Recht, darunter auch Kantonsverfassungen ... vorgehen." (Villiger, EMRK-Handbuch, Rz. 58).

42 Hangartner, Völkerrecht und schweizerisches Landesrecht, S. 656 f.; Schindler, BV-Kom. Art. 9, Rz. 7.

43 Generell zur Inkorporation von Völkerrecht im Landesrecht siehe Hangartner, Völkerrecht und schweizerisches Landesrecht, S. 653 ff.; sowie vorne, S. 50 ff.

44 Giacometti, Staatsrecht, S. 483 f. Vgl. Gutachten, VPB 53 (1989), Nr. 54, S. 435; Reichlin, S. 86, FN 8. Gemäss Hangartner, Völkerrecht und schweizerisches Landesrecht, S. 662, führen Normkollisionen „in der Schweiz nach herrschender Auffassung grundsätzlich zur Nichtigkeit der schwächeren Norm". Dieses Prinzip wird auch auf Konflikte des inkorporierten Völkerrechts mit dem Landesrecht angewendet. Mithin ist das völkerrechtswidrige Landesrecht grundsätzlich zu kassieren. Somit folgert Ders., op.cit., S. 663, für den Bereich der Rechtsanwendung: „Es gilt im Prinzip die völkerrechtsfreundliche Regelung, dass in der Rechtsanwendung das Völkerrecht dem völkerrechtswidrigen Landesrecht ohne weiteres vorgezogen wird." Pointierter Ders., op.cit., S. 680: „Das Völkerrecht geht ... nach schweizerischem Staatsrecht dem Landesrecht grundsätzlich vor und vernichtet es." A.M. Huwyler, Gesetz und Verordnung, S. 141, welcher in bezug auf das kantonale Verfassungsrecht unzutreffenderweise annimmt, dass dieses dem Völkervertragsrecht vorgehe. – Das BGer. bestätigte neustens in BGE 122 II 487 E. 3a den Vorrang des Völkerrechts: „Le principe de la primauté du droit international sur le droit interne

aBV enthaltene Bestimmung, dass Staatsverträge für das Bundesgericht massgebend sind, was von Art. 190 rev. BV generell auf das Völkerrecht ausgeweitet wird, gilt gemäss herrschender Lehre auch für Verträge, welche von den Kantonen nach Massgabe ihrer beschränkten Kompetenz zum Abschluss von völkerrechtlichen Verträgen[45] vereinbart wurden[46]. Aufgrund seines hierin manifestierten Bezuges zum Bundesrecht eignet dem Bistumsvertrag als materielle Schranke einer Änderung der Kantonsverfassung auch bundesrechtlich verpflichtender Charakter.

2. Materielle Elemente

A. Summarische Darstellung der Vertragsobjekte

Hauptthemen des Bistumsvertrags sind einerseits die Eingliederung des Kantons Schwyz in den Verband der Diözese Chur und anderseits die Zusicherung des öffentlichrechtlichen Status der römisch-katholischen Kirche im kantonalschwyzerischen Recht. Des weiteren regelt diese Vereinbarung „zusammen mit den finanziellen Belangen des Anschlusses von Schwyz eine ganze Reihe von diesbezüglichen Fragen: Rechte, Privilegien, Vollmachten, Exemtionen, usw.“[47].

B. Materielle Rezeption des Bistumsvertrags durch die Vereinigungsbulle 'Imposita humilitati'

a) Formale Aspekte

Der Bistumsvertrag begründet in der Form eines Rechtsgeschäfts ein Rechtsverhältnis zwischen Kirche und Staat. Als kirchlicherseits mittels des Vertragsin-

---

découle de la nature même de la règle internationale, hiérarchiquement supérieure à toute règle interne ...“.

45 Art. 9 aBV bzw. Art. 56 rev. BV. Hierzu Häfelin/Haller, Rz. 327 ff.; Schindler, BV-Kom. Art. 9, Rz. 3 ff.

46 Schindler, BV-Kom. Art. 9, Rz. 7. Vgl. Hangartner, Völkerrecht und schweizerisches Landesrecht, S. 659. – Aus Gründen der Rechtskontinuität trifft diese Regel auch auf vor der Gründung des Bundesstaates bzw. vor der 1874 erfolgten Totalrevision der BV abgeschlossene 'Staatsverträge' der Kantone zu. Diesbezüglich wird das historische Argument ins Feld geführt, „1874 seien alle Verträge der Bundesversammlung vorgelegt worden, so dass dem Verfassungsgeber keine Unterscheidung zwischen genehmigten und nicht genehmigten Verträgen vorgeschwebt haben könne“ (Kälin, Staatsrechtliche Beschwerde, S. 32).

47 Bonnemain, Kantonalkirche, S. 698.

gresses[48] im Rahmen des Genehmigungsvorbehaltes von § 1 mandatierter Vertragspartner amtet der Bischof von Chur, während der Kanton Schwyz durch seine verfassungsrechtlichen Organe vertreten wird. Die Bulle 'Imposita humilitati' genehmigt und vollzieht den Bistumsvertrag[49]. Sie hebt seinen rechtsgeschäftlichen Inhalt auf die Ebene des 'Droit international public' und macht ihn so zu einer völkerrechtlichen Rechtsquelle. Hierbei komplettiert der Hl. Stuhl die Trias der beteiligten Rechtssubjekte, indem er durch die Sanktionierung des ausgehandelten Vertrags gleichzeitig das innerkirchliche Mandatsverhältnis der kirchenrechtlichen Kompetenzverteilung entsprechend regelt[50].

Mit Breve vom 29. Dezember 1824, welches vor der Herausgabe der Bulle 'Imposita humilitati' publiziert wurde, zollte der Hl. Stuhl der Regierung des Kantons Schwyz Anerkennung, dass diese den von Papst Leo XII. gewünschten

48 Dieser ist im vollen Wortlaut nicht in der kantonalen Rechtssammlung (nGS SZ I-81) sondern bei Kothing, S. 255; sowie Lampert, Kirche und Staat III, S. 53, abgedruckt und lautet: „Übereinkunft zwischen seiner Gnaden dem Fürstbischof von Chur und der Regierung des Kantons Schwyz betreffend die Vereinigung dieses Kantons mit dem Bistum Chur und die Verwaltung des Diözesanfonds. – Alles in Folge hiefür vom Heiligen Stuhl erhaltener Vollmacht und des mit diesem Heiligen Stuhl entworfenen Konkordats."

49 Vgl. RRB 1947/606, S. 4.

50 Gemäss Kothing, S. 271; Reichlin, S. 70, enthält die Vereinigungsbulle u.a. die bistumsvertraglichen Stipulationen der §§ 8, 9, 10 und 11 nicht, was vermuten lässt, dass es sich in casu um Vertragspunkte handelt, welche kirchenrechtlich in der Disposition des Bischof von Chur liegen. Die erwähnten Paragraphen geben zu folgenden Bemerkungen Anlass: Die in § 8 implizit enthaltene Kompetenz hinsichtlich der Ausrichtung der finanziellen Unterstützung von Priesteramtskandidaten delegiert § 3 des Reglementes über die 'Verwaltung des Diözesanfonds' (nGS SZ I-83) dem Regierungsrat, der auch in bezug auf die minimale Studiendauer die Interessen der schwyzerischen Theologiestudenten wahrnehmen soll. In § 9 wurde die Bestellung eines bischöflichen Kommissars für den Kanton Schwyz vereinbart. Gleichzeitig sah man dort für den Bezirk March einen Subkommissar vor. Hierzu Kothing, S. 403 ff.; Reichlin, S. 68. In Nachfolge dieser Kommissariate existieren heute auf dem Territorium des Kantons Schwyz ein Dekanat Innerschwyz (bestehend aus den Bezirken Schwyz, Küssnacht und Gersau, sowie ein Dekanat Ausserschwyz bestehend aus den Bezirken March, Höfe und Einsiedeln), welche jedoch kraft allgemeinen Kirchenrechts (cf. c. 374 § 2 CIC 1983) nicht über eigene Rechtspersönlichkeit verfügen. Vgl. Aymans, Kanonisches Recht II, S. 442 f. Während schliesslich die in § 10 lediglich erwähnten 'Sacra interna', welche in nGS SZ I-80, FN 8, lapidar mit 'überholt' angemerkt werden, durch die Kodifizierung des Kirchenrechts einer universalrechtlichen Regelung zugeführt wurden, kassiert die bundesrechtliche Kompetenzattraktion in Art. 53 f. aBV § 11 des Bistumsvertrags, was nGS SZ I-80, FN 9, mit der nämlichen Bemerkung quittiert. Völkerrechtliche Komplikationen dürften sich bezüglich §§ 8-11 des Bistumsvertrags keine ergeben, da diese nicht expliziter Gegenstand der Vereinigungsbulle sind.

Änderungen zustimmte[51],[52]. Die Mandatare des Kantons Schwyz reagierten in der Folge mit grosser Erleichterung auf den Erlass der Bulle: „Am 25. Jäner 1825 wurde die Vereinigungsbulle samt dem Breve, welche von Rom direkt an den Herrn Kantonsstatthalter Aufdermaur eingekommen waren, dem G. G. Landrath vorgelegt, worauf erkennt wurde: 'Dass dieses wichtige Aktenstück ins Archiv niedergelegt, dann dem hl. Vater, sowie dem Kardinal Staatssekretär unsere Freude, Verehrung und innigster Dank bezeugt werden solle. Dann werden ferner die Tit. Herren v. Zay, Weber, Aufdermaur und Schmid von Lachen ernannt, den Herrn Fürstbischof zu bekomplimentiren, ihn zu ersuchen, diese Bulle mit dem Herrn päpstlichen Internuntius in Vollziehung zu setzen, und dass derselbe zugleich gebeten werde, die mit ihm getroffene Uebereinkunft zu unterzeichnen und zu besiegeln, worüber die Tit. hochgeachteten vorgesetzten Herren eine Instruktion verfassen sollen'."[53],[54]. Im Verhältnis zum Bistumsvertrag kommt damit

---

51 Hierzu Kothing, S. 268 f., welcher die materiellen Differenzen zwischen der Bulle und dem Bistumsvertrag darin begründet sieht, dass vorgängig der Vertragsinhalt nicht in einem eigentlichen Konkordat, wie es aber im Ingress des Bistumsvertrags (nur in der bei Kothing, S. 255 ff.; sowie Lampert, Kirche und Staat III, S. 53 ff., abgedruckten Version, vgl. auch Bonnemain, Kantonalkirche, S. 698; Reichlin, S. 66 f.) vorgesehen ist, niedergelegt wurde, um damit eine Kompetenzausscheidung zwischen dem Hl. Stuhl und dem Bischof von Chur herbeizuführen, in deren Rahmen dann der Diözesanbischof einen Vertrag mit dem Kanton Schwyz hätte schliessen können. – Vgl. Reichlin, S. 70 f.; RKZ, Bischofswahlen, S. 120; sowie Werner Alois v. Weber, S. 108, welcher erwähnt, dass es sich bei den Änderungswünschen des Hl. Stuhls, namentlich die erstmalige Ernennung der Standesdomherren durch den Hl. Vater sowie die Verwaltung des Diözesanfonds, um keine wesenlichen Punkte handelte.

52 „Re quidem diligenter perspecta conjunctionem hujusmodi plane laudabilem judivacimus, nisi quod ejus peragendae ratio a vobis proposita *minus ex aliqua parte Nobis placebat et gravibus obnoxia difff[i]cultatibus videbatur*. Has autem difficultates, cum apostolico ordinario Nuntio isthic Nostro vobis exponi jussissemus, vos pro ingenii vestri docilitate, eximiaque vestra sedis apostolicae reverentia *nostris animadversionibus aequiescentes, quidquid negotium Nobis facessebat, de medio sustulistis*." (Päpstliches Breve vom 29. Dezember 1824, abgedruckt bei: Kothing, S. 267 f.) – Der Kanton Schwyz bestätigte seine Zustimmung in RRB 1922/959, publiziert in: RBR 1922, S. 137 ff.

53 Kothing, S. 272 f. Hierzu auch Werner Alois v. Weber, S. 108.

54 Am 13. Mai 1825 wurden in Vollziehung der Bulle zwischen der Schwyzer Regierung und dem Bischof von Chur die Aktenstücke ausgetauscht, welche den Anschluss des Kantons Schwyz an die Diözese Chur ordneten. Siehe Bonnemain, Kantonalkirche, S. 699; Werner Alois v. Weber, S. 108. „Dem sehr feierlichen Vollzugsakt wohnten der Bischof von Chur, der Internuntius und die gesamte schwyzerische Obrigkeit bei. In einer Stimmung allgemeinen Jubels wurde die Periode der langwierigen Bistumsverhandlungen abgeschlossen. Konkordat (sc. nicht im formstrengen Sinn) und Bulle sind noch heute gültig, was zeigt, dass damit der geltende

'Imposita humilitati', in deren Lichte mithin der Bistumsvertrag zu verstehen und zu interpretieren ist, normativ massgebende und völkerrechtsverbindliche Bedeutung zu[55]. Infolgedessen wurde neben dem Bistumsvertrag auch die Vereinigungsbulle in die kantonale Rechtssammlung aufgenommen.

b) Materielle Elemente

Die Bulle 'Imposita humilitati' enthält im wesentlichen in der Form konfirmatorischer Bestimmungen die detaillierte Genehmigung des Bistumsvertrags. Zu diesem Behufe wiederholt 'Imposita humilitati' verschiedene Elemente des Bistumsvertrags, welchen mithin nicht nur deklaratorische sondern auch konstitutive Bedeutung zukommt[56]. „Denn zum Teil handelt es sich um Fragen, die der Primatialgewalt des Papstes vorbehalten sind. Für die übrigen Fragen ist an sich der Bischof zuständig. Da sie aber trotzdem in der Bulle behandelt wurden, ist eine Devolution der entsprechenden Kompetenzen an den Apostolischen Stuhl eingetreten. Die Bestätigung eines Teiles der im Bistumsvertrag enthaltenen Vereinbarungen hat daher in vollem Umfange konstitutive Bedeutung."[57].

Die Vereinigungsbulle konkretisiert die Wählbarkeitsvoraussetzungen der beiden in § 3 des Bistumsvertrags erwähnten Standesdomherren[58], indem sie festlegt, dass diese „incolae et cives pagi Suitensis" sein müssen[59].

Vertragszustand zwischen dem Kanton Schwyz und dem Bistum Chur erreicht wurde." (Reichlin, S. 19).

55 Lampert, Kirche und Staat I, S. 74.

56 Gemäss Kothing, S. 269, sind im allgemeinen die §§ 1, 2, 3, 4, 5 und 6 in die Vereinigungsbulle 'Imposita humilitati' aufgenommen worden, wobei jedoch diese zusätzlich festlegt, dass jene vermöge §§ 2, 3, 5 und 6 des Bistumsvertrags vertraglich geschuldeten Leistungen auch dann in vollem Umfang zu entrichten sind, wenn der Kapitalertrag des Diözesanfonds hierzu nicht ausreicht („ ..., ut denique, si forte progressu temporis hujusmodi bonorum redditus insufficientes evadant, pagi magistratus hoc non obstante promissas episcopali mensae, duobus canonicis forensibus, ac pauperioribus Suitiensibus seminarii alumnis annuas respective summas integre solvere teneatur." [Vereinigungsbulle 'Imposita humilitati', abgedruckt bei: Kothing, S. 260 ff., hier S. 264]). Siehe Reichlin, S. 70.

57 Reichlin, S. 71. – Bei der mit der Vereinigungsbulle in der Hauptsache vorgenommenen Neuordnung der Zirkumskription der Diözese Chur handelt es sich gemäss c. 373 CIC 1983 um eine primatiale Angelegenheit. Siehe Aymans, Kanonisches Recht I, S. 318; Ders., Kanonisches Recht II, S. 317; Lampert, Kirche und Staat II, S. 275 ff.

58 Die Vereinigungsbulle beschliesst, dass die Standesdomherren u.a. durch Gelehrsamkeit, Klugheit, Sittenreinheit, Ausstrahlung und rühmliche Ausübung der kirchlichen Verrichtungen hervorleuchten sollen. Von diesen Voraussetzungen kann auch seitens des Kantons Schwyz bei der Wahrnehmung seines Nominationsprivilegs selbst in spannungsvollen Zeiten nicht dispensiert werden.

Schliesslich hat Papst Leo XII. in 'Imposita humilitati' als unilateraler Erklärung des Hl. Stuhls kompletive Bestimmungen in bezug auf den Bistumsvertrag erlassen. Die Vereinigungsbulle gewährt etwa dem Kanton Schwyz in der Form kanonischer Privilegien[60] das Recht, einen während gerader Monate erledigten Sitz eines Standesdomherren wieder zu besetzen. „Diese Privilegien beruhen auf einseitiger Erklärung und sind daher kein Vertragsrecht. Die Kirche kann sie revozieren, aber solange sie nicht widerrufen werden, kann der Kanton Schwyz verlangen, dass sie beachtet werden."[61].

C. Verfassungsrechtliche Verpflichtung

a) Gegenstand

§ 1 des Bistumsvertrags stipuliert die Anerkennung des 'wirklich lebenden Bischofs' der Diözese Chur durch den Kanton Schwyz (2. Lemma). Diese Bestimmung ist im Zusammenhang des Vertragswortlautes und im Lichte ihres Zieles und Zweckes auszulegen[62]. Hierbei kommt dem Inhalt der Bulle 'Imposita humilitati' massgebende Bedeutung zu[63]. Infolgedessen bewegt sich die aus dem

---

59 Reichlin, S. 71, kategorisiert diese Bestimmung unter 'Widersprüche'. Es ist indes mit Kothing, S. 270, nicht anzunehmen, dass die Schwyzer Regierung einen möglichst weit gezogenen Kreis der wahlfähigen Personen gewünscht hat. Im Hinblick auf das Entstehungsjahr dieser Bestimmung, welche vor der bundesrechtlichen Gewährleistung der Niederlassungsfreiheit datiert, lässt sich kaum vermuten, dass es seinerzeit im Interesse des Kantons Schwyz gelegen wäre, kantonsfremde Geistliche mit der Würde eines schwyzerischen Standesdomherren bekleidet zu sehen. Für die heutige Zeit hingegen stellt sich durchaus die Frage, ob es für die Diözese Chur und den Kanton Schwyz noch sinnvoll ist, am Erfordernis des schwyzerischen Bürgerrechts festzuhalten. Wohnsitz im Kanton Schwyz sollte in casu fürderhin als einzige neben den kanonischen Erfordernissen bestehende, im Bundesrecht zu konkretisierende Bedingung der Vereinigungsbulle 'Imposita humilitati' rechtsgenüglich sein.

60 Cc. 4; 76-84 CIC 1983.

61 Reichlin, S. 71. Cf. c. 47 CIC 1983. Der Verleiher des Privilegs „kann die verliehenen oder auf dem Wege der Ersitzung erworbenen Privilegien *stets rechtswirksam widerrufen*" (Aymans, Kanonisches Recht I, S. 265). Zum Widerruf eines kanonischen Privilegs vgl. auch vorne, S. 400, FN 443. – Adressat dieser persönlichen Privilegien ist der Kanton Schwyz und nicht die gemäss §§ 91 ff. rev. KV errichtete 'Kantonalkirche'. Ohne dieses onerosen Privilegs durch Nichtgebrauch (cc. 82; 197 CIC 1983) künftig verlustig zu gehen, kann der Kanton Schwyz die Ernennungskompetenz nicht eigenmächtig an die 'Kantonalkirche' delegieren. Er muss sich hierüber mit dem Hl. Stuhl als in casu verleihungsberechtigter Instanz ins Vernehmen setzen.

62 Art. 31 VRK; BGE 117 V 269 E. 3b. Vgl. Kimminich, Völkerrecht, S. 480 f.

63 Lampert, Kirche und Staat I, S. 74. Vgl. Art. 31 Abs. 2 lit. b VRK.

Wortlaut der Bestimmung fliessende Frage nach Sinn und Wesen von § 1 auch auf der Ebene des Kirchenrechts, welches mithin die völkerrechtlich verpflichtete Bewandtnis der erwähnten Stipulation für des Staatsrecht des Kantons Schwyz klären muss.

§ 1 erwähnt die Person des wirklich lebenden Bischofs. Damit nimmt der Bistumsvertrag nicht Bezug auf die während des Vertragsabschlusses amtierende Person als solche, sondern meint den jeweiligen Inhaber des betreffenden Amtes[64]. Diese Folgerung wird durch die Vereinigungsbulle 'Imposita humilitati' bestätigt, welche die Pfarreien des Kantons Schwyz „hodierni ac pro tempore existentis episcopi Curiensis ordinariae jursidictioni, regimini ac potestati perpetuis futuris temporibus" unterstellt und unterwirft. Folglich anerkennt der Kanton Schwyz das Amt des Bischofs von Chur. Das konstituierende Moment für die Schaffung einer Diözese lag zur Zeit des Vertragsabschlusses in der Errichtung[65] des bischöflichen Amtes[66], „ohne bischöfliches Amt kein Bistum"[67]. Demzufolge konstituiert und personifiziert das Amt den Begriff der Diözese. So folgt daraus, dass der Kanton Schwyz mit der Erwähnung des 'wirklich lebenden Bischofs' die Diözese als Rechtsperson anerkennt[68]. Die Bezugnahme auf das Amt führt dazu,

64 „Der staatliche Kontrahent gab damit (sc. durch den päpstlich gewährten Anschluss des Kantons Schwyz an die Diözese Chur) seinem Wunsch Ausdruck, dass der jeweilige Inhaber des in Chur errichteten Bischofsamtes die oberhirtliche Seelsorge der im Kanton Schwyz wohnhaften Katholiken übernehme." (Reichlin, S. 72).

65 Wird heutzutage eine Diözese durch den Papst errichtet, erlangt diese ipso iure (c. 373 CIC 1983) die Rechtspersönlichkeit einer öffentlichen iuristischen Person des Kirchenrechts (c. 116 CIC 1983). Mit dem Errichtungsakt tritt auch das für den Begriff der Diözese konstitutive Amt des Diözesanbischofs ins rechtliche Dasein. Vgl. Aymans, Kanonisches Recht I, S. 446.

66 „Die Kirche gliedert sich in Teilkirchen (Bistümer oder Diözesen), denen ein Bischof vorsteht. Hierdurch werden bestimmte Hoheitsgebiete und zugleich bestimmte hierarchische Gebietskörperschaften geschaffen" (Mörsdorf, Kirchenrecht I, S. 405). Der im Sinne eines geographisch abgegrenzten Amtssprengels verwendete Ausdruck 'Bistum' oder 'Diözese' besagt demnach nur, „dass die Katholiken eines so umschriebenen Gebietes auf den hiefür bestimmten Bischof angewiesen sind; denn nur innerhalb dieses durch die Diözesanorganisation angewiesenen Gebietes ist der bezügliche Oberhirte zur Ausübung seiner geistlichen Jurisdiktion befugt [...] 'Bistum' dagegen in der Bedeutung des kirchl. Organismus (Episcopatus, évêché) gilt als *Rechtssubjekt*" (Lampert, Kirche und Staat II, S. 274), welches im bischöflichen Amt personifiziert wird. Siehe Isele, Probleme des kirchlichen Vermögensrechts, S. 58. Vgl. Aymans, Kanonisches Recht II, S. 320 f. Vgl. auch vorne, S. 306 ff.

67 Isele, Probleme des kirchlichen Vermögensrechts, S. 59.

68 Diese Feststellung wird auch durch die Tatsache bestätigt, dass der Kanton Schwyz sich verpflichtet, an die stiftungsrechtliche 'Mensa episcopalis' als vermögensrechtlicher Ausprägung des rechtspersönlichen Amtes die in §§ 2, 6 erwähnte Geldlei-

dass der Kanton Schwyz mit jedem rechtmässigen Inhaber des bischöflichen Stuhles von Chur in eine vertragliche Rechtsbeziehung tritt und somit eine entsprechende Rechtsverpflichtung gegenüber dem jeweiligen Ortsordinarius, „hodierni et pro Curiensis episcopi tempore“[69], eingeht, welche die rechtspersönlichen Ausprägungen der Diözese Chur auf dem Territorium des Kantons Schwyz betrifft. Dieser Befund wird erhärtet durch die in § 13 stipulierte Verpflichtung, nach Massgabe der innerhalb der kirchlichen bzw. staatlichen Sphäre souveräner Herrschaft bestehenden Möglichkeiten, die rechtliche Gleichstellung zu vollziehen: „Der Kanton Schwyz wird übrigens der gleichen oberhirtlichen Sorgfalt, der gleichen Behandlung und Verhältnisse genössig, welche die Bischöfe von Chur ihren ältern Bistumsangehörigen angedeihen lassen; derselbe wird anbei auch seinerseits nach frommer Väter Sitte alles gerne beitragen, was des Bischofs Sorge für das Seelenheil der ihm anvertrauten Christen erleichtern und zum grossen, wohltätigen Ziele führen kann.“[70].

---

stung zu entrichten. Vgl. Isele, Probleme des kirchlichen Vermögensrechts, S. 58 f.; Lampert, Stiftungen, S. 33 ff.

69 Vereinigungsbulle ‘Imposita humilitati’.

70 Reichlin, S. 72 f., prüft die Frage nicht, ob der Bistumsvertrag eine öffentlichrechtliche Anerkennungspflicht des Kantons Schwyz statuiert. Reichlin äussert sich lediglich dazu, ob und in welchem Ausmass der Kanton Schwyz das kanonische Recht im Sinne einer indirekten Rezeption anerkannt habe. Er kommt zum Schluss, dass dies für jene zur Zeit der Kontrahierung in Kraft stehenden Normen des Kirchenrechts der Fall sei, welche mit der seelsorgerlichen Tätigkeit des Bischofs von Chur in unmittelbarem Zusammenhang stünden und denen gegenüber im Bistumsvertrag keine Exzeption erhoben wurde. Diese Interpretation kann jedoch insofern nicht zutreffen, als weder der Kanton Schwyz noch die röm.-kath. Kirche mit dem Bistumsvertrag die damals diesbezüglich geltenden Normen des Kirchenrechts für die Dauer des Vertrags perpetuieren wollten. Dadurch hätten sich beide Vertragspartner jeglicher Flexibilität begeben, wären doch der Bischof von Chur und der Kanton Schwyz heute noch in casu an die Canones des seit 1918 abgelösten ‘Corpus iuris canonici’ gebunden, welche überdies im Rahmen ihrer bistumsvertraglichen Rezeption von beiden Seiten hätten eindeutig designiert werden müssen. Vgl. Aymans, Kanonisches Recht I, S. 113. Vielmehr mussten die Vertragspartner die Übereinkunft so disponieren, dass die unbefristete Vetragsdauer im Laufe der Zeit den Inhalt des Bistumsvertrags durch die beiderseitige Rechtsentwicklung nicht zur Makulatur degenerieren lässt. Infolgedessen vermied man eine regelungstechnisch absolutierende Lösung, indem der Kanton Schwyz die Verpflichtung eingeht, die rechtspersönlichen Ausprägungen der Diözese Chur auf seinem Territorium öffentlichrechtlich zu situieren, um mithin dementsprechend auf die in Kraft stehende kanonische Ordnung in rezipierender bzw. hinweisender Anerkennung Bezug nehmen zu können.

b) Vollzug

Der Kanton Schwyz verpflichtet sich in § 1 des Bistumsvertrags die rechtspersönlichen Ausprägungen der Diözese Chur auf seinem Territorium anzuerkennen. Diese Verpflichtung lässt keine unilaterale Modifikation nach dem Prinzip der 'Clausula rebus sic stantibus' aufgrund der weder einer Aktualisierung bedürftigen noch zugänglichen Natur der völkerrechtlich bindenden Anerkennungsstipulation zu. Darauf berief sich der Kanton Schwyz auch nie[71].

Der Kanton Schwyz vollzog bis 1999 diese Vertragspflicht vermöge § 2 Abs. 1 aKV dadurch, dass er den konfessionellen Verband dort situierte, wo er selber kompetent ist, nämlich in seinem öffentlichen Recht. Hier konnten beide 'Societates perfectae' im Wissen um die historische Dimension ihrer Beziehung zueinander in ein gleichberechtigendes Verhältnis unter Berücksichtigung ihres je souveränen Wesens treten, indem der Kanton Schwyz die römisch-katholische Kirche publizistisch anerkannte und der konfessionelle Verband diese Anerkennung aufgrund seiner grundrechtlich gesicherten Dispositionsfreiheit[72] akzeptierte[73].

Die vertragliche Anerkennungspflicht entfaltet zwischen den Vertragspartnern, also dem Kanton Schwyz und der Diözese Chur, Rechte und Pflichten. Sie

71 So bekräftigt RRB 1998/1326 die Absicht des Kantons Schwyz, „die völkerrechtlichen Verträge[n] (sc. sic!) zwischen Bistum und Kanton weiterhin zu erfüllen".

72 Sollte es die röm.-kath. Kirche als hierarchisch und eigenrechtsmächtig verfasster Verband vorziehen, sich im staatlichen Normengefüge nicht auf der publizistischen Rechtsebene zu positionieren, ist es dem grundrechtsverpflichteten Gemeinwesen verwehrt, die röm.-kath. Kirche entgegen ihrem Willen mit dem öffentlichrechtlichen Status zu versehen bzw. durch entsprechende Verbeiständungsinstrumente in eine 'Kantonalkirche' umzuwandeln. Vgl. Friederich, Kirchen und Glaubensgemeinschaften, S. 389; Isele, Revision, S. 583; Karlen, Religionsfreiheit, S. 329, FN 11; Kraus, S. 97; Lampert, Kirche und Staat II S. 12; Schmid, S. 65.

73 „Nur im gegenseitigen Einverständnis kann der Staat Kirchen mit öffentlichem Rechtsstatus versehen und mit besonderen Rechten und Pflichten ausstatten. Jede Kirche kann sich also im Rahmen der Rechtsordnung selbständig organisieren und erklären, ob sie bereit ist, besondere Beziehungen zum Staat anzunehmen oder nicht." (Kellerhals, S. 31). Diese Freiheit wird jedoch für die röm.-kath. Kirche illusorisch, wenn der Staat unter dem Deckmantel der Entflechtung unzutreffenderweise suggeriert, durch die Verbeiständung mit publizistischen Institutionen des Staatskirchenrechts werde die röm.-kath. Kirche öffentlichrechtlich anerkannt, dieselbe aber gleichzeitig aus dem öffentlichen Rechtsbereich entfernt und dadurch schliesslich dem Privatrecht zuweist. Ein solches Vorgehen macht sich der Kanton Schwyz in der rev. KV 1992 zu eigen und verletzt damit die grundrechtsgesicherte Dispositionsfreiheit der röm.-kath. Kirche, welcher es auch aus der Warte eines nicht mehr öffentlichrechtlich situierten Verbandes selbstbestimmungsrechtlich zukommen muss, bezüglich ihrer staatskirchenrechtlichen Verbeiständung in einer staatsrechtlich verbindlichen Form über das 'Nihil obstat' zu entscheiden.

bezieht sich nicht auf ein staatsrechtliches Ersatzkonstrukt. Somit hat der Kanton Schwyz weder die Befugnis, den Erfüllungsadressaten seiner im Bistumsvertrag festgeschriebenen Ankerkennungspflicht zu definieren[74], noch kann er sich durch die Kreation staatskirchenrechtlicher Verbeiständungsinstrumente der Anerkennung der auf seinem Territorium rechtspersönlich existenten Ausprägungen der Diözese Chur als Teilkirchenverband der eigenrechtsmächtigen und hierarchisch verfassten römisch-katholischen Kirche entziehen.

Der Kanton Schwyz führte die Vertragsverhandlungen im Wissen um die öffentlichrechtliche Position, welche die römisch-katholische Kirche in der damals in Kraft stehenden Kantonsverfassung aus dem Jahre 1821 besass[75]. Die Anerkennungspflicht hatte folglich einen direkten Bezug zum geltenden Verfassungsrecht und wurde durch dieses bereits rechtsgültig erfüllt. Infolgedessen erklärte der Kanton Schwyz in § 13 des Bistumsvertrags seine Bereitschaft, die eingegangenen Rechtsverpflichtungen auch in Zukunft zu vollziehen[76],[77]. Damit stipulierte

74 Der semantische Gehalt des Terminus 'Anerkennung' macht deutlich, dass der saekulare Staat keine Ordnung anerkennen kann, welche er selber aufgrund seiner religiös-weltanschaulichen Neutralitätspflicht hervorzubringen nicht in der Lage ist. Mithin erschliesst sich aus dieser Perspektive die vorbestehende und somit als solche anzuerkennende Eigenrechtsmächtigkeit des konfessionellen Verbandes. Vgl. Friederich, Kirchen- und Glaubensgemeinschaften, S. 460 f.

75 „Die Religion des eidgenössischen Standes Schwyz ist einzig die römisch-katholische.“ (Art. 1 aKV 1821). – Damals war die röm.-kath. Kirche im Kanton Schwyz Staatskirche. Auf diesen Status bezieht sich die aus dem Bistumsvertrag fliessende Rechtspflicht zur öffentlichrechtlichen Anerkennung nicht, denn die dem Staatskirchentum inhärente Unselbständigkeit des konfessionellen Verbandes wollte der Bistumsvertrag eben gerade ausschliessen. Auch wenn die Kantonsverfassungen der Jahre 1833 (Art. 10) und 1848 (§ 2) durch vereinzelte 'Iura in sacra' noch staaskirchliche Züge aufweisen, brach der Bistumsvertrag einer freiheitsrechtlich verpflichteten Ausgestaltung des schwyzerischen Staatskirchenrechts durch die grundsätzliche Scheidung von staatlichen und kirchlichen Kompetenzen insofern Bahn, als er mit seinem Vollzug ein absolutes Staatskirchentum nicht mehr zuliess. Folglich ist die dem Kanton Schwyz aus dem Bistumsvertrag entstandene Rechtspflicht zur öffentlichrechtlichen Anerkennung friktionslos auf der Grundlage der bundesrechtlich gewährleisteten Religionsfreiheit erfüllbar.

76 „Ob eine Norm unmittelbar oder nicht unmittelbar anwendbar ist, richtet sich im Völkervertragsrecht nach dem Willen der vertragsschliessenden Staaten.“ (Hangartner, Völkerrecht und schweizerisches Landesrecht, S. 656). Dieser Wille trat zwischen den Kontrahenten durch den Vertragswortlaut und die verfassungsrechtliche Realität zur Zeit des Vertragsabschlusses klar zutage. Somit eignet der vertraglichen Anerkennungsstipulation in § 1 des Bistumsvertrags als völkerrechtlicher Verpflichtung nicht die Qualität einer unmittelbar im staatlichen Recht anwend- und durchsetzbaren Norm (non-self-executing). § 1 bindet demnach bei zukünftigen Verfassungsänderungen jeweils den kantonalen Verfassungsgeber.

der Kanton Schwyz bei allen zukünftigen Verfassungsänderungen, die rechtspersönlichen Ausprägungen der Diözese Chur auf seinem Territorium im beschriebenen Modus öffentlichrechtlich anzuerkennen[78]. In diesem Sinne setzt der Bistumsvertrag einer Änderung der Kantonsverfassung eine materielle Schranke.

Die Kantonsverfassung aus dem Jahre 1898 entwarf ihr Programm der öffentlichrechtlich zu situierenden Rechtspersonen kodikarischer Observanz anhand § 2 Abs. 1 aKV. Dieser richtete sich nach § 1 des Bistumsvertrags aus und gewährleistete die rechtspersönlichen Ausprägungen der Diözese Chur für das Territorium des Kantons Schwyz. Um jedoch keine rechtssystematische Lücke entstehen zu lassen, situiert § 20 KV die Abtei Maria Einsiedeln, welche als 'Abbatia nullius dioecesis'[79] kirchenrechtlich nicht der Diözese Chur eingegliedert ist, sondern direkt dem Hl. Stuhl untersteht[80], ebenfalls im öffentlichen Rechtskreis des Kantons Schwyz. Im Hinblick auf die im Bistumsvertrag eingegangenen Verpflichtungen komplettierte § 20 KV bis 1999 § 2 Abs. 1 aKV. Auf diese Weise konnte ehemals aus verfassungsrechtlicher Sicht die systematische Situierung sämtlicher strukturell ausgeprägten Glieder der römisch-katholischen Kirche auf der öffentlichrechtlichen Ebene des Kantons Schwyz gewahrt werden.

§ 2 Ausgliederung der römisch-katholischen Kirche – Eingliederung des staatskirchenrechtlichen Verbandes

I. Staatsrechtlich verursachte Problemfelder

1. Programmatisches

A. Rechtsgrundlage

Der Kanton Schwyz reguliert sein Verhältnis zur römisch-katholischen Kirche auf der Grundlage seiner staatskirchenrechtlichen Kompetenz und im Rahmen der grundfreiheitlichen Schranken. Dabei kann er das eigenrechtlich verfasste

---

77 § 1 des Bistumsvertrags erfüllt hinsichtlich seiner Anerkennungsstipulation die in BGE 118 Ia 117 E. 2b aufgestellten Bedingungen, welche erfüllt sein müssen, um einer völkervertragsrechtlichen Norm self-executing Charakter staatsrechtlich zuzuerkennen, nicht. Adressat dieser Bestimmung des Bistumsvertrags ist „unabhängig von deren Bestimmtheit von Anfang an der Gesetzgeber" bzw. in casu der Verfassungsgeber. Siehe Kälin, Staatsrechtliche Beschwerde, S. 91.

78 Diese Verpflichtung hielt der Kanton Schwyz bis zur Verfassungspartialrevision des Jahres 1992 ein. Vgl. Art. 10 aKV 1833; § 2 aKV 1848; § 2 aKV 1876; § 2 aKV 1898.

79 Cc. 368; 370 CIC 1983. Vgl. Aymans, Kanonisches Recht II, S. 323 f.

80 Hierzu vorne, S. 315 f.

Wesen der römisch-katholischen Kirche auf ihre saekularrechtliche Entfaltung bezogen entweder explizit seinem öffentlichen Recht zuweisen oder mindestens stillschweigend ins Bundesprivatrecht verweisen. Tertium non datur[81].

a) § 2 KV

§ 2 Abs. 1 aKV stand bis 1999 im Zentrum staatskirchenrechtlicher Regulation[82]. Dieser ordnete den rechtspersönlichen Ausprägungen auf dem Territorium des Kantons Schwyz den Status der öffentlichrechtlichen Gewährleistung zu[83]. § 2 Abs. 1 aKV verortete in organisationsrechtlicher Hinsicht kein selbständig generiertes Programm für die Verhältnisgestaltung zwischen der römisch-katholischen Kirche und dem Kanton Schwyz[84]. In der Folge rezipierte das schwyzerische Recht vermöge § 2 Abs. 1 aKV eine strukturell und organisatorisch vollkommen verfasste, keiner weltlichen Rechtsform verpflichtete und eigenrechtsmächtige Religionsgemeinschaft[85]. Dadurch behielt sich der Kanton Schwyz das kodikarisch festgelegte und auf das kantonalschwyzerische Territorium bezogene Programm rechtspersönlicher Ausprägungen der römisch-katholischen Kirche für die kompetenzgemässe Ausgestaltung seines Normengefüges vor[86],[87].

§ 2 Abs. 1 rev. KV gewährleistet die römisch-katholische Kirche nicht mehr. Die revidierte Kantonsverfassung setzt diesbezüglich einen 'Actus contrarius' zu § 2 Abs. 1 aKV[88]. In § 2 rev. KV wird der bundesrechtlich gewährleistete Gehalt der Religionsfreiheit „in sprachlich vereinfachter Form"[89] wiederholt, ohne terminologisch jedoch dem vom Bundesgericht eingeschlagenen Weg zu folgen[90]. Immerhin, aber nur, präsumiert Abs. 1 dieses Paragraphen die praepositive Existenz der Religionsfreiheit, indem explizit deren Unverletzlichkeit geschützt wird, was eine qualitative Fortifikation des bundesrechtlichen Schutzbereichs darstellt und mithin insofern auf eine gliedstaatlich eigenständige Grundrechts-

---

81 Siehe Lampert, Stiftungen, S. 68 f. Vgl. Jagmetti, SPR I, S. 261; Lenz, S. 32, 36.
82 Vgl. RRB 1991/840, S. 6.
83 Siehe Reichlin, S. 84.
84 Siehe Isele, Entwicklung, S. 198; Reichlin, S. 84; sowie RRB 1991/840, S. 6.
85 Vgl. Isele, Revision, S. 579; Lampert, Kirche und Staat II, S. 2.
86 „So ergibt sich, dass das innerkirchliche Recht sehr wohl im staatlichen Recht Geltung besitzt, ohne dass der Staat eine ausdrückliche Rezeption vorauszustellen hätte." (Ulrich A. Cavelti, Aufklärung, S. 182). Vgl. auch v. Waldkirch, S. 163.
87 Hierzu siehe auch RRB 1935/1815, abgedruckt in: ZSGV 36 [1935], S. 540 f.
88 Diesbezüglich irreführend die 'Abstimmungsvorlagen und Erläuterungen' des Regierungsrates zur kantonalen Volksabstimmung vom 27. September 1992. Vgl. Walser, Bistumsvertrag, S. 765.
89 RRB 1991/840, S. 21.
90 Vgl. BGE 118 Ia 56; sowie vorne, S. 142 f.

gewährleistung schliessen lässt. Zwischen dem alten und dem neuen § 2 lässt sich jedoch im Gesamtzusammenhang der Verfassungsänderung des Jahres 1992 kein anerkennungsrechtlicher Raum konstruieren[91], welcher Platz böte, um das angestammte Zentrum für die Verhältnisbestimmung zwischen der römisch-katholischen Kirche und dem Kanton Schwyz gewohnheitsrechtlicherweise[92] zu verorten[93].

b) §§ 91-96 rev. KV

Der Begriff der römisch-katholischen Kirche findet in § 91 Abs. 1 rev. KV bloss als staatskirchenrechtliche Titulatur[94] Verwendung, um sich dadurch von der ebenfalls öffentlichrechtlich anerkannten ev.-ref. Kantonalkirche abzugrenzen. Einen konfessionellen Bezug verhindert indes § 92 rev. KV. Dieser legt den Rahmen der staatskirchenrechtlichen Autonomie fest und entwirft in der Folge den organisationsrechtlichen Plan der 'Kantonalkirche'[95]. Wenn schliesslich die-

---

91 Somit besteht diesbezüglich keine auszufüllende Lücke des geschriebenen Rechts. Hierzu vgl. BGE 119 Ia 62 E. 4b (mit Hinweisen).

92 Die objektiven und subjektiven Voraussetzungen, nämlich gemäss BGE 119 Ia 62 E. 4b die 'Consuetudo' und die 'Opinio iuris et necessitatis' (vgl. Kundert, S. 52, welcher auf die allgemein übliche Formel 'Opinio iuris sive necessitatis' hinweist und die diesbezügliche Version des BGer. als „wenig glückliche und hypertrophe Ausdrucksweise, eine Art Paarformel" bezeichnet), sind in casu nicht gegeben. Zum Gewohnheitsrecht im kantonalschwyzerischen Recht siehe Appert, S. 35 ff.

93 Die rechtspersönlichen Ausprägungen der röm.-kath. Kirche im Kanton Schwyz wurden seit dem Bestehen entsprechender Konstitutionen nie gewohnheitsrechtlich, sondern immer kraft expliziter Verfassungsnorm (zuletzt § 2 Abs. 1 aKV) öffentlichrechtlich anerkannt und somit publizistisch situiert. Siehe Reichlin, S. 28 ff. (Irrtümlicherweise geht Urs Josef Cavelti, Religionsgemeinschaften, S. 30 f., von der gewohnheitsrechtlichen Anerkennung der röm.-kath. Kirche im Kanton Schwyz aus. Seine These widerlegt Ders., Austritt, S. 71, FN 2). Diese bistumsvertragliche Rechtspflicht erfüllte der Kanton Schwyz bereits vor Abschluss des Bistumsvertrags im Jahre 1824 (vgl. Art. 1 aKV 1821).

94 Vgl. Kraus, Staatskirchenrecht, S. 403.

95 Aus diesem Anlass modifizierte der Kanton Schwyz sein öffentliches Recht, um die Verfassungsänderung des Jahres 1992 durch die Anpassung verschiedener Erlasse des kantonalen Rechts auf der nachgeordneten Gesetzesstufe zu vollziehen. Siehe 'Abstimmungsvorlagen und Erläuterungen' des Regierungsrates zur kantonalen Volksabstimmung vom 7. Juni 1998, S. 3. Neben dem 'Gesetz über den Finanzhaushalt der Bezirke und Gemeinden' (nGS SZ I-70), dem 'Steuergesetz' (nGS SZ I-105) und dem 'Gesetz über den Finanzausgleich' (nGS SZ I-137) wurde auch das 'Gesetz über die Organisation der Bezirke und Gemeinden' (nGS SZ I-65) geändert. Dieses regelte bis 1999 anhand § 64 aGOG insbesondere die Verwaltung bzw. die Aufsicht hinsichtlich öffentlichrechtlich anerkannter kirchlicher Stiftungen. Die Rechtsgrundlage hierzu befand sich im kantonalen Verfassungsrecht (§§ 91, 94

se Prämissen durch die Konstituierung der föderalen Struktur[96], die Regelung der Mitgliedschaft[97], die Erteilung finanzrechtlicher Kompetenzen und Pflichten[98], sowie die Sicherstellung des Rechtsschutzes[99] verfassungsrechtlich vollzogen werden, entspricht das der Intention des Staates, die Kantonalkirche unter seiner Ägide und unter seinen Bedingungen möglichst in der Form einer 'Societas perfecta' dem konfessionellen Verband nachzubilden[100],[101], um mit staatsrechtlich beruhigtem Gewissen das souveräne Wesen und die eigenrechtsmächtige Verfasstheit der römisch-katholische Kirche nicht mehr zur Kenntnis nehmen zu müssen[102] und mithin ignorieren zu können.

---

aKV), welche durch den schwyzerischen Souverän aufgrund der von Art. 59 Abs.1 ZGB diesbezüglich erteilten Kompetenz erlassen wurde. § 64 aGOG wurde 1999 mit der Inkraftsetzung der rev. KV ausser Kraft gesetzt. Dadurch entbehrt das kantonale öffentliche Recht in stiftungsrechtlicher Hinsicht sowohl einer auf Verfassungsstufe installierten Kompetenznorm, als auch eines auf formeller Gesetzesstufe entsprechend ausführenden Rechtssatzes. Die kantonalkirchliche 'Körperschaft' kann sich somit in casu auf keine delegierte Kompetenz berufen, um den Rahmen ihrer Autonomie auch mit Vorschriften betreffend kirchlicher Stiftungen ausfüllen zu können.

96 § 94 rev. KV.

97 § 93 rev. KV.

98 § 95 rev. KV.

99 § 96 rev. KV.

100 Demzufolge enthalten §§ 91-96 rev. KV keinen Zweckparagraphen, welcher die existentielle Funktion der 'Kantonalkirche', nämlich das Zurverfügungstellen der Temporalien zugunsten der röm.-kath. Kirche im Kanton Schwyz, determinierte. Vielmehr gibt sich die 'Kantonalkirche' ihre 'kirchlichen Aufgaben', für welche die Kirchgemeinden Steuern erheben, selber (§ 95 Abs. 1 rev. KV), ohne dass das Gemeinwesen de constitutione lata das kirchliche Selbstbestimmungsrecht gegenüber parakirchlichen Ambitionen der kantonalkirchlichen Körperschaft, die sich unzweifelhaft schon in der Begrifflichkeit von § 95 Abs. 1 rev. KV („Erfüllung kirchlicher Aufgaben") ausdrücken, mit einer expliziten Kautele schützte.

101 Es ist hier auch darauf hinzuweisen, dass die röm.-kath. Kirche als 'Societas perfecta' keiner organisationsrechtlichen Nachhilfe durch Instrumente des weltlichen Staatskirchenrechts bedarf.

102 Infolgedessen nimmt der Kanton Schwyz dadurch, dass er die röm.-kath. Kirche gemäss RRB 1997/1867, S. 2, lediglich „als gesellschaftliche Institution ... getreu dem Verfassungsauftrag" begreift, das Wesen des konfessionellen Verbandes nur noch in verkürzter und somit in die gesamtkirchliche Realität deformierender Weise wahr. Vgl. auch Puza, Weltkirche, S. 656 f., welcher der Degradierung der röm.-kath. Kirche zu einem gesellschaftlichen Interessenverband religiös motivierter Prägung entgegentritt. „Dahinter steht ein Denken, das nicht nur die sachlich-institutionelle Verbindung von Staat und Kirche, sondern auch die Stellung der Kirche auf gleicher Ebene mit dem Staat, die sie aus sonstigen gesellschaftlichen Bindungen heraushebt, abbauen will." (Ders., op.cit., S. 656).

c) Conclusio

Weder die Materialien noch der Wortlaut der §§ 2, 91-96 rev. KV enthalten einen Hinweis auf eine anderweitige Absicht des Verfassungsgebers. Damit tritt das Telos der Verfassungsänderung offenkundig zutage, nämlich den konfessionellen Bezugspunkt des schwyzerischen Staatskirchenrechts nach protestantischem Muster[103],[104] staatsrechtlich zu kreieren[105]. Die rechtspersönlichen Ausprägungen der römisch-katholischen Kirche auf dem kantonalschwyzerischen Territorium finden in diesem entkonfessionalisierten Verhältnissystem keinen Platz mehr. Die römisch-katholische Kirche ist somit nicht mehr öffentlichrechtlich anerkannt[106].

---

103 Dass dem so ist, lässt sich auch anhand der patronatischen Tradition der selbst- bzw. unselbständigen Kirchgemeinden beweisen, deren diesbezügliche Autonomie die Bildung einer dem Staat strukturanalogen 'Kantonalkirche' aus historischer Sicht zu keiner Zeit erforderlich scheinen liess. „Die katholischen Kantone haben keine die Kirchgemeinden umfassende Landeskirche (sc. Kantonalkirche) errichtet. Eine Landeskirche im eigentlichen Sinn hätte nicht nur deswegen keinen Raum gehabt, weil die Kirche im Kanton durch die Pfarreien als integrierte Bestandteile des Bistums in Erscheinung tritt, sondern auch weil das Bistums- oder Kantonsvolk nie Träger eines Patronatsrechts wie das Pfarrvolk gewesen ist, und im Grunde genommen auch der Sache nach nicht sein kann. Von daher wird ersichtlich, warum auch keine Landeskirche in den Kantonen geschaffen wurde, wo die Grenzen des Bistums mit den kantonalen politischen Grenzen zusammenfallen.“ (Corecco, Landeskirche, S. 16).

104 Von diesem geht der Regierungsrat in RRB 1997/1867, S. 5, offenbar aus, wenn er behauptet: „Mit der Anerkennung der Kirchen akzeptiert der Kanton grundsätzlich das Selbstverständnis der Kirchen.“ Tatsächlich ist die ev.-ref. Kirche in organisationrechtlicher Hinsicht auf die staatskirchenrechtlichen Konstrukte angewiesen. Hingegen ist dies bei der röm.-kath. Kirche keineswegs der Fall. Vgl. Grichting, Recht, S. 186, 190 f. Das Gemeinwesen seinerseits wird nicht erst durch seine öffentlichrechtliche Anerkennung gegenüber dem konfessionellen Verband entsprechend verpflichtet, denn das kirchliche Selbstverständnis erfährt a priori freiheitsrechtlichen Schutz. Nur im Rahmen der grundfreiheitlichen Schranken und auf der Grundlage der religiös-weltanschaulichen Neutralitätspflicht ist der Kanton Schwyz überhaupt kompetenzrechtlich befähigt, die öffentlichrechtliche Anerkennung auszusprechen. Dass er dies gegenüber der röm.-kath. Kirche als solcher nicht mehr tut, beweist mithin die Gleichsetzung der Kreation staatskirchenrechtlicher Verbeiständungsinstrumente mit dem Akt der öffentlichrechtlichen Anerkennung in loc.cit., S. 4: „Durch die Anerkennung von Kantonalkirchen und Kirchgemeinden und die Zurverfügungstellung von staatskirchenrechtlichen Institutionen anerkennt er (sc. der Kanton Schwyz) ... bestimmte Religionsgemeinschaften.“

105 Infolgedessen stellt die staatskirchenrechtliche Körperschaft 'Kantonalkirche' keine Folge des publizistischen Status der röm.-kath. Kirche mehr dar, sondern wird vom Kanton Schwyz als Zweck der öffentlichrechtlichen Anerkennung verstanden.

106 Bonnemain, Kantonalkirche, S. 699.

B. System der 'Entflechtung'

a) Methode

Der Kanton Schwyz verortet weiterhin sein Staatskirchenrecht in der Kantonsverfassung aus dem Jahre 1898. Hier wurde durch die Partialrevision der Kantonsverfassung im Jahre 1992 ein neuer Titel 'IV. Staat und Kirchen'[107] eingeführt, welcher das Verhältnisdispositiv der staatsrechtlich kreierten Körperschaften zum Kanton entwirft. Dieses soll vom Grundsatz der Entflechtung von Kirche und Staat getragen werden. In der Folge lässt die Kantonsverfassung die bestehenden Einheitsgemeinden auflösen. Gleichzeitig muss sich per staatliches Dekret eine ev.-ref. bzw. röm.-kath. 'Kantonalkirche' als Körperschaft[108] konstituieren[109],[110], um den von der Kantonsverfassung zwingend übertragenen Finanzausgleich zu regeln und den Rechtsschutz in kantonalkirchlichen Angelegenheiten sicherzustellen. Zu diesem Behufe sollten sich die zu gründenden 'Kantonalkirchen' innert Frist[111] ein Organisationsstatut[112] geben, welchem in der kantonalen Nor-

107 Die entgegen der alphabetischen Ordnung gewählte Reihenfolge der Begriffe ist symptomatisch für die Art des mit der Partialrevision der Kantonsverfassung intendierten Verhältnisses des Staates zur röm.-kath. Kirche.

108 Damit lässt sich der Begriff 'Kantonalkirche' nicht als Ausdruck der öffentlichrechtlichen Anerkennung, wie ihn Lampert, Rektoratsrede, S. 1 ff., (dort mit dem Ausdruck 'Landeskirche') verwendet (vgl. Fuchs, Verhältnis, S. 138, FN 65), auffassen. Vielmehr verleiht § 91 rev. KV diesem Terminus aufgrund des staatsrechtlich implizit verordneten Gründungszwangs einer kantonalkirchlichen Körperschaft den Charakter eines staatskirchenrechtlichen Organisationsprinzips. Vgl. auch Schmid, S. 179 f.

109 „Es sei hier erlaubt, die Bezeichnung 'Gründung' (sc. Abs. 3 der Übergangsbestimmung rev. KV) der Kantonalkirchen zu unterstreichen." (Bonnemain, Kantonalkirche, S. 700).

110 Begehren andere Religionsgemeinschaften einen publizistischen Status als öffentlichrechtliche 'Kantonalkirche', müsste dieser über den Weg einer Änderung der Kantonsverfassung erlangt werden. Siehe RRB 1991/840, S. 20.

111 Vgl. Abs. 3 der Übergangsbestimmung rev. KV. Dieser wurde seitens des Kantonsrats in seiner vollen Schärfe respektive trotz seiner rechtstechnischen Unzulänglichkeit angewandt, wodurch den Stimmbürgern röm.-kath. Konfession unter Zuhilfenahme von staatspolitischen Argumenten iuristisch zweifelhafter Stringenz das Recht zum demokratischen Entscheid über das Organisationsstatut verwehrt wurde. Der Kanton Schwyz verpflichtet die 'röm.-kath. Kantonalkirche' zwar auf die demokratischen Grundsätze, er wollte aber gleichzeitig beim Erlass des Organisationsstatuts der 'Kantonalkirche' nichts von diesen wissen. Damit schwächt er die staatskirchenrechtliche Körperschaft in legitimationsrechtlicher Hinsicht beträchtlich. Vgl. auch Walser, Bistumsvertrag, S. 785.

menhierarchie der Rang eines formellen Gesetzes 'sui generis'[113] zukommt. Diesem schreibt die revidierte Kantonsverfassung eine Reihe von Kautelen vor, die sicherstellen sollen, „dass die wesentlichsten Strukturprinzipien von Bund und Kantonen auch bei den Kantonalkirchen zum Tragen kommen“[114]. So legt § 94 Abs. 1 rev. KV für die Kantonalkirchen einen föderativen Aufbau fest, welcher durch die Kirchgemeinden flächendeckend gegliedert wird; des weiteren findet das Prinzip der demokratischen Entscheidungsfindung in §§ 92, 94 Abs. 3 rev. KV Eingang; die Kantonalkirchen haben gemäss § 96 rev. KV für einen genügenden Rechtsschutz zu sorgen; und schliesslich steht das Organisationsstatut unter dem Genehmigungsvorbehalt des Kantonsrates[115]. Nur über den konfessionellen Bezug schweigt sich diese Rahmenordnung bewusst aus[116],[117]. Damit

---

112 Der Unterschied zwischen 'Kantonalkirchen', die von kantonalen Gesetzen, und solchen, die von einem eigenen Organisationsstatut „regiert werden, darf ... nicht überschätzt werden“ (Fuchs, Verhältnis, S. 139). Die in der rev. KV eingebauten Kautelen lassen in der Tat nicht zu, dass sich die 'Kantonalkirche' derart vom staatlichen Vorbild entfernt, dass nicht mehr ersichtlich wäre, wessen Schöpfung sie eigentlich ist.

113 Es handelt sich deshalb um ein formelles Gesetz 'sui generis', weil nicht der kantonale Gesetzgeber insgesamt, sondern nur ein konfessionell determinierter Teil der Stimmberechtigten die Erlasskompetenz besitzt. Diese Rechtsqualifikation als eigengeartetes Gesetz darf nicht durch die in Abs. 3 Übergangsbestimmung rev. KV vorgesehene Ersatzvornahme seitens des nicht konfessionell determinierten Kantonsparlamentes beeinträchtigt werden. Sähe dies der Kantonsrat anders, würde er seinen Willen zur grundrechtswidrigen Verletzung des Paritätsgrundsatzes eingestehen. Die theoretische Möglichkeit einer solchen Variante zeigt deutlich die regelungstechnische Mangelhaftigkeit der Übergangsbestimmung rev. KV auf.

114 RRB 1991/840, S. 21.

115 Diese ist gemäss § 92 Abs. 2 2. Lemma rev. KV zu erteilen, wenn das Organisationsstatut weder Bundesrecht noch kantonalem Recht widerspricht.

116 In dieser Intention wurden auch die §§ 41, 51 aKV gestrichen. „Beide regelten die Kompetenzen der Regierungsorgane in 'gemischt staatlich-kirchlichen Angelegenheiten'. Die Streichung ist logisch und in stringenter Kohärenz mit der neuen Regelung der Beziehungen zwischen Kirchen und Staat. Der Staat hat nun seine Staatskirche, welche sich 'autonom' um das 'Kirchenwesen' kümmert, gleichsam wie die Polizei sich um das 'Polizeiwesen' kümmert. Der Kanton braucht nicht mehr mit einem ebenbürtigen Partner zu verhandeln, weil er sich von diesem einseitig getrennt hat. Einmal mehr fand ein altbekanntes Vorgehen statt, das in anderen Schweizer Kantonen früher bereits ausprobiert bzw. durchgeführt wurde, nämlich durch eine sog. 'öffentlich-rechtliche Anerkennung einer Kantonskirche' die Kirche als Kirchenwesen dem Staat ein- und unterzuordnen.“ (Bonnemain, Kantonalkirche, S. 700 f.).

117 Der Regierungsrat sah in seinem Bericht rev. KV (RRB 1991/840) gemäss dem aus der endgültigen Vorlage gestrichenen § 97 rev. KV vor, dass sich „das Verhältnis zum Bistum“ nach der mit den „zuständigen Organen der römisch-katholischen Kir-

ignoriert der Kanton Schwyz die eigenrechtsmächtig verfasste römisch-katholische Kirche und tritt ersatzweise in ein näheres Verhältnis zu den bezüglichen Institutionen seines Staatsrechts[118]. Darin ereignet und beschränkt sich somit die von staatskirchenrechtlichem Integralismus geprägte Methode der formalparitätisch motivierten Entflechtung des kantonalschwyzerischen Verhältnisses zur römisch-katholischen Kirche.

b) Staatsrechtliche Relation zu den rechtspersönlichen Ausprägungen der römisch-katholischen Kirche

Der Kanton Schwyz wird durch den Bistumsvertrag in seiner Funktion als Vertragspartei gebunden, die sich mit den auf seinem Territorium in rechtspersönli-

---

che abgeschlossenen Vereinbarung" (RRB 1991/2144, S. 2) zu richten habe. Es ist dem Regierungsrat in kompetenzrechtlicher Hinsicht zuzustimmen, wenn er in RRB 1991/840, S. 25, darauf aufmerksam macht, dass nicht die 'Kantonalkirche' sondern der Kanton Schwyz aufgrund der Völkerrecht beschlagenden Natur der Frage der Zugehörigkeit zur Diözese Chur (vgl. Bistumsvertrag bzw. Vereinigungsbulle 'Imposita humilitati') zuständig ist. Über die Möglichkeit einer Fortschreibung der bisherigen Rechtsquellen, welche die aus der Zugehörigkeit zur Diözese Chur fliessenden Rechte und Pflichten regeln, schweigt sich loc.cit. unvollständigerweise aus. Hingegen bezieht die vorberatende Kommission des Kantonsrates in casu unzweifelhaft Stellung: „Die vorberatende Kommission beantragt nun, von der Aufnahme einer solchen Bestimmung abzusehen. Nach ihrer Auffassung wäre es wenig konsequent, das Verhältnis zum Bistum ausdrücklich in einer besonderen Bestimmung anzuführen, nachdem die Gesamtkonzeption der Vorlage von einem neutralen Verhältnis zu den einzelnen Konfessionen ausgehe." (RRB 1991/2144, S. 2). In der Folge wurde § 97 rev. KV aus der regierungsrätlichen Vorlage gestrichen. Siehe loc.cit., S. 4. Damit entschlägt sich der Kanton Schwyz mit der im Jahre 1992 angenommenen Partialrevision seiner Grundordnung in der Verfassungsurkunde jeglichen Bezuges zur eigenrechtsmächtig verfassten röm.-kath. Kirche und wählt eine einseitig-'autistische' Vorgehensweise bei der Gestaltung seines Verhältnisses zur röm.-kath. Kirche. „Dieses Vorhaben einer nicht einvernehmlichen bzw. nicht vertraglichen Änderung ('Neuordnung') bisher vertraglich geregelter Rechtsverhältnisse bedeutet einen Bruch des 1824 geschlossenen Bistumsvertrags, weil es ursprünglicher Zweck des Bistumsvertrags ist, das Verhältnis zwischen der katholischen Kirche und dem Kanton Schwyz zu regeln." (Walser, Bistumsvertrag, S. 763 f.).

118 Kraft dieser Entflechtungsmethode verweigert sich die revidierte Kantonsverfassung der vom Zweiten Vatikanischen Konzil veranlassten Aufwertung des Pfarreibegriffs. Das öffentliche Recht des Kantons Schwyz ignoriert damit, dass die von seinen staatskirchenrechtlichen Institutionen aufgrund der kirchlichen Gliedschaft verbandsmässig erfassten Getauften als personale Substanz in erster Linie und unabhängig ihrer staatskirchenrechtlichen Mitgliedschaft einen rechtsnotwendigen Bestandteil der kanonischen Pfarrei bilden.

cher Form existenten Ausprägungen der diözesanen Teilkirche Chur[119] ergebenden Rechtsbeziehungen wahrzunehmen[120]. Insofern muss der Kanton Schwyz das Verhältnis seiner körperschaftlichen Institutionen zum konfessionellen Verband regeln. Dies tut er in staatsrechtlicher Hinsicht dadurch, dass er seine ihm bundesrechtlich zugewiesene Kompetenz für den Bereich des Staatskirchenrechts ausübt. Aus Gründen der Systemstringenz findet sich dort keine entsprechende Delegationsnorm, welche die staatskirchenrechtlichen Körperschaften legitmierte, sich der vom Kanton Schwyz zwingend in Anspruch zu nehmenden Vollmacht zu behändigen. Der 'Kantonalkirche' ist es somit verwehrt, sua sponte innerhalb des von Art. 59 Abs. 1 ZGB gewährten und durch den Kanton Schwyz ausgefüllten[121] Kompetenzrahmens legislatorisch zu agieren, was insbesondere ihre

119 Gemäss c. 363 CIC 1983 besteht die Gesamtkirche in und aus Teilkirchen. „Damit sind die ekklesiologisch konstitutiven Gliederungselemente bezeichnet, die über alle Zwischengliederungen hinweg zum unaufgebbaren Wesen der Kirche gehören. Der CIC bringt dies durch seine Legalordnung zum Ausdruck ..." (Aymans, Kanonisches Recht II, S. 182). RRB 1998/377, S. 2, geht somit fehl, wenn er e contrario implizit annimmt, Beziehungen zur röm.-kath. Kirche als solcher könnten sich nur auf der völkerrechtlichen Ebene entfalten. Über die Teilkirche ist immer auch die Struktur der Gesamtkirche in ihren rechtspersönlichen Ausprägungen (cf. c. 113 § 2 CIC 1983) miteinbezogen.

120 Vgl. RRB 1997/1867, S. 13.

121 Um eine dem Kanton Schwyz zustehende (Art. 59 Abs. 1 ZGB) und hoheitliche Befugnisse (zum hoheitlichen Handeln siehe die Definition in BGE 117 Ia 113 E. 5d) begründende Kompetenz („- ... darauf läuft die Bildung öffentlich-rechtlicher Körperschaften hinaus-" [BGE 104 Ia 446 E. 4c]) an die körperschaftlichen Institutionen des Staatskirchenrechts zu transferieren, müsste in der Kantonsverfassung als Regelungsort des schwyzerischen Staatskirchenrechts (hierzu RRB 1991/840, S. 23 f.) gemäss BGE 104 Ia 445 f. E. 4c eine ausdrückliche Delegationsnorm enthalten sein. Vgl. Huguenin Jacobs, Kom. ZGB, Art. 59, Rz. 7; Nay, Aufsichtsrecht, S. 55. Fehlt eine solche, ist dies Ausdruck des Verfassungswillens, die entsprechende Befugnis dem politischen Gemeinwesen vorzubehalten. Eine diesbezügliche Lücke kann somit staatsrechtlich nicht entstehen. Die Notwendigkeit einer explizit bestehenden und materiell entsprechend delegierenden Kompetenznorm auf der kantonalen Verfassungsebene folgt auch aus dem „Gesetzesbegriff beim formellen Gesetz", worunter vorab Materien fallen, „die als Aufträge an den Gesetzgeber zu verstehen sind, namentlich etwa ... das Bezirks- und Gemeindewesen (§§ 71 ff. KV) usw. Ähnlich zu verstehen sind auch Vorbehalte des Gesetzes zur Einschränkung gewisser Freiheiten (Eigentumsgarantie ... usw., § 13 ... KV)" (Huwyler, Gesetzesbegriffe, S. 234). Mithin handelt sich hierbei um verfassungsrechtliche Regelungsbereiche, welche vorliegend Relevanz entfalten. Konstitutivelement der Kantonsverfassung bzw. eines Gesetzes im formellen Sinne sensu stricto ist, dass die Zuständigkeit für den Erlass, die Änderung und die Aufhebung beim Souverän als höchstem Staatsorgan liegt. Hierzu Ders., Gesetz und Verordnung, S. 64 ff. Während Art. 59 Abs. 1 ZGB den kantonalen Verfassungs- bzw. Gesetzgeber ermächtigt,

Zuständigkeit zur öffentlichrechtlichen Anerkennung[122] sowie die Befugnis zur stiftungsrechtlichen Aufsicht[123] ausschliesst.

---

sich inhaltlich jener Materie anzunehmen, „die ihm im Rahmen des übergeordneten Rechts offensteht“ (Ders., Gesetzesbegriffe, S. 238), beschränkt sich der formelle Delegationsbegriff dieser Norm des Bundesprivatrechts auf den Vorbehalt des Erlasses von kantonalem öffentlichen Recht. Dieses wird im Rechtssetzungsverfahren durch den kantonalen Verfassungs- bzw. Gesetzgeber erlassen, also bei der Verfassung bzw. beim Gesetz im formellen Sinne vom kantonalschwyzerischen, nicht konfessionell determinierten Souverän.

122 Die Organisationsautonomie der 'Kantonalkirche' geht soweit, wie es der kantonale Verfassungs- und Gesetzgeber vorsieht. Sie beinhaltet a priori nicht die bundesrechtlich implizit gewährte Kompetenz zur öffentlichrechtlichen Anerkennung einer Religionsgemeinschaft und ihrer rechtspersönlichen Ausprägungen. – Auch aus dem religionsfreiheitsrechtlichen Blickwinkel müsste eine solche Kompetenzanmassung misslingen. Durch den Akt der öffentlichrechtlichen Anerkennung pervertierte nämlich die 'Kantonalkirche' ihre existentielle Dependenz von der vorbestehenden röm.-kath. Kirche. Damit erschiene der konfessionelle Verband lediglich als dispensierbare Akzidentalie einer dem staatskirchenrechtlichen Integralimus verhafteten 'Kantonalkirche', welche sich die Kompetenz zur öffentlichrechtlichen Anerkennung zu eigen macht, um ihre staatskirchlichen Ambitionen materiell zu verwirklichen. Insofern setzte sich die 'Kantonalkirche' in Widerspruch zur religiös-weltanschaulichen Neutralitätspflicht des Gemeinwesens.

123 Nachdem in bezug auf die stiftungsrechtliche Aufsicht kirchlicher Anstalten eine entsprechende Kompetenzdelegation an die 'Kantonalkirche' ausgeschlossen werden kann, tritt in casu die kodikarische Bedeutung der kirchlichen Stiftungen, Güter, Fonds und Einrichtungen in den staatsrechtlichen Vordergrund. Die Pfarrei, das Benefizium, die 'Fabrica ecclesiae' und die kirchlichen Sonderstiftungen sind öffentliche iuristische Personen des Kirchenrechts. Sie handeln somit 'Nomine ecclesiae' (c. 116 CIC 1983) und stellen strukturelle Ausprägungen der röm.-kath. Kirche (c. 113 § 2 CIC 1983) bzw. der Diözese Chur auf dem kantonalschwyzerischen Territorium dar. Insofern ist ihr staatsrechtliches Schicksal und ihre Handlungsfreiheit Gegenstand der vertragsrechtlich gebundenen Beziehung des Kantons Schwyz zur Diözese Chur. Die röm.-kath. Kirche hat somit keinen rechtlich zwingenden Anlass sich u.a. über Aufsichts- und Verwaltungsfragen mit der diesbezüglich nicht mandatierten 'Kantonalkirche' auf der Ebene des kantonalkirchlichen Staatskirchenrechts ins Vernehmen zu setzen. Eine von RRB 1997/1867, S. 13, intendierte vertragliche Vereinbarung zwischen der 'Kantonalkirche' und der Diözese Chur über die Aufsicht und Verwaltung kirchlicher Stiftungen, Güter, Fonds und Einrichtungen käme mithin vom kompetenzrechtlichen Blickwinkel aus betrachtet einer rechtsgrundlos paktierten Bevormundung gleich. Ein solches Mandat verleiht der CIC 1983 in keiner Weise. Folglich gehen RRB 1997/1867, S. 13; sowie RRB 1998/377, Beilage S. 2 (§ 4), von unzutreffenden Annahmen aus.

c) Fazit

§ 92 rev. KV setzt den Autonomierahmen der 'Kantonalkirche' fest. Darin organisieren sich die staatskirchenrechtlichen Körperschaften selbständig. Gleichzeitig entfernt der Kanton Schwyz die bis 1999 traditionell öffentlichrechtlich anerkannte römisch-katholische Kirche aus seinem öffentlichen Recht. Das Gemeinwesen erblickt seinen konfessionellen Bezugspunkt fürderhin in den staatskirchenrechtlichen Körperschaften der 'Kantonalkirche'. Der Kanton Schwyz will gegenüber der römisch-katholischen Kirche nur noch als völkerrechtlich kompetenter Mandatar der diesbezüglich inkompetenten[124] 'Kantonalkirche' auftreten[125]. Aufgrund ihrer Autonomie legt die 'Kantonalkirche' ihr Verhältnis zum konfessionellen Verband selber fest[126]. Der Kanton Schwyz kontrolliert dabei nicht, ob die kantonalkirchliche Ordnung „mit dem kanonischen Recht übereinstimmt"[127],[128]. In diesem Punkt offenbart sich die mangelhafte Konkordanz der Verfassungspartialrevision des Jahres 1992 mit den hinsichtlich des Verhältnisses von Kirche und Staat praeexistenten Rechtsquellen. Der Kanton Schwyz geht im Bistumsvertrag die Rechtspflicht ein, alles zu unterlassen, was „des Bischofs Sorge für das Seelenheil der ihm anvertrauten Christen"[129] erschwert. Die materielle Kontrolle dieser vertragsrechtlich stipulierten Verpflichtung gibt der Kanton Schwyz mit § 92 rev. KV aus der Hand. Dadurch kann er sich bei einer Verletzung derselben mit dem Verweis auf die Autonomie der 'Kantonalkirche' seiner Verantwortung entziehen. Zugleich fällt der Kanton Schwyz in das religionsfreiheitlich zu überwindende und dem Wesen der römisch-katholischen Kirche

124 Die „Völkerrechtspersönlichkeit geht einer Kantonalkirche eindeutig ab" (RRB 1991/840, S. 25 f.). Vgl. auch Walser, Bistumsvertrag, S. 787.

125 RRB 1991/840, S. 25 f. Vgl. RRB 1998/377, S. 2; sowie RRB 1997/1867, S. 13.

126 Die so entstehende Eigendynamik der staatskirchenrechtlichen Institutionen führt, wie Grichting, Recht, S. 204, feststellt, „zu einem fast vollständigen Verdunsten des 'sentire cum ecclesia'".

127 Listl, Gewährleistung, S. 96.

128 Der Kanton Schwyz soll aufgrund seiner Oberaufsicht über die 'Kantonalkirche' (§ 92 Abs. 3 rev. KV) dann einschreiten, wenn die Funktionsfähigkeit der 'Kantonalkirche' ernsthaft in Frage gestellt ist. Dies betrifft ebenfalls deren Bindung an die Prinzipien des Rechtsstaates und der Demokratie. Im übrigen ist das Oberaufsichtsrecht des Kantons in § 92 Abs. 3 rev. KV nicht näher konkretisiert. Es dürfte analog zu Nay, Aufsichtsrecht, S. 54, im wesentlichen darauf beschränkt sein, eine Verletzung staatlichen Rechts durch die kantonalkirchlichen Körperschaften sowie einen Übergriff derselben in staatliche Bereiche zu verhindern. Vgl. Kraus, Staatskirchenrecht, S. 389 f.; sowie Giusep Nay, Zur Stellung der Landeskirchen und ihrer Kirchgemeinden in Verfassungs- und Verwaltungsstreitsachen, in: ZGRG 1 (1982), S. 47 f.

129 § 13 Bistumsvertrag.

inadäquate Einteilungsschema zwischen Interna und Externa[130] zurück. Letztere weist das Gemeinwesen mitsamt der diesbezüglichen Kompetenzkompetenz in staatskirchlicher Manier den staatskirchenrechtlichen Körperschaften zu[131].

Während die rechtspersönlichen Ausprägungen der Diözese Chur auf dem kantonalschwyzerischen Territorium nicht mehr öffentlichrechtlich situiert werden, bleibt hingegen u.a.[132] der rechtliche Standort der Gebietsabtei Maria-Einsiedeln weiterhin im öffentlichen Recht bestehen. Dort geniesst das Benediktinerkloster gemäss § 20 KV[133] nach wie vor den Status einer öffentlichrechtlichen Körperschaft[134]. Diese Diskrepanz in der Verfassungssystematik indiziert den Grad der konzeptionellen Ausgewogenheit der im Jahre 1992 partialrevidierten Kantonsverfassung.

Das Programm der Entflechtung von Kirche und Staat im Kanton Schwyz enthält als Systemgrundsatz die staatsrechtliche Kreation autonomer 'Kantonalkirchen'. Auf einen Bezug zum konfessionellen Verband wird dabei verzichtet[135]. Der Staat oktroyiert der römisch-katholischen Kirche mithin ein protestantisches Wesensmuster[136]. Ihr wird als saekularrechtliche Entfaltungsebene das Bundes-

---

130 In Anbetracht des eigenrechtlich verfassten Wesens der röm.-kath. Kirche lehnt Fuchs, Verhältnis, S. 145 f.; sowie Ders., Praxis, S. 183, dieses Einteilungsschema ab.

131 Vgl. §§ 92, 94 rev. KV. Kritisch Kraus, Staatskirchenrecht, S. 412 f.

132 Vgl. vorne, S. 315 ff.

133 Dieser Paragraph war nicht Gegenstand der Verfassungsänderung des Jahres 1992. Die Verfassungssystematik der KV 1898 basiert bezüglich der staatskirchenrechtlichen Normen auf § 2 aKV. Nur im Zusammenhang mit dem dort situierten Regulationszentrum, welches die röm.-kath. Kirche als solche im öffentlichen Recht des Kantons Schwyz situiert, macht § 20 KV als konkretisierende Präzisierung von § 2 Abs. 1 aKV Sinn.

134 Offenkundig wird diese Diskrepanz im Verhältnis zwischen der Benediktinerabtei und der Pfarrei Einsiedeln. Während der Ortspfarrer als Organ der aus dem publizistischen Recht ausgegliederten, aber im kanonischen Recht in der Form einer öffentlichen Rechtsperson existenten Pfarrei (cc. 515; 532 CIC 1983) amtiert, gehört er als Konventuale einer im kantonalen öffentlichen Recht situierten Körperschaft mit kirchenrechtlich teilkirchlichem Charakter (cc. 368; 370 CIC 1983) an.

135 Das kantonale Verfassungsrecht bezieht das Programm für die öffentlichrechtliche Situierung des konfessionellen Verbandes nicht mehr aus der eigenrechtlich verfassten Organisation der römisch-katholischen Kirche. Dadurch widerspricht die staatsrechtliche Methode der öffentlichrechtlichen Anerkennung dem religionsfreiheitlich gewährleisteten Prinzip des kirchlichen Selbstbestimmungsrechts.

136 „Obgleich dem Gesetzgeber die verschiedene Bedeutung der öffentlich-rechtlichen Körperschaften der beiden Hauptkonfessionen bewusst wird (sc. RRB 1991/840, S. 3; RRB 1997/1867, S. 2), so strebt er doch in umfassender Weise deren *Gleichbehandlung* an." (Fuchs, Verhältnis, S. 145). Hierzu wird der Massstab im traditionell katholisch geprägten Kanton Schwyz von der ev.-ref. Kirchenstruktur bezogen.

privatrecht zugeteilt. Dort kann sie sich gegen diesen Typus staatskirchenrechtlicher Verbeiständung grundrechtswidrigerweise nicht zur Wehr setzen[137]. Somit gerinnt die öffentlichrechtliche Anerkennung im Kanton Schwyz zum staatskirchlichen Prinzip, „dass der *Staat* ohne Rücksicht auf kirchliches Recht einen *organisationsrechtlichen Rahmen* festlegt“[138],[139]. Dadurch schafft der Staat etwas, „was gar nicht Kirche ist“[140]. Hierin generiert das Gemeinwesen mit der öffentlichrechtlichen Anerkennung paradoxerweise für sich selber einen „rätselhaften Ehrentitel“[141].

2. Selbstbestimmungsrechtliche Aporien

A. Systemanalogismus

a) Modell des Staates

Der Kanton Schwyz entwirft das strukturelle Wesen ‘röm.-kath. Kantonalkirche’ anhand seines eigenen Modells[142]. Während die auf die kanonische Pfarrei hin-

---

137 Damit wird auch die These, dass „staatlich verordnete Organisationsprinzipien ... auch nach heute noch weit verbreiteter Auffassung gleichsam als Preis für die öffentlichrechtliche Anerkennung“ (Friederich, Kirchen und Glaubensgemeinschaften, S. 414) gelten, hinfällig, denn die durch den Kanton Schwyz ins Bundesprivatrecht versetzte röm.-kath. Kirche hat dort fürderhin weder Anlass, irgendwelche aus der publizistischen Verbeiständung fliessende Bedingungen zu erfüllen, noch kann sie die Art der ‘Anerkennung’ mit den ihr zur Verfügung stehenden Mitteln des Privatrechts beeinflussen.

138 Friesenhahn, S. 8. Vgl. Grichting, Kirche oder Kirchenwesen, S. 172.

139 Dies hat den Effekt, dass der Kanton Schwyz im Rahmen der angestrebten Entflechtung durch die staatsrechtliche Kreation der ‘Kantonalkirche’ als für ihn grundsätzlich konfessionellen Bezugspunkt die Verflechtung erhöht. Siehe Carlen, Kirche und Staat in der Schweiz, S. 341. Vgl. auch Weihbischof Peter Henrici, ‘Stellungnahme zur Abstimmungsvorlage über die Verfassung der röm.-kath. Kantonalkirche Schwyz vom 8. Juni 1997’, Zürich 21.5.1997, welcher diesbezüglich von einem „Paradox“ spricht.

140 Urs Josef Cavelti, Diskussionsbeitrag, S. 1012.

141 Rudolf Smend, Staat und Kirche nach dem Bonner Grundgesetz, in: ZevKR 1 (1951), S. 9.

142 Vgl. Gut, Landes- und Kantonalkirchen, S. 536: „Diese öffentlich-rechtlichen Körperschaften auf kantonaler Ebene (sc. des Kantons Luzern) erhielten eine staatsrechtliche Form, die bis in kleinste Regelungen des Wahlverfahrens hinein dem Staat nachgebildet ist [...] In der gleichen ‘Fallrichtung’ lag der Entwurf zu einer römisch-katholischen ‘Kantonalkirche Schwyz’, der am 8. Juni 1997 von den Schwyzer Katholiken mit knappem Mehr verworfen wurde.“

geordnete Kirchgemeinde sozusagen ein kirchenrechtliches Pendant besitzt, findet die 'Kantonalkirche' keine analoge „Entsprechung im kanonischen Recht"[143]. Die 'Kantonalkirche' ist gemäss § 91 rev. KV eine öffentlichrechtliche Körperschaft deren Rechtsgrundlage sich ausschliesslich im kantonalen Recht befindet[144]. Der Kanton Schwyz gliedert die 'Kantonalkirche' in ein Parlament, eine vollziehende Behörde und in eine Rechtsmittelinstanz[145],[146].

b) Instrumentarien des Staates

Der Kanton Schwyz verpflichtet die 'Kantonalkirche' auf die Instrumentarien seines Staatsrechts. Demzufolge müssen sich die kantonalkirchlichen Körperschaften im Rahmen von Verfassung und Gesetz demokratisch organisieren. Obwohl „nicht die Demokratie Basis der Zusammenarbeit zwischen Staat und Kirche ist, sondern die Religionsfreiheit"[147], stilisiert der Kanton Schwyz den Mechanismus der demokratischen Entscheidfindung in axiomatischer Art und Weise zu einer Glaubensfrage hoch[148], ohne jedoch diesbezüglich das suprapositive

143 Primetshofer, S. 861.

144 Die 'Kantonalkirche' wird durch das Staatskirchenrecht normativ reguliert. Dieses ist im öffentlichen Rechts des Kantons Schwyz implementiert.

145 RRB 1997/1867; 1998/377. Vgl. Gut, Landes- und Kantonalkirchen, S. 540 f. „Dass hier die gleiche Wirkmächtigkeit und Erfolgspolitik des staatlichen Rechtssystems angestrebt wird, die dem kanonischen Recht grundsätzlich fremd sind, ist deutlich genug." (Corecco, Landeskirche, S. 23). – Damit einher geht die Schaffung einer eigenen Verwaltungsorganisation nach staatlichem Muster, die nicht unerhebliche Aufwendungen finanzieller Natur bedingt. Vgl. Schmid, S. 248.

146 Eine solche Struktur kann „beim besten Willen nicht als Verwirklichung der im II. Vatikanischen Konzil bekräftigten und weiterentwickelten Ekklesiologie und der kirchlichen Sendung der Laien verstanden werden" (Grichting, Kirche oder Kirchenwesen, S. 340). Es folgt weltlicher Machtlogik, wenn der Kanton Schwyz versucht, „die Anteilnahme der Laien an der Verantwortung für die Kirche prinzipiell auf Grund ihres weltlichen Charakters zu begründen (sc. vgl. RRB 1997/1867, S. 11f). Eine Theologie der Laien, welche vom weltlichen Charakter der Laien ausgeht, und daher von ihrer nicht immer korrekt verstandenen Autonomie, zumal auch die Hierarchie eine Verantwortung gegenüber den weltlichen Dingen trägt, führt unvermeidlich zum Aufbau einer doppelten Hierarchie in der Kirche, einer laikalen und einer klerikalen. So sprengt man die Einheit der Sendung der Kirche in der Welt." (Corecco, Landeskirche, S. 29). Vgl. Grichting, Recht, S. 212.

147 Grichting, Kirche oder Kirchenwesen, S. 338.

148 „Der Kanton übernimmt von Verfassungs wegen die Garantie dafür, dass die Organisationsstatute der Kantonalkirchen und die Kirchgemeindestatuen demokratisch und rechtsstaatlich ausgestaltet werden." (RRB 1997/1867, S. 5). Siehe auch RRB 1991/840, S. 22.

Hierachieprinzip[149] der römisch-katholischen Kirche rechtsverbindlich zur Kenntnis nehmen zu wollen[150]. Dergestaltige Einseitigkeit hat einen polarisierenden Effekt[151].

Den eigentlichen Existenzzweck der staatskirchenrechtlichen Körperschaften, nämlich die Beschaffung der Temporalien, erleichtert der Kanton Schwyz, indem er ausschliesslich die Kirchgemeinden[152] mit dem Recht der Steuererhebung ausstattet[153].

---

149 „Die Idee der Demokratie betont richtig die Gleichheit aller Christen in Bezug auf das Heil und eventuell die Mitverantwortung aller in und für die Kirche, sie ist aber unfähig, die eigentliche Struktur der Kirche zu bezeichnen, weil die Gewalt der Amtsträger nicht von unten – weder von den Laien noch letzten Endes vom gesamten Gottesvolk – abgeleitet wird. Im Unterschied zum Staatsvolk – sei es nach dem liberalen oder dem marxistischen System oder nach jenem der als 'verantwortliche Regierung' verstandenen Demokratie – ist das Gottesvolk in der Wurzel je nach der vom Sakrament gegebenen Funktion ungleich strukturiert. Die katholische Theologie drückt dies mit dem allerdings nicht neutestamentlichen, seiner Etymologie nach aber 'heiliger Ursprung' bedeutenden Begriff 'Hierarchie' aus.“ (Corecco, Landeskirche, S. 28 f.).

150 „Gemäss c. 381 § 1 CIC kommt dem Diözesanbischof in der ihm anvertrauten Diözese *alle* ordentliche, eigenberechtigte und unmittelbare Gewalt zu, die zur Ausübung seines Hirtendienstes erforderlich ist; ausgenommen ist, was von Rechts wegen oder aufgrund einer Anordnung des Papstes der höchsten oder einer anderen kirchlichen Autorität vorbehalten ist. Diese grundlegende Bestimmung des kanonischen Rechts gilt auch in der Schweiz. Mit dieser grundlegenden Bestimmung des kanonischen Rechts ist das 'Demokratieprinzip', auf dem das Staatskirchenrecht der schweizerischen Kantone weiterhin beruht, nicht in Einklang zu bringen.“ (Listl, Gewährleistung, S. 97). Siehe Corecco, Landeskirche, S. 38.

151 „Wenn sich bei strittigen Fragen beide Seiten zur Bekräftigung ihrer jeweiligen Argumentation auf die für sie spezifischen kanonischen bzw. kantonalen Prinzipien berufen, dann erwächst daraus nicht selten eine konträre Betonung hierarchischer bzw. demokratischer Elemente, die Gefahr läuft, das jeweils stärkere Element überzubetonen, wenn nicht gar zu verabsolutieren, obwohl doch ... Demokratie und Hierarchie meist ineinander verschränkt sind. Im Ergebnis führt das die Beteiligten nicht zusammen, sondern bringt sie eher weiter auseinander und droht den staatskirchenrechtlichen Dualismus, wenigstens auf lange Sicht, zu zerstören.“ (Kraus, Kirche und Demokratie, S. 177). Vgl. Corecco, Landekirche, S. 38 f.; Gut, Landes- und Kantonalkirchen, S. 540 f.

152 RRB 1991/840, S. 22 f.

153 „Zentraler Punkt dieses staatlichen Instrumentes ist die Gewährung des Steuerbezugsrechts; vornehmlich um dieses Rechts willen stattet der Staat die kirchenbezogene Körperschaft mit hoheitlicher Gewalt aus.“ (Gut, Landes- und Kantonalkirchen, S. 538). Diese verwendet die 'Kantonalkirche' in casu dazu, um die Kirchgemeinden auf den kantonalkirchlich festzulegenden Finanzausgleich zu verpflichten.

c) Terminologie des Staates

Der Kanton Schwyz anerkennt gemäss § 91 Abs. 1 rev. KV die römisch-katholische Kirche als 'Kantonalkirche'[154]. Diese Terminologie gibt zu ekklesiologischen Irrtümern Anlass, da sie in keiner Weise dem eigenrechtsmächtigen Selbstverständnis der römisch-katholischen Kirche entsprechen kann[155]. Die Problematik einer adäquaten Ausdrucksweise für dieses staatskirchenrechtliche Konstrukt offenbart als begriffliches Indiz die Inadäquanz einer nach staatlichem Muster gearteten 'Kantonalkirche'. „Eine 'römisch-katholische Kantonalkirche' ist nicht 'die Kirche', ja sie ist keine Kirche, und ihr Organisationsstatut ist keine 'Kirchenverfassung'. Beide Bezeichnungen sind vollkommen irreführend; sie haben heillose Missverständnisse zur Folge."[156].

d) Erlass des Staates

Das kantonale Stimmvolk beschloss im Jahre 1992 durch die Partialrevision der Kantonsverfassung die Errichtung von 'Kantonalkirchen'. Das konfessionelle Element wurde bei dieser Vorlage insofern marginalisiert, als nicht je die Glieder der ev.-ref. oder röm.-kath. Konfession unabhängig voneinander darüber bestimmen konnten[157], ob sie im Rahmen eines vom Kanton Schwyz zur Verfügung zu

---

154 Die Bezeichnung 'Kantonalkirche' wurde gewählt, um „sich auch terminologisch vom historischen Landeskirchentum abzugrenzen" (RRB 1991/840, S. 20). Vgl. auch Kraus, Staatskirchenrecht, S. 411. Dass diese Terminologie nicht mit dem röm.-kath. Kirchenverständnis korrespondieren kann, war für die Begriffsfindung nicht massgebend, was wiederum mit dem Faktum übereinstimmt, dass die rev. KV das Wesen der eigenrechtlich verfassten röm.-kath. Kirche ignoriert. Insbesondere kommt durch den Ausdruck 'Kantonalkirche' „manchen Laien, und mögen sie auch juristisch gebildet sein, ... das fundamentale katholische Kirchenverständnis mit seiner weltweiten (rechtlichen) Verfassung nicht in das Blickfeld, und sie glauben gar, die Nachahmung der Gestalt, der terminologischen Bezeichnungen und des Wirkens der staatskirchenrechtlichen Einrichtungen bei unseren evangelisch-reformierten Schwesterkirchen, denen ein wesentlich anderes Kirchenverständnis eignet, stehe im Dienste der ökumenischen Versöhnung" (Gut, Landes- und Kantonalkirchen, S. 534).

155 Listl, Gewährleistung, S. 97 f. Vgl. Friederich, Kirchen und Glaubensgemeinschaften, S. 61; Fuchs, Verhältnis, S. 145.

156 Gut, Landes- und Kantonalkirchen, S. 539. Vgl. Corecco, Landeskirche, S. 20, Fuchs, Praxis, S. 187 f. Vgl. auch Aimone, S. 150. Lavierend und verharmlosend Pius Hafner, Staat und Kirche, S. 308 f.

157 Damit wird § 97 lit. m (Fassung 1898) aKV (sinngemäss ebenso § 91 Abs. 4 [Fassung 1898] aKV; sowie § 93 Abs. 1 aKV) als Grundsatz verletzt, dass „bei Behandlung kirchlicher Fragen ... nur Konfessionsangehörige stimmberechtigt" sind.

stellenden Autonomierahmens sich in der Form einer 'Kantonalkirche' öffentlichrechtlich organisieren wollen, sondern ausschliesslich der nicht konfessionell determinierte Verfassungsgeber den Zwang zur Gründung von 'Kantonalkirchen' sanktionierte[158],[159]. Überhaupt dürfte es dem Prinzip der Einheit der Materie widersprechen, wenn der kantonale Souverän mit einer einzigen Abstimmungsfrage aufgerufen wird, gleichzeitig über die Kreation von 'Kantonalkirchen' als öffentlichrechtliche Körperschaften zu befinden und über die Auflösung der noch bestehenden Einheits- bzw. die Verselbständigung sämtlicher unselbständigen

---

158 Die Verfassungsvorlage des Jahres 1992 litt an dem nicht unwesentlichen Mangel, dass sie in casu keine 'Kann-Formulierung' enthielt (vgl. beispielsweise § 1 Abs. 1 'Gesetz über die Kirchenverfassung [Einführung und Organisation kirchlicher Synoden]' des Kantons Luzern vom 21. Dezember 1964), welche zur Folge gehabt hätte, dass die Gründung einer 'Kantonalkirche' in der Kompetenz der stimmberechtigten Glieder des entsprechenden konfessionellen Verbandes gelegen wäre.

159 Die 'Abstimmungsvorlagen und Erläuterungen' des Regierungsrates zur kantonalen Volksabstimmung vom 27. September 1992 erwähnen denn auch mit keinem Wort, dass eine eminent konfessionell beherrschte Abstimmungsvorlage dem nicht konfessionell determinierten Stimmvolk vorgelegt wird. Die Abstimmungsbotschaft spricht hauptsächlich von der Einführung einer Finanzausgleichsordnung unter den Kirchgemeinden und erwähnt die Aufhebung der bis dato bestehenden Einheitsgemeinden. Sie setzt aber die Kreation der Kantonalkirchen nicht in einen auf die röm.-kath. Kirche bezogenen Kontext und gibt insbesondere keine Rechenschaft darüber, inwiefern sich der Dualismus zwischen dem eigenrechtlich verfassten konfessionellen Verband und dem Kanton Schwyz durch die Schaffung einer kantonalkirchlichen Körperschaft materiell verändert und welche Folgen die Ausgliederung der rechtspersönlichen Ausprägungen der röm.-kath. Kirche aus dem kantonalen öffentlichen Recht zeitigt. „Die zwar plausiblen Ausführungen spornten den Stimmbürger nicht dazu an, den zudem ordentlich komplizierten Verfassungstext neben der Botschaft zur Kenntnis zu nehmen; dies umsomehr, als der amtliche Bericht jeden Hinweis darauf unterliess, das Verfahren für die Errichtung der Kantonalkirchen weiche in wesentlichen Punkten von der bestehenden verfassungsmässigen Ordnung ab ... Die zwar korrekte, jedoch eher ungenügende amtliche Erläuterung, provozierte daher ohne Zweifel keinen Stimmberechtigten, die Abstimmungsvorlage besonders zu überdenken, da sich die amtliche Erläuterung zu sehr auf 'Einlullung' beschränkte. Das wird denn auch der Grund gewesen sein, dass die Vorlage vor der Abstimmung überhaupt nicht diskutiert wurde, indem die staatsrechtliche Tragweite (Entrechtung der Stimmberechtigten, def. Einführung der Kantonalkirchen, Ausschaltung des Referendums usw.) nicht erkennbar war." (Edwin Simon, Die Kantonalkirchen des Kantons Schwyz, Exposé 1998 [unveröffentlichtes Manuskript], S. 20). Offensichtlich handelt es sich bei der im Jahre 1992 angenommenen Vorlage über die 'Neuordnung des Verhältnisses zwischen Kirchen und Staat' um eine in ihrer vollen Tragweite vom Stimmbürger nicht erfassbare, unausgewogene und konfessionell inadäquate Verfassungsänderung, deren Vollzug aufgrund regelungstechnisch mangelhafter Voraussicht nicht ohne rechtsungleiche Zwangsmassnahmen vonstatten ging.

Kirchgemeinden zu entscheiden[160]. Beide Sachbereiche betreffen nämlich voneinander objektiv independente Komplexe organisationsrechtlicher Natur, denen „ein enger sachlicher Zusammenhang“ [161] mangelt[162]. Diesem „Angebot des Staates an die Kirche“[163] fehlte somit der richtige Adressat[164], weswegen der mangelhaft detaillierte und nicht konfessionsspezifisch realisierbare Angebotsinhalt diesbezüglich verschiedenartige Motivationen auslöste, welche aus materiellparitätsrechtlichen Gründen konfessionell differenziert hätten werden müssen.

B. Inkompatibilitäten mit dem Kirchenrecht

a) Institutionenverdoppelung

„Der Schritt von den Kirchgemeinden – über eine durchaus vertretbare organisatorische Zusammenfassung der Kirchgemeinden hinaus – zu einem neuen Ge-

---

160 Hierzu vgl. vorne, S. 453 f.

161 Häfelin/Haller, Rz. 599 f., mit Verweis auf BGE 123 I 71 E.4b: „Le droit des électeurs de voter de manière conforme à leur volonté réelle et, partant, de s'exprimer à l'abri de toute influence extérieure illicite postule notamment que la question à laquelle ils doivent répondre lors d'une votation ne porte que sur un seul objet ou, tout au moins, sur des objets étroitement interdépendants, réunis entre eux par un lien réel et objectif.“

162 So hätte es durchaus dem Willen des Souveräns entsprechen können, die Einheitsgemeinden aufzulösen und alle Kirchgemeinden zu verselbständigen, ohne dass die Gründung einer 'Kantonalkirche' ebenfalls die Zustimmung des Stimmbürgers gefunden hätte. Diese Variante, deren Offensichtlichkeit in casu getrennte Vorlagen rechtfertigen würde, konnte das Volk mit einer einzigen Abstimmungsfrage nicht beschliessen.

163 Nay, Freie Kirche im freien Staat, S. 480. Vgl. auch Kraus, Kirchgemeinde, S. 579. – Da im Kanton Schwyz das Angebot zur öffentlichrechtlichen Organisation in einer 'Kantonalkirche' nicht offiziell an die Glieder des konfessionellen Verbandes gerichtet ist, können diese als solche wegen fehlender Adressatur formell auch nicht darauf verzichten. Dies verletzt die Religionsfreiheit. Insofern kann nicht von einem verfassungsmässigen Individualrecht auf Gründung einer 'Kantonalkirche' gesprochen werden. Hingegen steht es den staatskirchenrechtlich Stimmberechtigten offen, im Rahmen der kantonalkirchlichen Autonomie, welche von den in der rev. KV statuierten Kautelen in Schranken gefasst wird, über die materielle Gestaltung zu befinden, ohne aber dass mithin über die formelle Existenz der 'Kantonalkirche' als solcher ebenfalls durch die Stimmberechtigten röm.-kath. Konfession entschieden werden könnte.

164 Dies verdeutlicht sich in legislatorischer Hinsicht umso ausgeprägter, als das nicht konfessionell determinierte Kantonsparlament aufgrund Abs. 3 der Übergangsbestimmung rev. KV sich bemüssigt fühlte, für die röm.-kath. 'Kantonalkirche' ein Organisationsstatut zu erlassen, ohne dass der Stimmbürger röm.-kath. Konfession hierzu begrüsst wurde. Vgl. RRB 1998/377, S. 5 f.

bilde, dem man den stolzen Namen 'Landeskirche' oder 'Kantonalkirche' gibt, bringt schon deswegen eine kirchlich ganz neue Ausgangslage, weil sich auf der Ebene eines Kantons – im Unterschied zur Kirchgemeinde, der gegenüber die kirchliche 'Fundamentalstruktur' der Pfarrei und an ihrer Spitze personalisiert, der Pfarrer steht – kein vergleichbares kirchliches 'Gegenüber' befindet. Denn das Kantonsgebiet gehört einer kantoneübergreifenden Diözese an, in die die katholischen Einwohner nach der Verfassung der katholischen Kirche integriert sind; eine 'kantonale Kirche' gibt es nicht. Für überpfarreiliche Aufgaben zuständig sind entweder der Diözesanbischof oder die Pfarreiverbände, materiell unterstützt von den Kirchgemeinden."[165]. Durch die staatsrechtliche Kreation einer 'Kantonalkirche' mutiert der auf der Ebene Kirchgemeinde-Pfarrei im Kanton Schwyz anhand der patronatischen Klammer traditionell verankerte Dualismus von Kirche und Staat zur staatlich verfügten Institutionenverdoppelung. Damit wird parakirchlichen Ambitionen im Bereich des kantonalen Staatsrechts die institutionelle Grundlage bereitet[166]. Als Modell des Staates generiert die 'Kantonalkirche' vermöge ihrer Strukturprinzipen und Entscheidungsmechanismen[167] ein Kirchenbild, welches demjenigen der römisch-katholischen Kirche

---

165 Gut, Landes- und Kantonalkirchen, S. 537. Siehe auch Corecco, Landeskirche, S. 19; Grichting, Kirche oder Kirchenwesen, S. 173; Kraus, Staatskirchenrecht, S. 412. – Definitiv werden in casu die ohnehin in der kantonalschwyzerischen Realität stark verflochtenen Begriffe des Staats- resp. Staatskirchenrechts zwangsvereinigt.

166 „Eine öffentlich-rechtliche Körperschaft, die auf der kantonalen Ebene wirken will, stösst auf eine 'verdünnte Zone' episkopaler Präsenz und diözesanen Einflusses, und dann kann es leicht – sozusagen nach einem 'physikalischen Gesetz' – geschehen, dass sie, ohne selbst Kirche und ohne im Besitz eines pastoralen kirchlichen Auftrages zu sein, ausserhalb der innerkirchlichen Ordnung (der Verfassung der Kirche) kirchliche Macht sich aneignet" (Gut, Landes- und Kantonalkirchen, S. 537). Darüber hinaus besteht die Gefahr, dass die für die „Patronats- und Finanzverwaltung gedachte Struktur der Kirchgemeinde nach ihrer Übertragung auf die Gesamtkirche (sc. Kantonalkirche) im Kanton ihre Zuständigkeit auf viele andere kirchlichen Angelegenheiten zwangsläufig ausweitet. Die unvermeidliche Folge einer Übertragung des protestantischen Systems auf die katholische Kirche ist das mittelbare Übergreifen des Staates durch die 'Landeskirche' in die innerkirchlichen Angelegenheiten. Dadurch würde die Autonomie der Kirche nicht nur auf dem Gebiet der von der traditionellen Doktrin aufgezählten innerkirchlichen Angelegenheiten, sondern darüber hinaus auch in der nach dem II. Vatikanum aufzubauenden quasi-synodalen Struktur der Diözesen in Frage gestellt." (Corecco, Landeskirche, S. 21). Zur diesbezüglichen Umsetzung des Potentialis in den Realis siehe Grichting, Recht, S. 190 ff.

167 Die Strukturprinzipien und Entscheidungsmechanismen werden in der rev. KV als rechtsstaatlich-demokratisches System konzipiert. „Dieses System wird wie jedes Machtsystem von der eisernen Notwendigkeit geprägt sein, seine ihm selbst immanente, nicht unbedingt mit der kirchlichen Dynamik übereinstimmende Logik möglichst genau zu verwirklichen." (Corecco, Landeskirche, S. 39).

nicht entspricht[168]. Im vollen Bewusstsein dessen erblickt der Kanton Schwyz seinen staatskirchenrechtlichen Bezugspunkt freiwillig nur noch in den kantonalkirchlichen Körperschaften[169]. Folglich protektioniert das kantonalschwyzerische Recht die staatskirchenrechtlichen Verbeiständungsinstrumente gegenüber der eigenrechtsmächtig verfassten römisch-katholischen Kirche und protegiert die staatsrechtlichen Organisationsprinzipien zulasten der grundrechtlich gesicherten Entfaltungsfreiheit[170] des konfessionellen Verbandes[171]. Insofern verletzt der

---

168 Walser, Bistumsvertrag, S. 764 ff.

169 „Man könnte hier nun von einem nun nicht mehr kaiserlichen, sondern demokratischen Volks-Josephinismus sprechen – eigentlich von einem solchen der Oligarchie des staatskirchlichen Apparates." (Bonnemain, Schweizer Kantonalkirchen, S. 533). Siehe Corecco, Landeskirche, S.41, als 'Spiritus rector' dieser pointierten Feststellung.

170 Ausdruck der grundrechtswidrigen Beschränkung der kirchlichen Entfaltungsfreiheit ist, dass durch die Kreation einer strukturell mit dem Staat analogen „kantonalen *Gegenkirche* die auf dem *ius divinum* beruhende Leitungsgewalt des Diözesanbischofs, die für diesen unverzichtbar ist, zu einem erheblichen Teil ausgeschaltet und im Grunde beseitigt wird. Diese Behinderung der Ausübung der Leitungsgewalt des Diözesanbischofs stellt eine schwerwiegende Verletzung der Religionsfreiheit der katholischen Kirche ... dar" (Listl, Gewährleistung, S. 96), wie sie nun auch im Kanton Schwyz eintritt.

171 Wenn Kraus, Kirche und Demokratie, S. 177, zum Schluss kommt, dass die Beurteilung der Institutionenverdoppelung davon abhängt, „wie die in Pfarrei und Kirchgemeinde, Diözese und Kantonalkirche bzw. Kirchgemeindeverband tätigen Menschen von den Möglichkeiten Gebrauch machen, die ihnen diese Art der Kirchenorganisation bietet", so ist damit nur bewiesen, dass die staatskirchenrechtliche Institutionalisierung ein Forum bietet, um parakirchliche Ambitionen im Bereich des Staatsrechts wirksam zu inszenieren. Dies aber verdeutlicht wiederum, dass der Zweck einer Struktur nicht von Instabilitätsfaktoren geprägt sein darf. Wenn der Staat nun in seinem öffentlichen Recht eine Plattform für eine adäquates Verhältnis zum konfessionellen Verband zur Verfügung stellen will, muss er diese so disponieren, dass die strukturellen Gefässe nicht dahingehend missbraucht werden können, um vermöge ihrer dem staatlichen Muster analogen Organisation den Anschein zu erwecken, „die Landeskirche (sc. Kantonalkirche) sei endlich eine 'Kirche', die demokratische Formen aufweise, die Partizipation aller Katholiken auf der Ebene der Gleichheit ermögliche, den 'Klerikalismus' besiege, kantonale Seelsorgewerke realisiere und 'freiheitliche' Formen bringe" (Gut, Landes- und Kantonalkirchen, S. 537). In der Aura dieses Trugbildes bereitet der Kanton Schwyz durch die dekretierte Kreation einer kantonalkirchlichen Körperschaft einem entkonfessionalisierten Staatskirchentum den Nährboden, welches die eigenrechtsmächtig verfasste röm.-kath. Kirche gegen ihren offenkundigen Verfassungswillen in einen erzwungenen Bezug zu einem staatlich verfügten Organisationsschema (§ 91 rev. KV) setzt. Dieser zusätzlich in einem ausschliesslich parlamentarischen Verfahren erlassene Hoheitsakt des kantonalen Gemeinwesens (siehe Abs. 3 Übergangsbestimmung rev. KV) vermag die bundesrechtlich gewährleistete Religionsfreiheit zu verletzen. Denn

Kanton Schwyz mit dem Gründungszwang einer römisch-katholischen 'Kantonalkirche' seine objektivrechtliche Pflicht zur religiös-weltanschaulichen Neutralität. In Anbetracht dieser Tatsache muss sich das Gemeinwesen fundamental auf seine grundfreiheitlichen Pflichten besinnen[172]. Dies nicht zuletzt auch deswegen, weil die staatskirchenrechtlich provozierten Spannungen und die „Differenz der 'Kirchenbilder' so sehr zugenommen haben, dass eine handgreifliche Gefahr zu schwerwiegenden Verformungen der katholischen Kirche, in deren Dienst die staatskirchenrechtlichen Einrichtungen stehen müssten, leider nicht mehr in Abrede gestellt werden kann“[173].

b) Kompetenzkompetenz

Die Strukturen und Entscheidungsmechanismen der 'Kantonalkirche' orientieren sich am kantonalen Gemeinwesen. Dieses ordnet der 'Kantonalkirche' im Rahmen von Verfassung und Gesetz Autonomie zu. Daraus leitet der kantonalkirchliche Selbstverwaltungskörper die Kompetenz zur Bereichscheidung ab[174], ohne dass der Kanton Schwyz in Rücksicht auf seine religionsfreiheitliche Inpflicht-

---

„soll das Recht zur Bildung von Religionsgesellschaften wirksam werden, so muss darin auch das Recht eingeschlossen sein, dass die religiöse Gemeinschaft frei sich selber organisiert. Die geformte Gemeinschaft ist ein Verband, der mit eigenem Organsystem verfasst ist. Deshalb verbietet es die Religionsfreiheit, dass der Staat einer Konfession ein Verfassungsschema aufdrängt oder ein Organisationsstatut gegen deren Zustimmung aufoktroyiert.“ (Plattner, S. 413).

172 „Der neue Stellenwert, den die Religionsfreiheit heute einnimmt, hat das institutionelle Verhältnis zwischen Kirche und Staat verändert. Mittelbar indem das kantonale Staatskirchenrecht verfassungs- und konventionskonform im Sinne dieses Grundrechts auszulegen und anzuwenden ist. Aber auch unmittelbar dadurch, dass neuere Kantonsverfassungen das Staat-Kirche Verhältnis auf eine grundlegend neue Basis stellen.“ (Nay, Freie Kirche im freien Staat, S. 477). Letzterem hat der Kanton Schwyz mit der Verfassungspartialrevision des Jahres 1992 nicht nachgelebt.

173 Gut, Landes- und Kantonalkirchen, S. 534. – Vor einer Verletzung der Kirchenfreiheit warnt aus der Optik eines ev.-ref. Mitchristen Friederich, Kirchen und Glaubensgemeinschaften, S. 416: „Obwohl der landeskirchliche (sc. kantonalkirchliche) Verband in katholischer Optik nur die Bedeutung einer staatsrechtlichen Hilfskonstruktion mit zudienender Funktion hat, ist sein Einfluss auf das kirchliche Leben unter Umständen beträchtlich. Auch wenn das staatliche Recht die kanonische Organisation der Kirche als solche nicht antastet, verletzt eine umfassende ausschliesslich staatliche Regelung der landeskirchlichen Organisation deshalb unter Umständen die Kirchenfreiheit. Sie widerspricht jedenfalls den Bestimmungen des *Abschliessenden Dokuments des KSZE-Folgetreffens von Wien*, wonach das Recht kirchlicher Gemeinschaften zu achten ist, 'sich nach ihrer eigenen hierarchischen und institutionellen Struktur zu organisieren'.“

174 Vgl. RRB 1998/377, Beilage S. 1 (§ 3 Abs. 2).

nahme diesbezüglich die 'Kantonalkirche' in explizite Schranken weisen würde[175]. Zweifellos wird sich die kantonalkirchliche Körperschaft bei der Rechtssetzung in einem kirchliche Belange tangierenden Erlass „kraft ihrer institutionellen Eigendynamik ..., der 'Kompetenz-Kompetenz' bedienen und die umstrittene Frage, was zum innerkirchlichen Bereich gehört, im Zweifelsfall 'zu ihren Gunsten' entscheiden"[176],[177].

---

175 Prophetisch nimmt Corecco bereits 1970 mit seinen kritischen Anmerkungen zur 'Landeskirche' des Kantons Luzern die im Zuge der seit 1992 eingeleiteten 'Neuordnung des Verhältnisses zwischen Kirchen und Staat' im Kanton Schwyz sich abzeichnende Problematik vorweg: „Die 'Kirchenverfassung' (sc. der Luzerner 'Landeskirche') § 5 Abs. 2 statuiert, dass die 'Landeskirche' in den innerkirchlichen Belangen die Lehre und Rechtsordnung der römisch-katholischen Kirche anerkennt. Im Gegensatz zur evangelisch-reformierten Kantonskirche, welche selber kirchliche Instanz ist, deklariert die katholische 'Landeskirche', die innerkirchlichen Angelegenheiten nicht selbständig und somit unabhängig von der römisch-katholischen Kirche regeln zu können, sondern dies in der Zuständigkeit der kirchlichen Amtsträger zu belassen. Wenn es falsch gewesen wäre, die 'Landeskirche' durch das kantonale Recht auf die bindenden Vorschriften der kirchlichen Rechtsordnung zu verpflichten, so dass der Grosse Rat als Genehmigungsinstanz zu prüfen hätte, ob die Tätigkeit der 'landeskirchlichen' Organe mit dem geltenden Kirchenrecht übereinstimme, fragt man sich mit Recht, wer den darüber urteilen wird, ob die Lehre und die Rechtsordnung der Kirche eingehalten worden ist oder nicht. Freilich kann der Bischof immer darüber sein Urteil fällen; er steht aber ohne wirksame Rechtsmittel da, und laut der BV Art. 49 Abs. 2 und 4 könnte er nicht einmal mit kanonischen Strafen eingreifen. Sollte die 'Landeskirche' eine Kontrollinstanz in der Art von einem 'Verfassungsgericht' einsetzen (sc. vgl. § 96 rev. KV; sowie RRB 1998/377, Beilage S. 5 f. [§§ 20-22]), dann würde dieses Organ auf Grund eines fremden Rechtes ... nicht nur ihre eigenen Angelegenheiten, sondern sogar in denen des Bischofs urteilen, was rechtlich auf keinen Fall zu rechtfertigen wäre." (Corecco, Landeskirche, S. 39 f.).

176 Gut, Landes- und Kantonalkirchen, S. 540. Vgl. Schmid, S. 248. – An der Tatsache, dass hiermit die eigenrechtsmächtige Zuständigkeit der röm.-kath. Kirche durch eine rein staatsrechtlich motivierte Kompetenzattraktion verdrängt wird, ändert auch eine in das Organisationsstatut der 'Kantonalkirche' aufgenommene Bestimmung (siehe RRB 1998/377, Beilage S. 1 (§ 3 Abs. 2) nichts, wonach 'Kantonalkirche' und Kirchgemeinden in kirchlichen „Belangen die Lehre und Rechtsordnung der römisch-katholischen Kirche anerkennen ..., weil die Kompetenzkompetenz zur Bestimmung dessen, was katholische Lehre und kanonische Rechtsordnung sind, nicht (sc. mehr) beim Papst und beim Diözesanbischof und bei den Organen der katholischen Kirche, sondern bei der staatlichen 'Landeskirche' (sc. 'Kantonalkirche') liegt" (Listl, Gewährleistung, S. 96). Mithin hat ein solcherart 'gewährter' Vorbehalt des kanonischen Rechts lediglich deklaratorischen Charakter und erzielt einen bloss beschönigenden Effekt. Vgl. Grichting, Kirche oder Kirchenwesen, S. 216 f.; Ders., Recht, S. 188, 203; Walser, Bistumsvertrag, S. 786 f.

Damit wird klar, dass die vom Kanton Schwyz zur Verfügung gestellten Strukturen des Staatskirchenrechts kein adäquates Mittel sein können, um die Freiheit der römisch-katholischen Kirche zu garantieren, da diese im Gegenteil zufolge ihrer gegenüber dem konfessionellen Verband staatlich uneingeschränkten Kompetenzkompetenz in der Lage sind, „die Verfassung der Kirche zu überspielen und an die Wand zu drücken“[178]. In dieser Hinsicht ist mithin „eine Entwicklungstendenz festzustellen, welche für die freie Stellung der katholischen Kirche im Staat einen Rückschritt und einen Involutionsprozess darstellt“[179]. Die ‘Kantonalkirche’ disponiert aufgrund ihrer vom staatlichen Modell bezogenen Organisation in der Form einer autonomen Körperschaft des öffentlichen Rechts über eine etatistische Potenz[180], welche sich besonders über ihre Temporalien-

---

177 Hierin ereignet sich die Aporie zwischen kantonalrechtlich gewährter Autonomie und bundesrechtlich gewährleisteter Religionsfreiheit (Siehe vorne, S. 179 ff.). Während erstere die Kompetenz der Bereichscheidung für sich beansprucht, wird letztere die daraus resultierende Verletzung des geschützten Selbstbestimmungsrechts des konfessionellen Verbandes erst im prozessualen Rahmen anhand eines zu ergreifenden Rechtsmittels kassieren können. Infolgedessen wäre es ein Akt der legislatorischen Klugheit und des anerkennenden Respekts vor der staatsrechtlich übergeordneten Realität der praepositiven Grundfreiheiten, wenn die kantonalkirchliche Körperschaft den methodologischen Schlüssel der Bereichscheidung aus dem objektivrechtlichen Gehalt der Religionsfreiheit gewinnt und das kirchliche Selbstbestimmungsrecht nicht nach eigenem Gutdünken in Schranken fasst, sondern nach Massgabe der kirchenrechtlichen Ordnung als vorgegeben annimmt. Zur Methode der Bereichscheidung siehe vorne, S. 438 ff.

178 Gut, Landes- und Kantonalkirchen, S. 541. – Dieses Problem scheint Nay, Freie Kirche im freien Staat, S. 482, ansatzweise in den Blick zu nehmen. Er findet jedoch in institutioneller Hinsicht insofern keine Lösung, als er auf das überholte Einteilungsschema zwischen Interna und Externa zurückgreift und dieses schliesslich mit dem guten Willen der jeweils beteiligten Amtsträger zu pazifizieren versucht. Diese Art der Bereichscheidung leidet aber aus der methodologischen Perspektive am Defekt, dass das Schutzobjekt der Religionsfreiheit erst nach der Bereichscheidung Relevanz erlangt. Grundrechtskonformerweise müsste die Bereichscheidung jedoch anhand des religionsfreiheitlichen Schutzobjekts in Anbetracht seiner Schranken und der Bindung seiner Träger durchgeführt werden, um anschliessend die daraus folgenden Kompetenzabgrenzungen gegenüber den staatskirchenrechtlichen Körperschaften vornehmen zu können. Auf diese Linie schwenkt Ders., op.cit., S. 483, im Resultat wieder ein.

179 Corecco, Landeskirche, S. 15.

180 Diese äussert sich in bezug auf den forensischen Bereich darin, dass die ‘Kantonalkirche’ „für einen genügenden Rechtsschutz der Konfessionsangehörigen und der Kirchgemeinden“ besorgt ist (§ 96 Abs. 1 rev. KV). Die Festlegung, der verwaltungsrechtlichen Akte und Streitigkeiten, welche durch die entsprechende Rechtsschutzinstanz der ‘Kantonalkirche’ zu beurteilen sind, liegt im Rahmen ihrer Autonomie in der Kompetenz der kantonalkirchlichen Körperschaft. „Mit der Aufforde-

herrschaft[181] ausprägt[182] und sich in der Folge auch darüber hinaus verwirklicht[183]. „Es braucht keine hellseherischen Fähigkeiten, um zu erkennen, dass das bedeutende rechtlich-institutionelle Übergewicht der 'Landeskirchen' und 'Kantonalkirchen' in Verbindung mit ihrer alles beherrschenden 'Finanzmacht' ein Selbstverständnis der 'landeskirchlichen' Behörden (als verkappte Kirchenlei-

---

rung, wonach der Rechtsschutz genügend sein müsse, belässt die Kantonsverfassung den Kantonalkirchen einen beträchtlichen Gestaltungsspielraum." (RRB 1997/1867, S. 18). Dieser beschlägt auch die Frage, welches saekularrechtlich relevante Rechtsschutzinteresse mit der Konfessionsangehörigkeit verbunden ist. Hierin wird einer Verletzung des kirchlichen Selbstbestimmungsrechts durch eine extensive Kompetenzdefinition der kantonalkirchlichen Rechtsschutzinstanz Tür und Tor geöffnet. Vgl. auch Bonnemain, Kantonalkirche, S. 701. „Justizgewährung und Kirchenfreiheit befinden sich ... in einem ständig neu auszugleichenden Spannungsverhältnis." (Kraus, Staatskirchenrecht, S. 410). Fragt sich nur, wer in casu ausgleichen soll.

181 In § 95 Abs. 3 rev. KV wird die 'Kantonalkirche' ermächtigt, für die „Erfüllung kirchlicher Aufgaben" (§ 95 Abs. 1 rev. KV), welche im Organisationsstatut aufzuzählen sind, von den Kirchgemeinden, die hierzu Steuern erheben können (§ 95 Abs. 1 rev. KV), gleichmässige Beiträge zu beziehen. Diese Norm verhindert die Erstellung eines parakirchlich ambitionierten Aufgabenkatalogs nicht. Im Gegenteil fördert in casu das Junktim zwischen Legalitätsprinzip und Finanzherrschaft einen expansiven Umgang mit den kantonalkirchlichen Kompetenzen. Dies um so mehr, als das kantonale Verfassungsrecht die Disposition 'kirchlicher Aufgaben' der 'Kantonalkirche' keiner ausdrücklichen Kautele zugunsten des konfessionellen Verbandes unterwirft.

182 „Eine Institution, die Finanzmacht besitzt und finanzielle Unterstützung gewähren oder verweigern kann, hat das 'Heft in der Hand', und ein kirchlicher Amtsträger, und sei es der Bischof, der zur Verwirklichung eines pastoralen Unternehmens einer finanziellen Unterstützung bedarf, kann nur als Bittsteller gegenüber der Körperschaft auftreten; die kantonale Körperschaft kann pastorale Initiativen des Bischofs 'abblocken'. Das hat denn auch in Teilbereichen zu einem stillen Rückzug aus der Führungsverantwortung auf kirchlicher Seite ... und – direkt proportional – zur Intensivierung des Selbstbewusstseins bei den staatskirchenrechtlichen 'Würdenträgern' geführt, ohne dass die Kirche selbst an innerer Stärke gewonnen hätte" (Gut, Landes- und Kantonalkirchen, S. 549 f.). Gl.M. Bonnemain, Schweizer Kantonalkirchen, S. 537; Grichting, Kirche oder Kirchenwesen, S. 209 ff.; sowie Listl, Gewährleistung, S. 100.

183 „Man darf es sich nicht verhehlen, dass die 'Landeskirche' auf Grund ihres allumfassenden, im Vergleich zu jenem der früheren Kirchgemeinde mächtig erweiterten Finanzressorts, über den Weg der materiellen Anmassung ihre fangarmige Zuständigkeit über alle anderen noch nicht explizit vorgesehenen innerkirchlichen Angelegenheiten mehr oder weniger erstrecken wird. Eine Verlagerung der ökonomischen Macht bringt nicht nur im politischen, sondern auch im (sc. staats-)kirchlichen Bereich eine Verlagerung der Zuständigkeit mit sich." (Corecco, Landeskirche, S. 21). Siehe auch Bonnemain, Schweizer Kantonalkirchen, S. 537; Grichting, Kirche oder Kirchenwesen, S. 209 f.

tungsinstanz) erzeugt, das zu einer identitätsgefährdenden Verformung der Kirchenverfassung in einem winzigen Teil der Weltkirche dadurch führen kann, dass die episkopale Struktur langsam, aber stetig ausgehöhlt wird.“[184].

c) Kein kirchenrechtlich anerkannter Ort der Laien

Die ‘Kantonalkirche’ kann als staatliches Modell nicht Kirche sein. Die kantonalkirchliche Körperschaft ist und bleibt vielmehr „– in Herkunft und Substanz – ein staatliches Gebilde zum Zwecke der materiellen Unterstützung der im Gebiet des Kantons wirkenden ‘Ecclesia sancta, catholica et apostolica’, wie sie im Credo umschrieben wird, der römisch-katholischen Kirche also“[185]. Insbesondere vermag die ‘Kantonalkirche’ das synodale Element der römisch-katholischen Kirche nicht als kirchenrechtliches Strukturprinzip[186] zu institutionalisieren[187], denn die grundlegenden „Elemente der Kirchenverfassung, wie die Beziehung zwischen Hierarchie und Laien, können nicht dem demokratischen Staatsrecht überlassen werden“[188]. Eine staatskirchenrechtliche Körperschaft kann somit aus kirchlicher Sicht weder den theologischen Ort der Laien[189] konzipieren noch gar verkörpern[190]. Die ‘Kantonalkirche’ wird im Kanton Schwyz von den staats-

184 Gut, Landes- und Kantonalkirchen, S. 550.

185 Gut, Landes- und Kantonalkirchen, S. 539. Vgl. auch RRB 1997/1867, S. 2.

186 „Wenn man ... bedenkt, dass eine auf demokratisch-korporativem Staatsrecht aufgebaute Institution, die unterschiedslos alle Mitglieder einer als Volkskirche verstandenen ‘Landeskirche’ (sc. ‘Kantonalkirche’) mit gleichem Massstab organisiert und rechtlich behandelt und die darüber hinaus die kirchlichen Amtsträger ... völlig ignoriert (sc. vgl. RRB 1998/377, S. 2), wie die Dekane und den Bischof, und welche schliesslich sich ... nicht als Bestandteil der entsprechenden Diözese erklärt (sc. vgl. RRB 1991/2144, S. 2; sowie RRB 1998/377, Beilage S. 2 [§ 4 Abs. 1]), so kann eine solche Struktur von Institutionen auf keinen Fall, auch nicht ersatzweise, als kirchlich-synodale Struktur gelten. Darüber sich keine Klarheit zu verschaffen, kommt unverantwortlichem Leichtsinn gleich und muss verhängnisvolle Missverständnisse hervorrufen.“ (Corecco, Landeskirche, S. 35).

187 „Es wäre ein groteskes Missverständnis zu meinen, die staatsrechtlich konzipierte Behördenorganisation und die ihr zustehende Rechtsmacht einer ‘Kantonalkirche’ seien ‘synodale’ kirchliche Strukturelemente; sie stehen vermöge ihrer staatlichen hoheitlichen Befugnisse vielmehr in scharfem Kontrast zu dem, was das Zweite Vatikanum unter der Entwicklung von synodalen Strukturen versteht (vgl. Dekret Christus Dominus Art. 27, 30), und zu der vom Konzil mit grossem Nachdruck bekräftigten Kirchenverfassung der katholischen Kirche“ (Gut, Landes- und Kantonalkirchen, S. 544).

188 Corecco, Landeskirche, S. 20.

189 Hierzu ausführlich Corecco, Landeskirche, S. 29 ff.

190 Auch wenn die ‘Kantonalkirche’ „technisch-juridisch nicht der Staat, sondern nur ein auf Staatsrecht fussender Selbstverwaltungskörper ist, sie ist aber um so weniger

rechtlichen Kautelen strukturell daran gehindert, eine kirchlich-synodale Tätigkeit zu entfalten. Es muss hier betont werden, dass im Gegensatz zur mitgliedschaftlichen Zweckbindung einer kantonalkirchlichen Körperschaft „eine kirchliche Institution primär nie dazu da ist, eine formelle, nach aussen gerichtete Tätigkeit und Mitwirkung der Gläubigen zu fördern, sondern vielmehr dazu, die Verwirklichung ihrer Gemeinschaft und ihres konkreten, religiösen Erlebens im Sinne der 'Communio ecclesiastica' zu ermöglichen. Dass eine demokratische Organisation, gerade weil sie unfähig ist, die typische hierarchische Struktur der Eucharistiefeier in das gesamte Gemeinschaftsleben der Kirche zu übertragen, ein untaugliches Instrument ist, liegt auf der Hand. Die Dynamik der Beziehungen zur Autorität in der Kirche kann auf keinen Fall eine andere sein als jene der 'Communio', welche die Eucharistiefeier bestimmt. Sie kann daher institutionell nicht mit einer Machtstruktur übersetzt werden, die auf dem Prinzip des Mehrheitsbeschlusses fusst."[191],[192].

---

und auf keinen Fall Kirche. Ausserdem mag es paradox klingen, ist aber nicht zu leugnen, dass einer der Beweggründe für die Konstituierung der katholischen 'Landeskirche' (sc. 'Kantonalkirche') in dem Bestreben zu suchen ist, den katholischen Volksteil und besonders den Laien durch das staatliche Institut der Selbstverantwortung auch zur Mitverantwortung am kirchlichen Leben heranzuziehen." (Gerosa, Vielfalt, S. 47). „Das ist deswegen paradox, weil man das an sich sehr wichtige Ziel mit einem ganz und gar inadäquaten Mittel erreichen will." (Corecco, Landeskirche, S. 25). Diesen Gedanken führt Grichting, Recht, S. 217, weiter: „Die Kirche wird ... nicht in der Gesellschaft verwurzelt, indem man möglichst viele Laien in ... parakirchlichen Institutionen (selbst-)beschäftigt. Die Kirche verwurzelt sich dann kapillar in der Welt, wenn die Laien dort, wo sie ja schon sind, ihr Kirche-sein leben. Ihnen dazu Anleitung und Hilfestellung zu geben, wäre Aufgabe der Theologie und dann der Verkündigung. So lange aber die Theologie ... noch damit beschäftigt ist, neue 'Zugangswege' zum Priesteramt und neue kirchliche Ämter zu fordern, bleibt sie unfruchtbar, weil sie die Gläubigen mit kirchenpolitischen Steinen abspeist, statt ihnen das Brot des Glaubens zu reichen. Nur letzteres macht satt." – Es sei hier auf Conzemius, S. 307, verweisen, welcher mit Blick auf das 19. Jahrhundert in Erinnerung ruft, „dass ein Weg innerhalb des Schweizer Katholizismus in eine Sackgasse geführt hat, der Versuch auf staatskirchlichem Wege kirchliche Refomen im Sinne grösserer Partizipation und Demokratiesierung zu erzwingen."

191 Corecco, Landeskirche, S. 37 f. – A.M. Fuchs, öffentlich-rechtliche Anerkennung, S. 99, welcher der Auffassung ist, mit den staatskirchenrechtlichen Körperschaften werde „eine für die katholische Weltkirche einmalige Laienbeteiligung erreicht, ohne dabei das kanonische Recht zu verletzen". Siehe auch Ders., Praxis, S. 183; Ders., Kirchenfreiheit, S. 960.

192 Offenbar 'glaubt' der Regierungsrat des Kantons Schwyz, in der 'Kantonalkirche' ein adäquates Mittel zur Laienbeteiligung zu erkennen. Er strebt in der Folge, ohne entsprechend kirchenrechtlich mandatiert zu sein, deren Institutionalisierung als Repräsentationsbehörde der röm.-kath. Glieder gegenüber den Amtsträgern der röm.-kath. Kirche an. Vgl. RRB 1997/1867, S. 11 f. Als staatsrechtliche Voraussetzung

II. Konsequenzen

1. Folgen für die kirchlichen Rechtsträger

Nachdem sich ergeben hat[193], dass die römisch-katholische Kirche auf dem Territorium des Kantons Schwyz nicht mehr öffentlichrechtlich situiert ist und ihr mithin ebenfalls der Status einer öffentlichrechtlich anerkannten Konfession abgeht[194], folgt daraus, dass ihr vom kantonalen Recht das Bundesprivatrecht als saekularrechtliche Entfaltungsebene zugewiesen wird[195].

---

hierfür dekretierte der Kantonsrat aufgrund Abs. 3 Übergangsbestimmung rev. KV der zu konstituierenden 'Kantonalkirche' am 8. April 1998 eine parlamentarische Struktur (ABl 1998 508). Vorgängig liess der Regierungsrat in einer Medienmitteilung vom 11. März 1998 verlauten: „Denn nur auf diese Weise ist Gewähr dafür geboten, dass alle Strömungen der Basiskirche im Parlament vertreten sind." In diesem Geiste lehnten Regierung und Parlament einen Zweckverband als adäquate Form einer kantonalkirchlichen Körperschaft ab (vgl. RRB 1991/840, S. 17), obwohl das kantonale Verfassungsrecht (§ 71 KV, vgl. BBl 1970 II 1363 f.) allgemein die Möglichkeit der Schaffung solcher Verbände schüfe. Hingegen erachten Gut, Landes- und Kantonalkirchen, S. 537; sowie Kraus, Staatskirchenrecht, S. 412, einen Zweckverband im Hinblick auf die in hingeordneter Stellung zudienende Funktion der staatskirchenrechtlichen Organisation für eine vertretbare Lösung.

193 Die Partialrevision der Kantonsverfassung des Jahres 1992 aboliert das bisher in § 2 Abs. 1 aKV verortete Zentrum staatskirchenrechtlicher Regulation. Im Gesamtzusammenhang der Verfassungsänderung lässt sich auch gewohnheitsrechtlicherweise keine Rechtsgrundlage konstruieren, welche es erlaubte, die rechtspersönlichen Ausprägungen der Diözese Chur weiterhin im öffentlichen Recht zu situieren. Damit ist die röm.-kath. Kirche im Kanton Schwyz nicht mehr öffentlichrechtlich anerkannt. Hierzu siehe vorne, S. 473 ff.

194 Vgl. Schmid, S. 181. – Eine allfällige Option zugunsten der öffentlichrechtlichen Anerkennung lassen diesbezüglich auch die Materialien nicht zu, wie u.a. aus RRB 1991/840, S. 3, hervorgeht: „Die anerkannten Kirchen sind indessen klar staatliche und nicht konfessionelle Einrichtungen."

195 In der Folge sind die röm.-kath. Kirche und der Kanton Schwyz materiell getrennt. Isele, Gliedschaft, S. 10, bezeichnet dieses System zutreffenderweise als „durchaus eigener Art". Vgl. auch Aymans, Kanonisches Recht I, S. 90 f.; Mörsdorf, Kirchenrecht I, S. 50 f. Wenn Fuchs, öffentlich-rechtliche Anerkennung, S. 99, bzw. Ders., Kirchenfreiheit, S. 960, vorliegend von einer „mittelbaren Anerkennung" spricht (vgl. diesbezüglich auch Feigenwinter, S. 54, der in casu den Terminus der „uneigentlichen Anerkennung" verwendet), setzte dies voraus, dass zwischen der röm.-kath. Kirche und der kantonalkirchlichen Körperschaft ein Rechtsverhältnis bestünde, welches zuliesse, dass der Kanton Schwyz in der 'Kantonalkirche' ein Vertretungsorgan des konfessionellen Verbandes erblicken könnte. Dem kann jedoch keineswegs so sein. – Auch über die individuelle Kirchengliedschaft lässt sich die öffentlichrechtliche Anerkennung der röm.-kath. Kirche nicht konstruieren. Der Staat muss sich gegenüber dem Willen zur konfessionellen Gliedschaft eines Individuums

Für den öffentlichrechtlichen Bereich des Kantons Schwyz bestehen des weiteren die rechtspersönlichen Ausprägungen der römisch-katholischen Kirche unter dem Regime der 'Kantonalkirche' auch nicht als staatskirchenrechtlich zu optierende Formen iuristischer Personen des kantonalen öffentlichen Rechts fort[196]. Der Kanton Schwyz modifiziert durch die im Jahre 1992 vorgenommene Änderung der Kantonsverfassung[197] insofern die Realität des kantonalen Rechts, als dieses fürderhin totaliter auf die systemerhaltende Funktion und die integrierende Wirkung der römisch-katholischen Kirche im publizistischen Normengefüge verzichten muss.

Schliesslich zeitigt die Ausgliederung aus dem öffentlichen Recht des Kantons Schwyz auch in freiheitsrechtlicher Hinsicht Konsequenzen. Mit Blick auf ihre grundfreiheitliche Rechtsträgerschaft können sich nun die rechtspersönlichen Ausprägungen der römisch-katholischen Kirche als privatrechtliche Rechtsperso-

---

religiös-weltanschaulich neutral verhalten. Er kann diesbezüglich zum Einzelnen auf der individuellen Ebene nicht mit den Mitteln seines öffentlichen Rechts in eine näheres Verhältnis treten. Nur aber immerhin beschützt das Gemeinwesen anhand des Grundrechts der Religionsfreiheit den betreffenden Rechtsträger vor mitgliedschaftlichem Zwang. Aus kirchlicher Sicht führt der Weg über die anerkennungsrechtliche Individualisierung ebenfalls in eine Sackgasse. „Eine durch Gemeinde- und Kantonsgrenzen willkürlich aus dem Bistumsverband herausgeschnittene und unter rechtlicher Ignorierung ihrer notwendigen Einbindung in den Bistumsverband und die Weltkirche umschriebene Anzahl von Katholiken repräsentiert aber kirchenrechtlich nichts und kann deshalb auch nicht anerkannt werden, geschweige denn mittels ihrer die römisch-katholische Kirche." (Grichting, Kirche oder Kirchenwesen, S. 174).

196 Das kantonale Recht erblickt in der 'Kantonalkirche' seinen konfessionellen Bezugspunkt und identifiziert in der Folge „die staatsrechtliche kantonalkirchliche Organisation ... in sachlich unzutreffender Weise mit der davon wesensverschiedenen Kirche ... Damit aber wird das Selbstverständnis der katholischen Kirche vollkommen verfehlt, auf dessen Beachtung die Kirche gemäss dem kollektiven Verständnis des Grundrechts der Religionsfreiheit ... pochen darf." (Gut, Landes- und Kantonalkirche, S. 542).

197 „In der Mehrzahl der ... Deutschschweizer Kantone scheinen die Verfassungsgeber angenommen zu haben, mit der Zulassung der kantonalkirchlichen Körperschaften für die katholischen Einwohner des Kantons sei auch die im Kantonsgebiet wirkende römisch-katholische Kirche öffentlich-rechtlich (allerdings ohne Gewährung körperschaftlicher Qualität mit Rechtspersönlichkeit) anerkannt; aber diese – wohlwollende – Interpretation findet in den Verfassungstexten keinen Niederschlag [...] Das Missverständnis über die Ausgangslage wird mit bemerkenswerter Klarheit in § 91 der am 25. März 1992 revidierten Verfassung des Kantons Schwyz vom 23. Oktober 1898 offenbar, der die römisch-katholische Kirche (sc. grundrechtswidrigerweise) mit der Kantonalkirche ... ineinssetzt ..." (Gut, Landes- und Kantonalkirchen, S. 543). Vgl. auch Walser, Bistumsvertrag, S. 764.

nen kanonischer Provenienz uneingeschränkt durch öffentlichrechtliche Bindungen auf die Religionsfreiheit[198] berufen[199].

A. *Staatsrechtliche Stellung der rechtspersönlichen Ausprägungen der Diözese Chur im Kanton Schwyz*

Das kantonale Verfassungsrecht enthält bis dato keine Norm, welche die rechtspersönlichen Ausprägungen der Diözese Chur im Kanton Schwyz gesondert und in expliziter Weise mit öffentlichrechtlicher Rechtspersönlichkeit ausstattet. Da die publizistische Position der entsprechenden Rechtspersonen sich auch nicht mehr über die öffentlichrechtliche Anerkennung der römisch-katholischen Kirche konstruieren lässt[200], agieren diese fürderhin auf der Ebene des Bundesprivatrechts[201],[202]. Im folgenden beziehen sich die Ausführungen des 3. Kapitels über die Relevanz der kirchlichen Rechtspersonen für das kantonalschwyzerische Recht, insofern das nachstehend Darzulegende keine diesbezügliche Präzisierung erfordert, mutatis mutandis auch auf das Forum des schweizerischen Zivilrechts.

a) Pfarrei[203]

Der 'Numerus clausus' zivilistischer Rechtspersonen des Schweizerischen Zivilgesetzbuches[204] enthält keine Rechtsform, welche die mit eigener Rechtspersön-

---

198 Und zwar sowohl in ihrer völkerrechtlich generierten (Art. 18 UNO Pakt II; Art. 9 EMRK) als auch staatsrechtlich gewährleisteten (Art. 49 und 50 aBV bzw. Art. 15 rev. BV; § 2 rev. KV) Ausprägung.

199 Hierzu siehe vorne, S. 225 ff., 246 ff.

200 Vgl. e contrario BGE 18 178; unveröffentlichtes Urteil des BGer. vom 29. 11. 1929, abgedruckt in: SKZ Nr. 20 (1932), S. 166.

201 „Der Entzug der Qualifikation einer Körperschaft oder Stiftung als Rechtssubjekt des öffentlichen Rechts macht deren Vermögen nicht zu 'herrenlosem Gut'." (Urs Josef Cavelti, Die konkreten Auswirkungen einer Trennung von Kirche und Staat, in: Kirche-Staat im Wandel. Eine Dokumentation, hrsg. von der Arbeitsgemeinschaft christlicher Kirchen, Bern 1974, S. 92). Die Rechtsträger des kirchlichen Vermögens werden nicht aufgelöst, sondern gehen von der bis 1999 publizistisch anerkannten und öffentlichrechtlich erfassten in eine vom Bundesprivatrecht vorgesehene Form über.

202 Riemer, BK I/3, ST, Rz. 242 f. Vgl. Isele, Revision, S. 595; Grichting, Kirche oder Kirchenwesen, S. 193.

203 Die folgenden Ausführungen orientieren sich in dispositorischer Hinsicht am Katalog der im 3. Kapitel, S. 359 ff., erwähnten kirchlichen Vermögensträger.

204 Das kantonale Privatrecht kennt lediglich das zivilistische Rechtsinstitut der Körperschaft (wobei hier anzumerken ist, dass im Kanton Schwyz alle zivilrechtlich in Betracht fallenden Körperschaften öffentlichrechtlicher Natur sind, hierzu Art. 18 EG

lichkeit ausgestattete Pfarrei als 'Universitas personarum non collegialis' benützen könnte[205], um auf der Ebene des Bundesprivatrechts Rechte zu begründen und Pflichten einzugehen. Ihre privatrechtliche Rechtsfähigkeit lässt sich jedoch aus dem rechtspersönlichen Kirchenamt dezuzieren. Das ad extra ausschliesslich in Erscheinung tretende Organ der Pfarrei ist der Pfarrer bzw. der Pfarradministrator[206]. Dieser vertritt ebenfalls das bepfründete und mit eigener Rechtspersönlichkeit ausgestattete Kirchenamt[207]. Dadurch erlangt das Benefizium im staatlichen Rechtsbereich jene Funktion, die ihm in kirchenrechtlicher Hinsicht vor dem Inkrafttreten des geltenden Kodex im Jahre 1983 eigen war[208]. Das in der Form einer privatrechtlichen Stiftung auf dem zivilistischen Forum existente Kirchenamt[209] agiert dort fürderhin über den Inhaber bzw. Vertreter des bezüglichen Amtes zugunsten der kanonischen Pfarrei[210],[211].

ZGB [nGS SZ II-175]; sowie Riemer, BK I/1, Art. 52, Rz. 10a). Siehe Riemer, BK I/1, ST, Rz. 66. Deren in Art. 59 Abs. 3 ZGB erwähnte Gestalt kann keiner kirchlichen Verbandsperson entsprechen. Mithin bereitet das Bundesprivatrecht den rechtspersönlichen Ausprägungen des konfessionellen Verbandes, die nicht mehr vom öffentlichen Recht des Kantons Schwyz erfasst werden, die saekularrechtliche Entfaltungsebene.

205 Die kanonische Pfarrei wird weder durch den körperschaftlichen Willen ihrer Glieder kodikarisch in einer vereinsrechtlichen Form errichtet noch mit einem privatrechtlichen Statut im Rahmen der zwingenden Vorschriften des ZGB konzipiert. Ebenfalls versagt das kanonische Recht dem vertraglichen Zusammenschluss der Pfarreiangehörigen zu einer einfachen Gesellschaft die anerkennende Qualifikation als kirchlich rechtsgültig konstituierte Pfarrei. Vgl. Gutzwiller, Religiöse Vereine und Genossenschaften, S. 143, FN 3. Eine kanonische Pfarrei wird alleine durch den Bischof (c. 515 CIC 1983) in der Form einer 'Universitas personarum non collegialis' errichtet (c. 115 § 2 CIC 1983) und als solche in den kirchenrechtlichen Katalog der öffentlichen Rechtspersonen (c. 116 CIC 1983) eingegliedert. Hierzu Aymans, Kanonisches Recht II, S. 412 ff.

206 Cc. 532, 540 CIC 1983.

207 Siehe vorne, S. 371 ff., 379 ff.

208 Vgl. Schmid, S. 99, 350.

209 Die Korrelation der Form der Benefizialstiftung in utroque foro lässt nicht zu, dass der Kirchgemeinde in partikularrechtlicher Hinsicht eine kanonische Verwurzelung eignet. Gleichzeitig verklammert die für beide Normebenen identische Form des Benefiziums die Rechtskreise dahingehend, als sie schrankenartig verhindert, dass sich die staatskirchenrechtlichen Körperschaften über die Existenz des Benefiziums hinweg einseitig in eine Unschärfebeziehung zum kanonischen Recht begeben können. Daraus erhellt, dass der Versuch einer partikularrechtlichen Verortung der staatskirchenrechtlichen Organisationsprinzipien ins Leere stösst. Vgl. auch Hans Schmid, S. 350.

210 Um den kirchlichen Rechtspersonen vor dem Forum des saekularen Rechts ein maximales Mass an Effektivität und Rechtssicherheit zu gewährleisten, wünscht der kirchliche Gesetzgeber, dass die iuristischen Personen des kanonischen Rechts sich

b) Kirchliche Stiftungen

Als Rechtsquelle jener Normen, welche die Entfaltung der kirchlichen Stiftungen auf der Ebene des Zivilrechts[212],[213] regeln, gelten unter dem Regime der revidierten Kantonsverfassung die stiftungsrechtlichen Vorschriften des Schweizerischen Zivilgesetzbuches[214]. Dieses stellt die kirchlichen Stiftungen anhand Art.

---

nach Möglichkeit einer Rechtsform (in casu der kirchlichen Stiftung) bedienen, welche auch im staatlichen Rechtskreis Wirkung entfalten kann (cf. c. 1274 § 5 CIC 1983). Vgl. Winfried Aymans, Kanonisches Recht I, S. 328. Gleichzeitig verzichtet die röm.-kath. Kirche spätestens seit dem Kodex 1983 auf den Ingerenzanspruch, dem saekularen Recht einen kirchlichen Vollstreckungstitel direkt generieren zu wollen. Diese Rückbesinnung auf die eigenrechtliche Verfasstheit betont den Anspruch der röm.-kath. Kirche, als 'Societas perfecta' unabhängig vom saekularen Rechtskreis zu bestehen, ohne dass der kirchliche Gesetzgeber jedoch eine diesbezügliche Beziehungslosigkeit dekretierte. Hierzu Göbel, S. 181 ff. Diesen Gedanken hat Papst Johannes-Paul II. anlässlich des Ad-limina Besuches der Schweizer Bischöfe im September 1997 bei seiner Ansprache in bezug auf die staatskirchenrechtlichen Verhältnisse in der Schweiz aufgegriffen: „Die schweizerischen Gemeinschaften müssen aber auch dem Rechnung tragen, was andere Gemeinschaften leben. Sie müssen bereit sein, im Geist des Glaubens die vom Nachfolger Petri, dem Hirten der universalen Kirche festgelegten Normen anzunehmen. Das Leben der Ortsgemeinden muss sich in die Strukturen einfügen, die der Kirche eigen und anders geartet sind als die bürgerlichen Institutionen." (L'osservatore Romano [dt. Ausgabe] 27 [1997], Nr. 37, 12. September 1997, S. 7).

211 Diese kann mithin auch über die Grundrechtsträgerschaft des rechtspersönlichen Kirchenamtes den Schutz der korporativen Religionsfreiheit in Anspruch nehmen.

212 Zu den Begriffselementen einer kirchlichen Stiftung des Privatrechts siehe Riemer BK I/3, ST, Rz. 193 ff. (mit Hinwiesen auf die Kasuistik); sowie Gutzwiller, SPR II, S. 458 ff. – Unzweifelhaft gehören die in rechtspersönlicher Stiftungsform auf dem Territorium des Kantons Schwyz existenten Ausprägungen der röm.-kath. Kirche in die bundesprivatrechtlich vorgesehene Kategorie der kirchlichen Stiftungen. Siehe Riemer, BK, I/3, ST, RZ. 206 ff. Vgl. Carlen, Kirche und Staat in der Schweiz nach dem neuen Codex Iuris Canonici, S. 595 f.; Grüninger, Kom. ZGB, Art. 87, Rz. 6; Lampert, Stiftungen, S. 133 ff.

213 Hier haben die rechtspersönlichen Träger kirchlichen Vermögens in der Form kirchlicher Stiftungen unabhängig vom Willen des kantonalen Gemeinwesens Bestand, mit der Kreation kantonalkirchlicher Verbeiständungsinstrumente den staatsrechtlichen Ausdruck öffentlichen Wohlwollens gegenüber dem konfessionellen Verband zu bekunden. Vgl. auch Schmid, S. 351.

214 Die in Art. 52 Abs. 2 ZGB u.a. aufgeführten kirchlichen Stiftungen entstehen nach dem System der Errichtungsfreiheit, während kirchenrechtlich das Konzessionssystem massgebend ist. Vgl. Riemer, BK I/1, ST, Rz. 84; Ders., op.cit., Art. 52, Rz. 6. Aufgrund ihrer kirchenrechtlichen Errichtung anerkennt das Bundesprivatrecht die Rechtspersönlichkeit einer kirchlichen Stiftung. Damit besitzt diese auf der saekularrechtlichen Ebene Rechtsfähigkeit, woraus wiederum ihre Vermögensfähigkeit

52 Abs. 2 ZGB unter die Rechtswohltat der Befreiung von der Eintragungspflicht in das Handelsregister und verbietet unter dem Vorbehalt des öffentlichen Rechts[215],[216] gemäss Art. 87 Abs. 1 ZGB[217],[218] die Stiftungsaufsicht durch die

---

fliesst. Eine kanonisch gültig errichtete, bestehende und organisierte Stiftung kann mithin im Rahmen ihrer Handlungsfähigkeit (Art. 54 ZGB) am Rechtsverkehr des Bundesprivatrechts teilhaben und dort Rechte und Pflichten begründen. Vgl. Isele, Probleme des kirchlichen Vermögensrechts, S. 60 f.; Ders., Revision, S. 595.

215 Der Kanton Schwyz hat den von Art. 87 Abs. 1 ZGB eingeräumten Vorbehalt in aufsichtsrechtlicher Hinsicht insofern nicht wahrgenommen, als der gemäss § 22 EG ZGB (nGS SZ II-175) zuständige Regierungsrat die kirchlichen Stiftungen anhand § 1 Abs. 2 der 'Verordnung betreffend die Aufsicht über die Stiftungen und über die Personalvorsorgeeinrichtungen' (nGS SZ II-182) nicht unter die kantonale Aufsicht stellt. Der materielle Umfang dieser Bestimmung muss sich am übergeordneten Recht des Kantons Schwyz orientieren. § 13 Abs. 1 KV gewährleistet neben der ausdrücklichen Unverletzlichkeit des Eigentums kirchlicher Stiftungen auch die uneingeschränkte Freiheit der kirchlichen Aufsichts-, Verwaltungs- und Dispositionskompetenz. Vgl. vorne, S. 343 ff. Infolgedessen konnte der Regierungsrat keine aufsichtsrechtlichen Vorschriften gegenüber den kirchlichen Stiftungen erlassen, da sein Mandat diesbezüglich durch das kantonale Verfassungsrecht beschränkt wird.

216 Art. 87 Abs. 1 ZGB behält ausdrücklich und fakultativ das öffentliche Recht, soweit es sich als aufsichtsrechtliche Regulation qualifizieren lässt, betreffend ausschliesslich im Bundesprivatrecht angesiedelter kirchlicher Stiftungen vor, „wobei diese Bestimmung auch als eine Sondernorm zu Art. 6 Abs. 1 ZGB zu verstehen ist" (Riemer, BK I/3, ST, Rz. 252). Letzterer bezieht sich allgemein auf das öffentliche Recht der Kantone. Somit ist der Vorbehaltsadressat das kantonale Gemeinwesen und nicht eine kantonalkirchliche Körperschaft. Infolgedessen nimmt der Kanton Schwyz in § 22 EG ZGB (nGS SZ II-175) diese Kompetenz im Rahmen eines Gesetzes im formellen Sinn wahr und verortet dort rechtssystematisch die sachliche Zuständigkeit, während er in der Folge den Regierungsrat anweist, entsprechend zu legiferieren. Die Exekutivbehörde kann das ihr übertragene Mandat als solches in casu nicht einfach der kantonalkirchlichen Körperschaft weiter delegieren, da die der kantonalen Exekutive zugewiesene Aufgabe diesbezüglich keine kompetenzrechtliche Zuständigkeit beinhaltet. Dieser Befund wird bereits durch den semantischen Gehalt der in § 22 EG ZGB verwendeten Begrifflichkeit evident. § 22 EG ZGB beschränkt also das rechtssetzende Ermessen des Regierungsrates in materieller Hinsicht auf die sachbezogene Ordnung der Stiftungsaufsicht. Der schwyzerische Regierungsrat benennt in der 'Verordnung betreffend die Aufsicht über die Stiftungen und die Personalvorsorgeeinrichtungen' (nGS SZ II-182) in Nachachtung von Art. 84 Abs. 1 ZGB bzw. Art. 89bis Abs. 6 ZGB die entsprechenden Aufsichtsbehörden. In Ausübung seines Ermessens nimmt er die kirchlichen Stiftungen des Bundesprivatrechts vom Geltungsbereich der erwähnten Verordnung aus, indem er gleichzeitig kompetenzkonformerweise keine anderweitige Zuständigkeit dekretiert. Vgl. Nay, Aufsichtsrecht, S. 57. Der Gesetzgeber des EG ZGB ist nicht konfessionell determiniert. Als normative Grundlage der regierungsrätlichen Stiftungsaufsicht untersagt § 22 EG ZGB der kantonalen Exekutive aus paritätsrechtlichen Gründen, gegenüber kirchlichen Stiftungen konfessionell unterschiedliche Aufsichtsvor-

schriften zu erlassen. Beispielsweise darf der Kanton katholischerseits aufgrund seines Entflechtungswillens nicht die 'Kantonalkirche' zuungunsten der Autonomie kodikarischer Rechtspersonen entsprechend ermächtigen, während bezüglich der Stiftungen ev.-ref. Observanz, deren kantonalkirchliche Körperschaft bis dato kompetenzkonformerweise keine diesbezüglichen Bestimmungen erliess, im Rahmen der heutigen Regelung nach wie vor der Regierungsrat, welcher die kirchlichen Stiftungen von der staatlichen Aufsicht ausnimmt, zuständig bliebe. Schliesslich verbietet sich eine Weitergabe der stiftungsrechtlichen Aufsichtskompetenz durch den Regierungsrat auch aus legitimationsrechtlichen Motiven. „Nachdem der Kanton Schwyz im Sinne von KV § 1 ein 'demokratischer Freistaat' ist und die Gesetzgebung gemäss KV § 30 grundsätzlich beim Volk liegt, stellt jede Gesetzes-Delegation, d.h. die Ermächtigung eines anderen Staatsorgans zum Erlass eines Gesetzes (sc. im materiellen Sinn), ein markanter Einbruch in die kantonale Rechtsstaatlichkeit dar." (Edwin Simon, Die Kantonalkirchen des Kantons Schwyz, Exposé 1998 [unveröffentlichtes Manuskript], S. 17).

217 „*Öffentlichrechtliche kirchliche Stiftungen* sind in Art. 87 überhaupt nicht gemeint; für diese gilt allein der Vorbehalt in Art. 59 Abs. 1 ZGB, der sich seinerseits auf privatrechtliche kirchliche Stiftungen, gehören diese zu einer öffentlichrechtlich anerkannten Kirche oder nicht, überhaupt nicht bezieht" (Riemer, BK I/3, ST, Rz. 229).

218 Abgesehen vom erwähnten Vorbehalt des öffentlichen Rechts ist die Nichtunterstellung zwingender Natur. Siehe Riemer, BK I/3, ST, Rz. 222. Infolgedessen darf der Stiftungsrat bzw. das nichtstaatliche Aufsichtsorgan eine Stiftung auch nicht freiwillig der staatlichen Aufsichtsbehörde unterstellen. Hierzu Grüninger, Kom. ZGB, Art. 87, Rz. 8. Sollte nun die Vorbehaltsklausel von Art. 87 Abs. 1 ZGB im kantonalen Recht bezüglich der kirchlichen Stiftungen materiell nicht zum Tragen kommen (was im Kanton Schwyz der Fall ist, siehe § 22 EG ZGB [nGS SZ II-175]; bzw. § 1 Abs. 2 der 'Verordnung betreffend die Aufsicht über die Stiftungen und über die Personalvorsorgeeinrichtungen' [nGS SZ II-182]) sind dem Diözesanbischof diesbezüglich neben seiner kirchenrechtlichen Verpflichtung ebenfalls saekularrechtlich die Hände gebunden. Er darf mithin aus staatlicher Sicht die kirchlichen Stiftungen keiner privatrechtlichen Aufsichtsbehörde unterstellen. Ein aufsichtsrechtliches Begehren der 'Kantonalkirche' gegenüber dem Ortsordinarius (vgl. RRB 1998/377, Beilage S. 2 [§4 Abs. 2], 10 [§ 41 Abs. 5]) verbietet sich somit auch aus im Bundesprivatrecht angelegten Gründen. Zusätzlich lässt Art. 84 Abs. 1 ZGB die 'Kantonalkirche' nicht als privatrechtliche Aufsichtsinstanz zu. Dieser Artikel enumeriert die staatskirchenrechtlichen Körperschaften nicht in seiner Liste. Er schweigt sich über dieselben als Orte der stiftungsrechtlichen Angehörgikeit aus (vgl. § 2 der 'Verordnung betreffend die Aufsicht über die Stiftungen und über die Personalvorsorgeeinrichtungen', welche wie Art. 84 Abs. 1 ZGB Kanton und Gemeinde als Orte der stiftungsrechtlichen Angehörigkeit aufzählt). Das Bundesrecht verbietet zwar die Kreation staatskirchenrechtlicher Körperschaften nicht, es zieht diese aber aufgrund der religiös-weltanschaulichen Neutralitätspflicht auch nicht in Betracht. Somit fallen die staatskirchenrechtlichen Körperschaften als formell im Bundesprivatrecht unbegründete Aufsichtsinstanzen kirchlicher Stiftungen aus den Traktanden.

kantonalrechtlich zuständige Behörde. Der unzuständigen 'Kantonalkirche' eignet somit kein Rechtstitel, um entsprechende aufsichtsrechtliche Vorschriften zu erlassen. Diktierte die 'Kantonalkirche' trotzdem diesbezügliche Bestimmungen, und liesse sie diese aufgrund ihrer hoheitlichen Befugnis zwangsrechtlich durchsetzen, würde dies in grober Weise ihre rechtsstaatliche Bindung verletzen und einen Akt der Rechtsbeugung darstellen. Hier müsste der Kanton Schwyz im Rahmen seiner Aufsichtspflicht gegenüber der 'Kantonalkirche' zufolge § 93 Abs. 3 rev. KV einschreiten.

Art. 87 Abs. 1 ZGB[219] enthält implizit eine gesetzliche Verweisung auf die entsprechenden Vorschriften des Kirchenrechts[220],[221]. „Das kirchliche Recht kann nun im Kleide der Stiftung insofern wirksam werden, als nicht staatliches Recht zwingend entgegensteht"[222],[223]. Infolgedessen sind die kirchenrechtlichen Bestimmungen als massgebende Normen für die saekularrechtliche Entfaltungsebene der kirchlichen Stiftungen aus einem bundesprivatrechtlichen Titel anwend-

---

219 „*Ratio legis* dieser Bestimmung ist es ..., die *interne autonome Aufsicht der betreffenden Religionsgemeinschaft über 'ihre' Stiftungen an die Stelle der staatlichen Aufsicht treten zu lassen*" (Riemer, BK I/3, Rz. 197). Vgl. Grichting, Kirche oder Kirchenwesen, S. 194.

220 Carlen, Kirche und Staat in der Schweiz nach dem neuen Codex Iuris Canonici, S. 595. „Im Rahmen der Aufsichts- und Umwandlungsnormen des ZGB kann jede Kirche (sc. im Sinne des konfessionellen Verbandes, nicht der staatskirchenrechtlichen Körperschaft) die ihr zu *autonomer* Aufsicht überlassenen kirchlichen Stiftungen nach ihren eigenen Vorschriften ... beaufsichtigen und umwandeln." (Riemer, BK I/3, ST, Rz. 239).

221 Siehe Entscheid des Kantonsgerichts Schwyz vom 3.12.1918, in: SJZ 15 (1918/19), S. 316; RBR 1915, S. 104 f.; RRB 1935/1815, abgedruckt in: ZSGV 36 [1935], S. 540 f., wo in diesem Zusammenhang die Aufsichtskompetenz des zuständigen Ortsordinarius bestätigt und demzufolge dessen verfahrensrechtliche Aktivlegitimation nicht in Abrede gestellt wird. Vgl. Riemer, BK I/3, ST, Rz. 191, 227.

222 Schmid, S. 125.

223 „Das zwingende staatliche Stiftungsrecht geht dem kirchlichen (z.B. demjenigen des CIC) vor. Im Rahmen der Stiftungsfreiheit kann der Stifter jedoch dieses zum *rechtsgeschäftlichen* Inhalt seiner Stiftung erheben, sei es ausdrücklich, sei es stillschweigend; letzteres ist dann anzunehmen, wenn der Stifter zwar nur eine unvollständige Regelung trifft ..., jedoch eine der vom betreffenden kirchlichen Recht geregelten Stiftungsformen bzw. – typen wählt ..." (Riemer, BK I/3, ST, Rz. 238). Vgl. Carlen, Kirche und Staat in der Schweiz nach dem neuen Codex Iuris Canonici, S. 595. Eignet einer iuristischen Person gemäss Kirchenrecht die Rechtspersönlichkeit einer kirchlichen Stiftung, erlangt ihre kanonische Qualifikation für das einschlägige Bundesprivatrecht verpflichtende Relevanz. Wenn beispielsweise zivilistisch altrechtliche Pfrund- oder Kirchenstiftungen nicht mehr über den urkundlich restlos belegbaren Ausweis des Stifterwillens verfügen, ist die Rechtslage insofern klar, als ihr Bestehen auf der Ebene des Bundesprivatrechts von ihrer kodikarischen Existenz abhängt. Hierzu siehe vorne, S. 382 f.

bar[224]. Dieser pariert in formeller Hinsicht gegenüber den kirchenrechtlich errichteten und begründeten Rechtspersonen ohne hinreichende Rechtsgrundlage angemasste Regulationsbegehrlichkeiten, indem er das Kirchenrecht zum materiell anwendbaren Statut erklärt, welches insofern die kantonalkirchliche Körperschaft in die Schranken des Bundesprivatrechts weist.

2. Missachtung völkerrechtlicher Verpflichtungen

A. Völkerrechtskonforme Interpretation der Verfassungsänderung?

Nachdem der Kanton Schwyz im Bistumsvertrag die völkerrechtliche Verpflichtung eingegangen ist, die rechtspersönlichen Ausprägungen der Diözese Chur als teilkirchlichem Glied der römisch-katholischen Kirche durch sein öffentliches Recht anzuerkennen, stellt sich die Frage, ob die Verfassungspartialrevision des Jahres 1992, welche den konfessionellen Verband aus dem publizistischen Be-

---

224 Es ist Carlen, Kirche und Staat in der Schweiz nach dem neuen Codex Iuris Canonici, S. 595 f., zuzustimmen, dass formal betrachtet die Möglichkeit besteht, die privatrechtlichen kirchlichen Stiftungen gemäss c. 1274 CIC 1983 in einen zweckanalogen diözesanen Vermögensfonds einzugliedern. Politisch jedoch könnte im Kanton Schwyz „eine Herauslösung der Benefizien aus der Pfarre bzw. Gemeinde zu einer unnötigen Belastung des Verhältnisses von Kirche und Staat bzw. Gemeinden führen. Die jahrhundertelange Verwurzelung der Benefizien im Pfarr- und Gemeindeverband führte zur Überzeugung, dass das Benefizium da bleiben muss, wo es ist, und verschiedene Gemeindebehörden würden scharf opponieren, wenn es aufgelöst und der Ertrag in eine zentrale Kasse abgeführt würde.“ (Ders., op.cit., S. 596). Durch die Schaffung eines diözesanen Vermögensfonds mit dem Zweck, die Kleriker angemessen und gerecht zu entlöhnen, werden ebenfalls ihre arbeitsrechtlichen Anstellungsverhältnisse zentralisiert. Dieselben würden im Zuge dessen aus dem Einflussbereich der staatskirchenrechtlichen Körperschaften herausgelöst. Vermöge einer Rückbesinnung auf das Benefizium als rechtspersönlichen Anstellungsträger des bepfründeten Amtes liesse sich ein nämlicher Effekt erzielen. Aus diesem Grund soll der zuständige Ortsordinarius dort, wo die staatskirchenrechtlichen Verhältnisse in casu die Bildung eines diözesanen Vermögensfonds nicht opportun erscheinen lassen, darum besorgt sein, dass die staatskirchenrechtlichen Körperschaften im Rahmen ihrer patronatischen Verpflichtung die Benefizien im Hinblick auf des entsprechende Anstellungsverhältnis als rechtspersönlichen Bezugspunkt des betreffenden Amtsträgers akzeptieren. Dem steht staatsrechtlich im Kanton Schwyz auch unter dem Regime der rev. KV nichts entgegen. Ein diesbezügliches Rechtsverhältnis generiert sich somit zwischen der staatskirchenrechtlichen Körperschaft und dem bepfründeten Amt einerseits und zwischen dem Amtsträger und dem Benefizium anderseits. Vgl. hierzu auch vorne, S. 409 ff.

reich des Kantons Schwyz ausgliedert, völkerrechtskonform interpretiert werden kann.

a) Rechtsbewusstsein

Grundsätzlich verbietet es sich, davon auszugehen, dass in Analogie zur bundesrechtlichen 'Schubert-Praxis'[225] die 'Lex posterior'-Regel entgegen dem Prinzip 'Völkerrecht bricht Landesrecht'[226] zur generellen Lösungsmaxime einer Normkollision zwischen dem kantonalen Verfassungsrecht und dem vom 'Droit public international' systematisch erfassten Bistumsvertrag erhoben werden kann. In concreto hat der Kanton Schwyz mit der Verfassungsänderung des Jahres 1992 nicht 'bewusst'[227] eine Völkerrechtsverletzung[228] in Kauf genommen. Ein 'völkerrechtswidriger Sinn' der Verfassungsänderung des Jahres 1992 darf somit nicht angenommen werden[229]. Damit kann die Frage der Völkerrechtskonformität der revidierten Kantonsverfassung ohne staatsrechtlichen Vorbehalt abgeklärt werden. In der Folge muss sich eine völkerrechtsorientierte Auslegung auf die im Bistumsvertrag[230] stipulierten Rechtspflichten konzentrieren. Indem aber das revidierte Verfassungsrecht eine autonome 'Kantonalkirche' kreiert, ohne die rechtspersönlichen Ausprägungen der Diözese Chur weiterhin mit den Mitteln

225 Beginnend mit BGE 99 Ib 43 ff. Ob die 'Schubert-Praxis' auch auf das kollisionsrechtliche Verhältnis zwischen gewährleistetem kantonalem Verfassungsrecht und Völkerrecht bzw. völkerrechtlichem Vertrag nach Massgabe der bundesrechtlich delegierten Kompetenz der Kantone in casu zulässigerweise überhaupt anwendbar ist, kann hier offenbleiben. Zum Verhältnis von durch die Kantone abgeschlossene völkerrechtliche Verträge und (späterem) Bundesrecht vgl. Hangartner, Verhältnis, S. 207, welcher in FN 47 darauf hinweist, dass die Kantone, welche Verträge mit dem Ausland abschliessen, „völkerrechtlich zunächst nichts anderes als Teile des schweizerischen Staates" sind. „Verantwortlich ist entsprechend die Eidgenossenschaft als Ganzes." Daraus folgt implizit, dass es den Gliedstaaten verwehrt ist, sich selbständig und autonom der 'Schubert-Praxis' zu bedienen; sowie Thürer BV-Kom. Bundesverfassung und Völkerrecht, Rz. 15 ff. – Zur 'Schubert-Praxis' siehe Hangartner, Ende oder Weiterführung der Schubert-Praxis?, S. 634 f.; Ders.; Völkerrecht und schweizerisches Landesrecht, S. 663 ff.; Thürer, BV-Kom. Bundesverfassung und Völkerrecht, Rz. 15 ff. Vgl. Villiger, EMRK-Handbuch, Rz.58.

226 BGE 122 II 487 E. 3a; Schindler, BV-Kom. Art. 9, Rz. 7; Hangartner, Völkerrecht und schweizerisches Landesrecht, S. 661.

227 Vgl. Hangartner, Ende oder Weiterführung der Schubert-Praxis?, S. 634 f.; sowie Art. 27 VRK; BGE 122 II 239 E. 4e.

228 Die Materialien zur Verfassungsänderung enthalten kein Indiz, dass sich die zuständigen Behörden überhaupt um die Kenntnis von Natur und Inhalt der im Bistumsvertrag eingegangenen Verpflichtungen bemühten.

229 Vgl. Hangartner, Völkerrecht und schweizerisches Landesrecht, S. 674 f.

230 Dieser stellt eine materielle Schranke für die Änderung der Kantonsverfassung dar.

des öffentlichen Rechts anzuerkennen, ignoriert der Kanton Schwyz die völker- bzw. bundesrechtlich übergeordnete Natur der vertraglich verpflichtenden Schranken seiner staatskirchenrechtlichen Gestaltungskompetenz. Daran scheitert eine völkerrechtskonforme Interpretation[231] der Verfassungsänderung des Jahres 1992.

B. Pacta sunt servanda

Der in Kraft stehende Bistumsvertrag[232] bindet die Vertragspartner nach wie vor[233]. Diese werden vom Prinzip der Heiligkeit der Verträge angehalten, nach

---

231 Die völkerrechtskonforme Interpretation ist eine Erscheinungsform der systematischen Auslegung. Ihr kommt Harmonisierungsfunktion zu, um Konflikte von Völkerrecht und Landesrecht zu vermeiden. Hierzu Häfelin/Haller, Rz. 139a ff. Vorliegend sind die Divergenzen zwischen der revidierten Kantonsverfassung und dem Bistumsvertrag aufgrund des kantonalrechtlich vollzogenen Bruchs des Bistumsvertrags nicht mit einer harmonisierenden Auslegungsmethode zu überbrücken. Vgl. auch Hangartner, Völkerrecht und schweizerisches Landesrecht, S. 671. In casu bedarf es einer legislatorischen Korrektur.

232 Die Vereinigungsbulle 'Imposita humilitati' lässt eine Befristung des darin bestätigten Bistumsvertrags nicht zu. Vgl. Reichlin, S. 72. Gleichzeitig schliesst sie aus, dass weder Irrtum und Täuschung noch fehlende oder ungenügende Mandatierung als Gründe für eine Vertragsnichtigkeit geltend gemacht werden könnten: „Praesentes autem litteras etiam ex eo, quod quilibet interesse habentes vel habere praetedentes, vocati et auditi non fuerint ac praemissis non consenserint, nullo umquam tempore de subreptionis aut obreptionis, vel nullitatis vitio seu intentionis nostrae defectu impugnari vel in controversiam vocari posse, sed perpetuo validas et efficaces existere et fore suosque plenarios et integros effectus sortitri et obtinere ac ab omnibus ad quos spectat inviolabiliter observari debere volumus atque decernimus, ..." (Vereinigungsbulle 'Imposita humilitati', abgedruckt bei: Kothing, S. 260 ff. [hier S. 265 f.]; sowie bei Lampert, Kirche und Staat III, S. 57 ff. [hier S. 60]). Vgl. Art. 42 ff. VRK; Kimminich, Völkerrecht, S. 482 ff.; Verdross/Simma, S. 511 ff., §§ 802 ff.

233 Cf. c. 3 CIC 1983. Da der Bistumsvertrag durch den Churer Diözesanbischof als im Rahmen der dortigen Kompetenzdelegation (§ 1) mandatierter Vertragspartner abgeschlossen und anschliessend von Papst Leo XII. in der Vereinigungsbulle 'Imposita humilitati' rezipiert und sanktioniert wurde, gilt die Bestandesgarantie des c. 3 CIC 1983 analog. Hierzu Göbel, S. 150 f. Vgl. Aymans, Kanonisches Recht I, S. 115. – Staatlicherseits siehe RRB 1922/959, publiziert in: RBR 1922, S. 138 f.; RRB 1990/523, S. 4 Vgl. auch RRB 1989/976, S. 4 f.; 1991/2144, S. 3. – „Weder Staat noch Kirche dürfen durch einseitig erlassenes Staats- oder Kirchengesetz oder durch andere Massnahmen irgendwelche Anordnungen gegen den Vertrag treffen." (Aymans, Kanonisches Recht I, S. 112).

Treu und Glauben die vereinbarten Vertragspunkte[234] zu erfüllen[235]. Die im Bistumsvertrag festgelegten, von der Bulle 'Imposita humilitati' komplettierten und vom Kanton Schwyz bestätigten Rechte und Pflichten können nicht unilateralerweise einseitig ausgelegt[236], modifiziert oder aufgehoben werden[237]. Der Grundsatz der Vertragstreue wird somit durch das Reziprozitätsprinzip[238] konkretisierend sekundiert, welches dem Bistumsvertrag als von der völkerrechtlichen Ordnung beherrschter Vereinbarung zugrundeliegt.

---

234 Über eine materielle Änderung des Bistumsvertrags in bezug auf die Anerkennungspflicht wurden im Zuge der Verfassungspartialrevision des Jahres 1992 weder mit dem Hl. Stuhl noch mit der Diözese Chur Verhandlungen geführt. Ein diesbezüglicher Konsens ist somit inexistent. Vgl. Bonnemain, Kantonalkirche, S. 702; Walser, Bistumsvertrag, S. 766. – Die deskriptive Vernehmlassung des bischöflichen Ordinariats Chur vom 23. Februar 1991 zum Entwurf einer Partialrevision der Kantonsverfassung hatte nicht den Bistumsvertrag zum Gegenstand. Infolgedessen lassen sich daraus keine Anhaltspunkte für einen Konsens hinsichtlich einer materiellen Änderung des Bistumsvertrags gewinnen. – Zur Änderung völkerrechtlicher Verträge siehe Verdross/Simma, S. 505 ff., §§ 792 ff. Vgl. Art. 39 VRK; sowie Kundert, S. 48. Vgl. auch RRB 1947/606, S. 4.

235 Hangartner, Völkerrecht und schweizerisches Landesrecht, S. 661; Köck, völkerrechtliche Stellung, S. 381; Kimminich, Völkerrecht, S. 217. Vgl. Art. 26 VRK.

236 Der vom 'Droit international public' systematisch erfasste Bistumsvertrag darf nur gemeinsam von beiden Vertragsparteien interpretiert werden. Vom Standpunkt der Vertragstreue und der korrekten Vertragserfüllung ist für die Auslegung nach der im Lichte des Vertragszusammenhangs erkennbaren Bedeutung einer in Frage stehenden Bestimmung und im Hinblick auf Ziel bzw. Zweck der Abmachung (Art. 31 VRK) alles unerheblich, was diesbezüglich durch einseitige staatliche Akte geschieht. Vgl. Köck, völkerrechtliche Stellung, S. 362.

237 Vgl. Art. 39 VRK. „Eine einseitige innerstaatliche gesetzgeberische Massnahme eines Vertragsteiles kann niemals die völkerrechtliche Vertragskraft des Konkordats (sc. eines vom Völkerrecht erfassten Vertrags) oder einzelner seiner Bestimmungen abändern oder aufheben." (Privatgutachten für den Hl. Stuhl von Juristen des Ständigen Internationalen Gerichtshofs aus dem Jahre 1936, zit. nach: Köck, völkerrechtliche Stellung, S. 394).

238 „Gegenseitigkeit ist nur verbürgt, wenn die Abänderung oder Aufhebung eines konkordatären Rechts ausschliesslich durch gemeinsamen Willensentschluss erfolgt. Eine Auslegung konkordatärer Bestimmungen, die eine einseitige Abänderung oder Aufhebung einzelner im Konkordat gewährleisteter Rechte für zulässig hält, verstösst gegen den völkerrechtlich anerkannten Grundsatz der Gegenseitigkeit. Denn sie verneint ein Recht des einen und bejaht ein ausschliessliches Recht des anderen Vertragsteils auf dem wichtigen Gebiet der Änderung und Fortdauer der Existenz gewährleisteter Rechte." (Privatgutachten für den Hl. Stuhl von Juristen des Ständigen Internationalen Gerichtshofs aus dem Jahre 1936, zit. nach: Köck, völkerrechtliche Stellung, S. 394).

Unbestrittenermassen geht der Bistumsvertrag in der Normenhierarchie des Kantons Schwyz dem übrigen kantonalen Recht vor[239]. Gemäss dem Prinzip 'Völkerrecht bricht Landesrecht' wird allfällig widersprechendes Recht des Kantons Schwyz in objektivrechtlicher Hinsicht durch die völkerrechtlichen Rechtssätze des Bistumsvertrags mindestens suspendiert[240]. Der Kanton Schwyz anerkennt nun aber die rechtspersönlichen Ausprägungen der Diözese Chur entgegen der im Bistumsvertrag eingegangenen Verpflichtung nicht mehr innerhalb seines öffentlichen Rechts. Dies stellt einen Bruch des Bistumsvertrags[241] als Quelle übergeordneten Rechts dar und führt in der Folge zu einer krass systemwidrigen Unvollständigkeit[242] innerhalb des kantonalschwyzerischen Normengefüges.

---

239 Vgl. Hangartner, Völkerrecht und schweizerisches Landesrecht, S. 656 f.; Schindler, BV-Kom. Art. 9, Rz. 7.

240 Giacometti, Staatsrecht, S. 483 f. Thürer, BV-Kom. Bundesverfassung und Völkerrecht, Rz. 15. Vgl. Gutachten, VPB 53 (1989), Nr. 54, S. 435; Reichlin, S. 86, FN 8. Gemäss Hangartner, Völkerrecht und schweizerisches Landesrecht, S. 662, führen Normkollisionen „in der Schweiz nach herrschender Auffassung grundsätzlich zur Nichtigkeit der schwächeren Norm“. Dieses Prinzip wird auch auf Konflikte des inkorporierten Völkerrechts mit dem Landesrecht angewendet. Mithin ist das völkerrechtswidrige Landesrecht grundsätzlich zu kassieren. Somit folgert Ders., op.cit., S. 663, für den Bereich der Rechtsanwendung: „Es gilt im Prinzip die völkerrechtsfreundliche Regelung, dass in der Rechtsanwendung das Völkerrecht dem völkerrechtswidrigen Landesrecht ohne weiteres vorgezogen wird.“ Pointierter Ders., op.cit., S. 680: „Das Völkerrecht geht ... nach schweizerischem Staatsrecht dem Landesrecht grundsätzlich vor und vernichtet es.“ Diesbezüglich unzutreffend Huwyler, Gesetz und Verordnung, S. 141, welcher annimmt, dass das kantonale Verfassungsrecht dem völkerrechtlichen Vertragsrecht vorgeht. – Das BGer. bestätigte neustens in BGE 122 II 487 E. 3a den Vorrang des Völkerrechts: „Le principe de la primauté du droit international sur le droit interne découle de la nature même de la règle internationale, hiérarchiquement supérieure à toute règle interne ...“.

241 Als Vertragspartner könnte der Churer Diözesanbischof in Absprache mit dem Hl. Stuhl analog zu Art. 60 VRK aufgrund der erheblichen Vertragsverletzung die Beendigung des Vertrages oder seine gänzliche respektive teilweise Suspendierung (diese Reaktion des konfessionellen Verbandes scheint RRB 1989/976, S. 21 f., in Betracht zu ziehen) geltend machen. Vgl. Verdross/Simma, S. 515 ff., §§ 810. Unter Berücksichtigung des Inhalts des Bistumsvertrags und im Hinblick auf das Heil der Seelen als oberstem Gesetz kirchenrechtlichen Handelns (cf. c. 1752 CIC 1983) sollte sich die in ihren Rechten verletzte Diözese Chur eher auf den Grundsatz 'Pacta sunt servanda' berufen und die Vertragserfüllung (z.B. durch Fortschreibung des Bistumsvertrags) – also die öffentlichrechtliche Anerkennung im kantonalschwyzerischen Recht – verlangen. Siehe Kimminich, Völkerrecht, S. 482.

242 Zur Kritik am Begriff der 'unechten Lücke' siehe Tuor/Schnyder/Schmid, S. 44. Das BGer. hält in BGE 122 I 254 f. E. 6a an der herkömmlichen Unterscheidung zwischen echter und unechter Lücke fest. – In casu lässt sich im Gesamtzusammenhang

Die aus dem Vertagsbruch entstandene systemwidrige Unvollständigkeit des kantonalen Verfassungsrechts liesse sich auf der bistumsvertraglichen Ebene heilen, indem dort in Fortschreibung des Bistumsvertrags auf der Grundlage eines 'Accordo'[243],[244] das Axiom verortet wird, dass der eidgenössische Stand

---

der Verfassungsänderung des Jahres 1992 kein anerkennungsrechtlicher Raum konstruieren, welcher Platz böte, um die anhand § 2 Abs. 1 aKV im öffentlichen Recht erfolgte Positionierung der röm.-kath. Kirche nun gewohnheitsrechtlicherweise zu verorten. – Schliesslich ist darauf hinzuweisen, dass das Gesetzmässigkeitsprinzip im öffentlichen Recht es dem Richter verbietet, „unechte Lücken zu schliessen, denn die unbefriedigende Regelung muss vom Gesetzgeber korrigiert werden (so BGE 94 I 305, 308)" (Häfelin/Haller, Rz. 118).

243 Hierzu bedürfte der Bischof von Chur eines vom Hl. Stuhl diesbezüglich erteilten Mandats. Ebenfalls könnte der Hl. Stuhl direkt einen Vertreter zur Aushandlung und Unterzeichnung des 'Accordo' entsenden. Falls in casu nur der Churer Diözesanbischof kontrahierte, bedingte wohl die Vertragsmaterie analog zum Bistumsvertrag einen völkerrechtlich verbindlichen Vollzug durch den Hl. Stuhl. Siehe Walser, Bistumsvertrag, S. 777 f. Vgl. Aymans, Kanonisches Recht I, S. 114 f.; Göbel, S. 148 ff. – Sollte kirchlicherseits der Hl. Stuhl unmittelbar in die Vertragsverhandlungen involviert sein, amtierte staatlicherseits der Kanton Schwyz im Rahmen seiner beschränkten, konkurrierenden und subsidiären Kompetenz zum Abschluss völkerrechtlicher Verträge (Art. 9 aBV bzw. Art. 56 Abs. 1, 2 rev. BV) als Vertrags(verhandlungs)partner. Dabei kann er nach dem Ermessen des Bundesrates vom Bund vertreten oder sekundiert werden (Art. 10 aBV bzw. Art. 56 Abs. 3 rev. BV), indem der Bundesrat „die Verhandlungen unter Beizug kantonaler Vertreter oder mit anderweitiger Konsultation des interessierten Kantons durch Bundesbeamte führen" lässt, „oder aber die Verhandlungsführung kantonalen Instanzen" anvertraut (Häfelin/Haller, Rz. 332). Vgl. Schindler, BV-Kom. Art. 9, Rz. 6 f.; sowie Botschaft BV, BBl 1997 I 232 f. „Kantonale Staatsverträge bedürfen der Genehmigung durch den Bund. In erster Instanz ist dafür der Bundesrat zuständig (Art. 102 Ziff. 7 BV). Verweigert der Bundesrat die Genehmigung oder erhebt ein anderer Kanton Einsprache, so entscheidet die Bundesversammlung (Art. 85 Ziff. 5 BV)." (Häfelin/Haller, Rz. 334). Vgl. auch Urs Josef Cavelti, Bistumsartikel, S. 64. Die totalrevidierte Bundesverfassung sieht in Art. 186 Abs. 3 rev. BV vor, dass der Bundesrat gegen Verträge der Kantone unter sich oder mit dem Ausland Einsprache erheben kann. Die Bundesversammlung entscheidet dann gemäss Art. 172 Abs. 3 rev. BV über die Genehmigung des mit einer bundesätlichen oder kantonalen Einsprache belegten Vertrages. Zur kompetenzrechtlichen Kontroverse hinsichtlich der fälschlicherweise durch den Bundesrat als 'völkerrechtlichen Vertrag mit dem Heiligen Stuhl' qualifizierten 'Übereinkunft zwischen dem Bischof von Basel und Lugano und der Regierung des Kantons Luzern betreffend die Beziehungen zwischen Staat und Kirche' siehe Lampert, Kirche und Staat I, S. 77 ff. Vgl. Corecco, Landeskirche, S. 18; Pius Hafner, Staat und Kirche, S. 87 f.; sowie Schindler, BV-Kom. Art.

Schwyz und die römisch-katholische Kirche in ihrem je eigenen Bereich unabhängig und souverän sind und „sich in den gegenseitigen Beziehungen um volle Anerkennung dieses Prinzips bemühen sowie um eine gute Zusammenarbeit zum Wohl der Menschen und des Kantons Schwyz“[245],[246]. Aus dieser Prämisse muss für das Verfassungsrecht folgen, dass der Kanton Schwyz in seinem öffentlichen Recht „die Freiheit der römisch-katholischen Kirche anerkennt, ihre spezifische geistliche Sendung zu erfüllen“[247]. Insofern würde auch das zuungunsten der integralen Religionsfreiheit sich entfaltende Machtpotential der im kantonalen Verfassungsrecht ungenügend domestizierten Kompetenzkompetenz der kantonalkirchlichen Körperschaft mit einer völkerrechtlich verbindlichen Kautele in freiheitsrechtlich konforme Bahnen gelenkt.

§ 3 Befund

Im 3. Kapitel hat sich ergeben, dass der Kanton Schwyz die römisch-katholische Kirche in ihren rechtspersönlichen Ausprägungen mit den Mitteln seines kantonalen Rechts bis 1999 unter dem verbindlichen Vorbehalt der kirchlichen Ordnung öffentlichrechtlich anerkannte und ergo auch schützte. Innerhalb der publizistischen Herrschaftssphäre gewährte das Gemeinwesen dem konfessionellen Verband seine Advokatie, welche vom Grundrecht der korporativen Religionsfreiheit kontrolliert wird. Ihr objektivrechtlicher Gehalt generiert die Methode zur Bereichscheidung. In der Separation der Zuständigkeiten tritt die Qualität des staatlichen Wohlwollens zutage. Das Verhältnis von Kirche und Staat befindet sich dort auf dem Prüfstein der Adäquanz. Während in der Zeit des Staatskirchentums der kirchliche vom staatlichen Rechtskreis integral vereinnahmt wurde, schneiden sich die beiden Ordnungen im System der ‘staatlichen Kirchenhoheit’

9, Rz. 6. BGE 73 I 108 deutet diese Auseinandersetzung lediglich implizit an, ohne dazu Stellung zu beziehen.

244 Als völkerrechtliche Vereinbarung unterstünde dieser gemäss § 31 Abs. 1 KV dem fakultativen Referendum.

245 Walser, Bistumsvertrag, S. 789.

246 Aufgrund des vertraglich fixierten Parteiwillens zur Anerkennung der Souveränität des konfessionellen Verbandes, deren unmittelbare Wirkung aus ihrem inhaltlich hinreichend bestimmten Wesen folgt und von der Sache her keiner staatsrechtlichen Umsetzung bedarf, eignet in casu der völkerrechtlich vereinbarten Regel der Charakter einer self-executing Norm. Diese liesse eine völkerrechtskonforme Interpretation der Verfassungsänderung des Jahres 1992 zu, während der Kanton Schwyz gleichzeitig daran gehindert würde, die röm.-kath. Kirche ins Bundesprivatrecht auszugliedern.

247 Grichting, Kirche oder Kirchenwesen, S. 285.

kraft der staatlichen Typologisierung von 'Res mixtae'. Diese Schnittfläche ordnet der Kanton Schwyz nun anhand der staatsrechtlichen Kreation kantonalkirchlicher Körperschaften einer speziellen Kategorie seines öffentlichen Rechts ein. Er reguliert ihr Verhältnis zum kantonalen Recht mit der Gewährung entsprechender Autonomie und überlässt es im übrigen schrankenloserweise der kantonalkirchlichen Körperschaft, den Deckungsbereich der Interessen von Kirche und Staat zu dimensionieren. Gleichzeitig erblickt der Kanton Schwyz seinen konfessionellen Bezugspunkt nur noch in seinen 'Kantonalkirchen'. Dieses nicht der katholischen Tradition des Kantons Schwyz entstammende Verhältnisprinzip protestantischer Observanz[248] entlässt die rechtspersönlichen Ausprägungen der römisch-katholischen Kirche aus der bis dato anerkennungsrechtlich geprägten Wertschätzung des religiös-weltanschaulich verpflichteten Gemeinwesens. Damit pervertiert die 1992 beschlossene Partialrevision der Kantonsverfassung zum Danaergeschenk.

Die Differenzierung von Kirche und Staat darf sich aber nicht in einer Kreation kantonalkirchlicher Instrumentarien ereignen, die der kirchenrechtlichen Ordnung in keiner Art und Weise entsprechen und infolgedessen nicht in der Lage sind, den konfessionellen Verband gegenüber dem Kanton Schwyz kanonisch rechtsgültig zu vertreten, was der kantonalkirchlichen Körperschaft anhand ihrer diesbezüglichen Kompetenzkompetenz wiederum ermöglicht, sich jeglicher kirchenrechtlichen Bindung zu entziehen. Das Gemeinwesen seinerseits verstärkt mit der konfessionellen Entflechtung seiner Strukturen aufgrund des staatsrechtlich unter entkonfessionalisierten Prämissen formalparitätisch entworfenen Verhältnissystems[249] die Eingliederung der kantonalkirchlichen Körperschaften in seinem publizistischen Normengefüge[250].

Das Entwicklungsprogramm eines adäquaten Verhältnisses des Kantons Schwyz zur römisch-katholischen Kirche liegt im 'Grundsatz des freiheitsver-

---

248 Die Gründung kantonalkirchlicher Körperschaften im Kanton Schwyz eröffnet aus katholischer Sicht im Verhältnis des konfessionellen Verbandes zum Gemeinwesen überhaupt keine verbesserte Perspektive. Die dadurch vermeintlich erzielte Innovation besteht lediglich in der Aussiedelung der röm.-kath. Kirche ins Bundesprivatrecht. Die Übertragung dieses von der protestantischen Tradition geprägten Modells auf die kantonalschwyzerischen Verhältnisse erfolgt im Hinblick auf den historisch gewachsenen Dualismus von Kirche und Staat nicht in einer reflektierten Art und Weise. Beispielhaft sollten für den Kanton Schwyz die staatskirchenrechtlichen Ordnungen des Kantons Freiburg und des Kantons Wallis sein, welche die rechtspersönlichen Ausprägungen der röm.-kath. Kirche explizit öffentlichrechtlich rezipieren. Vgl. Corecco, Landeskirche, S. 24; Kraus, Staatskirchenrecht, S. 438.

249 Die kirchenpolitische Parität als in casu mitverantwortliche Motivationsursache artet damit in eine staatskirchliche Parität ohne konfessionellen Bezug aus.

250 Vgl. auch Corecco, Landeskirche, S. 24.

pflichteten Staatskirchenrechts'[251]. Dieses Prinzip orientiert sich am integralen Grundrecht der Religionsfreiheit[252]. Es anerkennt die rechtspersönlichen Ausprägungen des konfessionellen Verbandes[253],[254] im kantonalen öffentlichen Recht und schafft keine konkurrenzierenden Instrumente konfessionsignoranten Staatskirchentums. Zugleich lässt sich das Bestehen staatskirchenrechtlicher Körper-

---

251 Siehe vorne, S. 446 ff. Vgl. Isensee/Rüfner, S. XXX; sowie Puza, Weltkirche, S. 657.

252 „Umfassende Gewährleistung der Religionsfreiheit würde ... beinhalten, dass sich die Religionsgemeinschaften nicht nach den Prinzipien der jeweiligen Staatsform durchschlagen müssten, sondern nach ihrer eigenen Façon selig werden dürften. Nicht die liberale Demokratie, der wir eine freie Gesellschaft ... verdanken und die es zu verteidigen gilt, würde durch eine umfassende Gewährleistung der Religionsfreiheit in individueller und korporativer Form in Frage gestellt, sondern eine Spielart von Liberalismus, deren Begrenztheit offenbar gerade darin zu bestehen scheint, dass sie ihre Grenzen nicht zu erkennen vermag, und die deshalb im Namen der Freiheit Zwang ausübt." (Grichting, Kirche oder Kirchenwesen, S. 337).

253 Die röm.-kath. Kirche übersetzte das im Zweiten Vatikanischen Konzil beschriebene Bild der Kirche nach Kräften in die kanonistische Sprache. Im Zuge dessen wurde die kanonische Pfarrei auch mit eigener Rechtspersönlichkeit versehen (c. 515 § 3 CIC 1983). Mithin muss kirchenrechtlich die Rechtspersönlichkeit der Pfarrei nicht mehr über das Benefizium oder die 'Fabrica ecclesiae' konstruiert werden. In diesem Sinne (nicht durch eine kodikarische Verwurzelung!) hat das vom schwyzerischen Recht „geschaffene Gebilde Kirchgemeinde nunmehr eine Entsprechung im kanonischen Recht gefunden" (Primetshofer, S. 861). Dies ermöglicht dem Gemeinwesen eine Rezeption der kanonischen Pfarrei als eigenständiger Rechtsperson.

254 „Wenn schon der Staat gesonnen ist, der Kirche einen Dienst zu erweisen, dann kann er die kirchlichen Körperschaften und Anstalten als solche als öffentlichrechtliche Organisationen anerkennen und ihnen eventuell auch ein unter seiner Oberaufsicht stehendes Besteuerungsrecht gewähren." (Corecco, Landeskirche, S. 24). Der Einwand von Urs Josef Cavelti, Entwicklungstendenzen, S. 131, dass der öffentlichrechtlich anerkannten kanonischen Pfarrei nicht das steuerrechtliche 'Bracchium saeculare' übertragen werden könne, da sie „keine demokratische Grundstruktur" aufweise, ist in bezug auf den Kanton Schwyz dahingehend zu präzisieren, dass bis 1999 der Einheitsgemeinde als unselbständiger Körperschaft des schwyzerischen Staatskirchenrechts das Demokratierequisit hinsichtlich der Organbestellung ebenfalls abging. Trotzdem konnte die unselbständige Kirchgemeinde die Funktion der Temporalienbeschaffung, ohne die schwyzerische Rechtsordnung zu verletzen und unter Vermeidung von verdoppeltem Verwaltungsaufwand, zum Wohle des konfessionellen Verbandes ausüben. In ihrer Zweckerfüllung und nicht in der Verwirklichung einer staatsrechtlich strukturanalogen Rechtsform muss sich die saekularrechtliche Existenzberechtigung einer staatskirchenrechtlichen Körperschaft ereignen. Auf jeden Fall verhinderte die kantonalrechtliche Rezeption der öffentlichen Rechtspersonen des kanonischen Rechts, welche im Kanton Schwyz kirchenrechtlichen Bestand haben, die Hinwendung des Gemeinwesens zu einem staatskirchenrechtlichen Integralismus, welcher seinen konfessionellen Bezugspunkt ausschliesslich in der von ihm kreierten kantonalkirchlichen Körperschaft erblickt.

schaften nur unter der Bedingung ihrer folgerichtigen Ausrichtung am Telos der integralen Religionsfreiheit und durch die konsequente Beschränkung ihrer Funktion auf den kirchenrechtlich generierten Zweck rechtfertigen. Die aufgrund staatsrechtlich gewährter Autonomie dimensionierte Schnittfläche beiderseitig beanspruchter Kompetenzen muss durch die Religionsfreiheit auf eine tangentiale Berührungslinie von Kirche und Staat reduziert werden.

Der Kanton Schwyz kann die mit der Verfassungsänderung des Jahres 1992[255] vollzogene und faktisch einem staatskirchenrechtlichen Integralismus observante Entflechtung von Kirche und Staat[256] nur insofern dem Vorwurf entziehen, ein entkonfessionalisiertes 'Kirchenwesen' kreieren und dieses kantonalrechtlich unterordnen und beherrschbar machen zu wollen, als er in Erfüllung seiner bistumsvertraglichen Verpflichtung die rechtspersönlichen Ausprägungen der römisch-katholischen Kirche auf dem kantonalschwyzerischen Territorium nach wie vor innerhalb seines öffentlichen Rechts situiert und anerkennt. Zu diesem Behufe bedarf es einer Fortschreibung des Bistumsvertrags[257], um auf der übergeordneten Ebene des Völkerrechts die eigenrechtsmächtige Souveränität und die gegenseitige Unabhängigkeit von Kirche und Staat zu gewährleisten. Der Weg über die Fortschreibung des Bistumsvertrags, welcher „übrigens eine Mitwirkung aller interessierten Kreise klerikalen und laikalen Standes seiner Natur nach nicht ausschliesst, hätte den unabschätzbaren Vorteil ..., einerseits die Anerkennung der ursprünglichen Autonomie der Kirche dem Staat gegenüber mit voller Klarheit zum Ausdruck zu bringen; anderseits wäre einem katholischen Kanton so die Chance gegeben, wegweisend für alle anderen Bistumskantone und überhaupt alle Kantone hinsichtlich einer künftigen Regelung ihrer Beziehungen zur Kirche zu wirken“[258]. Daraus folgte gleichzeitig, dass sich der Kanton Schwyz

---

255 In RRB 1991/840 werden „folgende Prinzipien der Verfassungsreform genannt: Autonomie der Kirche, Religionsfreiheit, Neutralität des Staates, Entflechtung von Kirche und Staat. Wenn man nicht an eine absichtlich gewollte Irreführung der Bürger bzw. Gläubigen seitens der Kantonsbehörde denken will, dann muss man eine krasse Ignoranz bezüglich der modernen Prinzipien für eine fruchtbare Regelung der Beziehungen zwischen der Kirche und dem Staat annehmen. Auf keinen Fall wurden die Grundkriterien, welche vom II. Vatikanischen Konzil formuliert worden sind, berücksichtigt.“ (Bonnemain, Kantonalkirche, S. 702).

256 „Freigeben oder Freimachen, institutionelle Selbstbestimmung oder Nachvollzug gesellschaftlicher Standards im Schlepptau des Staates, Wahrung der Identität der Religionsgemeinschaften als Glaubensgemeinschaften oder weitere Funktionalisierung und Aushöhlung, um im 'öffentlichen Interesse' zu bleiben“ (Grichting, Kirche oder Kirchenwesen, S. 337). Diese Fragen beantwortete der Kanton Schwyz mit der Verfassungsänderung des Jahres 1992 im Sinne der kantonalkirchlichen Körperschaften und nicht zugunsten der röm.-kath. Kirche.

257 Vgl. Bonnemain, Kantonalkirche, S. 716.

258 Corecco, Landeskirche, S. 18.

im Wissen um die historische Dimension seiner (vertraglich geregelten) Beziehung mit dem konfessionellen Verband als Teil der eigenen Identität in einem religionsfreiheitlich konformen Verhältnis zur römisch-katholischen Kirche befindet. Dieses muss vom Willen beider 'Societates perfectae' getragen sein, den Grundsatz der 'freien Kirche im freien Staat' in ihrem bilateralen Verhältnis integral und dauernd zu realisieren. Es bleibt also festzuhalten: „Eine Verselbständigung der Kirche erhält heute ihren tiefern Sinn. Zu keiner Zeit war die Furcht vor dem Leviathan so berechtigt", deshalb „erwächst der Kirche die Aufgabe, den seelischen Eigenwert des Menschen und seine freie Sphäre mit allen ihr zustehenden moralischen Mitteln zu verteidigen. Diese Aufgabe kann nur eine Kirche erfüllen, die als selbständige Politie neben dem Staat ihres Wächteramtes zu walten vermag. Die Kraft dazu schöpft sie nicht aus den Subventionen des Staates, sondern aus Lehre und Auftrag, die ihr anvertraut sind."[259].

259 Isele, Revision, S. 602, welcher diese Aussage bereits im Jahre 1959 formulierte und deren Prophetie sich gerade dort in der Gefährdung der kirchlichen Freiheit ausdrückt, wo im Zuge der paritätischen Neuordnung des Verhältnisses von Kirche und Staat das Gemeinwesen auch in ursprünglich katholisch geprägten Kantonen sich vermehrt einem staatskirchenrechtlichen Integralismus zuwendet.

Stichwortverzeichnis

R

Adnotationes in Ius Canonicum

Herausgegeben von Elmar Güthoff und Karl-Heinz Selge

Band 1 Anton Morhard: Die gerichtliche Berufung im kanonischen Recht. Eine Analyse des klassischen remedium iuris. 1995.

Band 2 Elmar Güthoff (Hrsg.): Der Schutz des geistigen Eigentums in den Schriften von Winfried Schulz. Festgabe für Theodor Schmitz zur Vollendung des 80. Lebensjahres. 1997.

Band 3 Richard Puza/Andreas Weiß (Hrsg.): Iustitia in caritate. Festgabe für Ernst Rößler zum 25jährigen Dienstjubiläum als Offizial der Diözese Rottenburg-Stuttgart. 1997.

Band 4 Ernst Freiherr von Castell: Alkoholismus in der Rechtsprechung der Rota Romana. 1997.

Band 5 Burghard Pimmer-Jüsten: Facultas vel licentia imponendi tributa sacerdotibus. Partikularrechtliche Untersuchung zu den diözesanen "Pflichtabgaben" der Kleriker. 1997.

Band 6 Jürgen Olschewski: Das Recht auf Sakramentenempfang. Zur Entwicklung eines Fundamentalrechtes der Gläubigen vom Konzil von Trient bis zur Gegenwart. 1998.

Band 7 Martin Grichting: Die Umschreibung der Diözesen. Die Kriterien des II. Vatikanischen Konzils für die kirchliche Zirkumskriptionspraxis. 1998.

Band 8 Cesare Mirabelli/Giorgio Feliciani/Carl Gerold Fürst/Helmuth Pree (Hrsg.): Winfried Schulz in memoriam. Schriften aus Kanonistik und Staatskirchenrecht. 1999.

Band 9 Christoph Kühn: Die Rechtsbeziehungen des Heiligen Stuhls zum Europarat. 1999.

Band 10 Peter Stockmann: Außerordentliche Gemeindeleitung. Historischer Befund – Dogmatische Grundlegung – Kirchenrechtliche Analyse – Offene Positionen. 1999.

Band 11 Jürgen Cleve: Inkompatibilität und Kumulationsverbot. Eine Untersuchung zu c. 152 CIC/1983. 1999.

Band 12 Karl-Heinz Selge: Ehe als Lebensbund. Die Unauflöslichkeit der Ehe als Herausforderung für den Dialog zwischen katholischer und evangelisch-lutherischer Theologie. 1999.

Band 13 Der Staat der Vatikanstadt, der Heilige Stuhl und die Römische Kurie in den Schriften von Winfried Schulz. Città del Vaticano, Santa Sede e Curia Romana negli Scritti di Winfried Schulz. Franz X. Walter zur Vollendung des 70. Lebensjahres. 1999.

Band 14 Hermann Kahler: Absentia consensus. Der fehlende Mindestwille zur Ehe als Ehenichtigkeitsgrund. 1999.

Band 15 Nikolaus Schöch: Die kirchenrechtliche Interpretation der Grundprinzipien der christlichen Anthropologie als Voraussetzung für die eheprozessrechtliche Beurteilung der psychischen Ehekonsensunfähigkeit. Eine kanonistische Studie unter besonderer Berücksichtigung der päpstlichen Allokutionen und der Judikatur der Römischen Rota. 1999.

Band 16 Michael Landau: Amtsenthebung und Versetzung von Pfarrern. Eine Untersuchung des geltenden Rechts unter besonderer Berücksichtigung der Rechtsprechung der Zweiten Sektion des Höchsten Gerichts der Apostolischen Signatur. 1999.

Band 17 Paul Weibel: Das Selbstbestimmungsrecht der römisch-katholischen Kirche. Eine staatskirchenrechtliche Studie am Beispiel des Kantons Schwyz. 2003.

Band 18 Stefan Korta: Der katholische Kirchenvertrag Sachsen. 2001.

Band 19 Jürgen Wätjer: Das katholische Domkapitel zu Hamburg von den Anfängen bis zur Reformation und seine Wiedererrichtung 1996. Eine kanonistische Untersuchung. 2001.

Band 20 Bernd Matecki: Der Traktat *In primis hominibus*. Eine theologie- und kirchenrechtsgeschichtliche Untersuchung zu einem Ehetext der Schule von Laon aus dem 12. Jahrhundert. Anhang: Edition des Traktates *In primis hominibus*. 2001.

Band 21 Stefan Gatzhammer: Der Souveränitätsanspruch des Apostolischen Stuhles in päpstlichen Lehraussagen und in der Kanonistik von 1846 bis 1978. 2001.

Band 22 Andreas Franitza: Das Domkapitel zu Hildesheim in der Zeit zwischen Preußenkonkordat (1929) und Niedersachsenkonkordat (1965) und seine Statuten von 1984. 2001.

Band 23 Péter Erdö: Die Quellen des Kirchenrechts. Eine geschichtliche Einführung. 2002.

Band 24 Aktuelle Beiträge zum Kirchenrecht. Festgabe für Heinrich J. F. Reinhardt zum 60. Geburtstag. Herausgegeben von Rüdiger Althaus / Rosel Oehmen-Vieregge / Jürgen Olschewski. 2002.

FSC
www.fsc.org
MIX
Papier | Fördert gute Waldnutzung
FSC® C083411

Kolibri 360 GmbH
Ferdinand-Jühlke-Straße 7
99095 Erfurt, Deutschland
produktsicherheit@kolibri360.de

Druck:
CPI Druckdienstleistungen GmbH
im Auftrag der
Kolibri 360 GmbH
Ferdinand-Jühlke-Str. 7
99095 Erfurt